2011 年卷

山东金融年鉴

中国人民银行济南分行 编

中国财政经济出版社

图书在版编目（CIP）数据

山东金融年鉴. 2011年卷/中国人民银行济南分行编.
北京：中国财政经济出版社，2011.10
ISBN 978-7-5095-1510-5

I.①山… II.①中… III.①金融事业-山东省-2011-年鉴
IV.①F832.752-54

中国版本图书馆CIP数据核字（2011）第206495号

责任编辑：郝景山　责任校对：宋文胜
封面设计：马丽君　版式设计：宋文胜

中国财政经济出版社 出版
URL：http：//www.cfeph.com
E-mail:cfeph@cfeph.cn

社址：北京市海淀区阜成路甲28号　邮政编码：100142
营销中心电话：010-88190406　北京财经书店电话：010-64033436
山东滨州汇泉印务有限公司印刷　各地新华书店经销
889*1194毫米　16开　52.75印张　2000千字
2011年10月第1版　2011年10月第1次印刷
印数：1-4000册　定价：260.00元
ISBN 978-7-5095-1510-5
（图书出现印装问题，本社负责调换）
本社质量投诉电话：010-88190744

《山东金融年鉴》编委会

《山东金融年鉴》编辑部

本卷特邀编委

各市地工作站站长

济 南	董 昕	潍 坊	杨金柱	滨 州	王 伟
青 岛	张朝晖	济 宁	廉 龙	德 州	曹黔然
淄 博	王玉华	泰 安	刘延军	聊 城	刘芳芹
枣 庄	於永利	威 海	邵明志	临 沂	吕大军
东 营	刘 冲	日 照	厉平福	菏 泽	王志华
烟 台	李信见	莱 芜	张勤清		

本卷金融统计资料供稿人员

郭忠军　潘海艳　任代滨　郑　蕾　胡小然

本卷编校、排版、彩页设计人员

马丽君　刘　茜　王　娜

一、本卷优秀稿件获奖名单

（一）人民银行系统

一等奖：菏泽、烟台、泰安、威海、临沂、聊城、济宁、青岛
二等奖：东营、日照、枣庄、淄博、潍坊、滨州
三等奖：莱芜、营业管理部、德州

（二）监管局、政策性银行及商业银行

一等奖：恒丰银行股份有限公司、中国邮政储蓄银行山东省分行、中国农业发展银行山东省分行、中国建设银行股份有限公司山东省分行、中国银行业监督管理委员会山东监管局、中国银行业监督管理委员会青岛监管局、中国银行股份有限公司山东省分行、中国工商银行股份有限公司山东省分行、山东省农村信用社联合社、中国证券监督管理委员会山东监管局、中国保险监督管理委员会山东监管局、交通银行山东省分行、上海浦东发展银行青岛分行、中信银行股份有限公司济南分行、中国邮政储蓄银行青岛分行、中国农业银行股份有限公司山东省分行、招商银行股份有限公司青岛分行、华夏银行股份有限公司济南分行、上海浦东发展银行济南分行、国家开发银行青岛市分行、华夏银行股份有限公司青岛分行

二等奖：中国民生银行济南分行、天津银行济南分行、兴业银行股份有限公司青岛分行、深圳发展银行青岛分行、中国证券监督管理委员会青岛监管局、渤海银行股份有限公司济南分行、交通银行青岛分行、中国农业银行股份有限公司青岛市分行、中国民生银行青岛分行、中国工商银行股份有限公司青岛市分行、国家开发银行山东省分行、中国保险监督管理委员会青岛监管局、中国光大银行股份有限公司烟台分行、深圳发展银行济南分行、北京银行济南分行、中国光大银行股份有限公司济南分行

三等奖：中国光大银行股份有限公司青岛分行、浙商银行股份有限公司济南分行、招商银行股份有限公司济南分行、中信银行股份有限公司青岛分行、中国进出口银行青岛分行、中国建设银行股份有限公司青岛市分行、兴业银行股份有限公司济南分行

（三）保险、资产管理公司及信托等机构

一等奖：中国平安人寿保险股份有限公司青岛分公司、中国人寿保险股份有限公司山东省分公司、中国信达资产管理股份有限公司山东省分公司、中国东方资产管理公司青岛办事处

二等奖：中国平安财产保险股份有限公司青岛分公司、中国长城资产管理公司济南办事处、中国人民财产保险股份有限公司山东省分公司

三等奖：山东省国际信托有限公司、中国华融资产管理公司济南办事处、中国太平洋财产保险股份有限公司山东省分公司

（四）其他参编机构（中小金融机构及金融院校）

一等奖：东亚银行（中国）有限公司青岛分行、汇丰银行（中国）有限公司济南分行、韩亚银行（中国）有限公司烟台分行、海信集团财务有限公司、海尔集团财务有限责任公司、日本山口银行股份有限公司青岛分行、瑞穗实业银行（中国）有限公司青岛分行、渣打银行（中国）有限公司青岛分行、中国石化财务有限责任公司山东分公司

二等奖：中国银联股份有限公司青岛分公司、南山集团财务有限公司、企业银行（中国）有限公司青岛分行、中国银联股份有限公司山东分公司、中国重汽财务有限公司、企业银行（中国）有限公司烟台分行

三等奖：南洋商业银行（中国）有限公司青岛分行、汇丰银行（中国）有限公司青岛分行、山东轻工业学院金融职业学院、新韩银行（中国）有限公司青岛分行、韩国釜山银行有限公司青岛代表处

二、《山东金融年鉴》(2010年卷)综合考评获奖名单

（仅限考核人民银行系统）

一等奖：临沂、聊城、日照、德州、滨州、东营、淄博、烟台、泰安、菏泽、青岛、营业管理部、济宁、潍坊

二等奖：威海、莱芜、枣庄

三等奖：（空缺）

编 辑 说 明

一、《山东金融年鉴》是反映山东省金融事业改革和发展历程的大型历史性、资料性工具书，是系统了解山东省经济金融运行状况较为理想的媒介。它通过登载各种经济、金融数据和史实资料，全面系统地反映山东省金融改革和发展的全貌，为贯彻实施货币政策、加强金融监管，防范和化解金融风险，推动金融改革和发展提供系统资料和基础数据。

二、山东省金融系统的年鉴编撰工作，开启于2000年，当时的名称为《中国人民银行济南分行金融年鉴》，内容反映了辖内的山东、河南两省的金融运行态势及状况，该《年鉴》自2000年卷开始至2004年卷，连续出版了五卷。

《山东金融年鉴》自2005年卷启始，上承《中国人民银行济南分行金融年鉴》，本卷为第十二卷。今后仍将每年出版一卷。按年度系统地反映山东省金融事业的运行和发展状况。

三、本卷的内容，主要反映2010年山东省金融运行的状况及金融改革和发展的历程。在具体组稿、筛选和编纂工作中力求体现科学性、资料性、全面性和连续性。对山东省金融事业有影响的大事、情况，以及反映全省各金融机构业务发展的相关数据、文字和图片资料，我们均尽力收录并进行了精心编辑加工。

四、本卷年鉴采用条目式整体编排，适当考虑金融业务部门的单元组成。各金融机构的排列顺序，力求按一般惯例，不含名次高低之意。

五、本卷年鉴中，国民经济统计资料以统计局的口径为准；有关金融方面的数据资料，主要是根据各金融机构“全科目”上报系统数据加工整理，由中国人民银行济南分行提供；各金融机构文稿中的统计数据，由该机构自行提供；在使用时请注意统计口径的差别和适用范围。

六、为更好地发挥《年鉴》存史、教化、启智、咨政、创新作用，从2009卷起开辟了经济金融数据研发部分——金融地图，以期通过对相关数据资料的研发制作，达到更加全面、形象、深刻、准确地反映金融运行态势的目的。

七、《山东金融年鉴》的编纂工作是在中国人民银行济南分行党委和山东省各金融业监管部门、政策性银行、商业银行、保险、证券、信托公司等省级管辖行或公司负责人共同组成的编委会的组织领导下进行的。工作中得到了山东省金融系统各单位的大力支持。各组稿、编纂人员为本书的出版付出了辛勤的劳动；广大摄影爱好者提供了大量的图片资料。在此表示衷心的感谢。

《山东金融年鉴》编辑部

2011年10月25日

中国人民银行济南分行

THE PEOPLE'S BANK OF CHINA JINAN BRANCH

党委书记、行长

杨子强

党委委员、副行长

于华民

（正厅级）

党委委员、郑州中支行长

计承江

（正厅级）

党委委员、副行长

李亚新

党委委员、副行长

李建文

党委委员、副行长

刘克俭

党委委员、副行长

肖龙沧

党委委员、纪委书记

辛树人

党委委员、营管部主任

陈好孟

2010年4月24日，原总行党委委员、副行长苏宁在人民银行济南分行辖区调研

2010年5月13日，人行总行党委委员、副行长胡晓炼在人民银行济南分行辖区调研

2010年5月13日，人民银行济南分行召开“创新金融服务，支持经济发展”业务竞赛活动电视电话会议

2010年6月2日，总行党委委员、副行长马德伦出席在青岛举办的人民银行“中国特色社会主义理论体系”知识竞赛

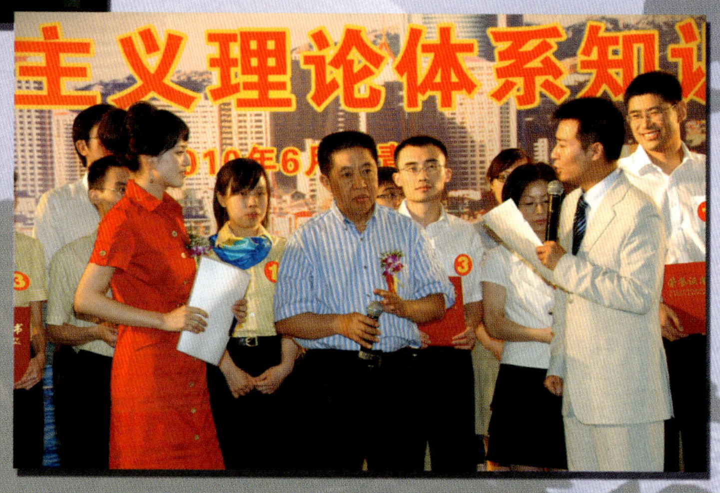

2010年6月22日，山东省支持企业“走出去”外汇政策宣讲会在济南成功举行

2010年6月24日，山东省副省长才利民视察人民银行济南分行

2010年6月24日，山东省跨境贸易人民币结算试点工作起动仪式

2010年7月8日，总行党委委员、副行长刘士余在人民银行济南分行辖区调研

2010年7月8日，总行党委委员、副行长刘士余在山东潍坊出席了农村支付服务环境建设经验交流会

2010年7月22日，全国总工会副主席张鸣起，总行党委委员、纪委书记王洪章视察人民银行济南分行营管部

2010年8月11日，人民银行济南分行在日照召开中心支行行长座谈会暨中心支行行长读书班

2010年9月16日，人行总行党委委员、行长助理李东荣在人行济南分行辖区调研

2010年9月19日，全省经信·金融合作发展工作例会第一次会议召开

2010年11月16日，人民银行济南分行党委书记、行长杨子强在全国金融系统反腐倡廉建设展济南巡展开幕式上致辞

2010年11月24日，山东省委常委、常务副省长王仁元出席人民银行济南分行召开的全省防范金融风险维护金融稳定研讨班

2010年11月29日，人民银行济南分行开展2011年山东省转方式调结构重点项目银企对接会

中国银行业监督管理委员会山东监管局

廖平之
党委书记、局长

解晓非
党委副书记、副局长
（正局级）

王朝弟
党委委员、副局长

王晓春
党委委员、副局长

刘悦芹
党委委员、副局长

王忠坦
党委委员、副局长

张孟军
党委委员 纪委书记

郭宝珍
副巡视员

葛彬
监管副巡视员

4月24日，山东省"送金融知识下乡 促青年就业创业"活动启动仪式在日照举行。

5月7日，山东银监局、青岛银监局联合组织党委理论学习中心组集中学习。

11月15日，中国银行业"贷款新规"知识竞赛山东赛区比赛在济南举行。

11月26日，银监会副主席蒋定之到山东省调研，召开金融支持农产品生产发展座谈会。

7月8日，山东银监局和山东省银行业协会在济南联合组织召开山东省银企合作推进会。

9月19日，中国银监会系统2010年职工乒乓球、羽毛球邀请赛在烟台举行。

11月28日，由山东省金融办和山东银监局主办的"2010山东银行业公众教育服务日活动启动仪式"在泉城广场举行，山东省委常委、常务副省长王仁元等领导出席启动仪式。

中国银行业监督管理委员会青岛监管局

3月19日，陈育林局长出席青岛银行“青年就业创业见习基地”揭牌仪式。

7月29日，青岛银监局召开辖区2010年年中银行监管工作会议。

2月5日，青岛银监局举办迎新春联欢会。

9月9日，青岛银监局召开处级干部、一般员工座谈会。

4月2日，青岛银监局团委组织机关团员青年到青岛市革命烈士纪念馆举行重温入党、入团誓词活动。

4月17日，青岛银监局与招商银行青岛分行在即墨马山开展“共建纪念林”活动。

5月13日，由青岛银监局、共青团青岛市委主办的青岛市银行业青年“送金融知识下乡”活动启动仪式在青岛市级机关会议中心举行。

11月2日，青岛银监局组织银行业协会、辖区22家债权银行与政府及平台公司召开地方政府融资平台贷款整改处置工作会议。

11月28日，青岛银监局在五四广场举办“2010年青岛市银行业公众教育服务日活动”启动仪式。

1月22日，青岛银监局召开2010年工作会议暨总结表彰会议。

8月20日，在青岛举行山东、青岛银监局党委理论学习中心组第二次集中学习。

12月23日，青岛银监局会同青岛市委组织部、市金融办、市经信委和人民银行青岛中心支行召开青岛市银行机构选派第三批“小企业联络员”动员会议。

中国证券监督管理委员会 山东监管局

China Securities Regulatory Commission Shandong Bureau

党委书记、局长

徐铁

党委委员、纪委书记、副局长

陈家琰

党委委员、副局长

陆泽峰

党委委员、局长助理

赵洪军

中国证监会稽查局在济南组织召开部分派出机构稽查工作座谈会

徐铁局长到济宁上市公司调研

山东辖区加强证券经纪业务管理、提升经纪业务服务水平研讨会在济南举办

山东证监局召开日常绩效考核局务会

山东证监局2010年新春联欢晚会

山东证监局第四支部党日活动

中国保险监督管理委员会 山东监管局

China Insurance Regulatory Commission Shandong Bureau

任建国

党委书记、局长

巩庆军

党委委员、纪委书记、
巡视员兼副局长

鲁 青

党委委员、副局长、
工会主席

姚 飞

党委委员、局长助理

2010年2月2日，全省保险业情况通报会召开，省委常委、常务副省长王仁元（前排左三）出席会议并发表重要讲话。

2010年4月3日，山东保险业“让消费者满意行动”动员大会在泉城广场举行。

2010年6月12日，山东保监局烟台监管分局举行揭牌仪式。这是山东省首家地市级保险监管机构，也是全国正式成立的第二家地市级保险监管机构。

2010年8月25日，山东省促进保险资金运用与重点项目对接合作项目签字仪式在济南举行，共签订合作协议5项，协议金额261亿元。

2010年11月29日，山东保监局任建国局长（前排右一）、巩庆军副局长（后排右一）一行赴人保财险考察公司集约经营、集中管理和信息技术运用等方面取得的成果。

2010年12月29日，山东省首家保险公司法人机构——泰山财产保险公司获批开业。省委书记、省人大常委会主任姜异康（前排左二），省委副书记、省长姜大明（前排右一），中国保监会副主席周延礼（前排左一），省委常委、常务副省长王仁元（后排右一）出席公司揭牌仪式。

2010年12月20日，山东省保险业实现保费收入1002.54亿元，成为继广东、江苏之后，全国第三个年度保费过千亿的省份。12月24日，山东保险业召开全省保险业保费过千亿元新闻发布会。

中国农业银行

AGRICULTURAL BANK OF CHINA

山东省分行

学习贯彻胡锦涛总书记"七一"重要讲话精神

2010年，中国农业银行股份有限公司山东省分行牢牢把握股改上市的有利时机，牢记"面向三农，服务城乡，回报股东，成就员工"的企业使命，围绕"同业争排头、系统创一流"的战略目标，积极构建完善现代商业银行运行机制，坚持审慎稳健经营、可持续发展，立足城市、县域两大市场，充分发挥覆盖面最广的网点网络体系和信息科技优势，通过全行1435家分支机构、3815台自助设备和遍布全球的1184家境外代理行，以及400多项城市业务产品、210多项"三农"业务产品，为广大客户提供便利、高效、优质的金融服务。

隆重举行寿光农行荣获"全国文明单位"揭牌仪式

中国农业银行股份有限公司山东省分行认真贯彻执行国家宏观经济政策，大力拓展新的业务领域，积极做好"三农"金融服务，进一步完善公司治理，深入推进经营转型与内部改革，加大有效信贷投放，加强和改进金融服务，企业价值创造力、市场竞争力和风险控制力明显增强，有力推动了全省经济的发展。2010年，各项存款比年初增加494亿元；各项贷款比年初增加540.7亿元；实现中间业务收入 28.3 亿元，实现拨备后利润105.3亿元。积极履行社会责任，先后荣获"百姓最舒心银行"、"最佳服务三农银行"、"'百姓口碑'山东最具影响力金融企业"、"影响力2010山东金融成就品牌"、"'3·15零投诉'优秀金融品牌"等称号。

网点文明标准服务大赛

由于农村用卡环境的改善，农民办理新农保、新农合、小额现金存取、小额贷款循环使用等业务更加方便、快捷。滕州级索镇北杨楼村的农民高兴地在社区服务中心办理新农保业务。

农行自助服务区成为一道亮丽风景线

成立了“农户小额贷款客户服务中心”，实现了“贷后协查、还款提示、逾期催收、业务管理、风险防范、业务咨询”六大功能。

恒丰银行

恒丰银行二〇一〇年度荣誉榜

- “2010年全球1000家大银行排名第391位”
（英国《银行家》杂志排名）
- “中国银行业文明规范服务千佳示范单位”
（中国银行业协会颁发）
- “中国企业联合会和中国企业家协会常务理事单位”
（中国企业联合会和中国企业家协会联合颁发）
- “大爱无疆”
（央视及青海玉树州委州政府感谢恒丰银行600万元捐助）
- “《山东金融年鉴》（2010年卷）一等奖”
（中国人民银行济南分行颁发）
- “中国银联银行卡工作先进单位”
（中国银联山东分公司颁发）
- “山东省60家金融机构反洗钱工作B级机构”
（中国人民银行济南分行颁发）
- “贷款新规十佳培训推广机构”
（山东省银行业协会颁发）
- “2010年度山东省纳税百强企业”
（山东省政府颁发）
- “2010山东企业100强”
（山东省企业联合会、山东省企业家协会和山东省工业经济联合会联合颁发）

恒丰银行机构名录

董事长、党委书记：	姜喜运
监事长、党委副书记：	矫 毅
党委副书记：	王 波
董事、副行长、党委委员：	栾永泰
	宋恒继
董事、纪委书记、党委委员：	潘力军
副监事长、工会主席、党委委员：	周美乐
董事会秘书、党委委员：	于海松

地　址：山东省烟台市芝罘区南大街248号

邮　编：264001

电　话：（0535）2118015

传　真：（0535）6207878

网　址：www.egbank.com.cn

烟台分行

济南分行

青岛分行

南京分行

EVERGROWING BANK

恒丰银行是在1987年成立的烟台住房储蓄银行基础上经增资扩股、更名改制而来全国性股份制商业银行，全称为恒丰银行股份有限公司，英文简称为Evergrowing Bank Co,ltd，总部设在中国烟台。已在烟台、青岛、济南、南京、杭州、成都、重庆、福州、昆明、西安等地共设有113个分支机构，是“中国500强企业”。

截至2010年末，全行资产规模2741亿元，各项存款1804亿元，各项贷款1201亿元，不良资产率仅为0.62%。重要监控指标中流动性比率（69.13%）、存贷款比例（66.59）%、成本收入比（30.8%）等三项指标在全国性股份制银行中排名第一，其他指标优良率均名列前茅。

先后获得“中国最具社会影响力品牌企业”、“中国优秀企业”、“中国维护消费者权益诚信服务满意单位”、“全国青年文明号”、“全国巾帼文明岗”、“中国金融企业慈善榜·银行业突出贡献奖”、“山东省文明单位”、“山东省服务业先进单位”、“山东省诚信纳税企业”等共计近100项地市级以上荣誉称号。

总行大楼黎明图

成都分行

重庆分行

福州分行

昆明分行

西安分行

国家开发银行 山东省分行

CHINA DEVELOPMENT BANK

党委书记、行长 于泽水

国家开发银行以“增强国力，改善民生”为使命，主要通过开展中长期信贷与投资等金融业务，为国民经济重大中长期发展战略服务。国家开发银行山东省分行作为国家开发银行在山东设立的省级分行，自1999年成立以来，致力于促进山东经济社会发展和富民强省战略的实施。

开行山东分行从规划入手，主动帮助政府编制具有“金融支持”特色的区域、产业及国际合作发展规划。《山东省开发性金融“十一五”规划》、《山东省开发性金融“十二五”发展规划》先后列入全省重点专项规划目录；在黄河三角洲开发和打造山东半岛蓝色经济区上升为国家战略后，迅速启动《黄河三角洲高效生态经济区系统性融资规划》、《山东半岛蓝色经济区系统性融资规划》编制工作。分行以规划为抓手，推动成果转化，2010年新增黄三角地区项目开发58.02亿元，贷款余额258.04亿元。

开行山东分行坚决贯彻国家宏观经济政策，积极调整信贷结构，筹措资金，主要投向公路、铁路、电力、石油石化、城建、电信、煤炭等对山东国民经济和社会发展有重要影响的项目，有力地促进了山东经济快速发展。近年来，开行山东分行把在“两基一支”领域的经验逐渐拓展到“三农”、中小企业、低收入家庭住房、节能环保、教育等社会瓶颈和民生领域。截至2010年末，中小企业贷款余额32.30亿元，新农村建设基础设施及龙头企业贷款余额183亿元；2010年发放中低收入家庭住房项目贷款31.46亿元，发放生源地信用助学贷款6.34亿元。按照总行部署，配合国家“走出去”战略的实施，支持了兖矿集团、山东黄金、鲁能集团、欧亚集团、浪潮集团、重汽集团等一批“走出去”项目；成功操作了中委大额融资项目、中委基金项目、PDVSA国际银团贷款项目、中厄石油融资等一批有重大影响力的国际合作项目。截至2010年末，开行山东分行表内外汇贷款余额94亿美元，居山东省金融机构之首。

开行山东分行建立了全面风险管理体系，有效防范各类风险，取得并保持了良好的市场业绩。截至2010年末，开行山东分行表内资产2306亿元，本外币贷款余额1770亿元，表外受托业务余额329亿元，不良贷款率0.45%。

← 核电一期工程项目银团贷款签字仪式

← 中国——委内瑞拉长期融资与能源、矿业合作签约仪式

龙口国开南山村镇银行举行开业庆典 →

↑ 信用助学贷款新闻发布会在济南举行

ICBC 中国工商银行 山东省分行

2010年11月28日，谷澍行长出席2010银行业公众教育服务日活动启动仪式，并陪同省委常委、常务副省长王仁元到工商银行展区视察指导工作。

2010年12月31日，谷澍行长、王跃民副行长陪同省委常委、常务副省长王仁元到省行营业部看望慰问参加年终决算的干部员工。

2010年9月29日，省行与山东省文化体制改革和文化产业发展工作领导小组办公室、大众报业集团、省广播电影电视局、省出版集团、省影视集团举行促进文化产业发展战略合作协议签字仪式。沈荣勤行长代表我行致辞并在协议上签字，省委常委、宣传部长李群，省行李明、王跃民副行长，姚伟新巡视员出席仪式。

2010年1月26日，王跃民副行长、姚伟新巡视员出席省行与山东电力集团公司现金管理服务协议签约仪式。

2010年8月26日，沈荣勤行长、崔方春纪委书记巡视全省第八届业务技术比赛中年员工岗位技能业务知识、柜员技能比赛现场。

山东省分行 SHANDONG BRANCH

党委书记、行长　何兴祥

中国银行山东省分行成立于 1913 年，是山东省历史最悠久的银行，也是目前四大国有商业银行中唯一一家本部设在青岛的省级管辖分行，辖二级分行 16 家，直属支行 25 家和近 600 家机构。在近百年的发展历程中，凭借卓越的国际信誉、齐全的业务品种、强大的产品功能、便捷的专业服务和高效的运营机制，铸就了自己的比较优势和竞争优势，为山东省的经济建设和山东人民的金融需求提供全面、便捷、优质的服务。

该行植根齐鲁，服务山东，充分发挥金融服务地方经济社会发展的职能作用，加快信贷投放，深化业务创新，全力服务全省“转方式、调结构”大局，在支持山东省经济社会事业发展和提供民生更加便利的现代金融服务的同时，自身经营业绩实现了新跨越。截至 2010 年末，资产总量达到 4237.74 亿元；贷款不良率 0.67%；实现利润 79.67 亿元，同比增幅 36.94%，实现全年无案件、无事故。

2010 年，该行先后荣膺山东省委、省政府“金融创新奖”，省委宣传部和《大众日报》联合评选“百姓口碑最佳荣誉单位”，《青岛日报》“2010 消费者最满意服务金牌”、“最具社会责任感银行”和“2010 年十大微尘公益之星”等荣誉称号，品牌影响力和辐射面得到有效提升。

◀ 总行行长李礼辉参观山东省分行中银俱乐部

◀ 总行副行长李早航（右）在山东省分行行长何兴祥（中）陪同下参观中国银行山东省分行理财中心

▲ 山东省旅游局局长于冲（左）、行长何兴祥（右）在中银 · 好客山东旅游卡首发仪式上金锣揭幕

▲ 中国银行山东省分行与中国出口信用保险公司山东分公司签署全面业务合作协议

◀ 中国银行山东省分行与山东省浙江商会签约银会合作协议

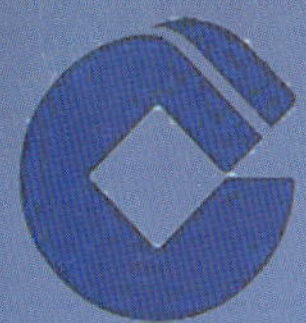

中国建设银行
China Construction Bank

山东省分行

建行山东省分行是中国建设银行股份有限公司辖属的一级分行，下辖各类机构771个、员工2万余人。近年来，分行始终坚持以科学发展观为指引，牢固树立“以客户为中心”的经营理念，以支持山东经济增长为己任，加快经营转型，强化业务营销，夯实基础，加快创新，各项业务蓬勃发展，综合实力大幅提升。截止2010年末，各项存款余额4018.1亿元，各项贷款余额2678.5亿元，实现拨备前利润77.4亿元，实现中间业务净收入31.2亿元，不良贷款余额25.41亿元。

2010年5月8日，建总行董事长郭树清一行到山东省分行调研。

2010年7月15日，建行山东省分行与山东省工商行政管理局举办推股权融资促结构调整说明会暨“工商e线通”战略合作签约仪式。

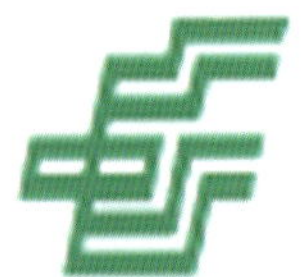

中国邮政储蓄银行 POSTAL SAVINGS BANK OF CHINA

山东省分行 SHANDONG BRANCH

2007年12月28日，中国邮政储蓄银行山东省分行在济南隆重成立。截至2010年底，该行下辖16家二级分行，108家一级支行、1205家二级支行和1215处邮政代理网点。

组建三年来，邮储银行山东省分行坚持以服务经济社会发展为己任，大力践行服务城乡大众、服务社区、支持“三农”的零售银行定位，加快实施“特色办行、人才立行、科技强行、依规治行、文化兴行”科学发展战略，在改革中推进发展，在发展中坚持创新，在凝聚中激发奋进，整体工作走在了全国邮储银行系统前列，迈出了向全功能商业银行转型的坚实一步。

中国邮政储蓄银行山东省分行行长　韩广岳

在新的发展征程上，邮储银行山东省分行将进一步致力于建设内控严密、营运安全、竞争力强的现代商业银行，为促进山东经济社会发展和社会主义新农村建设，为构建社会主义和谐社会做出积极的奉献！

总行陶礼明行长莅临检查指导工作

业务宣传到农户

真诚服务到“海上”

表彰建功立业先进单位先进个人

纪念建党90周年党史知识竞赛

举办服务礼仪大赛

交通银行 山东省分行

BANK OF COMMUNICATIONS SHANDONG BRANCH

交通银行山东省分行党委书记、行长 王锋

交通银行股份有限公司始建于1908年，是中国历史最悠久的银行之一，也是近代中国的发钞行之一。为适应全球金融变革和中国金融开放，作为新一轮国有商业银行改革的先行者和探索者，交通银行在同业中率先启动深化股份制改革，从2004年6月起进行财务重组，成功引进汇丰银行、社保基金、中央汇金公司等境内外战略投资者，成为我国第一家完成财务重组的国有控股商业银行、第一家引进国际战略投资者的大型商业银行、第一家在香港上市的内地商业银行。经过几年努力，交通银行资产规模成倍增长，盈利水平显著提高，企业形象和品牌价值大幅提升，综合实力日益增强，财务状况居于国内同业领先水平。目前交通银行位列世界1000家大银行第49位，连续两年跻身全球银行50强，总资产在全球50强银行中排名第46位。

交通银行山东省分行于1989年1月21日重新组建，1995年4月升格为总行直属分行，1997年被省政府列为省级金融机构，2004年10月改为省分行。截至2010年末，交行山东省分行下辖省分行本部、潍坊、淄博、烟台、威海、济宁、泰安、东营等8家分行，共有各级各类营业机构138家，员工3000多人。

近年来，交通银行山东省分行坚持以发展为主旋律，不断深化改革，推进转型，加强管理，加快发展。特别是2010年，该行围绕总行"两化一行"战略和省分行2011-2013年改革发展规划目标，以科学发展观为指导，以"跑赢大市、争先进位"为总体要求，以"好客交行"服务品牌为抓手，坚持省行统一经营，集约化管理的发展方向，加快信贷结构和客户结构的调整，全面提升服务水平，实现了全行业务的持续、健康、稳健发展。

多年来，交通银行山东省分行一直以支持山东经济建设为己任，在机构设置、信贷投放、资源配置等方面主动融入山东经济发展大局。先后与山东省政府签属了全面战合作协议和支持山东"黄、蓝"经济发展合作备忘录，为山东重大项目建设、支柱产业发展、中小企业融资，经济结构调整、升级等提供多元化、一揽子金融服务。

交通银行山东省分行将本着对社会、对政府、对客户高度负责的责任感和使命感，以客户至上的经营理念、雄厚的资金实力、高效安全的网络系统、覆盖全省重要经济区域的营业网点、综合性的服务功能为保障，以蕴通财富、领汇财富、沃德财富、交银理财、快捷理财等财富管理品牌为支撑，潜心探索，开拓创新，为山东经济社会发展做出更大贡献。

5月17日，王锋行长深入基层网点慰问一线员工。

7月27日，王锋行长会见应邀参加交行山东省分行贵宾客户乒乓联谊活动的前世界著名乒乓球运动员瓦尔德内尔。

11月28日，交通银行山东省分行员工参加"2010年银行业公众教育服务日"在济南泉城广场的宣传活动。

12月16日，交通银行山东省分行组织济南至乐陵段高速公路项目银团贷款签约仪式。

12月22日，交通银行威海荣成支行正式开业。

12月25日，交通银行山东省分行举办2010年客户答谢晚会。

中国民生银行股份有限公司青岛分行成立于2006年3月18日，自成立以来青岛分行始终坚持“规规矩矩办银行、扎扎实实办银行、开动脑筋办银行”的办行理念，坚持“特色银行”、“效益银行”的两个目标、坚持“民营企业银行、小微企业银行、零售高端客户银行”的三个定位，以“模式引领发展、业绩开创未来”的经营理念，统一思想、开拓创新，形成了干事创业、奋勇争先、和谐发展的良好氛围，各项业务保持持续、健康、快速发展的良好态势，赢得了各级政府和监管部门及社会各界的认可和好评。目前，青岛分行共有包括分行本部在内的9家同城支行(含营业部)，1家异地支行(烟台)，3家县域支行(即墨、平度、胶南)，正在筹建的2家二级分行和2家同城支行，自助网点30家，已形成以青岛分行为省内总部、烟台、威海、日照为半岛区域分部，辐射全市乃至省内的网点布局。截至2011年9月末，青岛分行总资产290.66亿元，各项存款折合人民币221.90亿元，各项贷款137.86亿元。

青岛市市委书记李群亲切会见
中国民生银行青岛分行党委书记、行长赵志敏

中国民生银行青岛分行党委书记、行长赵志敏与青岛市
工商联党组书记王吉春同志签署了战略合作协议

农业部渔业局领导及青岛、厦门、烟台城市领导
与民生银行总行邵平副行长、中国海洋大学教授展开讨论

中国民生银行青岛分行党委书记、行长赵志敏
在首届海洋渔业金融国际论坛上做论坛宣言

2011年5月6日，青岛分行党委书记、行长赵志敏一行
走访青岛沃林蓝莓果业有限公司

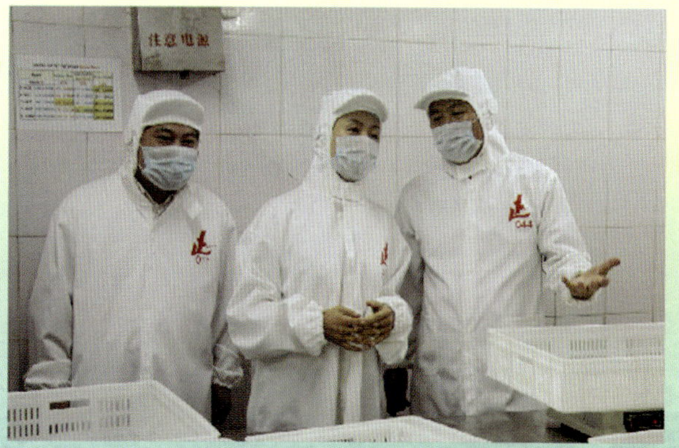

2011年7月6日，青岛分行党委书记、行长赵志敏一行
走访了烟台经济开发区海产品加工企业——烟台联发水产有限公司

中国农业发展银行 山东省分行

AGRICULTURAL DEVELOPMENT BANK OF CHINA SHANDONG BRANCH

中国农业发展银行山东省分行成立于1995年1月23日，是国有政策性金融机构。主要任务是：按照国家的法律、法规和方针、政策，以国家信用为基础，筹集农业政策性信贷资金，承担国家规定的农业政策性和经批准开办的涉农商业性金融业务，代理财政性支农资金的拨付，为农业和农村经济发展服务。

中国农业发展银行山东省分行行长　杨杰

企业现场调研

确保粮食安全

支持水利建设

成立以来，全面贯彻落实国家粮棉购销政策和有关经济、金融政策，为政府实施了宏观调控、确保粮食安全、保护广大农民利益、促进山东省农业和农村经济发展发挥了重要作用。

目前主要贷款业务范围是：粮棉油购销储贷款，化肥、肉类、食糖、烟叶、羊毛等国家专项储备贷款，农业产业化龙头企业和加工企业贷款，农业小企业贷款，农业科技贷款，农村基础设施建设贷款，农业综合开发贷款，农村生产资料贷款，县域城镇建设贷款业务等。至2011年9月，中国农业发展银行山东省分行各项贷款余额972.9亿元，存款236.2亿元。分支机构：省级分行1个、市级分行17个、县级支行108个，全系统人员为3400人。

行长杨杰携全体员工，将一如既往地在农发行总行、省委、省政府的正确领导和人民银行、银监局等有关部门的关心支持下，秉承“至诚服务、有效发展、以人为本、构建和谐”的企业文化核心理念，竭诚为广大客户服务。

中国农业发展银行，建设新农村的银行！

中国人民银行
THE PEOPLE'S BANK OF CHINA

青岛市中心支行

2010年，中国人民银行青岛市中心支行坚持以科学发展观为指导，认真贯彻落实总分行各项工作决策和部署，推动经济发展，服务社会民生；围绕履职重点，推动工作创新，夯实内控基础，各项工作取得明显成效。2010年，中心支行被济南分行评为目标管理综合考核先进单位，在总分行“创新金融服务、支持经济发展”业务竞赛中，会计和科技专业获得总行第三名，节能减排专业获得总行第五名，国库专业获得总行优胜奖，外汇、反洗钱、内审、宣传思想、金融研究、征信等业务竞赛分别获得分行辖区第一名。全年上报调研信息100余篇，反馈率达到70%以上，对服务上级决策、引导社会舆论和公众预期方面发挥了积极作用。

人行青岛市中支成功承办“中国特色社会主义理论体系知识竞赛”，总行马德伦副行长出席了活动，济南分行杨子强行长、总行宣传部刘慧兰部长发表致辞。人行济南分行代表队获得团体一等奖

山东省委常委、青岛市委书记李群在青岛市中支召开座谈会，青岛市秦敏副市长、王鲁明秘书长等陪同，全市主要金融机构负责人参加座谈会

人行青岛市中支召开学习贯彻十七届五中全会精神专题会暨支行建设管理座谈会

人行青岛市中支联合青岛市经信委、市金融办、市银监局及市工商联组织召开“青岛市小企业融资服务年活动”启动仪式

↑ 人行青岛市中支成功举办“青岛市金融学会2010年年会暨金融支持现代服务业发展研讨会”

↓ 人行青岛市中支召开青岛市农村支付服务环境建设推进会，青岛市秦敏副市长、青岛市中支王迅行长出席了会议

↑ 人行青岛市中支成功举办青岛市银行业金融机构青年职工“群星璀璨”金融法律知识竞赛

济南分行
JINAN BRANCH

华夏银行济南分行成立于1996年12月，是总行在济南设立的一家省级区域性管辖分行。目前，分行已在济南、东营、烟台、聊城、潍坊建立了27家营业网点和26家离行式自助银行，依托实体网点和先进的电子网络，已形成“立足济南，辐射全省”的金融服务格局。

成立十四年来，在省委、省政府的正确领导下，在人民银行、银监局以及有关部门和社会各界的关心支持下，分行坚持以市场为导向，以客户为中心，以高质量快速发展为目标，积极融入地方经济发展主流，以优质高效的金融服务赢得广大客户的信赖，为支持我省经济建设做出应有贡献，分行连续多年被评为省级“文明单位”、省直“文明机关”、“支持地方经济建设先进单位”。

2010年，全行上下以科学发展观为指导，认真贯彻落实国家宏观调控政策和省委、省政府各项工作部署，紧密围绕总行“调结构，控风险，创效益，促发展”的核心目标和“多快好省”的工作要求开展工作，真抓实干，攻坚克难，积极支持我省经济建设，经过全行上下共同努力，各项业务实现平稳较快发展。截至年末，存款余额达到432亿元，比上年增长29%，各项贷款余额345亿元，比上年增长29%，经营效益增长明显，资产质量稳步提升。

根植齐鲁，奉献山东。展望未来，分行将努力打造一家信誉卓著、充满发展活力和具有社会责任感的银行，为我省经济又好又快发展做出新的更大贡献！

分行举办“华夏之声”中央民族乐团专场音乐会，答谢广大客户和社会各界。

2010年11月，华夏银行党委书记、董事长吴建（右二）一行到中国重型汽车集团有限公司考察。

了解金融知识，从今天开始。分行积极参加“银行业公众教育日”活动。

分行作为第三届山东文博会唯一指定金融服务商参展。

“七一”前夕，分行隆重表彰在“创先争优”活动中涌现出的优秀共产党员。

5月份，分行举办第六届运动会，强健体魄，振奋精神。

中国光大银行 CHINA EVERBRIGHT BANK 青岛分行 QINGDAO BRANCH

中国光大银行青岛分行行长　范建华

光大银行青岛即墨支行开业

银行公众教育日，员工发放宣传材料

2010年表彰先进暨新春联欢会

7月31日，光大集团驻青企业首届职工运动会召开

浦发银行 SPD BANK　济南分行 JINAN BRANCH

浦发银行济南分行行长　耿光新

浦发银行济南分行荣获金融创新奖

浦发银行济南分行办公大楼

浦发银行济南分行成立于2001年9月。开业以来，秉承“笃守诚信、创造卓越”的经营理念，紧密结合区域特点，坚持发展与管理并举，不断加强市场开拓和业务创新，内强素质、外塑形象，实现了从无到有、从小到大、各项业务位居济南同业前列的业绩。下辖12家同城支行，1家营业部，5家异地分行，全行员工740人。

在取得良好经济效益的同时，努力践行社会责任，不断回馈社会、奉献社会，大力弘扬以诚信为核心的企业文化，树立了良好的社会形象。荣获山东省政府“金融创新奖”，五次荣获山东银监局“良好银行”，并获得“全国文明规范服务示范单位”、“服务山东功勋品牌”、“省直文明单位”、“最具品牌与竞争力的银行”、“最受消费者信赖的银行”等荣誉。

该行每年举办春节联欢晚会，积极营造健康向上的企业文化氛围

浦发银行济南分行开展自行车城市总动员大型公益活动，宣传低碳生活

天津银行 BANK OF TIANJIN 济南分行 JINAN BRANCH

天津银行济南分行党委书记、行长 姚志坚

天津银行济南分行于2010年5月28日正式开业，在社会各界的支持帮助下，不断健全业务经营和组织架构建设，狠抓内控合规、案件防控和各项规章制度的落实；在做好基础金融服务的同时，加快零售信贷业务发展，加大对“中小企业”信贷投放，致力于在齐鲁大地倾力打造有业务特色的“全能银行”，以实际行动支持了当地经济与社会发展。经过一年的努力，天津银行济南分行的公司、个人、国际业务健康快速有效发展，经营效益不断提升，发展有了良好的开端，分行2010年被总行评为“科学发展排头行”，分行营业部被济南市金融办评为“金融系统微笑服务窗口”。

天津银行董事长王金龙与济南市张宗祥副市长亲切交谈

2010年5月28日，天津银行济南分行盛大开业。

天津市人大副主任李亚力与济南市副书记、市长张建国为天津银行济南分行揭牌。

2011年5月10日，天津银行济南分行邀请央行货币政策委员会委员、清华大学经济管理学院金融系主任李稻葵教授就2011年宏观经济形势等热点问题作了主题演讲。

招商银行青岛分行简介

招商银行青岛分行是招商银行总行设在青岛的省级管辖分行之一，成立于2000年5月。目前辖有日照、威海、淄博、济宁四家异地分支行，14家同城支行，2家县域支行。此外还设有自助银行43家，社区银亭近百个，市区以内自助设备数量位居岛城银行业第三位。

截至2010年12月末，招商银行青岛分行资产总额达450亿元，当年新增135亿元，增幅43%；各项存款余额410亿元，当年新增115亿元，增幅39%；各项贷款余额346亿元，当年新增68亿元，增幅24%，实现经营利润10.2亿元，不良资产率0.18%，拨备覆盖率1002%，各项主要经营指标均创下了十年来增量和增幅的新高，在岛城股份制商业银行中名列前茅。

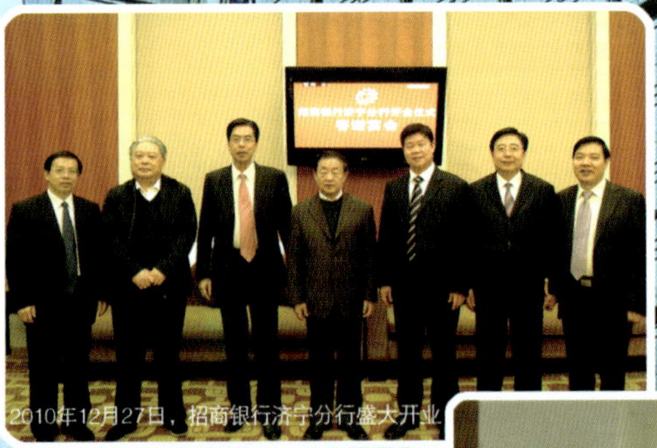

主要荣誉：

国家级：“共青团中央首届管理创新金奖”、中国银行业好分行评选“最佳产品创新和社会责任奖”、中国银行业协会“全国银行业百家示范单位”。

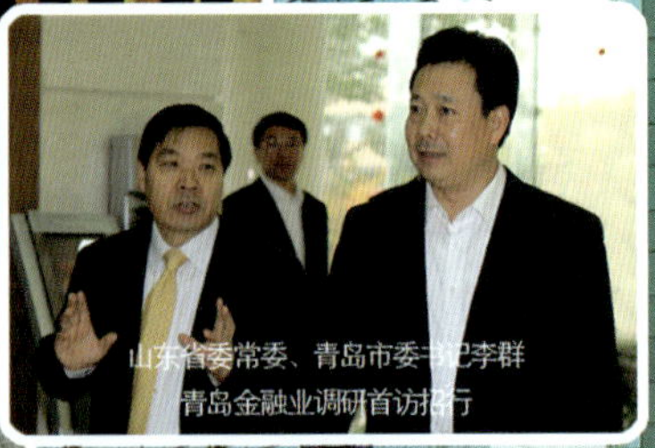

省市级：山东省“最具品牌与竞争力银行”、山东省“最佳企业公民”、山东省“最佳雇主单位”、山东省“消费者满意单位”等；“温馨理财”荣膺青岛市服务名牌，是目前青岛市金融业唯一服务名牌，并荣获“首届山东省企业重大创新成果奖”；分行王纪全行长荣获第十九届“山东省优秀企业家”、第十三届“青岛市优秀企业家”荣誉称号。

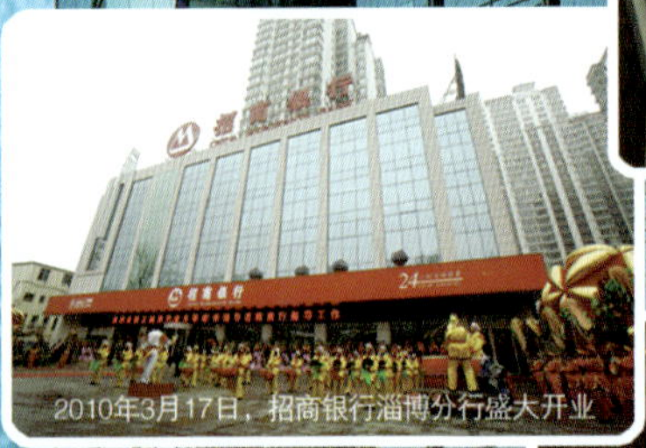

系统内：连续五年蝉联“全国十大优秀分行”称号。

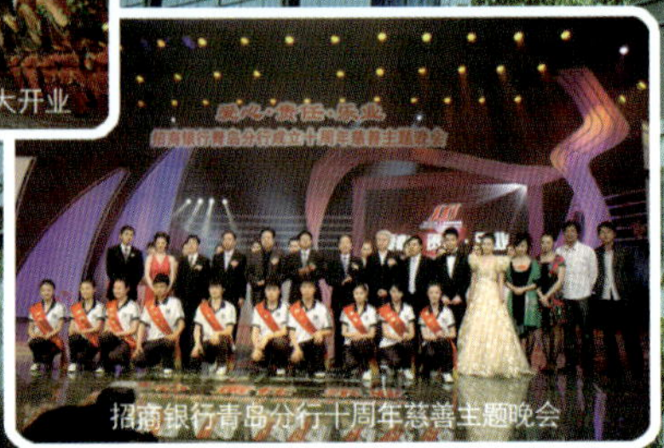

2010年12月27日，招商银行济宁分行盛大开业

山东省委常委、青岛市委书记李群青岛金融业调研首访招行

2010年3月17日，招商银行淄博分行盛大开业

招商银行青岛分行十周年慈善主题晚会

中国农业银行
AGRICULTURAL BANK OF CHINA

青岛市分行

中国农业银行青岛市分行是农业银行五家直属分行之一，现有营业网点190个，员工近4000人。近年来，青岛分行牢固树立建设岛城一流现代商业银行的奋斗目标，扎实推进业务经营转型、营业网点转型、全面风险管理、和谐团队四大战略工程，队伍凝聚力、价值创造力和市场竞争力明显增强。

农行青岛分行党委书记、行长王志胜在武船麦克德莫特项目融资签约仪式上致辞。

主要业务指标位居同业首位或前列，经营业绩大幅提升。到2010年末，各项存款余额达939亿元，比年初增加151亿元，存量、增量皆居岛城同业首位；各项贷款余额达625亿元，比年初增加110亿元，总量、增量均居同业第二位；国际业务结算量达117亿美元，同比增加32亿美元，居岛城同业第二位；拨备前利润达18亿元，同比增加7.2亿元，拨备后利润达15.8亿元，同比增加6.1亿元。

以服务岛城经济社会发展为己任，是岛城企事业单位和广大城乡居民的主要服务银行。大力支持重点项目建设，与众多知名企业及政府机关、驻青部队等机关团体建立了良好的合作关系。积极开办个人创业贷款、大学生助业贷款等新业务，2010年新增个人贷款38亿元。以强烈的社会责任感，精心做好城乡居民养老保险、“市民卡”等民生工程的金融服务工作，赢得了广大城乡居民的信赖。

农行青岛分行与青岛利群集团签订战略合作协议。

坚持面向“三农”当好县域金融服务的主力军。突出支持农业产业化、农村城镇化和农民生产经营，促进城乡统筹协调发展。2010年对国家级、省级和市级重点农业产业化龙头企业服务覆盖面达90%以上，与山东六和、九联、万福、亚太中慧等企业均建立了战略合作伙伴关系。推出普惠制惠农卡和农户小额贷款业务，丰富担保方式，依托“公司+基地+农户”模式，带动约20万农户创业，到2010年末累计发放农户小额贷款3.5亿元。

坚持面向三农定位，以服务农业产业化龙头企业为切入点，促进农村经济发展和农民致富。图为农行青岛分行与山东六和集团签订战略合作协议。

加大网点建设改造力度，拓宽服务渠道，是网点网络覆盖面最广的银行。着力构建精品网点、理财中心、财富管理中心和私人银行组成的遍布城乡的网点体系，营业网点数量居各商业银行首位。加快电子渠道建设，自助设备总量及业务量均居同业首位，被青岛银行业协会评为“服务质量优秀单位”。

加快推进营业网点转型，高标准建设精品营业网点，导入文明标准服务。图为大堂经理客户介绍金融产品。

2010年7月15日、16日，农业银行分别在上海、香港两地成功上市，开启了打造优秀大型上市银行的新篇章。青岛分行将认真践行“面向三农，服务城乡，回报股东，成就员工”的企业使命，全力支持青岛市经济发展，努力为城乡居民提供优质、高效、便捷的金融服务，满足社会各界金融需求。

勇于担当社会责任，积极参与公益事业，彰显大行德广的风范。图为青岛分行机关组织为地震灾区捐款。

山东省国际信托有限公司

山东省国际信托有限公司是1987年3月经中国人民银行批准设立的非银行金融机构。自成立以来，山东信托稳健经营，规范运作，现已发展成为以经营管理资金信托、财产信托、投资银行、融资租赁、证券投资基金和资产管理为支柱业务，拥有丰富的投资管理和融资服务经验的大型金融公司。

山东省国际信托有限公司董事长　孟凡利

公司总经理相开进为“第二届中国阳光私募峰会”获奖的基金公司颁奖，公司在本届峰会上获得2010年度中国阳光私募最佳创新信托公司“金樽奖”。

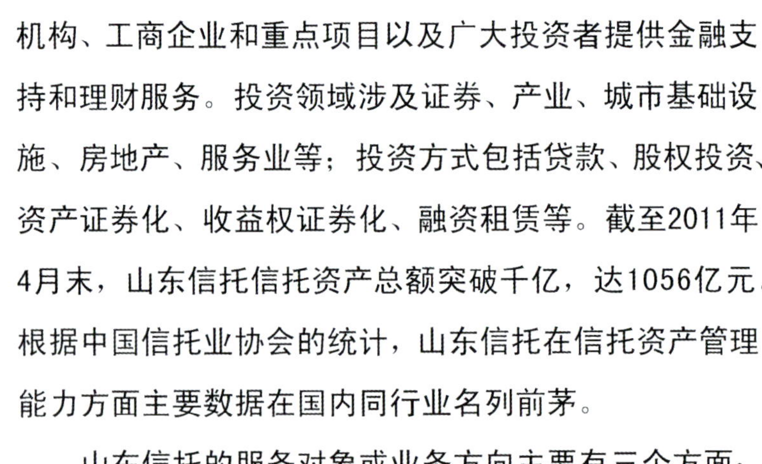

山东信托秉承“山东信托，可信可托”的理念，一直致力于运用信托平台服务经济社会发展，积极为政府机构、工商企业和重点项目以及广大投资者提供金融支持和理财服务。投资领域涉及证券、产业、城市基础设施、房地产、服务业等；投资方式包括贷款、股权投资、资产证券化、收益权证券化、融资租赁等。截至2011年4月末，山东信托信托资产总额突破千亿，达1056亿元。根据中国信托业协会的统计，山东信托在信托资产管理能力方面主要数据在国内同行业名列前茅。

中国银监会非银部闵路浩调研员在山东银监局王忠坦副局长的陪同下来公司视察。

山东信托的服务对象或业务方向主要有三个方面：

☆各地政府。主要合作方式是为各地政府及公共服务部门提供融资、理财、资产管理、咨询等各类金融服务。

☆工商企业、重点项目。主要合作方式是提供投融资、咨询、现金管理、资产管理、债务管理等各类金融服务。

公司总经理相开进参加第七届北京国际金博会，并在金融年度论坛上发表演讲。公司在本次金博会上获“最受公众喜爱的信托公司奖”。

☆广大社会投资者。目前信托产品已经成为继银行存款、证券投资之后，广大居民的又一重要投资渠道。以其风险可控，收益稳定越来越受市场欢迎。

公司职工园博园郊游活动

山东信托　可信可托

渤海银行济南分行是渤海银行在山东的省级管辖行，2008年10月27日正式开业，截至2010年底，下辖分行营业部、解放路支行两家同城网点。开业以来，全行上下积极进取，开拓创新，各项业务增长迅速。2009年被评为渤海银行优秀分行；2010年被评为济南市金融业最佳新锐银行。

↑渤海银行济南分行党委书记、行长 王仁宝

自开业以来，该行坚持以服务地方经济为己任，加大信贷支持力度，调整优化信贷结构，助推山东经济结构和产业结构转型。在信贷投向上，该行坚持以科学发展观为统领，严格遵循国家宏观调控政策，根据国家产业结构政策导向和山东区域经济特点，“有保有控”，加大对重大基础设施项目、民生项目、支柱产业以及节能减排、循环经济等领域的信贷支持，有力支持了地方经济发展。

在业务规模快速增长的同时，该行牢固树立合规意识和风险防范意识，严格防控风险，信贷资产质量整体状况良好，不良贷款一直保持零纪录，无案件和重大差错发生，实现了业务增长速度和质量、效益的同步提升。

该行一直高度重视社会公益事业，致力于打造有社会责任感的银行。从汶川地震到南方冰灾，从南方旱灾、水灾到青海玉树地震，员工纷纷捐款捐物，献出一份自己的爱心。2010年11月，该行成功举办“低碳环保 快乐骑行”大型公益活动，向社会公众深入宣传环保事业。

2009年度
优秀分行

↑济南分行获得的部分奖项

↑2010年11月，总行党委书记、董事长刘宝凤一行到山东视察指导工作，期间拜会了时任山东省副省长李兆前及人民银行济南分行、山东银监局、山东省金融办负责人。

↑2010年11月，举办“低碳环保 快乐骑行”大型公益活动，时任山东省副省长李兆前、省政协副主席王乃静、渤海银行总行张华监事长等领导嘉宾及社会各界代表出席活动。

中国农业银行
AGRICULTURAL BANK OF CHINA
临沂分行

中国农业银行临沂分行下辖15个支行、134个营业机构，员工2300人。网点连结城乡，是全市服务领域最广、客户群体最大、产品门类齐全、网络科技先进、资金实力雄厚和社会信誉良好的现代化商业银行。

党委书记、行长　钱进

近年来，临沂农行围绕市委市政府和上级行总体部署，坚持以打造“最具价值、效率和竞争力银行”为核心，前瞻规划发展全局，系统推动“五大”战略，市场竞争、风险控制、价值创造能力全面提升，谱写了“同业争排头、系统创一流”的辉煌壮美篇章。2006年以来，存款由175亿元增至370亿元，增幅111%；贷款增加162亿元，增幅132%；2010年全行存款增加39亿元，存增量市场份额分别为39.9%、34.8%，均居第一位。贷款达到221亿元，当年增加41亿元，增量市场份额39.8%，居第一位。中间业务收入、拨备后利润分别达到2.8亿元、9.2亿元，均居同业第一位。综合评价连续两年进入全国311家二级分行前20强，综合考评连续两年保持全省一类行。首创的员工积分管理、全面绩效考核、信贷“531系统”等十余项创新成果被总省行推广。先后被中国金融工会授予全国金融模范职工之家、全国金融系统职工代表大会制度建设示范单位，被总行评为综合改革先进单位、全国农行文明单位，连续四年保持省级文明单位、省级良好银行称号，被省分行授予全省农行创建四好班子先进集体，钱进行长被授予富民兴鲁劳动奖章、全国五一劳动奖章。

多年来，总省行及市委市政府领导对临沂分行的改革发展备加关注，多次视察指导，并做出重要批示。这是农行临沂分行始终沿着科学轨道顺利前进的重要保障，更是激励全行奋发图强、实现一次又一次跨越的不竭动力。临沂分行将继续坚持以支持地方经济发展为已任，加快金融创新，提升服务质量，努力打造成为发展最快、业绩卓著、管理精良的区域主流银行和客户首选银行，为地方经济发展做出新的更大的贡献。

省行党委书记、行长陈军（右二）到临沂分行调研

党委书记、行长钱进（前中）被授予“全国五一劳动奖章”

热心公益事业，积极开展爱心捐助活动。

连续四年举办“临沂新春音乐会”，丰富员工文化生活。

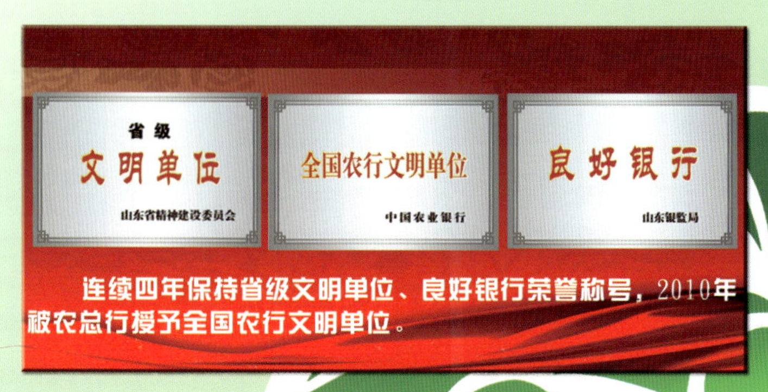

连续四年保持省级文明单位、良好银行荣誉称号，2010年被农总行授予全国农行文明单位。

山东费县农村合作银行

山东费县农村合作银行共有干部职工495人，辖1个营业部，23家支行，12家分理处，担负着为全县18个乡镇、565个行政村、24万户、94万人提供金融服务的重任。近年来，费县合行围绕"一二三四六"发展思路和工作目标，不断改革创新，以开展创先争优、争做合行创业先锋活动为载体，全面加强信用工程建设，转换经营机制，加快人力资源管理改革，强化队伍建设，扎实开展信贷提升年活动，解放思想，改革创新，团结实干，开创了合行工作新局面。截至2010年末，各项存款余额47.6亿元，较年初增加7.5亿元，市场占有率46%；各项贷款余额35亿元，较年初增加5.7亿元，增幅16.84%，市场占有率41.6%；实现经营利润15698万元，成为全市首家达到农村商业银行条件并启动组建的县级联社（合行）。荣获省级文明单位、最受新农村赞赏的银行、省级"重合同守信用"单位、山东省消费者满意单位、市级创先争优先进单位、市级"群众满意的县区部门"、县级党建工作示范点、党风廉政建设先进单位、振兴费县贡献奖等荣誉。

全省农村信用社信用工程建设座谈会在费县召开

到村任职高校毕业生兼任三农服务信息员启动仪式在费县召开

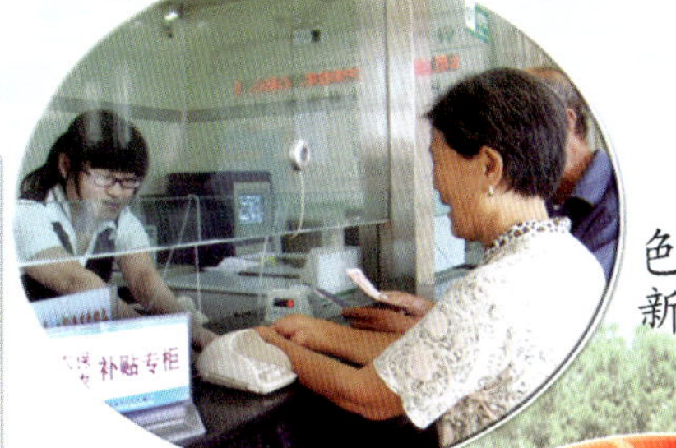

开辟绿色通道办理新农保业务

为危房改造户评级授信

举办"盈在节俭，贵在坚持"演讲比赛

2010年4月组织竞聘上岗

开展银行业公众教育服务日宣传活动现场

兰山农村合作银行

兰山农村合作银行党委书记、董事长　贾建华

兰山农村合作银行（以下简称“兰山合行”）成立于2005年10月29日，是经中国银行业监督管理委员会批准成立的，由辖内农民、个体工商户、企业法人和其他经济组织入股，以“立足城乡、面向‘三农’、面向社区、面向中小企业、面向区域经济”为市场定位，以服务农民、农业和农村经济发展为宗旨和经营方向的股份合作制银行。该行现辖1个营业部、31家支行、60个分理处，共有干部职工1200余人。

兰山合行自2005年10月成立以来，在省联社和临沂办事处的正确领导下，在人民银行、银监部门的科学监管指导下，始终坚持“一二三四六”发展战略和“一二三一”工作思路，继续坚持“审慎、稳健、科学、创新、长效”的经营理念，以“防风险、保增长、强服务、增效益、促发展”为主线，强化管理、科学经营，各项业务继续保持快速健康发展的良好态势，已成为集存款、贷款、结算、中间业务、国际业务、货币市场业务于一体的综合型现代金融机构。截至2010年12月末，各项存款余额达140.5亿元，各项贷款余额达103.4亿元，实现各项收入10.41亿元，实现经营利润5.57亿元，资本充足率达13.51%，各项拨备充足率156.14%，经营利润继续居全省农信系统第一位。

2010年，兰山合行审时度势、迎难而上，根据各项工作在不同时期不同阶段的不同特点，积极调整思路，加快多元化经营，在内部经营机制建设，管理与产品创新，核心竞争力建设，基础资源、人力资源和管理资源配置，资产结构完善与优化，服务功能与质量提升，内部控制及风险防范，企业文化与品牌建设等方面采取有效措施，不断加强和提高经营管理水平，推动全行各项工作持续稳健发展，不断开创改革发展的新局面。

合行先后被评为“全国模范劳动关系和谐企业”、“全国工人先锋号”、“全国模范职工之家”、“全国文明规范服务示范单位”、“全国三八红旗集体”、“全国青年文明号”、“省级文明单位”、“山东省富民兴鲁劳动奖状”，2010年先后被省联社评为“五个好基层党组织”、“六型团队”、“四强四优先进党组织”等荣誉称号。

省联社宋文瑄理事长在临沂办事处孔祥波主任陪同下到兰山合行进行调研现场

兰山农村合作银行马瑞卿行长在专业市场集中信用评定授牌活动现场

兰山农村合作银行部分领导班子成员深入开展市场商户信用联盟调研活动现场

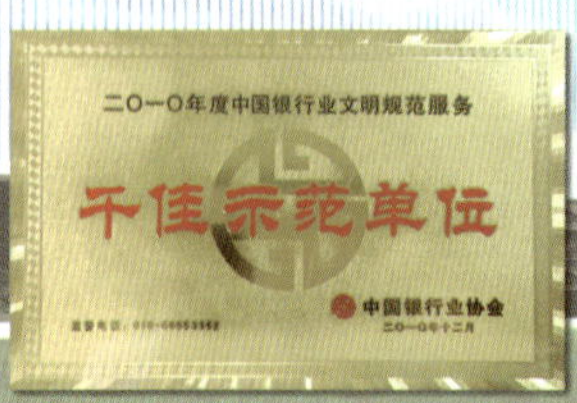

二〇〇八年度
青年文明号
共青团中央

山东省农村信用社联合社

SHAN DONG SHENG NONG CUN XIN YONG SHE LIAN HE SHE

山东省农村信用社联合社现辖办事处14家、市级联社3家，县级联社106家，农村合作银行19家，农村商业银行7家，共有营业网点5525多个，在岗人员6.74万人，是全省营业网点和从业人员最多、覆盖面最广的地方性金融机构。

2010年，全省农村信用社在省委、省政府的坚强领导下，在人民银行、银监部门的指导监管下，深化改革，加快发展，较好地发挥了农村金融主力军作用，有力支持了新农村建设和农村经济的发展。年末，全省农村信用社各项存款余额6839亿元，较年初增加1078亿元，增长18.7%，各项贷款余额5110亿元，增加717亿元，增长16.3%，存贷款余额和增加额均居全省金融机首位。全年实现各项收入454亿元，账面利润67亿元，同比分别增长14.8%和12.8%。132家县级联社全部盈利，历年亏损挂账全部消灭。年末全省统算资本充足率8.18%，贷款损失准备充足率106%，分别比年初提高2.89和52个百分点。经营发展基础进一步夯实，风险抵御能力不断增强。全年缴纳各项税金33.7亿元，对全省经济建设的贡献进一步扩大。

目前，全省农村信用社正以创建良好银行为目标，加大创新力度，加快业务发展，强化精细化管理，努力建设功能完备、服务优良、具有较强竞争力的一流现代化银行。

省委常委、常务副省长王仁元（右）视察济南润丰合行泉城路支行，并向全省农村信用社干部员工致以新春的祝贺和亲切的问候

山东荣成农村商业银行股份有限公司揭牌开业，省联社理事长、党委书记宋文瑄（左）出席仪式并揭牌

组织员工走上街头、宣讲金融知识

农民金融自助服务终端的推广，使交通不便的农民在家门口就能办理业务

农村信用社进村开展信用评定工作

农村信用社支持发展农民专业合作社

青岛金融押运有限责任公司

QINDAOJINRONGYAYUNYOUXIANZERENGONGSI

“三个共同”凝聚力量 持续发展成果显著

2010年是青岛金融押运有限责任公司成立10周年，也是该公司经营发展中具有里程碑意义的一年。年内，公司高层管理集体认真总结了成立以来建设与发展的成功经验，对业务运行模式进行了一系列的改革和创新，并陆续开拓了新业务，实现了健康持续发展。先后被上级管理机关评为“省级优秀交通安全单位”、“青岛市诚信企业”称号。

公司高层管理集体始终坚持以员工为本的管理理念，高度重视员工的思想教育。组织员工围绕杨玉文总经理提出的为实现“共同理想、共同目标、共同利益”而努力奋斗的总要求，开展了“三个共同”大讨论活动，坚定了全体员工的理想信念，为推动公司又快又好发展奠定了思想基础，提供了精神动力。

改革和创新是企业不断发展的源动力。年内，该公司改革原有武装押运模式，实行了客户经理负责制，将安全运行、优质服务的责任落实到人；分别对金库、调度、离行式自助设备托管业务流程进行了优化；自主研发了枪支无纸化交接系统。

不断拓展服务范围，满足银行客户需求，实现持续健康发展。该公司始终秉承“金融押运，服务金融”的方针，把满足客户需求作为不断发展壮大的根基，努力拓展和延伸业务经营范围。年内，新增了中国银行山东省16家地市分行，总跨度约4000公里的配送押运业务；并配合该行对97台离行式自助设备进行了升级改造；先后与青岛辖区所有的邮政局和邮政储蓄银行签订了押运服务合同；与光大银行青岛分行签订了自助设备综合服务深度合作协议，为青岛市支付环境建设做出了积极地贡献。

10月份，公司隆重举行了成立10周年庆典活动，青岛市人大常委会、中国人民银行保卫局、青岛市政府、中国人民银行青岛市中心支行、青岛市公安局有关领导及来自全国各地有关单位的领导应邀参加了庆典活动。

杨玉文总经理在公司10周年庆典上致辞

中国人民银行保卫局蔡忆莲巡视员在公司10周年庆典上讲话

公司获“省级优秀交通安全单位”荣誉称号

押运途中

2010年6月6日，举办高端讲座庆祝成立十四周年

2010年8月27日，青岛分行开业

雅致、温馨的客户服务中心

丰富多彩的职工文体生活

国内银行业领先水平的资金交易室

齐鲁卡

齐鲁贵宾卡

齐鲁白金卡

济南市银企协会卡

齐鲁物流卡

泉城公务卡

好客易行卡

种类繁多的齐鲁卡业务产品

客服热线 4006096588

— www.qlbchina.com —

日照银行
BANK OF RIZHAO

2010年4月29日,日照银行济南分行开业庆典

2010年是日照银行成立十周年。日照银行深入贯彻科学发展观，积极落实国家宏观调控政策，以“文化推动年”为主题，成功完成了济南分行开业、“三会一层”换届、村镇银行创立、十周年行庆、总行新办公大楼启用等一系列大事，业务经营平稳运行，对外形象显著提升，事业发展迈上新台阶。截至年末，资产总额376.94亿元，存款余额305.77亿元，占日照地区市场份额22.29%，居同业第一位；贷款余额181.26亿元；实现利润6.22亿元、税金2.44亿元。各项监管指标保持达标，其中，资本充足率13.12%，存贷款比例59.28%，不良贷款率0.68%，贷款损失准备充足率499.80%，资产利润率1.53%，资本利润率23.30%。连续四年位居《银行家》全国城商行竞争力前五位，连续五年被山东银监局评为“良好银行”，荣获全国企业文化建设先进单位、《金融时报》“年度最佳效益中小银行”，以及日照市缴纳地方税收前十名企业、思想政治工作优秀企业、最具社会责任企业等称号。

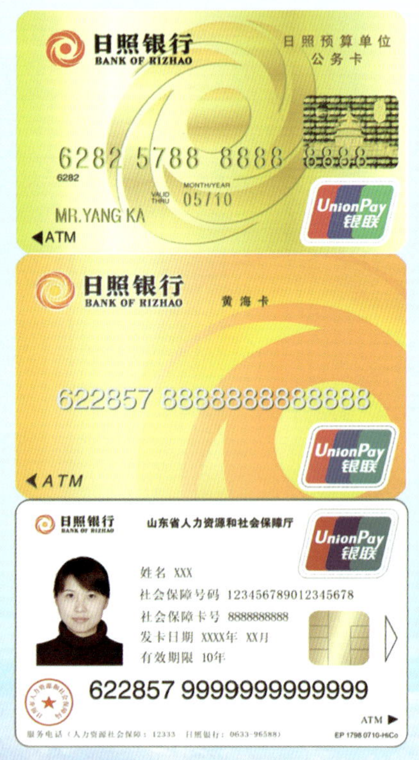

2010年12月28日，日照银行成立十周年新闻发布会暨新办公大楼启用仪式

中国银联山东分公司

公司总经理 李金良

中国银联山东分公司是中国银联在山东省的分支机构，主要负责中国银联在山东省（青岛市除外）的银行卡网络运营，业务规范及技术标准的推动落实，银行卡跨行通用及业务的联合发展，银行卡受理市场发展和完善，银联标准卡的推广普及，银联品牌维护等。

2010 年，中国银联山东分公司认真贯彻落实胡锦涛总书记视察银联时的重要指示精神，坚持科学发展观，积极构建山东省银行卡和谐发展环境，与银行卡产业各方通力合作，密切配合，攻坚克难，知难而进，携手拓展受理市场，组织联合营销宣传，推动银联标准卡发行，加快新业务研发推广，推动我省银行卡事业又好又快发展。

截至 2010 年 12 月底，全辖区入网特约商户达到 9.93 万家，比年初新增 2.47 万家，POS 终端达到 15.65 万台，比年初新增 4.13 万台；受理环境得到根本改善，银行卡产业向更广更深层次发展。ATM 成功交易笔数 1.64 亿笔，交易金额 566.5 亿元，分别同比增长 25.0%、37.8%；POS 成功交易笔数 2.18 亿笔，交易金额 4432.3 亿元，分别同比增长 39.8%、43.4%。银联标准借记卡累计发行 8175 万张，2010 年新增 1652 万张，银联标准信用卡累计发行 880 万张，2010 年新增 310 万张。银联借记卡活动卡占到总活动卡的 78.6%，信用卡活动卡占比达到 38.73%，银联标准卡交易金额占 68.2%。

李金良总经理主持2010年山东银行卡同业年会

2010年山东银行卡工作座谈会

山东选手在第四届银联杯收银员大赛中取得优异成绩。

银行卡宣传深入县乡

PICC 中国人民财产保险股份有限公司 山东省分公司
PICC Property and Casualty Company Limited

中国人民财产保险股份有限公司（PICC P&C，简称“中国人保财险”）是经国务院同意、中国保监会批准，于2003年7月由中国人民保险集团公司发起设立的、目前中国内地最大的非寿险公司，注册资本111.418亿元。其前身是1949年10月20日经政务院批准成立的中国人民保险公司。凭借综合实力，公司相继成为北京2008年奥运会、2010年上海世博会、2010年广州亚运会合作伙伴，为北京奥运会、上海世博会、广州亚运会提供全面的保险保障服务。山东省分公司隶属于中国人保财险，公司实力雄厚，人才荟萃，在全省16个市（不含青岛）设有246个分支机构，员工队伍近9000人，是全省规模较大的财产保险公司。

在六十二年的卓越历程里，人保财险山东省分公司以“人民保险、服务人民”为使命，秉承“以人为本、诚信服务、价值至上、永续经营”的经营理念，弘扬“求实、诚信、拼搏、创新”的企业精神，充分发挥品牌、人才、产品、技术和服务等优势，为促进改革、保障经济、稳定社会、造福人民提供强大的保险保障。公司目前主要经营企业财产保险、机动车辆保险及第三者责任保险、船舶保险、货物运输保险、建筑安装工程保险、石油保险、政策性农业保险和各种信用保险，以及人身意外伤害保险、短期健康险等。

2010年，公司实现保费收入90亿元，承担保险责任限额1.72万亿元，为6102户规模以上工业企业，450余万户家庭，210余万辆机动车，1914万亩小麦、玉米等提供风险保障；全年处理各类赔案87.51万余件，支付各类赔款43.78亿元；上缴营业税金4.89亿元，服务经济社会全局的能力明显增强；市场份额为36.47%。

近年来，人保财险山东省分公司先后荣获“全国守合同重信用企业”、“山东企业100强”、“百姓口碑最佳荣誉单位”、“十大鲁商诚信单位”、“改革开放三十年山东省优秀企业”、“山东省管理创新优秀企业”、“60年服务山东功勋品牌”、“山东省金融创新奖”等一系列荣誉称号。站在新的历史起点，人保财险山东省分公司将以科学发展观为指引，以锐意进取的改革精神和求真务实的科学态度，与时俱进，整合创新，实现公司新的创业和跨越式发展，为全面建设小康社会和构建社会主义和谐社会提供更加优质的保险保障服务。

中国人民保险集团公司与山东省人民政府签署战略合作协议

现代化的人保财险山东省分公司集中运营管理中心

人保财险山东省分公司组织开展特色客户服务活动

人保财险山东省分公司服务经济社会发展

人保财险山东省分公司员工诚信签名

人保财险山东省分公司首创的治安保险融入千家万户

临商银行

LINSHANG BANK

临商银行是在原临沂市商业银行基础上，经中国银监会批准，于2008年11月22日正式揭牌的一家跨区域性股份制商业银行。

目前，临商银行共有1300多名员工，拥有分支机构68个，其中在浙江省宁波市设立1家分行，4家支行。截至2010年末，全行总资产311亿元，各项存款余额274亿元，各项贷款余额181亿元，先后被各级各部门授予“中国服务业企业500强”、“全国行业纳税行业百强”、“中国经济百家诚信企业”、“全国支持中小企业发展十佳商业银行”、“全国小企业金融服务先进单位”、“全省小企业贷款工作先进单位”、“服务民营经济先进单位”等上百个荣誉称号。2010年确定了转变发展方式，走差异化、特色化道路的思路后，该行针对所辖支行，所处区域不同、客户群体需求差别大的特点，分别建立相应的商户金融服务、市民理财及消费信贷服务、三农金融服务等特色支行，并配套开发推出了“惠商贷”、“惠薪贷”、“惠农贷”等特色金融产品，满足客

临沂市委书记张少军视察临商银行

中国银行业协会专职副会长杨再平到临商银行考察

王傢玉董事长代表临商银行为学生捐赠奖学金

户的不同需求，受到广大客户的青睐，其中“惠商贷”被中国银行业协会评为“全国服务小企业及三农十佳特色金融产品”，“惠农贷”被中国银行业协会评为“全国服务小企业及三农十佳特优金融产品”。

客户经理考察营销

Hisense 海信　海信集团财务有限公司

公司简介

公司总经理　黄金萍

海信集团财务有限公司是经中国银行业监督管理委员会批准，于2008年6月正式成立的非银行金融机构。

海信集团财务有限公司以“立足集团、服务集团”为宗旨，充分发挥自身优势，集中管理集团资金，满足成员单位资金需求，提高资金使用效率。通过灵活运用各种金融工具，丰富业务品种，抓住市场机遇，有效地降低了集团整体的融资成本。成立三年来，培养了一支熟悉金融业务的专业人才队伍，通过专业化的运营，不断拓展业务领域。现已发展成为具备存、贷款，投、融资，消费信贷、买方信贷、债券承销等本、外币业务功能齐全的全方位综合型金融服务机构。

公司全面贯彻集团发展战略，积极应对宏观调控和金融形势变化，坚持审慎合规经营原则，努力夯实基础管理工作，加强内控制度建设，提升金融服务水平，经营业绩稳步提升，各项经营指标均优于监管要求。

公司作为连接企业集团与金融市场的桥梁与纽带，将为集团的发展壮大提供有力的支撑和保障。

海信集团财务有限公司召开2009年度股东会暨董事会

参加集团运动会合影

海信大厦全貌

东营市商业银行
DONGYING CITY COMMERCIAL BANK

东营市商业银行系在原东营市城市信用社基础上，于2005年9月挂牌成立的股份制商业银行。自成立以来，东营市商业银行牢牢树立“建设上市标准的精品银行、特色银行、和谐银行”的奋斗目标，深入贯彻审慎稳健的发展理念，抢抓机遇，改革创新，实现了又好又快发展。截至2011年9月末，全行员工615名，设异地分行1家，同城支行23家，异地支行1家，小企业专营中心1家，总行部门14个。全行资产总额达到240.01亿元，各项存款204.99亿元，各项经营指标位居全省城商行前列，连续获评山东省“良好银行”，连续三年被中国银监会认定为综合评级2级行，先后获得省市级“文明单位”、东营市“劳动关系和谐企业”、山东省“劳动关系和谐企业”、山东省“富民兴鲁劳动奖状”等荣誉称号。

中国银监会金融团工委宋宏谋书记视察东营市商业银行。

东营市商业银行与山东大学经济学院达成战略合作协议。图为石子强董事长访问山东大学经济学院。

近年来，东营市商业银行积极推动实施差异化、特色化发展战略，大力发展小企业业务、个人业务，加快建设特色化分支机构体系，战略转型初见成效。全省首批获准组建小企业专营中心，形成独具“东营特色”的小企业业务。积极发展个人业务，成功推出胜利卡、公务卡，上线“黄河e家”网上银行。跨区域经营取得硕果，滨州分行运行良好，邹平支行隆重开业，成为首家异地支行。当前，面对黄蓝两大国家战略在东营交汇相融的重大战略机遇，东营市商业银行将坚持“发展、特色、审慎、提升”的工作理念，全面实施差异化、特色化发展战略转型，争取利用3-5年的时间，基本建成以中小微企业和社区居民为主的市场定位特色、立足黄河三角洲地区的区域发展特色、决策执行高效灵活的业务运营特色等三大特色，逐步发展成为黄河三角洲地区中小微企业的首选银行和特定业务领域的定价银行，成长为黄河三角洲高效生态经济区和半岛蓝色经济区的名牌银行。

开展业务技能培训，提升服务水平。

全力支持地方经济发展。

举办室内运动会，丰富员工文体生活。

招商银行日照支行

招商银行成立于1987年4月8日，是我国第一家完全由企业法人持股的股份制商业银行。经过20多年的发展，发展成为一家具有一定规模与实力的全国性商业银行。

近年来，招行的总资产利润率、股本回报率、加权风险资产利润率、成本收入比例等重要经营指标均位居国内银行业前列。招商银行也是中国银行业中公认的品牌形象最好的银行之一，在权威媒体和有关机构组织的各类调查评选中，获得中国最佳零售银行、最具社会责任企业、影响中国的十大品牌、中国客户关怀标杆企业等百余项殊荣，招行信用卡还入选哈佛商学院经典案例。

行长当大堂经理

2008年12月22日，招商银行日照支行盛装开业，这是日照、青岛两市提出“一体化”发展思路以来第一家进驻日照的全国性股份制商业银行。日照支行成立以来，秉承一贯的“因您而变”的服务理念，为港城人民提供优质、高效、温馨，便捷的服务。截至2011年6月末，日照支行总资产已达33亿元，各项存款余额28亿元，贷款余额23亿元。

金葵花少儿绘画比赛

自成立以来，招商银行日照支行始终坚持弘扬“拼搏、创新、奉献”的招银精神，竭诚为社会各界和公众提供优质高效的全方位金融服务，全力支持当地经济社会发展，努力创办“科技领先、管理先进、服务一流、信誉卓著”的现代化商业银行。

组织员工参加植树节活动

支行办公大楼

济南分行
JINAN BRANCH

中信银行济南分行党委书记、行长侯训义出席“对接黄河三角洲（东营）高效生态经济建设——中信银行外汇业务战略客户高层论坛”并讲话。

中信银行创立于1987年，是我国改革开放中最早成立的新兴商业银行之一。总行设在北京。截至目前，中信银行已在全国60个大中城市设立了600多家分支机构，与世界100多个国家的1500多家银行建立了代理行关系，业务遍及全球。

2006年12月25日，中国银监会正式批准中信银行整体改制为股份有限公司。2007年4月27日，中信银行股份有限公司在上海、香港同步上市。在由《金融时报》社、社科院金融研究所联合举办的中国金融机构金牌榜评选中，中信银行蝉联2009年、2010年“最佳股份制商业银行”殊荣，是唯一一家连续两年荣获此项殊荣的股份制商业银行。2010年，国际金融界权威杂志英国《银行家》按一级资本排名，中信银行排名全球银行第67位，蝉联国内中小商业银行之首，居中国银行业第六位。按总资产排名，中信银行位居世界银行第72位。

中信银行济南分行成立于1994年5月，位于济南市泺源大街150号中信广场，目前下辖淄博、济宁、东营三个二级分行和12家同城机构，是总行直属省级管辖行。截至2010年12月31日，存款余额本外币合计460.76亿元，贷款余额本外币合计285.75亿元。

2010年，中信银行济南分行荣获《大众日报》“百姓口碑最佳荣誉单位”、《山东商报》“山东金融卓越品牌”、《济南时报》“济南金融业最具市场创新力企业”、《生活日报》“山东十佳金融企业”等殊荣。

中信银行秉承“承诺于中，至任于信”的经营理念，鼎力支持地方经济建设，更以优质的金融产品和完善服务支持社会财富进程，已成为地方经济发展、企业成长壮大、居民财富增长的支持力量。

中信银行蝉联2009年、2010年“最佳股份制商业银行”殊荣，是唯一一家连续两年荣获此项殊荣的股份制商业银行。

2010年6月24日，中信银行济南分行与山东钢铁集团有限公司签署战略合作协议。

2010年3月9日，中信银行济南分行与山东统一银座商业有限公司成功举行战略合作签约仪式。目前，该行已在84家统一银座超市布设自助银行，遍及济南地区主要繁华地段及社区。

2010年11月10日，中信银行东营分行盛大开业。

菏泽金融

2010年，在国内外经济形势极其复杂的情况下，菏泽市金融部门以加快菏泽发展为己任、以信贷结构调整为重点，积极贯彻落实适度宽松的货币政策，不断加大对实体经济的支持力度，促进了菏泽经济发展方式转变和企业经济效益的明显提高，实现了经济金融的协调、可持续发展。12月末，金融机构本外币各项存款余额1092.56亿元，比年初增加192.57亿元，增长21.40%，各项贷款余额803.47亿元，比年初增加140.75亿元，增长21.24%。

人民银行菏泽市中心支行行长刘洪来深入企业调研

中国人民银行菏泽市中心支行

行长 刘洪来

中国人民银行菏泽市中心支行积极贯彻落实国家各项宏观调控政策，通过组织开展银企洽谈会、信贷服务企业行、“创新金融服务支持菏泽经济发展”研讨会等活动，引导金融机构在“转方式、调结构”的同时加大对实体经济的支持力度；加强对银行业金融机构的开业管理和运营管理，完善对银行业金融机构的综合评价办法，促进辖区金融稳健高效运行；加大金融产品和服务创新，加强农村支付环境和农村信用体系建设，金融服务水平不断提高。

中国农业发展银行菏泽市分行

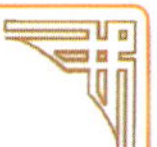

行长 单民生

中国农业发展银行菏泽市分行成立于1996年，是菏泽市唯一的政策性银行。15年来，该行致力于打造现代农业政策性银行，在和谐中奋进，在奋进中前行，服务水平全面提升，各项业务快速发展。2010年末，贷款余额达到117亿元，规模连续6年扩大；不良贷款率从2005年末的25.94%下降到2010年末的5.92%。2010年实现账面盈利1.58亿元，实现了从亏损大行到全省农发行系统盈利大行的跨越。

中国工商银行股份有限公司菏泽分行

行长 王世明

中国工商银行股份有限公司菏泽分行现有从业人员870人，下辖19个支行、27个营业网点。近年来，该行加快推进经营转型，不断增强经营活力，各项业务得到长足发展。2010年末，全行各项存、贷款总额以及利润总额在全市大型国有商业银行保持领先地位，是全市最大的法人客户贷款、住房开发贷款、个人按揭（消费）贷款及小企业贷款行，拥有全市最多对公、个人存款客户，实现了速度规模与质量效益同步增长。

中国农业银行股份有限公司菏泽分行

行长 白明

2010年，中国农业银行股份有限公司菏泽分行立足区域实际，围绕菏泽“五大基地一大产业”，加快产品和服务创新，在支持煤炭、高速路桥、化工等重大基础设施和大项目建设和服务“三农”、支持地方中小企业做大做强等方面做出了积极的努力。在保持市级“文明系统”的基础上，又被市总工会、市文明委授予“创建学习型组织”先进单位，行长白明获“菏泽市劳动模范”荣誉称号；郓城支行被授予“全国农行精神文明建设工作先进单位”。

中国银行股份有限公司菏泽分行

行长 李波

中国银行股份有限公司菏泽分行现有20个支行、3个分理处。该行突出从严治行，加强风险控制、强化优质服务，连年被评为“山东省职业道德建设先进单位”，营业部被全国银行业协会授予“文明规范服务示范单位”荣誉称号。在2010年度全市行风评议中，该行荣获金融行业第一名。在今后的工作中，该行将继续加大对地方经济支持力度，不断提升服务水平，为全市各界客户提供高效、专业、优质的金融服务。

中国建设银行股份有限公司菏泽分行

行长 郝子建

中国建设银行股份有限公司菏泽分行坚持以服务地方经济发展为中心，始终秉承“与客户同发展，与菏泽共繁荣”的经营理念，充分利用国家信贷政策，积极履行企业公民责任，全力支持地方经济发展，为菏泽“五大基地一大产业”和鲁南经济带开发建设作出了积极贡献。先后荣获“省级文明单位”、“全国银行业文明规范服务示范单位”、“全国三八红旗集体”等多项荣誉称号。

山东省农村信用社联合社菏泽办事处

主任 张敬节

山东省农村信用社联合社菏泽办事处现辖9家县（区）联社，共有营业网点372个，在职从业人员5866人。2010年，菏泽市农村信用社以“保增长、防风险、促发展”为出发点，突出发展主题，加快改革创新，强化内部管理和案件防控，真抓实干，全力推动，实现了又好又快发展。菏泽办事处被评为省级“文明单位”，新农村农民按揭贷款受到了中央电视台《聚焦三农》等媒体的关注与好评。

中国邮政储蓄银行菏泽市分行

行长任之国

中国邮政储蓄银行菏泽市分行自2008年3月9日成立以来，对公存款和对公结算业务全面铺开，小额贷款、个人商务贷款、房屋按揭贷款和小企业贷款业务为广大客户提供了有力的资金支持。该行深入推进网点转型，加快网点建设改造，加大自助设备的投放力度，着重提升服务能力，先后被评为“市级文明单位”、“山东省第八届消费者满意单位”、“菏泽市劳动关系和谐企业”等。

莱商银行菏泽分行

行长 任绪翠

莱商银行菏泽分行是菏泽市首家、目前唯一一家股份制商业银行，2008年4月12日正式挂牌成立，被菏泽市政府命名为“菏泽人民自己的银行”。辖内设郓城支行、牡丹支行、开发区支行、单县支行、曹县支行五家营业网点以及分行营业部、业务部、综合部、风险管理部四个职能部室。市场定位于服务地方经济、服务中小企业、服务城乡居民。

中国人民财产保险股份有限公司菏泽分公司

总经理 王保清

中国人民财产保险股份有限公司是国内最大的非寿险公司，与共和国一起走过了62年的光辉历程，2010年人保集团跃居世界500强288位。人保财险菏泽市分公司自1984年正式恢复业务以来，致力于服务当地社会经济发展，致力于保险保障功能的发挥，服务领域不断拓宽，经济实力不断增强。2010年，菏泽人保财险公司实现保费收入3.33亿元，上缴地方税收1767.8万元，占据40%的市场份额。

中国人寿保险股份有限公司菏泽分公司

总经理 赵旭东

中国人寿保险股份有限公司菏泽分公司内设10个部室，下辖9个县区支公司、114个农村营销服务部、近300个代理网点，主要经营人寿保险、意外保险、健康保险三大类180多款保险产品，为客户提供风险评估、理财指导、产品咨询、销售投诉、出险理赔等保险保障服务。2010年，实现保费收入12.96亿元，比2009年增长15.41%，继续保持在菏泽寿险市场的领先地位。

中国太平洋财产保险股份有限公司菏泽中心支公司

总经理 袁庆军

中国太平洋财产保险股份有限公司菏泽中心支公司成立于2002年7月12日，位于菏泽市黄河东路2999号，下辖10家支公司和机动车营销服务部等11个机构，全市拥有管理人员63人，营销人员303人。该公司认真落实、实践科学发展观，坚持以发展为目标、以效益为中心、以合规为重点、以管理为保障的稳健经营模式，积极开展争先创优活动，取得了优异的成绩。

齐鲁证券有限公司菏泽中华路证券营业部

总经理 邵德玉

齐鲁证券有限公司菏泽中华路证券营业部位于菏泽市中华路298号，营业部代理沪、深两市的证券买卖，代理还本付息、分红派息、证券代保管签证，代理登记开户和经中国证监会批准的其他业务。投资者可开展股票、基金、权证、债券等投资理财买卖交易，有柜台委托、现场自助委托、驻留委托、网上委托、电话委托等交易方式。与工、农、中、建四大国有银行开通了银证转账业务，确保客户安全高效地参与证券投资。

中信万通证券有限责任公司菏泽分公司

总经理 赵祥欣

中信万通证券有限责任公司由中信证券股份有限公司控股重组原万通证券有限责任公司后于2004年设立的，注册资本8亿元。2010年4月13日，菏泽营业部开业，主要经营范围报告代理深沪A股、B股交易及权证交易，代理基金（封闭式基金、开放式基金）国债交易，代理深沪国债现货及回购交易，代办沪深A、B股票账户卡，证券投资咨询与信息服务等。

中国平安财产保险股份有限公司青岛分公司

党委书记、总经理　李小安

中国平安通过旗下各专业子公司及事业部，即保险系列的中国平安人寿保险股份有限公司（平安人寿）、中国平安财产保险股份有限公司（平安产险）、平安养老保险股份有限公司（平安养老险）、平安健康保险股份有限公司（平安健康险），银行系列的平安银行股份有限公司（平安银行）、平安产险信用保证保险事业部（平安小额消费信贷），投资系列的平安信托投资有限责任公司（平安信托）、平安证券有限责任公司（平安证券）及中国平安证券（香港）有限公司（平安证券（香港））、平安资产管理有限责任公司（平安资产管理）及中国平安资产管理（香港）有限公司（平安资产管理（香港））、平安期货有限公司（平安期货）等，通过多渠道分销网络，以统一的品牌向超过5100万名个人客户和200万名公司客户提供保险、银行、投资等全方位、个性化的金融产品和服务。

中国平安财产保险股份有限公司青岛分公司业务范围覆盖青岛、淄博、潍坊、烟台、威海、日照、临沂七个地市，是平安产险设在山东半岛地区的省级管辖分公司，下辖三、四级机构68个，员工1700多名。

目前，青岛分公司经营的险种包括机动车辆保险、财产保险、飞机保险、家庭财产保险、建筑工程险、公众责任保险、医疗事故责任保险等主险 127 个，附加险200个。此外还根据市场需求适时推出家财宝、船舶污染责任险、林木火灾保险等新险种。公司成立 18 年来，业务发展突飞猛进，经营管理水平稳步提升，保费收入从01年的不到 2个亿发展到10年突破19个亿，市场份额稳居前三。首席承保青岛胶州湾海底隧道、青岛地铁一期工程三号线，参与承保青岛海湾大桥、山东海阳核电站，并与海尔、海信、澳柯玛等大型企业建立了战略合作关系，大项目承保能力持续提升。

新渠道地面宣传

青岛产险客服节开幕式：VIP客户家庭共绘百米长卷亲子活动。

世界无车日　健康爬楼梯

海尔集团财务有限责任公司
Haier Finance Co.,Ltd

海尔集团财务有限责任公司于2002年6月经中国人民银行批准成立并正式对外营业，是首批获准全部本外币业务经营范围的一家非银行金融机构，与商业银行等共同接受中国银行业监督管理委员会监管。

战略定位

全球化：资金集约管理中心

金融集成服务中心

产业协同利润中心

集团信用增值中心

战略愿景：产融协同 共生双赢

海尔精神：创造资源 美誉全球

海尔作风：人单合一 速决速胜

财务公司自成立以来，始终坚持海尔集团“全球化资金集约管理中心、金融集成服务中心、产业协同利润中心、集团信用增值中心”的战略定位，紧紧围绕集团产业开发金融市场，创新业务发展模式，为集团产业提供了优质高效的金融服务，协同产业共同发展。同时，公司自身的注册资本、业务品种、资产规模也不断的扩大，截至2010年12月末，注册资本增至15亿元，资产规模达到350亿元，位居全国财务公司同行业第9位，家电行业第1位，利润总额跻身全国财务公司行业前6强。

承接海尔集团“打造人单合一双赢模式下互联网时代的世界品牌”发展战略，为集团由制造业向服务业转型，提供全流程金融解决方案，成为集团美好住居生活的解决方案供应商的专业金融服务商，确定了“聚焦产业链金融创新，以金融资源换取客户/用户资源，成为驱动产业型财务公司”的发展战略。

行业评价

- 集团资金集中度100%，位居全国行业第一；
- 第一家开展集团经常项目外汇资金集中管理试点的企业集团财务公司；
- 第一家开展集团全球外汇资金集中管理的企业集团财务公司；
- 第一家实施境外放款的企业集团财务公司；
- 第一家地方非央企财务公司发行3A级金融债的企业集团财务公司；
- 首批实施电子银行承兑汇票试点的四家企业集团财务公司之一，至今仍保持全国电子银行承兑汇票签发笔数和金额行业第一。

服务地方经济 服务中小企业 服务城乡居民

莱商银行济南分行盛大开业

莱商银行是一家股份制商业银行，前身是莱芜市城市信用社。目前，莱商银行在山东济南和菏泽、江苏徐州各设立一家分行，在临沂平邑、泰安新泰各设立一家直属支行，在山东东营和河南南阳方城各发起设立一家村镇银行；并于2008年11月引入上海浦东发展银行作为战略投资者；2009年11月，投资入股德州银行，成为全国第三家为同业作战略投资者的城市商业银行。目前，莱商银行已具备了银监会规定的批量发行村镇银行的条件，跨区域经营的不断推进为打造鲁、苏、豫、冀、皖、晋的机构战略发展格局奠定了基础。

多年来，莱商银行坚持以服务地方经济发展为己任，把“支持有多大，发展有多快”作为最基本的发展理念，在机构拓展过程中，始终把地方经济发展作为经济效益的根本增长点，紧紧围绕当地政府的各项重大战略决策和工作重点开展工作，全力支持重点项目、重点工程建设，积极促进城建改造及医院、学校建设，实现了与当地经济的和谐互动。

莱商银行主动适应中小企业“短、频、快”的信贷需求特点，建立了灵活高效的中小企业服务机制，并倡导建立了“融资”与“融智”相结合的新型银企关系。自2002年起，分别以“诚信·合作·发展”、“体制·机制·规范”、“调整·膨胀·跨越”、“适应·创新·求变”为主题成功发起并主办了四次“中小企业发展论坛”。通过论坛这一形式，向广大中小企业传播诚信文化，引导企业科学管理，规范经营，创新发展，在广大中小企业不同的发展阶段发挥了良好的引领作用，真正实现了银企联手，双赢共荣。目前，莱商银行中小企业贷款占比80%，收息率始终保持在99%以上。

莱商银行全力践行社会责任，每年都积极参与各种公益事业和社会救助活动，先后出资在会展中心装修诚信国际报告厅、修建诚信路、冠名山东女排、赞助山东省第十三届广告节；积极为莱芜战役纪念馆及莱芜退役军人捐款，每年都热心参与“慈心一日捐”、“春蕾计划”、“希望工程”等活动，树立了良好的企业形象。

良好的经营业绩使莱商银行社会公信力不断提升，先后被授予“全国五一劳动奖状”、“全国守合同重信用企业”、“省级文明单位”、“中国银行业文明规范服务示范单位”等荣誉称号；连续6年被山东银监局评为“良好银行”，是目前银行业风险监管评级最高级别——二类行。在中国《银行家》研究中心颁布的近四年度全国城市商业银行综合竞争力排名中，莱商银行均名列前三位。中国社科院金融研究所和《金融时报》联合授予莱商银行2009年“年度最佳效益中小银行”、“2009-2010年度最具成长性中小银行”。2010年4月，李敏实董事长被评为“全国劳动模范”。

经过多年的规范发展、改革创新，莱商银行已经逐步成长为一家发展理念先进、公司治理完善、内部控制严密、管理机制高效、经营效益良好、具备强劲发展潜力的区域性品牌银行。

全国劳动模范、山东省十一届人大代表、莱商银行股份有限公司党委书记、董事长　李敏实

莱商银行荣获“最具成长性中小银行”

莱商银行举办中小企业论坛第四次会议

招商银行济南分行

招商银行济南分行成立于2000年10月19日，是总行设在山东的一级分行。目前已拥有烟台、潍坊、临沂3家二级分行，以及17家同城支行，31家离行式自助银行，经山东银监局批复同意，我行东营分行已开始筹建。

成立十年来，在山东省委、省政府的关怀和社会各界的大力支持下，招商银行济南分行植根齐鲁，契合山东经济发展战略，重点支持了山东电力、交通、通讯、高新技术开发、民营经济及城市基础建设等，十年累计发放贷款3000亿元，实现利润超过50亿元，上缴各类税收近22亿元。分行优良的业绩和快速发展的业务，在系统内被誉为“济南速度”。连续八年被总行评为系统内优秀分行，济南分行及辖属机构连续五年被山东银监局授予“良好银行”，并先后荣获“山东省富民兴鲁劳动奖状”、“山东省金融创新奖”、“优质文明服务单位”等多项荣誉。

济南分行将服务作为立行之本，秉承总行“因您而变”的服务理念，打造了享誉泉城的服务品牌。将合规作为业务发展的基石，同时加强员工合规意识，实现了“效益、质量，规模”的协调发展。将创新作为发展的动力源泉，从“一卡通”、“一网通”、“招行信用卡”、“金葵花理财”、“点金理财”、“银通关”、“私人银行业务”等一系列理财创新，实现了业务发展的新跨越。一直以来，招商银行济南分行将回报社会作为企业宗旨，积极承担企业公民义务，在扶贫、教育、环境保护、公共卫生等多个领域开展帮扶行动。十年间累计捐款突破230万元，为创建和谐社会做出了积极贡献。

经济金融数据研发
——金融地图

2010年全国各地区人均地区生产总值

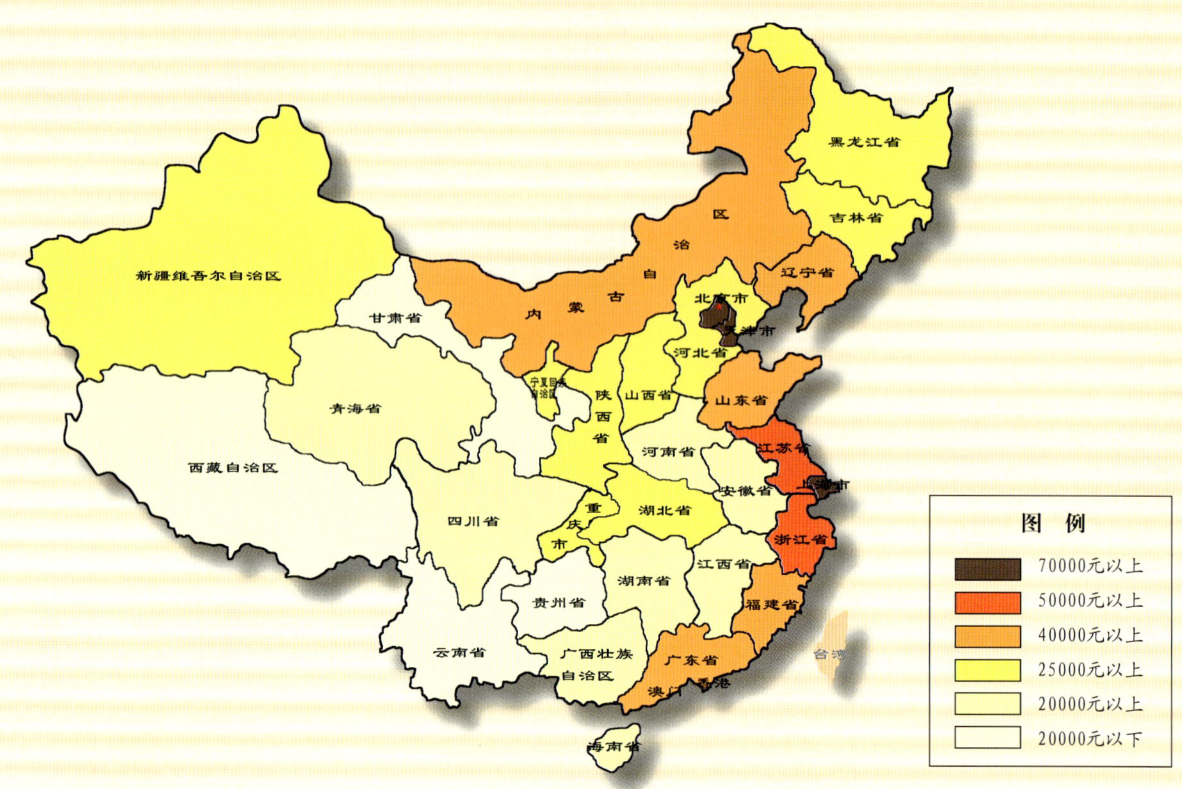

2010年全国各地区生产总值

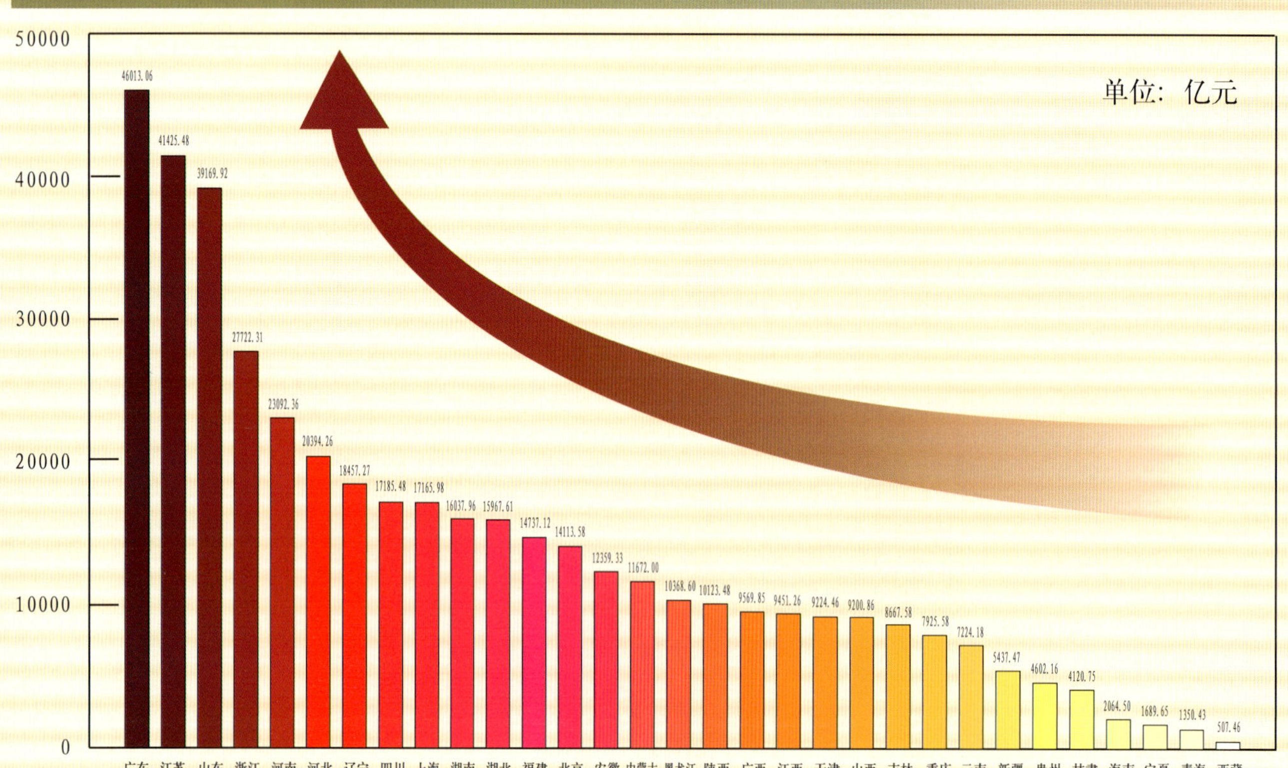

2000年全国各地区人均地区生产总值

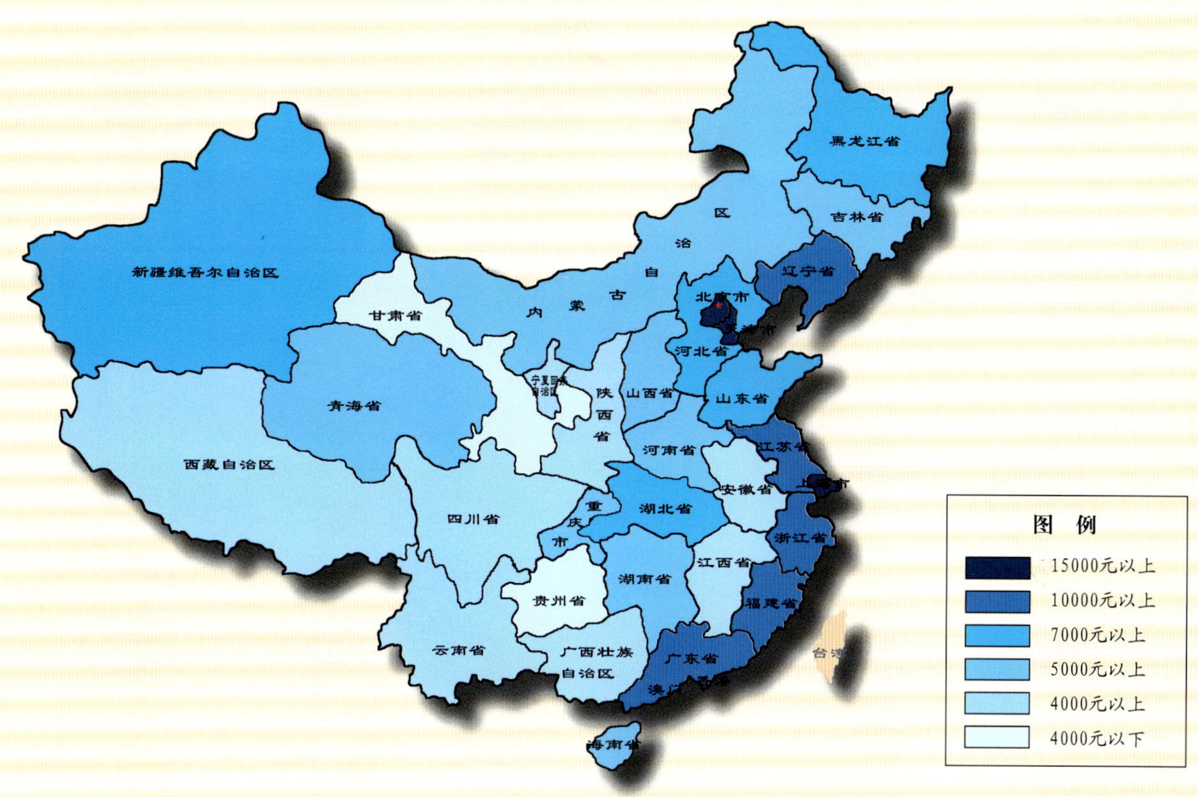

2000年全国各地区生产总值

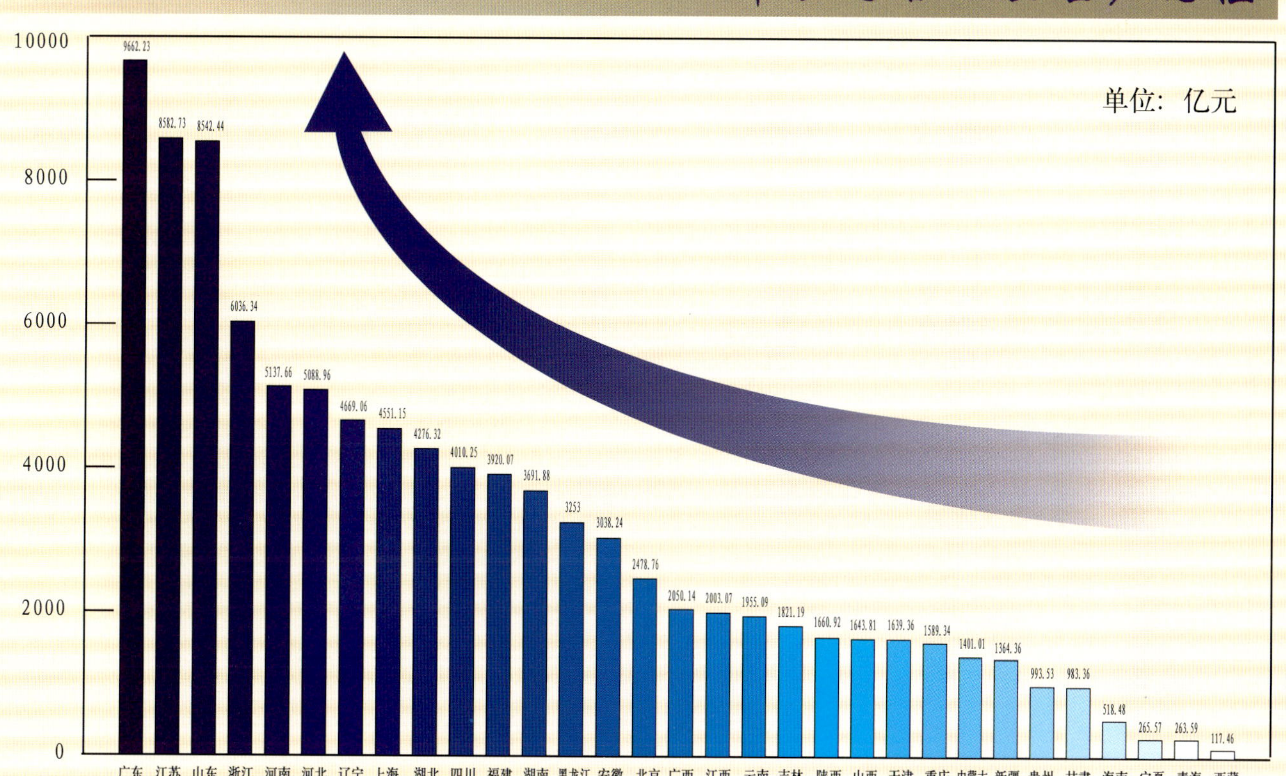

2010年山东省各市地人均地区生产总值

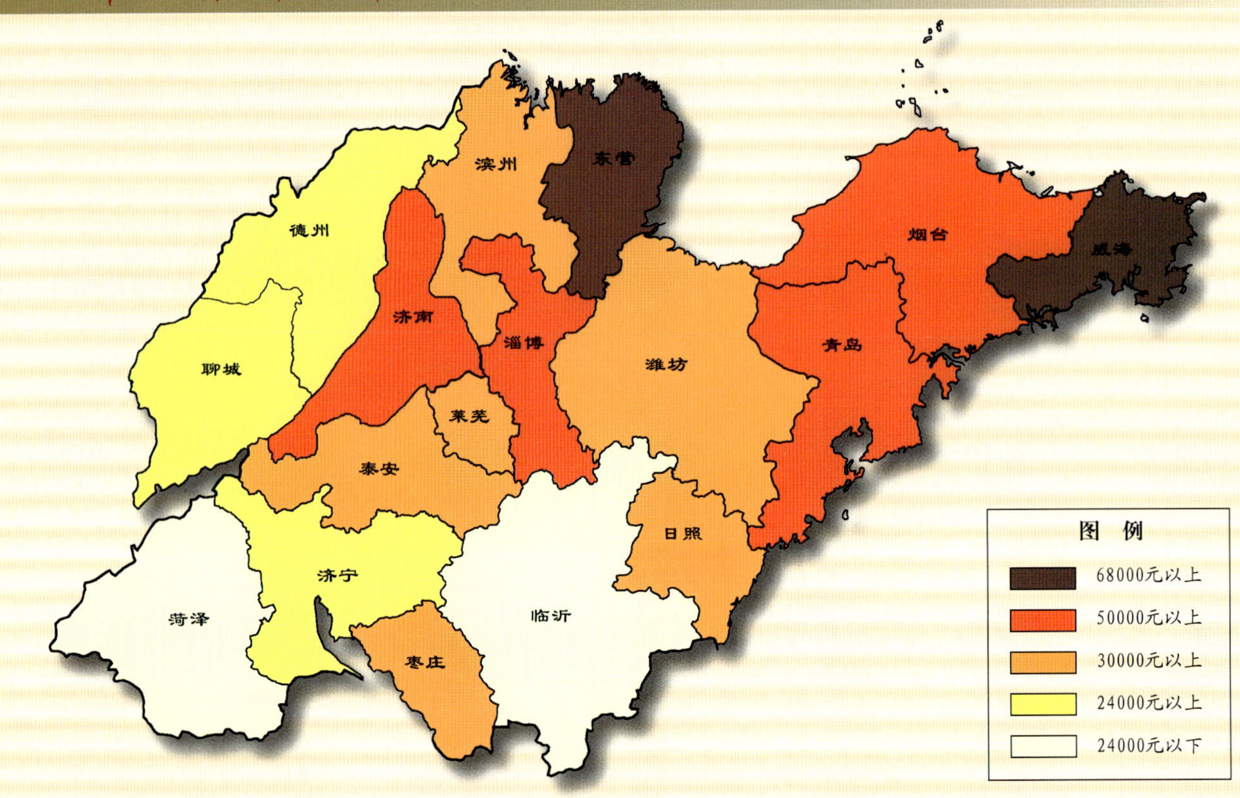

2010年山东省各市地地区生产总值

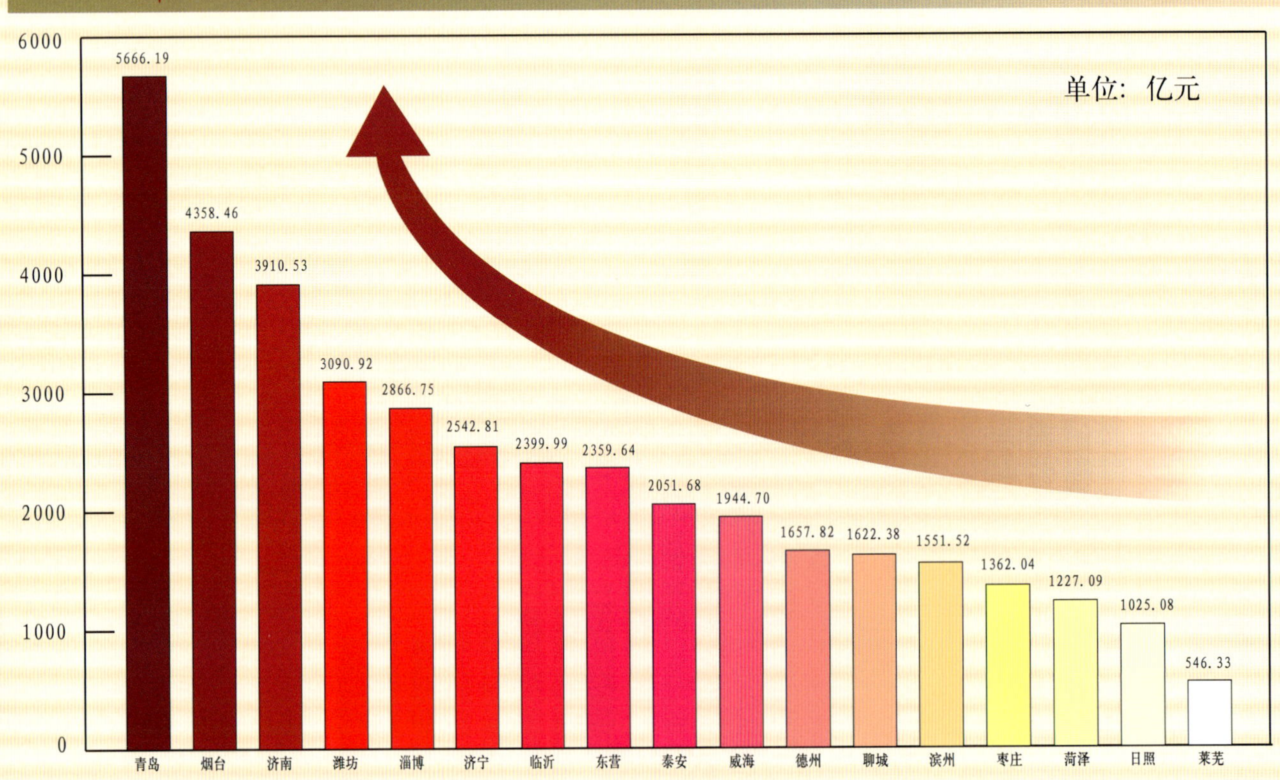

2000年山东省各市地人均地区生产总值

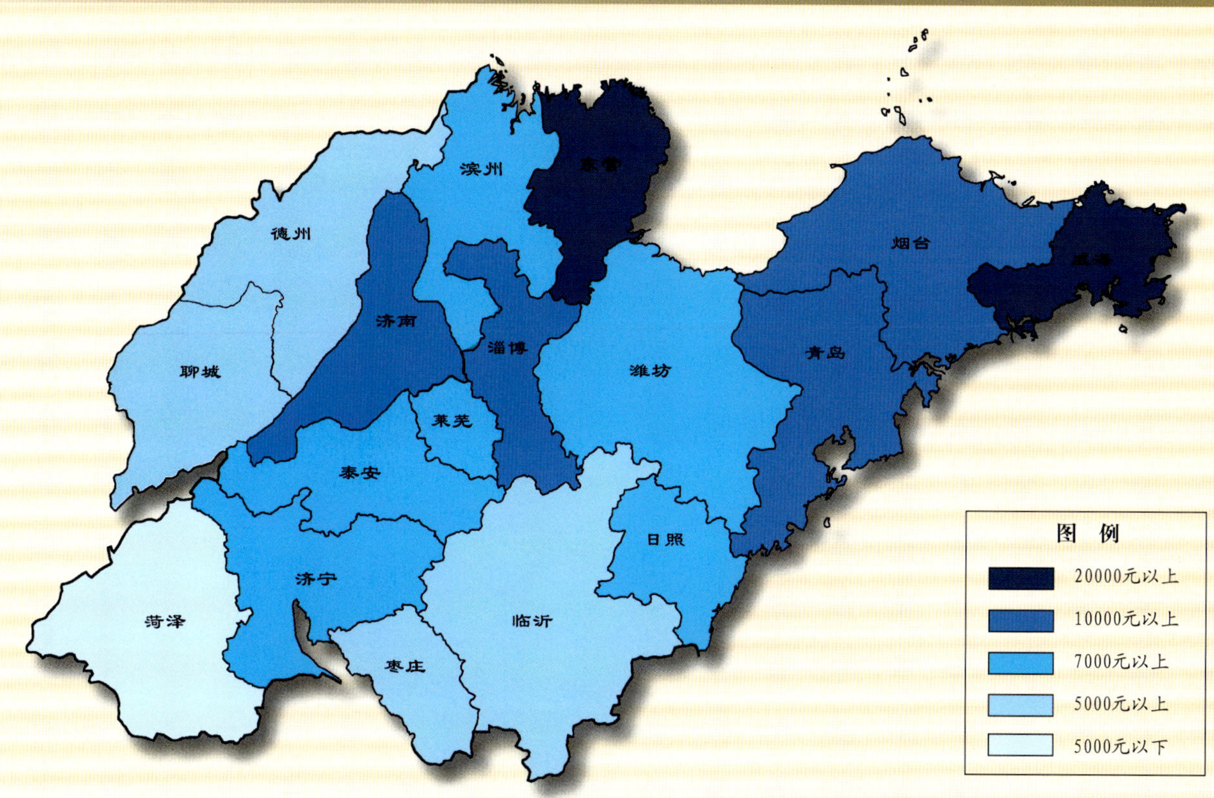

2000年山东省各市地地区生产总值

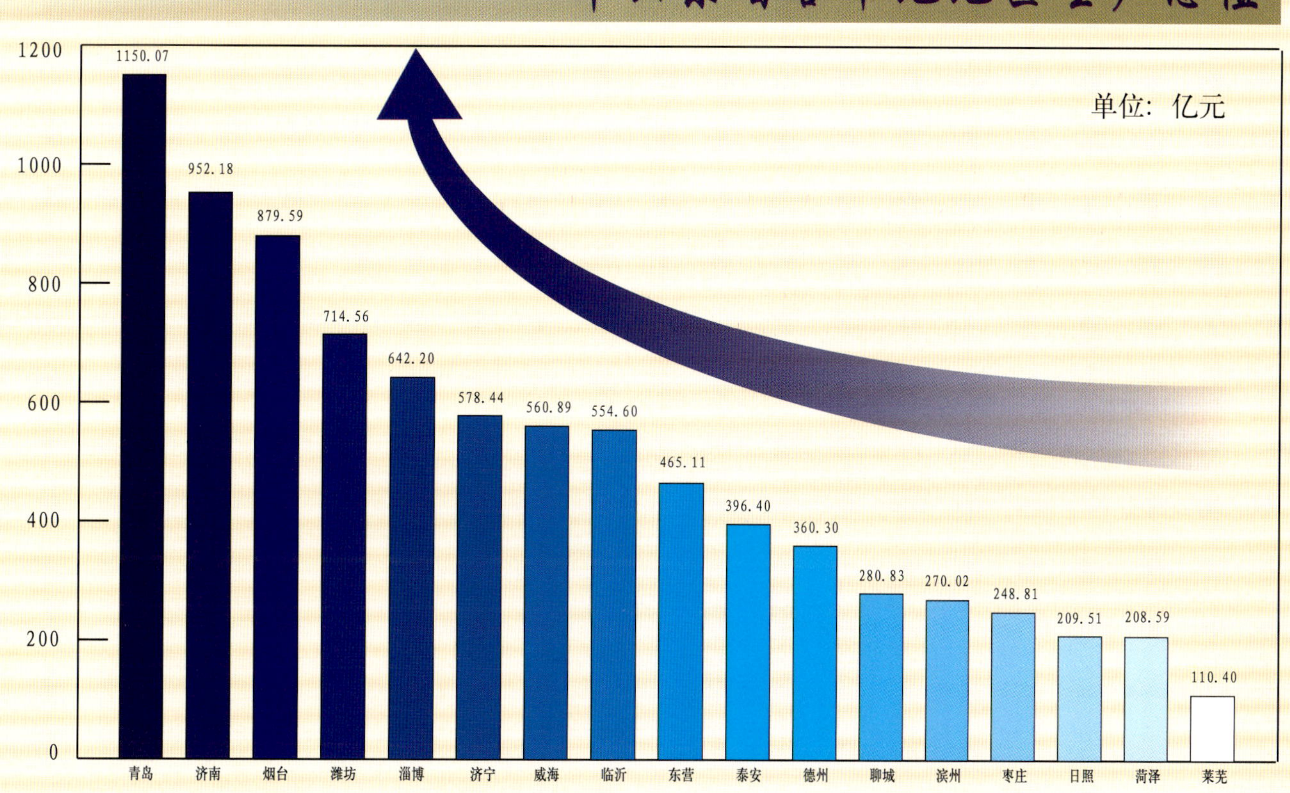

2010年全国各地区人均存款

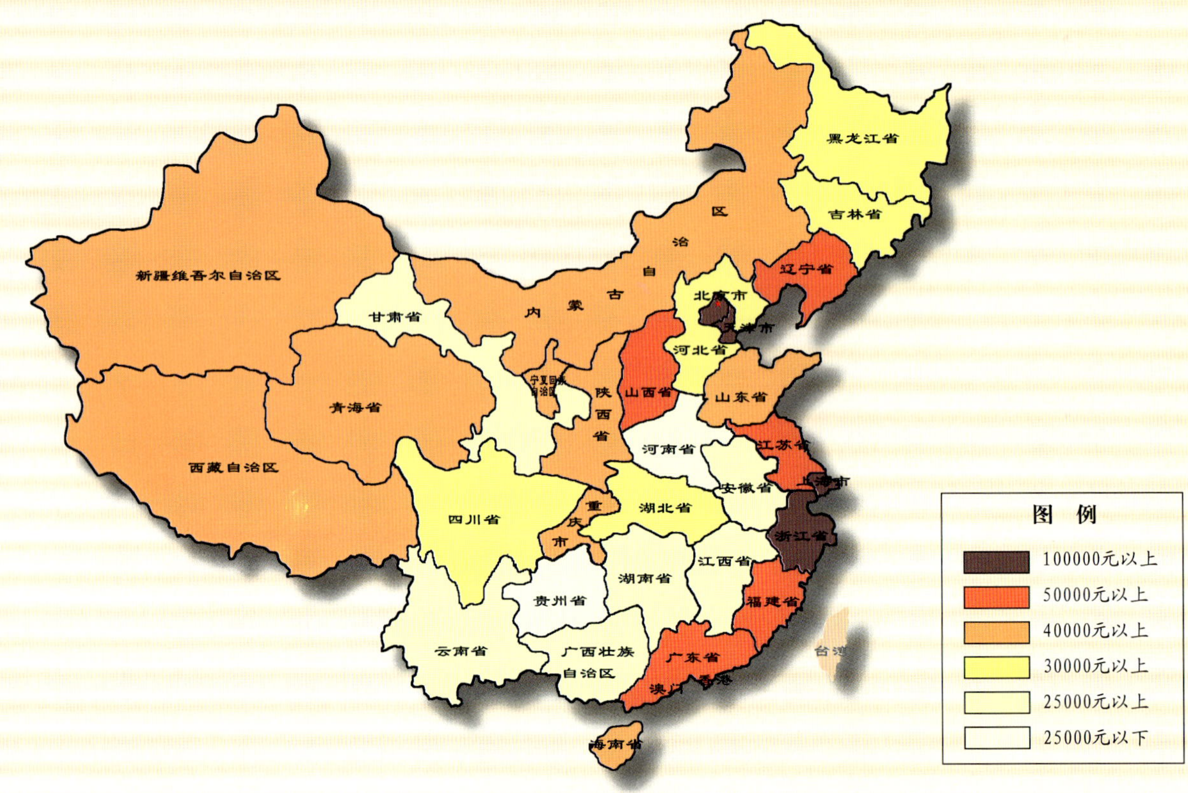

2010年全国各地区各项存款

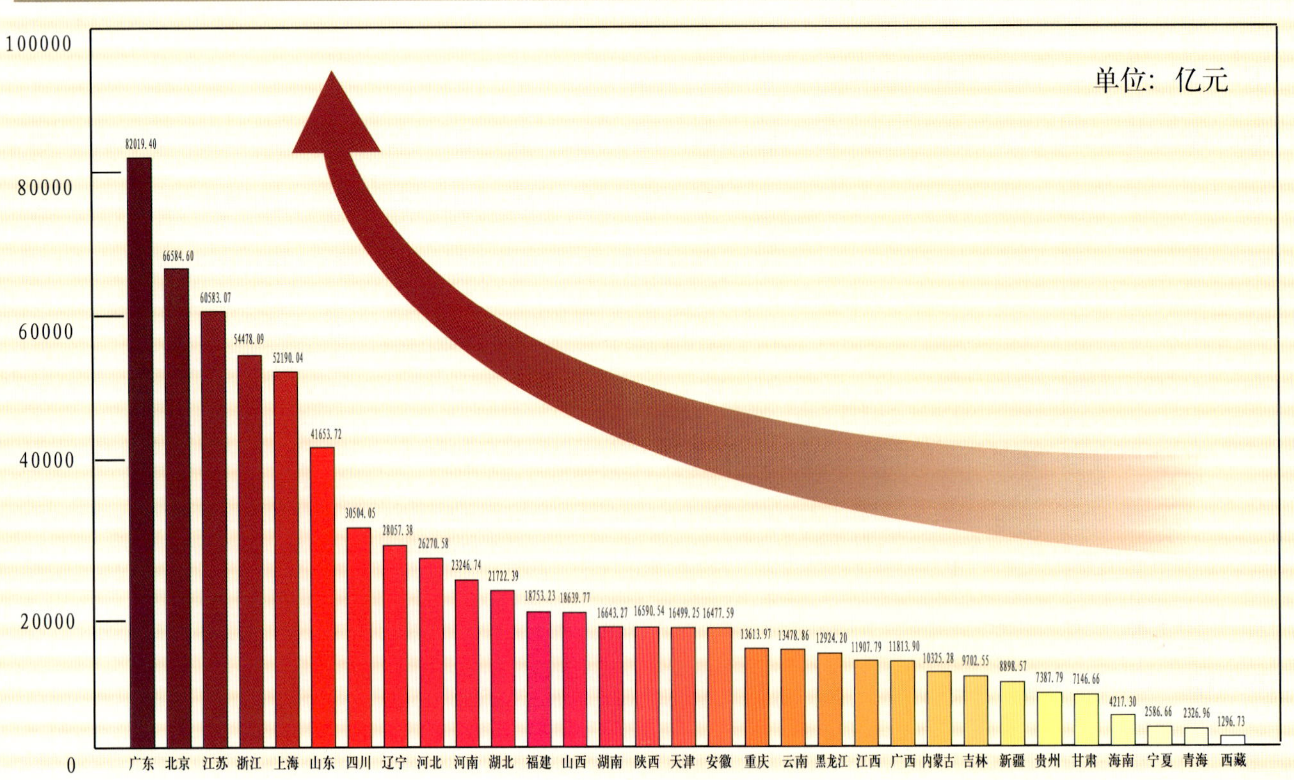

2000年全国各地区人均存款

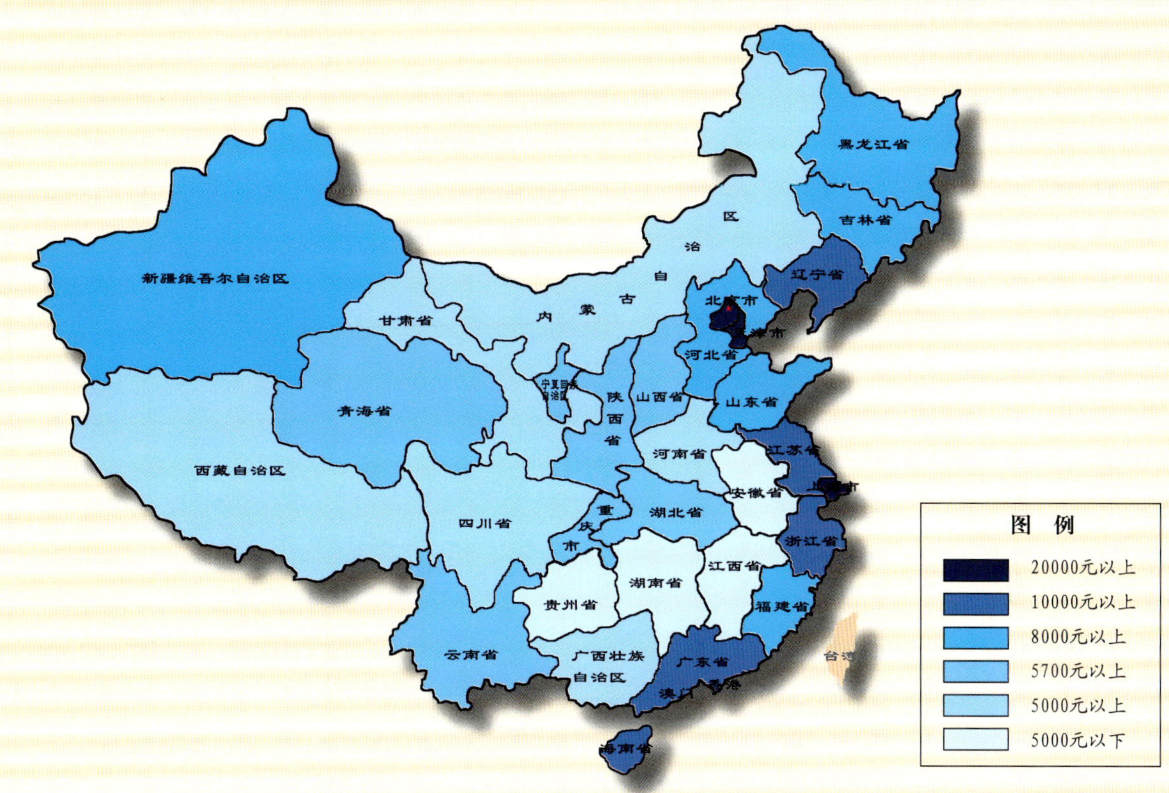

2000年全国各地区各项存款

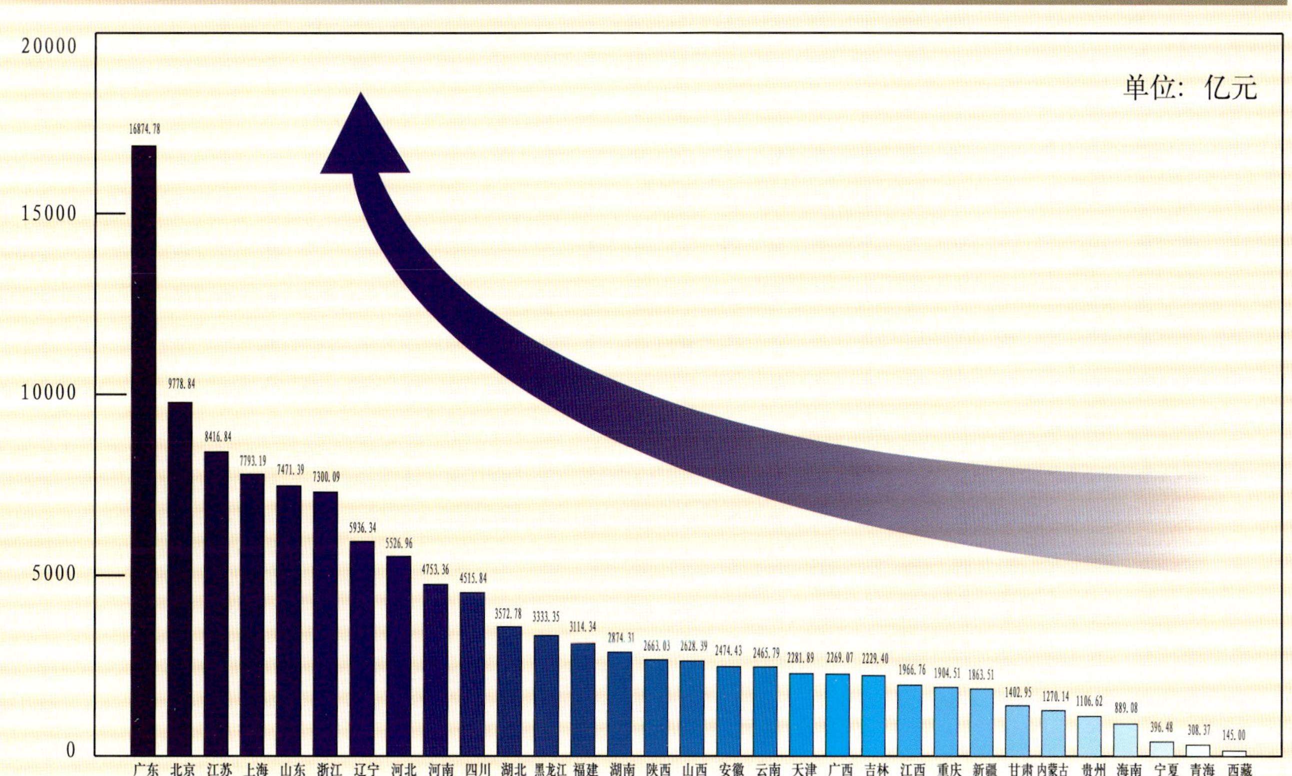

2010年山东省各市地人均存款

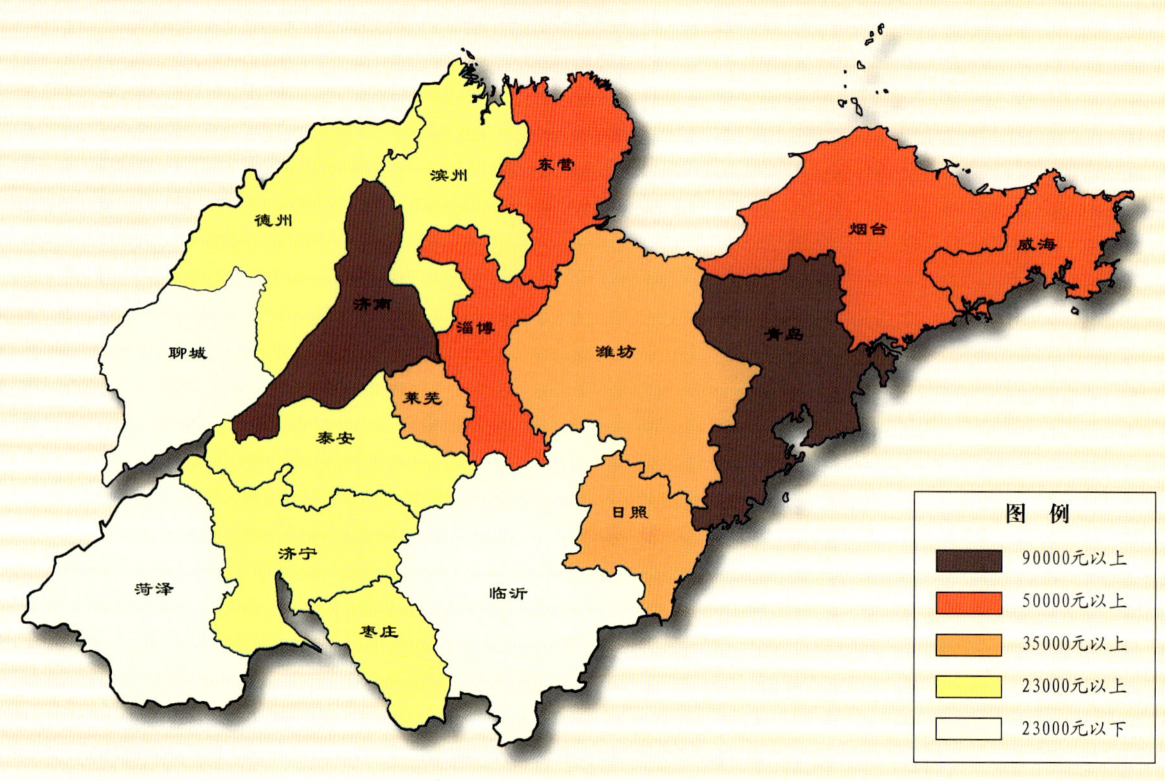

2010年山东省各市地各项存款

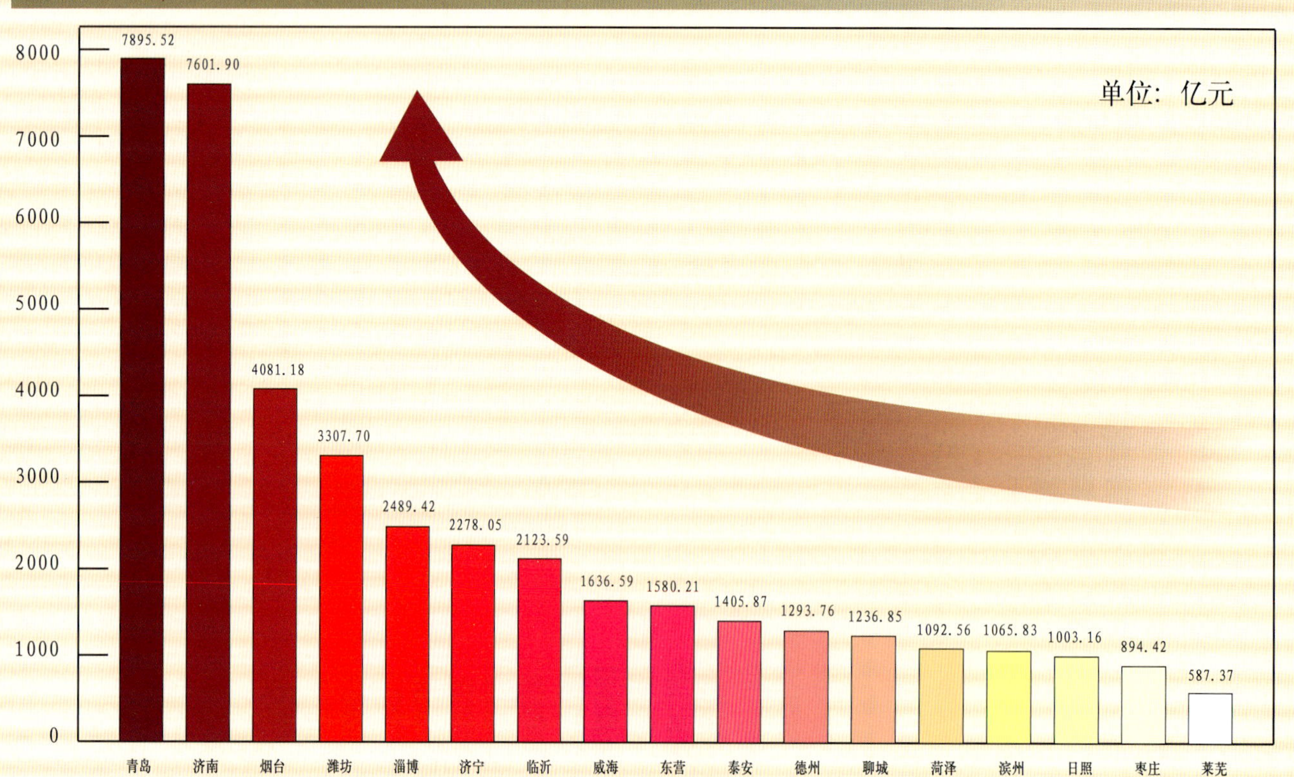

2000年山东省各市地人均存款

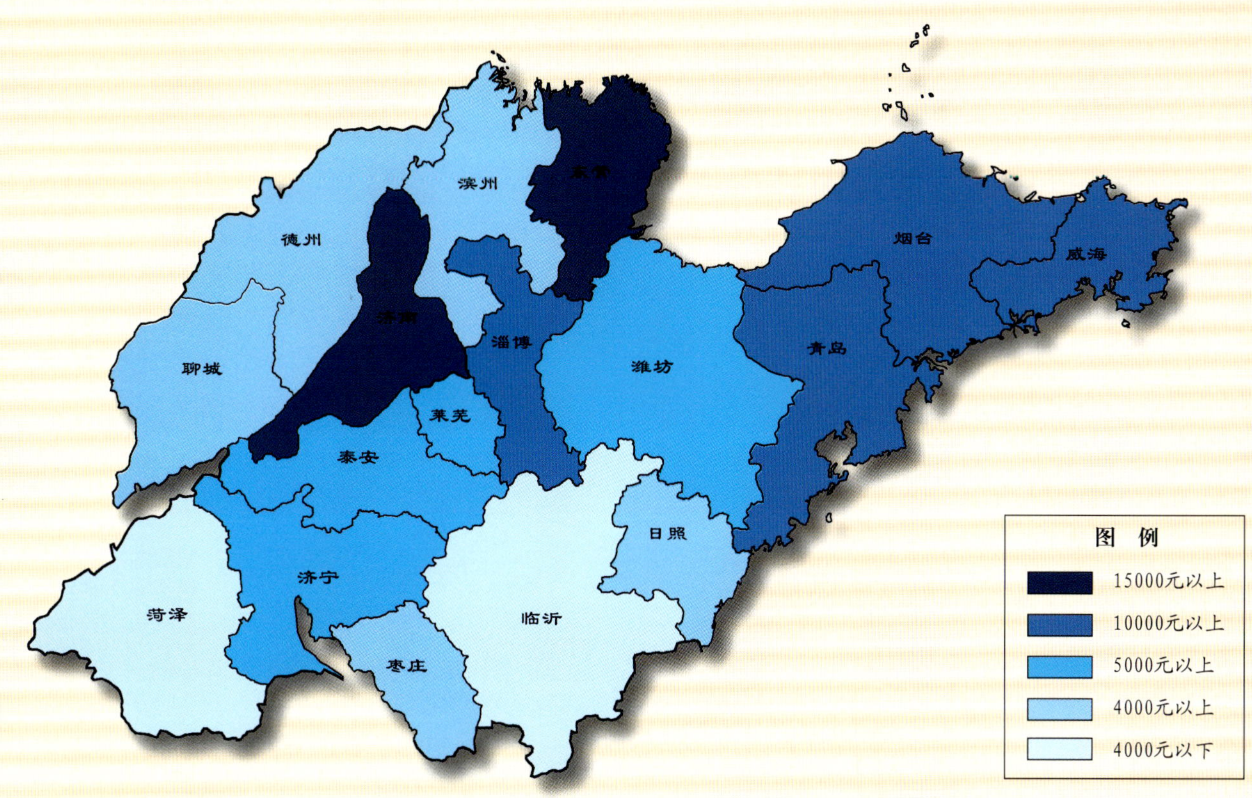

2000年山东省各市地各项存款

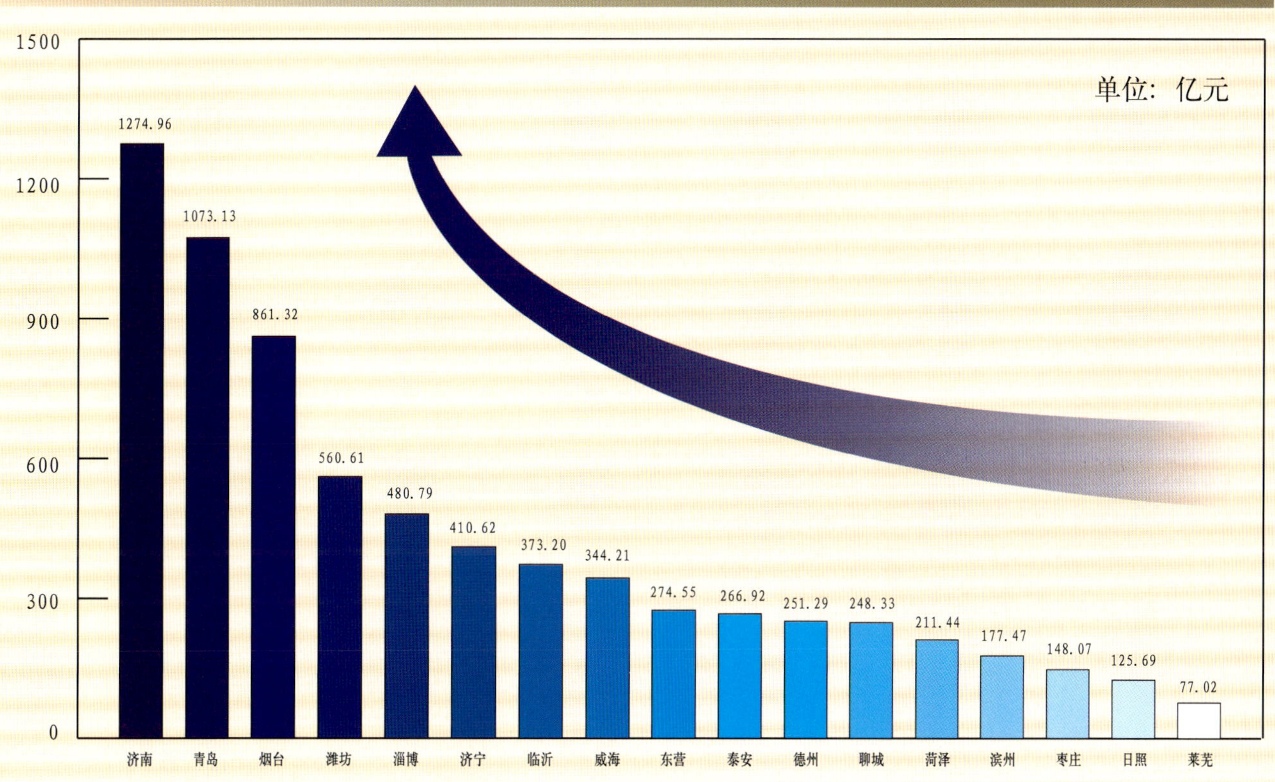

2010年全国各地区人均储蓄存款

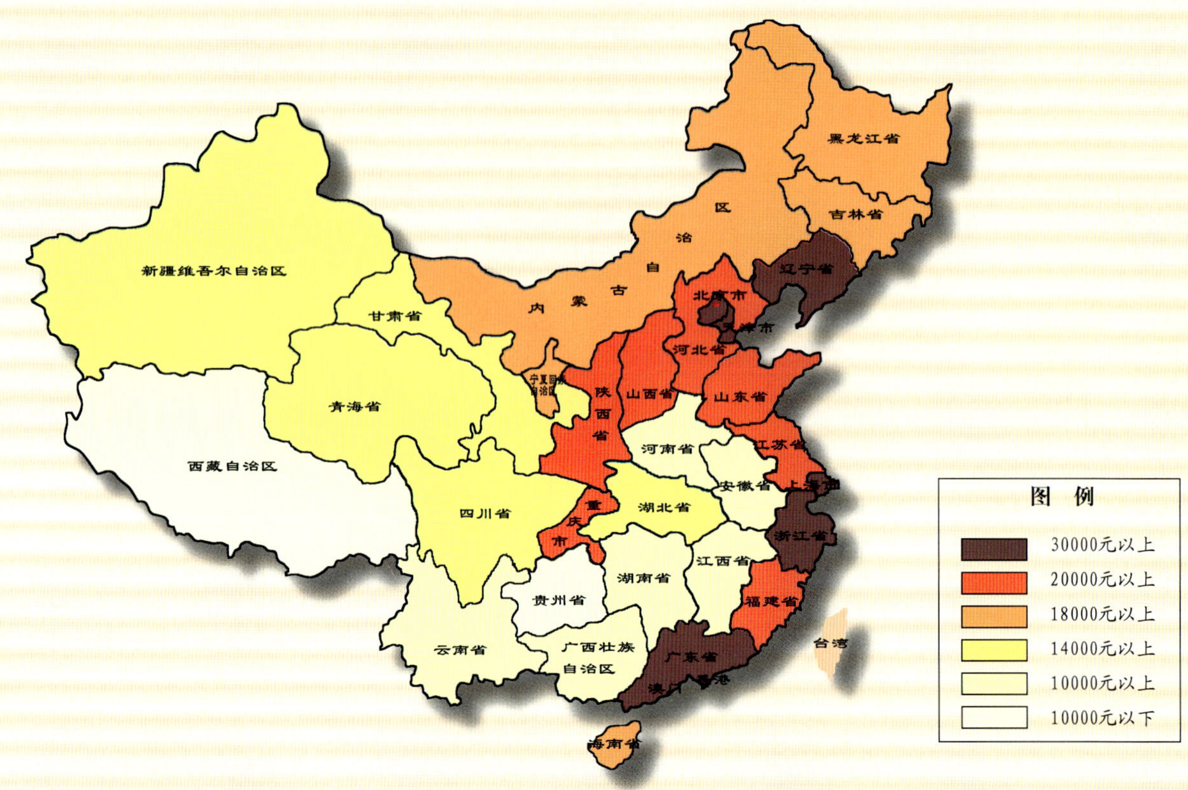

2010年全国各地区储蓄存款

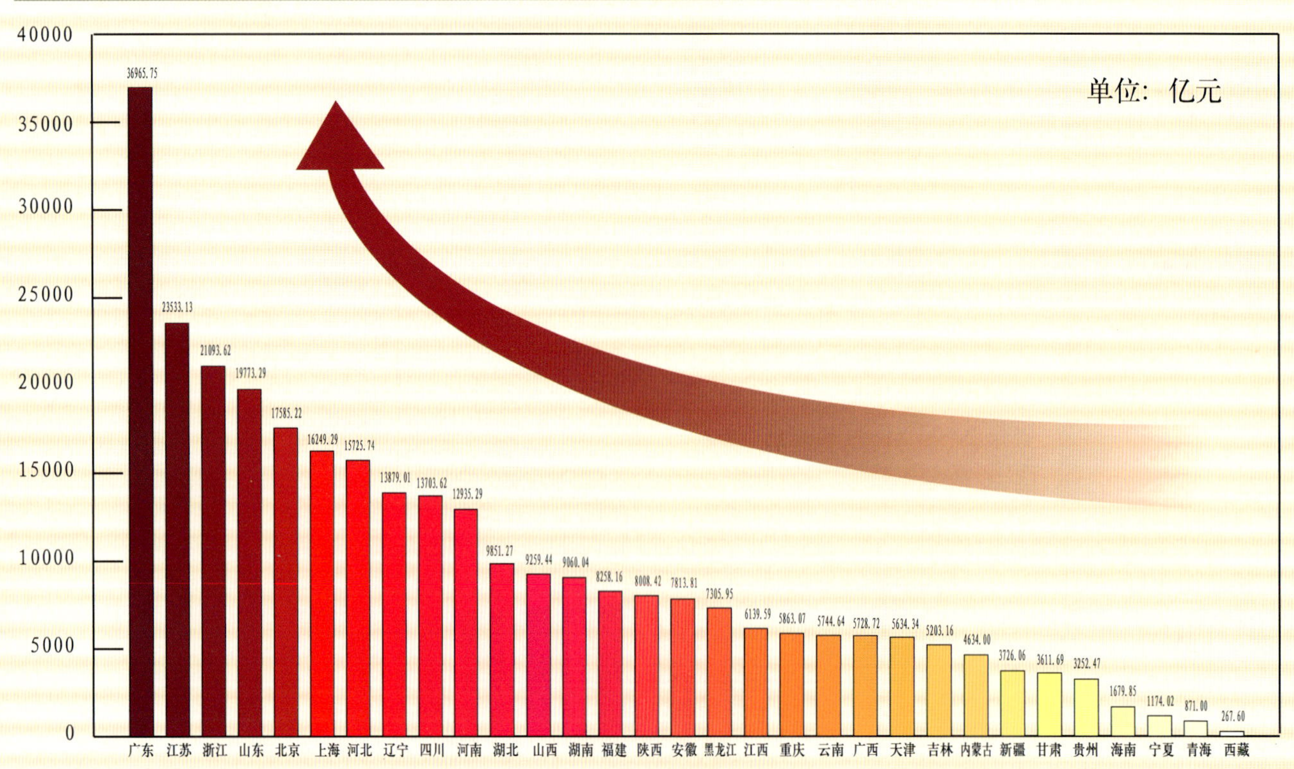

2000年全国各地区人均储蓄存款

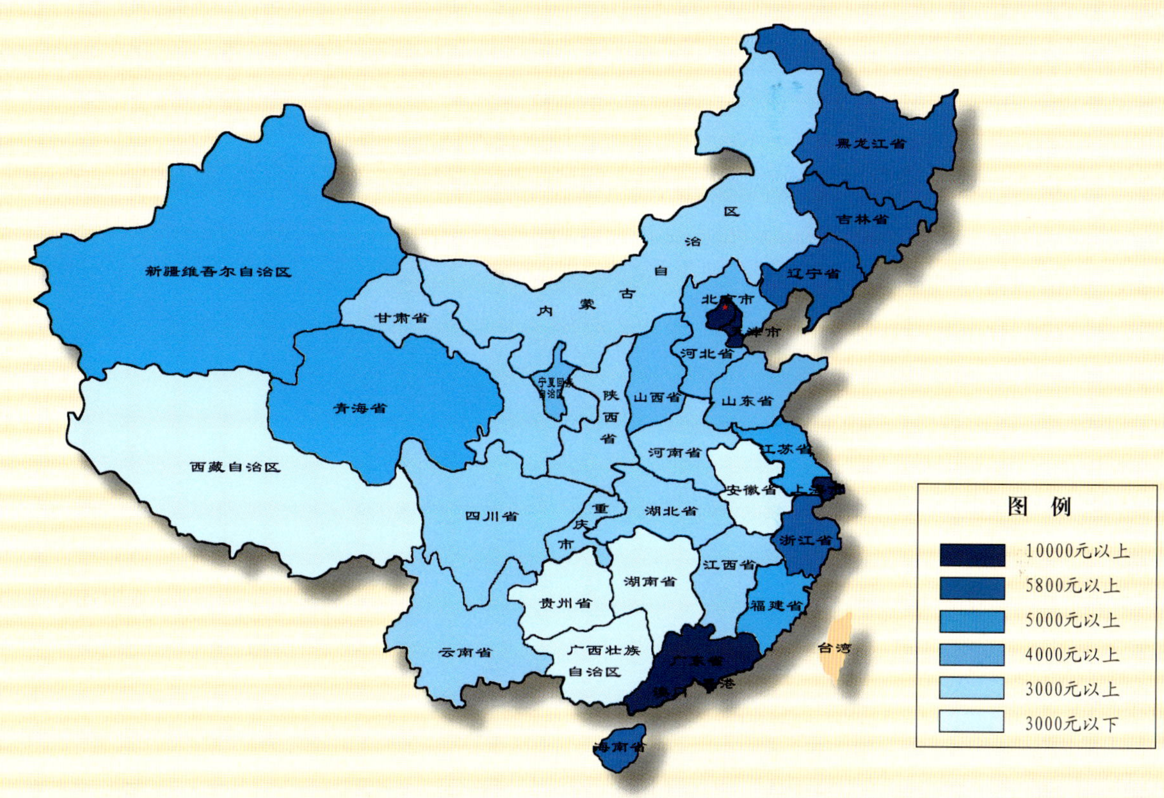

2000年全国各地区储蓄存款

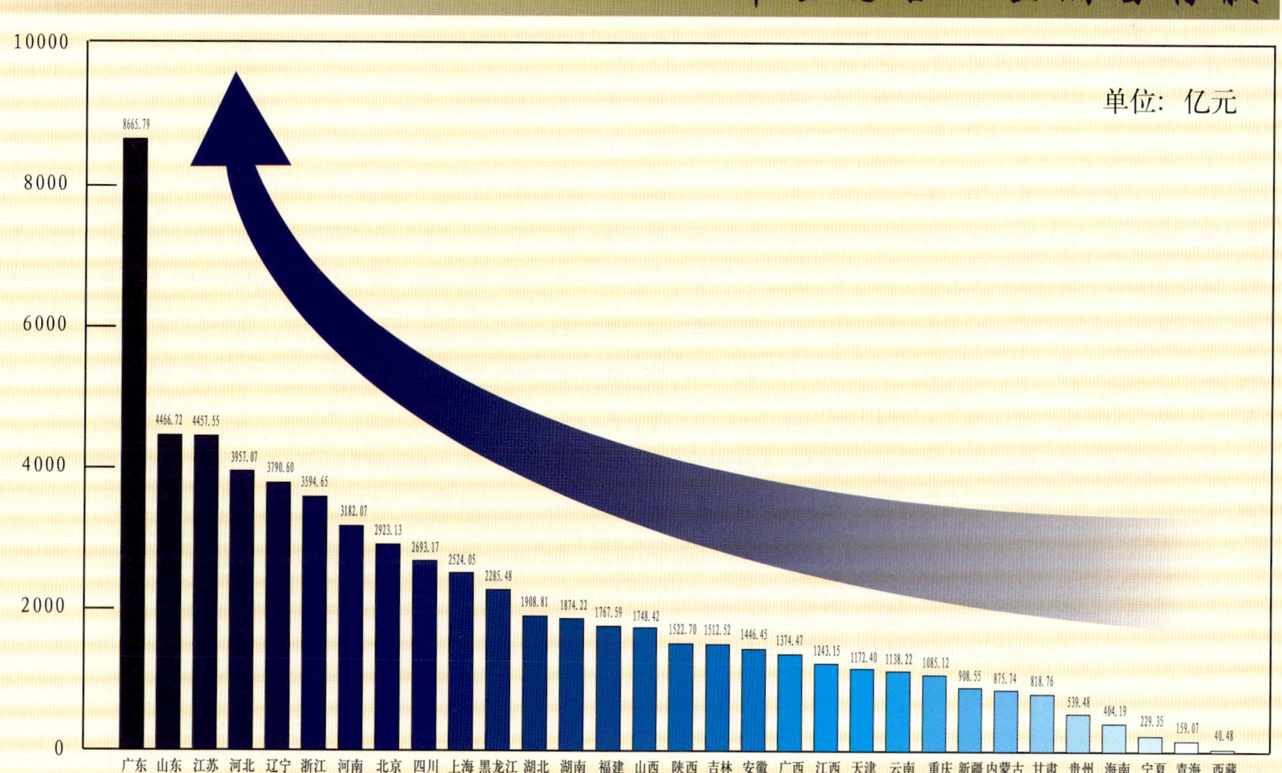

2010年山东省各市地人均储蓄存款

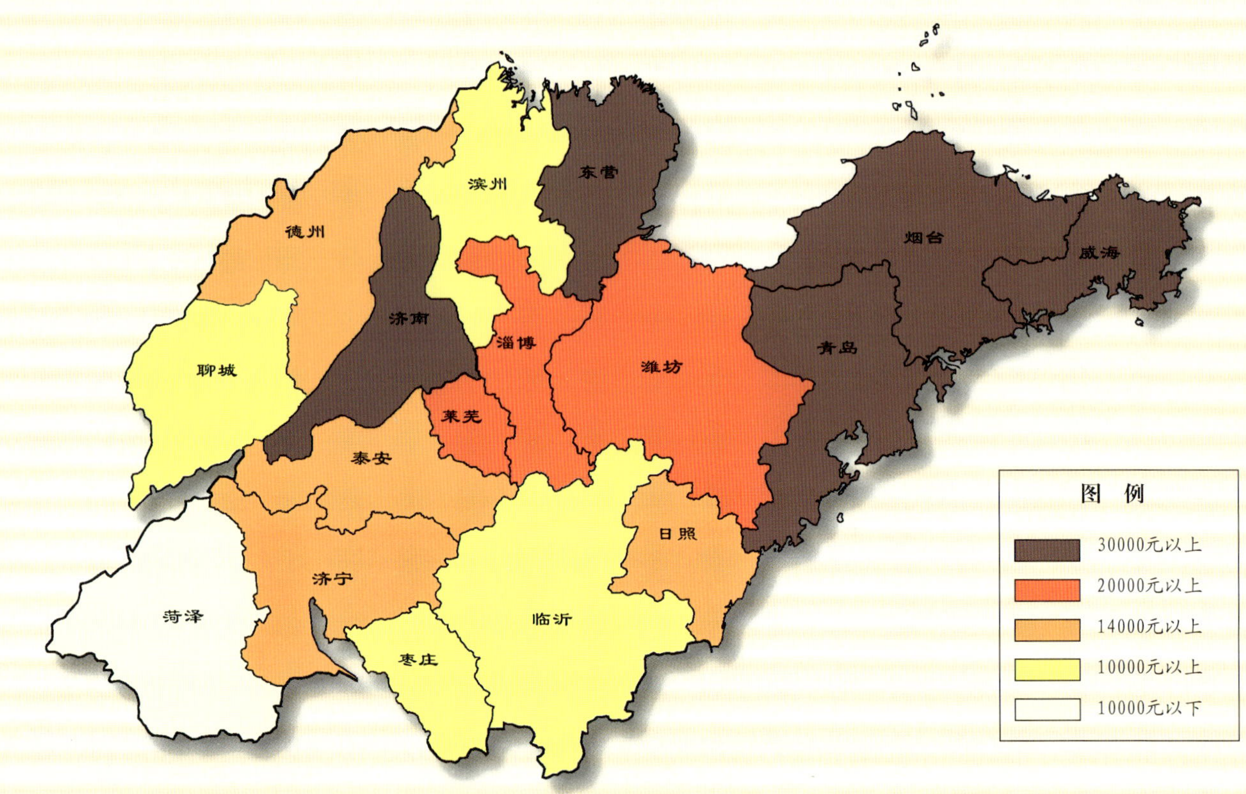

2010年山东省各市地储蓄存款

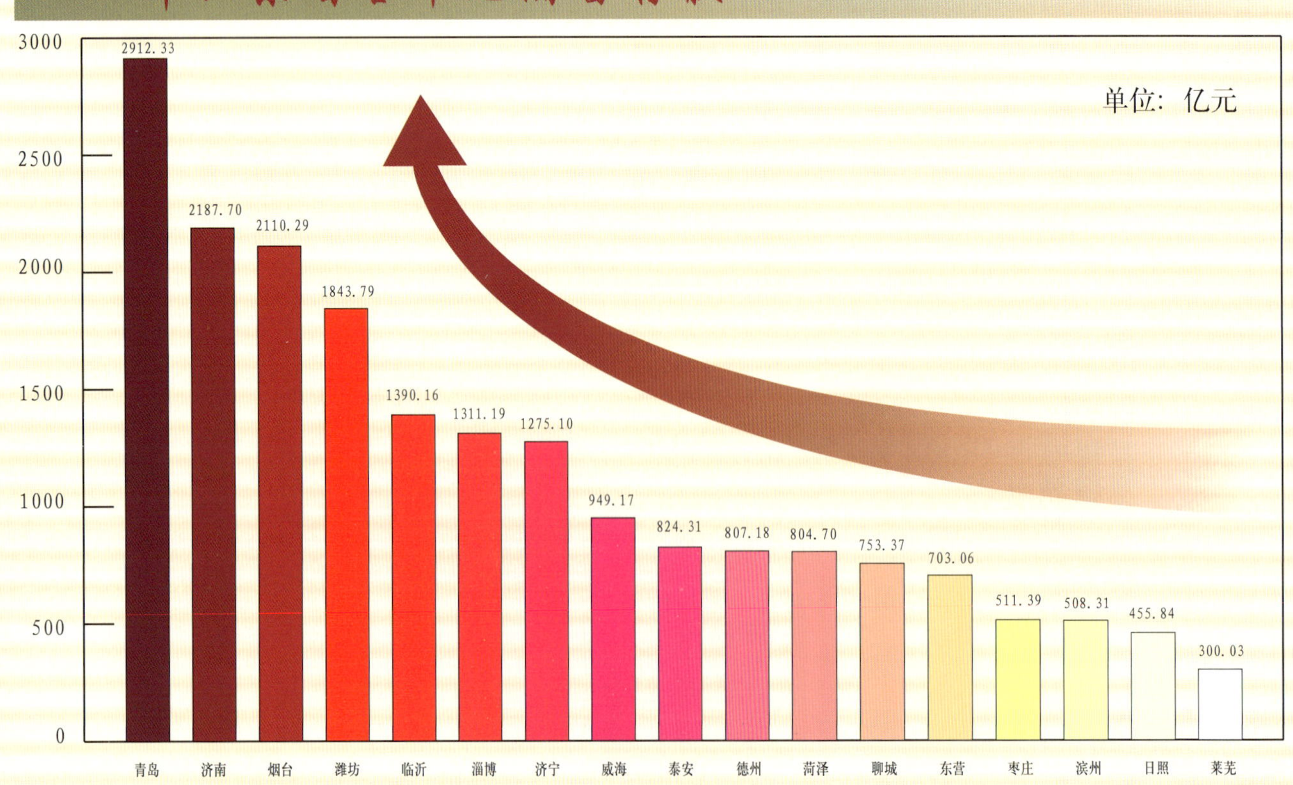

2000年山东省各市地人均储蓄存款

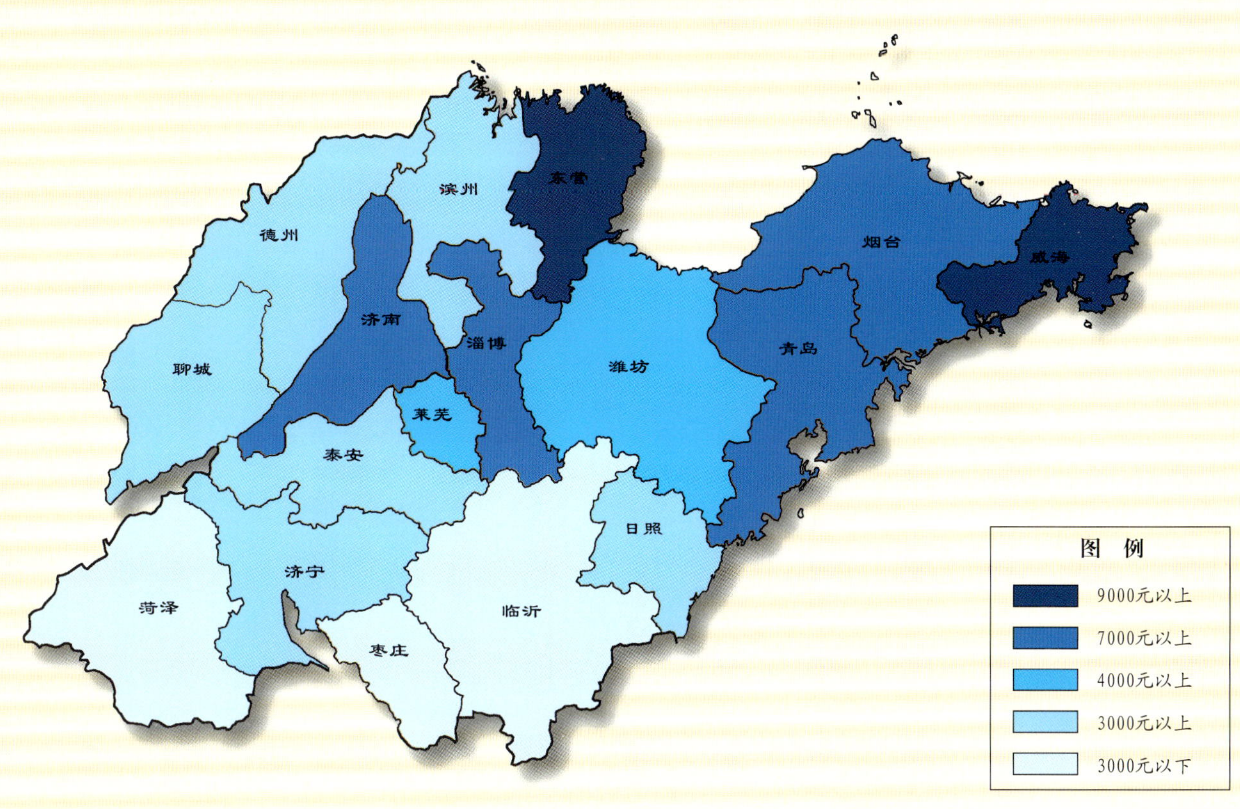

2000年山东省各市地储蓄存款

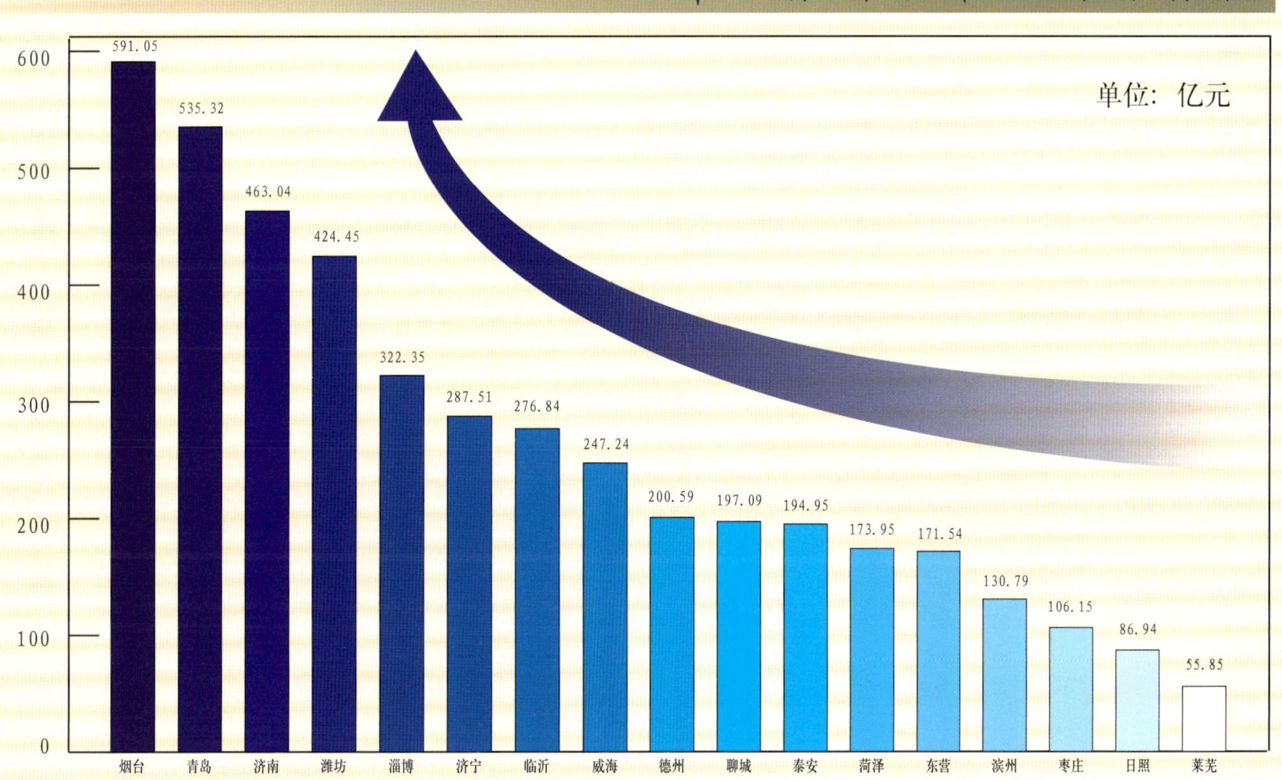

2010年全国各地区人均贷款

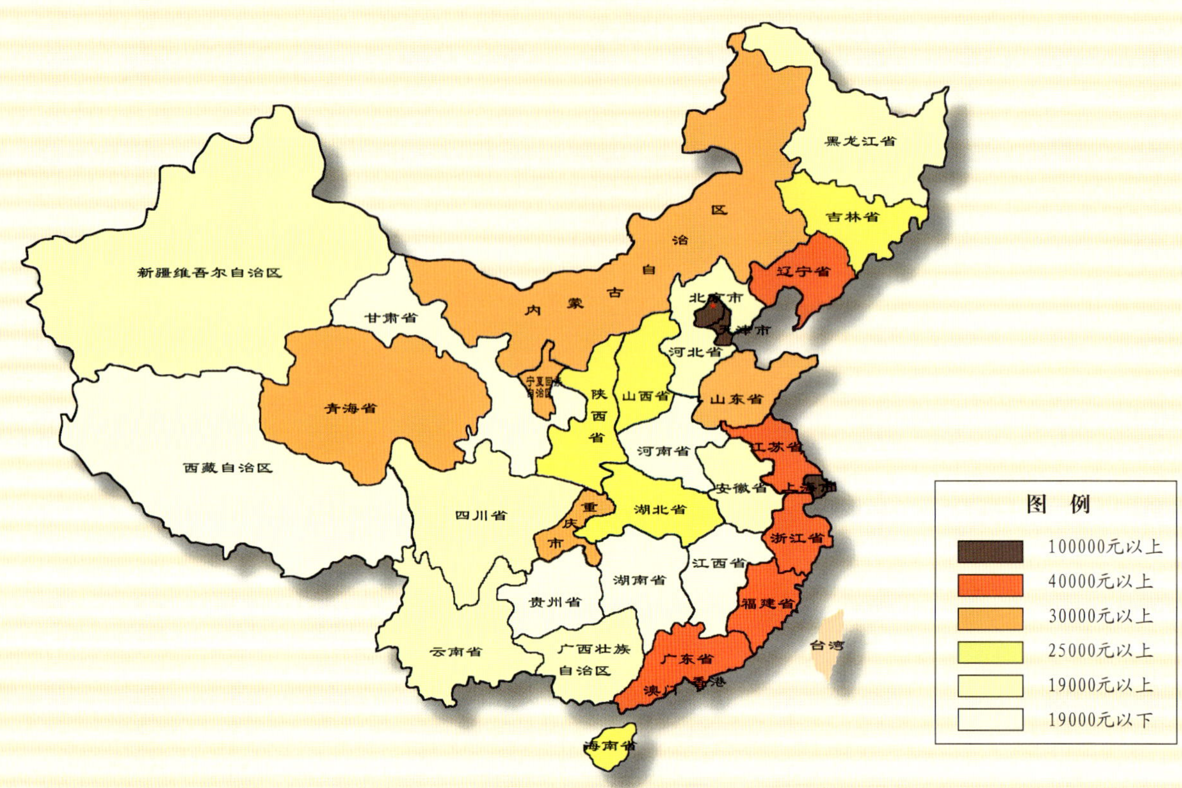

2010年全国各地区各项贷款

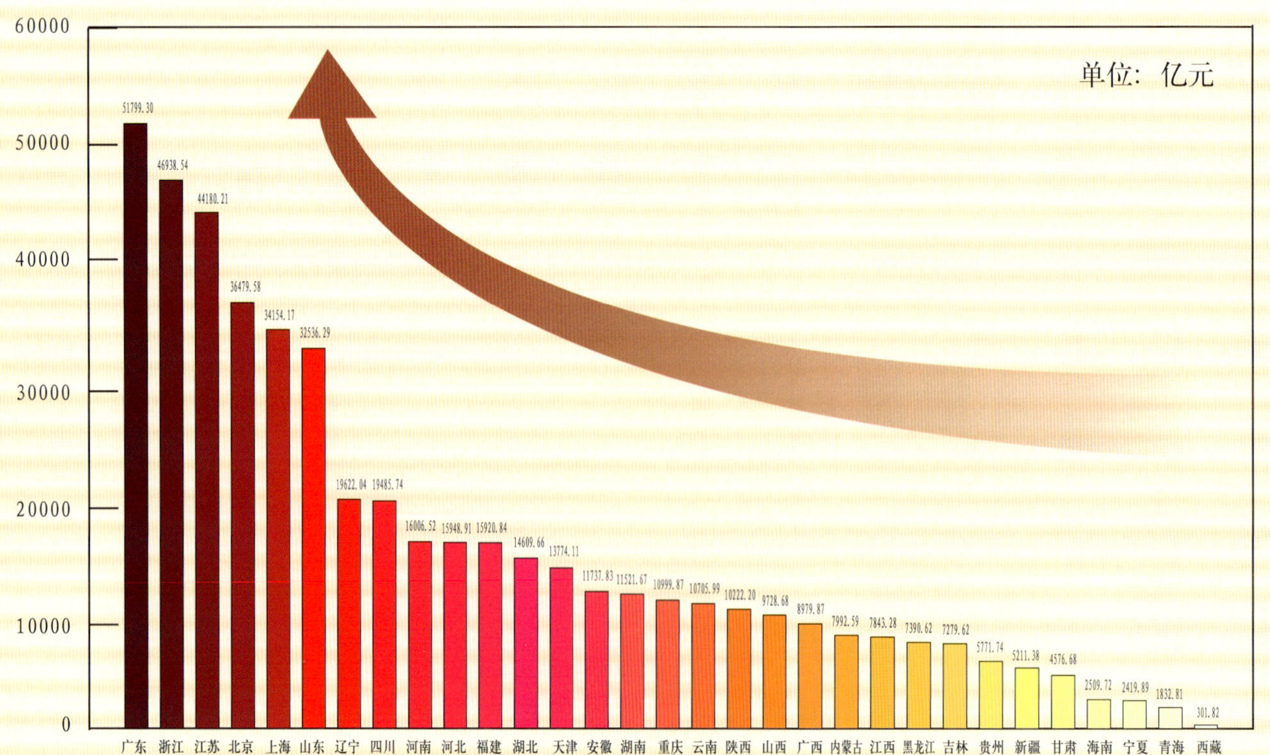

2000年全国各地区人均贷款

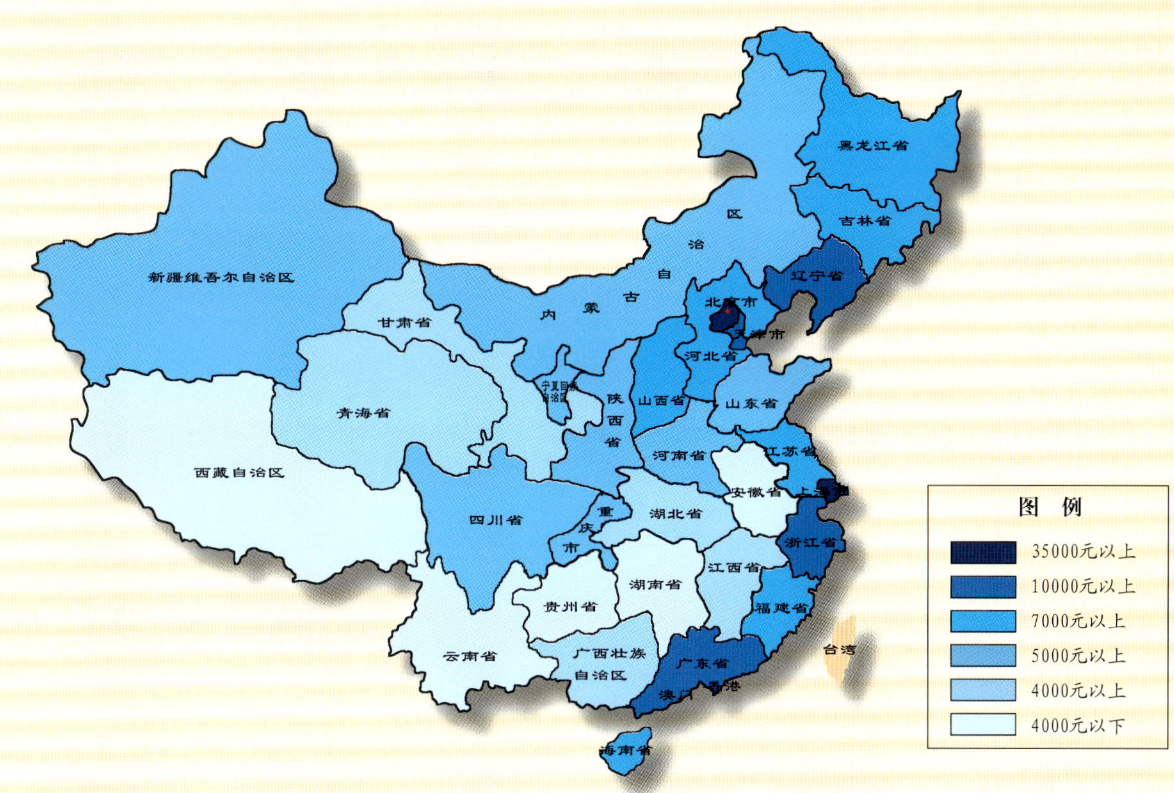

2000年全国各地区各项贷款

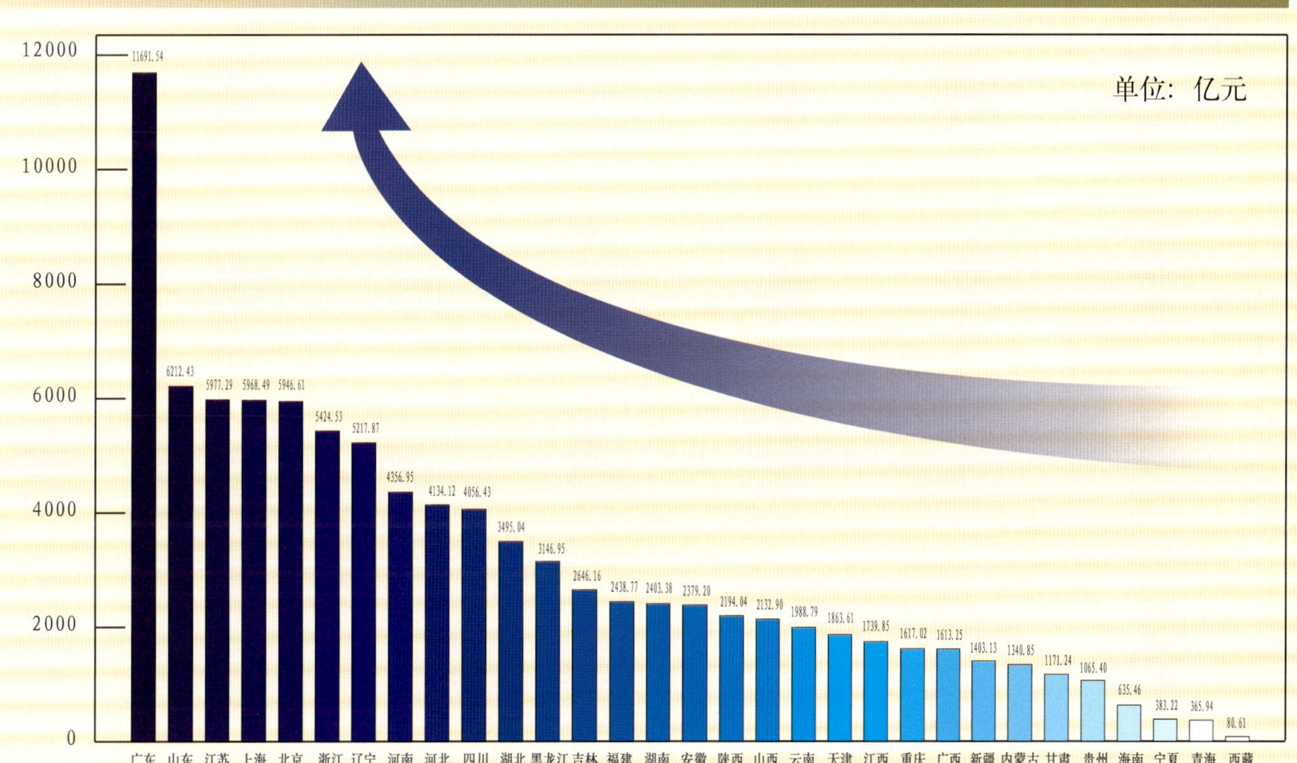

2010年山东省各市地人均贷款

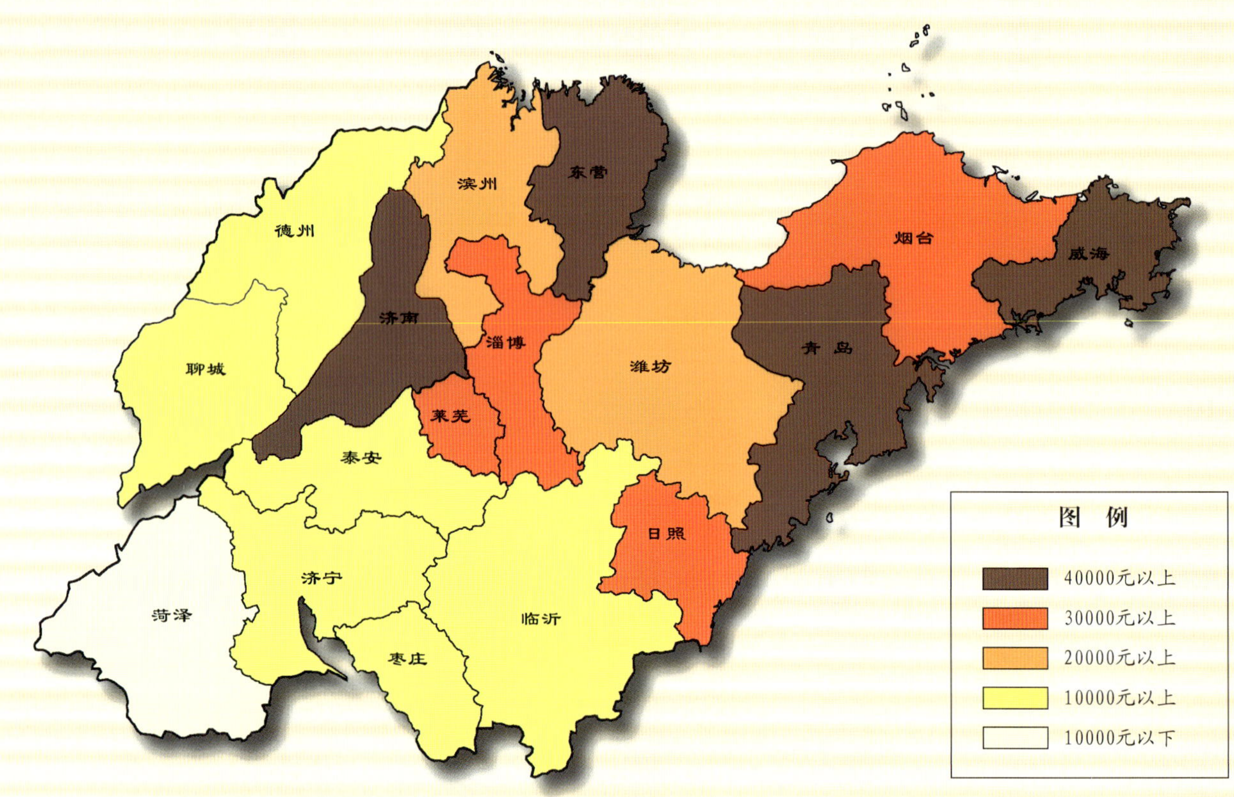

2010年山东省各市地各项贷款

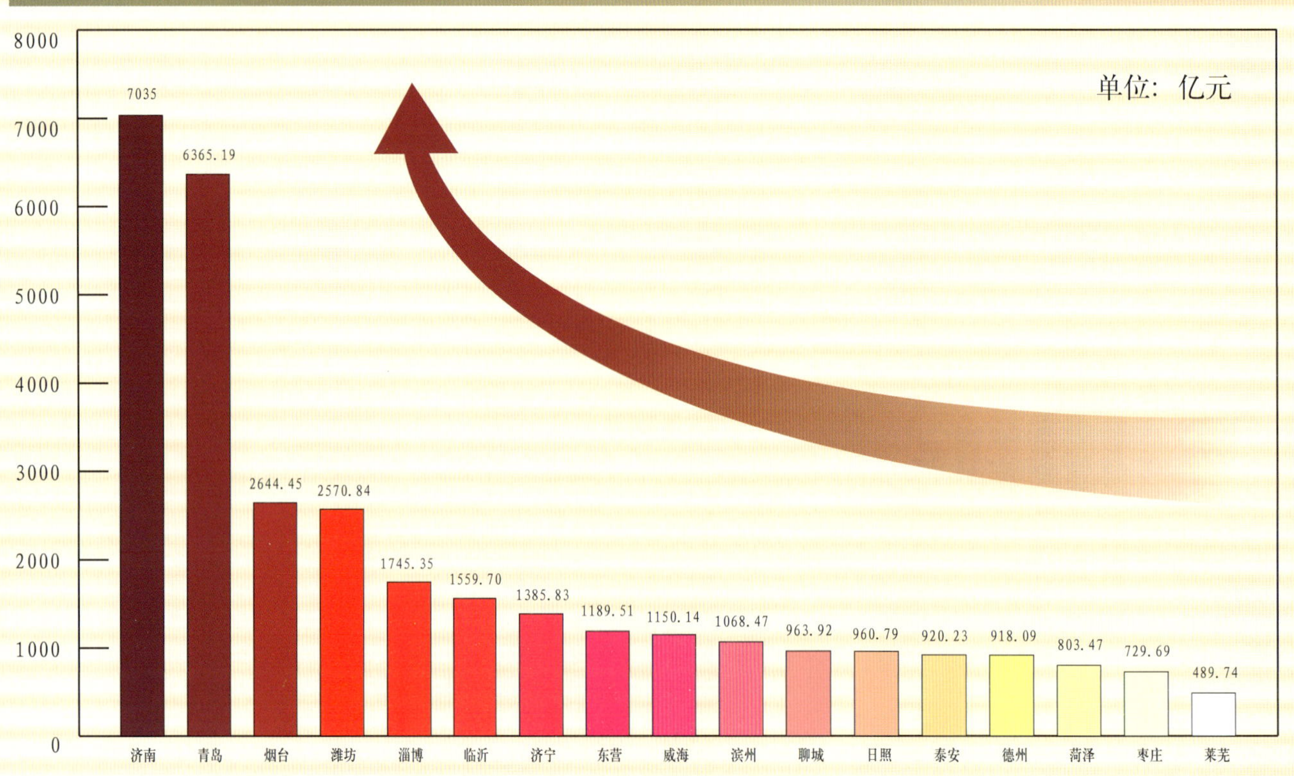

2000年山东省各市地人均贷款

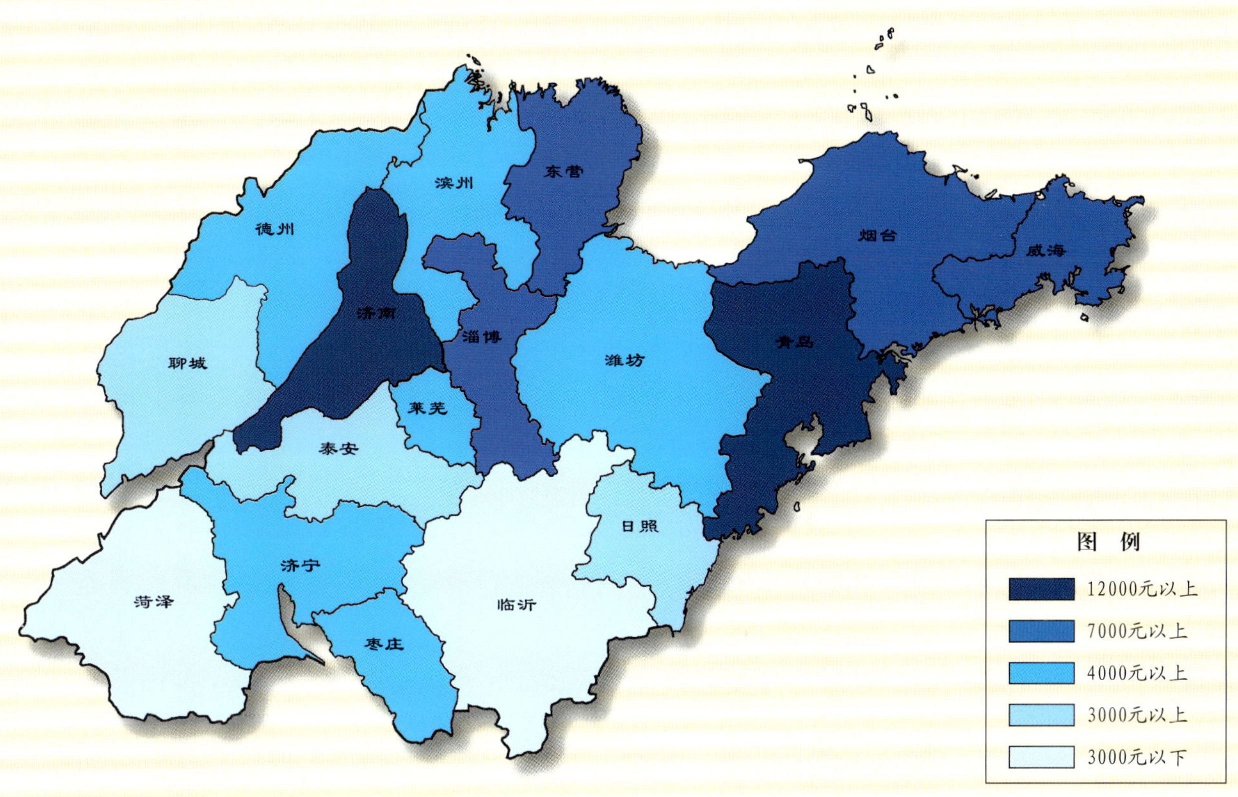

2000年山东省各市地各项贷款

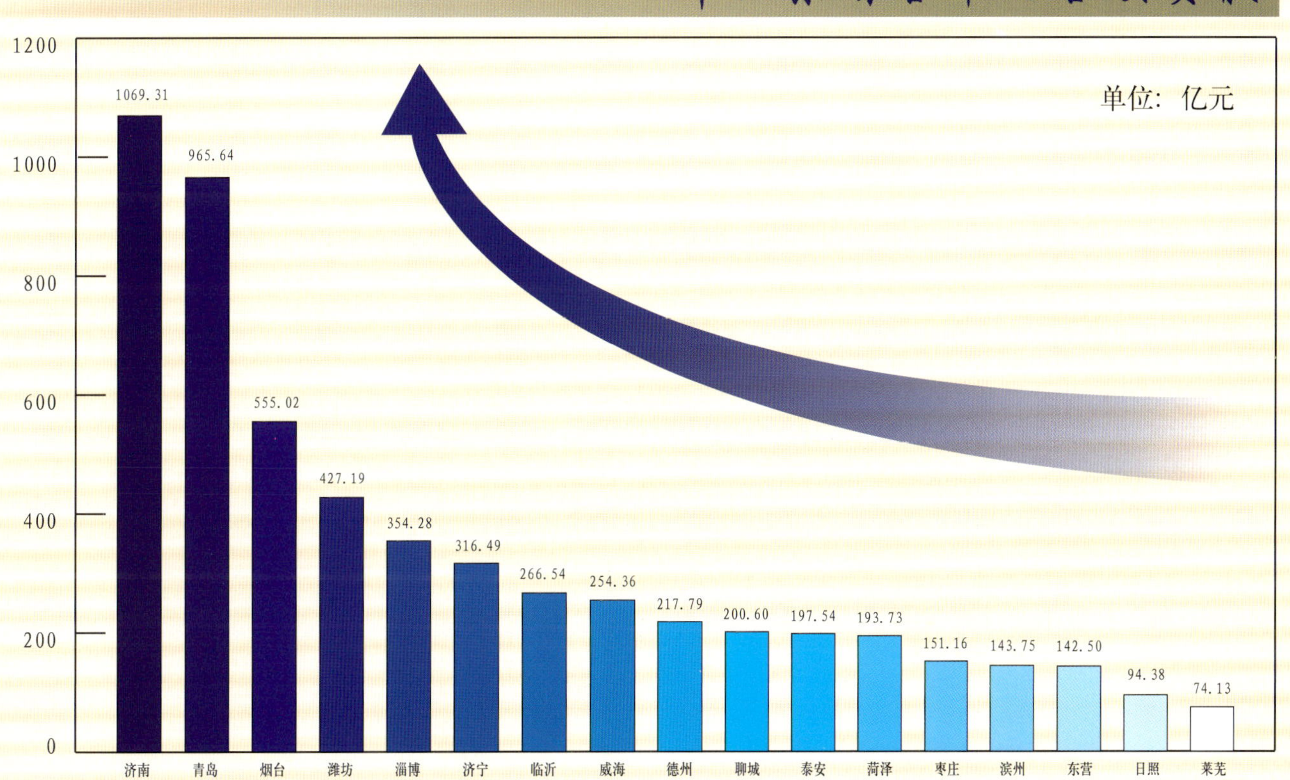

目 录

1 第一部分

2 第二部分

第三部分

第四部分

5 第五部分

9 第九部分

10 第十部分

13 第十三部分

14 第十四部分

第一部分

山东省金融运行报告

山东省金融运行报告

【综述】 2010年，山东省坚持以加快转变经济发展方式为主线，积极实施重点区域带动战略，全省经济平稳较快发展，内外需求同步增长，三次产业更加协调，社会民生不断改善，节能降耗成果显著，转型调整取得积极成效。全省金融运行平稳健康，货币政策有效贯彻落实，存贷款平稳增长，信贷结构更趋优化，证券融资实现新突破，保险保障领域有效拓展，金融市场交易活跃，非金融企业债务融资工具应用更为广泛，企业直接融资广度和深度不断拓展，金融生态持续向好，实现经济金融协调发展。

【金融运行情况】 2010年，山东省金融业运行态势良好，组织体系不断完善，融资功能充分发挥，金融生态环境继续优化，对全省经济"转方式、调结构"的保障推动作用增强。

一、银行业发展稳健，信贷投放平稳均衡。

2010年，山东省银行业综合实力增强，存贷款平稳增长，期限行业区域结构优化，现金收支活跃，利率呈上升走势，金融体系更趋完善，跨境贸易结算业务成绩显著。

(一)资产规模持续扩大，质量效益同步提高。2010年，银行业资产规模保持快速增长，质量和盈利能力进一步提升，不良贷款继续"双降"。中间业务收入占比上升，拨备覆盖率同比提高30.9%。非银行金融机构加快聚集，农村新型金融组织蓬勃发展，外资银行人民币业务加速拓展。

2010年银行业金融机构情况

机构类别	营业网点①			法人机构（个）
	机构个数（个）	从业人数（人）	资产总额（亿元）	
一、大型商业银行②	4264	94221	22275.0	0
二、国家开发银行及政策性银行③	128	3686	4028.5	0
三、股份制商业银行④	361	13094	7120.8	1
四、城市商业银行	597	14099	4790.0	14
五、农村合作机构⑤	5270	59355	8377.3	136
六、财务公司	6	259	575.0	5
七、邮政储蓄	2808	6023	2217.0	0
八、外资银行	27	707	249.0	0
九、农村新型机构⑥	12	319	169.3	12
合计	13473	191763	49801.9	168

注：①不包括国家开发银行和政策性银行、大型商业银行、股份制银行等金融机构总部数据。

②包括中国工商银行、中国农业银行、中国银行、中国建设银行和交通银行。

③包括国家开发银行、中国农业发展银行和中国进出口银行。

④包括中信银行、中国光大银行、华夏银行、广东发展银行、深圳发展银行、招商银行、上海浦东发展银行、兴业银行、中国民生银行、恒丰银行、浙商银行和渤海银行。

⑤包括农村信用社、农村合作银行和农村商业银行。

⑥包括村镇银行、贷款公司和农村资金互助社。

数据来源：山东银监局。

(二)存款平稳增加，资金稳定性增强。受派生存款减少、企业两项资金占用增多等因素影响，各项存款增速回落，活期存款新增占比同比下降7.4个百分点。企业存款同比大幅少增，储蓄存款增长平稳。人民币升值预期增强带动企业和个人结汇速度加快，外币存款同比少增2.2亿美元。

金融机构人民币存款增长变化

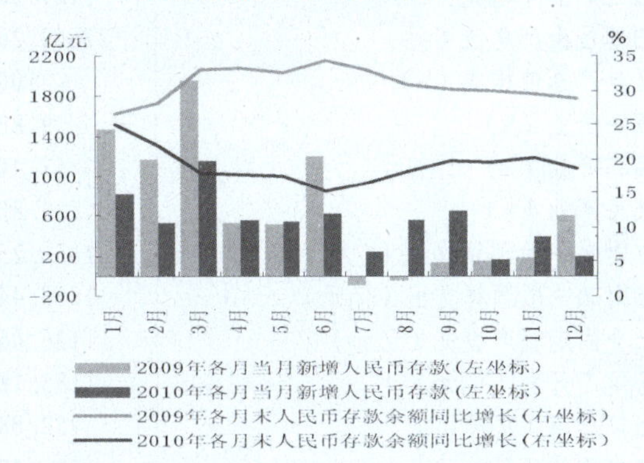

数据来源：中国人民银行济南分行。

(三)贷款投放平稳均衡，信贷结构日趋优化。2010年，全省本外币贷款余额突破3万亿元，增量为历史次高，实现"月度与季度、短期与中长期、单位与个人"均衡增长。国有银行贷款集中度下降，地方法人放贷能力有所增强。受资金来源减少及套利预期影响，外币贷款同比少增。受资金环境趋紧影响，金融机构对再贷款、再贴现的需求明显回升，全年累放流动性再贷款、再贴现189.1亿元，同比多放138.3亿元。

信贷投向体现"有扶有控"。五成以上新增贷款投向黄河三角洲高效生态经济区、县域和战略新兴产业，涉农贷款占比

金融机构人民币贷款增长变化

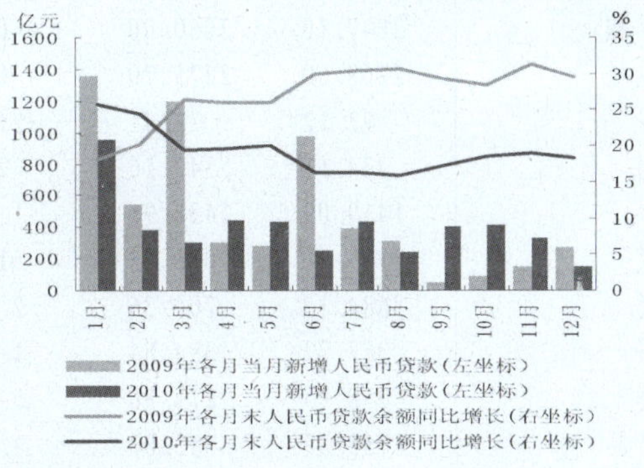

数据来源：中国人民银行济南分行。

山东省经济主要统计指标

指标＼年度	2006	2007	2008	2009	2010	2010年同比增幅（%）
土地面积（万平方公里）	15.70	15.70	15.70	15.70	15.70	0
人口（万人）	9309	9367	9417	9470	9579	1.24
非农业人口（万人）	3228	3436	3532	3548	3839	8.19
地区生产总值（亿元）	21900.19	25776.91	30933.28	33896.65	39169.92	12.30
第一产业（亿元）	2138.90	2509.14	3002.65	3226.64	3588.28	3.60
第二产业（亿元）	12574.03	14647.53	17571.98	18901.83	21238.49	12.80
工业（亿元）	11378.82	13283.72	15894.95	16896.14	18861.45	12.80
建筑业（亿元）	1195.21	1363.81	1677.03	2005.69	2377.04	12.60
第三产业（亿元）	7187.26	8620.24	10358.64	11768.18	14343.14	13.50
人均地区生产总值（元）	23603.26	27604.45	32935.77	35893.57	41106	11.30
地区生产总值构成（%）	100	100	100	100	100	--
第一产业（%）	9.80	9.70	9.70	9.50	9.20	--
第二产业（%）	57.40	56.80	56.80	55.80	54.20	--
第三产业（%）	32.80	33.50	33.50	34.70	36.60	--
地方财政一般预算收入（亿元）	1356.25	1675.40	1957.05	2198.63	2749.38	25.05
地方财政一般预算支出（亿元）	1833.44	2261.85	2704.66	3267.67	4145.03	26.85
全社会固定资产投资（亿元）	11136.06	12537.02	15435.93	19030.97	23276.69	22.31
房地产开发（亿元）	1185.18	1521.02	2038.53	2428.73	3249.37	33.90
进出口总值（亿美元）	952.88	1226.18	1581.45	1386.04	1889.51	36.32
出口总值（亿美元）	586.47	752.44	931.75	795.65	1042.47	31.02
实际利用外资（亿美元）	102.10	110.10	82.00	80.10	91.68	14.46
社会消费品零售总额（亿元）	7217.13	8607.45	10658.76	12362.97	14620.30	18.26
居民消费价格指数（%）	101.00	104.40	105.30	100.00	102.90	2.90
城市居民人均可支配收入（元）	12192.20	14264.70	16305.40	17811.04	19945.83	11.99
农民人均纯收入（元）	4368.33	4985.34	5641.43	6118.77	6990.28	14.24

注：该表为本编辑部根据《山东统计年鉴》有关数据整理。

山东省工农业主要统计指标

农业主要统计指标（万吨）				规模以上工业企业主要统计指标（亿元）			
项目＼年度	2009年	2010年	增幅（%）	项目＼年度	2009年	2010年	增幅（%）
粮食	4316.30	4335.70	0.4	工业增加值	18847.78	--	15.00
夏粮	2047.70	2060.00	0.6	国有工业	877.67	--	13.24
秋粮	2268.60	2275.70	0.3	集体工业	826.70	--	9.93
棉花	92.12	72.41	-21.4	股份制工业	11214.33	--	15.64
油料	334.51	342.16	2.3	股份合作制工业	144.9	--	5.60
水果	1419.09	1438.91	1.39	外商及港澳台投资工业	3548.60	--	14.12
蔬菜	8937.20	9030.75	1.0	轻工业	6271.56	--	12.91
肉类	684.13	704.36	2.96	重工业	12576.22	--	16.08
禽蛋	377.72	384.84	1.89	主营业务收入	70826.13	89168.0	26.8
奶类	258.15	271.56	5.19	利税	7449.00	9689.6	34.1
水产品	753.59	783.83	4.01	利润	4512.66	6040.3	37.6
森林覆盖率（%）	--	--	--	经济效益综合指数（%）	286.6	293.8	41.4

注：该表为本编辑部根据《山东统计年鉴》有关数据整理。

山东省金融业务统计指标

类别	指标（亿元）＼年度	2006	2007	2008	2009	2010	比年初增减数
银行类	本外币存款余额	20006.60	22414.43	27295.40	35170.71	41653.72	6483.11
	人民币存款余额	19633.98	22072.25	26930.19	34697.78	41104.96	6407.29
	企业存款	4774.55	5910.20	6828.96	10020.94	11585.54	1782.84
	储蓄存款	10358.03	11438.10	14382.19	17082.76	19648.21	2565.45
	定期储蓄存款	7154.03	7789.33	10194.22	11679.28	13040.34	1361.07
	活期储蓄存款	3204.00	3648.77	4187.97	5403.48	6607.87	1204.39
	本外币贷款余额	16219.53	18279.92	20927.83	27385.93	32536.29	5150.36
	人民币贷款余额	15709.61	17545.14	20053.89	25961.32	30722.64	4761.31
	短期贷款	8326.49	9594.16	10580.08	12220.71	14369.15	4661.36
	中长期贷款	5521.06	6667.96	8213.82	11758.14	15007.60	3135.94
	票据融资	1430.29	1244.39	1779.70	1898.45	1217.51	-680.94
	当年结益	191.76	349.15				
	不良贷款余额						
	不良贷款占比%						
	现金收入	53687.74	58298.89	60205.82	65307.61	77144.41	11836.80
	现金支出	53791.39	58375.83	60211.58	65302.17	77300.30	11998.12
	现金投放（+）回笼（-）	103.65	76.94	6.72	-5.44	155.88	161.32
保险类	保险公司保费收入	396.2	501.7	673.95	792.89	1030.07	237.18
	财险收入	106.2	144.7	170.45	215.19	297.44	82.25
	寿险收入	290.0	357.0	503.50	577.70	732.63	154.93
	保险公司赔款和给付支出	120.9	171.7	198.39	228.39	228.64	0.25
	财险赔款	68.60	70.43	99.13	114.74	136.66	21.92
	寿险给付	52.30		99.26	113.65	91.98	-21.67
	当年结益						
证券类	证券经营机构证券交易量	5325.4	18392.8	17515.3	35928.0	20710.1	-15217.9
	投资者保证金余额						
	证券投资者资金开户数（万户）	215.0	327.1	375.0	421.9	457.1	35.2
	佣金收入						
	净利润	5.95	26.21	38.35	76.57	56.41	-20.16
	期货经纪公司代理交易量	8651.5	18075.4	27942.2	48369.5	73005.9	24636.4
	期货客户保证金余额	5.28	11.16	12.37		29.66	
	期货账户开户数（万户）				6.08		
	期货手续费收入						
	净利润			0.27	0.64	0.71	0.07

山东省主要经济指标月度表

（2010年）

项　目	1月	2月	3月	4月	5月	6月
绝对值（自年初累计）						
地区生产总值（亿元）			7672.2			18645.9
第一产业			459.3			1605.5
第二产业			4266.8			10491.5
第三产业			2946.1			6548.9
工业增加值（亿元）						
城镇固定资产投资（亿元）		976.0	2725.7	3953.5	5640.3	8548.8
房地产开发投资		184.2	461.7	688.6	988.1	1415.4
社会消费品零售总额（亿元）		2308.4	3342.1	4406.9	5545.1	6694.4
外贸进出口总额（万美元）	1328400.0	2473500.0	3959600.0	5480300.0	6986600.0	8589800.0
进口	605700.0	1129700.0	1844900.0	2566800.0	3210800.0	3920000.0
出口	722800.0	1343900.0	2114800.0	2913600.0	3775900.0	4669900.0
进出口差额（出口——进口）	117100.0	214200.0	269900.0	346800.0	565100.0	749900.0
外商实际直接投资（万美元）	53700.0	96900.0	168800.0	242900.0	302200.0	413700.0
地方财政收支差额（亿元）	71.1	−5.2	−21.2	−32.2	−50.3	−63.8
地方财政收入	228.6	391.3	655.6	892.8	1123.0	1441.4
地方财政支出	157.5	396.5	676.9	925.0	1173.2	1505.2
城镇登记失业率（%）（季度）			3.4			3.4
同比累计增长率（%）						
地区生产总值			15.2			13.6
第一产业			3.6			3.1
第二产业			17.1			14.7
第三产业			13.8			14.1
工业增加值		21.1	21.9	20.9	20.0	16.6
城镇固定资产投资		20.1	21.3	21.1	21.0	20.8
房地产开发投资		32.3	34.0	35.0	35.0	35.9
社会消费品零售总额		18.0	18.4	18.5	18.6	18.6
外贸进出口总额	49.1	47.1	45.8	43.5	42.9	41.5
进口	112.5	74.3	69.5	62.1	56.1	51.9
出口	19.3	30.1	29.9	30.3	33.4	33.9
外商实际直接投资	22.8	15.2	31.2	24.1	22.0	20.3
地方财政收入	19.7	20.0	23.4	24.4	24.7	25.3
地方财政支出	−12.1	22.7	13.8	13.0	15.7	16.8

续表

项　目	7月	8月	9月	10月	11月	12月
绝对值（自年初累计）						
地区生产总值（亿元）			28261.9			39416.2
第一产业			2448.9			3588.3
第二产业			15608.6			21398.9
第三产业			10204.4			14429.0
工业增加值（亿元）						
城镇固定资产投资（亿元）	10923.4	12740.1	14219.8	14942.9	16453.5	18846.8
房地产开发投资	1722.5	2043.0	2374.7	2649.0	2903.8	3251.8
社会消费品零售总额（亿元）	7819.4	8959.2	10205.6	11527.0	12791.3	14620.3
外贸进出口总额（万美元）	10247100.0	11867500.0	13640900.0	15271900.0	17042100.0	18895100.0
进口	4659900.0	5343600.0	6145100.0	6839800.0	7608100.0	8470400.0
出口	5587200.0	6523800.0	7495800.0	8432100.0	9434100.0	10424700.0
进出口差额（出口——进口）	927300.0	1180200.0	1350700.0	1592300.0	1826000.0	1954300.0
外商实际直接投资（万美元）	464300.0	517500.0	576600.0	648000.0	748400.0	916800.0
地方财政收支差额（亿元）	-94.8	-212.7	-325.7	-376.3	-598.7	-1395.2
地方财政收入	1662.5	1833.6	2039.6	2278.6	2481.0	2749.3
地方财政支出	1757.3	2046.2	2365.3	2654.9	3079.7	4144.5
城镇登记失业率（%）（季度）			3.4			3.4
同比累计增长率（%）						
地区生产总值			12.9			12.5
第一产业			3.2			3.6
第二产业			13.8			13.4
第三产业			13.3			13.0
工业增加值	16.5	16.0	15.7	15.5	15.3	15.0
城镇固定资产投资	20.5	20.7	20.8	21.0	21.2	22.1
房地产开发投资	35.3	35.6	34.2	34.2	32.8	33.9
社会消费品零售总额	18.4	18.4	18.6	18.6	18.6	18.3
外贸进出口总额	39.4	38.9	37.2	36.5	37.0	35.9
进口	47.6	46.0	42.8	42.8	43.9	42.2
出口	33.2	33.7	32.9	31.9	32.0	31.1
外商实际直接投资	19.0	17.2	15.6	14.3	13.7	14.5
地方财政收入	24.8	24.6	24.5	24.3	24.9	25.1
地方财政支出	17.1	19.9	19.9	22.6	26.6	26.8

数据来源：山东省统计局。

山东省主要存贷款指标月度表

（2010年）

		1月	2月	3月	4月	5月	6月
本外币	金融机构各项存款余额（亿元）	35992.4	36547.1	37724.1	38270.9	38792.6	39453.1
	其中：城乡居民储蓄存款	10333.0	18322.4	18619.7	18517.2	18652.4	19091.6
	企业存款	17420.7	10009.4	10506.4	10696.6	10749.4	10817.4
	各项存款余额比上月增加（亿元）	821.8	554.8	1177.0	546.8	521.6	660.6
	金融机构各项存款同比增长（%）	25.2	22.1	18.2	17.7	17.5	15.2
	金融机构各项贷款余额（亿元）	28362.4	28744.3	29112.1	29597.4	29963.0	30204.5
	其中：短期	12846.8	13094.5	13361.6	13525.8	13621.3	13732.0
	中长期	13024.6	13374.5	13700.4	13946.6	14167.4	14446.2
	票据融资	1894.3	1656.9	1425.5	1455.4	1514.2	1387.1
	各项贷款余额比上月增加（亿元）	972.9	381.9	367.8	485.2	365.7	241.5
	其中：短款	409.3	296.7	267.0	164.2	95.6	110.7
	中长期	555.1	300.9	325.9	246.2	220.8	278.8
	票据融资	-5.6	-237.4	-231.4	30.0	58.8	-127.1
	金融机构各项贷款同比增长（%）	27.4	26.3	21.4	20.7	20.5	16.2
	其中：短款	18.0	19.1	17.0	19.1	19.0	14.6
	中长期	51.1	51.4	44.9	38.8	38.6	33.6
	票据融资	-21.3	-36.3	-48.5	-48.2	-46.2	-49.2

续表

		7月	8月	9月	10月	11月	12月
本外币	金融机构各项存款余额（亿元）	39681.5	40227.8	40875.8	41015.5	41421.8	41653.7
	其中：城乡居民储蓄存款	19106.9	19207.4	19715.1	19360.8	19446.0	19773.3
	企业存款	10866.3	11088.9	11193.3	11451.1	11770.1	11920.0
	各项存款余额比上月增加	228.3	546.4	648.0	139.6	406.3	231.9
	金融机构各项存款同比增长（%）	16.1	17.9	19.4	19.3	19.9	18.4
	金融机构各项贷款余额（亿元）	30625.2	30859.1	31704.3	32158.1	32478.4	32536.3
	其中：短期	13830.1	13962.1	14176.8	14385.7	14589.0	14713.8
	中长期	14762.5	14894.4	15619.1	15804.2	15921.6	15935.3
	票据融资	1400.2	1345.9	1239.6	1259.9	1244.7	1217.6
	各项贷款余额比上月增加（亿元）	420.7	233.9	845.3	453.8	320.3	57.9
	其中：短款	98.0	132.1	214.7	209.0	203.3	124.8
	中长期	316.3	131.9	724.7	185.1	117.4	13.7
	票据融资	13.1	-54.4	-106.3	20.3	-15.2	-27.2
	金融机构各项贷款同比增长（%）	15.9	15.4	18.3	19.4	19.9	18.8
	其中：短款	15.0	13.8	15.0	16.1	17.2	18.4
	中长期	31.8	29.3	32.6	32.3	32.3	27.8
	票据融资	-48.5	-44.8	-42.5	-38.3	-39.0	-35.9

续表

		1月	2月	3月	4月	5月	6月
人民币	金融机构各项存款余额（亿元）	35513.3	36048.7	37201.4	37761.0	38299.5	38922.0
	其中：城乡居民储蓄存款	17286.6	18181.6	18479.6	18383.1	18517.2	18956.8
	企业存款	10040.9	9698.5	10183.2	10384.9	10452.6	10492.2
	各项存款余额比上月增加（亿元）	815.6	535.4	1152.8	559.6	538.5	622.5
	其中：城乡居民储蓄存款	203.6	895.0	298.0	-96.6	134.1	439.6
	企业存款	238.0	-342.4	484.7	201.7	67.7	39.5
	各项存款同比增长（%）	25.1	21.9	18.0	17.8	17.6	15.2
	其中：城乡居民储蓄存款	12.8	16.3	14.8	13.6	13.4	13.9
	企业存款	46.3	36.6	27.6	29.1	27.0	18.7
	金融机构各项贷款余额（亿元）	26918.0	27304.2	27608.9	28055.2	28492.1	28748.3
	其中：个人消费贷款	3241.2	3323.7	3345.1	3456.8	3555.1	3633.7
	票据融资	1893.2	1656.2	1425.0	1455.1	1513.8	1386.8
	各项贷款余额比上月增加（亿元）	953.2	386.2	304.7	446.2	436.9	256.2
	其中：个人消费贷款	174.4	82.4	99.2	111.8	98.3	78.6
	票据融资	-5.3	-237.0	-231.2	30.1	58.7	-127.0
	金融机构各项贷款同比增长（%）	25.7	24.4	19.3	19.7	20.1	16.4
	其中：个人消费贷款	58.6	62.3	56.9	59.5	59.4	54.7
	票据融资	-21.3	-36.3	-48.5	-48.2	-46.2	-49.2
外币	金融机构外币存款余额（亿美元）	70.2	73.0	76.6	74.7	72.2	78.2
	金融机构外币存款同比增长（%）	34.6	34.2	36.5	20.0	13.7	13.9
	金融机构外币贷款余额（亿美元）	211.6	210.9	220.2	225.9	215.4	214.4
	金融机构外币贷款同比增长（%）	69.8	76.7	81.3	42.8	29.5	14.0

续表

		7月	8月	9月	10月	11月	12月
人民币	金融机构各项存款余额（亿元）	39156.7	39715.7	40368.7	40527.0	40915.3	41105.0
	其中：城乡居民储蓄存款	18973.0	19074.3	19589.2	19237.0	19321.4	19648.2
	企业存款	10549.7	10781.9	10902.8	11178.4	11483.7	11585.5
	各项存款余额比上月增加（亿元）	234.6	559.0	653.0	158.4	388.2	189.7
	其中：城乡居民储蓄存款	16.2	101.3	514.9	-352.2	84.4	326.8
	企业存款	57.5	232.2	120.8	289.8	305.3	101.9
	各项存款同比增长（%）	16.3	18.1	19.6	19.5	20.1	18.5
	其中：城乡居民储蓄存款	14.1	14.9	16.1	14.5	15.3	15.0
	企业存款	18.7	17.2	17.3	17.0	18.7	18.2
	金融机构各项贷款余额（亿元）	29181.7	29425.2	29830.8	30246.2	30573.6	30722.6
	其中：个人消费贷款	3702.8	3754.4	3836.4	3896.4	3978.8	4029.2
	票据融资	1400.0	1345.6	1239.4	1259.8	1244.5	1217.5
	各项贷款余额比上月增加（亿元）	433.4	243.6	405.6	415.4	327.4	149.0
	其中：个人消费贷款	69.1	51.6	82.0	60.0	82.3	50.5
	票据融资	13.2	-54.4	-106.2	20.4	-15.3	-27.0
	金融机构各项贷款同比增长（%）	16.3	15.8	17.2	18.4	19.0	18.3
	其中：个人消费贷款	52.1	48.3	44.3	42.2	38.9	35.3
	票据融资	-48.4	-44.7	-42.4	-38.3	-39.0	-35.9
外币	金融机构外币存款余额（亿美元）	77.5	75.2	75.7	73.0	75.9	82.9
	金融机构外币存款同比增长（%）	11.2	8.8	10.0	8.9	16.8	19.6
	金融机构外币贷款余额（亿美元）	213.1	210.5	279.6	285.8	285.3	273.9
	金融机构外币贷款同比增长（%）	7.3	7.2	41.4	40.2	39.2	31.3

数据来源：中国人民银行济南分行。

金融机构本外币存、贷款增速变化

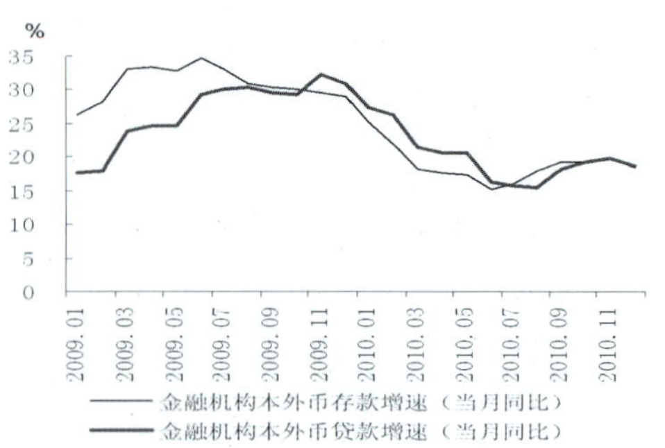

数据来源：中国人民银行济南分行。

金融机构外币存款余额及外币存款利率

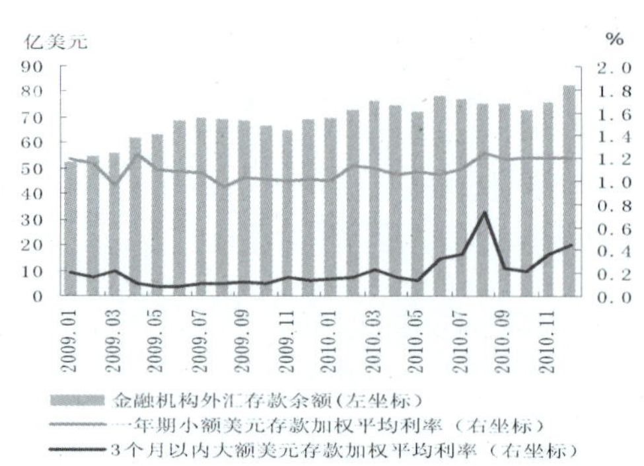

数据来源：中国人民银行济南分行。

同比提高5.3个百分点，中小企业贷款增速快于大型企业15.1个百分点。政府融资平台贷款增量降为同期1/5，二套房以上住房贷款占比逐季下降，"两高一剩"和落后产能行业信贷退出企业同比增加114家。

（四）表外融资规模扩大，支持实体经济发展。全年累计开办业务11732亿元，占信用总量的67.9%，同比提高13.3个百分点，成为贷款的有益补充。银行承兑汇票仍是主要品种，新增占比提高15.1个百分点。

（五）现金收支快速增长，净投放较多。现金收支规模扩大，同比多投放161亿元，主要受经济企稳回升、农副产品价格走高、居民消费势头强劲等因素影响。

2010年金融机构现金收支情况表

单位：亿元、%

	年累计额	同比增速
现金收入	77144.4	18.1
现金支出	77300.3	18.4
现金净支出	155.9	-2965.8

数据来源：中国人民银行济南分行。

（六）利率走势前稳后升，定价更趋市场化。受产业调控、资金趋紧及两次加息影响，利率水平从四季度开始明显走高。一般性贷款加权平均利率比年初上升30个基点，浮动利率贷款占比提高。房贷加权平均利率同比上升49个基点，期限趋于长期化。Shibor对贷款定价的基准作用增强。受LIBOR走高影响，美元存贷款主要品种利率均同比上升明显。

2010年各利率浮动区间贷款占比表

单位：%

		合计	国有商业银行	股份制商业银行	区域性商业银行	城乡信用社
合计		100	100	100	100	100
[0.9-1.0)		16.9	24.5	24.8	5.4	1.0
1.0		29.4	40.4	41.2	19.8	5.3
上浮水平	小计	53.7	35.2	34.0	75.0	93.6
	(1.0-1.1]	14.3	19.2	24.5	14.4	3.1
	(1.1-1.3]	12.6	12.9	9.3	23.2	12.2
	(1.3-1.5]	8.7	2.7	0.2	13.9	22.7
	(1.5-2.0]	13.6	0.3	0	20.1	43.3
	2.0以上	4.5	0.1	0	3.4	12.3

数据来源：中国人民银行济南分行。

（七）银行业改革进程加快，农村金融体系发展壮大。2010年，农业银行做实"三农金融事业部"，开发银行健全商业银行运行机制，进出口银行和出口信用保险公司改革稳步推进。农村信用社历年亏损挂账全部消化，15家县级联社启动银行化改革。农村新型金融组织发展取得突破，设立村镇银行、农村资金互助社12家，另外，审批成立小额贷款公司150家。农村金融产品和服务方式创新全面推广，林权、农村土地承包经营权抵押贷款等业务取得阶段性成果。

（八）跨境贸易人民币结算试点开局良好，各项业务快速发展。2010年6月启动跨境贸易人民币结算试点以来，业务类型日益丰富，收入支出双向并行。共有20家银行的196家分支机构为436家企业办理跨境人民币结算业务，金额达343.4亿元，收付遍布六大洲38个国家和地区，居全国新增试点省市第二位，有力促进了全省涉外经济发展。

二、证券业快速发展，上市融资取得新突破。

2010年，山东省证券市场资源配置和价值发现功能进一步拓展，证券期货机构业务不断壮大，盈利水平提高，抗风险能力增强。

（一）市场主体经营实力大幅提升。证券机构经纪和承销业务双创新高，2家法人券商净资本与负债、风险资产比远离风

2010年证券业基本情况表

项目	数量
总部设在辖内的证券公司数（家）	2
总部设在辖内的基金公司数（家）	0
总部设在辖内的期货公司数（家）	3
年末境内上市公司数（家）	124
当年国内股票（A股）筹资（亿元）	353.0
当年发行H股筹资（亿元）	65.0
当年国内债券筹资（亿元）	446.9
其中：短期融资券筹资额（亿元）	214.0

数据来源：中国人民银行济南分行，山东证监局。

险控制标准，资金户和股东户开户数均同比提高 9 个百分点。期货经营机构代理交易量和利润双增长。

（二）证券市场融资功能有效发挥。52 家企业通过首发、增发实现股权融资 418 亿元，其中创业板上市 4 家，境外融资 65 亿元，新上市家数和募集资金总额均达历年最高。上市资源培育取得新进展，42 家企业进行境内上市辅导，10 多家公司启动境外上市程序。

三、保险业规模稳步扩大，保障服务功能增强。

2010 年，山东省保险业发展水平全面提升，保险强省建设取得突破性进展。

（一）市场体系更趋完善，行业实力明显增强。首家法人保险机构泰山财险开业，新增 6 家省级保险分公司，在册中介机构 183 家，外资保险公司数量居全国第五位。行业总资产同比增长 25.4%，从业人员 34 万人。

（二）保险业务持续增长，服务领域不断拓展。保费收入同比增长 30%，规模稳居全国第三位，承担各类风险责任 14.9 万亿元。人身险运营效率提升，寿险新单期交率、费用率指标全国领先，财产险承保利润是上年的 7.3 倍。农业保险覆盖面扩大，农村小额人身保险试点快速推进。

2010 年保险业基本情况表

项　　目	数量
总部设在辖内的保险公司数(家)	1
其中：财产险经营主体（家）	1
寿险经营主体（家）	0
保险公司分支机构（家）	59
其中：财产险公司分支机构（家）	27
寿险公司分支机构（家）	32
保费收入（中外资，亿元）	1030.0
其中：财产险保费收入（中外资，亿元）	297.0
人身险保费收入（中外资，亿元）	733.0
各类赔款给付（中外资，亿元）	209.0
保险密度（元/人）	12.1
保险深度（%）	2.6

数据来源：山东保监局。

四、金融市场活力增强，融资结构有效改善。

2010 年，山东省直接融资快速发展，货币市场交易量持续走高，外汇市场增势迅猛，黄金市场交投活跃，民间借贷量稳价升。

（一）融资渠道日益多元，直接融资占比上升。全年融资总量同比下降 15.9%，但直接融资占比上升 4.7 个百分点。受内外资本市场回暖、优质企业估值上升等因素影响，股票融资大幅增加，债券融资亮点纷呈。中小企业集合票据再发两单，累计融资占全国融资总量的 38.7%，短券、中票融资稳居全国前列。金融债发行稳步推进，威海市商业银行发行次级债 6 亿元。

（二）银行间市场交易规模扩大，资金融出规模增加。银行间市场交易量达 1.25 万亿元，同业拆借增长 1.5 倍。由于市场成员流动性充裕且套利难度加大，逆回购同比增长 2.1 倍，净融入减少 9402 亿元。机构持债规模继续增加，固息债占比上升。拆借加权平均利率和现券买卖加权到期收益率分别同比提高 60 和 112 个基点。

（三）票据融资余额下降，贴现利率波动上行。票据融资余额和累计发生额分别同比下降 35.9%和 11.2%。银行承兑汇票需求扩大，同比增长 26.8%。随着市场流动性趋紧，贴现利率下半年涨势加快，年末达到最高点，其中 3-6 个月银票直贴利率比年初提高 3.2 个百分点。

（四）银行间外汇市场增势强劲，黄金市场交投活跃。银行间外汇市场成交量同比增长 85%，“远期全额”交易翻倍。11 家黄金交易所会员场内成交同比增长 14.9%，净卖出 100.7 吨，冶金企业占主导地位。个人纸黄金投资需求旺盛，净买入 502 公斤。

2001-2010 年非金融机构融资结构表

年份	融资量（亿元人民币）	比重（%）		
		贷款	债券（含可转	股票
2001	901.1	90.0	0	10.0
2002	1571.9	96.6	0	3.4
2003	2051.8	97.4	0	2.6
2004	1695.8	91.6	2.9	5.5
2005	2123.8	95.7	2.6	1.7
2006	2820.4	89.8	6.5	3.7
2007	2585.1	79.6	9.7	10.7
2008	3574.5	87.1	6.5	6.4
2009	7150.5	90.3	6.5	3.2
2010	6015.6	85.6	7.4	7.0

数据来源：中国人民银行济南分行，山东省发改委，山东证监局。

2010 年金融机构票据业务量统计表

单位：亿元

季度	银行承兑汇票承兑		贴　现			
			银行承兑汇票		商业承兑汇票	
	余额	累计发生额	余额	累计发生额	余额	累计发生额
1	4540.2	2473.3	1344.4	3007.5	80.5	188.1
2	4840.3	5041.6	1262.6	5725.8	123.2	336.9
3	5254.4	7970.3	1106.1	8515.7	133.4	524.0
4	5383.6	10678.6	1097.8	10925.2	119.7	708.2

数据来源：中国人民银行济南分行。

2010 年金融机构票据贴现、转贴现利率表

单位：%

季度	贴　现		转贴现	
	银行承兑汇票	商业承兑汇票	票据买断	票据回购
1	3.4808	5.2206	2.5328	2.6485
2	3.8687	5.1267	3.2355	2.8600
3	4.0255	4.9378	3.3536	3.2012
4	5.1936	5.8588	4.0312	4.3446

数据来源：中国人民银行济南分行。

（五）民间借贷增量平稳，利率小幅上升。受两次加息影响，民间借贷加权平均利率同比上升 0.8 个百分点，高于一般

贷款利率4.9个百分点。全年样本监测点累计借入金额同比下降11.3亿元,借贷规范性有所提高。企业样本借贷额增加,利率升幅高于农户样本。

五、社会信用体系建设成效显著,金融生态环境继续向好。

2010年,人民银行济南分行推动全省17地市建立地方社会信用体系建设联席会议制度,枣庄、邹城市试点中小企业信用体系试验区。13.9万户中小企业信息纳入征信系统,1.3万户企业取得融资支持。农村信用工程建设步伐加快,信用示范县、信用示范乡镇、农户信用档案同比分别新增20个、182个和141万户。农村支付服务环境建设全面推进,开通网银611.1万个,布设自动机具24.3万台。联合打击银行卡犯罪专项行动成绩居全国非重点省份首位。

【经济运行情况】 2010年,山东省认真贯彻落实各项宏观调控政策,积极实施重点区域带动战略,转型调整成效显现,社会民生不断改善,节能降耗成果显著,经济社会持续健康协调发展。

地区生产总值及其增长率

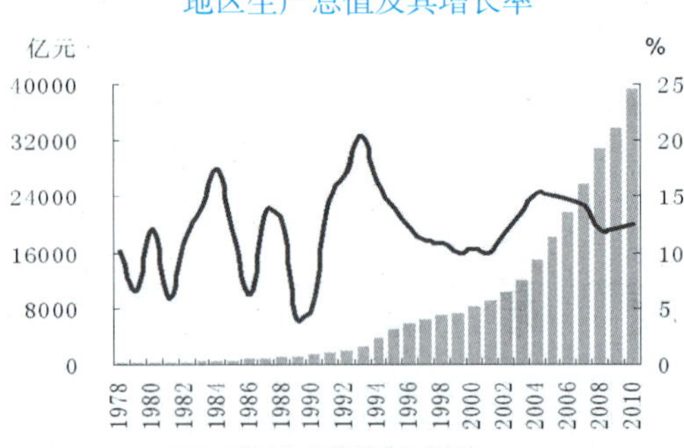

数据来源:山东省统计局。

一、内外需求平稳扩大,经济发展均衡性增强。

2010年,山东省投资增长重点突出,结构调整继续推进。消费市场需求旺盛,进出口实现恢复性增长,利用外资质量提高。

(一)投资结构更趋优化。2010年,全省固定资产投资增速高位趋稳,同比回落1个百分点。三次产业投资比例发生积极变化,由上年的3.2∶51.1∶45.7调整为2.4∶48.7∶48.9,服务业投资领先增长。高新技术、技术改造、社会民生等重点领域投资力度加大,分别高于全省14.4、9.5和13.7个百分点。十大高耗能行业投资增势减弱,占比下降1.2个百分点。民间投资活力增强,对全社会投资增长贡献度同比提高10个百分点。重点区域投资带动作用突出,半岛沿海高端产业带、省会城市群经济圈、黄河三角洲高效生态经济区完成投资分别占全省的39.5%、33.4%和13.6%。

全社会固定资产投资及其增长率

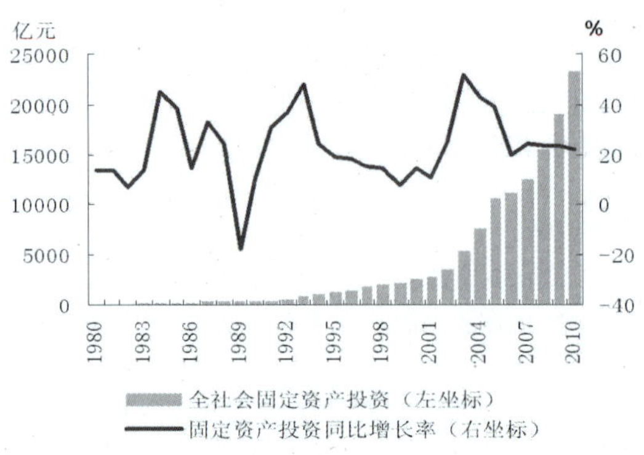

数据来源:山东省统计局。

(二)消费市场需求升温。城乡居民收入均实现两位数增长。城镇居民工资性收入增幅稳定,财产性收入不断增加,转移性收入逐步提高。农民人均纯收入增幅首次超过城镇居民人均可支配收入。旧城改造、万村千乡市场工程、大宗耐用消费品下乡等扩内需促消费政策有效落实,社会消费品零售额增速比上年提高2.6个百分点。现代化家庭设备消费热度不减,汽车消费成为新热点。城乡市场消费增速差缩小1.2个百分点,农村消费市场潜力逐步激活。

社会消费品零售总额及其增长率

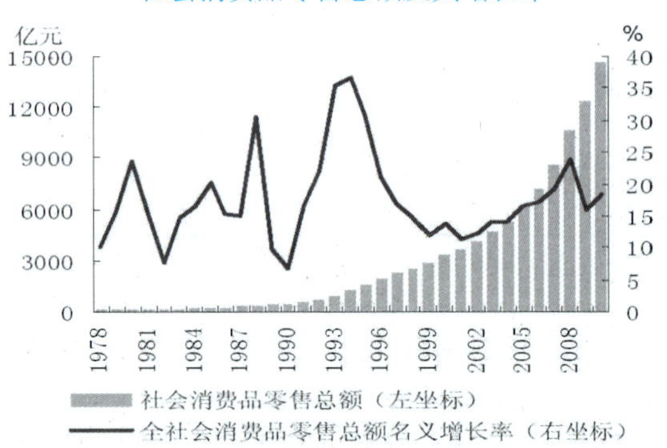

数据来源:山东省统计局。

外贸进出口变动情况

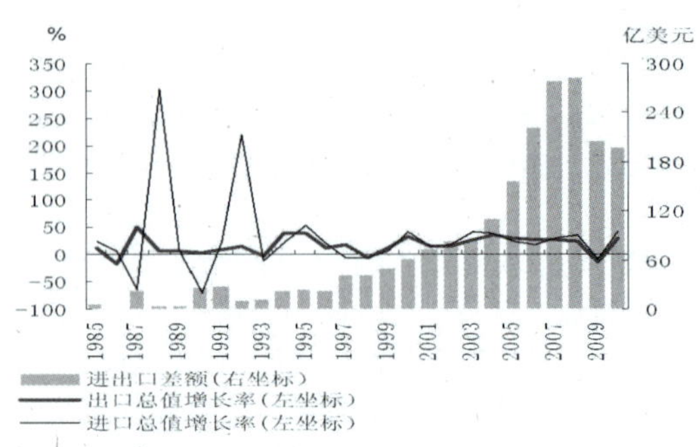

数据来源:山东省统计局。

外商直接投资情况

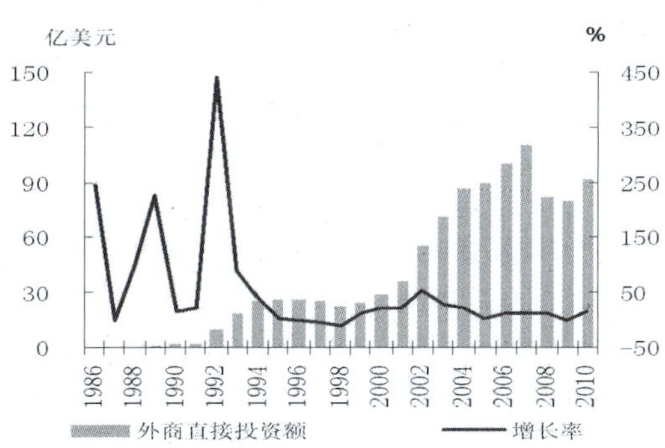

数据来源：山东省统计局。

(三)对外贸易增势良好。随着外需环境好转和促进外经贸措施有效落实，进出口增速由上年的负增长全面转正，外贸出口突破千亿美元。出口商品结构升级加速，高新技术产品比重同比提高 0.3 个百分点。市场多元化战略取得积极进展，美、日、韩三大传统市场份额缩减，新兴市场份额扩大。进口增速快于出口，贸易顺差同比缩小。利用外资质量不断提升，先进制造业合同及实际到账外资比重分别提高 5.9 和 1.8 个百分点。国外投资合作保持全国领先水平，外派劳务、对外承包工程合同额、境外投资分居全国一、二、三位。

二、"转方式、调结构"成效显著，产业发展可持续性提高。

2010 年，山东省坚定不移地推进"转方式、调结构"，经济发展的速度、质量和效益同步提升。三次产业比例由上年的 9.5：56.3：34.2 调整为 9.1：54.3：36.6。

(一)农业产业升级进程加快，农业基础更加稳固。在农产品价格异常波动、自然灾害频发等不利条件下，粮食生产首次实现 8 连增。农业生产经营规模化、组织化、集约化强力推进，龙头企业逾 8000 家，农产品出口连续 11 年居全国首位。基础设施建设不断加强，自来水普及率、行政村通油路比例分别达 90%和 99.2%，电网改造全面完成。农田水利建设扎实推进，病险水库除险加固任务提前完成。社保水平明显提高，新农保试点覆盖率 36%、共 1065 万人。金融支农力度持续加大，新增农业贷款占比同比提高 3 个百分点。

(二)工业经济企稳向好，质量效益同步提升。工业增速高开回稳，贡献度同比提高 2.4 个百分点。工业经济效益综合指数大幅上升，利润增幅提高 23.2 个百分点。装备制造业和高新技术产业产值比重持续上升，高耗能行业生产逐月放缓。战略性新兴产业快速成长，政策和资金支持逐步到位。企业自主创新能力增强，研发投入增幅高于主营业务收入 4.1 个百分点。

工业增加值及其增长率

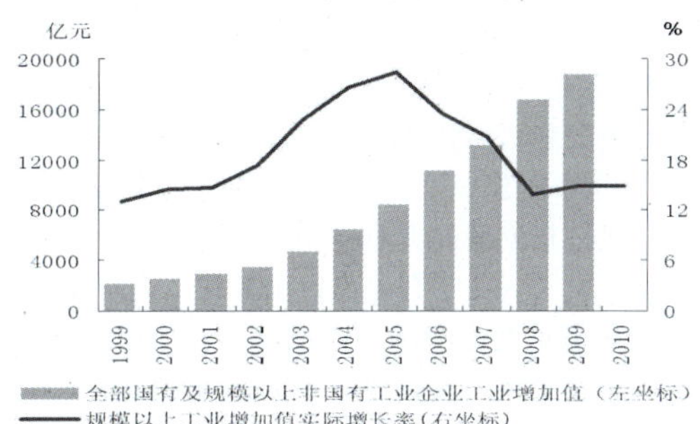

数据来源：山东省统计局。

(三)服务业发展质效提高，贡献度逐年增强。现代服务业提档加速，经济贡献率比上年提高 3.7 个百分点。三大载体建设成效显现，突出支持现代物流、科技信息、家庭服务等十大领域，标准化覆盖面扩大。文化旅游融合发展，"好客山东"品牌全面打响。承接国际服务业转移步伐加快，家庭服务业向外资开放。信贷支持服务业力度加大，交通运输仓储和邮政、批发和零售等重点行业中长期贷款占比同比提高 2.2 个百分点。

三、物价涨幅总体可控，通胀预期压力增大。

年初以来，受自然灾害频发、流动性充裕及输入型通胀压力不断增强等因素影响，全省物价水平呈波动上升态势，涨幅总体仍处温和可控范围。

(一)居民消费价格前稳后高，阶段性上涨特征明显。全年居民消费价格低于全国 0.4 个百分点，呈上半年涨幅平稳、下半年连续攀升趋势，11 月份达到峰值。食品、居住类价格继续领涨，是推动 CPI 上行的主导因素。农村居民消费价格涨幅高于城市。

(二)工业品价格持续走高，农业生产资料涨幅扩大。受投资增长较快、工业生产需求旺盛及国际大宗商品价格冲击等因素影响，工业品价格高位运行，原材料、燃料、动力购进价格有 10 个月同比增幅高于 8%，工业品出厂价格月增幅均在 5%以上。农业生产资料价格逐季走高，增幅同比扩大 6.7 个百分点。

居民消费价格和生产者价格变动趋势

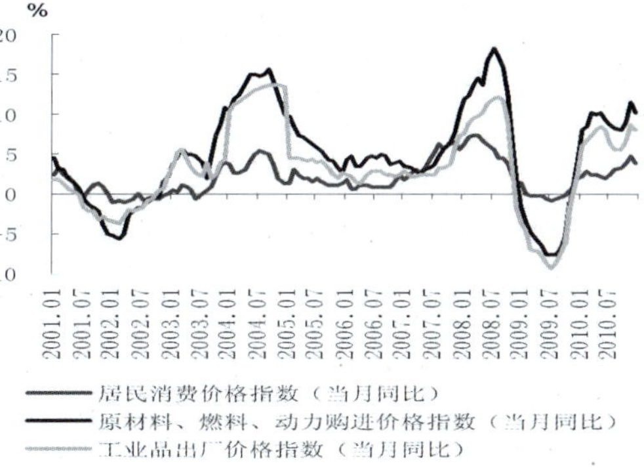

数据来源：山东省统计局。

(三)就业形势持续稳定，劳动力价格继续上升。连续七年实现城镇新增就业和农村劳动力转移就业"双过百万"，年末城镇登记失业率同比下降 0.04 个百分点。在岗职工平均工资增幅比上年提高 1.1 个百分点，城市最低工资标准上调 21.2%，农村低保标准提高到每人每年不低于 1200 元。

四、财政收入增势良好，支出结构倾向民生。

2010 年，全省地方财政收入继续保持较快增长，增幅同比提高12.8个百分点，税收占比继续提高。企业效益加快回升，带动营业税和企业所得税增速分别同比提高15.4和37.4个百分点。支出结构不断优化，科学技术、医疗卫生、环境保护等重点领域支出大幅增长，民生领域投入占比过半，调分配、促和谐效果显著。

财政收支状况

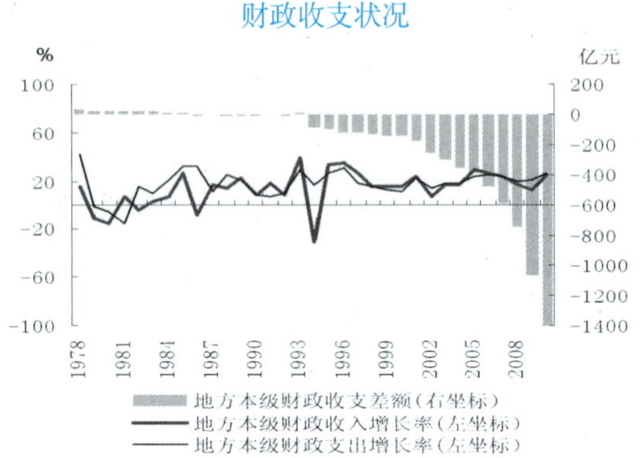

数据来源：山东省统计局。

五、节能减排成效显著，城乡环境持续改善。

2010年，山东省全面完成节能减排指标，工业能耗增速逐步回落，万元增加值能耗下降7.2%，十大高耗能行业综合能耗增幅回落12.6个百分点。淘汰落后产能取得阶段性成果，共减少能源消耗1685万吨标准煤。节能技术改造力度加大，清洁生产加快推行，圆满完成循环经济试点省建设任务。城乡面貌进一步改善，人均绿地面积达到15平方米，污水集中处理率、垃圾无害化处理率和森林覆盖率分别达到85%、80%和22.8%，耕地面积保持1.1亿亩。大气污染防治逐步加强，燃煤机组脱硫设施配套率高于全国平均水平20%。

六、房地产调控效应显现，文化产业发展提速。

（一）房地产市场先扬后抑，房地产金融健康运行。2010年，随着各项调控政策的持续深化，房地产价格过快上涨趋势得到遏制，房地产市场总体平稳。保障性住房建设步伐加快，房地产信贷结构优化。

1.房地产投资平稳增长。2010年，房地产投资增势放缓，仅高于全国0.7个百分点。开发资金增速同比下降17.8个百分点，贷款占全部到位资金比重下降1.9个百分点，对政策调控的敏感度增强。

商品房施工和销售变动趋势

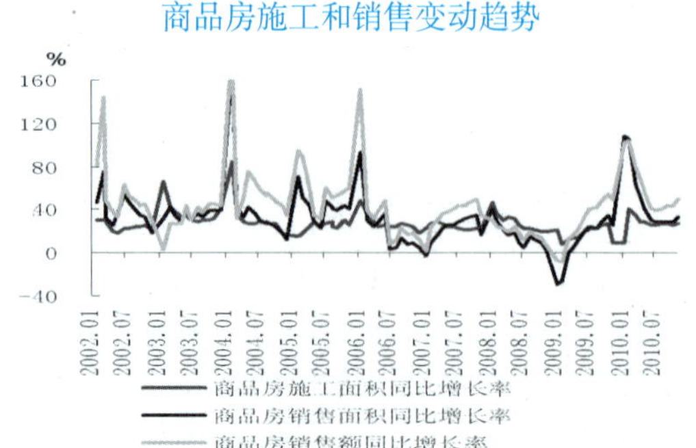

数据来源：山东省统计局。

2.房屋供给结构改善。全年土地开发面积、房屋竣工面积增幅分别同比下降2.4和8.2个百分点。全年新建廉租住房19.4万套，竣工12.1万套，新开工建设农村住房120万户，改造危房18.5万户，保障性住房建设驶入快车道。

3.房地产市场需求旺盛。全年商品房销售额和销售面积增幅分别同比上升 0.1和6.5个百分点，房屋空置面积同比下降6.4%。自住型需求进一步释放，90平米以下住宅和经济适用房空置面积同比大幅下降。

4.房地产价格涨幅呈倒“V”走势。全年房屋销售价格波动明显，前4个月同比涨幅持续扩大，5月起涨幅逐月回落，“新国十条”成涨幅回落拐点。二手房价格涨幅低于新建房，房屋租赁价格涨势趋缓。土地交易价格涨幅年中冲高回落，全年同比提高1.1个百分点。

5.房地产信贷结构优化。受差别化住房信贷政策影响，房地产贷款增速自4月份以来呈下降趋势，全年增速同比下降8个百分点。投向更趋优化，个人住房贷款增速高于开发贷款，支持90平米以下自住型住房套数占比提高1.3个百分点。房贷利率逐月走高，全年同比上升11.1%。

主要城市房屋销售价格指数变动趋势

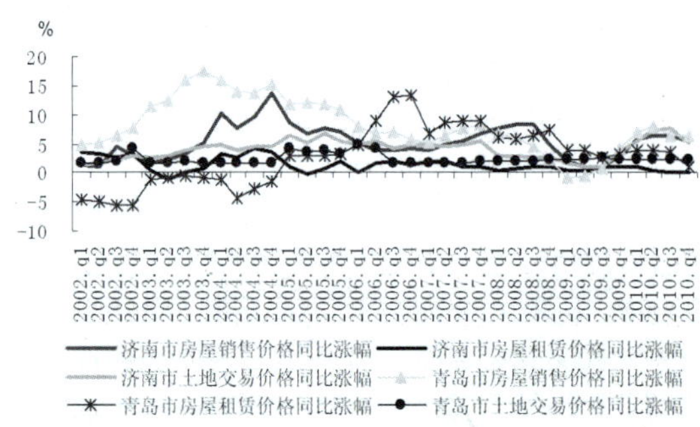

数据来源：山东省统计局。

（二）文化产业发展提速，信贷创新发挥显著作用。山东提出建设经济文化强省的战略目标后，文化产业进入加速发展阶段，数字电视业、动漫游戏业、新闻出版业等已形成较好的区位优势，以山水圣人、黄金海岸、沂蒙红色等为代表的旅游品牌发展势头良好。2010年，全省文化产业增加值1230亿元，是2005年的2.4倍，占全省地区生产总值的3.1%，旅游总收入突破3000亿元。“好客山东”品牌在国家工商总局成功注册，首届“好客山东贺年会”成功举办，17市均成为中国优秀旅游城市，在全国率先建成了旅游目的地数字化服务系统。

金融通过信贷创新加大对文化产业的支持。人民银行济南分行制定下发了《关于金融支持山东省文化产业振兴和发展繁荣的实施意见》，在全国率先推出并成功运作“艺术品质押融资”和“旅游景区门票收费权质押”业务，创新推出依托政府融资平台的公共基础设施类融资模式等，有效推动了文化优势向经济优势转化。

七、“蓝黄战略”引领产业全面升级，“海陆对接”助力区域协调发展。

建设山东半岛蓝色经济区上升为国家战略，与黄河三角洲共同成为国家区域协调发展战略的重要组成部分，启动山东发展新引擎。“蓝黄”经济在全面提升传统产业的基础上，大力发展海洋、生态、环保等新兴产业，正成为省内资本流动洼地和产业、市场发展高地，辐射能力日益增强。2010 年，“蓝黄”区域生产总值增速分别高于全省 0.8 和 1.1 个百分点。金融投入持续加力，全年“蓝黄”区域新增贷款占比分别同比提高 3.6 和 2.9 个百分点。胶东半岛高端产业聚集区、鲁南临港产业带等在重大基础设施、重点产业和示范园区建设方面也取得显著进步。

【经济金融大事记】 1 月 17 日 黄河三角洲高效生态经济区项目推介暨签约仪式在北京举行。

3 月 18 日 山东省政府出台《山东省人民政府印发关于促进新材料、新医药、新信息 3 个新兴产业加快发展的若干政策的通知》（鲁政发[2010]29 号）和《山东省人民政府办公厅转发省经济和信息化委等部门关于促进工业设计、海洋工程装备、游艇、文教体育用品、通信设备、机器人、高效照明等 7 个新兴产业加快发展的指导意见的通知》（鲁政办发[2010]14 号）。

6 月 24 日 山东省跨境贸易人民币结算试点工作正式启动。截至年末，跨境人民币业务境外区域已扩展到六大洲、37 个国家和地区，总结算量突破 300 亿元人民币，居新增试点省市第二位。

7 月 8 日 中国人民银行农村支付服务环境建设经验交流会在寿光召开，中国人民银行党委委员、副行长刘士余、山东省副省长王随莲出席会议并讲话。

7 月 21 日 ~ 22 日 山东省服务业发展工作会议在济南召开。

9 月 16 日 ~ 18 日 第四届世界太阳城大会在德州举办，全国人大常委会副委员长华建敏出席大会并宣布开幕。

9 月 21 日 山东半岛蓝色经济投资基金正式运营。

10 月 29 日 重汽集团在香港成功发行 27 亿元人民币债券，这是香港市场上第一支国有红筹公司发行的人民币企业债券，也是迄今为止规模最大、成本最低的人民币企业债券。

11 月 29 日 2011 年山东省“转方式、调结构”重点项目银企对接会在济南召开，会议明确了 2011 年山东产业政策和信贷政策的重点，并筛选出 230 个重点投资项目，总投资额 3860 亿元。

12 月 29 日 山东第一家全国性法人保险机构泰山财险获批开业。

附表 1-1

山东省国民经济主要指标占全国的比重

（2010 年）

项目	单位	山东	全国	山东占全国比重（%）
一、人口与就业				
年末总人口	万人	9579	133972	7.2
就业人员	万人	6402		
二、土地面积	万平方公里	15.7	960	1.6
三、农林牧渔业总产值	亿元	6650.9	69319.8	9.6
四、地区生产总值	亿元	39169.9	397983.3	9.8
第一产业	亿元	3588.3	40497.0	8.9
第二产业	亿元	21238.5	186480.9	11.4
第三产业	亿元	14343.1	171005.4	8.4
五、人均地区生产总值	元	41106	29762	
六、主要工农业产品产量				
粮食	万吨	4335.7	54648.0	7.9
棉花	万吨	72.4	596.1	12.1
油料	万吨	342.2	3230.1	10.6
肉类	万吨	704.4	7925.8	8.9
水产品	万吨	783.8	5373.0	14.6
原油	万吨	2786.0	20301.4	13.7
原煤	亿吨	1.6	32.4	4.8

续表

项 目	单 位	山 东	全 国	山东占全国比重（%）
发电量	亿千瓦时	3042.7	42065.4	7.2
家用电冰箱	万台	801.6	7300.8	11.0
彩色电视机	万台	1137.7	11830.0	9.6
原 盐	万吨	1848.6	6274.8	29.5
化 肥	万吨	977.0	6740.6	14.5
粗 钢	万吨	5256.1	62695.9	8.4
平板玻璃	万重量箱	6084.9	63026.1	9.7
七、固定资产投资				
全社会固定资产投资额	亿元	23276.7	278139.8	8.4
八、运输、邮电				
货物周转量	亿吨公里	11747.1	141838.0	8.3
旅客周转量	亿人公里	1644.7	27894.0	5.9
沿海主要港口货物吞吐量	万吨	86421.0	548358.0	15.8
邮电业务总量	亿元	1973.0	32940.2	6.0
九、财政				
地方财政一般预算收入	亿元	2749.4	40609.8	6.8
地方财政一般预算支出	亿元	4145.0	73602.5	5.6
城乡居民人民币储蓄存款余额	亿元	19648.2	303303.0	6.5
十、金融				
各项存款	亿元	41104.96	718233.17	5.7
各项贷款	亿元	30722.64	479196.38	6.4
十一、国内贸易				
社会消费品零售额	亿元	14620.3	156998.4	9.3
十二、外贸外经旅游				
进出口总额	亿美元	1889.5	29727.6	6.4
出口总额	亿美元	1042.5	15779.3	6.6
国际旅游外汇收入	亿美元	21.6	458.1	4.7
十三、价格指数				
商品零售物价指数	%	102.7	103.1	
居民消费价格指数	%	102.9	103.3	
十四、人民生活	亿元			
职工工资总额	亿元	3167	47270	6.7
职工平均工资	元	33321	36539	
城镇居民人均可支配收入	元	19946	19109	
农民人均纯收入	元	6990	5919	

附表 1-2

山东省历年地区生产总值

单位：亿元

年份	地区生产总值	第一产业	第二产业	工业	建筑业	第三产业	#交通运输仓储邮电通信业	#批发零售贸易餐饮业	人均地区生产总值（元）
1952	43.81	29.55	7.27	6.82	0.45	6.99	1.01	2.72	91
1953	45.79	28.23	9.30	8.74	0.56	8.26	1.20	3.22	94
1954	52.98	32.48	10.98	10.38	0.60	9.52	1.31	3.92	106
1955	57.78	35.52	11.42	10.81	0.61	10.84	1.40	4.62	113
1956	63.13	35.67	16.34	14.98	1.36	11.12	1.44	4.53	121
1957	61.39	31.95	17.59	16.62	0.97	11.85	1.61	4.38	116
1958	72.97	33.94	23.73	21.29	2.44	15.30	3.28	4.88	135
1959	75.96	28.73	27.86	25.16	2.70	19.37	4.55	5.56	141
1960	71.37	20.61	31.07	28.11	2.96	19.69	5.38	4.68	135
1961	63.40	26.44	20.19	19.04	1.15	16.77	4.02	3.64	121
1962	64.38	30.42	16.91	15.90	1.01	17.05	3.89	3.93	120
1963	67.61	33.47	19.09	17.65	1.44	15.05	2.84	3.16	123
1964	71.66	33.05	23.43	21.74	1.69	15.18	3.25	2.64	128
1965	86.25	42.24	28.96	25.99	2.97	15.05	3.67	2.00	152
1966	97.58	46.99	34.44	31.34	3.10	16.15	3.98	2.67	169
1967	99.44	46.71	35.43	32.78	2.65	17.30	3.92	3.66	168
1968	99.34	44.46	37.43	34.72	2.71	17.45	3.77	3.77	165
1969	108.17	50.16	39.56	36.22	3.34	18.45	3.99	4.15	175
1970	126.31	52.23	53.71	50.16	3.55	20.37	4.84	4.69	199
1971	139.69	56.33	61.50	57.65	3.85	21.86	5.45	4.49	215
1972	146.52	59.11	63.22	58.57	4.65	24.19	6.07	4.51	221
1973	154.33	61.92	65.99	60.67	5.32	26.42	6.15	6.31	229
1974	130.81	59.19	47.44	42.70	4.74	24.18	5.15	4.60	191
1975	166.19	65.54	75.31	69.76	5.55	25.34	5.63	4.77	240
1976	179.58	68.88	84.70	78.23	6.47	26.00	6.27	4.40	242
1977	207.07	79.01	95.34	88.05	7.29	32.72	7.81	3.92	293
1978	225.45	75.06	119.35	108.53	10.82	31.04	8.27	3.29	316
1979	251.60	91.12	127.68	114.67	13.01	32.80	9.50	4.18	350
1980	292.13	106.43	146.11	130.55	15.56	39.59	10.07	6.39	402
1981	346.57	132.21	155.41	138.09	17.32	58.95	13.18	16.56	472
1982	395.38	154.07	166.05	147.10	18.95	75.26	14.10	22.39	531
1983	459.83	185.57	178.75	159.15	19.60	95.51	17.12	32.07	611
1984	581.56	222.13	239.27	214.20	25.07	120.16	22.25	37.97	765

续表

年份	地区生产总值	第一产业	第二产业	工业	建筑业	第三产业	#交通运输仓储邮电通信业	#批发零售贸易餐饮业	人均地区生产总值(元)
1985	680.46	235.96	293.07	259.42	33.65	151.43	28.22	46.14	887
1986	742.05	252.73	313.21	274.80	38.41	176.11	34.03	49.85	956
1987	892.29	287.31	384.57	341.31	43.26	220.41	47.45	60.58	1131
1988	1117.66	331.94	497.10	435.51	61.59	288.62	55.50	86.71	1395
1989	1293.94	359.14	579.65	513.97	65.68	355.15	66.55	108.51	1595
1990	1511.19	425.29	635.98	568.25	67.73	449.92	81.87	132.83	1815
1991	1810.54	521.85	745.90	663.90	82.00	542.79	98.97	161.00	2122
1992	2196.53	534.62	999.11	889.59	109.52	662.80	120.18	200.93	2556
1993	2770.37	596.63	1355.71	1201.67	154.04	818.03	141.09	239.98	3212
1994	3844.50	775.03	1891.43	1692.10	199.33	1178.04	213.58	346.88	4441
1995	4953.35	1010.13	2355.78	2098.06	257.73	1587.44	296.08	471.95	5701
1996	5883.80	1200.17	2784.09	2475.99	308.10	1899.54	362.05	574.97	6746
1997	6537.07	1195.00	3147.37	2796.02	351.35	2194.70	420.49	664.92	7461
1998	7021.35	1215.81	3408.06	3008.45	399.61	2397.49	437.37	735.63	7968
1999	7493.84	1221.00	3644.32	3197.16	447.16	2628.52	484.65	787.90	8483
2000	8337.47	1268.57	4164.45	3665.74	498.71	2904.45	545.13	856.94	9326
2001	9195.04	1359.49	4556.01	4004.09	551.92	3279.53	657.57	972.33	10195
2002	10275.50	1390.00	5184.98	4518.87	666.11	3700.52	655.64	1142.54	11340
2003	12078.15	1480.67	6485.05	5706.71	778.34	4112.43	710.18	1283.70	13268
2004	15021.84	1778.45	8478.69	7576.12	902.57	4764.70	969.13	1431.58	16413
2005	18366.87	1963.51	10478.62	9418.58	1060.04	5924.74			19934
2006	21900.19	2138.90	12574.03	11378.82	1195.21	7187.26			23603
2007	25776.91	2509.14	14647.53	13283.72	1363.81	8620.24			27604
2008	30933.28	3002.65	17571.98	15894.95	1677.03	10358.64			32936
2009	33896.65	3226.64	18901.83	16896.14	2005.69	11768.18			35894
2010	39169.92	3588.28	21238.49	18861.45	2377.04	14343.14			41106

注：1.本表按当年价格计算。

2.2005年以后执行2002年国民经济行业分类(新行业分类)。新行业分类中,农林牧渔服务业由第三产业调整到第一产业。

3.根据国家统一方法,利用经济普查年(2004年、2008年)相关数据,对我省1993-2003年、2005-2008年GDP历史数据进行了修订(下同)。

附表 1-3

山东省历年主要金融指标

单位：万元

年份	存款余额	#企业存款	#财政存款	#农业存款	#储蓄存款	贷款余额	#工业贷款	#农业贷款	#商业贷款	#基建贷款	#技改贷款
1952	27761	13282	10177	101	4201	15674	2786	3796	9092		
1953	37503	14033	16399	428	6643	44486	2584	6082	35820		
1954	37953	14230	12829	996	9898	92049	5722	8051	78276		
1955	66543	12862	38541	2255	12885	140448	6580	11898	121970		
1956	59508	17058	17275	6299	18876	162892	12195	34271	116426		
1957	66853	13671	21811	10970	20401	168720	10248	33183	125289		
1958	119815	30097	42900	12408	34410	349843	59095	56826	233922		
1959	174223	22237	94119	22061	35806	465430	117950	55414	292066		
1960	152412	26747	60237	29408	36020	539109	178222	78879	282008		
1961	154397	35419	65453	28048	25477	505425	119466	77270	308689		
1962	147935	41050	53695	15974	20691	414574	72815	75921	265838		
1963	155443	45826	56502	14924	25872	335573	39091	79662	216820		
1964	157531	46288	62306	18604	30271	336843	33558	82586	220699		
1965	173968	52426	65917	18600	37025	389927	41769	86353	261805		
1966	203942	51901	83799	25528	42714	467671	56561	91222	319888		
1967	249023	78115	92748	33202	44958	524989	82522	92431	350036		
1968	266821	85320	93774	40114	47613	573970	104699	92497	376774		
1969	271167	82682	105564	38148	44773	622424	143203	96513	382708		
1970	539978	97982	355104	41358	45534	669092	136735	97501	434856		
1971	564186	81566	374227	54081	54312	673315	172035	56895	444385		
1972	523844	81483	324625	54677	63059	709712	178014	58874	472824		
1973	617913	90537	397042	52709	77625	801467	181583	58446	555619		5819
1974	528596	111890	271985	60467	84254	833605	225297	63227	538531		6550
1975	722193	142258	417459	67018	95458	917553	235441	69972	607077		5063
1976	765045	160536	419241	76113	109155	1029329	282332	101031	639958		6008
1977	782107	123030	460033	66737	132307	1208633	323841	122037	754734		8021
1978	900037	130437	556357	68941	144302	1337139	352225	135620	839518		9776
1979	655921	219751	27280	106696	195573	1248830	376931	119144	735148		3355
1980	879427	312830	22597	151545	297520	1801830	456971	101552	1161848		29478

续表

年份	存款余额	#企业存款	#财政存款	#农业存款	#储蓄存款	贷款余额	#工业贷款	#农业贷款	#商业贷款	#基建贷款	#技改贷款
1981	1135778	403119	33461	150207	395513	2064250	515804	123506	1305492		51834
1982	1231364	356001	38951	141051	510980	2354235	533949	125550	1505177	1135	86526
1983	1554862	397019	52104	164557	730519	2650117	530720	144154	1742243	3916	110909
1984	2333485	725014	47686	219520	1001699	3666770	713687	291226	2088860	51276	164851
1985	2788151	799892	66522	190082	1301761	4464893	849353	290436	2496747	103677	212522
1986	3515824	972556	73213	215275	1755638	5549438	1189134	386722	2731161	135384	285757
1987	4702246	1201345	90726	247034	2427793	6678425	1464076	533772	2938915	203120	383431
1988	5913422	1416925	77620	263310	3282031	8031351	1821004	635129	3261651	285119	467099
1989	7246567	1544788	118179	276931	4291525	9413406	2279606	782795	3637710	352348	513105
1990	9340575	1976484	153542	335938	5754706	11667880	3023434	939869	4179923	499006	595666
1991	11636250	2845002	159394	404736	7216749	14280093	3570738	1130450	4737915	736741	868499
1992	14482703	3893897	114525	443904	8841510	17205544	4033468	1389718	5360085	916789	1124986
1993	18166260	4648492	159034	492086	11182415	20791075	4795134	1568072	6225867	1243646	1342356
1994	25225337	6194052	257887	521413	16003992	25204369	5434972	1118700	7388355	1477151	1718007
1995	34243843	8776853	263884	656439	21971982	31289040	6487091	1516858	8850079	1985458	2013439
1996	42938411	11317043	239414	829448	28177108	36802427	7658151	2474472	10289962	2250044	2531164
1997	49698489	13914367	246182	852300	32657331	44567197	9219803	3177039	11798956	2780310	2536443
1998	57554782	15010890	441380	883521	37353766	51067900	9795567	4189496	12097868	3879386	2522862
1999	65629934	17250542	584925	1084540	41098425	56798630	10391030	4435895	12657508	5563931	2522178
2000	74711987	20771967	764478	1351492	44667153	62090468	9938023	5281785	11249154	7315876	2678175
2001	85017294	23079030	1140353	1613431	50637936	70176588	11472037	7071209	12227300	8373434	2854302
2002	102477706	27371339	1318673	2050450	58057165	85365991	13466479	9073641	12561986	11343636	1111118
2003	124382360	33965555	1486500	2438209	67683453	104671108	16329927	11565081	12566663	13992866	1537491
2004	145142781	38730410	2258323	2715491	77214610	117828279	19255716	13401333	11660566	16834244	1946567
2005	171035148	41238617	2596570	3221967	90351351	133817463	20218176	15611128	10867721	20403236	2069666
2006	196339878	47745652	3431146	3954365	103580272	157096014	28372457	18446480	9981885	26278047	1433182
2007	220722430	59101969	4790568	4310596	114381079	175451466	33006922	21559437	10530468	30478416	1405230
2008	269301809	68289510	5352549	4471688	143821895	200539104	35509421	24634301	9439945	36443285	1528325
2009	346977763	100209426	8683402	6605038	170827554	259613230	39415542	29629694	11177739	52526564	1328334
2010	411049645	115855356	10260711	2779643	196482092	307226360					

附表 1-4

山东省历年地区生产总值构成

单位：%

年份	地区生产总值	第一产业	第二产业	工业	建筑业	第三产业	#交通运输仓储邮电通信业	#批发零售贸易餐饮业
1953	100	61.7	20.3	19.1	1.2	18.0	2.6	7.0
1954	100	61.3	20.7	19.6	1.1	18.0	2.5	7.4
1955	100	61.5	19.7	18.7	1.0	18.8	2.4	8.0
1956	100	56.5	25.9	23.7	2.2	17.6	2.3	7.2
1957	100	52.0	28.7	27.1	1.6	19.3	2.6	7.1
1958	100	46.5	32.5	29.2	3.3	21.0	4.5	6.7
1959	100	37.8	36.7	33.1	3.6	25.5	6.0	7.3
1960	100	28.9	43.5	39.4	4.1	27.6	7.5	6.6
1961	100	41.7	31.8	30.0	1.8	26.5	6.3	5.7
1962	100	47.2	26.3	24.7	1.6	26.5	6.0	6.1
1963	100	49.5	28.2	26.1	2.1	22.3	4.2	4.7
1964	100	46.1	32.7	30.3	2.4	21.2	4.5	3.7
1965	100	49.0	33.5	30.1	3.4	17.5	4.3	2.3
1966	100	48.1	35.3	32.1	3.2	16.6	4.1	2.7
1967	100	47.0	35.6	32.9	2.7	17.4	3.9	3.7
1968	100	44.7	37.7	35.0	2.7	17.6	3.8	3.8
1969	100	46.4	36.6	33.5	3.1	17.0	3.7	3.8
1970	100	41.4	42.5	39.7	2.8	16.1	3.8	3.7
1971	100	40.3	44.0	41.3	2.7	15.7	3.9	3.2
1972	100	40.3	43.2	40.0	3.2	16.5	4.1	3.1
1973	100	40.1	42.8	39.3	3.5	17.1	4.0	4.1
1974	100	45.2	36.3	32.7	3.6	18.5	3.9	3.5
1975	100	39.4	45.3	42.0	3.3	15.3	3.4	2.9
1976	100	38.3	47.2	43.6	3.6	14.5	3.5	2.5
1977	100	38.2	46.0	42.5	3.5	15.8	3.8	1.9
1978	100	33.3	52.9	48.1	4.8	13.8	3.7	1.5
1979	100	36.2	50.8	45.6	5.2	13.0	3.8	1.7
1980	100	36.4	50.0	44.7	5.3	13.6	3.5	2.2
1981	100	38.2	44.8	39.8	5.0	17.0	3.8	4.8
1982	100	39.0	42.0	37.2	4.8	19.0	3.6	5.7
1983	100	40.3	38.9	34.6	4.3	20.8	3.7	7.0

续表

年份	地区生产总值	第一产业	第二产业	工业	建筑业	第三产业	#交通运输仓储邮电通信业	#批发零售贸易餐饮业
1984	100	38.2	41.1	36.8	4.3	20.7	3.8	6.5
1985	100	34.7	43.0	38.1	4.9	22.3	4.2	6.8
1986	100	34.1	42.2	37.0	5.2	23.7	4.6	6.7
1987	100	32.2	43.1	38.3	4.8	24.7	5.3	6.8
1988	100	29.7	44.5	39.0	5.5	25.8	5.0	7.8
1989	100	27.8	44.8	39.7	5.1	27.4	5.1	8.4
1990	100	28.1	42.1	37.6	4.5	29.8	5.4	8.8
1991	100	28.8	41.2	36.7	4.5	30.0	5.5	8.9
1992	100	24.3	45.5	40.5	5.0	30.2	5.5	9.2
1993	100	21.5	49.0	43.4	5.6	29.5	5.1	8.7
1994	100	20.2	49.2	44.0	5.2	30.6	5.6	9.0
1995	100	20.4	47.6	42.4	5.2	32.0	6.0	9.5
1996	100	20.4	47.3	42.1	5.2	32.3	6.2	9.8
1997	100	18.3	48.1	42.7	5.4	33.6	6.4	10.2
1998	100	17.3	48.5	42.8	5.7	34.2	6.2	10.5
1999	100	16.3	48.6	42.6	6.0	35.1	6.5	10.5
2000	100	15.2	50.0	44.0	6.0	34.8	6.5	10.3
2001	100	14.8	49.5	43.5	6.0	35.7	7.2	10.6
2002	100	13.5	50.5	44.0	6.5	36.0	6.4	11.1
2003	100	12.3	53.7	47.3	6.4	34.0	5.9	10.6
2004	100	11.8	56.5	50.5	6.0	31.7	6.5	9.5
2005	100	10.7	57.0	51.3	5.8	32.3	6.5	8.9
2006	100	9.8	57.4	52.0	5.5	32.8		
2007	100	9.7	56.8	51.5	5.3	33.5		
2008	100	9.7	56.8	51.4	5.4	33.5		
2009	100	9.5	55.8	49.8	5.9	34.7		
2010	100	9.2	54.2	48.2	6.1	36.6		

注：1.本表按当年价格计算。

2.2005年以后执行2002年国民经济行业分类(新行业分类)。新行业分类中,农林牧渔服务业由第三产业调整到第一产业。

附表 1-5

山东省历年地区生产总值指数（一）

（以 1952 年为 100）

年份	地区生产总值	第一产业	第二产业			第三产业		
				工业	建筑业		#交通运输仓储邮电通信业	#批发零售贸易餐饮业
1953	102.1	92.7	127.8	128.5	117.7	113.7	114.2	113.8
1954	116.4	104.7	148.5	150.0	124.3	131.0	120.4	139.5
1955	127.5	115.6	155.3	157.1	126.5	147.0	122.1	162.8
1956	142.5	116.1	236.5	234.4	279.7	151.7	131.7	159.5
1957	137.5	101.6	262.0	264.6	226.6	154.6	147.4	146.4
1958	163.2	107.7	349.5	334.7	572.4	199.4	300.3	162.9
1959	169.6	90.4	410.3	396.3	626.2	249.4	412.6	183.3
1960	149.2	63.6	394.7	375.3	682.6	251.4	483.6	153.1
1961	116.5	65.3	269.2	264.2	325.6	170.4	355.0	79.8
1962	113.5	69.7	214.8	213.2	236.4	184.4	349.0	97.3
1963	126.0	82.0	245.3	240.1	322.9	180.9	264.5	92.5
1964	140.4	84.7	311.5	307.1	379.1	193.0	306.6	83.0
1965	171.3	107.2	405.0	386.0	693.0	197.8	370.1	61.7
1966	199.2	122.4	499.8	485.2	725.6	213.4	403.4	83.8
1967	203.8	121.7	538.8	537.1	587.0	207.9	334.8	112.3
1968	201.8	112.3	565.2	563.4	608.1	209.6	321.7	115.7
1969	217.5	124.9	597.4	588.8	746.1	222.2	341.0	128.0
1970	251.6	129.3	753.3	748.4	833.4	260.9	454.9	150.8
1971	290.8	135.6	1004.9	1014.8	913.4	266.6	514.5	144.6
1972	315.2	139.7	1125.5	1132.5	1106.1	295.9	575.2	145.8
1973	332.5	146.1	1180.6	1180.1	1268.7	323.4	583.8	204.0
1974	280.0	139.8	854.8	840.2	1132.9	296.6	490.4	148.9
1975	361.8	154.6	1366.0	1374.6	1325.5	310.5	535.5	154.4
1976	380.6	162.0	1452.1	1450.2	1544.2	318.3	596.0	142.2
1977	423.6	185.7	1553.7	1544.5	1738.8	376.5	742.6	126.8
1978	466.4	174.6	1948.3	1907.5	2580.4	379.5	784.9	106.3
1979	497.2	188.9	2071.0	2004.8	3060.4	395.1	888.5	133.0
1980	557.9	207.4	2319.5	2233.3	3586.8	469.8	928.5	200.4
1981	590.3	220.9	2393.7	2329.3	3382.4	524.8	910.9	389.2
1982	657.0	244.8	2527.7	2443.4	3774.8	667.5	971.0	524.6

续表

年份	地区生产总值	第一产业	第二产业	工业	建筑业	第三产业	#交通运输仓储邮电通信业	#批发零售贸易餐饮业
1983	748.3	284.0	2719.8	2648.6	3823.9	825.7	1149.7	732.3
1984	878.5	336.0	3201.2	3090.9	4810.5	952.0	1368.1	794.5
1985	978.6	343.4	3793.4	3619.4	6200.7	1093.8	1582.9	880.3
1986	1040.3	341.3	4199.3	4035.6	6504.5	1189.0	1783.9	889.1
1987	1183.9	366.6	4917.4	4794.3	6764.7	1391.1	2326.2	1010.0
1988	1331.9	365.9	6033.6	5858.6	8537.1	1524.6	2277.3	1210.0
1989	1385.2	363.7	6462.0	6356.6	8101.7	1567.3	2279.6	1264.5
1990	1458.6	383.3	6927.3	6865.1	8028.8	1578.3	2227.2	1230.4
1991	1671.6	437.7	7897.1	7894.9	8478.4	1830.8	2588.0	1434.6
1992	1954.1	438.6	10155.7	10216.0	10225.0	2129.2	2994.3	1705.7
1993	2352.0	465.4	13005.4	13142.9	12506.2	2554.0	3433.9	1944.0
1994	2733.9	499.3	15269.6	15454.7	14448.4	3081.4	4192.1	2266.1
1995	3115.8	544.0	17419.6	17579.7	16984.1	3604.3	4984.8	2667.2
1996	3491.3	579.9	19830.5	19993.4	19521.5	4054.1	5602.4	3042.2
1997	3878.5	582.6	22350.9	22532.6	22032.0	4639.9	6334.1	3508.6
1998	4295.4	615.5	25048.7	25254.5	24658.2	5159.6	6861.1	3972.1
1999	4725.8	644.4	28069.5	28340.7	27237.5	5639.4	7630.9	4470.6
2000	5211.6	668.9	31429.5	31795.4	29884.9	6228.2	8491.6	4989.2
2001	5734.9	697.0	34883.6	35366.0	32649.3	6927.6	10190.8	5683.1
2002	6407.6	714.1	40102.1	40515.3	38519.6	7682.7	10284.6	6454.9
2003	7266.8	753.7	46839.3	47613.6	42987.9	8555.5	11480.7	7149.5
2004	8385.9	806.1	55855.9	57664.8	45154.5	9608.6	15291.1	7687.8
2005	9643.7	845.2	65595.0	68077.3	50554.3	10995.6	17493.0	8579.6
2006	11063.2	888.7	76495.4	79812.9	56166.3	12593.5		
2007	12636.4	924.2	88552.1	93032.1	60798.6	14426.5		
2008	14155.5	970.9	99201.0	104738.8	64685.6	16437.5		
2009	15879.3	1011.2	112952.6	118122.1	81147.8	18279.7		
2010	17832.9	1047.9	127369.5	133220.3	91364.1	20752.6		

注：本表按可比价格计算。

附表 1–6

山东省历年地区生产总值指数（二）

（以上年为 100）

年份	地区生产总值	第一产业	第二产业			第三产业		
				工业	建筑业		#交通运输仓储邮电通信业	#批发零售贸易餐饮业
1953	102.1	92.7	127.8	128.5	117.7	113.7	114.2	113.8
1954	114.0	112.9	116.2	116.7	105.6	115.2	105.4	122.6
1955	109.5	110.4	104.6	104.7	101.8	112.2	101.4	116.7
1956	111.8	100.4	152.3	149.2	221.1	103.2	107.9	98.0
1957	96.5	87.5	110.8	112.9	81.0	101.9	111.9	91.8
1958	118.7	106.0	133.4	126.5	252.6	129.0	203.7	111.3
1959	103.9	83.9	117.4	118.4	109.4	125.1	137.4	112.5
1960	88.0	70.4	96.2	94.7	109.0	100.8	117.2	83.5
1961	78.1	102.6	68.2	70.4	47.7	67.8	73.4	52.1
1962	97.4	106.8	79.8	80.7	72.6	108.2	98.3	121.9
1963	111.0	117.6	114.2	112.6	136.6	98.1	75.8	95.1
1964	111.4	103.3	127.0	127.9	117.4	106.7	115.9	89.7
1965	122.0	126.6	130.0	125.7	182.8	102.5	120.7	74.3
1966	116.3	114.2	123.4	125.7	104.7	107.9	109.0	135.8
1967	102.3	99.4	107.8	110.7	80.9	97.4	83.0	134.0
1968	99.0	92.3	104.9	104.9	103.6	100.8	96.1	103.0
1969	107.8	111.2	105.7	104.5	122.7	106.0	106.0	110.6
1970	115.7	103.5	126.1	127.1	111.7	117.4	133.4	117.8
1971	115.6	104.9	133.4	135.6	109.6	102.2	113.1	95.9
1972	108.4	103.0	112.0	111.6	121.1	111.0	111.8	100.8
1973	105.5	104.6	104.9	104.2	114.7	109.3	101.5	139.9
1974	84.2	95.7	72.4	71.2	89.3	91.7	84.0	73.0
1975	129.2	110.6	159.8	163.6	117.0	104.7	109.2	103.7
1976	105.2	104.8	106.3	105.5	116.5	102.5	111.3	92.1
1977	111.3	114.6	107.0	106.5	112.6	118.3	124.6	89.2
1978	110.1	94.0	125.4	123.5	148.4	100.8	105.7	83.8
1979	106.6	108.2	106.3	105.1	118.6	104.1	113.2	125.1
1980	112.2	109.8	112.0	111.4	117.2	118.9	104.5	150.1
1981	105.8	106.5	103.2	104.3	94.3	111.7	98.1	194.2
1982	111.3	110.8	105.6	104.9	111.6	127.2	106.6	134.8

续表

年份	地区生产总值	第一产业	第二产业	工业	建筑业	第三产业	#交通运输仓储邮电通信业	#批发零售贸易餐饮业
1983	113.9	116.0	107.6	108.4	101.3	123.7	118.4	139.6
1984	117.4	118.3	117.7	116.7	125.8	115.3	119.0	108.5
1985	111.4	102.2	118.5	117.1	128.9	114.9	115.7	110.8
1986	106.3	99.4	110.7	111.5	104.9	108.7	112.1	101.0
1987	113.8	107.4	117.1	118.8	104.0	117.0	130.4	113.6
1988	112.5	99.8	122.7	122.2	126.2	109.6	97.9	119.8
1989	104.0	99.4	107.1	108.5	94.9	102.8	100.1	104.5
1990	105.3	105.4	107.2	108.0	99.1	100.7	97.7	97.3
1991	114.6	114.2	114.0	115.0	105.6	116.0	116.2	116.6
1992	116.9	100.2	128.6	129.4	120.6	116.3	115.7	118.9
1993	120.4	106.1	128.1	128.7	122.3	120.0	114.7	114.0
1994	116.2	107.3	117.4	117.6	115.5	120.7	122.1	116.6
1995	114.0	108.9	114.1	113.8	117.6	117.0	118.9	117.7
1996	112.1	106.6	113.8	113.7	114.9	112.5	112.4	114.1
1997	111.1	100.5	112.7	112.7	112.9	114.5	113.1	115.3
1998	110.8	105.7	112.1	112.1	111.9	111.2	108.3	113.2
1999	110.0	104.7	112.1	112.2	110.5	109.3	111.2	112.6
2000	110.3	103.8	112.0	112.2	109.7	110.4	111.3	111.6
2001	110.0	104.2	111.0	111.2	109.3	111.2	120.0	113.9
2002	111.7	102.5	115.0	114.6	118.0	110.9	100.9	113.6
2003	113.4	105.6	116.8	117.5	111.6	111.4	111.6	110.8
2004	115.3	106.9	119.3	121.1	105.0	112.3	133.2	107.5
2005	115.0	104.8	117.4	118.1	112.0	114.4	114.4	111.6
2006	114.7	105.2	116.6	117.2	111.1	114.5		
2007	114.2	104.0	115.8	116.6	108.2	114.6		
2008	112.0	105.1	112.0	112.6	106.4	113.9		
2009	112.2	104.2	113.9	112.8	125.4	111.2		
2010	112.3	103.6	112.8	112.8	112.6	113.5		

注：本表按可比价格计算。

附表 1-7

山东省分市地主要经济指标

（2010年）

地区	地区生产总值（亿元）	同比增幅（%）	全社会固定资产投资总额（亿元）	同比增幅（%）	出口总值（亿美元）	同比增幅（%）	社会消费品零售总额（亿元）	同比增幅（%）	居民消费价格指数（%）
济南	3910.8	12.7	1987.4	20.1	40.6	33.1	1725.5	18.7	102.1
青岛	5666.19	12.90	3022.50	22.90	339.16	24.24	1902.74	18.70	102.20
淄博	2866.75	13.7	--	--	40.3	31.6	1005.68	18.8	102.7
枣庄	1362.04	12.6	787.31	25.0	7.46	52.5	409.89	18.7	102.8
东营	2359.64	13.4	1348.98	22.6	27.58	57.1	382.36	18.7	102.3
烟台	4358.46	14.10	2705.86	22.80	254. 80	28.50	1378.35	18.80	102.3
潍坊	3090.92	13.3	2331.02	22.6	86.96	41.4	1151.12	18.6	102.60
济宁	2542.81	12.9	1436.2	23.0	21.66	68.8	963.49	18.6	102.9
泰安	2051.7	13.7	1270.5	22.7	9.3	31.4	687.4	18.9	103.6
威海	1944.9	12.7	--	--	89.23	30.9	683.99	18.6	102.72
日照	1025.08	12.5	775.36	22.4	22.11	35.9	311.63	18.6	102.9
莱芜	546.33	12.0	321.36	22.1	10.33	74.6	182.06	18.36	104.39
临沂	2400	12.9	--	--	28.3	29.2	1157.2	19	102.4
德州	1657.82	12.9	1140.59	22.6	13.36	39.9	645.6	18.7	103.1
聊城	1606.51	16.76	887.68	26.80	12.89	54.00	536.77	13.64	103.1
滨州	1551.52	13.50	--	--	25.51	44.50	431.16	18.70	102.5
菏泽	1145.01	15	582.9	22.6	12	37.9	656.57	19	102.5

注：该表为本编辑部根据山东省人民银行各市中心支行报送的《经济主要统计指标》整理。

附表 1-8

山东省分市地主要金融指标

（2010年）

地区	本外币存款余额（亿元）	同比增幅（%）	企业存款余额（亿元）	同比增幅（%）	储蓄存款余额（亿元）	同比增幅（%）	本外币贷款余额（亿元）	同比增幅（%）	短期贷款余额（亿元）	同比增幅（%）	中长期贷款余额（亿元）	同比增幅（%）
济南	7601.9	18.4	2955.3	16.9	2187.7	14.4	7035	13.5	1898.6	10.1	4093.7	16
青岛	7895.52	21.39	2727.20	30.38	2912.33	15.21	6365.19	20.81	2158.03	19.42	3510.97	35.79
淄博	2489.42	15.05	691.25	11.69	1311.19	10.65	1745.35	20.66	918.24	21.02	650.58	32.23
枣庄	894.42	10.32	206.39	-1.90	511.39	15.54	729.69	24.34	306.69	20.70	402.52	29.74
东营	1580.21	20.43	420.08	17.96	703.06	9.82	1189.51	27.32	762.99	26.90	364.82	21.90
烟台	4081.18	19.97	1109.77	16.15	2110.29	14.00	2644.45	18.25	1238.54	23.95	1082.87	26.24
潍坊	3307.7	19.49	746.94	18.82	1843.79	14.87	2570.84	23.93	1350.12	25.41	1078.88	34.92
济宁	2278.05	19.03	522.57	9.19	1275.10	18.84	1385.83	19.72	710.24	21.07	584.75	26.57
泰安	1405.87	15.08	287.55	11.03	824.31	14.09	920.23	18.64	470.51	14.59	390.4	29.04
威海	1636.59	15.6	334.28	12.49	949.17	14.86	1150.14	16.89	423.1	10.6	640.52	31.25
日照	1003.16	22.4	220.71	12	455.84	17	960.79	15.7	468.23	22	332.61	21.3
莱芜	587.37	4.02	124.28	-20.17	300.03	14.24	489.74	10.00	285.28	-2.48	151.14	50.88
临沂	2123.59	20.10	365.29	21.54	1390.16	18.00	1559.7	19.69	961.16	17.18	510.28	25.22
德州	1293.76	18.27	248.66	20.31	807.18	14.04	918.09	18.26	578.58	15.17	317.33	28.09
聊城	1236.85	14.88	216.71	7.64	753.37	12.64	963.92	21.04	632.08	16.24	284.54	33.89
滨州	1065.83	15.66	279.34	7.09	508.31	14.35	1068.47	20.11	587.57	22.48	328.26	20.38
菏泽	1092.56	21.40	133.12	-2.20	804.7	24.68	803.47	21.24	494.42	15.11	285.99	32.70

注：该表为本编辑部根据山东省人民银行各市中心支行报送的《金融业务统计指标》整理。

附表 1-9

山东省各市地区生产总值

单位：亿元

地区	地区生产总值			第一产业增加值			第二产业增加值		
	2009	2010	2010 年为 2009 年%	2009	2010	2010 年为 2009 年%	2009	2010	2010 年为 2009 年%
济南	3340.91	3910.53	112.7	187.07	215.17	104.9	1433.51	1637.45	111.0
青岛	4853.87	5666.19	112.9	230.25	276.99	101.4	2420.14	2758.62	112.6
淄博	2445.28	2866.75	113.7	87.87	105.30	104.8	1535.82	1766.57	112.5
枣庄	1196.04	1362.04	112.6	103.81	117.56	102.9	744.40	818.37	110.4
东营	2058.97	2359.94	113.4	74.73	87.38	104.6	1521.92	1712.20	113.4
烟台	3701.79	4358.46	114.1	285.89	334.49	103.5	2227.32	2566.49	112.1
潍坊	2707.23	3090.92	113.3	301.96	330.51	104.3	1526.05	1720.28	113.2
济宁	2238.12	2542.81	112.9	270.41	320.41	103.5	1227.81	1356.47	113.1
泰安	1715.66	2051.68	113.7	170.32	195.31	104.4	935.16	1099.45	112.4
威海	1733.19	1944.70	112.7	136.34	153.94	101.3	1000.98	1087.03	111.4
日照	864.66	1025.08	112.5	87.33	100.26	104.5	471.85	561.55	112.9
莱芜	471.30	546.33	112.0	30.35	38.61	103.1	292.41	330.18	112.2
临沂	2069.11	2399.99	112.9	250.46	264.01	103.5	1044.96	1206.29	113.0
德州	1475.08	1657.82	112.9	191.05	210.51	103.2	811.55	899.55	114.3
聊城	1378.37	1622.38	113.2	198.63	221.64	104.3	808.45	924.09	113.8
滨州	1354.99	1551.52	113.5	135.93	155.48	104.9	763.36	847.31	112.4
菏泽	957.31	1227.09	114.3	205.20	220.18	103.2	488.20	648.54	116.6

注：本表绝对额按当年价格计算，速度按可比价格计算。

续表

地区	#工业增加值			第三产业增加值			人均地区生产总值（元）	
	2009 年	2010 年	2010 年为 2009 年%	2009 年	2010 年	2010 年为 2009 年%	2009 年	2010 年
济南	1115.22	1191.36	110.5	1518.67	1720.33	113.1	45563	50219
青岛	2034.25	2174.43	111.1	1943.33	2203.48	112.5	52266	57251
淄博	1375.13	1407.36	113.0	725.53	821.59	113.2	50973	54229
枣庄	630.99	682.55	113.2	305.35	347.83	112.7	29836	32698
东营	1480.00	1436.89	112.6	407.26	462.32	112.2	101520	102370
烟台	1890.45	2017.60	112.6	1068.52	1188.58	115.3	48656	52683
潍坊	1302.93	1380.46	112.5	770.30	879.22	114.0	27923	30338
济宁	1072.93	1130.12	114.4	669.59	739.90	111.3	26216	27982
泰安	752.16	815.92	113.3	523.90	610.18	115.4	28179	31375
威海	813.98	910.66	112.7	523.41	595.86	112.9	61449	68614
日照	363.68	413.71	117.9	278.38	305.48	110.9	28340	31451
莱芜	286.12	268.08	112.6	131.43	148.54	112.9	36648	36907
临沂	842.01	880.84	112.8	683.98	773.69	114.0	19374	20983
德州	662.07	724.60	111.9	403.44	472.48	116.6	23822	26671
聊城	688.55	752.21	115.0	327.77	371.29	113.4	22513	24657
滨州	672.80	695.27	111.3	385.92	455.70	117.7	33671	36679
菏泽	355.50	408.18	119.8	224.50	263.91	112.6	10299	11649

附表 1-10

山东省各市地区生产总值构成

单位：%

地区	地区生产总值		第一产业		第二产业		第三产业	
	2009年	2010年	2009年	2010年	2009年	2010年	2009年	2010年
济南	100.0	100.0	5.6	5.5	42.9	41.9	51.5	52.6
青岛	100.0	100.0	4.7	4.9	49.9	48.7	45.4	46.4
淄博	100.0	100.0	3.6	3.7	62.8	61.6	33.6	34.7
枣庄	100.0	100.0	8.7	8.6	62.2	60.1	29.1	31.3
东营	100.0	100.0	3.6	3.7	73.9	72.6	22.5	23.7
烟台	100.0	100.0	7.7	7.7	60.2	58.9	32.1	33.4
潍坊	100.0	100.0	11.2	10.7	56.3	55.7	32.5	33.6
济宁	100.0	100.0	12.1	12.6	54.9	53.3	33.0	34.1
泰安	100.0	100.0	9.9	9.5	54.5	53.6	35.6	36.9
威海	100.0	100.0	7.9	7.9	57.7	55.9	34.4	36.2
日照	100.0	100.0	10.1	9.8	54.6	54.8	35.3	35.4
莱芜	100.0	100.0	6.4	7.1	62.1	60.4	31.5	32.5
临沂	100.0	100.0	12.1	11.0	50.5	50.3	37.4	38.7
德州	100.0	100.0	13.0	12.7	55.0	54.3	32.0	33.0
聊城	100.0	100.0	14.4	13.7	58.7	56.9	26.9	29.4
滨州	100.0	100.0	10.0	10.0	56.4	54.6	33.6	35.4
菏泽	100.0	100.0	21.4	17.9	51.0	52.9	27.6	29.2

注：本表按当年价格计算。

第二部分

中央银行、监管局

中国人民银行济南分行

【综述】 2010年，中国人民银行济南分行(以下简称“人行济南分行”)在人行总行和省委省政府的正确领导和关心支持下，紧紧围绕工作大局不断夯实基础，各项工作有序运转。

一、抓好监测分析的综合协调，有效传导货币信贷政策。一是牵头加强对辖区经济金融形势的实时监测，整合分析成果，通过编发《专报件》等形式及时上报总行和山东、河南两省省委省政府；二是协助推进跨境贸易人民币结算试点工作，配合举办山东省省跨境业务人民币结算启动仪式；三是牵头组织与东营、德州市政府等签订《合作协议》，配合召开各类银政企合作促进会13个，有效落实国家宏观调控意图。

二、抓好重点工作的综合协调，有效履行金融服务和金融稳定职能。一是配合推动山东省农村支付服务环境建设，在寿光成功筹办全国农村支付环境建设现场会；二是协助有关部门举办“防范金融风险、维护金融稳定”研讨班，对全省各地市分管金融工作副市长、金融办主任进行集中培训；三是协助举办“金融系统反腐倡廉建设展——济南巡展”，成为有史以来山东省金融系统规模最大的反腐倡廉教育展；四是通过督查调度、会议推动等形式，促进各项业务竞赛顺利开展。

三、强化调研，当好决策参谋助手。一是建立完善“信息落后中支帮扶、重点业务联系和金融机构信息报送”等三项制度，与驻鲁25家省级银行业机构建立了信息共享机制；二是探索推动日韩政务信息特色研究工作，多篇研究信息被总行采用；三是召开信息选题座谈会6次，组织联合调研33次。全年编发报送《金融简报》35期，《专报信息》345期，《信息选编》11期，被总行采用53条，被中办、国办采用9条，被中央领导批示3条。

四、把握主动，有效营造良好舆论环境。一是不断增强新闻宣传的政治敏锐度和快速应对能力，全年在媒体发表稿件510余篇；二是继续推进“金融知识进万家巡回展”活动，完成枣庄、临沂、威海、日照四站展览；三是实行舆情监测重点值班制度，监测报告被总行采用187篇，同比提高25%。

五、突出重点，切实加强应急与信访工作。一是协助总行办公厅制定应急预案评估办法，在辖区探索开展外部评估、交叉评估和相互评估；二是抓好实战演练，切实加强演练评估观摩，有效发挥辐射带动、以点促面作用；三是提高应急教育针对性，组织开展应急预案视频短片编制工作；四是开展矛盾纠纷排查化解和“信访积案化解年”活动，信访数量明显下降。

六、创新渠道，全面推动政务公开工作。一是开展以“深化政务公开、推进依法行政”为主题的业务竞赛活动，总行办公厅金琦主任现场观摩并给予高度评价；二是畅通“阳光政务热线”，为公众释疑解惑；三是规范行政服务大厅建设，研究制定了《行政服务大厅管理指引》。

七、夯实基础，深化规范管理。一是建立了公文审核常见问题定期通报制度；二是举办了大区行成立以来辖区规模最大、参训人数最多的公文审核与写作培训班；三是开展了以“举办一次保密讲座、下发一本保密书籍、制作一件保密宣传品、进行一次保密知识测试、编发一期板报”为内容的宣传教育“五个一”活动；五是成功上线总行督查管理系统，立项督查各类重点工作279项，编辑《督查信息月报》12期、《重要事项督办情况》6期。

(办公室)

【货币信贷管理】 2010年，人行济南分行紧紧围绕总行调控要求和山东省经济发展重点，综合运用多种货币政策工具，促进货币信贷平稳增长，实现信贷结构的优化提升，先后被省委省政府授予“民族团结进步模范集体”、“支持服务业发展先进单位”、“工业应对国际金融危机保增长工作突出贡献单位”等荣誉称号。

一、努力提升监测分析的特色性、针对性和有效性，调研对科学决策的支撑作用稳步提高。一是建立了“地方法人信贷投放旬报”和“区域房地产市场风险预警”两项制度；二是进一步完善“日韩货币政策动态监测体系”，被总行指定承担《全球宏观经济与货币政策监测分析月报》(日本部分)的编写工作；三是着重对“某些全国性问题在山东省的表现形式及特点”和“经济金融运行中出现的苗头性问题”进行深入剖析；四是撰写的《2009年山东省金融运行报告》连续第6年被总行授予“优秀专栏奖”。全年完成各类报告151篇，《从山东信贷结构看经济结构存在的问题及建议》得到省委领导的充分肯定和批示。

二、保持调控政策的稳定性和连续性，金融对经济实体的支持力度不断加大。

(一)政策调控体系进一步完善。一是下发全年货币信贷工作意见，引导金融机构将贯彻实施适度宽松货币政策的着力点放在优化信贷结构上；二是制定下发指导性文件和专项金融支持政策20余项；三是开展“金融信息网”建设，开发了“金企俱乐部网站”，实时发布信贷和产业政策信息；四是先后开展了信贷政策综合督导、房地产及中小企业信贷政策专项督导等试点工作。

(二)切实加大对转方式、调结构的金融支持。一是联合省发改委下发了《关于下达2010年省重点服务业建设项目名单的通知》；二是联合省经信委下发了“重点物流企业名单”；三是联合省发改委召开了全省“转方式、调结构”重点项目银企对接会，推介项目230个；四是与东营、德州等市政府签订战略合作协议，组织举办了金融支持黄河三角洲开发建设论坛暨政银企合作推进会。

(三)重点领域金融支持力度显著增强。一是开展“全省中小企业推进计划”，推介重点中小企业项目2116个；二是会同省财政厅出台了小企业贷款风险补偿奖励和战略性新兴产业科技项目贷款风险补偿办法；三是深入推进农村金融服务创新，制定下发了《山东省林权抵押贷款管理办法(试行)》，推动农村土地使用权抵押、农村住房抵押贷款业务；四是联合省妇联成立了"山东省妇女创业就业服务中心"；五是配合政府有关部门实施大学生创业引领计划，推进大学生"村官"创业富民工作。

三、灵活运用各类货币政策工具，引导金融机构优化调整信贷结构。

(一)积极发挥再贴现、再贷款引导信贷资金流向作用。一是进一步规范业务操作，推动辖区再贴现和商业承兑汇票业务规范健康发展；二是进一步拓展支农再贷款的作用空间，明确对村镇银行发放支农再贷款的相关政策、管理要求和风险防范措施；三是进一步加强经营性再贷款管理，引导城商行加大对中小企业的信贷支持。

(二)认真做好资金管理工作。一是加强与相关部门的沟通与配合，做好新增专项借款的使用监督工作，确保专款专用；二是严格执行存款准备金政策，对全省5家农村合作金融机构实行有区别的存款准备金率，督促其不断提高涉农贷款比例，加强对"三农"的信贷支持。

(三)进一步提高贯彻执行利率政策的针对性和有效性。一是完善金融机构利率和民间借贷监测体系，引导金融机构完善贷款定价机制；二是利用政策通报会、座谈会和金融知识巡展等形式，加强对利率市场化的宣传；三是提高金融机构利率定价中Shibor的基准地位，扩大其运用范围。

四、积极履行管理职责，稳步推进重点工作。

(一)积极推进企业银行间直接融资。一是推动山东省第三单中小企业集合票据在银行间市场公开发行，共融资7.4亿元人民币，期限2年，是迄今为止全国发行规模最大、综合融资成本较低的一笔；二是配合交易商协会做好短券和中票的注册发行工作，为晨鸣纸业、新汶矿业等9家企业集团出具了注册发行意见。

(二)扎实做好农村信用社改革后续考核工作。一是组织对山东省农信社改革绩效进行了深入调查研究，形成了《农信社改革绩效评价及相关思考》专题调查报告；在总行深化农信社改革工作座谈会上做了主题发言。

(三)规范管理，加强优惠利率贷款贴息工作。一是按照"支持最大、风险可控"的原则，指导各市中支联合当地民委，核定民品企业贷款额度，尤其对新增的28家民品企业，严格审核其贴息资格，确保国家民品优惠政策落到实处；二是加强对新成为民品贷款承贷行的农发行、城商行和农信社执行优惠利率政策的培训和指导力度，推动民品贷款贴息工作顺利开展。

(货币信贷管理处)

【调查统计】 2010年，人行济南分行调查统计工作围绕行领导的要求，稳固基础、加强监测、着力分析、深度调研，不断探索新的思路和方法，较好地完成了各项任务。在统计工作实现连续13年上报数据"零差错"。

一、加强统计工作管理，强化统计检查。

(一)落实各项金融统计制度，提高数据质量。一是严格按总行《金融统计制度》要求，编制各类分析报表；二是加强对辖内中小金融机构的业务指导，及时准确的报送各频度统计数据；三是继续牵头做好"一行三局"和"四省二市统计信息交流与共享及省内全口径信用总量统计制度"。

(二)加强统计工作管理，完善内控制度。一是优化统计工作操作流程，保证按照岗位标准和操作规程运作；二是拟定《省金融统计从业人员上岗资格考试实施办法》，提升人员素质；三是通过业务指导、检查等方式，加强对新成立中小机构的统计工作管理，保证了各机构统计数据的及时、准确报送和系统的顺利过渡。

(三)积极参与总行金融统计标准化和制度研究等工作。一是顺利完成金融机构票据转让操作情况的调查报告，得到总行周小川行长和杜金富副行长的亲笔批示；二是积极参与理财、资金信托专项统计制度研究和系统开发；三是赴吉林等地开展涉农贷款统计制度执行情况调研；四是参加新报表规划研究和设计工作，负责了存款报表的设计。

(四)强化统计检查，树立央行统计权威。一是于4月12日至30日，完成对辖区内中行分支机构2009年1月1日至2010年3月31日的金融统计检查；二是完成总行组织的统计执法检查各项任务，对辖内人行、农信社等9家金融机构进行现场检查，全省共检查156家，存在问题的商行分支机构141家，查出问题2758笔，涉及金额312亿元；三是受总行委托，由该处负责同志担任现场检查小组的组长于8月23日至27日对工行总行进行了现场检查。

二、强化制度性调查基础工作，管理完善制度性调查监测体系。

(一)提高数据质量，加大调查覆盖面。一是继续完善现场检查、业务督查、按季通报等措施，实行业务人员错误反馈制度，对出现的问题发送书面通报，并由分管行长签署书面反馈意见；二是组织开展《工业园区中小企业生存状况调查》，对企业生产经营和融资状况进行跟踪调查，以专报信息形式上报省政府；三是顺利完成总行移交的7、8、9三个月份全国6省市工业园区负责人问卷调查汇总、审核及报告撰写工作；四是调整和增加企业、银行家调查范围，新增16家金融机构，38家有地区经济代表性的企业；五是建立外向型中小企业经营情况的调查制度，增补110户中小企业进入企业监测系统，增强了该系统的代表性。

(二)提高物价监测调查水平，增强物价分析预测能力。一是重新编制山东企业商品价格指数，同时组织中支的物价监测分析人员开展专项分析研究；二是利用计量经济学方法，增强物价变动的预测水平，提高了物价报告的分析质量和预测精度；三是完成了《2009年物价形势分析及2010年物价趋势预测》、《近期农副产品价格变动的成因、效应及趋势分析》等多篇分析报告。

三、改进分析方法、加强深度调研，跟踪监测货币信贷运行状况，确保各项专题调查研究工作顺利开展。一是及时向省委省政府反映金融运行状况，多次得到姜异康书记、姜大明省长等省委省政府领导批示；二是完成调研分析报告60余篇，其中，《绿豆、金银花商品价格上涨原因》、《煤电供求状况》和《对房地产租赁价格快速上涨》等10余篇调查报告被总行《金融统计与分析》采用；三是《商品房住宅空置状况》等报告被杨行长作为行长调研报告报总行；四是向总行报送动态信息54篇，被采用8篇，占全国信息采用量的四分之一，居全国第一。

四、组织开展理财、资金信托专项统计制度业务培训，加强对辖内中小金融机构业务指导，督促其做好系统开发和报数等相关准备；组织开展企业商品价格监测和企业景气调查培训等多项专题培训，进一步提升辖区景气及商品价格监测工作水平。

五、年鉴工作取得新成绩。2010年，《山东金融年鉴》工作遵循着"夯实基础，保证质量，加强协调，把握进度，与时俱进，求实创新"的思路，取得了新的进展，在全国年鉴编撰质量评比中再次荣获一等奖。

（一）继续加强对全省各金融机构《年鉴》编撰工作的协调指导，通过积极工作，促使青岛证监局和保监局参加了本年度的《年鉴》编撰工作，实现了由以前主要征集全省银行业的数据指标和资料，转变为对全省银行业、证券业和保险业各项数据指标和资料的全面征集，实现了各项金融指标的全覆盖，从而更加全面、真实、系统地反映了全省金融运行态势。

（二）在保证《年鉴》编撰质量的基础上，积极探讨运用相关数据对全省及全省各金融机构、各区域经济金融运行态势进行比较和分析研究的路子，并以《金融运行报告》的形式刊载，深化了《年鉴》的内容，提高了内在质量；由以前对原有数据指标和文字资料的单纯搜集编辑整理，初步转变为在某些重要方面对历年经济金融数据指标的变化情况进行较深层次、多角度的比较和分析研究，力图得出新的认识和结论的研发型工作，实现了《年鉴》工作由单纯的资料编辑型向数据研发型转变，从而在全国《年鉴》业走出了一条崭新的路子，使《年鉴》反映的内容更为准确、深刻。

（三）扩展领域，深入挖掘，在《年鉴》内容上增加新的内涵。今年《年鉴》在原有的基础上增加了许多新的内容，尤其是在《金融地图》中增加了《山东省银行业金融机构简表》，在《山东省金融运行报告》中增加了《山东省经济主要统计指标》、《山东省工农业主要统计指标》、《山东省金融业务统计指标》、《山东省主要经济指标月度表》、《山东省主要存贷款指标月度表》、《山东省分机构存、贷款指标表》等表格，约500多项指标，更加真实、准确、全面地反映了山东省经济金融运行态势。

（四）创新形式，积极探索，在《年鉴》表现形式上力求新的突破。自上年在《年鉴》中运用相关数据首次研发制作了《金融地图》以后，受到了各方面的充分肯定，今年在《年鉴》编撰中继续发挥这一优势，力图以更加形象、直观、多维的方式，图文并茂地展示山东在全国及山东各地的经济金融状况，不断推动《年鉴》由简单枯燥的文字数据堆砌罗列，向形象化、多角度展示转变，受到读者的好评。

与此同时，召开了两次工作会议，对于加强和各参编单位的协调联络，表彰先进，集思广益，凝聚共识，调动大家的工作热情，推进《年鉴》工作的开展起到了积极的推进作用。《年鉴》征订工作在2009年完成4000册的基础上，有了进一步增长。

（调查统计处）

【征信管理】 2010年，人行济南分行坚持以学习促工作、以制度促创新，切实增强工作主动性和责任感，解放思想，真抓实干，较好地完成了山东省征信管理各项工作。

一、加强征信制度标准调研，坚持依法行政。一是开展了个人征信权益保护立法研究，组织拟写个人征信权益保护制度框架；二是对《关于加快建立"诚信山东"标准支撑体系的建议》进行了研究答复；三是依法组织实施贷款卡发放核准与年审工作。全省共发放贷款卡18400张，共完成贷款卡年审企业94746个。

二、强化金融机构征信工作管理，提高业务能力。一是建立了商业银行征信工作通报制度及沟通协调机制，加强了人民银行与商业银行、商业银行部门间的联系协作；二是组织开展了银行业金融机构征信业务人员上岗考试试点，共有11家中心支行开展了试点工作，共组织9109人参加了考试，8897人顺利通过，合格率为97.67%；三是完成了对中国银行山东省分行辖内支行及以上机构的征信现场检查工作，共发现各类问题1639个，涉及金额3964万元，涉及责任人员671名。

三、大力发展信用评级市场，加强机构监管。一是试点了信贷市场评级的"全评级"模式，推动商业银行组织符合一定条件的贷款企业全部参加第三方信用评级，成为评级市场发展的新动力；二是开展了脱审企业评级的试点工作，推广了评级机构与地方性金融机构合作的"农信模式"，双方合作关系日益稳固、合作范围日益扩大；三是新增评级协议1757份，完成报告1186份，同时，建立了信贷评级市场管理季度报告制度，召开了评级专家委员会评议会，并组织开展了评级机构现场调查，强化对评级机构的监督管理；四是开展了征信机构发展状况调查，为进一步开展管理工作奠定了基础。

四、深化中小企业和农村信用体系建设，引导信贷投放。一是建设了中小企业信用体系试验区，并与山东省中小企业办公室联合组织开展了中小企业信用体系建设业务竞赛活动；二是继续健全中小企业和农户信用档案，开展信用示范县建设和"三信"评定工作，促进中小企业和"三农"信贷投放。全省有29527户企业办理了贷款卡，16206户企业取得了商业银行的授信意向，11993户企业取得了商业银行的融资支持，融资金额1034.8亿元，共建设65个示范县、322个示范乡镇，建立农户信用档案982.9万户，评定信用农户868万户，累计发放涉农贷款5764.6亿元，贷款余额1891.9亿元，涉及贷款农户718.9万户，占已建立信用档案农户总数的73.2%。

五、组织开展主题宣传活动，扩大覆盖面和受众面。一是组织开展了第三个全国"信用记录关爱日"主题宣传活动，共散发各种宣传资料11万余份，解答公众咨询5000余人次；二是召开了辖内金融机构及融资租赁公司参加的座谈会，共悬挂宣传条幅3200余幅，发放宣传材料60000余份，提供咨询3000余人次；三是组织开展了“征信知识宣传周”活动，全省参加宣传的金融机构网点达7636个，联合学校94家，举办宣传活动1350余场，发放宣传品25万余份，参加活动人数达15万余人。

六、推进地方信用体系建设，促进信息共享。截至11月末，全省17个市均建立了人民银行主导的联席会议制度，成为全国第一个地级市全部建立联席会议制度的省份；全年全省累计采集公积金缴存信息524万户，社会保险缴存248万户，社会保险发放72万户，电信正常缴费2044户，电信欠费7849户，实现了与法院、质监等部门的信息共享合作。

七、维护征信系统安全运行，改善数据质量。一是完成了天津银行、浙商银行、北京银行济南分行，邮政储蓄银行山东省分行等金融机构接入企业征信系统的验收、培训工作及潍坊市公积金中心接入个人征信系统的资格审核；二是组织开展了地方性金融机构数据质量业务竞赛活动，有序推进8家城市商业银行和农信社的现场核查；三是全省开展核查的9家地方性金融机构企业征信数据综合得分99分，14家地方性金融机构个人征信数据质量评分平均达99.97分。

八、做好征信系统查询和异议处理，提升服务水平。一是组织完成了所辖97个县支行信用报告查询及异议处理现场检查工作，提高了信用报告查询和异议处理工作质量和效率，其中全省共受理公众个人信用报告查询68961次，受理个人异议申请186笔，接受电话咨询、投诉100多起，辖内所有异议均得到妥善处理；二是为证监、公检法及政府其他部门提供企业征信系统外部查询130次，协助山东省财政厅对263个农业产业化经营中央财政贷款贴息项目进行了核实。

九、加大征信系统推广应用力度，开展数据监测分析。一是督促指导金融机构不断扩大征信系统查询应用，全省企业和个人征信系统查询用户数分别为1.36万户和2.7万户；二是举办了应收账款质押及融资租赁登记业务培训班，共有195家机构申请注册成为登记公示系统常用户，其中金融机构141家，企业48家；三是定期对政府融资平台、境内外上市公司、分所有制信贷余额大户等6大类598户重点企业的信贷数据进行监测，按季对省内千户企业进行监测分析。

（征信管理处）

【反洗钱工作】 2010年，人行济南分行反洗钱工作较好地完成了全年任务。

一、有针对地开展现场检查。一是组织完成了对48家县级以上金融机构的现场检查，其中，银行业金融机构31家，证券业金融机构5家，保险业金融机构12家，对存在违规问题的28家金融机构罚款共计357万元，检查中共发现案件线索8个，移交公安部门后被立案4个，侦破1个；二是完成了对31家金融机构反洗钱现场检查，对存在违规问题的24家金融机构进行了处罚，共罚金额441万元；三是对9家金融机构开展了案件倒查，其中，对1家金融机构处以单笔80万元罚款，对10家违规金融机构的28名高管人员及直接责任人处罚62.5万元。

二、以核心评价指标与动态档案管理为依托，实现对金融机构反洗钱工作的全面推动。一是组织辖内3722家各级金融机构开展了反洗钱工作自律评估，对654家市级及以上金融机构进行了评价，并正式下发文件在全省公开通报评级结果；二是分级建立金融机构反洗钱义务主体监管档案，实现了反洗钱监管对辖内金融机构的全面覆盖；三是先后赴中信万通证券、齐鲁证券两家证券公司总部就反洗钱现场检查中发现问题的后续整改情况进行了现场督导，约见了5家保险公司分管反洗钱工作负责人谈话；四是认真部署反洗钱监管交互平台上线工作，圆满完成了总行反洗钱局非现场监管报表座谈会的承办任务，并顺利完成平台上线后各类报表报送工作。

三、加强可疑线索收集分析和调查。一是加强与公安、司法机关在打击洗钱犯罪方面的合作，全年共举行情报会商118次；二是强化可疑交易人工分析识别，不断提高重点可疑交易报告质量，全年共报送重点可疑交易报告448份，向公安、海关等执法部门移交案件线索89个，涉及金额70.8亿元，37个线索被立案，23起已侦破；三是积极开展行政调查、案件协查，全年共开展行政调查241次，调查线索48个，调查账户1837个，发现和接收线索个数448个；配合总行及相关执法部门协查案件76个，协查次数262次，涉及账户数2164个，金额59.3亿元；四是积极开展反洗钱专项打击行动，先后协助公安机关破获特大网络赌博案件等20起，抓获违法犯罪嫌疑人52名，扣押冻结赌资近800余万元，获总行通报表彰。

四、积极开展信息调研。全年共上报总行反洗钱局信息118篇，被采用37篇，信息报送和采用数量列全国首位。一是针对商业银行非面对面业务洗钱风险控制状况及可疑交易报告情况，组织商业银行及部分中支采取问卷、座谈、现场走访等方式开展了专项调研，形成了《商业银行非面对面业务洗钱风险控制研究》、《提升商业银行可疑交易报送质量的措施与建议》报送总行，并承担了山东省金融学会研究课题《基于委托代理的可疑交易报告机制研究》；二是认真进行案例研究，对洗钱的手法和案件特点进行分析，全年上报各类案件信息62篇，其中，《协助破获多起网络赌博案件》被总行办公厅采用；《外资银行离岸账户洗钱类型研究》、《关于涉众型案件交易特点及洗钱风险分析》等被总行反洗钱局采用；《关于山东省网络赌博案件资金流动情况的案例研究报告》作为专项行动研究成果上报总行；三是加强异常资金监测分析，为人民银行中心工作提供信息支持。

五、有效开展反洗钱宣传培训。一是组织全省金融机构开展了反洗钱集中宣传月活动；二是组织召开了全省金融机构反洗钱政策通报会；三是举办了由各市中心支行、分行营业管理部反洗钱部门负责人及业务骨干参加的反洗钱监管培训会；四是举办了两期山东省金融机构反洗钱培训班，各省级银行、保险、证券等金融机构分管反洗钱工作的行长、总经理及主管部门负责人参加了培训。

六、组织开展反洗钱专业竞赛活动。一是组织了人民银行系统反洗钱专业劳动竞赛；二是组织开展了由山东省主要省级金融机构反洗钱部门“一把手”参加的反洗钱知识测试；三是开展了辖区反洗钱优秀调研信息竞赛活动。

（反洗钱处）

【会计财务】 2010 年，人行济南分行强化基础管理，加强风险防范，创新履职手段，较好地完成了各项工作任务。连续第 6 年荣获总行“会计报表综合优胜奖”，在总行会计业务知识竞赛中获得团体第 1 名。

一、围绕中心工作，提升履职效能，深入开展业务竞赛。一是根据总分行竞赛活动要求，研究制定了会计财务专业竞赛活动规划；二是将会计财务报表及分析考评、调研信息评比等日常工作纳入竞赛内容，充分发挥竞赛对履职的带动作用；三是组织开展了会计业务网络知识竞赛和会计岗位技能竞赛，重点考察了会计人员业务处置、应急管理和手工操作能力；四是自行开发了会计财务电子手册，为辖区会计人员学习制度提供帮助。

二、夯实基础，有效提升资金风险防范能力。一是多次组织召开会计工作联席会议，对跨专业的会计事项进行沟通与协调；二是牵头各会计业务部门对辖区 17 家中心支行和 30%的县级支行会计业务进行了联合检查，有效防范资金风险；三是下发了《关于明确再贴现业务会计核算手续有关事项的通知》；四是全面梳理分析了各会计专业近年来风险发展状况，完成了对辖区会计风险的总结性评估，撰写了《会计风险评估报告》；五是制定下发了《关于进一步加强会计风险管理的意见》，加强了对基层行会计工作中突出问题和薄弱环节的控制；六是组织开展了内部会计控制环境专项评价，对辖区部分行实施了会计财务突击检查；七是制定了年终决算实施方案，编制了年终决算工作指导手册。

三、提高资金效益，规范财务行为。一是制定下发了《关于进一步加强辖区预算管理的实施意见》和 2010 年预算分配方案，按季通报各中支预算执行情况，合理控制预算执行进度；二是审核了县支行维修改造项目方案报告，核批了 32 个维修改造项目，加强对项目资金的跟踪管理；三是实地调研，委托审计机构对 19 个 50 万以上的县支行项目进行审计，节约资金 83 万元；四是加大了对费用支出的管理力度，突出加强“三公”经费的量化指标管理，严格执行公务活动管理规定；五是组织开展了对辖区 307 个银行账户的排查，进一步规范银行账户管理；六是组织做好辖区“小金库”的排查和“回头看”工作，开展了辖区 2010 年“小金库”治理和对社会团体“小金库”的专项治理工作，拟定了防治“小金库”长效机制建设责任书；七是制定下发了加强县支行财务管理工作的意见，规范其财务行为；八是组织开展了财务收支自查工作，配合审计署济南特派做好对该行财务收支审计的有关工作；配合山东省财监办完成对该行年度预算编制、预算调整的财政审核工作；配合财监办完成了对辖区开立银行账户的年检工作；配合税务部门做好对个人所得税核查工作。

四、创新管理手段，完善管理机制。一是进一步深化集中采购管理，制定了集中采购管理实施细则，开发了集中采购管理系统，实现了对辖区集中采购工作的网络化管理；二是制定实施了采购项目事前公告和事后公示制度，促进集中采购高效、透明开展，全年共实施集中采购 17 次，节约资金 120 余万元；三是参与了总行固定资产管理系统（网络版）正式推广上线有关工作，指导辖区各行做好账务数据调整；四是加强对辖区基建项目的监督检查辅导，对济宁中支基建项目采购文件进行了审查；对营业管理部基建项目设计方案与总行进行了多次沟通协调，通过了总行审核。

五、加大理论研究力度，开展信息交流。2010 年，共向总行报送各类会计财务理论研究和调研报告 22 篇，被总行采用 8 篇，其中 2 篇编入会计财务司《财务会计专题研究》（总行今年共编 5 篇），《人民银行会计中构建二元结构会计要素的研究》被总行胡晓炼副行长和王洪章纪委书记批示。一是承担了总行课题《金融危机和国际会计准则改进研究》的撰写工作，得到总行的充分肯定；二是深入分析了辖区 37 家银行业金融机构会计报表，撰写了《山东银行业金融机构 2009 年度会计报表分析报告》；三是进一步加强会计信息交流，全年共编发 12 期《会计信息交流》，在内网开辟“会计辅导园地”栏目。

（会计财务处）

【科技工作】 2010 年，人行济南分行不断加快信息化建设步伐，有效促进辖区央行的履职能力和业务水平的提升。

一、圆满完成各项重要应用系统建设。一是顺利完成人民币跨境收付信息管理系统、人行固定资产管理系统（网络版）、反假货币信息系统、国库管理信息系统 TMIS 凭证式国债管理子系统版本升级、网上支付跨行清算系统第一轮联调测试等工作；二是成功组织实施电子商业汇票系统模拟运行；三是作为全国首批试点单位，在山东省顺利上线运行金融业机构信息管理系统；四是圆满完成国库信息处理系统在济宁的推广上线工作；五是作为总行在线竞赛系统在全国推广的首批试点单位，使用该系统完成了济南分行辖区多个专业的业务知识竞赛；六是积极做好人民币结算账户系统维护工作，完成多次系统升级以及向人民币跨境收付信息管理系统移送银行机构代码数据、向 ODS 系统移送相关数据等工作。

二、顺利完成济南分行省级数据中心（一期工程）建设。目前已完成计算机基础软、硬件及存储平台搭建、业务网门户系统、业务网 LDAP 系统和数据下发接收平台建设以及应用系统联调等工作，取得阶段性成果，为分行搭建了业务网门户、业务网 LDAP 和数据下发等三个基础平台，为今后开展多应用加载、数据综合利用、资源整合等工作奠定了基础。

三、完成人行两网分离工程建设工作。一是顺利完成网络切换，并对各业务系统逐一进行了测试验证，办公网、业务网及所有业务系统均运行正常；二是在办公网新建信息安全基础设施，上线运行了加密机、IDS 入侵检测系统、防病毒系统和纵向防火墙等系统和设备，完成了办公网终端用机的安全防护类软件的安装部署；三是制订了完善的应急预案，明确故障处理策略和操作内容，确保在故障出现的情况下，在最短时间内解决故障。

四、积极参与各项业务竞赛活动。一是做好技术保障工作，先后成功保障全省会计财务、外汇、党委宣传部、后勤、工会等部门实施全省或全辖劳动竞赛；二是在总行举办的科技业务知识竞赛中，一举夺得团体第一并包揽个人前4名；三是成功举办辖内科技专业劳动竞赛，有效提高了科技工作的整体水平。

五、加强信息安全保障工作。一是对辖区银行业金融机构自建CA情况开展调查，为进一步规范各金融机构使用电子认证服务做好技术准备；二是切实做好2010年"两会"、上海世博会以及广州亚运会等重要时期的山东省金融网络和信息系统安全保障工作；三是做好辖区防病毒等信息安全事件的处理、上报以及应急预案指引等修订意见的反馈；四是顺利完成FIC-M运维监控系统建设和投产运行，并提前完成同总行节点的级联工作；五是组织山东省辖内信息系统应急演练；六是加强内联网信息安全管理，并认真做好病毒防控。

六、加强县支行信息化基础设施建设及安全保密工作。一是组织召开了县支行信息化建设现场会，讨论并修订了《县支行信息化基础设施建设指导意见》；二是完成省级数据中心纵向防火墙建设工程，建立了纵向的安全防护体系；三是完成山东省内联网广域网和金融网广域网线路的双运营商改造工作，提高了网络系统的可靠性。

七、加大对银行业信息安全工作的管理力度。一是建立全省金融网安全运行管理暨银行业信息安全工作考核机制，制定下发了山东省《金融网安全工作量化考核表》和《金融机构综合评价办法》；二是建立了山东省银行业科技工作联席会议制度；三是组织完成对山东省中行系统信息安全的现场检查。

八、认真做好各项科技管理、服务工作。一是完成浙商银行、天津银行济南分行加入山东省金融网验收考核工作；二是组织开发集中采购系统等多个应用系统并成功上线运行；三是进一步修订规范各种制度；四是完成电视会议备份系统建设，保障电视会议系统正常运行；五是做好分行机关电子设备管理工作。

九、外汇科技工作有序开展。一是顺利完成山东省分局应用系统基础平台改造工程，有效提高了系统运行的容错能力和稳定性；二是国际收支间接申报核查系统、外汇非现场检查系统、总局内控风险测评系统顺利上线运行，外汇信息化程度日益提高；三是外汇代码标准化管理工作有序开展；四是组织实施消息传输系统新增业务数据传输工作；五是组织完成外汇账户系统内中国银行外汇账户的更换工作。

十、做好银行卡联网通用管理工作。一是在全省开展银行卡联网通用卡片合规专项检查工作；二是组织辖内部分商行及银联山东分公司召开座谈会，研究制定PBOC2.0标准金融IC卡应用工程推广方案，全面推动金融IC卡在山东省的推广工作。

（科技处）

【内审工作】 2010年，人行济南分行内审工作部门切实履行监督职责，发挥内审监督"悬剑"效应和"保健医"作用。被总行内审司推荐为创新金融服务、支持经济发展"人民银行业务竞赛活动双600"评比先进集体，先后获得分行机关年度先进集体、分行机关特殊贡献奖、分行机关文明处室、分行级青年文明号等称号，同时被山东省内审协会授予"做出突出贡献和创造新经验内审机构"荣誉称号。

一、扎实开展各类审计项目，认真履行内审职责。

（一）总结深化，进一步提高履职离任审计水平。一是对8家中支开展了履职离任审计和内控审计、对分行征信管理部门负责人开展了履职审计；二是通过问卷调查、召开辖区内审部门负责人、业务骨干座谈会等方式，广泛征求履职离任审计工作意见，修订审计方案，将绩效审计和内部控制审计理念融入审计方案中；三是拟订下发了《履职离任审计工作指导意见》，对辖区履职离任审计内容、发现问题分类标准、报告结构等进行明确、规范。

（二）抓关键环节和重点业务，深入开展各类专项审计。一是全年组织完成基建管理、独立核算的支付结算机构财务管理、货币信贷绩效、征信管理、信息系统运行管理等专项审计14项次，发现各类问题391个，提出整改建议125条；二是结合2009年审计情况以及近年来检查发现的典型案例，对辖内内控建设情况进行了综合分析，对存在的内控共性问题进行了梳理，形成了《内部控制状况分析报告》；三是协助纪委完成"三重一大"制度的梳理；四是承办总行召开的《内审操作程序修订》研讨会、业务管理专项审计方案讨论会等，较好的完成了相关工作任务。

二、积极开展"学内审准则、找工作差距、促内审转型"活动。一是制定印发了活动实施方案，明确了每个阶段的活动重点和要求；二是在内网开通了内审转型专题论坛；三是举办了内审转型专题培训班，总行内审司杨立杰司长应邀授课，为辖区内审人员明确了央行内审转型的总体方向和路径；四是围绕内审工作转型重点，组织开展内审转型专题理论研讨活动，同时开展了"内审工作转型的现状和思考"的专题调研和"绩效审计模式的选择与构建"的课题研究；五是举办辖区内审综合知识竞赛，检验了辖区学习活动的开展和效果。

三、加强探索创新，推动辖区内审工作转型发展。

（一）统筹规划，探索开展绩效审计。一是对2009年绩效审计试点情况进行了系统总结，3月份在全国率先制定出台了《绩效审计指导意见》；二是进一步探索开展货币信贷效果评价方法，尝试建立了货币信贷基础指标数据库；三是对辖区各行的绩效审计进行分类指导，其绩效审计相关经验在总行内审专业会议、审计转型座谈会等会上作了介绍。

（二）多措并举，进一步提高信息技术审计水平。一是在全国率先制定出台《信息技术审计指导意见》，对信息技术审计内容、范围、方法、周期等进行明确；二是开发完成《信息技术审计现场操作规程（软件版）》；三是承办内审司《信息系统运行管理审计手册》的撰写；四是承办内审司《内审工作依据电子手册（第二版）》开发工作，共收录各类审计依据1700余个、近800万字。

（三）探索实施内审监督与巡视结合新模式。在对信阳中支内控审计、泰安和日照中支履职审计及对3家中支巡视工作中，实行内审与巡视部门一同进点、分工合作、信息共享、相互配合完成各自工作任务新模式，在整合监督资源、实现资源共享、提升现场检查工作效率、提高监督层次和效果等方面进行了有益探索。

（四）尝试开展风险管理审计。一是拟订《国库业务风险管理审计方案》（试行），确定了“审前调查——风险评估——符合性测试——实质性测试——综合评价”的审计程序；二是制订了《国库业务风险情况分析及扣分标准表》，确定整体风险等级，将风险管理审计引向深入。

（内审处）

【组织人事】 2010年，人行济南分行组织人事部门全力推进各项工作任务的落实，取得了较好成效。

一、继续深入推进学习型领导班子建设。一是制定了《关于进一步推进辖区学习型领导班子建设的意见》，进一步建立健全促进领导干部读书学习、不断提升综合素质和能力的工作机制；二是举办了3期党校主体班和县支行领导干部进修班，培训党员领导干部180人次，充分发挥了分行党校主渠道、主阵地作用；三是继续开展领导干部业务履职能力测试活动，分济南、郑州2个考点对辖区81名领导干部进行了测试；四是调整交流中心支行领导班子成员21人，其中新提拔中心支行领导班子正职1名，副职10名，对16名任职年限较长、有工作业绩的干部提任上一级非领导职务，促进了领导班子结构优化。

二、深入推进基层党建工作，推进干部工作制度创新。一是制定了《在辖区人民银行党的基层组织和党员中深入开展创先争优活动实施方案》，组织召开动员大会，对活动进行了部署和动员；二是在内联网开辟“深入开展创先争优活动”专栏，编发20期活动简报，宣传先进典型及好的经验做法，营造良好活动氛围；三是研究制定了《关于进一步深化干部人事制度改革全面推进辖区各级行领导班子和干部队伍建设的实施意见》、《对中心支行领导班子成员实行差额选拔暂行办法》等，并运用差额办法选拔任用中心支行领导班子成员7名；四是制定下发了《年度目标管理综合考核评价办法（试行）》，推动辖区各级行履职效能和内部管理水平不断提升。

三、创新培训手段和方法。一是下发2010年干部培训工作计划，全年分行、郑州中心支行共举办各类培训班103期，10203人次接受了培训，并先后推荐121名各级领导干部和业务骨干参加总行32期培训班；二是制定下发了《关于充分利用远程培训系统资源加强辖区干部教育培训工作的意见》，加大了远程培训工作力度；三是积极推动传统面授型培训向远程网络培训转变，辖区共653369人次登陆远程培训系统自主学习，居全国各分行首位，其中辖区4人通过了总行外派后备干部选拔考试，被列入外派人才备选库。

四、开展后备干部遴选工作。一是完善领导干部新老交替机制，并组织开展了对辖区各市中心支行、分行营业管理部领导班子副职后备干部推荐考察工作；二是综合后备干部的需要等情况，研究确定了向中心支行党委拟反馈的初步入围人选名单共238名，其中正处级干部14名，正科级干部222名，副科级干部2名，平均年龄42岁，具有本科以上学历的人员占比97%，其中全日制本科以上人员占比33%。

五、加强干部监督管理。一是加强对干部选拔任用工作“四项监督制度”的学习和宣传，并结合实际制定下发了《关于贯彻落实干部选拔任用工作四项监督制度加强辖区干部选拔任用监督工作的实施意见》；二是组织开展了“四项监督制度”问卷测试，并作为总行确定的试点行，制定了《拟提拔各市中心支行、分行营业管理部领导班子成员廉政报告实施办法》；三是制定《分行机关合同制用工考核暂行办法》，开发并推广了合同制用工管理系统，加强了合同制用工管理

六、组织开展业务竞赛活动，提升辖区组织人事干部队伍的业务能力和工作水平。一是分笔试和现场竞赛两个环节，成功举办组织人事业务竞赛活动，有效考察了组织人事干部运用政策分析、解决实际问题的能力，总行党委组织部部长、人事司司长葛华勇亲临比赛现场观摩指导，并给予了充分肯定。

（人事处）

【货币金银工作】 2010年，人行济南分行货币金银处全面完成了各项任务，全省各级发行库连续8年、分行连续12年无责任事故，全省货币发行会计核算工作连续12年无差错。

一、夯实基础，确保安全无事故。一是与保卫处联合对全省17个地市货币金银业务进行了全面检查，利用远程督查系统实时远程监督检查，并定期通报督查情况；二是加大技术创新力度，稳步推进发行基金物流管理系统推广工作，增强了风险防控能力；三是部署并督促各中心支行修改完善本级发行库达标升级规划，对各阶段目标作出合理的安排，并拟定了6个中心支行为一级库重点培育对象；四是强化会计核算规范化管理，引入"质量管理"理念，风险控制注重事前防范，实行关口前移，全省货币发行业务会计核算继续保持“零差错”；五是先后修订了发行基金供应、货币金银信息系统、钞票处理中心、发行库四个突发事件应急预案，并组织了实战演练，切实提高了风险防控能力。

二、加强预测分析和计划管理，确保全省现金供应。一是全力做好发行基金调拨工作，确保旺季现金供应和调拨计划的准确性，2010年春节前，山东省发行基金净投放610.61亿元，同比增加145.49亿元，增长31.28%，净投放量、单日最大投放量均创历史新高；二是加强对现金需求重点事件的跟踪调查，不断完善和改进现金分析方法，丰富分析内容，全面提高分析质量；三是加强发行基金调拨管理，制定了《山东省发行基金调拨效率最优化活动实施方案》，有效实现了调拨互助区域内券别储备互补功能；四是做好纪念币发行和第四套人民币部分券别只收不付管理工作，对全省执行情况进行了检查，辖区的第四套人民币只收不付券别现已全部调运至分库；五是圆满完成了残损人民币销毁及回笼券清分任务。

三、流通中人民币管理工作不断加强。一是继续推进县域人民币管理服务中心建设，全年全省新成立人民币管理服务中心34个，累计成立92个，占县支行数量的94.8%；二是探索制定了《金融机构现金业务操作指引》，并在东营、德州、潍坊三地市开展了创建现金服务示范点活动；三是组织完成了对723家

支行级金融机构人民币收付业务的专项检查，共审批6家企业经营流通人民币，对已颁发经营流通人民币许可证的58家企业进行了现场检查，严密防范和依法打击“法轮功”利用人民币进行的反动宣传活动；四是做好人民币质量检测工作，完成了100元、50元、10元和5元券流通人民币质量检测的样本各1000张的采集检测工作。

四、反假货币工作不断深入。一是制定《反假货币工作指导意见》，组织召开了山东省反假货币工作联席会议；二是继续严厉打击假币犯罪，有效防止了假币犯罪的反弹或转移；三是加大宣传力度，在全省开展了反假宣传月活动；四是建立假币收缴量考核机制，对金融机构点验机具定期检测，全年全省共对432家金融机构营业网点的2761台点验钞机进行了检测。

五、干部队伍素质不断提升。一是举办了现金分析、会计核算规范化竞赛等培训班，提高了职工业务素质；二是组织开展了清分效率、货币发行业务会计核算规范化、发行库管库员及货币金银业务调研4项劳动竞赛；三是切实做好信息调研工作，制订了《货币金银调研信息工作量化考核办法》，全年共编发《货币金银工作信息专报》18期，被总行采用3篇；《反假货币工作简报》33期，被总行采用5篇；《货币金银工作交流》15期，上挂分行网站信息670多篇。

（货币金银处）

【支付结算】　2010年，人行济南分行支付结算工作圆满完成了全年各项任务，荣获总行“电子商业汇票系统建设优秀组织奖”和“电子商业汇票业务拓展奖”两个第一名，成为全国唯一获得两个奖项的单位。

一、大力推广电子商业汇票，积极拓展企业融资渠道。一是在成功完成电子商业汇票推广上线的基础上，大力开展业务宣传、推介，先后召开了两次面向银行机构和重点联系企业的推介会，并组织开展了为期7个月的集中宣传活动；二是建立实施新增系统参与者准入考试制度；三是制定了电子商业汇票系统应急预案评估方案及应急演练方案，截至年底，山东省累计办理电子商业汇票承兑、贴现业务笔数和金额均位居全国第2位。

二、加强支付清算系统建设与管理，确保系统安全稳定运行。青岛银行等10家参与机构如期上线运行网上支付跨行清算系统，使山东省成为一次接入地方性法人机构最多的省份。一是不断强化业务管理，通过实施高管谈话、准入考试制度等措施，参与者重视程度和规范意识不断提高；二是制定了《拟开业银行机构验收考核操作规程》，完善新设银行机构加入同城清算系统处理流程；三是完成了同城清算系统换版，提高资金清算效率和安全性水平；四是及时开展应急演练和应急预案评估，确保系统安全稳定运行；五是积极推广集中代收付业务，推动便民惠民工程，截至年末，试点地市均已成功开通跨行通业务，累计办理各类业务27176笔，金额79902.5万元。

三、切实加强账户管理，进一步规范经济金融秩序。一是认真做好账户系统与同城清算系统账户信息比对工作，东营中支自试点以来，未申报账户数量由期初的每日179笔减至每日0.3笔，非现场监管效果显著；二是加大监督检查力度，全年累计开展账户检查45次，对50家银行网点实施了行政处罚；三是与省高院协商建立了集中开展账户查询工作机制，促进账户查询工作依法合规；四是制定了《拟开业银行机构验收考核操作规程》，把好账户管理系统入口关；五是妥善解决社会投诉，通过网站公布了193家银行机构的226部联系电话，提高投诉效率，并积极受理客户咨询，切实解决公众投诉。截至年底，累计受理投诉368起，较去年下降47%。

四、深入开展打击银行卡犯罪专项行动，严厉规范银行卡市场秩序。一是与公安部门联合在全省成立了18个领导小组，制定了《山东省打击银行卡犯罪专项行动实施方案》，联合召开了由省、市、县三级人民银行、银行机构以及银联分公司及相关公安机关参加的全省打击银行卡犯罪电视电话会议；二是及时安排银行卡安全管理自查自纠，召开了银行卡市场专项检查部署通报会，拟定收单市场管理办法，构建银行卡案件信息共享机制，取得显著成果。公安部门提供数据显示，截至10月底，山东省共破获银行卡犯罪案件1300余起，抓获犯罪嫌疑人580余人，缴获涉案银行卡5373张，涉案金额10余亿元，挽回经济损失2300多万元。

五、规范会计核算管理与操作，确保会计联行资金安全。一是及时修订了《中央银行会计集中核算系统管理办法实施细则》等5项制度；二是圆满完成了2010年会计联行检查的现场检查工作，根据检查发现的问题，及时下发整改意见书限期整改并开展风险评估；三是规范开展应急演练，提高会计集中核算应急处置能力；四是与事后监督部门协商建立了每月事后监督结果共享机制；五是开展了电子对账系统创新优化工作；六是扎实开展中央银行会计核算数据集中系统（ACS）建设，圆满完成了ACS系统业务测试案例编写工作，为ACS推广应用奠定了基础。

六、全面开展特定非金融机构管理，认真履行支付监管职责。一是继续做好特定非金融机构登记工作，截至年底，共登记31家特定非金融机构；二是配合总行完成了《非金融机构支付服务管理办法》及配套制度的起草工作，并在辖区贯彻实施；三是深入开展非金融机构支付服务方面的调查研究，分别向分行和总行报送了研究报告；四是指导开展《支付业务许可证》申领工作，促进各项管理制度有效落实。

（支付结算处）

【国库工作】　2010年，人行济南分行国库处以确保资金安全为中心，全面推动各项工作健康发展。1–11月全辖共办理一般预算收入与支出分别为2224.98亿元与1363.74亿元，基金预算收入与支出分别为818.19亿元与620.02亿元；截至11月底，省国库直接补贴资金达139项，累计直接支付资金35亿元，惠及受益群众180余万人。主要工作情况：

一、夯实基础，确保国库资金安全。一是加强内部管理，截至6月底，完成了对辖内16个中支库（不含青岛）国库会计核算业务的现场检查，开展了资金风险评估，全省总体风险正常的占81.25%；二是强化集中收付代理银行资格管理，重新签订支付清算协议，明确各自权利义务和违约责任；三是统一规范拟开业商行金融机构的验收考核程序，督促其按规定做好各项代理国库业务；四是开展国库经收业务现场检查，其中省中行辖内的199家支行以上分支机构，发现违法行为6891笔，涉及金额9.8亿元，农行济南和平、银河支行国库经收业务中违规行为分别处以5000元和10万元罚款；五是建立国库联席会议制度，定期通报情况，进一步提高对国库经收工作重视程度。

二、周密筹备，确保TIPS的上线稳步运行。一是明确财税库银横向联网系统（以下简称"TIPS"）的推广上线计划；二是与省财政、地税、国税、商行及行内科技部建立了联席会议制度，使更多市地分期分批逐步上线运行；三是密切关注各地市上线运行情况，及时发现并解决问题，同时举办培训为TIPS推广提供人员和技术保障。截至11月末TIPS已覆盖了济宁、德州等12个市地的地税部门和滨州、德州两市的国税部门，实现税款缴纳入库的电子化，提升了国库服务质效。

三、开展非税收入直缴入库工作，同时提高办事效率。一是先后在济南、济宁等地成功实现了公安罚没收入等30项非税收入直接缴库，收缴非税收入7亿元；二是配合政府及有关部门，对救灾救援款项"特事特办，随到随办"，及时跟踪查询资金到账情况，以最快的速度将省财政部门的800万元救灾资金审核后拨付到青海省财政厅账户，圆满完成了救灾款划拨任务。

四、推进国库统计分析，发挥决策参谋作用。一是杨子强行长在省直财税部门座谈会上向省委书记姜异康就地方国库收支中的问题和建议做了汇报，并得到肯定；二是组织各级国库深入开展专题调研分析，形成了《从国库收入结构看山东经济结构的现状与发展》、《家电和汽车摩托车下乡政策效应分析》、《增值税转型改革对山东"转方式、调结构"的影响分析》等调研报告；三是顺利完成总行国库统计分析系统在全省的上线运行工作。

五、夯实基础，圆满完成各项国债工作。一是组织国债发行工作，截至11月底，全省共发行凭证式国债4期、储蓄国债（电子式）11期57.92亿元；二是连续多年参加"阳光政务热线"节目，解答有关国债方面的问题，并在国债发行期间，组织各级国库开展宣传创新工作；三是加强国债兑付管理，兑付国债本息85.40万元，继潍坊、莱芜实施后，已有5地市开展此项业务，有效解决了国债"兑付难"的问题，维护了国债信誉。

六、创新形式，配合组织各类活动。一是成立知识竞赛领导小组，灵活多样地开展竞赛，并在"人行系统国库业务知识竞赛"中，获团体第1名，包揽了个人成绩前3名；二是做好总行"关心国库发展，服务社会民生"的主题宣传工作，总行副行长苏宁于4月23日亲临寿光市稻田镇就国库直接支付情况进行视察，5家媒体记者参加了采访并进行了主题报道；三是认真做好《预算法》（修改稿）在山东阅提意见工作，省人大采纳了关于"坚持国库事中监督、坚持取消国库单一账户体系和财政专户"等多条意见。

（国库处）

【跨境人民币业务】 2010年，人行济南分行全力推动开办各项跨境人民币业务，坚持业务发展和风险防范两不误、两促进，实现了试点工作的良好开局和稳健发展，得到总行充分肯定，并在总行会议上作为三家发言单位之一进行经验交流。

截至12月22日，山东省跨境人民币业务量已达到317.4亿元，成为新增试点省市中第二个突破300亿元的省份，近400家企业办理了包括进出口货物贸易、服务贸易、收益经常转移和跨境投融资在内的各项人民币结算业务，境外区域遍布6大洲37个国家和地区，有力地支持全省涉外经济的发展，同时推动人民币国际化步伐迈出了坚实的一步。

一、以建立健全工作机制为保障，夯实试点工作基础。一是总行扩大试点工作会议后，姜异康书记、姜大明省长、王仁元常务副省长做了重要批示，省政府成立了由才利民副省长任组长、人民银行等六部门参与的跨境贸易人民币结算试点工作领导小组，于5月17日起集中办公，并设立公文、学习、会议制度等各项内控制度，明确各岗位职责；6月24日，省政府在济南分行召开全省跨境贸易人民币结算试点工作电视会议，标志着试点工作在山东正式启动；二是与商务、国税等部门密切合作，使全省7912家企业获得出口货物贸易人民币结算资格，企业总量居全国第三，为全省出口贸易增长提供了新的助推剂，同时，以《山东省跨境贸易人民币结算工作领导小组工作简报》为载体，向各部门通报试点情况，实现部门间持续、有效的交流和合作。

二、以宣传、培训为抓手，推动业务可持续增长。一是在全省开展了"集中宣传月"活动，密集、全面地宣传跨境贸易人民币结算政策，共召开政策宣讲会近20场，印发宣传手册万余册、宣传折页50000份、宣传光盘500份，并通过山东人民广播电台"直播山东"节目以及《大众日报》、《齐鲁晚报》等新闻媒体介绍政策，组织对成功叙做业务的银行和企业现身说教，成效明显；二是组织在全省开展了"走进企业、共促发展"百日推进活动，筛选出548家重点企业，由人行及商业银行组成工作组，逐家走访，宣传政策，与企业业务实行"一对一、面对面"的无缝对接，已有近300家企业相继办理了跨境人民币结算；三是于8月份和11月份在全省组织了四期跨境人民币结算政策、相关产品及系统操作培训班，邀请总行、上海总部和商业银行专家授课，共培训业务人员1000多人次，加深了对政策的理解，提高了操作水平；四是将跨境人民币业务纳入分行对各省级商业银行的综合评价体系，打下机构间业务齐头并进的基础。

三、加强管理监督，建立信息数据报送制度。一是制定下发了《跨境贸易人民币结算试点操作规程》，为试点工作的规范开展奠定了良好基础；二是规范跨境投融资个案试点程序，实现全程监控，目前已向总行上报8笔人民币跨境投融资业务申请，7笔已获批复，金额超过30亿元人民币，有效提升了企业投资的便利化程度，减少了企业财务成本；三是建立了银行跨境人民币结算业务台账日报表制度，及时掌握业务全貌；四是规范银行数据报送，提高辖区RCPMIS信息报送的准确性、完整性、及时性，为发挥RCPMIS各项功能奠定了基础；五是组织对重点地区、重点银行和重点业务的专项检查，排查风险隐患，督促银行提高办理业务的合规性，探索完善监督检查工作体系的思路和步骤。

（跨境办）

【金融稳定工作】 2010年，人行济南分行不断提升金融风险监测分析水平，进一步理顺风险防范化解机制，金融稳定工作取得新成效。

一、工作机制建设取得新突破。一是修订的《金融稳定联席会议制度》由省政府重新审议通过，政府对防范化解区域金融风险的主导意识和作用明显增强；二是构建全省统一的金融风险处置机制，代拟的《山东省金融突发事件应急预案》以鲁政办字[2010]100号印发全省执行；三是建立金融机构稳定工作评审评价制度，定期考评通报工作完成情况，评审新开业机构公司治理、风险管理及内控制度建立情况；四是加大金融稳定事项报告考核问责力度，全年各类金融机构共上报金融稳定重大事项137期，其中，重大新增不良贷款41笔，案件16期次，重大资本变动21次。

二、不断创新思路，探索风险防控新途径。一是在全国首办17市分管副市长、金融办主任、中支行长和金融稳定联席会议成员单位参加的防范金融风险专题研讨班；二是指导中支和部分县支行与法人银行、部分证券、保险业分支机构签订《防范金融风险维护金融稳定责任书》；三是以约见谈话、座谈会、风险分析案例会形式，向金融机构发出预警或稳健建议71家次；四是构建“苏鲁豫皖四省四市银警联动反假货币协作机制”，并开展突发事件联合应急演练；五是举办7次专题论坛，以存款保险制度实施、通货膨胀预期对金融稳定的影响为主题开展研讨，形成报告36篇；六是首次开展跨部门演练，提高金融突发事件应对处置能力。

三、健全完善监测体系，提升风险分析评估水平。一是应用压力测试、因子分析等量化方法，对2009年辖区金融稳定状况展开全面评估，高质量完成《2010年山东省金融稳定报告》并公开披露；二是突出抓好对脆弱性机构的监测，将全省新型农村金融机构全部纳入监测系统，风险分析质量有较大提高；三是开展保险业风险监测，完成3项专题调查报稳定局；四是参与联合打击“地下炒金”活动，对393家金融机构开办的21项跨市场业务进行了调查，就建立交叉性金融业务监测评估体系提出建议报稳定局。

四、建立特色调研分析体系。一是4次召开区域金融稳定座谈会，开展经济“转方式、调结构”中的风险防范研究，对207家样本企业经营及风险状况进行了分析，对全省8个产能过剩行业中与银行有信贷关系的253家样本企业进行了专题调查；二是制定政府融资平台风险监测方案，成功化解一起政府融资平台贷款风险，挽回4200万元经济损失；三是组织开发了“山东省涉外企业监测分析系统”；四是部分中支牵头建立的工业企业预警机制获政府高度评价。

五、切实加强专题调研。一是着力落实金融改革政策，13次深入到被监测机构，掌握改革进展情况，全年撰写调查报告10篇；二是尝试建立了《大型商业银行改革评价方案》，在全国深化农业银行“三农”金融事业部制改革座谈会上代表人行发言，从7个方面提出了深化改革的具体措施；三是有针对性地反映经济金融运行中的新情况、新问题和事关全局的重要问题及工作经验，形成了《山东省上市公司因子分析绩效评价》、《小额贷款公司经营现状和可持续发展问题研究》等21篇调研报告；四是完成承办的总行4项课题研究任务，全年共向总行上报稳定信息88期，其中17篇动态类信息、5篇专题调研被稳定局采用，辖内43篇调研报告得到省、市政府领导批示。

六、做好专项借款发放管理，加快清理进程。一是按照总行办公厅《关于山东省向中央专项借款用于处置济正公司非法集资问题的通知》要求，妥善做好专项借款的发放管理工作；二是完成了鲁银公司工商注销，并将剩余非现金资产及或有负债全部移交给汇达资产托管有限责任公司，至此，山东辖内的融资中心和自办经济实体清理工作全面结束。

七、推进金融安全体系和生态环境建设。一是指导4家中支构建了金融司法合作机制，以举办“金融权益与社会责任”论坛、建立金融司法环境建设联席会议方式加强对金融债权的司法保护；二是针对外汇交易黑市、非法证券、地下炒金等问题，与政府联合开展打击非法金融专项治理行动；三是部分中支针对出现的房地产假按揭及票据诈骗等案件，警示金融机构加强管理、严格防范，减少票据风险损失；四是开展投资者金融知识宣传活动，增强风险防范意识。

（金融稳定处）

【事后监督工作】 2010年，人行济南分行事后监督中心严把风险关口，有效防范了高风险类差错发生。

一、紧紧抓住“防风险、促规范、保安全”的目标，严防核算资金风险。一是在严格履行对分行机关财务经费、国库、发行核算业务日常全面监督基础上，加大专项检查力度。5-6月参与对所有中支的会计联合检查并负责其中3个中支的带队组织工作；二是组织完成了对分行机关本年度所有会计核算业务的“下查上”监督检查，及时发现其薄弱环节，有效防范了各类资金风险。

二、坚持“制度先行、内控优先”的原则，夯实基础工作。一是指导各中支全面实施行风建设规范化、标准化管理；二是修订印发日常监测评价考核办法，进一步量化了考核标准，对日常监测情况定期进行通报反馈；三是定期编制更新《事后监督文件索引》，实现对相关核算和监督依据、规程的便捷查询；四是加强内部、同级和对下监督检查，发现问题及时督促整改；五是建立健全应急处置机制，多次组织应急演练，完善应急工作预案，切实提高应急实战能力。

三、健全完善“严格监督——如实反馈——全面整改——分析提高”的工作机制。严格执行监督情况日记载、月统计、季通报、年分析制度，通过通知书、建议书、询证书等载体，及时反馈监督结果，截至11月底，全省事后监督部门共监督各类核算凭证691.46万张，发现各类差错60个，确保问题得到及时整改。同时，加强监督结果分析利用，使事后监督有效性趋于稳定。

四、深化调研分析，加大监督成果转化力度。一是对2009

年山东省各中支和分行机关事后监督情况分别进行了分析，提出改进核算管理和监督工作的意见建议；二是首次尝试从事后监督视角对会计联合检查结果进行专题分析，得到领导的充分肯定；三是加大调研工作力度，对会计及国库数据集中核算系统、财税库银横向联网系统等带来的核算和监督业务流程、组织管理等变化深入调查研究，形成《关于事后监督如何应对TIPS、TCBS系统上线的调研报告》，研究撰写了重点课题《事后监督视角下的央行会计核算风险防控》，为深化监督职责履行提供支撑。

五、重视监督成果共享运用，发挥部门监督合力。一是落实会计、监督部门联席会议制度，及时报告本部门自查情况和监督工作中发现的问题，就会计联合检查情况、进一步规范凭证账簿签章等问题向分行联席会议作专题汇报共计8次；二是通过会计核算监督情况月报和国库双周报，有效提升了监督结果反馈和共享的时效性。

（事后监督中心）

【宣传工作】 2010年，人行济南分行党委宣传部积极探索新形势下创新宣传思想工作的新途径，取得了新效果，为服务中心工作，提供了精神动力、思想保证和舆论支持。

一、深化理论学习、武装工作。一是制定下发了党委(党组)中心组《学习意见》和《理论学习与调研计划配档表》；二是围绕各种工作会议等内容开展集中学习9次，累计时间24天，并对重点问题进行专题学习；三是总行《宣传工作通讯》和《金融时报》等对与南京分行联合学习的做法进行宣传报道；四是印发《推进辖区各级行学习型领导班子建设的意见》，下发《干部职工读书活动实施意见》，掀起了全员读书的热潮；五是制定《员工读书标兵评选办法》，同时开展读书标兵评选活动；六是撰写学习型党组织建设路径分析的调研课题，认真做好特色理论知识竞赛工作，获得团体一等奖。

二、加强干部职工思想道德建设。一是组织好各类主题教育活动，及时转发总行各种主题宣传教育活动；二是利用电视电话会议系统邀请山大教授对全辖员工进行文学作品鉴赏的专题讲座，开展作品心得评比活动；在上报的102篇作品中，评选出60篇进行了表彰，同时选优10篇上报总行；三是组织专题学习讨论1500余次，参加12000余人次，撰写专题学习体会4100余篇；四是制定下发《落实"一岗双责"暂行办法》，组织对辖区7个中支1517名员工的思想动态测报，形成专题调研报告进行上报；五是撰写的"信息网络化对宣传思想工作影响的分析研究"一文被马德伦副行长批示。

三、扎实做好文明单位创建工作。一是召开文明单位创建推进会暨科(处)室创建现场会，严格落实《年度达标工作管理暂行办法》，将通报情况纳入考核内容；二是开展"讲文明、重礼仪、树新风"、文明礼仪宣传实践、"中华经典诵读"活动；三是制作诵读篇目电子书上传在分行网站，组织了中华经典的诵读会；四是开展"低碳经济和低碳生活"主题科普活动，制作了宣传展板普及低碳知识。

四、积极开展央行文化建设。一是下发《行歌比赛活动的通知》，积极营造浓厚的文化建设氛围；二是编印《践行分行核心价值观先进典型事迹汇编》一书，下发辖区每个员工；三是开展央行文化小故事征集活动，共征集体现辖区工作特色和富有文化内涵的小故事300余篇；四是撰写央行文化建设报告会的脚本对践行分行核心价值观的典型进行宣传；五是对5年来文化建设工作进行总结，撰写了《央行文化建设问题研究》的调研报告。

五、抓好舆论宣传和阵地建设。一是印发了《宣传思想阵地建设的指导意见》，加强辖区宣传思想阵地建设；二是编辑《党建通讯》10期，约60万字，央行文明网更新信息1500余条；三是该行《紧抓"五个突出"提升央行文化在促进履职中的作用》等文先后被《中国金融》《中国文明网》等中央媒体刊用，共上报总行信息40余篇，被采用18篇，居全国第一。

六、加强宣传思想工作干部队伍建设。一是举办2期宣传思想干部培训班，分行辖区各中支、支行相关领导干部及工作人员150余人参加了培训；二是抓好专业劳动竞赛工作，通过调研报告评审和网上笔试等方式，提高竞赛效率，锻炼宣传队伍。

（党委宣传部）

【纪检监察】 2010年，人行济南分行纪检监察部门以创建"三无"安全行为目标，以建设长效机制为重点，以开展案件治理专项活动为手段，多项工作取得明显成效。其中，组织开发的反腐倡廉知识测试系统被总行认可并在全国推广，撰写的调研报告获中央国家机关党建研究会调研优秀成果三等奖，廉政文化建设经验材料在《中国纪检监察报》上刊发。

一、做好纪委综合服务及文字工作。一是认真做好纪检监察工作会议、行风建设标准化管理服务系统推广会、廉政文化建设经验交流会和中支纪委书记述职等会务工作，督促落实会议相关部署；二是举办了中支纪委书记培训班，并组织中支纪委书记参加总行纪检监察业务培训班。全年发文36个，起草综合文字材料100多份，撰写调研报告6篇，刊发纪检监察信息274篇。

二、完善党内监督制度。一是签订《党风建设责任书》257份，做到了逐级负责任，层层抓落实；二是各级行党委、基层党支部对照《廉政准则》检查发现问题96个，制定整改措施172项；三是严格执行民主生活会、述职述廉、诫勉谈话和个人有关事项报告等制度，制定下发了《机关"三重一大"监督实施办法（试行）》。

三、扎实开展"作风建设年"活动。一是起草了《关于开展"作风建设年"活动的通知》，筹备召开全辖电视电话会议；二是各级行举办动员会241次，开展示范警示教育419次，建立学习宣传专栏591个；三是各级行通过各种形式深入分析本单位作风现状，查找存在的突出问题和影响因素，提出合理化建议952个，制订完善相关制度1358个。

四、稳步推进行风建设标准化管理。一是组织开发了行风建设标准化管理服务系统，并在辖区各级行全面推广应用；二是制定下发了《行风建设标准化管理工作达标验收暂行办法》，拟于 2011 年对中支开展全面验收工作；三是进一步健全了一次性告知、限时办结、首问负责和一站式服务等一系列配套制度，为行风建设标准化管理提供保障。

五、进一步深化廉政生态建设。

（一）完善反腐倡廉宣教工作机制。下发了关于《建立反腐倡廉宣传教育工作责任制的通知》，起草了《关于 2010 年反腐倡廉宣传教育工作的意见》；通过开展廉文荐读、张挂《廉政准则》、观看《远山的红叶》等活动，加强反腐倡廉宣传教育。

（二）加强廉政文化建设。一是印发了《廉政文化建设实施意见》；二是召开了廉政文化建设经验交流会；三是利用召开中支行长会议之机，召开了家庭助廉座谈会；四是编发了《廉政文化手册》和《〈廉政准则〉漫画文集》。

（三）建立反腐倡廉学习长效机制。一是组织开发反腐倡廉知识测试系统，建立了测试题库，形成了以考促学的长效机制；二是组织分行机关、营管部的处级干部参加了总行反腐倡廉知识测试；三是组织辖区中支机关干部职工开展了廉政知识测试。

（四）举办反腐倡廉建设巡展。11 月 16 日，“金融系统反腐倡廉建设展——济南巡展”在济南国际会展中心隆重开幕，省委常委、常务副省长王仁元出席开幕式并参观了巡展。本次巡展是山东省金融系统有史以来档次最高、规模最大、时间最长的反腐倡廉教育展览，共有 661 家机构、3.37 万人参观了展览。

六、强化监督检查与专项治理。一是扎实开展执法监察和跟踪监察，发现问题 97 项，提出整改建议 72 项，协助建章立制 16 项；二是组织开展了“工程建设领域突出问题专项治理活动”；三是深入开展“小金库”专项治理，并层层签订了防治长效机制建设责任状；四是深入开展公务用车调研，采取有效措施节约公务接待费用；五是对党风廉政建设、《廉政准则》、“作风建设年”活动、“一岗双责”、学习制度落实制度、政务公开等 6 项工作开展情况进行了监督检查。

七、强化风险预警，切实做好案件查防工作。一是督促各级行建立健全了“回头看”工作领导责任制；二是分专业、分岗位进行了一次业务风险点的系统梳理；三是结合各类检查情况，组织对多发、易发案件和风险部位进行了彻底排查。全年辖区各行在“回头看”活动期间，排查风险点 1007 个，制定防范措施 801 条。

（纪检监察一处　纪检监察二处）

【安全保卫】　2010 年，人行济南分行安全保卫部门牢固树立“安全第一”的思想，加强保卫队伍建设，确保了人行发行库、货币押运和枪支弹药安全。全年共执行火车、汽车押运 39 次，动用押运车辆 408 次、人员 1052 人次，完成货币押运 90800 件，往返行程 31520 公里，圆满完成分行货币押运任务。

一、加强保卫队伍、制度建设，加大守卫押运的工作力度。一是按照总行文件精神，对货币押运、枪支管理、发行库守卫工作、封闭式管理、技术防范等系列文件进行梳理；二是重新修订《人民币发行基金押运安全管理暂行办法》、《技防管理工作指引》；三是就发行库守卫工作，重申双人 24 小时武装守卫的要求，做好针对恐怖袭击的应急预案并进行演练；四是及时完善更新货币押运装备器材，加强发行库守卫和货币押运的监督检查力度，并对应急预案进行修订和完善。

二、深化银武合作，做好应急管理工作。一是修订和完善应急预案并联合进行了演练，提高合作的安全防范水平；二是组织开展全省安全保卫大检查，制定检查方案，内容包括枪弹安全、发行库守卫及发行库安防管理；三是为每项检查工作统一了内容、标准、方法、时限等，为保障检查工作顺利进行奠定了基础；四是抽调地市中支保卫专业的骨干力量组成 7 个小组，有效保障了检查工作的真实性。

三、开展平安建设活动，加大安全生产工作力度。一是组织实施安全生产工作方案，对全省系统内生产工作进行了具体部署和检查；二是组织开展以“科技强兵”为主题的练兵比武竞赛活动，《安全保卫工作简报》对竞赛相关经验做了报道，在总行保卫处长业务培训班上进行推广介绍；三是对发行库远程电视监控系统进行全面的升级改造，使之成为网络、集成、规范化为一体的处理平台，同时集中联合管理了原分散、孤立的数据点；四是进行保卫工作的评比，提高保卫工作的管理效能，使各中支型号各异的监控设备集成到系统中，使省发行库守卫管理和技术防范能力提高到一个新的水平。

（保卫处）

【金融研究】　2010 年，人行济南分行金融研究部门主要工作：

一、研究工作求特色重服务，成果转化成效凸显。一是围绕山东半岛蓝色经济区、低碳经济、差别化调控和通货膨胀问题等特色研究领域开展专题研究，部分成果在《金融研究》、《经济学动态》、《南方金融》和《山东社会科学》等刊物上发表，全年累计发表论文 27 篇，其中核心期刊 10 篇，CSSCI 来源期刊 3 篇；二是完成以信贷结构优化推进适度宽松货币政策实施、我国国际金融战略利益、农信社改革问题、2011 年经济形势预测及需要关注的问题和“货币超发”问题等研究任务，部分成果在《中国金融》、《金融时报》等报刊上发表；三是做好省社科规划办立项课题《金融支持社会主义新农村建设普及研究》的撰写工作；四是承担总分行、省社科规划办、社科联及省金融学会多项重点研究课题；五是组织全辖开展农村信用合作组织调研，形成专题报告报研究局；六是承担研究局布置的多项翻译工作，其中，编译的《宏观审慎政策的角色》一文得到胡晓炼行长的批示，并为《金融研究报告》组织编译 10 余篇文献，被采用 6 篇；七是完成研究局交办的金融消费者权益保护、自然人破产问卷调查和地方金融管理体制现状及存在的问题调查等专题调研和数据报送工作；八是参与《中国金融年鉴》2010 年刊“山东省金融篇”撰稿工作；九是完成研究局安排的关于碳税和碳金融方面的研究工作；十是完成省政府交办的多项研究工作，参与《山东省“十二五”地方金融保险发展规划（初步意见）》和《关于 2011 年山东省地方金融发展规划的建议》的起草工作。

二、完善研究成果交流和共享机制，扩大“三坛一会”影响力。一是联合金融时报社、东营市政府主办了以“金融支持黄河三角洲高效生态经济区（东营）开发建设”为主题的2010齐鲁金融论坛暨政银企合作推进会；二是承办了由省委宣传部、省社科联、枣庄市政府联合主办的“齐鲁大讲坛——金融分坛”；三是围绕“金融政策是否应关注资产价格”、“宏观形势和货币政策选择”等主题，在分行机关多次举办“经济金融论坛”；四是组织建立了分行专项分析主办制度，并着手构建信息资料共享数据库，在此基础上完成的《2011年经济形势预测及关注的问题》受到行领导充分肯定；五是改选成立了第六届分行金融研究学术委员会，组织开展分行重点研究课题立、评审和中期报告会；六是将原《金融研究报告（信息）》并入该刊，编发《金融研究报告》22期。

三、刊物编辑提高质量、突出特色。一是编辑出版《金融发展研究》正刊12期，增刊2期，编辑部成为山东省新闻出版奖优秀集体奖候选单位，1名编辑被评为华东地区优秀期刊工作者；二是在4月和8月份分别以“农村金融”和“中小企业融资”为题，组织了两次全辖金融案例写作竞赛，推出了70余篇文章，并在《金融发展研究》设置专栏进行刊发；三是组织对全省100名金融研究骨干进行了写作专题培训，选择吸收了10余名骨干，通过兼职编辑、参加研讨、以干代训等多种方式提高其研究能力和文字水平。

四、学会工作上台阶提质量，科普工作机制不断完善。一是编发《山东金融学会通讯》4期，刊发学会信息40余条；二是修改完善了山东省金融学会《研究课题制度》和《优秀科研成果奖励制度》，并增加济南大学经济学院为单位会员；三是积极参加由山东省委宣传部、省社科联组织主办的“社会科学普及周”活动，成功申报并按时完成省社科联重点科普读物全额资助项目《融汇贯通——与外汇知识零距离》一书的撰写工作。

（金融研究处）

【法律事务】 2010年，人行济南分行大力推进“法治央行”建设，不断提高金融法治工作水平。

一、加强金融管理与服务。一是先后制定下发了《关于建立银行业金融机构开业报告和重大事项报告制度的通知》和《银行业金融机构开业报告操作规程》，对拟开业银行的7类事项建立了综合检查验收和技能考核制度，并圆满完成了对天津、浙商及北京银行济南分行的开业审查工作，截至10月底，共验收考核新设80家银行等分支机构；并要求银行业金融机构对14类重大事项及时向人民银行报告，有效监测和防范辖内金融风险；二是制定下发了《金融机构综合评价暂行办法》，并分级采取相应管理和服务措施；三是完善综合执法检查制度，全年组织对中国银行系统、齐鲁银行及青岛商行等15家银行的241家支行以上分支机构进行了综合执法检查，共发现各类违法行为42567笔，金额折合人民币1100亿元。

二、推进依法行政，完善依法行政工作制度。一是配合国库、调统部门分别对农业银行分支行、邮储银行和农信社系统进行了现场检查，提供法律支持，并组织实施行政处罚；二是对各中心支行依法行政工作进行了交叉检查，进一步规范了该项工作；三是规范和完善了辖区行政复议工作报告制度，建立该项工作开展情况定期通报机制。

三、开展业务竞赛，做好普法宣传教育工作。一是按照总行开展“创新金融服务、支持经济发展”业务竞赛活动的要求，联合办公室、纪委举办了以“深化政务公开、推进依法行政”为主题的竞赛活动，强化了广大干部职工依法行政意识；二是制定了《“五五”法制宣传教育考核验收方案》，对分行五年来的普法工作进行梳理总结，并组成检查组对各中心支行普法工作集中进行检查验收，进一步规范和促进了辖区普法工作；三是做好票据管理法律知识宣传工作，提高票据当事人的法律和诚信意识，有效防范票据违法行为。

四、牢固树立服务意识，提高法律服务水平。一是全年审核规范性文件70多份，各类合同30多份，有效避免了法律风险；二是配合纪检监察、人事等部门处理诉讼和信访案件共5起；三是依法协助人民法院查询企业法人账户，保障了全国清理执行积案活动圆满结束，维护了债权人的合法权益。

五、注重调研工作，提升法律调研水平。一是认真撰写《金融消费者权益保护调查与思考》的调研报告，总行马德伦副行长作了重要批示；二是在枣庄举办了“金融权益与社会责任”论坛活动，进一步活跃了辖区法律学术研究氛围；三是对总行征求意见的《贷款通则》等多份规范性文件草案提出修改建议；四是编辑并报送金融法制调研信息38期，在总行《金融法制动态与参考》的采用稿量名列各分行前茅。

（法律事务处）

【离退休干部工作】 2010年，人行济南分行辖区共有离退休人员4012人，离退休干部工作取得了明显成效。

一、从细从严抓管理，立足本职抓学习。一是将各项工作都纳入到制度的控制范围之内，采取自查与重点抽查的方式，随时掌握制度执行情况，确保各项制度落到实处；二是向老同志公开全年学习活动的计划安排，认真听取合理建议，积极充实活动内容；三是积极开展《老干部工作政策业务知识问答》的集中学习活动，并开展辖区老干部工作业务竞赛；四是积极开展尊老敬老和服务明星评选活动，分行机关及辖区4家单位开展的老干部活动和4名个人分别荣获总行尊老敬老“精品活动”和“服务明星”；五是在总行举办的人行系统老年太极拳、太极剑、太极扇比赛中，济南分行代表队荣获第一名；六是在总行开展的“我为经济社会发展献余热”论文征集评选活动中，济南分行上报的10篇论文全部获奖，其中，一等奖2名、二等奖3名，获奖总数列各分行之首。

二、理清思路抓创新，求真务实促调研。一是组织离退休干部展开参加老年大学情况的问卷调查；二是组成调研组进行实地调研，采取座谈、考察、专访等形式，全面了解离退休干部在参加老年大学方面遇到的新情况和新问题，撰写了调研报告，荣获总行优秀调研成果奖。

（离退休干部处）

【党建工作】 2010年，人行济南分行机关党委办公室真抓实干、开拓创新，较好地完成了各项工作任务。

一、加强理论学习，提高党员干部解决实际问题的能力。一是制定下发了关于认真学习党的十七届五中全会精神的通知，通过采取机关集中辅导、支部组织学习、党员个人自学等形式，收到了较好效果；二是探索尝试了机关党委与党支部主题联学活动，取得了较好成效；三是开展心理疏导，舒缓工作压力，组织听取了山东一泓心理健康研究中心首席高级心理咨询师李莉主任以“给心灵舒展的空间”为主题的心理疏导讲座。

二、加强指导引导，不断把创先争优活动引向深入。一是制订《深入开展创先争优活动实施方案》，明确各支部主要负责人为直接责任人；二是把创先争优活动同作风建设年、业务竞赛年、文明单位创建等活动相结合，在机关开展了“讲传统、强信念、比奉献”主题活动；三是利用宣传栏、创建通讯等平台，大力宣传各支部开展创先争优活动好的经验和做法；四是充分发挥支部自主开展活动的积极性，各支部自行组织开展活动达28次。

三、加强学习培训，不断提高支部党建工作水平。一是认真搞好机关党务工作者履职竞赛；二是以“讲党性、重品行、做表率、促履职”为主题，采取参观学习与自学的方式，对机关34个支部的书记进行了为期1周的培训；三是组织了以“转变作风，明确职责，有效履职，加强党建，推动创建”为主题的宣传委员培训班；四是举办机关2008、2009年度入行的党员、新发展的党员及入党积极分子培训班；五是隆重召开了纪念建党89周年大会。

四、切实加强反腐倡廉建设。一是认真学习《党员领导干部廉洁从政若干准则》，组织机关全体干部职工听取了省委讲师团何克亮团长作的专题辅导报告；二是组织各党支部召开了专题组织生活会，围绕“学准则、强作风、创佳绩”这一主题，认真分析在廉洁从政、作风建设方面存在的薄弱环节，提出整改意见并采取有效措施；三是组织机关全体员工分三批参观了金融系统反腐倡廉建设展济南巡展。

五、不断提高党建工作保障水平。一是继续抓好机关的央行文化建设；二是加强对支部党建工作的指导力度，先后参加并指导10余个党支部开展党日活动、主题教育活动，并参与部分支部开展红色教育心得体会交流；三是全年共发展了4名新党员。

（机关党委办公室）

【工会工作】 2010年，人行济南分行工会主要工作：

一、“创新金融服务，支持经济发展”业务竞赛活动成果丰硕。一是全辖开展22项业务竞赛活动，同时在总行统一组织的10项业务竞赛中名列前茅，工会经审财务专业知识竞赛获得了团体第一名、并囊括了个人前17名的好成绩；二是被评为“总行级”先进集体，并在总行业务竞赛活动督查工作会议上作典型发言；三是协助总行在济南召开业务竞赛活动经验交流电视电话会议并在会上作经验交流。

二、各种竞赛、活动有序开展。一是制定并实施了《关于进一步推进职工“建言献策”活动的实施意见》，研究开发了“职工民主管理信息系统”；二是配套建立了意见建议征集整理、研究评审、综合评价、督办反馈、正向激励“五项机制”，实现了建言献策活动的集约化管理和效能最大化；三是组织开展了“推进民主管理、构建和谐央行”和“开展业务竞赛活动、促进科学履职”集中建言献策活动；四是开展业务竞赛“双标杆”评选表彰活动，辖区共涌现出“中支行”、“分行”、“总行”级集体标杆分别为259个、107个和66个，个人标杆分别为568名、216名和72名，并以多种形式进行宣传。

三、职工文体活动更加丰富多彩。一是制订并全面启动《2010-2012年全员体育健身活动规划》，并举办了系统职工羽毛球比赛和机关第9届职工登山活动；二是辖区各级行新成立各类文体兴趣小组58个，举办登山、自行车、郊游、太极拳、舞蹈、趣味运动会等活动150余次；三是举办职工艺术作品评选活动，积极推荐优秀作品参加总行评比，辖区有38人获奖，并有8人当选为人行文联相关分会的主席、副主席或理事。

四、女职工工作跃上新台阶。一是创新开展了女职工“三项创建”活动，引导女职工积极参与业务竞赛活动；二是创新开展“学习”、“廉洁”、“环保”型的家庭创建活动，评选出分行级“文明家庭”34个，中支行级658个；三是东营中支营业室被全国总工会授予“女职工建功立业标兵岗”；四是开展了纪念妇女节100周年女职工健身、征文、表彰等系列活动；五是为分行机关及辖区全体女职工投保了“4项特殊疾病”保险，切实维护了女职工合法权益。

五、职工之家建设取得新进展。一是职工之家建设工作水平得到进一步提升，有2家被评为全国级“模范职工之家”，向总行推荐和申请认定18家单位为人行“模范职工之家”；二是组织开展送温暖工作，走访慰问了413名困难党员、职工，发放慰问金154万元；三是2次启动“爱心救助”机制，向患有重大疾病的2位职工捐助12万元；四是协助总行对辖区2个中支的4个县支行及困难职工进行了走访慰问，连续第3次成功承办了总行地震灾区职工疗休养活动。

六、工会自身建设进一步完善。一是制定了工作目标管理考核评价、财务管理暂行等系列制度办法；二是全年在省部级以上刊物发表稿件529篇、《金融时报》53篇，总行《工会通讯》94篇、《工会工作》39篇、《女职工之窗》76篇；三是举办了辖区工会干部综合理论与实务培训班，同时开展了“文明单位创建”、“学习制度落实制度”、“学准则、找差距、见实效”等教育和实践活动。

（工会办公室）

【青年工作】 2010年，人行济南分行青年工作成效显著。

一、加强青年员工理想信念和素质教育。一是组织开展青年员工思想发展状况调研，全面掌握辖区青年员工工作、生活、思想状况，并向分行党委专题汇报；二是开展“我与央行共奋进”主题教育实践活动，其中4项活动被总行表彰为精品，分行工作经验被《金融时报》报道；三是开展“讲传统、强信念、比奉献”主题活动，带领青年员工赴井冈山革命教育基地接受革命传统教育，进一步增强了青年立足岗位，敬业奉献意识；四是制定并印发了《“金融知识进社区”活动管理办法》，在活动长效机制建设上也不断丰富完善，全辖共成立金融讲师团116个，开展370期宣传及培训活动，参与相关活动的青年达到34209人次；五是分行活动经验在总行“金融知识进社区”活动现场推进会暨优秀组织单位经验交流会上进行交流，其中分行团委和辖区4家中支团委被表彰为“青春共建促和谐·金融知识进社区”活动优秀组织单位。截至12月初，组织金融支持青年就业创业推介会等活动159次，向金融机构推介5778个青年创业项目，创建创业就业实习基地191个，向7208家企业提供专项信贷支持144.7亿元，向30595位创业青年提供贷款14.9亿元，稳定就业人员277025人，新增就业青年153459人，进一步提升了人民银行的社会形象，为解决青年就业创业问题，促进社会和谐发展做出了积极贡献。

二、广泛开展志愿服务活动。一是组织志愿者开展玉树地震后的悼念和捐款活动，党委书记、行长杨子强等领导参加活动；二是组织辖区志愿者代表与《齐鲁晚报》张刚“大篷车”栏目联合开展了“献爱心、惠民生、促和谐”志愿者统一行动，为农村小学送去取暖用煤和孩子们过冬穿的羽绒服；三是与中国金融教育发展基金会联合举办了“金融知识进社区”志愿者培训班，进一步提升了辖区志愿服务水平，并被中国文明网专题报道。截至12月初，全辖共注册4202名央行志愿者。

三、提升青年调研水平和岗位履职能力。一是在“我为宏观调控献一策”2010年青年课题组活动中，辖区共征集参选课题成果80余篇，4篇在总行获奖；二是向全辖团员青年发出“积极投身竞赛、提升综合素质”的倡议，号召广大团员青年积极投身业务竞赛活动，为有效履行央行职责作贡献；三是组织开展“青年文明号网上创建风采大赛”，提高辖区青年文明号创建水平。

四、青年文明号创建工作成效显著。青年文明号集体被表彰为全国12个、人行级15个，分行级37个；青年岗位能手被表彰为人行级3名，分行级34名；1名同志被表彰为山东省优秀青年岗位能手；在总行开展的“青年文明号集体网上创建风采大赛”中，辖区南阳中支营业室获1等奖，洛阳中支货币信贷科和潍坊中支营业室获2等奖，创建“青年文明号”工作领导小组获优秀组织奖。

五、团组织自身建设成效显著。一是完成了《央行青年通讯》第3期的编辑制作任务，截至年末，在总行“央行青年”网站编发信息3656篇，位居全系统首位，并在总行《央行青年通讯》和《央行青年工作简报》刊发文章和信息38篇，在分行网站《青年之窗》栏目编发文章和信息781篇；二是组织全辖团委书记培训班和团干部履职能力竞赛，组织团干部学习新业务，更新知识结构，提高服务青年的素质和能力；三是开展团内表彰活动，共表彰五四红旗团委2家，团支部1个，优秀共青团干部、团员6名和5名。

（团　委）

【清算工作】　2010年，人行济南分行清算中心继续把加强运行维护管理，保障全省支付系统安全稳定运行作为首要任务，进一步提高技术和业务监控水平，系统可用率实现了100%，电子商业汇票系统和网上银行跨行支付系统成功上线运行，支付系统宣传和信息调研工作取得丰硕成果，实现了年初确定的A类行工作目标。

一、确保了支付清算系统安全稳定运行。一是坚持每日3次对硬件设备、每日5次对应用系统进行精心维护检查，严格执行24小时业务、技术双人值班制度，及时发现和解决问题，确保系统安全稳定运行；二是每季度以CCPC巡检为契机，对系统全面维护检查，提高运行维护和技术保障能力；三是在“两会”、上海“世博”和广州亚运会等重要活动期间特别加强运行维护管理，确保了特殊时期支付系统安全稳定运行；四是组织召开年度山东省支付清算系统运行维护工作会议及MBFE培训班，全面提高运维水平；五是及时完成支付系统补丁安装、系统升级等工作，全年共完成补丁安装、系统升级工作34项。

二、电子商业汇票、网上支付跨行系统顺利上线。一是山东辖内电子商业汇票系统全面上线成功；二是山东省10家银行机构顺利完成网上支付跨行清算系统上线运行，其中山东省参与机构数量占全国第二批上线机构数的30%；三是完成了通用报文传输平台（UMTS-CCPC）在济南ccpc的部署建设任务，完成了网络边界设备的离线集成、上线和测试，为上线工作打好了基础。12月5日，10家参与机构开始正式受理网上支付跨行业务。

三、山东省支付系统宣传工作有条不紊的进行。一是召开部分中支清算分中心主任座谈会，讨论制定了《山东省2010年支付系统宣传工作方案》，并部署到各中支分中心，在全省开展了羽毛球比赛等形式多样的系列宣传活动；二是下发了《关于组织开展电子商业汇票业务宣传活动的通知》，组织开展为期4个月的集中宣传活动；三是设计印制并组织征订了电子商业汇票业务宣传折页30万份和海报4万张，积极宣传拓展电票业务。

四、信息调研工作在全省多层次全方位展开。一是作为电子商业汇票系统第一批上线的四个试点城市之一，参加了总中心组织的《电子商业汇票系统业务运行管理指导意见》的修订工作；二是以“如何有效降低支票影像交换系统退票率”、“电子商业汇票系统业务拓展”、“如何提高支付清算效率”等积极组织开展特色调研，为下一步做好工作提供了思路和方法；三是积极组织山东省清算专业信息调研，并及时向《支付清算》推荐投稿，全年共在《支付清算》发表文章62篇；四是在2009至2010年度，被总中心评选出4篇优秀文章，在总中心历年的评比中，已经连续4年名列前茅。

五、举办庆祝清算总中心及分支机构成立20周年纪念活动。一是积极协助清算总中心举办20周年庆祝活动，向山东辖内从事支付清算工作的干部职工征集纪念作品、影像资料，共征集文章50余篇，书画影像作品10余件，并选派从事清算工作多年的业务骨干到总中心协助特刊编辑出版和纪念活动组织等工作；二是在菏泽组织召开了庆祝清算总中心成立20周年座谈会，特邀总中心领导参加，辖内清算战线的新老员工代表畅谈20年的变化和感想，取得了很好的反响。

六、不断提升应对突发事件处置能力，总结经验不断创新运维手段。一是按时完成了支付清算系统、电子商业汇票系统济南城市处理中心危机处置应急演练，同时，完成了支付系统主备机切换、影像系统主机切换、主备路由器切换、主备交换机切换及网络密码机故障等演练工作；二是组织技术人员自主研制开发了支付系统查询查复业务短信督促平台，极大地提高了查询查复督促效率，查询查复率保持在 99.99%以上；三是成功完成全国支票影像交换系统和电子商业汇票系统运行监控系统上线工作，实现了通过 CA 监控终端和手机短信平台实时监控两个系统的运行状态，为确保系统的稳定运行增加了有力手段；四是开发完成“全国支票影像交换系统退票查询系统”，解决了各地市支付结算管理部门看不到本地市退票数据的信息不对称问题。

七、圆满完成了总中心安排的试点等任务。一是完成了入侵检测 IDS 系统的设备升级，提前做好了支付系统广域网地面线路调整的相关准备，并配合总中心完成了支付系统网络配置变更及相关测试；二是完成南洋商业银行、民生银行、国家开发银行等机构的接入方式变更及中国银联接入小额支付系统的系统变更等工作；三是完成了 encina 和 cics 补丁的试点安装工作，并通过监控及时发现并协助总中心修订了补丁中潜在的 BUG，避免了全国集中安装可能造成的损失。

（清算中心）

【后勤服务】 2010 年，人行济南分行后勤服务中心以强化安全生产、提高服务质量和服务效率、积极推进节能减排、努力建设节约型机关为重点，较好地完成了全年后勤服务保障任务。在总行组织的人行系统节能减排知识竞赛中荣获团体一等奖。

一、健全安全措施，确保安全生产。一是建立安全生产教育制度，使后勤全体员工时刻绷紧安全生产弦；二是建立安全生产例会制、岗位责任制、安全事故追究、定期或不定期的联合巡检、巡查，工作人员值班和处级以上领导带班制度等；三是对消防、车辆交通安全，用水、用电、设施设备运行安全，食品、药品安全等完善了制度，增加了检查次数；四是对消防、水灾、地震、突发性公共卫生事件应急预案进行了实战演练，提高了应对和处置能力，并被省人防委评为省直人防系统“先进单位”。

二、加强作风建设，提高服务水平。一是建立完善学习制度，保证学习时间、质量，全面提高员工的自身素质和服务本领；二是增强工作的主动性、能动性和前瞻性，加强部门内部工作协调和与各处室之间的工作配合；三是进一步转变服务理念，努力提高服务层次，并得到总行机关事务管理局的充分肯定，同时被评为分行机关文明集体。

三、精心组织，认真开展业务竞赛活动。一是组织开展节能减排知识竞赛，全面推动了辖区节能减排工作的开展；二是举办了普及节能减排知识竞赛，宣传普及了节能减排政策、法规和知识；三是认真备战人行系统节能减排知识竞赛并荣获团体一等奖。

四、积极推进，全面实现节能目标。一是截至 11 月底，用电量较 2005 年降低 29.6%，用水同比降低 31.9%，超额完成节能 20%的指标；二是对能耗数据进行了全面核实，对山东辖区能耗统计人员进行了培训；三是加强对节能减排工作的指导、检查和督促，该工作得到总行和省府检查组的高度评价，《金融时报》与《中国节能服务》对此进行了推广与报道。

五、认真履职，做好后勤保障工作。一是制定下发了《节能减排工作考核标准》，建立能耗动态检测系统；二是建立完善了合同用工管理制度和业务档案，规范了合同用工工资发放办法和考核办法；三是制定《应急物资管理办法》，提高对突发事件的应急、应对能力；四是做好设施设备和车辆的维护保养，确保机关公务出车 3 万余次，行程 156 万公里，无责任事故发生；五是做好了季节性卫生防疫、流行性疾病预防宣传和职工健康查体工作，提高了保健水平；六是严格财务制度与财务监督，共审核报销各类原始凭证近 6 万张，制单 3300 余张，无差错发生；七是加强通讯费用的管理和控制，同时做好职工福利采购供应工作；八是济南金融干部培训中心积极开展工作，经营成果同比提高 30%以上。

（后勤服务中心）

【巡视工作】 2010 年，人行济南分行巡视办公室圆满完成了全年的巡视任务，全年共发放调查问卷 2078 份，个别谈话 1269 人次，走访当地政府、金融办、纪委纠风办、金融机构等单位 47 家，召开各类座谈会 24 次，调阅各种资料 3 万余份，接待群众来信来访 2 人次，发现问题与不足 30 多项，提出各类工作建议 39 条。

一、不断强化巡视干部队伍建设。组织巡视组利用工作间隙定期组织巡视人员学习相关业务知识和巡视技能，并先后开展了“学焦裕禄奉献精神、做争先创优排头兵”、“缅怀先烈、继承遗志、增强党性、扎实履职”、“重温红色传统、弘扬廉政精神”等多种形式的主题教育活动，进一步提高了工作人员的业务水平、政治觉悟和廉政勤政意识，增强了凝聚力、战斗力。

二、继续加强巡视跟踪评估工作。一是将跟踪评估工作延长至一年后开展，从而确保被巡视单位整改效果真正体现，避免跟踪评估工作流于形式；二是将巡视组单独听被巡视单位负责人汇报巡视整改情况的工作方式，改为被巡视单位负责人在全行副科级干部以上范围内汇报巡视整改情况，同时增加巡视跟踪评估问卷调查环节，以更好地了解其整改落实情况及进一步改进巡视工作的建议；三是采取各巡视组交叉跟踪评估的工作方式，加大对巡视工作各个环节的检查力度。通过巡视跟踪评估，问题整改率达 95.3%，群众满意度达 89.4%。

三、积极创新工作方式方法。一是建立起巡视工作信息数据库，供全体巡视人员查询调阅被巡视单位的历史相关信息；二是在问卷内容上增加了对班子和党委成员进行年终考核问卷的部分内容，便于掌握了解和对比分析班子整体变化情况；三是在巡视个别谈话环节中，调整为先谈一般干部再谈领导干部的谈话次序，有效提高了谈话工作的有效性；四是积极向总行报送《巡视工作动态》，全年共报送 10 期，其中，8 期信息被总行采用，采用量和采用率居各分行前列。

四、适当突出巡视报告撰写重点。一是将巡视报告撰写内容调整为四部分：班子整体评价、对班子成员的个人评价、存在问题及原因剖析、相关建议，并将以往列入巡视报告正文的谈话及调阅资料发现的问题等内容，与问卷情况一并作为报告附件，提升了报告的层次性和针对性；二是对于巡视所发现的一般性具体业务问题，不再列入对中支党委的反馈意见，而是在巡视组进驻结束前，将问卷结果及谈话、查阅资料发现的具体业务问题原汁原味地反馈给中支一把手，以供其更好地从根源上抓整改、促工作。

五、及时修订完善巡视工作有关制度。一是以济银党办〔2010〕7号文件的形式下发了《关于2010年巡视工作的意见》，进一步理清了全年的巡视工作思路，增强了巡视工作的针对性和有效性；二是及时修订、完善了《党委巡视工作办法(试行)》、《巡视工作操作规程(试行)》等工作制度；三是编写印发了《巡视工作操作手册》，进一步提高了分行巡视工作的制度化、规范化、标准化水平。

（巡视办公室）

【大事记】 1月6日~7日 人行济南分行召开辖区政务信息工作会议。会议通报表彰了2009年度辖区政务信息先进单位和个人，全面部署了2010年信息重点工作，分行副行长黄向庆到会讲话。

1月18日 人行济南分行印发《关于<山东金融年鉴>(二〇一〇年卷)编辑细则》的通知。

1月22日~23日 人行济南分行组织召开2010年辖区工作会议，传达贯彻总行工作会议精神，明确2010年辖区整体工作思路和重点任务。党委书记、行长杨子强作报告，分行各党委成员、各部门主要负责人、辖区各中支和县支行行长等近400人参加了会议。

1月23日 人行济南分行组织召开2010年辖区纪检监察工作会议，回顾总结辖区上年党风廉政建设和反腐败工作，研究安排2010年工作任务。党委书记、行长杨子强讲话，纪委书记辛树人作报告。

1月25日 人行济南分行、山东银监局、山东证监局、山东保监局联合转发《中国人民银行、银监会、证监会、保监会关于进一步做好金融服务，支持重点产业调整振兴和抑制部分行业产能过剩的指导意见》的通知。

2月8日 人行济南分行清算中心支付系统查询查复短信督促平台正式启用。

2月24日 人行济南分行印发2009年山东省反洗钱现场检查情况通报。

3月5日 人行济南分行与烟台市政府联合召开了2010年"转方式、调结构"银企合作推进会议，人行济南分行副行长王敏、省金融办及各省级金融机构主要负责人、烟台市委、市政府主要领导、各相关部门负责人、各县市区政府及企业代表400多人参加了会议。本次推介会，烟台市政府精心筛选了273个重点企业和项目向各家银行进行推介，项目总投资1870亿元，信贷资金需求344亿元。经过银企对接，初步达成意向贷款金额286.5亿元，占信贷资金需求的83.3%。

3月23日 人行济南分行在淄博市组织召开了"山东省银企合作信息网建设推广现场会"。

人行济南分行转发总行关于免去肖辉光分行党委委员，工会主任，办理退休手续的批复。

3月25日 人行济南分行与滨州市政府在济南联合举办"滨州黄河三角洲高效生态经济区开发建设金融座谈会"。滨州市政府与开行山东省分行等9家银行业机构签署了《银团贷款支持滨州黄河三角洲高效生态经济区发展战略合作协议》，滨州市经济开发投资公司、港务有限责任公司等6家企业与相关银行机构签订了项目协议46.7亿元。山东省省长助理、省黄河三角洲开发办公室主任陈光，省金融办主任李永健，人行济南分行行长杨子强，滨州市委书记邓向阳等领导出席座谈会。

4月12日 人行济南分行印发关于《内联网安全保密"九不准"》的通知。

4月13日 人行济南分行、省中小企业办、省金融办、省财政厅、山东银监局联合召开"推进结构调整重点项目推介会"，对优选的列入中小企业成长计划、特色产业提升计划、小企业培育计划、创新计划的2110个结构调整重点项目，向金融机构、投资公司和融资租赁公司进行了集中推介。省委常委、副省长王军民到会讲话。

4月24日 人行济南分行行长杨子强与东营市市长张建华签署《关于推进黄河三角洲高效生态经济区（东营）开发建设合作协议》。

4月28日 人行济南分行印发《关于建立银行业金融机构开业报告和重大事项报告制度的通知》。

4月30日 人行济南分行与泰安市政府联合组织召开了"泰安市2010年金融生态环境建设推进银企合作会议"。人行济南分行王敏副行长，泰安市政府李洪峰市长到会讲话。在本次会议上，182多家企业与银行达成协议贷款金额196.2亿元。省级各金融机构负责人，泰安市政、银、企各界共400余人参加了会议。

5月6日 人行济南分行与济南市政府联合组织召开"打造现代产业体系银企合作推进暨信贷政策发布会"。人行济南分行王敏副行长，济南市政府张宗祥副市长，市直各部门、各县区主要负责人、驻济各金融机构主要负责人以及市重点企业的代表参加了会议。

5月18日 人行济南分行印发《对拟开业银行业金融机构验收考核操作规程》的通知和《国家秘密载体销毁管理规定》的通知。

5月24日 人行济南分行印发《通讯工具保密管理暂行规定》的通知，并转发总行《印发关于<人民币跨境收付信息管理系统管理暂行办法〉的通知》。

5月28日 中共山东省委宣传部，人行济南分行，山东省财政厅、文化厅、广播电影电视局、新闻出版局、银监局、证监局、保监局联合印发《关于金融支持山东省文化产业振兴和发展繁荣的实施意见》。

6月8日　人行济南分行、山东银监局转发《人行、银监会关于进一步做好支持节能减排和淘汰落后产能金融服务工作的意见》的通知。

6月12日~14日　人行济南分行、人行南京分行联合组织"党委中心组联合学习会议"，来自两家分行党委成员和合肥、郑州中支、两家分行机关有关部门和枣庄、徐州、烟台、苏州市中支主要负责人计40余人齐聚一堂，围绕"创新金融措施，支持经济发展方式转变"主题，进行了深入学习和探讨。

6月17日　人行济南分行，山东省财政厅、林业局、银监局、保监局印发关于《山东省林权抵押贷款管理办法（试行）》的通知。

6月18日　人行济南分行在威海召开行风建设标准化管理服务系统推广会。会议由分行纪委副书记、郑州中支纪委书记张正杰主持，共140多人参加了会议。

6月21日~25日　人行济南分行在山东滕州和河南三门峡分省召开了"创新金融服务、支持经济发展"业务竞赛汇报会，辖区34个中支分管业务竞赛的行领导参加了汇报会。分行党委委员、副行长李建文到会并讲话。

6月25日　人行济南分行印发《山东省跨境贸易人民币结算试点操作规程（试行）》的通知。

6月28日　人行济南分行，山东省财政厅、商务厅，青岛海关，山东省国家税务局、银监局转发《人行 财政部 商务部 海关总署 国家税务总局 银监会关于扩大跨境贸易人民币结算试点有关问题的通知》。

人行济南分行转发《人行关于〈中小企业信用体系试验区建设指导意见〉的通知》。

7月6日　人行济南分行和临沂市政府联合主办的"金融知识进万家巡回展——走进临沂"在鲁信国际会展中心隆重开幕。分行党委委员、副行长黄向庆，临沂市委副书记、市长张少军，市人大常委会党组书记、第一副主任朱绍阳，市委常委、常务副市长杜德昌，市政协副主席王秀君，临沂军分区参谋长邢新建，临沂经济开发区党工委书记、管委会主任徐福田出席开幕式并剪彩;各界人士约5000余人参加开幕式并参观展览。

7月12日　人行济南分行印发《执法检查事项目录表》的通知。

7月14日　人行济南分行组织召开"创新金融服务，支持经济发展"业务竞赛活动电视电话会议，党委书记、行长杨子强做重要讲话；辖区各中支、各县支行在分会场参加了会议。

7月16日　人行济南分行和日照市政府成功举办了日照鲁南临港产业区金融发展论坛暨银企合作洽谈会。人行济南分行杨子强行长出席会议并讲话。28家银行业金融机构和40余家国内外投资基金、投资公司代表参加了会议。

人行济南分行印发关于《再贴现业务操作规程》的通知。

8月2日~3日　人行济南分行在日照召开了山东省跨境贸易人民币结算工作会议，分行副行长黄向庆到会并讲话，山东省各中支分管行长、跨境办负责人及业务人员等近70人参加了会议。

8月4日　人行济南分行，山东银监局、证监局、保监局联合转发《人行 银监会 证监会 保监会关于进一步做好中小企业金融服务工作的若干意见》的通知。

8月5日　人行济南分行印发《关于进一步推动金融支持大学生村官创业富民工作的通知》。

8月9日　人行济南分行成功实施与建行山东省分行的集中电子对账。

8月26日　人行济南分行组织召开对城市商业银行综合执法检查工作会议，分行黄向庆副行长到会并讲话。

9月20日　人行济南分行印发关于《中央银行会计核算电子对账系统管理办法实施细则》的通知。

10月13日　人行济南分行、山东银监局转发《人行 银监会关于印发〈关于鼓励县域法人金融机构将新增存款一定比例用于当地贷款的考核办法（试行）〉的通知》。

10月18日~19日　人行济南分行与滨州市政府联合举办2010'诚信滨州第9届银企合作促进会暨黄河三角洲高效生态经济区（滨州）首届融资洽谈会。省金融办主任李永健，人行济南分行行长杨子强，滨州市市委书记、市人大常委会主任邓向阳，市委副书记、市长张光峰以及滨州市主要领导出席会议;有44家省内外银行机构与滨州市各县区432家企业签订合同金额1107.18亿元。

10月19日　人行济南分行转发总行《关于上调金融机构人民币存贷款基准利率的通知》。

10月27日　人行济南分行印发关于《银行业金融机构开业报告和重大事项报告操作规程》的通知。

10月28日　人行济南分行组织召开了山东省农村支付服务环境建设情况汇报会，杨子强行长出席会议并讲话。

10月29日　人行济南分行档案管理工作通过山东省档案局考核小组的业务考核，晋升为"省特级档案室"。

10月31日　人行济南分行印发关于《山东省金融机构综合评价暂行办法》的通知。

11月11日　人行济南分行举办了首批商业银行跨境人民币业务培训班，各地人行及商业银行业务人员230人参加了培训。

11月16日　由人行济南分行、山东银监局、证监局、保监局和省金融办联合主办，开行山东省分行、农发行山东省分行等14家金融机构协办的"金融系统反腐倡廉建设展济南巡展"在国际会展中心隆重开幕。山东省委常委、常务副省长王仁元宣布巡展开幕;人行济南分行行长杨子强、农行山东省分行行长陈军分别代表巡展筹委会和驻鲁金融机构致辞。开幕式由展览筹委会办公室主任、人行济南分行纪委书记辛树人主持。

11月23日　人行济南分行印发《山东省银行业科技工作联席会议制度》的通知。

11月29日　人行济南分行联合山东省发改委在南郊宾馆组织召开了"2011年山东省转方式调结构重点项目银企对接会"，省委常委、常务副省长王仁元，省发改委主任张超超，分行行长杨子强出席会议并讲话，省金融办副主任，驻鲁49家中资商业银行和12家外资金融机构、各市发改委和人行等单位负责人200余人参加了会议。此次对接会共推介了战略性新兴产业、新能源与服务业三大领域的230个重点项目，项目总投资3860亿元，拟申请银行贷款1158亿元。

12月3日　人行济南分行转发总行关于免去肖龙沧人行沈阳分行党委委员、副行长职务，任命肖龙沧为人行济南分行党委委员、副行长职务的通知。

12月22日　人行济南分行与临沂市政府在费县联合召开“发挥基层央行职能作用，支持县域经济发展”座谈会。分行党委委员、副行长黄向庆，临沂市委常委、常务副市长杜德昌等出席座谈会。

12月24日　人行济南分行印发2010年山东省省级银行业金融机构金融统计工作考核评比情况的通报。

12月30日　人行济南分行印发《金融稳定重大事项报告管理办法》的通知。

12月31日晚上8点　人行济南分行党委成员到分行机关和营业管理部相关处室，亲切看望了参加年终决算的工作人员。

（李　玲）

国家外汇管理局山东省分局

【综述】　2010年，国家外汇管理局山东省分局（以下简称“外管局山东省分局”）坚持以综合协调促整体履职、以信息调研促科学决策、以强化宣传促管理透明、以夯实基础促风险防范，各项工作取得新成效。

一、把主体监管作为推进外汇管理方式转变的主线，在全国率先研究制定了《外汇主体监管试点管理办法》，并组织济宁和威海市中心支局开展试点工作；有关做法在全国分局长座谈会、外汇新闻宣传与信息调研培训会议上作了经验交流。

二、把帮助企业解决实际问题作为强化外汇管理服务的立足点。一是开展了全省外汇管理政策业务集中宣讲活动；二是推动分支局开展“送政策上门”活动，为企业量身定做外汇服务措施；采取举办培训班、加强媒体宣传和进社区下乡镇等措施，帮助企业解决实际困难；三是与东营市政府、出口信用保险公司山东分公司联合召开了“政汇信（保）合作共促黄河三角洲涉外经济发展洽谈会”；三是编写了《融汇贯通－与外汇知识零距离》通俗读物，成功申报为省社科联通俗读物重点课题。

三、把监测分析作为跨境资金监管的重要支撑，探索撰写监测报告。年内，针对我国外汇管理领域缺乏规范性跨境资金流动监测报告、不利于有效履行跨境资金监管职责的状况，在全国率先撰写了《山东省区域跨境资金流动监测报告》，总局领导给予高度重视。

四、把信息调研作为提高外汇管理有效性的着力点，信息工作保持系统第一。全年累计上报信息材料346篇，总局采用120篇。其中，6篇被转报国务院，2篇被国务院领导批示；14篇报告被总行、总局及省委省政府领导批示16次。

五、把竞赛作为提高外汇整体履职能力的重要手段。一是立足提高整体履职能力，对各项专业内容进行有效整合，精心选择全局性、核心性及前瞻性业务纳入业务竞赛；二是开展了外汇管理支持涉外经济发展新措施、撰写非现场监测报告，以及非现场检查系统和金宏系统应用技能三项业务竞赛。

六、把规范管理作为争先创优的重要前提，努力夯实基础工作。一是统一组织对6家中心支局开展了内控监督检查工作；二是认真做好内控风险测评系统上线工作，探索开展了内控风险评估工作；三是制定了《专项经费管理实施细则》；四是强化公文、印章、档案和保密管理，实现文件管理“零泄密”，上报值班信息“零遗漏”；五是做好政策法规咨询和行政复议工作，接受政策咨询200余次；六是做好保税监管区域管理、数据统计和报送工作。

【外汇检查】　2010年，外管局山东省分局以外汇非现场检查系统为主要工具，以内控制度创新为主要手段，不断加大外汇案件查处和金融机构专项检查力度，深入开展调查研究，积极进行机制创新。

一、深化“外汇非现场检查系统”推广和应用。一是通过集中培训、分组讲解和实地演练等多种方式，确保系统顺利上线运行；二是组织做好人员培训和系统维护等后续工作；三是成立外汇非现场检查分析小组，下发重大案件线索53条；四是编写了《银行外汇业务标准化检查手册》，探索建立金融机构非现场和现场检查体系，提升全省银行外汇业务检查工作水平。

二、积极开展金融机构外汇业务系统性检查。一是先后组织对中行、建行山东省分行外汇业务合规性进行专项检查，涉及支行以上机构76家；二是完成了对山东省（不含青岛）12家法人银行短期外债和表外业务的专项检查工作；三是开展了针对银行外汇流入与结汇业务的专项行动，全省共选取8家银行进行全面检查，发现47家机构涉嫌存在违规问题。

三、重点开展专项检查和大要案查处。一是组织全省开展加工贸易和转口贸易资金流入专项检查，依法查处企业17家、银行3家；二是完成了对万荣（聊城）园林工程有限公司非法使用外汇案件的检查和处罚工作；三是组织全省开展服务贸易外汇收支真实性专项检查，依法查处企业 11 家；四是组织全省对资本项目结汇进行专项检查，依法查处企业 5 家、银行 4 家；五是利用非现场系统设计指标查找异常交易，组织开展异常资金线索核查工作。

四、采取有效措施，强化内控制度执行。积极开展“一岗双责”、文明单位创建和创建学习型组织等主题活动，与临沂中支共同开展“重回革命圣地，重温入党誓词”主体教育活动，召开了“学准则、强作风、创佳绩”专题组织生活会，同时对全省 6 家中心支局开展外汇专业内控监督检查工作，切实防范执法风险。

五、全面提升办案技能和整体业务素质。举办了全省企业财务检查技巧培训班、“外汇非现场检查系统” 专业培训班、以非现场检查为主要内容的全省外汇业务劳动竞赛，进一步强化了依法行政和风险防范意识。

六、强化调研支撑作用。一是参加总局《银行外汇监管课题研究》，课题成果被总局采纳；二是撰写了《加工贸易和转口贸易企业关联交易与异常资金跨境流动的实证分析》和《转口贸易方式异常资金流动的调查报告》；三是坚持以检查促调研的思路，全省外汇检查系统调研信息被总行、总局相关司局、杂志采用 161 篇。

七、组织开展“诚信兴商宣传月”活动。一是制作展板 1325 个，张贴诚信宣传画 3 万余份；二是在报纸、杂志发表专题文章和新闻报道 31 篇，播放广播、电视专题节目及新闻报道 51 次；三是举办专题论坛和研讨会 26 次；四是在总局举办的诚信兴商知识竞赛中获得三等奖。

【资本项目管理】 2010 年，外管局山东省分局坚持管理与服务并重，积极创新服务措施，着力加强跨境资金流动监管，有效支持了辖区涉外经济回升向好。

一、扎实推进贸易投资便利化，有力促进了全省涉外经济的发展。一是认真探索开展外汇主体管理试点工作，成为全国三个试点省之一；二是简政放权，新下放业务权限 13 项，为企业提供便利化服务；三是开展送政策上门活动，努力实现外汇管理服务由单一的、具体业务的服务向综合的、专业化的服务转变；四是对省属重点大企业，积极推进差异化服务方式；五是联合省商务厅、发改委等部门开展了“支持企业‘走出去’外汇政策宣讲活动”；六是在全省“诚信宣传周”活动中，分期分批举办业务培训班或宣讲会；七是按季度与省商务厅等部门召开联席会议，在外汇年检等工作中统一行动，充分发挥监管合力。

二、深化外汇管理改革，着力提升资本项目外汇管理质效。一是加强对地方法人金融机构各项外债指标管理，并在全国资本项目外汇管理务虚会上做了经验介绍；二是选取 15 家县市支局作为联系点，初步构建了省市县三级联动资本项目外汇管理机制；三是拟定主体管理试点地区资本金结汇改革试点方案，得到总局领导充分肯定，并在全国资本金结汇改革座谈会上做了交流；四是进一步加大检查力度，对中行山东省辖内分支机构和法人金融机构进行了综合执法检查。

三、强化统计监测和调查研究工作，有效提高工作的前瞻性和有效性。一是圆满完成全省外商投资企业外汇年检和境外投资联合年检工作，拟定出 28 类监测指标用于资本项目跨境流动异常资金的监测，承办了全国改进完善直投系统座谈会；二是编发《资本项目外汇信息》90 期，上报总局信息 104 篇，有 24 篇被总局有关刊物采用，采用量位居全国第一；三是探索撰写区域跨境资金流动监测报告，切实强化跨境资金流动监管；四是加强对热点、难点等问题的调研，撰写多篇调研报告，《跨境资本流动中的外汇监管难点及启示》被《金融发展研究》作为典型金融案例刊发。

四、加强内控管理，夯实安全基础，努力防范各类风险。一是编写了《资本项目外汇业务风险管理标准化手册》，着力推进规范化管理水平；二是全面梳理资本项目行政许可，提升依法行政水平；三是以转发总局内控检查情况通报为契机，在全省部署开展了一次内控自查活动；四是制订下发了山东省 2010 版资本项目内控制度；五是加强对中心支局内控制度落实情况的检查和指导；六是对辖区内控制度执行情况进行了认真评价，形成报告上报总局。

【经常项目管理】 2010 年，外管局山东省分局以支持地方经济发展和提高非现场监测分析水平为着力点，以调研分析为支撑，积极构建便利高效的经常项目外汇管理体制。

一、周密部署，扎实工作，推进重点改革有新突破。一是圆满完成进口核销制度改革试点，总局以汇综发〔2010〕137 号文件通报表扬，试点经验在全国改革推广会议上进行介绍；二是有序推动出口收入存放境外试点开展，组织开发的该项“业务管理系统”被总局采用；三是积极探讨和稳妥开展主体监管试点，完成主体监管办法的撰写和论证工作；四是加强对威海、济宁等试点中心支局的指导，扎实推进辖区主体监管工作。

二、强化监测，突出重点，促进外汇监管质效有新提升。一是充分利用现有系统资源，切实加强非现场监测分析，发现违规案例 757 起，移交检查 16 起；二是联合省保监局就外汇保险机构管理问题统一意见，并对全省 56 家省级保险机构的负责人进行外汇保险业务专题培训，进一步提升其合规经营意识。

三、创新方式，贴近企业，提高外汇服务水平有新举措。一是适时推出经常项目“保增长”政策指导意见，受到企业、政府等各方好评；二是适度放宽出口收汇远期备案管理，提升企业资金运转效率；三是深入一线实地解决企业困难，树立了良好的对外服务形象。

四、完善机制，多措并举，加快外汇政策传导有新成效。一是多形式开展政策宣传，举办宣讲会 7 期，发放宣传手册 2.6 万册，并依托报刊、网络等媒体途径拓宽宣传面；二是多层次加大培训力度，采取全省集中培训和各地市分级培训相结合的方式，举办培训班 32 期；三是积极构建银行、企业、保险机构和政府部门定期交流机制，召开银企汇各方培训暨交流会议 5 期，政策传导渠道进一步畅通。

五、积极思考，服务决策，促动调研分析能力有新提高。一是作为总局课题组主要成员完成经常司“人民币国际化战略研究”和“货币国际化之国际比较”两项课题，前者在《中国外汇管理》杂志刊登；二是作为总局重点分局完成保税监管区域、对港贸易外汇收支、转口贸易和加工贸易、资金流货物流缺口分析、服务贸易和个人异常资金流入、人民币汇率形成机制改革影响等10项专题调研；三是强化政策执行情况反馈和形势分析，信息调研上报量和总局采用量均在全国名列前茅。

六、发挥优势，主动探索，助推总局改革攻关有新建树。一是作为进出口核销一体化、出口收入存放境外、外汇账户、保险外汇管理等4项改革攻关小组成员，积极参与相关法规、业务需求书的起草和论证，并作为唯一指定分局参与研发出口收入存放境外业务管理系统；二是完成《贸易进口付汇管理暂行办法》及细则、《服务贸易外汇管理办法》及细则、《电子银行个人结售汇业务管理暂行办法》和出口收结汇联网核查改革专项法规等4项拟出台政策的论证和修订工作。

七、更新观念，转变方式，建设高素质干部队伍有新风貌。一是加大培训力度，在全省范围内组织形势分析、监测监管等专题培训班7期，提升监管队伍的政策理论和非现场监测水平；二是制定下发贸易进口付汇现场核查、货物贸易出口收入存放境外管理试点两个《操作规程》，先后对6家分支局开展内控监督检查，提高内控风险防范能力。

【国际收支】 2010年，外管局山东省分局坚持“规范管理筑根基、创新履职谋实效、强化监测促提升”的理念，不断加强工作创新，取得新的成效。

一、以加强工作创新为着力点，推动整体工作水平不断提升。一是努力打造监测分析工作品牌，构建了山东省外汇形势分析报告架构；二是编写《国际收支统计间接申报现场核查工作指引》，在全省初步建立了“一行一策”的现场核查工作体系，总局国际收支司转发全系统参考和借鉴；三是组织编写了《国际收支统计申报常见问题汇编》，强化对银行申报工作的指导和管理；四是在全系统率先制定《银行结售汇统计核查办法（试行）》，设计开发了“银行结售汇信息管理系统”；五是编写《贸易信贷调查企业操作手册》，制定下发了《山东省贸易信贷调查及出口换汇成本监测优秀样本企业评选办法》。

二、以强化数据利用和专题调研为支撑，不断增强监测分析工作的针对性、前瞻性和时效性。

（一）完善分析工作机制，夯实分析工作基础。一是建立外汇分析定期交流制度，按季召开形势分析座谈会，拓宽信息来源渠道；二是坚持外汇分析专报制度，注重与地方经济相结合，积极为地方政府建言献策。

（二）努力提升监测分析工作的前瞻性。一是及时就银行表外融资业务发展状况、商业银行衍生产品及企业汇率避险工具运用、当前跨境资金流入中出现的异常现象等情况进行调研分析，其中《当前商业银行表外融资情况调查》、《NRA账户收支情况及监管改进建议》等被总局有关刊物采用；二是认真查找异常跨境资金流动线索，先后发现转口贸易收付汇来自同一地区、境外子公司大量汇回利润、银行表外融资快速发展、境外投资公司汇入贸易款等异常交易线索10起。

（三）加强专题分析，不断拓展分析深度与广度。一是加强对转口贸易、外资流入房地产、外债资金等重点交易项目的分析；二是强化分析调研与基础工作的结合，上报调研信息44期，刊发分支局信息12期。

（四）进一步完善出口换汇成本及挂牌汇价监测体系。一是结合日常监测情况，先后完成了《纺织、农副食品加工行业人民币汇率承受能力情况调查》、《从换汇成本角度看当前山东省出口产品竞争能力》等分析报告；二是加大银行挂牌汇价监测力度，起草了《山东省分局挂牌汇价监测基本情况》报告上报总局。

三、以制度规范和加强管理为依托，努力提升国际收支统计申报数据质量。一是制定下发了《关于加强和改进国际收支统计间接申报非现场核查工作的通知》；二是建立集中非现场核查机制，组织开发了国际收支申报核查实用工具；三是探索实施对申报主体的现场核查，先后对中国电子进出口山东分公司、中国山东国际经济技术合作公司等企业进行了现场核查，增强企业主动申报意识；四是强化数据比对和制度研究，上报的《2010年上半年贸易信贷调查报告》被总局《国际收支动态》刊发。

四、以促进银行外汇收支业务健康发展为目标，全面加强银行外汇收支管理。一是推进个人本外币兑换特许业务试点工作，烟台张江艾茜益商务咨询有限公司试点资格获总局批准；二是先后对8家驻济银行结售汇统计数据进行了现场核查；三是积极参与总局《银行执行外汇管理规定情况考核办法》修订和《有效提升银行执行外汇管理规定情况考核有效性》课题研究；四是起草形成《关于进一步完善银行结售汇市场准入和退出管理政策的建议》上报总局。

五、以加强内控制度建设和队伍建设为载体，确保各项工作规范、有序开展。一是依法规范高效地开展行政许可，全年累计办理各项准入备案及审批事项78项；二是制订下发了《国际收支专业基础工作目标管理量化考核评价办法（试行）》；三是先后举办了全省国际收支统计业务培训班和银行外汇收支管理培训班，同时采取“以干代训”和“以查代训”等措施，有效提高了国际收支一线人员的业务能力和水平。

【大事记】 4月28日 外管局山东省分局印发《非现场检查系统运行管理暂行办法》的通知。

7月23日 外管局山东省分局印发《外汇综合专业量化考核暂行办法》的通知。

8月25日 外管局山东省分局与烟台市政府联合举办了“企业高管人员外汇政策业务座谈会”。人行济南分行党委委员、副行长李亚新及烟台市副市长张广波出席了会议，李亚新副行长在会上作了讲话，90余人参加了会议。

9月21日 外管局山东省分局印发《货物贸易出口收入存放境外政策试点工作实施方案》的通知。

（外管局山东省分局）

中国银行业监督管理委员会山东监管局

【第一负责人简介】 廖平之，男，汉族，1954年7月生，江西临川人，中共党员，大学学历，高级经济师。1972年3月参加工作，历任人民银行抚州地区分行人事科副科长、党组成员、副行长，人民银行赣州地区分行党组书记、行长，人民银行南昌中心支行党委委员、副行长兼国家外汇管理局江西分局副局长，人民银行武汉分行党委委员、副行长，武汉分行营管部调研员，党委委员、副主任；2005年12月，任湖北银监局副局长、党委委员；2008年8月，任西藏银监局局长、党委书记；2010年10月至今，任中国银行业监督管理委员会山东监管局党委书记、局长。

【综述】 2010年，中国银行业监督管理委员会山东监管局（以下简称“山东银监局”）深入贯彻落实科学发展观，以“保持信贷平稳有序增长”、“规范清理政府融资平台贷款”、“贯彻落实三办法、一指引”和“狠抓案件治理”四大任务为主线，努力坚持“宏观审慎”与“微观审慎”的有机结合，正确处理“促进发展”与“防范风险”的辩证关系，督促和引导银行业增强全面风险管理和可持续发展能力，保持了辖区银行业安全稳健运行。

【业务监管】 2010年，山东银监局努力提高监管政策措施的针对性和灵活性，督促银行业在信贷管理中狠抓“稳”、“保”、“控”三方面工作，以信贷结构的优化助推经济发展方式的转变。

一、“稳”住信贷投放节奏。一是按季度召开监管例会，充分运用列席董（理）事会、实地指导和监管提示等方式，督促银行机构按照监管要求稳定投放节奏；二是对个别在月度、季度初期突击用完新增信贷计划，利用倒卖票据、虚假转让资产等手段规避规模控制的机构，采取暂停相关业务等措施予以监管。

二、“保”住小企业和农业等需要重点支持领域的信贷供给。一是督促银行业机构建立健全小企业服务组织架构，加快专营机构和特色网点建设，促进该项业务的良性发展；二是严格控制农村网点向城区迁址，鼓励城商行和股份制银行向县域延伸机构，提高农村资金投放运用于农村的比例；三是注重强化银行同业合作，指导银行业协会举办了“银企合作推进会”，大力推广银团贷款。

三、“控”住“两高一资”和产能过剩行业的信贷增长。一是严格执行国务院《关于抑制部分行业产能过剩和重复建设引导产业健康发展的若干意见》和四部门《关于支持重点产业调整振兴和抑制部分行业产能过剩的指导意见》，严格控制对高耗能、高排放和产能过剩行业的贷款；二是高度关注产业调整过程中可能带来的信贷风险，建立了行业信贷风险监测制度，定期监测分析6个重点行业风险，并强化风险预警，前移关口，积极防范化解相关风险。

【规范清理】 2010年，山东银监局在规范清理政府融资平台贷款方面取得了以下成果。一是有效传导落实了银监会的工作要求，争取到了地方政府的理解和支持，省政府先后出台了《关于加强政府融资管理工作的意见》和《关于开展政府融资平台公司自查工作的通知》；二是形成了多部门联动、上下齐抓共管的工作格局，建立了重大监管事项会商机制和3项动态监测制度，多次召开工作协调会，在第一时间掌握清理进度；三是先后组织21家银行业金融机构组建了9家政府融资平台公司授信银行俱乐部，以准银团贷款模式，对涉及的643亿元地方政府融资平台贷款进行管理；四是积极督促各级政府和平台公司继续履行原有承诺。

【风险监管】 2010年，山东银监局坚持风险为本的监管理念，督促银行机构严守风险管理底线，确保平稳健康运行。

一、认真抓好案件防控工作。一是认真组织开展“案件防控制度执行年”活动和合规建设“回头看”活动，督促银行业结合自身业务特点，努力消除管理漏洞和案件隐患；二是联合省公安厅、省联社开展了为期半年的农村中小金融机构顶冒名贷款专项治理活动，初步建立了长效机制；三是认真组织开展枪支弹药管理使用检查和邮储银行、农村金融机构营业网点、业务库安全等两项检查；四是召开了辖区银行业金融机构主要负责人会议，并制定下发文件，部署开展全面风险排查。

二、持续狠抓资产质量的监管。一是按照“准确分类——提足拨备——做实利润——资本充足”的持续审慎性监管要求，坚持在资产质量真实反映的前提下，分类推进银行业提高信贷管理水平和资产质量；二是狠抓不良贷款的现金清收和核销；三是认真开展贷款偏离度现场检查，创新方式，扩大范围，确保资产质量的真实准确反映。

三、全力强化信息科技风险监管。一是扎实开展信息科技非现场监管和现场检查；二是结合银监会对上海世博会和广州亚运会期间信息风险防控要求，督促银行业机构加强应急能力建设；三是建立了网银风险预警与信息通报机制，联合山东省信息网络安全协会举办“网上银行安全技术与风险防范会议”，对辖区法人机构进行专门培训，提高其网银系统防攻击和防入侵能力；四是及时下发风险提示，督促辖区银行机构完善系统，严防各类信息科技风险。

四、深入开展“维护市场秩序月”活动。在4月份发现辖区银行业出现违规揽储、不当竞争的苗头后，该局果断决策，迅速在辖区组织开展了为期一个月的“维护市场秩序月”活动，全面清理整纠存款、贷款、理财、银行卡、代理保险等方面的不当竞争和误导消费者的行为，推动银行业协会组织签订了自律公约，并通过公布信访投诉电话、明查暗访等方式，加大查处力度。

五、加强窗口指导和风险提示。一是督促银行业严格执行差别化房贷政策，健全房贷数据共享及季度例会机制，建立和完善房地产开发商“名单式”管理，并开展房地产企业贷款风险排查，使该项风险得到有效管控；二是密切关注银信合作业务和理财产品的风险，组织开展了理财产品及销售文本合规性的自查和检查，及时责令有关机构停止办理银信合作业务，制止利用银信合作业务规避信贷规模调控的行为。

【机构改革监管】 2010年，山东银监局以“完善机制”、“健全体系”和“优化环境”为主线，深入推进银行业改革创新

一、全力推动“三个办法一个指引”贯彻落实。一是制定了《山东银行业高层管理人员监管政策法规培训三年规划》，将“三办法一指引”作为重要培训内容，共举办培训9期，累计培训1400余人；二是尊重机构信贷管理基础的差异，提出一时达不到要求的机构，可以暂时停办业务，并注意加强对基础较弱的机构的帮扶指导；三是按照银监会部署，认真组织开展了“三办法一指引”落实情况的现场检查，共派出52个检查组，累计投入工作日3734人天，检查支行及以上机构359家。

二、积极推动银行机构加快改革发展。一是农业银行三农事业部制改革顺利推进，恒丰银行增资扩股工作取得阶段性成果，邮政储蓄银行小额信贷试点工作进展顺利，二类支行改革开始启动；二是农信社股份制、银行化改革取得积极成效，1家农村合作银行、2家农村商业银行开业，6家农商行已上报筹建申请；三是新型农村金融机构改革试点进展良好，1家农村资金互助社、5家村镇银行开业，3家村镇银行批复筹建；四是城商行改革发展步伐加快，7家城商行成功引进国内外优秀的银行战略投资者，8家城商行先后在省内外设立异地分行16家，两对辖内城商行实现战略合作；五是兖矿集团财务公司顺利开业。

三、扎实开展银行业公众教育日活动。一是与省金融办共同主办了活动启动仪式，驻济25家银行举行了“面对面”宣教活动；二是持续14天在山东电视台《公共频道》免费滚动播放公众教育服务公益广告片，持续一个月在《大众日报》开设专栏进行宣传报道；三是专设《活动简报》，对好的做法和经验加以总结和推广。

【内部管理】 2010年，山东银监局以树立“四敢作风”和开展“创先争优”活动为重点，深入抓好党的建设和内部管理。

一、稳步推进“四敢”作风长效机制建设。在上年集中开展以树立“敢于揭示问题、敢于面对问题、敢于反映问题、敢于解决问题”为主题的作风建设大讨论活动的基础上，组织召开了以贯彻落实《党员领导干部廉洁从政若干准则》为主题的民主生活会，进一步形成了监管履职准确规范、对难点问题敢抓敢管的良好氛围。

二、深入开展“创先争优”活动。一是成立领导小组，制定方案，并召开专门会议进行了全面部署；二是开展了党员座谈、参观学习和青年团员创先争优等多种活动；三是在内网开设专栏，开辟专刊，大力宣传好的做法和先进经验。

三、扎实推进党风廉政建设。一是顺利完成分局配备专职纪委书记、单设监察科工作；二是扎实推进机关各部门、各分局“一把手”廉政谈话工作，组织全体职工签订了《党风廉政建设责任书》和《廉洁从政承诺书》；三是在组织分局自查的基础上，选取6家分局开展了2009年度行政处罚情况执法监察和现场检查、非现场监管意见落实情况监察，有效提升了监管执行力。

四、努力加强班子队伍建设。一是组织开展了省局领导班子副职后备干部推荐考察工作，新提任分局正副局级干部20名；二是优化干部选拔任用方式，坚持民主、公开、竞争、择优的原则，组织开展了省局机关处、科级干部选拔工作，其中新提任的9名副处长均为业务骨干，平均年龄约34岁。

五、切实强化监管能力建设。一是修订了非现场监管、现场检查和行政许可操作规程，制定了重大事项监管会商办法；二是以“三大模块”网络培训测试系统推广为契机，通过精选课程、选聘良师、丰富形式等手段加强监管业务培训；三是对非现场监管系统进行了升级优化，监管统计数据信息质量有了新提高。

【大事记】 1月25日 山东银监局召开2010年工作会议暨第一次监管例会。

1月31日 山东省第二家农村资金互助社——诸城市相州镇泰丰农村资金互助社正式挂牌开业。

2月3日 山东银监局制定并印发《银行业个人理财业务应急预案》。

2月23日 山东银监局荣获山东省金融发展贡献奖。

4月8日 山东银监局荣获“2009年平安山东建设先进单位”。

4月20日 山东银监局召开山东省银行业2009年度“良好银行”授牌表彰大会。

4月20日 山东银监局召开2010年第二次监管例会。

4月24日 由共青团山东省委、山东银监局主办，共青团日照市委、日照银监分局承办的山东省“送金融知识下乡，助青年就业创业”活动启动仪式在日照举行。

4月27日 第三届环渤海地区银行业协会联席会议在济南召开。

4月28日 由山东银监局主办、山东省银行业协会承办的“山东银行业维护市场秩序月”活动启动(电视电话)会议召开。

5月12日 银监会统计部、信息中心和国家质检总局全

国组织机构代码中心联合调研组在山东银监局召开"银码信息共享"试点工作座谈会。

5月15日 中共中央政治局委员、全国政协副主席王刚在山东省委书记姜异康、山东省省长姜大明等领导陪同下，到山东省城市商业银行合作联盟研发基地考察指导工作。

5月19日 银监会处置非法集资办公室在济南召开银行业非法集资监测预警讨论会。

5月24日 山东银监局制定《"十二五"期间银行业突发事件应急体系建设重点项目规划》。

6月8日 山东银监局制定印发《银行业金融机构监管统计规范化建设指导意见》。

6月12日 山东银监局召开政府融资平台贷款规范清理工作调度会。

7月8日 山东银监局和省银行业协会在济南联合组织召开全省银企合作推进会。

7月21日 山东银监局制定并印发《规范性文件备案管理实施细则》和《合规风险管理评估暂行办法》。

7月22日 山东银监局在济南召开2010年第三次监管例会。

8月5日 山东省大型银行合规发展联席会议在蓬莱召开。

8月27日 山东银监局与山东保监局在济南联合召开银行代理保险业务监管工作会议。

9月19日 中国银监会系统2010年职工乒乓球、羽毛球邀请赛暨职工业余活动研讨交流会在烟台举行。

10月14日 山东银监局被中共中央政法委员会和最高人民法院授予全国集中清理执行积案活动先进集体称号。

10月15日 山东银监局制定并印发《山东省农村信用社联合社理事履职监管评价办法(试行)》。

10月21日 山东银监局在济南召开2010年第四次监管(电视电话)例会。

10月27日 由山东省银行业协会组织的山东省银行业"贷款新规"知识竞赛决赛在济南举行。

11月13日 银监会刘明康主席，山东省委常委、常务副省长王仁元出席山东银监局主要负责人职务任免会议，廖平之任山东银监局党委书记、局长。

11月15日 中国银行业"贷款新规"知识竞赛山东赛区比赛在济南举行。

11月15日 银监会法规清理论证座谈会在济南召开。

11月17日 山东银监局组织召开全省银行业金融机构"2010年公众教育服务日活动动员(电视电话)大会"。

11月19日 银监会处置非法集资办公室在济南举办培训班。

11月26日 银监会副主席蒋定之到山东省调研，召开金融支持农产品生产发展座谈会。

11月28日 由山东省金融办和山东银监局主办、山东省银行业协会承办的"2010山东银行业公众教育服务日活动启动仪式"及"面对面宣教活动"在泉城广场举行，山东省委常委、常务副省长王仁元等领导出席启动仪式。

12月8日 山东银监局召开银行业金融机构主要负责人会议，部署对银行业机构操作风险的全面排查。

12月17日 银监会行政处罚工作调研座谈会在济南召开。

12月21日 银监会督导组对山东银监局及辖内银行业机构贯彻落实贷款新规情况进行检查和评价。

(吕苏越)

中国银行业监督管理委员会青岛监管局

【第一负责人简介】 陈育林，1964年3月生，四川蓬安县人，硕士研究生学历，高级经济师，曾任职于中国人民银行重庆市分行、重庆营管部和中国银行业监督管理委员会重庆监管局，2004年10月，任重庆银监局副局长、党委委员，2008年6月至今，任青岛银监局党委书记、局长。

【综述】 2010年，中国银行业监督管理委员会青岛监管局(以下简称"青岛银监局")着力提升监管的科学性和有效性，引导银行机构落实"三个办法、一个指引"，优化信贷结构，提高资产质量，促进辖区银行业安全稳健高效运行。

【业务监管】 2010年，青岛银监局积极调整和优化信贷结构，合理把握信贷投放规模和节奏，重点满足实体经济特别是中小企业、涉农等领域的信贷资金需求。

一、进一步加大窗口指导力度，引导银行机构加大对国家重点建设、就业、低碳经济等重点领域和薄弱环节的支持力度，积极支持淘汰和压缩落后产能，信贷结构得以优化，信贷投放平稳有序、投向合理。截至年末，重点在建项目、节能减排贷款余额分别比年初增加124.7亿元和21.4亿元。

二、突出"六个强化"，深入推进落实贷款新规。一是强化目标责任，提出"统一标准齐步走、持续推进分步走、促进交流跟步走"的目标思路，督促法人机构将落实新规列入董事会会议内容；二是强化推进贷款新规工作信息交流通报机制，建立了联络员制度，并通过座谈会等方式通报和交流情况；三是强化对银行机构执行贷款新规情况的月度监测分析，提出措施；四是强化培训与政策解读，邀请专家开展讲座与培训，编制印发“三个办法、一个指引”释义摘要，并在青岛财经日报连载；五是强化考试评估，将贷款新规纳入高管人员任职资格考试范围，并组织辖区37家银行748名高管人员参加考试，推动了其对贷款新规的领会；六是强化现场检查和督导，及时发现和解决相关问题。

三、小企业和涉农贷款持续保持“两个不低于”。

（一）进一步强化小企业金融服务。一是制定了小企业金融服务工作发展规划，明确发展目标；二是加大组织机制建设力度，督促和指导15家银行的小企业贷款专营机构细化流程和制度，推动引进了多家总行级专营机构；三是搭建平台，会同相关部门实施了小企业信用培育工程，组织了“小企业融资服务年”活动和融资对接会，推动对1059家小企业授信92.6亿元；四是完善配套措施，开展了小企业金融服务先进评选，推动青岛市政府出台金融支持小企业发展的指导意见，完善小企业贷款风险补偿机制。

（二）持续完善涉农金融服务。一是在上年试点基础上，指导银行机构开拓“公司+农户”、林权抵押等授信担保模式，指导农信社开展自助服务终端试点，开发推广了“一指通”指纹办贷系统；二是推动县域机构提升服务功能，并鼓励符合条件的5家中小银行到县域设立7个支行；三是推进新型农村金融机构组建工作，年内新开业了2家村镇银行，1家村镇银行支行，使辖区村镇银行法人机构达4家。

（三）改进民生金融服务。一是加强“送金融知识下乡”长效机制建设，组织建立了首批10个开展金融知识宣传和青年小额创业贷款的宣传服务站，共发放农村青年创业小额贷款5484笔，贷款余额6.3亿元；二是引导银行机构探索改善民生金融服务，指导青岛银行设立青岛市金融业首家团中央级“青年就业创业见习基地”。

【风险监管】　2010年，青岛银监局通过建立风险防范长效机制，加强对政府融资平台、房地产贷款、大额授信等重点风险领域的管控，增强全面风险管理和可持续发展能力。

一、建立“五项机制”，地方政府融资平台贷款风险管控取得明显成效。一是加强组织领导机制，成立了由局长陈育林任组长的领导小组，制定方案，并根据银监会部署适时调整工作重心；二是建立专项研究机制，每周召开专题会议，研究部署平台贷款风险化解工作；三是落实政策传导机制，第一时间传达贯彻银监会工作部署要求，局领导还多次带队到银行机构、平台公司进行现场督导和调研；四是完善台账监测与检查机制，建立了政府融资平台贷款统计监测制度，并组织现场检查，督促整改问题；五是构建沟通协调机制，积极与各级政府沟通协调平台贷款的认定与整改工作，加强与银监会相关部门、异地局、银行机构的沟通与信息共享。

二、加强四方联动，房地产贷款风险得以有效控制。一是加强与市政府的联动，全程参与促进青岛市房地产市场平稳健康发展的"十四条"意见与实施细则的起草工作；二是加强与政府相关部门的联动，按月分析房地产市场运行，加强风险监测预警，并联合开展监管行动；三是强化局内相关处室的联动，从风险监测、重点风险管控等方面确定统一标准；四是加强与银行机构的联动，组织辖区16家银行机构开展自我评估和压力测试，提早强化风险管控。新政实施以来，辖区二套及以上房贷在全部按揭贷款中的占比降至10%以内，比调控前降低10个百分点，房地产贷款增速连续8个月回落。

三、强化执行，案件风险防控基础不断夯实。一是与辖区银行机构主要负责人签订了案防责任书，明确责任，层层落实；二是印发典型案例汇编，并对防盗抢等案件及时进行风险提示；三是会同公安部门推动银行业安防建设，全面启动银行机构安全评估，并组织开展春节安保、业务库安全等现场检查；四是加强组织领导，督促银行机构高效完成“内控和案防制度执行年”活动各项工作，全年辖区未发生案件。

四、严守底线，重点风险管控和风险防范长效机制建设得以强化。一是召开了客户风险信息应用座谈会，对出现风险苗头的大额授信，督促银行机构及早采取措施；二是开展了贷款分类偏离度检查，督促银行机构完善分类制度，加大不良贷款处置力度；三是强化业务备案、评估和后评价管理，督促银行机构规范资产转让、银信合作和零售理财外包等行为，针对问题及时采取否决备案、叫停业务等措施，并提出异地信托公司在青推介发行信托产品的监管要求；四是建立了信用卡、代理保险和理财业务监测分析制度，对检查核实的部分银行机构变相高息揽存问题，及时要求整改并处理责任人；五是加强风险管控，督促各法人银行机构完善信用风险管理体系，加强对流动性监管指标变化趋势的监测分析，对发现的问题及时通报。

【机构改革监管】　2010年，青岛银监局继续扎实做好辖区机构各项改革推进工作，地方法人机构改革重组取得重大进展，大力提升银行机构核心竞争力。

一、督促青岛银行切实加强公司治理，完成了战略规划，全面启动薪酬改革，强化内控和企业文化建设，优化了组织架构，业务规模与经营效益大幅增长，竞争力与社会形象进一步提升。

二、指导青岛农联社拟定了组建方案，经省政府同意后上报国务院，农村商业银行组建工作取得重大进展。海协信托公司已全部兑付存续信托计划并完成战略投资者引进工作。

【日常监管】　2010年，青岛银监局通过创新监管模式、完善监管制度、加强调研分析等多种方式实现精细化、全方位监管，监管效率和水平显著提升。

一、加强准入监管。一是完善机构发展规划制度，创新村镇银行主发起行对其他股东资格审查等制度，加大机构走访力度，确保机构准入的科学性；二是强化与政府、法人机构股东的联动，完善高管任职资格考试题库，全年共批准新设机构14个、新设自助服务设施44个、机构变更208个，核准高管人员任职资格238人，否决2人。

二、加强非现场监管能力建设。一是顺利完成了非现场监管信息系统升级；二是扩大信息科技等非现场监管范围，完善月度简报和季度报告模板，充分运用风险评级、编制机构概览、监管通报等方式，做实做细非现场监测分析，全年非现场监管共发现问题586个，提出整改意见578条。

三、改进现场检查。一是完善查前培训、查中碰头、查后总结的“三会”制度，探索建立了联络员、监管联动、协查、查访、后评价和跟踪巡查等“六项机制”，并充分利用异地交叉检查、局内外联合检查等方式，提升检查质量；二是完善整改落实台账，开展了后续核查，督促整改和问责，提高检查效力。全年共开展38项现场检查，发现问题507个，提出整改意见437条，对4名存在严重违规问题的高管人员采取了取消任职资格的处罚措施，促进了银行机构依法合规经营和风险管控水平的提高。

四、加强调研信息工作。新组建了三个跨部门研究小组，组织围绕转方式、调结构政策和贷款新规落实等热点开展调研，全年共编发信息206篇，被银监会和地方政府采用91篇，为监管决策提供了有力支持。

【大事记】 1月29日 青岛银监局召开辖区2010年银行监管工作会议。陈育林局长做了重要讲话。

3月16日 青岛银监局组织召开2010年青岛辖区大型银行分行行长座谈会。陈育林局长、徐强副局长参加会议并发表重要讲话，青岛市金融办白光昭主任受邀出席会议。

3月26日 青岛银监局召开辖区外资银行分行和代表处负责人座谈会，陈育林局长、韩冰副局长出席会议并讲话。

4月9日 青岛银监局组织召开2010年辖区集团财务公司主要负责人联席会议，陈育林局长、王永存副局长出席会议并讲话。

5月13日 青岛银监局会同青岛团市委联合举行青岛市银行业青年“送金融知识下乡”活动启动仪式，陈育林局长出席仪式并致辞。

5月19日 青岛银监局陈育林局长、王永存副局长出席青岛辖区农村合作金融机构2010年度审慎监管工作会议并开展调研。

6月9日 青岛银监局召开辖区银行业“内控与案防制度执行年”动员大会，陈育林局长、韩冰副局长讲话。

6月18日 青岛银监局会同青岛市金融办召开青岛市银行机构选派小企业联络员总结表彰暨动员大会，秦敏副市长和陈育林局长分别讲话。

7月14日 青岛银监局陈育林局长陪同青岛市政府领导拜访银监会蔡鄂生副主席。

9月13日 银监会统计部专题调研组在青岛召开政府融资平台贷款统计工作座谈会，青岛银监局陈育林局长、徐强副局长参加座谈会。

10月21日 银监会王兆星副主席出席青岛银监局2010年党员领导干部民主生活会并讲话。

11月2日 青岛银监局组织银行业协会、辖区22家债权银行与青岛市政府及平台公司召开地方政府融资平台贷款整改处置工作会议。

11月28日 青岛银监局在青岛五四广场举办“2010年青岛市银行业公众教育服务日活动”启动仪式。

12月14日 青岛市委副书记、市长夏耕一行到青岛银监局走访调研。

（刘淑芳　庞洪涛）

中国证券监督管理委员会山东监管局

【第一负责人简介】 徐铁，山东济南人，1981年7月加入中国共产党。1983年5月任贵州省政府经济研究室副处长、处长；1990年1月任中共务川县委副书记；1992年2月历任贵州省体改委处长、副主任，期间兼任贵州省政府证券委办公室主任和开发区办公室主任；1999年1月任中国证监会贵阳特派办主任；2001年1月任中国证监会发行监管部副主任；2008年10月至今任中国证券监督管理委员会山东监管局党委书记、局长兼济南稽查局局长。

【综述】 2010年，中国证券监督管理委员会山东监管局（以下简称“山东证监局”）推进基础性制度建设，加强和改进监管，辖区市场得到了持续发展，为全省经济又好又快发展做出积极贡献。

一、证券市场总体情况。一是截至12月底，辖区上市公司110家，上市股票120只，上市公司总股本653.69亿元，总市值9456.72亿元，其中24家公司市值过百亿元；二是新增在辅导企业23家，有25家在辅导企业转入发审委审核程序，15家企业通过发审委审核，截至12月底，辖区拟上市企业60家，其中过会待发行企业2家，在审核企业20家，在辅导企业38家；三是新增31家证券营业部，截至12月底，辖区证券公司1家，证券分公司3家，证券营业部166家，营业网点数量在全国居第8位；四是新设10家期货营业部，截至12月底，辖区期货公司3家，期货营业部32家；五是截至12月底，辖区证券投资咨询公司2家，证券投资咨询分公司1家；六是辖区证券市场全年总交易额3.15万亿元，同比下降12.26%，期货经营机构代理交易额4.47万亿元，代理交易量

5880.98 万手，分别同比增长 80.24%和 30.09%。

二、上市融资创历史新高。全年辖区共有 24 家企业实现首发上市，10 家上市公司实现再融资，新上市公司家数在全国居第 6 位。34 家企业共募集资金 317.32 亿元，上市公司融资家数及融资总额均创历史新高。

三、上市公司经营业绩增幅较大，整体竞争力不断提高。全年 5 家公司完成并购重组，合计向上市公司注入优质资产 34.65 亿元。在全省经济转方式调结构大背景下，并购重组在推动产业转型升级、提升整体竞争力方面的作用日渐显现，山东鲁信高新技术产业股份有限公司通过定向增发购买高新投 100%股权，开创了创投上市新概念。

四、证券期货公司创新发展，竞争实力进一步增强。一是齐鲁证券有限公司（以下简称“齐鲁证券”）新取得直投业务、融资融券业务的试点资格、期货 IB 业务资格，所属营业部由 123 家增至 138 家，公司经纪业务总量行业排名 11 位，全年实现净利润 13.83 亿元，行业排名 14 位；二是各家期货公司以引进优质股东、增资扩股为方向的重组工作持续推进，经营状况进一步好转，3 家期货公司全年实现净利润 7138.44 万元，同比增长 35.11%；三是鲁证期货有限公司（以下简称“鲁证期货”）是业内 A 类公司，又为中金所全面结算会员的 8 家期货公司之一。

五、及时查处违法违规行为。一是对 KDGF 公司股份等一批违法违规案件实施了立案调查和非正式调查；二是对 10 余起非法证券期货活动进行了调查处理，净化了全省证券市场环境，规范了市场发展秩序。

【上市公司监管】 2010 年，山东证监局综合整治辖区上市公司突出问题，力促上市公司规范运作。

一、强化公司信息披露监管。一是全面深入审核公司定期报告，密切关注媒体报道和市场传闻；二是加强内幕信息监管，下发《关于建立内幕信息知情人登记制度的监管通函》；三是建立股价异动的“逐日盯市”制度，全年共审阅定期报告 400 余份，临时公告 7100 多份，记录工作日志 550 余条，处理股价异动事项 60 余家次。

二、集中整治重点公司存在的问题。一是开展上市公司监管“百日”行动，对高风险公司进行集中整治，其中 2 家已暂停上市，1 家已被立案稽查，3 家先后解除了 2 名董事长、4 名财务总监和 3 名董事会秘书的职务；二是对重点区域进行重点督导，分别召开了 2 家地市的片区监管专题会议，促使两市政府及时采取措施研究解决问题；三是认真开展提高上市公司独立性专项活动，加大对重点事项监管力度。

三、多措并举抓好风险防范工作。一是强化现场检查，全年共进行 38 家次现场检查，对 21 家公司、9 家中介机构发出监管关注函 30 份；二是对存在资金占用的公司及时进行现场检查，督促及时收回被占用的资金，并提出立案稽查建议；三是向地方政府通报 2 家暂停上市公司情况，提请其采取切实措施化解公司退市风险；四是实行监管通报制度，对存在违法违规事实的公司，书面向辖区全部上市公司通报，全年发出 7 份监管通报。

四、积极做好并购重组和再融资监管。一是及时下发《关于进一步解决同业竞争、减少关联交易的监管通函》，明确了工作重点和目标；二是联合省金融办、青岛证监局、上海证券交易所共同举办了上市公司规范运作暨并购重组大会；三是就 *ST 九发、天业股份等的重大资产重组事项，提请地方政府部门加强协调，督促公司及相关各方规范运作；四是向上市部报送并购重组、再融资审核意见表 8 份。

五、加强中介机构监管力度。一是加大对审计机构监管力度，全年约见审计机构或项目负责人谈话 80 余次，向 8 家机构下发监管关注函、向 1 家机构下发责令改正通知，向 1 家公司提出更换审计机构的建议，对 1 家审计机构立案稽查；二是全年共建立和完善了 57 家处于持续督导期的保荐机构和财务顾问的档案，对持续督导情况实施动态、持续监管；三是组织召开辖区保荐机构、财务顾问监管工作会议，全年约见保荐代表人谈话 15 次，对 1 家保荐机构采取了从严监管的措施。

六、加大培训教育工作力度。一是开展了 3 期董监事培训、2 期新上市公司“第一课”培训，辖区 108 家公司 900 多人次参加；二是通过《上市公司监管信息快递》向上市公司董事、监事、高管人员通报监管要求，解读政策法规；三是结合“差异化监管”，对于运作不规范、风险较大的公司，责令其董事长及相关人员参加培训。

七、充分发挥媒体“传导”作用，提高监管效果。一是先后两次召开指定媒体及驻济媒体座谈会，通报该局上市公司监管情况；二是通过媒体宣传该局监管思路和举措，传递该局从严监管的信息；三是组织证券主流媒体对辖区个别公司违法违规行为进行立体化、多方式的报道，扩大案例警示的社会效果。

【拟上市公司监管】 2010 年，山东证监局以保荐机构监管为主线，进一步加强上市资源培育和企业发行上市指导工作。

一、重视制度建设，加大监管力度。该局修订了《企业上市辅导监管工作指引》，制定了《企业上市辅导验收现场工作规程》、《辅导监管工作底稿》和辅导机构、辅导验收两个《现场检查工作底稿》等制度。

二、依法履行监管职责，督促中介机构勤勉尽责。全年共审核、受理 16 家拟上市公司的辅导备案材料，审阅 58 份辅导工作报告；对 19 家公司的辅导情况进行了现场验收，出具书面反馈意见 14 份，向证监会出具辅导监管工作报告 19 份；对 13 家公司的信访举报事项进行处理，进行现场核查 7 家次；对进入辅导程序的拟上市公司董事、监事、高管人员及相关中介机构人员进行集体谈话 4 家次；约见相关中介机构执业人员进行监管谈话 20 余次。

三、及时完善后备资源数据库，提高监管的针对性。一是组织辖区各地市金融办开展中小板、创业板后备资源调查摸底工作，对原有数据库进行补充和完善；二是对纳入数据库的 157 家中小板、145 家创业板等后备企业进行分析，分为重点推动类、重点培育类和重点关注类 3 个梯队，进行动态管理。

四、做好创业板相关工作。该局在东营、烟台、荣成召开了创业板重点后备企业座谈会。截至年底，有 10 家创业板企业在会审核，10 家拟上创业板的企业在接受辅导，全年有 3 家创业板企业发行上市。

五、及时解疑答惑，支持优质企业发行上市。一是联合省金融办等部门积极推动优质企业上市，并以召开片区座谈会的方式开展“走访企业、服务上市”活动，全年累计对 53 家企业进行了 62 次现场指导，接待了 52 家企业人员的 86 次来访；二是对企业提出的涉及股权、土地、税收等问题进行了解答指导，向企业提出各种建议百余条；三是撰写了《潍坊地区上市资源培育现状的调研报告》，送各市金融办参阅。

【证券经营机构监管】 2010 年，山东证监局大力支持证券机构创新发展，切实维护市场良好秩序。

一、大力促进齐鲁证券规范发展。一是完成齐鲁证券 2009 年度分类评价初审工作；二是督促其进行合规有效性评价，指导其建立了问责制度、合规警示教育机制；三是加强对齐鲁证券不符合此项要求的 3 家股东的整改督促工作；四是认真开展年报审计监管工作和风险控制监管工作，加强月度、季度检查、审核。

二、完成对 11 家证券营业部实施经纪人制度和 56 家证券营业部开业、关闭的现场核查，并对 8 家营业部进行全面检查，就发现的问题督促其进行整改。

三、严格开展经纪业务监管。一是召开了辖区全部证券经营机构负责人参加的专题培训会，要求其按季度上报经纪业务管理整改落实情况和不合格营销人员规范进度；二是督促证券营业部持续完善内部控制、账户管理、营销行为等工作；三是指导省证券业协会进行客户服务和佣金管理检查，并稳步推进证券经纪人制度。

四、有序推进融资融券业务监管。一是对辖区 22 家异地公司营业部融资融券试点安排方案进行审阅，对部分营业部业务试点情况进行抽检；二是持续做好齐鲁证券融资融券试点准备监管工作，参加中国证券业协会对齐鲁证券试点方案的专业评价。

五、有效落实信息技术监管。一是指导、督促齐鲁证券完善 IT 决策机制，推动公司做好集中交易系统等业务系统间数据资源的整合优化工作，对 2009 年自查中发现的问题进行整改；二是举办证券公司信息技术发展与规范研讨会，推动辖区证券经营机构进一步完善网络信息安全事件应急机制。

六、认真完成投资咨询监管。一是按期完成辖区咨询机构年检工作；二是对 35 家机构与媒体合作、37 家机构举办投资报告会进行了备案确认，对部分报告会进行了现场监听，对 2 家未按照要求报备的机构采取了监管措施；三是加强对投资咨询机构日常监管，审核相关报表，加强重点监管；四是强化与省通信管理局、广播电影电视局等部门的整非协作机制，依法处理违规问题，并督促各证券经营机构加强舆论宣传。

七、扎实开展银行基金销售业务监管。一是针对 2009 年基金销售机构现场检查发现的问题，向 3 家银行出具监管提示函；二是对 2 家银行申请基金代销资格、3 家从事基金销售的商业银行进行现场检查；三是对部分商业银行违规开展客户交易结算资金批量转账业务进行核查，并约见有关负责人进行监管谈话。

八、依法完成市场准入审核工作。全年共受理证券公司行政许可事项 107 项，已核准 94 项，终止审核 13 项，出具无异议函 16 份，接受报备事项 79 项。

九、大力开展投资者教育工作，认真做好信访维稳工作。全年共计处理涉及营业部的信访投诉 195 件，除 4 件正在期限内办理外，其余均已按期办结；二是每月做好信访台账与统计工作；三是做好“两会”期间、上海世博会期间、亚运会期间维稳工作。

【期货经营机构监管】 2010 年，山东证监局注重市场监管与培育相结合，提高期货市场服务国民经济能力。

一、确保股指期货平稳上市交易。一是扎实做好股指期货上市的准备工作；二是指导齐鲁证券、鲁证期货制定了开展 IB 业务的联合规划和办法、完成了联合自查，全年对辖区 4 家期货公司、31 家期货营业部和 43 家证券 IB 营业部进行了股指期货开户督导与现场检查，共向鲁证期货、齐鲁证券以及 43 家营业部出具了开展 IB 业务无异议函；三是及时调度股指期货每日开户交易和每月交割情况，召开齐鲁证券 IB 业务监管会，加强市场监测和风险控制；四是开展三批次 IB 业务培训，辖区共计 500 余人参加培训并通过考试；四是指定专人负责每日对报纸、网络等新闻报道进行查阅，严防不实报道和错误的舆论导向。

二、进一步发挥期货市场服务现货企业的作用。一是联合郑州商品交易所、山东省金融办举办“期货服务三农”活动暨山东棉花期货培训会，辖区 60 余家企业参加培训；二是成功举办山东上市公司和拟上市公司套期保值与资产管理业务研讨会；三是向王仁元常务副省长报送关于山东期货市场发展问题的呈阅件，推动山东省 9 部门联合印发了《关于利用期货市场促进实体经济发展的若干意见》；四是指导省期货业协会与省内多家报刊、广播电视媒体签署了期货市场宣传合作备忘录。

三、积极探索市场发展前沿问题。一是对山东棉花期货市场功能发挥情况进行调研，先后到 20 余家单位进行实地考察；二是对辖区居间人情况进行调研，起草加强居间人管理的意见，并指导省期货业协会起草自律规定；三是将近期推出的上期技术综合平台与目前市场占有率较高的恒生、金证软件进行综合对比分析；四是对全国及辖区期货行业交易成本、手续费收入分配情况进行分析研究；五是对辖区期货经营网点的设立规划进行研究，提出优化网点布局的相关建议。

四、认真做好合规管理和风险指标监管。一是组织召开首席风险官合规座谈会，推动提升合规水平；二是做好年报和月度监管报表审核工作；三是加强对期货公司自有资金和保证金的监管。

五、扎实做好期货公司分类监管。一是全面梳理评价期内采取的监管措施、整改验收情况及日常监管中发现的违规问题；二是通过专人审核、多岗复核和集体研究的程序，对各公司自评结果进行初审；三是及时调整监管重点，合理分配监管资源，进一步提高监管的针对性。

六、积极推进增资重组和法人治理。一是分别指导鲁证期货、英大期货（原鲁能金穗期货）有限公司、烟台中州期货经纪有限公司做好增资扩股工作；二是指导招金期货有限公司加快重组后的整合工作，支持其申请金融期货经纪业务资格，对其存在问题的整改情况进行检查回访。

七、全面部署信息技术监管工作。一是两次召开辖区信息技术座谈会和网络与信息安全专家组会议，配合会信息技术检查小组对3家公司进行现场检查；三是审阅2家公司关于中金所组织的信息系统测试报告，督促其做好股指期货上线前技术系统准备工作；四是加强对信息系统安全运行的监管，向辖区公司书面通报关于《期货公司信息技术管理指引》落实情况的现场检查结果，发挥示范和警示作用。

八、切实抓好营业部监管。一是对辖区所有31家营业部进行了全面现场检查，并对其2010年以前的合规运作、居间人情况及营销服务等进行了延伸检查；二是对3家期货营业部合规情况进行专项检查；三是印发了《关于对期货投资咨询有关事项进行规范的通知》。

九、审慎做好行政许可审核工作。建立拟设网点申请期货公司"排队"制度，推动期货网点布局的科学有序和持续优化；全年共完成行政许可审核工作26项，出具45份审核意见。

【稽查工作】 2010年，山东证监局从严从快查处违法违规行为，提高稽查工作威慑力。一是以查处市场违法违规行为为主线，严肃开展自立及交办案件的调查；二是以及时发现违法违规线索为目的，认真开展非正式调查工作；三是协助证监会行政处罚委向大成农药原董事长、海南寰岛实业有关当事人送达行政处罚通知书。

【打非和维稳工作】 2010年，山东证监局大力整治非法证券活动，全力抓好维稳工作。

一、严厉打击各类非法证券活动。一是与省通信管理局、广电局等部门建立整治非法证券咨询活动协作机制，持续对辖区网站、电视、广播、报刊等媒体进行监控；二是对济南恒益科技案、日照汇金丰润案、山东三利非法投资咨询案、菏泽王某非法投资咨询案、张柏林等人非法咨询案进行查处；三是配合查处济南嘉普投资咨询公司从事变相公开发行证券活动案件，提供业务咨询，并协助进行现场查处；四是配合查处谢某某网络盗窃证券账户案件，多次派员协助当地公安部门调查取证；五是参与重庆新盈鸿非法证券投资咨询活动案件调查；六是完成鲁能金穗期货盗码交易事项调查，向证监会稽查局报送调查情况报告。

二、全力做好维稳工作。一是做好"两会"期间、上海世博会期间、亚运会期间维稳工作，制定应急预案，排查化解矛盾纠纷和风险隐患；二是要求辖区各证券经营机构做好信访事项处理工作；三是及时排查、掌握南航权证相关人员近期动向、证券账户变动等情况；四是与省委宣传部、省金融办建立了新闻宣传处级干部工作联系机制；五是引导主流媒体对证券市场进行适当报导，宣传辖区监管工作成效。

【法制工作】 2010年，山东证监局加强法制工作建设，着力提高监管工作规范化水平。一是实行审查人员和处长双层把关，重要、疑难问题实行审查人员、处长和局法律专业小组三层把关，认真查找法律依据，规避法律风险，全年共审查会签文件110件；二是对2003年以来的工作制度进行了集中清理，完成了包括75项制度的《工作制度汇编》，并完成《上市公司法规汇编（2008–2010）》，整理了87项法规文件，共55万字；三是制定了《合同管理办法》和《依法行政内部监督办法》；四是整理了1999年以来的诚信档案信息，及时将20项监管措施记入诚信档案，建立诚信信息交流机制；五是创建了法制宣传平台《法制信息》，以解读法规、交流经验为主要内容，全年编发13期；六是组织辖区上市公司及证券、期货经营机构等开展学法用法征文活动；七是全面总结2006年以来的普法工作，形成了《"五五"普法检查工作报告》；八是组织召开9次法律专业小组会议，及时形成法律意见，解答监管工作中的疑难法律问题。

【大事记】 2月23日 山东证监局荣获省政府颁发的"山东省金融贡献奖"荣誉称号。

3月8日 王仁元常务副省长听取山东证监局工作汇报，并对其工作做了充分肯定。

3月31日~8月31日 山东证监局开展上市公司监管"百日"行动。

4月21日 山东证监局与省金融工作办公室共同签署《上市公司监管合作备忘录》。

4月23日 证监会稽查局在济南组织召开部分派出机构稽查工作座谈会，北京、天津、山东、辽宁、湖北、河南等13家派出机构的分管局领导及稽查处室负责人参加了会议。

4月27日 证监会印发《关于2008–2009年度稽查有功集体和个人的奖励决定》，山东证监局鲁润股份案调查组、李茂桧等人内幕交易案非正式调查组、ST黄海赵建广内幕交易案调查组获得集体嘉奖，田建功获个人嘉奖。

6月23日 证监会工会印发《关于表彰2008–2009年度证券期货监管系统五一劳动奖状获奖集体和五一劳动奖章获奖个人的通报》，山东证监局上市公司监管一处获五一劳动奖状，张兆兵获五一劳动奖章。

7月16日 山东证监局联合省金融办、青岛证监局和上海证券交易所，在济南召开了山东省上市公司规范运作暨并购重组会议。省委常委、常务副省长王仁元出席会议并做重要讲话。

8月27日　山东证监局举办证券公司信息技术发展与规范研讨会。

9月10日　山东省期货业协会、上市公司协会、证券业协会共同举办山东上市公司套期保值与资产管理业务研讨会。

10月21日~23日　由证监会上市部、发行部、创业板发行部组成的联合调研组在济南分别召开了5个专题调研会议。

12月10日~11日　山东证监局在济南举办山东辖区“加强证券经纪业务管理，提升经纪业务服务水平”研讨会。

12月20日　山东证监局发布《上市公司持续监管实施办法（试行）》，创新性引入扣分制度，对上市公司独立性、内部控制、信息披露、配合监管等9个方面提出90项具体要求。

（赵洪军　王德强　孙素美）

中国证券监督管理委员会青岛监管局

【综述】　2010年，中国证券监督管理委员会青岛监管局（以下简称“青岛证监局”）坚持监管与发展并举，强化监管，防范风险，强力推进各项工作顺利开展，促进辖区证券期货市场健康稳定发展。

【业务监管】　2010年，青岛证监局着力强化监管方式的转变和创新，提高监管有效性。

一、加强上市公司日常监管。一是加强信息披露监管，组织开展上市公司年报审计监管工作，逐家分析辖区12家上市公司的特定风险状况，下发《提醒关注函》；二是持续关注上市公司股价异动，对辖区2家上市公司股价发生的6次大幅波动、1家公司被非主流媒体质疑、2家公司出现市场传闻事宜，督导其建立健全内幕信息知情人登记备案制度，严格防范内幕交易；三是认真加强上市公司治理监管，完成了关联交易和同业竞争情况的汇总分析报告和7篇上市公司专项分析报告，明确了ST黄海为重点监管公司，对其实施重点推动；四是先后举办了两期上市公司高管培训班，邀请专家重点讲授上市公司规范运作及防控内幕交易等相关事宜；五是认真做好上市公司并购重组监管工作，积极维护资本市场秩序；六是积极开展保荐机构持续督导监管工作；七是制定《上市公司财务信息披露质量评价暂行办法》等规范性文件，修订了《上市公司、拟上市公司证券发行辅导和持续督导监管工作办法》等制度，进一步规范、细化拟上市公司培育与辅导验收工作。

二、以合规为基础，以发展为导向，实施辖区证券经营机构分类监管评价。一是制定了《证券营业部分类监管实施办法》，重点对其进行量化考核，顺利完成了辖区证券公司2009年度评价分类的初审工作；二是制定《关于加强证券营业部合规管理工作的指导意见》，通过现场走访、监管例会、约谈合规总监等多种方式加强政策辅导和法规教育；三是对10多家证券营业部进行了30余人次的现场检查和验收工作，上报各类报表70余份。

三、扎实开展股指期货开户督导检查和风险监管。一是成立了领导小组，全面负责辖区股指期货上市前各项准备工作；二是于2月份组织召开了股指期货开户工作座谈会；三是对重点潜在客户数量较多的辖区期货经营机构，每日赴现场进行重点督导，全年共进行现场检查45家次；四是创新采取了“网上预审”等方式，提高股指期货开户质量和效率；五是向股指期货上市工作领导小组办公室上报《情况简报》47期。

四、开展期货营业部现场检查工作。一是创新检查方法，提高现场检查工作效果与效率；二是对辖区期货营业部2009年合规经营情况进行分类考评，评出A类6家，B类12家，C类1家；三是先后制定了《期货营业部延伸监管工作制度（试行）》等5项规范性文件；四是通过延伸检查、与公司首席风险官沟通等方式，加强与辖区期货营业部所在公司总部的沟通；五是会同人行反洗钱处进行联合检查，提高营业部反洗钱意识，对2家营业部所在公司总部进行了延伸检查，并提出意见和建议。

五、认真做好会计与评估机构管理工作。一是多次审阅中介机构监管系统信息填报资料，督促相关中介机构进行更新、补正信息；二是向辖区上市公司年审机构逐家下发《提醒关注函》，将日常关注到的上市公司风险和问题向年审会计师通报；三是组织对辖区12家上市公司年报财务数据及会计政策执行情况进行逐家分析，提出下一步监管措施；四是组织抽调6名会计专业人员，配合完成中国证监会会计部交办的巡检任务，对山东汇德实施了全面现场检查；五是分别审阅了山东汇德、大信会计师事务所对特锐德等上市公司年报审计底稿，并督促其及时加以改进完善。

【监管服务】　2010年，青岛证监局着力拓展资本市场的服务功能，支持区域经济发展。

一、积极开展拟上市公司挖掘与培育工作。一是局领导亲自带队深入调研优质企业资源情况，先后对东软载波等20

多家企业进行了实地调研；二是积极协调解决企业上市中存在的问题和障碍，先后协助恒顺电器解决了股权冻结、赛轮股份上市板块选择等问题；三是认真开展对东方铁塔等5家拟上市公司辅导验收工作，截至11月25日，辖区有2家企业实现新股发行上市，有1家通过发审会审核，有4家公司正在中国证监会排队审核，有2家公司向该局上报了辅导备案材料，另有20多家企业处于改制、调查过程中；辖区优质企业资源上市工作呈现出“上市一批、辅导一批、培育一批、挖掘一批”的良好局面。

二、指导辖区证券公司合理布局营业网点，增强网点辐射力度。一是中信万通证券公司在网点设立方面取得突破性进展，公司网点数量达到34家，经纪业务已覆盖山东所有区市；二是统筹规划、窗口引导，促进辖区证券营业网点有序发展，截至10月，辖区设有证券营业部48家，已批准新设开业5家营业部，待开业的营业部7家。

三、坚持监管与服务相结合，推动期货市场服务实体经济发展。一是辖区期货经营机构数量有所增长，截至10月，辖区设有期货营业部28家，其中新开5家，另1家预期将于年内开业，期货公司分类评价18家A类期货公司中有12家在青岛设立期货营业部；二是成功组织举办“第二届青岛天然橡胶国际论坛”，围绕如何争夺天然橡胶国际定价权的主题深入研讨，更好地促进了期现互动。

四、有序推进青岛高新区代办股份转让试点工作。一是到武汉、重庆等地考察调研，并赴国家相关部门汇报沟通，支持配合高新区加快与各区市对接；二是深入企业调研，并联合媒体发表专刊，引导社会公众正确认识新三板；三是组织企业培训，提高企业对新三板的正确认识。截至11月底，已有14家企业与中介机构签订了股改协议，8家券商到该局备案，7家企业完成券商内核，40余家企业进入后备储备。

【日常监督】 2010年，青岛证监局着力保持辖区资本市场平稳运行，提高依法行政水平，促进资本市场健康稳定发展。

一、深入开展投资者风险教育。一是通过播放风险教育短片、要求辖区期货经营机构广泛深入开展投资者教育，主动向投资者进行风险提示；二是组织开展了证券投资“促进月”和“百日讲坛”活动，共举办了35场证券投资报告会和高端论坛。

二、加强行业自律和诚信建设。一是采取多种方式，指导证券期货业协会开展辖区证券经营机构执行佣金自律公约情况检查；二是对佣金自律工作实施情况进行了摸底调研，指导证券经营机构加强佣金报备工作，严格控制佣金底线；三是下发《关于在开展证券营销活动中严禁商业贿赂和不正当竞争行为的通知》，严厉打击低佣金竞争，维护市场秩序稳定。

三、弘信期货公司风险处置工作顺利收尾。一是成立了弘信期货公司案件应诉小组，对案情进行全面梳理，进一步固化证据，充分做好应诉准备；二是主动协调解决该公司员工安置事宜，经多方协调，青岛市中级法院从已执行划走的该公司660万元资金中划出约106万元资金优先用以解决公司员工欠薪及安置款问题；三是积极向有关期货营业部推荐员工再就业，化解了可能引发群体性事件的风险。

四、做好行政许可申请受理工作。在实行政务公开和加强行业作风建设方面，实施了审核事项双人负责制、集体决策制、公务回避制度和行政效能监督制度，履行了审核事项告知义务，切实防范行政诉讼风险。截至11月25日，共接收辖区证券、期货经营机构行政许可事项63项，发出受理通知书57件、补正通知书3件。

五、集中开展非法证券活动专项整治工作。一是联合媒体开辟专栏，刊载非法证券活动案例及相关法律法规知识，提示投资者远离非法证券活动；二是制定打非工作制度，将网名“VT”的重点稳控对象朱希福的有关情况通报市维稳办，请求有关部门做好稳控工作；三是配合公安部门对“金阳光涉嫌非法集资案”定性；四是做好信访处置工作；五是选派人员到中国证监会办公厅信访办参加了为期1个月“以岗代训”，提高信访岗位技能。

六、依法做好稽查工作，打击违法违规行为。一是全年办理立案调查案件1起，非正式调查2起，协查3起；二是按时完成“ST黄海”案件和“青岛同方涉嫌违法违规案”案件调查工作，案卷已上报稽查局；三是对“ST长信涉嫌内幕交易案”非正式调查工作已经全面展开。

七、积极推进打击内幕交易专项工作。一是7月份组织人员赴深圳证监局等兄弟单位，学习上市公司内幕信息知情人登记制度的经验和做法；二是与市监察局、国资委、金融办联合举办“资本市场内幕交易防控培训班”，防范内幕交易发生。

【内部管理与队伍建设】 2010年，青岛证监局着力加强自身建设，提高监管能力。

一、深入开展创先争优活动。一是以创建“学习型党组织”为契机，构建学习平台，完善学习途径；二是制定了《全员绩效考核办法》，并修订了《行政效能督查工作办法》，积极落实责任追究制度。

二、深入开展“创高绩效机关，争做专注敬业监管者”的主题活动。一是撰写主题活动简报50期，组织开展全局性综合素质培训活动6期，评选出优秀个人和优秀处室；二是以“创争”活动为平台，组织全局监管干部学习了《公司法》、《证券法》等39项法律法规、内部规章及工作流程，工作效能不断加强。

三、加强领导班子和队伍建设。一是成立局党委书记为组长的巡视整改落实工作领导小组，每季度召开专题会议，研究整改落实工作；二是建立巡视整改台账，积极落实整改问题“挂号”、“销号”制度；三是进一步修订了《行政效能督查工作办法》，通过落实季度信息通报制度、建立督查工作与绩效考核联动机制，加大问责力度。

（青岛证监局）

中国保险监督管理委员会山东监管局

【第一负责人简介】 任建国，1957 年 9 月生，第 11 届全国人大代表，现任山东保监局党委书记、局长。历任人行湖南省分行办公室主任、非银行金融机构管理处处长，民生银行人事部副总经理，太平洋保险公司长沙分公司总经理，湖北保监局党委书记、局长。

【综述】 2010 年，中国保险监督管理委员会山东监管局(以下简称“山东保监局”)坚持科学、依法、有效监管，取得了显著成果。全省(不含青岛，下同)实现保费收入 876 亿元，同比增长 29.32%，其中财产险公司实现保费收入 246.94 亿元，同比增长 37.30%，人身险公司实现保费收入 629.27 亿元，同比增长 26.43%，行业总资产达到 1510.7 亿元，同比增长 25.98%。

【行业发展】 2010 年，山东保险业大力推进转方式、调结构，充分发挥保险的功能作用，各项工作不断迈上新台阶。一是业务发展实现历史性跨越，保费收入(含青岛)首次突破千亿元，全年实现 1030 亿元，同比增长 29.9%；二是全年 6 家保险公司在山东设立分公司，总数达 59 家，各级分支机构新增 279 个，专业中介法人机构新设 5 家；三是寿险个人营销业务占比 49.15%，新单期交率 34.62%，同比提高 2.74 个百分点；四是财产险公司承保利润 12.3 亿元，承保利润率高于全国 3.49 个百分点；五是人身险公司业务及管理费率为 12.27%，低于全国 9.79 个百分点，退保率 2%以下。

【服务提升】 2010 年，山东保险业不断拓宽服务领域，增强服务能力，特别是在一些惠及民生的重要领域获得了突破性进展。一是引导保险资金投资省重点项目建设，有 5 家保险总公司协议投资金额 261 亿元；二是承保种植业 3171 万亩、家畜 13 万头，为 765 万农户提供了 105 亿元的风险保障，支付赔款 2.2 亿元，农村小额人身保险提供保险保障 67 亿元，参保农民 22.5 万人；三是保险业为全省 153 家企业、12 万职工，提供企业年金管理服务，补充医疗保险承保 213 万人次，支付保险金 1.2 亿元，计划生育保险承保 102 万人，增长 39.28%，人寿“银龄安康”保险承保老年人 257 万人，支付保险金 2860 万元；四是保险业全年承担各类风险责任 11 万亿元，赔付 190 亿元，积累准备金 1969.76 亿元，其中，治安险 280 多亿元，安全生产责任险提供 51 亿元的风险保障。

【基础建设】 2010 年，山东保险业以科学发展观为统领，在改善服务质量、完善内部控制、加强协会建设和提高自律水平等方面，采取了一系列措施。一是制定实施车险理赔服务质量评价体系、人身险客户咨询投诉处理工作指导意见等制度，同时推出投保提示、客户回访、快速理赔、通赔通付、信息网上查询等系列措施；二是加强高管人员教育培训，累计培训 1217 人，山东保监局受理信访投诉 1098 件，同比下降 50.08%，保险消费者满意度不断提高。

【监管工作】 2010 年，山东保监局进一步强化制度机制建设，强力规范市场秩序，累计对 206 家次保险机构进行现场检查，依法处罚保险机构 191 家次，处理责任人 148 人次。

一、完善风险防范机制，推进制度机制建设。一是制定并建立案件责任追究督查工作规定和报告制度，保险机构业务和退保风险定期监测、财险公司监管指标月度分析制度，并组织开展了案件清理；二是开展银保期交业务风险排查、业务内审与销售行为合规自查；三是下发农险规范经营的意见、非车险业务管理暂行办法、提高人身险公司营销员人均产能的指导意见；四是制定专业中介机构设立及退出指引、高管人员任前法规测试、营销员管理季度报告等制度，同时组织公司签订管理责任承诺书。

二、不断改进监管方式，优化行业发展环境。一是进一步修订机构分类监管办法，完善监管意见书制度；二是开展保险公司季度经营状况综合测评，并上线运行了中介监管信息系统；三是推进政策性农险、治安保险、文化产业保险等工作；四是支持中国保险报设立山东记者站，编辑出版了《山东保险十年》一书。

【大事记】 1 月 3 日起 山东省渤海、黄海沿岸发生严重海冰灾害，造成 5 人死亡，累计赔付 43.86 万元。

2 月 2 日 山东省召开保险业情况通报会议，省委常委、常务副省长王仁元出席会议并作重要讲话。

3 月 9 日 日照发生 3.9 重大交通事故，造成 6 人死亡，127 万元财产损失，保险业共赔付 147 万元。

3 月 19 日 《中国保险报》山东记者站在济南举行成立揭牌仪式。

6 月 12 日 山东保监局烟台监管分局揭牌仪式在烟台举行，成为首家地市级保险监管机构。

7 月 27 日 山东保监局和山东银监局共同召开银行代理保险业务监管工作会议。

8 月 19 日 东营大生化工厂发生火灾，造成 1600 万元财产损失，保险业共赔付 500 万元。

8 月 25 日 山东省促进保险资金运用与重点项目对接合作项目签字仪式在济南举行，共签订合作协议 5 项，协议金额261亿元。

9月1日　莱芜发生重大交通事故,财产损失100万元,保险业积极赔付200万元。

9月7日　东营发生胜利油田平台倾斜事故，造成1人死亡,保险业赔付240万元。

10月18日　山东保监局召开《山东保险十年》新书发布暨赠书启动仪式。

10月20日　保监会副主席李克穆来山东调研，参加了山东保监局党员领导干部民主生活会。

12月29日　山东省首家保险公司法人机构——泰山财产保险公司获批开业。

（马骏川）

中国保险监督管理委员会青岛监管局

【第一负责人简介】　宋志华,男,1955年8月生,研究生学历,高级经济师。曾在江苏省人大常委会办公厅、江苏省政府办公厅工作,2001年7月任中国保险监督管理委员会南京特派员办事处党委委员、副主任,2004年6月任江苏保监局党委委员、纪委书记、副局长,2010年9月任山东保监局巡视员兼青岛保监局党委书记、局长。

【综述】　2010年，中国保险监督管理委员会青岛监管局(以下简称“青岛保监局”)紧紧围绕保监会"转方式、调结构、防风险、促发展"的工作部署,抢抓机遇,扎实工作,全行业保持了持续健康的发展势头,呈现出行业发展与服务大局相统一、保险监管与市场调节相促进的良好局面。

2010年,青岛保险业实现保费收入153.9亿元,同比增长33.4%。其中,财产险业务实现保费收入50.5亿元,增长42.9%,高于山东(37.3%)和全国(34.6%);人身险业务实现保费收入103.4亿元,增长29.2%,高于山东(26.4%)。全年保险公司中介渠道实现保费收入116.1亿元,同比增长28.8%,占全部保费收入的75.4%。全市中介市场（专业中介、兼业代理、营销员)共实现业务收入7.9亿元,增长24.6%。全年,各项赔付支出38.8亿元,增长13.3%。截至年末,各保险公司资产合计274.7亿元,增长26.3%,比2009年末增加了57.0亿元。市级保险机构达到43家(不包括在筹1家),其中,产、寿险分别为21、22家,中、外资分别为34、9家,保险专业中介法人机构56家,兼业代理机构956家,营销员25763名。

【监管服务】　2010年，青岛保监局紧扣科学发展主题,全面推进保险业科学健康可持续发展。

一、推动行业发展方式转变。一是进一步完善结构调整评价标准,突出结构、质量和效益,强化标准保费、内含价值、盈利能力等指标;二是财产险多个非车险险种实现了快速增长,其中家财险、信用险和保证保险增幅均超过100%;三是人身险业务品质进一步提高，新单期交保费同比增长27.4%,新单期交占比同比上升0.9个百分点。

二、加强改进保险监管,提高行业风险防范能力。一是在车险“见费出单”运行良好的基础上,将应收保费控制扩大到非车险领域;二是建立财产险风险数据管理平台、银保业务专项统计制度、保险业新设机构观察期制度,引导公司走规范化、集约化的发展道路;三是建立偿付能力监管例会制度,构建以偿付能力监管为基础的监管工作体系，采取更严格、更有效的监管措施;四是开展风险排查工作,查找内控漏洞,完善非现场风险监测体系,突出经营效益、非正常集中退保指标监测;五是出台了《保险公司分支机构开业统计与信息化建设验收指引》，确保相关监管要求在开业之初就能得到有效执行;六是制订了《保险统计巡查工作办法》。

三、加大检查处罚力度,持续规范保险市场秩序。一是针对保险机构数据真实性、中介业务、内控合规、意外险、销售误导、银保业务、农业保险和统计数据等方面分别开展了现场检查,及时纠正或叫停了一批违法违规行为;二是相继组织了近年受处罚公司“回头看”检查、县域市场业务巡查等一系列综合性检查;三是扩大现场检查覆盖面,共组织了20余次集中检查整治活动,先后派出36个检查组近200人次,对32家次保险机构和15家次专、兼业代理公司进行了现场检查;四是对19家机构的行政处罚事项进行了依法审理,已对10家机构和9名个人做出行政处罚,罚款75万元,吊销业务许可证4家,撤销任职资格2人,对8家机构和3名个人下发行政处罚事先告知书,涉及罚款36.2万元。

四、不断提高服务水平,依法保护被保险人利益。一是建立车险理赔服务质量评价标准，组织车险理赔服务现场测评,推动理赔服务质量不断提升;二是聘任社会监督员参与保险业行风建设和服务质量监督,进一步完善保险服务社会监督机制;三是畅通“信、访、网、电”等多形式、多层次的信访投诉渠道,完善投诉处理、转办、承办、督办、回复、回访等工作流程,着力解决销售误导、理赔难等保险消费者反映强烈的问题;四是建立并实施了信访量化考核制度、总经理信访接待日制度、信访轮值制度,努力化解各类矛盾纠纷,不断提高行业信访工作水平；五是深入开展“保险客户大走访”活动,督促保险公司深入市场和保险消费者之间,宣传保险知识,听取消费者意见,把握市场需求,提升保险服务。

五、积极参与风险管理，不断拓展行业服务领域。一是加快发展“三农”保险，农业保险覆盖的农户数超过 40 万户，风险保障金额逾 170 亿元；二是积极促进外向型经济发展，全年信用保险共实现保费收入 5.4 亿元，同比增长 120.9%，提供风险保障金额逾 900 亿元；三是医疗责任险、城镇职工大额医疗补助保险、新型农村合作医疗受托管理稳步发展。全年医疗责任险一级以上医院承保 132 家，承保率 100%，承保医护人员 2.4 万人，城镇职工大额医疗补助保险参保职工 172 万人，全年赔付近 2000 人次，赔付 2000 余万元，新型农村合作医疗受托资金 9000 万元，参合农民 39 万人，赔付 8500 余万元。

【精神文明建设】 2010 年，青岛保监局以深入学习实践科学发展观和开展创先争优活动为契机，扎实推进精神文明和职业道德建设。一是通过召开全体大会，集体签订党风廉政建设责任书的方式，明确了“一把手”负总责，党委委员分工负责，处室各负其责的党风廉政建设责任制；二是深入开展保险业“创先争优”活动，努力挖掘、树立一批创建“和谐保险业”先进典型，加大宣传，发挥好先进典型的示范带动作用；三是开展了行政处罚“回头看”检查、统计数据检查、县域市场业务巡查等一系列检查活动，不断扩大检查的覆盖面；四是开展保险公司客户服务情况大调研，到人保、人寿、平安等各保险公司客户服务部门开展调研，了解了各公司客户服务的各项软硬件设施情况；五是组织辖内各保险机构认真落实监管部门出台的各项信访工作制度，总经理室成员亲自接听群众来话，接待群众来访，遇信访突发事件及时向监管部门报告，并采取有效措施加以解决。

【大事记】 2 月 1 日 青岛保监局召开通报会，传达了 2009 年全国保险业情况通报会精神，明确了 2010 年的监管政策和重点。时任青岛保监局局长葛翎做工作报告，青岛市委常委、副市长秦敏到会并讲话；市人大常委会副主任吴淑玲、市政府副秘书长刘承林出席会议。市金融办有关负责人、全市 42 家保险机构、85 家保险中介机构的主要负责人以及保险行业协会、保险学会负责人等 500 余人参会。

2 月 2 日 青岛保监局召开保险中介监管信息系统上线启动会议，辖区 42 家保险公司的系统管理员及承担保险从业人员资格考试的社会机构参加了会议。

2 月 5 日 青岛保监局会同市畜牧局、承保公司召开了全市养殖业防疫工作专题会议，安排部署具体措施，有效防止损失扩大。

3 月 15 日 青岛保监局联合市消费者权益保护委员会、市工商局、发改委、文明办等 12 家单位共同组织了大型广场宣传咨询活动。市委常委、副市长秦敏出席活动并发表讲话。市保险行业协会等十大行业协会联合向全市发出了“消费满意”倡议书。20 家保险公司积极参与活动并设立形象展示摊位，累计接待各类保险咨询 3000 余人次。

3 月 31 日 青岛保监局召集银保业务市场份额大和渠道占比高的 10 家寿险公司召开规范银保业务发展专题座谈会，通报了 2009 年以来该市银保业务的发展情况、存在的问题以及潜在的风险，安排部署了下一步工作重点。

4 月 1 日 青岛保监局在总结车险手续费结算中心运行情况基础上，将非车险代理手续费实行行业集中结算，提高了财务数据的真实性。

4 月 6 日 青岛保监局制定实施信访投诉工作总经理接访日制度，规定每个月的第二个星期二为当月的总经理接访日，接访日公司总经理或班子成员要全程接待处理被保险人的信访、投诉，积极维护好被保险人利益。13 日，青岛 42 家保险公司积极参与第一个总经理接访日活动，累计受理客户投诉 200 余人次，效果显著。

4 月 7 日 青岛保监局召开保险信息系统启动动员会议，标志着该项系统建设正式启动。

4 月 14 日 青岛保监局制定下发《保险业信访投诉工作量化考评办法》。

4 月 19 日 青岛保监局下发《关于公布财产保险公司 2009 年度机动车辆保险理赔服务质量评价结果的通知》。

4 月 21 日 青岛保监局制定《信访工作处理规程（试行）》。

4 月 27 日 青岛保监局制定并下发《非车险“见费出单”制度实施方案》。

4 月 28 日 青岛保监局召开一季度青岛保险业情况通报会。

青岛保监局下发《关于调整＜财产保险公司机动车辆保险理赔服务质量评价办法＞测评指标的通知》。

6 月 3 日 青岛保监局召开全市保险统计信息工作会议。

6 月 10 日 青岛保监局研究制定《新设机构观察期制度》，对开业时间在一年以内（包括一年）的新设市级分支机构，实行为期一年的观察辅导。

8 月 14 日 中央编制办公室副主任黄文平、保监会副主席周延礼一行前往青岛保监局调研青岛市养老与健康保险发展情况，青岛市委常委、副市长秦敏陪同调研。

8 月 20 日 青岛保监局制定实施《稽查委员会工作规则（试行）》。

8 月 25 日 青岛保监局召开全市信访工作会议。

8 月 31 日 青岛保监局完成了对辖内 20 家产险公司系统改造的综合验收。

9 月 3 日 保监会发展改革部在青岛召开发展战略专题分析座谈会。

10 月 15 日 保监会副主席周延礼、党委组织部部长于华等一行来青岛，宣布宋志华由江苏保监局调任青岛保监局，任山东保监局巡视员、青岛保监局党委书记、局长。青岛保监局原局长葛翎调任江苏保监局任党委委员、纪委书记、副局长。

10 月 28 日 青岛保监局召开三季度青岛保险业情况通报会。

12月1日　青岛保监局组织行业建立了财产险风险数据管理平台。

12月14日　青岛市委副书记、市长夏耕，市委常委、副市长秦敏，市政府秘书长李众民等到青岛保监局进行专题调研。

（袁本刚）

第三部分

金融机构运行报告

——政策性银行

国家开发银行山东省分行

【第一负责人简介】 于泽水，男，中共党员，研究生学历，管理学硕士，高级经济师，现任国家开发银行山东省分行党委书记、行长。

【综述】 2010年，国家开发银行山东省分行（以下简称“开行山东分行”）贯彻执行国家宏观经济政策，积极服务于山东经济社会发展，各项工作取得新进展。截至年末，该行表内资产2306.81亿元，表内人民币贷款余额1143.94亿元，表内外汇贷款余额94.61亿美元，受托业务余额329.81亿元；累计发放表内贷款857.95亿元，完成表外受托业务工作量245.1亿元；实现人民币项目开发1412.36亿元，外汇项目开发76.15亿美元；承诺贷款人民币1096.69亿元，外币101.075亿美元、4.75亿欧元；表内本外币贷款本息累计回收率99.93%，当期回收率99.98%，不良贷款率0.45%；实现净利润31.86亿元。

一、发挥规划引领作用，促进规划成果转化。一是与山东省各级政府联合成立了104个规划合作办公室，就“十二五”期间重点规划编制工作展开全面合作，主导编制的《山东省开发性金融“十二五”发展规划》被省发改委列入全省“十二五”重点专项规划目录；二是积极参与山东重大区域发展规划的编制和实施，协助推动《山东半岛蓝色经济区发展规划》上升为国家发展战略，顺利完成《黄河三角洲高效生态经济区系统性融资规划》编制工作，并推动成果转化，全年新增黄三角地区项目开发58.02亿元，贷款余额258.04亿元，较年初新增37.67亿元；三是与山东高速集团、烟台万华集团、山东核电公司、力诺集团、诸城外贸集团、瀚霖生物技术有限公司、禹王实业有限公司、西王集团等重要战略客户签署规划合作协议或开发性金融合作协议，建立了长期有效的全面规划合作机制。

二、全力支持“两基一支”领域重大项目建设。一是加大煤炭、交通、铁路、电力等重点行业重大项目的开发力度，成功开发了鲁能集团、海阳核电二期、烟台万华、胶济客运专线、京沪高铁、国华风电、兖矿、龙矿、省交通厅、山东里能煤电等一批项目；二是优化整合现有资源，优先保证重大项目、重点客户和社会瓶颈项目用款需求，推进了鲁能电力、东营机场、南水北调、滨德高速公路、新汶矿业集团节能减排、瀚霖生物长链二元酸、海阳核电一期等一批国家、地方重点建设项目；三是全年发放节能减排贷款94.45亿元，推进全省工业领域节能减排、城市污水处理、环境整治工作；四是大力支持力诺集团西藏日喀则太阳能光伏并网电站项目建设，发放贷款1.5亿元；五是积极开展项目评审，与新汶矿业集团就新疆煤制天然气等项目签订81亿元借款合同。

三、大力推进国际合作业务，支持山东企业“走出去”。一是顺利完成中委大额长期融资项目首笔60亿美元及100亿元人民币贷款发放工作；二是牵头并主导了开行首笔委内瑞拉国家石油公司15亿美元国际银团贷款项目，实现手续费收入3000多万美元；三是完成厄瓜多尔石油融资项目首笔8亿美元贷款发放，并推进了与哥伦比亚国家石油公司的石油合作以及与哥伦比亚外贸银行、厄瓜多尔国家银行的金融同业合作等一系列项目；四是大力支持欧亚集团、山东黄金、山东航空、浪潮集团和烟台万华等一批企业“走出去”，充分利用国外资源、拓展发展空间。

四、基层金融业务实现新突破。一是大力开展中小企业贷款业务，累计支持200余个中小企业，贷款余额32.30亿元；二是推进与小额贷款公司、地方商行开展小额贷款业务合作，创新采用转贷和担保贷款模式，实现贷款发放5.95亿元；三是加大对中低收入家庭住房项目支持力度，发放贷款31.46亿元；四是发放新农村及龙头企业贷款22.83亿元；五是大力推进生源地助学贷款工作，发放贷款6.34亿元，惠及11.5万名贫困学生。

五、加强业务协同，全面提升金融服务水平。一是依托国开金融、国开证券、国银租赁、中非基金等开行内部子公司，积极推进了山东钢铁、台海集团、华东数控、兖州城市开发和鲁信集团等一批股权投资项目；二是大力推进村镇银行组建工作，龙口南山村镇银行顺利开业，截至年末，总资产达到5.10亿元，累计发放贷款2.14亿元，吸收存款3.18亿元；三是积极推进银团贷款业务，全年累计完成直接银团发放量270.13亿元，支持了海阳核电、山东农村公路、滨德高速、南水北调等重大项目建设；四是开展财务顾问、保险代理、信用证、结售汇、保函、保理、信托债权和电子承兑汇票等业务，实现手续费收入1038.32万元；五是积极开展债券承销工作，完成祥光铜业、济南高新控股集团、山东黄金集团债券承销项目开发33亿元。

六、强化风险控制，加强融资平台的规范管理。一是强化信贷资产质量管理，继续开展各项风险排查工作，加强对有潜在风险的贷款项目的跟踪管理，构建风险管理长效机制；二是稳步推进信用评级工作，全年累计完成216个客户的信用评级初评、402个老客户的信用评级更新以及1024个贷款项目的债项评级工作；三是加大本息回收及不良贷款化解工作力度，成功化解了鲁北化工、基德生态、汇鑫生物等不良贷款项目；四是积极开展政府融资平台规范和贷款清查工作。

七、加强内部管理，提高运行效率。一是加强资金调度与分析，有效规避了资金运作风险，并合理控制头寸备付率，满足了重点项目的资金需求；二是认真做好财务分析，准确编报财务计划，并严格执行财务会计制度，确保每一个环节不出纰漏；三是积极协助总行做好核心系统二期上线工作；四是积极开展普法宣传、合同审查、项目评审、依法收贷、协助扣划、律师管理、授权办理等各项法律事务工作；五是进一步修改完善办公管理制度，加强保密、维稳工作，提高了运转效率；六是积极参与"山东省银行同业合作信息化管理平台"的开发，认真做好分行各项 IT 系统的推广和运行支持工作。

【计划资金管理】 2010 年，开行山东分行努力发挥开发性金融在经济发展方式转变中的优势和作用，服务山东经济社会发展。

一、严格控制新增贷款总量，确保在人行、银监会和开行总行下达的信贷增量计划之内。全年累计发放人民币贷款 332.20 亿元，同比多发放 113.21 亿元；人民币贷款余额 1143.94 亿元，贷款余额新增 193.69 亿元，同比多增 89.5 亿元。同时，积极向开行总行争取更多的信贷规模和资金，全年贷款增幅为 29.08%，高于开行全行 7.42 个百分点。

二、充分发挥开发性金融的先导作用，大力支持开行传统"两基一支"领域项目建设。全年实现本外币贷款发放 857.95 亿元，同比增加 320.65 亿元；本外币贷款余额 1770.53 亿元，较年初增长 398.86 亿元，同比多增 122.67 亿元；表外受托业务余额 329.81 亿元，较年初增加 227.10 亿元，同比多增 295.15 亿元。

【信贷项目及管理】 2010 年，开行山东分行坚持"以客户为中心，以合同管理为基础，以风险控制为主线"的基本原则，切实做好信贷管理工作。

一、切实加强信贷管理，防范贷款风险。一是按照总行部署设立了"贷款发放支付审核岗"，独立对贷款发放和资金支付的合规性进行审查，全年共独立审核贷款发放 490 笔，独立审核资金支付 2000 余笔；二是除配合山东银监局等外部检查之外，共开展两次内部信贷管理检查，对检查中发现的问题，认真分析原因并积极落实整改；三是强化信贷业务培训，组织信贷管理评优活动；四是严格贷款投向，引导信贷资金继续主要用于保重点、保续建、保民生的项目，继续加大对国家重点支持与保障领域的信贷投放，严格控制新建项目及"两高"和产能过剩项目；五是认真开展政府融资平台自查完善和规范清理工作。

二、资产质量保持动态稳定，本息回收继续高位运行。在保持信贷业务快速增长的同时，该行加大信贷风险防范力度，促进不良贷款化解。针对已经出现的不良贷款项目，实施全程跟踪、专人负责、按时汇报的工作方案，积极回收化解不良贷款。全年累计应收表内本外币贷款本息 516.29 亿元，实收表内本外币贷款本息 515.94 亿元；表内本外币贷款本息累计回收率 99.93%，当期回收率 99.98%。不良贷款率 0.45%，较年初下降 0.04 个百分点。

【金融债权维护】 2010 年，开行山东分行以提高资产质量和保全金融债权为目标，灵活采取多种措施，积极主动地开展依法收贷，取得了显著成效。

一、从源头防控风险，维护开行金融债权。一是在项目开发评审阶段，认真调查借款人信用记录和经营状况，审查借款人、担保人主体资格；二是认真审查每一份信贷合同，严格落实贷款防范条件，不良贷款率连续多年保持在 1%以内。

二、认真做好依法收贷工作。一是成立了由行长担任组长、法律事务办公室、各客户处负责人为成员的领导小组；二是在依法收贷工作中，确保每个收贷项目都有法律人员和客户经理参与，做到既充分利用法律人员专业知识，又发挥客户经理了解实际情况的优势，为工作的顺利开展奠定了基础。

【筹资工作】 2010 年，开行山东分行进一步强化"存款立行、效益兴行"的观念，增强吸存意识，依托丰富的贷款发放资源，积极推进存款业务，积极吸收与贷款项目有关的存款，努力降低筹资成本，提高资金的运营效益。截至年末，该行各项存款余额 485.53 亿元，同比增加 351.82 亿元。

【会计与财务管理】 2010 年，开行山东分行深入推进会计管理工作，并积极拓展国际结算业务范围，完善服务手段，开展业务创新，有效防范财会风险。

一、强化财会管理工作。一是通过加强客户盈利分析，推进差异化分析评价等工作，切实深化管理会计应用；二是规范贷款减值准备计提管理，进一步明确贷款减值准备计提、审核及报送程序，真实反映资产状况，准确核算经营成果，增强抵御风险能力；三是加强资本充足率管理，确保资本充足率保持在合理水平；四是制订《贷款减值准备计提、审核操作实施细则(暂行)》、《国际合作业务工作组财务管理办法》等，进一步提升财会管理水平。

二、积极拓展国际结算业务范围。一是成功增办了非贷款项下国际结算及外汇担保业务，并在推进跨境贸易人民币结算业务方面取得显著成果；二是为境外代理行开立跨境人民币结算账户，取得了跨境贸易人民币结算境内代理银行和境内结算银行的资格，9 月 17 日成功对委内瑞拉经济与社会发展银行发放大额人民币贷款，得到人行济南分行的高度评价。

三、加强结算业务创新。一是 4 月份被开行总行确定为核心系统与人行支付系统直连试点单位，相继完成了测试、验收和报批工作，并于 7 月 5 日作为开行第一家与人行支付系统直连单位正式对外受理业务；二是作为唯一一家得到总行批复、具备电票业务处理功能的分行，于 11 月份成功签发了系统内首张电子银行承兑汇票，大大降低了票据业务的操作风险及成本，提高了票据的支付结算效率。

【电子化建设】 2010 年，开行山东分行以"创新争先、保障运维"为抓手，围绕业务发展需要，不断提升信息安全管理和科技服务水平。

一、全面落实信息安全管理。一是制定发布多项管理措施，并将信息安全列入处室年度考核内容；二是对全行计算机进行信息安全监控，加强员工信息安全意识教育，严格杜绝“一机上两网”行为；三是不定期进行信息安全检查，保障涉密文件的安全性；四是对网络设备进行安全认证升级，配置防病毒服务器，并按时上报信息系统安全日报。

二、提高信息科技服务水平。一是积极参与龙口国开南山村镇银行筹建工作，以机房建设为切入点，确定计算机应用系统模式和网络接入方式，保障各业务系统顺利上线运行；二是积极配合开行总行做好大小额支付系统连接方式变更测试演练工作，并顺利通过人行验收；三是对广域网 ATM 进行扩容改造，提高宽带使用率；四是积极配合开行总行完成辖内所有用户信息的初始化操作，确保商业汇票系统首批上线试运行工作的顺利开展；五是做好生源地助学贷款系统的上线推广工作，完成全省新增 128 家高校用户 U 盾电子证书发放并为行外用户提供技术支持。

三、加强业务系统运维管理。一是做好各业务系统的日常维护和系统升级工作；二是加强对机房网络、UPS、服务器、消防、门禁等关键设备的检测与维护，实现全年机房安全运行；三是强化电子设备资产台账管理，确保电子设备申请、替换等工作的有序进行；四是做好大小额支付系统、OA 系统、客户关系管理系统、网银系统、人民银行、新华社等应用系统的应用管理、升级与维护工作。

【大事记】 1 月 17 日 山东省黄河三角洲高效生态经济区开发建设恳谈会暨国家开发银行与山东省政府高层联席会议在北京召开。山东省省长姜大明、开行总行副行长高坚出席会议并签署《支持黄河三角洲高效生态经济区发展战略合作协议》。

2 月 2 日 开行福建分行副行长于丕涛调任开行山东分行副行长。

4 月 29 日 山东省商务厅、开行山东分行和中非基金联合举办“山东省企业投资非洲研讨会暨中非基金宣介会”。

6 月 8 日 开行山东分行与新汶矿业集团就新疆伊犁年产 20 亿立方米煤制天然气、一号、四号煤矿等项目签订 81 亿元总借款合同。

6 月 25 日 开行山东分行发放委内瑞拉国家石油公司 15 亿美元银团贷款。

7 月 30 日 开行山东分行受省政府委托编制完成《黄河三角洲高效生态经济区系统性融资规划》。

7 月 开行山东分行党委副书记、纪委书记、副行长刘珂调任开行新疆分行主要负责人。

8 月 31 日 开行山东分行副行长彭翔调任开行信贷管理局副局长。

9 月 16 日、11 月 10 日 开行山东分行积极配合山东援藏建设，向力诺集团西藏日喀则一期 10MW 太阳能光伏并网电站项目两次发放贷款合计 1.5 亿元。

9 月 17 日 开行山东分行就中委长期融资合作 100 亿美元、700 亿人民币项目发放首笔贷款 60 亿美元及 100 亿元人民币，实现了中委两国石油贸易以人民币结算的重要突破，使山东省人民币的国际化进程迈出了重要一步。

9 月 29 日 开行山东分行发放厄瓜多尔 10 亿美元石油融资合作项目首笔 8 亿美元。

11 月 1 日 开行上海分行客户二处处长朱雪松调任开行山东分行副行长。

11 月 16 日 开行山东分行向山东省 11.5 万名贫困学生发放 2010 至 2011 学年生源地信用助学贷款 6.34 亿元。从 2008 年起累计发放贷款 10.2 亿元，惠及全省 16 个地市，142 个县(市、区)约 15 万名家庭经济困难学生。

11 月 23 日 开行山东分行与山东省教育厅联合举行山东省生源地信用助学贷款新闻发布会。

11 月 24 日 开行山东分行副行长顾安调任开行评审一局副局长。

11 月 29 日 国开行监事长姚中民在烟台出席龙口国开南山村镇银行开业庆典。该村镇银行是国务院推行村镇银行试点结束后开行设立的第一家村镇银行，也是开行设立的注册资本规模最大的村镇银行。

(赵恒新)

国家开发银行青岛市分行

【第一负责人简介】 白桦，男，中共党员，在职硕士研究生学历，新疆财经大学兼职教授，1991 年 3 月任国务院办公厅秘书一局一秘(正处级)，1998 年 2 月任国务院公报室主任，2003 年 5 月任国家开发银行政策研究室副主任，2005 年 8 月至 2008 年 8 月，作为由中组部和开行党委选派的中央国家机关第五批援疆干部赴疆工作，任乌鲁木齐和昌吉州党委常委、乌鲁木齐市委常委、副市长(正厅级)，兼任市国资委党委书记，2009 年 1 月任国家开发银行青岛市分行党委书记、行长(正厅级)、青岛市政协委员。

【综述】 国家开发银行是 1994 年经国务院批准成立的直属国务院领导的政策性金融机构，2008 年 12 月，经国务院批准，正式转制为国家开发银行股份有限公司，由财政部和中央汇金公司代表国家出资并控股。国家开发银行青岛市分行(以下简称“开行青岛市分行”)于 2006 年 10 月 15 日正式挂牌成立。

自成立以来，该行积极为青岛市重大项目建设吸引市内外资金投入，有力支持了该市经济社会的发展。截至年底，该行管理资产571.87亿元，较年初增长211.38亿元，增幅58.64%。其中，表内资产总额突破500亿元，达500.61亿元，较年初增长205.31亿元，增幅69.53%；本外币各项贷款余额突破400亿元，达431.34亿元，较年初增加164.89亿元，增幅61.88%；实现净利润8.07亿元，不良资产率和不良贷款率继续保持为零。

该行一是与青岛市政府、发改委等部门建立完善了规划合作机制，并选派专人全程参与该市蓝色经济区规划及“十二五”城市基础设施建设等重大规划，行长白桦作为青岛金融系统唯一人选，被聘为青岛“十二五”专家咨询委员会成员；二是继续加大对“两基一支”重大项目支持力度，全年发放重大项目贷款153亿元，有力支持了轨道交通、高新区三期及四期、新疆路高架、胶济客专等项目；三是全力推进基层金融业务，累计发放基层金融业务贷款45.62亿元，项目覆盖青岛区市公路、民生、医疗、环保、台资及中小企业等领域；四是中小企业统贷平台业务在胶州取得突破，共发放贷款4个批次，贷款余额2.12亿元；五是发放助学贷款额954.62万元，帮助贫困学生共计1788人；六是加强与海尔、海信等大型驻青涉外企业的联系，密切跟踪青建新加坡三批项目、阿曼萨拉拉电站项目及埃及泰达苏伊士工业园区等项目，全年发放外汇贷款1.87亿美元，回收到期贷款本金0.34亿美元，实现外汇贷款余额新增1.53亿美元，年末贷款余额2.91亿美元，同比增长110%，实现中间业务收入4595万元，回收到期利息659万美元，本息回收率确保100%；七是不断丰富金融服务产品和功能，全年实现非利息收入5477.36万元，非利息收入占比5.61%，手续费及佣金收入1791.41万元，增加206%；八是争取到与平安证券双方联合对青岛城投集团计划发行企业债券进行主承销资格，并完成了山东海科化工集团有限公司短期融资券主承协议的签署以及中小企业集合中票前期工作；九是制定《合规风险管理实施细则》、《评审人员考评管理办法》等规章制度，加强内部管理，严格风险防范。

【计划资金管理】 2010年，开行青岛市分行进一步加强计划资金管理，其主要工作：

一、贷款发放计划管理。该行组织编制了年度经营业务计划，按季分月调度分析和调整，切实做到精心组织，合理调度，全年累计投放本外币各项贷款237.12亿元，确保了对青岛市“两基一支”、县域民生和岛城企业“走出去”等领域的信贷资金支持。

二、贷款回收计划管理。该行以难点回收项目为重点，狠抓贷款回收责任制和收贷挂钩项目的落实，全年累计回收贷款本息91.88亿元，贷款本息当期和累计回收率连续17个季度保持100%，不良贷款额和不良贷款率连续17个季度保持“双降”。

三、加强同业合作业务。该行积极发挥项目评审优势，大力开发优质大项目，并深入与各商行开展合作，全年合作额度达33.62亿元。

四、严格资金管理工作。一是强化头寸管理，通过勤查询、勤调度，严格控制分行头寸，减少无效低效资金头寸占用，全年存款备付比率仅5.09%；二是加强系统内拆借管理，全年共办理系统内资金拆借业务238笔，实现资金拆借收益1.11亿元。

【信贷项目及管理】 2010年，开行青岛市分行全力支持推动中央“扩内需、保增长、调结构”各项工作，大力提高信贷管理水平，促进了各项业务合规、稳步、健康发展。

一、加强市县合作机制建设。一是推动胶州成立中小企业统贷平台，形成“广领域、全覆盖、低成本、高效率”的模式；二是5月25日与胶州市政府举行了基层金融服务体系建设启动仪式；三是提升县域政府平台类客户融资职能、改善经营性资产和盈利能力，明确各县市融资平台贷款定性分类及后续整改措施，并取得阶段性成果。

二、建立全面风险管理体系，提升风险预警能力。一是以加强风险管理制度、机制及队伍建设为重点，实现了业务发展与风险管理再协调；二是全面完善信贷管理操作流程，不断完善银行承兑汇票、信用证和国际结算等新业务、新领域的风险防控机制，有效防范操作风险；三是充分运用客户风险预警系统等内外部预警信息，做好内部风险提示和预警；四是有效实现从源头防控风险，增强风险防御能力。

三、资产质量稳步提升。针对存在的不良贷款项目，该行实行总分行联动，密切关注借款人经营情况，加强与客户沟通协调，确保到期利息及时、足额回收，实现了自成立以来本息回收率持续保持100%。

四、严格贷后管理制度，及时整改落实内外部检查问题。一是配合银监局进行现场审计检查，及时落实责任人进行整改，并提出加强和改进贷款项目信贷管理的工作措施；二是积极配合总行稽核专员天津组对贷款资产质量分类、信贷管理、固定资产等有关业务的现场稽核检查，对提出的建议和要求逐一落实，不断强化信贷基础管理。

【融资工作】 2010年，开行青岛市分行积极落实存款责任部门，制定吸收存款计划，建立分行内部考核机制，加强项目资金监管，吸收贷款项下与项目有关的存款，推进各品种存款均衡发展，努力降低筹资成本，提高资金运用效率。截至年底，该行各项存款余额76.49亿元，同比增长8.84亿元，日均存款86.85亿元，同比增加36.78亿元。

【电子化建设】 2010年，开行青岛市分行进一步强化信息安全意识，通过强化制度管理、运维管理、安全管理、设备管理、外包管理等基础工作来保障对业务工作的支撑。一是加强制度建设、完善应急预案，保障了世博会、全运会期间信息系统、支付系统的稳定运行；二是提高制度管理、预算管理的工作水平，实现对业务发展的推动；三是做好各信息系统的日常维护和升级，完成了新信贷业务、银码共享、支付系统直联等系统的测试上线以及推广使用工作。

【大事记】 3月19日 开行青岛市分行提前9天收回黄海橡胶不良贷款剩余5600万元本金及利息，不良贷款首次归零，实现历史突破。

4月27日 由开行青岛市分行承办，青岛银监局组织召开了辖区政策性银行、邮储银行、资产管理公司行长、总经理座谈会。会议传达了银监会2010年三类机构监管工作会议精神，通报了辖区三类机构上年总体运行情况以及监管发现的问题，部署了全年重点工作。

5月25日 开行青岛市分行与胶州市政府举行基层金融服务体系建设启动仪式。

11月5日 开行青岛市分行作为唯一金融机构应邀参加《青岛市"十二五"城市基础设施发展规划》专家评审论证会。

（张艳国 李小倩）

中国农业发展银行山东省分行

【第一负责人简介】 杨杰，男，山东潍坊人，1958年5月生，1975年11月参加工作，中共党员，中央财政金融学院金融专业本科毕业。1992年12月任人行山东省分行计划处处长，1995年2月任农发行山东省分行资金计划处处长，1996年11月任农发行总行资金计划部副主任。1998年9月任农发行山东省分行党委委员、副行长，2002年6月任农发行山东省分行党委副书记、副行长，2005年1月起担任农发行山东省分行党委书记、行长。

【综述】 2010年，中国农业发展银行山东省分行（以下简称"农发行山东省分行"）扎实开展"继续深化管理年"活动，各项工作取得显著成效。

截至年末，各项贷款余额937.3亿元，剔除呆账核销因素较年初增加104.7亿元，增长11.4%；各项存款余额168亿元，同比增加28.6亿元，增长20.5%；不良贷款余额21亿元，减少9.8亿元，不良贷款占比2.2%，下降1.4个百分点，全年未发生新的不良贷款。

【信贷业务】 2010年，农发行山东省分行结合实际，突出重点、优化结构，促进了各项业务稳健发展。

一、确保粮棉油收购资金及时足额供应。一是制定应对预案、足额供应收购资金，引导企业理性收购；二是全年发放粮棉油购销储贷款130.3亿元，支持企业购入粮食82.1亿公斤、棉花333.4万担、油脂1.1亿公斤；三是对棉花企业实行快收、快加、快销、快回笼"四快"管理，抓好棉花贷款促销收贷，连续9年实现棉花贷款本息双结零。

二、支持农业农村基础设施建设。一是全年累计营销投放农业农村基础设施建设贷款97.5亿元，支持项目73个，贷款余额较年初增加77.8亿元；二是实施济宁高新区黄屯新农村安居工程30亿元贷款等一批全省重点项目；三是支持农民住房建设470万平方米，复垦耕地2.6万亩，改善近10万农民住房条件；四是支持农村医院新建病房30万平方米，新建、改建农村道路320公里，修缮疏浚河道42公里，对黄河三角洲地区发放贷款112.2亿元。

三、择优支持农业产业化龙头加工企业发展。全年共发放产业化龙头加工贷款203.9亿元，年末贷款余额201.5亿元，较年初增加26.5亿元；同时支持化肥、猪肉储备，截至年末，该行贷款支持的国家和地方化肥储备占全省储备量的80%；支持入储冻猪肉2.7万吨，占全国的15%，在维护市场稳定中发挥了骨干作用。

【存款和中间业务】 2010年，农发行山东省分行大力发展存款和中间业务。一是粮棉挂账地方贴息到位率91.4%，创历史最好水平；二是批准10个市分行成立国际业务部门，17个市分行实现国际业务自营，全年办理国际结算突破10亿美元；三是累计代收保费4435万元，实现代理手续费收入672万元，全年客户通过网银系统办理业务7.2万笔，金额467亿元，较2009年分别增加76%和160%。

【资金计划管理】 2010年，农发行山东省分行优化信贷资源配置，强化资金营运和综合管理，有效促进了各项业务又好又快发展。一是全年共以实动资金方式调度资金3093笔，4031亿元，同比增加1525亿元，逐日监测大额支付业务15万笔；二是借款计划编制水平准确率达到100%，统计业务继续保持全年零差错；三是全部存款日均余额250.7亿元，较年初增加33.7亿元，增幅15.5%，拆出同业资金935亿元。

【风险防控】 2010年，农发行山东省分行把风险防控摆在突出位置，加大力度，全年未发生新的不良贷款，确保了业务稳健运行。一是编发各类业务信息参考70余期，同时加大防控贷款风险，建立主审查人和审贷小组集体审议制度；二是开展风险排查，抓好有效监测客户盈利能力变化、客户融资情况、客户重点指标、集团客户运行情况、大额贷款和客户退出情况，防控化解潜在风险的"六个监测"；三是开展全省信贷、财会和国际业务大检查，大力清收不良贷款，并与有关部门联合下发《促进财政金融支持农业产业化发展的实施意见》；四是对大型流通客户实行双层管理、双线监控，对纺织客户价格承受压力进行测试；五是加大呆账申报力度，全年核销呆账贷款项目142个,金额9.1亿元,并建立事前和事后法律风险防控体系。

【财会管理】 2010年,农发行山东省分行狠抓财会基础管理工作,财会工作管理水平进一步提高。一是加强综合柜员岗位绩效量化考核,组织开展技能考核评级工作;二是构建以"非现场考核"、"现场检查"、"网点操作远程监控"为主要内容的"三位一体"监督考核体系;三是修订经营绩效考评办法,按月开展财务分析,进一步挖掘增收节支潜力,提高经济效益;四是做好政策性与商业性业务分类反映试点工作,并加强资产管理,提高资产使用效益;五是加强网银、信用卡业务合作,加强现金收付管理,推行收购资金非现金结算工作,加快会计电算化建设。

【大事记】 3月18日 农发行山东省分行印发《关于员工签订聘用合同有关问题的通知》(鲁农发银发〔2010〕70号),实行全员聘用合同制管理。

4月30日 农发行山东省分行党委研究决定增设国际业务处。

8月31日 农发行山东省分行在济南召开全省棉花收购信贷工作会议。

9月19日~21日 澳大利亚国民银行参观团一行来农发行山东省分行参观访问。

10月26日 农发行山东省分行杨杰行长到省政府向常务副省长王仁元汇报该行支持城乡统筹发展和新农村建设等工作。

11月3日 中央主流媒体记者团先后赴山东到德州、东营采访农发行山东省分行支持秋季粮棉收购情况。

11月30日 农发行山东省分行举办全省农发行2010年度会计决算工作会议。

12月8日 农发行山东省分行与济南市政府就支持新农村建设及统筹城乡发展签约战略合作协议。

(段玉华 王洪玲 李爱国)

中国进出口银行青岛分行

【第一负责人简介】 侯广青,男,1994年12月起任进出口银行国际部转贷处经理(正处级)、总经理助理兼转贷处经理、总经理助理、副总经理,1999年11月起任进出口银行对外优惠贷款部副总经理、转贷部副总经理、国际业务部副总经理(总经理级)、国际业务部总经理,2010年3月至今任中国进出口银行青岛分行副行长兼党委副书记(主持工作)。

【综述】 2010年,中国进出口银行青岛分行(以下简称"进出口银行青岛分行")紧紧围绕"贷后管理年"和"平稳较快发展"的目标任务,重点抓了业务拓展、不良清收、基础管理和队伍建设等四项工作,取得了显著成效。截至年末,该行各项贷款余额(本外币合计)262.5亿元,较年初新增40.2亿元。

【业务发展】 2010年,进出口银行青岛分行业务实现了跨越式发展。一是先后与开发银行、中行、农行、民生银行、招商银行、华夏银行、青岛银行等金融同业开展合作,成效显著;二是党委成员带队积极参加人行济南分行和各地市政府举行的银企推介会,挖掘客户和项目;三是向两家扶贫企业发放贷款1.2亿元,支持山东省扶贫事业。

【转贷业务贷后管理】 2010年,进出口银行青岛分行对转贷业务的贷后管理主要采取现场和非现场检查相结合的方式进行。一是建立了标准化的贷后管理卷,对转贷项目进行分地区、分行业管理;二是密切联系各级财政部门,加强业务宣传与合作,通过政府财政部门协调贷款企业还款,减少拖欠;三是对卖信项目督促企业按时归还转贷贷款,利用企业改制的有利时机,跟踪关注改制情况,与企业协商解决方案,并及时向总行反馈。山东地区(含青岛市)转贷项目68个,协议额6.13亿美元,转贷余额4.39亿美元。

【不良资产清收】 2010年,进出口银行青岛分行按照"一户一策,逐笔化解"的原则,现金清收不良贷款7200万元,做到了不良贷款的双下降。其中收回九发股份不良贷款3000万元,巨菱股份抵押物拍卖款项1491万元,海宇集团的不良贷款实现拍卖款受偿1800万元,

【大事记】 1月17日 进出口银行与省政府签订金融支持黄河三角洲高效生态经济区建设框架协议。

1月23日~24日 进出口银行青岛分行召开工作会议,总结上年工作,部署全年各项任务。

2月25日 进出口银行青岛分行获批增加公司业务三处。

2月26日 进出口银行党委委员、纪委书记宫杰赴青岛分行检查惩防体系建设情况。

4月16日 进出口银行青岛分行与曲阜市政府签订战略合作协议。

5月7日 进出口银行党委书记、行长李若谷赴山东考察

山东如意集团。

5月11日 进出口银行行长助理袁兴永赴青岛分行检查指导工作。

进出口银行总行任命侯广青为青岛分行党委副书记、副行长(主持工作)。

6月1日 进出口银行青岛分行与华夏银行青岛分行签订战略合作协议。

6月12日 进出口银行青岛分行行长刘云清调任总行办公室主任。

6月28日 进出口银行青岛分行召开政银企座谈会,征求各界的意见建议，有关地市政府负责人、部分客户参加会议。

8月27日 进出口银行青岛分行与山东省旅游局签订战略合作协议,支持山东省旅游事业发展。

11月18日~20日 中央第二企业金融巡视组赴山东巡视检查进出口银行青岛分行工作。

12月10日~12日 进出口银行党委委员、副行长李郡赴山东检查指导工作。

(王宇辉 徐 波 丛晓园)

第四部分

金融机构运行报告
——商业银行(上)

中国工商银行股份有限公司山东省分行

【第一负责人简介】 谷澍，男，1967年8月生，汉族，中共党员，管理学博士学位，高级会计师。1998年博士毕业后进入中国工商银行工作，曾任总行会计结算部、计划财务部副总经理，财务会计部总经理。2002年9月至2003年9月，在美国宾夕法尼亚大学作访问学者。2008年7月起任中国工商银行股份有限公司董事会秘书、战略管理与投资者关系部总经理(兼)。2010年11月起任中国工商银行山东省分行党委书记、行长。

【综述】 2010年，中国工商银行股份有限公司山东省分行(以下简称"工行山东省分行")坚持"调整、完善、巩固、提高"八字方针，不断强化市场竞争，加大市场拓展力度，注重信贷结构调整，加快经营转型，推动机制改革和金融创新，保持了持续健康快速发展的良好势头。

一、认真贯彻执行宏观经济政策，适度均衡增加信贷投放。

(一)合理把握信贷投量节奏，实现各项贷款适度增长。在信贷规模总体偏紧背景下，该行始终坚持"均衡投放、有序控制、适时调节、好中选优"的原则，积极拓展优势信贷市场，确保重点领域信贷需求，同时考虑自身风险管控能力，科学把握贷款投放的总量和节奏，均衡有序地增加信贷投放，各项贷款实现合理适度增长。

(二)正确把握宏观政策导向，实施信贷结构调整。该行优先保证在建续建项目和国家战略区域资金需求，积极支持新技术、新能源和新产业发展，加大小企业和个人贷款投放力度。全年向黄三角、半岛蓝色经济区新增贷款281.43亿元，占全行贷款增量的52.9%；累计发放在建、续建项目贷款246亿元，余额较年初增加60.13亿元；累计发放先进制造业、现代服务业和节能减排绿色环保行业贷款399.77亿元；新增小企业贷款104.07亿元、个人贷款266.80亿元和"三农"贷款154.13亿元，分别同比多增46.4亿元、76.65亿元和30.08亿元。

(三)大力发展表外融资业务，加快推进信用创新。该行积极配合省内重大工程和重点项目建设，大力发展银团贷款、短期融资券和中期票据等债券承销业务，有效缓解信贷规模压力。全年累计办理表外融资业务2309.59亿元，同比增加392.35亿元；表外融资业务余额1016.02亿元，同比多增106.76亿元；牵头发放银团贷款169.75亿元，主承销发行短期融资券15亿元、中期票据20亿元。

二、坚持市场主体地位，加强创新推动业务发展。

(一)服务工作持续改进，品牌美誉度明显提升。该行深入开展"服务价值年"活动，全面推行支行行长网点"坐堂"和二级分行行长巡视制度，修订完善《二级分行服务质量考评办法》和《营业网点星级服务达标管理办法》，并从现场检查、非现场监测和社会监督员监督3条线加大了对全辖营业网点服务质量的监督检查，有效提升了服务水平。

(二)客户数量大幅增加，客户结构继续优化。截至年末，对公结算账户较年初增加2.95万户，总量达到22.91万户；个人客户1646.20万户，较年初增加260.20万户。新增信用卡107.34万张，实现消费额329.64亿元，增幅分别达到38.36%和38.33%；新增第三方存管客户9.40万户，累计达到79.40万户。新增企业网上银行客户1.50万户和电子银行个人客户365万户，分别同比多增2765户和76.90万户。

(三)新兴业务快速发展，竞争力不断提升。全年累计办理国际结算量468亿美元，同比增加106.80亿美元，其中累计实现跨境人民币业务量53.58亿元。全年累计销售法人理财产品1368.21亿元，办理电子票据贴现82.27亿元、央行再贴现金额22.90亿元、票据买入返售业务57.02亿元。实物类贵金属累计销售2659.36千克，交易类贵金属累计交易量1368.55吨，黄金租赁当年累计发生额1780千克。

三、坚持风险管理，资产质量继续稳步提升。该行一是坚持绿色信贷原则，在审查中做到有保有控，突出加强对贷款用途的审核，从源头上控制信贷资金被挪用的风险；二是按照"保续建、控新建"原则，优先审批通过前期贷款或搭桥贷款的在建续建项目，严控一般加工工业扩大产能贷款，鼓励新增贷款投向新能源、新技术和新产业及贸易融资。

四、坚持从严治行的方针，内控管理水平稳步提升。该行把加强内控管理作为各项工作的重中之重，不断强化基础管理，积极创新管理手段，防范案件工作取得明显成效，实现连续4年零发案。一是针对十大风险点及日常检查发现的20多项重要业务隐患，逐项制定防控措施，同时建立支行常态内控评价指标体系，完善了支行内控评价制度化建设；二是开发了"员工违规行为动态监测"模块，初步形成对员工部分异常行为的动态监测，突出加强重点人员和关键岗位监督；三是通过制定《内控合规专业操作风险监测预警工作规程》、《业务运营风险分级管理实施细则》和《监督重大异常事项报告管理办法》，开发"远程图像监控系统"，建立支行内控管理副行长制度等有效手段，建立完善了操作风险预警工作机制；四是积极开展大额现金存取款业务、二级分行督查岗履职情况、资金异动类模型数据和低风险事件等重点检查，并在全行开展合规管理"飞天行动"，给各类违规违纪经营行为构成较强震慑。

五、坚持改革创新战略，不断完善经营管理机制。一是完善重点县域支行管理制度，通过增加人力资源配置、优化渠道建设和健全激励约束机制等措施，进一步提升重点县域支行市场

中国工商银行股份有限公司山东省分行主要统计指标

单位：亿元

项　　目	2005	2006	2007	2008	2009	2010	2010年同比增幅（%）
本外币资产总额	2324.85	2605.87	2964.23	3598.49	4546.80	4882.44	7.38
本外币存款余额	2178.29	2442.71	2776.25	3358.54	4317.47	4624.99	7.12
人民币存款余额	2149.41	2410.74	2742.93	3325.88	4281.38	4586.74	7.13
企业存款	537.5	632.34	776.23	931.67	1260.97	1305.11	3.50
机关团体存款	371.16	464.68	577.15	686.85	872.31	1016.09	16.48
储蓄存款	1243.08	1306.75	1342.69	1631.47	1956.05	2175.13	11.20
本外币贷款余额	1846.84	2161.93	2548.12	2898.77	3592.29	4122.10	14.75
人民币贷款余额	1826.26	2133.78	2467.82	2846.07	3524.28	4034.23	14.47
短期贷款	654.98	800.65	937.41	1100.26	1188.89	1347.05	13.30
中长期贷款	1148.03	1333.13	1530.40	1745.81	2335.39	2775.05	18.83
票据融资	51.56	71.83	61.53	102.95	110.68	48.04	-56.60
利润总额	--	33.01	39.22	74.02	84.55	92.07	8.89
不良贷款余额	58.99	56.32	55.50	55.45	67.95	64.05	-5.74
不良贷款占比%	3.23	2.61	2.18	1.91	1.89	1.55	-0.34

竞争力；二是全面启动渠道优化建设，新建改造财富管理中心1家、贵宾理财中心23家、一般理财网点35家、金融便利店10家，为网点增配各类服务设施2339台（件）；三是成立省行报表管理中心，加快推进报表集中管理工作，保证了报表报送的及时性和准确性；四是稳步推进运营三项改革，顺利完成全省二级分行监督业务上收、远程授权改革推广和投产实时清算来账业务等工作，风险事件处理效率大幅提升。

【公司业务】　2010年，工行山东省分行紧跟市场和政策变化，适时调整信贷投向，合理把握信贷结构，实现公司贷款均衡增长，并使新增贷款很好地契合了宏观政策要求和经济发展需要。

一、做好重点大户营销服务工作，确保重点项目资金到位。一是进一步整合客户资源，优化业务流程，积极使用银团贷款、短期融资券和中期票据等新型融资手段努力满足客户合理融资需求，不断提升对全省大型优质客户的服务效率和服务水平；二是坚持有保有控、合理取舍，发放项目贷款的80%以上投向了在建、续建项目，保证了已开工项目的融资需求。

二、大力实施信贷行业结构和客户结构优化战略。该行重点支持高速公路、铁路、港口、电力等已列入国家和省政府投资规划的重大基础设施项目，同时加大对黄三角、半岛蓝色经济区以及现代服务业、文化产业的信贷投放。全年公司客户贷款的85.4%投向了AA-级（含）以上企业，使AA-级（含）以上有贷户达到1520户，占比81.37%，同比提高2.33个百分点。

三、重点推动国内贸易融资、电子商业汇票和小企业业务发展。一是加大对供应链融资及电子应收账款平台的市场推广力度，成功办理全国系统内第一笔紧密型供应链电子应收账款融资业务；二是通过大力推广小企业网贷通等创新业务品种，使小企业贷款增长取得历史最好水平，此业务开办5年来首次实现当年贷款新增100亿元以上；三是电子商业汇票业务发展迅速，签约客户超过2000户，累计承兑额名列系统及同业第一。

【机构业务】　2010年，工行山东省分行机构业务保持平稳较快发展，银政、银军、银证、银银和银保等客户关系得到进一步巩固和加强，新增客户数量大幅增加。一是全面拓展与政府机构的合作关系，重点针对财政、社保、住房公积和公安等部门实施一揽子营销活动，夯实了客户发展基础；二是借助科技开发优势，先后为济南军区开发资金监测系统，与山东省质监局联合开发质监系统财务资金管理系统，有效巩固了与重要机构客户的合作关系；三是继续加大与农信社、城商行、中小股份制银行、证券、信托公司、期货公司等同业机构合作力度，分层次、有步骤、有策略地拓展保险公司客户，依法合规开展银保代理业务。

【个人金融业务】　2010年，工行山东省分行围绕“坚定不移抓客户”这条工作主线，以市场为导向，加强渠道和队伍建设，全方位提高客户服务水平，有力推动了个人金融业务的快速发展。一是锁定重点个人金融市场,大力发展个人经营性贷款和借记卡等优势产品,个人客户市场得到有力拓展;二是新建财富管理中心6家,并制定实施了《财富管理中心运营管理办法(试行)》,确保其经营发展取得实效;三是研发投产个人金融业务支持平台,每日组织发布财经信息、主题沙龙、营销推介演示文稿等专题研究与理财资讯,实现对一线客户经理的智力支持和资源共享;四是组建重点县(市)营销小分队,有效扩展了营销服务范围;五是加大自助柜员机新增力度,投产特易通终端号与电话线路号码绑定控制项目,通过网控机实行交易识别验证,防止特易通异地使用或挪作他用。

【企业年金业务】 2010年,工行山东省分行以"调结构、扩市场,突破重点领域"为指导思想,加大龙头行业攻坚力度,实现了企业年金和资产托管业务在系统及同业内的绝对领先优势。

一、紧抓行业龙头,加大企业年金重点项目拓展与储备力度。一是将电力、铁路、新华书店等行业性客户作为营销重点,通过调整考核办法和加强上门走访,激发全员营销活力;二是加强与政府主管部门联系沟通,积极参与《山东省国有企业试行企业年金暂行办法(征求意见稿)》的拟订,组织对38家省属企业的逐户上门走访服务活动,重点项目储备工作卓有成效。

二、加大工作力度,实现资产托管业务发展新突破。一是进一步加强企业年金受托业务集中处理中心的建设工作,较好的履行了全国 "如意养老"1号和2号企业年金计划的主办行职责,同时争取到"如意养老3号"的承办权;二是业务范围进一步扩大,运作效率和规模大幅提高,全省所有16个二级分行均实现资产托管业务零突破;三是重点加快股权类、融资类、债券类、证券投资类等创新资产托管业务发展,在收益权信托资金托管业务领域实现新突破。

【投资银行业务】 2010年, 工行山东省分行按照 "做大业务、规范管理、树立品牌"的指导思想,强化投行品牌建设力度,实现投行收入8.49亿元, 连续7年成为全行中间业务收入第一来源。一是一般性投融资顾问、信息咨询和常年财务顾问等基础类投行业务稳步发展,三项业务收入合计占比78.40%;二是主要品牌类投行业务增长迅速。以重组并购、结构化融资、银团贷款安排与管理、股权私募为代表的品牌类业务收入增长明显,合计收入1.84亿元;三是探索股权私募主理银行业务,向总行成功申请主理银行业务开办权,同时加大银团贷款与信贷资产转让业务的推动力度。

【住房金融业务】 2010年, 工行山东省分行积极抢抓省内房地产市场蓬勃发展机遇,坚定打造"第一按揭银行"的战略目标不动摇,强化营销组织推动,新增各类房地产贷款203.20亿元。一是全面做好个人住房贷款成数和利率政策调整, 通过95588积极协助做好客户咨询与客户投诉的受理和解释工作;二是协助相关部门制定个人住房贷款智能化审批条件,完善业务操作流程,加快智能化的推广实施;三是严把按揭项目准入关,严格限制向存在盲目扩张、高价拿地、资金链脆弱、过度融资、囤积房源、捂盘惜售等现象的房地产开发客户新增贷款,禁止向土地闲置2年以上的项目新增贷款;四是加强与当地土地储备中心的沟通和合作,配备专职人员开展土地储备贷款专项营销工作。

【结算业务】 2010年,工行山东省分行积极抢抓山东省"招强引大"及鼓励企业"走出去"的外向型经济发展新机遇,主动调整发展策略及业务、产品和客户结构,努力发掘新的业务增长点。

一、客户基础进一步夯实。截至年末,全行对公结算账户存量达22.91万户,较年初增加2.95万户,签约19家大型交易市场,所辖16家二级分行对公结算增量均居四大国有银行第一,继续保持了省内第一结算银行的市场地位。现金管理客户新增1.3万户,同比增加6390户,增幅96.67%。其中,新增全球现金管理客户74户,新开立NRA账户35户,并完成年内全省最大单笔NRA账户结算工作。

二、国际结算业务蓬勃发展。全年完成国际业务结算量473亿美元,继续保持省内同业第一。其中,跨境人民币业务快速发展,累计实现业务量53.58亿元,在四大国有银行中占比第一,完成工行系统内第一笔代理同业办理跨境贸易人民币结算及最大一单跨境人民币业务。

三、创新型业务竞争力明显增强。全年累计销售法人理财产品1368.21亿元,稳居同业第一,并首开工行系统内股权信托理财之先河。贵金属业务全面推进,实物类及交易类贵金属产品销售交易量稳居省内同业之首,黄金租赁业务当年累计发生额1780千克,年末余额1180千克,遥遥领先省内同业。与省工商行政管理局签约合作,成功推出工商E线通业务。

【银行卡业务】 2010年,工行山东省分行紧紧围绕"全球第一发卡银行、中国第一信用卡品牌"的发展战略要求,充分发挥全行网点、网络和客户资源整体优势,大力调整发卡结构,丰富消费促销手段,各项主要经营指标均创历史新高。一是在抓好社保卡、公务用卡等重点项目发展的基础上,重点发挥渠道优势,大力发展网上办卡,有效提高优质客户占比;二是持续开展专项促销活动,推出多种个人金融产品整体营销及汽车消费分期等业务,投产了"信用卡分期付款台账管理系统",进一步完善了授信审批流程;三是加强存量卡账户管理,对"卡片余额为零、状态为未启用、低额度且发卡时间在1年以上"的长期不动户进行专项清理。截至年末,全行信用卡发卡量387.17万张,累计实现信用卡消费额329.64亿元,信用卡透支余额达37.83亿元,其中分期付款余额达17.4亿元,巩固并扩大了省内"第一发卡银行"、"第一收单银行"地位。

【电子银行】 2010年, 工行山东省分行以柜面业务分流为主题,继续贯彻落实"手段电子化"战略,综合运用多种营销方式促进新产品和特色业务推广, 实现了电子银行业务质量、规模和效益的同步提高。一是创新营销方式,针对企业和个人客户,分别开展了活跃企业往来户名单式营销和中高端客户精准营销工作,同时继续巩固了省内考试报名网上支付市场领先地位;二是创新产品种类,大力推广银企互联和跨行资金管理系统,成功投产了个人网银结汇、企业网贷通和网上申请信用卡等一系列新产品,开发了社保卡医保账户网银查询、电子银行客户信息管理系统优化和数字电视缴费平台等一系列本地创新项目;三是完善售后服务,通过支行专管员、电话银行中心座席外拨和网点电话回访等形式,积极组织开展新增企业网银证书版客户和个人U盾客户回访工作,有效防范了外部欺诈风险。截至年末,全年新增企业网银客户1.5万户、个人网银客户139.8万户、手机银行(WAP)客户109.6万户、电话银行客户115.6万户,电子银行业务占比达到50.20%,同比提高2.8个百分点。

【信贷管理】 2010年,工行山东省分行深入开展"深化信贷管理年"活动,强化重点业务风险防控,扎实推进信贷管理创新:一是积极压降潜在风险贷款,严控和整治个人违约及不规范贷款,细化房地产贷款管理,加快推进政府平台贷款规范清理,大力开展担保圈化解工作;二是自主开发了"法人客户贷后管理系统"和"个人贷款日常管理考核系统",提升了贷后管理能力和效率;三是组织开展产业集群小企业联保融资业务,创新专业批发市场个人经营联保方式贷款,有效拓宽了小企业融资渠道。四是加快不良贷款清收处置。该行以"提升风险管理效能"为目标,围绕"全面风险管理和不良资产处置"两条主线,改进管理方式,细化工作措施,不断加大对不良贷款重点分行和重点大户的清收处置力度。全年累计压降潜在风险贷款112.61亿元;压降个人违约及不规范贷款分别达15.7亿元和7.64亿元;否决不合规房地产客户120户,否决率36.8%;化解担保圈风险贷款343.68亿元,清收处置转化不良贷款38.90亿元。

【人力资源开发】 2010年,工行山东省分行不断加强队伍建设,干部队伍素质和员工职业发展机制进一步得到加强和完善。

一、加强领导班子建设。一是围绕廉洁从政、干部选拔和科学决策等主题,组织开展党委中心组集体学习,并通过视频系统,将学习范围扩大到二级分行党委中心组和支行班子成员;二是制定《管理人员任职资格管理暂行办法》,同时继续加大干部交流锻炼力度。

二、加强员工队伍建设。一是充分发挥模拟银行培训中心及网络培训教室等硬件资源优势,深入开展全员教育培训,积极创新支行行长、专业人员、销售人员、柜员及中年员工等特色培训项目;二是修订了《员工职业发展管理暂行办法》;三是进一步规范和优化医疗保障服务,在政策框架内最大限度解决了员工大额医疗费用问题。

【财务会计】 2010年,工行山东省分行深化财务预算管理,完善资源配置和绩效考核机制,不断提升财务会计基础管理水平。一是不断细化完善财务预算编制方法,资金往来首次引入全额资金集中配置净收入预算管理模式,综合经营计划更加注重各项业务协调发展,引导全行推进结构调整和经营转型;二是修订二级分行绩效考核办法,完善省行机关担标部室考核体系和营业费用分配管理办法,研究制定全省统一的支行考核办法,以适应小企业专营机构改革和支行经营零售化转型需要;三是优化中间业务收入考核模式,严格管理,加大收费标准执行情况的非现场监测力度;四是合理控制各项费用增长,严格执行重大项目财审会议制度,重点抓好营业网点装修改造和竣工决算审查,有效降低成本。

【信息科技】 2010年,工行山东省分行信息科技工作以紧抓安全生产、开发创新和服务发展为重点,不断完善基础设施和科技支持体系:一是落实安全生产措施,全年信息系统可用率在主要业务时段保持在99.98%以上,ATM硬件正常运行率98%以上;二是加快创新和产品整合,完成了"工商E线通系统"、"第三方存管业务POS终端系统"、"公积金ATM查询项目"、"军队资金账户网络结算监控系统"等68个项目(任务)的开发和投产工作,总行作业监督、远程授权和业务集中处理平台推广投产工作进展顺利;三是加强设备管理,积极实施自动柜员机更新安装投产工程,新投产ATM449台、多媒体自助终端640台,有效分流了柜面业务压力。

【企业文化建设】 2010年,工行山东省分行以构建"和谐银行"为主线,加强宣传引导,探索建设特色企业文化。一是通过制定行级领导干部工作联系点制度、开辟干部员工沟通平台,构建人本文化;二是继续深入开展以职业道德、社会公德、家庭美德、个人品德为主要内容的"四德"教育活动,并组织评选了第2届"感动工行——山东分行十大好人好事"和"十大道德模范";三是将职工之家作为加强宣传教育和思想政治工作的重要渠道,投入工会经费137万元用于职工之家建设,全年表彰命名先进职工之家8个、合格职工之家12个,推荐报送总行级模范职工之家4个。

【大事记】 1月5日 工行山东省分行召开2010年旺季业务竞赛活动动员视频会议。

1月16日~17日 工行总行赵林监事长、易会满副行长参加山东省委、省政府在北京举行的黄河三角洲高效生态经济区开发建设恳谈会暨签约仪式。易会满副行长代表工行总行与省政府签署《支持黄河三角洲高效生态经济区发展战略合作协议》。

1月21日 大众网在济南举行风尚大典暨"2009年度山东网友最信赖的金融品牌评选"颁奖典礼,工行山东省分行一举囊括"2009年度山东网友最信赖的银行"、"2009年度山东网友最信赖网上银行"和"2009年度山东网友最信赖银行理财品牌"3项大奖。

1月26日 工行山东省分行与山东电力集团公司举行现金管理服务协议签约仪式。

1月28日 工行山东省分行储蓄存款突破2000亿大关,

余额达到 2006.39 亿元。

1 月 29 日　工行山东省分行与济南军区联勤部举行全面合作协议签字仪式。

1 月 31 日 ~2 月 1 日　工行山东省分行在泰安召开 2010 年全省行长会议。

2 月 5 日　山东省委常委、常务副省长王仁元到工行济南大观园支行视察指导工作。

2 月 23 日　全省金融工作会议在济南召开，工行山东省分行被省政府授予“金融创新奖”。

3 月 21 日　工行山东省分行各类房地产贷款突破千亿元大关，余额达到 1003.30 亿元，成为省内第一家房地产贷款余额过千亿的银行。

3 月 23 日　工行山东省分行与山东省工商行政管理局在济南举行“推股权融资促产业结构调整说明会暨‘工商 E 线通’战略合作股权融资签约仪式”。

4 月 9 日　工行山东省分行营业部在济南举行存款超千亿新闻发布会。

4 月 15 日　工行山东省分行被人行济南分行授予“2009 年度贯彻货币信贷政策先进单位”。

4 月 23 日　工行山东省分行与山东黄金集团签署《矿业融资合作备忘录》。

4 月 28 日　工行总行姜建清董事长，易会满、张红力副行长到日照调研蓝色经济发展情况，期间会见省政府姜大明省长。

6 月 28 日 ~7 月 1 日　工行总行罗熹副行长来山东出席总行教育培训专业高级管理人员培训班，并到工行山东省分行调研指导工作。

7 月 9 日　中共中央政治局常委、国务院副总理李克强来山东调研经济运行情况，并在烟台主持召开企业座谈会。工行山东省分行行长沈荣勤作为金融机构唯一代表参加会议并发言。

8 月 25 日　工行山东省分行与齐鲁电视台举行全面业务合作协议签约仪式。

9 月 2 日　工行山东省分行与山东邮政速递物流有限公司举行战略合作协议签约仪式。

9 月 29 日　工行山东省分行与山东省文化体制改革和文化产业发展工作领导小组办公室、大众报业集团、省广播电影电视局、省出版集团、省影视集团举行促进文化产业发展战略合作协议签字仪式。

10 月 11 日　工行山东省分行与山东省盐务局(山东省盐业集团有限公司)举行全面合作协议签字仪式。

10 月 27 日　工行山东省分行召开电子银行十周年表彰大会。

11 月 17 日　工行总行李晓鹏副行长来山东省分行宣布总行党委干部任免决定：谷澍担任山东分行主要负责人；沈荣勤不再担任山东省分行行长、党委书记职务。

11 月 30 日　工行总行和浪潮集团在济南举行全球现金管理上线仪式暨业务交流会。

12 月 22 日　工行总行党委任命谷澍为工行山东省分行党委书记，同时聘任谷澍为山东省分行行长。

12 月 31 日　山东省委常委、常务副省长王仁元到工行山东省分行营业部看望慰问参加年终决算的干部员工。

(马庆东　于华阳)

中国工商银行股份有限公司青岛市分行

【第一负责人简介】　孙建勇，男，1961 年 12 月生，汉族，中共党员，北京工商大学 MBA 学位，高级经济师。1977 年 12 月参加工作，1998 年 8 月，任工行山东德州市分行党委书记、行长；2001 年 9 月，任工行山东省分行党委委员、副行长；2009 年 6 月至今，任工行青岛市分行党委书记、行长。

【综述】　2010 年，中国工商银行股份有限公司青岛市分行(以下简称“工行青岛市分行”)面对错综复杂的经济金融形势，以创新的思维加快发展方式转变和经营结构调整，竞争发展能力和可持续盈利能力进一步提升，各项业务健康快速发展，资产质量得到根本性改善。

【贷款业务】　2010 年，工行青岛市分行认真贯彻落实宏观调控政策和监管要求，合理把握信贷投向，积极主动调整优化信贷结构，紧紧依托产品创新，深度挖掘信贷客户资源，各项贷款快速增长。一是大力实施扩户工程，积极完善绩效考评体系，充分激发全行各个层面的营销积极性，突出抓好客户总量扩大和结构优化工作；二是加快业务创新步伐，深度挖掘客户个性化需求，充分运用丰富的产品资源，为客户提供优质的一揽子服务方案，满足了客户全方位、多层次、差异化的金融需求；三是主动适应客户跨市场、多元化的综合金融服务需求，充分发挥集团优势，积极探讨境内外一体的投融资运作模式，为半岛蓝色经济区建设开辟直接融资渠道。

【存款业务】　2010 年，工行青岛市分行不断强化综合服务和联动营销意识，进一步优化负债结构，着力完善渠道布局，存款业务的基础地位得到进一步巩固。一是强化存款业务的考核

中国工商银行股份有限公司青岛市分行主要统计指标

单位：亿元

项　目	2005	2006	2007	2008	2009	2010	2010年同比增幅(%)
本外币资产总额	429.12	483.03	533.55	647.89	790.05	885.91	12.13
本外币存款余额	413.81	447.59	504.2	611.43	754.68	820.07	8.66
人民币存款余额	395.68	439.39	488.73	594.96	733.1	804.1	9.68
企业存款	78.15	86.57	104.44	121.54	185.93	217.18	16.81
机关团体存款	81.32	91.48	111.39	131.3	150.22	167.75	11.67
储蓄存款	254.34	280.75	283.55	343.35	391.80	435.14	11.06
本外币贷款余额	239.16	292.13	384.95	488.79	641.32	772.54	20.46
人民币贷款余额	235.11	283.75	364.53	470.77	625.89	733.97	17.27
短期贷款	70.59	91.19	119.43	185.33	118.69	165.04	39.05
中长期贷款	157.61	187.08	244.44	303.46	423.82	597.34	40.94
票据融资	10.97	13.86	21.08	51.8	98.81	10.17	-89.71
利润总额	0.62	6.12	12.17	15.58	15.89	23.11	45.44
不良贷款余额	18.77	16.07	12.24	9.29	9.16	6.98	--
不良贷款占比(%)	7.85	5.50	3.18	1.90	1.43	0.90	--

激励机制，不断提升存款竞争能力，进一步健全稳存增存机制；二是优化资源配置，加强部门联动，增进业务协同，形成营销合力，促进各项业务全面协调发展；三是加强渠道建设，积极构建布局合理、功能完善、竞争有力的网点渠道体系，全面推进网点由业务操作型向营销服务型转变。

【国际业务】　2010年，工行青岛市分行抓住国际贸易复苏的有利时机，以提高市场占比为核心，以业务创新为动力，以内外联动为手段，实现了国际业务又好又快发展。一是积极实施重点客户营销战略，为重点客户配备专职的客户经理和产品经理，结合客户实际逐户制订营销方案；二是找准目标客户，实施分层营销策略，进一步夯实国际业务客户基础；三是实施金融创新战略，以创新促发展，提升市场竞争力。截至年末，实现国际业务结算量115.81亿美元。

【银行卡业务】　2010年，工行青岛市分行大力推进银行卡业务的持续发展。一是优化发卡结构，提高银行卡优质客户渗透率；二是深入实施精确营销、精品服务、精细管理的发展策略，大力拓展收单和分期付款业务，多措并举抓促消费额稳步增长；三是强化电话银行和网上银行作为银行卡服务主渠道作用，构建便捷高效的服务渠道体系，促进高成本网点服务向低成本电子服务渠道转移、高成本人工服务向低成本自助转移。截至年末，实现信用卡发卡量63.90万张，消费额突破40亿元。

【电子化建设】　2010年，工行青岛市分行狠抓电子化建设，不断加大自主创新力度，充分发挥科技引领作用，圆满完成各项应用系统推广工作和项目研发任务，为各项业务的快速发展提供了强有力的支持和保障。一是深化科技与业务融合，提高客户服务、产品创新和风险防范能力，确保全行信息系统的高可用率和高安全性；二是完善生产网络、办公网络和互联网的安全管理，全面提升网络层面安全防控等级；三是充分发挥电子银行渠道的替代作用，加大推广自助设备的应用，加快柜面业务分流，促进全行经营模式转型。截至年末，实现电子银行业务笔数21470万笔，电子银行分流率达到60.20%。

【内部管理】　2010年，工行青岛市分行坚持内控优先、合规至上原则，正确处理业务发展与风险控制的关系，从严治行，切实提升风险和内控管理水平。一是强化内控案防管理，按照"行为有规、授权有度、监测有窗、检查有力、控制有效"要求，大力开展内控文化建设，深入推进"双零"(零违章、零差错)网点(柜员)建设；二是着力构建充满活力、富有效率的体制机制，在风险可控的基础上，按照以"客户为中心"的服务理念，持续优化业务处理流程，提升业务处理效率和服务水平；三是深入推动内控管理工作的制度化和长效机制建设，继续夯实发展基础，走规模、质量、效益协调发展的道路。

【大事记】　1月9日　工行青岛市分行成功投产总行全额资金集中项目，实现了分行向总行层面的全额资金集中管理。

2月22日　工行青岛市分行印发工银青党发 [2010]7号文,任命薛德贵兼任工会主任。

3月2日　工行青岛市分行成功办理首笔出口订单融资业务。

4月10日　山东省政协常委、经济委员会主任孙立新率领省政协促进服务业繁荣发展课题组到工行青岛市分行进行工作调研。

5月12日　工行青岛市分行正式实施第一期标杆网点服务提升项目。

5月19日　工行总行李晓鹏副行长出席在青岛召开的"2010年银证业务营销推动会"。

6月29日　工行青岛市分行召开支行行长工作会议,专题安排部署"扩户工程"工作。

7月1日　工行总行王丽丽副行长出席在青岛召开的"企业债务融资工具主承销业务座谈会"。

7月2日　工行青岛市分行印发工银青党发〔2010〕33号、工银青发[2010]140号文,任命乔霞为工行青岛市分行党委委员、副行长。

8月29日　工行青岛市分行举行第5届业务技术集中比赛。

9月13日　工行总行张红力副行长出席在青岛召开的"贵金属业务座谈会"。

9月20日　工行青岛市分行印发工银青党发[2010]52号、工银青发[2010]206号文,聘任崔勇为工行青岛市分行党委副书记、副行长。

10月9日　工行青岛市分行启动工银商友俱乐部成立暨商友卡首发仪式。

11月8日　工行青岛市分行印发工银青发 [2010]237号文,聘任张世英为工行青岛市分行高级专家。

11月26日　工行青岛市分行私人银行中心暨私人银行会所正式成立。

(杨　杰)

中国农业银行股份有限公司山东省分行

【第一负责人简介】　陈军,男,1963年1月生,汉族,中共党员,大学学历,高级经济师。1979年11月参加工作,1999年12月,任农行泰安市分行党委书记、行长,2004年5月,任农行山东省分行党委委员、副行长;2005年12月,任农行新疆区分行党委书记、行长兼新疆兵团分行党委书记、行长;2009年11月,任中国农业银行房地产信贷部总经理;2010年4月,任农行山东省分行党委书记、行长。

【综述】　2010年,中国农业银行股份有限公司山东省分行(以下简称"农行山东省分行")围绕"同业争排头、系统创一流"的战略目标,积极构建完善现代商业银行运行机制,加大有效信贷投放,加强和改进金融服务,有力推动了全省经济的发展。

一、突出支持重点,加大信贷投放力度。从行业投向上,围绕全省10大支柱产业、13个新兴产业和40个特色产业调整振兴意见,遴选确定了4批共463个重点项目,全年向制造业、基础设施、交通运输、房地产等行业新增贷款529.7亿元,占全部贷款(不含贴现)增量的81.6%,重点支持了全省优势行业发展和八大领域在建、续建重点项目资金需求。从区域投向上,紧跟全省区域经济发展规划,认真抓好总行和山东省政府《支持黄河三角洲高效生态经济区发展战略合作协议》的落实,全年共向黄河三角洲区域新增贷款105.4亿元,居全省同业首位,余额567亿元。从贷款结构上,全年新增小企业贷款50.4亿元,同比多增25.8亿元;新增个人贷款244.5亿元,其中个人住房贷款161.1亿元,支持了全省中小企业发展和城乡居民的消费需求。

二、深化三农金融事业部改革,大力支持全省县域经济发展。一是围绕全省农业产业化、农村工业化和城镇化"三化"进程,加大对"三农"和县域经济的支持力度,全年新增农业产业化龙头企业贷款31.1亿元,与536家省级以上产业化龙头企业建立了业务关系,服务覆盖面82.6%,信贷业务市场份额26.8%;二是大力支持县域重点城镇供排水、供热、污水处理、基础设施建设,县域城镇化贷款较年初增加22.1亿元;三是积极支持"新农保"、"新农合"项目,加快发展惠农卡和农户小额贷款业务,全年新发惠农卡193.1万张,新增农户小额贷款44.3亿元;与43个县达成了新农保代理协议、与18个县达成了新农合代理协议,让广大农民享受到了现代化的金融服务。

三、改革创新金融产品,不断增强社会金融服务能力。一是研究新产品开发计划,梳理整合了70项金融产品研发项目,全年共完成15项产品的上线推广,惠农一卡通、城乡建设用地增减挂钩项目贷款分别荣获总行"产品创新成果奖"1等奖和2等奖;二是加快推进网点转型步伐,全年共建成精品以上网点244个,以"营销技能提升年"活动为契机,分批实施网点营销技能提升导入,共导入网点170个,在全部1348个综合网点配齐了大堂经理,金融理财师总量532人;三是强化了网上银行、转账电话和电话银行的营销,全年新增电子银行注册客户422万户,同比增长61.7%;电子渠道交易量占比54.6%,同比提高7.9个百分点。

四、加强金融风险管控,确保全行安全稳健运营。坚持一手抓业务发展、一手抓风险防控,围绕全省"转方式、调结构"的总

中国农业银行股份有限公司山东省分行主要统计指标

单位：亿元

项　目	2005	2006	2007	2008	2009	2010	2010 年同比增幅（%）
本外币资产总额	2215	2556	2783	3476	4622	4916	6.35
本外币存款余额	2062	2372	2653	3266	4203	4697	11.75
人民币存款余额	2046	2354	2636	3244	4181	4664	11.56
企业存款	438	536	672	797	1267	1400	10.54
机关团体存款	202	255	276	291	339	372	9.97
储蓄存款	1273	1437	1579	2015	2410	2706	12.27
本外币贷款余额	1598	1770	1914	1820	2680	3220	20.18
人民币贷款余额	1577	1743	1893	1808	2623	3166	20.71
短期贷款	940	1045	1178	997	1286	1586	23.30
中长期贷款	455	490	604	666	1142	1494	30.78
票据融资	174	199	102	144	194	86	-55.75
利润总额	14	6	17	32	71	105	47.40

注：因农行 2010 年股改，不良贷款指标不具可比性，故未填写。

体部署，坚持“有保有压、有进有退”，在加快投放中优化客户结构、提升贷款质量。同时，按照总行部署，在全系统开展了地毯式集中审计、案件专项治理以及“合规文化建设年”等活动，夯实了管理基础，全年没有发生案件和责任事故。

【三农业务】　2010 年，作为系统内首批三农金融事业部改革试点行，农行山东省分行大力推动三农和县域业务做大做强。一是理顺管理体系，做实“三农”业务运行机制，推行了省行、市分行“两级督导”，县域支行“一级经营”的管理模式，并按照“属地原则、名单管理、统一政策、各自反映”的要求，进一步理清了“三农”业务边界，深化完善了三农信贷管理、经济资本管理、资金管理、“穿透式”等制度办法，为“三农”业务发展提供了有力的机制保障；二是加强分类指导，研究制定了相关《意见》，从考核激励、资源配置、业务流程、授权管理等方面实施政策倾斜，推动重点县域支行率先发展，带动县域支行全面发展，同时，加大了农业产业化、工业化和城镇化重点项目营销力度，省级以上产业化龙头企业服务覆盖面较年初提高了 17.3 个百分点；三是全面推进服务“三农”现代支付结算体系建设，并探索推广了“惠农一卡通 + 三农金融服务站”、“联名卡 + 农产品物流园”等服务模式，在农村金融市场的主渠道地位进一步巩固。

【公司业务】　2010 年，农行山东省分行公司业务立足创新发展，精心培育核心客户，调整优化资产结构，骨干支柱作用得到了进一步发挥。一是制定了《核心法人客户营销考核办法》，分类实施“突破零份额、提升低份额、巩固主份额、优化高份额”的营销策略，成功拓展了山东重工集团等战略性目标客户 19 家，其中新拓展零份额集团性客户 10 家，铁路、电力、公路系统重点项目营销成功实现突破；二是重点区域、产业和项目营销取得较大突破，制定了《重点城市行 3 年改革发展规划》和配套实施方案，通过实施总对总营销、高层营销、方案营销，已经成为华能集团、山东高速、山东黄金、华泰集团等 9 家客户的最大合作银行；三是公司业务转型步伐明显加快，全年投资银行业务市场份额跃居省内同业第 2 位，在系统内位居第 3 位；四是市场营销体系建设渐趋完善，公司业务贡献度快速提高。

【机构业务】　2010 年，农行山东省分行强化系统拓展，加强基础管理，机构业务实现了快速、高效、稳健发展。一是突出重点，积极推进财政系统基础合作，紧跟社保项目改革动向，扎实推动住房公积金营销，全力做好民口科技重大专项资金营销，新型业务领域营销成效显著；二是锁定高端市场，推进精细管理，客户综合营销成效显著，年末省级财政存款总量 133.07 亿元，增长 16.19 亿元；三是推进代理创新，全面增强保险代理发展质效，推进产品结构向高收益保障型转变，代理合作向综合营销转变，营销模式向自主营销转变；四是拓宽业务渠道，以托管、第三方存管业务为重点，积极推动产品创新，夯实发展基础，不断深化金融同业“宽领域、多方位”合作。

【房地产信贷】　2010 年，农行山东省分行坚持有保有压，加大优质市场拓展力度和风险管控，房地产信贷业务稳健发展。一是坚持拓展优质市场与加强风险管控相结合，合理把握项目审批及投放节奏，全行累计发放房地产开发贷款 95.95 亿元，同比多投 22.65 亿元；二是以优质客户为主抓手，着力培育省、市分行两级核心法人客户群，并建立核心法人客户动态调整机制，成功营销了绿地、保利等一批百强企业，房地产法人优良客户贷款占比 97.35%，比年初提高 7.74 个百分；三是抓住城镇化进程带来的二三线城市业务发展机遇，加大市场拓展力度，逐步形成重点区域均衡发展的格局，全年营销评估 30 个经济强县项目 72.45 亿元，占全部县域的 73.4%。

【国际业务】 2010 年，农行山东省分行出台了外汇业务“三个提升”综合考核办法和达标考核办法，引导各行将国际业务作为主流业务、战略性业务来抓。一是以全省前 200 强外汇客户为重点目标，实施了区域经理制度，不断做大业务总量，全年累计实现国际结算 261.89 亿美元，同比增长 40.2%，完成总行计划的 137.84%；二是大力推广本外币、境内外联动高附加值国际结算产品，累计办理涉外保函 8.27 亿美元，同比增加 4.57 亿美元；万华聚氨酯 3000 万美元融资性保函项目荣获总行对公业务“20 佳优秀营销项目”；三是及时把握企业“走出去”战略机遇，与境外分行合作推出了购付宝、贷付宝、结汇宝等境内外联动组合产品；四是试点开办了国内信用证业务，全年累计办理 7.18 亿元。

【个人业务】 2010 年，农行山东省分行坚持以发展为主线，以客户建设为中心，以转型为手段，推进了个人业务有效开展。截至年末，储蓄存款增加 295 亿元，个人贷款增加 185.6 亿元，文明标准服务水平居全国农行系统前列。一是进一步提升负债业务竞争力，强化了对存款市场份额的考核，盯紧同业动态，按季下达、按月分解计划，建立二级分行日监测、支行月监测制度，保证了个人存款快速增长；二是推动个贷业务突破发展，将个贷业务作为信贷结构调整的重点和经营转型的着力点，向重点区域高配指标，放开贷款规模，促进优势地区率先发展，将住房按揭贷款作为“精品”业务加大发展力度，并积极拓展个人助业、渔船抵押和商用汽车贷款等新的增长点；三是持续膨胀理财业务规模，实施了计价引导，利益分配、计划挂钩和落后问责相结合的激励政策，加快安心快线等主导产品的发展，全年共销售理财产品 715 亿元，居系统内第三位，先后荣获总行 2010 年度“金钥匙杰出理财”、“基金业务卓越贡献奖”等荣誉称号。

【信用卡业务】 2010 年，农行山东省分行坚持“城区抢份额、县域争第一”的营销理念，强化信用卡产品的项目营销、团体营销，以优化业务结构、完善增值服务为重点，信用卡规模与效益同步增长。一是调整客户结构，做好产品增值服务，按照“领导带头、全员发动”的白金卡营销策略，大力拓展金穗白金信用卡，锁定高端客户市场，有效提高了信用卡高端客户占比，同时，组织开展了一系列专项促销活动，提高了金穗贷记卡的社会知名度和影响力，激发了客户办卡用卡的积极性，交易额增长明显；二是丰富营销手段，按产品细分目标客户，以优质客户为营销目标，推进名单制营销管理，加大营销力度，先后与山东大学校友企业家俱乐部及省内多家具有较高资质的旅游公司签订了业务合作协议；三是做大做强商户收单业务，加大对城乡中高端商户收单市场的拓展力度，有效抢占全省高端商户市场，放宽商户准入条件，全面展开与供销系统的合作，进一步完善惠农卡用卡环境，实现了商户收单业务规模和质量的同步提升。

【电子银行业务】 2010 年，农行山东省分行不断提升渠道销售能力，电子银行业务实现飞速发展。一是升级和优化了自动转账、电子商业汇票、第三方存管、银期转账和银商通等系统，网上银行渠道功能日趋完善；二是针对电子银行发展现状，适时组织开展了短板业务推介会，截至年末，全行电子银行注册客户 863 万户，新增 422 万户，同比增长 61.7%；三是新增了无线转账业务，及时开发了社保缴费、他行汇款等业务，转账电话功能日趋丰富，垄断地位进一步稳固，全年新增转账电话客户 7 万户；四是出台了《关于加快电子渠道业务分流的指导意见》，并加大考核力度，全行电子渠道交易量占比 54.6%，同比提高 7.9 个百分点，渠道业务分流能力进一步提高。

【风险控制】 2010 年，农行山东省分行把风险控制作为第一责任，不断加强信用和操作风险的全过程管控，健全管理体系，进一步加强全面风险管理。

一、全面风险管理体系建设稳步推进。一是按照“搭建架构、理顺体系、完善机制”的总体思路，向 3 家分行试点派驻了风险主管、向支行派驻了 138 名风险经理，实行了风险主管“1+3”工作方式；二是制定了风险经理《管理实施细则》、《资产分类工作办法》等一系列制度，组织开展了对支行关键风险点监控和风险水平评价。

二、信用风险管控力度不断加强。一是认真落实国家和上级行关于淘汰落后产能和政府融资平台贷款管理要求，对 75 家列入淘汰落后产能目录的贷款企业、对 48 户政府融资平台贷款进行了风险排查、自查清理和整改规范；二是充分发挥“山东 300”重点监测系统作用，加强了对有色金属、纺织、造纸、钢铁等重点行业与客户的监测。同时，较好地完成了总行不良贷款控制计划。

三、操作风险管控手段不断丰富。一是全面上线推广了操作风险管理信息系统，实现了对操作风险事件的实时监测、分析和报告；二是组织开展了银行卡和电子渠道、信托理财业务、房地产贷款和个人住房贷款业务等 4 项风险评估和检查；三是组织修订了操作风险监测与报告管理办法，建立了覆盖各机构、各部门的操作风险主动、持续识别机制，提高了操作风险管理水平。

【信贷管理】 2010 年，农行山东省分行积极推进信贷结构调整，优化信贷运作流程，信贷管理水平持续提高。

一、信贷结构调整取得显著成效。一是研究制定了《关于加快信贷结构调整的指导意见》，明确了全年信贷结构调整的方向、目标和配套措施；二是修订完善了《潜在风险客户退出管理办法》，锁定 138 家退出目标客户，逐户落实退出责任，年末，全行优良客户贷款占比 96.5%，较年初提高 3.7 个百分点。

二、信贷业务运行机制进一步优化。一是围绕提高信贷运作效率、提升市场竞争力，研究制定了《关于进一步优化信贷业务流程的意见》，对省行直管核心法人客户业务需求，建立经营行直报制度；二是制定了《信贷业务平行作业实施细则》，在省行机关及省行营业部等 6 家分行试点开展信贷业务平行作业；三是建立了信贷业务前后台事先沟通会商机制，前移了风险控制关口，缩短了运作链条。

三、信贷基础管理进一步加强。一是部署开展了银监会流动资金贷款、个人贷款新规的落实工作，修订完善了相关管理制度；二是建立健全了贷后管理巡检、管理例会制度，试点开展了授信执行试评价，提高了贷后管理执行力；三是加强信贷电子化建设，全面推行了信贷系统管理群的运行，提高了系统运行质量和应用水平。

【资产处置】 2010 年，农行山东省分行紧紧围绕自营和委托资产处置双重任务目标，完善运行机制，规范内部管理，强化措施，加大力度，不断提高自营不良资产和委托资产处置效率和效益。一是加强处置项目筹备和分析论证，组织开展了委托资产尽职调查和核查，按月排定重点推进项目和处置计划，筛选出大额重点项目进行深入探讨，研究论证处置预案和策略；二是突出处置工作重点，加大了重点区域委托资产清收力度，并着力突破重点处置项目；三是组织开展了委托资产集中清收活动，并按旬通报清收处置进度，总结推广成功经验和典型案例。

【内控合规】 2010 年，农行山东省分行以培育合规文化、健全内部控制为主线，以风险控制为目标，确保全行经营管理健康、有序、可持续发展。一是深化体制改革，在各二级分行设立内控合规部，将职能由原来的事后监督管理向事前防范和事中介入延伸，向各县级支行派驻了风险合规经理，初步构建了省、市、县三级内控合规组织体系；二是制订了合规文化建设方案，建立了信息交流平台，开展了合规文化暨案防制度巡回宣讲活动；三是加强监督检查力度和深度，推广了非现场检查方式，充分利用计算机辅助审计系统，集中提取、分析非现场数据，提高了现场检查的针对性和有效性；四是强化问题整改和责任追究，健全了案防长效机制。

【计划财务】 2010 年，农行山东省分行计划财务工作以“财务会计管理规范年活动”为主线，创新财务会计管理机制，充分发挥预算、考评和资源配置的激励作用，全行财会管理的制度化、规范化和信息化水平不断提高。一是完善经济资本预算管理，优化贷款规模控制，不断深化以经济资本回报率为核心的贷款定价机制；二是完善绩效管理机制，健全了以市分行整体考评、三农金融分部考评、支行网点“穿透式”考评组成的考评制度体系，建立了以多维价值指标为核心的综合经营计划管理体系，实施了“整体 + 三农 + 部门条线”的计划管理模式；三是完善财务资源配置机制，建立了费用开支均衡配置机制，优化了固定资产配置，重点保证了网点转型和电子渠道建设投资；四是加大创新力度，组织开发了绩效管理系统，建立了全行统一的绩效考评管理信息平台，开发了产品计价考核系统，有效提高了全行产品计价考核管理水平，在全面梳理财务收支风险点的基础上，组织编写了“财务控制系统业务需求书”，该项目已进入技术开发阶段；五是健全财务会计规章制度和财会监管组织体系，对财务印章、内部账户、备用金和应收应付款等风险点开展了集中整治，对固定资产、集中采购和小金库治理开展了专项检查活动，财会管理的基础进一步夯实，被总行授予“股份制改革先进集体”、“财务会计综合改革先进集体”。

【运营管理】 2010 年，农行山东省分行加快构建现代运营体系，切实加强流程、精细化和人本管理，运营管理水平不断提高。一是不断强化操作风险管控力度，开展了以“铁账、铁款、铁规章”为主要内容的“三铁”创建活动，进一步优化、理顺了集事前预防、事中控制、事后验证于一体的监管检查工作流程，同时，充分发挥会计内控、监控和现金调拨系统等内控管理工具的作用，提高了操作风险控制能力；二是强化集中对账管理，落实突击查库制度，加强上门服务、延伸柜台等高风险业务管理，有效消除了重要业务和环节的风险隐患；三是建立了集中作业平台，有效减轻了网点作业量和管理难度，构建了集中监控中心，实现了运营操作风险的集中管控。

【金融科技】 2010 年，农行山东省分行充分发挥金融科技对市场营销、渠道建设、产品创新、服务创新的技术支持作用，成效显著。一是上线了工商“E 线通”项目，实施了山东电力代收费系统的集中整合，为 5 家小额贷款公司部署了小额贷款信贷管理系统，推广部署了国库信息系统，促进了企业业务的便利化；二是做好重要时间、重大事件期间特保工作，组织实施了全面信息系统安全检查并进行复查，确保了“两会”、“世博会”、“亚运会”和农行上市等重要时间段信息系统的安全运行，保障了客户电子银行渠道的安全畅通；三是联合各分行开发了寿光物流园一卡通系统、威海住房公积金代理项目、滕州新农保代收付项目、济南烟草电子代扣等项目，有效满足了各地客户的特色业务需求。

【人力资源管理】 2010 年，农行山东省分行以人本管理为核心，以改革创新为手段，不断提升人力资源管理的专业化、科学化、规范化和精细化水平。一是组织开展了“创先争优”活动和“讲党性、重品行、做表率”巩固提高年活动，逐级落实了党委成员党建工作联系点制度，加强了对党务干部的培训，有效提高了基层党务干部的党建理论和实践水平；二是深化干部人事制度改革，坚持以公开竞聘为主要方式，进一步创新干部选拔方式和手段，优化领导班子结构，组织完成了二级分行后备干部选拔工作；三是加强员工队伍建设，严把准入关口，认真组织好员工招聘和省行机关交流干部选拔工作，同时，进一步完善了全行的用工管理制度体系；四是扎实开展机构改革后评价，持续推进组织架构优化调整，稳步实施薪酬分配体系改革，科学配置工资资源，加强保险和福利管理，充分发挥激励约束作用。

【企业文化建设】 2010年，农行山东省分行坚持把企业文化作为提升全行竞争"软实力"的重要内容，制定了《企业文化深植试点实施方案》，大力强化总行企业文化核心理念的学习、宣传和培训，在全行组织开展了"践行文化理念学习先进典型"演讲、"文化宣言，从我做起"征文和摄影比赛，积极引导全行员工主动学习文化理念。同时，加强了对全行VI用品及企业文化用语的清理和规范，部署在全部办公区域及营业网点统一张贴文化理念宣传画，促进了企业文化建设固化于制、内化于心、外化于行。另外，深入开展了系统精神文明创建工作，组织开展了文明单位评选活动，全行共有25家单位获总行第一届"文明单位"称号、16家单位获总行第一届"精神文明建设工作先进单位"称号。省行和淄博分行获得全国企业文化建设2010年度优秀单位称号。

【纪检监察】 2010年，农行山东省分行以党风廉政建设责任制为总抓手，不断深化反腐倡廉教育，完善教育、制度、监督并重的惩治和预防腐败体系，全行未发生经济案件。一是严格执行党风廉政建设责任制，将该制度落实情况纳入全行绩效考核指标体系，签订《党风廉政建设责任书》24775份；二是在全行县支行以上领导班子和干部中组织开展了履职监督检查活动，深入分析存在的问题；三是开展了以基建工程、网点装修、不良资产和委托资产处置、私设"小金库"及惠农卡业务为主要内容的重点治理工作，对违规违纪问题严肃查处；四是严格落实员工思想行为排查、干部交流、岗位轮换、强制休假等重要案防制度，及时发现化解风险点。

【工会工作】 2010年，农行山东省分行工会工作以维护员工的合法利益为出发点和着力点，营造和谐稳定的工作局面。一是大力开展劳动竞赛活动，个人金融营销服务大赛、柜台业务技术团体比赛均获总行第1名，涉外保函业务知识竞赛获总行3等奖，在全行掀起比拼业务技能、争相建功立业的新高潮；二是加强民主管理，实现了行务公开工作的制度化、规范化、标准化；三是举办了全省农行系统第2届职工羽毛球比赛，组织参加了全省金融系统乒乓球赛，开展了第7届职工美术书法摄影展，活跃了员工的文化生活。

【安全保卫】 2010年，农行山东省分行进一步抓好安全保卫工作规范化管理，物防、技防水平得到显著提升，全年未发生责任性刑事案件和事故。一是组织开展了安全制度和典型刑事案例教育，提高了全员安全防范意识，与各单位签订《安全责任书》，将安全防控责任落实到人，强化了风险点防控；二是加强安防设施建设，对558套自助银行监控设备进行了更新改造，对533台自助设备安装了监控报警系统，使之完全达到了公共安全标准要求，同时，加强对安防设施的使用和维护管理，提高了监控系统维护的效率和质量；三是充分发挥远程视频非现场实时监管的作用，实时察看监控目标，枪支使用和押运运钞日渐规范；四是积极推行守押市场化，大力减枪减库，实现了高风险业务的外包，最大限度的减少高风险点，全年实行社会化押运的网点1311个，占比92%，同比增加了31个百分点。

【大事记】 1月14日 山东省2009年度"管理创新十佳企业"、"十佳经营管理者"、"优秀应用成果" 颁奖典礼在济南举行，农行山东省分行获得"山东省管理创新十佳企业"称号，党委书记、行长刁钦义荣获"山东省十佳经营管理者"称号，"成本控制效益分析系统CCPE"、"会计内控管理系统APCE" 分获"山东省企业管理现代化创新及优秀应用成果"一、二等奖。

2月5日 山东省委常委、常务副省长王仁元到农行山东省分行视察工作。

2月11日 山东省政府授予农行山东省分行 "山东省金融创新奖"。

3月3日 山东省国土资源厅与农行山东省分行在济南南郊宾馆举行《城乡建设用地增减挂钩业务合作协议书》签字仪式。山东省副省长才利民出席仪式。

3月17日~18日 农行总行郭浩达副行长到农行山东省分调研指导工作。

3月31日 农行山东省分行设立私人银行部山东分部，作为二级部和省行直属经营单位，归属个人金融部管理。

4月23日 农行山东省分行领导干部会议在济南召开。农行总行党委书记、董事长项俊波出席会议并讲话，山东省副省长贾万志应邀出席会议并讲话。期间，中共山东省委书记姜异康，省委副书记、省长姜大明，省委副书记、省政协主席刘伟亲切会见了项俊波董事长一行。

5月18日 山东工商行政管理局与农行山东省分行在济南山东大厦联合举行了"工商E线通战略合作暨股权融资签约仪式"。

6月11日 农行山东省分行在济南喜来登酒店举行银企全面合作暨现金管理业务签约仪式，与恒大地产、中国人寿山东分公司、山东出版集团、鲁证期货、中国重型汽车集团、中铁十局、鲁泰纺织、华泰集团、肥城矿业、山东东明石化等89家核心法人客户签订合作协议。

6月12日 农行总行下发农银党任[2010]45号文：任命陈军为中共农行山东省分行委员会委员、书记；免去刁钦义中共农行山东省分行委员会书记、委员职务。

农行总行下发农银任[2010]94号文：任命陈军为农行山东省分行行长；免去刁钦义的农行山东省分行行长职务。

7月19日 农行山东省分行在寿光市召开了建设服务"三农"现代支付结算体系现场会，并举行了寿光"惠农一卡通"开通仪式。

8月9日 农行总行朱洪波副行长一行9人到泰安分行调研。

8月14日 农行山东省分行2010年国际业务工作会议在烟台召开。

9月1日 在农行风险管理会议上，农行山东省分行荣获

"农行2008—2009年度风险管理先进单位"荣誉称号。这是总行2008年风险管理体制改革以来，首次在全行评选并颁发的全面风险管理方面的奖项。

10月10日　农行总行下发农银党任[2010]66号文，任命张晓男为中共农行山东省分行委员会副书记。

10月15日　山东省海洋与渔业厅、农行山东省分行和中国渔业互保协会共同在济南南郊宾馆举行"业务合作签字仪式"，山东省副省长贾万志、海洋与渔业厅厅长侯英民、农行山东省分行行长陈军，中国渔保协会孙颖士秘书长等政府、银行、各方领导出席了签约仪式。

农行山东省分行与山钢集团在山东大厦举行美元国际银团贷款签约仪式。

10月20日　农行山东省分行设立投资银行部，作为二级部，挂靠公司业务部。

10月29日　农行山东省分行承办人行济南分行2010年第二次支付结算联席会议暨山东省电子商业汇票宣传推介会。

11月13日　农行山东省分行和农行济南市历城支行荣获中国企业文化研究会"全国企业文化建设优秀单位"称号，淄博分行行长李长波荣获"全国企业文化建设优秀工作者"称号。

12月21日　农行私人银行部山东分部在济南市山东大厦举行开业典礼。山东省委常委、常务副省长王仁元，农行总行执行董事、副行长杨琨，山东省政府金融工作办公室主任李永健，山东银监局局长廖平之，人行济南分行副行长肖龙沧，农行私人银行部总经理周洪亮，审计局济南分局局长陈令山，青岛分行行长王志胜，农行山东省分行行领导张晓男、胡晓毅、杨国月，以及省行各部门负责人、16家二级分行行长，30名贵宾客户代表等参加了开业典礼。

12月21日晚　农行山东省分行在山东会堂举办2011新年音乐会。

12月23日　人行济南分行下发文件，对在2010年农村支付服务环境建设工作中成绩显著的单位和个人进行表彰。农行山东省分行荣获"2010年山东省农村支付环境建设综合优胜奖"，烟台、潍坊、济宁、临沂分行荣获"2010年山东省农村支付环境建设业务创新奖"，陈军、娄群、闵令民、李衍成荣获"2010年山东省农村支付环境建设突出贡献奖"。

12月31日　省委常委、常务副省长王仁元，在农行山东省分行党委书记、行长陈军，党委委员、副行长杨国月陪同下，到济南和平路支行视察，并慰问工作人员。

农行山东省分行下发农银鲁办发[2010]1483号文，将整体移位检查专职团队并入内控合规部，其职责不变。

（韩　强　张爱民　高中义）

中国农业银行股份有限公司青岛市分行

【第一负责人简介】　王志胜，男，1953年11月生，中共党员，高级经济师。1995年11月，任农业银行青岛市分行党委委员、副行长；2000年1月，任该行党委副书记、副行长；2004年5月，任农行山东省分行党委委员、副行长兼青岛市分行党委副书记、副行长；2008年3月，任农行青岛市分行党委副书记（主持工作）兼山东省分行党委副书记、副行长、工会主任；2008年9月至今，任农行青岛市分行党委书记、行长。

【综述】　2010年，中国农业银行股份有限公司青岛市分行（以下简称"农行青岛市分行"）扎实推进业务经营转型、营业网点转型、全面风险管理、和谐团队建设四项战略工程，深化精细管理，努力提升价值创造能力，各项工作取得优异成绩。

【对公业务】　2010年，农行青岛市分行以"转方式、调结构"为主线，加快有效信贷投放，调整优化信贷结构，对公业务主要经营指标创历史最好水平。截至年末，本外币对公存款余额404亿元，同比增加77亿元；法人客户贷款余额512亿元。

一、重点支持在建续建项目、城市建设和骨干企业。与区、市两级政府建立了战略合作关系，对董家口港区、东西快速路三期工程、高新区园区等优质大项目加大了信贷投放力度；向优质房地产开发项目和保障性住房建设累计投放房地产开发贷款49亿元；AAA级以上法人客户贷款余额246亿元。

二、积极营销优质中小企业信贷业务。一是参加了青岛市政府"小企业融资服务年"、"中小企业发展论坛"等活动，与浙商、温州等商会及行业协会对接，建立紧密地合作关系；二是修订《小企业信贷管理办法》，简化信贷业务流程；三是推出中小企业金融产品包，满足不同类别中小企业的差异化需求；四是准入21家担保公司，努力化解中小企业担保难的问题。截至年末，中小企业客户贷款余额376亿元，同比增加80亿元。

三、大力发展机构业务。与财政、社保、部队、公积金、教育、卫生、法院等系统客户的合作进一步深化，获总行2010年机构业务最佳进步奖。一是中标城乡居民养老保险和"市民卡"项目，为城乡居民养老保险业务累计发卡2.4万余张；二是成功发行公积金联名卡，发卡量达11万张；三是与36家驻青部队签署军人保障卡合作协议。

中国农业银行股份有限公司青岛市分行主要统计指标

单位：亿元

项目	2005	2006	2007	2008	2009	2010	2010年同比增幅(%)
本外币资产总额	428.9	576.10	590.50	683	852.20	988.20	15.96
本外币存款余额	420.9	502.10	555.70	642.30	788.10	939.13	19.16
人民币存款余额	405.10	486.80	541.10	628.20	770.20	921.70	19.67
企业存款	107.20	176.70	211.30	224	291	309.86	6.48
机关团体存款	12.20	8.10	6.70	8.60	21.20	79.36	274.34
储蓄存款	260.30	302	323.10	395.60	458	532.48	16.26
本外币贷款余额	276.40	317.50	359.90	364.90	515	625.38	21.43
人民币贷款余额	253	290.70	330.80	344.30	478.90	588.82	22.95
短期贷款	145.40	157.61	182.93	169.91	211.51	237.69	12.38
中长期贷款	100	132.99	146.87	160.29	259.19	334.10	28.90
票据融资	7.30	26.90	30.10	34.70	44.30	17.03	-61.56
利润总额	6.21	7.24	10.88	11.84	12.70	15.71	23.70
不良贷款余额	46.98	46.75	50.93	13.45	9.34	8.67	-7.00
不良贷款占比%	17	14.72	14.15	3.68	1.81	1.39	-23.2

四、坚持面向“三农”，加大县域贷款投放力度。重点支持县域优质工商企业、农业产业化龙头企业和农民生产经营，县域各项贷款余额达140亿元，比年初增加32.6亿元，增速高于全行贷款平均增速9个百分点。

【个人业务】 2010年，农行青岛市分行加快推进零售业务转型，大力实施金融产品综合营销和交叉营销，存、增量稳居岛城同业首位，被农行总行授予“大行德广、伴您成长”个人金融综合理财示范分行。该行一是大力推广个人理财服务，积极营销安心快线、本利丰及代理基金、信托理财等理财产品，满足客户资产保值增值需求，全年理财产品销售65.4亿元；二是强化对农民的金融服务，新增惠农卡12.2万张，累计发卡28万张；新增授信农户5360户，新发放农户小额贷款1.1万元，余额3.3亿元；二是优先发展个人贷款业务，成立了个贷经营管理中心，简化业务流程，提高了审批效率，截至年末，个人贷款同比增加38亿元，增幅63%；三是加快推进营业网点转型，对10个网点进行迁址，完成了30个网点装修改造，将10个分理处、储蓄所升格为二级支行，积极推广低柜业务试点，顺利实现私人银行分部开业，满足不同层次客户需求。

【中间业务】 2010年，农行青岛市分行出台了《关于进一步加快中间业务发展的意见，不断优化收入结构，市场竞争力明显提升。

一、个人人民币结算、电子银行、银行卡、代理保险四项收入不断提高。一是大力发展网上银行、电话银行和手机银行，丰富结算手段，满足客户多样化需求；二是加快中高端客户有效发卡进度，积极开展刷卡有奖、刷卡送积分等活动，银行卡消费额居同业首位；三是加强银保合作的深度与宽度，联合开展营销竞赛，代理销售保险、代理保险收入同比分别增加1.8亿元和1100万元。

二、加快推进国际业务发展。一是大力发展进口高收益业务及低风险贸易融资业务，推动涉外保函业务发展；二是积极推广跨境贸易人民币结算业务，累计受理金额6.88亿元。全年实现国际结算量117亿美元、结售汇业务量57亿美元，同比分别增加32亿美元和15亿美元，均居同业第二位；国际业务收入首次突破亿元大关，达1.3亿元，同比增加4496万元。

三、深入挖掘新兴中间业务潜力。一是大力拓展专项财务顾问、担保承诺等投资银行业务，实现收入1.3亿元；二是积极为拟上市公司、房地产企业设计融资方案，拓宽融资渠道，发行首笔信托贷款5亿元，支持3家中小企业成功上市；三是加快发展资产托管业务，新拓展企业年金客户18户，累计签约客户达53户，预托管年金规模2862万元，养老金保管规模4.7亿元，成功办理了系统内第一笔账户资产托管业务。

【电子化建设】 2010年，农行青岛市分行提高电子化建设水平。一是丰富业务办理渠道，开通了存取款机无折存款功能，加大柜面业务分流力度，满足客户多样化需求；二是加大自助设备投放量，新建自助银行35处，投放现金类自助设备141台，设备总量达670台，自助银行120处，自助银亭82个；三是提高专业化管理水平，在青岛市银行业协会年度评比中，该行获自助终端网点最佳服务、使用率突出、工作创新奖等荣誉称号。

【风险管理】 2010年，农行青岛市分行不断提高内控管理水平和风险防控能力。

一、加强风险管理体制机制建设。完善了ISO9000质量管理体系，向5家县域支行派驻独立审批人、风险合规经理，落实贷款经营责任。

二、加大重点领域信用风险防范和不良贷款清收力度。一是严格落实“三个办法、一个指引”，组织开展了信贷业务大检查；二是加强了对政府融资平台、房地产开发、“两高一剩”行业及农户小额等贷款的风险排查；三是加大对不良贷款清收力度，清收自营不良贷款本息5.9亿元，委托资产3.28亿元。

三、强化基础管理，实现了信贷管理系统群上线运行。推进集中作业、监控和授权等各项基础性工作，实现了印鉴电子化管理、授权指纹认证和对账集中管理。同时，大力推广应用风险管理工具，完成了客户评级、操作风险管理、信用风险报告、风险经理管理等系统的上线运行工作。

四、加大检查监督力度，制定了《部门履职监督作业指导书》，加强非现场监管、现场监管、突击检查和整体移位检查。扎实开展了合规文化建设教育、案件风险排查、员工行为守则教育检查、“内控和案防制度执行年”四项活动，增强员工合规经营和案件防范意识。

五、加强安全管理。一是推行全行软件正版化，加强网络安全管理；二是组织签订了《安全保卫暨社会治安综合治理责任书》；三是进一步明确反洗钱工作分工，规范操作流程；四是顺利完成了办公大楼扩建改造一期工程，主体结构一次性检验优良，获青岛市标准化示范工地称号。

【企业文化建设】 2010年，农行青岛市分行以总行企业文化核心理念发布为契机，深入开展企业文化核心理念深植活动。一是组织召开了企业文化高管论坛、创建先进经验交流会；二是组织员工向西南旱灾、玉树地震等捐款达33万元；三是积极参加公益事业，获“微尘公益之星”、“爱心助残”先进单位等荣誉称号；四是积极举办文艺汇演、健步走等文体活动，组队参加了青岛市银行业羽毛球比赛并获团体总分第一名。

【大事记】 2月4日~5日 农行青岛市分行召开2010年工作会议，提出“市区支行上名次，郊区支行争第一”的竞争目标。

3月1日 农行青岛市分行成立个贷经营中心并正式运行。

3月24日 农行青岛市分行成功为青岛啤酒集团有限公司发放5亿元信托贷款，实现信托贷款业务突破。

3月27日 农行青岛市分行本外币储蓄存款余额在同业中首家突破500亿元大关。

7月29日 农行青岛市分行各项存款在青岛同业率先突破900亿元大关，增量、存量均居同业首位。

10月17日 农行总行任命毕吉宝为青岛市分行党委委员、纪委书记。

10月20日 农行私人银行部青岛分部正式开业，青岛市委常委、副市长秦敏，农行总行党委委员、执行董事、副行长杨琨出席，青岛分行党委书记、行长王志胜致辞。

10月20日~21日 农行电子商务营销推介会在青岛举行，总行党委委员、执行董事、副行长杨琨出席。

（李明超）

中国银行股份有限公司山东省分行

【第一负责人简介】 何兴祥，男，1963年11月生，浙江绍兴人，毕业于华南理工大学工商管理专业，研究生学历，经济师。1982年8月参加工作，历任中国银行嘉兴分行副行长、行长，浙江省分行风险管理处处长，吉林省分行副行长，海南省分行行长；2008年4月至今，任中国银行股份有限公司山东省分行党委书记、行长。

【综述】 2010年，中国银行股份有限公司山东省分行（以下简称“中行山东省分行”）加快转变发展方式，纵深推进战略执行，取得了良好的经营业绩。年内，该行先后荣膺山东省委、省政府“金融创新奖”，省委宣传部和《大众日报》联合评选“百姓口碑最佳荣誉单位”，《青岛日报》“2010消费者最满意服务金牌”、“最具社会责任感银行”和“2010年十大微尘公益之星”等荣誉称号。

【财务管理】 2010年，中行山东省分行充分发挥财务资源配置的导向性功能和管理信息的决策支持作用，建立健全激励约束机制，各项工作稳步发展。

一、加强战略与预算的全过程管理，确保预算目标最终实现。一是以中长期战略目标为导向，深化预算内容，拓展预算范围；二是通过建立辖内机构监控机制，及时发现战略执行与战略目标的偏离，提出意见和建议。

二、加强资产负债主动管理，推动存贷款业务协调均衡发展。一是建立人民币贷款规模信息沟通机制，强化对该业务的日常监测；二是创新贷存比管理思路，提高效率，将贷存比严格控制在总行要求的范围内。

中国银行股份有限公司山东省分行主要统计指标

单位：亿元

项　　目	2005	2006	2007	2008	2009	2010	2010年同比增幅（%）
本外币资产总额	1635.65	1896.70	2211.05	2677.17	3719.44	4237.74	13.93
本外币存款余额	1475.86	1753.55	1992.68	2416.27	3471.10	3898.85	12.32
人民币存款余额	1322.01	1603.96	1863.10	2275.20	3298.40	3737.57	13.31
企业存款	401.91	515.00	709.89	825.05	1334.36	1192.33	-10.64
机关团体存款	44.67	60.62	78.77	81.25	100.68	530.46	426.87
储蓄存款	670.60	793.13	859.04	1093.30	1373.75	1507.22	9.72
本外币贷款余额	1109.64	1286.48	1494.99	1679.90	2774.11	3125.92	12.68
人民币贷款余额	887.90	1081.30	1260.29	1464.27	2309.71	2655.20	14.96
短期贷款	437.67	536.89	609.53	650.81	869.26	876.60	0.84
中长期贷款	350.82	445.69	576.86	738.30	1285.39	1742.13	35.53
票据融资	97.38	95.57	72.20	73.42	153.00	34.34	-77.56
利润总额	22.21	32.77	33.33	54.12	58.18	79.67	36.94
不良贷款余额	43.99	53.60	38.33	36.72	26.80	21.03	-21.53
不良贷款占比%	4.95	4.17	2.56	2.19	0.97	0.67	--

三、提高绩效管理前瞻性。一是通过动态的调整机制和后评价工作，及时修订辖内机构、部门的考核办法；二是加强对全省绩效的分析与预测，及早发现经营中的短板，指导业务条线调整经营策略。

四、加强财会制度建设，提高财务管理效率和信息质量。一是不断完善各项财会制度，促进全辖财会管理规范化、标准化、精细化；二是制定新线报表核对和操作指引，为新上线业务的风险控制，提供账务支持保障。

五、加强财务资源配置精细化管理，优化财务资源配置。一是建立矩阵式费用配置体系，为全行业务发展提供财务支持；二是完善存、贷款利率、服务价格等定价机制，引导资源优化配置；三是加强资金综合调控，提高管理水平；四是认真做好涉税业务的筹划工作，降低税务成本。

【零售业务】　2010年，中行山东省分行零售业务规模快速扩张，资产质量明显提升。人民币储蓄存款新增133.47亿元，增幅9.72%，外币储蓄存款占全辖金融机构市场份额57.5%，继续保持市场份额第一；个人贷款新增130.57亿元，增幅21.72%，个人贷款不良率0.38%，较年初下降0.04个百分点。

一、统筹负债发展，扩大客户资产规模。一是转变增长方式，统筹发展储蓄、理财、基金、网银、第三方存管、保险、国债等个人产品，实现客户资产配置多元化；二是整合资源，加强联动，积极争揽行政事业、金融、交通、上市公司等优质单位代发薪业务及社保、医保、房屋拆迁、耕地占用补偿金等代发工作，实现个人客户金融资产规模快速扩张。

二、应对市场变化，保持个贷平稳增长。一是严格执行住房差别化信贷政策，在同业中率先调整利率和房贷政策，支持居民首套自住房贷需求，严格控制投资性购房；二是加大个人投资经营信贷投放，支持个体私营、民营经济发展，继续保持个人汽车消费贷款市场领先地位；三是认真落实银监会《个人贷款管理暂行办法》，加强对贷款真实性的审查，严格执行面签、面谈、回访机制，个人贷款资产质量显著提升。

三、提升客户服务水平，加快发展理财业务。一是加大资源投入，进一步完善财富管理三级服务体系，新建财富中心3家、理财中心50家，在全省形成1家私人银行、6家财富中心、93家理财中心的中高端客户服务体系；二是加强产品创新，完善理财产品体系，丰富差异化服务内容，中高端客户忠诚度和贡献度稳步提升。

四、深化网点转型，提高网点价值贡献。一是制定渠道建设及网点转型三年规划，不断优化调整网点布局；二是对网点的服务与流程进行优化、规范和统一，增强网点功能，加大自助设备投放，提高金融服务水平。

五、加强产品服务创新。该行推出了个人“生意贷”、“个人保函”、“中银·好客山东旅游卡”等多项创新产品，进一步提高个人金融业务的市场竞争力。

【公司信贷业务】　2010年，中行山东省分行对公贷款（包括贸易融资、票据贴现）余额2394.05亿元，较年初增加221.24亿元，增幅10.18%；对公不良授信余额18.25亿元，较年初下降6.01亿元；不良率0.79%，较年初下降0.36个百分点，连年实现不良“双降”。

一、全面提高服务质效，主动引领业务发展。一是结合山东及各地市经济特点，制定全省公司授信政策以及17家地市区域授信政策，明确交通运输、能源、资源等重点投放行业，以及黄河三角洲高效生态经济区、山东半岛蓝色经济区、胶东半岛高端产业集聚区、日照精品钢基地等重点支持区域，引导业务一线营销方向；二是建立项目调度机制、业务发展辅导机制，制定《授信项目标准化管理操作规程》、授信审批《矩阵式评价管理办法》；三是突出加强行业研究，选聘行外行业专家，组织行业专家研讨会，提高尽责审查水平。

二、强化信贷资产管控和预警，防范和化解风险。一是专门成立工作小组，制定管控实施方案，全力开展政府融资平台贷款整改增信工作；二是积极推动贷款新规落地实施，编写固定资产贷款、流动资金贷款《全流程管理操作手册》，在山东银监局、青岛银监局组织的贷款新规知识竞赛活动中分别获得团体第3、第2的好成绩，并荣获贷款新规“全国百佳培训推广机构奖”；三是建立大宗商品及区域内主要授信行业的产品及原料价格盯市机制，开展行业压力测试，积极推行行业组合管理，主动压缩退出高风险客户；四是制定《风险分类实施细则》，及时反映客户风险程度，并根据分类级别制定差异化管理策略。

三、实施全流程精细化管理，促进风险管理水平提升。制定全流程风险管理能力评价体系，从机构、个人两个维度，对授信发起到收回的全流程进行评价；二是持续开展主题活动，“审慎、稳健、理性”的风险文化核心理念逐步贯穿到授信业务的每个环节。

【企业存款】 2010年，中行山东省分行企业存款实现持续增长，存款结构得到进一步优化。其中，人民币企业存款较年初新增284亿元，新增市场份额为24.33%，在国有商业银行中新增排名列第二位；外币公司存款较年初新增0.37亿美元，余额市场份额达21.09%，在全部金融机构中继续保持市场份额排名首位。通过实施对财政、社保、烟草、军队等重点客户的专项营销服务活动，行政事业存款增长迅速，取得历史性突破，增幅达35.2%。

【资金业务】 2010年，中行山东省分行不断推动汇率和利率风险管理、本外币理财、贵金属、票据融资等业务发展。截至年末，资金业务累计业务量3883.23亿元，同比增长87.50%。其中，对公资金业务量1930.62亿元，同比增长30.37%；对私资金业务量1952.61亿元，同比增长230.85%。对公资金业务中，对公本外币理财产品销售1162.44亿元；对私资金业务中，对私本外币理财产品累计销售1848.68亿元。票据融资业务余额较年初减少118.67亿元；全年票据融资业务交易量336.10亿元。该行一是围绕传统优势业务，持续加强拳头产品创新及推广，努力扩展产品赢利空间，以产品组合推动各项发展；二是创新推广代客外汇买卖、外币利率掉期及远期结售汇相配合的产品组合，积极引导山东省内进出口企业合理运用金融市场工具规避市场风险，协助山东省内“走出去”企业锁定汇率、利率风险；三是在山东省内首推黄金租入业务，开办“日积月累”、“双向宝”、“黄金T+D”三项个人理财业务。

【国际贸易结算】 2010年，中行山东省分行完成国际贸易结算量656亿美元，首次突破600亿美元大关，同比增长31.85%。其中，出口业务完成370亿美元，同比增长28.45%；进口业务完成286亿美元，同比增长36.38%；实现中间业务收入12.5亿元，同比增长22.07%；跨境人民币结算业务量突破80亿元，持续领跑全省跨境人民币业务市场。年末，该行外管口径国际结算业务市场份额为34.33%，保持同业市场领先。

一、多措并举，促进国际结算业务发展。一是及时调整业务结构，做大国际结算业务规模，加大国内贸易结算产品的推广；二是凭借海内外联动优势，加强与海外行合作创新；三是发挥专业技术优势，为客户量身订做贸易金融产品，有效解决客户实际需求，不断巩固贸易金融优势。

二、加强内控合规管理，提高业务质量，维护金融贸易秩序。一是及时完善规章制度，规范操作风险，加强外汇政策的建章立制和传导培训力度；二是加强对贸易合同和基础单据的审核，做好贸易背景真实性和融资期限合理性的审查，保障资产安全。

【银行卡业务】 2010年，中行山东省分行中银信用卡累计发卡量216.73万张，新增发卡60.22万张；全年实现信用卡直消额262.16亿元，市场份额19.58%；人民币卡商户收单量实现651.02亿元，同比增长61.35%，市场份额22.77%，较年初提升5.73个百分点；外卡商户收单量实现4.07亿元，同比增长25.37%，市场份额59.22%，较年初提升5.97个百分点，稳居同业首位。

一、拓宽发卡渠道，扩大发卡规模和客户群基础。一是加快联名卡营销推广，陆续推出长城人保联名卡、蔚蓝青岛城市主题信用卡、济南园林卡、威海广电联名卡、日照广电联名卡、海大联名卡等项目；二是通过一系列创新项目的推出，完善了产品服务体系，进一步提升了产品的社会形象和市场竞争力。

二、提升收单服务，加强产品创新。一是自主研发中银“卡付通”产品，帮助企业改进财务管理，缩短资金在途时间，降低企业运营成本；二是积极参与“车购税”改革，成功实现青岛地区车购税刷卡缴费；三是推出汽车专向分期和家居装修分期付款业务，有效提升了中间业务收入水平。

三、完善规章制度，加大风险管控力度，持续提升资产质量。一是根据业务发展需要，不断完善和修订各项规章制度；二是积极强化银行卡资产质量管理，努力拓展催收渠道，全面落实不良资产清收措施，主动遏制银行卡犯罪行为，银行卡资产质量持续提升。

【内控合规】 2010年，中行山东省分行以推进主动风险管理、实现安全稳健运营为中心，创新工作举措，强化操作风险管理,全行的内控合规工作再上新台阶,连续三年实现“零案件、零事故”工作目标。

一、充分发挥二道防线牵头作用,进一步强化内控管理。一是在全行组织开展案件风险排查工作;二是发挥内部控制委员会的推动作用,积极配合总行投产操作风险管理信息系统,有效整合省行本部内控检查计划,实施全辖二道防线检查713项。

二、通过合规风险管理,采取主动风险控制措施,确保各项业务符合监管要求。一是加强反洗钱工作管理,在人行反洗钱工作自律评估工作中,该行再次荣获A级金融机构,位列60家省级金融机构第一名;二是认真履行关联交易管理的牵头职责;三是扎实推进合同、规章制度法律文书审查工作,年内共审查合同289个,审查规章制度62个。

三、提高资产维权水平,创新工作举措。该行创造出全国首件银行逃废债客户在机场因被该行申请“限制高消费令”而不能乘坐飞机致使其主动登门还款的事例,为银行积案执行及不良贷款清收提供了良好先例。全年累计执行回款金额4.19亿元,执结案件101个。

四、扎实有效开展内控防案工作。一是组织开展“内控和案防制度执行年”活动,共梳理内控和案防规章制度382个;二是扎实推进“维护市场秩序月”活动,对全辖分支机构实施拉网式明查、暗访,取得了良好效果;三是圆满完成人行综合检查,审计署济南特派办、山东银监局、青岛银监局的检查和问题整改工作。

【稽核工作】 2010年,中行山东省分行完善内控体系建设,大力构建增值型工作模式,现场项目覆盖223家机构,覆盖率37.60%;非现场项目覆盖所有机构,覆盖率100%。一是精心设计和实施稽核项目,将触角延伸至创新发展的关键环节和重大风险的控制领域,稽核建议的前瞻性和可操作性越来越强,管理建议采纳率达100%;二是率先在系统内开展内控管理和管理者履职评价工作,引入多维指标体系、建立科学评价标准,通过关键指标的情况或变动,反映内部控制状况,及时进行缺陷预警;三是打造具有特色的“防案控案”模型,以建模、制定检查方法以及非现场数据筛选为主导、二级分行现场核实为辅助,初步建立起操作风险的预警机制;四是加强稽核产品“售后”服务,高度关注被查单位重大问题的整改率、管理部门对稽核建议的反馈率,力争从源头上杜绝隐患。

【电子化建设】 2010年,中行山东省分行积极推进核心银行业务系统IT蓝图项目(以下简称“IT蓝图项目”)建设,以确保信息系统安全平稳运行为基础,全面做好全行信息科技工作。一是圆满完成IT蓝图项目的投产上线,实现了“零差错,零故障,零投诉”的工作目标;二是加大安全生产的管理力度,确保各项业务安全稳定运行;三是加强信息科技建设,充分发挥科技优势,宣传科技产品,完善信息系统功能;四是积极配合总行完成系统测试投产工作,通过制定合理的测试计划,协调业务人员、技术人员与测试中心的业务联动,圆满完成测试中心下发的任务。

【电子银行业务】 2010年,中行山东省分行进一步优化完善网上银行、电话银行、短信平台和CALL CENTER等电子渠道服务功能,使其更具人性化,提升了客户体验,增强了客户满意度和忠诚度,在《经济观察报》举办的“第三届中国最佳银行评选”中该行成为唯一荣获“中国最佳电子银行”奖项的银行。截至年末,企业网银客户新增2.1万户,累计客户达到3.38万户,同比增长164%;企业网银累计交易金额1.64万亿元,增长64%;个人网银客户新增99.9万户,累计客户达185.8万户,增长117.7%;个人网银交易量3,029.72亿元,增长452.6%。

一、加快业务功能更新换代,加强产品推广营销。一是网上银行两次升级至BOCNET5.0版本,对企业和个人网银服务功能进行优化完善,新增企业通知存款、境内外币汇划及国结单证、结售汇、贷款管理、跨行互联、私对公转账、主动收款、银行卡自助关联、手机交易码等项目;二是正式推出手机银行,先后升级2次;三是开展形式多样的网银产品营销推广和市场优惠活动,优化了客户结构,提升了中行网银品牌知名度。截至年末,该行企业网银、个人网银、手机银行客户数均列全国系统内前三名,电子银行业务发展实现了新突破。

二、加强客户服务平台建设。一是完成中银CALL CENTER建设项目(该项目是中行总行建立的一套全国集中的新版电话银行系统,包括人工座席系统和IVR系统)的投产工作;二是增加了电话银行本人及他人账户之间的转账、基金交易、企业年金查询、国债等交易功能,“95566”客户服务中心市场知名度大幅提高。截至年末,客户来电达170万通,同比增加42%;发送短信1870多万条,增加44%。

【人力资源】 2010年,中行山东省分行进一步加强班子队伍建设,不断深化绩效和薪酬管理改革。

一、制度建设。一是制定管辖支行、经营性机构两个《绩效考核办法(2010年版)》,进一步完善绩效管理体系;二是制定《三支队伍培养开发规划》和《公开竞聘实施细则》,加强各层级队伍建设。

二、领导班子和后备队伍建设。一是聘请专业咨询公司对47名基层管理人员及中级经理进行素质测评,选拔具有一定培养潜质的年轻人员通过挂职、任职方式加快培养;二是继续推进中高级管理人员最高任职年龄制度,对达到年限的中高级管理人员进行调整;三是落实“一把手”强制休假和代职管理制度,防范机构业务风险。

三、业务构架整合,完善员工配置机制。一是对业务发展前景好、符合监管和内控要求的分理处进行升格,全年升格支行120家,支行及以上机构525家,占比88.53%,较年初提高了20.23个百分点;二是稳步推进业务流程整合及职能调整工作,设立国内结算与现金管理部,完成纪检监察组织架构整合;三是完善人员配置机制、不断优化人员结构,全年通过校园招聘、派遣制用工招聘、社会招聘等形式,招聘人员1000余名。

四、职工培训。以IT蓝图项目、网点转型和新入行大学生等三项培训为重点，继续推进岗位任职（从业）资格管理工作，加大业务条线培训力度，加大师资队伍建设；全年组织 72 期两天以上集中脱产培训班，合计培训员工 6189 人次，共有 1.5 万余人参加了岗位任职资格考试。

【纪检监察】 2010 年，中行山东省分行认真履行纪检监察职责，着力构建惩防体系和案件防控长效机制，全年实现经济案件零发案率。

一、狠抓党风廉政建设，强化廉洁自律意识。一是制定了《党风廉政建设责任制量化考核标准》；二是完成工程建设领域突出问题专项治理工作，并在全辖开展了“小金库”专项治理工作，现场检查覆盖率达 100%；三是加强对领导干部的监督管理，落实廉政谈话、诫勉谈话制度和纪委书记述职述廉制度；四是认真做好信访核查工作，全年受理信访 32 件，同比下降 19 件，降幅 37%。

二、加强案防措施，全力推进效能监察工作。一是制定下发《2010 年“双十禁”检查方案》，各支行、分理处自查率达到 100%，二级分行检查覆盖率达到 80%；二是在省行本部开展了为期 4 个月的工作作风效能监察活动，召开专题会议 31 次。

三、完善问责制度，做好责任追究。全年审定对公授信类核销项目 14 个，涉及人民币约 3.05 亿元，个人授信类项目 95 笔，涉及人民币约 0.11 亿元；全辖处理违规违纪和管理失职等各类责任人 173 人。

【安全保卫】 2010 年，中行山东省分行严防诈骗、盗窃、持枪、抢劫“四类案件”，加强 IT 蓝图项目投产、世博会、全运会、亚运会期间金融服务安全保障工作，密切跟踪金融犯罪新动向，搭建防案信息平台，及时下发案情通报和风险提示，精心组织辖属机构持续强化安保各项措施，从源头上遏制案件事故，全年共堵截或成功防范外部欺诈等案件 14 起，涉及金额 3440.73 万元，协助公安机关抓获作案嫌疑人 19 名。

一、加大安全检查排查力度，推动安保制度措施全面落实。一是开展“安全隐患排查整改月”活动，全辖自查覆盖面达 100%；二是加强元旦、春节、五一、国庆和两会等重大节点时期的安全管控，对全辖机构网点、金库、监控中心等进行现场抽查，及时消除潜在隐患；三是开展防抢劫、防诈骗、防火灾等安保突发事件预案演练，年内全辖共组织各类预案演练 813 次，参加员工 11150 人。

二、部署开展“消防安全成果巩固年”活动。一是持续加大消防隐患排查整改力度，进一步规范日常管理，加强全员消防培训，年内全辖 138 家分支机构组织了办公大楼消防疏散演习，参与人员 6950 人；二是加强全行 17 个录像查看中心对辖属机构网点、金库、自助银行的远程监控力度，及时通报录像查看情况，督导辖属机构网点落实整改。

【大事记】 1 月 7 日 青岛市委常委、副市长秦敏走访中行山东省分行，该行何兴祥行长向秦副市长做了专题汇报。

1 月 20 日 中国银行私人银行及财富管理山东区域总部开业盛典在青岛国际金融中心中银俱乐部隆重举行。中总行周载群副行长参加了开业盛典并致辞，青岛市委副书记王文华、青岛市人大常委会副主任吴淑玲、青岛市副市长王修林应邀参加了开业仪式。

2 月 1 日 中行山东省分行 2010 年工作会议在青岛召开。行长何兴祥代表省行党委作了题为《变中求胜 持续增长 纵深推进“系统内一流分行”建设》的报告。

2 月 5 日 山东省副省长才利民在青岛市副市长吴经建、青岛市金融办主任白光昭等陪同下走访中行山东省分行。该行何兴祥行长、张维克副行长、孟和平纪委书记、王军副行长、王仁堂行长助理参加了会见。

2 月 9 日 中行山东省分行辖内 BOCNET 个人网银客户数累计突破百万，成为系统内第三家突破百万的一级分行，企业网银客户数突破 1.5 万户，位列全国（中行系统）第二。

4 月 13 日 中行山东省分行与中国出口信用保险公司山东分公司签署全面业务合作协议。

4 月 14 日 中行山东省分行团委在全辖组织“天灾无情人间有爱”支持西南地区捐款活动，共计收到捐款 38 万余元。在全辖捐献活动还在延续之际，青海玉树爆发 7.1 级地震。该行采用多种形式自发捐款，全辖共筹集爱心捐款 118 万余万元。

5 月 5 日 ~7 日 中总行李礼辉行长一行来山东省分行调研。

7 月 12 日 中行山东省分行何兴祥行长陪同肖钢董事长专程走访黄金集团有限公司、鲁能集团有限公司、济南军区和烟草总公司山东省公司。

7 月 13 日 中行总行 2010 年年中工作会议在青岛召开。

8 月 16 日 中行山东省分行 IT 蓝图项目成功投产上线，并正式对外营业。

11 月 22 日 中总行决定解聘黄雪军的中行山东省分行副行长兼信贷风险总监职务，赴他行履新。

12 月 25 日 中行山东省分行与省旅游局战略合作协议签约仪式在济南隆重举行，该行何兴祥行长、省旅游局于冲局长共同为“中银·好客山东旅游卡”揭幕。

（纪雪梅 张 民）

中国建设银行股份有限公司山东省分行

【第一负责人简介】 彭洪明，男，汉族，江西萍乡市人，中共党员，高级经济师，经济学学士，1983 年 7 月毕业于江西财经学院基建财务与信用专业；历任建行厦门市分行副行长、行长，现任中国建设银行山东省分行党委书记、行长。

【综述】 2010 年，中国建设银行股份有限公司山东省分行（以下简称“建行山东省分行”）把转变发展方式和业务转型作为工作主线，结构调整为基本要求，把基础管理和风险控制提升作为基本前提，把能力培养作为根本保障，各项工作取得新进展。

【计划财务】 2010 年，建行山东省分行培育“价值为本、审慎稳健、运营高效、操作规范”的财务管理文化。一是细化分解年度综合经营计划，动态调整涉及计划考核的各项指标，强化对季度阶段性目标完成情况的考核力度；二是压缩高弹性费用和低效行政性费用支出，进一步推进全面成本管理；三是完善经营管理体制，优化基层行业绩考评与收入分配机制，建立多维度绩效评价与薪酬管理有机衔接的激励约束机制；四是完善重大财务支出事项的审批决策机制，梳理充实财务管理委员会职责；五是强化流动性风险控制能力，优化价格管理机制。

【个人银行业务】 2010 年，建行山东省分行以提升销售和服务能力为目标，着力在客户基础、渠道分销、能力提升、价值创造和机制完善方面推进转变。

一、推动经营模式转型。一是搭建矩阵式管理体制，建立营业网点、财富中心、关键岗位序列员工考核评价体系；二是组建转型流动团队，建立对转型网点持续监测的“双线”考核模型；三是优化调整客户结构，做大做优客户规模。

二、加强市场营销和业务创新，提高收入贡献。一是针对不同客户推出 13 种个人金融产品套餐，累计销售量 79687 份；二是在全行开展“月月有奖、节节有礼”借记卡消费，“喜迎世博会、营销创佳绩”保险业务竞赛，“金榜题名时，建行送金喜”和“金秋好时节，建行金相伴”营销活动，以及基金定投和保险百日竞赛活动。

三、加强自助渠道管理，提高设备运行效率。一是在全行建立自助设备专管员队伍并实施名单制管理，组织网点自助设备管理员执业知识考试；二是建立设备监管“日监测、周通报、月考核”制度，加大自助设备运营管理指标的分析通报力度。

【公司业务】 2010 年，建行山东省分行突出业务转型，优化信贷结构，公司业务整体发展态势良好。

一、扎实推进对公业务转型，强化专业化经营机构建设。一是将全部对公信贷业务及产品的管理与经营上移二级分行及以上层面；二是在省行及 15 家二级分行成立贷后管理中心，在县支行组建了贷后管理团队。

二、持续优化信贷结构，夯实发展基础。一是实现贷款余额、非贴现余额全面下降，加强政府融资平台贷款客户管理；二是严格房地产开发客户管理，实现房地产开发类不良贷款“双降”。

三、延伸金融服务创新金融产品。一是成功发行“中小企业信托贷款集合型”理财产品和集合票据，并对金属物流金融服务和物流平台融资业务模式进行试点；二是推出小企业“融资担保通”、“集群贷”、“融物通”等产品，同时创新了业务等级管理制度；三是加强对旧城改造、新农村建设贷款产品的研究，该金融方案获得了总行的充分肯定。

四、做好重点产品的营销，提升产品贡献度和产品覆盖率。一是组织工商 E 线通系统开发，增加单位结算账户数量；二是推进融资租赁业务，成功签约 5 个融资租赁项目；三是对全行 17 条产品线 192 项对公产品进行全面梳理，提高了产品覆盖度和客户综合贡献度。

【机构业务】 2010 年，建行山东省分行按照“高点定位、创新思维、真抓实干、实现突破”的工作思路，紧盯重点客户，紧盯重点产品，紧盯业务强行，取得又好又快发展。

一、机构类负债业务增势良好。截至年末，机构类存款总量 906.5 亿元，一般性存款余额 738.5 亿元，同业存款余额 168 亿元；法人贷款余额 98.61 亿元；

二、事业法人贷款系统内位次大幅提升，资产质量持续向好。事业法人贷款余额 98.61 亿元，不良贷款额和不良贷款率实现了持续“双降”；AA 级及以上客户贷款余额占 92.95%。

三、中间业务持续快速发展。机构条线实现中间业务收入 21802 万元，同比增长 3864 万元，增长率 22%。其中，百易安交易资金托管、代理信托资金收付和鑫存管业务分别实现收入 14027.9 万元、3906 万元和 1877.97 万元。

四、民生领域营销硕果累累。一是与全省 21 家三甲医院建立了信贷关系，市场覆盖率达到 50%；二是 13 家二级分行分别与当地教育局签订了《战略合作协议》，实现了对全省教育行业的全面拓展；三是开展“社保安民”综合金融服务方案的推广与应用，制定新农保业务营销指导意见；四是为省广电局量身定制了金融服务方案，并与省旅游局就旅行社保证金、联名卡等方面达成了初步合作意向。

【住房金融与个人信贷业务】 2010 年，建行山东省分行紧紧围绕“细化管理、提升服务、提高收益、防范风险”的发展思

中国建行银行股份有限公司山东省分行主要统计指标

单位：亿元

项目	2005	2006	2007	2008	2009	2010	2010年同比增幅(%)
本外币资产总额	1880.44	2080.03	2454.48	2880.57	3760.06	4105.93	9.20
本外币存款余额	1760.85	1986.27	2237.6	2679.06	3495.28	3850.06	10.15
人民币存款余额	1726.26	1954.36	2207.11	2658.49	3463.72	3812.57	10.07
企业存款	471.78	527.17	635.39	726.67	871.11	924.22	6.10
机关团体存款	248.3	290.43	315.92	339.28	615.43	702.97	14.22
储蓄存款	790.47	915.59	1011.56	1290.48	1587.25	1777.22	11.97
本外币贷款余额	1299.24	1461.73	1587.65	1842.06	2307.38	2678.46	16.08
人民币贷款余额	1253.80	1425.41	1530.81	1797.68	2242.90	2586.83	15.33
短期贷款	346.74	394.34	480.55	446.69	515.48	591.93	14.83
中长期贷款	694.56	841.79	926.24	1160.72	1561.88	1873.63	19.96
票据融资	212.5	189.28	124.02	190.27	165.54	121.27	-26.74
利润总额	30.31	17.96	39.58	47.61	55.80	64.59	15.75
不良贷款余额	46.08	50.49	45.12	32.48	30.01	25.41	-15.33
不良贷款占比%	3.55	3.45	2.84	1.76	1.30	0.98	-24.62

路，以“质、量、价”为核心，不断提升专业化经营、市场竞争和价值创造能力，房金业务健康稳定发展。一是采用核准制、竞价等方式合理调控贷款规模，截至年末，全行个人贷款余额突破600亿元，圆满完成了贷款计划控制目标；二是实施差别化的产品、客户和区域发展策略，重点支持居民自住需求，防范投机性购房；三是组织高层业务研讨会，不断增强客户对该行系统的认知度和依存度。截至年末，住房资金存款、公积金存贷款余额均继续保持同业排名首位；四是加大资产质量与贷款规模的挂钩力度等方式大力压缩不良贷款；五是推进个贷中心建设、规范化、流程化和标准化建设，并取得明显成效。

【信用卡业务】 2010年，建行山东省分行抢抓市场机遇，强化联动营销，截至年末，信用卡客户净新增31.26万户，消费额243亿元，新增特约商户3531户。一是扩大信用卡目标客户群体，全行网点预审批系统营销成功率达到27%，同比提升近14个百分点；二是强化联动营销，卓越信用卡通过总行项目审批178个；三是加强公私联动，提升商户收单市场份额，利用动态货币转换系统，拓展外币卡收单商户，同时组织开展“天下美食总动员”系列活动；四是拓展龙卡购车分期业务，组织开展家电、安居分期促销活动，提升“龙卡分期付”的品牌知名度，信用卡分期交易额快速增长；五是建立商户交易风险监控机制，加大信用卡集中审核力度，有效提高了征信审核效率和风险控制水平。

【电子银行】 2010年，建行山东省分行紧紧围绕“抓客户、促应用、提占比、防风险”工作主线，加大业务组织推动，客户总量突破千万户，实现电子银行业务收入1.25亿元，截至年末，渠道占比低于20%的网点较年初减少了366个。

一、电子银行营销活动丰富多彩。一是组织开展“春花秋实，建行网银信相送”、“电子银行签约礼上礼”等活动；二是在行内组织开展了电子银行“3512”劳动竞赛活动、“渠道占比月月升”和渠道占比“断尾”活动。

二、组织推动力度不断加强。一是实现了短信系统的集中，集中上线了企业网银财政零余额账户和内部账户的代发功能；二是加大了对基层机构移动POS、电子银行服务区的配置力度，两者的覆盖率分别为68%和100%；三是在二级分行设立电子银行中心，建立素质较高的从业人员队伍。

【国际业务】 2010年，建行山东省分行稳步发展国际业务，超额完成总行核定计划，截至年末，实现外汇中间业务收入5.01亿元，增幅37.6%，其中国际结算收入2.5亿元，增幅40%；外汇资金收入2.3亿元，增幅41%。一是人民币表内贸易融资余额在系统内占比达41%；二是供应链融资、应收账款池融资、跨境人民币结算等产品取得新突破，同时中小企业信用保险项下贷款被总行列入推广产品；三是在贸易融资条线设立贷后管理岗，安排专人负责贸易融资贷后管理工作，定期对贸易融资不良情况进行调度，督促各行加强交易货权、货物和资金的管理，做好交易流程管理。

【风险管理】 2010年，建行山东省分行以风险事前防范为核心,以提升管理专业化和精细化水平为目标,完善操作风险管理体系,风险管理能力稳步提升。

一、实行资产质量差别化管理,优化信贷结构调整。一是完善重点客户风险管控要情快报制度,加强对重点客户的跟进;二是合理确定二级分行授权权限,对部分产品、行业进行差别化授权管理,提高精细化管理水平。

二、加强制度建设。加强投行业务管理,提高市场风险精细化管理水平,对交易准入、担保要求、敞口计量、额度管控等关键风险环节强化风险监控。

三、加强操作风险管理,完善风险管理体制。一是制定下发不相容岗位(职责)实施细则与对照手册、业务持续性管理实施细则、应急管理与业务持续性管理手册等规章制度,并确定不相容岗位(职责)617组;二是加强日常监控和重点部位的监控,建立操作风险管理"案例库";三是以评估评级工作体制转型为核心,成立项目评估评价中心,完善项目评估评价相关配套制度,细化操作规程,健全完善考核机制。

【会计结算】 2010年,建行山东省分行积极转变观念,主动改进方法,会计条线执行能力和风险防控能力逐步增强,基础管理水平明显提升。

一、加强会计队伍建设,持续强化会计基础管理。一是开展"柜面业务争佳创优"活动,修订《星级柜员考评办法》,组织完成全省5星级柜员考评,强化柜员动态化等级管理;二是加强了对会计主管、专职检查、现金管理、资金结算等岗位人员的培训,提升业务素质和履岗能力。

二、采取措施,加大柜面业务管理力度。一是制定下发《对公柜面业务整合指导意见》,全面实施对公柜面业务整合;二是加强柜面操作行为纠偏,开展多种形式的现场检查,提高制度执行力和柜面风险防控能力;三是抓好非现场检查,定期下发检查旬报和月报,分类揭示问题,明确整改要求。

三、强化结算业务管理,防范资金风险。一是推广支付密码,全部账户签约率、基本账户签约率和百万元以上账户签约率分别达到53%、63%和70%;二是加大票据反假力度,增配票据鉴别设备,开展票据反假全省系统巡回培训;三是修订印发账户管理手册,组织单位结算账户自查和专项检查,开展重点和常态化排查;四是下发通知,完善重要单证管理。

四、加强系统管理与资金结算管理。一是优化会计基础管理信息系统,规范系统的应用和维护;二是建立柜员操作权限和指纹信息的日常监督管理的良好机制,跟踪各行的权限设置情况;三是全行资金结算业务呈现出收入增长快、同业占比升、产品有亮点的良好发展态势,产品服务和品牌建设取得突破。

【资产保全】 2010年,建行山东省分行以不良资产集中经营体制转型为依托,经营方式创新为手段,全年处置各类不良资产16.57亿元,实现不良资产现金回收8.02亿元,实现超值现金回收3.95亿元,全行核销呆账4.94亿元。

一、持续深化经营体制改革。一是对关注三级公司类贷款、个人类不良贷款实施了"归口管理、集中经营",同时相应下发了实施意见;二是下发《已核销呆帐资产催收管理实施意见》,进一步完善集中经营组织体系,收到显著效果。

二、加大不良资产处置力度与呆账核销力度。一是集体研究制定切实可行的处置方案,强化保全措施的全面落实,有力地推动了不良资产的处置;二是针对财政部新的呆账核销办法,采取多种措施用足用活处置政策,加大核销力度,全年共核销694户、49414万元。

三、加强基础管理。一是实施并完成了"不良资产经营管理流程"、"抵债资产协议收取与处置格式文本建设"流程优化项目;二是完善集中经营不良资产项目的诊断制度和团队运作机制,强化资产保全业务管理系统的管理与维护;三是对呆账核销、抵债资产和减免息三项业务进行全面的自查和现场检查,全方位防范不良资产经营风险。

【信贷审批】 2010年,建行山东省分行以促进保障全行又好又快发展为主线,坚持政策底线,强化系统管理,严肃审批纪律:

一、提升审批准确性和科学性。一是严格政策要求,加大结构调整,对重点优质客户建立快速审批通道;二是坚持有进有退、有保有压,促进结构调整和业务转型;三是注重授信方案风险与收益的整体平衡,着力完善客户综合金融服务方案。

二、加强行业调研分析,增强审批人的分析决策能力。一是制定下发行业调研和审批指引研究工作计划,建立省市分行和前后台联动研究机制,组织审批人对11个行业进行了现场调研;二是制定下发审批指引和区域差别化政策指导意见,完成了部分行业调研报告。

三、加强审批基础管理,努力打造"五型审批"形象。一是制定下发《授信业务审批工作纪律》,明确10项严禁性要求;二是设立系统管理督查组,对审批基础管理情况进行全面调查摸底;三是研究制定创先争优活动实施方案,塑造"放心型审批、高效型审批、阳光型审批、服务型审批、勤廉型审批"的"五型审批"形象。

【信息技术】 2010年,建行山东省分行以安全运行为中心,以细化管理、深化服务为手段,IT支持保障能力和管理水平大幅提高。一是IT条线组织开展了"安全运行年"活动,全年重要业务系统可用率达100%,圆满完成历时八个月的"世博"、"亚运"重点保障工作;二是完成客户自助发卡和签约、代收财政非税收入等68项新业务产品和服务功能的开发任务;三是实施前端技术架构整合,推广综合前端系统,完成特色渠道、短信、校园卡等系统整合;四是组织开展全员信息安全知识培训及竞赛活动,同时开展风险评估和整改,问题整改率100%;五是完成了个人征信系统信用报告查询子系统在全行的推广工作;六是企业信息门户系统自上线以来,总访问量达到1087万人次,日均访问量2.4万人次。

【企业文化】 2010年,建行山东省分行主动适应全行改革发展要求和员工需求,为实现全行又好又快科学发展目标提供了精神动力和文化支持。

一、理论教育。一是组织开展"建设学习型党组织读书征文"、"提升管理看变化,科学发展在基层"主题采访活动;二是组织"以客户为中心"理念的再学习、再教育,开展"关爱员工"、"企业文化示范点"创建活动。

二、营销宣传与社会公益活动。一是组织策划了"建行齐鲁行"、"跃动泉城"电视采访活动,组织举办"建行之春"新年音乐会、大型话剧《立秋》、全国中学生书画艺术展;二是制定下发《声誉风险管理实施细则》,建立舆情监测制度;三是组织"资助贫困高中生成长计划"、贫困英模母亲资助项目,开展"每人捐赠一瓶饮用水"、"地球一小时"公益活动。

三、工会工作。一是全年走访和救助困难员工 290 余人次,组织开展"慈心一日捐"活动,募集款项 107 万余元,并开展职工代表巡查调研和员工思想状况调研活动;二是组织开展以"鼓士气、提份额、促发展"为主题的建功立业竞赛活动;三是举办职工羽毛球、游泳比赛和第 12 届职工运动会,成立球类、游泳、瑜伽、太极拳等 10 个体育协会。

【大事记】　1 月 21 日　建行滨州渤海七路支行发生一起持枪抢劫案件,杨洪玉、王小刚、杨俊平、张剑、刘象儒等奋勇抗击,案件得到成功处置,银行员工、客户和资金的安全得到有效保护。

1 月 26 日　建行山东省分行聘任朱治昌为分行行长助理,免去李建平济南营管部党委书记职务,刘振奇兼任营管部党委书记。

3 月 29 日　建行山东省分行联合工行成功为山东钢铁集团发行 20 亿元 5 年期浮息中期票据,该行份额 10 亿元。

3 月 31 日　建行山东省分行率先设计推出助力黄三角集合理财产品和助力蓝色经济区集合理财产品(于 6 月 30 日成立),先后共发行了 4 期产品,募集资金 21.4 亿元。

4 月 11 日　建行山东省分行与山东下岗失业人员再就业贷款担保中心签订《省级再就业担保贷款业务合作协议》。

4 月 14 日　建行山东省分行在济南举办"忠于所托,成就未来"的企业年金业务推介会,全省 62 家大中型优质客户的人力资源、财务负责人等 70 余人应邀参会。

5 月 11 日　建行山东省分行在省内推出首支中小企业集合型理财产品,募集资金 2 亿元,用于支持潍坊高新区内的 6 家优质中小企业。

7 月 15 日　建行山东省分行与省工商局在山东会堂举行"推股权融资促结构调整说明会"暨"工商 E 线通"战略合作签约仪式。

9 月 7 日　建行山东省分行为南山财务公司办理首笔回购型信贷资产转让业务。

10 月 9 日　全省首张"卓越信用卡"——康平纳集团卓越信用卡首发仪式在泰安举行。

11 月 11 日　建行山东省分行与济南市经济和信息化委员会"支持中小企业产业集群发展"签约仪式在山东大厦举行。

(窦永密　刘太丽)

中国建设银行股份有限公司青岛市分行

【第一负责人简介】　郭英辉,女,1957 年 9 月生,汉族,中共党员,高级会计师,经济学硕士;历任建行河北邯郸分行行长、河北省分行营业部总经理、副行长、党委委员;2009 年 10 月起任建行青岛市分行主要负责人;2009 年 12 月至今任中国建设银行股份有限公司青岛市分行党委书记、行长。

【综述】　2010 年,中国建设银行股份有限公司青岛市分行(以下简称"建行青岛市分行")认真落实"进位次、增份额、上占比"工作目标,圆满完成综合经营计划和总行 KPI 考核指标,主要业务指标在同业和系统内排位前移,综合竞争力显著提高。

【公司业务】　2010 年,建行青岛市分行推进结构转型、产品创新,夯实项目储备,提高金融服务水平,推动公司业务持续、健康、快速发展。

一、认真落实"三重战略",大力营销优质客户。一是与青岛市财政局签订《合作意向书》,为其开立财政专户,年末存款余额达 11.7 亿元,并争取到市财政国库现金管理商行定期存款资格,沉淀资金 11.8 亿元;二是大力拓展优质客户,实现对公存款新增 70 亿元,系统内比上年提升 1 个位次;三是通过开展"重点产品、重点客户、重点支行"的"三重战略",累计投放贷款 315 亿元,并实现不良贷款零增长。

二、转变经营模式,提升差别化服务能力。一是组建外汇业务经营中心,建立面向市场、客户的经营模式和服务平台,外汇业务发展发展迅速,国际结算量超 100 亿美元;二是制定了《小企业经营中心业务操作规程》,同时通过开展小企业业务营销专项竞赛活动、建立客户项目储备库等,实现业务跨越式发展。

三、努力攻坚,机构业务亮点纷呈。一是着力推进"八一工程",以重点军工项目为主线,实现对北海舰队战备工程办公室账户的突破;二是成功营销青岛警备区和胶州某工程指挥部军人保障卡的发放工作,以及青岛市保税区、胶南市等区市社保

中国建设银行股份有限公司青岛市分行主要统计指标

单位：亿元

项　目	2005	2006	2007	2008	2009	2010	2010 年同比增幅（%）
本外币资产总额	344.54	397.31	439.31	548.08	712.53	826.09	15.94
本外币存款余额	333.37	386.69	432.23	535.77	658.88	775.21	17.66
人民币存款余额	324.21	374.27	424.41	523.98	641.67	754.32	17.56
企业存款	139.98	166.78	194.93	242.70	364.15	434.14	19.22
机关团体存款	37.61	40.96	52.60	58.10	76.72	89.82	17.08
储蓄存款	155.78	178.94	184.70	234.98	294.73	341.07	15.72
本外币贷款余额	296.71	350.71	390.66	418.23	508.41	620.67	22.08
人民币贷款余额	292.44	345.38	384.30	408.26	494.95	597.10	20.64
短期贷款	90.05	89.50	84.72	90.03	101.80	169.05	66.06
中长期贷款	179.89	226.48	272.16	301.11	371.32	440.02	18.50
票据融资	26.77	34.73	33.78	27.09	35.29	11.60	-67.13
利润总额	8.50	9.03	7.77	10.13	13.47	14.60	8.39
不良贷款余额	6.62	16.25	15.90	14.30	10.06	7.17	-28.73
不良贷款占比%	2.23	4.63	4.07	3.42	1.98	1.15	-0.83

业务。

四、大力创新，投资银行业务快速发展。一是先后开办股权投资、增量信托计划、私募投资、“日鑫月溢”资产池产品等多种投资银行业务；二是成功为青岛嘉凯城集团、中南世纪城公司、德城矿业集团办理3笔股权投资类理财业务，产品发行量累计23亿元，同比增长20.5亿元；三是成功为六和集团、大唐电力、青岛公路建设集团、青建集团办理了增量信托计划业务，共申报发行量21亿元，全年发行18亿元。

【个人业务】 2010年，建行青岛市分行各项业务实现快速发展。一是开展贯穿全年的系列营销活动，通过各种形式，实现个人存款的大幅新增；二是全年销售理财产品57.84亿元，销售收入5089万元，实现个人中间业务收入18659.17万元，增速居系统内6位、同业首位；三是成立系统内第5家私人银行，开展高端客户专属活动，全年钻石级客户新增321户，增速49.5%，其AUM值和人均AUM值分别为46.8亿元和482.47万元，个人本外币存款较年初新增46.3亿元；四是推进行内员工使用电子银行活动，推出“e路畅通 好礼连连”和“电子银行交易、缤纷好礼相送”等活动，电子银行与柜面交易量之比达105.02%，实现电子银行业务收入1529.9万元；五是信用卡业务实现商户收单交易额、收入分别为459亿元和1043万元，同时积极开发新产品，加大汽车卡宣传力度；六是组织促销活动，全年信用卡客户净新增6.1万户，实现中间业务收入3879万元，同比增幅32%。

【房地产信贷业务】 2010年，建行青岛市分行房地产信贷业务继续保持同业领先地位，个贷新增额和资产质量创历史最好水平。一是组织开展营销活动，不良贷款额、不良贷款率继续保持“双降”，同时落实总行“贷后管理年”各项要求；二是组织开展个贷抵押清理活动。

截至年末，个人贷款余额201.68亿元，新增43.3亿元，其中个人住房贷款余额184.18亿元，新增40.37亿元；个人消费贷款余额17.5亿元，新增2.9亿元；个人类贷款不良额和不良率较年初分别下降38%和50%。

【中间业务】 2010年，建行青岛市分行进一步加大中间业务发展力度，截至年末，实现中间业务收入7.31亿元，增速49.04%。一是加大政策倾斜力度，完善买单政策，推动条线资源配置；二是修订完善等级行考核办法，对等级行指标数量进行精简，对计分规则进行调整，重点考核规模效益、质量效率等；三是组建投资银行部、资金结算部等专业化机构，推动中间业务的发展。

【资产保全】 2010年，建行青岛市分行以不良资产快速处置为主线，以不良个贷集中经营和加强已核销资产管理为重点，稳步推进资产保全工作，截至年末，累计处置不良贷款6.31亿元，不良资产超值现金回收1.64亿元。一是灵活运用多种手段，加快进程，累计处置不良资产5.01亿元，存量千万元以上项目处置率达60%；二是成立专门的处置团队，加大执行力度，加强核销后资产的回收管理；三是紧抓有利时机，对照新核销条件逐一做好项目梳理，累计完成11户、金额合计1.78亿元的核销工作。

【金融产品创新】 2010年，建行青岛市分行贴近市场，加强产品创新，大力推广金融创新。一是研发"乾元一号"股权投资人民币理财产品，并先后推出欧洲旅行、卓越、芭比美丽等信用卡，冠军足球卡等新产品；二是面向个人高端客户群体发行财富卡、私人银行卡产品；三是研发"六和农户"、青岛"正大"农民养殖户、"仁禾生姜市场"农户和"农民经济适用房"等贷款，取得了良好的经济和社会效益；四是实施流程优化，提升后台价值创造力，完成人民币资金清算系统下线、票据交换业务集中提入、对账业务后台集中等工作。

【内部管理和企业文化建设】 2010年，建行青岛市分行一是开展"内控和案防制度执行年"、"员工从业禁止若干规定"、"创先争优"等主题活动；二是组织开展员工不良行为、操作风险"双排查"，加强和改进纪检监察组织建设，构建起案件防范长效机制；三是组织实施后备人才库建设，做好员工职业生涯规划，加快专业技术人才3年规划的推进实施；四是组织各类培训129期，参训人员万余人次，同时首批择优录用150名劳务派遣员工，产生良好的激励导向效应；五是开展"最受基层欢迎关爱员工举措"的推荐、评选和网上投票活动，"感动建行——我身边的故事征集"活动；六是发动全行员工积极参与赈灾等公益活动，累计筹集善款42万元。

【大事记】 1月5日 建行青岛市分行海尔路支行成功为青岛海尔物流开办了该市第一笔电子商业汇票业务。

2月1日 建行青岛市分行聘任孙剑波为建行青岛市分行行长助理。

3月25日 建行青岛市分行发行自主研发的"乾元一号"(青岛嘉凯城项目)股权投资人民币理财产品，顺利实现销售目标。

4月9日 建行青岛市分行增设资金结算部，为会计部的二级部。

4月25日 建行青岛市分行私人银行成立仪式在青岛香格里拉大酒店隆重举行，这是建行成立的第5家私人银行，青岛市第4家私人银行。

4月26日 建行总行投资理财总监毛裕民一行莅临青岛市分行进行工作调研。

4月26日 青岛银监局发文同意青岛市分行山东路分理处升格为山东路中央商务区支行。

10月12日 建行总行批复，青岛市分行将投资银行部调整为分行一级部，作为分行投资银行业务的经营主体。

12月13日~12月15日 中央巡视组对建行青岛市分行主要负责人、纪委书记进行巡视谈话。

(郭 扬 谭庆勋)

交通银行山东省分行

【第一负责人简介】 王锋，男，1969年5月生，河南南阳人，博士研究生，高级经济师。1989年7月工作，1994年8月起历任交通银行郑州分行紫荆山支行副行长、文化路支行副行长(主持工作)、百花路支行行长。2000年9月任交行郑州分行党委委员、副行长，2004年3月任交行郑州分行党委副书记、纪委书记、副行长；2005年11月任交行山西省分行党委书记、行长；2010年4月至今，任交行山东省分行党委书记、行长。

【综述】 2010年，交通银行股份有限公司山东省分行(以下简称"交行山东省分行")积极贯彻落实"跑赢大市、争先进位"的总体要求，健全完善科学发展机制，不断夯实经营管理基础，各项工作迈上了新台阶。

【资产负债管理】 2010年，交行山东省分行根据经济形势的变化，积极加强资产负债管理。一是加强贷款规模调控，根据各行资产业务发展情况，按照"时间有限、价格优先"的原则，突出重点，促使信贷资金向综合效益高的优质贷款项目倾斜；二是坚持对各分支行主要经营数据进行排序通报，加强对业务进展相对滞后的条线和分行的调查研究和业务指导；三是加大业务调控力度，通过制定下发《关于加快发展负债业务，提升市场份额的通知》及四季度负债业务推进办法，有效促进了负债业务的发展。

【授信业务】 2010年，交行山东省分行结合区域经济特点，盯大势，抓热点，控风险，加强指导，优化流程，着力拓展授信业务。一是主动调整投向结构，对授信客户实施全名单式管理，由过去"先发展客户、后进行结构调整"的传统做法，转变为"通过发展来调整优化结构，提高综合收益"的模式；二是坚守风险管理底线，严把授信准入关，合理核定客户授信额度，持续开展全面风险排查和风险客户的减退加固工作，重点检查新增大额贷款，及时堵塞各种风险漏洞；三是优化授信审查方式，提前介入重大授信项目，指导各经营部门进行授信方案设定，有重点地开展贷前调查，并加强与总行的沟通交流，及时获得总行的指导和支持，提高授信审查审批效率。

【公司业务】 2010年，交行山东省分行一是调整组织架构，成立大客户部，负责重点对公大客户的营销、服务和协调管理；二是完善考核激励机制，重新制定了公司条线客户经理考核办

交通银行山东省分行主要统计指标

单位：亿元

项目	2006	2007	2008	2009	2010	2010年同比增幅(%)
本外币资产总额	442.33	482.50	552.95	677.92	848.20	25.12
本外币存款余额	418.03	459.02	520.68	643.95	810.02	25.79
人民币存款余额	408.30	452.09	513.36	636.66	802.86	26.10
企业存款	169.64	214.39	245.07	315.80	395.86	25.35
机关团体存款	20.51	25.72	33.25	40.57	60.24	48.47
储蓄存款	114.43	114.82	132.44	164.92	199.66	21.06
本外币贷款余额	308.69	344.11	379.24	516.76	597.94	15.71
人民币贷款余额	303.07	335.90	374.78	510.70	588.88	15.31
短期贷款	230.89	239.94	243.63	213.42	260.33	21.98
中长期贷款	45.87	89.93	123.33	238.79	311.87	30.60
票据融资	9.53	5.34	7.10	58.10	16.49	-71.61
利润总额	5.78	8.69	9.16	7.78	11.49	47.74
不良贷款余额	8.53	18.50	15.45	9.20	7.63	-17.05
不良贷款占比（%）	2.76	5.38	4.07	1.78	1.28	--

法，形成了责、权、利紧密挂钩的刚性责任约束机制；三是建立省行领导高层营销走访制度，牵头营销政府系统，重点行业、重要区域和重大项目，以及大型集团、上市公司等，密切了合作关系；四是转变营销管理方式，制定实施了全辖公司条线重点客户名单式管理办法，按照客户规模和贡献度进行分层，深入整合和发掘对公客户资源；五是加强销售队伍建设，制定了轮训方案，邀请总行资深讲师和专家进行培训。

【个人金融业务】 2010年，交行山东省分行认真执行总行个金业务发展策略，切实加强内部管理，搭建高端客户增值服务体系，推进“好客交行”服务品牌建设工程。一是组织开展了“拼搏90天，首季开门红”、“争先进位，团队荣耀”和“跨越发展，客户为先”等个金系列竞赛，涉及储蓄、中间业务收入、中高端客户等多项业务指标；二是统一优化全辖网点服务窗口配置，调整和增加个金销售人员，同时开展系统性培训，从理财规划、销售技巧和服务提升等方面强化销售队伍专业素质；三是以健康、提升生活品位等为主题，开办了沃德财富田园俱乐部、高尔夫球俱乐部和健康管家等增值服务，举办了消夏专场答谢会和电影专场答谢月等活动，参与客户达8600余人（次），超过以往两个年度的总和；四是制定印发了《创建“好客交行”服务品牌工作实施方案》、《客户服务工作手册（初稿）》、《客户服务管理考核暂行办法》，并开展集中培训和现场指导，将服务细节落实到位。

【国际业务】 2010年，交行山东省分行积极调整国际业务发展策略，加大营销拓展力度。一是实施国际业务客户名单式管理，建立营销责任制，做好客户分级服务，实行个性化和差异化营销策略，提高营销效率；二是先后为17家中小商业银行申请了同业授信额度，并新开办了代理汇出款和出口议付等业务，累计同14家同业展开实际合作；三是开展了“首季开门红”、“超越自我 炫耀一夏”国际业务系列营销活动，在各地举办产品推介会和银企座谈会10余次，有效促进了国际业务的加快发展。

【会计结算】 2010年，交行山东省分行始终以“操作安全、运行高效、服务优质”为营运宗旨，从基础工作抓起，严密防范会计操作风险。一是推行会计条线垂直化管理，制定实施了条线考核与绩效挂钩的管理办法，以正负激励机制强化考核效果；二是完成了风险监督、重点业务集中处理，通过案例警示、业务自查、排查等方式，严防各种支付风险，同时加强异地及偏远支行的管控力度，提高风险防控水平。

【电子化建设】 2010年，交行山东省分行整合科技资源，确保重点项目顺利实施，狠抓信息安全建设，提升了电子化建设水平。一是顺利完成全辖绩效考核系统的优化推广工作，为考核激励机制的改革奠定了基础；二是规范办公流程，完成了省分行问卷调查系统、全辖人才库及档案信息电子化管理系统、服务积分系统等9个项目的开发和推广工作；三是圆满完成了世博安全生产保障任务，同时继续推进数据和业务处理大集中，对现有信息系统进行全面的升级改造，按照流程银行的设计理念，使风险管控贯穿于整个业务信息处理流程。截至年末，全辖现金自助设备达470台，比年初增加84台；设立在行自助银行115家，其中改造和新增37家；新投放离行式ATM机43台；全年选址报批7家离行自助银行，其中已建成1家。

【风险管理】 2010年，交行山东省分行一是先后制定发布了一系列管理制度，促进了全面风险管理体系的规范建设；二是重点加强贷后查访、资金用途监控和对不尽职情况的检查整改，确保贷款新规的贯彻落实；三是加大风险排查力度，先后开展了政府融资平台类贷款风险排查、房地产贷款压力测试和固定资产贷款新管理办法落实情况检查等工作，潜在信用风险得到有效控制；四是高度关注风险变化，及时发布风险预警信息。

【资产保全】 2010年，交行山东省分行严格执行不良资产管理政策，灵活制定和落实清收处置策略，加大重点项目管理力度。一是大力推进不良资产清收，一批金额较大、形成历史长、项目板结严重的不良资产项目处置取得了突破性进展；二是调整压降策略，工作重心向不良资产占比较高的分行倾斜，对重点项目的清收压降全程跟进；三是对不良资产逐户建立管理台账，杜绝了因超过时效等导致银行权利丧失或受损等现象的发生；四是推广风审会预审制度，有效提升风险项目解决方案的针对性和实效性。

【安全保卫】 2010年，交行山东省分行认真贯彻落实“查访并举、标本兼治、重在预防”的金融保卫工作方针，为全行的经营与发展提供了有力保障。一是修改完善了安全保卫、消防安全《责任制》；二是加大安全检查力度，坚持做到对省辖行每季度检查一次，对省分行本部所有网点每月检查一次；三是及时制订印发了《打击银行卡犯罪专项行动工作方案》，并认真组织实施；四是对外包业务进行了专项检查，有序推进社会化外包服务工作，各分行全部实现了社会化押运。

【大事记】 2月5日~6日 交行山东省分行2010年工作会议在济南召开。

3月19日~3月22日 交行山东省分行顺利完成中心机房一期搬迁工作。

3月27日 交行山东省分行顺利完成核心系统ICS3.0向4.0的升级迁移工作。

4月1日 交行总行华庆山监事长、人资部郑志扬总经理一行到山东省分行宣布主要负责人调整：王锋任交行山东省分行党委书记、行长，果志刚不再担任交行山东省分行党委书记、行长，另有任用。

5月24日 交行总行党委组织部林雨盛处长代表总行党委到山东省分行宣布班子调整。胡翔任交行山东省分行党委委员、副行长。

6月2日 交行总行钱红一董事到山东省分行调研指导工作。

7月7日 交行总行党委组织部袁玫到山东省分行宣布干部任命通知。叶宁任交行山东省分行党委委员、副行长。

7月6日~7月7日 在山东省银行业协会组织的全省金融系统乒乓球比赛中，交行山东省分行取得团体第1名的好成绩。

8月5日~6日 交行总行于亚利副行长到山东省分行调研指导工作。

8月28日 交行山东省分行顺利完成“e贷在线”系统上线工作，实现了网上渠道个人贷款受理新模式。

10月18日 交行总行叶迪奇副行长在济南召开山东地区分行零售业务发展战略座谈会。

12月10日 山东银监局廖平之局长、王朝弟副局长到交行山东省分行调研指导工作。

12月20日~21日 交行总行牛锡明行长到山东省分行调研指导工作，期间会见了山东省委书记姜异康，省委常委、常务副省长王仁元。

（白 凌）

交通银行青岛分行

【第一负责人简介】 陆涛，男，1965年5月生，江苏常熟人，中共党员，博士学位，高级经济师。1988年7月进入交行青岛分行工作，历任信贷一部副主任科员，信贷业务部工业信贷科副科长、科长，台东办事处信贷一科科长，四方办事处副主任，开发区支行副行长（主持工作）、行长；1998年9月，任交行青岛分行党委委员、副行长；2005年3月至今，任交行青岛分行党委书记、行长。

【综述】 交通银行青岛分行(以下简称“交行青岛分行”)成立于1988年2月，目前是交通银行36家管辖直属分行之一，在青岛市内设有58个经营单位和1个私人银行服务中心。连续多年被总行党委授予“‘四好’领导班子创建先进单位”，被青岛市委、市政府授予“支持青岛市经济建设先进金融单位”和“文明单位标兵”称号。

2010年，交行青岛分行紧紧围绕总行“一个统领、两个主线、三个继续、六个着力”的总体要求，积极推进改革发展，各项工作取得了长足进步。其中，各项存、贷款等主要业务的本地市场占比全面提升，不良贷款余额占比保持“双降”；在全国系统内综合竞争力排名仅次于北京和上海列第3名，综合绩效考核排名仅次于深圳列第2名。

交通银行青岛分行主要统计指标

单位：亿元

项目	2005	2006	2007	2008	2009	2010	2010年同比增幅(%)
本外币资产总额	240.22	264.44	308.54	356.96	488.77	639.97	30.93
本外币存款余额	219.65	246.63	283.14	330.19	458.41	575.26	25.49
人民币存款余额	204.48	232.12	271.69	318.40	444.40	557.33	25.41
企业存款	105.95	103.19	111.56	105.16	179.49	245.39	36.72
机关团体存款	10.35	20.43	29.60	50.02	78.59	95.11	21.02
储蓄存款	71.44	84.81	101.61	117.36	146.60	168.45	14.90
本外币贷款余额	184.84	198.88	217.64	228.55	334.39	385.05	15.15
人民币贷款余额	172.77	187.59	207.63	216.20	321.62	376.29	17.00
短期贷款	107.63	98.75	101.17	98.18	123.95	195.59	57.80
中长期贷款	48.79	65.25	89.85	117.50	152.44	158.76	4.15
票据融资	4.45	12.09	15.66	7.40	44.88	21.83	-51.36
利润总额	4.38	5.81	6.26	7.83	8.00	10.26	28.25
不良贷款余额	3.72	3.28	3.26	4.32	4.32	2.81	-34.95
不良贷款占比(%)	2.01	16.49	14.98	18.28	1.29	0.73	-43.41

【公司业务】 2010年，交行青岛分行抓住机遇，迎难而进，进一步夯实基础客户群，公司业务迈上新台阶。

一、政府民生客户群特色日趋鲜明。该行一是成为青岛市小额支付系统缴存住房公积金代扣业务的独家代理行；二是在原有部分区市财政集中支付代理银行的基础上，新增两家区级财政客户；三是在作为青岛琴岛通卡独家清算行的基础上，中标市民卡服务项目，成为全市唯一同时代理城市一卡通A卡和B卡的银行；四是在独家代理市政府及部分区政府公务员一卡通项目的基础上，成为公务员代发工资指定银行。

二、"大交通"产业客户群持续壮大，为进一步拓展航运金融奠定坚实基础。一是港口客户群日臻完善，两家新设码头公司陆续在该行开立基本账户；二是与驻青铁路单位合作日益密切，部分铁路项目取得突破性进展。

三、市政基础设施建设客户日益完善。该行与国家级电力集团的合作日益紧密，新增多家电厂客户。同时，在与主要民生基础设施企业密切合作的基础上，成为青岛市新建居住建筑供热计量专项费用唯一开户行，进一步奠定了该行在该市场上的龙头地位。

【个金业务】 2010年，交行青岛分行积极推进个金和零贷业务，零售转型工作取得阶段性进展。一是推出了国际机场政务通道、"与行长面对面"和海外投资顾问视频连线等一系列特色专属服务，全年组织开展"海信广场沃德财富新年狂欢夜"、"宝马—沃德" 和谐家庭低碳植绿和家庭嘉年华等各类增值服务活动40余场次；二是达标私人银行、沃德和交银等中高端客户占比进一步提高，万元以下客户占比持续降低；三是特色客户群日趋增大，为进一步开展精准营销和交叉销售奠定了坚实基础；四是大力推进零售信贷业务，个人贷款市场份额显著提升。在人行青岛市中支《2010年前三季度银行机构支持小企业考核评估情况通报》中，该行在全市19家银行机构中综合评估名列前茅，其中机制产品创新、小企业贷款增速和增量占比等单项得分均为最高分。

【中间业务】 2010年，交行青岛分行积极应对国际金融危机和银信合作理财产品政策变化的负面影响，全面加强三大条线中间业务推进力度并取得显著成效。

一、重点推进国内保理、财务顾问和融资租赁等业务，公司条线中间业务全面发展。该行先后与大新华船舶、国泰、中国诚通融资、长城融资等租赁公司开展了全面合作；为华能山东、青岛啤酒等客户叙做信托资金贷款；与渤海国托合作，通过买断信托资产的方式实现中间业务收入。

二、国际结算业务跑赢大市，"国际业务大行"地位进一步巩固。其中，国际条线中间业务收入总量在总行排名第7；收益率在总行排名第3；人民币跨境结算实现首发，交易金额在同业中排名第4；离岸业务快速发展，客户数和结算量均比上年增长两倍；同业合作打开新局面，新增合作机构4家，客户总数达到9家。

三、大力推进个人财富管理业务，个金条线中间业务收入能力持续增强。该行持续推进商户收单业务，POS收单市场份额达到30%，稳居当地同业首位；世博贵金属产品销售、个人保险代理和理财产品销售等业务也取得优异成绩，实现收入在系统内排名前10位。

【内部管理】 2009 年,交行青岛分行实行全面风险控制,强化内部管理工作,夯实进一步发展的基础。

一、加强全面风险管理,切实提升防范风险能力。一是制定了《公司业务贷后管理长效机制建设方案》,积极推进和不断深化贷后管理达标工作,被总行评定为贷后管理示范行;二是制订了《操作风险管理办法实施细则》和《损失数据收集管理暂行办法实施细则》,在此业务上取得初步成果;三是进一步规范押品管理,制定了《放款中心押品权证管理暂行规定实施细则》和《放款中心库房查库规定》。

二、加强内部控制手段,全面提升会计人员服务意识和业务技能。一是持续开展"加强管理,365 运营安全"活动,会计核算保持安全运营,差错率呈下降态势;二是"会计工作示范行"带动效应日益显现,通过开展示范行简报和优秀实践案例推广等活动,会计管理水平稳步提升;三是进一步完善会计人员轮岗轮调机制,打造了一支素质高、服务好、执行力强的会计队伍。

三、积极创建"平安交行",安全保卫工作迈上新台阶。一是制定了逐级签订责任书,建立健全了兼职安全员队伍;二是下发了冬春之际防火安全工作《通知》,对全行 58 个营业网点、机房和档案库等进行了全面检查;三是加强监控报警设施建设和维护,新建和改建的网点实现了声光、录像和报警联动功能;四是通过定期下发安全提示、学习金融案例和召开安保会议,有效提高了全员安全意识和突发事件处置能力。

四、充分发挥内审作用,加大效率和覆盖面。一是组织实施了对分行自助设备密钥管理情况、47 个支行内部控制状况和 24 位高管人员经济责任的专项审计;二是积极开展外包业务和办理小企业的内控情况的非现场调研;三是组织放款中心抵质押物及流程的后续跟踪审计,全部整改了上年检查发现的问题。

五、抓好纪检监察工作,为经营管理保驾护航。一是认真抓好内控和案防制度执行年活动,梳理排查制度(含系统)377 项,发现问题 63 个;二是通过组织观看警示教育片、参加反腐倡廉警示教育基地和邀请检察院专家举办专题讲座,深入开展"人人接受警示教育"活动;三是持续开展反欺诈专项行动,有效地将风险控制前移,同时严肃查处违纪违规行为。

【企业文化建设】 2010 年,交行青岛分行围绕"管理提升年"有效推进全行和谐企业建设。一是持续推进学习型组织创建活动,安排中心组集体学习 12 次,组织知识竞赛 6 次,编辑"创建"学习简报 26 期;二是继续提升《交行人》和《要情回放》质量,积极开展创新评比活动,征集创新成果 220 条和基层建议 157 条;三是通过开展足球、乒乓球、篮球和台球等比赛,积极构建文明职工之家;四是积极开展以"为员工订制生日蛋糕、为员工父母订阅《老年生活报》、为女职工发放'三八'节琴岛通卡、为独生子女发放'六一'书卡、为员工办理补充医疗保险为内容的民心工程,并做好离退休老干部的医疗保健工作。

【大事记】 1 月 1 日 由青岛分行冠名的"交通银行杯·青岛市新年万人健康跑"活动正式启动,社会各界近万名市民参加了活动。

1 月 交行青岛分行荣获总行颁发的"2009 年度经营管理优胜单位"称号。

2 月 6 日 交行青岛分行在青岛人民会堂举行 2009 年度总结表彰大会,同时举行了"上海世博会金融服务(青岛)启动仪式"及太平洋世博场馆主题卡发卡仪式。中共青岛市委副书记王文华、市人大副主任吴淑玲、市政协副主席郄晋生、财政部专员臧雪涛、金融办主任白光昭,青岛市人行、银监局和旅游局等有关领导,以及交行部分客户、员工及家属共计 1400 余人参加了仪式。

2 月 9 日 交行青岛分行成功举办"中小企业金融服务年会"。

2 月 20 日 交行青岛分行荣获青岛市 2009 年度银行卡风险管理优秀奖。

2 月 23 日 交行青岛分行成为 2009 年 -2010 年克利伯环球帆船赛(青岛站)唯一指定金融服务商。

2 月 26 日 交行青岛分行与克利伯(青岛站)组委会联合举办"弘扬帆船精神,交行员工与克利伯团队面对面"座谈会。

3 月 15 日 交行青岛分行成功举办 2010 年投资银行业务重点客户交流会,海尔、青啤、南车、马士基、利群等众多中外知名企业的财务总监,青岛市国信、华通和城投三大政府融资平台公司及相关单位负责人应邀参加了交流会。

3 月 24 日 交行青岛分行成功上线企业客户代理缴费业务系统。

3 月 26 日 青岛市人大主任张若飞一行对交行青岛分行私人银行进行专题视察,并对该行私人银行业务在青岛市打造"区域性财富管理中心"进程中起到的积极作用给予高度评价。

4 月 1 日 交行青岛分行独家参与建设的青岛市城市一卡通项目"琴岛通卡"正式在青岛市开通运行,成为该项目的唯一清算服务银行。

4 月 10 日 交行总行叶迪奇副行长到交行青岛分行调研。期间,叶迪奇副行长出席了该行银行保险业务发展座谈会,与青岛市主要寿险公司负责人进行了银保业务合作研讨,同时还参加了该行与泰康人寿公司组织的财富保障策划大型理财沙龙。

5 月 4 日 交行青岛分行市南第一支行人民币存款余额达 102 亿元,成为全省系统内存款唯一过百亿的支行。

5 月 6 日 ~7 日 交行总行胡怀邦董事长一行到交行青岛分行调研。在青期间,胡怀邦董事长会见了山东省委常委、青岛市委书记阎启俊,青岛市委副书记、市长夏耕,并拜访了中远集团青岛远洋公司、青岛港和青啤集团等企业。

5 月 17 日 交行青岛分行与青岛市国际象棋协会合作,冠名"交行私人银行青岛育才中学国际象棋队"。

5 月 20 日 交行青岛分行在个人网银、电话银行和手机银行等电子渠道上线"福彩站点实时缴费"功能。

5月21日　交行青岛分行举办跨境人民币业务推介会，成为青岛市首家推介该项业务的银行。

5月31日　交行青岛分行参加青岛市社会保障卡（市民卡）签约仪式，与人保局签订了合作协议。

6月10日　交行青岛分行与山东六和集团有限公司签订供应链金融网络合作协议。

6月21日　交行青岛分行顺利完成交行A+H股配股工作。

6月22日　交行青岛分行成功办理两笔跨境人民币结算业务，成为首发行之一，其中一笔1140万元的信用证，创下了青岛市首发当日单笔最大金额记录。

8月6日　交行青岛分行成为青岛市小额支付系统缴存住房公积金代扣业务独家代理行。

8月25日　交行青岛分行联合青岛市委老干部局成功启动“青岛市第二届老干部艺术节暨交行青岛分行第二届沃德财富客户合唱节”。

9月2日~9月3日　交行青岛分行承办“交通银行2010年会计人员综合能力大赛”初赛。

9月12日　交行青岛分行举办“沃德财富金秋京剧晚会”，千余名客户共同欣赏了由天津市青年京剧团表演的《西厢记》大全本。

9月28日　在交行总行举行的“会计工作示范行”优秀实践案例评选大赛中，交行青岛分行选送的“ABC阶梯式培训模式”实践案例荣获“会计工作示范行实践案例优秀奖”。

9月29日　在“交行2010年会计人员综合能力大赛”决赛中，交行青岛分行囊括3个单项第1名，并获得团体赛第2名和最佳组织奖。

10月14日　交行青岛分行成功上线视频监控网络系统。

10月21日　交行青岛分行联合青岛市市立医院（集团）成功发行首款联名薪金卡。

10月28日　交行青岛分行成功签约青岛有线电视网上营业厅项目B2C协议。

10月29日　交行青岛分行成功上线手机银行无卡消费功能。

11月2日　交行青岛分行成功营销青岛市政公用局和供热办，成为青岛市唯一新建居住建筑供热计量专项费用开户银行，为10家供热管理机构开立了监管账户。

11月22日　交行青岛分行平度支行开业。

交行青岛分行与青岛海湾集团、山东六和集团正式签署合作协议。

11月24日　交行青岛分行开发上线新版叫号机系统。

12月2日　交行青岛分行成功中标青岛市城阳区财政国库集中支付业务和政府非税收入业务代理行项目。

12月6日　交行青岛分行成功参与财政统一发放工资、补贴项目，成为青岛市六家主办行之一。

12月7日　交行青岛分行成功营销青烟威荣城际铁路项目监管账户，这是该行首次成功进入铁路建设资金的监管银行序列，成为该标段唯一的监管银行。

12月22日~23日　交行总行牛锡明行长到交行青岛分行调研。在青期间，牛锡明行长分别会见了山东省委常委、青岛市委书记李群，青岛市委副书记、市长夏耕，并走访了青岛港、青岛啤酒和海尔集团。

（王春雷）

中国邮政储蓄银行山东省分行

【第一负责人简介】　韩广岳，山东宁阳人，1966年4月生，硕士研究生学历，中共党员，九三学社社员，高级经济师。1988年7月参加工作，2002年11月任山东省邮政局副局长、党组成员；2007年2月任山东省邮政公司副总经理、党组成员；2007年12月任中国邮政储蓄银行山东省分行行长。

【综述】　2010年，中国邮政储蓄银行山东省分行（以下简称“邮储银行山东省分行”）立足于服务城乡、服务社区、支持“三农”的零售银行定位，加快实施“特色办行、人才立行、科技强行、依规治行、文化兴行”发展战略，加大业务发展力度，强化基础管理，整体工作走在了全国邮储银行系统前列。

2010年，该行整体经营成效显著，业务收入、利润继续稳居全国邮储同业第1位。截至年底，对公存款余额262亿元，居全国邮储同业第4位。个人贷款累计发放272亿元，结余224亿元，均居全国邮储同业第2位，其中，小额贷款结余116亿元，居全国邮储同业第1位。小企业贷款累计发放7.5亿元，结余7亿元，均居全国邮储同业第4位。批发性贷款业务签约61亿元，放款48亿元；协议存款及同业存款累计办理216亿元，结余114亿元。票据转贴现业务累计交易345亿元。代收保费82亿元，居省内银保渠道第1位。人民币理财业务累计销量169亿元，居全国邮储同业第1位。

【内部管理】　2010年，邮储银行山东省分行坚持“风控优先”不动摇，积极推进全面风险管理，大力推进“三道防线”建设，有力确保了企业健康安全运行。

一、管理过程控制和自我评估工作得到强化。一是对现行制度进行了梳理、完善，加快了新业务制度和流程的制定工作；二是积极开展以“落实制度、强化执行力”为内容的自我监督、

中国邮政储蓄银行山东省分行主要统计指标

单位：（亿元）

项　目	2005	2006	2007	2008	2009	2010	2010 年同比增幅（%）
本外币资产总额	--	--	--	1351.49	1602.64	2004.03	25.05
本外币存款余额	--	--	--	1296.76	1577.02	1973.23	25.12
人民币存款余额	--	--	--	1296.72	1576.97	1973.18	25.12
企业存款	--	--	--	34.18	137.73	225.19	63.50
机关团体存款	--	--	--	1.19	4.36	30.10	590.48
储蓄存款	--	--	--	1260.99	1434.26	1717.02	19.71
本外币贷款余额	--	--	--	32.19	145.68	225.60	54.87
人民币贷款余额	--	--	--	32.19	145.68	225.60	54.87
短期贷款	--	--	--	31.03	102.84	133.65	29.95
中长期贷款	--	--	--	1.16	42.83	91.96	114.68
票据融资	--	--	--	--	--	10.51	--
利润总额	--	--	--	-0.08	1.84	7.67	316.96
不良贷款余额	--	--	--	0.01	0.63	2.18	246.03
不良贷款占比（%）	--	--	--	0.02	0.43	0.92	113.95

自我控制的现场检查活动，“三道防线”互控效果日渐显现。

二、合规管理工作有序开展。一是合规管理体系初步建立，并认真做好各类风险的识别、评价、预警和报告工作；二是扎实开展“业务行为规范年”活动，风险经理派驻制稳步推进；三是努力做好反洗钱工作。

三、内部审计工作进一步强化。一是全力推进审计“两支队伍”建设和电子稽查集中工作，建立了检查管理机构和检查网点的专业化审计队伍；二是开展城市零售信贷、公司业务等 6 个专项审计活动，组织开展了全行性“排险除患”操作风险专项整治活动；三是充分发挥内部控制“三道防线”作用，明确了各条线的检查频次、内容及流程。

四、安全保卫水平进一步提升。一是安保组织建设日益完善，层层签订责任书，严格落实安全责任制；二是加强安全保卫监督检查，认真做好网点改造安防设计和安防验收工作；三是积极配合银行监管机构做好“内控和案防制度执行年”活动。

【电子化建设】　2010 年，邮储银行山东省分行集中人力、物力，完成了储蓄大集中、公司信贷等 37 个项目的工程建设。各信息系统稳定运行，故障单当日处理率达 100%，研发力量明显增强，累计开发非税代收等 14 项中间业务项目。

【新兴业务】　2010 年，邮储银行山东省分行十分注重新业务的引进、开发与推广，积极培育新的亮点业务。

一、积极拓展资产业务领域。一是开展“一行一品”产品创新工程，不断推动小企业贷款业务发展，做好公司信贷业务试点和动产质押试点工作；二是加快发展票据转贴现业务，稳步推进贴现业务试点。

二、加大中间业务市场开发力度。大力发展商易通、绿卡通、信用卡、基金定投、本外币理财、现金管理和非税代收等新业务，不断丰富中间业务品种，为企业和城乡居民提供了多元化金融服务。

【网络建设】　2010 年，邮储银行山东省分行加强对网点改造、自助设备、网点设备等重点项目的支持，进一步加大自助渠道和电子渠道建设，服务环境不断改善。装修改造网点 112 处，改造营业网点面积 4.5 万平方米；建成在行式自助银行 120 处，ATM 数量达 1293 台，ATM 业务替代率达 39.2%；电话银行注册客户达 138 万户，个人网银注册客户达 35 万户。

【大事记】　2 月　山东省政府授予邮储银行山东省分行金融创新奖。

2 月 2 日　邮储银行山东省分行工作会议在济南召开。

2 月 4 日　邮储银行山东省分行小额贷款余额在全国率先突破 100 亿元。

4 月 7 日　邮储银行山东省分行在济南开办票据转贴现业务。

5 月 10 日　邮储银行山东省分行在济南开办非税代收业务。

6 月 19 日　邮储银行山东省分行在济宁试点开办公司贷款业务。

8月5日 邮储银行山东省分行在威海召开全行工作座谈会。

9月21日 邮储银行山东省分行个人贷款余额突破200亿元大关。

10月26日 邮储银行山东省分行在潍坊开办票据贴现业务。

12月 山东省文明委授予邮储银行山东省分行、济南和烟台市分行省级文明单位称号。

(梁 骞)

中国邮政储蓄银行青岛分行

【第一负责人简介】 谈宏，1966年8月生，毕业于上海交通大学，硕士学历，中共党员，高级工程师。1990年3月参加工作，历任上海交通大学助教、讲师，广东省邮政局企业发展处副处长，深圳市邮政局副局长、党组成员兼任深圳市邮政局储汇局局长；2008年1月至今，任中国邮政储蓄银行青岛分行行长、党委书记。

【综述】 2010年，中国邮政储蓄银行青岛分行（以下简称“邮储银行青岛分行”）加大业务发展力度，增强企业核心竞争力，强化基础管理工作，服务功能不断完善，抗风险能力明显提升。截至年末，全市个人储蓄余额比年初增加27.76亿元；个人贷款余额19.2亿元，比年初增长7.78亿元。

【内部管理】 2010年，邮储银行青岛分行进一步加强风险管理，提升风险防范能力，确保各项业务稳健发展。

一、风险管理水平稳步提高。一是深入开展“业务行为规范年”活动，把风险防控摆到更加突出的位置；二是健全了风险管理组织体系，启动了风险经理派驻制度试点工作；三是成立了资产保全中心并配备了专职工作人员，促进了该项工作深入开展。

二、审计管理职能进一步强化，安全保卫工作得到加强。一是组织开展了信贷、公司、中间业务和反洗钱等专项审计和检查，有效地防范了金融风险；二是多次大规模深入开展了安全工作专项整治和检查活动，及时消除安全隐患；三是逐级签订安全目标责任书，分解和明确各级各岗位安全任务和责任；四是建立了安全保卫工作台帐管理机制，为网点落实各项安全制度提供了依据。

【电子化建设】 2010年，邮储银行青岛分行顺利完成了分行邮政金融数据下载子系统上线运行、部分网点终端传输加密

中国邮政储蓄银行青岛分行主要统计指标

单位：亿元

项 目	2005	2006	2007	2008	2009	2010	2010年同比增幅(%)
本外币资产总额	--	--	--	152.99	171.52	206.01	20.11
本外币存款余额	--	--	--	148.41	167.77	202.01	20.41
人民币存款余额	--	--	--	148.36	167.67	201.89	20.41
企业存款	--	--	--	2.43	7.66	12.78	66.84
机关团体存款	--	--	--	--	0.31	1.62	131
储蓄存款	--	--	--	145.98	159.79	187.56	17.38
本外币贷款余额	--	--	--	--	--	--	--
人民币贷款余额	--	--	--	--	11.56	19.35	67.39
短期贷款	--	--	--	--	5.42	6.47	19.37
中长期贷款	--	--	--	--	6.14	12.88	109.77
票据融资	--	--	--	--	--	17.86	--
利润总额	--	--	--	-0.037	0.062	0.35	465
不良贷款余额	--	--	--	--	0.0663	0.1104	66.52
不良贷款占比%	--	--	--	--	0.57%	0.57%	-0.52

工程、全国大集中中间业务平台公共管理部分需求分析、本地特色业务需求分析，并实施了远程联网监控二期工程，实现了通过特定软件与网点监控主机的连接，达到了远程联网监控的目的。

【新兴业务】 2010 年，邮储银行青岛分行积极培育新的业务亮点。一是开办结售汇业务、个人网银系统上线及对外开办个人网银业务；二是信用卡金卡业务对社会开办，进一步丰富了邮储银行卡业务产品线；三是深入开展小额信贷、个人商务贷款，全面推广二手房贷款业务并正式开办票据转贴现业务；四是试点开办小企业贷款业务，并完成第一笔贷款的发放，发展势头良好；五是获得总行批复，正式开办渔船抵押个人商务贷款业务。

【网络建设】 2010 年，邮储银行青岛分行加强自助设备运行管理，全年新增、更换 ATM 机 32 台，对所有 ATM 机进行了“一机一密”改造工程，每台 ATM 机设置了独立密钥，安全性能明显增强。

【大事记】 6 月 12 日 中国邮政储蓄银行总行李财林副行长一行莅临邮储银行青岛分行指导公司贷款业务开办工作。

12 月 10 日 邮储银行青岛分行公司信贷系统全国上线。

（李　慧）

第五部分

金融机构运行报告
——商业银行（下）

恒丰银行股份有限公司

【第一负责人简介】 姜喜运，1949年11月生，籍贯山东龙口，大学文化，中共党员，高级经济师和教授级高级政工师职称。现任恒丰银行党委书记、董事长。

【综述】 2010年，恒丰银行股份有限公司(以下简称"恒丰银行")积极开展"效益管理年"活动，全行资产规模、机构规模和经营管理水平均呈现良好发展态势，综合实力不断增强，跻身英国《银行家》"全球1000家大银行"第391位，较2009年上升了272个位次，实现跨越式发展。

【增资扩股工作】 2010年，恒丰银行根据中国银监会[2009]523号文《关于恒丰银行增资扩股方案的批复》，计划向特定对象溢价发行人民币普通股40.44亿股，实际收到投资增加股本12.04亿股，募集资金36.12亿元人民币。截至年末，公司股本金总额55.76亿元。增资扩股后，资本充足率达11.08%，经营实力进一步增强，基本每股收益0.44元，每股净资产2.74元，净资产收益率达17.98%。

恒丰银行股份有限公司主要统计指标

单位：亿元

项　　目	2005	2006	2007	2008	2009	2010	2010年同比增幅(%)
本外币资产总额	370	570	1079	1509	2137.6	2741	28.23
本外币存款余额	278	427	681	881	1386.5	1804	30.11
人民币存款余额	276	425	678	847	1382	1795	29.88
企业存款	161	295	538	654	865	995	15.03
机关团体存款	7.8	12.4	14.18	23.5	41	64	56.1
储蓄存款	109	119.8	128.48	203.31	281	369	31.32
本外币贷款余额	246	361	460	657.55	937.3	1201	28.13
人民币贷款余额	245	360	454	652	934	1194	27.84
短期贷款	234	300	100.45	512.64	497	576	15.9
中长期贷款	11.3	60.5	359.44	144.92	435	545	25.29
票据融资	146	192	81.21	176.57	50	65	30
利润总额	1.62	1.64	4.56	9.34	11.9	25	107.5
不良贷款余额	3.5	4.35	4.30	3.61	3.60	7.5	107.22
不良贷款占比(%)	1.4	1.2	0.93	0.54	0.38	0.62	63.16

【资产管理】 2010年，恒丰银行成本控制意识明显增强。一是全行上下深入学习《砍掉成本》讲座，开源节流、增收节支观念深入人心；二是积极调整资产负债结构，认真计算成本，实现了较高收益；三是建立以效益为中心的激励约束机制，将资产利润率、成本收入比、抵质押率等主要指标纳入到考核指标，完善目标责任制考核体系，实行总行机关人员薪酬与分行经营业绩挂钩联动机制。截至年末，全行共实现营业收入161亿元，同比增长92.90%；实现净利润22.82亿元，同比增长89%。

【信贷管理】 2010年，恒丰银行根据中国银监会"三个办法一个指引"要求，提高制度执行力，加强贷款全流程管理。一是贷款结构日趋优化，全行授信客户A级以上占贷款总额的89.71%；二是贷款综合收益水平大幅提高，一般贷款利息收入同比增加23.97亿元，增长67.87%；三是加大对中小企业信贷投放力度，截至年末，全行国标口径小企业直接贷款余额212亿元，较年初增加108亿元，增长104.49%，小企业客户4033户，较年初增加2275户，增长129.40%；四是加强不良贷款管理，严格按照监管部门要求对贷款进行风险分类，下调部分存在(潜在)风险贷款评级，夯实贷款质量基础，全年累计现金清收不良贷款1.75亿元。

【风险管理】 2010年，恒丰银行强化联动配合，风险防范机制进一步完善。一是加强信用风险管理，扎实推进政府平台贷款规范清理和风险化解工作，政府平台贷款占比稳步下降；二是认真落实差别化房贷政策,有效防范房地产贷款风险;三是进一步完善"分行自求平衡、总行差额调控"的资金集中管理体制,加强资产负债比例管理考核,对远期现金流量进行流动性流量分析和预测;四是加大案件防控力度建立案件防控长效机制,年内开展了"内控和案防制度执行年"活动,全行无重大案件发生;五是围绕案件风险易发多发的重点业务、岗位和环节对分行进行了检查;六是督促分支机构严把内审控制关。

【信息科技】 2010年,恒丰银行开发上线了电子商业汇票、贵金属交易、银保通和跨境贸易人民币结算等系统,丰富和优化了网上银行、短信银行和银联前置等电子渠道业务功能,积极推行精细化业务管理和风险控制建设,推广和优化了客户关系和业绩考核管理系统,开发了信贷影像审批、资金风险管理系统,完善了信息系统应急管理办法,确保两会、世博会和亚运期间信息系统稳定运行。

【机构建设】 2010年,恒丰银行新开设福州、昆明和西安3家一级分行以及苏州、乐山、济宁和滨州4家二级分行,全行机构总数已达108家。同时,发起设立村镇银行取得重大突破。重庆云阳恒丰村镇银行、四川广安恒丰村镇银行已顺利开业,重庆江北村镇银行已取得筹建批复,浙江桐庐、江苏扬中村镇银行筹建准备工作也已就绪,正在等待银监部门核准批复。

【企业文化建设】 2010年,恒丰银行进一步加强品牌建设和企业形象管理。一是针对近几年来恒丰银行在商标注册方面遭遇恶意抢注、起诉、提出抗议或异议等不同情况,果断实施商标品牌保护策略,年内取得国家工商总局商标局颁发的4项商标注册证;二是积极履行企业社会责任,全年通过各种方式积极开展慈善捐助活动,累计向社会各界捐款708万元;三是积极参与中国银行业协会组织开展的2010年度中国银行业文明规范服务千佳示范单位评选活动,青岛高新区支行、济南泺源支行和南京分行营业部3家机构被评为"中国银行业文明规范服务千佳示范单位";四是牢固树立"以客户为中心"的服务理念,及时妥善处理客户各种投诉建议,客户服务水平和客户满意度不断提升。

【大事记】 1月8日 恒丰银行被中国企业联合会和中国企业家协会邀请任协会常务理事单位;监事长矫毅被聘为协会常务理事。

3月4日 恒丰银行董事长姜喜运被选为山东省银行业协会第五届理事会副会长。

4月20日 恒丰银行向遭受地震的青海玉树灾区紧急捐款600万元现金。

5月10日 恒丰银行福州分行获准开业。

6月30日 恒丰银行列英国《银行家》"2010年全球1000家大银行排名"391位。

9月29日 恒丰银行昆明分行获准开业。

12月7日 恒丰银行获山东省银行业协会颁发的"十佳培训推广机构"称号。

12月13日 恒丰银行西安分行获准开业。

(姜喜运 单筱强)

中国光大银行股份有限公司济南分行

【第一负责人简介】 王欣,男,汉族,1968年3月生,中共党员,研究生,经济师。历任中国光大银行太原分行公司银行部副总经理、总经理,太原分行行长助理、纪委书记、风险总监;2010年5月至今,任中国光大银行济南分行党委副书记(主持工作)。

【综述】 2010年,中国光大银行股份有限公司济南分行(以下简称"光大济南分行")围绕"培养竞争优势,打造服务领先银行"的目标,勇于开拓,积极进取,实现了规模、质量、效益的大幅度增长。

【公司业务】 2010年,光大济南分行加强营销创新,努力做大做强公司业务。

一、抓住机遇,加快发展。该行积极拓展市场空间,采取多种激励措施,充分调动和发挥客户经理业务拓展的积极性,进一步壮大基础客户群,各主要指标超额完成,达到历史最好水平。

二、创新营销,拓展市场。一是坚持业务发展向模式化经营调整的思路,重点提出了山钢保兑仓、重汽上游开发的战略思路;二是积极规划创新业务产品发展,对贸易融资、供应链融资和票据贴现、托管和现金管理业务产品等进行全面整合,并与客户充分沟通,为其提供"一揽子"服务方案;三是开展综合营销、交叉营销,争取与更多重点客户形成多方面的合作,实现了重点突破。截至年末,该行已成功与山东钢铁签订了保兑仓业务协议,并将重汽上游开发业务列入总行重点模式化工作范围,还与11家单位签订了票据托管业务协议。

【零售业务】 2010年,光大济南分行贯彻落实总行发展战略,推进零售业务发展。一是通过组织全行储蓄竞赛、"积分计划"、"亲友推荐"等活动,推动储蓄业务的持续增长;二是在成

中国光大银行股份有限公司济南分行主要统计指标

单位：亿元

项　目	2004	2005	2006	2007	2008	2009	2010	2010年同比增幅(%)
本外币资产总额	105.6	139.33	134.07	99.08	137.85	196.77	229.98	16.88
本外币存款金额	94.68	119.11	114.17	76.87	104.82	135.41	196.32	44.98
人民币存款余额	93.08	117.72	113.15	75.9	103.49	134.04	194.44	45.06
企业存款	85.31	106.94	99.01	66.2	92.88	116.79	174.54	49.45
机关团体存款	--	--	--	--	--	--	--	--
储蓄存款	9.37	12.17	15.06	10.67	11.94	18.61	21.78	17.03
本外币贷款余额	52.46	73.06	92.56	87.82	84.71	106.05	149.77	41.23
人民币贷款余额	51.03	71.71	90.91	87.19	80.73	104.85	136.6	30.28
短期贷款	28.39	44.04	47.85	21.24	38.7	39.22	73.6	87.66
中长期贷款	16.41	21.61	37.82	60.99	46.01	66.83	76.17	13.98
票据融资	2.69	14.83	1.16	5.65	4.79	12.72	1.12	-91.2
利润总额	0.72	0.99	1.13	1.99	0.61	1.76	3.47	97.16
不良贷款余额	7.61	7.04	6.01	5.4	4.27	2.63	1.89	-28.14
不良贷款占比(%)	14.51	9.64	6.49	6.15	5.04	2.48	1.25	-1.32

立工程机械贷款中心基础上进一步开发重汽车辆按揭业务，优化整合流程，推进专业化分工，实现模式推广；三是逐步提升网点环境的改造建设，推进星级网点、客户最佳体验、旗舰网点的形成；四是改造客户服务流程，提供高效、便捷、差异化、多样化的金融服务，提高客户忠诚度。

【合规建设】　2010年，光大济南分行狠抓合规建设，确保安全运营。一是制定员工职业道德操守和行为准则，开展职业道德及合规教育，与全员签订职业操守行为准则、案件防范等《责任书》，并加强风险预警管理，做好各项内、外部审计检查工作；二是风险和运营条线强化服务意识和技能培训，在确保有效职能分工的同时，缩短流程、提高效率；三是认真做好“三防一保”工作，深入开展安全检查，重视安保队伍建设和技能培训，充分发挥远程监控系统作用，做到了全年安全无事故。

【服务提升】　2010年，光大济南分行坚持以客户服务为中心，进一步提升服务意识。一是持续推进“标杆营业网点”打造工作，积极做好网点硬件、服务设施的改造配置升级；二是建立客户服务标准和客户满意度调查体系，将支行和分行各部室服务质量考评纳入绩效考核体系；三是通过开展阳光服务“十项做法”、“倾听计划”等活动，及时发现问题和不足，并加以改进和提高，确保阳光服务建设切实落到实处。

【企业文化建设】　2010年，光大济南分行积极建设学习型企业，努力营造和谐企业氛围。一是加强队伍培训，提高员工的服务和业务技能，培养专家型人才；二是费用分配、绩效考核、任务指标下达、干部任免、大额财务支出等实行公开化、透明化操作；三是组织开展了全行春节联欢晚会、“五四”青年节、“合规文化”、“阳光服务”演讲比赛、“四强四优”主题晚会以及篮球、羽毛球、乒乓球比赛，同时还利用员工生日祝贺、家访、节日慰问送温暖等一系列活动，扩大与员工的沟通交流，增强员工凝聚力和向心力。

【大事记】　1月11日　中国光大集团副总经理、工会主席康臻亲赴济南指导工作。

6月10日　光大济南分行举行“阳光存贷合一卡”新品发布会。

7月9日　光大济南分行举办庆祝建党89周年暨“四强四优”创先争优活动主题晚会，光大总行李杰副行长观看晚会并对济南分行“四强四优”活动进行指导。

7月28日　光大济南分行高新支行正式开业。

8月9日　光大济南分行历城支行正式开业。

9月26日～29日　做为唯一受邀的银行金融机构，光大济南分行参加了由山东鲁商集团在泉城广场举办的“嘉年华大型户外宣传活动”。

10月10日～13日　光大集团、光大银行董事长唐双宁一行五人赴山东济南等地考察指导工作。

（陆德军　郭　峰）

中国光大银行股份有限公司青岛分行

【第一负责人简介】 范建华,男,汉族,1966 年 1 月生,中共党员,本科学历,会计师。1988 年 7 月在国家外汇管理局参加工作,1999 年 6 月调入中国光大银行, 历任总行信用卡中心总经理助理、私人业务部总经理助理,海口分行行长助理、党委委员、副行长、风险总监(分行副行长级)、纪委书记等职,2009 年 5 月任中国光大银行青岛分行党委书记、行长至今。

【综述】 2010 年,中国光大银行股份有限公司青岛分行(以下简称“光大青岛分行”)不断强化全面风险管理,加强内部建设,经营基础不断夯实,各项业务稳步发展。

【公司业务】 2010 年,光大青岛分行加强客户营销、项目储备、结构调整和产品创新,推行重点行业和重点客户的战略,钢铁、交通、港口、石化等信贷资产行业优势开始凸显,推动了公司业务持续、健康、快速发展。截至年末,对公存款余额 138 亿元,贷款余额 107 亿元;DF 业务(人民币存单质押贷美元)贷款余额 2.3 亿美元,派生存款 15 亿元;对公理财代销金额 46.5 亿元;对公网银有效客户 1750 户。

【零售业务】 2010 年,光大青岛分行明确发展思路,强化团队合作:一是开展储蓄存款内部推动活动,效果显著,对私储蓄存款余额 39.34 亿元,比年初增长 6.47 亿元;二是加大了对个贷优势产品议价区间的调整,调整了个贷产品结构,发展综合消费、助业、经营性物业抵押类贷款的规模;三是组建直销团队拓宽发卡渠道,全年新增信用卡客户 43254 户;四是以打造“阳光理财”品牌为目标,全年销售量 80 亿元,同比增长 56 亿元;五是加大理财经理培训,87%的理财经理获得了 AFP 或 CFP 理财资格证书。

【贸金业务】 2010 年, 光大青岛分行明确贸金业务发展重点方向,以货押、贸易融资业务为主线,全面推进经营单位的业务发展。全年贸金项下中间业务收入 3570 万元;指导性指标贸易融资日均 8.9 亿元,余额 15.54 亿元,较年初增加 11 亿元,增幅 242%;收付汇 152105 万美元,同比增量 35741 万美元,增幅 31%。跨境贸易人民币结算业务完成 4.44 亿元。

【同业业务】 2010 年,光大青岛分行结合自身架构、区域特点,努力克服各种困难,积极营销,取得了较好的成绩。一是全年票据业务累计交易量 2902.02 亿元,其中买入 2212.34 亿元,卖出 689.67 亿元,实现票据业务利差收益 60456 万元,累计发出托收票据 5314 张,合计金额 314.20 亿元;二是共吸收同业存款 1755 亿元(不含三方存管),销售同业理财业务 43 亿元,实现手续费收入 228 万元; 三是实现代理同业中间业务收入 17 万元;四是银信合作业务:共销售 12 只信托计划,总金额 2.08 亿元;五是代理销售的保险产品 6997.23 万元,实现收入 202 万,其中寿险产品销售 6192.26 万元,财险产品销售 804.97 万元。全年寿险产品中趸交产品销售 3704.46 万元、期交产品销售 829.27 万元(期交按趸交的 3 倍折算)。

【电子化建设】 2010 年, 光大青岛分行一是将原有的代缴费业务,扩展至手机银行、网上银行、自助设备、柜面等各种渠道,受理卡种从原来的单一借记卡扩展至信用卡、外行卡等全卡种受理;二是增加社保基金代收缴业务,并按人行的要求按时完成财税库行联网系统的 CA 数字签名验证服务,增加了安全性;三是完成了支付密码系统的升级改造工作及与总行支付密码系统的全面整合工作,为下一步将支付密码推广至各种业务票证上,做好了全面的技术准备;四是专门设立了电子银行部,并正式构建了由网上银行、手机银行、自助设备等组成的较为完备的电子渠道。

【会计结算】 2010 年, 光大青岛分行不断强化会计基础管理,优化业务流程,初步建立起制度完善、内控严密、运作高效、响应及时的运营操作和管理平台。一是以阳光服务为契机,不断提高内外部服务水平,以提高效率为突破口,使网点对公业务上收分行集中处理工作平稳运行;二是制定适合员工的培训计划,转变方式,注重质量;三是强化风险控制意识,把握重点业务的关键控制环节,将事后监督工作与结算督导工作有机结合以做到全面督查,不断提高操作风险管理水平和控制能力。

【企业文化建设】 2010 年, 光大青岛分行加强企业文化建设:一是组织了光大集团驻青企业首届职工运动会;二是成立了分行足球、篮球、羽毛球、乒乓球、登山、游泳队,建立了员工独立食堂,健身活动基地,员工的业余文体活动日渐丰富多彩,团队凝聚力大大增强;三是组织全行党员及入党积极分子参观铁道游击队纪念馆, 举行新党员入党宣誓及优秀党员表彰活动。

【大事记】 3 月 8 日 光大银行总行监事办巡视组来青岛分行调研。

3 月 24 日 中国光大集团驻青企业首次联席工作会议在青岛分行召开。

4 月 28 日 光大青岛分行正阳路支行迁址更名为“城阳支行”。

中国光大银行股份有限公司青岛分行主要统计指标

单位：亿元

项　目	2005	2006	2007	2008	2009	2010	2010 年同比增幅（%）
资产总额	102.40	123.72	147.12	188.62	337.46	259.16	-23.20
本外币存款余额	94.89	111.23	118.96	112.39	135.74	176.70	30.18
本币存款余额	88.46	106.85	113.72	108.63	133.24	174.67	31.09
企业存款	40.29	43.51	60.10	43.93	58.99	87.44	48.23
机关团体存款	3.71	3.09	2.84	2.43	2.39	5.26	120.08
储蓄存款	21.27	21.49	20.76	27.28	32.87	37.67	14.60
本外币贷款余额	71.05	87.65	109.79	127.20	112.94	150.43	33.19
本币贷款余额	66.54	81.84	93.10	122.76	107.97	133.17	23.34
短期贷款	28.04	28.57	38.93	37.19	21.88	52.24	138.76
中长期贷款	34.62	51.70	51.20	66.38	76.56	80.89	5.66
票据融资	4.35	1.75	16.89	21.12	11.25	0.03	-99.73
利润总额	0.78	1.58	2.73	2.01	1.42	2.36	66.20
不良贷款余额	8.65	8.34	6.34	3.48	2.72	2.44	-10.29
不良贷款占比（%）	12.17	9.52	5.77	2.74	2.41	1.62	-32.78

5月6日　光大银行总行、光大总行委员会免去韩曙光青岛分行副行长、委员会委员、纪律检查委员会书记职务。

5月21日　光大青岛分行与山东常林集团银企战略合作签约仪式在常林集团隆重举行。

6月9日　中国光大银行阳光存贷合一卡青岛行首发仪式暨首届“光大”杯山东省高协企业家俱乐部高尔夫邀请赛在风景秀丽的石老人景区高尔夫球场隆重揭开帷幕。

6月26日　光大青岛分行与青岛联通公司共同组织了“光大——联通同心 2010 拓展活动”，为双方青年员工搭建了一个相互沟通、了解的平台，促进了银企关系，增强了员工向心力。

6月27日　光大青岛分行举行有170余名党员、入党积极分子参加的主题党日活动，邀请青岛市纪委副书记、秘书长李晓平做反腐倡廉警示教育讲座。

7月1日　光大金融控股公司总裁罗哲夫来青岛分行调研。

7月13日　中国光大集团驻青企业首届职工运动会召开。

8月8日　光大青岛分行延安路支行迁址更名为“南京路支行”。

8月9日　郭志雄任光大青岛分行风险总监（副行长级）、纪律检查委员会书记，范华廷任副行长。

8月16日　光大集团工会康臻副主席来青岛检查指导工会工作情况。

8月30日　叶长春任中共光大青岛分行委员会委员。

10月22日　光大银行总行李杰副行长来青岛参加12家股份制商业银行总行行长会议并到青岛分行点评“四强四优”创先争优活动开展情况。

11月18日　任命叶长春为光大青岛分行行长助理。

12月16日　光大青岛分行即墨支行开业。

12月24日　光大青岛分行与潍坊市政府在潍坊市富华大酒店正式签署总额为50亿元的全面战略合作协议。

（张钟文　许竹林）

中国光大银行股份有限公司烟台分行

【第一负责人简介】　徐克顺，男，汉族，1966年9月生，中共党员，研究生，高级经济师。1988年7月参加工作，历任中国光大银行郑州分行副行长、党委委员、纪委书记，2010年5月至今任中国光大银行烟台分行党委副书记、副行长，全面主持分行工作。

【综述】 中国光大银行股份有限公司烟台分行（以下简称“光大烟台分行”）成立于1993年12月29日，2008年10月经银监会批准正式升格为分行，成为烟台市首家直属总行管理的一级分行。

2010年，该行业务规模快速扩张，效益大幅提升，质量总体良好，队伍建设效果显著，各项业务实现健康、较快发展。截至年底，该行一般存款余额同比增加22.19亿元，剔除政策因素影响，实际增幅63.71%，企业存款在烟台8家股份制银行中排名第一；一般贷款余额同比增加21.26亿元，剔除政策性因素压缩的贴现和外汇质押贷款，实际增幅103.53%，贷款排名跃居烟台股份制商行第1位；不良贷款余额和不良贷款率实现了双降。

【公司业务】 2010年，光大烟台分行紧紧围绕年初制定的“客户、服务、利润、管理”工作要点，积极进行客户和产品结构调整，各项业务稳健发展。

一、对公存款再创历史新高。该行先后召开了3次动员会议，举办了4次对公存款和5次一般性存款劳动竞赛活动。截至年底，对公存款时点余额较年初增长39.54%。

二、大客户营销实现新突破。该行以重点客户为核心，着力拓展中高端客户群体。尤其是下半年以来，通过实行高层首席营销官策略，成功营销了多个大型综合授信项目，实现资产规模快速提升。

三、中间业务大幅度增长。该行将有限信贷资源倾斜于贸易融资和中小企业，通过多产品、多期限组合，带动了贸金业务收入的较快发展。截至年底，贸易融资中间业务收入较同期增长181%，增幅系统内排名第一。

四、信贷投放实现快速发展。该行通过积极传达总行相关政策，做好了存量到期续作与新增业务衔接等管理性工作，使得对公信贷投放工作稳步快速推进，并向总行争取到了宝贵的信贷资源，成功实现了多个大型企业的有效投放。

五、同业票据利润实现预期目标。该行紧紧围绕“创收益、保贴现、控规模、防风险”的思路，利润完成总行计划的263%。

【零售业务】 2010年，光大烟台分行以防控风险为前提，保质量、调结构、夯基础、促发展，克服诸多不利因素，各项业务持续、健康、稳健发展。截至年底，零售条线净收入同比增长112%，中间业务净收入增长145%。零售贷款增长38%；资产余额由27.82亿增长到47.26亿元，增幅70%，其中阳光理财资产余额由年初的10亿元增长到25.4亿元，增幅150%；向同业渠道累计销售阳光理财产品余额103.2亿元，代理黄金延期业务累计交易量达25亿元，在系统内名列前茅，在辖内8家股份制银行中零售贷款规模排名第一，对私存款规模排名第三。

一、牵头抓好3个重点项目的落实。该行围绕扩大对私客户规模，扩大对私存款规模，做大中间业务收入，确立了同业渠道理财销售、“阳光住房公积金”卡项目、社保资金代缴代扣、代理黄金业务等4项重点业务，均实现预期目标。

二、从产品和项目着手扩大对私存款和优质客户规模。该行落实支付易系统测试、上线及推广工作，推动三方存管业务营销，推动代发业务营销和跟踪营销动态，存贷合一卡等新产品推广初见成效，柜台理财产品销售量较上年翻番。

三、加大营销活动和宣传力度。一是开展了“阳光加年华零售业务产品大型推广”竞赛活动；二是积极组织“阳光乐活社区百日营销活动”，全年共开展了47场“阳光乐活”零售产品社区宣传活动；三是积极参与总行零售业务网点营销能力竞赛活动；四是组织理财和大堂经理客户关系管理能力大比武活动。

四、组织理财、个贷、信用卡业务合规自查与检查。一是积极落实总行理财合规自查和银监局理财合规检查工作；二是组织对全行工程机械贷款的所有保单的真实有效性进行核查；三是推动一手房屋按揭贷款预抵押转正式抵押工作的落实；四是严抓个贷催收工作，实现个贷关注率贷款和不良贷款绝对额较年初双降；五是密切关注信用卡疑似诈骗的风险排查。

【风险管理】 2010年，光大烟台分行遵循“合作、互信、融入和共担”的原则，积极主动管理风险，促进业务快速发展，保持了对公授信未出现新增不良，对私授信未发生系统性风险，全行没有出现重大操作风险事件的良好发展态势。

一、加快政策传导速度，提高授信质量和效率。一是认真进行存量授信客户的梳理工作，进一步优化授信方案，挖掘客户潜力；二是通过参与区域优势行业调研、重检区域营销指引，提高对新客户授信的针对性和有效性；三是对较优的存量客户通过优化和调整授信方案，实现企业和银行的双赢局面，对风险较大、低质量及特别关注客户实行退出机制。

二、做好持续营销和风险防控工作。一是通过实施分层次的授信后管理，挖掘战略客户和重点客户的市场潜力，防控低质量和特别关注类客户的信用风险；二是加强预警管理，及时提示市场经营和管理服务部门在关注客户信用风险和市场风险的同时，关注政策风险和合规风险，防范操作风险；三是通过网络、媒体、访谈、现场、非现场检查、定期督办等方式，密切关注系统风险，及时跟踪个案风险；四是加强现场和非现场检查和监测工作。

三、做好操作风险管理、拨备和综合报告等基础工作。一是坚持做好操作风险管理的监督指导；二是组织协调各相关部门做好拨备和风险资产的预算；三是做好信贷管理系统的维护，对企业征信信用信息基础数据库进行管理；四是按时完成各种报表和报告，做到及时、准确报送。

【运营管理】 2010年，光大烟台分行严格培训考核，落实风险排查，夯实业务基础，提高服务水平，确保运营结算工作平稳、安全运行。

一、抓好队伍建设，严格培训考核。针对柜台人员入行时间短、新员工占比高的情况，及时组织多种业务培训和技能考试，加强了风险防范意识，提高了操作技能、业务处理的综合能力。同时选拔优秀选手参加总行技能大赛，并取得优异成绩。

二、落实风险排查，夯实业务基础。一是加大专项检查力度，纠正了某些业务按习惯不按制度、按旧制度不按新制度处

中国光大银行股份有限公司烟台分行主要统计指标

单位：亿元

项　　目	2005	2006	2007	2008	2009	2010	2010年同比增幅(%)
本外币资产总额	50.32	42.20	39.83	45.32	81.03	128.58	58.68
本外币存款总额	26.56	27.02	27.05	35.61	55.38	77.59	40.10
人民币存款余额	25.08	25.69	26.05	34.01	54.28	75.28	38.69
企业存款	14.70	15.01	13.90	20.26	31.67	42.65	34.67
机关团体存款	0.27	0.22	0.55	0.54	1.31	1.16	-11.45
储蓄存款	4.65	3.53	3.92	7.56	13.09	18.82	43.77
本外币贷款余额	37.31	34.21	32.42	32.66	61.15	82.43	34.80
人民币贷款余额	36.94	33.95	32.08	32.66	56.35	77.87	38.19
短期贷款	24.85	14.38	8.71	10.54	18.81	46.18	145.51
中长期贷款	10.20	14.30	16.86	17.96	22.70	29.51	30.00
票据融资	1.79	5.16	4.60	4.09	14.84	2.17	-85.38
利润总额	-1.10	0.61	0.53	0.34	0.56	0.89	58.93
不良贷款余额	4.11	3.92	1.46	1.09	0.95	0.85	-10.53
不良贷款占比(%)	11.02	11.45	4.51	3.34	1.55	1.03	-33.55

理的现象；二是对新员工日常操作行为规范进行督导检查；三是建立放款重检跟踪制度，把好放款质量关。

三、提高服务水平，做好运营支持。一是依据总行考核办法制定了分行星级柜员管理办法，并逐步实施；二是制定并印发客户经理柜台业务速查手册，以方便查询；三是强化放款前的预审功能。

【队伍建设】　2010年，光大烟台分行采取了一系列措施，队伍建设成效显著。一是开展读书活动，向中层干部发放了《毛泽东的五篇哲学著作》、李瑞环的《学哲学 用哲学》(上、下)、唐双宁董事长的《上下求索光大之道》、《上下求索危机观察》等5本书籍，干部员工撰写了200余篇心得体会；二是开展学习型组织建设和学习型员工的评选活动；三是积极开展创先争优活动，持续打造好“人心工程”和“人才工程”；四是组织领导力提升培训班，开展理财中心主任公开竞选活动，并部署了二级部门负责人选拔工作；五是组织了理财经理资格培训。

【企业文化建设】　2010年，光大烟台分行切实加强企业文化建设，注重提升员工的集体荣誉感。一是举办首届职工运动会；二是积极建设爱心文化，做好员工走访工作，并筹集61950元在光大系统内建立了第一家员工关爱基金；三是组织干部员工积极为玉树地震、舟曲泥石流、母亲水窖等捐款，全年累计为社会各界筹集各类捐款16.29万元；四是组织干部员工参观监狱进行警示教育，提升全行合规意识。

【大事记】　1月21日　光大总行行长助理刘珺带考核组到烟台分行进行班子考核工作。

2月27日　光大烟台分行召开2010年工作会议，对上年工作进行了回顾和分析，对全年各项工作进行了部署。

3月4日　山东银监局王朝弟副局长一行到光大烟台分行调研并指导工作。

3月17日　光大烟台分行成立“员工阳光关爱基金”，用于帮助分行困难员工。

3月23日　光大总行张华宇副行长一行在烟台主持召开山东区域营销工作协调会，并对烟台分行进行调研指导。

4月6日　光大烟台分行被外汇局烟台市中心支局评为外汇管理考核A类行，分行已连续两年获此殊荣。

4月29日　光大烟台分行与上海黄金交易所第一大综合类会员山东招金投资股份有限公司签署合作协议，开创了光大银行与综合类会员合作的先例。

5月14日　光大总行党委副书记、纪委书记林立、总行人力资源部总经理张屹等一行到烟台分行宣布新班子的任命：烟台分行原行长、党委书记史硅调至成都分行工作，徐克顺担任烟台分行党委副书记，主持全面工作。

8月25日　光大总行单建保副行长一行到烟台分行视察指导工作。

11月19日　光大银行“零兑金”业务在烟台分行启动。

12月7日　光大烟台分行与烟台市住房公积金管理中心签署联合发行“阳光住房公积金”联名卡的合作协议。

12月23日　光大烟台蓬莱支行隆重开业，这是烟台分行辖属的第8家分支机构。

(谭新道)

中信银行股份有限公司济南分行

【第一负责人简介】 侯训义，男，1959年11月生，中共党员，研究生学历，高级经济师。历任中国工商银行济南分行工业信贷处副处长、长清县支行副行长、开发区支行行长，中国工商银行山东省分行工业信贷处处长、资产风险处处长、营业部副总经理；2001年5月，任中信银行济南分行副行长；2008年7月，任中信银行济南分行行长；2010年3月，任中信银行济南分行党委书记。

【综述】 2010年，中信银行股份有限公司济南分行（以下简称“中信济南分行”）按照“调结构、强管理、促发展”的经营方针，不断优化业务结构，持续强化精细管理，经营业绩继续实现良好发展。

【资金管理】 2010年，中信济南分行不断加强资金管理，优化资产负债结构。一是清收与核销工作取得重大进展，生息资产在总资产中的比例由2009年末的98.03%上升至98.48%，提高了0.45个百分点；二是以规模调控为契机，压缩退出低收益资产，提升定价水平；三是加大了对机构类、非授信战略及系统类结算客户的多层面联动、延伸性营销，截至年末，非授信存款日均余额125.96亿元，比年初增长26.29亿元，非授信日均余额在对公一般性存款中的占比达到43%，同比增加2个百分点；四是授信存款以总分行成熟产品为基础，以创新产品为突破，合理利用授信资源，围绕核心战略客户做好上下游产业链的延伸，最大程度上争取客户的结算存款和保证金存款沉淀，进一步夯实了负债业务基础。

【零售业务】 2010年，中信济南分行零售业务保持了平稳的发展势头，全年零售管理资产新增22.83亿元，形成了以个人理财、代发工资、三方存管等多种渠道共同促进零售业务发展的局面。一是以中高端客户为中心的经营特征基本形成，客户结构进一步优化，全年贵宾客户新增超过1000户，总量维持在5000户以上，贵宾客户管理资产占全部管理资产比重较年初增长5个百分点；二是以理财推动为特征的发展模式更加突出，积极发展基金、保险等业务，并与信托公司合作，在传统的银信合作之外发展创新型业务，全年实现零售中间业务收入超过4000万元；三是个人贷款业务管理和运营体系优化，业务拓展、产品创新、客户经营、体系建设、贷后管理等方面的经营成果进一步得到巩固。

【公司业务】 2010年，中信济南分行实施了“以产业链金融为显著特征”的公司银行战略。一是以“优化发展模式，提升发展能力”为工作目标，将主线部门定位于系统营销的组织和推动中心，金融产品的设计和配置中心，创新业务的牵头和实施中心，营销团队的管理和培训中心，丰富服务内涵，提高产品依赖度；二是找准公司银行业务发展的着力点，实施差异化营销，进一步巩固了汽车金融、钢铁金融、存货质押三项传统优势业务的市场领先地位，并积极探索实践创新产业链业务模式，呈现出良好的增长趋势，授信品种也由银承、贷款日益丰富到国内信用证等创新业务上来，投资银行业务利用总行投行业务平台，加强与同业和信托公司合作，在大力开展公司理财、国内保理、债券承销等基础业务的同时，积极推进银团贷款和并购贷款等业务，小企业金融方面，丰富了产品体系，扩展和创新担保模式，围绕核心企业上下游客户群、物流及专业化市场开展工作；三是转变营销推动策略，在以往对单一产品、客户及项目提供方案和服务的基础上，建立了“以市场为导向，以客户需求为中心，以纵横联动为特色”的创新营销模式。

【国际业务】 2010年，中信济南分行国际业务突出特色产品，强化市场竞争力，保持了稳健的发展势头。全年共完成进出口收付汇量近25亿美元，同比增长64%；实现国际业务中间业务收入近5000万元，同比增长67%；实现国际业务总收益近1亿元，同比增长117%。一是按照“调整结构、创新特色、提升管理水平，实现持续发展”的方针，在巩固传统结算业务优势的基础上，通过研究核心企业上下游客户需求，开发新产品、推广新业务，促中间业务收入增长；二是从客户需求入手，大力发展国内信用证业务，同时推出了出口短期信用保险后融资，供应链融资、出口保理等产品，并制定了相关管理办法和营销指引；三是根据市场趋势，积极推动跨境人民币业务，全年办理跨境贸易人民币结算业务超过6亿元；四是加强精细管理，通过梳理贸易、非贸易、资本项下外汇政策和业务操作流程，推出多项政策办法，确保业务健康发展。

【风险控制】 2010年，中信济南分行不断提升风险控制水平。一是扎实做好对各项政策新规的贯彻落实，为全行信贷业务的健康、合规运行营造了良好的经营氛围；二是按照“控制总量、计划投放、优化结构、提高收益”信贷政策指导思想，明确投放重点，在项目审查过程中做到“三优”，即：客户质量优，确保新增授信信用风险可控，业务品种优，合理组合授信品种，优化授信业务方案，综合收益优，不断提高业务回报率；三是优化授信审批流程，建立多通道审批机制，提高信审工作质效，全年，通过采取双人签批、表单式审批、专业信审会、分行信审会、传签审批制等多种审批通道，在有效控制风险的前提下提高了效率；四是加大对创新业务的服务支撑力度，积极与总行沟通，在并购贷款、商户联保个人经营贷款及采购融通业务等领域实施创新；五是适时开展风险大排查活动，对政府融资平台贷款、保函、非钢材类存货质押、抵押贷款等业务实施了专项检查；六是

中信银行股份有限公司济南分行主要统计指标

单位：亿元

项　　目	2005	2006	2007	2008	2009	2010	2010 年同比增幅（%）
本外币资产总额	159.45	207.51	253.09	301.78	423.08	477.91	13.0
本外币存款余额	143.40	183.24	220.81	264.56	365.72	441.56	20.7
人民币存款余额	99.84	181.40	215.44	262.59	353.87	430.73	21.7
企业存款	117.72	135.86	150.24	186.82	264.60	312.68	18.2
机关团体存款	9.52	10.09	11.43	19.10	31.62	48.66	53.9
储蓄存款	16.16	37.29	59.15	58.63	69.51	80.22	15.4
本外币各项贷款余额	102.08	153.94	169.89	183.86	251.84	285.75	13.5
人民币贷款余额	141.91	150.77	165.28	181.25	247.27	280.97	13.6
短期贷款	64.01	103.55	114.25	129.75	145.01	168.51	16.2
个人短期贷款	0.36	0.21	0.70	0.46	4.93	5.34	8.3
中长期贷款	31.37	37.50	34.35	37.21	83.27	109.46	31.5
个人中长期贷款	2.85	4.57	7.51	9.88	17.17	21.77	26.8
票据融资	6.70	12.89	21.29	16.90	23.56	7.78	-67.0
利润总额	2.35	1.69	2.33	5.49	5.46	7.59	38.8
不良贷款余额	5.99	8.52	9.20	7.15	5.56	2.78	-50.1
不良贷款占比（%）	5.86	5.53	5.41	3.89	2.21	0.97	-1.24

按照“早发现、早行动、早化解”的工作目标，围绕重点行业、企业及产品，先后开展了10余次专项检查，对检查中发现的风险隐患，立即下达预警通知书，提前做好风险化解方案。

【财务管理】　2010年，中信济南分行充分发挥财务管理对各项业务的促进作用，收到了良好效果。一是继续完善利率定价及FTP日常管理体系，强化机制体制建设，结合自身实际，进一步优化利率定价授权，简化利率审批流程；二是深化全面预算管理，指标预算由账面预算延伸到了FTP价格预算、考核资本预算，进而是经济利润的预算，对经营的指导和促进作用更加显著，同时，调整预算考核指标体系，定期监控、分析和通报预算完成进度；三是引导分支机构加大负债营销力度，优化信贷资产结构；四是加强对支行头寸报备的考核，做好流动性管理，搭建资金管理制度平台，并在异地分行及同城机构之间建立了“辖内资金管理特殊交易窗口”，同时，设计开发了头寸报备系统，提高了工作效率。

【会计管理】　2010年，中信济南分行加强支付结算管理，会计条线各项工作稳步推进。一是持续完善机制配套建设，对会计考核系统进行了相应的参数调整；二是加强制度建设，结合业务实际及日常检查中发现的问题，对现有制度进行修订和补充，同时，实施强制休假制度，并制定了轮岗计划；三是将规范经营管理和强化内部控制相结合，制定了会计检查计划，重点加强对重要岗位、敏感部位和关键点的检查，并加大专项检查和突击检查频率；四是开展会计专业培训，提高人员业务能力和服务水平。

【大事记】　2月7日　中信银行济南分行召开2009年度总结表彰大会，山东银监局王朝弟副局长莅临现场并做重要讲话。

3月2日　中信总行下发了《关于管理会计试点工作安排的通知》，确定济南分行为管理会计试点分行。

3月4日　《中信银行济南分行多户联保授信管理办法（试行）》开始实施，并在全行推广施行，推动了小企业金融业务的发展。

3月5日　中信银行济南分行被人民银行济南分行评为2009年度反洗钱工作自律评估A级行，这是该行连续第2年获得此荣誉。

3月12日　由中信银行济南分行代销和托管的中国重汽20亿元单一资金信托计划成功上线。

4月20日　中信银行济宁分行被山东银监局授予“2009年度良好银行”称号。

4月30日　中信银行济南分行启动“维护市场秩序月”活动。

4月　中信银行济南分行成功运作第一笔煤炭金融业务，成为中信系统内第一家开展煤炭金融业务的分行，相继针对化肥、石化和有色金属等行业设计了特色金融服务方案。

中信银行济南分行成功为齐商银行办理2亿元的代开银承，与地方性商业银行合作进一步拓宽。

5月8日　济南地区中信金融子公司联合登泰山比赛成功举行，来自中信银行济南分行及辖属淄博、济宁分行，信诚保险山东分公司，中信万通驻济南、淄博、济宁各机构，中信建投驻济南、淄博各机构的近200名选手参赛。

5月17日　中信银行济南分行成功营销山东太阳纸业10亿元中期票据项目。

5月　中信银行济南分行成功托管了齐鲁银行“畅盈九洲”系列理财产品，扩大了托管规模。

5月～11月　中信银行济南分行开展了“内控和案防制度执行年”活动，全年成功堵截19起案件；组织开展业务检查1063811笔，检查机构数量24个；新建规章制度106项，修订完善20项，废止16项，促进和保障了各项业务稳步健康发展。

6月18日　中信银行济南分行获得山东省跨境贸易人民币结算首批试点银行资格，是济南市唯一获得该资格的股份制商业银行。

6月24日　中信银行济南分行作为主办行，承办了中信银行与山东钢铁集团有限公司战略合作协议签约仪式。山东省委常委、副省长王军民，总行张强副行长、山钢集团董事长邹仲琛出席了签约仪式。

6月　中信银行济南分行与济南市社保办开展了代理扣缴社会保险费业务，为该行代理市政结算，扣缴社保资金业务搭建了新的服务平台。

7月9日　中信银行济南分行代理莱商银行股份有限公司开立进口信用证并叙作代理付款融资业务，这是中信银行系统内首笔同业授信下信用证代付业务。

7月16日　中信银行与东营市政府联合举办、济南分行承办的“对接黄河三角洲(东营)高效生态经济建设中信银行外汇业务战略客户高层论坛”在东营市成功举行。来自全省近80家主流企业的代表150余人参加，推动了中信银行东营分行开业前的业务储备，扩大了国际业务市场影响力。

8月　山东金正大生态工程股份有限公司上市募集资金划入中信银行济南分行，规模占企业募集资金总额的50%。

10月22日　中信银行济南分行承办“中信银行2010年供应链金融业务推介会”，山东省金融办李永健主任、济南分行侯训义行长等发言，该行供应链金融重点企业、物流监管企业、媒体代表等近百名嘉宾参加了此次推介会。

10月　中信银行济南分行与山东省商业集团总公司签署了企业年金托管资格认定书，双方战略合作的内容和领域更加丰富。

11月1日　中信银行济南分行代理山东省财政厅会计资格考试POS非税代缴业务系统成功运行，成为代理该项业务的首批两家试点银行之一。

11月10日　中信银行东营分行盛大开业。山东省省长助理周齐、中信总行副行长赵小凡、山东省金融工作办公室主任李永健、东营市副市长李中树、中信济南分行行长侯训义等领导参加了开业典礼。开业当日，东营分行各项存款总额38.85亿元。

11月30日　中信银行济南分行进出口收付汇量首次突破20亿美元大关。

12月2日　中信银行济南分行荣获总行“资金管理优良分行”称号。

12月28日　中信银行济南分行在济宁当地主城区外设立的首家分支机构济宁邹城支行试营业。

(李　勇)

中信银行股份有限公司青岛分行

【综述】　2010年，中信银行股份有限公司青岛分行(以下简称“中信青岛分行”)较好地完成了经营计划，盈利能力持续增强，实现拨备后利润8.8亿元，同比增长2.1亿元，增幅31.1%；经济利润3.1亿元，同比增长0.9亿元，增幅41%；中间业务收入同比增长0.74亿元，增幅49.7%；经济资本回报率18.75%，同比提高0.2个百分点。不良额和不良率连续5年双降。

【零售业务】　2010年，中信青岛分行零售业务一是强化基金销售，做好每月重点基金推荐，针对不同风险偏好客户确定不同的基金组合建议，并对其进行跟踪，适度调整；二是加强银保销售，做好客户资产配置，增开保险合作公司，拓展保险销售渠道；三是持续做好理财销售，理财产品线日渐丰富，加强天天快车和超快车产品的营销；四是积极拓展汇金宝、贵金属交易业务，开拓新的理财渠道，培育新的中间业务增长点；五是首创发行的“七彩华龄卡”，被总行评为“最佳联名认同卡”并荣膺“中国最佳品牌建设案例”奖。全年发卡1.8万张，带动管理资产增长18亿元，带动储蓄增长3.6亿元；实现业务收入4691万元，同比增长102%。

【国际业务】　2010年，中信青岛分行国际业务收付汇量131亿美元，是系统内第5家收付汇量过百亿的分行。其做法：一是加强渠道建设，开展了出国金融培训课堂，直接与定向学校开展活动，与出国留学大型中介、大型境外游旅行公司等建立合作关系，拓宽客户获取渠道。二是围绕重点产品，包括代签证业务、留学生信用卡和回卡、出国留学贷款和资信证明业务等加强宣传，增加出国金融业务的知名度。

【电子银行业务】 2010年，中信青岛分行进一步加强电子银行和自助服务建设,改善银行卡的应用环境,提升零售银行服务形象,夯实零售业务发展基础。一是改善银行卡交易环境,加强自助设备运营管理,提高卡片交易成功率;二是加入济南银联柜面通系统,利用柜面通业务实现威海、烟台,特别是潍坊地区物理营业网点的延展;三是开发琴岛通卡代充值业务,提高中间业务收入,扩大市场品牌影响力;四是继续加快自助设备的布放步伐,全辖计划新增自助设备62台,更新15台。

【大事记】 3月26日 中信总行陈小宪行长视察中信青岛分行。

6月3日~5日 中信总行吴北英监事长到青岛分行调研,并在吴小平行长、陈英副行长的陪同下到威海、烟台分行调研,同时实地考察了部分民营企业。

6月25日 中信总行张强副行长在出席“中信银行供应链金融业务推介会”期间到青岛分行进行了公司业务及小企业授信业务的调研。

6月26日 由中信青岛分行和青岛市广播电台局联合发起的“七彩华龄卡杯”中老年时尚之星电视大赛正式启动。中信青岛分行行长吴小平、行长助理李耀东,以及青岛市政府、老龄办、体协、老干局、广播电视台等领导出席了启动仪式。

7月27日 中信潍坊分行开业庆典隆重举行，人行济南分行巡视员张胜林、潍坊市副市长夏芳晨、中信青岛分行行长吴小平,以及潍坊市直各部门主要领导和百余家企业代表参加了开业仪式。

8月12日~19日 中信集团孔丹董事长莅临青岛分行、威海分行视察工作。

9月10日 中信银行青岛小企业金融中心正式揭牌。青岛市政府王广正副市长、中信银行总行张强副行长,以及青岛市相关政府部门和金融监管单位的领导出席了揭牌仪式。在揭牌仪式上,中信青岛分行分别与山东省中小企业办公室、青岛中小企业融资服务中心签订了战略合作协议。

12月16日 中信银行青岛高新区支行举行隆重开业庆典,青岛市副市长张惠、人行青岛中心支行行长王迅、中信青岛分行行长吴小平等领导出席了开业庆典。

(中信银行青岛分行)

华夏银行股份有限公司济南分行

【第一负责人简介】 赵琴波，男,1956年生,中共党员,博士,高级经济师。历任人行青岛市分行货币发行科副科长、货币发行处副处长,国家外汇管理局青岛分局外汇管理处副处长、外汇综合计划处处长、分行(分局)办公室主任,华夏银行青岛支行党组书记、行长,华夏银行青岛分行党委书记、行长,2004年6月至今任华夏银行济南分行党委书记、行长。

【综述】 2010年,华夏银行股份有限公司济南分行(以下简称“华夏济南分行”)认真贯彻国家宏观调控政策,紧密围绕“调结构,控风险,创效益,促发展”核心目标开展工作,各项业务实现平稳较快发展,规模持续扩大,效益增长明显,资产质量逐步向好,综合实力在系统内名列前茅。

一、规模持续扩大。存款同比增加96亿元,增长29%,其中储蓄余额同比增加19亿元,增长31%;贷款同比增加54亿元,增长18%。

二、效益增长明显。利润同比增加3.10亿元,增长120%;中间业务收入同比增加3444万元,增长37.50%。

三、资产质量逐步向好。各项不良贷款指标均控制在计划以内,不良贷款率比年初下降0.11个百分点。

【公司业务】 2010年，华夏济南分行紧密围绕产品推广运用、营销模式转变等目标开展工作,实现了公司业务发展的新突破。一是制定了《加快经营转型,促进公司业务可持续健康发展的竞赛方案》,进一步加强产品经理队伍等机制建设,提供全方位的产品营销支持,同时强化本外币、传统业务与投行业务的联动,提高客户综合服务能力;二是强化过程推动,实施精细化营销,组织开展了“一户一策”分析研究工作,在重点客户和行业客户开发方面取得突破性进展;三是先后组织开展了“首季开门红”和“季季上水平”系列营销竞赛活动,逐月督导推动,取得良好效果。

【个人业务】 2010年，华夏济南分行通过加强营销机制建设、强化过程管理和支持保障,有效促进了个人业务的快速健康发展,被总行评为“个人金融资产总量增长十佳分行”、“华夏财富十佳分行”和“个贷业务十佳分行”,辖内5家支行获得总行“个人业务先进支行”荣誉称号,16名营销人员获得总行“个人业务优秀个人”称号。

一、储蓄业务实现新跨越。储蓄余额增量是前3年平均增量的两倍,储蓄余额和储蓄日均增量在系统内名列前茅,网点储蓄平均单产同比增长27%。

二、个贷业务增速逐步加快。通过加强对工程机械贷款、楼盘按揭、优质客户综合消费贷款等项目的营销,个贷业务实现快速增长。

三、卡业务在系统内保持领先优势。信用卡新增VIP客户高速增长,新增量和累计发卡量在系统内均为第一,信用卡营销经验在系统内得以推广。

四、服务水平有效提升。济南纬二路支行参加2010年中国银行业协会“千佳服务示范单位”评选活动，顺利通过预验收，在全省65家优质服务示范网点中排名第9。

五、渠道建设进展顺利。新建自助银行9家、新增设备36台，对5家依附式自助银行、3家离行式自助银行进行了改造。高端客户商户收单业务实现突破，新增特约商户390户，新增POS2230台，布放TPOS机具2081台。

【国际业务】 2010年，华夏济南分行进一步完善营销架构和激励机制，突出重点产品营销，加大贸易融资授信力度，国际业务实现持续、健康、快速发展。

一、突出牵头营销职能，确保国际业务营销机制落实到位。一是明确了国际业务部产品营销、单证处理和外汇管理三大职能，发挥营销牵引作用；二是深化营销机制改革，国际业务营销逐渐呈现出“团队化、专业化”的特点；三是开展“创佳绩、比贡献”、“抢市场、赢客户”等营销竞赛活动，充分调动了经营单位和客户经理的积极性。

二、建立内部联动机制，实现本外币一体化联动营销。国际业务部与有关部门在优质客户开发、客户准入、营销方案设计等方面沟通协作，实现了优势互补。一方面对有贸易融资授信需求的客户，将贸易融资纳入综合授信方案。另一方面，对有国际结算资源的本外币授信客户，逐一进行梳理。

三、充分发挥产品经理“产品营销”和单证中心“阵地营销”作用。一是进一步加强对重点经营单位和重点国际业务客户的上门营销，实现重点产品营销和服务精细化管理的有机结合；二是将“环球智赢”作为主打产品，在潍坊、东营等地召开新产品推介会，围绕客户实际需求，进行广泛宣传和推广；三是国际结算新产品营销推广成效显著，累计开立国内信用证业务量在系统内排名第一。

【会计工作】 2010年，华夏济南分行紧密围绕“服务业务发展”和“新核心系统上线”两个目标，积极推进“工作思路、工作作风和工作方法”三个转变，会计基础工作质量全面提升，服务和保障全行发展的能力进一步增强。一是开展了会计专业“提高服务质量效率年”活动，逐步形成了会计服务标准化与个性化相结合、规范化与效率化相统一的服务体系；二是不断探索新的沟通模式，逐步构建“方便、及时、有效”的沟通平台，实现了会计专业的“内部和谐”，以及与客户的“外部和谐”；三是开发并推广了“账户台账系统”，实现企业账户信息及时查询，保障了企业结算账户资料的完整性、有效性。

【风险管理】 2010年，华夏济南分行密切关注市场变化，通过完善管理架构、优化操作流程、实施先进管理技术、强化员工培训等工作，进一步提高了风险管理水平和资产质量。一是根据总行统一部署安排，采用当前国际银行业使用的先进评级技术，建立了以违约概念为基础的信用评级模型和内外部评级结果映射关系，利用量化指标进行定性评价，实现了授信分析过程与信用评级过程的统一；二是密切关注节能减排、政府融资平台、房地产等宏观调控政策可能产生的政策风险，实施区别信贷政策，信贷资产期限、行业、客户、信用等级结构得到优化；三是优化授信业务贷后管理流程，现场检查资料和检查质量由各经营单位自行负责，同时加大授信客户现场检查力度，提高了风险识别和处置能力；四是组织开展了包括月度定期风险排

华夏银行股份有限公司济南分行主要统计指标

单位：亿元

项　目	2005	2006	2007	2008	2009	2010	2010年同比增幅（%）
本外币资产总额	223.14	259.94	293.69	325.99	384.67	454.85	18.24
本外币存款余额	193.39	225.75	265.67	308.35	335.23	430.18	28.32
人民币存款余额	191.13	223.2	263.28	305.82	333.52	426.84	27.98
企业存款	77.45	107.03	129.07	117.61	131.90	195.64	48.32
机关团体存款	17.81	21.22	24.42	23.06	29.50	28.40	-3.73
储蓄存款	28.60	36.88	43.28	52.36	60.50	79.84	31.97
本外币贷款余额	167.14	176.58	201.41	229.30	291.47	345.01	18.37
人民币贷款余额	166.06	175.25	198.20	227.06	290.41	339.99	17.07
短期贷款	115.04	131.39	172.26	178.50	174.26	213.75	22.66
中长期贷款	25.03	24.25	28.36	38.02	115.29	130.12	12.86
票据融资	26.00	19.80	0.45	12.06	1.06	0.11	-89.62
利润总额	3.01	3.17	4.21	3.65	2.59	5.68	119.31
不良贷款余额	6.28	6.06	4.96	6.30	4.40	4.83	9.77
不良贷款占比（%）	3.76	3.43	2.46	2.75	1.51	1.40	-7.28

查、新增固定资产贷款、政府融资平台贷款、钢管行业风险、产能过剩行业、房屋/土地抵押物风险评估与压力测试等在内的专项风险排查，对存在违约隐患的纳入红色客户库管理，采取措施立即处置；五是坚持“一户一策”，运用多种处置手段，加大新增不良防控和存量不良清收力度，存量不良清收处置取得较大进展。

【科技工作】 2010年，华夏济南分行以信息系统全年运行稳定、网络运行安全，为业务发展提供了强有力的科技支撑。一是顺利完成新中心机房建设和搬迁，全面完成网络系统建设，为业务发展提供了安全稳定高速的网络运行平台；二是正式启动新核心业务系统上线工作，并顺利完成两次新旧核心业务系统并行演练测试；三是积极推进科技服务转型，先后开发了工商E线通系统、非税POS系统、企业网银积分兑换礼品系统、物流金融台账系统等项目，实现了科技与业务的有机融合。

【企业文化建设】 2010年，华夏济南分行树立“诚信、规范、和谐”的核心价值理念，以构建和谐银行为目标，深入贯彻“以人为本，客户立行，智慧经营，标准管理，亲情服务，文化竞争”的办行理念，积极培育优秀企业文化，努力构建和谐向上的发展氛围。一是组织开展了“送温暖”、“慈心一日捐”、建设职工之家、“读一本好书”和职工运动会等活动，丰富了员工的业余生活；二是以迎接14周年行庆为契机，举办了行庆登泰山比赛等活动，进一步激发全员斗志，增强团队凝聚力和协作精神；三是召开了高品质的客户答谢会，积极推介新产品，并为广大客户献上大型音乐会，进一步提升了社会形象。

【大事记】 1月29日 华夏济南分行成功办理第一笔电子商业汇票业务，成为系统内第3个开通该业务的分行。

3月18日 华夏济南分行在潍坊举办个人业务新产品推广会。

3月 华夏济南分行团委与省卫生厅团委在山东省青少年素质教育中心联合开展“同植一片林，携手共发展”活动。

4月15日 华夏济南分行举行电子商业汇票“票e达”品牌发布会。

4月30日 华夏银行中小企业信贷部济南分部揭牌仪式隆重举行，华夏济南分行现场与省工商联、省信用担保公司签署合作协议。该行行长赵琴波，副行长王秀荣、李金龙、陈玉旺、于国庆出席了仪式。

5月17日 华夏济南分行举办第六届职工运动会。

5月18日 黄河三角洲高效生态经济区建设项目对接暨华夏银行东营分行开业仪式在东营市隆重举行。山东省省长助理、黄河三角洲高效生态经济区建设办公室主任陈光，华夏总行副行长李翔，省政府副秘书长韩金峰，省金融办主任李永健，人行济南分行副行长刘克俭，山东银监局副局长王朝弟，东营市委副书记、市长张建华等有关领导出席了仪式。

5月 在首届“华夏银行青年发展论坛”上，华夏济南分行营业部团支部获“五四红旗团支部”荣誉称号，章丘支行团支部书记孙晓梅获“优秀团干部”荣誉称号。

6月7日~8日 华夏总行监事长成燕红、首席信息官恽铭庆一行在济南召开山东境内分支机构经营工作座谈会，围绕如何充分整合资源、提升服务水平和整体竞争力展开了讨论。

7月 在山东省金融系统职工乒乓球比赛中，华夏济南分行代表队获得女子团体第一名、女子单打第一名的好成绩。

8月10日~11日 华夏总行党委副书记任永光一行到华夏济南分行考察指导工作。期间，任永光副书记会见了省金融办主任李永健及人行济南分行副行长李亚新、山东银监局副局长刘悦芹等有关领导。

9月8日 第三届山东文化产业博览交易会唯一指定金融服务商授权仪式新闻发布会隆重举行，华夏济南分行被文化产业博览会组委会选任为该交易会“唯一指定金融服务商”。

11月9日~12日 华夏总行党委书记、董事长吴建一行来山东调研。期间，吴建董事长分别与山东省委书记、省人大常委会主任姜异康，省委副书记、省长姜大明，省委常委、常务副省长王仁元及潍坊、东营市委、市政府主要领导会晤，并会见了中石化集团公司总经理助理、胜利石油管理局党委书记、局长王立新，中国重汽集团党委书记、董事长马纯济等有关企业主要负责人，深入企业生产一线参观考察，与企业员工亲切交流。

12月18日 华夏济南分行在山东大厦隆重举办“行庆客户答谢会暨新产品推介会”，随后举行“华夏之声”中央民族乐团专场音乐会，倾情回报广大客户朋友和社会各界。

（尤元宝）

华夏银行股份有限公司青岛分行

【第一负责人简介】 刘辉，男，1959年1月生，福建省泉州市南安县人。党员，经济师，澳大利亚弗林德斯大学国际经贸关系专业硕士，1978年12月参加工作，历任光大青岛分行信贷管理部总经理、华夏青岛支行市场营销本部总经理、华夏青岛分行副行长等职，现任华夏青岛分行党委书记、行长。

【综述】 2010年，华夏银行股份有限公司青岛分行（以下简称“华夏青岛分行”）紧紧围绕“调结构、控风险、创效益、促发展”的核心目标，以“多、快、好、省”为指导思想，以打造个人业务特色分行为主轴，深化机制建设，优化业务结构，加快发展转型，全面完成了各项经营计划。

华夏银行股份有限公司青岛分行主要统计指标

单位：亿元

项　　目	2005	2006	2007	2008	2009	2010	2010年同比增幅(%)
本外币资产总额	108.07	115.31	153.91	149.17	204.25	213.29	4.42
本外币存款余额	83.29	101.67	115.31	123.54	161.20	202.93	25.88
人民币存款余额	80.12	99.57	113.87	121.96	158.95	199.57	25.55
企业存款	24.66	37.57	53.37	43.03	54.79	65.22	19.04
机关团体存款	2.35	3.53	6.96	3.70	13.84	31.07	124.52
储蓄存款	15.38	20.99	28.58	35.94	42.03	53.95	28.36
本外币贷款余额	94.37	85.08	101.63	106.22	145.87	168.16	15.28
人民币贷款余额	91.65	82.85	99.37	103.49	144.11	165.11	14.57
短期贷款	40.31	51.14	61.07	62.71	68.26	78.44	14.92
中长期贷款	19.41	28.64	35.60	35.06	75.34	86.00	14.14
票据融资	31.92	2.94	2.56	5.40	0.37	0.67	80.24
利润总额	1.02	1.82	2.36	3.20	2.39	4.22	76.57
不良贷款余额(五级)	0.29	0.19	0.90	1.17	1.41	1.06	-24.82
不良贷款占比(%)	0	0	0.01	0.01	0.01	0.01	--

【经营管理】　2010年，华夏青岛分行一般性存款首次突破200亿元，经营规模再上新台阶，在青岛同类股份制银行中稳固了前三的位置。不良贷款和不良率实现双降，资产质量进一步向好。个人业务系统内继续领先，国际业务在总行综合评价中列Ⅰ类行第1名。

【风管管理】　2010年，华夏青岛分行扎实开展内控和案防制度执行年活动，有效控制操作风险。一是梳理2008-2010年内外部检查整改情况，建立合规问题库，加强整改后续检查；二是组织实地贷后检查，开展授信风险排查，每月召开贷后管理工作联系会议，及时发出授信风险提示；三是开展安全稳定运行拉网式检查，排查各种隐患和故障。

【存款业务】　2010年，华夏青岛分行创新服务体系，深化服务内涵，强化服务管理，推动存款业务的发展。

一、以服务促发展，不断提升服务质量。一是通过推出双语服务，升级双语排队叫号系统，举办英语、手语培训班，确保为境内外和聋哑客户提供无障碍金融服务；二是加强服务技能培训，安排分管行长、营业室经理、前台员工和大堂经理进行半军事化脱产培训，营造了安全、和谐、优质、文明的服务环境。截至年末，全行13家营业网点中，7家荣获省、市及总行级"青年文明号"称号，2家荣获"中国银行业文明规范服务示范单位"称号；分行先后荣获山东省、青岛市消协组织的"第八届消费者满意单位"称号。

二、以产品打市场，改变传统营销模式。该行高度重视产品营销和推广，公司业务推出了电票签发、贴现，商票保贴等新产品，个人业务举办了电子银行业务、理财产品和个贷客户增值服务等推介会。存款自年初就呈现了良好的发展态势，结构调整成效显著。保证金存款占比较年初的29.9%下降了5.6个百分点。储蓄存款增长12亿元，占全行新增存款的28.5%，在本市同类股份制银行中储蓄增量高居首位。

【宣传营销】　2010年，华夏青岛分行以宣传为手段促进业务发展，取得明显成效。

一、转变工作模式，实现被动宣传向主动宣传的转变。通过电视、广播、报纸、冠名活动等渠道加大宣传力度。全年宣传投放较上年增长68%，有力支持了业务发展，巩固了良好的社会形象。

二、坚持"三个转型一个调整"的工作思路，促进转型深化。一是不断加强客户营销，大力推广链式营销，强化本地市场和主流行业营销；二是成立新产品推进委员会，设立兼职产品经理队伍，并通过开展实战性较强的产品培训，提高其运用产品的能力；三是成立财富管理中心，为各支行配备专业理财经理，打响了个人业务特色分行的牌子；四是开通了间联POS业务，新增自助银行15家、银联商户271户和直联POS 616台，在青岛市银行业ATM自助终端设备服务评比暨"银联杯"创新竞赛活动中，荣获"受理渠道创新突出贡献奖"。

【企业文化建设】　2010年，华夏青岛分行强化企业文化建设。一是设立行长接待日，开通意见建议箱、外网邮箱和行长信箱等建言献策渠道，收集意见建议上百条；二是建立职工食堂，举办了首届职工运动会和12周年行庆文艺汇演，全年累计组织员工开展钓鱼、爬山和拓展训练等文体活动120余次；三是积极参与社会活动，先后开展抗震救灾、爱心助学等各类捐款活动，累计金额15万元。

【大事记】 1月14日 华夏青岛分行召开媒体通报会，通报香港中路支行荣获“全国服务百佳”荣誉称号和服务工作开展情况。

1月15日 华夏总行山东区域发展联席会议在青岛召开。

1月18日 华夏青岛分行在人行青岛市中支《2009年金融统计工作考核情况的通报》中，荣获一等奖。

1月22日 华夏银行青岛胶州支行举行开业庆典。

1月25日 华夏青岛分行在“青岛市银行业协会2009年提高ATM服务质量活动第四季度评比情况通报”中，获得“ATM服务质量优秀单位”荣誉称号。

3月12日 华夏青岛分行在香格里拉大饭店举办“环球智赢”国际金融服务品牌推介会。

4月10日 华夏青岛分行举行庆祝建行12周年文艺汇演。

4月20日 华夏青岛分行开展抗震救灾捐款活动，累计捐款11.97万元。

5月4日 华夏青岛分行与青岛市南交警大队、市南教体局等单位联合举办“关爱生命，平安出行文明交通从我做起”活动。

5月13日 华夏总行在青岛汇泉王朝大酒店召开“个人业务发展经验交流会”。

5月26日 华夏青岛分行在黄海饭店隆重举办电子商业汇票“票e达”品牌推介会。

5月26日~6月20日 华夏青岛分行启动“送金融知识下乡(进校园)”活动。

6月1日 华夏青岛分行与进出口青岛分行签署合作协议。

8月25日 华夏青岛分行开展希望工程“爱心助学”捐款活动，全行212名员工踊跃捐款1.84万元。

9月17日 华夏青岛分行举办2010年理财产品推介会。

10月20日~22日 由华夏总行承办的“2010年全国股份制银行行长联席会”在青岛召开。

10月30日 华夏青岛分行举办2010年度秋季职工运动会。

12月6日 华夏青岛分行开展“慈善向甘肃贵州灾区捐赠衣被”活动，共收到捐赠棉衣被679件。

(曲文豪)

深圳发展银行济南分行

【第一负责人简介】 刘峰，男，汉族，1960年生，货币银行学研究生。1981年参加工作，历任中行江西省分行国际贸易处科长、深圳发展银行国际业务部副总经理、珠海支行行长，2003年10月至今任深圳发展银行济南分行行长。

【综述】 2010年，深圳发展银行济南分行(以下简称“深发济南分行”)坚持科学发展观，不断强化内部管理，提高经营管理水平，各项业务保持又好又快发展。

【公司业务】 2010年，深发济南分行按照“调结构、上规模、增效益”的发展主线，深入实施授信双增策略，多措并举提升新增有效额度，积极开拓贸易融资业务，各项业务取得良好成效。

一、积极扩大有效客户规模。一是年初召开“飞跃2010”公司及信贷工作会议，进一步明确提出“新增有效额度是完成全年公司业务指标的基本保障、授信双增是巩固老客户份额的有效手段”的发展基调；二是建立“老中青”结合的营销小组，拓展了有效客户规模，带动了公司存款规模快速攀升；三是建立坚实的客户基础，确保公司存款、贷款和中间业务收入等主指标顺利完成，推动国际结算、贸易融资等指标全面开花。

二、积极开展双主办业务。该行积极组织、努力推进以授信主办行带动成为企业结算主办行，切实明确银企关系定位，推动客户服务升级，提升公司业务结构。

三、加强营销宣传力度，打造贸易融资优势品牌。该行积极组织参加政银企洽谈会，在辖内各地市举办离岸业务推介会20余场，宣传贸易融资新产品及离岸业务，进一步提高了供应链金融品牌的知名度。截至年末，该行授信客户数645户，额度316亿元。其中，贸易融资客户194户，授信敞口56.12亿元，贸易融资授信户数和授信额度分别占该行授信总量的30.08%和17.76%，全年新增离岸客户108户。2010年，该行贸易融资、国际业务预算完成率在系统内均位居第2名。

【零售业务】 2010年，深发济南分行积极开展营销活动，着力夯实客户基础，全面带动零售业务结构和质量提升。一是开展形式多样的营销活动，截至年末，零售中间业务收入425万元，除价值客户流失率以外，其余指标均超额完成总行下达的任务，综合排名位列系统前5名；二是启动“网点飞跃”计划，在各个网点建立起一套崭新的零售业务销售体系，全面提升其零售业务的销售能力和管理水平；三是加大经营性贷款开拓力度，初步实现由低收益的房贷向高收益的个人经营贷转型。

【信贷管理】 2010年，深发济南分行适时调整授信策略，强化了风险防控工作的前瞻性、针对性和主动性，构筑起整体与局部相结合、定性与定量相结合的信贷政策指引体系。荣获总行2010年度“建设防风险信息体系，促进银行业稳健发展”竞赛活动十佳先进集体。

一、优化业务流程，提升审查效率。一是围绕公司业务和中小企业业务进行研讨，提前部署客户服务升级计划，优先审批升级客户，确保计划顺利实施；二是派专人赴兄弟分行调研中小企业信贷业务开展情况，较好地履行了保安全与促增长的双重职能。

二、密切前后台沟通，支持业务创新。该行主动适应市场变化，提高授信方案的合理性、实用性和创新性，在确保风险可控的前提下取得与他行的比较优势。

三、提高个贷业务风险防范水平。该行贯彻执行“风险控制有力、业务发展合规”的思路，以高效率的审批保证市场竞争力，促进了个贷业务健康稳定发展。全年累计审批个贷业务3126笔，金额32.97亿元(含项目额度)；累计审批出账1567笔，出账金额5亿元，有力地保证了个贷业务指标的全面完成。

四、做好不良资产清收工作。该行确立了“开拓思路、加快进程、提升水平、提高效益”的指导思想，通过强化内控、细化管理，针对每笔不良资产的具体情况制定了相应的清收策略，资产保全工作呈现出“均衡发展、亮点突出、成效显著”的特点。在贷款总量增加23.22亿元的前提下，不良贷款余额由年初的0.33亿元下降到年末的0.28亿元，在总行组织开展的资产保全业务检查中获得好评。

五、做好政府融资平台贷款清查。一是在省内发达地区的国家级、省市级开发区中，选取了优质客户开展业务合作；二是在实施信贷资产动态管理过程中，准确把握国家政策导向，通过及时追加担保，积极开展解包还原及四方会谈，实现了准确定性与分类，做到唯一一笔基本覆盖类贷款5000万元的追加房地产抵押的增信(覆盖率209%)，全额收回了唯一一笔高风险、关注类政府平台贷款990万元。截至年末，该类贷款余额由年初的20亿元减少到14亿元、户数由13家压缩到7家，且均为全覆盖中低风险类。结构上，交通类授信达90%，纯粹地方融资平台类贷款余额仅为1.4亿元，整体资产质量优良。

【内控建设】 2010年，深发济南分行不断加强合规风险体系建设，组织开展了多种合规和反洗钱培训宣传活动，并积极配合总行及监管机构的各类检查稽核，推动全行合规文化建设和反洗钱工作水平不断提高。

一、完善制度建设，加强合规审查。该行进一步规范了各项制度的制定、审查、管理、维护流程，先后完成各部门提交的合规审查项目168项，提交业务咨询回复和工作建议377条，有效发挥了合规审查和咨询职能的作用。

二、开展专项检查，加大监测力度。一是通过提高内部审计频率，扩大审计覆盖面，加强审计问题的整改督导以及与监管部门的沟通交流，有效提升了风险管控能力；二是组织各条线先后开展了个人住房按揭贷款、信贷资金违规流入股市、操作风险、个人消费贷款、信用卡业务、票据业务、“三个办法一个指引”等专项检查，加强了以业务流程运行有效性和合规性为重点的专项检查，并对发现的问题进行汇总、剖析，及时发现薄弱环节，不断提高内控管理水平。

三、加强培训教育，增强合规意识。一是通过积极开展“案防合规”活动月、案防合规征文等活动，持续强化内控管理，推

深圳发展银行济南分行主要统计指标

单位：亿元

项　目	2005	2006	2007	2008	2009	2010	2010年同比增幅(%)
本外币资产总额	55.15	74.67	78.62	147.70	158.14	202.87	28.29
本外币存款余额	51.05	64.45	76.37	106.87	134.13	169.03	26.02
人民币存款余额	50.99	64.38	76.14	106.77	134.00	168.89	26.04
企业存款	45.71	57.65	69.58	95.95	119.48	150.24	25.75
机关团体存款	0.01	0.07	0.05	0.13	0.99	1.17	17.85
储蓄存款	5.33	6.73	6.74	10.78	13.67	17.62	28.94
本外币贷款余额	28.19	47.27	57.75	78.34	89.51	112.72	25.94
人民币贷款余额	28.19	47.27	56.73	78.34	89.51	112.42	25.60
短期贷款	25.77	38.04	44.57	64.00	49.87	66.82	33.98
中长期贷款	2.42	9.22	13.18	14.34	39.63	45.90	15.82
票据融资	12.50	2.80	7.08	32.26	17.95	7.38	-58.89
利润总额	0.71	1.16	0.75	-0.17	1.93	1.39	-27.80
不良贷款余额	0.23	0.20	1.44	0.01	0.33	0.27	-18.18
不良贷款占比(%)	0.57	0.39	2.21	0.01	0.30	0.22	-26.67

动全员风险意识逐步提高;二是在总行"啄木鸟"风险防控专项行动中,共报送各类"啄木鸟"建议16条,其中总行采纳13条,采纳率为75%,获奖5项,获奖率为38%。

【后台支持】 2010年,深发济南分行进一步加强后台支持服务水平,效率进一步提升。

一、加强系统流程管理,提升运营服务水平。一是关注服务细节,鼓励服务管理创新;二是调整网点营业大厅布局,优化服务环境;三是组织开展"走出去、学先进、找差距"活动,加强运营服务管理,有效提升内外部客户服务水平;四是建立起后台运营与公司、零售、资金等条线的日常沟通机制,推动网点对公、零售营销转介工作的开展。

二、加强计划财务管理,推动开源节流并重,规范费用审批流程及开支,全面推动成本预算管理。

三、加强行政后勤保障,创造优良发展环境。一是进一步增强治安防范长效机制建设,增强应对突发事件能力;二是努力提高技防、物防管理水平,实现"全年案件零发生、安全运营无事故"的目标。

【企业文化建设】 2010年,深发济南分行高度重视企业文化建设,通过多种形式营造积极向上、和谐共赢的工作氛围。

一、加强品牌宣传,关注公益事业。一是积极拓宽宣传渠道,有效提升宣传效果,全年累计宣传次数311次,同比增长130.4%;二是通过"慈心一日捐"、"泰山环保行"、"爱心北川行"、"捐书赠节能灯"等活动,不断强化"企业公民"意识。

二、强化计划管理与约束、加强财务控制与监督、防范财务风险。一是强化计划管理,严肃业务指标,充分发挥计划在全行业务经营的指导作用;二是加强预算管理,实行"费用支出有预算,财务列支有规划,全行经营有计划"的管理形式;三是细化成本统计,减少无效支出;四是加强对经营单位横向比较考核和后台部门成本管理,综合评价各单位绩效状况。

三、以流程银行建设为核心,加大运营支持力度。一是进一步加强服务流程管理,全面落实和推进流程银行改造,有效提升内外部客户服务水平;二是加强与公司、零售和资金条线的日常沟通,推动公司、零售柜面转介工作的开展。

【大事记】 1月30日 深发济南分行举行2010年度工作会议暨迎新春联欢晚会。刘峰行长总结上年各项工作,并对全年工作进行部署安排。

11月10日 深发济南分行代表赴北川县安昌小学进行爱心捐赠活动。

(崔建伟 梁菲菲)

深圳发展银行青岛分行

【第一负责人简介】 陈彦,男,1963年5月生,浙江义乌人,硕士研究生学历,中共党员。历任广东惠州建行办公室副主任、信贷部副经理、深圳发展银行发展大厦支行春风路分理处主任、副行长,深发总行公司部副总经理(主持工作),深发宝安支行行长,深发总行发展研究部总经理;2003年至今,任深发青岛分行行长、党委书记。

【综述】 2010年,深圳发展银行青岛分行(以下简称"深发青岛分行")大力发展各项业务,强化信贷风险管理,深化内部管理改革,实现了规模和效益的显著增长,资产质量继续保持良好态势。

【公司业务】 2010年,深发青岛分行大力推广新产品,加强营销管理,推动公司业务规模再上新台阶。

一、加强基础营销。一是加强资产负债管理和统筹协调,强化利率管理,引导贷款投放更多转向中小企业和贸易融资客户;二是开展"企业客户升级活动月"活动,确定88户企业升级计划,促进了银行与企业的双赢合作;三是针对公司战略客户、总部经济大客户、成长300中小企业、集团客户、供应链金融核心企业等客户群体制定了分类营销服务和管理办法;四是有效建立同各县市经贸委、金融办等政府部门的业务联系渠道,及时了解掌握各县市优质客户信息;五是大力推进企业结算与现金管理业务,全年实现公司业务电子渠道结算量237.8亿元,电子票据结算量50.8亿元,办理电子票据户数161户,银企直联新增户数11户,企业网银在线ERP新增47户,均超额完成总行下达的任务。

二、多措并举大力发展贸易融资业务。一是积极推进大型集中交易市场批量授信业务,成功介入聊城冠县钢材市场等5大集中交易市场,将分行大型集中交易市场扩展至10家;二是保理业务实现突破,客户数及授信规模均实现大幅度增长,同时保理业务新产品、新模式也实现突破,包括融资租赁保理、订单融资、关联交易保理、货代保理等业务均获得总行批复;三是成功争取将泰安钢材市场作为总行现货线上供应链金融业务的试点客户,并获得了总行鲁豫地区钢铁行业供应链金融主办行资格;四是继续拓展分行货押商品目录,新增棕榈油、石蜡、化肥、淀粉等7类押品;五是充实监管单位队伍,新准入合作监管单位10家,并新引进烟台港大型港口监管方,保持了分行港口货押业务的优势。截至年末,分行贸易融资业务授信余额71.19亿元,同比增长21.63%,完成全年预算的103.48%。

【零售业务】 2010年,深发青岛分行加大理财业务营销力

深圳发展银行青岛分行主要统计指标

单位：亿元

项 目	2005	2006	2007	2008	2009	2010	2010 年同比增长（%）
本外币资产总额	32.95	51.72	63.22	133.52	128.52	204.77	59.33
本外币存款余额	31.8	50.58	60.16	96.06	111.44	133.91	20.16
人民币存款余额	31.54	49.78	59.87	95.53	110.2	132.71	20.43
企业存款	7.84	13.92	18.42	20.46	17.67	25.48	44.20
机关团体存款	0.67	0.52	0.33	0.5	0.45	0.44	-2.22
储蓄存款	3.4	4.95	7.21	9.96	9.17	17.29	88.55
本外币贷款余额	26.82	40.26	56.73	82.58	103.08	116.13	12.66
人民币贷款余额	26.81	40.26	55.22	82.58	103.08	113.88	10.48
短期贷款	16.18	30.37	36.8	48.84	60.43	75.6	25.10
中长期贷款	3.36	6.9	12.07	14.84	23.37	28.33	21.22
票据融资	7.27	2.99	6.35	18.9	19.28	9.95	-48.39
利润总额	0.5	0.75	1.02	2.07	2.22	2.78	25.23
不良贷款余额	0.22	0.22	0.24	0.06	0.08	0.03	-62.50
不良贷款占比（%）	0.82	0.55	0.42	0.07	0.08	0.03	-62.50

度，大力调整个贷业务结构，推动零售业务持续、快速发展。

一、全面推进理财业务营销。

（一）先后举办了 VIP 客户新春回馈、华西锦诚 1 号高端客户投资说明会、天玑贵宾客户仲秋回馈活动、客户介绍客户营销、价值客户提升、基金大讲堂和“2011 年投资热点”专题天玑财富大讲堂等贵宾俱乐部活动。全年新增价值客户 4643 户，完成全年预算的 153.78%；客户总资产 17.48 亿元，完成全年预算的 216.59%。

（二）加强非货币基金、保险、日添利、聚金宝等重点产品的销售力度。截至年末，日添利等结构性理财产品余额、日均同比分别增加 1.03 亿元和 0.84 亿元，分别占到零售存款余额及日均增长预算的 24.3%和 23.91%；贵金属交易额 6.06 亿元，完成全年预算的 600.78%；上半年提前完成了总行的银保年度预算，并与平安银保销售业绩完成率排名总行第一。

（三）大力拓展三方存管和代发工资业务。一是与当地唯一法人券商中信万通达成合作协议并顺利上线，全年新增三方存管账户 1180 户，完成全年预算的 216.12%；二是以个人批量转账业务带动代发工资业务的发展，共拓展代发工资账户 116 户，代发金额 2.6 亿元，全年预算综合完成率 135.44%，排名总行第三。

（四）深入开展金融知识进社区活动，通过“理财大讲堂”等方式深入周边社区，共举办活动 20 余场。

二、大力调整个贷业务结构。一是适时调整个贷尤其是房产抵押贷款相关政策；二是密切关注同业政策及市场利率水平，通过对同业及中介调研，适时调整准入标准，合理制定贷款利率定价；三是大力推广“存抵贷”业务，重点加大个人经营性贷款的营销力度；四是加强网点个贷服务检查，启用个人贷款服务工具包，并开展个贷客户挽留活动，分行个贷服务综合评分排名总行第一；五是加大逾期贷款的催收力度，截至年末，个贷不良贷款余额 350 万元，较年初减少 468 万元，不良率 0.11%，降低 0.24 个百分点。在总行提升零售银行筹资能力九大举措综合劳动竞赛暨零售“虎狼羊”争霸赛中，分行各项考核均名列前茅，荣获“虎分行”称号。

【国际业务】 2010 年，深发青岛分行依托离在岸业务特色优势，加大新产品推广力度，市场份额持续攀升，结算量、中间业务收入、利润、开户数等各项指标保持强劲的增长势头。全年国际结算达 94.39 亿美元，同比增长 69%，完成全年预算的 160%，完成率在总行排名第二。其中，在岸国际结算量 13.79 亿美元，离岸国际结算量 80.6 亿美元。实现国际结算中间业务收入 3841 万元，国际业务利润 5438 万元。在岸业务结算量和中间收入均排名总行第五，离岸业务结算量排名总行第四，离岸利润排名总行第一。

该行成功推出并大力推广全额人民币质押离岸代付业务，并先后成功办理了分行首笔出口（T/T）汇款融资、内保外贷、国内信用证及代付、跨境贸易人民币结算等新业务，丰富了国际业务品种，提高了国际业务综合收益率。

【信贷管理】 2010 年，深发青岛分行加强政策指导，改进信贷审批工作，强化风险管理，继续保持信贷资产质量良好态势。

一、加强政策指导和培训。一是按季度发布《分行审批快讯》，对国家产业政策、行业政策、总分行信贷政策和相关市场形势的变化做出相应提示，并及时对市场部门进行业务指导；二是每月定期发布《退档/取回原因分析》,对市场部门授信报卷退档及主动取回档案原因进行讲解分析,帮助对公客户经理把握营销方向,合理设计授信方案。

二、改进审查审批工作环节。一是推行对公授信“预审预报”制度,对企业授信尤其是授信首贷实行预报制度;二是推行对公授信“绿色通道”审批制度,对符合标准的重点客户、大客户授信申请,做到“随到随审”,提高了审批效率和服务质量。

三、加强信贷管理和监测检查。一是全面推行贷款新规;二是加强信贷监测预警管理,共发布预警知会45份,信贷管理系统预警3份,合规风险提示5份;三是采取逐户现场检查和按区域分片检查相结合的模式,共检查授信客户80余户,退出客户4户,有效防控了授信风险;四是加大资产保全工作力度,共收回不良贷款682万元，完成全年预算的227%，贷款不良率0.03%,较年初下降0.05%,对公不良贷款余额继续保持为零。

【运营改革】 2010年，深发青岛分行一是再造分行运营流程,实现了个贷出账集中、票据池业务上收等14个项目上线投产;二是强化运营监控,坚持日常监控与检查辅导相结合,事前预警、事中控制与事后监督相结合,及时识别和管理分行运营风险;三是开展“假如我是客户”、“最佳服务网点与服务明星评选”等活动,并组织了柜面服务技巧、规范化服务等培训,南京路支行运营人员王君荣获“中国银行业世博金融服务先进个人”称号。

【内控建设】 2010年，深发青岛分行强化合规内控管理和案件防控,加强合规文化建设。一是增配了2名专职合规内控人员,并建立绩效考核机制,将考核结果作为修正乘数与各单位绩效挂钩;二是针对重点领域或薄弱环节组织开展各类合规检查,对发现问题督促整改;三是狠抓案件防控,成立了案件防控委员会,层层签署目标责任书;四是每月不定期对各营业网点进行安全检查,发现隐患及时消除;五是加强全员安全意识教育和防范技能培训,开展预案演练,全年实现安全经营无事故。

【电子化建设】 2010年，深发青岛分行加快科技运营建设步伐。一是网络配置标准化改造、MIS系统开发、内部网站功能优化等项目顺利实施,有效提升了分行运营的科技含量;二是加大网上银行业务推广力度,网银业务保持良好发展势头。全年新增在岸企业网银用户563户，网银交易量163.5亿元,同比增长220%；新增个人网银用户15736户，网银交易量59.5亿元,同比增长270%。

【企业文化】 2010年,深发青岛分行积极开展群工活动,切实加强企业文化建设。一是组织参加了“青岛市银行业金融机构青年职工‘群星璀璨’金融法律知识竞赛”活动;二是在“银行业公众教育服务日”活动中,被总行评为“优秀单位”,并授予“最佳特色奖”;三是积极开展“捐书赠节能灯”环保慈善活动,共收到捐赠图书3880余册,赠送节能灯管3200支,征集图书全部用于建设青岛仕禄希望小学“深发展爱心图书室”;四是承办了青岛市首次“送金融知识下乡”大课堂,城阳支行被青岛银监局团委和青岛市银行业协会联合审批确定为首批宣传服务站,分行获该项活动先进单位称号;五是以登山、羽毛球、足球、篮球等俱乐部为依托,组织员工参加各项文体活动,营造和谐快乐的企业文化氛围。

【大事记】 1月29日 深发青岛分行在青岛汇泉王朝大酒店召开2009年度工作总结表彰大会,会后举办了2010年迎新春晚会。

5月15日 深发青岛分行在台东三路商业步行街开展“反假币、反洗钱、打击银行卡违法犯罪”集中日宣传活动。

6月23日 深发青岛分行与城阳区惜福镇团委联合开展“送金融知识下乡”宣传服务活动。

7月22日 深发青岛分行在市南区湛山街道举行金融知识进社区暨深发行社区理财培训基地揭牌仪式,与城市信报携手启动“金融知识进社区”大型主题宣传活动。

8月17日 深发青岛分行在三楼会议室召开跨境贸易人民币结算试点业务启动会议。

10月21日~22日 深发总行理查德行长利用在青岛参加全国股份制商行行长联席会的机会,到深发青岛分行进行调研。

11月14日 深发青岛分行在香港花园社区开展以“珍爱信用记录、维护信用权益”为主题的“征信知识宣传周”活动。

11月22日 深发青岛分行在青岛第五十一中学开展了“捐书赠节能灯”走进校园活动。

12月8日 深发青岛分行在分行三楼多功能厅举办“网点飞跃”项目启动大会。

12月14日 深发青岛分行荣获人行青岛市中支组织的青岛市金融机构反洗钱知识竞赛优秀单位称号,并取得了个人第一名的好成绩。

12月23日 深发青岛分行参加青岛仕禄希望小学暨“深发展爱心图书室”揭牌仪式。

12月24日 深发青岛分行在青岛市银行业协会组织的青岛市银行业自助终端服务评比中，荣获2010年自助终端网点“最佳服务单位”、“服务功能优秀单位”称号。

(程晓华)

招商银行股份有限公司济南分行

【第一负责人简介】 吴晓辉，男，1963年5月生，中共党员，硕士研究生，高级经济师。1985年起，先后在大学任教、国有银行任职；1993年进入招商银行工作；1997年起，任招行总行计划、资金交易部总经理；2008年起，任招行国际金融有限公司总裁；2009年6月至今，任招商银行济南分行党委书记、行长。

【综述】 2010年，招商银行股份有限公司济南分行（以下简称“招行济南分行”）以“转变方式、夯实基础、经营风险、提升效益”为指导思想，积极向集约型经营模式转变，坚持合规经营，较好完成了全年工作任务。

【公司业务】 2010年，招行济南分行优化结构，对公资产负债业务增势良好。

一、大力拓展负债业务。一是进一步完善机构设置，成立了中小企业金融部，专职负责中小企业营销推动和专业化经营；二是实施全员营销，通过加大激励，强化考核等手段，在抓重点资金、优质大客户的同时继续加大财政性存款开发；三是抢抓机遇，大力发展同业负债业务，加强同业间的交流，在传统客户的基础上，不断开拓新客户，通过同业理财带动和利率政策调整，保证了同业存款的持续稳定增长。

二、不断提升资产业务收益水平。一是积极贯彻总行“腾空间，调结构”的要求，通过直接转让的方式有效缓解贷款规模紧张局面，满足客户需求；二是强化对公贷款定价管理，新投放人民币对公一般贷款中，利率上浮贷款占比39.94%，同比提升18.5个百分点；三是加大对中小企业业务的拓展，年末新增中小企业贷款16亿元，占一般对公贷款新增的41.7%；贷款户数416户，新增127户。

【零售业务】 2010年，招行济南分行加大市场开发力度，提升管理水平，促进多贷种均衡发展，市场竞争力进一步增强。

一、把握市场机遇，深化经营力度。一是建立了全行服务监督体系，推进服务规范化、系统化管理；二是开展了各种营销活动，加大资源投入，打造财富管理新优势，全面提升优质客户贡献度；三是完善各类理财产品及服务体系，大力提高网点产能，全年零售金融总资产317亿元，同比新增64亿元；人民币储蓄存款122亿元，同比新增21亿元；个人贷款同比新增32.52亿元，余额突破百亿大关；实现零售中间业务收入1.53亿元。

二、抓住市场契机，促进多贷种均衡发展。一是加大个人商业用房贷款、个人经营性汽车贷款等非房贷业务的营销力度；二是积极拓展经销商业务，丰富个贷品种，提升资本回报率；三是提升贷款定价，全年新发放个人贷款上浮比例4.78%，实现净利息收入2.27亿元。

招商银行股份有限公司济南分行主要统计指标

单位：亿元

项　目	2005	2006	2007	2008	2009	2010	2010年同比增幅（%）
本外币资产总额	215.68	250.6	333.95	330.14	424.56	515.86	21.50
本外币存款余额	188.36	225.82	240.19	301.52	368.24	440.11	19.52
人民币存款余额	183.63	220.86	237.12	296.91	352.39	428.62	21.63
企业存款	79.69	99.61	120.09	138.5	180.56	172.06	-4.71
机关团体存款	13.96	11.92	6.8	9.07	9.09	39.56	335.20
储蓄存款	40.06	53.99	56.13	83.41	103.79	121.76	17.31
本外币贷款余额	206.37	245.15	312.81	320.94	393.01	463.87	18.03
人民币贷款余额	201.78	241.3	293.29	317.29	382.16	451.62	18.18
短期贷款	137.6	166.52	196.69	183.12	188.86	202.75	7.35
中长期贷款	51.89	69.81	101.75	119.29	179.26	236.24	31.79
票据融资	16.84	8.8	14.37	18.33	24.7	24.69	-0.04
利润总额（账面）	3.93	5.34	6.94	8.86	6.65	8.81	32.48

【国际业务】 2010年，招行济南分行国际业务以向集约型经营模式转变的“二次转型”战略为主导，紧抓市场热点和客户需求，重点推动高收益、低消耗产品和业务，实现了收益与规模、传统与新兴、境内与境外业务的协调发展。全年共实现国际业务中间收入7600万元，同比增加70%；累计完成国际结算量74.9亿美元，同比增加88%；办理结售汇业务23.26亿美元，同比增加70%；累计发放贸易融资7.09亿美元，同比增长158%；开展国际保理业务2925万美元，主要业务指标增幅均超过全行平均水平，获得系统内“国际结算最佳进取奖”、“结售汇最佳进取奖”、“国际业务创新先锋奖”等多项荣誉。

【中间业务】 2010年，招行济南分行通过强力营销和创新产品，传统与新兴中间业务协调发展，全年实现中间业务收入3.27亿元，同比增加0.55亿元，增幅20%，非利息净收入占比达16.15%。

一、公司中间业务亮点频现。一是大力抢占投资银行市场，为集团企业发行短期融资券，累计承销23.2亿元，实现承销手续费890万元；承销中期票据业务累计金额25.7亿元，实现承销手续费836.8万元；二是成功营销6家客户融资租赁业务，累计放款10.5亿元，实现融资租赁手续费收入2110万元，利息收入3733.7万元，双居系统内第2位；三是大力发展公司理财业务，全年共销售公司理财产品117.4亿元，实现中间业务收入577.7万元；销售同业理财产品75.5亿元，实现中间业务收入216.2万元。

二、零售中间业务快速增长。一是把股票型基金作为主要配置成分，开展营销和宣传，全年股票型基金销售12.5亿元，带动基金销售34.7亿元，创造中间业务收入2840万元；二是借力居民保险意识增强，全年销售保险8.7亿元，实现中间业务收入2040万元；三是创新开展信用卡跨界合作，变“单一的合作渠道”为“多维度营销服务”，全年实现中间业务收入5772万元，增幅34%。

三、国际业务中间收入贡献突出。大力拓展联动资金交易类业务、远期结售汇及利率掉期业务，离岸背对背业务、永隆银行联动业务得到快速发展，全年实现中间业务收入7600万元，增幅70%。

【风险管理】 2010年，招行济南分行加强风险管理制度建设，优化流程，提升效率，发展基础得到进一步稳固，全行信贷资产业务实现了稳健发展。一是全面推进风险文化、制度、机制、监督检查与管理队伍建设，积极探索“风险经理制”，实现了风险经理与客户经理对部分复杂业务和中小企业信贷业务的协同作业，前移风险把控关口；二是优化信贷业务结构，高度关注敏感行业，加强风险预警，对潜在政策风险大、综合收益低的客户适时退出，全年累计退出“关注池”客户28户，同时，严格控制房地产贷款风险，全力做好政府融资平台风险管理；三是以“新一代信用风险管理系统”上线为契机，进一步理顺贷款发起、审批、发放及贷后各个环节的衔接，兼顾“质量”和“效率”，确保了业务开展的畅通高效；四是大力清收不良贷款，全年累计清收8245万元，完成总行下达任务的124%，年末不良率0.69%，同比下降0.13个百分点。

【合规管理】 2010年，招行济南分行持续加强条线管理及合规管理体系建设，提升内控管理水平。

一、加强合规管理体系建设。一是重点关注“新政策、新业务、高风险业务和监管重点业务”的风险结点，组织梳理合规风险点453条；二是建立合规管控基础数据库，对“高危高频”风险点加大监测力度，提高了对事前和事中风险的分析水平与防控能力；三是做好制度评审及合同审查，全年共审查合同656份，出具法律意见书15份，支持了业务发展，有效防范了法律风险；四是依托《规矩与方圆》等刊物，宣导合规文化，营造合规经营氛围；五是加强反洗钱工作力度，得到人行充分肯定。

二、加大条线内控管理。会计条线采取及时下发新产品会计核算流程、及时下发修订制度重点解读、及时下发同业案件风险提示、促进结算管控水平提高的“三及时、一促进”措施，重点做好对员工、制度和操作三方面管理工作，避免了各类操作风险；零售条线采取常规检查和专项检查相结合的方式，对零售柜面管理中存在的问题进行检查验证，有效堵塞管理和操作漏洞；办公室条线将印章管理作为季度常规检查重点，全辖各分支机构印章管理状况良好。

三、认真发挥审计监督作用。一是完成了对50%的同城网点和全部辖属二级分行的常规审计，首次利用非现场数据开展审计，提高了审计的针对性和精准性；二是全面开展员工自行核查工作，深入分析审计发现问题产生的原因，对重大、重要问题责任人给予严肃问责；三是针对屡查屡犯问题开展重点整治，取得了明显成效。

【企业文化建设】 2010年，招行济南分行以10周年行庆为契机，精心组织策划各种系列活动。一是创意制作《十年金秋》短片和《十年峥嵘》画册，实现纸媒网络电视、政府银协各类平台发稿900多篇，举办了专家论坛、郎朗音乐会和钢琴大赛，提升了该行品牌美誉度；二是开展了“2010，赢响十年”建功立业劳动服务竞赛、业务技能比赛和中英双语比赛，营造了学习比武、创优争先的良好氛围；三是利用分行《工作快讯》、《心悦》等刊物，加强信息传导，进一步提升了员工的凝聚力和向心力；四是积极履行社会责任，推动“绿色招行”行动，受到好评。

【大事记】 1月20日 招行总行在济南举办了化工行业授信专题研讨会。

2月8日 招行济南分行在舜耕会堂召开2010年工作会议。

2月22日 招行济南分行连续3年荣膺山东省政府颁发的“金融创新奖”。

3月7日 招行济南分行举办“迎三八炫彩舞会”，以纪念“三八”妇女节100周年，庆祝该行成立10周年。

4月11日 招行“金葵花”杯全国少儿钢琴大赛济南赛区初赛落下帷幕，4名琴童获得晋级资格。

4月12日　招行济南分行在总行2009年度考核评优中获得“优秀分行”荣誉称号。

4月23日　招行济南分行并辖属机构连续第6次被山东银监局评为“良好银行”。

5月17日　招行济南分行“合规风险管理系统”正式上线。

5月22日　招行济南分行举行第2届职工羽毛球比赛。

5月28日　山东银监局正式批复招行临沂分行开业并颁发了金融许可证。

6月18日　招行临沂分行开业，山东省政府周齐省长助理、临沂市张少军市长、总行丁伟副行长参加了开业庆典。

7月5日　招行济南分行中小企业金融部成立。

8月4日　招行济南分行吴晓辉行长拜访了东营市委副书记、市长张建华，双方就东营分行筹建事宜作了深入交谈。

9月1日　招行济南分行成功举办了2010年债券市场论坛，总行唐志宏副行长为论坛致开幕词，财政部、国债登记公司、交易商协会等监管部门领导和瑞士信贷首席经济学家陶冬出席论坛。

9月7日　招行总行纪委书记汤小青一行到济南分行调研。

9月20日　招行济南分行承办了“2010全球经济透析与中国经济展望金融论坛”，济南市张宗祥副市长出席论坛并致辞。

10月9日　招行济南分行专职工会主任潘旭昭到山东省莱芜市苗山镇共青希望小学，举行了“‘捧起’希望，‘翻开’未来”第二期图书捐赠活动。

10月10日　招行济南分行阳光新路支行正式对外营业。该行由原高新支行迁址并更名。

10月20日　招行东营分行获得监管部门的筹建批复，正式开始筹建。

10月23日　招行济南分行会计流程改造一期项目成功上线。

10月23日　招行济南分行举办“赢响十年”行庆文艺晚会。总行副行长丁伟等出席晚会。

11月5日　招行济南分行档案室以总分101.5分的成绩通过了山东省企业单位档案等级评审验收，晋升为山东省特级档案室。

11月11日　招行总行尹凤兰副行长、范鹏审计总监等到济南分行调研。

12月6日　招行济南分行新一代信用风险管理系统成功上线。

12月9日　招行济南分行吴晓辉行长赴滨州拜访了滨州市委副书记、市长张光峰，双方就在滨州设立机构事宜作了深入交谈。

12月13日　招行总行行长助理王庆彬一行到济南分行对公司银行及同业业务进行了调研。

12月15日　招行济南分行荣获2010年度山东省省级金融机构金融统计先进集体一等奖和“先进个人”荣誉称号。

12月22日　招行济南分行获得2010年度山东省金融网安全运行管理暨银行业信息安全工作优秀单位奖。

山东银监局刘悦芹副局长到招行济南分行视察，重点调研了该行“二次转型”的情况。

12月28日　招行烟台分行莱州支行开业，这是在胶东半岛开设的第2家县域支行。

（招行济南分行）

招商银行股份有限公司青岛分行

【第一负责人简介】　王纪全，男，中共党员，高级经济师，金融学博士。先后在中共济南市委党校、中共山东省委党史研究室、山东省政府办公厅、省人大常委会办公厅工作，历任科员、副处和正处级干部。后在招行济南分行、兰州分行担任主要负责人。2009年7月至今，任青岛市人大代表、财经委员会委员，招行青岛分行党委书记、行长。

【综述】　2010年，招商银行股份有限公司青岛分行（以下简称“招行青岛分行”）按照“做大、做强、做好”的目标，创新变革，稳健经营，强化合规，加强管理，各项业务均取得长足发展。

【资产业务】　2010年，招行青岛分行对公贷款稳步发展，个人贷款和中小企业业务快速增长，国际业务量、票据业务量大幅提高，不良贷款率维持低水平。一是积极配合总行进行合理的贷款安排，并配以相应资产转化等贷款疏导办法，保证了一般对公贷款的平稳增长和持续营销；二是积极挖掘市场、开拓客户，超额完成总行下达的中小企业户数及金额双项任务指标，中小企业户数同比增长152户，增幅54%，资产余额73.56亿元，增幅46%；三是个贷业务快速发展，年末余额102.5亿元，突破100亿元大关，新增23亿元，增幅29%。

【公司业务】　2010年，招行青岛分行加强市场创新与营销，狠抓负债业务，对公存款余额286.73亿元，新增105.73亿元，增幅58%。一是大力发展投行新兴业务，营销3家企业IPO募集资金监管业务，监管资金并派生存款11.77亿元；二是实施批发银行基本客户倍增计划，基本客户1180户，同比增长383户，增幅48%；三是强化网上银行渠道优势，对公网上银行客户4225户，当年净增网上银行有效户808户，增幅23.64%；平均网银替代率为33.8%，提升6.53%。

【零售业务】　2010年，招行青岛分行零售业务以“上客户、上管理、上水平”为核心，进一步夯实基础，提升盈利水平。截至

招商银行股份有限公司青岛分行主要统计指标

单位：亿元

项目	2005	2006	2007	2008	2009	2010	2010年同比增幅（%）
本外币资产总额	131.34	184.93	315.33	265.79	314.72	449.41	42.80
本外币存款余额	125.14	144.42	165.94	207.56	294.65	409.55	39.00
人民币存款余额	114.26	131.89	154.26	196.39	277.13	398.47	43.78
企业存款	63.2	70.29	94.75	105.58	155.83	270.31	73.46
机关团体存款	4.73	4.85	4.71	4.68	13.43	14.42	7.37
储蓄存款	46.32	56.75	54.8	86.13	107.88	117.91	9.30
本外币贷款余额	90.52	175.83	183.27	223.74	277.85	345.5	24.35
人民币贷款余额	78.18	159.53	149.77	199.77	257.06	331.59	28.99
短期贷款	42.37	67.27	84.59	86.2	102.58	133.9	30.53
中长期贷款	27.32	40.04	50.8	68.33	132.76	170.45	28.39
票据融资	8.49	52.23	14.38	45.24	21.72	27.24	25.41
利润总额	2.45	2.39	5.24	7.34	4.34	7.52	73.27
不良贷款余额	0.45	0.64	0.6	0.62	0.64	0.64	0
不良贷款占比（%）	0.50	0.36	0.33	0.28	0.23	0.19	-17.39

年末，有效客户41万户，新增5.9万户，增幅17%。其中，金卡客户4.84万户，新增8825户，增幅22%；金葵花客户9843户，新增2266户，增幅30%；钻石客户569户，新增183户，增幅47%；私人银行客户193户，新增72户，增幅60%。管理客户总资产244.8亿元，新增51.7亿元，增幅26.8%。信用卡新增客户4.59万张，同比增长35%。

【票据业务】 2010年，招行青岛分行持续强化直贴营销推动和转贴现业务，票据业务快速发展，全辖票据业务实现利差收益1.59亿元，增幅109.7%。票据直贴业务量245亿元，实现利差收益9000万元，增幅650.4%；转贴业务量915亿元（不含辖内往来），实现利差收益6922万元，增幅8.9%。

【国际业务】 2010年，招行青岛分行国际业务结算量132亿美元，增幅70%，系统内排名第5，岛城同业排名第2。全行在岸结算量84.87亿美元，同比增长21.83%；离岸结算量35.86亿美元，同比增长98.23%；联动结算量11.72亿美元。通过NDF、进口代付、内保外贷、国际保理等业务融资5.7亿美元，派生存款41.3亿元。

【内控管理】 2010年，招行青岛分行内控建设再上新台阶。

一、信用风险管理方面。该行全年共审批授信项目1184笔，金额1076亿元。该行一是全力落实和推进信用风险管理全流程优化，启动风险经理协同作业机制，召开信贷管理联席会，开创贷后管理新模式；二是严控地方政府融资平台贷款，认真落实“三个办法一个指引”，加大贷款资金流向监控，组织实施贷款用途相关检查7次；三是深入推进风险预警排查和信贷直查，甄别各类风险信号58个，对129个授信客户进行了预警排查，对90户客户完成了信贷直查；四是加强不良贷款清收与核销，不良贷款现金收回664万元。

二、操作风险管理方面。该行加强操作风险制度学习，收集操作风险损失数据。会计条线完善检查和监督纠正机制，综合运用非现场检查、现场检查、账务监测、自行查核、强化培训辅导等手段提升制度执行力，有效防范代办结算、银企对账、账户、印鉴变更、票据等项业务操作环节存在的风险隐患。加大检查发现问题的整改验证力度，并对督导检查工作实施档案化管理。

【大事记】 2月 招行青岛分行荣获“山东省国际收支优秀申报单位”荣誉称号。

3月17日 招行青岛分行第3家异地机构招商银行淄博分行正式对外营业，山东省王随莲副省长、人行济南分行副行长李建文，中国银监会山东监管局副局长王朝弟；中共淄博市委书记、人大主任刘慧宴，中共淄博市委副书记、市长周清利，淄博市政协主席岳长志、淄博市人大副主任刘池水，淄博市委常委、秘书长林建宁，淄博市副市长唐福泉；总行副行长丁伟等领导以及淄博市企业代表、新闻媒体记者以及社会各界人士500余人出席了开业庆典仪式。

4月 招行青岛分行在台东举行“安全使用银行卡”宣传活动，进一步普及金融知识，提高用卡安全意识。

5月20日～21日 招行青岛分行成功承办山东银监局辖内股份制商业银行第6届经营管理暨监管联席会议。

6月11日　“招商银行杯”青岛市第5届国际高尔夫邀请赛隆重举行。

山东省企业联合会、企业家协会等在济南联合举办2010企业家活动日暨企业家年会，对首届山东省企业重大创新成果进行表彰，招商银行青岛分行创造的《基于产品创新的“温馨理财”区域性金融品牌建设》入选，该行也成为全省唯一获此殊荣的金融机构。

7月8日　招商银行小企业信贷中心青岛区域总部开业，青岛市委常委、副市长秦敏，青岛市人大常委会副主任马泽等领导出席开业仪式。

8月8日　历时一个半月的“2010年青岛市金融理财师专业大赛”圆满落幕。招行青岛分行3名参赛理财师分获一、二、三等奖，并荣获团体优胜奖。

9月16日　招行青岛胶州支行开业庆典在世纪大酒店隆重举行，青岛市委常委、副市长秦敏等领导及客户代表近300人参加了庆典仪式。

10月　招行青岛分行在2010年青岛市银行业自助终端设备“银联杯”创新竞赛活动中，荣获市银行业协会颁发的“受理渠道创新突出贡献奖”。

11月11日　山东省委常委、青岛市委书记李群一行莅临招行青岛分行视察。

12月2日　招行淄博分行与淄博市科技局签订了支持高新技术产业发展科技金融合作协议，淄博市委市政府和青岛分行主要领导出席了签约仪式。

12月27日　招行青岛分行第4家异地机构济宁分行开业。全国人大常委、财经委员会副主任委员、原山东省委副书记、省长韩寓群，山东省副省长贾万志，山东省原副省长、省人大常委会副主任陈延明，中共济宁市委书记张振川，市委副书记、代市长梅永红，省政府副秘书长高洪波，山东银监局副局长葛彬，总行副行长丁伟等代表，省市级新闻媒体记者及社会各界人士共计400余人出席庆典。

（李　玄）

上海浦东发展银行济南分行

【第一负责人简介】　耿光新，男，汉族，1961年7月生，山东泰安人，1984年加入中国共产党，研究生学历，高级经济师。1978年9月起先后任人行莒县支行会计员、信贷员、股长；1984年7月起先后任人行、工行临沂地区中支人事、计划科科员、副科长、科长；1989年12月起任工行日照市分行副行长、党委副书记，行长、党委书记；2000年8月至今，任上海浦东发展银行济南分行行长、党委书记。

【综述】　2010年，上海浦东发展银行济南分行（以下简称“浦发济南分行”）转变增长方式、加快结构调整，实现了平稳可持续发展。

【业务发展】　2010年，浦发济南分行坚持“抓市场、抓产品、抓重点”的思路，全面推行交叉、组合等营销方式，始终保持对营销的强力推进态势，推动各项业务不断迈上新台阶。一是对公授信客户达1534户（不含中小户），较年初增加682户，增幅80.05%；二是个人存贷款同比分别增加15.36亿元和10.55亿元，个贷增幅190%；三是创新开发“北汽福田”1+N供应链汽车金融融资等6个产品。

【内部管理】　2010年，浦发济南分行在管理模式、发展策略等方面积极创新、大胆探索，取得了新的进展，为持续稳健发展提供了坚强保障。

一、建立“条块结合、以块为主”的管理模式，打造差异化的发展战略。对条块职能进行重新定位，下放考核分配、人员调配、资源支配权利。

二、细化管理，增强保障支撑能力。一是加快推进“厅堂一体化”建设，实现了资源的集中和有效整合；二是开展“微笑满厅堂、满意在浦发”等竞赛活动，同时梳理业务流程10余个；三是加大检查力度和频率，完成监管部门和总行安排的专项检查15项；四是完成结构调整41户，涉及金额58.46亿元，完成总行计划的417%；五是累计清收现金882.57万元，结清不良贷款9户；六是组织开展10大风险领域案件排查和防控执行年活动；七是组织观看金融系统反腐倡廉建设展，组织两次安全保卫工作大检查，开展了防抢演练和消防培训等，保证了经营安全。

【企业文化建设】　2010年，浦发济南分行一是组织开展“自行车城市总动员”大型公益活动，组织员工赴敬老院、困难家庭慰问；二是组织“浦发银行之夜”等内容丰富、形式多样的公益宣传活动；三是举办迎春晚会，第3届职工运动会，“三八节服饰搭配讲座”等活动；四是组织员工查体，开办了员工食堂、设立了职工活动室等。

【大事记】　1月20日　浦发潍坊分行隆重开业。

1月22日　浦发大厦正式启用。

3月3日　浦发济南分行与山东省水务公司签署战略合作协议。

4月15日　浦发邹平浦发村镇银行召开创立大会暨第一届股东大会。

4月29日　浦发临沂分行开业。

上海浦东发展银行济南分行主要统计指标

单位：亿元

项　目	2005	2006	2007	2008	2009	2010	2010年同比增幅（%）
本外币资产总额	158.56	198.68	222.72	354.67	367.31	516.9	40.73
本外币存款余额	132.16	158.73	193.74	262.52	330.75	444.61	34.43
人民币存款余额	131.92	156.69	192.26	259.71	326.12	441.43	35.36
企业存款	116.98	136.21	166.93	224.5	280.71	304.32	8.41
机关团体存款	5.68	8.04	10.51	17.04	20.41	12.38	-39.34
储蓄存款	9.50	14.48	16.30	20.96	29.63	44.99	51.84
本外币贷款余额	139.01	1767.32	193.18	216.74	267.22	348.43	31.16
人民币贷款余额	139.01	176.48	192.88	216.45	291.66	335.46	15.02
短期贷款	103.68	118.93	133.15	155.94	149.96	230.07	53.93
中长期贷款	22.99	32.61	49.09	58.96	112.88	116.99	3.64
票据融资	12.34	25.18	10.94	1.84	4.39	2.06	-53.08
利润总额	2.86	3.36	5.23	4.59	5.52	6.84	23.91
不良贷款余额	0.75	1.44	3.26	2.76	1.43	1.36	-4.9
不良贷款占比（%）	0.54	0.82	1.69	1.27	0.54	0.34	-0.2

5月27日　浦发总行吉晓辉董事长到济南分行视察，并拜会山东省省长姜大明。

5月28日　浦发邹平浦发村镇银行开业。

8月11日　山东银监局副局长刘悦芹到该行调研。

9月1日　浦发济南分行存款突破400亿元。

11月16日　浦发济南分行成功完成了浦发系统内第一笔1.34亿元跨境人民币对外担保业务。

11月28日　山东省委常委、常务副省长王仁元，省政府副秘书长韩金峰和省委宣传部、省金融办、人行济南分行、山东银监局、山东省银行业协会等领导莅临该行视察指导。

（燕　峰）

上海浦东发展银行青岛分行

【第一负责人简介】　常征，男，汉族，1962年5月生，中共党员，工商管理硕士；1981年参加工作，历任工行青岛市分行财务处副科长、科长，会计处副处长，计财处处长，市南支行党委书记、行长，工商银行青岛市分行党委委员、副行长，现任上海浦东发展银行青岛分行党委书记、行长。

【综述】　2010年，上海浦东发展银行青岛分行（以下简称“浦发青岛分行”）紧密围绕总行的中心任务和发展战略，以科学发展观为统领，沉着应对各种困难和挑战，坚持提高服务加强管理、有保有压调整结构，着力风险管理强化内控，强调以质量为先导的发展模式，规模及效益指标再创新高。各项存贷款余额、国际结算量均实现40%以上的增速，账面利润、中间业务收入均有效提升。

【业务拓展】　2010年，浦发青岛分行加大新业务推进力度，各项业务稳步发展。

一、以战略转型为主线，优化创新产品，推动重点业务的快速发展。一是加强流动性管理，调控信贷投向，注重信贷均衡投放，将青岛市的基础设施、重点项目、“环湾保护、拥湾发展”基础设施项目，以及城区改造、老企业搬迁等民生项目作为增加贷款投放的工作重点；二是对异地贷款业务实施稳健调整、突出重点的管理政策，提高新增异地贷款客户的介入标准，将客户定位于烟台、日照、威海等城市的交通、能源、通信、港口、矿产资源等重点基础产业，为分行下一步设置异地分行和实现区域化发展做好了项目储备、创造了有利条件。

二、健全完善中小企业专营机制建设，实现了中小企业业务快速增长。一是培育了资信情况良好、忠诚度高的中小基础客户群；二是围绕国内信用证、福费廷、租赁保理、国际招投标业务项下融资与保值、船舶行业中小企业融资结算等方案进行大胆尝试与设计。

上海浦东发展银行青岛分行主要统计指标

单位：亿元

项　目	2004	2005	2006	2007	2008	2009	2010	2010年同比增幅（%）
本外币资产总额	34.10	48.28	58.15	81.15	119.34	148.74	232.6	56.38
本外币存款余额	32.87	46.20	55.65	77.90	106.46	131.69	190.27	44.49
人民币存款余额	32.88	46.21	55.85	79.11	104.46	128.79	188.57	46.42
企业存款	18.29	28.92	36.70	54.69	48.99	74.85	114.78	53.35
机关团体存款	0	0.10	0.03	0.51	0.37	0.72	2.48	244
储蓄存款	1.85	5.40	6.73	10.99	17.55	25.09	36.58	45.80
本外币贷款余额	31.61	37.75	52.44	61.00	99.77	121.53	171.52	41.13
人民币贷款余额	31.61	37.74	52.44	61.00	99.77	120.30	146.53	21.8
短期贷款	26.43	24.15	31.25	34.87	67.77	72.35	86.42	19.45
中长期贷款	4.60	8.77	17.03	20.26	18.30	39.29	55.31	40.77
票据融资	0.58	4.83	1.67	3.70	12.89	9.01	3.96	-56.05
利润总额	0.99	1.16	0.80	0.54	1.62	2.36	2.53	7.20
不良贷款余额	0	0	0.09	2.16	1.17	1.05	0.85	-0.20
不良贷款占比（%）	0	0	0.17	3.51	1.15	0.86	0.49	-0.37

三、国际业务稳步发展，个人业务稳步推进。一是针对不同企业的不同业务模式，为客户提供包括流动资金贷款、银票承兑、商票保贴、进口开证、离岸代付和银关通网上担保等在内的一揽子产品解决方案，离岸单证结算量在总行系统内继续排名第1；二是个人中间业务收入较上一年实现增幅124.96%。

四、健全完善风险防范管理，优化运营流程，完善运营机制。一是不良贷款余额及不良率较年初“双下降”，资产质量显著提高，监管评价逐年稳步提高；二是完成了年度规章制度清理工作，完善了各项业务操作流程和业务授权；三是重点推进服务品牌建设，把做好支付环境建设、运营流程优化与6S推广以及打造品牌银行有效结合，圆满完成了世博期间的各项金融服务工作。

【品牌推广】　2010年，浦发青岛分行积极开展网点建设工作，稳步推进分行在青岛市场的品牌建设工程。一是新增营业机构两家；二是重点区域的网点密集度进一步提高，网点业务量也稳步攀升，各网点作为产品销售、服务推广和品牌展示渠道的转型功能日益提升。

【企业文化建设】　2010年，浦发青岛分行加强企业文化建设，一是组织行长班子成员签订《领导人员廉洁从业承诺书》；二是开展争先创优活动，组织各支部进行改选，成立了烟台分行党委，产生第1届党委委员；三是开展抗旱救灾捐赠、登山健身暨员工行为准则知识竞答、第二届海滩运动会等工团活动；四是出版了《浦发员工报》12期，《品味浦发》4期，对加强企业文化建设、弘扬浦发精神发挥了突出作用。

【大事记】　1月19日　浦发青岛分行在香格里拉大酒店举行浦发金亮相岛城暨浦发山东路支行开业庆典。

4月24日~25日　浦发总行监事会刘海彬主席一行到青岛分行进行调研。

6月11日　浦发青岛分行中小企业金融服务推介会在即墨锦茂宾馆举行；浦发银行与8家企业签订了银企合作协议，并为在场的即墨当地120多家成长性中小企业主介绍了支持中小企业的相关举措。

9月10日　浦发总行与大连万达集团公司业务银企合作交流会在青岛万达艾美酒店成功举行，总行公投总部副总经理杨斌、万达建团副总裁张霖出席会议并致词，来自全国13个城市的万达分公司高管和浦发当地分行领导出席了本次会议。

10月19日　浦发青岛分行首家异地分行烟台分行，在烟台南山皇冠假日酒店举行了开业庆典仪式；并向烟台市慈善总会捐款11.07万元。总行傅建华行长、烟台副市长张广波等及各新闻媒体、企业客户代表等近300人出席开业庆典。

11月4日　浦发青岛分行与青岛葳尔优势成长投资企业（有限合伙）正式签署了托管协议，成功托管青岛分行第一支直接股权投资基金。

（苏　珊）

兴业银行股份有限公司济南分行

【第一负责人简介】 张霆,男,汉族,1969年5月生,祖籍福建泉州,中共党员,工商管理硕士,高级经济师。曾任兴业银行福州钟楼支行、龙岩分行、泉州分行行长等职务;现任兴业银行济南分行党委书记、行长。

【综述】 2010年,兴业银行股份有限公司济南分行(以下简称"兴业济南分行")扎实推进"内涵提升与外延扩张相联动"的中期发展战略,圆满完成了全年各项工作任务,存款、利润总额、资产质量等主要业务指标均跃居全省同类金融机构先进行列。

【资产负债管理】 2010年,兴业济南分行根据行内外政策的变化及时调整资产配置、负债管理策略,重点加强管理分析及动态监测工作。

一、资金利率管理。一是加强分析、比较,跟踪市场价格水平及趋势变化,合理上存、下借资金,以提高收益降低成本;二是按旬、月、季检查、核对并完成总分行间的存款准备金、日均存贷比考核、统筹金、F T P 等资金业务。

二、流动性管理。一是每月初编制当月流动性缺口预测表,并据此拟定供给方案;二是每日实时分析、监控资金头寸变化,定期分析来源与运用期限匹配情况;三是做好头寸管理工作,控制人行及系统内备付金账户头寸,提高资金运用效率和收益率。

三、存贷比管理。在加大负债营销力度的同时,设定了各地市行的存贷比控制目标,存贷比进一步优化,降至66.4%的合理水平。

【业务发展】 2010年,兴业济南分行研究提出并积极落实"三个结合"的业务发展思路,进一步扩大了营销空间,实现了精准化营销。

一、资产业务方面。一是制定《信贷投向及行业准入细则》,明确了信贷资产结构调整的具体思路;二是先后营销了兖矿、山钢、中润、省立医院、重汽、太阳系列等重点客户;三是成功突破了鲁商集团、大润发等核心商业企业及上游客户,全面介入了山东格力、361°、安踏等商贸企业;四是有序开启了潍坊北部沿海盐化工企业、烟台港口控货业务和济宁煤炭经销商等区域特色业务;五是建立了涵盖1254个中小企业的目标客户清单,成功叙做220户,金额突破60亿元。

二、负债业务方面。一是各地市行结合区域实际,按照省、市、区3级分层次营销目标客户,累计营销省市区住房公积金12户、社保3户、各区级事业单位77户;二是济南地区纳税百强企业开户245户,实现存款85亿元,成功营销3家IPO上市和再融资客户的募集资金归集业务,揽存募集资金约5.8亿元;三是推进"双十"工程,强化考核和双线调度,实现该工程客户新开户36户,新增存款9亿元,截至年末,该行纯负债存款余额145亿元,较年初增加70亿元。

三、新兴业务方面。一是山钢等5个核心客户供应链融资额度获批,占系统内已批核心客户数的41.7%,实现下柜97户,放款35亿元,完成国际结算43.8亿美元,结售汇8.7亿美元;二是全年票据转贴现677亿元,销售机构理财124亿元,同时开启与恒丰银行的总对总全面合作,顺利上线柜面互通,银银平台上线5家,交易量突破4万笔;三是发行中期票据42.4亿元,短期融资券10亿元,实现承销收入2575万元,同时新增节能减排贷款13亿元,新增现金管理10户,日均存款增长12亿元。

四、零售业务方面。一是个贷余额40亿元,较年初增加11亿元。一是建立全行财富经理队伍,聘任财富经理14人,累计销售零售综合理财产品83亿元,同比增长257%;二是全年"兴业通"发卡量达1.7万张,新增个人经营贷款8.7亿元,信用卡有效卡达27.8万张,累计交易量38亿元;三是电信、自来水、暖气费、城镇居民劳动保险金等代扣代付产品顺利上线,同时系统内率先完成柜面流程再造,工作效率提高了17%,初步建立了全行网点统一的终端标准化要求。

【风险管理】 2010年,兴业济南分行牢固树立"风险是最大的成本"的理念,正确处理发展与风险之间的关系,真正实现效益、质量、规模的协调发展。

一、加快信贷结构调整步伐。一是控制贷款增速,压缩票据贴现余额,及时调整信贷业务导向,杜绝月、季末贷款规模冲时点等现象的发生;二是制定信贷投向及行业准入指引,并发布了19期信贷热点分析快报,开展了16次区域经济现场调研;三是锁定61户培育型客户,为其提供了全方位综合服务;四是严控政府融资平台贷款投放,严格落实整改方案,并通过各种手段严控房地产开发贷款风险,严格执行个人住房贷款政策。

二、强化组织管理,加强贷款新规执行力。一是及时完善内部规章制度,梳理改造信贷流程,增加了贷款资金监控手段;二是下发合同范本,增强贷款新规的可操作性,同时升级改造管理信息系统,加强对全行个人贷款的支用管理;三是组织业务培训,通过多种形式,对业务条线人员及管理人员100%覆盖;四是加大业务检查力度,先后组织3次自查、检查,对发现的问题及时落实整改。

三、坚持审慎经营,实现不良资产"双降"。一是有效降低了临时性逾期欠息比例;二是制定不良资产处置"先易后难、先当前后历史"的工作思路,全年无新增不良贷款。

四、加强精细化管理,严格把控信用风险。一是建立标准化的风险控制流程,共完成尽职调查621户,现场核保677户,现

兴业银行股份有限公司济南分行主要统计指标

单位：亿元

项　　目	2005	2006	2007	2008	2009	2010	2010 年同比增幅（%）
本外币资产总额	197.15	188.91	203.14	307.92	624.96	861.51	37.85
本外币存款余额	135.60	133.3	128.8	177.48	333.11	530.07	59.13
人民币存款余额	--	--	--	176.53	330.69	523.99	58.45
企业存款	100.89	104.61	62.65	99.99	156.4	367.87	135.21
机关团体存款	0	0	0	0	94.64	111.70	18.03
储蓄存款	4.39	4.09	5.92	12.32	28.73	42.86	49.18
本外币贷款余额	79.63	102.24	120.54	150.09	291.76	352.20	20.72
人民币贷款余额	--	--	--	149.93	291.28	349.50	19.99
短期贷款	60.17	57.38	61.52	74.8	66.05	94.39	42.91
中长期贷款	17.10	43.51	57.49	67.98	215.21	253.95	18.00
票据融资	2.00	1.06	1.15	7.15	10.02	1.09	-89.12
利润总额	1.79	2.22	1.79	1.52	6.26	9.55	52.56
不良贷款余额	--	--	--	1.21	0.82	0.55	-32.93
不良贷款占比（%）	--	--	--	0.81	0.28	0.15	-46.43

场双线贷后检查 198 户，检查敞口金额 206 亿元，发布风险提示 17 份；二是加大后评价力度，对发现的问题及时进行了纠正；三是指定专人监管同业、投行、贸易融资等业务的风险，同时完成了政府融资平台贷款“解包还原”和“清查分类”工作。

【内控管理】　2010 年，兴业济南分行积极构建组织架构、人力资源与企业文化、风险控制、财务核算、销售和服务体系“六大体系”，扎实推进省、分、支三级管理，为长远发展奠定了坚实的基础。

一、完善组织架构。一是完成各级机构的“定岗、定编、定责”工作；二是建立分工合理、职责明确、报告关系清晰的组织结构，各异地机构统一成立 5 个内部专业委员会，每季度召开会议；三是规范异地派驻人员管理，严格落实派驻人员与驻在行的分离机制，强化派驻人员的独立性与专业性；四是适时修改地市行风险管理部职责，明晰职责和流程，强化了异地机构风险管理能力。

二、完善内控制度体系建设。一是组织各部门对现有规章制度的合规性、完整性及可操作性进行定期梳理和后评价，对 19 项制度进行了修订；二是制定《内控关键点手册》，并定期梳理，形成了“事前预防有效、事中控制有力、事后监督及时”的内部控制机制；三是开展制度梳理，全年共制定规范性制度 65 项，梳理有效制度 263 项，废止 49 项，健全了内控制度体系。

三、强化监督评价与纠正机制。一是制定并督促管理部门落实《年度检查计划》，开展各类检查 27 次，网点覆盖面达 100%；二是对相关人员进行积分考核，并实施相关问责措施；三是对检查中存在的问题积极落实整改。

四、深化案防工作成效。一是完成“内控和案防制度执行年”四个阶段的工作，开展全面自查自纠，落实了问题整改、违规问责及制度后评价等工作；二是加大员工 8 小时内外异常行为排查、员工家访、举报核查制度的执行力度，多渠道收集反馈经营活动中的异常行为和人员情况；三是要求案件风险排查工作坚持监督检查、问题整改、责任追究到位的“三个到位”。

【大事记】　1 月　兴业银行济南分行第 9 家济南同城支行龙奥支行正式开业。

4 月 16 日　兴业济南分行第 4 家异地机构兴业济宁分行开业，人行济南分行副行长黄向庆，济宁市委副书记、市长张振川，市政协主席赵树国，副市长王次忠，市人大常委会第一副主任祝金焕，市委常委、秘书长陈民出席开业典礼。

5 月 13 日　“兴业银行恒丰银行银银平台《全面合作协议》签约仪式”在烟台举行，兴业银行副行长蒋云明与恒丰银行副行长宋恒继共同签署了《全面合作协议》、《柜面通协议》、《三方存管协议》等合作文件。

8 月 26 日　兴业济南分行第 10 家济南同城支行槐荫支行开业，开业当日，该支行各项存款 36 亿元，各项贷款近 40 亿元。

10 月 20 日　济南市市长张建国一行到兴业济南分行新址参观考察。

10 月 20 日　山东银监局以银监鲁准〔2010〕382 号文件批复同意兴业临沂分行筹建。

10月23日～24日　兴业济南分行完成管理部门迁至济南市经七路86号证券大厦的搬迁工作。

11月1日　山东银监局以银监鲁准〔2010〕404号文件批复同意兴业银行烟台支行升格为分行。

（李俊云　逄　钢　李　阳）

兴业银行股份有限公司青岛分行

【第一负责人简介】　张晓莉，女，中共党员，高级经济师，清华大学EMBA，历任建行济南市中区支行行长；建行、兴业济南分行副行长；2007年8月至今，任兴业银行股份有限公司青岛分行党委书记、行长。

【综述】　兴业银行股份有限公司青岛分行（下简称"兴业青岛分行"）是经青岛银监局批准的、直属总行的一级分行，于2007年9月7日正式对外营业。

截至2010年末，该行资产负债双超200亿元，实现资产、存款三年翻三番，一般性存款新增居青岛9家同类股份制商行第3位，并先后被当地权威媒体评为"最具扩张实力金融机构"、"最具特色金融服务机构"、"最具竞争力中小企业服务品牌"、"年度青岛银行业杰出服务机构"。

【公司业务】　2010年，兴业青岛分行以扩大核心客户群为目标，实行分层营销管理，实现资产业务对负债和中间业务的带动发展。一是对大型企业和系统集团型客户，实行总分支行联动的团队营销和服务；二是对中小型目标客户，充分利用分行授信权限，带动支付结算、网银、零售交叉销售等业务发展。截至年末，公司客户总数达到2369户，同比增加1038户，新增节能减排贷款2.88亿元，新增中型主办行客户与现金管理客户分别为10户和6户。

【个人业务】　2010年，兴业青岛分行以"细分市场、差异竞争"为策略，健全组织架构，改进考核政策，力促各类零售业务快速发展。一是储蓄日均余额12.67亿元，增加5.27亿元；二是兴业通有效发卡4003张，收单客户548户；三是个贷余额17.04亿元，同比增长8.66亿元；五是基金类产品销售2.57亿元，贵金属实现交易39.65亿元，居青岛当地9家同类银行首位。

【同业业务】　2010年，兴业青岛分行通过产品创新带动了同业业务的全面发展。一是向中小金融机构销售理财产品46亿元，同时实现理财销售中间业务收入561万元；二是总分联动设计理财产品11亿元，成功发行10亿元，实现了理财产品创设和销售方面的实质性突破；三是拓展资金来源，累计引进人民币同业存款及余额分别为706亿元和45亿元；四是实现资产托管11.5亿元，银信合作业务量达21.5亿元；五是推进银证、银银平台合作，证券日常结算量70亿元，银银平台结算笔数8000笔；六是建立核心客户网络，核心客户数达到5户。

【电子银行业务】　2010年，兴业青岛分行继续坚持"五星导航"的服务标准，加强员工技能和服务培训。一是强化电子银行客户的售后服务，推出服务热线；二是在各网点营业厅布设网银体验区，同时推行零售电子银行"一站式"服务；三是实现中间业务收入431.8万，企业网银共新增有效户204户，其柜面替代率为27.55%；四是零售电子银行新增有效户61285户，交易占比22%。

【内部管理】　2010年，兴业青岛分行强化内部管理，以"发展转型"为契机，创新机制，加强培训，稳步推进信息科技、会计结算及党群建设等基础管理工作。

一、以机制创新促公司业务转型突破。一是成立小企业中心和贸易金融部，负责中小企业、供应链金融、贸易融资"三大"转型支柱业务的集中经营与专业化管理；二是创新营销服务机制，实施产品、风险、审批及客户经理的"3+1"金融服务模式，实现信贷业务流程与营销管理流程的整合与无缝衔接；三是建立快速审批流程通道和灵活高效、风险可控的内部转授权审批机制，提升信用业务审查审批质效。

二、实施实战管理推动型培训，提高经营管理人员专业素养。一是建立严格的培训考核评价与监督机制，执行全面系统的培训计划；二是以重点业务、实战案例为主要内容，分人员层次、按业务类别定期开展培训，提高各级员工的专业化经营管理水平。

三、推进信息系统建设，加强科技运营保障。一是完成一级骨干网升级改造、生产设备时间同步系统上线、"兴业通T＋0"系统升级、"青岛市财税库横向联网系统"项目的立项开发、POS商户批量入账上线等工作；二是开展信息系统应急演练及信息安全大检查，完善信息科技运行风险监测体系，严格执行重要时期7×24小时现场值守工作制，确保信息科技安全运营。

四、提升会计结算管理和前台优质服务水平。一是加强会计基础管理，改进后督及会计检查方法，差错率下降至万分之四；二是夯实前台服务基础管理，严格落实总分行服务明星评比、柜面业务技能竞赛、服务礼仪规范竞赛等各项工作部署。

五、积极推进队伍建设和党建、纪检监察工作。一是全年共录用各类员工88人，其中客户经理45人；二是拓宽员工发展通道，努力做到人尽其才、各尽所能；三是严格落实党风廉政建

兴业银行股份有限公司青岛分行主要统计指标

单位：亿元

项　　目	2007	2008	2009	2010	2010年同比增幅（%）
本外币资产总额	36.95	92.71	159.30	256.75	61.17
本外币存款余额	20.20	68.48	121.76	157.87	29.66
人民币存款余额	19.78	68.27	121.18	141.65	16.89
企业存款	19.49	64.41	106.93	108.35	1.33
机关团体存款	0.00	0.00	2.93	15.11	415.70
储蓄存款	0.71	4.07	11.90	18.19	52.86
本外币贷款余额	23.98	63.26	78.14	103.68	32.68
人民币贷款余额	22.98	62.88	77.39	103.05	33.16
短期贷款	18.79	32.55	30.34	42.23	39.19
中长期贷款	1.24	3.71	42.81	60.82	42.07
票据融资	3.94	27.00	4.99	5.90	18.24
利润总额	-0.25	0.93	1.01	1.55	53.47
不良贷款余额	0	0	0	0	0
不良贷款占比（%）	0	0	0	0	0

注：兴业银行青岛分行2007年8月获准开业，9月正式对外营业，故无2007年前数据。

设责任制，做好新党员发展。

【风险管理】　2010年，兴业青岛分行狠抓风险内控，确保安全运营，全年无各类风险案件和违规违纪行为发生，无负面不实新闻报道。一是及时出台信用业务投向指引，规范放款流程；二是加大贷后双线检查，加强信贷资金流向的跟踪管理，做好专项检查和风险排查工作；三是建立零售信贷业务风险监测制度，重点加强各类贷款的监控和检查管理；四是强化内控管理等为重点，自查自纠，强化操作风险、合规风险的管控能力。

【企业文化】　2010年，兴业青岛分行继续推进尽职履责、锐意进取、和谐共享的家园文化建设。一是做好中小企业融资服务，热心社会公益事业，向青海省玉树灾区捐款74670元，即墨支行开业当天向当地慈善机构捐款6万元；二是积极响应"送金融知识下乡"活动和公众教育服务日活动，以多种方式，向民众普及金融知识；三是开展、参与行内外各类业务竞赛，营造"比学赶帮超"的良好发展氛围；四是举办大型行庆和迎春联欢晚会，定期开展足球、篮球、羽毛球、乒乓球等活动，丰富员工业余生活；五是推动企业年金、补充医疗保险的实施工作，营造了"兴业关爱员工，员工热爱兴业"的和谐温馨环境。

【大事记】　5月27日　兴业青岛分行第4家同城支行麦岛支行正式对外营业。

6月7日～9日　兴业青岛分行党委发起倡议，全体员工共为身患重病的业务拓展四部客户经理刘建霖家人累计捐款59390元。

6月23日　兴业银行林章毅副行长莅临青岛分行调研指导企业金融业务。

8月3日～5日　兴业银行监事会主席毕仲华莅临青岛分行调研指导工作。

8月17日～18日　兴业银行陈德康副行长莅临青岛分行调研指导工作。

10月31日　兴业青岛分行全口径一般性存款余额首次超过150亿元大关，达153亿元；辖属一般性存款余额首次突破百亿元大关，达103亿元，较年初新增37亿元，增幅55%。

12月29日　兴业银行在山东省设立的首家县域支行兴业青岛即墨支行正式开业

（郭文娟）

中国民生银行济南分行

【第一负责人简介】 马琳，男，汉族，1970年生，中共党员，博士。现任中国民生银行济南分行党委书记、行长。

【综述】 2010年，中国民生银行济南分行（以下简称"民生济南分行"）积极开展"爱岗敬业 尽职尽责"工作作风建设教育实践活动，为该行发展提供了强大而持久的精神动力。

截至年末，该行各项存款在系统内排名第2，日均增长70亿元；全年新增贷款量居系统内第4，其中中小企业贷款39.55亿元；个贷余额49.56亿，增长近33亿，其中"商贷通"30.34亿元；中间业务收入1.3亿元，责任利润6亿多。

【存款业务】 2010年，该行以对公业务为支撑，带动国际、中间业务等相关业务全面发展。一是响应总行"爱岗敬业 尽职尽责"劳动竞赛，9月末各项存款437亿元，竞赛期间增量135亿元，在全国29家分行中均位列第2；二是济南全辖存款508亿元，成为地区首家存款、资产双破500亿的股份制银行；三是成功获得省级国库集中支付代理资格，省、市两级财政非税收入代理资格、省财政厅公务卡业务资格，并直接带动财政类存款增长15亿元；四是存量交易融资客户72户，实现交易融资业务发生额65.5亿元，实现派生存款25.6亿元；五是储蓄业务取得较大进步。

【信贷业务】 2010年，民生济南分行坚持风险防范与业务发展的协调统一，不断完善授信操作流程，逐步建立授信风险管理体系。一是密切跟踪山东省各项政策，重点支持基础设施建设项目；二是加强对行业和客户的细分，增加对优质客户的营销力度；三是以异地分支机构开业为契机，迅速抢占区域客户资源；四是对空闲授信额度在行内公开招标；五是集中整体营销力量，取得实质性的突破，并受总行的表扬；六是组织对存量授信客户"贷后大检查"专项活动，密切跟踪重点关注客户，及时对结构进行调整，取得显著成效。

【内部管理】 2010年，民生济南分行在业务快速发展的同时，在多个方面推动中后台的专业化建设，积极探索流程银行管理模式。一是梳理历年的业务流程及规章制度，及时废止、修改、完善系列制度，重点是交叉客户的管理制度，有效推动了异地机构业务发展；二是组织资产客户集中大检查，并先后配合银监会、省银监局进行了合规经营驻场检查，针对问题，做了积极有效的整改；三是做好印章管理、办公秩序、行风行貌、异常行为监测、风控培训等相关管理工作，开展"争创合规建设优秀分行"、反腐倡廉警示教育、预防职务犯罪讲座等系列活动；四是明确部门职能，理清岗位职责，实现了分层次管理，建立高效

中国民生银行济南分行主要统计指标

单位：亿元

项　目	2005	2006	2007	2008	2009	2010	2010年同比增幅（%）
本外币资产总额	140.25	139.53	284.05	258.81	351.15	476.11	35.6
本外币存款余额	131.86	123.46	183.73	231.14	295.85	447.64	51.3
人民币存款余额	129.70	121.67	180.84	210.62	293.75	445.16	51.5
企业存款	107.28	96.69	153.70	168.75	222.11	341.66	53.8
机关团体存款	10.32	12.11	10.54	22.02	34.54	50.99	47.6
储蓄存款	12.10	12.87	16.60	19.85	37.11	52.51	41.5
本外币贷款余额	93.25	112.02	162.69	185.01	286.38	355.39	24.1
人民币贷款余额	91.56	111.71	162.69	185.01	286.38	355.39	24.1
短期贷款	52.45	64.43	88.38	102.84	106.02	160.56	51.4
中长期贷款	39.10	46.27	73.27	81.13	179.82	194.39	8.1
票据融资	5.26	7.23	2.94	2.52	2.37	0.87	-63.2
利润总额	1.35	1.32	1.69	4.37	3.67	7.46	103.5
不良贷款余额	0.01	1.01	1.04	1.04	0.54	0.44	-18.7
不良贷款占比（%）	0.01	0.90	0.64	0.56	0.19	0.12	-0.07

工作运行模式；五是开展增收节支活动，坚持费用投入向业务一线的原则。截至年末，该行中小业务贷款、商贷通不良率均为0，对公大客户贷款不良率0.15%。

【职工队伍与企业文化建设】 2010年，民生济南分行一是坚持德才兼备、按需引进、宁缺毋滥、合理安排的原则，大量引进优秀市场人才，管理营销力量得到充实；二是打造“齐鲁民生大讲堂”和“专心服务，专心营销”公司业务等培训品牌，有效提升了相关人员的业务素质；三是成立了“民生50俱乐部”，为贡献突出的员工搭建了良好的业务交流平台；四是建立高、中管人员后备人才库，提拔了大批德才兼备、贡献突出的中层干部，建立起了初、中、高级的梯形人才培养制度，员工整体素质逐步提升，岗位认证考试通过率为72%，在总行系统内排名前列；五是先后组织开展了“二线服务一线”问题查找专题活动、“展服务风采，助二次腾飞”服务效能提升、“态度决定一切”主题演讲、“我为分行发展献计策”活动及“四强四优”评选等系列活动，有力推动了工作的开展。

【大事记】 1月8日 民生济南分行成功签发了第一张电子银行承兑汇票，票面金额两亿元，期限六个月。

1月19日～20日 民生总行毛晓峰副行长一行赴临沂参加民生银行与临沂市政府双方区域战略合作协议签字仪式，并到当地临矿集团、罗欣药业等企业进行实地考察和调研。

1月23日～24日 民生济南分行小微企业金融部和零售银行风险管理部举办第一期商贷通业务专项培训班。

1月28日 民生济南分行的首家二级地市分行潍坊分行隆重开业。人行济南分行副行长黄向庆、银监会山东监管局副局长王朝弟、潍坊市副市长刘伟、该行副行长(主持工作)马琳、副行长王效南、行长助理王庆东及分行部分部室负责人出席了开业庆典。

3月26日 民生济南分行临沂支行与罗庄区政府举行区域战略合作签约仪式。

4月28日 民生济南分行与市工商联供应商商会联合召开了“商贷通”专场说明会。

5月6日 民生济南分行成功办理了900万再贴现回购业务，这是人行济南分行近10年来的首笔再贴现回购业务。

5月 民生济南分行“员工建言献策系统”正式运行。

6月2日 民生济南分行与莱芜市政府共同举办中小企业融资服务专场银企洽谈会。

6月23日 民生济南分行上报的“山东电信供应商集群授信项目”获得总行批复，总授信额度1亿元。

7月6日 民生济南分行中小企业部召开“中小企业推动会”。

7月7日 民生济南分行举办首届“非凡财富”零售客户服务方案大赛。

8月10日 山东银监局副局长刘悦芹一行莅临民生济南分行调研指导工作并召开座谈会。该行行长马琳、副行长王效南、工会主席彭秀沼、行长助理陈焕德参加会议。

8月26日上午 民生济南分行玉函路支行挂牌开业，成为济南分行设立的第11家同城支行。

9月 民生济南分行与贸易金融济南分部合作，国内首创以“个人”应收账款为主体的保理业务。

10月 民生济南分行任命李伟为该行党委委员。

12月 民生济南分行经十路支行成功向五粮液品牌经销商山东酒源堂酒业有限公司发放了济南分行首笔信用额度贷款。

12月16日 民生银行董事长董文标到山东临沂视察济南分行及辖属临沂支行工作。临沂市市委书记连承敏、市长张少军等陪同考察。

(鲍 健 孙 霖 陈 佳)

中国民生银行青岛分行

【综述】 2010年，中国民生银行青岛分行(以下简称“民生银行青岛分行”)加快实施战略转型和业务结构调整，各项业务取得初步成效。大公司业务加快民企战略拓展，实现了公司业务、交易融资协调发展。中小业务稳扎稳打，实现批量开发。小微金融厚积薄发，与即墨市政府签订了《小微企业融资区域战略合作协议书》，总授信额度30亿。财富资产呈现健康发展，产品创新进一步加大，收益显著提升。

【中间业务】 2010年，民生银行青岛分行完成了威海市2010年第一期中小企业集合票据发行工作，新增对公存款5.5亿元，该票据是民生银行系统内成功发行的第一单中小企业集合票据，在总行组织的新兴产品金案例评选中获得一等奖，该行由此获得总行“2010年金融市场业务创新突破奖”。同时，该行努力拓宽理财产品销售渠道，向恒丰银行成功销售理财产品50亿元，实现中间业务收入81.66万元。

企业年金方面，该行与国寿养老青岛分公司签署了战略合作协议，与威海市国资委联合举办企业年金业务座谈会，现场与13家参会企业签订了企业年金业务合作协议，获总行“业务规模奖”、“完成任务奖”、“重大突破奖”三大奖项。

票据业务方面，该行累计办理直贴业务18亿元，其中银票10亿元，商票8亿元。全年签约10户人行商票保贴客户；办理卖断式再贴现业务2.2亿元(其中商票2亿元，银票2000万)，其中商票再贴现占商票直贴总量的25%，锁定税后利差收益240万元，拉动存款增长2亿元（其中1.6亿6个月保证金存款)，为票据业务围绕“发展特色业务、实现低成本高收益”开辟了新的通道。

【电子银行业务】　截至2010年末，民生银行青岛分行已完成企网开户400余户，新增活跃企网客户300余户，年累计交易量近26亿元。个网开户近7000户，新增活跃个网客户近4000户，个网替代率达到60%，年累计交易量近20亿元。

【内部管理】　2010年，民生银行青岛分行狠抓基础管理。一是制定了合规建设目标和方案；二是开展了以规范行规行纪、深化"爱岗敬业，尽职尽责"、整顿工作作风建设为主题的教育实践活动；三是注重企业文化建设，先后组织开展了分行行庆4周年、辖内第一届职工运动会、"关爱·感恩共建民生和谐家园"员工家属答谢会、"爱我民生庆祝中国民生银行成立15周年选拔大赛"等活动；四是狠抓安保工作，相继开展了系统运行风险检查、互联网接入用户梳理、自助设备运营服务自查，消防演练等活动。

【大事记】　3月4日～6日　民生银行青岛分行在海天大酒店召开"民生泰华品牌战略研讨会"，民生银行总行副行长邵平，中小企业金融事业部、风险管理部、发展规划部负责人，时任青岛分行行长宋春，泰华农民银行执行副总裁Pipit Aneaknithi、第一副总裁Anan Lapsuksatit以及相关领导一同出席本次研讨会。

3月26日　由人行、青岛市经信委、金融办、银监局、工商联主办，各中外资商业银行、农信社、村镇银行、小额贷款公司、担保公司、评级公司等融资服务机构共同参与的"中小企业服务年"活动启动仪式在青岛黄海饭店隆重举行。

3月28日　民生银行青岛分行在海天大酒店举办"四载华彰 蓄势腾飞"民生银行青岛分行成立4周年庆典活动。

4月23日　民生银行青岛分行举行"地震无情，民生有爱，情系玉树，大爱无疆"抗震救灾献爱心活动。

7月3日　民生银行青岛分行在青岛大学体育场举行第一届职工运功会。

7月15日　民生银行青岛分行在威海成功举办威海市重点企业年金业务座谈会，现场与13家企业签订了合作协议。

9月26日　民生银行总行洪崎行长莅临青岛分行宣布新领导班子任命，青岛分行党委书记、行长宋春调总行任职，原北京管理部副总经理赵志敏任青岛分行党委书记。

12月8日　民生银行青岛分行举行中国民生银行首批"平安支行"授牌仪式，青岛银监局、公安局崂山分局领导，总行安全保卫部负责人共70余人出席了仪式。

12月23日　民生银行青岛分行与龙口港集团、海达物流有限公司在龙口市签订了"龙口港物流融资平台"框架合作协议。青岛分行书记赵志敏、行长高级助理张俊娟，以及龙口港集团有限公司总经理刘日辉、总经理助理任恒龙、副总会计师吴志华，龙口海达物流有限公司总经理刘筱林出席了本次签约仪式。

（张　哲）

渤海银行股份有限公司济南分行

【第一负责人简介】　王仁宝，男，1958年7月生，山东长岛县人，中共党员，大学本科学历，高级经济师。1978年参加工作，历任深圳发展银行济南分行副行长，深圳发展银行公司银行部副总经理，深圳发展银行青岛分行副行长，渤海银行济南分行党委书记、行长。曾获山东省劳动模范、渤海银行优秀管理者、深圳发展银行总行先进工作者、青岛市优秀共产党员等荣誉称号。

【综述】　渤海银行股份有限公司济南分行(以下简称"渤海济南分行")于2008年10月27日正式开业。2010年，该行认真贯彻国家货币政策、产业政策及监管政策要求，以质量和效益为中心，全面加强风险防范和内部控制，积极做好结构调整和优化，业务操作规范、经营运转正常，实现了业务增长速度和质量、效益的同步提升。

【存款业务】　2010年，渤海济南分行多方拓展存款来源、积极推动存款增长。单位存款在保持稳定增长的同时，结构调整效果明显，保证金存款及占比实现"双降"，存款来源进一步扩大，同业存款实现明显增长，储蓄存款增幅明显高于一般性存款整体增幅；随着存款结构逐步调整优化，存款利息支出水平不断下降，存贷款息差同比扩大了0.12个百分点。

【贷款业务】　2010年，渤海济南分行坚持以科学发展观为统领，根据国家产业结构政策导向和山东区域经济特点，不断加大对重大基础设施项目、民生项目、支柱产业，以及清洁能源、节能环保、循环经济等战略新兴产业的信贷支持，优化信贷结构，助推山东经济结构和产业结构转型。

一、资产质量优良，不良贷款继续保持零纪录。该行对电力供应、石油及核燃料加工、通用设备制造、采矿、医药、水利、环境和公共设施管理等优质行业的贷款增幅达到62.22%，远远高于批发贷款的整体增幅同时，信用等级较高的优质客户贷款占比不断提高，信贷结构进一步优化。

二、个人信贷业务健康稳定增长。上半年，基于对国家房贷政策导向和趋势的准确判断，该行及时转变业务重点，集中突破工程车贷款业务，取得了明显的成效。截至年末，工程车贷款余额2980万元，比年初增加2926万元；个人贷款余额

3.08亿元，比年初增加2.01亿元，增幅185.19%。

【中间业务】 2010年，渤海济南分行把扩大中间业务收入作为增加利润的重要手段之一，通过加大资源倾斜力度，创新业务品种，大力推进贸易金融和投行业务，积极拓宽中间业务收入来源。截至年末，中间业务净收入同比增加了16.15%。

【内部管理】 2010年，渤海济南分行进一步强化员工的风险防范意识，坚持审慎经营、持续发展的经营管理理念，合规管理工作日益完善。同时加快业务转型、调整信贷结构，实现了业务增长速度和质量、效益的同步提升。

在内控案防方面，一是进一步加强内控队伍建设，增设了信贷监控部，增加了操作风险管理岗位人员配置，多次开展合规案防培训和检查，完成了操作风险系统的培训和上线运行；二是认真部署“内控及案防制度执行年”活动，开展全员培训教育，有效提高了员工对案防严峻性和案件防控人人有责的认识理解程度；三是分别对部门总经理级以上人员和普通员工进行了案件防控知识考试，推行轮岗轮调和强制休假制度，有效规避了岗位操作风险；四是开展合规管理测试，针对贷后管理、理财业务、借记卡业务、业务专用章管理等方面存在的问题进行合规风险揭示，提高了依法审慎经营的合规素质。

【企业文化建设】 2010年，渤海济南分行一直把加强企业文化建设作为凝聚人心、提高战斗力、推动企业长远发展的系统工程来抓。通过优秀企业文化的渗透和感染，使员工真正把个人成长和企业发展结合起来，自觉做到以行为家、爱岗敬业，形成了强大的凝聚力和向心力。

一、坚持以人为本，多种形式关爱员工。该行为解决员工就近就餐问题，在办公楼地下一层设立了餐厅；为经济困难员工提供补助；组织开展尊老尽孝活动，为员工父母送去孝心大礼包，并附上行领导亲笔撰写的感谢信；组织全体员工进行健康体检、发放健身卡，倡导健康生活方式；每逢员工生日，工会都会及时将鲜花、蛋糕券及贺卡送到员工手中。

二、组织丰富多彩的文体活动，提高团队凝聚力。一是开展“读书月我与渤海银行共成长征文比赛”，从中选出10篇作品参加了总行“读一本好书、分享一种体验”征文评选活动，获得一等奖2篇、二等奖2篇、三等奖5篇；二是先后举办了红色歌剧《党的女儿》专场演出和“渤海银行杯”篮球邀请赛；三是组织员工参加总行首届职工歌手大赛活动和第2届职工运动会，分别获得个人金奖和团体总分第1名。

三、组织公益活动，树立良好社会形象。一是借两周年行庆之机，举办“低碳环保 快乐骑行”大型公益活动，通过向社会各界代表赠送自行车的方式，鼓励大家采用骑单车、乘公交车等绿色方式出行；二是先后组织了“心系灾区 情系灾民”抗旱救灾和“支援玉树、众志成城”等捐款活动，共计捐款7万多元。

【大事记】 3月1日 渤海济南分行与济南婚庆庆典协会联名发行的“新人权益卡”启动。

3月23日～24日 渤海总行张华监事长一行3人来济南分行检查指导工作，期间拜会了山东银监局周忠明局长以及王朝弟、解晓非两位副局长。

渤海银行股份有限公司济南分行主要统计指标

单位：亿元

项　目	2005	2006	2007	2008	2009	2010	2010年同比增幅（%）
本外币资产总额	—	—	—	41.73	87.23	174.35	99.87
本外币存款余额	—	—	—	18.92	83.61	91.02	8.86
人民币存款余额	—	—	—	18.92	83.55	90.99	8.9
企业存款	—	—	—	18.49	78.18	85.06	8.8
机关团体存款	—	—	—	0.2	2.52	0.59	-76.59
储蓄存款	—	—	—	0.23	2.84	5.36	88.73
本外币贷款余额	—	—	—	41	68.42	82.93	21.21
人民币贷款余额	—	—	—	41	68.27	82.93	21.47
短期贷款	—	—	—	22.5	30.8	38.29	24.32
中长期贷款	—	—	—	14.8	37.61	43.4	15.39
票据融资	—	—	—	3.7	0	1.25	100
利润总额	—	—	—	-0.06	1.35	1.62	20
不良贷款余额	—	—	—	0	0	0	0
不良贷款占比（%）	—	—	—	0	0	0	0

4月8日　渤海济南分行柜面通业务正式上线。

4月9日　渤海济南分行开展“心系灾区 情系灾民”抗旱救灾捐款活动。

4月14日　渤海济南分行组织“支援玉树、众志成城”捐款活动。

5月7日　由渤海济南分行主办的红色歌剧《党的女儿》专场演出在山东师范大学音乐厅上演。

6月3日～4日　渤海总行张士明副行长率批发银行条线有关部门负责人赴渤海济南分行进行工作调研。

6月10日　渤海银行首届职工歌手大赛在杭州举行,渤海济南分行选手获得金奖。

6月30日　渤海济南分行设立信贷监控部。

7月末　渤海济南分行各项存款余额成功突破100亿大关。

8月4日　渤海总行黄丽芬副行长来济南分行调研,与零售条线业务部门负责人进行了业务座谈。

8月7日～8日　渤海济南分行召开年中工作会议暨存款超百亿表彰大会。

8月27日～31日　由渤海济南分行主办、济钢集团协办的“渤海银行杯”篮球邀请赛在济钢集团篮球馆隆重举行。

7月～8月　在渤海总行举办的“新闻宣传月”活动中,济南分行荣获一等奖。

9月12日　在渤海总行第2届职工运动会上，首次亮相的济南分行一举夺得团体总分第1名,并获得最佳组织奖。

9月26日　渤海总行正式批复授予济南分行3000万元中小企业单一客户授信审批权限。

10月17日　天津卫视《天津新闻》播出了对渤海济南分行以及其客户山东魏桥创业集团的采访，报道该行银企合作模式。

10月23日　山东电视台《风云鲁商》栏目播出对渤海济南分行党委书记、行长王仁宝的专访。

11月8日～10日　渤海总行刘宝凤董事长一行到渤海济南分行视察指导工作，期间拜会了山东省副省长李兆前及人行济南分行、山东银监局负责人。

11月9日　渤海济南分行党委书记、行长王仁宝主持召开以“贯彻落实《党员领导干部廉洁从政若干准则》”为主题的领导干部民主生活会,渤海总行党委书记、董事长刘宝凤亲临现场,出席会议并作重要讲话。

11月23日　渤海济南分行成功举办“低碳环保 快乐骑行”大型公益活动。山东省副省长李兆前、省政协副主席王乃静、渤海总行张华监事长、省环保厅厅长张波,省委办公厅、省政府办公厅、省广电局、省金融办、人行济南分行、山东银监局、省中小企业办、济南市金融办等相关负责人,以及社会各界代表出席了活动。山东卫视、山东人民广播电台等10多家媒体,以《渤海银行济南分行过“绿色生日”》、《不搞庆典搞公益》等为标题,对活动进行了报道。

11月30日　渤海银行济南市中支行正式获山东银监局批筹。

12月28日　渤海银行全国第一家二级分行烟台分行正式获山东银监局批筹。

2010年　在由山东电视台和省工商联联合主办的“十大风云鲁商”评选活动中,渤海济南分行王仁宝行长荣膺“2010年度十大风云鲁商”称号。

(李琥珀　吴文锴)

天津银行济南分行

【第一负责人简介】　姚志坚,男,汉族,1970年3月生,山东济南人,中共党员,山东财政学院货币银行学专业毕业，硕士研究生学历。历任兴业银行支行行长、恒丰银行济南分行副行长,2010年5月至今,任天津银行济南分行党委书记、行长。

【综述】　天津银行济南分行成立于2010年5月28日,该行不断深化改革,加强创新,健全管理和内控机制,提高防范风险的能力,树立了充满生机和活力的新生银行的形象。

【存款业务】　2010年，天津银行济南分行大力拓展基本客户群体,推动授信客户、结算业务客户、中小企业客户和个人客户开户数量的迅速增加,实行差别化服务,全力促进负债业务的良性发展。

【贷款业务】　2010年，天津银行济南分行严格控制产能过剩的钢铁、电解铝、铁合金、焦炭、水泥等行业的客户授信,不断优化信贷资产结构,加大对中小企业信贷支持力度,完善贷款定价机制,强化贷款价格的分类控制,资产质量保持优秀,贷款收息率100%。

【中间业务】　2010年，天津银行济南分行实现中间业务收入427.17万元,其中手续费收入420.83万元,汇兑损益6.3万元,委托、代理、银行卡等收入占比较低。全年实现账面利润3227万元,以较快的速度实现了开业后经营效益的稳步发展。

【内部管理】　2010年,天津银行济南分行从严治行,不断加强内部管理。

一、委员会建设。在行长办公会下设立了业务发展和营销、信贷审查、财务、薪酬和目标考核、内控合规和全面问责等管理

天津银行济南分行主要统计指标

单位：亿元

项　目	2005	2006	2007	2008	2009	2010	2010年同比增幅(%)
本外币资产总额	--	--	--	--	--	58.56	100
本外币存款余额	--	--	--	--	--	53.49	100
人民币存款余额	--	--	--	--	--	53.49	100
企业存款	--	--	--	--	--	27.3	100
机关团体存款	--	--	--	--	--	0.73	100
储蓄存款	--	--	--	--	--	17.88	100
本外币贷款余额	--	--	--	--	--	11.91	100
人民币贷款余额	--	--	--	--	--	11.91	100
短期贷款	--	--	--	--	--	10.21	100
中长期贷款	--	--	--	--	--	1.7	100
票据融资	--	--	--	--	--	0	100
利润总额	--	--	--	--	--	0.32	100
不良贷款余额	--	--	--	--	--	0	100
不良贷款占比(%)	--	--	--	--	--	0	100

委员会，解决各项问题，保障业务良性运转。

二、制度建设。一是制定实施了业务发展和营销管理、信贷审查、财务管理、薪酬和目标考核、内控合规委员会实施细则；二是印发了《安全保卫制度》、《行政公章管理办法》以及固定资产管理、授信后管理、流动资金贷款管理、资金头寸管理、财务管理、银企集中对账、授信档案管理、反洗钱、担保机构担保业务管理、个人住房按揭贷款等10余项《实施细则》，通过完善的制度和监督体系保障业务顺利发展。

三、组织建设。该行成立了党委、纪委、工会和团委，并下设三个党支部，加强组织领导，实时把握党员干部思想动态，充分发挥党员的先锋模范作用，带领员工振奋精神，积极应对工作中的挑战。

【企业文化建设】　2010年，天津银行济南分行一是开展了“为地震灾区舟曲奉献爱心”捐款活动，共有84名员工参加捐款，捐款金额13555元；二是组织了篮球、羽毛球经常性趣味活动，组织40名员工参加了总行组织的“天行颂”歌咏比赛；三是组织全体党员阅读了廉政教育读本和《沈浩日记》，并分两批观看电影《第一书记》，不断提高队伍的廉洁意识和敬业奉献精神。

【大事记】　5月7日　天津银行董事长王金龙、副行长卢胜刚来济南视察济南分行筹建情况。

5月27日　天津银行济南分行领导班子小组组建暨就职大会在金龙大厦召开。

5月28日　天津银行济南分行盛大开业。

7月4日　召开天津银行济南分行上半年工作总结会议。

7月17日　天津银行工会主席张福荣来济南分行视察指导工作。

9月6日　天津银行监事长桑瑞敏来济南分行视察指导工作。

10月12日　天津银行副行长岳德生来济南分行视察指导。

12月15日　天津银行董事长王金龙、副行长岳德生来济南分行视察指导。

（王全普　田　霄　张　伟）

浙商银行股份有限公司济南分行

【第一负责人简介】 李玉波，男，1963年4月生，山东章丘人，中共党员，工商管理硕士，高级经济师。历任人行济南章丘支行行长，人行济南市分行计划资金处处长、营管部办公室主任，兴业银行济南分行副行长，2010年6月至今，任浙商银行济南分行党委书记、行长。

【综述】 浙商银行股份有限公司济南分行（以下简称"浙商银行济南分行"）是浙商银行设立的第八家浙江省外分行，于2010年6月正式开业。

2010年，该行坚持存款立行，重视风险管理，强化内控建设，规范内部运作，塑造家园文化，实现了规模、特色、质量和效益的协调发展。截至年末，各项存款58.29亿元，贷款33.42亿元，为经济发展做出了积极贡献。

【业务发展】 2010年，浙商银行济南分行坚持存款为立行之本、经营之基、发展之源，始终把组织存款作为工作的重中之重，业务发展结构较为合理。

截至年末，该行在系统内成功完成首单保理业务，国际结算量6200万美元，经济增加值回报率超过24%，企业开户数达568户，其中电子存折账户128户；在一般性存款中，纯负债、结算性存款合计占比69%，保证金存款占比31%，账面存贷比为57.33%，保证金占比和存贷比在驻济股份制银行中属较低水平。

【风险管理】 2010年，浙商银行济南分行实行信用风险和市场风险以垂直管理为主，合规风险、操作风险以网状控制为主的风险管理体系。一是实行了风险监控官委派制度，风险监控官由总行向分行委派，分行行长与风险监控官的双负责制有利于从不同角度对信用风险的认识，有利于风险与业务的平衡发展、稳健发展；二是实行项目预审制，信审人员提前介入，风险把控关口前移，提高营销针对性，避免无效营销。

【内部控制】 2010年，浙商银行济南分行坚持依法合规经营，强化风险管理与内控工作，夯实发展基础。

一、初步建立了合规风险管理体系。一是成立了合规部，与风险管理部合署办公，制定了各岗位工作职责和标准，确保各项监管政策及时、有效传导；二是制定了合规经理和风险联络员例会制度，明确职责，保证各项业务在合法合规的前提下快速发展；三是建立了完善的报告程序，及时准确地向监管机

浙商银行股份有限公司济南分行主要统计指标

单位：亿元

项　目	2005	2006	2007	2008	2009	2010	2010年同比增幅（%）
本外币资产总额	--	--	--	--	--	66.92	100
本外币存款余额	--	--	--	--	--	58.29	100
人民币存款余额	--	--	--	--	--	58.29	100
企业存款	--	--	--	--	--	35.58	100
机关团体存款	--	--	--	--	--	3.86	100
储蓄存款	--	--	--	--	--	1.25	100
本外币贷款余额	--	--	--	--	--	33.42	100
人民币贷款余额	--	--	--	--	--	33.42	100
短期贷款	--	--	--	--	--	33.42	100
中长期贷款	--	--	--	--	--	0	100
票据融资	--	--	--	--	--	0	100
利润总额	--	--	--	--	--	0.18	100
不良贷款余额	--	--	--	--	--	0	100
不良贷款占比（%）	--	--	--	--	--	0	100

构报告相关信息。

二、加强内控机制建设,有效防范操作风险。一是初步建立了以“理念制度培训执行检查整改奖惩评价”为内涵的内控循环机制;二是成立了分行内控与风险管理委员会,组建了风险管理联络员暨合规经理队伍,制定了年度内控工作计划,内控工作有序开展;三是多次举办内控专题培训,牢固树立内控优先理念,执行了内控违规登记扣分制度;四是组织全员报名参加总行年度制度考试,确保全员在较短时间内熟悉本行制度;五是组织开展新员工安保消防知识培训,提高员工安防意识和专业技能。

【会计结算】 2010年,浙商银行济南分行高度重视会计结算工作,努力提高会计核算质量,提升营业厅服务水平。

一、加强会计内控管理。该行所开立的近440余结算账户,全部为支付密码结算账户,同时通过系统验印、支付密码、二维码、重要事项核实、账户待启用等一系列管控措施,有效防止了账户的支付风险。

二、狠抓营业厅服务工作。一是在柜面服务工作中推行“6S”管理,工作台统一标识、办公物品定位放置、营业环境做到整洁有序、统一规范,营造良好的窗口服务形象;二是实施营业部服务“四心工程”,组织两期专业服务礼仪培训,规范营业服务行为,力求客户放心、舒心、顺心、动心;三是开展了“庆开业,促发展,树品牌”优质文明服务月活动,通过交流学习、献计献策、知识竞赛、技能比武、营业前台服务、组织客户座谈、神秘人暗访监督等有效措施,提高了柜面人员服务意识、服务技能和服务效率。

【大事记】 6月27日 浙商银行设立的第八家浙江省外分行济南分行开业。

8月27日 浙商银行济南分行隆重举行开业庆典,山东省金融办主任李永健、济南市副市长张宗祥、总行董事长张达洋、总行行长龚方乐、人行济南分行副行长李建文、山东银监局副局长刘悦芹等领导出席了活动。

9月24日 浙商银行济南分行行长李玉波应邀参加第四届世界太阳城大会(德州)重点项目签约仪式,签署了禹城市中小企业集合票据合作协议。

10月23日 总行龚方乐行长一行莅临济南分行开展工作调研,并为全行员工讲授企业文化课程。

(武建锐 吴 娜)

北京银行济南分行

【第一负责人简介】 王淑梅,女,1962年生,中共党员,厦门大学EMBA,工商管理硕士,经济师。1993年任锦州市商业银行金华支行行长;1999年3月任北京银行华安支行副行长;北京银行万寿路支行副行长、行长;北京银行总部基地支行行长;北京银行北京管理部副总经理;2010年8月至今任北京银行济南分行行长。

【业务发展】 截至年末,北京银行济南分行中小企业贷款余额0.7亿元,办理银行承兑汇票金额11.1亿元;中间业务收入67.13万元。

【内部管理】 2010年,北京银行济南分行将建立健全各类组织作为工作重点,尽快抓好,一是先后完成了党支部成立、工会组建和团委组建工作;二是组织各部室人员加强对人民银行、银监局和总行各项规章制度的学习,利用节假日和晚上的时间先后组织制度培训30次,参训人员700多人次;三是组织各部室,分别研究出台各项管理办法,目前已完成近30项规章制度的拟定,部分规章制度已经报总行备案审批后实施;四是确定了风险管理部的部门组织架构,设置了信用风险管理岗(含信用风险政策、贷后管理、五级分类、放款审核)、信用审查岗(含授信业务的初审、复审)、法律合规岗(含法律事务管理、合规管理、操作风险管理、反洗钱工作)等岗位,明确各岗位的职责,防范内部管理风险;五是建立和完善了多项业务的实施细则和操作流程,主要包括:贷前的尽职调查细则和贷前调查考核评价办法,贷中的信审会议事规则、绿色通道业务审批流程,放款环节的放款细则、集中核保办法、客户验印系统等,贷后的双线贷后检查办法及实施细则、风险预警管理规定、管理考核办法,以及操作风险和内控委员会议事规程等;六是成立了以行长为组长、分管行领导为副组长、部室中层管理人员为成员的“安全保卫工作领导小组”,全面承担起分行安全保卫工作责任,及时出台有关消防安全、保安员管理、计算机安全管理等方面的管理办法,划分职责、明确责任,形成了较为完善的安保体系。

【企业文化建设】 2010年,北京银行济南分行一是建立充满活力的人才培养、选拔、管理和激励机制;二是建立员工快速成长、成才渠道,大胆启用、破格使用业务能力强、工作业绩突出的优秀员工,为员工成长提供晋升通道;三是采取请进来、走出去,进名校、请名师的方式,为员工提供更多的学习机会,全面提升综合素质;四是举办各种劳动竞赛,树先评优,充分调动员工比、学、赶、超的积极性。

北京银行济南分行主要统计指标

单位：亿元

项　目	2005	2006	2007	2008	2009	2010	2010年同比增幅（%）
本外币资产总额	--	--	--	--	--	21.36	100
本外币存款余额	--	--	--	--	--	19.21	100
人民币存款余额	--	--	--	--	--	19.21	100
企业存款	--	--	--	--	--	18.13	100
机关团体存款	--	--	--	--	--	--	--
储蓄存款	--	--	--	--	--	1.07	100
本外币贷款余额	--	--	--	--	--	14.10	100
人民币贷款余额	--	--	--	--	--	14.10	100
短期贷款	--	--	--	--	--	8.8	100
中长期贷款	--	--	--	--	--	5	100
票据融资	--	--	--	--	--	11.07	100
利润总额	--	--	--	--	--	-0.39	100
不良贷款余额	--	--	--	--	--	0	100
不良贷款占比（%）	--	--	--	--	--	0	100

【大事记】　9月12日　北京银行济南分行在山东大厦举行开业庆典，姜大明省长亲临开业仪式。

（张宇航）

第六部分

金融机构运行报告
——区域性金融机构

一、农村信用合作社

山东省农村信用社联合社

【第一负责人简介】 宋文瑄，男，中共党员，1954年9月生，山东乳山人，硕士研究生。自1989年9月起历任山东省政府办公厅政工处副处长、处长、机关党委副书记，驻海南办事处主任，山东省政府副秘书长，省政府办公厅党组成员。2004年5月至今，任山东省农村信用社联合社理事长、党委书记。

【综述】 2010年，山东省农村信用社联合社（以下简称“省联社”）抢抓机遇，真抓实干，开拓创新，各项业务继续保持了又好又快发展的良好势头，有力地支持了“三农”和经济文化强省建设。存贷款余额和增加额均居全省银行机构首位，132家县级联社全部盈利，历年亏损挂账全部消灭。年末全省统算资本充足率8.18%，贷款损失准备充足率106%，分别比年初提高2.89和52个百分点。全年缴纳各项税金33.7亿元，对全省经济建设的贡献进一步扩大。

【内部改革】 2010年，省联社加快机构改革步伐：一是全省15家机构启动银行化改革，广饶、润昌、荣成、临淄农商行和齐河、无棣农合行挂牌开业，张店农合行和青州、安丘、环翠等联社组建农商行工作稳步推进；二是青岛市组建农商行的请示已经省政府上报国务院，年末全省银行类机构达26家，数量居全国前列；三是积极支持创立村镇银行等新型机构，寿光农商行设立的天津东丽村镇银行顺利开业，广饶、邹平农商行在省内发起设立的村镇银行已获准筹建；四是组织制定监管评级达标升级方案，加强统筹协调和督导帮扶，三年规划按期实现，县级法人资本实力、抗风险能力和可持续发展能力迈上新台阶。

【支农】 2010年，省联社调整信贷结构，重点加大了对“三农”的支持力度。年末涉农贷款余额3930亿元，较年初增加668亿元，增长20.5%，较各项贷款平均增幅高出4.2个百分点；新增涉农贷款占全部新增贷款的93.2%，同比增加0.6个百分点；实现了涉农贷款占比高于上年、增量高于上年、增幅高于各项贷款增幅的“三个高于”目标。

该社一是全面推进信用工程建设，简化贷款手续；二是加快贷款品种和担保模式创新，积极推广林权、土地使用权、养殖水面使用权质押贷款及大联保体、农民专业合作社贷款等业务，解决担保难、贷款难问题；三是发放农民工返乡创业、青年创业、农村妇女创业和下岗职工再就业贷款12亿元；四是发放农产品产运销贷款150亿元，为平抑物价、稳定群众生活发挥了积极作用。

【电子化建设】 2010年，省联社加强科技风险管理，完善应急管理机制，信息系统全年安全稳定运行。一是企业级服务总线双机切换和核心系统数据库升级顺利完成，核心业务系统首次完成完整年度的年终决算，系统运行效率和稳定性明显提升，全年日均处理交易343万笔，峰值457万笔，日均清算资金1214亿元；二是大力实施“科技引领”战略，加快新项目、新产品研发步伐，网上银行、“财富在手”手机银行、电话POS、系统内POS、电子商业汇票、省级中间业务平台等21个新项目上线投产，核心业务、农信银、身份信息联网核查等17个系统得到优化，信贷管理（集中版）、国际结算、异地灾备等18个项目稳步推进。

【企业文化建设】 2010年，省联社以创建“六型”团队、加强作风建设为目标，深入开展创先争优活动，形成了“学先进、比贡献、创佳绩”的浓厚氛围。一是组织党员干部到西柏坡和孟良崮接受革命传统教育；二是全面落实党风廉政建设责任制，逐级签订廉政建设责任书，并积极参加“金融系统反腐倡廉建设展”济南巡展和“反腐倡廉你我同行”征文活动；三是通过举办第三届职工运动会等形式多样的文体活动，丰富员工业余文化生活；四是开展“情系玉树”救灾捐款和“慈心一日捐”活动，向省残疾人无障碍康复服务站和见义勇为基金捐赠，全年共捐款903.5万元，树立了良好的社会形象。

【大事记】 1月16日 省联社理事长、党委书记宋文瑄当选“2009年度中国十大风云鲁商”。

1月20日~21日 省联社第二届社员大会第二次会议在济南召开。省委常委、常务副省长王仁元出席会议并作重要讲话，省联社理事长、党委书记宋文瑄代表省联社第二届理事会作工作报告。

2月5日 省委常委、常务副省长王仁元在省联社理事长、党委书记宋文瑄等的陪同下，到省联社走访慰问，并看望慰问润丰合行经七路支行员工。

2月23日 在全省金融工作会议上，省政府授予省联社“金融创新奖”。

3月8日 省联社门户网站正式上线运行。

山东省农村信用社联合社主要统计指标

单位：亿元

项　　目	2005	2006	2007	2008	2009	2010	2010年同比增幅（%）
资产总额	4311.87	4721.77	5304.00	6176.89	7405.37	8510.88	14.93
存款余额	2933.5	3432.76	3966.52	4900.18	5761.34	6839.22	18.71
企业存款	438.34	522.66	556.96	578.28	791.97	1022.6	29.12
机关团体存款	6.33	8.61	13.18	15.39	28.25	43.51	54.02
储蓄存款	2284.2	2690.7	3209.64	4150.4	4764.48	5605.67	17.66
贷款余额	2320.56	2699.19	3174.6	3689.42	4392.70	5109.76	16.32
短期贷款	2125.09	2455.9	2857.83	3210.69	3838.36	4095.64	6.7
中长期贷款	118.84	108.74	112.67	110.87	170.56	684.67	301.42
票据融资	75.69	129.15	201.67	365.59	381.65	326.86	-14.36
利润总额	29.37	33.99	45.24	59.68	50.47	61.38	21.62

4月15日　国家行政学院山东省农村信用社教学科研基地揭牌仪式在济南举行。

4月21日～23日　省联社资金中心荣获“2009年全国农信银系统银行汇票业务运行管理先进单位”和“2009年全国农信银系统电子汇兑业务运行管理先进单位”称号。

4月27日　省联社理事长、党委书记宋文瑄荣获“全国劳动模范”称号。

6月29日　全省农村信用社电子商业汇票系统正式上线运行。

7月2日　山东省农村信用社泰山借记卡首发新闻发布会在济南举行。

7月24日～26日　全省农村信用社高管人员读书班和2010年上半年经营管理工作会议在荣成市石岛举行。

8月18日　山东齐河农村合作银行揭牌开业，原省委常委、常务副省长林廷生，省联社理事长、党委书记宋文瑄等领导出席仪式并揭牌。

9月16日　山东广饶农村商业银行股份有限公司揭牌开业。省联社理事长、党委书记宋文瑄出席仪式并揭牌。

10月29日　山东聊城润昌农村商业银行股份有限公司揭牌开业。省联社副理事长、党委副书记、主任张建民出席仪式并揭牌。

11月24日～26日　银监会党委副书记、副主席蒋定之赴烟台市就金融支持农产品生产情况进行调研，省联社理事长、党委书记宋文瑄陪同调研。

11月26日　全省农信社营业网点规范化服务导入启动仪式暨泰安市农信社营业网点导入动员大会在泰安举行。

12月2日　山东银监局局长廖平之、副局长解晓非到省联社调研指导工作。

12月17日　山东无棣农村合作银行揭牌开业，省联社理事长、党委书记宋文瑄出席仪式并揭牌。

12月26日　山东荣成农村商业银行股份有限公司揭牌开业。省联社理事长、党委书记宋文瑄出席仪式并揭牌。

12月30日　山东临淄农村商业银行股份有限公司揭牌开业。省联社副理事长、党委副书记、主任张建民出席仪式并揭牌。

12月31日　省委常委、常务副省长王仁元到润丰合行泉城路支行看望慰问一线员工。宋文瑄、张建民、展西亮、王继东、郇涛、王宝城等省联社领导陪同活动。

（孙德鹏）

二、城市商业银行

【齐鲁银行】 2010年，齐鲁银行以结构调整为核心，以转型改革为动力，取得了崭新的经营业绩。截至年末，该行实现经营利润13.83亿元，同比增加3.20亿元，增长30.12%；全年累计上缴各类税金5.12亿元。

2010年，该行被省政府授予"山东省金融创新奖"；被市委授予"市级文明单位"、"先进党委中心组"；被人行授予"2009年度反洗钱工作A级机构"。其主要做法：

一、优化公司治理结构，推进转型改革。一是该行完成了成立以来的第6次增资扩股工作，资本金达到23.7亿元，是成立之初的9.5倍；二是顺利完成董事会、监事会换届，并深化了与澳洲联邦银行（CBA）的战略合作；三是强化"服务中小"的定位，加强条线专业管理和考核，进行准事业部制管理模式的探索；四是强化操作风险管理。

二、持续推进网点建设，加快结构调整步伐。一是青岛分行开业，天津北辰、华苑、津南支行，聊城高唐、开发区支行，济南商河、济阳支行相继开业，分支机构达到80家；二是调整济南辖内6家机构地理位置，填补服务空白，同时加大存款营销；三是合理摆布贷款投放节奏，持续优化资产结构，优化盈利结构。

三、强化创新与市场联动，同时做好风险防控。一是开展综合批量营销、整体授信，实现错位发展；二是开发了"诚信贷"小额信用贷款业务、"快易贷"等新产品，完善供应链金融产品体系；三是深化银企、银银、银政合作，推动业务快速发展；四是对信贷制度、业务流程、合同文本、IT系统等进行调整，推动贷款新规的执行；五是压降政府融资平台贷款，关注和控制经营中的各类风险，及时预警，有效处置，同时强化不良资产处置力度，不良贷款余额、占比实现"双降"。

齐鲁银行主要统计指标

单位：亿元

项　目	2005	2006	2007	2008	2009	2010	2010年同比增幅（%）
本外币资产总额	251.24	324.09	378.41	495.45	617.89	821.25	32.91
本外币存款余额	213.58	268.9	316.69	434.4	546.55	656.93	20.20
人民币存款余额	212.68	267.89	315.24	433.71	544.84	655.78	20.36
企业存款	91.85	112.44	141.47	212.72	234.23	254.98	8.86
机关团体存款	4.99	27.16	37.81	49.74	39.23	46.92	19.60
储蓄存款	46.09	59.86	69.99	99.94	124.88	139.43	11.65
本外币贷款余额	170.33	217.4	250	281.64	353.10	422.58	19.68
人民币贷款余额	170.32	217.37	248.82	281.39	352.76	421.53	19.49
短期贷款	75.57	93.81	118.82	142.12	162.93	214.97	31.94
中长期贷款	39.57	65.71	82.13	91.38	125.94	156.16	24.00
票据融资	49.16	57.71	47.72	47.65	63.84	49.68	-22.18
利润总额	1.60	2.47	3.96	4.55	6.09	8.25	35.47
不良贷款余额	11.49	3.42	3.33	7.17	7.04	4.73	-32.81
不良贷款占比（%）	6.70	1.6	1.33	2.55	1.99	1.12	-43.72

四、启动流程银行建设，提高精细化管理水平。一是推进实施资金转移定价（FTP）系统和资产负债管理（ALM）建设，逐步推行全成本管理；二是成立科技运行、研发、运维中心，同时投入使用资金交易室；三是实行信贷业务审批专业分工，提高审批水平，企业、个人征信数据一致率居全国第1位与第2位；四是以信贷流程和柜面流程梳理为基点，启动流程银行建设。

五、发挥多层次人才集聚优势，搭建全功能服务新平台。一是推进全员职业生涯设计，建立员工培训档案制度；二是强化企业文化的宣导，建立稳定和谐的劳动关系，并开展形式多样的文体活动，丰富员工生活；三是服务方面搭建神秘访客监测、内部检查、客户满意度三位一体的服务监督、考核体系，持续规范服务标准；四是完善电子渠道建设，提升自助服务水平。

（赵　晋）

【青岛银行】　2010年，青岛银行不断开拓进取，盈利能力、内控水平、品牌形象大幅提升。截至年末，资本充足率11.09%，拨备覆盖率206.20%，流动性比例为48.38%，存贷比为54.14%。

一、多措并举，推动存款业务跨越式发展。该行资产总额突破500亿元大关，新增存款超过建行前十年增长总额，在山东省14家城商行中稳居第一，实现历史性的跨越式发展。公司存款增长额在青岛市银行业金融机构中排名首位，全部存款增长额排名第2位。

二、科学调度，合理配置，确保信贷业务稳健高效开展。

（一）重点支持地方重点项目、个人消费贷款以及小企业三类贷款。一是积极增加对地方重点项目的信贷投入，重点支持包括董家口港区等一批具备一定社会知名度、公益性的市政府重点项目；二是相继开发推出工程机械、渔船抵押、种植户担保等项贷款和“信易贷”等新业务，同时优化小额担保贷款、养殖户担保贷款，加大对就业、创业和“三农”支持力度；三是积极开展“小企业融资服务年活动”，落实“小企业联络员”制度，通过研发推出机械设备按揭、商票保贴等符合小企业实际的特色产品和服务，与团市委合作推出支持青年就业创业贷款的“青易贷”业务，与市科技局合作为科技创新企业授信30亿元，多管齐下推动小企业信贷业务发展。

（二）认真落实宏观调控和监管政策。一是排查政府融资平台贷款风险，为后续管理等风控工作奠定了良好基础；二是审慎投放房地产类贷款，严格执行银监会对开发贷款和土地储备贷款“三不贷”原则，对房地产行业采取差异化的信贷政策，及时调整不同类购房贷款的首付比例、贷款利率等要求；三是在规范规章制度、梳理贷款流程、落实责任、监督检查等方面进行细化，全面开展多次培训和检查。

青岛银行主要统计指标

单位：亿元

项　　目	2005	2006	2007	2008	2009	2010	2010年同比增幅（%）
本外币资产总额	190.63	237.01	311.68	325.21	436.50	636.06	45.72
本外币存款余额	152.54	178.69	223.14	267.37	311.73	451.13	44.72
人民币存款余额	152.10	177.92	222.38	249.60	310.57	446.51	43.77
企业存款	89.28	106.63	143.28	138.80	163	261.53	60.45
机关团体存款	0	0	0	0	0	0	--
储蓄存款	34.32	41.18	45.24	63.31	73.62	89.67	21.80
本外币贷款余额	131.74	153.60	175.06	176.90	201.19	249.21	23.87
人民币贷款余额	129.84	149.80	170.95	172.28	197.80	246.50	24.62
短期贷款	53.39	76.10	82.47	100.49	108.54	121.08	11.55
中长期贷款	42.14	43.09	42.66	45.16	79.51	117.32	47.55
票据融资	33.75	29.44	44.92	26	9.44	7.81	-17.27
利润总额	2.06	0.50	4.83	4.61	5.11	6.86	34.25
不良贷款余额	5.45	4.42	4.37	3.45	3.36	3.31	-1.49
不良贷款占比（%）	4.14	2.88	2.50	1.95	1.49	1.19	-0.30

三、开拓创新，全面搭建“好银行”管理框架。一是制定实施了第一个五年规划《2010-2014年战略规划》；二是开展“今天我发现”、“本周我巡视”、“每月我总结”的“三项活动”，加强基础管理；三是启动“归巢计划”、“伯乐计划”、“蜡烛计划”等三项员工队伍建设计划，并初步形成“周周有培训、人人受培训、培训有计划、事后有评价”的培训管理体系；四是积极开展关爱文化、服务文化、合规文化等企业文化建设，增进了团队凝聚力和向心力；五是积极开展“内控和案防制度执行年”活动，创建了内控评审制度，并实施“虚拟支行”替岗检查机制，将风险防范关口前移；六是对会计、计财、信贷管理、授信审批、稽核等部门职能进行了调整，新设公司业务部、机构管理部、业务拓展部、服务监督中心、财富管理中心、董监事会办公室等部门，进一步完善内部组织架构，明确细化岗位职责；七是加强与当地主流媒体的合作与宣传，通过高标准建立大堂经理队伍，大力开展产品创新，积极开展高端客户营销等方式，全方位打造“温馨加放心，我们更努力”的银行品牌。

（青岛银行）

【齐商银行股份有限公司】 2010年，齐商银行股份有限公司(以下简称“齐商银行”)不断加大市场营销，实现了规模、质量、效益的协调发展，经营成果创历史最高水平；该公司在全省182家地方金融企业绩效评价中，获得AA优秀等级；各项监管指标全面达标，全年安全经营无责任事故。

一、加强精细化管理，经营工作取得新突破。一是加大对节能减排、新兴产业、现代服务业、县域经济、中小企业的支持力度；二是适时调整对受控、受限行业的信贷政策，全年累计发放各类授信672亿元；三是开展不良贷款清收会战，加大问责力度，同时债券结算年度交易量、中债收益率曲线估值排名均居全省城商行前列，国际结算量、外汇利润营业总收入居山东省城商行第2位。

二、加大业务创新力度，中间业务发展取得新进展。一是开展自助银行及大堂经理普及化试点，加大自助设备投放，电子化交易率不断攀升；二是成功获批证券投资基金销售业务资格，顺利开办基金代销业务；三是西安分行、潍坊青州支行、河东齐商村镇银行均开业运营；四是建立塑料化工、小商品、建材建陶、机电泵业和不锈钢5个专业支行；五是小企业金融服务中心张店、临淄分中心揭牌运行，增强了对区域经济和广大中小企业的服务能力。

三、加强内控和案防工作，抗风险能力有了新提升。一是加强条线管理力度，强化规范化管理，加大责任追究力度，实现了全行安全经营无责任事故的目标；二是加强会计营运组织架构，出台各类标准与制度，推行案例警示教育，适时开展票据、政府融资平台、国内信用证、反洗钱、大额滚动存款、贷款新规等专项检查；三是电子商业汇票系统、基金代销业务系统、网上支付跨行清算系统先后成功上线运行，信息化建设迈上新台阶。

四、加强党建和企业文化建设，精神文明建设结硕果。一是连续第6次成功入选“中国服务业企业500强”，被评为“中国金融业十大优质服务机构”；二是《齐商银行导报》荣获淄博市企业优秀报刊金奖，品牌影响力持续增强；三是积极参与慈善事业，在全市“慈心一日捐”活动动员会议上，认捐慈善基金1000万元；四是采取比赛项目冠名、捐赠、提升自身服务等方式，支持山东省第22届运动会的成功举行，在省运会银行系统及部分骨干企业捐赠仪式上，捐赠50万元。

(张 波 季青峰)

齐商银行股份有限公司主要统计指标

单位：亿元

项 目	2005	2006	2007	2008	2009	2010	2010年同比增幅(%)
本外币资产总额(年底报表)	155.69	187.32	210.45	246.88	300.47	363.28	20.9
本外币存款余额	138.27	159.4	181.38	218.41	264.59	317.46	19.98
人民币存款余额	137.73	157.96	180.5	217.45	264	316.61	19.93
企业存款	87.58	83.45	91.75	106.54	129.67	135.08	4.08
机关团体存款	0	0	0	0	0	0	0
储蓄存款	34.73	45.05	56.01	74.74	88.03	93.33	6.02
本外币贷款余额	94.95	128.19	143.24	156.29	193.83	233.51	20.48
人民币贷款余额	93.03	123.32	139.29	154.11	189.47	232.71	22.82
短期贷款	53.52	86.01	96.45	105.72	127.78	161.26	26.2
中长期贷款	11.97	12.63	14.46	12.92	17.66	21.09	19.45
票据融资	27.54	24.69	28.38	35.47	43.41	50.33	15.94
利润总额	0.84	2.27	3.15	3.82	4.33	6.24	44.16
不良贷款余额	2.08	6.9	4.03	4.21	4.03	2.84	-29.62
不良贷款占比(%)	2.19	5.38	2.81	2.69	2.08	1.22	-0.86

【烟台银行】 烟台银行股份有限公司(以下简称“烟台银行”)成立于1997年11月，现时总股本20亿股，股本结构呈多元化、分散化、国际化，恒生银行作为境外战略投资者为单一最大股东。目前，总行下辖73处支行，其中县域支行5处，全行在编在岗员工1357人。2010年，该行进一步加强与恒生银行的合作，引进先进的管理经验，在全行范围进行深入改革。截至年末，拨备覆盖率为162%，资本充足率为17.33%，资产利润率为0.73%。

一、与恒生合作进一步加深。一是完善公司治理，以“三会一层”为主体的治理架构得到优化；二是调整充实了管理层，成立了若干委员会及工作小组，并实行每月一次的行长办公(扩大)会议制；三是烟台银行恒生银行首期奖学金于7月发放，开启了烟台银校合作先例；四是利用恒生培训力量提升全员素质，全年共派出2期33人赴香港进修；五是制定了技术引进方案，引进先进的风险管理技术。

二、着手实施授信管理体制改革。一是积极开展授信管理

烟台银行主要统计指标

单位：亿元

项目	2005	2006	2007	2008	2009	2010	2010年同比增幅（%）
本外币资产总额	225.65	227.25	267.87	274.50	262.59	292.73	11.48
本外币存款余额	158.67	160.06	190.25	215.40	220.40	255.82	16.07
人民币存款余额	158.00	159.31	189.53	214.28	219.46	254.77	16.09
企业存款	53.20	52.31	67.49	79.80	82.40	98.83	19.94
机关团体存款	6.03	6.74	11.73	8.23	11.63	25.51	119.35
储蓄存款	84.08	88.38	98.24	116.55	114.57	120.52	5.19
本外币贷款余额	105.91	132.93	164.75	159.59	159.72	185.35	16.05
人民币贷款余额	105.61	132.23	162.98	158.82	158.83	184.40	16.10
短期贷款	64.52	55.65	49.53	60.07	45.98	90.28	96.35
中长期贷款	37.93	37.69	40.94	44.83	51.70	78.76	52.34
票据融资	2.32	38.32	72.12	53.56	61.10	15.33	-74.91
利润总额	0.65	0.74	0.80	0.77	0.21	2.00	852.38
不良贷款余额	8.40	10.57	8.55	6.35	2.93	2.90	-1.02
不良贷款占比（%）	6.40	7.95	5.19	3.98	1.83	1.56	-14.75

改革，成为近年来信贷投放增加额与增速最快的一年，实现了县域信贷业务属地化管理，共划转贷款53笔、金额7.6亿元；二是完成了对公司信贷业务事业部制管理的初步过渡；三是按照“转方式、调结构”要求调整信贷导向，在保持大额公司贷款优势的同时，大力发展中小企业与个人贷款；四是采取积极措施，使授信集中度由31.7%降为10%以下，达到了监管要求。

三、开拓创新，不断提升服务水平。一是加大了个贷产品创新力度，推出了出国留学教育贷款、出国留学保证金贷款、房屋抵押额度循环贷款、信用贷款、房屋装修贷款、结婚贷款等产品，全行个贷产品数量达12个；二是“证券投资基金销售资格”获证监会核准，成为该行中间业务发展的重要突破；三是与中国人寿正式建立合作关系，开发“银保通”业务系统；四是开通了电话银行24小时人工座席服务，为客户提供了新的服务渠道。

四、优化网点布局，提高服务质量与整体效益。一是在海阳增设县域支行，至此，该行已在5个县域设立了支行；二是对3家支行进行了迁址：南洪街支行于1月迁址，并更名为幸福南路支行，开发区长江路支行和芝罘区幸福支行于8月迁址，以全新的形象为市民服务。

五、打造科学化IT管理系统。一是年初网银全面上线运行，拓展了客户服务渠道；二是新一代财务管理系统（一期）上线；三是电子商业汇票系统于6月底上线运行，方便了广大企业客户；四是网上银行跨行清算系统于12月初上线，有利于推动电子商务的深入发展；五是对核心业务系统进行了升级改造；六是完成了新奥燃气收费系统的升级改造；七是基金销售系统呼叫中心系统（一期）上线，开始内部试运行。

六、企业文化与精神文明建设成果优异。一是6月份展开“深化改革加快发展大讨论”活动，并于11月恢复出版内刊；二是全年全行爱心捐款共计18.9万元，为空巢老人捐款15万元，被市委市政府授予“烟台发展贡献单位”称号，在“万人评窗口”活动中位列全市金融机构第4位；三是举办“迎国庆、话感恩”征文、书法、摄影比赛，第6届职工业务技术比赛以及拔河比赛等活动，激发了员工热情，增强了全行合力。

（郄丽宁）

【潍坊银行】 2010年，潍坊银行积极应对复杂的经济金融形势，扎实开展各项工作，经营效益、内部管理水平、市场竞争力和品牌影响力进一步提升。

一、营销精细化管理水平显著增强。一是加强对客户的维护管理，灵活有效地开展存款营销工作，确保存款规模和质量实现健康发展；二是合理配置信贷资源，将信贷资源优先向青岛分行、县域支行、业务转型支行配置，优先向小微客户、个人消费信贷客户、优质公司类存量客户、业务综合回报率高的客户配置，严密监控政策敏感的宏观调控行业及产能过剩行业的新增敞口授信，从严控制高污染行业和房地产开发项目贷款；三是加大国际业务营销力度，提高审批效率，强化风险管理，国际业务发展实现新的突破，全行累计办理国际业务结算量9.2亿美元，同比增长108%；四是在完善制度措施、加强对货币市场和银行账户利率风险防控的基础上，灵活有效地应用票据和债券工具，努力提高资金运用收益率。

二、差异化发展战略得到有效实施。一是全面启动营销体制改革，对10家支行实施了经营转型，成立了房地产、钢材物流、汽车金融、微贷中心和纺织品专业支行及五家小微业务行，营销组织体系进一步完善；二是小微业务发展实现“三大突破”：小微贷款突破百亿，小微贷款客户突破万户，小微信贷占比突破50%，提前完成小微信贷占比过半的目标；三是与德国储蓄银行国际合作基金会合作创建的微贷中心开业运行并喜结硕果，开业后已累计为381户微小客户发放贷款3162万元；四是召开工作会议，安排部署了进一步加强个人金融业务的若干措施，标志着该业务作为全行业务转型战略的重点工程正式启动。

三、跨区域发展和县域机构发展实现新突破。一是在青岛市区设立首家异地分行青岛分行，自开业以来，青岛分行找准市场定位，坚持差异化的经营思路，经营业绩取得可喜成绩；二是控股设立的青岛胶南海汇村镇银行继续实现较快发展，并成立了首家支行泊里支行，成为全省第一家设立分支机构的村镇银行；三是在青州市成功设立第二家支行青州金鼎支行，县域扩张战略拉开了新的序幕。

潍坊银行主要统计指标

单位：亿元

项　　目	2005	2006	2007	2008	2009	2010	2010年同比增幅（%）
本外币资产总额	148.17	182.96	215.62	269.31	313.80	401.03	27.80
本外币存款余额	133.36	154.02	196.49	229.85	284.42	344.20	21.02
人民币存款余额	133.36	154.02	196.38	229.59	283.79	341.07	20.18
企业存款	84.72	79.05	89.77	98.72	178.49	145.10	-18.71
机关团体存款	16.25	30.87	42.5	39.3	56.54	67.68	19.70
储蓄存款	32.40	44.11	64.10	91.57	105.30	128.29	21.83
本外币贷款余额	85.99	107.39	127.78	153.12	189.49	231.83	22.34
人民币贷款余额	85.99	107.39	127.59	153.07	189.04	230.53	21.95
短期贷款	52.84	74.85	97.34	109.21	141.54	186.80	31.98
中长期贷款	11.23	7.65	9.45	8.09	15.82	28.62	80.91
票据融资	21.92	24.89	20.8	35.77	31.68	15.11	-52.30
利润总额	0.05	0.06	0.35	1.54	3.59	5.68	58.22
不良贷款余额	2.51	2.44	2.42	2.91	2.68	2.43	-9.33
不良贷款占比（%）	2.92	2.27	1.89	1.9	1.41	1.05	-0.36

四、企业文化建设深入推进。一是积极开展形象宣传和品牌塑造工作，与中央电视台合作拍摄了《状元360 超级点钞王》节目，反映了员工高超的业务技能与精神风貌，极大提升了该行在全国的知名度；二是积极开展评先创优活动，被授予“潍坊市和谐企业”、“首届潍坊市最具社会责任感十佳企业”、“潍坊市2009年度文化建设工作先进单位”等荣誉称号。

（李庆伟）

【威海市商业银行】　2010年，威海市商业银行深入开展“质量效益年”活动，积极应对市场变化，不断强抓发展机遇，各项业务实现了持续稳健快速发展。

一、业务发展再创佳绩。该行实现经营利润6.28亿元，同比增加2.50亿元，增长66.14%。总资产、存款、贷款和经营利润等主要指标总量、增量、增幅均创历史最好水平。

二、运行质量得到新提升，经济效益实现新提高。一是不良贷款比例实现历史性重大突破，降至1%以下，不良贷款持续实现“双下降”；二是资本充足率为12.08%，贷款损失准备充足率为175.03%，拨备覆盖率为248.63%，存贷比为59.39%，流动性比例为56.80%，主要监管指标持续全面达标；三是资产利润率达0.76%，较年初提高0.45个百分点，资本利润率达14.27%，提高8.86个百分点。

三、跨区域发展迈出新步伐。一是9月17日青岛分行正式开业，标志着该行“立足山东，环绕渤海，面向全国”的三大板块跨区域发展战略迈出了更加坚实的一步，为实现上市的战略目标奠定了坚实的基础；二是天津河西支行、济南燕山支行、天津滨海支行、天津北辰支行顺利开业，进一步增强了该行的市场渗透力和竞争力。

四、服务社会做出新贡献。全年实现利税7.13亿元，同比增加2.63亿元，增长58.4%；实现各项税金2.03亿元，增加1.03亿元，增长103%。全年全口径累计信贷投放达726.45亿元，其中累计发放贷款（含贴现）462.16亿元，累计签发银行承兑汇票264.28亿元。

五、管控能力持续增强。该行共对各项制度进行了319次修改完善，并新增了39个制度，覆盖了各项业务、各个环节和重要风险点。

六、内部改革持续深化。一是小企业银行部成功组建运营，实现小企业贷款余额66.93亿元，同比增加24.74亿元，增长58.63%；二是获得威海地区科技支行首家试点资格，3年时间内重点支持150-200家拥有自主知识产权、成长性好的科技型中小企业；三是干部队伍竞聘工作圆满完成，共有150多名干部员工参加了竞争。

七、科研能力再上新层次。9月30日，人力资源和社会保

威海市商业银行主要统计指标

单位：亿元

项　目	2005	2006	2007	2008	2009	2010	2010年同比增幅（%）
本外币资产总额	122.49	161.78	193.70	251.77	410.58	519.87	32.85
本外币存款余额	106.15	142.87	165.82	207.51	303.32	420.67	38.69
人民币存款余额	106.15	142.87	165.82	207.51	303.32	420.35	38.58
企业存款	51.64	69.70	88.26	83.01	115.67	237.03	104.92
机关团体存款	0	0	0	4.56	14.36	50.89	254.39
储蓄存款	39.42	53.80	65.25	96.55	116.13	132.37	13.98
本外币贷款余额	80.03	105.19	125.79	149.42	200.28	249.83	24.74
人民币贷款余额	80.03	105.19	125.79	149.42	200.28	248.14	23.9
短期贷款	35.99	37.28	49.01	57.30	101.05	160.82	59.15
中长期贷款	30.88	44.88	48.20	46.82	61.43	68.89	12.14
票据融资	12.83	22.69	28.40	45.15	37.63	18.2	-51.63
利润总额	0.33	0.31	1.01	0.51	0.94	3.54	305.88
不良贷款余额	5.89	3.55	2.45	2.39	2.23	2.1	-5.83
不良贷款占比（%）	7.36	3.37	1.95	1.60	1.12	0.83	-25.89

障部正式批准该行设立国家级博士后科研工作站，成为全省首家获批设立博士后科研工作站的金融机构，为与银行同业、著名院校和科研机构加强合作提供了更加广阔、更高层次的平台。

（于建刚　张家恩）

【临商银行】　2010年，临商银行全面贯彻落实科学发展观，牢牢把握“服务地方经济、服务中小企业、服务城镇居民”的市场定位，充分发挥自身优势，求真务实，改革创新，促进了各项业务的统筹、协调、稳健发展。截至年末，拨备覆盖率194.93%，同比增加54.74个百分点；贷款损失准备充足率181.66%，同比增加13.86个百分点；资本充足率14%，同比增加1.15个百分点

一、机制改革。一是优化组织管理体系，重新调整了总行授信管理部门组织架构和服务职能，将原有的3个信贷部门调整为小企业信贷部、公司业务部、授信审批部、风险控制及法律合规部等4个部门，支行只整合保留了市场营销部和综合业务部，前、中、后台各个环节更加严密合理；二是深化人事制度改革，在行内建立公正灵活的选人用人机制，实行了中层管理岗位竞聘上岗和员工双向选择工作，引导、鼓励优秀人才转为客户经理，组建了264人的客户经理队伍，同时建立后备人才库，引入劳务派遣制用工方式。

二、特色支行建设。一是加快特色支行建设步伐，引导13家贴近市场的支行建设成“商户金融服务特色行”、11家位于市区的支行建设成“市民理财及消费信贷服务特色行”、9家位于城乡结合部和乡镇的支行建设成“三农金融服务特色行”，将罗庄支行建设成为“资产管理特色行”、总行营业部定位为“大客户金融服务中心”；二是不断创新推出小企业特色产品，针对批发市场商户、工薪阶层、三农客户量身定做了“惠商贷”、“惠薪贷”、“惠农贷”等系列产品。其中，“惠商贷”贷款业务自推出后受到了广大客户的高度评价，并被中国银行业协会评为“全国服务小企业及三农十佳特色金融产品”。

三、业务发展。一是持续完善授信制度管理体系，科学把控信贷总量和投放节奏，实施不良贷款实时监测制度，全年退出“两高一剩”行业贷款3.24亿元，累计清收盘活不良贷款5.31亿元，顺利实现“双降”目标；二是通过科学下达增存计划，重新搞好机构评级，优化调整机构布局，增强机构网点的发展能力，组织增存活动等措施，使存款总量得到大幅提升；三是完成了公务卡上线和车友卡调研准备工作，网上银行实现迁移升级，手机银行业务成功上线，基金代销系统实现升级；四是积极改造外汇业务系统，开发了外汇自主托收业务、网银自助结汇等一批在全省领先的产品，年末外汇业务结算量6.77亿美元，同比增加2.72亿美元；五是积极增持优质债券，强化票据运作，年末货币、票据市场共计实现账面利润1.75亿元，同比增幅达70%。

四、机构发展。一是宁波分行业务发展迅速，围绕物流企业等特色群体，开发了“车保通”、“联保通”等产品，并将业务范围扩大到了北仑、宁海、象山等县市区，该做法被中国银监会作为典型经验在全国同业间交流，年末宁波分行各项存款余额51.38亿元，同比增加19.60亿元，贷款余额38.80亿元，同比增加16.02亿元，实现账面利润5037万元，同比增加1782万元；二是县域支行布局加快，6月设立了宁波慈溪支行，年底设立了郯城、临沭、沂南、费县支行和宁波北仑支行，县域机构已达8家。

五、内控管理。一是实施费用比例控制，增收节支成效显著，全年实现拨备前利润5.20亿元；二是修订完善了一系列规

临商银行主要统计指标

单位：亿元

项　目	2005	2006	2007	2008	2009	2010	2010 年同比增幅（%）
本外币资产总额	117.00	133.84	151.51	169.61	253.23	310.74	22.71
本外币存款余额	96.55	107.00	120.44	147.59	225.53	273.59	21.31
人民币存款余额	96.56	107	120.44	148.59	223.4	273.22	22.30
企业存款	33.19	35.31	38.36	41.87	62.37	69.3	11.11
机关团体存款	0.86	5.18	11.87	16.67	27.21	41.17	51.30
储蓄存款	40.31	45.29	53.41	74.48	91.70	104.94	14.44
本外币贷款余额	80.56	91.56	100.22	104.79	144.83	180.53	24.65
人民币贷款余额	80.56	91.56	100.22	104.79	143.67	179.11	24.67
短期贷款	69.18	80.32	88.30	93.23	95.06	108.21	13.83
中长期贷款	2.09	1.46	2.27	2.09	15.34	18.58	21.12
票据融资	8.92	9.27	9.28	8.97	10.65	13.62	27.89
利润总额	2.91	3.71	3.07	3.60	3.64	4.85	33.24
不良贷款余额	5.05	4.15	3.64	4.57	3.4	1.83	-46.18
不良贷款占比（%）	6.26	4.49	3.57	4.31	2.34	1.01	-56.84

范性制度办法，实施了会计主管委派制度，开展了内控业务检查和合规风险管理“回头看”和案件风险排查活动，有效提高了业务操作的规范性和风险防范能力；三是继续深化稽核转型，“内部控制评价”项目被省内审协会评为“优秀内部审计项目”，该行也被授予“做出突出贡献和创造新经验内审机构”称号；三是保密工作持续强化，开展了保密、档案示范单位创建活动，加强了计算机、3G 终端、网络泄密等重要环节的保密管理。

（李会利）

【日照银行】　2010 年是日照银行成立 10 周年。该行以“文化推动年”为主题，以“稳健、审慎、融合、提升”为基调，着力推进发展战略，防控各类风险，提升管理水平，各项监管指标保持达标。其中，资本充足率 13.12%，存贷款比例 59.28%，贷款损失准备充足率 499.80%，资产利润率 1.53%，资本利润率 23.30%。

一、运行体制机制更加完善。一是加强公司治理，“三会一层”顺利换届，选举产生新一届董事会、监事会，聘任经营班子，增设独立董事、执行董事；二是适应业务快速发展需要，增加自我积累和注册资本，按 1:1 比例向股东送红股 5 亿股，注册资本增加至 10 亿元，资本净额增加至 30.65 亿元；三是以利润考核为中心，突出内部管理和风险控制，完善异地分行考核办法，实施预算管理，发挥了政策引导效应，促进分行稳健经营。

二、发展战略迈出新的步伐。一是设立第 2 家异地分行济南分行，是第 3 家进驻济南的异地城商行；二是分行发展态势良好，青岛分行存贷款余额分别达 60.07 亿元和 28.63 亿元，并设立了首家异地支行青岛香港中路支行，济南分行存贷款余额分别达 33.15 亿元和 9.85 亿元；三是大力营销核心存款和本地客户，资产负债结构和客户结构不断优化；四是作为主发起人，发起设立三亚金凤凰村镇银行、陵水大生村镇银行，并主持成功召开了创立大会暨第一次股东大会。

三、支持经济建设有新贡献。一是认真执行全年贷款增幅 22%以内、“季不破三、月不破四”监管要求，以及“三个办法一个指引”贷款新规，合理把握信贷投放节奏，表内外授信总量同比增加 108.61 亿元，累计投放各类信贷资金 822.75 亿元；二是积极争取增加 4 亿元信贷规模，多渠道引进省内外信贷资金，坚持“一单对一单”授信，提高了信贷资金周转效率；三是积极支持蓝色经济，筛选冶金、石化、浆纸、能源、粮油加工、建材等一批重要临港产业企业给予重点信贷支持；四是调整信贷结构，继续实施市场退出，助推产业结构调整；五是大力支持中小企业发展，设立小企业信贷中心，完善“六项机制”，拓展小企业 370 户，小企业贷款增幅高于全部贷款增幅 12.27 个百分点，获得省财政厅拨付小企业贷款风险补偿奖励占全市总额的 69%；六是大力支持县域经济和“三农”，涉农贷款增幅 39.81%。

四、业务创新实现新的突破。一是建设新数据中心并成功迁移，达到国家 A 类机房标准；二是开通网上银行、网银互联业务，实现 7×24 小时跨行实时转账，网银交易总金额居全省城商行第 3 位；三是发行公务卡，上线社保卡系统，推出 4 期理财产品，发行黄海卡存量达 25.7 万张；四是开办国内信用证、国内保理、电子商业汇票、买方付息贴现、商票保贴、跨境人民币结算等业务，货币市场交易量累计 1064 亿元，国际结算业务量累计 25.82 亿美元，吸收外汇资金 5.48 亿美元，境内外代理行发展到 500 家，实现了良好收益。

五、内控风险管理全面强化。一是深化战略合作，邀请南京银行开展第二次风险管理体系调研评估，推进全面风险监测与报告机制建设；二是修订完善制度体系和操作流程，组织交叉审核内部规章制度 116 项；三是界定分行贷款业务范围，清收

日照银行主要统计指标

单位：亿元

项目	2005	2006	2007	2008	2009	2010	2010 年同比增幅（%）
本外币资产总额	91.09	135.62	178.30	181.28	252.37	376.94	49.36
本外币存款余额	71.32	90.69	116.75	137.65	215.61	305.77	41.82
人民币存款余额	71.07	90.01	115.42	136.76	213.72	303.37	41.95
企业存款	43.75	55.00	66.15	77.58	137.32	112.99	-17.72
机关团体存款	11.58	14.41	22.73	24.44	32.46	55.73	71.69
储蓄存款	15.74	20.60	26.54	34.74	43.95	52.83	20.20
本外币贷款余额	64.01	91.18	106.86	102.71	147.24	181.26	23.11
人民币贷款余额	63.39	90.32	104.67	101.67	144.27	179.96	24.74
短期贷款	41.18	54.14	65.64	78.49	113.00	141.08	24.85
中长期贷款	4.65	6.82	6.73	6.97	8.15	17.99	120.74
票据融资	17.56	29.36	32.30	16.21	23.12	16.8	-27.34
利润总额	1.52	2.23	3.38	5.10	5.28	6.22	17.80
不良贷款余额	0.72	0.70	0.70	0.95	1.24	1.24	0.00
不良贷款占比（%）	1.12	0.77	0.65	0.93	0.84	0.68	-0.16

盘活不良贷款，切实做好政府融资平台贷款和房地产贷款风险防范；四是认真组织案件排查、人行和银监局检查发现问题整改，实现安全稳健运营；五是完善集体学习、优质服务制度，招聘引进新员工 94 人，组织各类培训 85 期、1874 人次。

六、社会公信力进一步提升。一是成功举办成立 10 周年新闻发布会，并建成启用总行新办公大楼；二是赞助中国水上运动会、青岛日照帆船拉力赛和日照市市直机关乒乓球比赛等文体活动，为抗震救旱、对口援疆、包联乡村等捐款帮扶，在成立 10 周年新闻发布会、济南分行开业庆典上向慈善总会捐款。该行连续 3 年被中国银监会评为二级行，连续 4 年位居《银行家》全国城商行竞争力前 5 位，连续 5 年被山东银监局评为“良好银行”，荣获全国企业文化建设先进单位、《金融时报》“年度最佳效益中小银行”、山东银监局“小企业金融服务工作先进单位”以及日照市缴纳地方税收前 10 名企业、思想政治工作优秀企业、最具社会责任企业等称号。

（林　凡）

【德州银行】　德州银行前身为德州市商业银行，经银监会批

德州银行主要统计指标

单位：亿元

项目	2005	2006	2007	2008	2009	2010	2010 年同比增幅（%）
本外币资产总额	58.01	71.18	82.12	103.65	133.24	175.66	31.84
本外币存款总额	51.34	61.89	72.16	90.92	116.54	154.57	32.63
人民币存款总额	51.34	61.89	72.16	90.62	116.44	153.93	24.36
企业存款	43.15	43.70	43.55	44.57	65.10	95.80	47.16
机关团体存款	0	0	0	0	0	0	0
储蓄存款	8.20	18.19	28.60	46.36	51.44	58.13	13.01
本外币贷款余额	36.79	45.45	52.54	66.17	85.10	104.67	23.00
人民币贷款余额	36.79	45.44	52.54	65.71	83.64	103.62	23.88
短期贷款	35.30	43.69	50.82	53.49	68.28	87.53	9.89
中长期贷款	1.49	1.75	1.72	3.50	5.56	5.43	36.43
票据融资	3.05	3.21	3.41	8.72	9.79	10.82	10.47
利润总额	0.37	0.62	1.29	2.61	1.8	2.42	103.34
不良贷款余额	1.80	1.76	1.52	1.92	1.65	0.98	-40.60
不良贷款占比（%）	4.88	3.87	2.89	2.9	1.94	0.94	-51.71

准，于2010年4月26日正式更名为德州银行。2010年，该行立足“地方金融、市民银行”的市场定位，存款平稳快速增长，信贷投放速度适当，不良贷款余额及比率实现“双降”，经营效益明显提高。

一、主营业务健康发展，信贷结构不断优化。一是新增贷款主要投向新能源、新材料、生物技术、节能环保、传统产业的更新升级及“三农”领域的中小企业；二是根据国家产业政策，对授信客户逐户进行深入细致分析，对存在已被列入淘汰落后产能和限制类企业名单且近期无更新改造规划的问题类客户，坚决列入授信压缩或退出对象。截至年末，小企业贷款比年初增长了14.7亿元，占全部新增贷款的75.12%。同时，严格落实国家房地产调控政策，积极压降房地产项目贷款，全年房地产贷款减少0.89亿元。

二、风险管理指标持续向好。截至年末，该行资本充足率13.07%，核心资本充足率11.32%；实现拨备前利润5.19亿元；提取准备金2亿元，拨备覆盖率408.87%。

三、风险控制能力提高，资产质量取得新进步。一是对信贷资产重新进行了五级分类，先后将8641万元调入次级、关注和损失类；二是加大清收不良贷款工作力度，以现金清收、盘活转化和资产保全等方式，按户制定了清收转化不良贷款方案；三是增设特殊资产管理部，专职负责全行不良贷款清收转化工作，并定期召开清收化解调度会。

四、现代化服务水平不断提升。截至年末，该行长河借记卡累计发卡31万张，交易金额600亿元；手机银行用户近2万户，获得“手机银行卡单月营销全国第一名”的佳绩，交易达7万多笔，金额近30亿元；网上银行交易12亿多笔，金额近400亿元。全年实现中间业务收入4153万元，占比3.36%，同比增加1464万元。

五、县域支行运行呈现良好态势。先后完成了临邑、夏津、庆云、陵县支行的筹建开业，县域支行的总数上升至8家。截至年末，8家县域支行的存款规模突破24.16亿元，贷款规模突破19.81亿元。

（肖　敏）

【济宁银行】　2010年，济宁银行立足“服务中小企业、服务城市居民、服务地方经济”的市场定位，充分发挥法人机构管理链条短、决策速度快、经营机制活的优势，不断改进金融服务，经受住了宏观经济形势复杂性和其他股份制银行集中进驻带来的严峻考验，各项业务快速发展，取得了历史性新突破，再次被山东银监局评为“良好银行”和“小企业金融服务先进单位”。

截至年末，该行不良贷款占比同比下降0.36个百分点；不良贷款拨备覆盖率为306.05%；贷款损失准备充足率为745.12%；上交各项税金1.3亿元，同比增长94.1%；累计发放贷款338亿元，信贷客户数量达到7000余户。

一、发展战略实现重大突破。一是济宁银行滕州支行开业，实现了由本土经营到跨区域经营的历史性突破；二是为应对业务扩张带来的压力，首次采取溢价发行方式扩张资本，资本充足率达20%以上；三是斥巨资引进德国小微贷款技术，成立小微信贷专营支行。

二、存、贷款业务健康发展。一是加快网点建设，嘉祥、金乡县支行陆续成立，辖区网点机构覆盖率达80%，同时加快实施“走出去”的发展战略，成立了跨地区支行济宁银行滕州支行；二是准确把握国家宏观调控政策，判断资金流向，加大市场调研，充分调动员工揽存的积极性，确保了存款增长的稳定性；三是坚持“区别对待、有保有压”的信贷政策，加大对中小企业、居民消费的信贷投放，控制向产能过剩、耗能严重的水泥、钢铁、平板玻璃等行业的信贷投放；四是进一步完善授信管理制度，提高抵押、质押和担保贷款的占比；五是严格落实责任追究和

济宁银行主要统计指标

单位：亿元

项　目	2005	2006	2007	2008	2009	2010	2010年同比增幅（%）
本外币资产总额	--	43.15	53.10	68.40	89.87	144.71	61.02
本外币存款余额	--	40.08	48.41	57.48	81.61	118.75	45.51
人民币存款余额	--	40.08	48.41	57.48	81.61	118.75	45.51
企业存款	--	15.70	18.33	20.14	31.53	30.57	-3.04
机关团体存款	--	--	--	--	--	13.48	--
储蓄存款	--	11.37	15.20	22.75	28.32	35.44	25.14
本外币贷款余额	--	28.82	38.14	41.59	59.22	78.21	32.07
人民币贷款余额	--	28.82	38.14	41.59	59.22	78.21	32.07
短期贷款	--	18.36	27.98	25.06	41.18	51.60	25.30
中长期贷款	--	2.10	1.88	2.20	8.04	16.19	101.37
票据融资	--	8.15	8.28	14.28	9.98	10.39	4.11
利润总额	--	0.35	1.05	1.22	1.68	2.50	48.81
不良贷款余额	--	0.70	0.69	0.82	0.82	0.80	-2.44
不良贷款占比（%）	--	2.43	1.81	1.97	1.38	1.02	-26.09

处罚措施，加大清收处置力度，实现了不良贷款“双降”目标。

三、业务创新迈出新步伐。一是成功推出网上银行、短信银行等产品，网银客户数量从全省城商行第 11 位跃居第 1 位；二是完成了国际业务筹建工作，12 月开始对外办理外汇业务；三是针对小微企业、个体工商户“短、频、急”的贷款需求特点，开发独立系统，推出特色化的小微信贷产品。截至年末，小型企业贷款余额 35.23 亿元，占全行各类贷款余额的 45.05%。

四、内部管理水平进一步提升。一是进一步加强财务成本管理，做好资产负债结构配置，提高资金使用效率，实现收益最大化；二是对照规章制度，完善反洗钱、反假人民币、金融统计、现金、柜面业务内控、财务管理等工作；三是加强现金中心库建设，提升资金使用效率；四是围绕监管部门提出的意见和全行稽核监督工作重点，适时开展各项稽核检查活动；五是开展了案件专项治理、支行高管人员轮岗离任、业务风险防控薄弱环节和重点环节等内部审计工作；六是积极开展安全教育，进一步完善人防、物防、技防三位一体的防范体系。

五、精神文明再上新台阶。一是与济宁团市委等部门合作，举办了首届“济宁银行杯”全市青年创业大赛，为优秀创业选手提供创业助推资金，并向符合条件的创业项目提供 200 万元以内的小额贷款支持；二是支持社会福利项目建设，向济宁市慈善总会捐款 50 万元；三是不断强化服务理念，规范服务标准，改善服务设施，实现金融服务水平的快速提升；四是通过开展丰富多彩的文化体育活动，进一步提高员工的凝聚力和向心力。

（高　雷　郭晓娟）

【东营市商业银行】　2010 年，东营市商业银行充分发挥高效灵活的比较优势，坚持审慎稳健的指导原则，抢抓黄河三角洲开发建设重大历史机遇，各项业务实现又好又快发展。

一、法人治理机制进一步完善。一是对董事会专业委员会组成人员进行了调整和充实；二是与山东大学经济学院达成银校战略合作协议；三是对高级管理人员进行了尽职考评，有效提升了综合执行力和执行效能；四是制定了《监事会对本行董事、高级管理人员履职评价办法》。

二、产品服务实现大发展。一是小企业业务实现大发展，小企业贷款余额 60.15 亿元，较年初增加 25.22 亿元，增幅 72.22%，高于全部贷款增幅 46.5 个百分点；二是国际业务发展迅速，结售汇综合头寸限额由 300 万美元扩大到 2000 万美元，获得外商投资项下资本金结汇业务资格，全年累计完成国际结算量 6.16 亿美元，同比增长 123.69%，实现账面利润折合人民币 1366.47 万元，同比增长 62.24%；三是个人业务实现新突破，全年累计发行胜利卡 21.72 万张，较年初增长 9 万张，成功上线“黄河 e 家”网上银行，全年网银开户 1.28 万户，交易 10.11 万笔，金额 294.78 亿元；四是资金营运业务稳健发展，全年银票直贴业务量 10 亿元，转贴业务量 349 亿元，资金业务实现净收益 2.46 亿元，同比增加 6757 万元，增长 37.9%。

三、风险管控扎实有效。一是开展了“内控和案防制度执行年活动”；二是积极贯彻落实“三个办法一个指引”贷款新规；三是组织开展了政府融资平台贷款规范清理工作；四是以合规风险管理为核心，积极组织风险管理系统建设；五是审计系统正式上线运行。

四、发展基础进一步夯实。一是探索完善“总－分－支”三级管理体制，逐步实施业务条线化管理；二是通过公开选拔、岗位交流等方式，加强干部队伍建设；三是完善统计制度，建立了统计月报制度和经营指标提前预警制度；四是强化科技保障，开发了多个系统；五是大王支行开业，成为该行第一家镇域支

东营市商业银行主要统计指标

单位：亿元

项　目	2005	2006	2007	2008	2009	2010	2010 年同比增幅（%）
本外币资产总额	82.13	100.47	125.89	142.80	172.47	218.38	26.62
本外币存款余额	70.67	86.12	102.40	123.48	153.07	188.17	22.93
人民币存款余额	70.67	86.12	102.18	117.50	152.40	177.85	16.70
企业存款	18.97	39.79	57.94	49.00	60.01	38.81	-35.33
机关团体存款	--	--	--	--	8.33	43.42	421.25
储蓄存款	47.34	41.50	37.05	44.05	50.22	56.86	13.22
本外币贷款余额	47.20	60.26	75.30	86.32	103.98	130.94	25.93
人民币贷款余额	47.20	60.26	75.01	85.53	103.03	120.46	16.92
短期贷款	23.28	37.52	49.79	51.49	64.45	83.06	28.88
中长期贷款	10.05	10.69	13.96	15.25	19.58	22.94	17.16
票据融资	13.87	12.05	11.26	18.80	19.01	14.46	-23.93
利润总额	0.60	1.09	1.75	2.14	2.63	4.39	66.92
不良贷款余额	0.92	0.90	0.90	0.89	0.87	0.87	0.00
不良贷款占比（%）	1.95	1.49	1.19	1.04	0.84	0.66	-21.43

行;东营港支行开业,顺利进驻东营港经济开发区;滨州邹平支行已获批筹建。

（东营商行）

【莱商银行】 2010年,莱商银行不断调整经营策略,多措并举提高综合营运能力,取得了良好的经营业绩。该行连续6年被山东银监局授予“良好银行”称号,同时被社科院金融研究所和《金融时报》联合授予“2009～2010年度最具成长性中小银行”。

一、推进异地分支机构业务,大力实施业务创新。一是先后设立济南分行和临沂平邑、泰安新泰、徐州铜山、菏泽开发区、菏泽单县等支行;二是先后开办钢结构厂房抵押、重型机械按揭、动产抵押等贷款业务,同时加强同业担保业务合作;三是研究制定《信用贷款管理办法》,选择部分优质企业,尝试发放信用贷款;四是中小企业客户达到1550家,较年初增加476家,中小企业贷款增幅为30.52%,高于贷款投放平均增速6个百分点。

二、深挖市场潜力,加大市场占有份额。一是落实创业政策,加大创业扶持,主动承办小额担保贷款业务,成为全市唯一一家提供创业资金扶持的金融机构;二是深挖中小企业客户的市场潜力,全行在国际结算方面承办结算户达322户、业务量13.1亿美元,实现贸易融资利息收入1295万元,外汇业务结算笔数和金额均列全市第1位。

莱商银行主要统计指标

单位：亿元

项　目	2005	2006	2007	2008	2009	2010	2010年同比增幅(%)
本外币资产总额	64.30	112.9	129.15	137.09	194.34	214.42	10.33
本外币存款余额	56.02	74.39	88.22	118.19	155.17	158.99	2.46
人民币存款余额	56.02	74.33	88.19	118.09	155.06	158.58	2.27
企业存款	43.47	56.43	67.84	89.86	118.40	71.36	-39.73
机关团体存款	0	0	0	0	0	0	0.00
储蓄存款	12.55	17.90	20.35	28.23	36.67	40.04	9.19
本外币贷款余额	29.15	48.10	55.27	53.20	75.79	86.73	14.43
人民币贷款余额	29.15	47.79	53.86	52.75	74.64	85.69	14.80
短期贷款	25.73	38.44	48.63	49.30	68.43	75.98	11.03
中长期贷款	3.42	9.35	5.23	3.45	6.21	9.71	56.36
票据融资	19.58	33.68	25.58	20.08	12.62	14.45	14.50
利润总额	0.92	2.01	3.07	3.07	3.12	5.16	65.38
不良贷款余额	0.73	0.43	0.36	0.63	0.91	0.87	-4.40
不良贷款占比(%)	1.5	0.53	0.45	0.8	1.03	0.86	-16.50

三、灵活运作资金,以求最大收益。一是拓展票据出入口,实施买断和回购业务结合操作,加大同业交易渠道建设,适当增加贴现和转贴现利率的调整频率;二是改变以逆回购为主的操作模式,大量融入资金,使债券回购与购买理财产品相结合;三是新增同业客户5家,实现贴现综合业务量561亿元,较上年增长171%,其中同业转贴396亿元,占总业务量的71%,共实现贴现业务利润1.94亿元,增加6953万元。

四、更新系统,实现业务支撑,加强风险防控,完善经营管理。一是成功上线新一代核心业务系统,保证了业务工作的顺利开展;二是完善各业务规章制度及操作流程,梳理和修订制度321个,建立了全行第一个较为系统和全面的电子制度汇编;三是组织各类综合检查、信贷专项检查,开展不良贷款责任认定;四是加强员工思想道德教育,完善星级行考核机制,有效引导、规范、掌控员工的思想行为。

（张勤清　李金实）

【枣庄市商业银行】 2010年,枣庄市商业银行始终坚持“为社会铸造诚信品牌,为客户创造卓越服务,为股东谋取持续回报”的理念,推动业务转型,提升发展质量,各项业务经营指标取得了历史性的新突破。截至年末,该行资本充足率16.63%,核心资本充足率15.69%,资产利润率1.46%,资本利润率19.61%,收息率100.06%,拨备覆盖率302.43%,贷款损失准备充足率475.79%。

一、抓存款促规模,资金营运实力明显增强。一是围绕全年存款目标,实施全方位目标量化管理,形成了目标逐级分解、任务层层担责的齐抓共管营销格局;二是通过开展存款竞赛活动,定期存款增速明显,余额较年初增加3.10亿元;三是充分发挥县域支行的龙头带动优势,参照滕州模式加快薛城支行发展,推动了存款规模的全面提升。

二、找准市场定位,提升中小企业服务水平。一是于6月份成立“小企业信贷中心”专营机构,增设了调查岗、综合审查岗、

枣庄市商业银行主要统计指标

单位：亿元

项　目	2005	2006	2007	2008	2009	2010	2010 年同比增幅（%）
本外币资产总额	26.26	27.23	31.82	43.90	53.63	65.37	21.89
本外币存款余额	24.31	24.59	27.81	40.14	49.65	58.56	17.95
人民币存款余额	24.31	24.59	27.81	40.14	49.65	58.56	17.95
企业存款	7.98	7.84	10.85	18.43	25.47	26.31	3.30
机关团体存款	2.05	2.03	3.60	3.76	4.10	9.60	134.15
储蓄存款	8.38	8.95	9.87	15.23	15.93	17.25	8.29
本外币贷款余额	14.71	14.81	20.27	21.01	27.00	34.01	25.96
人民币贷款余额	14.71	14.81	20.27	21.01	27.00	34.01	25.96
短期贷款	10.05	12.01	15.14	18.09	22.76	30.28	33.04
中长期贷款	3.10	2.58	2.56	2.16	2.79	2.52	-9.68
票据融资	1.56	0.22	2.57	0.76	1.45	1.21	-16.55
利润总额	0.23	0.47	0.42	0.57	0.98	1.28	30.61
不良贷款余额	0.43	0.42	0.41	0.41	0.41	0.41	0
不良贷款占比（%）	2.92	2.79	2.03	1.97	1.53	1.21	-20.92

风险控制岗和审批岗；二是以小企业贷款为核心，从管理差异化、产品特色化、营销主动化和机制科学化等方面着手，逐步建立起了特色支行的发展管理模式；三是充分发挥亿丰支行支持专业批发市场的营销特色，重点拓宽和延伸了杏花村干杂海货、建材、装饰、烟酒及花卉等市场的营销范围；四是继续加强与劳动保障部门的合作，督促利民支行积极开展下岗失业人员再就业和个人助业贷款。

三、加快金融产品创新步伐，助推信贷业务营销开展。一是开创性地推出了塔式起重机抵押贷款业务，与山东腾飞建设机械工程有限公司合作，累计发放贷款 30 笔，共计 400 万元；二是把中小企业的产成品、应收账款、库存商品和原材物料纳入抵押范围，有效解决中小企业融资担保难题；三是先后与峄城万亩石榴园、台儿庄旅游景区等管理部门合作，尝试性地推出了旅游景区门票质押贷款业务；四是对枣矿、泉兴矿业集团和鲁南中联水泥有限公司等重点大户企业开办了票据拆分业务；五是针对枣庄宜居型城市建设的市情，推出了在建工程抵押和住房装修等贷款业务，真正实现了产品差异化和服务特色化。

四、细分风险点，风险管理能力进一步增强。一是全面推行柜员制，使一线柜台业务全面升级；二是专门邀请国有商行的专业人员，对柜员制风险控制进行评估，进一步完善了风险监控体系和流程；三是强化一线柜员风险管理，采取多种措施，全面构建会计操作风险防控屏障；四是加强信贷营销风险控制，从严把握信贷政策界限，有效防止产业结构调整过程中的信贷风险。

五、提升服务质量，改善社会形象。按照枣庄市政府的统一要求，该行把 2010 年确立为“服务作风建设年”，进一步加强商业银行规范化建设，通过统一硬件配置、实施亮化工程、制作宣传灯箱和设立贵宾理财室等有效方式，升级服务标准，提高服务效率，进一步树立了社会新形象，各项工作取得明显成效。

（张　伟　马洪素）

【泰安市商业银行】　2010 年，泰安市商业银行在各级部门的监督指导、支持帮助下，各方面工作全面推进，取得了较好的经济效益和社会效益。

一、积极调整资产负债结构，盈利水平进一步提高。一是各项业务规模均呈现较大增幅，纯贷款 70.2 亿元，同比增加 13.8 亿元，增长 24.5%；二是在资产中，对贷款、票据、债券和其他类等 4 类资产的占比调整为 40∶9∶32∶19；三是在存款结构调整中，对公、储蓄、保证金 3 类存款的占比分别调整为 31∶40∶29。

二、多措并举控风险，精细化管理上水平。一是进行两次全面风险隐患排查，在全行范围内开展了员工参与社会融资活动排查；二是组织 9 个检查组，开展了企业开户、大额资金汇划、大额存单质押贷款的专项风险排查，防范了风险隐患；三是存款直接成本 1.78%，下降 0.48 个百分点，贷款收益率 6.15%，提高 0.42 个百分点，成本收入比 36.3%，下降 6.45 个百分点。

三、强化管理促规范，服务功能持续完善。一是全行 ATM 存取款机、查询机等各种自助设备 71 台，POS 设备 774 台；二是手机银行开户 2.77 万户，交易金额 19.3 亿元，网上银行开户 5455 户，交易金额 207 亿元；三是岱宗卡、食尚卡，新增 5.6 万张，累计发卡 12.6 万张，卡内存款余额 4.6 亿多元；四是开通泰山方付通手机银行，同时与兴业银行合作开通柜面互通业务，实现了全国 1 万多个网点的通存通兑；五是全面开通自来水、联通、电力等 8 个代收费项目，成为全市缴费种类最多、方式最全的商业银行。

四、全员素质不断提高。一是开展了财务分析技能，电票业务，网上银行、手机银行、自助银行等各类培训；二是开展各种

泰安市商业银行主要统计指标

单位：亿元

项　　目	2005	2006	2007	2008	2009	2010	2010年同比增幅（%）
本外币资产总额	70.98	119.24	143.67	146.62	153.93	177.06	15.03
本外币存款余额	52.98	75.25	88.09	105.37	121.60	144.36	18.72
人民币存款余额	52.98	75.25	88.09	105.37	121.60	144.36	18.72
企业存款	23.77	26.11	22.72	24.15	25.93	28.65	10.49
机关团体存款	2.53	3.64	3.84	6.23	5.63	13.32	136.59
储蓄存款	11.74	32.45	32.78	46.90	54.63	58.03	6.22
本外币贷款余额	33.12	43.57	46.53	64.52	70.64	84.62	19.79
人民币贷款余额	33.12	43.57	46.53	64.52	70.64	84.62	19.79
短期贷款	17.27	17.17	23.31	32.24	42.76	56.45	32.02
中长期贷款	7.97	7.16	8.11	10.01	13.62	13.77	1.10
票据融资	7.88	19.23	15.11	22.27	14.26	14.4	0.98
利润总额	0.20	0.23	0.61	0.61	0.71	1.72	142.25
不良贷款余额	0.07	0.50	0.53	1.26	0.97	0.97	0.00
不良贷款占比（%）	0.22	1.14	1.13	1.95	1.37	1.14	-16.79

形式警示教育，组织员工观看了银监会录制的警示教育光盘，组织机关全体党员、各支行行长等160余人到泰安警示教育基地参观。

五、科技支撑能力全面提升，增资扩股顺利完成。一是加大资金投入，加快科技系统建设，陆续完成了电子商业汇票、联通手机代收费、兴业银行柜面通、代理兴业银行第三方存管系统、反假币信息系统等5项业务系统建设；二是顺利完成增资扩股至8亿元的任务，年末资本充足率为13.53%，为加快发展营造了一个宽松环境。

（安　鹏）

三、农村合作银行

【山东临沂兰山农村合作银行】 山东临沂兰山农村合作银行是由辖内农民、农村经济组织、个体工商户、企业法人和其他经济组织入股,以"立足城乡,面向'三农',面向社区,面向中小企业,面向区域经济"为市场定位,以服务农民、农业和农村经济发展为宗旨的股份合作制地方金融企业。

2010年,该行坚持"审慎、稳健、科学、创新、长效"的经营理念,以"保增长、防风险、强服务、增效益、促发展"为主线,积极应对、科学经营、不畏艰难、奋发作为,及时调整工作思路和策略,各项业务保持快速健康发展的良好态势。

一、经营管理。一是实施了有效的经营和管理机制改革,修订、完善和出台了一系列相关办法和措施,在人力资源整合、利益分配和机制建设上寻求突破和发展;二是新组建两个部室,以公开竞聘的方式聘用了中层管理人员,对基层人员进行了合理调配;三是逐步实现了真正意义上的工效挂钩,考核向一线、业务发展、管理质量和经营效益倾斜,不断挖掘员工队伍的内在潜能,逐步建立起与现代金融企业相适应的员工收入分配机制,不断提高经营管理水平。

二、业务发展。一是先后开展了"首季开门红"存款竞赛、业务提速和刷卡奖励等活动,不断拓展业务营销范围;二是加强信贷基础管理,积极探讨信贷营销方式,进一步优化信贷结构,大力提倡鼓励发放权限内贷款、小额贷款、消费贷款和抵质押贷款;三是通过实行清收激励机制,积极开展不良贷款攻坚战、违规贷款清理、内部员工及亲属贷款(担保)逾期催收等活动,强化不良贷款的清收管理。

三、经营效益。一是积极研究建立浮动利率机制,规范合同文本签订手续,减小存贷款基准利差变化带来的风险;二是持续加大对"三农"和优质中小企业的信贷扶持力度,增加抵、质押贷款占比,确保了增收;三是提高资金运用效率,最大限度的降低非生息资产占用,培育新的业务增长点;四是扩大各种代理、货币市场、债券回购、资金拆放等业务范围,积极尝试经营性债券买卖和分销等业务;五是按照"限额管理、以收定支、节约有奖"的原则,强化费用管理,深入创建节约型企业。

四、风险控制。一是加强和完善内控制度,加大日常检查监督力度,强化对重点业务和环节的日常检查辅导,不断提高风险管控水平;二是建立完善的审计监督体系,加强审计成果的运用,提高审计工作执行力;三是坚持"审慎经营"和"内控优先"的原则,不断健全责任追究机制,提升员工风险意识;四是树立"安全就是效益"的理念,认真落实各项安全保卫措施,严防各类案件和事故的发生,实现全年安全无事故。

五、企业文化。一是深入推进创先争优活动,加强作风建设,进一步加强"六型"团队建设,为改革发展注入源源不断的活力;二是加强队伍建设,深化人力资源改革;三是积极参与社会公益事业,先后参与捐资助学、捐助见义勇为基金、关爱孤寡老人、慰问参战复退人员等帮扶活动,累计捐款50余万元,被中华总工会授予"全国模范职工之家"荣誉称号。

(宫 杰)

【山东圣泰农村合作银行】 2010年,山东圣泰农村合作银行按照"调结构、保增长、防风险、促发展"的思路,以机制改革为动力,以强化资金组织、不良贷款清收、加大内部控制和案件防控力度为重点,开拓进取,勇于创新,各项业务呈现发展快、亮点多的特点。

截至年末,该行各项存款余额40.59亿元,同比增加5.92亿元,增长17.08%;各项贷款余额29.72亿元,同比增加2.92亿元,增长10.90%;按五级分类口径,不良贷款余额1.54亿元,不良贷款占比5.18%,同比下降3.93个百分点。

一、以调研促营销,推动信贷投放稳步增长。该行按照"社区银行、零售银行"的市场定位,通过开展客户回访月和"扫社区、扫街道、抢客户、抢市场、提高市场份额"春风行动等贷款需求调研活动,摸清客户群体贷款需求,加大贷款营销力度。一是依托蔬菜批发市场、金宇装饰城、金宇家具城和纺织品批发市场等专业化市场,建立五个大联保体;二是进一步完善管理制度和操作流程,积极摸索适合城区经济特点的信用评定体系;三是积极组织客户经理深入街道、市场、商场进行宣传,有效地推动了全行信用工程建设。全年建立信用联保体5个,对90户信用户授信785万元。

二、以管理促规范,拓宽中间业务增收渠道。一是通过开展非税收入业务操作培训,严格执行代收资金划缴的有关规定,有效推动代理非税收入业务稳健运行,累计办理非税收入业务2455笔,金额5.12亿元;二是通过制订考核办法和奖励措施,开展有奖安装活动,推进POS机的普及;全年新增各类POS商户359户,安装POS机431台;三是规范票据业务办理手续,累计办理各类贴现32.11亿元、利息收入0.26亿元,贴现票据转出业务16.37亿元、利息支出0.13亿元,利息轧差为0.13亿元。

三、加大不良贷款清收、处置力度,优化信贷资产质量。一是成立清收督导工作组,继续实施以行领导包片、部室主要负责人包点为主的包保制度,实行绩效挂钩,进一步优化信贷资产质量;二是制定新增逾期、欠息及非应计贷款监测考核《办法》和《台账》;三是对部分不良贷款实施整体打包处置,成功处置不良资产0.29亿元;四是加大力度,全年核销不良贷款0.83亿元。

四、完善内控建设,提升服务水平。一是继续开展专项治理活动,遏制违法、违纪、违规案件的发生;二是采取现场检查与回放录像检查相结合，公安部门和总部相结合的方式进行检查，确保全年经营无事故、无经济性和刑事性责任案件；三是开展了“金融服务标兵”和“文明示范服务窗口”等活动，极大地提高了金融服务水平。

（高　雷　郭晓娟）

四、外资银行

南洋商业银行(中国)有限公司青岛分行

【综述】 南洋商业银行(中国)有限公司是中国银行(香港)有限公司通过其全资附属机构南洋商业银行有限公司全资拥有的外商独资商业银行,是中银香港集团成员银行。

南洋商业银行于(以下简称"南商")1949年12月14日在香港开业。经过半个多世纪的发展,南商已发展成为一家具有相当经营规模和实力的香港注册银行,服务网点不仅遍布香港,还延伸至美国旧金山。1982年,南商在深圳经济特区开设分行,成为新中国成立后第一家在内地经营的外资银行。

南商(中国)青岛分行最初为香港宝生银行青岛分行,于1994年11月18日正式成立并对外营业。中银香港集团重组合并后,原宝生银行青岛分行于2002年5月1日更名为中国银行(香港)有限公司青岛分行。自2009年8月1日起,中银香港原内地分支行均改制并入南商(中国),中银香港青岛分行亦改制更名为南洋商业银行(中国)有限公司青岛分行。

【业务情况】 2010年,南商(中国)青岛分行根据总行年初提出的大力发展存款业务,努力降低贷存比的要求,积极进行存贷款营销活动,存款及贷款业务均有显著提高,获得了较好的经济效益。一是在加大贷款营销力度的同时,不断优化信贷结构,不断提高信贷资产管理水平,不良率一直保持为零;二是积极参加各监管机构组织的反洗钱、"安全用卡"、"公众教育日"宣传及"银行业内控制度和案件风险防控"执行年等各项活动;三是及时修订和完善了反洗钱内控制度及工作流程,加强合规检查及内部管理,重视员工培训,增强检查力度,确保各项业务合规稳健发展。

【大事记】 8月 南商(中国)青岛分行为企业开立了分行第一笔人民币信用证,并在人行青岛市中支召开的人民币跨境结算业务经验交流会上介绍了经验,受到好评。

(孙婉珺)

新韩银行(中国)有限公司青岛分行

【第一负责人简介】 郑浩喆,1963年03月生于韩国,毕业于韩国忠北大学经济学系,1988年12月起先后任韩国忠北银行忠仁洞分行代理,韩国朝兴银行忠北本部副部长、纷坪洞分行副行长,韩国新韩银行纷坪洞分行副行长,忠北营业部金融中心分行长;2010年8月3日起任新韩银行(中国)有限公司青岛分行分行长。

【综述】 2010年,新韩银行(中国)有限公司(以下简称"新韩银行")总部设于北京,成立于2008年5月12日,拥有天津、上海、青岛、北京及无锡分行,其中北京、青岛城阳各1家,天津、上海各2家支行。

新韩银行(中国)有限公司青岛分行(以下简称"新韩银行青岛分行")主要业务有:吸收公众存款,发放短期、中期和长期贷款,办理票据承兑与贴现,买卖政府债券、金融债券、买卖股票以外的其他外币有价证券,提供信用证服务及担保,办理国内外结算,买卖、代理买卖外汇,代理保险;从事同业拆借,从事银行卡业务,提供保管箱业务,提供资信调查和咨询服务等其他业务。截至年末,资产总额为14.5亿元,各项存款7亿元,贷款总额达12亿元,纯损益达669万元。

【经营管理】 2010年,新韩银行以开展及宣传对境内公民的人民币业务作为年度重点工作。一是通过监管部门的验收,正式开办人民币零售业务;二是着力发展国际结算业务,增加了本外币业务往来的中资企业和中国公民客户;三是按照银监局案件风险排查工作文件指示,组织人员对相关业务进行了自查;四是在总行推出借记卡和理财产品及代理保险业务等基础上,采用多种手段提升品牌价值。

【大事记】 1月 新韩银行青岛分行发布了业务范围变更的公告,将人民币零售开办列入经营范围。

4月 新韩银行青岛分行顺利开展了网上银行业务。

8月 新韩银行青岛分行原任行长成国济三年任期满,郑浩喆接替行长一职。

11月 新韩银行青岛分行一楼及二楼营业厅对外营业,针对境内居民的人民币零售业务得以正式开展。

(王 瑜)

汇丰银行(中国)有限公司济南分行

【第一负责人简介】 张芳,女,汉族,1974年生,毕业于山东经济学院金融专业。1995年加入香港上海汇丰银行有限公司,历任贸易服务部、企业银行部经理,支行行长等职。2009年1月起任汇丰银行(中国)有限公司济南分行行长。

【综述】 汇丰银行(中国)有限公司(以下简称"汇丰银行")总行设于上海,于2007年4月2日开业,共有106个网点,其中包括23间分行及83间支行。

汇丰银行(中国)有限公司济南分行(以下简称"汇丰济南分行")成立于2009年7月,业务区域主要覆盖济南及周边城市,向中外资企业和个人客户提供全面的本外币银行服务。

【经营管理】 2010年,汇丰济南分行各项业务运营良好,业务范围不断扩大,资产规模稳步增长。一是侧重提供汇丰在全球范围内的个人财富管理品牌"卓越理财";二是为当地的中资和外商投资企业提供银行服务和"一站式"解决方案,包括贸易服务和融资、企业存贷、商业融资、支付以及现金管理等。

【大事记】 3月23日 汇丰中国副行政总裁黄碧娟女士到济南拜会人行济南分行李建文副行长及山东省银监局周忠明局长。

(魏 巍)

汇丰银行(中国)有限公司青岛分行

【第一负责人简介】 高慧,毕业于同济大学,工商管理硕士学位。2000年5月至2008年12月以来历任英国渣打银行有限责任公司青岛代表处首席代表与渣打银行(中国)有限公司青岛分行行长,2008年12月加入汇丰银行青岛分行,现任行长。

【综述】 汇丰银行(中国)有限公司(以下简称"汇丰中国")于2007年4月2日正式开业,总部位于上海,由设于香港特别行政区的母行香港上海汇丰银行有限公司(以下简称"汇丰银行")全资拥有,其前身是香港上海汇丰银行有限公司的原中国内地分支机构。

汇丰银行于1992年1月在青岛设立代表处,1993年2月升格为分行。2007年4月2日,正式改制为汇丰银行(中国)有限公司青岛分行(以下称"汇丰青岛分行")。2007年4月,作为首批转制的外资银行之一,汇丰中国挂牌成立。

汇丰青岛分行于2007年4月23日取得了对本地居民提供人民币零售业务的资格,全面开展外汇业务和人民币业务。截至2010年底,汇丰青岛在青岛已拥有1家分行和4家同城支行,员工152人。

【经营管理】 2010年,汇丰银行青岛分行总体运营保持平稳,信贷质量良好,盈利能力进一步增强。截至年底,各项存款余额同比增长79.06%,各项贷款余额同比增长46.33%,无不良贷款。税前利润总额同比增长52.47%。

【大事记】 3月 汇丰中国行政总裁翁富泽到青岛分行视察工作,并拜访人民银行青岛市中心支行和青岛市银监局的相关领导。

4月 汇丰中国首席风险控制官特克到青岛分行视察工作。

9月 汇丰青岛分行成功举办2010 汇丰经济论坛,特邀汇丰亚太区首席经济师屈宏斌和与会200多位来自山东各知名企业的领导分享了汇丰对中国宏观经济形式的认识。

汇丰青岛分行在青岛颐中皇冠假日酒店成功举办"汇丰之夜"德国慕尼黑啤酒节,山东省内将近200名汇丰的重要客户被邀请参加。

10月 由汇丰银行等几家银行共同牵头的"山东钢铁集团3亿美元银团贷款"成功签约。本次银团贷款是2010年中国境内最大的银团外币贷款项目之一,共有9家内外资银行参与了本次银团贷款。该笔银团贷款的成功发放为山东钢铁集团未来的发展提供了资金支持。

(郭颖妮)

东亚银行(中国)有限公司青岛分行

【第一负责人简介】 李颖新,加拿大阿尔伯塔省大学工商管理硕士,曾先后担任东亚银行(中国)有限公司广州分行、大连分行副行长、深圳分行、广州分行行长、中国国际商会山东商会副会长、山东省侨商会会员、青岛市侨商会常务理事、青岛市银行业协会理事、中国香港(地区)商会青岛副会长、深圳市罗湖区政协委员、广州市天河区政协委员、广东银行同业公会理事、中国香港(地区)商会广东商会理事等职务,现任东亚银行(中国)有限公司青岛分行行长。

【综述】 2010年,东亚银行(中国)有限公司青岛分行(以下称"东亚中国青岛分行")保持良好的发展势头。一是认真落实总行关于调整业务结构的战略部署,在做好传统优势业务的同时,大力开展跨境人民币结算等新型业务;二是不断扩大信用卡、借记卡及网络银行的市场占有率,销售的多款理财产品取得了较高收益;三是风险管理工作在总行系统内位居前列,并继续保持不良贷款率为零。

【经营管理】 2010年,东亚中国青岛分行继续做好商业按揭贷款等传统优势业务,不断巩固与济南、青岛、淄博、潍坊等地市现有客户的业务关系,并成功将业务拓展至烟台、威海等城市,在拓展省外市场方面也取得了较大进展。一是积极调整业务结构,大力发展生产型企业客户,为企业生产经营提供资金、结算等全方位服务;二是大力发展对香港、新加坡等地的人民币跨境结算业务,结算量在青岛各外资银行中保持前列;三是重视发展零售银行业务,在青岛市崂山区开设支行,不断提高信用卡、借记卡的发卡量,在青岛市外资银行中保持领先地位;四是加强对员工的风险教育和培训,认真履行总行各项业务操作规程的要求,并在总行考核中取得了良好成绩;五是积极参加监管机构、银行业协会组织的各项公益活动,并组织员工为灾区及失学儿童捐款。

【大事记】 2月 东亚中国常务副行长张伟恩到青岛分行视察工作。

10月 东亚中国青岛分行原副行长刘峻德调任北京分行副行长。

东亚中国副董事长陈祺昌、东亚中国常务副行长孙敏杰到青岛分行视察工作。

11月 东亚中国青岛分行办理首笔人民币跨境结算业务。

青岛银监局批复同意秦岭路支行开业。

(徐文斌)

渣打银行(中国)有限公司青岛分行

【第一负责人简介】 陈国华(Lucy Chen),毕业于首都经济贸易大学,硕士学位,拥有15年银行工作经验,所涉及领域包括运营营销、法律合规、个人银行业务、财务管理和业务战略规划;2009年5月20日加入渣打银行,出任青岛分行行长。

【综述】 渣打银行成立于1853年,分别在伦敦、香港以及孟买交易所上市。该行在全球70个国家设有1700个分支机构,其中,在中国拥有17家分行、44家支行和1家村镇银行。渣打银行(中国)有限公司青岛分行(以下简称"渣打青岛分行")于2007年4月2日正式开业。

【经营管理】 2010年,渣打青岛分行各项业务取得了健康快速增长,呈现出业务结构继续优化、存款较快增长、盈利同比提高三个特点。一是利用渣打的国际网络,在巩固传统业务的同时,注重新兴业务品种开发,为当地企业做大做强,发展海外业务提供创新金融解决方案;二是坚持对中小企业加大扶持力度,提供银行多样化产品的配套销售,大力推广中小企业无抵押贷款等新产品;三是个人银行继续通过"优先理财"和"创智理财"两个品牌为本地客户提供全面高效而且个性化的理财产品,挂钩标的覆盖汇率、利率、股票指数/篮子、商品指数/价格等各类资产。

【大事记】 6月 渣打青岛分行向人行青岛市中支提交跨境人民币贸易结算资格申请备案,获得批复,成为第一批办理此项业务资格的金融机构之一。

11月 渣打银行(中国)青岛香港中路第二支行正式开业。

(高 祥)

企业银行(中国)有限公司青岛分行

【第一负责人简介】 徐廷焕，男，1962 年生，韩国国籍；1985 年 10 月毕业于韩国崇实大学，1988 年入职韩国中小企业银行；2010 年 2 月 10 日至今任企业银行(中国)有限公司青岛分行行长。

【综述】 企业银行(中国)有限公司青岛分行(以下简称“企银青岛分行”)前身是韩国中小企业银行有限公司青岛分行，营运资金折合人民币 1 亿元。

该行主要针对各类客户的外汇业务以及对除中国境内公民以外客户的人民币业务。其经营范围：吸收公众存款；发放短、中及长期贷款；办理票据承兑与贴现；买卖政府、金融债券，买卖股票以外的其他外币有价证券；提供信用证服务及担保；办理国内外结算；买卖、代理买卖外汇；代理保险；从事同业拆借；从事银行卡业务；提供保管箱服务；提供资信调查和咨询服务；以及经银行监督机构批准的其他业务。

【经营管理】 2010 年，企银青岛分行人民币(下同)资产总额 6.7 亿元，实现税前利润 418 万元；存款总额 3.8 亿元，同比增长 90%；贷款总额 5 亿元；同时，中间业务也实现了较快发展；截至年末，进出口结算量 4.4 亿美元。

2010 年，企银青岛分行各项工作有序开展，各项业务稳步提升。一是使用 ICONS 业务系统，涵盖各种业务操作功能，提高了业务处理速度和银行的整体运营能力；二是对企业运用信用评价模式进行评价，授信后定时安排专人通过拜访、电话等形式对企业信用进行审核，及时更新企业的信用评级；三是对员工提出“柜台有限，服务无限”的要求，推出延时营业、上门服务、业务创新等服务举措；四是正式开办网上银行业务。截至年末，共开办个人网银 124 个，企业网银 188 个，汇款笔数 2564 笔，汇款总额 2.5 亿元人民币；较第二季度末，网银数量增加 258 个，增幅为 478%；汇款笔数增加 2219 笔，增幅为 643%；汇款总额增加 2.1 亿元人民币，增幅为 479%。

【大事记】 1 月 15 日 企银青岛分行第一家支行经青岛银监局批准正式对外营业。

1 月 18 日 企银青岛分行经青岛银监局批准，正式开办网上银行业务。

2 月 10 日 企银青岛分行经青岛银监局核准，徐廷焕获得分行行长的任职资格，担任企业银行青岛分行行长。

12 月 24 日 企银青岛城阳支行经青岛银监局批准，开办电子方式应收账款贷款业务。

(杨亚琳)

企业银行(中国)有限公司烟台分行

【第一负责人简介】 权纯沐，男，1999 年 2 月起先后任韩国中小企业银行外换业务部经理、企业顾客部经理、商品开发部经理、人力开发部高级经理；2008 年 11 月至今，任企业银行(中国)有限公司烟台分行行长

【综述】 企业银行(中国)有限公司烟台分行(以下简称“企业银行烟台分行”)前身是韩国中小企业银行有限公司烟台分行，于 2009 年 6 月 22 日正式成立，位于烟台市芝罘区北马路 75 号三水大厦 5 号楼 A 座 403 室，现有员工总数 18 名，设行长 1 名，部长 3 名，根据业务分类和业务发展的需要，设置有国际结算、资金、电算、出纳、总务、监察、合规等工作岗位。各岗位之间既相对独立，又相互配合，实现有效的牵制，保证了各项业务安全、合规、有序地开展。

【经营管理】 2010 年，企业银行烟台分行已开办的业务为：经营对各类客户的外汇业务以及对除中国境内公民以外客户的人民币业务；吸收公众存款；发放短期、中期和长期贷款；办理票据承兑与贴现；买卖政府债券、金融债券；买卖股票以外的其他外币有价证券；提供信用证服务及担保；办理国内外结算；买卖、代理买卖外汇；代理保险；从事同业拆借；从事银行卡业务；提供保管箱服务；提供资信调查和咨询服务；经中国银行业监督管理委员会批准的其他业务。

截至年末，资产总额 15.7 亿元人民币，授信总量为 7.43 亿元人民币，存款总额 9.24 亿元人民币；资产负债比例合理,各项指标控制良好,风险管理体制健全,各项业务发展稳定。

一、在华的经营策略和发展规划。一是在中韩贸易中的有关信用证、托收、汇款等业务方面，提供结算、融资、汇兑等一揽子的金融服务；二是积极参与及扩大中国的主要投资项目，引导境内企业购买海外债权，开展与资金筹措相关联的市场调查及提高国际投资融资的能力；三是与国内分行(天津、青岛、沈阳、苏州、深圳等)一同，成为中国国内区域性的、以服务于中小企业为特色的经营及联系的中心，努力促进该行国内机构网络建设的发展。现已成立天津西青，青岛城阳 2 家支行，江苏昆山支行正在筹备中；四是为扩大韩国中小企业客户与中国企业间的业务合作，提供中国政府有关中小企业金融政策的信息及金融技巧等资料，积极努力扩大与中国金融机构间的交流合作。

二、注重内部管理和组织工作的开展。一是建立了结售汇业务操作、统计报告、综合头寸、单证管理、会计核算等规程制度及大额和可疑外汇资金交易报告管理、客户身份识别、客户身份资料和交易记录保存等一系列较为完整的内部规章制度；二是进一步完善了反洗钱有关规章、安全生产有关制度以及应急反应措施等相关规定，保障了业务开展的合规化、制度化和正规化。

三、重视在经营意识层面对职员素质的培养和改造。一是该行长期坚持CS(Customer Satisfactory)培训制度，养成和固化银行职员对客户的基本礼仪和亲和态度；二是长期坚持韩国语，有效地配合了CS培训计划的开展。

【大事记】 3月25日 企业银行(中国)有限公司总行金基虎副行长一行来烟调研、检查并指导工作。

10月下旬 企业银行(中国)有限公司总行文浩成行长一行来烟调研、检查并指导工作。

(许 松 刘国忠)

日本山口银行股份有限公司青岛分行

【第一负责人简介】 兼重清史，男，1960年10月生，1984年4月进入山口银行工作。2008年4月任国际部次长，2009年4月任青岛分行行长。

【综述】 日本山口银行股份有限公司(以下简称“山口银行”)位于日本山口县下关市，是一家经营稳妥的地方银行。除了在青岛、大连和韩国的釜山设有分行之外，在香港还设有代表处。

山口银行青岛代表处设立于1985年11月，于1992年升格为山口银行青岛分行。该行立足青岛，辐射周边，凭借先进的经营管理理念，为客户提供周到、便捷的本外币金融服务。主要客户为省内的日资企业，以及部分中资企业和韩资企业。

【业务情况】 2010年，面对后金融危机时代世界经济局势的变化和挑战，山口银行青岛分行积极应对，努力开拓业务。国际结算业务呈现止跌回升的态势，信贷业务同比增加48%。另一方面，受部分客户转出定期存款的影响，存款同比减少约20%；税前利润因管理费用提高等原因而下降。

2010年，该行秉承稳健经营的原则，严格信用风险管控，在信贷业务大幅度增长的同时，不良贷款率继续保持为零。

【大事记】 10月16日 山口银行青岛分行举行第9届山口银行杯日语大奖赛决赛和颁奖仪式。山口银行总行行长福田浩一来青出席了决赛和颁奖仪式。

(夏 铮)

韩亚银行(中国)有限公司烟台分行

【第一负责人简介】 刘馨钟，男，1958年生；1984年延世大学经济学专业毕业，1986年进入第一银行工作，1991年开始历任BORAM银行国际部科长、香港分行科长、Team长，1999年开始历任韩亚银行九路支行、江南站支行Team长、外汇业务中心部长、大企业金融本部部长，2004年1月担任青岛国际银行常务董事兼副行长，2006年7月担任青岛国际银行烟台分行行长，2007年12月青岛国际银行改制后担任韩亚银行(中国)有限公司烟台分行行长。

【综述】 韩亚银行(中国)有限公司烟台分行(前身为青岛国际银行烟台分行，以下简称“韩亚银行烟台分行”)于2007年12月24日改制成立，是在烟台设立的首家外资银行，也是山东银监局辖属范围内成立的首家外资银行。目前，该行下辖一个支行烟台经济技术开发区支行，主要经营全部的外汇业务和人民币业务。

【经营管理】 2010年，韩亚银行烟台分行强化内部管理，防范经营风险，各项业务实现了较快增长。截至年末贷款8.67亿元，同比增加4.32亿元，增长99.31%，负债总额为7.81亿元，同比增加4.08亿元，增长109.38%，其中：存款5.02亿元，同比增加1.38亿元，增长37.91%；国际业务结算量7.95亿美元，同比增加3.75亿美元，增长89.29%；净利润856.59万元，年末人均利润24.47万元；不良资产率为0。

一、大力发展国际结算等中间业务，积极扩大存、贷款规模。一是将业务拓展的重点放在增加优良中资客户上来，提高中资企业客户的授信比重，分散授信集中带来的风险；二是大力开展贴现、转贴现等低风险授信业务，改变以往贷款的单一授信模式；三是积极推进借记卡业务、网上银行、委托贷款等中间业务和其他融资业务，提高每个客户的综合利润贡献率。

二、提升风险控制能力，加强内部管理，提高服务品质。一是加强合规教育,以合规系统规范、指导经营管理工作;二是严格实施信贷管理的预警预报制度,坚持贷款客户的分类管理,逐步压缩一般客户,主动淘汰劣质客户,全面提高信贷资产管理水平;三是开展“创一流服务,树韩亚品牌”活动,追求服务上档次;四是开展形式多样的银企宣讲会、推介会等行之有效的文明优质服务主题活动,切实提高整体服务水平。

【大事记】 2月4日 韩亚银行(中国)有限公司金仁焕行长到烟台分行视察指导工作,并拜访烟台市政府、人行烟台市中心支行和烟台市银监局领导。

4月7日 韩亚银行(中国)有限公司烟台分行以及下属支行经济技术开发区支行取得保险兼业代理资格。

6月10日 韩国韩亚金融集团林昌燮副会长以及韩亚银行(中国)有限公司金仁焕行长到烟台分行视察指导工作,并拜访烟台市政府、人行中心支行和银监局相关领导。

7月19日 韩亚银行烟台分行获准开办人民币跨境贸易境内结算业务。

(张 爽 刘馨钟)

瑞穗实业银行(中国)有限公司青岛分行

【第一负责人简介】 吉田晓(Satoru Yoshida),男,1960年11月生,1983年3月毕业于日本早稻田大学法学系,同年4月进入第一劝业银行,先后在南蒲田分行、横滨分行、国际审查部、上海分行、银座通分行任职;2002年先后在瑞穗银行岐阜分行、瑞穗实业银行深圳分行、瑞穗实业银行(中国)有限公司深圳分行任职;2007年11月任瑞穗实业银行(中国)有限公司青岛分行筹备组组长;2008年4月任瑞穗实业银行(中国)有限公司青岛分行行长。

【综述】 瑞穗实业银行(中国)有限公司(以下简称“瑞穗实业银行”)总行设在上海,2007年6月1日正式开业,注册资本为40亿元人民币,2010年注册资本获准增加至65亿元人民币。该行是经中国银监会核准首批转制的9家外资法人银行之一,也是日资银行中首家转制在中国注册的法人银行。

经中国银监会核准,瑞穗实业银行青岛分行(以下简称“瑞穗实业青岛分行”)于2008年4月成立。该行是瑞穗实业银行在中国开设的第8个营业网点,同时也是瑞穗实业银行改制后申请设立的第一家分行。

【经营管理】 2010年,瑞穗实业青岛分行经营的业务范围为对各类客户的外汇业务,以及对除中国境内公民以外客户的人民币业务,包括存款、贷款、票据承兑与贴现、提供信用证服务及担保、办理国内外结算、提供资信调查和咨询服务等。

该行服务区域主要覆盖山东全省和部分周边地区。

【大事记】 4月 瑞穗实业银行(中国)有限公司董事长大桥圭造到青岛分行视察工作,并拜访了青岛市政府的领导。

6月 日本瑞穗实业银行与青岛市签订了《青岛市“两型社会”建设及节能环保项目合作协议书》,青岛市委副书记、市长夏耕和日本瑞穗实业银行股份有限公司行长、青岛市政府经济顾问佐藤康博出席签约仪式。根据合作协议,双方将在生态建设、环境保护、能源节约、低碳经济建设等领域进行全面交流与合作。

(车振峰 兰立屏)

韩国釜山银行股份有限公司青岛代表处

【第一负责人简介】 姜相镐,韩国籍,1960年生,韩国国立广播电视大学学士毕业。1980年入韩国釜山银行,1995年赴日本山口银行研修,2002年任釜山银行中央洞企业顾客分行次长,2007年任釜山银行连山洞分行副分行长,2010年任釜山银行青岛代表处首席代表。

【综述】 韩国釜山银行股份有限公司青岛代表处(以下简称“釜山银行青岛代表处”)成立于2008年4月22日,是韩国釜山银行在海外的唯一一家分支机构。

【经营管理】 2010年,釜山银行青岛代表处主要业务活动:一是与当地政府保持紧密的联系,及时获取最新的政策动向,积极争取政府支持;二是深入进行市场调查工作,了解当地企业金融需求,确保分行营业基础稳健扎实;三是处理与分行设立有关的内部事务,确保今后营业网点设立工作的顺利进行。

【大事记】 1月 姜相镐任韩国釜山银行青岛代表处首席代表。

12月 韩国釜山银行尹龙镇副行长一行访问中国银监会,并视察青岛代表处的工作。

(郝璐玭)

第七部分

金融机构运行报告
——非银行金融业

一、信托公司

山东省国际信托有限公司

【第一负责人简介】 孟凡利，男，1965年8月生，经济学博士。1997年12月起任山东经济学院财务会计系副主任、主任。2000年6月，任财政厅副厅长、党组成员。2005年7月，任山东省鲁信投资控股集团有限公司副董事长、党委副书记、总经理。2009年7月，任山东省鲁信投资控股集团有限公司董事长、党委书记。2007年7月，兼任山东省国际信托有限公司董事长。

【综述】 山东省国际信托有限公司（以下简称"山东信托"）成立于1988年2月，为省政府出资的国有独资公司，2002年8月，完成增资改制，变更为有限责任公司，注册资本增至目前12.8亿元。2007年8月，经中国银监会批准，名称变更为"山东省国际信托有限公司"，其股东包括山东省鲁信投资控股集团有限公司、山东省高新技术投资有限公司、山东黄金集团有限公司、济南市能源投资有限责任公司、潍坊市投资公司等5家单位。

2010年，山东信托发行产品1176.70亿元，投资领域涉及产业、城市基础设施、房地产、证券、服务业等，投资方式包括贷款、股权投资、资产证券化、收益权证券化、融资租赁。截至年末，公司固有合并资产总额为30.90亿元，归属于母公司所有者权益17.68亿元，实现合并营业收入3.40亿元，投资收益1.39亿元，合并利润总额3.42亿元，合并净利润2.97亿元（数字未经审计，下同）。

【主要业务开展情况】 自成立以来，山东信托在财富管理、证券基金、投资银行和国际金融等业务方面进行了卓有成效的开拓。

一、信托业务。山东信托积极开展业务创新，全年共办理信托业务规模1176.70亿元，实现信托报酬1.55亿元，截至年末，管理的信托资产余额966.88亿元。投资领域涉及产业、证券、城市基础设施、房地产、服务业等，并积极为黄河三角洲高效生态经济区、山东半岛蓝色经济区提供了金融支持。

二、自营业务。山东信托固有项下长期投资主要是控股泰信基金，参股富国基金、民生证券、泰山财产保险、德州商业银行、邹平浦发村镇银行等金融机构。

三、政府基金管理业务。山东信托受山东省政府委托经营管理省基本建设基金。截至年末，基建基金规模为136.71亿元，当年实现增值3.46亿元，累计带动投资1000多亿元，先后支持重点工程、重大项目900多个。

四、国际业务。山东信托积极开拓国际资本市场，1992年在日本成功发行武士债券，1993年在新加坡成功发行小龙债券，累计融入中长期及短期外汇资金60多亿美元，支持1000多个建设项目，于1999年底前全部按期偿还全部资金。近年来，山东信托与外资银行合作，先后推出了多支外汇理财产品和人民币挂钩境外理财产品，为公司拓展国际间的信托业务合作，为境内外客户提供财富管理、咨询以及其他金融服务打下了良好基础。

五、其他业务。山东信托大力开展企业职工持股改制、资产重组、财务顾问以及债券承销等投行业务，信托融资租赁也重新得到发展，为客户提供了全方位的金融服务。

【内部管理】 2010年，山东信托加强了内部管理，主要工作：

一、修订公司发展规划。山东信托编写制订了公司"十二五"发展规划。该规划在分析宏观经济和金融形势、国家金融监管政策、初步判断行业走势的基础上，对"十二五"期间公司信托业务、自营业务、人事劳资、风险控制等各个方面都做出了详细筹划，提出了公司未来特别是"十二五"期间的发展方向和目标。

二、完善全面风险防控体系。一是修订了《公司集合信托融资类业务合作企业综合考核评价实施细则》，建立了《稽核制度》、《防范操作风险制度》以及《轮岗轮调和强制休假制度》；二是印发了《公司证券投资业务九条规范》，树立了规范运作、忠于投资者利益的良好形象；三是完成了《信托业务财务管理办法》的修订，制定了《企业信用信息数据库管理办法》、《反洗钱管理办法》、《大额交易及可以交易报告管理办法》、《客户身份管理及交易记录保存管理办法》等规章制度，健全了财务管理办法、业务操作流程。

三、深入开展三项制度改革。一是公司全员实行了劳动合同制度，并根据新劳动合同法对劳动合同进行了规范；二是通过聘任制、竞争上岗等方式，实现了"因岗找人"，达到了"不拘一格降人才"的效果，大批年轻业务骨干成为公司中高层管理人员；三是按照以岗定薪、绩效挂钩等原则实施了新的薪酬办法，使员工收入拉开了差距，并适度向业务一线倾斜；四是纳入了延期支付（风险抵押）制度，同时出台了《业务风险问责办法》，使广大员工增强了风险防范意识，有效降低了业务操作风险。

四、坚持规范和强化统一营销。一是成立了财富管理中心，采取自主营销与分销相结合的模式，实现了信托产品统一安排，统一发行；二是制订了《客户服务管理办法》、《营销专业化操作规范》、《公司集合信托计划推介费用管理办法》(试行)，重点加强了对高端客户的维护和推介，全年新拓展高端客户332个。

五、认真开展思想政治工作，抓好安全生产、廉洁从业和稳定工作，积极组织员工参与开展以“创四强、争四优、固堡垒、促发展”为主题的“创先争优、争做齐鲁创业先锋”活动和“增强制度意识，争做执行表率”主题教育活动，建立健全承诺、践诺、评诺制度，推进惩治和预防腐败体系建设；与各部门、单位分别签订了安全生产目标责任书、廉洁从业责任状和维护稳定责任状。

【大事记】 3月11日 山东银监局到山东信托召开2009年度审慎监管会议。会议对山东信托2009年度的工作给予了充分肯定，也对今后发展提出了希望和要求。

3月13日 由山东信托和第一财经研究院联合推出的“第一财经·山东信托中国阳光私募基金指数”正式发布。

3月26日 山东信托2009年度股东会及董事会、监事会在济南召开。

4月14日 山东信托印发《证券投资业务九条规范》，在业内率先主动规范证券投资管理人员执业行为，树立了规范运作、忠于投资者利益的良好形象。

4月23日 中国证监会批准山东信托向民生证券增资，增资后山东信托持有民生证券2.903%的股权。

6月9日 山东银监局王忠坦副局长一行到山东信托调研。

8月5日 山东信托设立上海业务部、深圳业务部。

8月9日 山东信托代表省政府投资的莱州发电有限公司正式注册成立。山东信托持股比例为25%。

12月11日 山东信托获得2010年度中国阳光私募最佳创新信托公司“金樽奖”。

(门家春)

二、办事处

中国华融资产管理公司济南办事处

【第一负责人简介】 童玲，女，1963年4月生，湖南长沙人，中共党员，大学本科，高级经济师。1984年7月在中国工商银行湖南省分行实习锻炼，1986年5月在华融信托投资公司任外汇部经理，2000年1月起先后任华融资产管理公司债权管理部高级经理，资产管理三部总经理助理、副总经理，业务审查部副总经理，2009年5月任华融公司天津办事处党委副书记、副总经理，2010年7月任华融公司总裁办公室（党委办公室）副主任，2010年12月任华融公司济南办事处党委副书记、副总经理（主持工作）。

【综述】 中国华融资产管理公司济南办事处（以下简称“华融公司济南办”）是中国华融资产管理公司在山东的分支机构，于2000年4月24日正式挂牌成立。2010年，该办积极推进“稳健、创新、和谐、发展”的企业文化建设，全年实现各项业务收入4120万元，同比增长77.2%；实现利润1208万元，增长175%。

【资产管理业务】 2010年，华融公司济南办始终把资产管理业务作为主营业务，加大了营销力度，取得了积极成效，实现资产管理业务收入1673万元，占收入总额的41%。

【平台公司业务】 2010年，华融公司济南办一是大力开发山东的租赁市场，截至年末，累计投放资金35.83亿元，其中2010年新开发项目25个，投放资金21.48亿元；二是加大了信托业务的开发力度，加强了与集团大客户的业务联系，完成了山东海龙单一资金信托产品项目、光大银行青岛分行票据转让信托项目等3个项目，涉及资金额度 24.73 亿元；三是开展了项目投资业务，其中，通过营运资金实施了泉林纸业单一信托贷款业务，投放资金5000万元，实现收入270万元。

【不良资产的接收和处置】 2010年，华融公司济南办累计收购工行剥离的不良资产7048户，账面金额334.1亿元；累计处置不良资产账面价值319.4亿元，回收现金30.5亿元，现金回收率为9.5%，资产处置率为95.6%。

【债转股股权管理】 2010年，华融公司济南办一是继续加强股权资产基础管理，及时更新股权资产信息系统数据；二是按规定的程序和权限审查企业“三会”议题，认真履行了出资人职责；三是完成了第二次股权资产价值估算尽职调查工作，重新对股权资产进行了分类，研究探讨了债转股资产未来的处置策略和处置重点；四是积极参与债转股企业资产重组，其中济南一机床集团有限公司重组方案已获公司审批。

【内部管理和队伍建设】 2010年，华融公司济南办一是认真开展了“创先争优”活动，集中开展了“创先争优”劳动竞赛活动，掀起了“比、学、赶、帮、超”的竞赛热潮；二是组织全体员工层层签订《目标责任书》、《廉洁自律责任状》；三是开展了廉洁自律教育，组织员工参观了人行济南分行、山东银监局等5部门举办的“金融系统反腐倡廉建设展”；四是认真开展“银行业内控和案防制度执行年”活动，通过排查发现工作中的薄弱环节，及时加以整改。

【大事记】 2月9日 华融公司济南办召开2009年工作会议，办事处领导与各部门负责人签署了《廉洁自律责任书》及《目标责任书》。

7月21日～22日 华融公司王克悦副总裁一行到华融公司济南办调研、检查指导工作。

8月2日～6日 华融公司梁志军副总裁到青岛调研、检查指导工作。

12月9日 华融公司郑万春副总裁一行到华融公司济南办宣布公司党委决定，免去李长海党委副书记、副总经理职务，任命童玲任济南办事处党委副书记、副总经理（主持工作）。

（薛 萍 王志新）

中国长城资产管理公司济南办事处

【第一负责人简介】 胡建忠,男,中共党员,金融学博士,高级会计师,中央财经大学硕士研究生导师,中国金融不良资产处理问题专家,著述主要有《国有商业银行理财方略》、《商业银行会计》等。现任中国长城资产管理公司济南办事处党委书记、总经理。

【综述】 中国长城资产管理公司是经国务院批准成立、具有独立法人资格的国有独资金融企业,注册资本金100亿元人民币,由财政部全额拨入。中国长城资产管理公司济南办事处(以下简称"长城公司济南办")是该公司在山东省派驻的分支机构,2000年3月3日正式挂牌成立。

2010年,该办紧紧围绕利润核心,立足资产经营处置、市场拓展、合规管理三条战线,坚持打好工行包"突围战"、中行包"保卫战"、市场拓展"争夺战"、平安经营"持久战"四场战役,各项工作均取得较好成绩。全年共实现商业化利润6825万元,实现工行包利润777万元,不良资产处置实现现金回收7.89亿元。

【不良资产的经营处置】 2010年,长城公司济南办不断拓宽处置思路,创新处置方法,提高经营管理和保障服务水平,工作取得较大进展。

一、统筹兼顾,资产经营处置稳步推进。一是突出重点,坚持一级抓一级,层层抓落实,推动大项目处置实现重大突破,有效推动了利润和净现金目标的实现;二是加快小项目处置,收缩处置战线,实现较好效益;三是加强管理,经营项目平稳有序运行,青岛联城置业有限公司及该公司房地产开发销售进展顺利,齐鲁宾馆重组各项工作稳步推进,山东长城海的贝瓷有限公司盈利能力不断增强,山东齐鲁长城投资公司股权实现盈利退出。

二、深入调查,为经营目标实现奠定基础。该办组织对工行包、中行包共计2900多户剩余资产进行了全面深入的调查,新发现部分财产线索,并果断采取诉讼保全措施,大幅提升了项目价值。

三、服务保障水平明显提高。一是在充分利用报纸、公司网站、中介机构等渠道做好推介营销基础上,积极深化与天津金融资产交易所全面合作;二是通过抓好执行案件追偿工作、提高二审及再审案件追偿效果、对重点资源项目精准推介、不断简化代理项目审批程序等措施,提高法律服务效率,推动资产处置进程;三是对本金100万元以上项目全部委托异地办事处评估,最大限度降低评估风险;四是完善激励约束机制,组织实施成本效益与分摊工作,对7条产品线、20余个前台部门从预算分配到财务核算均做到了精细化管理。

【金融服务业务】 2010年,长城公司济南办坚持全面规划,制度先行,在确保合规前提下,全力做好市场拓展工作。

一、切实加强拓展队伍和机制建设。一是两次大规模调整充实市场拓展力量,并制定《业务拓展工作要点》,着力构建"全力拓展、全员拓展、全面拓展"的格局;二是调整设立四个新业务部,细化前后台各部门在市场拓展工作中的职责和分工,确保形成合力。

二、真抓实干,各项业务均取得成绩。一是完成了对山东省内所有国有银行、股份制银行和山东省农信社及其辖属80余个基层法人农信社的工作走访,基本掌握了省内金融机构不良资产状况,并针对山东省农信社系统业务需求及资产特点,研发了分层受益结构交易产品,全年累计收购山东农信社系统资产包66个,涉及贷款本金24.10亿元,共处置资产包38个,回收现金9873.22万元;二是做好租赁、保险、评估、担保等平台业务的引入工作,重点做好新疆金融租赁有限公司在山东地区的项目推荐工作,全年审核通过项目6个,金额3.96亿元,已完成租赁投放2.96亿元;三是全力做好以中小企业集合票据为主的收购承诺业务在山东的试点工作,积极推进增级增信和企业托管业务试点工作。

【内部管理和队伍建设】 2010年,长城公司济南办采取多项措施,加强日常管理,实现了平安经营。

一、以自查和配合检查为契机,全面规范工作流程。一是全面开展商业化资产经营处置情况自查自纠工作,研究制定了35条具体措施,对尽职调查、营销公告、评估立项和审核、处置定价、方案审核、方案实施、档案归集等7个方面工作进行规范;二是接受银监会延伸检查和山东银监局现场检查,积极向监管部门进行汇报,沟通解决有关问题;三是深入推动党风廉政建设,完善监督机制,有效预防和杜绝了违规违纪问题。

二、加强交流和宣传,营造良好的内外部环境。一是加强与山东省及各地市政府、银监局、财政专员办等部门汇报和沟通协调力度;二是加强宣传力度,联系《经济日报》、《大众日报》等媒体,对该办青岛纺织、齐鲁宾馆重组项目进行报道,扩大了社会影响。

三、加强队伍建设,提高队伍凝聚力和战斗力。一是深入推动"同舟共济保增长、建功立业促发展"为主题的劳动竞赛活动;二是对符合条件的12名员工进行考核晋升,优化了队伍知识和年龄结构;三是加强了新业务的培训。

【大事记】 2月3日 长城公司济南办党委书记、总经理胡建忠一行与潍坊市委副书记、市长许立全,副市长夏芳晨,市长助理、经信委书记李瑞阳,市政府副秘书长安宁在潍坊举行会谈,专题协商新立克项目解决方案。

2月5日~6日 长城公司济南办召开工作会议,全面总结上年工作,对全年工作进行安排部署。

3月12日 长城公司济南办总经理胡建忠与信达公司济南办主任张长意举行会谈,探讨济南化纤总公司等共有债权合作事宜,并就加强沟通协作、通过服务地方共同优化金融资产管理公司在山东地区发展环境问题达成初步共识。

6月8日 长城公司济南办领导班子全体成员与农行山东省分行新一届领导班子全体成员举行见面会,就不良资产的合作处置、其他业务领域合作的方法和途径以及办公场所的共同管理等方面进行了研究和探讨。

8月30日 长城公司济南办与华融公司济南办签订转让协议,将青岛纺织项目剩余2.18亿元未到期应收账款及青岛五棉公司债权打包转让华融公司济南办。

11月25日 长城公司济南办与潍坊市政府签署了《新立克集团金融债权处置框架协议》,省政府办公厅、省金融办、省银监局有关领导出席签字仪式。

(李西方 陈玉停)

中国信达资产管理股份有限公司山东省分公司

【第一负责人简介】 李月瑾,男,1958年2月生,汉族,硕士,1986年1月入党,1975年5月任山东省东营市河口区义和镇义胜小学教师;1979年8月在山东省财政学校学习,1981年7月起在中国建设银行山东省分行工作,历任沾化县支行和东营分行办事员,东营分行拨款一科副科长、信贷计划科科长,东营分行副行长、党组成员,淄博市分行副行长、党组成员,泰安市分行行长、党委书记;1999年12月任信达公司济南办事处副主任、党委委员;2006年3月起任信达公司西安办事处党委副书记(主持工作)、主任、党委书记;2006年8月任信达公司西安办事处主任、党委书记;2008年7月任信达公司西安办事处主任、党委书记兼兰州办事处党委书记(主持工作);2010年7月任信达公司陕西省分公司总经理、党委书记兼甘肃省分公司党委书记(主持工作);2010年9月至今任信达公司山东省分公司总经理、党委书记。

【综述】 中国信达资产管理股份有限公司是经国务院批准,由财政部采取独家发起的方式,将原中国信达资产管理公司整体改制而成立的。2010年8月5日,中国信达资产管理公司济南办事处更名成立为中国信达资产管理公司股份有限公司山东省分公司(以下简称"信达山东省分公司")。

2010年,信达山东省分公司深入贯彻公司发展战略和经营方针,着力落实"坚持一个目标、突出四个重点"的总体经营思路,紧紧围绕价值创造最大化目标,深化资产经营,加大市场化业务发展力度,强化股权管理,进一步健全商业化经营管理机制,取得明显成效。

【不良资产接收】 2010年,信达山东省分公司一是与华建国际集团有限公司签署不良资产委托处置协议,新增委托资产2799个项目,本金21.14亿元;二是与山东省商业集团总公司签订《债权资产委托管理、提供处置线索协议》,受托资产6项,新增受托资产规模3.8亿元;三是收购山东建行的山东东岳能源有限责任公司和山东正昊化纤新材料有限公司2个项目1.32亿股权。

【不良资产处置】 2010年,信达山东省分公司处置各类资产本金近4亿元,全口径回收现金4.28亿元,其中股权处置及分红2.1亿元,利润3.31亿元,三项费用支出2585万元,控制在总部核定的预算之内。

【中间业务】 2010年,信达山东省分公司实现无负债中间业务收入267万元,其中,实现市场化中间业务收入266万元。

【债转股股权管理】 2010年,信达山东省分公司管辖债转股企业12家,全年共审议上报议案120个,回收现金红利2.1亿元。其措施:一是展开对股权管理的深入研究,实施精细化操作,努力提升股权价值,提高资产经营效益;二是加强对买断政策债转股、买断商业债转股、抵债股权、财务性投资股权等各类股权的全面经营管理,将股权企业作为基本成长性客户进行培育;三是对优质股权资产尽快切入实质性的现代企业管理,构建股权经营管理组织架构和激励约束机制。

【大事记】 4月14日~15日 济南办事处召开2010年度工作会议。

8月5日 中国信达资产管理公司济南办事处正式更名为中国信达资产管理股份有限公司山东省分公司。

9月20日 中国信达资产管理股份有限公司肖林宣布任命李月瑾为山东省分公司总经理。

(吴新明 赵利国)

中国东方资产管理公司青岛办事处

【第一负责人简介】 吴少杰,男,山东莱西人,1960年10月生,1981年7月入党,大学学历;1977年11月起,先后任山东省即墨县汽车配件厂主管会计、地方工业供销公司会计、乡镇企业局干部、中行即墨支行副行长、行长等职;1997年10月任中行青岛市分行副行长、党委委员;1999年5月任中行山东省分行公司业务处处长;2000年5月任中国东方资产管理公司青岛办事处助理总经理、党委委员;2005年12月,先后任东方公司西安办事处副总经理、党委副书记(主持工作)、副总经理(主持工作)和总经理、党委书记等职。2008年11月至今任中国东方资产管理公司青岛办事处总经理、党委书记。

【综述】 2010年,中国东方资产管理公司青岛办事处(以下简称"东方公司青岛办")严格按照上级的工作部署和商业化转型的要求,圆满完成了各项工作任务。全年各类资产共收现25422万元。信用评级、金融租赁等新业务也取得了新的成绩,内部管理、班子和队伍建设等基础工作不断得到强化。

【不良资产的接收】 截至年末,东方公司青岛办累计接收省中行剥离的政策性不良资产企业1174户,金额265.39亿元,其中,债权企业1155户,金额207.60亿元,分别占总户数和总金额的98.38%和78.22%;政策性债转股企业19户,金额57.79亿元,分别占总户数和总金额的1.62%和21.78%。此外该办还于2004年接收了财政部委托处置的省中行损失类贷款本金159.12亿元;通过市场化运作收购了建行山东省分行可疑类贷款本金73.85亿元;2006年12月31日和2007年6月27日,通过市场化运作购买了省中行的标的分别为4.1亿元和11.34亿元的两个结构性交易资产包;2008年成功收购光大银行包3亿元、中行山西省包5.74亿元和省中行包4.05亿元。

【不良资产处置和回收】 2010年,东方公司青岛办一是紧抓建行可疑类资产收现和商业化新业务不动摇;二是全年各类资产共收现25422万元,其中:政策类资产收现192万元,建行可疑类资产回收5064万元;三是新商业化不良资产累计投资8.5亿元,全年实现回收9940万元,实现收益3817万元,东信公司损失类资产收现6409万元。

【不良资产的管理】 2010年,东方公司青岛办积极做好不良资产处置及管理。一是确保档案管理的完整性;二是加强与政府和媒体的交流沟通,采取有效措施推动了部分限制转让项目的处置;三是积极做好项目管理,及时公告催收,确保时效延续;四是配合东方公司顺利完成ISO9001复核认证工作。

【债转股进展情况】 2010年,东方公司青岛办接收的政策性债转股企业中,已明确不再进行债转股的9家,金额30.11亿元,重新按债权项目要求进行管理、处置。完成债转股注册登记的11家,金额17.45亿元。其中,由东方公司青岛办牵头的完成注册登记7家,金额15.24亿元;非牵头的完成注册登记4家,金额2.21亿元。在完成注册登记的11家企业中,莱钢集团、浪潮集团2家企业的股权退出工作已于2004年完成,退出股权2.06亿元,回收现金1.09亿元,回收率52.91%。

在债转股和资本金项目管理方面,一是加强对重点债转股企业的管理;二是资本金项目全部完成清理;三是根据东方公司的统一安排,零价格项目转让工作全部完成。

该办成立以来共接收资本金项目6个,东方信托项目4个,零价格项目10个,港澳信托项目4个,合计24个项目,至2009年12月31日,已全部处置完毕。

【大事记】 5月26日 东方公司青岛办开展十周年庆系列活动。

9月1日~5日 东方公司青岛办一行10人赴东方公司杭州办事处学习先进工作经验。

9月16日 东方公司青岛办召开党员领导干部民主生活会,东方公司时桂芬副总裁莅临会议进行指导。

12月31日 经银监会批准,东方公司任命李明波担任东方公司青岛办副总经理。

(夏广阳 窦桂斌)

三、保险公司

中国人民财产保险股份有限公司山东省分公司

【第一负责人简介】　方杰，男，汉族，1958年11月生，宁夏人，中共党员，高级经济师。1975年8月参加工作；1982年8月进入中国人民保险公司宁夏分公司工作，历任支公司业务员、副经理、自治区分公司处长、副总经理、总经理；2004年7月，任重庆分公司党委书记、总经理；2009年4月至今，任中国人民财产保险股份有限公司山东省分公司党委书记、总经理。

【综述】　中国人民财产保险股份有限公司（以下简称人保财险）是经国务院同意、中国保监会批准，于2003年7月由中国人民保险集团公司发起设立的、目前中国内地最大的非寿险公司，注册资本111.42亿元，其前身是1949年10月20日经政务院批准成立的中国人民保险公司。

人保财险山东省分公司秉承以人为本、诚信服务、价值至上、永续经营的经营理念，充分发挥品牌、人才、产品、技术和服务等优势，为促进改革、保障经济、稳定社会、造福人民提供强大的保险保障。公司经营着企业财产、机动车辆及第三者责任、船舶、货物运输、建筑安装工程、石油、政策性农业、人身意外伤害、短期健康等保险以及各种信用保险等500多个险种。

2010年，该公司实现保费收入90亿元，提供各类风险保障1.72万亿元，处理各类赔案87.51万余件，支付各类赔款43.78亿元，上缴营业税金4.89亿元，有力地支持了国家和地方经济建设。该公司先后荣获全国守合同重信用企业、山东企业100强、百姓口碑最佳荣誉单位、十大鲁商诚信单位、改革开放三十年山东省优秀企业、山东省管理创新优秀企业、60年服务山东功勋品牌、山东省金融创新奖等一系列荣誉称号。

【经营管理】　2010年，人保财险山东省分公司在加强经营管理方面的主要工作：

一、持续加强集约管理。一是坚持深化省级五大集中和市级六大集中运营平台建设，完善平台功能，创新工作实践，集约程度、运营效率和管控效果明显提升；二是核保、再保、资金支付、报案一级调度以及立案、未决等全面实现省级集中处理；三是理赔省级集中扎实推进，出单人员集中管理和城区集中出单稳步推进；四是强化客户资源管理，CRM数据质量明显提高。

二、持续加强结构调整。一是坚持深化风险结构、业务结构和成本结构调整，推进选择性承保政策；二是狠抓车险盈利能力建设一号工程，重点强化微观基础管控，实行刚性分类分级管理；三是持续加强非车险专业化团队建设，有力推动综合治安保险、安全生产责任险、校园方责任险、政策性农险等政府主导型业务取得实质进展。

三、持续强化内控合规。一是全面加强三清五导内控体系建设，完善销售、运营和管理控制三个维度内控制度；二是扎实开展法律规章制度落实年、依法合规经营专项整顿和大排查、大教育、大整改活动，加速构建岗岗有责、人人有责，履职免责、失职问责的内控合规文化。

四、持续提升发展能力。一是坚持深化销售体系建设，以落实城市公司竞争能力建设规划和激活农村营销网点为切入点，加强销售组织、强化竞赛推动；二是战略性发展电销渠道，统筹推进直销、营销、中介等传统渠道，尝试启动网络销售，探索试点职场营销，发展能力实现新改善。

五、持续增强内生动力。一是坚持深化战略引领，明晰公司战略取向；二是制定《基层公司运营环境改善规划》，出台系统员工、系统机构《管理办法》；三是加大基层后备干部培养、干部纵横向交流力度；四是认真开展创先争优活动，扎实开展作风整顿。

六、持续提升品牌形象。一是深入推进服务标准化建设，研究出台重要客户管理办法，积极开展理赔无忧，四海通行、人保财险直通车等主题服务活动；二是成功举办盛世中国、人保同行第四届客户节及上海世博会客户嘉宾接待计划；三是继续开展金牌服务竞赛活动，公开发布诚信服务行为规范。

【大事记】　2月6日　人保财险山东省分公司召开2010年全省工作会议，总结上年工作，安排部署全年工作。

4月中旬　人保财险潍坊市分公司独家承保第二十七届潍坊国际风筝会，为风筝会开幕式和放飞大赛的参赛队员、客商、记者、旅游观光者等中外宾朋提供了2000万元的公众责任险。

4月19日　人保财险山东省分公司员工踊跃向青海省玉

树地震灾区捐款。

4月28日 人保财险省分公司顺利完成全省电话营销集中运营工作，实现了电话营销的全省覆盖。

5月8日 人保财险山东省分公司在全辖开展为期半年的法律规章制度落实年活动。

5月18日～6月18日 人保财险山东省分公司在全省开展第四届“客户节”。

5月22日 山东人保财险系统首届职工运动会隆重举行。

7月底～8月初 人保财险山东省分公司实施世博客户嘉宾接待计划，组织90名客户赴沪同享世博盛宴。

8月23日 人保财险省分公司与中国银行山东省分行成功举办长城－人保财险联名卡签约仪式，开启双方深层次合作。

9月8日 人保财险山东省分公司省集中运营管理中心投入运营，中心职场集财务、核保、理赔、95518、立案和未决赔款管理功能于一体，是公司对于集约化、标准化管控的全新尝试。

12月31日 山东省委常委、常务副省长王仁元到人保财险济南市分公司走访慰问。

（庄 洁）

中国人寿保险股份有限公司山东省分公司

【第一负责人简介】 白彬，男，回族，1958年2月生，中共党员，高级经济师，工商管理硕士（EMBA）。1982年12月起先后任人民保险公司科员、副主任科员、主任科员、副处长；1996年7月起任人寿山东省分公司副处长、处长，党委委员、副总经理；2007年2月起任总公司个险销售部总经理；2009年6月至今任人寿山东省分公司党委书记、总经理。

【综述】 2010年，中国人寿保险股份有限公司山东省分公司（以下简称“人寿山东省分公司”）坚持增量调整、推动积极竞争，保增长、调结构、防风险、促稳定，截至年底，实现总保费202.83亿元，增长10.8%。

【市场开拓】 2010年，人寿山东省分公司各项业务取得新的成绩。

一、综合实力跃上新台阶。一是新会计准则下长险首年保费106.49亿元，增长4.29%，首年期交保费35.82亿元，增长31.11%，短期险保费8.77亿元，增长16.73%；二是代理企业年金业务16.05亿元，其中受托、投资和账户分别达成4.99亿元、5.87亿元和51944户，代理财险业务规模3.16亿元，增长754%；三是公司市场份额为36.62%，领先市场份额第2名的同业公司24.73个百分点。

二、业务结构调整呈现新起色。一是公司实现首年标准保费11.34亿元，增长16.25%，10年期及以上首年期交保费13.39亿元，增长2.61%；二是短期意外险保费4.66亿元，增长25.67%，个险销售、银行保险、团险销售首年期交保费分别增长18.62%、57.11%和52.71%；三是个险队伍人均月FYC（首年佣金）达711元，增长25%，主管月均FYC达1978元，增长25.3%。

三、七个平台建设取得新进展。一是公司个险渠道持证人力58307人，城区、农村、收展平台人力分别达到20266人、29834人和8207人；二是银保渠道可用代理网点达5115个，专管员和理财经理队伍分别达2925人和4983人；三是团险销售人力达到1669人，16个县域公司总保费超过2亿元，6个城区个险单位、3个城区收展部和7个农村营销服务部首年期交保费分别超过2000万元、1000万元和500万元，33个银行网点代理保费规模超过1000万元。

【运营管理】 2010年，人寿山东省分公司扎实推进全面预算管理，制定鼓励发展优质业务的财务政策，推进省级银行转账业务和收付费风险管理。一是组织开展银行账户清理，集中清理销户301个，完成市级公司费用账户的集中上收，累计清理处置资产35批次；二是推动开展“助燃开门红”、“助飞2010”、“一对一”绿色通道、柜面撤单退保劝阻等销售支持活动；三是处理集中上报的各类保全及保单问题7.8万件，完成43万件人工核保、130万份保单和320万份凭证的打印清分工作，柜面人员成功劝阻撤单退保金额达2014万元；四是95519电话中心日均受理客户咨询投诉电话1600件，一次性问题解决率超95%，电话回访量达208万人次；五是完成了营销员信用评价、银保BMIS、迅保网航意险出单、无线POS短险出单、财务影像、印章管理等新系统上线；六是开发了业务实时战报、手续费电子台账、网上考试等专项服务系统。

【风险防范】 2010年，人寿山东省分公司召开了纪检监察与内控工作暨廉政建设风险防范主题教育会。一是开展了县支公司内控自查自纠整改月、配合审计署检查、“小金库”专项治理、中介业务自查自纠、单证印章自查自纠、保单借款和理赔关键环节检查、反洗钱集中宣传等重点工作项目；二是建立完善了风险预警工作体系和管理流程，预警排查违规人员55

人次，追缴挽回公司和客户损失 10.13 万元，为客户办理保单复效 8937 件，复效保费 2272 万元，更新客户信息保单 239117 件。

【大事记】 3 月 5 日 人寿山东省分公司与烟台银行合作签约仪式在烟台东山宾馆举行。该公司总经理白彬、李国栋副总经理，烟台银行李永平代行长等相关人员参加了会议。

4 月 20 日 人寿山东省分公司全省系统组织向玉树地震灾区捐款 43.9 万元。

5 月 30 日 人寿董事会风险管理委员会马永伟主席、集团公司庄作瑾副总裁、总公司刘英齐副总裁一行赴人寿山东省分公司检查指导工作。

7 月 12 日 人寿山东省分公司与省邮政公司、省邮储银联合召开“邮政金融代理保险业务合规管理年活动”启动大会，保监局巩庆军副局长、省邮储银行韩广岳行长、人寿山东省分公司白彬总经理、臧杰新副总经理出席会议。

9 月 1 日 人寿山东省分公司召开全省系统“筑福工程”及“福禄满堂”新产品上市启动视频大会，总经理白彬做了动员讲话。

9 月 9 日 人寿集团公司时国庆副总裁在人寿山东省分公司白彬总经理陪同下，赴烟台分公司调研指导工作。

10 月 25 日 人寿总公司召开视频会议，宣布调整充实人寿山东省分公司领导班子，李恩林为该公司党委委员、总经理助理。

11 月 5 日 人寿山东省分公司与济宁银行在济宁举行代理保险合作签字仪式。济宁银行行长李印喜、人寿山东省分公司总经理助理李恩林参加了签字仪式。

11 月 30 日 山东保监局局长任建国、局长助理姚飞一行莅临人寿山东省分公司调研指导工作。

（齐登宝）

中国太平洋财产保险股份有限公司山东分公司

【第一负责人简介】 宋建国，男，1966 年 12 月生，中共党员，高级经济师，硕士学位，澳新保险金融学会资深会员。中央财经大学国际保险专业本科毕业，中欧国际工商学院 EMBA。1989 年毕业到黑龙江中国人保工作，1991 年进入交行海南分行保险部，2003 年任太平洋财险海南分公司党委书记、总经理，2007 年 8 月任太平洋财险总公司财产责任险部总经理，2008 年 7 月至今任太平洋财险山东分公司党委书记、总经理。

【综述】 2010 年，中国太平洋财产保险股份有限公司山东分公司(以下简称“太平洋财险山东分公司”)深入实施精细化管理，着力创新销售渠道，综合调整业务结构，精心培育核心业务，不断促进增长方式的转变，实现了规模与效益的协调增长。全年该公司实现保费收入 34.89 亿元，同比增长 48.6%，其中，车险实现保费 29.32 亿元，非车险实现保费 5.57 亿元；为社会各界承担各类风险保障金额达 10594 亿元；人均产能同比提升 41%。

【经营管理】 2010 年，太平洋财险山东分公司切实加强经营管理：

一、竞争优势得以提升。一是开发运行重大客户管理平台，加大对重大客户的跟踪服务等措施，使企财险等效益型险种业务保持了较大幅度地增长；二是继续强化车险精细化管理措施，以“渠道化”为核心的个人车险发展模式和以“专业化”为核心的团体车险发展模式基本确立；三是开发上线了新的银保通系统，推出了一些适合代理的产品，提高了意外险等产品的竞争优势；四是全面启动车险电话销售工作，并逐渐成为车险业务销售的重要渠道；五是制定了优质客户服务方案，并围绕“5S 理赔服务”内容，开展了查勘定损技能比赛；六是顺利完成了新办公楼搬迁，实施了外观项目全辖统一改造，增强了“窗口”的示范作用。

二、风险管控持续增强。一是制定出台了费用管理《指引》、《实施细则》和《指导意见》，开发上线了预算管理系统，建立了预算审报批制度，并梳理了预算管理流程；二是推行发票客户联、转账支付联影印办法，保证了财务业务数据的一致性；三是签订了全员合规经营责任状，并对各机构合规经营等级进行了综合评定；四是组织开展了“三铁”行业创建、制度落实年的活动。

【改革创新】 2010 年，太平洋财险山东分公司坚持改革创新，有效化解矛盾，增强经营活力，提高竞争能力。一是人力资源优化项目改革顺利完成，达到了规范资源管理、强化集中管控、提高人均产能、促进效益提升的目的；二是上收了部分管理权限，规范了资金划转方式，保费归集、业务支付、费用管理、会计核算等四个方面的集中已基本实现；三是完成了全辖人员劳动合同的集中管理，实现了人力资源管理网络化、信息化；四是建立了以“专业分工为导向”的核损作业模式，实现远程视频定损系统的运用，促进了核损专业化能力的提升；五是顺利完成了 P17 客户服务系统的试点，为核心业务系统的集中、客户服务能力的提升和区域呼叫中心模式的建立提供了保障;六是完成了航运保险事业部改革试点工作,为下一步其经营管理水平的提高奠定了基础。

【大事记】 3 月 太平洋财险山东分公司成功续保山东华鲁恒升化工股份有限公司财产险一揽子保险,承保金额 72 亿元。

4 月 15 日 山东保监局局长任建国、副局长鲁青到太平洋财险山东分公司调研指导工作。

5 月 太平洋财险山东分公司承保中铁二十一局集团有限公司贵广铁路建筑工程一切险业务,承保金额 16.5 亿元。

5 月 31 日 太平洋财险山东分公司首届销售精英表彰大会在济南召开，对全辖 21 个销售团队和 50 名销售精英个人进行了表彰。

6 月 10 日 太平洋财险市场总监俞斌到山东分公司指导工作。

6 月 12 日 太平洋财险山东分公司与晨鸣纸业集团公司在其总部驻地寿光市，共同举办企业风险管理与文化建设研讨会。

6 月 21 日 太平洋保险集团党委副书记、纪委书记宋俊祥分别到山东分公司和淄博、泰安中心支公司指导工作。

6 月 太平洋财险山东分公司成功续保晨鸣集团财产险业务,承保金额 322 亿元。

7 月 太平洋财险山东分公司成功续保山东山水水泥集团有限公司财产险业务,承保金额 130 亿元。

7 月 23 日 ~ 24 日 太平洋财险山东分公司党委组织全辖优秀共产党员和基层支部书记，分别到井冈山和南京雨花台进行参观教育,并举行重温入党誓词活动。

7 月 26 日 太平洋财险山东分公司在山东大厦与上海大众山东分公司、上海大众斯柯达品牌营销事业部济南 RBO 签订了项目合作框架协议，全省 17 地市中支机构的代表近 80 人参加了会议。

7 月 27 日 ~ 28 日 太平洋保险集团董事长高国富到山东分公司和烟台中心支公司指导工作。

7 月 30 日 太平洋财险 2010 年年中工作会议在烟台召开。

7 月 太平洋财险山东分公司向山东华鲁恒升化工有限公司锅炉损坏事故预付赔款 100 万元。11 月经损失确认后又再赔付 304 万,该次事故共支付赔款 404 万。

8 月 太平洋财险山东分公司向威海鑫发渔业有限公司火灾事故赔付 314 万元,加上该案先行赔付 236 万,该赔案共计赔付 550 万元。

9 月 3 日 太平洋财险常务副总经理许建南、市场总监俞斌到淄博中心支公司考察设立总公司电话销售职场选址工作,并视察了山东分公司 95500 呼叫中心,山东分公司党委书记、总经理宋建国和副总经理武博等陪同。

9 月 太平洋财险山东分公司向中国民航机队支付 8 月 24 日河南航空 B-3131 坠机事故赔款 645 万元。

9 月 太平洋保险“责任照亮未来”希望小学支教活动山东沂源站启动。公司员工与客户志愿者进行了为期一周的支教活动,向学校捐赠了电脑、书包、文体器材,并重新更换了全部课桌椅。

11 月 1 日 太平洋财险山东分公司召开中国太平洋保险建司二十周年庆典系列活动暨 2011 年一季度业务竞赛活动宣导视频会议，全辖各级机构负责人和分公司干部员工 300 余人参加了会议。

12 月 16 日 太平洋财险董事长兼总经理吴宗敏到山东分公司调研指导工作，并到淄博中心支公司考察了设立总公司电话销售职场选址工作。

12 月 18 日 太平洋财险山东分公司召开 2011 年工作会议,并讨论通过了山东分公司新一轮三年发展规划。

12 月 太平洋财险山东分公司向聊城四海包装有限公司支付火灾赔款 260 万。

12 月 20 日 太平洋财险山东分公司召开党委民主生活会,太平洋保险集团公司党委副书记、纪委书记宋俊祥到会指导。

（郭宗杰）

中国平安财产保险股份有限公司青岛分公司

【第一负责人简介】 李小安,1967 年 1 月生,安徽太湖人。1991 年毕业于湖南经济学院经济法专业，大学本科，经济师,中共党员,曾就任于中国人民银行安徽省分行金管处。1996 年加入中国平安财产保险股份有限公司，先后任江西分公司总经理助理、西区事业部督导部总经理、广西分公司总经理,2010 年 6 月起担任中国平安财产保险股份有限公司青岛分公司总经理。

【综述】 中国平安财产保险股份有限公司青岛分公司（以下简称“平安产险青岛分公司”)是中国平安财产保险股份有

限公司设在山东半岛地区的省级管辖分公司，业务范围覆盖青岛、淄博、潍坊、烟台、威海、日照、临沂7个地市，拥有对外营业网点72个，员工1200多名。

2010年，保费收入突破19亿元，市场份额稳居前三。首席承保青岛胶州湾海底隧道、青岛地铁一期工程三号线、中集来福士深水半潜式钻井平台，参与承保北京地铁七号线、北京地铁西郊线、青岛海湾大桥、山东海阳核电以及南水北调、京石高铁、宁杭铁路、沪昆铁路、荣乌高速、青岛万邦中心、青岛万达广场、海阳即墨跨海大桥等省内外重大基础设施工程，大项目承保能力持续提升。

【经营管理】 2010年，平安产险青岛分公司确定“以客户为导向”的渠道化经营商业模式，深化运营改革，加大理赔、服务投入，优化资源配置，全面提升运营管理能力，全力打造“素质化、渠道化前线队伍，专业化、资格化后线队伍，年轻化、知识化干部队伍”。同时，坚持倡导“实事求是、令行禁止、层层负责”的三大作风，着力构建积极、主动、互动与联动的高效沟通文化，强化“自觉合规、健康发展”的理念和意识，从源头防控违规事件的发生。

【优质服务】 2010年，平安产险青岛分公司秉承“诚信第一、效率第一、客户至上、服务至上”的服务宗旨，不断优化服务体系。在注重理赔时效的同时，密切关注客户需求，为客户提供增值服务，推出网上新车车牌批改服务、VIP客户免费代办(理赔、年审、违章)、VIP客户生日送祝福、查勘送水等一系列创新服务举措。同时，每年举办客户服务节，使客户满意度不断提升，荣获山东省第8届消费者满意单位称号。

【公益活动】 2010年，平安产险青岛分公司积极参与环保、医疗、教育、急难救援等公益事业，践行社会责任，为西南旱灾、青海玉树地震灾区人民捐款10余万元。

【大事记】 7月21日 平安产险青岛分公司与一汽丰田AAA品牌保险签约仪式在青岛汇泉王朝酒店隆重举行。该产险分公司是一汽丰田总对总项目在青岛及潍坊地区导入的首家保险公司，该项目的达成树立了保险行业与汽车行业的合作典范。

9月7日 平安产险青岛分公司将100万预付理赔款交付给在吉林特大交通事故中出险的客户青岛华旅运输有限公司，这是该事故中首笔到位的保险赔款。

10月26日 由烟台中集来福士海洋工程有限公司总包承建的中国首座自主建造深水半潜式钻井平台命名暨交船仪式举行，平安产险青岛分公司作为该工程的首席承保人出席了仪式，为该平台提供保险保障，进一步提高了该产险分公司在海上工程建造领域的保险地位和经验。

10月29日 平安产险青岛分公司召开直销升级转型启动视频会议，标志着改分公司直销升级转型工作正式进入实战阶段。

（平安财险青岛分公司）

中国平安人寿保险股份有限公司青岛分公司

【第一负责人简介】 韩光，男，1968年生，辽宁省锦西市人，中共党员，1991年毕业于南京河海大学工业企业管理专业。1996年10月，加入中国平安保险股份有限公司南京分公司(寿险)。2000年7月担任南京分公司营销部和培训部负责人。2001年10月担任无锡支公司总经理。2002年7月在平安集团改革发展中心和董事长办公室任职。2003年3月任职青岛寿险营销负责人。2004年9月起任为平安人寿青岛分公司总经理，主持工作。

【综述】 中国平安人寿保险股份有限公司青岛分公司（以下简称“平安人寿青岛分公司”）下辖威海、东营、滨州、淄博、潍坊、日照、临沂等7个地市级分支机构。自成立以来，一直秉承“诚信第一、效率第一、客户至上、服务至上”的宗旨，视企业的信誉为生命线，力求全方位满足客户需求。截至2010年末，个险市场占有率已连续6年在青岛市场上保持领先。

【内部改革】 2010年，平安人寿青岛分公司以诚信守法为立业之本，以稳健经营为发展之策，以创新服务为跨越之道，持续完善产品结构调整，提升服务水平和业务品质，不断提高风险管控能力和业务管理水平。一是紧密围绕经营管理平台搭建，夯实基础管理，推动业务实现可持续、有价值、快速的成长；二是深入巩固组织营销，搭建有规模有效益的销售网络，积极拓展保险市场，持续提升市场覆盖率和网点达标率。

【客户服务】 2010年，平安人寿青岛分公司在坚守“信守承诺，为客户寻找理赔的理由”的理赔承诺的同时，全面践行彰显平安综合金融实力的“财富人生 平安相伴”理念，实现“你的平安 我的承诺”的真正品牌内核。

一、打造服务品牌。在业界首先提出了 P-STAR 五星级服务品牌概念，即主动(Proactive)、简单(Simple)、及时(Timely)、方便(Accessible)、可靠(Reliable)这五项指标的英文缩写，取平安五星级服务之意。

二、完善服务体系。在现有的电话中心、PA18 网站、门店中心、业务员服务队伍四大体系基础上，通过统一的技术平台，整合成完整的 4A 服务体系，即无论何时(Anytime)、何地(Anywhere)、以何种方式(Anyway)，都能提供客户所需要的任何金融产品和服务(Any Product)。

三、强化服务意识。以贯彻 P—STAR 五星级服务和打造以客户为中心的服务文化为主线，通过开展满意度竞赛、服务明星评选、主题服务月等活动，有效提升员工的服务技能，切实做到为客户提供主动、简单、及时、方便、可靠的五星级保险至尊服务。

【大事记】 1 月 25 日　平安人寿青岛分公司向即墨龙泉镇龙泉小学和平度市崔召镇崮山后小学捐建了爱心图书室，捐赠图书两千余册。

2 月 3 日　平安人寿青岛分公司组织员工代表到青岛市儿童福利院蓝天之家看望儿童，并捐赠了食物、衣物等多种生活必需品。

4 月 11 日　平安人寿青岛分公司第 15 届客户服务节开幕式启动仪式暨专家巡讲报告会在青岛市人民会堂隆重举行，千余名市民受邀参加。

8 月 13 日　第 2 届平安人寿杯少儿才艺展示大赛颁奖晚会暨 2010 年平安人寿青岛分公司客服节闭幕式在青岛电视台演播大厅隆重上演。

8 月 31 日　在山东保监局和山东省保险行业协会主办的我为三铁建言献策征文评选活动中，平安人寿青岛分公司荣获优秀组织奖，上报的两篇论文分获一、二等奖。

12 月 31 日　在青岛市企业联合会、青岛市企业家协会组织的青岛企业 100 强评选活动中，平安人寿青岛分公司继 2009 年之后再次入选，成为其中唯一的保险企业。

(刘　涛)

四、银联公司

中国银联股份有限公司山东分公司

【第一负责人简介】 李金良，男，山东宁津人，高级工程师，原就职于人行济南分行科技处，2001年5月任山东银行卡网络服务中心总经理，2002年3月至今任中国银联山东分公司总经理。

【综述】 2010年，中国银联股份有限公司山东分公司（以下简称“银联山东分公司”）加快新业务研发推广，推动银行卡事业又好又快发展。一是截至年末，全辖入网特约商户9.93万家，较年初新增2.47万家，POS终端15.65万台，同比新增4.13万台；二是ATM成功交易笔数1.64亿笔，交易金额566.5亿元，同比分别增长25.0%和37.8%；三是POS成功交易笔数2.18亿笔，交易金额4432.3亿元，同比分别增长39.8%和43.4%；四是银联标准借记卡累计发行8175万张，新增1652万张，银联标准信用卡累计发行880万张，新增310万张；五是银联借记卡活动卡占到总活动卡的78.6%，信用卡活动卡占比达到38.73%，银联标准卡交易金额占68.2%。

【业务发展】 2010年，银联山东分公司与各成员机构密切合作，做精做实银联标准卡的发行，努力构建和谐发展环境，促进辖内银行卡产业健康、持续、快速发展。

一、受理市场规范取得阶段性成效。一是全面建立联网通用商户信息注册机制，年末累计注册间联商户13021户，注册率98%；二是累计下发疑似套用MCC违规商户2947家，整改率为100%，套用MCC市场违规行为得到有效遏制和清理；三是对累计6922户的个人收单账户分3批进行统一封停，同时规范电话支付终端跨行业务，共发展电话支付终端30238台；四是开通移动合作营业厅资本归集项目、省内力诺集团等大型企业代理点的资本归集项目等；五是开通自来水公司自助缴费终端的银行卡支付功能、体育彩票的刷卡支付业务，现已拓展1661个投注站，累计交易笔数22万笔，交易金额累计2.02亿元。

二、组织系列营销活动，促进受理市场发展。一是组织知名商圈、高端餐饮的节假日的标准卡、全省范围内的“银联相伴 好礼不断”系列日常营销活动、开展受理市场竞赛等活动；二是截至年末，二级地市入网商户78040家，POS终端119091台，其中直联商户68331家，新增14288家，直联POS终端106468台，新增24505台，分别完成计划的119%和111%；三是与农行、邮储等行携手合作，在受理市场拓展、宣传营销、维护市场规范秩序方面进行了卓有成效的合作，共同拓展农村地区受理市场；四是启动ATM营销活动，努力增加辖内ATM机具布放量和提高ATM交易量；五是组织“北卡南用”竞赛、第4届“银联杯”商业服务业收银员职业技能竞赛。

【风险管理】 2010年，银联山东分公司银行卡风险防范工作常抓不懈，有效维护了银行卡产业的安全稳定。一是积极推广银联二代风险系统，目前该系统的用户已达182户；二是参加人行济南分行、省公安厅联合召开的山东省打击银行卡犯罪电视电话会，并为大会组织的打击银行卡犯罪培训班进行了授课；三是接待公检法机关案件查询工作，提供案件线索985条；四是向各成员机构共发送疑似风险商户案例14121例，封停反馈风险商户2272户。

【大事记】 1月22日 银联山东分公司与30家成员机构以“同创品牌 共享成长”为主题，在山东大厦成功举办了“山东省银行卡同业年会”。

6月2日 人行济南分行黄向庆副行长一行来分公司调研工作。

（段好勇）

中国银联股份有限公司青岛分公司

【第一负责人简介】 赵玉东,男,1970年5月生,中共党员,本科学历,经济师。1993年7月参加工作,历任人行青岛中支计划处副主任科员,青岛银行卡网络服务中心办公室副主任、市场部经理、总经理助理,银联青岛分公司助理总经理、副总经理等职;2004年8月起,担任中国银联青岛分公司总经理。

【综述】 2010年,中国银联股份有限公司青岛分公司(以下简称"银联青岛分公司")不断扩大业务领域,提高服务水平,使辖内银行卡跨行业务继续保持较快增长。一是青岛市银行卡特约商户总数为2.2万家,联网POS总量为3.3万台;二是实现POS跨行消费交易6400万笔、1322亿元,同比分别增长17%和37%;三是年末青岛市入网ATM机具为3812台,实现ATM跨行取款1993万笔、取款金额158亿元,同比分别增长10%和22%。

【业务发展】 2010年,银联青岛分公司在确保系统安全运行基础上,积极开展丰富多样的营销活动,不断推动ATM跨行交易及POS刷卡消费再上新台阶。一是开展系统巡检工作,加强交易监控,保证网络交换系统安全运行,全年无生产事故;二是定期向成员机构发送《各入网机构系统运行通报》,通过人行下发《银行卡跨行交易质量季度通报》,全市发卡方交易承兑率与受理方交易成功率分别提高到93%和99.96%;三是发起"银联杯"创新竞赛,辖内19家成员机构均报名参加,联合成员机构开展各项ATM专项营销,提高自助设备使用率;四是先后与市农联社联合开展"62银联卡"换卡营销,与青岛市财政局招标的6家发卡行,联合开展中央预算单位公务卡发卡促销活动,与工行及华臣影院开展"刷工行银联标准信用卡,倾情奉献感官盛宴"活动,与农行开展网球白金卡、台湾旅游卡专项营销。

【市场扩展】 2010年,银联青岛分公司不断扩展业务覆盖范围,加快农村市场拓展步伐,并牵头服务青岛市社保卡项目,扩大了业务领域。一是在即墨市蓝村镇等5个试点乡镇布设银行卡受理终端,为全面拓展农村受理市场奠定基础,同时,在市人行的指导和争取下,在平度市南村镇的22个村庄试点并安装具有小额提现功能的POS机;二是积极开展郊区"刷卡无障碍示范区(街)"活动,并先后在平度市和莱西市建设"刷卡无障碍示范街"工程,以点带面,全面提升农村地区银行卡支付服务水平;三是新社保卡交易处理系统如期上线,实现银行卡和社保卡的共同受理,使刷卡结账时间减少至10秒以内。

【大事记】 4月1日 青岛市2010年度"银联刷卡月月奖"活动隆重启动。

7月1日 青岛市社会保障卡交易系统升级于零时正式切换成功。

7月14日 青岛市平度市隆重举行了苏州路"刷卡无障碍示范街"揭牌仪式。

10月1日 全市ATM跨行转账专项营销活动正式启动。

(路 瑶)

五、财务公司

中国重汽财务有限公司

【第一负责人简介】 宋其东，男，1963 年 4 月生，山东泰安市人，中共党员，高级会计师，武汉理工大学经济学硕士研究生。1984 年参加工作，先后任职于原中国重型汽车集团公司财务处科长、副处长、处长，财务部副部长，原重汽销售公司副总经理兼总会计师，原集团公司计划财务部部长兼中国重型汽车财务有限责任公司副董事长、总经理。2000 年先后任中国重型汽车集团有限公司财务部经理，副总会计师兼财务部经理、中国重型汽车财务有限责任公司副董事长、总经理，现任中国重型汽车集团有限公司副总会计师兼中国重汽财务有限公司董事长。

【综述】 2010 年，中国重汽财务有限公司（以下简称“重汽财务公司”）坚持“股东至上，服务第一，依托集团、全面发展”的经营宗旨，以科学、务实、审慎、稳健的指导思想开展经营活动，为集团和成员单位提供了优质的金融服务，各项业务发展快速。全年实现收入 1.24 亿元，同比增长 36%；实现利润 9831 万元，增长 40%；全年信贷资产运营良好，不良贷款、不良资产、呆滞贷款的控制情况良好。

【集团资金的统一结算】 2010 年，重汽财务公司始终坚持快捷、准确、及时、安全的服务理念，以优质的服务保证了集团资金统一结算管理。全年累计实现结算量 3962.4 亿元，完成结算笔数 2.45 万笔；新增开户单位 12 家，年末集团成员单位在财务公司开户已达 56 家，设立结算账户 112 个，并全部实现了九恒星系统的网上银行结算。

【汽车消费信贷】 2010 年，重汽财务公司根据市场对汽车金融业务的需求，适时推出了“车贷险”模式、终端用户担保人综合授信贷款模式和“抵质押”模式，满足了不同客户的需要，促进了重汽汽车产品的销售，最大限度地发挥了金融服务平台的作用。截至年末，该公司已建立了 16 个地区业务部，汽车信贷业务已辐射到全国大部分地区，消费信贷网络已初具规模。

【大事记】 6 月 9 日 人行总行的领导在济南分行领导的陪同下到重汽财务公司对电子票据业务的准备情况进行现场指导。

6 月 22 日 重汽财务公司董事会及 2009 年度股东大会在济南召开。

8 月 26 日 中国重汽与中国人保财险迄今单笔最大的“车贷险”业务 50 台 HOWO 水泥搅拌车交车仪式在江西南昌举行。

（刘其贵）

海尔集团财务有限责任公司

【第一负责人简介】 李占国，男，中共党员，东北财经大学硕士，高级会计师。1993 年起先后任海尔集团资金管理经理、财务管理部长、财务公司副总经理；现任海尔集团财务有限责任公司董事、总经理，中国财务公司协会副会长。

【综述】 2010 年，海尔集团财务有限责任公司（以下简称“海尔财务公司”）承接海尔集团“打造互联网时代的世界品牌”发展战略，截至年末，该公司总资产规模 343 亿元，同比增长 38%；利润总额 7.03 亿元，增长 65%，跻身全国财务公司行业前 6 强，成为银监会树立的财务公司标杆单位。

【业务创新】 2010 年，海尔财务公司积极创新业务模式，拓宽范围，降低了成本，提高了资金使用效率，实现了业务的快速发展。

一、创新金融支持模式。一是整合内外部专家资源，同时将专卖、社区店分为 A、B、C、D 四类进行不同的支持、引导，对产业链上的物流、信息流、资金流进行管理跟踪，专款专用；二是针对不同客户设计差异化的抵押担保方式，确保融资风险可控；三是对山西、河南等 28 个省辖区提供金融支持，发展 A、B 类客户 270 户，融资规模达 5 亿元，获得支持的中小企业销售收入同比增长超 50%；四是已受理申请的店已超过 300

多家，为集团销售业绩的持续增长提供了竞争优势

二、持续推进电票业务，开发信贷业务平台。一是确定市场目标，即全流程的的票据电子化支付率达到100%；二是在对供应商开票付款环节，实现了对1180家、占比98%的客户的电子票据的支付，累计签发电子票据13321余笔，金额达133亿；三是开发了新一代信贷业务平台，改进工作流程，满足该公司对风险防范的要求。

【电子化建设】 2010年，海尔财务公司通过建立统一的公网渠道，为资金集中管理、电票业务、外汇支付等业务提供了有效的渠道工具，通过风险评估、机房建设、网络改造、管理体系梳理等手段，对该公司现有信息安全体系进行整体改造，并通过了有认证资质的第三方安全测评机构的测评认证。

【大事记】 4月2日 海尔财务公司成为银行间外汇市场会员，可从事即期询价交易。

5月13日 海尔财务公司成为中国外汇交易中心外币拆借会员。

5月25日 海尔财务公司结售汇综合头寸下限为0美元，上限为22500万美元。

6月30日 海尔财务公司股东海尔集团公司向另一股东青岛海尔电子有限公司转让其所持有的35%股权。

9月28日 海尔财务公司增加注册资本人民币5亿元，变更后海尔财务公司注册资本为人民币15亿元，股权结构不变。

10月16日 海尔财务公司新一代信贷系统成功上线。

（李 梅）

南山集团财务有限公司

【第一负责人简介】 隋政，男，山东乳山人，1963年5月生，工商管理硕士。1979年参加工作，1992年10月起先后担任香港中银集团投资有限公司副经理、经理、高级经理、副总裁等职；1999年5月起任中国银行威海分行副行长、党委委员；2000年2月至2006年4月，先后任东方资产管理公司青岛办事处经理、高级经理、助理总经理、副总经理兼纪委书记等职；2006年4月起任南山集团公司董事、副总经理兼南山集团财务有限公司筹备组组长；2008年8月至今任南山集团财务有限公司副董事长兼总经理。

【综述】 2010年，南山集团财务有限公司（以下简称“南山财务公司”）以打造“服务于集团的功能性金融机构”为使命，不断探索发展思路，努力扩大服务范围，积极发挥职能作用，开创了基础不断夯实、业务稳健发展、内控体系全面建立、队伍素质稳步提升的新局面。截至12月末，公司本外币总资产达43亿元，负债36.79亿元，当年实现净利润10134.33万元，各项指标均符合监管要求。

【公司经营】 2010年，南山财务公司着力深化以服务促发展的理念，强化规模优势，资金集中管理水平稳步提高。

一、加大资源整合力度，用服务手段构建“现金池”。一是继续完善与工、农、中、建四大行所搭建起的资金结算渠道，借助先进的科技系统，为集团跨省异地企业提供结算服务；二是从集团整体角度，推动集团出台政策支持财务公司发展；三是积极争取外管局的支持，为归集集团外汇资金做好准备。截至年末，该公司吸收成员单位存款30.16亿元，同比增长29.68%，累计办理结算业务14万笔，结算金额4700多亿元。

二、发挥资金调节作用，丰富服务手段。一是紧密围绕集团需求设计业务品种，先后开展买方付息、委托贷款、电子商业汇票贴现等业务，申请增加了“承销成员单位的企业债券、成员单位产品的买方信贷”业务资格；二是深化同业合作，构建“商业银行、财务公司和企业集团”三方新型银企关系，融通调节资金；三是抓住人行推广商业承兑汇票的机遇，着力打通集团商业承兑汇票的流通渠道。该公司全年累计向集团投放资金49.31亿元，同比增长44.13%，其中，中长期贷款1.65亿元，短期贷款25.87亿元，票据贴现21.79亿元。

三、发挥专业优势，提升服务质量。该公司通过主动上门等方式了解集团企业在资金结算、外部融资、外币结算等方面的需求，组织对商业银行服务产品进行分析评估，协助设计解决方案，向集团提供专业意见，受到集团成员单位的高度认可。

【内控与风险管理】 2010年，南山财务公司深入探索强化风险管控的方式途径，强化危机意识，不断完善自我约束、自我发展的管理体系，全年未发生一起案件，各项业务稳健发展。一是组织对风险管理委员会执行机构风险合规部的职能进行了重新理顺，强化其在风险识别、计量、跟踪、控制等方面的职能作用，突出了对风险点的管控；二是对开业以来的各项规章制度进行系统性评估，围绕支付结算、财务会计、信息科技等重点内控环节，加强过程控制，组织修订完善相关制度20余项；三是在健全事后监督体系的同时，重点探索改进审计稽核工作的方式方法，加强对重点领域和薄弱环节的检查监督，全年先后组织各类稽核检查28次，全面检查2次，有效提高了内控制度的执行力。

【队伍建设】 2010年，南山财务公司继续推行结构化的队伍建设策略。一是先后引进高级管理人员2人(其中1人任职资格正在报批)，中层干部1人，提高了专业管理能力；二是积极推进人事管理体制改革，通过竞争方式将工作能力强、员工信赖的业务骨干选拔到管理岗位；三是强化员工培训，员工技能测试通过率达95%，银行业从业资格通过率达95%以上，队伍的技术水平和专业能力大幅提高；四是制定并运用绩效考核办法，完善激励考核机制建设，广泛调动和激发员工的工作积极性。

【大事记】 3月15日 南山财务公司相继召开第一届董事会第三次会议、第一届监事会第三次会议和第三次股东会。

6月28日 南山财务公司以直连方式加入电子商业汇票系统。

11月30日 南山财务公司《关于申请扩大经营范围的请示》经中国银监会(银监复〔2010〕571号)批复，批准新增“承销成员单位的企业债券、成员单位产品的买方信贷”两项业务。

(高玉臣)

海信集团财务有限公司

【第一负责人简介】 黄金萍，1997年5月毕业于复旦大学世界经济专业，硕士研究生学历。曾在建设银行任职10年，其后先后担任深圳市海汇、海源投资有限公司常务副总经理、总经理，现任海信集团财务有限公司总经理。

【综述】 2010年，海信集团财务有限公司(以下简称“海信财务公司”)通过完善业务功能，提高资产配置能力，以提高股本回报率，更好的为集团提供服务打下坚实基础。截至年末，资产规模40.70亿元，同比增长35.15%；实现利润总额5583.32万元，同比增加95.11%；净资产利润率7.50%，同比提高2.39个百分点。通过加强集团成员单位筹融资管理，使集团整体综合融资成本明显下降。

【公司经营】 2010年，海信财务公司成员单位间的商业汇票结算正式通过公司电子商业汇票系统办理，票据结算效率明显提升。一是经董事会批准正式成立外汇业务部和资金管理部，公司即期结售汇业务和有价证券投资业务正式开办，为集团成员单位节约汇兑成本，提高资金使用效率做出积极的贡献；二是实现对异地成员单位的资金集中管理，重点加强对房地产及其子公司项目监管资金的监控；三是严格控制各成员单位在外部银行的开户，及时增加对新开账户的监控；四是新增对美元账户的监控。

【内控与风险管理】 2010年，海信财务公司持续加强基础管理和内控建设，有效提升内控和风险管理水平。一是公司建立起健全、有效的内控机制，员工合规意识明显加强；二是建立、实行客户信用评级制度，优化授信调查报告分析框架，尤其是加强对客户所处行业状况、细化客户关键财务指标变动原因的分析；三是开办《海信集团外汇业务动态》刊物，针对与集团进出口业务相关的监管政策予以分析，介绍财务公司新开展的外汇业务，关注金融市场动向，为成员单位提供汇率风险管理的信息参考。

【大事记】 2月6日 公司2010年度经营工作会议召开。

4月20日 国家外汇管理局青岛分局正式批准公司即期结售汇业务资格。

5月5日 银监会批准公司“承销成员单位的企业债券”、“除股票二级市场投资以外的有价证券投资”、“成员单位产品的买方信贷、消费信贷”等业务资格。

5月25日 青岛外管局核定公司结售汇业务综合头寸。

6月28日 公司电子商业汇票系统通过人民银行接口验收正式上线。

7月17日 公司2010年年中经营工作会议召开。

8月19日 公司获批外汇交易中心会员资格。

9月 青岛银监局现场三处完成对公司的年度现场检查，对公司内控管理情况给予充分认可。

12月22日 公司即期结售汇业务正式开办，并正式在外汇交易中心开展外汇交易。

(王曙光 孙立宁)

中国石化财务有限责任公司山东分公司

【第一负责人简介】　郭彦坡，中共党员，高级会计师，硕士研究生毕业。1992 年起在洛阳石化总厂工作，2004 年 10 月起任中石化财务公司河南代表处副主任，2007 年 7 月起任中石化财务公司郑州分公司经理，2009 年 9 月起任中石化财务公司山东分公司经理。

【综述】　中国石化财务有限责任公司(以下简称“中石化财务公司”)是经中国人民银行批准，1988 年 7 月 8 日成立并受中国银监会直接监管的非银行金融机构，注册资本 80 亿元人民币(含 6000 万美元)。经银监会批准，中国石化财务有限责任公司山东分公司(以下简称“中石化财务山东分公司”)于 2007 年 9 月在青岛成立，受青岛银监局监管，现有员工 31 人。该公司秉承立足石化、服务主业、争创一流的经营宗旨，重点为山东辖区的胜利油田、齐鲁石化、青岛大炼油和青岛石化等 60 多家成员企业提供金融服务。

【公司经营】　2010 年，中石化财务山东分公司办理《企业集团财务公司管理办法》中列举的分支机构经批准的人民币业务，具体包括：吸收成员单位的存款；对成员单位办理贷款；办理成员单位之间的内部结算；对成员单位办理票据贴现；办理票据转贴现业务；办理成员单位之间的委托贷款；协助成员单位实现交易款项的收付；对成员单位办理票据承兑，对成员单位办理融资租赁。

全年，中石化财务山东分公司实现营业收入 2.94 亿元，利润 0.96 亿元，实现税收 0.49 亿元。截至年末，山东分公司资产总额 65.53 亿元，负债规模 64.56 亿元。

【内控与风险管理】　2010 年，中石化财务山东分公司对各项经营业务进行内控检查。逐步实现了两个转移：一是由会计基础规范检查向经营业务收支合法性和资金收付款检查的重点转移；二是以事后检查为重点向以事前检查和事中检查为重点的转移。

【大事记】　4 月 28 日　中石化财务公司副总经理高中元莅临山东分公司检查指导工作，并组织相关人员赴海尔财务公司考察学习。

5 月 21 日　中石化财务公司副总经理史立明莅临山东分公司检查指导工作，实地考察胜利油田电厂三期项目，积极推介财务公司业务。

11 月 30 日　中石化财务公司党委书记、总经理张保龙及党委副书记、纪委书记、工会主席谢东等莅临山东分公司视察指导工作。

12 月 1 日　中石化财务公司党组成员、副总经理、财务公司董事长李春光等莅临山东分公司视察指导工作。

(许钦珍)

六、金融院校

山东轻工业学院金融职业学院

【第一负责人简介】　唐宴春，女，1951年6月生，山东省龙口市人，大学文化程度，共产党员，教授。1971年9月在山东黄县参加工作，1973年9月至1975年8月在山东财政学校学习，毕业后留校任教；1976年10月调入山东银行学校，历任教研室副主任、主任、副校长等职务；2001年6月，组建山东轻工业学院金融职业学院后任副院长，党委成员；2002年12月任党委副书记，副院长，主持行政工作；2004年3月至今任山东轻工业学院金融职业学院院长。

【综述】　山东轻工业学院金融职业学院（以下简称“山轻金融学院”）前身是成立于1948年的山东银行学校，隶属人行总行。2001年6月，经鲁编办（2001）49号文件批准，整建制划转到山东轻工业学院，组建金融职业学院，实行二级法人管理体制。学院设置金融学、会计学、财务管理、法学、市场营销、信息管理与信息系统、金融保险、投资理财、计算机应用技术等9个专科专业，全日制在校生1773人。现有教职工221人，其中在职职工148人，离退休职工73人。118人拥有教师资格证书，44人具有硕士以上学位，占比27%；其中教授7人，副教授30人，具有高级职务教师占比35%。

该院占地面积64000平方米，建筑面积32306平方米，教学仪器设备价值831.26万元。校园网、语音室、多媒体教室、计算机室、专业实验室、体育场地、培训中心等教学服务设施齐全，图书馆藏书17万册。2010年，该院在学生培养方面突出“知识－能力－素质”的整体优化，推行双证书培养模式（毕业证书＋职业资格证书），毕业生一次性就业率91.3%。

【教学工作】　2010年，山轻金融学院结合区域经济发展对技能型人才的需求，及时调整人才培养模式，突出实践教学特色，优化课程结构，并根据学生实训、实习及就业要求，分阶段组织教学，确保正常的教学秩序和稳定的教学质量。一是以校内实验室为基础建设学生实训基地，通过安装教学软件全真模拟金融企业的工作流程，将沪深股市大盘“搬”进教室，指导学生模拟操作，提高学生动手能力；二是投资80余万元改造语音室和计算机教学实验室，提升设备性能；三是开辟第二课堂，开展包括八个专业的新生专业认同教育、16场学术讲座、7场技能比赛等，提高学生的实际操作能力；四是完善教学质量评价和监控体系，认真落实教学研讨、教学观摩、教案检查、集体备课、抽查听课等措施，增强教师的育人意识和质量意识；五是录取新生873人，全日制在校生1773人。计算机文化基础考试通过率95%，英语四级考试通过率75.9%，专升本考试录取率64%。

【内部管理】　2010年，山轻金融学院一是加强班风和学风建设，养成良好的学习习惯；二是对家庭特困学生开辟绿色通道，进行心理疏导，帮助办理生源地贷款，提供勤工俭学岗位，发放国家奖助学金8.44万元，先后资助困难学生355人，并为1116名同学办理大学生城镇居民基本医疗保险；三是投资80余万元对校园进行了整修，增加了部分运动器械，更新了教室、公寓的部分实施；四是克服蔬菜、食品等主要原材料价格大幅度上涨的不利因素，采取多种措施消化涨价成本，确保学生就餐价格稳定；五是财务与学生管理部门密切配合，学费缴纳比例达到90%以上；六是开展女教工郊游、秋季运动会、红歌会、书法摄影、法律知识比赛等，丰富了教职工业余文化生活；七是采购图书3500余册、订购期刊、报纸380种；八是加强日常消防安全教育，培训义务消防队员，举行消防演习，并经常对驾驶员进行行车安全教育，确保车辆安全行驶。

【成人教育】　2010年，山轻金融学院培训中心依托金融高校的教学条件和优秀师资，为全省部分农信社举办培训班2期，300多人次。

【科研工作】　2010年，山轻金融学院出版国家级规划教材及其他教材一批，在省级以上刊物共发表自然、社科类论文35篇，其中核心期刊12篇。

【思想政治工作】　2010年，山轻金融学院一是加强党委班子自身建设和基层党支部建设；二是健全中心组学习制度，坚持民主集中制原则，开展批评与自我批评及党风党纪教育，从源头上抓好党风廉政建设和反腐败工作；三是认真抓好学生党员培养和发展工作，建立思想政治教育的长效机制；四是基层党校教育实行分层次办学，针对入党积极分子的不同特点设置不同的专业课程，共培训入党积极分子160余人，发展教工党员2人，学生党员54人；五是完善学生的知识结构，鼓励学生参与教师科研课题，提高综合素质；六是开展形式多样的主题团日活动；七是做好毕业生的就业指导工作。

（田清正）

第八部分

区域性金融运行报告
——鲁中地区

济南市

【经济金融概况】 2010年，济南市经济和社会事业全面发展，各金融以信贷结构调整促经济转型，合理增加信贷投放，全年金融运行健康平稳。

一、转方式、调结构成效显著。一是服务业主导作用不断增强，金融、信息服务、物流、会展、文化旅游等现代服务业占服务业比重达到44.6%；二是三次产业增加值比例调整为5.50:41.87:52.63；三是高新技术产业产值2064.0亿元，增长30.7%，占规模以上工业总产值的比重为41.54%，提高2.03个百分点；四是养老、医疗、失业、工伤、生育保险覆盖面进一步扩大，新型农村合作医疗人均筹资水平达到130元，基本实现全覆盖。保障性住房建设加快推进。

二、各项存、贷款稳步增长。一是各项贷款中，中长期贷款新增占比增大，个人消费贷款增势逐渐放缓，票据融资大幅下降；二是金融机构信贷资金占用长期化与存款性资金来源活期化、短期化趋势相共存。

【货币政策实施】 2010年，中国人行济南分行营业管理部（以下简称“人行济南分行营管部”）积极适应货币政策变化，加强“窗口指导”，保持辖内货币信贷总量的适度均衡增长。

一、加强信贷政策引导，着力优化信贷结构。一是制定实施《货币信贷工作，促进转变经济增长方式、调整经济结构的指导意见》；二是组织召开全市银行行长联席会议，召开济南市“打造现代产业体系”银企合作暨信贷政策发布会；三是组织驻济银行业机构签订综合授信协议749亿元，项目贷款协议391亿元，流动资金贷款协议396亿元。

二、大力推进“绿色信贷”，建立环境金融协同机制。一是组织驻济银行业金融机构共同签署实施了《金融机构绿色信贷协议》；二是推动各银行将环境风险评估纳入信贷审批流程，建立了相应内控制度。截至年末，驻济银行对高耗能、高污染和环境违法企业实施信贷退出金额达到95亿元。

三、积极运用货币政策工具引导商业银行信贷投向。一是重新修订《商业汇票再贴现业务管理实施细则（试行）》，支持辖区金融机构调整信贷结构；二是增加济南市重点企业和建设项目的信贷资金供应，截至年末，累计办理再贴现80笔，金额2.78亿元。

四、积极探索金融支持“三农”的有效途径。一是制定了《金融支持农民专业合作社发展指导意见》，引导涉农金融机构积极创新符合农民专业合作社需求的信贷模式和产品；二是农民专业合作社贷款取得突破，全市金融机构共对28家农民专业合作社发放贷款5600万元，实现经济效益800万元。

【金融稳定】 2010年，人行济南分行营管部积极创新金融维稳工作模式，加强风险监测，强化应急演练，努力维护辖区金融稳定。一是在辖区县域建立了由人行、银行监管办、保险及证券机构参与的《县域金融稳定联系制度》；二是建立了由济南、泰安、聊城、德州、莱芜五市地人行金融稳定联席会议制度，共同对区域维稳工作进行研究应对；三是组织辖内各支行及法人银行业金融机构开展了突发事件应急预案演练，有效提升了突发事件应急处置能力和水平。

【金融服务】 2010年，人行济南分行营管部在全辖率先建立了集政策传导、金融管理与服务于一体的金融信息平台，全辖1360家银行营业网点通过登录平台查阅有关信息，咨询相关问题，总点击量超过36.5万人次。一是建立了全省首家三农自助银行服务站，实现全天候24小时服务，该服务站正式运营以来，日均交易额210万元，受益农民1530人次；二是选择济南水业集团等多家企业进行“跨行通”业务试点，与济南东区供水有限公司签订了“水费代收业务协议”；三是成立了全省首批虚拟发行库，加大回笼券清分销毁力度，开展机械清分残损券试点工作，日均单机清分量提高89.7%；四是建立小面额票币调剂银企交流机制，为济南市公交公司、大型超市调剂小面额票币48次，金额1.92亿元；五是成功办理老年人补贴、军转干部住房补贴等15项政府补贴资金的直接支付，累计金额1687万元，惠及各类群体8.9万人。

【金融监管】 2010年，人行济南分行营管部提高政务公开和依法行政水平。一是制定《新设银行业金融机构管理与服务指引》，规范了开业事项工作流程；二是先后对北京银行济南分行等16家新设分支行开展了开业前的检查验收和岗位人员技能考核工作；三是制定了《金融机构综合评价实施细则》，细化了评价内容和标准，同时制定了《行政服务大厅管理指引》，得到了分行的肯定并在全辖推广；四是先后组织开展了对中行、齐鲁银行等机构的综合执法检查，对19家银行机构和证券机构反洗钱、账户管理、支付结算、人民币管理、征信等业务进行了现场检查，并对金融机构违法行为进行了行政处罚。

【精神文明建设】 2010年，人行济南分行营管部在系统内实施“三级联创”，扎实推进文明单位创建工作。金融系统积极参加地方“城乡联手，文明共建”活动，与部分乡镇的行政村建立了共建关系。

一、积极推进文明单位各项业务活动。一是人行济南分行营管部建立了以“泉·润·责”为内涵的富有地域特色的“泉水”文化框架；二是工行省分行营业部举办了“‘心’起点 行致远”企业文化巡回宣讲活动；三是农行省分行营业部举办了“践行文化理念，学习先进典型”演讲比赛，同时大力开展业务竞赛活动；四是人行济南分行营管部研究制定了《业务竞赛活动实施

济南市经济主要统计指标

指标 \ 年度	2006	2007	2008	2009	2010	2010 年同比增幅（%）
土地面积（平方公里）	8177	8177	8177	8177	8177	0
人口（万人）	603	604.85	603.99	603.27	604.1	0.14
非农业人口（万人）	338.6	—	—	—	—	—
地区生产总值（亿元）	2185.1	2554.3	3017.42	3351.4	3910.8	12.7
第一产业（亿元）	145.1	150.3	175.01	187.1	215.2	4.8
第二产业（亿元）	1001.8	1163	1330.68	1453.6	1637.5	11.0
工业（亿元）	861.5	999.4	1140.14	1211.4	1352.4	10.7
建筑业（亿元）	140.3	163.6	190.54	242.2	285.03	12.9
第三产业（亿元）	1038.2	1241	1511.73	1710.74	1720.33	14.9
人均地区生产总值（元）	36394	42171	45724	55520	64783	29
地区生产总值构成（%）	—	—	—	—	—	—
第一产业（%）	6.6	5.88	5.80	5.6	5.50	-1.8
第二产业（%）	45.9	45.53	44.10	43.4	41.87	-3.5
第三产业（%）	47.5	48.58	50.10	51	52.63	3.2
财政总收入（亿元）	463.5	758.63	922.6	967.7	1285.1	32.8
地方财政收入（亿元）	128.4	157.02	186.0	210.2	266.1	26.6
财政总支出（亿元）	—	—	—	—	659.7	51.1
地方财政支出（亿元）	145	180.07	221.5	259.3	336.8	29.6
全社会固定资产投资（亿元）	1016.8	1151.7	1415.3	1655.4	1987.4	20.1
规模以上固定资产投资（亿元）	932.25	869.0	994.1	—	—	—
房地产开发（亿元）	160.1	193.2	274.1	332.6	484.5	45.7
进出口总值（亿美元）	43.89	62.18	80.27	56.57	74.1	31.0
出口总值（亿美元）	24.39	34.35	45.97	30.47	40.6	33.1
实际利用外资（亿美元）	6.34	5.61	8.64	9.81	10.4	6.1
社会消费品零售总额（亿元）	939.3	1103.1	1356.7	1617.9	1725.5	18.7
居民消费价格指数（%）	100.9	103.9	105.69	100.33	102.1	2.1
城市居民人均可支配收入（元）	15340	18005.1	20802.2	22721.7	25321.1	11.4
农民人均现金收入（元）	5480	6300.1	7180.2	7804.8	8903.3	14.1

济南市工农业主要统计指标

农业主要统计指标（万吨）				规模以上工业企业主要统计指标（亿元）			
项目 \ 年度	2009 年	2010 年	增幅（%）	项目 \ 年度	2009 年	2010 年	增幅（%）
粮食	289.5	289.4	0.0	工业增加值	1154	1313.00	14.4
夏粮	122.8	126.3	1.3	国有工业	190.99	230.76	10.4
秋粮	142.5	139.8	-1.9	集体工业	44.38	26.34	1.1
棉花	3.2	2.9	-7.7	股份制工业	5.07	657.55	18.7
油料	6.1	5.9	-3.2	股份合作制工业	597.96	88.05	3.4
水果	46.2	47.4	2.6	外商及港澳台投资工业	100.22	103.27	12.1
蔬菜	591.2	601.4	1.7	轻工业	259.94	305.27	13.1
肉类	37.6	38.1	1.2	重工业	894.55	1007.73	14.8
禽蛋	35.9	36	0.4	销售收入	3926.35	4764.07	21.3
奶类	30.1	31.2	3.5	利税	457.03	515.92	12.0
水产品	4.1	4.3	2.9	利润	231.69	262.90	12.4
森林覆盖率（%）	28.9	29.4	1.73	经济效益综合指数（%）	277.94	336.91	19.18

济南市主要金融机构负责人

单位名称	行长（或其他称谓的第一负责人）	副行长（或其他称谓的同级领导）
人行济南分行营业管理部	陈好孟	朱传友 黄　磊 孙国强 王　刚 刘向群
农发行山东省分行营业部	石寿江	邢怀超 李　慧 刘　建
工行山东省分行营业部	王跃民	刘　静 杨景泉 杨　峰 王　波 吴继彤 王愿红 杨革非
农行山东省分行营业部	娄　群	王旭光 孙延风 袁朝阳 李登才 高　强 王刚胤
中行济南分行	孟和平	王述曦
建行山东省分行济南经营管理部	马天军	王振祥 荣卫民 徐大鹏 吕元理 李　红
齐鲁银行	邱云章（董事长）郭　涛（行长）	张苏宁 王洪业 赵学金 张常平 贾汉忠 张志高 柴传早 贝志伟 李迎春 毛芳竹
省农信联社济南办事处	李　毅	张洪堂 杨　艳
邮储银行济南市分行	李玉柱	李建新 刘　欣 席晓琳
人寿济南分公司	刘子强	杨守林 李学锋 李海帆 郭　强
齐鲁证券济南市公司	李　玮	邓　晖 毕玉国 陈　方 孙培国 何振江 薛　军 罗国举 钟金龙 吕祥友

济南市金融业务统计指标

指标（亿元）＼年度		2006	2007	2008	2009	2010	2010年同比	
							增加额	增幅（%）
银行类	本外币存款余额	4064.23	4104.24	5075.96	6422.7	7601.9	1179.2	18.4
	人民币存款余额	4024.62	4062.43	5036.81	6363.3	7510.4	1147.1	18
	企业存款	1333.04	1567.19	1936.17	2669.78	2955.3	452.4	16.9
	储蓄存款	1182.57	1266.66	1588.53	1911.53	2187.7	276.1	14.4
	定期储蓄存款	802.8	837.23	1081.14	1265.4	1416.7	151.3	12
	活期储蓄存款	379.77	429.43	507.1	646.13	771	124.8	19.3
	本外币贷款余额	3845.79	3762.46	4176.19	6200.59	7035	834.4	13.5
	人民币贷款余额	3788.42	3678.27	4116.68	5700.86	6319.1	618.2	10.8
	短期贷款	1417.1	1618.7	1762.04	1729.33	1898.6	175.1	10.1
	中长期贷款	1552.34	1805.85	1971.8	3524.97	4093.7	562.9	16
	票据融资	413.06	251.11	379.87	443.39	220.2	-223.2	-50.3
	当年结益	50.95	48.36	69.64	86.66	101.5	14.84	17.1
	不良贷款余额	157.02	184.55	110.77	119.15	115.6	-3.55	-3
	不良贷款占比%	4.6	5.02	2.65	1.92	1.83	-0.09	-4.7
	现金收入	5595.62	5998.45	6005.19	6624.39	7402.9	778.51	11.8
	现金支出	5494.15	5893.23	5889.14	6501.39	7282.2	780.81	12
	现金投放（+）回笼（-）	-108.63	-105.22	-116.05	-123.09	-120.66	2.43	-2
保险类	保险公司保费收入	50.48	63.97	85.3	84.3	113	28.7	34
	财险收入	10.93	15.78	17.5	21.9	27.7	5.8	26.1
	寿险收入	39.56	48.19	67.8	62.4	85.3	22.9	36.6
	保险公司赔款和给付支出	13.17	18.13	20.5	23.15	21.4	-1.75	-7.6
	财险赔款	7.91	7.81	9.7	9.89	10.6	0.71	9.55
	寿险给付	5.25	10.32	10.8	13.26	10.8	-2.46	0.12
	当年结益	--	--	--	--	--	--	--

续表

指标（亿元） \ 年度		2006	2007	2008	2009	2010	2010 年同比	
							增加额	增幅（%）
证券类	证券市场成交总额	2855.66	7746.94	5094.82	9934.38	11263.8	1329.42	13.4
	投资者保证金余额	37.19	100.31	107.02	268.84	271.1	2.26	0.8
	证券账户开户数	55.55	88.34	66.13	73.19	75.3	2.11	2.9
	佣金收入	—	48.02	28.87	31.5	32.7	1.2	3.8
	净利润	—	15.6967	4.47	8.7	8.9	0.2	2.3
	期货市场成交总额	—	14369.18	22562.27	16108.2	18909.6	2801.4	17.4
	期货客户保证金余额	—	—	—	21.71	27.4	5.69	26.2
	期货账户开户数（万）	—	2.2	3.7	4.31	4.85	0.54	12.5
	期货手续费收入	—	—	—	—	—	—	—
	利润总额	—	0.27	0.46	0.58	0.71	0.13	22.4

济南市金融机构统计指标

指标（个） \ 年度		2006	2007	2008	2009	2010	2010 年同比增幅（%）
银行类	法人机构	8	8	8	8	8	0
	省级分行	1	1	2	2	2	0
	二级分行	7	7	8	8	8	0
	县区支行	189	189	191	194	196	1.03
	分理处 营业所	254	252	244	234	237	1.28
	储蓄所	--	--	--	--	--	--
	从业人员总数	4630	4812	4964	5200	5284	1.62
保险类	保险机构	29	38	49	52	55	5.77
	财险机构	13	16	20	21	22	4.76
	省级分公司	--	--	--	10	10	0
	地市分公司	11	16	20	11	12	9.09
	县区支公司	26	38	43	43	44	2.33
	寿险机构	16	22	29	31	33	6.45
	省级分公司	--	--	--	25	26	4
	地市分公司	12	13	19	6	8	33.33
	县区支公司	20	20	20	20	20	0
	从业人员总数	14931	20348	25305	27418	27841	1.54
	财险人员	1677	4044	5016	5560	5977	7.5
	寿险人员	13254	16304	20289	21858	21864	0.03
证券类	证券机构	36	39	39	42	43	2.38
	证券公司	1	1	1	1	1	0
	证券营业部	32	35	36	41	42	2.44
	证券服务部	3	3	2	3	3	0
	从业人员总数		904	1563	1582	1608	1.64
	投资者开户	55.54	77.83	95.93	73.19	75.3	2.88
	境内上市股票支数	17	18	20	21	21	0
	境外上市股票支数	2	3	6	6	7	16.67
	辖区上市公司总数	17	19	24	25	26	4

济南市主要金融机构业务概况

单位：亿元

单位名称	本外币存款余额	人民币企业存款	人民币储蓄存款	本外币贷款余额	人民币短期贷款	人民币中长期贷款
农发行山东省分行营业部	12.75	10.92	--	52.55	48.76	3.79
工行山东省分行营业部	1010.9	231.71	414.68	834.9	102.8	679.18
农行山东省分行营业部	799.38	377.96	349.05	583.06	134.68	444.74
中行济南分行	478.28	212.01	116.36	303.64	28.07	260.53
建行山东省分行（济南地区）	817.06	273.37	344.57	462.83	59.45	383.82
齐鲁银行	656.93	254.98	139.43	422.58	214.97	156.16
农信社济南市办事处	444	103	332	329	249	49
邮储银行济南市分行	136.35	33.81	101.57	21.94	11.25	10.69

济南市各县级区域经济金融主要统计指标

名称	人口（万人）	面积（平方公里）	地区生产总值（亿元）	地区生产总值增速（%）	本外币存款余额（亿元）	储蓄存款（亿元）	本外币贷款余额（亿元）
章丘市	30.4	1855	503.83	12.3	263.41	180.47	163.73
平阴县	13.4	827	167.91	12.9	77.8	48.7	41.54
济阳县	16.1	1076	187.18	14.7	64.52	44.58	28.31
商河县	17.8	1162.9	97.63	12.7	59	38.93	34

细则》，修订完善了《业务竞赛奖励办法》和《部机关突出贡献奖奖励办法》。全年共组织各类业务竞赛15次15项，参赛人员达180余人次。

二、文体活动丰富多彩。一是人行济南分行营管部在辖区广泛深入开展了优秀作品赏析和中华传统经典、红色经典诵读比赛活动，组织举办了全市金融系统羽毛球比赛；二是工行省分行营业部成立群众体育运动协会，举办了第一届太极拳比赛，举办了“创先争优在基层，凝心聚力促发展”主题演讲比赛；三是中行济南分行举办了“2009年爱党爱国、爱行敬业歌咏比赛”；四是农信社系统组织举办了第6届职工运动会。

【大事记】 1月28日 济南市农村信用社系统首款理财产品“富民理财”A001理财产品，在润丰农村合作银行成功发行，共募集资金人民币2亿元。

4月8日 中行济南分行出国金融服务中心正式对外营业，标志着该行在个人金融服务方面提升到一个新的高度。

人行济南分行营业管理部组织召开一季度济南市银行行长联席会议，提出有效贯彻落实适度宽松货币政策，改进金融服务的主要任务和措施。

4月9日 工行山东省分行营业部举行存款突破1000亿元新闻发布会。

5月16日 工行山东省分行营业部荣获山东省“工人先锋号”荣誉称号。

7月2日 邮储济南市分行与济南市工商局、济南市个私协会在全省率先联合发行惠·商卡。

7月22日 全国总工会副主席张鸣起、人总行纪委书记王洪章等领导莅临人行济南分行营业管理部指导工作。

8月17日 润丰农合行被山东省总工会授予“山东省富民兴鲁劳动奖状”，董事长郑爱华被授予“山东省富民兴鲁劳动奖章”。

9月1日 国际保理协会（IFG）董事会通过2010年第7位会员入会决议，齐鲁银行正式成为国际保理协会(IFG)在全球的第154位会员，亦成为全国第四家、全省第一家加入国际保理组织的城市商业银行。

10月29日 中国重汽(香港)有限公司在香港成功向机构投资者发行27亿两年期人民币企业债券，成为全国首家在港发行人民币企业债券的大型中资背景非金融企业。

11月11日 建行山东省分行与济南市经济和信息化委员会“支持济南市中小企业产业集群发展”签约仪式在山东大厦隆重举行。

12月2日 人行济南分行营管部与济南海关缉私分局举行《打击洗钱及走私犯罪合作联动实施办法》会签仪式。

12月8日 农发行山东省分行与济南市政府签订《关于支持济南市统筹城乡发展战略合作协议》。

12月25日 中行山东省分行与省旅游局战略合作签约暨中银好客山东旅游卡首发仪式在济南举行。

（唐鲁生）

章丘市

【经济金融概况】　2010 年，章丘市经济金融保持了良好的发展势头，经济总量不断扩大，运行质量明显提高，物价水平保持相对稳定。主要呈现以下几个特点：一是贷款总量和增量创历史新高，其中贷款总量在济南辖区 4 县中继续保持首位；二是各项存款保持稳定增长，全市贷存比为 62%；三是银行业效益保持平稳，不良包袱化解有序推进，保险、证券业实现快速发展，保费收入及证券新开户数量在济南县域继续位居前列。

【金融发展与改革】　2010 年，在人行章丘市支行的积极推动下，金融改革不断深化，金融创新步伐明显加快，服务效能显

章丘市主要经济指标

经济指标	2009	2010	2010 年同比增幅（%）	经济指标	2009	2010	2010 年同比增幅（%）
土地面积（平方公里）	1855	1855	0	地方财政支出（亿元）	—	—	—
人口（万人）	101.18	101.51	0.33	全社会固定资产投资（亿元）	228.25	273.38	19.77
非农业人口（万人）	—	—	—	进出口总值（万美元）	22415	34536	54.8
地区生产总值（亿元）	439.5	500.6	13.9	出口总值（万美元）	20890	29785	42.58
第一产业（亿元）	47.5	54.2	6.0	实际利用外资（万美元）	35600	18503	-48.03
第二产业（亿元）	240	286.3	15.5	社会消费品零售总额（亿元）	170.71	184.85	8.28
第三产业（亿元）	152	160.1	14.0	居民消费价格指数（%）	—	—	—
财政总收入（亿元）	39.3	48.73	23.99	人均地区生产总值（元）	43513	49392	13.51
地方财政收入（亿元）	23.02	28.86	25.37	城镇居民可支配收入（元）	15021	16906	12.55
财政总支出（亿元）	30.2	39.4	30.46	农民人均现金收入（元）	9190	10138	10.32

章丘市主要金融指标

金融指标（亿元）	2009	2010	2010 年同比增幅（%）	金融指标（亿元）	2009	2010	2010 年同比增幅（%）
本外币存款余额	226.61	263.41	16.24	财险收入	0.38	0.42	10.53
人民币存款余额	225.91	262.8	16.33	寿险收入	4.03	3.77	-6.45
企业存款	37.79	41.08	8.71	财险赔款	0.13	0.2	53.85
储蓄存款	154.31	180.47	16.95	寿险给付	0.93	0.88	-5.38
本外币贷款余额	133.33	163.73	22.8	当年结益	—	—	—
人民币贷款余额	133.33	163.73	22.8	证券市场交易总额	136.26	131.24	-3.68
短期贷款	69.9	84.65	21.1	投资者保证金余额	0.89	0.67	-24.72
中长期贷款	53.27	70.17	31.73	证券账户开户数	15288	17232	12.72
票据融资	10.15	8.9	-12.32	证券交易佣金收入	0.32	0.27	-15.63
当年结益	3.88	7.75	99.74	净利润	0.18	0.2	11.11
不良贷款余额	7.93	6.28	-20.81				

章丘市主要金融机构负责人

单位名称	行长（或其他称谓的第一负责人）	副行长（或其他称谓的同级领导）
人行章丘市支行	李　杰	吕　萍　赵延东　李山才
银监会章丘市办事处	马印忠	王振彬
农发行章丘市支行	任　方	张光华　郝　冰
工行章丘市支行	穆庆军	庞会伟　刘　伟　许新立　胡云鹏

续表

单位名称	行长（或其他称谓的第一负责人）	副行长（或其他称谓的同级领导）
农行章丘市支行	曹体康	肖　峰
中行章丘支行	袭祥益	李文菊　程　宁
建行章丘支行	刘廷涛	宋学艺　李枝玖　张学松　韩建波
章丘市农信联社	张而诗	任成常　徐庆三　唐　军　李　哲　张　玲
齐鲁银行章丘支行	韩明磊	杨长春　刘学伟
交通银行章丘支行	孟晓龙	刘春霞　杜海洋
华夏银行章丘支行	江卫东	靳云彤　王志飞　马惊涛
邮储银行章丘市支行	丁　健	宋长瑜

章丘市主要金融机构业务概况

单位：亿元

单位名称	本外币存款余额	企业存款	储蓄存款	本外币贷款余额	短期贷款	中长期贷款
农发行章丘市支行	0.31	0.25	--	3.79	1.57	2.22
工行章丘市支行	34.19	6.95	19.17	37.12	7.28	29.63
农行章丘市支行	50.93	8.91	39.07	14.35	9.24	4.42
中行章丘支行	12.95	4.63	6.63	8.52	1.7	6.8
建行章丘支行	32.1	4.88	17.86	17.79	3.14	14.65
章丘市农信联社	78.23	7.7	67.5	57.67	49.48	0.26
齐鲁银行章丘支行	6.74	2.2	2.05	12.05	5.85	6.15
交通银行章丘支行	5.79	1.86	1.69	6.24	2.78	3.46
华夏银行章丘支行	5.73	1.80	2.18	2.75	1.73	1.02
邮储银行章丘市支行	26.77	1.90	24.34	3.45	1.90	1.26

著提高。

一、农村金融制度改革试点稳步推进，担保体系进一步完善。一是章丘市齐鲁村镇银行、恒通小额贷款公司相继成立，农村金融服务体系进一步完善；二是通过财政注资、企业入股等形式使辖内3家担保机构注册资本同时达到了1亿元。

二、金融产品与服务方式创新步伐明显加快。一是人行章丘市支行加强“窗口指导”，创新开展了该市金融支持农民专业合作社试点；二是工行章丘市支行推动动产质押贷款、网贷通贷款业务的开展；三是章丘市农信联社做大“大联保体”贷款，均取得了良好效果；四是农行章丘市支行成立了“三农”事业部；五是建行章丘市支行成立中小企业信贷服务中心，金融支持“保稳定、促发展”作用明显。

【金融服务与监管】　2010年，章丘市各项业务监管取得了明显成效，辖区金融服务水平不断提高。一是推进农村支付环境建设试点，截至年末，全市ATM机112台、POS机690台，金融自助终端15台；二是加强对农信联社改革试点的监测考核，定期检查农信社央行专项票据兑付后续情况；三是加强民间融资监测，由公安部门牵头，联合金融管理及工商部门对违规民间借贷进行检查和处罚。

（孙廷宝）

平阴县

【经济金融概况】　2010年，平阴县深入落实科学发展观和国家调控政策，着力做好“转方式、调结构、促增长”工作，金融对经济支持能力持续增强。

【金融发展与改革】　2010年，平阴县银行业机构积极落实各项宏观调控政策，注重货币政策机制建设，提高金融创新能力，有效增加信贷投入，力促经济金融平稳较快发展。

一、货币政策传导成效明显，贷款高位增长。一是制定了《关于积极贯彻适度宽松的货币政策　支持地方经济又好又快发展的指导意见》、《金融支持中小企业发展的指导意见》等；二是引导金融加大对重点领域、主要企业及成长型中小企业的资

平阴县主要经济指标

经济指标	2009	2010	2010年同比增幅（%）	经济指标	2009	2010	2010年同比增幅（%）
土地面积（平方公里）	827	827	--	地方财政支出（亿元）	8.13	10.75	32.23
人口（万人）	37.24	37.27	0.08	全社会固定资产投资（亿元）	81.00	104.17	28.60
非农业人口（万人）	10.14	10.18	0.39	进出口总值（万美元）	22376	35418	58.29
地区生产总值（亿元）	143.27	167.90	17.19	出口总值（万美元）	22376	35418	58.29
第一产业（亿元）	18.40	21.34	15.98	实际利用外资（万美元）	1008	902	-10.52
第二产业（亿元）	94.04	109.95	16.92	社会消费品零售总额（亿元）	42.25	48.38	14.51
第三产业（亿元）	30.82	36.62	18.82	居民消费价格指数（%）	--	--	--
财政总收入（亿元）	12.36	14.64	18.45	人均地区生产总值（元）	38547	45067	12.61
地方财政收入（亿元）	7.01	8.36	19.26	城镇居民可支配收入（元）	12221	13400	9.65
财政总支出（亿元）	10.36	13.25	27.90	农民人均现金收入（元）	6656	7324	10.04

平阴县主要金融指标

金融指标（亿元）	2009	2010	2010年同比增幅（%）	金融指标（亿元）	2009	2010	2010年同比增幅（%）
本外币存款余额	70.39	77.80	10.53	财险收入	0.13	0.14	7.69
人民币存款余额	70.20	77.39	10.24	寿险收入	0.99	1.18	19.19
企业存款	12.33	12.91	4.70	财险赔款	0.10	0.09	-10.00
储蓄存款	42.87	48.70	13.60	寿险给付	0.15	0.37	124.67
本外币贷款余额	34.40	41.54	20.76	当年结益	0.03	0.05	66.67
人民币贷款余额	34.36	41.54	20.76	证券市场交易总额	--	--	--
短期贷款	19.46	25.13	29.14	投资者保证金余额	--	--	--
中长期贷款	6.06	13.42	121.45	证券账户开户数	--	--	--
票据融资	8.78	2.96	-66.97	证券交易佣金收入	--	--	--
当年结益	0.56	0.75	33.93	净利润	--	--	--
不良贷款余额	3.52	2.77	-21.31				

平阴县主要金融机构负责人

单位名称	行长（或其他称谓的第一负责人）	副行长（或其他称谓的同级领导）
人行平阴县支行	杜恒华	李明强　生士海
银监会平阴县办事处	尹　勇	
农发行平阴县支行	岳　峰	王爱平　陈家宝
工行平阴支行	寇传军	王鲁勃　刘　媛　闫统亮
农行平阴县支行	杨位彦	贾传科
中行平阴支行	任发平	毕恒元　师仰民
建行平阴支行	王帮林	张建军　刘　虎　陈玉琴
齐鲁银行平阴支行	王光明	张其安
平阴县农信联社	张行举	周　力　苏广军　李忠臣　张明新
邮储银行平阴县支行	郭志柱	解培军

平阴县主要金融机构业务概况

单位：亿元

单位名称	本外币存款余额	企业存款	储蓄存款	本外币贷款余额	短期贷款	中长期贷款
农发行平阴县支行	0.21	0.19	--	1.04	1.04	--
工行平阴支行	10.66	1.73	6.00	2.10	1.30	0.80
农行平阴县支行	13.67	2.00	8.46	10.62	3.25	6.27
中行平阴支行	7.75	2.12	4.48	4.15	1.32	2.82
建行平阴支行	5.93	1.55	3.38	2.42	0.87	1.55
齐鲁银行平阴支行	5.48	2.47	1.35	3.82	2.38	1.29
平阴县农信联社	19.87	1.37	17.64	15.68	13.56	0.39
邮储银行平阴县支行	9.41	1.85	7.45	1.71	1.41	0.30

金投放，推动县政府出台《金融和担保机构考核奖励暂行办法》；三是积极搭建银企合作交流平台，多次协办银企项目对接会、重点工业项目融资座谈会和部分金融机构恳谈会。

二、金融改革不断深化，创新能力持续增强。一是农行设立“三农”信贷管理部，厘清业务边界，完善单独核算系统，建立考核评价机制；二是农信社制定“大联保体贷款实施细则”，全县推广大联保体贷款，新增大联保体 5 个、新增成员 72 户；三是创新不良资产处置方式，将 158 笔、1175 万元不良贷款进行打包处置；四是加强农村信用建设，制定“信用工程建设活动的实施方案”。

【金融服务与监管】 2010 年，人行平阴县支行严格执行国家政策，有效提高履职能力，为全县金融业稳定发展创造良好环境。一是加强农信社票据兑付后监测考核，开展统计执法、存款准备金政策执行和改革后数据真实性等检查，降低不良资产；二是对县工、农、中、建行开展以账户、反洗钱、国库、征信、统计、利率为主要内容的履职检查；三是开办水库移民补贴、老龄补贴等国库直接支付业务。

（李 平）

济阳县

【经济金融概况】 2010 年，济阳县生产、投资、消费、出口、税收等主要经济指标继续向好的方向发展。

【金融发展与改革】 2010 年，人行济阳县支行密切关注涉农金融机构改革动向，引导其创新金融产品和服务方式，不断加强对县域经济的支持力度。一是加大对农信社改革试点情况的日常监测和季度考核工作，为确保票据兑付后各项经营指标逐步好转奠定了基础；二是密切关注农行、农发行、邮储银行等其他涉农金融机构改革动向，多次组成课题组深入金融机构、政府职能部门、企业、农村开展调查研究；三是进一步完善县域金融机构体系，县内金融机构增加到 7 家。

济阳县主要经济指标

经济指标	2009	2010	2010 年同比增幅（%）	经济指标	2009	2010	2010 年同比增幅（%）
土地面积（平方公里）	1076	1076	0	地方财政支出（亿元）	9.72	13.04	34.17
人口（万人）	54.81	55.24	0.78	全社会固定资产投资（亿元）	106.79	135.87	29.3
非农业人口（万人）	9.95	9.96	0.11	进出口总值（万美元）	--	--	--
地区生产总值（亿元）	146.23	187.17	14.73	出口总值（万美元）	4504	7173	59.26
第一产业（亿元）	30.61	35.43	5.36	实际利用外资（万美元）	3645	6497	78.24
第二产业（亿元）	82.49	109.06	14.44	社会消费品零售总额（亿元）	54.52	57.82	18
第三产业（亿元）	33.12	42.69	23.83	居民消费价格指数（%）	--	--	--
财政总收入（亿元）	10.45	12.51	24.52	人均地区生产总值（元）	26776	34026	27.04
地方财政收入（亿元）	5.01	6.24	24.52	城镇居民可支配收入（元）	13169	14618	11
财政总支出（亿元）	9.72	13.9	43	农民人均现金收入（元）	6782	7948	17.2

济阳县主要金融指标

金融指标（亿元）	2009	2010	2010年同比增幅（%）	金融指标（亿元）	2009	2010	2010年同比增幅（%）
本外币存款余额	49.41	64.52	30.58	财险收入	0.24	0.29	20.83
人民币存款余额	49.32	64.24	30.25	寿险收入	1.76	1.83	3.98
企业存款	5.72	8.59	50.17	财险赔款	0.15	0.19	26.67
储蓄存款	36.87	44.58	20.91	寿险给付	0.43	0.52	20.93
本外币贷款余额	23.63	28.31	19.81	当年结益	0.01	0.02	100
人民币贷款余额	23.62	28.13	19.09	证券市场交易总额	—	—	—
短期贷款	17.27	20.32	17.66	投资者保证金余额	—	—	—
中长期贷款	5.8	7.11	22.59	证券账户开户数	—	—	—
票据融资	0.56	0.7	25	证券交易佣金收入	—	—	—
当年结益	6768	4134	-38.92	净利润	—	—	—
不良贷款余额	2.49	2.86	14.86				

济阳县主要金融机构负责人

单位名称	行长（或其他称谓的第一负责人）	副行长（或其他称谓的同级领导）
人行济阳县支行	任道华	牛传东　车春玲
银监会济阳县办事处	王修功	王尔设
农发行济阳县支行	马玉强	李传涛　于珠兴
农行济阳县支行	俞纯初	姜光福
中行济阳支行	卢士玉	施　祎　赵水平
建行济阳支行	李永富	刘永勤　孙善森
济阳县农信联社	王兆星	周学军　李水清　于　强
邮储银行济阳县支行	王以强	葛庆国　齐旭清

济阳县主要金融机构业务概况

单位：亿元

单位名称	本外币存款余额	企业存款	储蓄存款	本外币贷款余额	短期贷款	中长期贷款
农发行济阳县支行	0.02	0.02	0	1.89	1.23	0.66
农行济阳县支行	17.72	3.36	12.68	2.02	1.62	0.4
中行济阳支行	5.61	1.94	2.2	2.33	0.92	1.41
建行济阳支行	6.25	0.74	3.48	3.62	0.06	3.38
济阳县农信联社	22.57	0.02	20.59	16.43	15	0.73
邮储银行济阳县支行	7.02	1.4	5.25	1.2	0.87	0.33

【金融服务与监管】　2010年，济阳县不断强化金融服务理念，监管工作取得了明显成效。

一、"窗口指导"力度进一步加大。一是建立辖区信贷政策执行效果评估制度；二是制定《金融机构信贷政策执行效果评估暂行办法》，对辖区7家银行业金融机构贷款余额、存贷比例等10项内容实行按月评估排名，并根据各机构得分情况由县政府给予表彰和奖励。

二、金融服务水平明显提高。一是加强人民币管理和反假币宣传，同时人民币现金管理调剂中心升级为"虚拟发行库"，强化了基层人行人民币现金管理职能；二是强化企业和个人信用信息基础数据库建设，加强征信管理和宣传工作，提高了全社会对征信的认识；三是在曲堤黄瓜专业批发市场建立非现金结算交易平台，率先在济南辖区农产品批发市场实施非现金支付结算；四是各金融机构大力提高服务质量，建立了社会监督员制度，开展了行风评议活动。

三、金融监管成效显著。山东监管局济阳办事处一是完成以不良贷款"双降"、资本充足率达标为重点的监管目标；二是通过开展现场检查，推动了辖内银行业金融机构内控管理水平进一步提高，依法合规经营意识进一步增强；三是推进案件专项治理工作，构建案件防控长效机制，同时引导农信社坚持服务"三农"的宗旨，加大信贷投放力度，并完成了农信联社的达标升级工作。

（任平亮）

商河县

【经济金融概况】　2010 年，商河县农业生产稳步发展，工业经济发展迅速，金融运行总体平稳，存、贷款业务更上一个新台阶。一是高标准规划建设了一批农业示范园，打造了特色农业品牌基地；二是规模以上企业实现销售收入 85.5 亿元、增加值 26.5 亿元、利税 6.9 亿元，同比分别增长 21.0%、19.7%和

商河县主要经济指标

经济指标	2009	2010	2010 年同比增幅（%）	经济指标	2009	2010	2010 年同比增幅（%）
土地面积（平方公里）	1162.90	1162.90	0	地方财政支出（亿元）	6.63	11.70	76.5
人口（万人）	61.81	62.04	3.72	全社会固定资产投资（亿元）	26.20	36.51	39.35
非农业人口（万人）	13.51	20.8	53.96	进出口总值（万美元）	4208	5832	38.60
地区生产总值（亿元）	81.56	95.00	16.48	出口总值（万美元）	4208	4900	16.44
第一产业（亿元）	28.30	30	6	实际利用外资（万美元）	1100	2823	156.64
第二产业（亿元）	30.18	37.5	24.25	社会消费品零售总额（亿元）	36.98	40.57	9.71
第三产业（亿元）	23.08	27.5	19.15	居民消费价格指数（%）	5.2	5.9	13.46
财政总收入（亿元）	5.10	8.62	69.02	人均地区生产总值（元）	13168	15313	16.29
地方财政收入（亿元）	2.7	3.50	29.6	城镇居民可支配收入（元）	11651	12974	11.36
财政总支出（亿元）	11.75	16.44	39.91	农民人均现金收入（元）	5950	6951	16.82

商河县主要金融指标

金融指标（亿元）	2009	2010	2010 年同比增幅%	金融指标（亿元）	2009	2010	2010 年同比增幅%
本外币存款余额	46.04	59.00	28	财险收入	0.26	0.32	23
人民币存款余额	45.98	58.92	28	寿险收入	1.20	1.44	20
企业存款	6.04	8.56	42	财险赔款	0.15	0.21	40
储蓄存款	32.57	38.93	20	寿险给付	0.56	0.72	29
本外币贷款余额	26.49	34.00	28	当年结益	0.09	0.11	22
人民币贷款余额	26.48	34.00	28	证券市场交易总额	0	0	0
短期贷款	21.38	23.29	9	投资者保证金余额	0	0	0
中长期贷款	4.36	8.14	87	证券账户开户数	0	0	0
票据融资	0.74	2.57	247	证券交易佣金收入	0	0	0
当年结益	0.63	0.12	-81	净利润	0	0	0
不良贷款余额	5.24	2.89	-45				

商河县主要金融机构负责人

单位名称	行长（或其他称谓的第一负责人）	副行长（或其他称谓的同级领导）
人行商河县支行	吴广焕	张　利　孙加奎
银监会商河县办事处	曲学友	李桂华

续表

单位名称	行长（或其他称谓的第一负责人）	副行长（或其他称谓的同级领导）
农发行商河县支行	宋志勇	李德林　卞胜强
农行商河县支行	李曰兵	李付胜　李百秋
建行商河县支行	王绍鹏	孙培江
齐鲁银行商河支行	林寿生	王云清
商河县农信联社	刘绍旺	马秀东　李广峰　娄以奎　杨家花
邮储银行商河县支行	王雁昌	王玉银

商河县主要金融机构业务概况

单位：亿元

单位名称	本外币存款余额	企业存款	储蓄存款	本外币贷款余额	短期贷款	中长期贷款
农发行商河县支行	0.28	0.09	0	1.5	1.5	0
农行商河县支行	21.45	5.86	11.61	10.01	6.43	2.95
建行商河县支行	2.96	0.37	1.41	3.29	0	3.29
齐鲁银行商河支行	1.74	0.17	1.17	0.48	0.35	0.13
商河县农信联社	22.75	0.03	18.93	17.06	13.60	1.61
邮储银行商河县支行	8.80	2.11	6.61	1.56	1.40	0.16

16.3%。

【金融改革与发展】　2010年，商河县金融改革与发展取得显著成绩，金融生态环境持续改善，吸引齐鲁银行在该县设立分支机构，这是12年来该县第一次增设金融机构。

【金融服务与监管】　2010年，商河县金融监管和金融服务水平继续提高。一是完善金融分业监管体制机制，加强监管协调配合，强化金融监管手段，健全金融法制；二是加强对跨区短期资本流动特别是投机资本的有效监控，加大反洗钱工作力度；三是整顿规范金融秩序，确保了辖区金融业稳健、安全运行；四是发挥经理国库职能，强化预算收支管理，实现税款及时入库，五是各金融机构加大对农村地区的POS机具、ATM机具等布放力度，新设“三农服务站”2处，农村信用社新上自助设备7台套。

（任志勇）

淄博市

【经济金融概况】　2010年，淄博市经济向好势头进一步稳固，主要经济指标实现较快增长。一是地方规模以上工业企业实现主营业务收入6614.21亿元，增长30.9%；二是三资企业出口占主导地位，累计完成21.25亿美元，同比增长26.8%，国有企业出口3.24亿美元，同比增长18.9%；三是完成税收总额333.40亿元，同比增长25.0%，其中国税收入230.94亿元，同比增长22.5%，地税收入102.45亿元，增长31.1%；四是居民生活水平稳步提高，农民人均消费品支出5676元，同比增长9.78%。

【货币政策实施】　2010年，人行淄博市中支按照“总量适度、优化结构、把握节奏、防范风险”的要求，积极落实适度宽松的货币政策，大力创新工作措施，促进了经济平稳较快发展。

一、加强调研分析。一是按季召开金融联席会、党委成员带头深入一线组织调研，形成了系列调查、分析报告；二是调查报告中有10余份专报件得到政府有关领导批示，1篇经验材料被分行领导批示；三是在各级刊物发表宣传文章100余篇，上报的政务信息65篇被分行采用，13篇被总行采用，4篇被中办、国办采用。

二、推进信贷创新。一是制定创新工作指导意见，召开金融创新推进会，引导全市金融机构推广8类信贷创新产品和服务，加大对全市47户创新成长型企业的支持力度；二是继续推进金融支持中小企业、创新成长型企业“金种子计划”；三是深化金融支持新农村建设“十百千万工程”，被市政府纳入全市农村殷实小康“十大工程”建设目标；四是制定印发推动金融支持大学生“村官”创业富民工作的意见，在辖区2家支行进行试点；五是加强征信管理，以政府名义制定下发全市社会信用体系建设意见，建立并坚持信用体系建设联席会议制度，深入辖区信用体系建设。

三、拓宽政银企合作模式。一是打造《淄博金融报》、“淄博

淄博市经济主要统计指标

指标 \ 年度	2006	2007	2008	2009	2010	2010年同比增幅（%）
土地面积（平方公里）	5938	5938	5965	5965	5965	0
人口（万人）	418.13	419.6	420.62	421.41	422.4	0.23
非农业人口（万人）	182.81	183.53	184.13	181.74	182.24	0.28
地区生产总值（亿元）	1645.16	1945.02	2316.78	2473.1	2866.75	13.7
第一产业（亿元）	62.72	74.38	82.18	87.86	105.3	4.7
第二产业（亿元）	1079.06	1256.39	1500.45	1554.28	1766.57	12.4
工业（亿元）	--	--	1393.15	1425.80	1612.07	12.0
建筑业（亿元）	--	--	107.30	128.48	154.50	17.9
第三产业（亿元）	503.38	614.25	734.15	830.96	994.88	17.4
人均地区生产总值（元）	37039	46354	51547	54846	67868	23.74
地区生产总值构成（%）	100	100	100	100	100	0
第一产业（%）	3.8	3.8	3.5	3.55	3.67	0.12
第二产业（%）	65.6	64.6	64.8	62.85	61.62	-1.23
第三产业（%）	30.6	31.6	31.7	33.60	34.71	1.11
财政总收入（亿元）	200.53	--	247.86	315.71	398.19	26.01
地方财政收入（亿元）	80.70	97.86	114.69	128.77	162.4	26.11
财政总支出（亿元）	--	--	--	--	--	--
地方财政支出（亿元）	101.1	117.6	141.44	161.96	201.88	24.64
全社会固定资产投资（亿元）	--	--	--	--	--	--
规模以上固定资产投资（亿元）	615.10	646.83	807.97	1009.6	1290.92	22.6
房地产开发（亿元）	96.82	105.33	121.37	140.61	166.99	18.8
进出口总值（亿美元）	37.60	46.92	56.93	48.35	67.2	39.1
出口总值（亿美元）	25.09	29.97	36.33	30.63	40.3	31.6
实际利用外资（亿美元）	3.37	2.68	3.12	5.24	5.86	11.8
社会消费品零售总额（亿元）	499.81	593.08	729.62	868.78	1005.68	18.8
居民消费价格指数（%）	101.1	103.6	104.4	99.4	102.7	3.3
城市居民人均可支配收入（元）	13794	15849	17629	19284	21784	13.0
农民人均现金收入（元）	5641	6465	7364	8013	9195	14.75

注：划“--”的指标为统计局已停用的指标和年报数据未核实仍不能提供的指标。

淄博市工农业主要统计指标

农业主要统计指标（万吨）				规模以上工业企业主要统计指标（亿元）			
项目 \ 年度	2009年	2010年	增幅（%）	项目 \ 年度	2009年	2010年	增幅（%）
粮食	163.18	175.45	7.5	工业增加值	1648.51	1808.31	16.18
夏粮	64.67	75.41	16.6	国有工业	131.09	--	--
秋粮	98.51	100.04	1.6	集体工业	98.00	--	--
棉花	1.06	0.96	-9.6	股份制工业	1026.23	--	--
油料	1.98	2.19	10.4	股份合作制工业	25.83	--	--
水果	86.37	97.22	12.6	外商及港澳台投资工业	188.35	--	--
蔬菜	224.32	217.95	-2.8	轻工业	274.95	327.24	16.58
肉类	15.2	16.8	10.3	重工业	1373.56	1481.07	16.09
禽蛋	6.9	7.03	2.2	销售收入	6074.16	7709.86	31.1
奶类	11.6	12.2	4.9	利税	713.88	966.72	38.3
水产品	2.3	2.35	2.0	利润	383.38	560.84	50.1
森林覆盖率（%）	34.4	35	1.7	经济效益综合指数（%）	326.13	327.82	1.69

淄博市主要金融机构负责人

单位名称	行长（或其他第一称谓负责人）	副行长（或其他称谓同级领导）
人行淄博市中心支行	张光森	崔玉林 宋洪礼 徐 宁 刘 洁 孙广明 王 剑
银监会淄博监管分局	陈保君	姜立惠 郭传刚 尚玉琨（纪委书记） 杨鲁燕（监管副调研员）
农发行淄博市分行	张志强	李 钢 杨庆岭 李长红
工行淄博分行	赵玉良	王国友 王立亭 石志国 王云龙（纪委书记） 祝广成 肖芳俊（高级经理）
农行淄博分行	李长波	宋作家 韩文英 张海山 韩怀德 黄砚章 杨伟荣
中行淄博分行	李进生	刁玉波 朱国庆 王 军 张 铭 杨京连
建行淄博分行	张凌波	邵 磊 张兆鹏 吴广庆 魏成花 隋守江 孟祥晶 郭爱萍 张海峰 寇宏图
交行淄博分行	孙传刚	鲁林法 桑 剑 吕 峰
中信银行淄博分行	张少华	张 军 赵 波 孙 庆
齐商银行股份有限公司	杲传勇（董事长） 赵晓东（行长）	韩兴柱 鞠 杰 王 强 丁树博 王 涛 郑文杰 曹爱萍 张东升 孙高荣 张劲东
山东省农信联社淄博办事处	马立军	丁 涛 张红玲 王鹏兰
邮储银行淄博市分行	许同博	焦方正 马洪生
上海浦东发展银行淄博支行	丁 平	吴 卫 张晓黎 李 军
兴业银行淄博支行	黄春强	李滨南 任 波
招行淄博分行	娄文杰	杨卫国 郭志强 刘 钧 薛盛林

淄博市金融业务统计指标

	年度 指标（亿元）	2006	2007	2008	2009	2010	2010年同比	
							增加额	增幅（%）
银行类	本外币存款余额	1245.96	1407.53	1692.20	2163.68	2489.42	325.74	15.05
	人民币存款余额	1228.77	1394.84	1677.90	2145.22	2470.56	325.35	15.17
	企业存款	260.27	333.78	377.74	618.92	691.25	72.33	11.69
	储蓄存款	725.30	807.13	1007.37	1184.98	1311.19	126.21	10.65
	定期储蓄存款	494.79	541.67	703.57	801.61	856.15	54.54	6.80
	活期储蓄存款	230.51	265.46	303.79	383.36	455.04	71.68	18.70
	本外币贷款余额	879.41	1005.71	1105.22	1446.48	1745.35	298.87	20.66
	人民币贷款余额	849.60	964.88	1076.88	1395.29	1686.13	290.84	20.84
	短期贷款	540.34	616.07	648.25	758.73	918.24	159.51	21.02
	中长期贷款	209.08	249.77	286.77	492.00	650.58	158.58	32.23
	票据融资	99.33	97.57	140.88	142.89	116.49	-26.4	-18.48
	当年结益	12.99	15.04	28.36	35.04	45.2	10.16	22.48
	不良贷款余额	141.62	141.13	86.50	71.80	40.97	-30.83	-42.94
	不良贷款占比%	14.06	14.03	7.83	5.01	2.43	-2.58	-51.50
	现金收入	3797.67	4104.96	4086.75	4051.76	4775.97	724.21	17.87
	现金支出	3800.25	4120.35	4088.92	4047.86	4807.27	759.41	18.76
	现金投放（+）回笼（-）	2.58	15.4	2.17	-3.91	31.3	35.21	900.51

续表

指标（亿元）	年度	2006	2007	2008	2009	2010	2010年同比 增加额	2010年同比 增幅（%）
保险类	保险公司保费收入	25.49	33.18	40.37	48.32	63.33	15.01	33.51
	财险收入	8.04	10.60	11.46	14.18	19.93	5.75	40.6
	寿险收入	17.45	22.58	28.91	34.14	43.4	9.26	30.49
	保险公司赔款和给付支出	10.64	13.71	13.16	13.94	10.17	-3.77	-20.63
	财险赔款	5.29	5.99	6.28	7.96	7.73	-0.23	13.15
	寿险给付	5.35	7.22	6.88	5.98	2.44	-3.54	-59.26
	当年结益	--	--	--	--	--	--	--
证券类	证券市场成交总额	--	1348.9	2697.8	5010.69	4223.56	-787.13	-15.71
	投资者保证金余额	--	20.42	18.42	46.9	85.04	38.14	81.32
	证券账户开户数	--	--	628123	871321	954566	83245	9.55
	佣金收入	--	--	--	--	--	--	--
	净利润	--	--	--	--	--	--	--
	期货市场成交总额	--	--	--	--	--	--	--
	期货客户保证金余额	--	--	--	--	--	--	--
	期货账户开户数	--	--	--	--	--	--	--
	期货手续费收入	--	--	--	--	--	--	--
	利润总额	--	--	--	--	--	--	--

注：1. 2006～2009年均为五级分类数据。

2. 保险类划"--"部分的说明：由于市级寿险公司要经省公司核定才能核算当年结益情况，截至报送日仍无法核定全市保险行业当年结益。

3. 证券类划"--"部分的说明：证券类统计数据取自淄博市政府金融证券工作办公室。市金融办对证券行业的数据统计始于2007年，以前年度无数据。另部分指标没有相关统计。

淄博市金融机构统计指标

指标（个）	年度	2006	2007	2008	2009	2010	2010年同比增幅（%）
银行类	法人机构	9	9	9	9	9	0
	省级分行	0	0	0	0	0	0
	二级分行	10	11	12	13	14	7.69
	县区支行	184	184	193	229	239	0
	分理处、营业所	635	641	745	703	550	-21.76
	储蓄所	177	176	41	39	150	284.62
	从业人员总数	13293	13573	13331	13757	13535	-1.61
保险类	保险机构	18	24	146	156	168	7.69
	财险机构	10	12	94	96	96	0
	省级分公司	0	0	0	0	0	0
	地市分公司	10	12	17	17	17	0
	县区支公司	--	--	77	79	79	0
	寿险机构	8	12	52	60	72	20.0
	省级分公司	0	0	0	0	0	0
	地市分公司	8	12	19	19	20	5.26
	县区支公司	--	--	33	41	52	26.83
	从业人员总数	--	--	20889	23916	--	--
	财险人员	--	--	8062	9962	--	--
	寿险人员	--	--	12827	13954	--	--

续表

指标（个） \ 年度		2006	2007	2008	2009	2010	2010年同比增幅（%）
证券类	证券机构	--	4	4	4	4	0
	证券公司	--	4	4	4	4	0
	证券营业部	--	10	14	14	14	0
	证券服务部	--	3	2	2	0	0
	从业人员总数	--	219	225	--	--	--
	投资者开户	--	548800	549100	600902	709328	18.04
	境内上市股票支数	12	12	12	13	17	30.77
	境外上市股票支数	2	3	3	4	4	0
	辖区上市公司总数	12	14	14	15	19	13.33

注：1. 本表中2008～2009统计的机构数量包括邮政局代理的59个网点，但人员统计中不包括邮政局人员。

2. 划“--”部分的数据说明：证券类统计数据取自淄博市政府金融证券工作办公室。市金融办对证券行业的数据统计始于2007年，以前年度无数据或未提供；保险类数据取自淄博市保险行业协会，划“--”部分为市保险行业协会未提供数据。

淄博市主要金融机构业务概况

单位：亿元

单位名称	本外币存款余额	人民币企业存款	人民币储蓄存款	本外币贷款余额	人民币短期贷款	人民币中长期贷款
农发行淄博市分行	4.29	4.12	0	27.71	18.15	9.56
工行淄博分行	384.53	85.54	200.24	267.67	94.66	164.30
农行淄博分行	439.90	183.78	256.12	264.62	152.34	112.28
中行淄博分行	292.33	174.53	110.38	224.12	83.02	94.94
建行淄博分行	266.31	58.10	144.23	199.14	70.07	114.14
交行淄博分行	98.77	61.91	36.86	64.37	28.30	35.96
中信银行淄博分行	63.13	45.72	15.07	37.58	29.64	7.17
齐商银行股份有限公司	317.46	135.08	93.33	233.51	161.26	21.09
省农信联社淄博办事处	428.31	79.57	340.12	352.51	266.08	53.30
邮储银行淄博市分行	126.27	14.47	111.79	13.96	6.73	7.23
浦发银行淄博支行	45.04	43.39	1.65	38.33	30.47	6.94
兴业银行淄博支行	38.43	38.31	3.42	31.69	8.62	23.06
招行淄博分行	17.27	15.18	2.06	21.87	11.35	4.86

淄博市各县级区域经济金融主要统计指标

名称	人口（万人）	面积（平方公里）	地区生产总值（亿元）	地区生产总值增速（%）	本外币存款余额（亿元）	储蓄存款（亿元）	本外币贷款余额（亿元）
淄川区	67.76	1000	414.07	14.6	294.53	204.26	104.54
博山区	46.3	682	267.83	11.31	170.71	124.38	100.37
临淄区	60.9	664	613.81	12.3	454.93	242.67	279.02
桓台县	49.76	509	345.33	17.6	230.38	108.62	229.14
高青县	36.52	831	117.03	14.3	70.00	39.19	50.27
沂源县	56.49	1636	163.11	14.08	105.8	63.28	74.81

市银企合作信息网”的宣传交流平台，其中《淄博金融报》已累计刊发22期，同时对信息网进行系统升级改造；二是利用网上银企推介系统发布项目700多个，涉及信贷资金需求近300多亿元，举办了7次银企合作促进会，达成协议金额近140亿元。

四、创新政府融资平台监测方式。一是与7家法人金融机构签订《维稳责任书》，建立风险状况定期评估、票据兑付后定期监测等6项机制；二是建立并坚持全市“促调整、控风险、维稳定”法人金融机构风险分析例会制度；三是对齐商银行开展金融风险状况评估，提高其风险防范能力，在《金融稳定工作动态》以专刊形式进行推广；四是与桓台县政府签订1亿元的商业承兑汇票授信协议，成为省内首家以县域为单位进行的再贴现授信活动；五是制定政府融资平台监测办法，开展两期监测分析并被《区域金融稳定报告》采用，同时参与融资平台调查方案的设计，完成了全省数据汇总，得到分行肯定。

【外汇管理】 2010年，淄博市外汇管理局进一步改进外汇管理和服务，积极推进货物贸易进口付汇管理改革试点，进一步减化了行政审批程序，下放了外汇业务权限。一是组织开展了“外汇知识学习月”活动，对全市85家银行分支机构的分管行长及业务人员共计277人进行培训考试；二是开展外汇管理知识和政策宣讲及“诚信兴商”宣传月活动，管理人员深入涉外企业举办4期外汇政策业务宣讲会，宣传培训人员近600人；三是对进口付汇制度改革、人民币跨境结算及开立境外账户存放外汇等政策进行了全面宣讲和解读，促进汇银企良性互动。

【金融监管】 2010年，淄博市银行业实现了稳健运行，内控机制建设得到有效增强，盈利能力和竞争力大幅提升，主要工作：一是督促各银行机构加强对不良资产的处置力度、抑制新增反弹，实现资产质量的不断改善；二是对重点机构和问题机构采取紧盯监管的方式，对其他机构加强日常的风险排查，督促其构建案件防范长效机制；三是加大对重点领域、弱势金融的支持力度，对不断出现的新问题、新情况采取有针对性的监管措施，以推动经济增长方式的转变；四是加快推进银行体系改革，积极配合光大银行分支机构的开业，稳步推进张店合作银行、临淄农信联社的银行化进程，督促张店合行加快推动沂源村镇银行筹备工作，积极做好村镇银行的推进工作。

【保险业务】 2010年，淄博市保险业积极应对较为复杂的经济金融形势，大力推进各项工作，保险业快速发展。一是阳光人寿、幸福人寿、山东凯弘保险销售有限公司落户淄博；二是寿险个人代理渠道业务占比51.21%，新单期缴率33.10%；三是产险应收保费率0.52%，车险案均赔款2664.96元，车均保费2425.91元，保费费用率14.21%；四是为居民、企事业单位提供风险保障6307.32亿元，共支付赔款和给付13.21亿元；五是缴纳地方税收1.88亿元，产险承保机动车71万辆，为地方代缴车船税8249万元；六是农业险参保农户达到18.32万户，种植业承保面积96万亩，畜牧业承保牲畜5.42万头。

【精神文明建设】 2010年，淄博市金融系统积极开展金融创新、争优活动，全面加强班子队伍建设，精神文明建设取得了良好效果。

一、人行淄博市中支：一是开展业务竞赛活动，将该活动与多项内容相结合，积极推动创新；二是与市总工会联合开展的“保增长、惠民生、促发展”信贷业务主体竞赛活动，评选并表彰优秀成果12项；三是开展的“为政府分忧，助‘三农’发展”国库直接支付涉农补贴竞赛活动，延伸了国库服务的辐射面；四是制定印发了中支行风建设标准化管理指导标准，并将其纳入季度绩效考核。

二、工行淄博分行：一是加强领导班子建设，大力改进领导作风，提高科学决策水平；二是完善各类人才选拔机制，多层次开展员工培训，队伍整体素质不断提高；三是加强企业文化的传播和建设，积极开展创先争优、扶贫济困、奉献爱心、赞助社会公益等活动，树立了良好社会形象。

三、农行淄博分行：一是建立文明创建工作联动机制，制定《文明建设工作实施细则（试行）》，对各支行创建工作实行目标考核，纳入全行综合考评；二是先后组织党委理论中心组（扩大）会议集中学习5次，开办“淄博农行大课堂”，邀请专家、教授做专题讲座，组织大堂经理、三农业务等各类培训21期、参训员工2160人次；三是召开企业文化建设工作推进会，落实《实施方案》，在市分行经管网设立“企业文化核心理念”、“银行业从业人员行为守则学习”等专栏，同时印发《合规文化建设实施细则》，制定《质量管理体系运行管理考核办法（试行）》；四是参加公益活动，各类捐款89.2万元，其中慈心一日捐捐款42万、抗旱抗震捐款47.2万元，投入50万元赞助省第22届运动会，独家赞助了“农行杯”蹦床项目比赛。

四、建行淄博分行：一是制定出台了《关于适应转型要求、改进机关工作作风的意见》，加强员工培训，提高队伍素质；二是出台了《关心关爱一线员工实施意见》，在经费、休假、工作环境、培训学习等方面向一线网点员工倾斜；三是开展系列主题活动，营造和谐氛围。

五、商业银行：一是交行淄博分行开展“我的交行，我负责”责任文化建设主题活动并探索长效机制建设，开展各项金融知识普及和公益服务活动，不断提升全员的责任意识，提升品牌形象；二是浦发淄博支行开展服务技能练兵和比赛、规范化服务流程演练，以及开展银企座谈会、业务宣传等主题活动，同时加强业务培训，开展了一系列献爱心活动；三是齐商银行完善“一岗双责”工作机制，启动实施企业年金制度和风险金制度，激励约束机制更加健全，“齐银文化”体系正式发布，增强了全行干部员工的凝聚力和向心力。

六、省农信社淄博办事处：一是建立涵盖区县联社领导班子和农信社班子的末位淘汰制度，促进了各项业务的持续快速健康发展；二是组织开展样板示范点工作，确定了营业网点建设、不良资产处置、客户精细化管理等8个样板示范点，组织召开“样板示范点建设观摩推广会”；三是开展争创“党员示范岗”、争夺“优秀党支部流动红旗”活动，指导各区县结合实际分别研究确定为员工办实事、办好事、解难事，营造了全员思进、业务发展、成果共享的和谐发展氛围。

【大事记】 1月1日 邮储银行淄博市分行正式面向社会开办鼎卡信用卡普卡业务。

1月23日 邮储银行淄博市小西湖支行、四宝山支行迁址开业。

1月 农行淄博分行贸易通——纸质商业汇票系统顺利上线应用,实现了银行承兑汇票和商业承兑汇票全功能自动实时处理。

中信银行淄博分行成立了个贷中心,完善了零售管理体系。

2月3日 人行济南分行集中代收付业务推广现场会在淄博顺利召开,借助“跨行通”平台,实现了跨行通系统对淄博市保险行业的全面覆盖。

2月26日 中信淄博博山支行搬迁至桓台,并更名为中信淄博桓台支行。

3月5日 张志强担任农发行淄博市分行行长。

3月17日 招商银行淄博分行开业。

3月18日 工行淄博张店学院支行迁址更名为“工行淄博张店西城支行”。

3月20日 邮储淄博分行国库集中支付系统成功上线,是全省邮储银行系统首家开通国库集中支付系统的市级分行。

3月28日~4月2日 建行淄博分行利用电子银行独家办理淄博市公务员考试网上缴费,缴费笔数19601笔。

3月31日 全市银行证券保险业联席会议在招商银行淄博分行召开。

3月 人行淄博市中支与全市法人金融机构签订《维稳责任书》,建立区域法人金融机构维稳责任制。

4月1日 柜员指纹认证系统在农行淄博分行成功上线,全市农行130个机构的845名柜员卡信息认证顺利转化为指纹身份认证。

邮储淄博市分行财税库行系统成功上线,纳税人通过网上申报的税款通过该系统可以直接实现税收的征缴入库,实现税款资金的实时划缴,方便纳税人缴纳税款。

4月12日 农发行淄博分行开办国际结算业务。

工行淄博分行设立公司大客户服务中心和机构大客户服务中心。

招商淄博分行为中华油气装备开立第一个红筹上市公司离岸账户。

4月20日 齐商银行被评为山东省银行业“良好银行”。

4月21日 齐商银行西安分行开业,这是该行设立的第二家分行,也是在省外设立的首家分行。

4月 农发行淄博分行顺利实现国际业务自营。

5月14日 淄博市保险行业协会组织在淄博宾馆举行全市保险医疗“定点医院”授牌仪式。

5月15日 邮储淄博市分行正式成为市国土资源局土地交易资金合作银行。

5月24日 “金晶科技”三年期8亿元浮息中期票据在银行间市场交易商协会通过注册,开创了淄博市企业在债券市场获得长期资金的先河。

5月28日 建行淄博分行成功为齐商银行代理外币清算业务,成为省建行首家代理国内商业银行外币清算业务的二级分行。

6月12日 邮储淄博市分行成为系统内首家成功加入非税收入系统的地市行。

6月24日 淄博市跨境贸易人民币试点结算工作正式启动。

6月28日 人行淄博市中支重启再贴现窗口。

8月18日 邮储高青县青城支行开业。

9月9日 招行总行汤小青纪委书记来淄博分行调研。

9月10日 人行淄博中支组织举办商业承兑汇票推进会暨再贴现授信仪式,与桓台县政府签订1亿元的商业承兑汇票再贴现授信协议。

9月20日 邮储淄博市分行成立小企业信贷中心。

9月30日 齐商银行小商品专业支行(高新区)、塑料化工专业支行(临淄区)、建材建陶专业支行(淄川区)、机电泵业专业支行(博山区)和不锈钢行业专业支行(周村区)五家专业支行同时揭牌开业,特色化经营迈出新步伐。

10月11日 邮储淄博市分行迁址开发区欧亚花园。

10月28日 招行淄博分行与东营市商业银行签订银银通合作协议。

10月29日 中行淄博分行成功为菲律宾某矿业公司开立NRA账户,即境外机构在境内开立的结算账户,实现了该项业务零的突破。

10月 建行淄博分行启动对公经营模式转型,在对公业务部内设贷后管理中心,在风险部内设项目评估评价中心,完成网点对公业务整合工作。

11月9日 齐商银行正式对外开办基金代销业务。

11月15日 河东齐商村镇银行发起人大会在齐商银行隆重召开。

11月17日 齐商银行第一家异地直属支行——潍坊青州支行开业。

11月19日 兴业银行淄博支行成为淄博非税POS刷卡收费第一家试点银行。

11月23日 齐商银行小企业金融服务中心临淄、张店分中心揭牌成立。

12月2日 招行与淄博市科技局举行支持高新技术产业发展科技金融合作签约仪式。

12月7日 中行淄博分行办理淄博市第一笔NRA账户出口信用证交单业务。

12月29日 齐商银行发起成立的首家村镇银行——临沂河东齐商村镇银行开业。

12月30日 全省首家农村商业银行——山东临淄农村商业银行股份有限公司开业。

(冯 波)

淄川区

【经济金融概况】 2010年，淄川区经济发展良好，各金融机构认真贯彻国家货币政策，各项金融指标逐步提高。

【金融发展与改革】 2010年，淄川区金融机构努力调整优化信贷结构，不断改进金融服务，积极开展代客理财等中间业务，金融运行质量持续改善。

【金融服务与监管】 2010年，淄川区积极做好货币信贷、金融统计、监测分析、征信管理、金融稳定和金融生态环境建设等方面工作。一是制定《金融支持转方式调结构，推进统筹城乡发展的货币信贷工作意见》；二是做好对重点企业、建设项目和重点工程的信贷支持、创新对高新技术产业和节能减排、技术改造、兼并重组和产业转移的信贷服务；三是强化金融数据统计，通过现场检查提高金融统计监管水平；四是做好企业景气调查、房地产、企业流动资金、劳动力价格、重点企业集团、上市公司、工业品、农产品价格、初级产品价格监测以及其他物价监测工作；五是加强对农信社改革后续考核工作，巩固改革成果，不断提升其可持续发展能力；六是加强征信系统录入数据的核对，做好中小企业信用信息数据采集工作、辖内企业评级工作和“信用记录关爱日”宣传活动；七是完善以“区域

淄川区主要经济指标

经济指标	2009	2010	2010年同比增幅（%）	经济指标	2009	2010	2010年同比增幅（%）
土地面积（平方公里）	1000	1000	0	地方财政支出（亿元）	14.53	18.17	25.05
人口（万人）	67.76	67.30	-0.44	全社会固定资产投资（亿元）	148.18	188.33	27.10
非农业人口（万人）	23.98	23.98	0	进出口总值（万美元）	70367	90956	29.26
地区生产总值（亿元）	337.9	414.07	22.54	出口总值（万美元）	62283	79035	26.90
第一产业（亿元）	6.54	7.78	18.96	实际利用外资（万美元）	593.9	2362.5	297.79
第二产业（亿元）	207.88	258.94	24.56	社会消费品零售总额（亿元）	137.03	142.28	3.83
第三产业（亿元）	123.5	147.34	19.30	居民消费价格指数（%）	4.05	5.3	30.86
财政总收入（亿元）	19.53	24.52	25.55	人均地区生产总值（元）	50180	61791	23.14
地方财政收入（亿元）	11.52	14.52	26.04	城镇居民可支配收入（元）	18984	21366	12.55
财政总支出（亿元）	12.22	18.17	48.69	农民人均现金收入（元）	8387	9477	13.00

淄川区主要金融指标

金融指标（亿元）	2009	2010	2010年同比增幅（%）	金融指标（亿元）	2009	2010	2010年同比增幅（%）
本外币存款余额	273.29	294.54	7.78	财险收入	—	—	—
人民币存款余额	272.14	292.91	7.63	寿险收入	—	—	—
企业存款	60.59	59.65	-1.55	财险赔款	—	—	—
储蓄存款	187.8	204.55	8.92	寿险给付	—	—	—
本外币贷款余额	96.12	108.54	12.92	当年结益	—	—	—
人民币贷款余额	89.87	104.48	16.26	证券市场交易总额	—	—	—
短期贷款	68.39	82.24	20.25	投资者保证金余额	—	—	—
中长期贷款	22.53	23.60	4.75	证券账户开户数	—	—	—
票据融资	4.83	2.56	-47.00	证券交易佣金收入	—	—	—
当年结益	2.90	3.96	36.68	净利润	—	—	—
不良贷款余额	14.89	8.39	-43.66				

淄川区主要金融机构负责人

单位名称	行长（或其他称谓的第一负责人）	副行长（或其他称谓的同级领导）
人行淄川区支行	宋继水	陈玉胜　韩克路
农发行淄川区支行	刘玉栋	张敦虎　岳翠玲
工行淄川区支行	李长清	李　凯　谭　军　张丽军
农行淄川区支行	魏会敏	胡成才　梁贻峰
中行淄川区支行	王学军	郑相峰　田福生
建行淄川区支行	李明强	陈德泉　秦学文
交行淄川区支行	苏兴越	吴绍峰
中信淄川区支行	于丽华	陈　澄
齐商银行淄川区支行	刘锦程	岳　峰　袁　峰　徐美静
淄川区农信联社	宋　文	王洪祥　孙希荣　魏　萌
邮储银行淄川支行	郭峻青	亓夏红

淄川区主要金融机构业务概况

单位：亿元

单位名称	本外币存款余额	企业存款	储蓄存款	本外币贷款余额	短期贷款	中长期贷款
农发行淄川区支行	0.02	0.02	0	1.18	1.25	0
工行淄川区支行	46.31	9.7	30.33	14.91	5.7	9.16
农行淄川区支行	54.11	7.53	45.42	4.52	3.64	0.75
中行淄川区支行	34.42	9.81	20.76	6.02	3.34	2.65
建行淄川区支行	26.91	7.48	15.38	14.01	8.1	5.91
交通银行淄川支行	11.64	4.77	6.38	2.21	2.07	0.14
中信银行淄川支行	4.37	2.44	1.92	0.2	0.1	0.08
淄川区齐商银行	25.79	10.74	10.62	7.88	7.62	0.61
淄川区农村信用社	67.01	3.62	56.45	51.74	46.32	2.99
邮储银行淄川区支行	19.31	1.99	16.99	1.72	1.33	0.04

金融风险预警监测体系”框架和以《防范法人金融风险，维护金融稳定责任书》为主体，以6项制度为支撑的责任约束与日常监测防范并重的新模式。

（赵进波　刘红霞）

临淄区

【经济金融概况】　2010年，临淄区加快转方式调结构，统筹城乡发展，推动经济社会实现了平稳较快健康发展；全区银行机构认真贯彻执行适度宽松的货币政策，加快创新金融产品步伐，存贷款实现快速增长，银行资产质量继续改善，为经济金融的平稳健康发展提供了强有力的资金保证。

【金融发展与改革】　2010年，人行临淄区支行一是组织召开了全区金融工作会议，制定下发了《货币信贷工作促进全区经济发展方式转变和经济结构调整的指导意见》；二是开展了“银企合作推进年”活动，先后组织了三次银企洽谈会，签订融资意向33.11亿元，已到位31.11亿元，到位率93.96%；三是制定实施《支行对金融机构工作评价暂行办法》，实现信贷政策与财政政策、产业政策的协调配合；四是由临淄区农信联社整体改制而成的山东临淄农村商业银行股份有限公司于12月30日挂牌成立。

【金融服务与监管】　2010年，人行临淄区支行围绕农村支付环境建设核心需求，不断完善组织领导机制、信息共享机制和考核激励机制。

临淄区主要经济指标

经济指标	2009	2010	2010 年同比增幅（%）	经济指标	2009	2010	2010 年同比增幅（%）
土地面积（平方公里）	664	664	0	地方财政支出（亿元）	21.37	26.86	25.67
人口（万人）	60.8	60.9	0.16	全社会固定资产投资（亿元）	170	216	21.93
非农业人口（万人）	31.47	31.5	0.09	进出口总值（万美元）	92890	128569	38.27
地区生产总值（亿元）	580	613.81	12.3	出口总值（万美元）	40339	49646	23.07
第一产业（亿元）	21	25.22	4.7	实际利用外资（万美元）	1624	5060	211.58
第二产业（亿元）	432	437.12	11.07	社会消费品零售总额（亿元）	106.33	125.79	18.3
第三产业（亿元）	127	151.47	18.34	居民消费价格指数（%）	—	—	—
财政总收入（亿元）	108.57	140.2	29.13	人均地区生产总值（元）	95395	100790	5.66
地方财政收入（亿元）	21.22	26.36	24.23	城镇居民可支配收入（元）	20549	22688	10.40
财政总支出（亿元）	21.37	26.86	25.67	农民人均现金收入（元）	8978	10320	14.95

临淄区主要金融指标

金融指标（亿元）	2009	2010	2010 年同比增幅（%）	金融指标（亿元）	2009	2010	2010 年同比增幅（%）
本外币存款余额	373	454.93	21.97	财险收入	—	—	—
人民币存款余额	371	452.82	22.05	寿险收入	—	—	—
企业存款	95	144.89	52.52	财险赔款	—	—	—
储蓄存款	226	242.67	7.38	寿险给付	—	—	—
本外币贷款余额	219	279.02	27.41	当年结益	—	—	—
人民币贷款余额	208	262.26	26.09	证券市场交易总额	—	—	—
短期贷款	148	185.24	25.16	投资者保证金余额	—	—	—
中长期贷款	40	57.4	43.50	证券账户开户数	—	—	—
票据融资	20.45	19.62	-4.06	证券交易佣金收入	—	—	—
当年结益	—	8.13	—	净利润	—	—	—
不良贷款余额	—	5.31	—				

临淄区主要金融机构负责人

单位名称	行长（或其他称谓的第一负责人）	副行长（或其他称谓的同级领导）
人行临淄区支行	王利明	张　光　路其永
银监会临淄区办事处	吕文亮	苏建新
农发行临淄区支行	李三卫	巩　伟　丁爱丽
工行临淄支行	燕淑凤	赵有锋　李俊庆　何正刚
农行临淄区支行	徐其栋	许孝忠　张福强　高建军　徐振兴　于彦福
中行临淄支行	郭洪志	徐蓬勃　刑维民
建行齐鲁石化支行	孟祥晶	马如军　李安长　王　明
交行临淄支行	陈　民	马会利　贾宝忠
中信银行淄博辛店支行	赵相东	罗俊美
齐商银行临淄支行	李　庆	刘　军　王光荣　王志刚
临淄农村商业银行	张春生	毕方利
邮储银行临淄区支行	王大明	耿庆涛

临淄区主要金融机构业务概况

单位：亿元

单位名称	本外币存款余额	企业存款	储蓄存款	本外币贷款余额	短期贷款	中长期贷款
农发行临淄区支行	0.25	0.09	--	1.51	1.51	--
工行临淄支行	71.38	19.9	34.6	32.45	22.06	4.59
农行临淄区支行	89.97	39.2	48.37	71.35	49.5	13.54
中行临淄支行	56.94	32.8	16.27	30.7	19.47	5.68
建行齐鲁石化支行	62.39	10.81	38.91	25.78	13	12.37
交行临淄支行	15.92	6.69	5.5	9.5	5.84	3.66
中信银行淄博辛店支行	6	2.36	2.77	0.22	0.04	0.18
齐商银行临淄支行	43.35	23.55	13.02	33.84	27.84	5.86
临淄农村商业银行	84.73	9.63	62.99	71.92	52.32	10.99
邮储银行临淄区支行	22.7	1.03	21.14	1.75	1.22	0.54

一、推进辖区农村支付服务环境改善工作。一是联合区公安局召开打击银行卡犯罪专项行动推进会，先后两次召开银行卡安全工作会议，组织了4次大规模集中宣传活动；二是与财政局联合召开区级预算单位公务卡改革动员暨业务培训大会，全力推行公务卡改革；三是强化人民币管理工作，开展开放式零币盘活和横向调剂机制建设活动；四是成立省内首家区县级钱币学会临淄区钱币学会，同时推进农村、城市反假网络建设，反假货币宣传月活动丰富多彩。

二、推进金融生态环境建设，维护辖区金融稳定。一是与辖内法人金融机构签订了《防范风险 维护金融稳定责任书》，确保辖区金融市场的稳健运行；二是推动全区企业信用建设，通过培植信用示范区、评定文明信用单位、普及宣传征信知识等工作的开展，进一步改善金融生态环境。

（刘希冰　钟　效）

博山区

【经济金融概况】　2010年，博山区以打造生态特色工业城、鲁中休闲居住城和整建制有机农产品区为目标，促进了全区经济社会又好又快发展。一是着重打造特色产业基地，规模工业销售收入、利税同比增长22.4%和59.7%；二是有机桔梗、池上板栗、金银花被列入国家级农业标准化示范园，成为全国最大的有机桔梗生产基地、省内最大的有机中药材和有机猕猴桃生产基地，被评为全国最具投资环境的有机农产品生产区；三是金融机构为地区经济发展提供融资总额86.26亿元，其中贷款实际增加17.1亿元，同比增长19.64%，涉农贷款占全部贷款余额的20.9%。

【金融发展与改革】　2010年，人行博山区支行一是重新修

博山区主要经济指标

经济指标	2009	2010	2010年同比增幅（%）	经济指标	2009	2010	2010年同比增幅（%）
土地面积（平方公里）	682	682	--	地方财政支出（亿元）	9.04	11.01	21.79
人口（万人）	46.3	46.3	--	全社会固定资产投资（亿元）	125.02	158.52	26.79
非农业人口（万人）	23.65	23.65	--	进出口总值（万美元）	28924.00	40746.00	40.87
地区生产总值（亿元）	240.62	267.83	11.31	出口总值（万美元）	23448.00	32776	39.3
第一产业（亿元）	6.89	8.29	20.3	实际利用外资（万美元）	603	3495	479.60
第二产业（亿元）	147.73	161.44	9.28	社会消费品零售总额（亿元）	93.52	121.89	81.4
第三产业（亿元）	85.91	98.09	14.18	居民消费价格指数（%）	103.5	103.00	-0.48
财政总收入（亿元）	17.98	20.87	16.07	人均地区生产总值（元）	51969.76	57846.65	11.31
地方财政收入（亿元）	8.56	10.63	24.18	城镇居民可支配收入（元）	17952.79	20112.63	12.03
财政总支出（亿元）	10.61	12.29	15.83	农民人均现金收入（元）	7989.9	9162.82	14.68

博山区主要金融指标

金融指标（亿元）	2009	2010	2010年同比增幅（%）	金融指标（亿元）	2009	2010	2010年同比增幅（%）
本外币存款余额	161.18	170.71	5.91	财险收入	--	--	--
人民币存款余额	159.92	169.07	5.72	寿险收入	--	--	--
企业存款	30.13	25.34	-15.90	财险赔款	--	--	--
储蓄存款	114.23	124.38	8.89	寿险给付	--	--	--
本外币贷款余额	89.08	100.37	12.67	当年结益	--	--	--
人民币贷款余额	87.05	99.05	13.78	证券市场交易总额	--	--	--
短期贷款	52.02	54.14	4.04	投资者保证金余额	--	--	--
中长期贷款	26.04	37.78	45.08	证券账户开户数	--	--	--
票据融资	8.98	7.13	-20.60	证券交易佣金收入	--	--	--
当年结益	--	--	--	净利润	--	--	--
不良贷款余额	8.32	1.68	-79.80				

博山区主要金融机构负责人

单位名称	行长（或其他称谓的第一负责人）	副行长（或其他称谓的同级领导）
人行博山区支行	邵承伟	许聿文　张学问　赵玉文
银监会博山办事处	黄立恩	
农发行博山区支行	王有星	杨军升　刘孝德
工行博山区支行	王恒利	苗纪宏　杨长义　石　岩　翟乃林　孙启德
农行博山区支行	宗　新	巩国庆　陈　亮　张福虎　王中亮
中行博山区支行	杨　健	张连江　马　红　翟　斌　周建波
建行博山区支行	程红祥	石　峰　王俊祥　孙大杰　胡　波
交行博山区支行	鹿子红	郭发勇　赵红丽
齐商银行博山支行	王洪刚	孙红涛　刘　红　徐美静
博山区农信联社	范京卫	牛文辉　张艳芳　李　杰　邢长远　杨立军
邮储银行博山区支行	万瑞海	韩　刚　秦爱玲

博山区主要金融机构业务概况

单位：亿元

单位名称	本外币存款余额	企业存款	储蓄存款	本外币贷款余额	短期贷款	中长期贷款
农发行博山区支行	0.299	0.16	--	1.02	1.02	--
工行博山区支行	32.88	4.68	24.69	11.63	5.20	6.43
农行博山区支行	22.73	3.65	17.47	13.48	8.22	5.21
中行博山区支行	19.90	5.95	9.49	11.93	6.23	5.13
建行博山区支行	12.97	12.40	9.18	12.99	4.44	8.54
交行博山区支行	6.05	2.11	3.33	6.23	1.05	5.18
齐商银行博山支行	18.22	4.36	7.70	5.89	5.28	0.61
博山区农信联社	44.66	34.71	39.86	36.29	23.16	6.62
邮储银行博山区支行	14.03	0.87	12.96	0.91	0.73	0.18

订完善了《金融机构执行货币政策考核办法》，逐步健全了对银行机构的考核评价体系；二是联合金融办公室开展了对金融机构支持地方经济业绩和执行货币政策考核工作；三是制定了《关于强化信贷导向作用，促进全区产业结构调整的指导意

见》；四是开展金融生态“进社区、进街道、进校园、进工厂、进乡镇”“五进”活动。

【金融服务与监管】 2010 年，人行博山支行深入开展“创新金融服务，支持经济发展”业务竞赛活动。一是先后组织召开多次“全区政银企合作推进会”、“镇域银企洽谈会”，对重点项目和企业进行推介；二是组织召开“全区金融创新推进大会”，建立了“博山区银企合作联谊会”，实行了银行业支持有机农业挂包责任制；三是率先推广建立了 3 家国库服务惠民工作站，启动了淄博市国债收款单清理兑付工作，同时完善出口企业巡访制度。

（杜文杰　刘承海）

桓台县

【经济金融概况】 2010 年，桓台县深入开展“工业结构调整突破年”活动成效显著；金融机构增加有效信贷投入，实现了产业政策和信贷政策的良性互动，取得了良好的经济效益和社会效益。一是工业综合指标在全省排名跃至 15 位，高档卡纸、绿色制冷剂等 12 个产品形成国内同行业最大产能；二是 6 大特色产业集群和 3 个工业主导区占全县经济总量比重达到 76.5%；三是三次产业比例调整为 3.9:67.2:28.9，高产优质专用粮生产基地达 30 万亩；四是县财政用于保障和改善民生直接投资达 4.2 亿元，20 个村完成整村迁建改造，城乡统筹发展取得新成果。

【金融发展与改革】 2010 年，人行桓台县支行一是适时推出创业贷款、小企业贷款、“速贷通”、仓单质押贷款等信贷新品种；二是推动县政府举办“政银企联手推动经济平稳较快发展恳谈会”，县域 30 多户企业获得千万元以上新增贷款支持；三是召开商业承兑汇票推进会暨再贴现现场授信签约推进会，授

桓台县主要经济指标

经济指标	2009	2010	2010 年同比增幅（%）	经济指标	2009	2010	2010 年同比增幅（%）
土地面积（平方公里）	508.97	508.97	0	地方财政支出（亿元）	17.69	20.99	18.65
人口（万人）	49.69	--	--	全社会固定资产投资（亿元）	139.43	181.3	30.06
非农业人口（万人）	9.34	--	--	进出口总值（万美元）	75902	105254	38.67
地区生产总值（亿元）	293.64	345.33	17.6	出口总值（万美元）	34964	49013	40.18
第一产业（亿元）	12.66	15.35	21.24	实际利用外资（万美元）	8559	11303	32.06
第二产业（亿元）	199.43	229.61	15.13	社会消费品零售总额（亿元）	87.50	93.23	6.55
第三产业（亿元）	81.55	100.37	23.08	居民消费价格指数（%）	100.3	--	--
财政总收入（亿元）	37.77	43.91	16.26	人均地区生产总值（元）	59091	69497	17.61
地方财政收入（亿元）	13.15	16.85	28.14	城镇居民可支配收入（元）	19285	21386	10.89
财政总支出（亿元）	34.23	42.73	24.83	农民人均现金收入（元）	8740	9998	14.39

桓台县主要金融指标

金融指标（亿元）	2009	2010	2010 年同比增幅（%）	金融指标（亿元）	2009	2010	2010 年同比增幅（%）
本外币存款余额	192.72	230.38	19.54	财险收入	--	--	--
人民币存款余额	190.38	226.91	19.18	寿险收入	--	--	--
企业存款	49.09	61.28	24.83	财险赔款	--	--	--
储蓄存款	96.49	108.62	12.57	寿险给付	--	--	--
本外币贷款余额	187.79	229.14	22.01	当年结益	--	--	--
人民币贷款余额	191.17	225.84	18.16	证券市场交易总额	--	--	--
短期贷款	127.87	150.07	17.36	投资者保证金余额	--	--	--
中长期贷款	47.81	70.06	46.54	证券账户开户数	--	--	--
票据融资	9.53	5	-47.53	证券交易佣金收入	--	--	--
当年结益	5.13	6.41	24.95	净利润	--	--	--
不良贷款余额	11.83	5.68	-51.99				

桓台县主要金融机构负责人

单位名称	行长（或其他称谓的第一负责人）	副行长（或其他称谓的同级领导）
人行桓台县支行	高文博	董　雷　孙延滨　孙洪彬
银监会桓台县办事处	张荣博	张　浩
农发行桓台县支行	高文清	张玉英　丁义峰
工行桓台支行	段　军	崔　凌　李立柱　崔海刚　崔守东
农行桓台县支行	范建强	翟向洋　沈　剑　胡敬臣
中行桓台支行	郑桂峰	逯　勇　李　辉
建行桓台支行	盛　斌	成　光　李爱民　张健勇　吕允考
交行桓台县支行	柴　广	王新海　白　河
中信银行桓台县支行	张卫东	高海霞　巩向军
桓台商业银行	荆　铭	寇海英
桓台县农信联社	唐元茂　唐光发	刘　勇　尚延辰　李嘉耘
邮储银行桓台县支行	王克禄	荆　燕

桓台县主要金融机构业务概况

单位：亿元

单位名称	本外币存款余额	企业存款	储蓄存款	本外币贷款余额	短期贷款	中长期贷款
农发行桓台县支行	0.75	0.41	0	9.49	5.27	4.14
工行桓台支行	34.52	9.56	9.03	37.63	21.54	15.25
农行桓台县支行	56.38	18.92	30.63	46.22	38.04	7.61
中行桓台支行	26.63	9.12	3.13	29.29	14.16	12.24
建行桓台支行	20.20	6.74	9.84	27.49	9.97	16.82
交行桓台县支行	3.22	2.59	0.21	9.21	5.50	3.71
中信银行桓台县支行	4.31	1.93	1.59	10.13	6.69	3.44
桓台商业银行	10.84	4.30	2.57	12.68	10.32	2.36
桓台县农信联社	53.67	9.27	42.03	44.36	39.92	2.74
邮储银行桓台县支行	13.46	0.71	12.73	2.64	0.89	1.75

信金额达1亿元，商业承兑汇票贴现授信总额2.75亿元；四是推动县政府出台了优化金融生态环境建设实施意见，将其纳入乡镇千分制考核；五是组织开展“五信”评选活动，推动县政府设立担保基金。

【金融服务与监管】　2010年，桓台县金融机构及时处罚签发空头支票等结算违规行为，认真开展银行结算账户开立、使用情况检查，维护良好金融秩序，确保了辖区金融稳定。一是在鲁豫两省率开展人民币管理“六好”辖区创建活动，推行人民币管理主办行制度，建成“六位一体”人民币管理服务基地；二是积极探索推广产业链、专业村等“六种模式”，全面推进农村支付服务环境建设；三是实施“金惠三农”活动，推动政府组建金融服务、良种供应、生资购销等6大服务体系；四是在全省设立首批13家国库服务惠农工作站，同时加快国债下乡，凭证式国债销售额增长118%；五是举办首届银企合作项目网上推介会，推介项目22个，达成融资意向30亿元；六是实施优企增信计划，推动政府在全省率先推出财政贴息，纳入计划的50家企业新增信贷总量超过32亿元，享受财政贴息280万元；七是推动县政府在全省率先设立5000万元的工业结构调整发展引导基金，加大对高新企业、新兴产业项目贷款贴息，进行优惠扶持。

（徐学峰　王红梅）

高青县

【经济金融概况】 2010年，高青县紧抓机遇，以“十大工程”建设为总抓手，强化项目建设，加快推进农业县向工业县重大转变，综合实力明显增强。一是三产比例调整为13.9:54.1:32，金融总体运行平稳，较好地实现了产业政策与信贷政策的有机结合与良性互动；二是存贷款增量均创历年最好水平，各项贷款超常规增长，信贷投放重点突出，重点工程、项目、企业和农

高青县主要经济指标

经济指标	2009	2010	2010年同比增幅（%）	经济指标	2009	2010	2010年同比增幅（%）
土地面积（平方公里）	831	831	0	地方财政支出（亿元）	8.43	11.33	34.23
人口（万人）	36.58	36.52	-0.17	全社会固定资产投资（亿元）	48.36	60.87	23.90
非农业人口（万人）	5.58	5.52	-0.50	进出口总值（万美元）	17607	26998	53.34
地区生产总值（亿元）	100.1	117.03	14.3	出口总值（万美元）	12049	16079	33.45
第一产业（亿元）	14.9	17.60	4.8	实际利用外资（万美元）	861	1844	114.2
第二产业（亿元）	52.8	61.89	14.3	社会消费品零售总额（亿元）	22.02	26.03	18.4
第三产业（亿元）	32.39	37.54	18.9	居民消费价格指数（%）	100.7	103.2	2.5
财政总收入（亿元）	15.1	16.6	9.3	人均地区生产总值（元）	27365	32017	14.3
地方财政收入（亿元）	4.87	6.02	23.60	城镇居民可支配收入（元）	14496	15535	7.2
财政总支出（亿元）	15.6	16.8	7.7	农民人均现金收入（元）	6293	6798	8.03

高青县主要金融指标

金融指标（亿元）	2009	2010	2010年同比增幅（%）	金融指标（亿元）	2009	2010	2010年同比增幅（%）
本外币存款余额	55.56	70.00	25.99	财险收入	0.18	0.5	177.7
人民币存款余额	55.18	69.83	26.55	寿险收入	0.71	0.8	12.7
企业存款	8.49	15.30	55.82	财险赔款	0.13	0.2	53.8
储蓄存款	33.5	39.19	17.01	寿险给付	0.02	0.04	100
本外币贷款余额	39.68	50.27	26.68	当年结益	--	--	--
人民币贷款余额	38.89	48.15	23.80	证券市场交易总额	0	0	0
短期贷款	29.29	35.03	21.06	投资者保证金余额	0	0	0
中长期贷款	8.19	11.58	35.64	证券账户开户数	0	0	0
票据融资	1.42	1.54	8.24	证券交易佣金收入	0	0	0
当年结益	1.10	1.24	12.73	净利润	0	0	0
不良贷款余额	2.17	2.08	-4.15				

高青县主要金融机构负责人

单位名称	行长（或其他称谓的第一负责人）	副行长（或其他称谓的同级领导）
人行高青县支行	王振平	樊守彬 毕祯忠 董有明
银监会高青县办事处	刘永涛	
农发行高青县支行	李建民	魏星太 耿在文
工行高青支行	杨 瑜	王希民 石海涛
农行高青县支行	徐兴岭	陈会清 曹玉波 孔 芳
建行高青支行	李爱民	刘文勇 柴德光
齐商银行高青支行	王 贵	刘保华
高青县农信联社	田成钰（理事长） 李岩松（主任）	翟恒修 宋新伟 王玉华
邮储银行高青县支行	张 峰	杨志国

高青县主要金融机构业务概况

单位：亿元

单位名称	本外币存款余额	企业存款	储蓄存款	本外币贷款余额	短期贷款	中长期贷款
农发行高青县支行	0.32	0.13	0	1.26	1.26	0
工行高青支行	7.61	2.20	1.55	6.88	3.77	3.11
农行高青县支行	17.90	6.23	8.92	7.82	4.92	2.74
建行高青支行	6.97	0.99	2.45	6.03	3.40	2.63
齐商银行高青支行	5.02	2.71	0.40	4.61	3.61	1.00
高青县农信联社	23.05	2.01	19.52	20.48	17.57	1.53
邮储银行高青支行	7.47	1.02	6.36	1.08	0.50	0.57

业龙头企业得到较好地信贷支持；三是银行经营形势稳定，金融机构综合收息率98.55%，信贷资产质量进一步提高。

【金融发展与改革】 2010年，人行高青县支行一是制定印发了货币信贷工作支持全县经济发展、金融支持黄河三角洲开发、金融支持大学生“村官”及知识青年富民创业工作等《指导意见》；二是该县被人行淄博市中支确定为金融支持大学生村官富民创业示范县；三是举办“黄河三角洲高效生态经济区重点项目推介暨银企合作促进会”，达成授信签约金额30.2亿元，资金到位22.17亿元，到位率73.27%；四是成立中小企业融资信息服务平台，有效解决了银企信息不对称、融资渠道不畅通、中小企业贷款难等瓶颈问题；五是大地肉牛实施扩股，耀微玻纤在天交所挂牌，布莱凯特在齐鲁股权托管交易中心挂牌，共融资10239.2万元，破解了企业发展的资金“瓶颈”。

【金融服务与监管】 2010年，人行高青县支行充分发挥窗口指导作用，引导辖内金融机构不断强化措施，提升服务水平。一是改善农村支付结算环境，优化支付服务环境建设取得明显成效；二是开展征信、人民币反假等金融知识宣传活动，同时与县农信社签订《防范风险，维护金融稳定责任书》；三是加强对辖内法人金融机构风险情况的监测，确保了农信社各项监测指标达到规定标准；四是开展金融统计执法大检查，保证了各项数据的真实性。

（樊守彬 刘恒营）

沂源县

【经济金融概况】 2010年，沂源县以发展特色产业集群和有机农业作为县域经济发展的着力点，以推动高科技产业发展作为调整工业结构的突破口，经济呈现出平稳、较快发展的局面，社会综合实力和人民生活水平稳步提高和改善；人行沂源县支行把握货币政策内涵，引导金融机构合理投放资金，有效支持经济发展，取得了良好效果。

【金融发展与改革】 2010年，人行沂源县支行准确理解和把握形势变化，结合实际深入贯彻落实货币政策。一是支持药玻公司中性硼硅药用玻璃管、华联公司铁矿石开采、瑞阳公司青霉素类综合项目；二是引导金融机构支持特色产业集群发展，着重改善有市场、有前景、符合产业政策、暂时出现融资困

沂源县主要经济指标

经济指标	2009	2010	2010年同比增幅（%）	经济指标	2009	2010	2010年同比增幅（%）
土地面积（平方公里）	1635.6	1635.6	0	地方财政支出（亿元）	13.02	15.44	18.52
人口（万人）	56.38	56.49	0.2	全社会固定资产投资（亿元）	69.93	89.84	23.49
非农业人口（万人）	12.16	12.13	-0.25	进出口总值（万美元）	1.24	1.87	51.9
地区生产总值（亿元）	148.44	163.11	14.08	出口总值（万美元）	9.91	14.02	43.3
第一产业（亿元）	16.93	20.13	3.10	实际利用外资（万美元）	--	--	--
第二产业（亿元）	76.38	82.00	13.65	社会消费品零售总额（亿元）	67.42	68.97	19.00
第三产业（亿元）	55.13	60.98	17.48	居民消费价格指数（%）	103.3	102.8	-0.5
财政总收入（亿元）	15.01	16.54	10.19	人均地区生产总值（元）	26375	28874	9.47
地方财政收入（亿元）	7.55	9.55	26.50	城镇居民可支配收入（元）	16315	18425	12.93
财政总支出（亿元）	--	--	--	农民人均现金收入（元）	6509	9499	14.23

沂源县主要金融指标

金融指标（亿元）	2009	2010	2010年同比增幅%	金融指标（亿元）	2009	2010	2010年同比增幅%
本外币存款余额	97.00	105.8	9.07	财险收入	—	—	—
人民币存款余额	96.60	105.6	9.33	寿险收入	—	—	—
企业存款	22.66	24.50	2.58	财险赔款	—	—	—
储蓄存款	57.84	63.28	9.56	寿险给付	—	—	—
本外币贷款余额	63.62	74.81	26.88	当年结益	—	—	—
人民币贷款余额	63.36	74.60	26.90	证券市场交易总额	—	—	—
短期贷款	45.41	50.76	15.48	投资者保证金余额	—	—	—
中长期贷款	16.03	22.44	29.85	证券账户开户数	—	—	—
票据融资	2.13	1.4	-34.27	证券交易佣金收入	—	—	—
当年结益	—	—	—	净利润	—	—	—
不良贷款余额	—	—	—				

沂源县主要金融机构负责人

单位名称	行长（或其他称谓的第一负责人）	副行长（或其他称谓的同级领导）
人行沂源县支行	胡振兵	刘艳玲　张佩珠　张培祥
农发行沂源县支行	翟永果	唐加梅
工行沂源支行	唐守刚	秦海云　宋以国　唐玉成　黄立军
农行沂源县支行	李瑞正	隗　涛　张　炎　齐向东
中行沂源支行	丁　伟	苏立华　周　雷
建行沂源支行	陈洪波	郭怀军　崔　军
齐商银行沂源支行	葛　涛	葛　兵
沂源县农信联社	于光辉	朱利民　刘东义　杨建军　荆　春
邮储银行沂源县支行	耿庆涛	张正新

沂源县主要金融机构业务概况

单位：亿元

单位名称	本外币存款余额	企业存款	储蓄存款	本外币贷款余额	短期贷款	中长期贷款
农发行沂源县支行	0.45	0.14	0	1.75	1.25	0.5
工行沂源支行	15.34	3.81	6.81	8.62	3.88	4.63
农行沂源县支行	21.01	5.98	10.06	14.72	8.33	5.73
中行沂源支行	7.35	3.74	2.48	6.81	3.23	3.25
建行沂源支行	10.88	1.61	5.41	11.36	5.70	5.67
齐商银行沂源支行	5.11	3.35	0.56	3.69	3.69	0
沂源县农信联社	32.87	5.23	26.66	26.86	24.00	2.53
邮储银行沂源县支行	12.48	0.76	11.37	0.95	0.82	0.12

难的中小企业的金融服务；三是落实区域金融稳定工作机制，以银行、证券、保险联席会议制度为载体，共同研究对策，确保辖区金融稳定。

【金融服务与监管】　2010年，人行沂源县支行一是定期以《金融要情快报》和《专报件》形式，向政府提出金融与经济发展的建议；二是在全县金融系统中开展“金融支持经济‘转方式、调结构’，实现平稳较快发展”竞赛活动；三是落实民族贸易产品生产贷款贴息政策，同时加强外汇监管，促进法规制度落实；四是做好现金管理和人民币反假工作，推动农村人民币反假工作的规范化。

（丁　峰）

泰安市

【经济金融概况】 2010年，泰安市上下紧紧围绕建设经济文化强市、打造国际旅游名城的奋斗目标，把保增长与转方式调结构有机结合起来，经济平稳较快发展，各项社会事业全面进步，民生状况进一步改善，较好地完成了年初确定的各项目标任务。

【银行业务】 2010年，随着央行货币政策适度从紧，泰安市人民币各项存款增势趋弱，贷款增速下降，新增贷款呈现先快后慢的走势，外汇存款略有减少，外汇贷款继续大幅下降。

【货币政策实施】 2010年，人行泰安市中支注重将适度宽松的货币政策与地方经济发展的实际相结合，促进了该市经济金融平稳较快发展。

一、认真落实货币信贷政策。一是制定促进全市经济发展的信贷指导意见，以及金融支持低碳经济、涉外经济等一系列意见，加强调研、监测和分析，多篇调研报告得到分行及市政府以上领导批示；二是建立银行机构开业报告和重大事项报告制度，制定《金融机构综合评价实施细则》，开展综合执法检查和专项业务检查，加大对金融违法案件的查处力度，开发企业征信系统两端数据核对程序，被总行推广应用；三是推进农村支付环境建设，在做好水库移民补贴的基础上，新增15项直接支付补贴项目，同时开展“创新金融服务，支持经济发展”业务竞赛活动；四是先后3次向金融机构推介省市重点建设项目名录和企业名录，协助市政府举办了银企合作会议，150余家企业与银行达成贷款协议187.5亿元，对各银行信贷投放进度实行了按月调度、按季通报、按年考核的方法，确保了信贷投放合理增长。

二、不断优化金融生态环境，维护金融体系安全运行。一是与发改委、经信委联合组织召开了“货币信贷政策通报暨重点项目推介会”，向各金融机构发布了300个重点建设和节能减排项目；二是承办人行济南分行与泰安市政府联合组织的“金融生态环境建设暨推进银企合作会议”，182家企业与银行达成贷款协议196.2亿元，年末资金到位率达95%；三是与东平县委、县政府联合组织召开“金融支持大学生村官创业富民推进会”，全面总结先进典型；四是开展以“金融助力、文化腾飞”为内容的银文联谊重点建设项目推介活动，共推介70个文化产业项目；五是各县区与116个农信社机构开展农户信用档案建设工作，创建信用乡镇、村分别为25个和1281个，建立农户信用档案45.4万户，评定信用农户42.4万户，对已建立信用档案的农户累计发放贷款217.14亿元，贷款余额127.95亿元。

【金融监管】 2010年，泰安银监分局认真履行职责，推动银行业实现了持续健康发展。

一、服务地方经济发展的支持力进一步增强。一是通过约见谈话、下发监管意见书等方式，加强监管指标跟踪监测，督促各机构妥善把控信贷投放，大力支持经济发展方式转变；二是围绕地方产业结构调整实际优化信贷结构，以新兴产业为重点，提供新增授信25亿元，向旅游文化产业及相关基础设施建设提供新增贷款20亿元，向保障房建设工程提供贷款近10亿元；三是加大对薄弱环节信贷支持力度，制定《中小企业金融服务工作指导意见》，召开了座谈会，预计“涉农”贷款余额433.47亿元，较年初增加64.8亿元，增长17.56%。

二、银行业安全稳健运行能力进一步增强。一是制定下发《银行案件防控监管意见》，组织签订《年度案防目标责任书》，与市公安局坚持了案防和安保工作季度联席会议制度；二是组织开展“银行业法制教育后评价现场检查”，并根据省局部署，开展了“合规风险管理‘回头看’活动”、“银行业内控和案防制度执行年活动”；三是开展“顶冒名贷款专项清理清收活动”，清收率达到100%，累计处理200余名责任人，有关工作经验在省银监局系统内专题载发；四是组织和部署辖区银行机构防诈骗应急预案体系，制定各类应急预案制度办法23个，开展应急演练51次；五是完善了“农村合作金融机构监事会履职”报告制度。

三、加强信用风险的管控。一是督促各银行业机构严格落实房地产信贷新政等宏观调控政策和监管要求；二是先后开展“淘汰落后产能企业对辖区银行业资产质量影响”等快速风险调查7次；三是建立信贷资产质量迁徙变化情况月度监测台账，组织信贷资产质量真实性检查3次，对部分重点关注类企业进行了持续的风险监测，对泰山医学院等大型客户贷款形态迁徙情况开展了跟进调查核实，对华泰铝轮毂有限公司破产进行了积极债权维护。

四、提升信贷管理精细化水平。成立分局局长任组长、各机构主要负责人为成员的“银行业推进‘三办法一指引’工作领导小组”，并组织专题培训、宣传教育和知识测试；组织8个检查组对贷款新规执行情况进行了全面的现场检查，提升了辖区银行机构的信贷管理水平。

五、做好舆情监测工作，加强声誉风险防范。一是督促各机构落实《商业银行声誉风险管理指引》的要求，建立了舆情监测体系和重大声誉风险事件应急处置机制；二是稳妥处置了农行宁阳支行磁窑分理处爆炸事件，办理群众信访件10起，处置服务纠纷20余起，维护了银行业金融秩序稳定。

【外汇管理】 2010年，泰安市外汇管理支局按照“夯基础、抓重点、求创新”的工作思路，进一步加大外汇管理与服务创新，较好地完成了工作任务。

泰安市经济主要统计指标

指标 \ 年度	2006	2007	2008	2009	2010	2010年同比增幅（%）
土地面积（平方公里）	7762	7762	7762	7762	7762	0
人口（万人）	551.7	552.6	554.7	555.8	557.1	0.23
非农业人口（万人）	157.2	159.1	159.3	157.7	158.9	0.76
地区生产总值（亿元）	1012.2	1226.1	1513.3	1715.7	2051.7	13.7
第一产业（亿元）	116.3	132.8	161.1	170.3	195.3	4.4
第二产业（亿元）	572.2	688.5	839.3	936.4	1099.5	12.4
工业（亿元）	503.5	607.8	752.2	807.1	950	11.3
建筑业（亿元）	68.7	80.7	87.1	--	--	--
第三产业（亿元）	323.7	404.8	512.9	609.0	756.9	18.1
人均地区生产总值（元）	18752	22617	27794	31375	36901	13.7
地区生产总值构成（%）	100	100	100	100	100	--
第一产业（%）	11.49	10.8	10.6	9.9	9.5	-0.4
第二产业（%）	56.51	56.2	55.5	54.6	53.6	-1.0
第三产业（%）	32.00	33.0	33.9	35.5	36.9	1.4
财政总收入（亿元）	87.39	105.36	131.58	150.71	--	--
地方财政收入（亿元）	51.7	64.2	76.4	91.4	116.9	27.9
财政总支出（亿元）	--	--	--	--	--	--
地方财政支出（亿元）	78.1	104.6	111.6	134.5	175.6	30.6
全社会固定资产投资（亿元）	533.9	646.0	809.4	1031.9	1270.5	22.7
规模以上固定资产投资（亿元）	513.08	638.88	803.0	1031.9	1270.5	22.7
房地产开发（亿元）	22.4	33.9	43.1	52.2	75.1	43.5
进出口总值（亿美元）	9.85	13.45	15.08	10.8	15.9	47.7
出口总值（亿美元）	6.88	8.52	9.21	7.05	9.3	31.4
实际利用外资（亿美元）	7.97	9.82	11.75	12.78	13.1	2.3
社会消费品零售总额（亿元）	318.2	378.5	466.8	556.3	687.4	18.9
居民消费价格指数（%）	101.3	104.0	104.9	101.8	103.6	3.6
城市居民人均可支配收入（元）	11966	13818	16095	17672	19953	12.9
农民人均现金收入（元）	5184	5963	6533	6600	7592	15

泰安市工农业主要统计指标

农业主要统计指标（万吨）				规模以上工业企业主要统计指标（亿元）			
项目 \ 年度	2009年	2010年	增幅（%）	项目 \ 年度	2009年	2010年	增幅（%）
粮食	303.6	310.3	2.2	工业增加值	934.3	1086.7	16.31
夏粮	141.6	146.6	3.5	国有工业	65	74.3	14.3
秋粮	162	163.7	1.0	集体工业	29.5	28.9	-2.0
棉花	0.98	0.91	-6.5	股份制工业	604.4	711.4	17.7
油料	19.9	21.6	8.7	股份合作制工业	2.9	4.4	51.2
水果	55.5	53	-4.6	外商及港澳台投资工业	31.3	35.1	12
蔬菜	713.6	733.4	2.8	轻工业	198.1	230.7	16.44
肉类	37.2	39	5	重工业	736.2	856.2	16.3
禽蛋	18.4	19.1	3.5	销售收入	3035.3	3904.2	29.5
奶类	42.7	46.2	8.2	利税	374.9	496	35.2
水产品	7	7.7	10.2	利润	219.6	307	41.4
森林覆盖率（%）	36.4	37.7	4.4	经济效益综合指数（%）	277.6	268.5	15.3

泰安市主要金融机构负责人

单位名称	行长（或其他称谓的第一负责人）	副行长（或其他称谓的同级领导）
人行泰安市中心支行	张海清	韩 伟 石建民 刘慧英 孙世超 蒋建军
银监会泰安监管分局	田 钢	杜经涛 王希娟 陈树涛（调研员）
农发行泰安市分行	李元林	孔庆才 巩克深
工行泰安分行	姜 宁	孟凡柱 周成芳 王向东 武 晓 卞 涛 张福震 侯传和
农行泰安市分行	孙成军	郭良运 冯洪敏 安 勇 孟宪军 赵焕军 单伟强
中行泰安分行	赵宏春	路忠义 石 峰 刘 钧
建行泰安分行	孙 飙	张岱山 王君泰 张开锦 李其祥 王洪波 耿效太
交行泰安分行	赵秀军	任宪富 艾传琦 苏小龙
泰安市商业银行	李俊荣（董事长） 石占银（行长）	曹在山 张海涛 史建国 展 鹏 赵传迎 李成山
农信社泰安市办事处	帖晓鹏	陈运成 房义来 郑允幸
邮储银行泰安市分行	冯克军	谢 强 张兆辉
人保财险泰安市分公司	李 勇	郭建明 赵玉强 张泰宁 孙 静
人寿泰安市分公司	王子岳	张 振 冯金国
海通证券泰安营业部	李美玲	高 敏 项 颖
齐鲁证券泰安营业部	张孝金	焦圣岐 苏 勇

泰安市金融业务统计指标

指标（亿元） \ 年度		2006	2007	2008	2009	2010	2010年同比	
							增加额	增幅（%）
银行类	本外币存款余额	756.02	816.88	980.43	1221.67	1405.87	184.2	15.08
	人民币存款余额	749.98	812.29	974.14	1213.17	1399.53	186.36	15.36
	企业存款	147.73	149.22	181.32	258.98	287.55	28.57	11.03
	储蓄存款	467.61	500.11	624.83	722.51	824.31	101.8	14.09
	定期储蓄存款	338.81	360.44	462.07	510.49	568.39	57.9	11.34
	活期储蓄存款	128.80	139.67	162.76	212.01	255.93	43.92	20.72
	本外币贷款余额	487.42	543.59	607.81	775.67	920.23	144.56	18.64
	人民币贷款余额	484.95	539.18	605.12	769.58	917.6	148.02	19.23
	短期贷款	306.88	348.01	357.63	410.6	470.51	59.91	14.59
	中长期贷款	132.95	154.18	191.74	302.54	390.4	87.86	29.04
	票据融资	44.93	36.79	55.66	56.22	56.4	0.18	0.32
	当年结益	6.11	11.41	16.06	12.9	20.04	7.14	55.35
	不良贷款余额	40.78	38.27	52.04	56.46	43.63	-12.83	-22.72
	不良贷款占比%	8.37	7.05	8.56	7.28	4.74	-2.54	-34.89
	现金收入	2299.66	2504.09	2863.99	3163.9	3570.6	406.7	12.85
	现金支出	2279.59	2479.52	2831.27	3149.77	3547.89	398.12	12.64
	现金投放（+）回笼（-）	-20.06	-24.57	-32.72	-14.13	-22.71	-8.58	60.72
保险类	保险公司保费收入	17.06	21.39	30.33	36.15	46.62	10.47	28.96
	财险收入	3.93	5.48	6.14	7.81	10.32	2.51	32.14
	寿险收入	13.14	15.91	24.19	28.34	36.3	7.96	28.09
	保险公司赔款和给付支出	5.06	6.19	8.46	9.11	9.64	0.53	5.82
	财险赔款	2.66	3.11	3.48	3.76	4.67	0.91	24.20
	寿险给付	2.4	3.08	4.97	5.35	4.97	-0.38	-7.10
	当年结益	--	--	--	--	--	--	--

续表

指标（亿元）		2006	2007	2008	2009	2010	2010年同比 增加额	2010年同比 增幅（%）
证券类	证券市场成交总额	208.94	863.10	683.02	1253.6	1865.5	611.9	48.8
	投资者保证金余额	2.82	7.39	7.20	16.7	24.9	8.2	49.1
	证券账户开户数	132507	182059	218348	254621	332562	77941	30.6
	佣金收入	5.64	2.32	1.69	2.81	3.22	0.41	14.6
	净利润	0.24	1.31	0.89	—	—	—	—
	期货市场成交总额	—	—	—	—	—	—	—
	期货客户保证金余额	—	—	—	—	—	—	—
	期货账户开户数	—	—	—	—	—	—	—
	期货手续费收入	—	—	—	—	—	—	—
	利润总额	—	—	—	—	—	—	—

泰安市金融机构统计指标

指标（个）		2006	2007	2008	2009	2010	2010年同比增幅（%）
银行类	法人机构	7	7	7	7	7	—
	省级分行	0	0	0	0	0	—
	二级分行	6	6	6	6	7	16.7
	县区支行	85	82	98	83	86	3.6
	分理处、营业所	118	115	130	106	112	5.6
	储蓄所	530	514	437	577	553	-4.1
	从业人员总数	9648	9399	9196	9938	9144	-7.99
保险类	保险机构	—	—	—	—	—	—
	财险机构	—	—	—	—	—	—
	省级分公司	0	0	0	0	0	—
	地市分公司	8	9	11	6	7	16.7
	县区支公司	34	41	48	32	32	—
	寿险机构	—	—	—	—	—	—
	省级分公司	0	0	0	0	0	—
	地市分公司	8	11	17	6	6	—
	县区支公司	27	30	38	25	25	—
	从业人员总数	10540	13570	16821	10307	11411	10.7
	财险人员	2420	2961	2547	2325	2370	1.9
	寿险人员	8120	10609	14274	7982	8041	13.2
证券类	证券机构	—	—	—	—	—	—
	证券公司	0	0	0	0	0	—
	证券营业部	5	5	6	7	7	—
	证券服务部	1	1	1	1	1	—
	从业人员总数	157	156	155	160	172	7.5
	投资者开户	132507	182059	218348	254621	291371	14.4
	境内上市股票支数	5	5	5	5	6	20
	境外上市股票支数	0	1	2	2	2	—
	辖区上市公司总数	5	6	7	7	8	14.3

泰安市主要金融机构业务概况

单位：亿元

单位名称	本外币存款余额	人民币企业存款	人民币储蓄存款	本外币贷款余额	人民币短期贷款	人民币中长期贷款
农发行泰安市分行	5.79	4.11	--	43.64	21.74	21.9
工行泰安分行	175	38.27	96.88	134.36	41.58	90.59
农行泰安市分行	226.6	68.85	135.57	124.56	44.11	76.94
中行泰安分行	139.92	45.81	53.3	111.11	26.3	79.45
建行泰安分行	180.52	36.24	78	128.81	26.74	89.75
交行泰安分行	48.5	25.6	13.35	32.94	27.04	3.95
泰安市商业银行	144.36	28.65	58.03	84.62	56.45	13.77
农信社泰安市办事处	340.43	29.46	300.37	251.12	221.12	10.39
邮储银行泰安市分行	100.12	10.55	88.81	9.09	5.43	3.65

泰安市各县级区域经济金融主要统计指标

名称	人口（万人）	面积（平方公里）	地区生产总值（亿元）	地区生产总值增速（%）	本外币存款余额（亿元）	储蓄存款（亿元）	本外币贷款余额（亿元）
泰山区	62.5	337	--	--	--	--	--
岱岳区	90.1	1750	--	--	--	--	--
新泰市	139.16	1933	585.50	13.90	278.89	173.98	170.39
肥城市	97.89	1277.3	491.68	18.48	226.96	142.72	159.21
宁阳县	82.21	1125	211.00	14.3	98.16	71.05	53.07
东平县	79.09	1340	203.5	31.89	89.11	67.57	68.77

一、强化外汇服务，推动贸易投资便利化。一是印发《改进外汇管理，促进全市涉外经济平稳较快发展的指导意见》，努力为各类市场主体提供便利化服务；二是出台《关于引导企业加强汇率风险管理的指导意见》，增强其市场竞争力；三是开展进口付汇核销改革试点工作，推进出口收入境外存放试点；四是梳理外汇管理业务操作规程和日常业务中的问题，完成了外汇管理《业务操作指引》和《实务手册》的编辑和印制工作；五是组织开展"外汇政策业务集中宣讲活动"，印发了实施方案，分赴各县市区进行巡讲，培训企业 238 家，占全市进出口企业的 92%；六是加强对有特殊需求的企业的服务意识，采取一企一策，坚持首问负责制、限时办结制、节假日预约服务制等举措，保证企业随到随办理。

二、强化监督检查，规范外汇市场秩序。一是多次派人员参加省局非现场检查系统的数据分析，协助设计了多个异常资金线索筛选指标，下发各中支异常线索 300 多条，协助完成了《跨境异常资金流入形势及线索分析报告》；二是按照部署，组织人员参加对中行威海分行、齐鲁银行总行的综合执法检查，查出外汇违规问题 140 笔，涉案金额 5111 万美元；三是组织开展了货物贸易项下转口贸易、加工贸易以及资本项目外汇收支的专项检查；四是开展对建行泰安分行的外汇业务全面检查，查处违规问题 20 笔，金额 119 万美元；五是开展了打击违法、违规外汇资金流入专项检查，对农行泰安分行和肥城支行进行了现场检查；六是清理逾期未核销业务 29196 万美元，占逾期总额的 75%，对银行、企业的外汇违法违规行为进行了查处，全年共立案 13 起，结案率为 100%，罚款金额 54.2 万元。

三、创新工作方法，完善统计监测体系。一是加大培训力度，对各银行国际收支申报人员进行业务能力测试，针对拟开办外汇资本金结汇业务的指定银行开展业务能力测试；二是加大统计数据核查力度，率先在全省实行了外汇银行国际收支数据专职核查员制度；三是抽取 2 家银行、2 家企业进行了外汇统计数据现场检查，确保数据准确性；四是做好调查数据向信息调研材料的转化工作，参与编写了《贸易信贷调查企业操作手册》，方便了企业的日常操作。

【金融改革】 2010 年，泰安市相关部门一是督促泰安商行落实银监会和省局关于增资扩股的 5 条监管意见，推动增资扩股 4.98 亿元，指导其通过股东出资收购的方式消化历史包袱 1.25 亿元；二是制定下发风险管控"十条"监管意见，出台了《加快泰安市商业银行稳健发展的监管意见》；三是加快推进股权改造步伐，全部完成了资格股的改造；四是重点推动风险化解，4 家联社通过资产置换方式集中处理不良资产 15.5 亿元；五是引领农行深化"三农事业部"改革，不断增强金融支农服务能力；六是推动辖区内外银行机构新设立了县域支行 3

家，引入莱商银行到新泰设立县域支行。

【证券市场】　2010年，泰安市A股业务交易量为1865.5亿元，较同期增加611.9亿元，同比增长48.81%，A股证券账户开户数332562户，同比增长30.61%。

【精神文明建设】　2010年，泰安市一是深入开展“创先争优”活动，组织开展“实施泰山先锋工程，推进中支科学发展”、“学习光荣传统，争当时代先锋”等一系列主题活动；二是开发民主管理信息系统，被总行转发推广，建立党务公开“246”工作机制，在总行召开的基层行党务公开调研座谈会上作了经验汇报；三是开展“作风建设年”活动，群众满意率达98%，中支纪委、监察室被总行授予纪检监察先进集体；四是积极参加市委组织的“解放思想改革创新在行动”活动，增强员工的履职意识、责任意识和纪律意识。

【大事记】　1月31日　邮储银行泰安市分行迁址至泰安市御碑楼路西。

5月14日　泰安市召开全市货币信贷政策通报暨重点项目推介会。

8月21日　泰安市商业银行肥城支行成立。

（贾泰峰）

新泰市

【经济金融概况】　2010年，新泰市以转方式调结构为主线，突出项目、城市和新农村3大建设重点，以改善民生为根本，戮力同心，拼搏实干，经济金融保持了较好的发展势头。

【金融发展与改革】　2010年，人行新泰市支行按照有扶有控的原则，积极引导金融机构调整优化信贷结构，不断加快金融创新，继续稳步推进金融改革，优化金融生态环境，维护了金

新泰市主要经济指标

经济指标	2009	2010	2010年同比增幅（%）	经济指标	2009	2010	2010年同比增幅（%）
土地面积（平方公里）	1933	1933	0	地方财政支出（亿元）	30.80	39.30	27.40
人口（万人）	138.41	139.16	0.70	全社会固定资产投资（亿元）	248.70	301.50	22.20
非农业人口（万人）	40.01	45.47	13.46	进出口总值（万美元）	21330	37056	73.73
地区生产总值（亿元）	500.10	585.50	13.90	出口总值（万美元）	7024	10045	43.01
第一产业（亿元）	39.40	44.50	3.10	实际利用外资（万美元）	21400	23600	10.28
第二产业（亿元）	301.90	341.10	11.90	社会消费品零售总额（亿元）	126.00	152.80	18.90
第三产业（亿元）	158.80	199.90	20.90	居民消费价格指数（%）	--	--	--
财政总收入（亿元）	55.30	74.50	37.00	人均地区生产总值（元）	36219	42189	12.30
地方财政收入（亿元）	23.30	30.00	28.80	城镇居民可支配收入（元）	17548	19596	11.70
财政总支出（亿元）	--	--	--	农民人均现金收入（元）	8594	9453	10.00

新泰市主要金融指标

金融指标（亿元）	2009	2010	2010年同比增幅（%）	金融指标（亿元）	2009	2010	2010年同比增幅（%）
本外币存款余额	251.56	278.89	10.86	财险收入	1.56	2.04	30.77
人民币存款余额	250.68	277.88	10.85	寿险收入	5.59	6.99	25.04
企业存款	50.98	54.10	6.12	财险赔款	--	--	--
储蓄存款	157.74	173.80	10.18	寿险给付	--	--	--
本外币贷款余额	136.63	170.39	24.71	当年结益	--	--	--
人民币贷款余额	135.70	169.06	24.58	证券市场交易总额	152.90	133.49	-12.69
短期贷款	72.48	78.01	7.63	投资者保证金余额	1.68	1.98	17.86
中长期贷款	55.28	83.08	50.29	证券账户开户数	25439	28457	11.86
票据融资	7.95	7.97	0.25	证券交易佣金收入	0.42	0.34	-19.05
当年结益	4.03	5.20	29.03	净利润	--	--	--
不良贷款余额	10.40	5.63	-45.87				

新泰市主要金融机构负责人

单位名称	行长（或其他称谓的第一负责人）	副行长（或其他称谓的同级领导）
人行新泰市支行	吴　勇	刘灿升　李长征
银监会新泰办事处	牛树明	
农发行新泰市支行	史　强	张延宏
工行新泰支行	杨　帆	林贞全　郭　政
工行泰安新汶支行	于传和	徐庆梓　张振中　白　伟
农行新泰市支行	张兴宏	尹贻新　尹　刚
中行新泰支行	季　元	许崇唐　曹　峰
建行新泰支行	刘广孝	杨立清　刘　强
建行新汶支行	谭　伟	徐　鹏　孟宪德
泰安市商行新泰支行	高　虎	李建军
莱商银行新泰支行	王素荣	付伟宏
新泰市农信联社	王　斌	李传颖　徐西军　张义玉　佟兆庆　张凌峰
邮储银行新泰市支行	张钦良	黄　磊

新泰市主要金融机构业务概况

单位：亿元

单位名称	本外币存款余额	企业存款	储蓄存款	本外币贷款余额	短期贷款	中长期贷款
农发行新泰市支行	1.35	0.41	0.00	3.75	1.43	2.32
工行新泰支行	53.82	12.14	26.74	40.24	15.35	23.44
农行新泰市支行	48.37	9.56	29.24	26.42	6.51	18.54
中行新泰支行	26.74	9.71	10.80	18.92	1.42	17.21
建行新泰支行	49.04	13.42	23.37	22.30	4.15	18.15
泰安市商行新泰支行	3.44	0.36	0.74	3.19	1.83	0.16
莱商银行新泰支行	0.01	0.00	0.01	0.00	0.00	0.00
新泰市农信联社	71.11	7.37	61.13	53.14	45.87	2.27
邮储银行新泰市支行	24.16	1.94	21.95	2.43	1.15	0.98

融稳定。一是发挥政策引导作用，推动金融产品创新，推出小企业“网贷通”、“白领直通车”、农村转账电话等业务；二是推进金融改革，在做好农信社改革和票据兑付后续考核工作的同时，积极推进农行三农事业部改革。

【金融服务与监管】　2010年，人行新泰市支行加强对金融机构的监管，金融服务水平进一步提高。一是开展对金融机构存款准备金、金融统计制度执行、人民币收付业务、人民币结算账户管理等业务的监督检查；二是在城乡开展以“珍爱信用记录，维护信用权益”为主题的征信知识大宣传活动。

（刘　磊　李桂兰）

肥城市

【经济金融概况】　2010年，肥城市经济保持平稳健康发展，社会各项事业全面发展；金融机构认真贯彻“适度宽松”的货币政策，紧紧围绕“扩内需、保增长、调结构”的宏观调控要求，多渠道增加信用供给，金融运行保持良好态势。

【金融发展与改革】　2010年，肥城市金融机构稳步推进金融改革和发展。一是加强窗口指导力度，着力优化信贷结构，积极推进产品和服务创新；二是农信社不断完善经营机制和法人治理结构，加大服务“三农”力度，全面支持农民住房条件改善；三是农行完成“三农”金融事业部制改革，建立了面向“三农”服务的组织架构和工作机制；四是邮储银行肥城市支行积极拓展业务范围，加强市场营销和风险管理；五是肥城鑫旺小额贷款有限公司稳健运行。

【金融服务与监管】　2010年，人行肥城支行与银监会肥城办事处进一步强化金融监管和服务，防范和化解金融风险，确

肥城市主要经济指标

经济指标	2009	2010	2010年同比增幅（%）	经济指标	2009	2010	2010年同比增幅（%）
土地面积（平方公里）	1277.3	1277.3	0	地方财政支出（亿元）	24.5	31.4	28.16
人口（万人）	97.5	97.89	0.38	全社会固定资产投资（亿元）	240	285.5	18.96
非农业人口（万人）	27.5	38.07	38.44	进出口总值（万美元）	25571	--	--
地区生产总值（亿元）	415.00	491.68	18.48	出口总值（万美元）	10037	--	--
第一产业（亿元）	33.3	37.33	12.1	实际利用外资（万美元）	18901	--	--
第二产业（亿元）	249.7	286.37	14.69	社会消费品零售总额（亿元）	119	137.8	15.80
第三产业（亿元）	132	167.98	27.26	居民消费价格指数（%）	--	--	--
财政总收入（亿元）	32.6	39.96	22.58	人均地区生产总值（元）	42758	--	--
地方财政收入（亿元）	18.3	22.32	21.97	城镇居民可支配收入（元）	17950	19921	10.98
财政总支出（亿元）	27.87	--	--	农民人均现金收入（元）	8592	8489	-1.20

肥城市主要金融指标

金融指标（亿元）	2009	2010	2010年同比增幅（%）	金融指标（亿元）	2009	2010	2010年同比增幅（%）
本外币存款余额	209.86	226.96	8.15	财险收入	0.39	0.45	15.38
人民币存款余额	209.23	226.56	8.28	寿险收入	1.90	2.20	15.79
企业存款	44.41	35.87	-19.23	财险赔款	0.20	0.20	0
储蓄存款	123.92	142.72	15.17	寿险给付	0.50	0.08	-84.00
本外币贷款余额	145.40	159.21	9.50	当年结益	0.07	0.06	-14.29
人民币贷款余额	143.39	159.01	10.89	证券市场交易总额	--	--	--
短期贷款	73.25	85.02	16.07	投资者保证金余额	--	--	--
中长期贷款	57.27	68.54	19.67	证券账户开户数	--	--	--
票据融资	12.86	5.45	-57.62	证券交易佣金收入	--	--	--
当年结益	--	--	--	净利润	--	--	--
不良贷款余额	--	--	--				

肥城市主要金融机构负责人

单位名称	行长（或其他称谓的第一负责人）	副行长（或其他称谓的同级领导）
人民银行肥城市支行	张继轩	冷　静　牛兰季
银监会泰安监管分局肥城办事处	刘同新	王　东
农业发展银行肥城市支行	李元华	王　慧　晁红旗
工行肥城支行	祝云岗	曲少平　李守军　张晓云　汪顺成　尹　凯
农行肥城支行	王　勇	徐宝瑾　高　凯
中行肥城支行	邱海涛	陈　磊　迟　强
建行肥城支行	刘　峰	张　燕　李光营　田茂新　平　伟
肥城市农信联社	赵平东	李　斌　侯国振　王延防　阴国庆
邮储银行肥城市支行	李先进	王　兵

肥城市主要金融机构业务概况

单位：亿元

单位名称	本外币存款余额	企业存款	储蓄存款	本外币贷款余额	短期贷款	中长期贷款
农发行肥城市支行	1.50	0.98	--	7.36	3.40	3.96
工行肥城支行	32.26	4.94	19.03	26.16	12.16	14.00
农行肥城支行	38.04	11.85	23.39	25.57	11.38	12.28
中行肥城支行	20.60	7.27	7.05	29.66	8.60	21.06
建行肥城支行	30.99	4.91	11.71	22.89	6.46	16.42
肥城市农信联社	66.84	3.44	61.47	45.33	41.65	0.15
邮储银行肥城市支行	22.11	1.96	19.98	1.88	1.05	0.83

保金融稳定。一是加强对存款准备金、利率、账户、国库等业务的监督管理；二是加强外汇管理与服务，促进外向型经济的快速发展；三是完善征信系统建设，发挥好信用信息查询系统的监控作用，进一步优化金融生态环境。

（张圣猛　王　成）

宁阳县

【经济金融概况】　2010年，宁阳县社会各项事业健康持续发展，经济加快运行、效益明显提高，城乡居民收入稳步增长。该县金融机构一是加强对全县重点建设项目和企业的信贷支持，较好地支持了全县经济持续稳定发展；二是贷款结构优化，重点支持县骨干企业、中小企业和涉农经济的资金需求；三是年末涉农贷款余额41.05亿元，同比增加7.4亿元，重点支持了

宁阳县主要经济指标

经济指标	2009	2010	2010年同比增幅（%）	经济指标	2009	2010	2010年同比增幅（%）
土地面积（平方公里）	1125	1125	0	地方财政支出（亿元）	12.26	15.80	28.79
人口（万人）	81.79	82.21	0.51	全社会固定资产投资（亿元）	141.15	172.73	23
非农业人口（万人）	16.44	16.84	2.43	进出口总值（万美元）	3488	5021	43.95
地区生产总值（亿元）	172.63	211.00	14.3	出口总值（万美元）	3045	4408	31.6
第一产业（亿元）	31.46	36.9	6.6	实际利用外资（万美元）	17550	21800	24.2
第二产业（亿元）	85.82	98.8	12.2	社会消费品零售总额（亿元）	66.2	73.38	19.09
第三产业（亿元）	55.35	75.3	20.9	居民消费价格指数（%）	100	102.8	2.8
财政总收入（亿元）	11.60	12.66	9.14	人均地区生产总值（元）	21106	25666	21.61
地方财政收入（亿元）	6.2056	6.5616	5.74	城镇居民可支配收入（元）	13648	15850	16.1
财政总支出（亿元）	16.03	23.77	48.28	农民人均现金收入（元）	5770	6751	17

宁阳县主要金融指标

金融指标（亿元）	2009	2010	2010年同比增幅（%）	金融指标（亿元）	2009	2010	2010年同比增幅（%）
本外币存款余额	84.21	98.16	16.56	财险收入	0.34	0.28	-17.03
人民币存款余额	84.08	98.06	16.63	寿险收入	1.24	1.33	6.77
企业存款	14.08	16.50	17.17	财险赔款	0.15	0.20	8.47
储蓄存款	60.45	71.05	17.54	寿险给付	0.11	0.47	9.98
本外币贷款余额	46.54	53.07	14.03	当年结益	0	0	0
人民币贷款余额	46.54	53.07	14.03	证券市场交易总额	0	0	0
短期贷款	36.50	38.21	4.68	投资者保证金余额	0	0	0
中长期贷款	7.30	11.80	61.61	证券账户开户数	0	0	0
票据融资	2.74	3.06	11.9	证券交易佣金收入	0	0	0
当年结益	1.43	1.72	20.6	净利润	0	0	0
不良贷款余额	3.77	2.49	-34.04				

宁阳县主要金融机构负责人

单位名称	行长（或其他称谓的第一负责人）	副行长（或其他称谓的同级领导）
人行宁阳县支行	杜　辉	何传信　程令顺
银监会宁阳县办事处	董艳秋	
农发行宁阳县支行	申　波	张　伟
工行宁阳支行	张历波	李建军　任海涛　郗金玉
农行宁阳县支行	戴国岩	何　建　宁　东　李宗旺
中行宁阳支行	孙克祥	朱开锋　李庆斌
建行宁阳支行	谭　俊	陈兆运　顾远波
宁阳县农信联社	李延玲	孙法学　刘玉岳　陈长青　刘　锋
邮储银行宁阳县支行	赵祥东	王德固

宁阳县主要金融机构业务概况

单位：亿元

单位名称	本外币存款余额	企业存款	储蓄存款	本外币贷款余额	短期贷款	中长期贷款
农发行宁阳县支行	1.14	1.41	0	5.13	2.05	3.08
工行宁阳支行	10.97	2.52	7.12	6.98	3.03	3.95
农行宁阳县支行	18.97	4.65	12.552	6.39	5.47	0.82
中行宁阳支行	10.02	2.09	4.29	3.13	1.99	1.14
建行宁阳支行	5.39	1.18	1.92	3.44	1.82	1.624
邮储银行宁阳县支行	13.47	2.06	11.39	0.92	0.70	0.224
宁阳县农信联社	37.71	2.89	33.88	27.07	23.18	0.974

制种、蔬菜、奶业、花卉、农机具制造等主导产业，促进了农业产业结构调整和农民增收。

【金融发展与改革】　2010年，人行宁阳县支行积极发挥窗口指导作用，加快金融产品和服务创新。一是组织协调各金融机构积极开展金融生态环境建设，分析、通报金融运行情况及宏观政策信息；二是关注县域农行“三农金融事业部”改革进程；三是关注对县农信社专项央行票据兑付后的监督检查，完成风险评估工作，促进其改革稳定健康发展。

【金融服务与监管】　2010年，人行宁阳县支行认真贯彻适度宽松货币政策，指导各金融机构创新信贷产品、提升服务水平，密切银企关系。一是加强对账户、国库、存款准备金、金融统计制度执行等业务的监督管理；二是加大反洗钱执法力度；三是完善征信系统建设，发挥企业、个人信用信息查询系统的监控作用，进一步优化了金融环境。

（谢　涛　刘亚平）

东平县

【经济金融概况】　2010年，东平县经济金融持续平稳发展，工农业经济效益显著提高，财政收入较快增长，社会事业全面进步，城乡居民生活水平不断提高。金融机构的信贷投向重点支持了造纸、生物、食品加工等重点行业和农村流通体系建设；支持了瑞星化工、宏达铁矿等企业的项目建设、技术改造，东平水浒旅游开发和农业基础设施建设。

【金融发展与改革】　2010年，人行东平县支行认真贯彻国家适度宽松的货币信贷政策，不断促进信贷结构调整。一是与县委组织部联合召开了金融支持大学生村官创业工作推进会，制定下发了《关于金融支持大学生村官创业的指导意见》，该做法被《金融时报》刊登。

【金融服务与监管】　2010年，人行东平县支行以优化信贷结构为着力点，一是印发了《做好货币信贷工作，促进全县经济发展方式转变和经济结构调整的指导意见》，及时召开金融机构联席会；二是督促金融机构对于选定的重点项目，推出综合性配套服务措施，全力支持项目发展；三是协调县财政部门顺利完成乡镇国库撤销工作，指导农合行实现由乡镇国库向国库经收处的转型；四是对辖内各金融机构代理国库集中支付资格重新进行了认定，规范了国库管理；五是利用小额支付系统完成直接支付农村残疾人危房改造补贴资金和老人长寿补贴资

东平县主要经济指标

经济指标	2009	2010	2010年同比增幅（%）	经济指标	2009	2010	2010年同比增幅（%）
土地面积（平方公里）	1340	1340	0	地方财政支出（亿元）	11.94	14.71	23.2
人口（万人）	78.87	79.09	0.28	全社会固定资产投资（亿元）	122.9	119.5	-2.73
非农业人口（万人）	8.49	23.9	--	进出口总值（万美元）	4872	5459	12.05
地区生产总值（亿元）	154.3	203.5	31.89	出口总值（万美元）	1336	1523	14
第一产业（亿元）	24.42	28.3	15.89	实际利用外资（万美元）	9170	9238	0.74
第二产业（亿元）	84.12	104.3	24.03	社会消费品零售总额（亿元）	48.1	62.8	30.56
第三产业（亿元）	45.74	70.87	54.94	居民消费价格指数（%）	100.6	--	--
财政总收入（亿元）	8.57	15.69	83.08	人均地区生产总值（元）	19561	25730	31.54
地方财政收入（亿元）	5.32	5.85	9.96	城镇居民可支配收入（元）	12219	14108	15.46
财政总支出（亿元）	16.1	25.08	55.78	农民人均现金收入（元）	5126	6031	17.64

注：非农业人口数据口径不可比。

东平县主要金融指标

金融指标（亿元）	2009	2010	2010年同比增幅（%）	金融指标（亿元）	2009	2010	2010年同比增幅（%）
本外币存款余额	73.34	89.11	21.5	财险收入	--	--	--
人民币存款余额	73.32	89.09	21.51	寿险收入	--	--	--
企业存款	7.79	10.28	31.96	财险赔款	--	--	--
储蓄存款	54.55	67.57	23.87	寿险给付	--	--	--
本外币贷款余额	57.66	68.77	19.27	当年结益	--	--	--
人民币贷款余额	57.28	68.61	19.78	证券市场交易总额	--	--	--
短期贷款	37.36	39.38	5.41	投资者保证金余额	--	--	--
中长期贷款	19.92	26.1	31.02	证券账户开户数	--	--	--
票据融资	0	3.12	--	证券交易佣金收入	--	--	--
当年结益	2.08	4.5	116.35	净利润	--	--	--
不良贷款余额	4.69	2.47	-47.33				

东平县主要金融机构负责人

单位名称	行长（或其他称谓的第一负责人）	副行长（或其他称谓的同级领导）
人行东平县支行	刘　健	谷　平　徐艳霜　展东文
银监会东平县办事处	孔祥民	陈曰颖
农发行东平县支行	李存祥	张效会
工行东平支行	娄岱光	刘建民　赵静波
农行东平县支行	毕　伟	周长传　亚　军　薛军广
中行东平支行	张　勇	许　凯　解洪涛
建行东平支行	乔　滢	杜文康　周长波
东平县农信联社	田汝会	赵志强　王学军　李学富　王　钰
邮储银行东平县支行	翟树泉	徐文强

东平县主要金融机构业务概况

单位：亿元

单位名称	本外币存款余额	企业存款	储蓄存款	本外币贷款余额	短期贷款	中长期贷款
农发行东平县支行	1	0.92	0	4.94	2.5	2.44
工行东平支行	6.95	1.48	4.22	12.07	2.42	9.49
农行东平县支行	13.89	3.29	8.52	7.45	4.65	2.8
中行东平支行	4.57	0.73	1.41	3.41	0.57	2.84
建行东平支行	4.51	1.2	1.34	8.69	0.98	7.71
东平县农信联社	43.32	1.39	40.8	31.11	27.37	0.62
邮储银行东平县支行	12.58	1.27	11.3	1.1	0.88	0.22

金等两项国库业务创新；六是成立了领导小组，制订了《农村支付结算环境工作实施方案》，加大了对涉农金融机构的指导督促力度，改善了农村支付环境。

（展东文　李娅群）

莱芜市

【经济金融概况】　2010年，莱芜市经济稳步增长，工业生产快速增长，企业效益大幅提高。全市规模以上工业发展到522家，实现销售收入1528.91亿元和利税89.57亿元，利润58.02亿元；高新技术产业实现产值305亿元，年均增长50.1%，占规模以上工业产值比重达22.5%。

该市一是大力实施重点区域、项目突破；二是重点打造了“姜蒜产业板块”，农业内部结构调整取得重大进展，农业基础地位进一步稳固；三是对外贸易实现大幅增长，出口创汇成倍增加。

【货币政策实施】　2010年，莱芜市金融机构认真贯彻落实适度宽松的货币政策，不断优化信贷结构，促进经济结构调整。在加大信贷资金投入的同时，加强内部管理，切实防范风险隐患。

一、优化信贷结构，服务实体经济发展。全市金融系统一是加大对农村青年创业、专业合作社信贷支持力度，扩大农户小额贷款覆盖面，不断完善“三农”金融服务运行机制；二是对60个重点项目贷款余额42.57亿元，较年初增加8.56亿元，增长25.17%；三是中小企业贷款余额188.06亿元，同比增加39亿元，增长26.17%；四是涉农贷款余额109.48亿元，增加12.66亿元，增长13.08%；五是钢铁行业贷款占各项贷款的比重较年初下降5.3个百分点，票据贴现较年初减少7.72亿元。

二、畅通货币政策传导渠道，确保实施效果。人行莱芜市支行一是制定印发信贷工作意见，指导辖区金融机构加大信贷投入；二是联合有关部门召开协调推进会，向银行推介项目71个；三是指导金融机构开展业务创新，突出加强对三农、中小企业和现代服务业的支持；四是制定和完善农村产权抵押贷款管理办法，指导金融机构创新涉农信贷产品，盘活农村资产沉积；五是组织两场银企洽谈会，促成融资近20亿元，异地银行对企业融资规模超过150亿元。

三、加强流动性监测，严防流动性风险。一是重点加强辖内法人金融机构流动性及信贷质量的监测力度，采取调查座谈、约见谈话等形式引导相关机构加强流动性及贷款风险管理；二是建立制度，全面监测金融机构理财产品运行情况；三是加强对金融控股集团、地方融资平台等风险情况的监测，加大对辖区钢材、农副产品等重点商品的价格跟踪监测；四是在辖区初步创建基础监测、重点评估、应急处置三位一体的金融稳定工作机制。

【金融监管】　2010年，人行莱芜市中支与莱芜银监分局坚持监管与服务并举，积极实践监管创新，着力提高监管能力和银行业竞争能力，各项工作取得新进展，辖区银行业保持了持续稳健发展势头。

一、加大检查力度，加强风险监管。一是莱芜银监分局下发监管意见书和风险提示19份，完成监管报告108份，约见高管人员谈话6次，发出非现场监管报表事项警告单2次，审批行政许可75项；二是完成现场检查项目22项，检查业务量138.7亿元，查出问题71个，提出整改意见84条，有效堵塞了风险漏洞；三是人行莱芜中支组织5个执法职能部门对两家金融机构进行集中检查，同时对4家保险公司的违法行为进行了处罚；四是制定《金融机构可疑交易、可疑行为分析报告管理实施办法》，指导金融机构主动分析识别可疑交易、可疑行为；五是加强与其他部门在反洗钱、反假币等执法领域的合作，先后向公安局报送案件线索50条，协助公安机关侦查案件8起，破获6起。

二、加强指导，助推银行业改革发展。一是莱商银行建立总分支管理模式和职责架构，发起设立的1家分行、5家支行和1

莱芜市经济主要统计指标

指标＼年度	2006	2007	2008	2009	2010	2010年同比增幅（%）
土地面积（平方公里）	2246.52	2246.52	2246.21	2246.03	2246	0
人口（万人）	124.86	125.35	125.96	126.38	126.69	0.24
非农业人口（万人）	50.18	48.53	49.62	50.41	58.22	13.41
地区生产总值（亿元）	298.98	372.22	466.01	471.30	546.33	12.0
第一产业（亿元）	19.55	22.62	27.98	30.36	38.61	3.1
第二产业（亿元）	190.24	238.00	306.60	292.41	330.18	12.2
工业（亿元）	177.06	221.95	286.12	268.08	302.71	12.6
建筑业（亿元）	13.18	16.05	20.48	24.33	27.47	7.4
第三产业（亿元）	89.19	111.60	131.43	148.54	177.54	13.0
人均地区生产总值（元）	23992	29401	36648	36907	42367	10.9
地区生产总值构成（%）	100	100	100	100	100	--
第一产业（%）	6.6	6.1	6.0	6.4	7.1	9.86
第二产业（%）	63.6	63.9	65.8	62.1	60.4	-2.81
第三产业（%）	29.8	30.0	28.2	31.5	32.5	3.08
财政总收入（亿元）	49.05	64.65	77.95	64.11	71.01	10.76
地方财政收入（亿元）	19.26	26.07	30.25	32.70	35.32	8.01
财政总支出（亿元）	--	--	--	--	--	--
地方财政支出（亿元）	28.24	34.53	39.38	44.61	51.94	16.43
全社会固定资产投资（亿元）	140.42	165.32	207.46	260.55	321.36	22.1
规模以上固定资产投资（亿元）	140.42	165.32	207.46	260.55	321.36	22.1
房地产开发（亿元）	6.82	13.55	13.27	16.39	18.34	12
进出口总值（亿美元）	12.23	16.48	27.63	15.74	26.50	68.3
出口总值（亿美元）	9.74	12.15	13.66	5.91	10.33	74.6
实际利用外资（亿美元）	1.06	1.31	0.76	0.89	0.98	10.11
社会消费品零售总额（亿元）	94.50	111.85	135.60	160.60	182.06	18.36
居民消费价格指数（%）	100.26	104.77	105.56	101.1	104.39	4.39
城市居民人均可支配收入（元）	11588	14906	17224	18943	20988	10.79
农民人均现金收入（元）	5201	5913	6646	7317	8311	13.58

莱芜市工农业主要统计指标

农业主要统计指标（万吨）				规模以上工业企业主要统计指标（亿元）			
项目＼年度	2009年	2010年	增幅（%）	项目＼年度	2009年	2010年	增幅（%）
粮食	27.31	27.78	1.72	工业增加值	303.59	373.39	14.01
夏粮	7.37	7.9	7.05	国有工业	8.68	13.84	34.53
秋粮	19.94	19.88	-0.30	集体工业	0	0	0
棉花	0.10	0.11	12.35	股份制工业	270.53	333.54	13.37
油料	1.65	1.87	13.3	股份合作制工业	0	0	0
水果	9.15	8.23	-10.05	外商及港澳台投资工业	16.74	16.61	14.78
蔬菜	103	98.27	-4.7	轻工业	28.62	35.43	12.43
肉类	5.96	6.45	8.3	重工业	274.97	337.96	14.15
禽蛋	2.68	3.11	16.3	销售收入	1291.23	1536.91	25.17
奶类	0.39	0.3	-23	利税	90.76	91.48	3.69
水产品	0.30	0.33	10.2	利润	53.01	57.22	8.57
森林覆盖率（%）	33.1	33.5	--	经济效益综合指数（%）	228.01	230.46	11.54

莱芜市主要金融机构负责人

单位名称	行长（或其他称谓的第一负责人）	副行长（或其他称谓的同级领导）
人行莱芜市中心支行	肖承发	周登宪 牛庆国 李念国 张 森 孟宪彦 王秀芸
银监会莱芜监管分局	田邦升	初铭鹏 孟昭杰 赵建民
农发行莱芜市分行	张为民	王世军 单民生
工行莱芜分行	闫小明	亓立刚 亓建国 刘振民 亓登明 李沧海 谭慧鹰
农行莱芜分行	孟宪军	潘正光 徐希民 刘学德
中行莱芜分行	汪 雷	薛 涛 张立刚 纪兆峰 李成忠
建行莱芜分行	朱卫平	耿 刚 边永彪 刘庆富 张玉林 牟玉鹏
莱商银行	李敏实	谭乐清 徐信英 赵怀方 尚海燕 李学斌 崔 军 段 霞 于 泓 苏全利
莱芜市农村信用合作联社	于富海	李玉林 钟金铭 王其学 焦学杰 韩广胜
邮储银行莱芜市分行	金卫东	李长立
人民财产保险有限公司莱芜市分公司	何 华	魏念云
人寿保险股份有限公司莱芜分公司	张期亮	张延彪
齐鲁证券公司莱芜市联合协作中心	马 军	吕淑杰

莱芜市金融业务统计指标

指标（亿元） \ 年度		2006	2007	2008	2009	2010	2010 年同比	
							增加额	增幅（%）
银行类	本外币存款余额	320.46	367.15	446.03	564.67	587.37	22.7	4.02
	人民币存款余额	31.86	365.12	444.81	562.44	585.78	23.34	4.15
	企业存款	75.88	108.94	125.14	153.29	124.28	-31.41	-20.17
	储蓄存款	157.04	172.19	216.41	261.95	300.03	37.39	14.24
	定期储蓄存款	108.55	121.71	156.82	188.36	214.85	26.15	13.86
	活期储蓄存款	48.50	50.49	59.59	73.59	85.18	11.24	15.20
	本外币贷款余额	252.11	281.45	320.87	408.31	489.74	44.51	10.00
	人民币贷款余额	244.84	271.92	309.33	389.97	464.7	37.81	8.86
	短期贷款	150.09	175.44	184.58	292.73	285.28	-7.26	-2.48
	中长期贷款	93.77	96.37	124.16	96.39	151.14	50.97	50.88
	票据融资	42.67	41.53	40.81	36.92	27.92	-9	-24.38
	当年结益	5.97	8.90	10.16	9.24	11.95	4.25	55.14
	不良贷款余额	11.17	10.22	12.33	19.15	23.85	4.69	24.48
	不良贷款占比%	3.79	3.16	3.41	4.30	5.13	0.65	14.51
	现金收入	844.68	955.09	907.51	937.89	1208.03	90.15	8.06
	现金支出	879.14	992.14	941.83	969.33	1056.05	86.72	8.95
	现金投放（+）回笼（-）	34.46	37.05	34.32	31.44	28.01	-3.43	-10.91
保险类	保险公司保费收入	6.0	8.3	9.7	10.8	13.2	2.4	22.22
	财险收入	1.8	2.4	2.5	3.0	3.7	0.7	23.33
	寿险收入	4.2	5.9	7.2	7.8	9.5	1.7	21.79
	保险公司赔款和给付支出	1.0	3.5	2.1	2.5	2.7	0.2	8.00
	财险赔款	0.8	1.0	1.3	1.3	1.4	0.1	7.69
	寿险给付	0.2	2.5	0.8	1.2	1.3	0.1	8.33
	当年结益	5.0	4.8	7.6	8.3	10.5	2.2	26.51

续表

指标（亿元）		2006	2007	2008	2009	2010	2010年同比	
							增加额	增幅（%）
证券类	证券市场成交总额	76.4	448	264	580	445	-135	-23.28
	投资者保证金余额	1.11	2.99	2.29	4.9	4.2	-0.7	-14.29
	证券账户开户数	64522	80805	87708	98298	104949	6651	6.77
	佣金收入	0.23	1.03	0.58	1.17	0.91	-0.26	-22.22
	净利润	0.092	0.41	0.27	0.56	0.5	-0.06	-10.71
	期货市场成交总额	—	—	—	—	—	—	—
	期货客户保证金余额	—	—	—	—	—	—	—
	期货账户开户数	—	—	—	—	—	—	—
	期货手续费收入	—	—	—	—	—	—	—
	利润总额	—	—	—	—	—	—	—

莱芜市金融机构统计指标

指标（个）		2006	2007	2008	2009	2010	2010年同比增幅（%）
银行类	法人机构	2	2	2	2	2	0
	省级分行	0	0	0	0	0	0
	二级分行	34	34	35	35	34	-2.86
	县区支行	34	51	53	55	57	3.64
	分理处、营业所	121	100	97	92	90	-2.17
	储蓄所	51	49	48	49	47	-4.08
	从业人员总数	2681	2682	2809	3210	3404	6.04
保险类	保险机构	9	12	18	18	20	11.11
	财险机构	5	7	10	10	10	0
	省级分公司	0	0	0	0	0	0
	地市分公司	5	7	10	10	10	0
	县区支公司	6	10	13	13	13	0
	寿险机构	4	5	8	8	10	25
	省级分公司	0	0	0	0	0	0
	地市分公司	4	5	8	8	10	25
	县区支公司	6	7	7	9	9	0
	从业人员总数	4855	6584	8949	10200	11073	8.56
	财险人员	167	170	417	494	510	3.24
	寿险人员	4688	6414	8532	9706	10563	8.83
证券类	证券机构	5	4	3	3	3	0
	证券公司	2	1	1	1	1	0
	证券营业部	3	3	2	2	2	0
	证券服务部	—	—	—	—	—	—
	从业人员总数	40	40	42	44	45	2.27
	投资者开户	49633	62158	67469	75614	80730	6.77
	境内上市股票支数	—	—	—	—	—	—
	境外上市股票支数	—	—	—	—	—	—
	辖区上市公司总数	—	—	—	—	—	—

莱芜市主要金融机构业务概况

单位：亿元

单位名称	本外币存款余额	人民币企业存款	人民币储蓄存款	本外币贷款余额	人民币短期贷款	人民币中长期贷款
农发行莱芜市分行	0.77	0.71	0	7.64	3.39	4.25
工行莱芜分行	85.71	7.76	48.92	66.63	24.31	39.84
农行莱芜分行	44.65	7.88	24.75	52.32	32.57	19.20
中行莱芜分行	88.16	13.86	31.72	123.32	52.44	48.55
建行莱芜分行	36.51	3.21	21.07	31.90	8.30	20.09
莱商银行	158.99	71.36	40.04	101.19	75.98	9.72
莱芜市农信联社	123.60	14.31	95.80	101.94	84.11	7.73
邮储银行莱芜市分行	41.74	4.46	37.15	4.79	3.35	1.44

家村镇银行相继开业；二是制定3年内组建农村商行的工作规划，开展“严管理、促规范，提高执行力”管理年活动，为改革发展夯实了基础；三是指导邮储银行开展“金融知识、法律法规及内控制度学习年”活动，积极开展小额信贷业务，稳步实施2类支行改革；四是推动莱芜珠江村镇银行获准筹建，同时深化政策性银行、大型商业银行机制改革，全市银行业竞争力和经营活力持续提高。

【外汇管理】 2010年，外汇管理局莱芜市中心支局不断强化外汇监管，优化外汇服务，加强信息调研和外汇宣传，进一步健全完善内控制度，为全市外向型经济发展服务、护航。

一、创新金融服务，促进投资便利化。一是制定出台《关于进一步改进外汇管理，支持涉外经济平稳较快发展的指导意见》，从服务贸易、利用外资等方面提出了外汇管理措施；二是制定《改革试点工作方案》和操作流程及应急预案，同时建立外汇局、银行和企业监测预警联动机制；三是简化21项外汇政策手续，制定16条优惠措施，争取短期外债指标1900万美元，临时指标600万美元，为企业提供贸易投资便利；四是推动进出口银行青岛分行与莱芜市政府签署战略合作协议，协议金额50亿元，成为进出口银行在全国首个战略合作试点城市。

二、加强跨境异常资金流动的监测和检查，严厉打击“热钱”流入。一是完成13家企业异常资金流入调查工作，打击违法跨境资金异常流动；二是规范涉汇主体的外汇行为，就境内主体申报国际收支的规范性，外汇年检数据报送的准确性等方面进行检查，规范了境内企业办理外汇业务的秩序。

【保险业务】 2010年，莱芜市全市保险行业规模不断扩大，服务能力不断提高，行业自律不断加强，发展环境不断优化。一是发挥在支持农业生产、社会保障方面的经济补偿功能，不断拓宽服务领域；二是保险协会积极组织开展现场检查、暗访和社会调查等，提高了行业发展质量。

【精神文明建设】 2010年，莱芜市金融系统以提升服务水平，开展文化建设为抓手，大力加强精神文明建设，成效显著。一是人行莱芜市中支组织“创先争优”活动，努力加强领导班子建设，建立和完善了各类党建学习制度和考核办法，荣获“全国模范职工之家”、“总行模范职工之家”、“山东富民强省先模集体”荣誉称号，蝉联“省级文明机关”荣誉称号；二是工行莱芜分行加强内控管理机制建设，成为山东省分行系统内唯一一家连续13年安全运营无事故的二级分行；三是农行莱芜分行定期召开员工座谈会，解疑释惑，化解矛盾，确保了员工队伍的思想稳定；四是建行莱芜分行荣获“省级文明单位”和“富民兴鲁劳动奖状”等荣誉称号；五是莱芜市农信社积极开展了创先争优、争做创业先锋活动。

【大事记】 1月16日 人行莱芜中支举办全市金融机构反洗钱人员业务能力测试。

2月3日 省农信联社理事长、党委书记宋文瑄到莱芜市农村信用联社视察指导工作。

2月21日 人行莱芜中支被授予工作实绩考评暨“三创”活动先进单位，中支党委书记、行长肖承发被授予优秀领导干部。

3月12日 莱芜市政府组织召开全市金融工作会议。

3月14日 莱芜市农信联社在山东3·15国际消费者权益日纪念表彰大会暨省消费者协会第五届理事会上被授予“山东省消费者满意单位”荣誉称号。

4月8日 人行莱芜中支组织召开了“中小企业融资服务年系列活动光大济南分行专场银企洽谈会”。

4月21日 人行莱芜中支举行悼念及向地震灾区群众捐款仪式。

4月30日 建行山东省分行庆祝“五一”国际劳动节暨富民兴鲁劳动奖状（章）获得者表彰大会，莱芜分行荣获“富民兴鲁劳动奖状”。

5月18日 人行莱芜中支荣获“2007-2009年度全省保密工作先进集体”荣誉称号。

5月24日 人行莱芜中支成立跨境贸易人民币结算工作办公室。

5月27日 莱芜银监分局推动工行莱芜分行与莱商银行签订同业合作协议，并举行新闻发布会。

6月2日 “莱芜市政府、民生济南分行中小企业融资服务专场银企洽谈会”在莱芜市召开。

6月12日　莱商银行菏泽开发区支行开业。

8月8日　解聘房旭的农行莱芜分行行长职务,免去党委书记职务。

8月14日　人行济南分行党委委员、副行长刘克俭出席了人行莱芜中支“全国模范职工之家”揭牌仪式。

9月27日　莱商银行济南分行开业。

10月26日　孟宪军任农行莱芜分行行长、党委书记。

10月27日　由莱商银行发起设立的东营莱商村镇银行开业。

11月10日　莱商银行临沂平邑支行开业。

12月3日　莱芜珠江村镇银行股份有限公司获准筹建。

12月17日　莱商银行徐州分行铜山支行开业。

12月20日　联合国粮食权特别报告员先遣团在市政府副市长张作平的陪同下到莱芜市羊里农信社调研。

12月27日　莱商银行泰安新泰支行开业。

莱商银行菏泽单县支行开业。

（张勤清　李金实）

第九部分

区域性金融运行报告
——鲁东地区

青 岛 市

【经济金融概况】 2010年，青岛市全面落实中央宏观调控政策，加快推进经济发展方式转变和结构调整，经济保持平稳较快发展。农业生产稳定增长，粮食持续高产；工业生产平稳增长，企业效益大幅提高；投资保持较快增长，结构继续改善；消费平稳增长，食品价格带动整体物价上涨；进出口总额较快增长，财政收支增长较快。

全市银行业不断加大对重点项目和经济实体的资金支持和金融服务，对经济发展起到强有力的支撑作用。全年新设立4家银行类金融机构（潍坊银行、齐鲁银行、威海银行和莱西元泰村镇银行），银行机构总数达41家。

一、全市各项存贷款稳定较快增长。一是企业经营活跃度提升，企业存款持续增长；二是理财产品、股市、楼市分流作用持续显现，储蓄存款同比少增；三是人民币贷款少增，外汇贷款多增；四是短期、中长期贷款均较快增长，小型企业贷款增势最为强劲。

二、中间业务快速发展，电子银行业务扩展成效显著。一是累计实现中间业务收入40.54亿元，同比增长40.13%，占各项业务收入的6.62%，其中，支付结算业务、银行卡业务和融资顾问业务收入同比分别增长41.64%、15.46%和15.11%；二是电子银行业务实现规模、质量和效益同步发展，逐渐成为银行业务交易主渠道、产品推广主平台、服务客户主窗口。截至年底，共有银行卡特约商户2.20万家，联网POS（销售点刷卡机）3.30万台，全年实现POS跨行消费交易6400万笔、1322亿元，同比分别增长17%和37%。入网ATM（自动取款机）机具3812台，全年实现ATM跨行取款1993万笔、158亿元，分别增长10%和22%。

三、经营效益显著提高。全年实现净利润127.43亿元，同比增加35.54亿元，增长38.67%。

【货币政策实施】 2010年，人行青岛市中支引导辖区货币信贷总量适度均衡增长，加大金融支持转方式、调结构工作力度。

一、多措并举强化指导，有效落实适度宽松货币政策。一是采取定期组织形势分析会、现场调研督导、信贷政策导向评估等多种方式，引导金融机构贯彻落实适度宽松货币政策，促进信贷资源实现更有效的配置；二是把调查研究与现场督导相结合，提升了窗口指导的有效性和针对性。

二、集中推动疏通瓶颈，有效缓解小企业融资难题。一是全力打造“金促民企”信贷工作品牌，集中开展“小企业融资服务年”活动，组织专场交流活动，促成27家银行与1059家小企业达成92.6亿元融资协议和意向；二是建立银企合作信息网，实现银企合作常态化；三是加快推进小企业信贷产品创新，推动出口退税账户质押贷款快速发展，商标权质押贷款取得突破；四是开展小企业组团担保集合贷款试点工作，银行向22家小企业发放贷款9800万元；五是健全小企业贷款风险补偿机制，联合市财政局对符合条件的小企业贷款给予风险补偿；六是小企业金融服务工作成效明显，得到上级领导充分肯定。

三、因地制宜加快创新，开创金融支农服务新局面。一是继续推进“金惠三农”工程，引导银行机构加大涉农信贷投入，积极创新服务方式；二是引导银行拓展联合担保、箱体担保融资，支持各类中小型农业产业化企业和各类专业户的资金需求；三是推动大棚使用权、林权抵押贷款、渔船抵押贷款实现业务突破；四是以“公司＋农户”的方式开展农户贷款业务，促进农民增收，利用贴息贷款政策扶持民品涉农企业发展；五是向市政府提出了关于完善农村土地流转制度，拓宽农民融资抵押资产范围的建议和在胶南市试点推动林权抵押贷款的具体建议，得到青岛市副市长的批示肯定。

四、积极探索支持新兴产业有效方式，加大民生领域信贷支持力度。一是引导银行开展产品创新，通过信用、保证以及无形资产质押等方式支持文化产业发展，推动市财政对符合条件的文化产业贷款进行贴息，与市文化广电新闻出版局建立信息交流机制；二是大力发展低碳金融，建立健全绿色信贷机制，加大节能环保信贷投放，对金融支持节能减排和淘汰落后产能情况进行了全面排查；三是会同市人保局等相关部门深入开展就业创业“1+3”行动和创业型城市创建活动，重点加大对妇女、高校毕业生、下岗失业人员等群体创业就业的信贷支持力度，探索金融支持大学生村官创业富民的模式，稳步推进金智惠农创业贷款；四是引导金融机构优化住房信贷结构，突出加大对保障性住房、“两改”项目和农村住房建设的支持力度。

五、新建和完善贷款统计、监测调查制度以及信息工作机制。全年上报调研信息100余篇，反馈率达70%以上，被中央、上级行和市政府领导批示10多次，开展重点宣传30多次，日常宣传110多次，对服务上级决策、引导社会舆论和公众预期方面发挥了积极作用。

【金融稳定】 2010年，人行青岛市中支不断创新机制，围绕信贷结构调整、房地产信贷、地方融资平台、企业担保代偿、法人证券公司等建立了5项风险监测制度。通过发出事实确认通知书、定期通报考核和约见主要负责人谈话等方式，对银行机构金融稳定工作执行情况进行综合量化考核评估，建立了风险提示制度，特别针对企业连环担保、地方融资平台、房地产贷款风险、银行理财产品、韩资企业逃逸和转方式、调结构

青岛市经济主要统计指标

指标＼年度	2006	2007	2008	2009	2010	2010年同比增幅（%）
土地面积（平方公里）	10654	10654	10654	10654	10654	0
人口（万人）	749.38	757.99	761.56	762.92	763.64	0.09
非农业人口（万人）	271	275.55	276.25	275.47	275.50	0.01
地区生产总值（亿元）	3206.58	3786.52	4436.18	4890.33	5666.19	12.90
第一产业（亿元）	183.95	203.59	223.40	230.25	276.99	1.40
第二产业（亿元）	1677.17	1953.55	2255.45	2449.80	2758.62	12.60
工业（亿元）	1527.49	1785.31	2062	2338.13	2714.57	16.10
建筑业（亿元）	149.68	168.24	193.45	245.71	304.43	15.30
第三产业（亿元）	1345.46	1629.38	1957.33	2210.28	2630.58	14.40
人均地区生产总值（元）	42789.77	49954.75	58251.22	64100.17	74199.75	15.76
地区生产总值构成（%）	100	100	100	100	100	--
第一产业（%）	5.74	5.40	5.10	4.70	4.90	-4.26
第二产业（%）	52.30	51.60	50.80	50.10	48.70	-2.79
第三产业（%）	41.96	43.00	44.10	45.20	46.40	2.65
财政总收入（亿元）	771	1070.50	1251.60	1463.63	1990.54	36
地方财政收入（亿元）	225.77	292.58	342.40	376.99	452.61	20.06
财政总支出（亿元）	--	--	--	--	--	--
地方财政支出（亿元）	236.79	321.18	369.40	433.58	532.39	22.80
全社会固定资产投资（亿元）	--	--	--	--	3022.50	22.90
规模以上固定资产投资（亿元）	1485.70	1635.40	2019	2458.90	--	--
房地产开发（亿元）	268.40	322.40	373.10	459.50	602.40	31.10
进出口总值（亿美元）	391.16	457.25	536.37	448.51	570.60	27.22
出口总值（亿美元）	234.66	283.10	326.25	272.99	339.16	24.24
实际利用外资（亿美元）	36.58	38.07	26.40	18.64	28.43	52.52
社会消费品零售总额（亿元）	1006.67	1199.18	1464.77	1743.99	1902.74	18.70
居民消费价格指数（%）	100.90	104.50	104.70	100.50	102.20	1.70
城市居民人均可支配收入（元）	15328	17856	20464	22368	24998	11.76
农民人均现金收入（元）	6546	7477	8509	9249	10550	14.07

注：1.其中全市生产总值、各产业增加值绝对数按现价计算，增长速度按可比价计算。

2.“规模以上固定资产投资”自2010年起改为“全社会固定资产投资”统计指标；“财政总支出”青岛市统计局不对外部提供。

3.“非农业人口”青岛市统计局无此数据，故以“市区人口”指标替代。

青岛市工农业主要统计指标

农业主要统计指标（万吨）				规模以上工业企业主要统计指标（亿元）			
项目＼年度	2009年	2010年	增幅（%）	项目＼年度	2009年	2010年	增幅（%）
粮食	353.91	351.41	-0.71	工业增加值	2338.13	2714.57	16.10
夏粮	173.04	164.70	-4.70	国有工业	142.93	167.09	16.90
秋粮	180.87	186.70	3.20	集体工业	116.37	131.73	13.20
棉花	0.45	0.40	-12.70	股份制工业	1095.75	1283.12	17.10
油料	46.95	44.20	-5.70	股份合作制工业	--	--	--

续表

农业主要统计指标（万吨）				规模以上工业企业主要统计指标（亿元）			
项目 \ 年度	2009年	2010年	增幅（%）	项目 \ 年度	2009年	2010年	增幅（%）
水果	82.09	80.31	-2.20	外商及港澳台投资工业	790.41	894.74	13.20
蔬菜	567.94	580.77	2.30	轻工业	999.54	1115.89	11.64
肉类	55.55	56.18	1.10	重工业	1338.60	1599.63	19.50
禽蛋	18.91	18.95	0.20	销售收入	9217.59	11264.04	23
奶类	35.79	36.15	1	利税	859.78	1122.55	33.70
水产品	110.14	112	1.70	利润	459.29	596.63	33.33
森林覆盖率(%)	36.10	36.90	0.80	经济效益综合指数（%）	244.20	269.86	22.50

青岛市主要金融机构负责人

单位名称	行长（或其他称谓的第一负责人）	副行长（或其他称谓的同级领导）
人行青岛市中心支行	王　迅	吕　峰　邢继军　顾延善　时　东　王延伟　邹蜀宁　管发进　裴云燕　王丽艳　陶寿年
银监会青岛监管局	陈育林	刘志勇　王永存　罗　中　徐　强　韩　冰　顾志晨
开行青岛市分行	白　桦	刘　新　马鲁海　石太峰
农发行青岛市分行	吴辉家	张玉华　董祚涛　高玉国
进出口银行青岛分行	侯广青	王学超　李　明　陈在维
工行青岛市分行	孙建勇	崔　勇　吴　刚　程　青　时　辉　薛德贵　乔　霞　张世英　毛　波　刘　斌
农行青岛市分行	王志胜	王延磊　于　东　兰卫东
中行山东省分行	何兴祥	张维克　孟和平　李　光　王　军　王锡峰　王仁堂　葛春尧　隋春玲
建行青岛市分行	郭英辉	王士清　郭中华　刘从正　张新华　刘津南　陈庆辉　崔凤芹　孙剑波
交行青岛分行	陆　涛	徐建民　杨　勇　刘鹏涛　王纪铭　王立中
中信青岛分行	吴小平	迟存国　陈文德　陈　英　邢丽青　李耀东
光大青岛分行	范建华	郭志雄　范华廷　孙昌勇　叶长春
华夏青岛分行	刘　辉	吕　东　赵　劼　于丰星　崔　巍
深发展青岛分行	陈　彦	谷　辉　马培军　衣　铖　陈昊序　纪小倩　陶志刚
招行青岛分行	王纪全	杨　虹　陈旭红　王　京　战长春　姚　红　郭　庆
浦发青岛分行	常　征	王京杰　朱相宇　朱敏红
兴业青岛分行	张晓莉	郑少鸣　步延进
民生青岛分行	宋　春	吴　强　李　贤　张俊娟　张振芳
恒丰青岛分行	王　旭	于　玲　于国强　张　渤　贾淑萍
青岛银行	郭少泉	邹君秋　陈　青　杨峰江　王　瑜　Paolo Vivona　陈　霜　胡高雷　吕　岚
日照银行青岛分行	王国富	郭全海　孙文杰　黄玉萍　王　雷
威海银行青岛分行	张海瑛	王绍训
潍坊银行青岛分行	张　涛	王贵河
齐鲁银行青岛分行	张　华	韩　松　范炳亮　王建军
农信社青岛市办事处	任荫盈　刘宗波	任　静　马书平　贾承刚　丁明来　王建华　纪中慷
邮储银行青岛市分行	谈　宏	王平顺　江守湖　王　平　孙　皓

续表

单位名称	行长（或其他称谓的第一负责人）	副行长（或其他称谓的同级领导）
汇丰银行青岛分行	高　慧	孙翠霞　仇吉媛
山口银行青岛分行	兼重清史	中村直嗣　夏　铮
南商银行青岛分行	张少雄	马　勇　贾贵亮
韩亚银行青岛分行	赵章行	朴成培
企业银行青岛分行	徐廷焕	李准汉
新韩银行青岛分行	郑浩喆	李明锡　李垣硕
渣打银行青岛分行	陈国华	潘晓东　蔡洪亮
东亚银行青岛分行	李颖新	孙善功　隋　青　李作伦　冯　蕾
瑞穗银行青岛分行	吉田晓	宇都宫　健　彦
海尔财务公司	李占国	王军亭
海信财务公司	黄金萍	
中石化财务公司	郭彦坡	蔡　斌　吕固江　赵　博
银联青岛分公司	赵玉东	吴　坚

青岛市金融业务统计指标

	指标（亿元）　年度	2006	2007	2008	2009	2010	2010 年同比 增加额	2010 年同比 增幅（%）
银行类	本外币存款余额	3401.54	4035.12	4896.29	6504.54	7895.52	1391.08	21.39
	人民币存款余额	3245.36	3891.59	4735.38	6301.98	7659.21	1357.33	21.54
	企业存款	1014.43	1321.34	1464.19	2100.12	2727.20	637.99	30.38
	储蓄存款	1567.62	1702.04	2123.36	2527.87	2912.33	384.46	15.21
	定期储蓄存款	1024.10	1085.84	1466.56	1689.54	1900.02	210.48	12.46
	活期储蓄存款	543.52	616.20	656.80	838.33	1012.31	173.98	20.75
	本外币贷款余额	2801.40	3424.23	4067.60	5268.58	6365.19	1096.61	20.81
	人民币贷款余额	2577.94	3097.06	3748.32	4873.53	5886.23	1012.69	20.78
	短期贷款	1196.42	1394.40	1660.27	1826.97	2158.03	354.87	19.42
	中长期贷款	1077.55	1389.55	1683.29	2568.09	3510.97	919.22	35.79
	票据融资	297.75	290.73	385.74	404.63	201.21	-204.26	-50.48
	当年结益	29.29	59.82	88.03	—	—	—	—
	不良贷款余额	145.13	173.33	120.32	100.07	82.07	-18	-17.99
	不良贷款占比%	5.62	5.09	2.97	1.92	1.29	-0.63	-0.63
	现金收入	6351.58	7255.73	7084.25	7859.16	8917.50	1058.34	13.47
	现金支出	6470.49	7370.45	7216.51	7859.16	9115.80	1256.64	15.99
	现金投放（+）回笼（-）	118.91	114.72	132.27	128.78	187.77	58.99	45.81
保险类	保险公司保费收入	60.51	77.60	102.72	115.37	153.85	38.48	33.35
	财险收入	19.92	27.42	29.21	35.34	50.50	15.16	42.90
	寿险收入	32.82	41.61	73.51	80.03	103.40	23.37	29.20
	保险公司赔款和给付支出	19.45	26.69	33.32	34.26	38.83	4.57	13.34
	财险赔款	11.52	13.88	16.96	19.22	25.40	6.18	32.15
	寿险给付	5.90	10.11	16.36	11.41	9.30	-2.11	-18.49
	当年结益	—	—	—	—	—	—	—

续表

指标（亿元）\年度		2006	2007	2008	2009	2010	2010年同比 增加额	2010年同比 增幅（%）
证券类	证券市场成交总额	1978.94	8938.87	5593.47	12299.10	12364.50	65.40	0.53
	投资者保证金余额	55.43	113.81	60.45	153.21	135.70	-17.51	-11.43
	证券账户开户数（万户）	86.78	116.44	124.14	151.10	155.90	4.80	3.18
	佣金收入	3.32	14.49	8.64	15.10	12.19	-2.91	-19.27
	净利润	1.39	8.76	4.63	9.15	6.61	-2.54	-27.76
	期货市场成交总额	2041.89	2876.75	5871.74	17677.51	40200	22522.49	127.41
	期货客户保证金余额	1.30	3.26	5.93	19.04	35.51	16.47	86.50
	期货账户开户数（户）	1525	2843	7338	16086	24902	8816	54.81
	期货手续费收入（万元）	1103.78	2581.80	4552.49	9864.50	15684.62	5820.12	59
	利润总额（万元）	130	631.65	956.88	3455.20	4888.08	1432.88	41.47

注：1.银行类“当年结益”指标2009年已取消。

2.保险类“当年结益”青岛保监局无此统计。

青岛市金融机构统计指标

指标（个）\年度		2006	2007	2008	2009	2010	2010年同比增幅（%）
银行类	法人机构	5	4	5	10	19	90
	省级分行	31	35	36	38	41	7.89
	二级分行	1	1	1	1	1	0
	县区支行	385	407	557	639	662	3.60
	分理处、营业所	451	432	399	358	375	4.75
	储蓄所	437	443	183	155	130	-16.13
	从业人员总数	23860	25624	26095	27222	28669	5.32
保险类	保险机构	354	395	364	398	548	37.69
	财险机构	262	291	241	254	250	-1.57
	省级分公司	11	13	18	19	21	10.53
	中心支公司	8	9	3	3	4	33.33
	支公司	48	93	63	78	87	11.54
	寿险机构	92	104	123	144	298	106.94
	省级分公司	9	11	15	16	22	37.50
	中心支公司	0	0	3	1	3	200
	支公司	36	35	53	55	60	9.09
	从业人员总数	18229	24843	34104	33871	35000	3.33
	财险人员	5008	6575	5110	6389	6000	-6.09
	寿险人员	13221	18268	28994	27482	29000	5.52
证券类	证券机构	43	42	44	47	55	17.02
	证券公司	1	1	1	1	1	0
	证券营业部	39	38	43	46	54	17.39
	证券服务部	3	3	0	0	0	--
	从业人员总数	--	--	--	--	--	--

续表

指标（个） \ 年度		2006	2007	2008	2009	2010	2010年同比增幅（%）
证券类	投资者开户（万户）	54.96	72.74	79.25	97.07	105.60	8.79
	境内上市股票支数	11	11	11	11	14	0
	境外上市股票支数	1	1	1	1	1	0
	辖区上市公司总数	11	11	11	11	14	27.27

注：1. "省级分行"含一级分行。

2. "从业人员总数"青岛证监局无此统计。

青岛市主要金融机构业务概况

单位：亿元

单位名称	本外币存款余额	人民币企业存款	人民币储蓄存款	本外币贷款余额	人民币短期贷款	人民币中长期贷款
开行青岛市分行	76.49	76.49	0	431.34	30.54	377.76
农发行青岛市分行	7.02	6.67	0	64.52	39.92	24.60
进出口银行青岛分行	7.06	3.84	0	262.51	26.65	174.37
工行青岛市分行	820.07	174.83	429.35	772.54	128.25	595.55
农行青岛市分行	939.13	289.63	532.48	625.38	239.34	334.10
中行山东省分行	844.24	234.62	352.57	568.07	85.74	375.89
建行青岛市分行	775.21	198.83	338.95	620.79	136.52	448.97
交行青岛分行	575.26	245.39	168.45	385.05	195.59	158.76
中信青岛分行	273.55	70.98	58.52	232.85	158.78	65.33
光大青岛分行	176.70	87.44	37.67	150.43	52.24	80.89
华夏青岛分行	202.93	65.22	53.95	168.16	78.44	86
深发展青岛分行	133.92	23.49	17.29	116.14	75.60	28.33
招行青岛分行	338.68	154.81	109.71	280.11	100.29	154.18
浦发青岛分行	174.69	92.03	35.77	156.55	79.39	55.30
兴业青岛分行	140.55	68.35	17.97	103.68	36.32	60.82
民生青岛分行	153.86	50.08	22.45	115.34	58.55	55.85
恒丰青岛分行	162.23	113.94	13.11	98.12	56.25	37.17
青岛银行	451.13	261.53	89.67	249.21	121.08	117.32
日照银行青岛分行	60.07	29.66	2.52	28.63	24.15	3.73
潍坊银行青岛分行	19.22	11.03	1.17	7.80	7.55	0.25
农信社青岛市办事处	599.18	141.70	420.17	414.21	253.73	153.09
邮储银行青岛市分行	202.01	12.73	187.45	23.14	6.46	12.85
张家港农村商业银行	9.06	0.20	1.84	5.81	4.69	1.12
村镇银行	6.55	1.32	2.94	6.12	4.79	0.96
汇丰银行青岛分行	41.22	14.38	5.32	34.11	8.51	3.11
山口银行青岛分行	1.76	0.52	0	7.30	3.52	1.04
南商银行青岛分行	13.67	12.37	0.97	35.90	13.77	12.13
韩亚银行青岛分行	15.69	10.37	0.49	19.47	4.24	5.37
企业银行青岛分行	3.82	2.56	0	5.03	1.32	0.05
新韩银行青岛分行	7.22	4.87	0.21	12.15	1.52	0.54

续表

单位名称	本外币存款余额	人民币企业存款	人民币储蓄存款	本外币贷款余额	人民币短期贷款	人民币中长期贷款
渣打银行青岛分行	8.51	5.56	1.28	26.08	12.78	2.08
东亚银行青岛分行	24.02	14.21	7.23	21.95	0.53	16.29
瑞穗银行青岛分行	11.51	5.71	0	13.10	5.83	0.10
海尔财务公司	273.16	175.05	0	196.31	18.67	65
海信财务公司	34.83	31.29	0	18.91	11.95	1
中石化财务公司	28.25	17.35	0	66.07	53.40	0

青岛市各县级区域经济金融主要统计指标

名称	人口（万人）	面积（平方公里）	地区生产总值（亿元）	地区生产总值增速（%）	本外币存款余额（亿元）	储蓄存款（亿元）	本外币贷款余额（亿元）
平度市	137.26	3176	524.19	13.90	276.62	200.97	121.04
即墨市	112.93	1780	573.54	11.56	365.45	239.97	256.26
莱西市	73.55	1522	393.90	16.33	171.21	124.09	99.37
开发区	31.29	274	1003.17	15.90	584.04	174.46	459.19
胶南市	83.92	1802	549.46	13.69	252.50	149.86	176.69
胶州市	80.70	1210	577.20	12	283.95	181.88	173.05

信贷退出风险等方面发出了风险提示，对防范金融风险起到了积极作用。

【金融服务】 2010年，人行青岛市中支着力推动服务创新，全面提升金融服务水平。一是开展“农村支付结算服务产品乡村行”活动，在平度和莱西建成了青岛市首批县域刷卡无障碍示范街，推动平度市南村蔬菜批发市场和即墨批发市场完成了现代化支付结算方式的推广应用，在全国首批开展了银行卡助农取款服务新尝试；二是继续拓展国库直接支付范围，新增5项直接支付业务，累计办理22个项目的国库直接支付业务2.02亿元，220万人次直接受益；三是加强现金调拨分析和预测，完善商业银行存取款预约制度，实行残损人民币、小面额票币兑换首兑责任追究制，建成并运行了县级人民币管理服务中心，并组织开展反假货币“集中宣传日”活动；四是协调建立了青岛市社会信用体系联席会议制度，探索创新中小企业信用信息采集方式，大力开展中小企业信用培植活动，在全国率先通过法院采集了诉讼和执行两类企业信息，大力推动农村信用体系建设；五是跨境人民币业务进展迅速，成立了“地方政府－人民银行－银行机构”三级组织领导体系，着重从企业、银行和县域三个层面开展宣传培训活动，年内全市银行机构共办理跨境贸易人民币结算业务50多亿元，居全省和第二批试点的4个计划单列市首位。

【金融监管】 2010年，人行青岛市中支加强监督管理，规范发展金融市场业务。一是强化市场准入及备案管理，督促辖内市场成员完善各项管理制度，不断提高对市场业务的监测、分析和引导水平；二是组织对中行山东省分行和青岛银行开展统计、征信、国库等9项专业的综合执法检查，对两家机构违规罚款金额合计88万元，组织对辖区8家农信社、3家货币市场成员、15家地方法人金融机构存款准备金缴存情况进行了现场检查；三是做好利率报备和分析等各项工作，对承贷银行发放的民品贷款进行跟踪管理，对民品贴息贷款进行现场检查，到民品定点生产企业进行延伸调查；四是协同公安、海关等部门先后破获网络赌博、走私洗钱、合同诈骗、非法吸收公众存款、银行卡诈骗等7起案件，推动3起案件以洗钱罪入罪宣判，实现了全省洗钱罪入罪判决零的突破。

【外汇管理】 2010年，外管局青岛市分局积极推进外汇管理服务改革，大力支持外向型经济转方式、调结构。一是正式成为全国首批进口付汇核销制度改革7家试点单位之一，开展出口收入存放境外试点，新华锦集团和海尔集团取得了业务试点资格，推动青岛通济隆商务咨询有限公司在全省率先开展了非金融机构经营个人本外币兑换特许业务；二是推动中资跨国公司开展外汇资金集合管理，积极运用外汇政策为四方车辆、青岛啤酒集团等企业解决实际问题；三是简化外汇管理手续，在风险可控的前提下逐步向支行和一线柜台下放业务权限；四是自主开发了国际收支申报核查工具，在全省范围推广，并充分运用非现场检查系统对全辖转口贸易和加工贸易的收支情况进行了专项检查，对中行、建行和齐商银行开展了综合执法检查，成功查处了一起境外资金非法流入获利外逃案件。

【金融改革】 2010年，人行青岛市中支充分发挥基层央行作用，积极参与和跟踪监测金融改革。一是加强对辖内4家已改制国有银行的改革进展和实际效果的跟踪调查，快速反映改革中出现的新情况和新问题；二是密切关注辖内国开行改革进展情况，积极推动和支持农行“面向三农”和服务县域经济发展等各项股改工作；三是加强对拟改制政策性金融机构改革的前期调研，对辖内农发行、进出口银行和出口信用保险公司改革准备工作进行了现场调查，及时上报改革情况。

【保险市场】 2010年，青岛市保险市场继续保持良好发展势头。截至年底，全市共有保险主体43家，其中，产险21家，寿险22家；中资34家，外资9家。资产总额274.70亿元，同比增长26.20%。

【证券市场】 2010年，青岛市证券经营机构数量不断增加，全年新设营业部11家，营业部总数增至54家。期货经营机构稳步增长，结构不断优化，期货市场经营指标快速提高。全年新增5家上市公司，上市公司家数与融资额度均创青岛历史新高。

【精神文明建设】 2010年，青岛市金融机构大力加强精神文明建设和文化建设，凝聚力进一步增强。一是通过集中学习、研讨交流、走访参观、社会实践等形式，坚持开展社会主义核心价值体系学习教育活动，并采取学习传统文化、参观爱国主义教育基地、组织志愿活动和社会实践等形式，进一步激发干部职工干事创业的内在动力；二是组织优秀传统文化赏析征文评比、红色经典咏读演讲比赛、优秀诗歌散文比赛以及团队拓展训练、沙滩趣味运动会等活动，推动全市金融系统青年工作；三是热心支持社会公益事业，积极开展“送金融知识下乡”活动。

【大事记】 1月18日 人行青岛市中支会同市有关部门联合举办货币信贷政策通报会。青岛市委常委秦敏副市长、市人大吴淑玲副主任、市政府刘承林副秘书长及人行、银监局、金融办和各金融机构主要负责人参加了会议。

2月5日 山东省副省长才利民一行走访中行山东省分行、开行青岛市分行等部分银行。

2月10日 徐廷焕担任企业银行(中国)有限公司青岛分行分行长。

3月26日 人行青岛市中支与市经信委、金融办、银监局、市工商联联合组织召开“小企业融资服务年活动”启动仪式。

4月1日 建行青岛分行“乾元一号”股权投资人民币理财产品成功发行，在本地同业中首家推出该类产品。

4月9日 外管总局邓先宏副局长、管理检查司张生会司长、经常项目管理司谢和民副司长等一行7人到青岛调研，山东省分局李亚新副局长等陪同调研，青岛市分局王迅局长、邢继军副局长等参加了调研。

5月15日 人行青岛市中支和市公安局联合开展了大规模的“打击假币、洗钱、信用卡犯罪 净化金融环境”集中宣传活动。

5月20日 由英国《金融时报》中文网联合青岛市政府主办的“英国《金融时报》青岛国际金融高峰论坛”在青举行，上海浦东发展银行获得“最佳股东价值奖”。

5月24日 人行青岛市中支跨境贸易人民币结算工作领导小组成立，王迅行长任组长，顾延善副行长兼任跨境贸易人民币结算工作办公室主任。

6月2日 中国特色社会主义理论体系知识竞赛决赛在青岛隆重举行，人行总行马德伦副行长出席了活动，济南分行党委书记、杨子强行长、总行宣传部刘慧兰部长发表致辞。济南分行代表队获得团体一等奖。

6月19日 由人行青岛市中支牵头，财政、国地税、各商业银行共同参与的青岛市财税库行横向联网系统升级切换成功，并正式上线运行。

7月12日 人行青岛市中支举办了首届“企业信用评级研讨会”，人行总行征信管理局何红滢处长、青岛市中支顾延善副行长出席会议并作了讲话。

7月13日 青岛莱西元泰村镇银行成立。

7月23日 人行青岛市中支召开农村支付服务环境建设推进会，青岛市秦敏副市长、青岛中支王迅行长出席了推进会。

8月20日 人行青岛市中支征信部门通过接口程序方式生成法院经济诉讼信息和执行信息的电子报文报送，并顺利加载到企业信用信息基础数据库，在全国非银行信用信息采集中尚属首家。

8月25日～27日 外管总局管理检查司在青岛组织召开全国非现场检查系统应用培训会，武瑞林副司长及部分分支局业务人员参加，青岛市分局邢继军副局长致辞。

8月27日 齐鲁银行青岛分行开业。

9月2日 人行济南分行党委宣布青岛市中支领导班子成员任免决定，任命邹蜀宁为青岛市中支党委委员、纪委书记，任命管发进为青岛市中支党委委员、工会主任。

9月13日 人行济南分行黄向庆副行长到中行山东省分行就当前经济金融和货币信贷运行形势等相关问题进行调研。

10月 由汇丰银行等9家银行共同牵头的“山东钢铁集团3亿美元银团贷款”成功签约。本次银团贷款是2010年中国境内最大的银团外币贷款项目之一。

11月11日 山东省委常委、青岛市委书记李群视察部分金融机构，并在人行青岛市中支召开座谈会，秦敏副市长、王鲁明秘书长等陪同，全市主要金融机构负责人参加座谈会。

11月13日～15日 人行总行参事室唐思宁主任带领由

总行参事室、工会联合组成的"地方央行支持经济发展和改善民生服务"调研组在青岛开展专题调研活动。

12 月 6 日　外管总局批准中信万通证券有限责任公司山东省内 B 股保证金集中管理。

12 月 28 日　青岛胶南海汇银行泊里支行开业，是山东省村镇银行的首家支行。

平度市

【经济金融概况】　2010 年，平度市以结构调整为主线，强力推进新型工业化、新型城镇化与农业现代化，经济发展活力日益显现，综合竞争力稳步提升，主要经济指标持续向好。金融运行保持稳健，存款增速较快，贷款投放适度，对"三农"、中小企业的支持力度不断加大。

【金融发展与改革】　2010 年，平度市金融改革发展步入新阶段。一是农信联社法人治理改革不断深化，主要经营指标持续向好；二是金融运行质量显著提高，金融生态环境明显改善，带动金融机构加快设点布局，年内交通银行、民生银行、村镇银行、小贷公司相继筹建或开业，多种所有制形式并存的金融竞争格局初步形成。

【金融服务与监管】　2010 年，平度市金融服务创新与监管工作取得新进展。一是推动政府建立了财政贴息机制，带动促进现代农业蓬勃发展；二是推动建成青岛县域首条"刷卡无障

平度市主要经济指标

经济指标	2009	2010	2010 年同比增幅（%）	经济指标	2009	2010	2010 年同比增幅（%）
土地面积（平方公里）	3176	3176	0	地方财政支出（亿元）	20.94	24.44	16.70
人口（万人）	137.57	137.26	-0.23	全社会固定资产投资（亿元）	240.60	294.9	22.57
非农业人口（万人）	44.15	45.65	3.40	进出口总值（万美元）	137096	146299	6.71
地区生产总值（亿元）	460.25	524.19	13.90	出口总值（万美元）	89082	107786	21
第一产业（亿元）	64.37	79.70	23.82	实际利用外资（万美元）	15281	23800	55.75
第二产业（亿元）	233.10	265.38	13.85	社会消费品零售总额（亿元）	163	179.30	10
第三产业（亿元）	162.78	179.11	10.03	居民消费价格指数（%）	100.50	103.50	2.99
财政总收入（亿元）	24.15	38.51	59.50	人均地区生产总值（元）	33456	38472	15
地方财政收入（亿元）	16.62	20.99	26.29	城镇居民可支配收入（元）	17489	19693	12.60
财政总支出（亿元）	29.10	35.20	21	农民人均现金收入（元）	8850	10133	14.50

平度市主要金融指标

金融指标（亿元）	2009	2010	2010 年同比增幅（%）	金融指标（亿元）	2009	2010	2010 年同比增幅（%）
本外币存款余额	218.33	276.62	26.70	财险收入	--	--	--
人民币存款余额	215.89	273.96	26.89	寿险收入	--	--	--
企业存款	27.87	33.74	21.06	财险赔款	--	--	--
储蓄存款	167.74	200.09	19.29	寿险给付	--	--	--
本外币贷款余额	102.30	121.04	18.32	当年结益	--	--	--
人民币贷款余额	101.93	120.65	18.37	证券市场交易总额	--	--	--
短期贷款	58.52	71.85	22.78	投资者保证金余额	--	--	--
中长期贷款	32.15	48.13	49.70	证券账户开户数	--	--	--
票据融资	11.25	0.62	-94.48	证券交易佣金收入	--	--	--
当年结益	--	--	--	净利润	--	--	--
不良贷款余额	9.99	6.16	-38.34				

注：1. 关于保险、证券的金融指标青岛市保监局、证监局没有相关县级区域统计。

2. 当年结益指标已取消，下同。

平度市主要金融机构负责人

单位名称	行长（或其他称谓的第一负责人）	副行长（或其他称谓的同级领导）
人行平度市支行	陈付仁	滕振瑞　陆训令　冯　刚
银监会平度办事处	张贤智	
农发行平度支行	孙玉香	王民生　范明娟
工行平度支行	王利军	李增强
农行平度支行	李　洪	田洪芳　刘永高　姜　伟　张功伟
中行平度支行	葛勤生	王鲁胜　盖　波　邢　林
建行平度支行	管恩新	林玉忠　李　勇　孙德军
交通银行平度支行	李　军	张德志　王培旭
青岛银行平度支行	刘元华	于　群　李正斌
平度市农信联社	姜秀娟	张维荣
邮储银行平度支行	荆云叶	张琳辉

平度市主要金融机构业务概况

单位：亿元

单位名称	本外币存款余额	企业存款	储蓄存款	本外币贷款余额	短期贷款	中长期贷款
农发行平度支行	0.41	0.36	0	10.09	8.09	2
工行平度支行	17.04	2.43	9.80	13.03	4.54	8.32
农行平度支行	66.96	9.46	53.41	18.74	9.90	8.54
中行平度支行	33.95	8.17	20.48	13.14	2.55	10.53
建行平度支行	22.52	3.33	12.98	13.79	4.45	9.29
交通银行平度支行	1.59	0.33	0.24	0	0	0
青岛银行平度支行	11.29	6.23	2.29	6.74	5.21	1.53
平度市农信联社	69.29	3.82	60.38	43.42	35.38	7.64
邮储银行平度支行	43.79	1.29	41.38	2.08	1.75	0.33

碍示范街”，在全省第二大蔬菜产地批发市场实现了非现金结算，进一步改善了农村地区支付结算环境；三是农村信用工程创建活动逐步深化，国库直接支付范围不断拓宽，外汇管理与跨境贸易人民结算服务环境进一步改善。

同时，着力强化银行业风险监测与评估工作，积极做好新设银行机构验收工作，不断完善人民币反假、反洗钱预警分析体系，改进贷款卡年审、缴存款等业务监管，有效规范了金融秩序。

即墨市

【经济金融概况】　2010 年，即墨市经济平稳较快发展，农业生产稳步推进，工业生产高开稳走，固定资产投资稳定增长，城乡消费市场繁荣稳定，对外贸易形势继续向好，利用内外资大幅提高，财政收入增幅稳步提升，金融运行稳健，存贷款稳定增长，城乡居民收入持续增长。

【金融发展与改革】　2010 年，即墨市金融发展与改革取得新进展。4 家国有商行股份制改革成效显著，资产规模稳定增长，资产质量明显改观，盈利水平不断增强。央行专项票据改革取得可喜成果，青岛即墨农村合作银行法人治理结构进一步优化，资本充足率达到国际标准，资产流动性增强，不良贷款率较上年有较大幅度下降。全年新设立 2 家股份制商行支行、1 家小额贷款公司，银行机构达 17 家，小额贷款公司达 2 家。

【金融服务与监管】　2010 年，人行即墨市支行一是认真做

即墨市主要经济指标

经济指标	2009	2010	2010年同比增幅（%）	经济指标	2009	2010	2010年同比增幅（%）
土地面积（平方公里）	1780	1780	0	地方财政支出（亿元）	42.37	69.36	63.70
人口（万人）	112.61	112.93	0.28	全社会固定资产投资（亿元）	294.89	360.89	23.38
非农业人口（万人）	49.26	49.62	0.73	进出口总值（万美元）	312052	380980	22.09
地区生产总值（亿元）	514.11	573.54	13.80	出口总值（万美元）	231484	301161	30.10
第一产业（亿元）	40.10	47.87	1.40	实际利用外资（万美元）	18800	35000	86.17
第二产业（亿元）	289.49	313.39	14.40	社会消费品零售总额（亿元）	179.57	194	8.04
第三产业（亿元）	184.52	212.29	15	居民消费价格指数（%）	—	—	—
财政总收入（亿元）	53.84	81.14	50.71	人均地区生产总值（元）	47605	50787	6.68
地方财政收入（亿元）	22.58	27.77	22.98	城镇居民可支配收入（元）	19774	22190	12.22
财政总支出（亿元）	42.37	69.36	63.70	农民人均现金收入（元）	9123	10408	14.09

即墨市主要金融指标

金融指标（亿元）	2009	2010	2010年同比增幅（%）	金融指标（亿元）	2009	2010	2010年同比增幅（%）
本外币存款余额	297.81	365.45	22.71	财险收入	—	—	—
人民币存款余额	292.01	359.13	22.99	寿险收入	—	—	—
企业存款	52.85	74.13	40.26	财险赔款	—	—	—
储蓄存款	201.60	239.97	19.03	寿险给付	—	—	—
本外币贷款余额	184.84	256.26	38.64	当年结益	—	—	—
人民币贷款余额	180.58	254.37	40.86	证券市场交易总额	—	—	—
短期贷款	98.55	126.14	28	投资者保证金余额	—	—	—
中长期贷款	76.27	127.54	67.22	证券账户开户数	—	—	—
票据融资	5.76	0.70	-87.85	证券交易佣金收入	—	—	—
当年结益	—	—	—	净利润	—	—	—
不良贷款余额	4.25	3.52	-17.18				

即墨市主要金融机构负责人

单位名称	行长（或其他称谓的第一负责人）	副行长（或其他称谓的同级领导）
人行即墨市支行	曹展鹏	马德梅　宋光波　宋延边
农发行即墨市支行	李炳蔚	刘竹清　李伯军
工行即墨支行	姜蓬勃	张曰聪　韩卫民　孙　震　崔杰甫
农行即墨支行	尹兆宏	谢炳坚　王　波　张昌良
中行即墨支行	钟学德	刘振贤　徐明远
建行即墨支行	施　勇	潘站宗　兰　敏
交行即墨支行	杨鲁克	吴　欣　修宗海
华夏即墨支行	孙保雷	李　欣　项　军
招行即墨支行	肖　琳	黄绪红　石　浩
浦发即墨支行	李泽鹏	盛同强
民生银行即墨支行	张从民	金保伟
光大银行即墨支行	隋军生	韩　涛　李　波

续表

单位名称	行长（或其他称谓的第一负责人）	副行长（或其他称谓的同级领导）
兴业银行即墨支行	王 檑	邢 豪
青岛银行即墨支行	黄 云	王恒增
即墨农合行	董常进	高 蕾
邮储银行即墨市支行	孙 毅	韩晓明
即墨北农商村镇银行	姚玉海	王 勇
张家港农商行即墨支行	汪志鸿	黄敏杰 黄巧玲 付培涛

即墨市主要金融机构业务概况

单位：亿元

单位名称	本外币存款余额	企业存款	储蓄存款	本外币贷款余额	短期贷款	中长期贷款
农发行即墨市支行	0.87	0.86	0	8.44	2.41	6.02
工行即墨支行	25.87	6.39	14.47	41.26	9.55	31.53
农行即墨市支行	69.67	17.54	48.35	41	19.16	20.67
中行即墨支行	60.61	11.29	36.98	17.95	4.29	13.15
建行即墨支行	26.34	5.59	18.17	22.69	7.58	15.11
交行即墨支行	5.13	0.61	2.98	5.84	2.64	3.20
华夏即墨支行	8.90	1.83	5.71	11.22	7.11	4.11
招行即墨支行	6.39	2.31	2.24	5.34	2.51	2.83
浦发即墨支行	3.96	1.14	0.88	6.85	3.95	2.32
民生银行即墨支行	4.98	0.77	3.20	8.27	7.97	0.30
光大银行即墨支行	3.86	2.31	1.56	0	0	0
青岛银行即墨支行	6.59	2.76	1.61	6.88	1.61	5.28
即墨农合行	96.24	17.31	72.54	70.40	49.28	20.98
邮储银行即墨市支行	31.61	2.64	28.92	2.50	1.84	0.66
即墨北农商村镇银行	2.29	0.58	0.54	1.81	1.56	0.25
张家港农商行即墨支行	9.12	0.20	1.84	5.81	4.69	1.12

好小企业融资服务工作，推进农村企业金融服务创新，推动商业银行创新商标权质押贷款和农户小额信用贷款；二是加强征信、反洗钱、账户管理和现金管理建设，努力提高金融服务水平；三是加强系统性风险的监测与评估，加快农村信用体系建设；四是深化外汇管理与服务，支持涉外经济健康发展。

莱西市

【经济金融概况】 2010年，莱西市着力推进新型工业化进程，加快结构调整和发展方式转变，注重提高经济质量和效益，注重增强经济增长动力和活力，实现了经济平稳较快发展。全市金融继续保持健康发展态势，存、贷款稳定增长，资产质量明显提高，金融对经济的扶持力度进一步加大，贷款重点支持了“三农”、小企业、地方在建续建重点项目以及市重点骨干企业的发展。

【金融发展与改革】 2010年，莱西市金融机构改革取得了较大进展：一是工、中、建、农4家国有银行股份制改革全面完成，经营效益显著提高；二是农信社改革试点工作取得明显成效，进一步完善了法人治理结构，资产状况及资本充足率有了明显提高，历史包袱得到有效化解。全市金融体系不断完善，规模持续壮大，新增1家法人银行机构青岛莱西元泰村镇银行，银行机构总数达到9家。

莱西市主要经济指标

经济指标	2009	2010	2010年同比增幅（%）	经济指标	2009	2010	2010年同比增幅（%）
土地面积（平方公里）	1522	1522	0	地方财政支出（亿元）	16.23	20.40	25.69
人口（万人）	73.49	73.55	0.08	全社会固定资产投资（亿元）	233.27	287.30	23.16
非农业人口（万人）	32.45	32.67	0.68	进出口总值（万美元）	190000	198919	4.69
地区生产总值（亿元）	338.60	393.90	16.33	出口总值（万美元）	130000	155742	19.80
第一产业（亿元）	36.42	43.72	20.04	实际利用外资（万美元）	11397	20002	75.50
第二产业（亿元）	174.42	197.55	13.26	社会消费品零售总额（亿元）	115.47	135.39	17.25
第三产业（亿元）	127.76	152.63	19.47	居民消费价格指数（%）	--	--	--
财政总收入（亿元）	18.30	22.76	24.37	人均地区生产总值（元）	46074	53555	16.23
地方财政收入（亿元）	14.32	18.07	26.19	城镇居民可支配收入（元）	19030	21395	12.43
财政总支出（亿元）	22.21	27.98	25.98	农民人均现金收入（元）	8867	10154	14.51

莱西市主要金融指标

金融指标（亿元）	2009	2010	2010年同比增幅（%）	金融指标（亿元）	2009	2010	2010年同比增幅（%）
本外币存款余额	146.11	171.21	17.18	财险收入	--	--	--
人民币存款余额	143.71	168.13	16.99	寿险收入	--	--	--
企业存款	15.47	20.59	33.10	财险赔款	--	--	--
储蓄存款	105.14	124.09	18.02	寿险给付	--	--	--
本外币贷款余额	86.87	99.37	14.39	当年结益	--	--	--
人民币贷款余额	82.82	97.84	18.14	证券市场交易总额	--	--	--
短期贷款	54.57	58.43	7.07	投资者保证金余额	--	--	--
中长期贷款	25.61	38.07	48.65	证券账户开户数	--	--	--
票据融资	4	1.29	-67.87	证券交易佣金收入	--	--	--
当年结益	--	--	--	净利润	--	--	--
不良贷款余额	3.99	3.40	-14.79				

莱西市主要金融机构负责人

单位名称	行长（或其他称谓的第一负责人）	副行长（或其他称谓的同级领导）
人行莱西市支行	马昌武	张忠民　匡荣刚　毕恩忠
银监会莱西市办事处	耿以明	
农发行莱西市支行	于志河	党庆荣　王飞剑
工行莱西支行	王思东	李英杰　王维民　于小燕
农行莱西市支行	张凤臣	刘　波　王振峰　李忠东
中行莱西支行	周　波	葛　鑫　姜柏卿
建行莱西支行	马瑞芳	陈建新　张友胜
青岛银行莱西支行	于胜功	陆春霞
莱西市农信联社	李盛文	衣林农
邮储银行莱西支行	胡　磊	耿旭东
青岛莱西元泰村镇银行	李赛春	蔡世宁

莱西市主要金融机构业务概况

单位：亿元

单位名称	本外币存款余额	企业存款	储蓄存款	本外币贷款余额	短期贷款	中长期贷款
农发行莱西市支行	0.94	0.55	0	13.23	11.54	1.72
工行莱西支行	12.31	1.82	8.27	8.52	2.58	5.95
农行莱西市支行	47.02	8.19	37.44	19.75	9.44	10.17
中行莱西支行	31.97	5.28	20.13	13.34	5.13	6.78
建行莱西支行	8.50	1.03	3.34	9.52	5.21	4.31
青岛银行莱西支行	7.79	4.11	2.31	4.89	1.19	3.35
莱西市农信联社	40.55	0.48	35.66	27.80	21.88	5.33
邮储银行莱西支行	17.79	0.51	17.26	0.82	0.37	0.45

【金融服务与监管】 2010年，莱西市金融机构不断改善服务手段，提高服务质量，金融服务水平显著提高。一是积极改进和完善外汇管理与服务，企业贸易投资便利化有了较大改善；二是随着信用镇、信用村、信用户创建活动和农村信用示范镇、示范村、示范户建设活动的深入开展，以及企业、个人征信系统的推广使用，社会信用体系得到进一步发展；三是农村支付体系建设的步伐进一步加快，农民非现金支付结算的能力和意识得到有效提高；四是人民币管理与服务显著增强，反假能力进一步提高。

开发区

【经济金融概况】 2010年，青岛开发区经济保持持续增长，工业生产稳步增长，招商引资成效明显，对外贸易增速趋缓。金融运行总体平稳，各项存、贷款稳步增长，银行资产质量进一步改善。

【金融发展与改革】 2010年，青岛开发区金融体系持续发展，规模不断壮大。随着汇丰银行青岛开发区支行的开业，辖

开发区主要经济指标

经济指标	2009	2010	2010年同比增幅（%）	经济指标	2009	2010	2010年同比增幅（%）
土地面积（平方公里）	274	274	0	地方财政支出（亿元）	66.60	103.45	55.33
人口（万人）	31.60	31.29	-0.98	全社会固定资产投资（亿元）	305.70	366.11	19.76
非农业人口（万人）	31.60	31.29	-0.98	进出口总值（万美元）	557642	715346	28.28
地区生产总值（亿元）	814.17	1003.17	23.21	出口总值（万美元）	316115	406610	28.63
第一产业（亿元）	3.25	3.77	16	实际利用外资（万美元）	41000	56306	37.33
第二产业（亿元）	555.11	654.25	17.86	社会消费品零售总额（亿元）	91.40	104.06	13.85
第三产业（亿元）	255.81	345.14	34.92	居民消费价格指数（%）	--	--	--
财政总收入（亿元）	--	--	--	人均地区生产总值（元）	--	--	--
地方财政收入（亿元）	62.60	107.48	71.69	城镇居民可支配收入（元）	24542	27467	11.92
财政总支出（亿元）	--	--	--	农民人均现金收入（元）	10473	11906	13.68

开发区主要金融指标

金融指标（亿元）	2009	2010	2010年同比增幅（%）	金融指标（亿元）	2009	2010	2010年同比增幅（%）
本外币存款余额	420.20	584.04	38.99	财险收入	--	--	--
人民币存款余额	397.09	554.98	39.76	寿险收入	--	--	--
企业存款	158.17	215.69	36.37	财险赔款	--	--	--
储蓄存款	144.69	174.46	20.58	寿险给付	--	--	--

续表

金融指标（亿元）	2009	2010	2010年同比增幅（%）	金融指标（亿元）	2009	2010	2010年同比增幅（%）
本外币贷款余额	391.60	459.19	17.26	当年结益	--	--	--
人民币贷款余额	358.03	435.03	21.51	证券市场交易总额	--	--	--
短期贷款	136.09	152.93	12.37	投资者保证金余额	--	--	--
中长期贷款	210.30	281.05	33.64	证券账户开户数	--	--	--
票据融资	11.90	1.01	-91.51	证券交易佣金收入	--	--	--
当年结益	--	--	--	净利润	--	--	--
不良贷款余额	--	--	--				

开发区主要金融机构负责人

单位名称	行长（或其他称谓的第一负责人）	副行长（或其他称谓的同级领导）
人行青岛开发区支行	于　兵	邱建国　唐　新　王秀云
银监会青岛开发区办事处	秦　玮	
工行青岛开发区支行	毛　波	薛光辉　孙　建　夏建同
农行青岛开发区支行	张　勇	张茂森　张玉忠　刘鹏飞
中行青岛开发区支行	高建芳	赵俊方　夏岩岚
建行青岛开发区支行	张　波	兰永新　张崇光　黄金莲
交行青岛开发区支行	徐芝清	王承森　薛　君
中信青岛开发区支行	于　珂	王新明
光大青岛开发区支行	曹世臣	张国胜　刘文斌
华夏青岛开发区支行	战明文	薛卫东
深发展青岛开发区支行	王立华	薛学茂　郑军海
招行青岛开发区支行	项长征	于　鹏　于　静
浦发青岛开发区支行	逄焕柏	孙　刚　朱颖伟
兴业青岛开发区支行	郭军生	张　伟
民生青岛开发区支行	张咸江	孙建国　任佰平
恒丰青岛开发区支行	曲世志	
青岛银行香江路支行	李金增	王爱洪　薛　瑛　薛敬波　张忠兰　张　涌
黄岛农村合作银行	黄清发	高　平
邮储银行青岛开发区支行	匡秀艳	张泽村　于洪亮
汇丰青岛开发区支行	姜　红	
韩亚银行青岛开发区支行	刘新国	

开发区主要金融机构业务概况

单位：亿元

单位名称	本外币存款余额	企业存款	储蓄存款	本外币贷款余额	短期贷款	中长期贷款
工行青岛开发区支行	55.02	24.76	19.22	78.47	11.18	63.24
农行青岛开发区支行	60.17	27.37	29.65	62.54	23.51	38.79
中行青岛开发区支行	46.95	17.83	18.76	34.68	10.08	20.31
建行青岛开发区支行	54.63	20.74	19.66	78.21	10.07	63.75
交行青岛开发区支行	92.27	19.24	9.70	34.48	12.31	20.75

续表

单位名称	本外币存款余额	企业存款	储蓄存款	本外币贷款余额	短期贷款	中长期贷款
中信青岛开发区支行	22.61	10.28	4.31	23.94	19.20	4.06
光大青岛开发区支行	14.45	8.82	2.48	13.87	2.33	10.01
华夏青岛开发区支行	25.83	7.58	4.50	16.30	3.91	12.38
深发展青岛开发区支行	10.88	2.19	2.73	7.14	2.73	4.41
招行青岛开发区支行	23.27	11.41	8.55	17.69	8.36	9.33
浦发青岛开发区支行	32.88	26.69	1.92	15.58	10	5.02
兴业青岛开发区支行	11.31	5.43	2.76	9.50	2.32	7.08
民生青岛开发区支行	20.13	10.96	3.45	12.11	5.76	6.36
恒丰青岛开发区支行	14.64	7.60	1.56	6.43	5.45	0.79
青岛银行香江路支行	32.02	21.38	8.77	13.34	6.76	6.33
黄岛农村合作银行	51.06	16.24	28.13	33.31	20.68	12.57
邮储银行青岛开发区支行	11.34	1.65	9.67	1.60	0.22	1.38

区商业银行已发展到20家,营业网点达到81个,保税区汇银小额贷款公司和黄岛区民泽小额贷款公司的成立为当地经济的发展起了一定作用。

【金融服务与监管】 2010年,人行青岛市开发区支行加强企业信用信息数据库建设,支持信贷风险防范。一是做好贷款卡的发卡、年审工作,全年新发放贷款卡442个,年审贷款卡1795个;二是认真维护企业和个人信用信息基础数据库的安全运行,全年总计采集中小企业信息333户,个人信用记录查询4288笔。

胶南市

【经济金融概况】 2010年,胶南市经济继续呈现良性增长趋势。一是区域发展布局更加优化,大力推进重点区域开发建设;二是积极调整结构,加快经济转型升级步伐;三是突出特色,完善功能,城市品位形象明显提升;四是政策引导,重点扶持,农业农村发展活力增强。

各金融机构积极落实适度宽松货币政策,较好地支持了经济发展。林权抵押贷款得到了青岛市、胶南市政府等各级领导的肯定与批示,《林权抵押贷款管理办法》被胶南市政府在全市范围内印发,多家涉农银行机构已发放了该贷款。

【金融发展与改革】 2010年,胶南市金融改革与发展步伐加快。一是农行胶南支行成立"三农"金融部;二是加快金融机构引进步伐,年内华夏银行、小额贷款公司等银行业机构相继

胶南市主要经济指标

经济指标	2009	2010	2010年同比增幅(%)	经济指标	2009	2010	2010年同比增幅(%)
土地面积(平方公里)	1802	1802	0	地方财政支出(亿元)	32.80	36.50	11.28
人口(万人)	83.74	83.92	0.21	全社会固定资产投资(亿元)	290.10	357.90	23.37
非农业人口(万人)	38.96	39.10	0.36	进出口总值(万美元)	205000	276421	34.84
地区生产总值(亿元)	483.30	549.46	13.69	出口总值(万美元)	157000	199975	27.37
第一产业(亿元)	36.60	43.36	18.47	实际利用外资(万美元)	17100	22842	33.58
第二产业(亿元)	281.50	324.44	15.25	社会消费品零售总额(亿元)	130.40	144.10	10.51
第三产业(亿元)	165.20	181.66	9.96	居民消费价格指数(%)	--	--	--
财政总收入(亿元)	49.30	62.60	26.98	人均地区生产总值(元)	56069	63100	12.54
地方财政收入(亿元)	26.20	30.10	14.89	城镇居民可支配收入(元)	19092	21412	12.15
财政总支出(亿元)	53.40	69.80	30.71	农民人均现金收入(元)	9119	10400	14.05

胶南市主要金融指标

金融指标（亿元）	2009	2010	2010年同比增幅（%）	金融指标（亿元）	2009	2010	2010年同比增幅（%）
本外币存款余额	202.81	252.50	24.50	财险收入	--	--	--
人民币存款余额	198.93	248.42	24.88	寿险收入	--	--	--
企业存款	45.99	70.18	52.60	财险赔款	--	--	--
储蓄存款	122.15	149.86	22.69	寿险给付	--	--	--
本外币贷款余额	142.71	176.69	23.81	当年结益	--	--	--
人民币贷款余额	139.38	174.30	25.05	证券市场交易总额	--	--	--
短期贷款	50.31	52.82	4.99	投资者保证金余额	--	--	--
中长期贷款	86.55	118.38	36.78	证券账户开户数	--	--	--
票据融资	2.50	3.06	22.40	证券交易佣金收入	--	--	--
当年结益	--	--	--	净利润	--	--	--
不良贷款余额	4.58	4.13	-9.83				

胶南市主要金融机构负责人

单位名称	行长（或其他称谓的第一负责人）	副行长（或其他称谓的同级领导）
人行胶南市支行	王德利	丁树田　王　芹　赵吉清　张秀月
农发行胶南市支行	姜绍华	毕爱清　徐桂军
工行胶南支行	王　波	范立胜　张　敏　郑向东　赵风太
农行胶南市支行	万　磊	逄焕波　狄同晓　安玉伟　陈宝江　丁召明
中行胶南支行	潘文武	李　丽　韩松刚
建行胶南支行	徐建军	丁明伟
交行胶南支行	葛　震	曲荣诺　马海洋
青岛银行胶南支行	薛福勤	郇振华
胶南市农信联社	李荣鹏	李　伟
邮储银行胶南市支行	战金合	陈焕伟
青岛胶南海汇村镇银行	孟红升	朱丽娟　姜玲玲
华夏银行胶南市支行	鲍　伟	孔　江　刘兰翠

胶南市主要金融机构业务概况

单位：亿元

单位名称	本外币存款余额	企业存款	储蓄存款	本外币贷款余额	短期贷款	中长期贷款
农发行胶南市支行	2.80	2.74	0	11.47	3.71	7.77
工行胶南支行	28.62	4.91	14.21	37.45	8.07	27.77
农行胶南支行	65.14	20.56	41.21	42.34	14.46	26.48
中行胶南支行	33.23	10.49	18.18	16.47	2.69	13.11
建行胶南支行	24.32	7.04	13.98	18.60	2.94	15.66
交行胶南支行	1.93	0.40	0.67	1.88	0.96	0.92
青岛银行胶南支行	20.30	15.73	2.66	11.04	2.22	8.83
胶南市农信联社	49.27	9.64	38.75	33.47	15.29	16.38
邮储银行胶南市支行	20.27	1.35	18.91	1.16	0.39	0.77
青岛胶南海汇村镇银行	2.26	0.55	1.34	2.82	2.10	0.69
华夏银行胶南市支行	0.65	0.12	0.53	0	0	0

开业,金融管理水平进一步提升;三是信贷投向和结构调整趋向合理,金融生态环境明显改观;四是加强对农信社专项票据兑付后的日常监测考核,督促其落实各项改革措施。

【金融服务与监管】 2010年,胶南市金融机构服务水平有了新的提高。一是采取“走出去”送政策、“请进来”送便捷、“坐下来”常关注等措施,加强外汇管理和服务;二是加快推进农村信用示范镇、示范村、示范户建设活动以及企业、个人征信系统的推广使用,社会信用体系得到进一步发展;三是加强农村支付体系建设,农民非现金支付结算的能力和意识得到有效提高。

胶州市

【经济金融概况】 2010年,胶州市国民经济保持快速、健康发展的良好势头。国际物流中心、胶州湾产业新区、少海新城三大发展平台对经济的带动作用显现,招商引资力度继续加大,高端项目对经济的支撑作用日益突出。产业结构进一步优化,制造业升级、服务业转型明显加快。

全市金融运行态势良好,贷款投放适度,结构更加合理,新增贷款重点支持了中小企业、个人消费及农户的资金需求。各项存款保持多增,其中储蓄存款增势明显。

【金融发展与改革】 2010年,胶州市金融机构继续立足服务于中小企业和“三农”发展需要,不断加大金融支持力度,信贷投向和结构调整更加合理,金融生态环境持续优化。年内青

胶州市主要经济指标

经济指标	2009	2010	2010年同比增幅(%)	经济指标	2009	2010	2010年同比增幅(%)
土地面积(平方公里)	1210	1210	0	地方财政支出(亿元)	25.51	32.30	26.62
人口(万人)	80	80.70	0.86	全社会固定资产投资(亿元)	293.20	379.98	29.60
非农业人口(万人)	29.62	2.90	0.95	进出口总值(万美元)	346150	437300	26.33
地区生产总值(亿元)	515.10	577.20	12.06	出口总值(万美元)	258605	326200	26.14
第一产业(亿元)	32.91	33.48	17.32	实际利用外资(万美元)	20068	33233	65.60
第二产业(亿元)	292.47	329	12.49	社会消费品零售总额(亿元)	148.84	172.05	15.59
第三产业(亿元)	189.72	214.70	13.17	居民消费价格指数(%)	--	--	--
财政总收入(亿元)	35.31	40	13.28	人均地区生产总值(元)	64375	71526	11.11
地方财政收入(亿元)	20.84	26.30	26.20	城镇居民可支配收入(元)	19770	22340	13
财政总支出(亿元)	39.67	66.82	68.44	农民人均现金收入(元)	9152	10067	1

胶州市主要金融指标

金融指标(亿元)	2009	2010	2010年同比增幅(%)	金融指标(亿元)	2009	2010	2010年同比增幅(%)
本外币存款余额	221.48	283.95	28.21	财险收入	--	--	--
人民币存款余额	217.38	278.51	28.12	寿险收入	--	--	--
企业存款	40.39	73.53	181.05	财险赔款	--	--	--
储蓄存款	150.27	187.88	25.01	寿险给付	--	--	--
本外币贷款余额	126.08	173.05	37.25	当年结益	--	--	--
人民币贷款余额	123.12	97.97	-20.43	证券市场交易总额	--	--	--
短期贷款	57	68.39	19.98	投资者保证金余额	--	--	--
中长期贷款	61.46	101.29	64.81	证券账户开户数	--	--	--
票据融资	4.66	5.05	8.37	证券交易佣金收入	--	--	--
当年结益	1.92	4.27	122.40	净利润	--	--	--
不良贷款余额	3.76	3.15	-16.22				

胶州市主要金融机构负责人

单位名称	行长（或其他称谓的第一负责人）	副行长（或其他称谓的同级领导）
人行胶州市支行	董旭洲	安　青
银监会胶州市办事处	王国峰	刘西学
农发行胶州市支行	徐敏健	班希山　刘志坚
工行胶州支行	李棣华	翟守民　王新波　王宝春
农行胶州市支行	张拥辉	刘静波　张文生　兰振华
中行胶州支行	高　智	耿　烨　徐　励
建行胶州支行	丁　伟	陈焕焱　高　玮　李云龙
交行胶州支行	侯倩旭	刘春书
光大胶州支行	张　鹏	许璐明　孙慧欣
华夏胶州支行	张金高	张　静　沙跃伟　王福来
招行胶州支行	刘风华	贾德梓　郭　峰
浦发胶州支行	孙建秋	孙　刚
青岛银行胶州支行	侯述礼	贾秀琴　孙文德
胶州市农信联社	范云钊	孙从程
邮储银行胶州市支行	徐　毅	王正生　杜翠荣

胶州市主要金融机构业务概况

单位：亿元

单位名称	本外币存款余额	企业存款	储蓄存款	本外币贷款余额	短期贷款	中长期贷款
农发行胶州市支行	0.97	0.91	0	9.49	2.48	0
工行胶州支行	31.33	7.95	17.80	25.01	4.32	20.28
农行胶州市支行	58.75	14.03	43.01	18.07	10.83	6.62
中行胶州支行	40.20	15.65	21.95	28.04	4.87	21.69
建行胶州支行	27.74	6.27	15.22	29.74	6.74	23
交行胶州支行	8.38	3.48	3.39	6.27	3.49	2.59
青岛银行胶州支行	3.20	1.62	0.94	2.86	2.61	0.25
光大胶州支行	5.73	3.98	1.16	2.00	0.92	0.43
招行胶州支行	1.89	0.60	0.83	1.57	1.41	0.16
华夏胶州支行	6.48	1.24	3.61	3.82	3.49	0.33
胶州市农信联社	63.53	16.56	45.04	44.43	26.11	18.32
邮储银行胶州支行	30.15	1.23	28.93	1.72	1.11	0.61

岛银行、光大银行、华夏银行、招商银行的分支机构相继开业，强力支持了地方经济的持续发展。

【金融服务与监管】 2010年，人行胶州市支行进一步加大窗口指导力度，引导信贷投放向小企业转移。一是协调、引导辖内新成立3家担保公司，新增注册资本3亿元；二是督促加快农村信用工程建设进程，引导农户贷款投放；三是引导辖内银行业机构探索开展林权抵押贷款业务，使该贷款实现了零的突破。

银行监管部门积极采取多项措施促进金融服务，维护金融稳定。一是加强对新设银行业机构的验收管理，推动机构准入规范；二是加强存贷款利率执行情况的监督监测；三是积极开展会计结算、反洗钱、账户管理等专项监督检查工作，维护金融稳定。

（牟晓丽　刘翠萍）

烟 台 市

【经济金融概况】 2010年，烟台市牢牢把握“昂扬精神迎挑战、科学务实谋发展”的主基调，统筹做好促增长调结构、惠民生保稳定等方面的工作，全市经济平稳较快发展、区域综合实力显著增强，工业迅猛发展，旅游会展、现代物流、服务外包、文化创意、金融保险等高端服务业快速崛起。

全市金融部门认真贯彻执行适度宽松的货币政策，不断优化信贷结构，努力为地方经济发展创造良好的货币信贷环境，促进了地方经济的加快回升。一是企业存款继续增加，储蓄存款增加显著，储蓄存款占全部新增存款的38.16%；二是贷款保持较快增长，信贷对经济的支持力度明显加大。

【货币政策实施】 2010年，人行烟台市中支发挥调查、分析、监测、引导作用，确保了适度宽松的货币政策的贯彻落实。

一、充分发挥金融支持经济发展的助推作用。一是切实加大窗口指导力度，制定印发货币信贷指导意见、召开金融机构座谈会、货币信贷政策通报会，认真组织落实适度宽松的货币政策；二是积极搭建银企沟通合作平台，协助人行济南分行和烟台市政府成功举办“2010转方式调结构银企合作推进会”等重要会议，达成意向贷款475亿元；三是组织发起成立了中小企业融资合作联盟，为25家银行机构、6家担保公司和306家中小企业搭建了合作平台；四是大力推广商业承兑汇票业务，拓宽中小企业融资渠道。

二、在推动政府发挥主导作用上下功夫，不断优化区域金融生态环境。一是力促烟台市政府出台了《2010年金融生态环境绩效指数考核指标体系》；二是重新修订了对辖区市级商业银行的综合考核评价办法；三是在全省率先组织建立了金融司法环境建设联席会议制度，在金融与司法部门之间构建了长效合作机制；四是在全省率先组织建立了空头支票联合惩治机制和商业承兑汇票不良支付“黑名单”通报制度；五是建立了社会信用体系建设联席会议制度，大力推动该项体系的建设；六是协调政府有关部门分别建立了反假货币和反洗钱联席会议制度，与市保险业协会建立了反洗钱信息共享机制，与海关就共同打击走私及洗钱犯罪签订合作备忘录。

【金融稳定】 2010年，人行烟台市中支积极应对复杂的经济金融形势，深入开展金融风险监测、稳定评估和信息反馈工作。一是制定了《金融稳定工作银保协调机制暂行办法》，建立了《保险行业风险监测分析制度》，实现了与烟台保险监管机构和保险业协会监管处罚等4个方面的信息共享；二是制定《银行业法人金融机构风险评估结果运用实施细则》，采取发送《风险评估意见书》、现场走访核查、发送《风险预警通知书》、约见法人金融机构高级管理人员谈话、联合救助等5种方式，进一步明确和丰富了金融稳定部门的监测评估手段；三是与市中级法院共同制定实施了《金融司法环境建设联席会议制度》，建立了诉讼信息共享、调研信息通报、金融部门与法院联动合作4项机制，全市金融涉诉案件执结率较机制建立前提高了33.4个百分点。

【金融服务】 2010年，人行烟台市中支将“创新金融服务支持经济发展”业务竞赛活动作为重要工作来抓，组织完成了保密及政务公开、货币信贷、金融稳定等12个专业的业务竞赛，选派代表队参加了人行济南分行组织的金融案例研究、支付结算等16个专业竞赛，共获得团体（个人）前六名奖项9个，组织奖1个。

该中支一是探索建立了有地方特色的中小企业信用体系建设长效机制；二是抓住推广电子商业汇票系统运行的有利时机，积极开办该项汇票再贴现业务；三是力促市政府将“农村支付服务环境建设示范县”工作纳入绩效考核，并组织开展了大规模的支付结算巡回培训活动89次；四是组织制定了全市银行卡联网通用业务发展自律公约，与市公安局联合开展了打击银行卡违法犯罪专项活动，协助破获信用卡犯罪案件12起；五是与市公安局联合举办了信息安全培训活动，在全省率先开展了对银行机构的全面信息安全检查，实现了“两会”、世博会等重要时期辖区银行信息零事故、零投诉、零负面报道；六是先后11次开展国库和国债业务宣传活动，建立了“国债下乡”绿色通道，积极拓展国库直接支付项目，共开办国库直接支付项目21个，发放款项31万余笔，金额6156万元；七是货币金银管理信息系统实现了连续6年运行无差错，莱阳“文化大院”建设经验在全省推广；八是积极加强与商务、国税、海关等部门的沟通联系，不断加大跨境贸易人民币结算推介力度，举办各类政策宣讲会、推介会14次。

【金融监管】 2010年，银监会烟台监管分局紧密结合辖区实际，以监管有效性提升银行业竞争力，全市银行业实现了存贷款大幅增加、不良贷款持续双降、经营效益增长、抗风险能力提高的良好运行态势。一是结合“三个办法、一个指引”的实施，督促银行业真正实现发展方式的转变，树立“实贷实付”理念，建立“营销、审查、发放、管理”相分离的精细化信贷管理模式；二是强化风险预警，对产业结构调整、发展方式转变和节能减排等工作过程中可能暴露出的信贷风险提前布局严密防范，不良贷款连续4年“双降”；三是针对政府融资平台贷款可能存在的风险和隐患，加强规范管理，力求逐步化解风险，全年共对185.02亿元平台贷款进行了规范；四是着力筑牢案件防范的严密防线，推动案防措施的无条件落实；五是积极配

烟台市经济主要统计指标

指标 \ 年度	2006	2007	2008	2009	2010	2010年同比增幅（%）
土地面积（平方公里）	13746.47	13746.47	13746.47	13746.47	13746.47	0
人口（万人）	649.98	651.47	651.69	652.00	651.14	-0.13
非农业人口（万人）	298.90	299.59	297.10	--	--	--
地区生产总值（亿元）	2402.10	2878.97	3434.19	3701.79	4358.46	14.10
第一产业（亿元）	216.01	239.03	275.55	285.90	334.49	3.50
第二产业（亿元）	1426.23	1755.79	2090.97	2227.32	2566.49	12.10
工业（亿元）	1336.25	1607.82	1920.00	2017.60	2319.02	12.0
建筑业（亿元）	242.87	279.30	170.97	209.72	247.47	12.6
第三产业（亿元）	723.86	884.15	1067.67	1188.58	1457.48	20.30
人均地区生产总值（元）	36849	44242	49012	52683	62264	14.50
地区生产总值构成（%）	100	100	100	100	100	--
第一产业（%）	8.99	8.30	8.02	7.72	7.67	-0.05
第二产业（%）	60.87	60.99	60.89	60.17	58.89	-1.28
第三产业（%）	30.14	30.71	31.09	32.11	33.44	1.33
财政总收入（亿元）	378.56	431.21	--	--	--	--
地方财政收入（亿元）	112.42	140.82	166.17	189.12	237. 80	25.70
财政总支出（亿元）	--	--	--	--	--	--
地方财政支出（亿元）	143.69	174.50	209.25	248.03	323. 86	30.60
全社会固定资产投资（亿元）	1591.16	1606.79	1953.79	2222.17	2705.86	22.80
规模以上固定资产投资（亿元）	1591.16	1606.79	1953.79	2222.17	2705.86	22.8
房地产开发（亿元）	143.64	205.12	263.69	271.20	383.12	41.30
进出口总值（亿美元）	150.77	239.44	350.31	342.94	437. 81	27.70
出口总值（亿美元）	87.99	140.92	206.47	198.34	254. 80	28.50
实际利用外资（亿美元）	21.55	24.16	10.58	10.85	11. 53	6.30
社会消费品零售总额（亿元）	679.96	829.70	1023.44	1219.96	1378.35	18.80
居民消费价格指数（%）	101.60	103.40	104.20	99.20	102.3	2.30
城市居民人均可支配收入（元）	14374	16772	19350	21125	23288	10.20
农民人均现金收入（元）	5640	6170	7182	7810	9916	14.80

烟台市工农业主要统计指标

农业主要统计指标（万吨）				规模以上工业企业主要统计指标（亿元）			
项目 \ 年度	2009年	2010年	增幅（%）	项目 \ 年度	2009年	2010年	增幅（%）
粮食	256.95	257.89	0.4	工业增加值	2301.12	2382.38	16.1
夏粮	96.80	93.60	3.3	国有工业	87.08	90.87	18.5
秋粮	160.15	164.30	2.6	集体工业	199.91	223.46	5.8
棉花	--	--	--	股份制工业	902.69	978.64	17.5
油料	45.74	45.90	0.8	股份合作制工业	11.39	13.58	6.2
水果	438.81	456.10	3.9	外商及港澳台投资工业	933.35	921.72	16.8
蔬菜	210.92	199.40	-5.5	轻工业	644.36	662.11	13.8
肉类	43.89	46.50	6.0	重工业	1656.76	1720.27	17.1
禽蛋	28.77	29.10	1.0	销售收入	8990.16	10996.97	22.1

续表

农业主要统计指标（万吨）				规模以上工业企业主要统计指标（亿元）			
项目＼年度	2009年	2010年	增幅（%）	项目＼年度	2009年	2010年	增幅（%）
奶类	23.38	24.10	3.2	利税	814.49	1115.26	37.2
水产品	184.07	184.00	-0.04	利润	619.23	857.21	39.0
森林覆盖率(%)	39	40	2.56	经济效益综合指数(%)	329.76	342.52	3.9

烟台市主要金融机构负责人

单位名称	行长（或其他称谓的第一负责人）	副行长（或其他称谓的同级领导）
人行烟台市中心支行	吴明理（党委书记、行长）	张春晓　徐忠波　宋建平 官志诚　官云美　王锦玲 张立坤　夏红旗　浴庆平
银监会烟台监管分局	毕继繁（党委书记、局长）	李明强　赵先海　宋孚军
保监会烟台监管分局	许彦峰	李大平
农发行烟台市分行	薛迎余（党委书记、行长）	曲天军　于忠保　任小燕
工行烟台分行	亓立强（党委书记、行长）	唐德元　王存东　宋建军　宫毓昌 赵　辉　柳峻林　杜秀波　于忠全
农行烟台市分行	刘序林（党委书记、行长）	臧汝舜　于　强　贾建生　战　捷 刘玉壮　张庆伟　孙树东
中行烟台分行	郝连才（党委书记、行长）	王志江　曹亚军　邵　军　张晓文
建行烟台分行	冯汝臣（党委书记、行长）	刘　军　孙传波　刘月余 李　峰　崔益敏　李雪萍 姚有茂　徐永硕　王腾江
交行烟台分行	赵秀军（党委书记、行长）	薛　峰　史晓杰　王　浩
中信烟台分行	黄树彬（党委书记、行长）	蔡伟波　雷建林　王　慧
招行烟台分行	文　磊（党委书记、行长）	李向党　于泽增　韩少伟　李淑梅
光大烟台分行	徐克顺（党委书记、行长）	杨丽霞　张　伟　陈　晖
华夏烟台支行	鲍军民（党委书记、行长）	王裕文　巩卫中　潘　涛
兴业烟台支行	沈　健（行长）	高丽萍　李伟杰
民生烟台支行	张文学（行长）	侯　健　李希友　姜守强
浦发银行烟台分行	任志昱	李建亮　刘进杰　薛泉君　赵凌云
恒丰银行	秦雪梅（行长）	王尊亭　刘永东　宋　豪　来荷华
烟台银行	庄永辉（党委书记、董事长）	欧恩陶
韩亚烟台分行	刘馨钟（行长）	金泰亨
企业烟台分行	权纯沭（行长）	李柱宪
农信社烟台市办事处	姜国平（党委书记、主任）	杨奎胜　刘韶伟
邮储银行烟台市分行	陈光灵（党委书记、行长）	王　辉　车宗洪　史靖宇

烟台市金融业务统计指标

指标（亿元）＼年度		2006	2007	2008	2009	2010	2010年同比	
							增加额	增幅（%）
银行类	本外币资产总额	2172.82	2355.44	3022.88	3813.90	4478.80	664.90	17.43
	本外币存款余额	1913.62	2196.41	2615.93	3401.76	4081.18	679.42	19.97
	人民币存款余额	1866.66	2148.90	2570.05	3342.26	4021.24	678.98	20.31

续表

指标（亿元）＼年度		2006	2007	2008	2009	2010	2010年同比	
							增加额	增幅（%）
银行类	企业存款	440.89	566.40	648.98	955.49	1109.77	154.28	16.15
	机关团体存款	116.58	132.53	113.27	160.81	377.06	216.25	134.48
	储蓄存款	1129.69	1246.36	1566.75	1851.19	2110.29	259.1	14.00
	本外币贷款余额	1342.52	1496.79	1632.34	2236.40	2644.45	408.05	18.25
	人民币贷款余额	1298.05	1422.94	1575.60	2105.14	2511.91	406.77	19.32
	短期贷款	678.13	774.19	824.71	999.22	1238.54	239.32	23.95
	中长期贷款	423.53	481.88	534.95	857.77	1082.87	225.10	26.24
	票据融资	193.59	164.38	214.74	247.31	189.90	-57.41	-23.21
	利润总额	18.10	22.05	29.70	39.42	53.35	13.93	35.34
	不良贷款余额	122.18	121.33	74.56	90.02	75.97	-14.05	-15.61
	不良贷款占比（%）	9.10	5.52	4.57	4.02	2.87	-1.15	-28.61
保险类	保险公司保费收入	41.16	53.27	68.65	73.88	96.31	22.43	30.36
	财险收入	9.49	12.75	16.08	18.89	27.07	8.18	43.30
	寿险收入	31.67	40.52	52.58	54.99	69.24	14.25	25.91
	保险公司赔款和给付支出	14.51	20.22	19.23	22.41	19.57	-2.84	-12.67
	财险赔款	6.82	6.72	8.59	11.22	12.4	1.18	10.52
	寿险给付	7.69	13.50	10.64	11.20	7.17	-4.03	-35.98
	当年结益	—	-0.69	0	-0.54	1.19	—	—
证券类	证券市场成交总额	908.03	3109.10	2576.40	5010.43	10854.65	5844.22	116.64
	投资者保证金余额	—	—	—	—	—	—	—
	证券账户开户数	311300	363000	417000	467275	535863	68588	14.68
	佣金收入	—	—	—	—	—	—	—
	净利润	—	—	—	—	—	—	—
	期货市场成交总额	—	—	—	—	—	—	—
	期货客户保证金余额	—	—	—	—	—	—	—
	期货账户开户数	—	—	—	—	—	—	—
	期货手续费收入	—	—	—	—	—	—	—
	利润总额	—	—	—	—	—	—	—

烟台市金融机构统计指标

指标（个）＼年度		2006	2007	2008	2009	2010	2010年同比增幅（%）
银行类	法人机构	15	15	15	15	14	-6.67
	省级分行	6	4	4	4	1	-75.00
	二级分行	9	9	10	12	13	8.33
	县区支行	248	243	279	298	213	28.52
	分理处、营业所	722	735	765	751	905	20.51
	储蓄所	82	81	76	27	155	474.07
	从业人员总数	16358	16896	17663	19063	19137	0.39

续表

指标（个）		2006	2007	2008	2009	2010	2010年同比增幅（%）
保险类	保险机构	23	32	44	49	53	8.16
	财险机构	13	18	20	22	23	4.55
	省级分公司	--	--	--	--	0	0
	地市分公司	1	1	1	1	23	2200.00
	县区支公司	12	17	19	92	202	119.57
	寿险机构	10	14	24	27	30	11.11
	省级分公司	--	--	--	--	0	0
	地市分公司	1	1	1	1	30	2900.00
	县区支公司	9	13	23	88	279	217.05
	从业人员总数	13897	13575	38038	28521	28313	-0.73
	财险人员	3014	2631	7104	6284	5784	-7.96
	寿险人员	10883	10944	20934	20018	22529	12.54
证券类	证券机构	21	20	20	21	21	0
	证券公司	--	--	--	--	--	--
	证券营业部	15	14	14	14	14	0
	证券服务部	6	6	6	7	7	0
	从业人员总数	--	--	--	--	--	--
	投资者开户	311300	363000	417000	467275	507163	8.54
	境内上市股票支数	10	10	13	13	20	53.85
	境外上市股票支数	6	7	7	7	7	0
	辖区上市公司总数	15	16	19	19	26	36.84

烟台市主要金融机构业务概况

单位：亿元

单位名称	本外币存款余额	人民币企业存款	人民币储蓄存款	本外币贷款余额	人民币短期贷款	人民币中长期贷款
农发行烟台市分行	9.04	8.72	0.0	56.27	31.34	24.94
工行烟台分行	413.52	123.15	175.03	360.00	102.73	230.54
农行烟台市分行	561.59	149.61	349.03	290.38	127.72	125.37
中行烟台分行	393.02	94.08	172.93	234.74	69.18	125.76
建行烟台分行	388.91	116.62	164.29	260.83	84.02	158. 26
交行烟台分行	92.74	31.09	27.40	57.42	33.10	21.92
中信烟台分行	64.30	27.60	11.76	38.26	32.05	4.66
招商烟台分行	76.85	30.42	21.76	76.19	35.51	21.19
光大烟台分行	77.59	42.65	18.82	82.43	46.18	29.51
华夏烟台支行	86.40	40.81	16.24	60.64	36.92	19.75
兴业烟台支行	87.09	17.25	6.05	51.18	7.89	42.43
民生烟台支行	14.54	6.44	2.89	26.07	12.36	13.71
浦发烟台分行	15.6	15.14	0.46	15.06	7.82	0.00
恒丰银行	487.48	162.64	243.22	302.61	108.57	134.94
烟台银行	255.82	98.83	120.52	185.35	90.28	78.76
韩亚烟台分行	4.78	3.58	0.07	8.67	2.52	3.55

续表

单位名称	本外币存款余额	人民币企业存款	人民币储蓄存款	本外币贷款余额	人民币短期贷款	人民币中长期贷款
企业烟台分行	9.24	8.37	0.0	7.43	1.26	0
农信社烟台市办事处	677.83	80.22	565.83	479.68	387.47	28.10
邮储银行烟台市分行	242.58	24.20	213.84	21.41	9.93	11.48
南山财务公司	30.16	30.16	0.00	27.65	9.90	8.00
国开南山村镇银行	1.51	1.31	0.16	2.14	2.14	0

烟台市各县级区域经济金融主要统计指标

名称	人口（万人）	面积（平方公里）	地区生产总值（亿元）	地区生产总值增速（%）	本外币存款余额（亿元）	储蓄存款（亿元）	本外币贷款余额（亿元）
牟平区	45.42	1519.75	200.04	15.90	234.46	135.75	122.71
蓬莱市	45.01	1128.60	350.39	14.50	228.21	147.72	160.56
龙口市	63.39	893.00	680.06	14.10	472.58	265.65	322.84
招远市	57.09	1433.18	452.96	15.20	308.25	167.04	131.28
莱州市	85.94	1878.00	467.78	14.40	365.63	252.65	142.42
莱阳市	87.41	1732.00	312.83	13.90	198.51	143.58	123.86
栖霞市	62.67	2016.00	169.84	13.80	127.37	103.00	66.00
海阳市	66.39	1887.00	224.60	16.00	173.91	116.36	117.69
长岛县	4.30	56.00	50.02	13.80	28.25	17.61	9.95

合有关部门，严厉打击恶意竞争、违规揽储、逃废银行债务、非法集资以及针对银行的犯罪行为。

【外汇管理】 2010年，外管局烟台市中心支局积极深化外汇管理改革，努力转变外汇管理方式。一是印发了外汇管理支持涉外经济快速发展的指导意见，出台了一系列贸易投资便利化措施，降低涉外企业的经营成本；二是组织开展集中宣讲活动20多场次，共涉及企业2000多家，超过涉外企业总量的75%；三是积极推进重点领域外汇管理改革，认真开展进口付汇核销制度改革试点、出口收汇存放境外试点和个人本外币兑换特许业务试点工作；四是大力推行“全方位、立体式”外汇服务，深入开展“走访百家企业”活动，建立企业业务需求档案；五是建立特殊业务办理集体审议制度，加强服务创新；六是加强国际收支统计申报管理，在全省率先建立了从业人员报备及业务能力测试制度，申报质量稳步提升；七是开展对中行等3家银行外汇业务的全面检查，开展对复兴科技、中海港务等重大案件的后续查处，累计完成各类检查30多项，对其中12项违规行为进行了行政处罚。

【金融改革】 2010年，人行烟台市中支和银监会烟台监管分局密切配合，积极推动各项银行改革，取得了新进展。一是推动烟台银行与恒生银行深化战略合作，加快业务发展和经营转型；二是继续加强对农村合作金融机构的监督和指导，引导其不断完善法人治理结构，转换经营机制，强化内控建设，五个城区联社组建农商行正式启动；三是继续深化农行“三农”金融事业部改革试点，完善了“三级督导、一级经营”三农金融事业部管理架构，烟台辖内8个农行县域支行加挂“三农金融事业部”牌子，明确了县域支行经营主体地位；四是新设了鑫源小贷公司、南山村镇银行等新型农村金融组织，为服务“三农”注入新活力。

【精神文明建设】 2010年，烟台市金融机构坚持以人为本，不断创新工作思路，深入开展富有特色的精神文明建设活动，取得了较好成果。

一、人行烟台中支组织开展了“强信念、创佳绩、促和谐”、“讲文明、重礼仪、树新风”、“身边的榜样”、“中国特色社会主义理论体系宣传普及”等大型主题教育活动，被烟台市委、市政府授予“支持烟台发展突出贡献单位”、“保税港区先进单位”、2010年度“机关创新奖”，获得“分行级文明单位”和分行“2010年度目标管理综合考核先进单位”荣誉称号。

二、各金融机构积极推动精神文明建设。银监会烟台监管分局先后被山东银监局授予“学习型组织标兵单位”、“先进职工之家”等荣誉；农行烟台分行连续获得省农行系统网点文明标准服务大赛、践行企业文化演讲比赛、合规文化演讲比赛的第一名，并被授予“全国农行文明单位”、“全省农行第一届文明单位”等荣誉称号；烟台银行荣获2010年度市卫生先进单位称号、山东银联“2010年度银行卡受理市场建设规范奖”和“山东二级地市受理市场拓展突出贡献奖”等荣誉；招商烟台分行以创建文明行业为主线，扎实有效地开展了精神文明创建，被评为“市银行业十佳窗口单位”、“济南分行先进单位”等荣誉称号；中行烟台分行构建积极向上、和谐稳定的内部环境，被金融工委评为“职工代表大会制度建设示范单位”；省联社烟台办事处扎实开展创先争优和“文明单位”、“文明标兵”创建活动，荣获“山东省富民兴鲁劳动奖状”称号；全市共有8家联社营业部被省联社和省文明委联合授予“文明单位”称号，莱州农商行荣获全国最佳服务“三农”贡献奖。仅被山东省精神文明建设委员会评为“省级文明单位”的就有邮储烟台市分行、中行烟台分行、农信社蓬莱联社等单位；荣获“中国银行业文明规范服务千佳示范单位”的有招商烟台分行、农信社蓬莱联社等单位；被烟台市委市政府评为“支持烟台发展突出贡献单位”的有农行烟台分行、邮储烟台市分行、省联社烟台办事处和烟台银行等单位。

【大事记】 1月4日　中行烟台分行成功叙做全省首笔“灵活型超远期”结售汇业务，实现资金业务的新突破。

1月18日　烟台银行网上银行正式开通。

2月3日~2月4日　人行烟台市中支召开2010年工作会议暨纪检监察工作会议。

2月21日　人行烟台市中支、农行烟台分行、邮储烟台市分行、省联社烟台办事处和烟台银行被烟台党委政府授予“支持烟台发展突出贡献单位”殊荣。

3月8日　人行济南分行党委委员、副行长王敏出席烟台市2010年“转方式、调结构”银企合作推进会议。

邮储烟台市分行成立小企业信贷中心。

3月12日　中国保监会批准成立山东保监局烟台监管分局。

3月19日　烟台市召开全市金融工作会议。

3月25日　中行烟台分行成功叙做省辖首笔中小企业应收账款质押授信业务。

3月29日　中行烟台分行与市工商行政管理局联合举办“工商E线通”战略合作暨股权融资签约仪式。

3月30日　人行烟台市中支与莱阳市政府联合举办了“优化结构 提效增速”银企合作推进会。

5月11日　人行济南分行党委委员、副行长刘克俭一行深入烟台莱州就改进粮食收购资金结算工作进行调研。

5月14日　人行济南分行党委委员、副行长刘克俭一行莅临人行烟台市中支检查指导工作。

5月18日　中信银行烟台分行联合烟台市供电公司在烟台市东山宾馆发布了全新电力缴费银行卡“中信电业联名卡”。

6月12日　中国保险监督管理委员会山东监管局烟台监管分局举行揭牌仪式。烟台分局是山东省首家地市级保险监管机构，也是全国正式成立的第二家地市级保险监管机构。

6月21日　中行烟台分行成功叙做烟台市首笔跨境贸易人民币结算业务。

6月22日　人行济南分行、外汇局山东省分局和烟台市政府共同举办了烟台市跨境贸易人民币结算暨涉外贸易融资产品推介会。人行济南分行党委书记、行长杨子强出席了推介会。

6月29日　烟台市副市长张广波到人行烟台市中支检查指导工作。

7月7日　人行烟台市中支与龙口海关缉私局举办联合打击洗钱及走私犯罪合作备忘录签字仪式。

7月16日　中行烟台分行正式挂牌成立“出国金融服务中心”。

7月26日　人行济南分行分行党委委员、副行长黄向庆一行到烟台调研跨境贸易人民币结算业务开展情况。

8月3日　人行烟台市中支组织召开全市上半年金融形势分析例会暨货币政策通报会。

8月14日　交行烟台分行成功举办交通银行2010年“沃德财富”高尔夫球巡回赛烟台分站赛活动。

8月25日　外汇局山东省分局与烟台市政府联合举办企业高管人员外汇政策业务座谈会。

8月30日　人行济南分行党委委员、副行长李亚新一行到烟台调研涉外企业经营情况。

9月3日　浦发烟台分行获银监会山东监管局开业批准。

9月13日　人行济南分行助理巡视员张胜林到烟台调研农信社改革绩效情况。

莱州农商行被中国银行业协会授予“最佳服务三农贡献奖”。

9月16日　人行济南分行黄向庆副行长陪同总行李东荣行长助理到人行烟台市中支检查指导工作。

9月28日　山东保监局在威海市召开全市保险行业会议，宣布威海市保险市场由烟台监管分局监督管理。

11月8日　经山东省银监局批准，兴业银行烟台支行升格为烟台分行。

11月22日　人行烟台市中支联合市中级法院召开2010年烟台市金融司法环境建设联席会议，分行党委委员、副行长黄向庆出席联席会议。

11月29日　龙口国开南山村镇银行开业，填补了烟台市新型农村金融机构的空白，成为山东省资本金最大的一家村镇银行。人行济南分行党委委员、副行长黄向庆出席开业揭牌仪式。

12月6日　烟台银行网上支付跨行清算系统上线运行。

12月13日　中行烟台分行成功叙做烟台市首笔出口项下货物贸易人民币结算业务。

（迟克辛　姜　全）

牟平区

【经济金融概况】 2010年，牟平区经济运行呈现规模扩张、结构改善、质量提高、活力增强的发展态势，各银行机构在信贷投放上坚持有保有压、区别对待，不断优化信贷结构，将货币信贷政策与地方经济发展特点紧密结合，较好地发挥了金融对经济发展的支持作用，实现了经济发展与金融支持的良性互动。

【金融发展与改革】 2010年，牟平区金融机构积极完善内控制度，大力防范金融风险，自主经营和抗风险能力进一步增强，改革与发展取得显著成效。一是农行烟台牟平支行进行股份制改革后进一步加大了对“三农”的支持力度；二是各金融机构严格执行适度宽松的货币政策，促进了金融改革的深化

牟平区主要经济指标

经济指标	2009	2010	2010年同比增幅（%）	经济指标	2009	2010	2010年同比增幅（%）
土地面积（平方公里）	1515.20	1519.75	0.30	地方财政支出（亿元）	11.10	14.61	31.62
人口（万人）	45.55	45.42	-0.29	全社会固定资产投资（亿元）	140.49	192.62	37.11
非农业人口（万人）	17.55	16.38	-6.67	进出口总值（万美元）	66874	93639	40.02
地区生产总值（亿元）	186.91	200.04	15.90	出口总值（万美元）	47057	57001	21.13
第一产业（亿元）	21.77	28.02	28.71	实际利用外资（万美元）	5089	5090	0.02
第二产业（亿元）	98.64	106.03	7.49	社会消费品零售总额（亿元）	66.17	78.51	18.65
第三产业（亿元）	66.49	65.99	-0.75	居民消费价格指数（%）	99.20	102.30	3.12
财政总收入（亿元）	9.58	16.30	70.15	人均地区生产总值（元）	41185	43993	6.82
地方财政收入（亿元）	7.00	10.24	46.29	城镇居民可支配收入（元）	18125	20010	10.40
财政总支出（亿元）	11.10	14.61	31.62	农民人均现金收入（元）	8480	9734	14.79

牟平区主要金融指标

金融指标（亿元）	2009	2010	2010年同比增幅（%）	金融指标（亿元）	2009	2010	2010年同比增幅（%）
本外币存款余额	179.07	234.46	30.93	财险收入	0.63	0.92	46.03
人民币存款余额	178.06	232.84	30.76	寿险收入	2.91	1.70	-41.58
企业存款	38.46	55.06	43.16	财险赔款	0.38	0.43	13.16
储蓄存款	113.12	135.75	19.43	寿险给付	0.18	0.26	44.44
本外币贷款余额	91.35	122.71	34.33	当年结益	0.67	0.32	-52.24
人民币贷款余额	88.17	119.81	35.89	证券市场交易总额	155.48	150.00	-3.52
短期贷款	58.74	77.46	31.87	投资者保证金余额	2.15	1.00	-53.49
中长期贷款	25.65	40.99	59.81	证券账户开户数	2100	1500	-28.57
票据融资	3.74	1.31	-64.97	证券交易佣金收入	0.30	0.12	-60.00
当年结益	2.61	3.05	16.86	净利润	0.13	0.08	-38.46
不良贷款余额	6.11	4.65	-23.90				

牟平区主要金融机构负责人

单位名称	行长（或其他称谓的第一负责人）	副行长（或其他称谓的同级领导）
人行牟平区支行	郑　军	林正星　孙覃春　张建波
农发行牟平区支行	范　军	于　琪　冯　刚
工行牟平支行	臧红阳	刘永江　曲宏云　慕志鸣
农行牟平区支行	聂永茂	王学军　马瑞恩　宋文明
中行牟平支行	林秀武	刘训明

续表

单位名称	行长（或其他称谓的第一负责人）	副行长（或其他称谓的同级领导）
建行牟平支行	毕德熠	徐绍花 吕英志
交行牟平支行	田亚堃	曲 健
烟台银行牟平支行	王旭东	娄礼章 于新生
恒丰牟平支行	李 峰	曲爱国 费志远
中信牟平支行	黄树军	张振义
牟平区农信联社	佘黎平	王彤辉 张学刚 李瑞俊 张世忠
邮储银行牟平区支行	郝爱玉	郭积信

牟平区主要金融机构业务概况

单位：亿元

单位名称	本外币存款余额	企业存款	储蓄存款	本外币贷款余额	短期贷款	中长期贷款
农发行牟平区支行	0.52	0.52	0	3.78	1.78	2.00
工行牟平支行	22.74	3.37	8.17	12.26	3.80	8.46
农行牟平区支行	27.46	4.61	20.53	13.38	8.57	3.66
中行牟平支行	12.23	3.00	7.16	7.80	3.38	4.12
建行牟平支行	19.41	5.50	10.10	13.23	6.78	4.99
交行牟平支行	6.12	1.78	2.77	5.74	4.85	0.85
烟台银行牟平支行	31.83	7.34	12.95	16.45	11.04	5.11
恒丰牟平支行	40.94	19.90	17.68	11.97	1.67	10.30
中信牟平支行	6.72	3.58	1.54	6.63	6.45	0.18
牟平区农信联社	40.58	2.51	37.18	30.42	28.32	1.09
邮储银行牟平区支行	20.28	2.96	17.01	1.04	0.82	0.22

发展。

【金融服务与监管】 2010年，人行牟平区支行认真履行职责，坚持服务与管理并重，保障了辖区金融业的平稳健康发展。一是加大窗口指导力度，引导信贷资金向“三农”和中小企业倾斜；二是利用业务培训和知识竞赛等形式加大对征信、统计、反洗钱、反假币等业务的宣传力度；三是进一步提高银行结算、国库集中支付、征信管理及外汇管理服务水平和监管力度；四是开展了中小企业信用体系实验区创建工作；五是制定了《下岗失业人员小额担保贷款操作规程》；六是坚持管理与服务并重，突出风险防范与化解工作，确保了辖区金融秩序的稳定。

（郑 军 陈玉东）

蓬莱市

【经济金融概况】 蓬莱市位于胶东半岛北端，公路、水路交通便利，机场和铁路正在建设中。该市以“蓬莱阁”和“海市蜃楼”景观成为国际知名的海滨旅游城市，以葡萄与葡萄酒产业集群化发展成为“中国葡萄酒城”。临港工业、旅游业、葡萄及葡萄酒、汽车及零部件加工四大主导产业发展势头强劲。

2010年，蓬莱市金融机构积极贯彻国家货币政策，不断优化信贷结构，通过支持当地经济建设推动各项业务发展，在促进新农村建设、壮大葡萄和葡萄酒产业、打造半岛制造业基地、支持外向型经济和私营经济发展方面取得明显成效。

【金融发展与改革】 2010年，蓬莱市金融改革稳步推进。农行市支行的股份制改造全面完成；华夏银行、光大银行蓬莱支行顺利开业；市农信联社各项业务蓬勃发展；农发行、邮储市支行的改革工作稳步推进；鑫源小额贷款有限公司依法设立；

蓬莱市主要经济指标

经济指标	2009	2010	2010年同比增幅（%）	经济指标	2009	2010	2010年同比增幅（%）
土地面积（平方公里）	1128.6	1128.6	0	地方财政支出（亿元）	15.97	20.25	26.80
人口（万人）	45	45	0	全社会固定资产投资（亿元）	160.50	199.20	24.10
非农业人口（万人）	17.7	17.8	0.56	进出口总值（万美元）	66916	89365	33.50
地区生产总值（亿元）	296	350	14.50	出口总值（万美元）	42024	55728	32.60
第一产业（亿元）	21	23	4.30	实际利用外资（万美元）	8742	9149	4.70
第二产业（亿元）	179	207	11.80	社会消费品零售总额（亿元）	63.70	75.60	18.70
第三产业（亿元）	96	120	23.40	居民消费价格指数（%）	100	103.50	3.50
财政总收入（亿元）	31.24	35.96	15.11	人均地区生产总值（元）	68156	77902	14.30
地方财政收入（亿元）	12.66	15.87	25.36	城镇居民可支配收入（元）	19562	22311	14.10
财政总支出（亿元）	15.97	20.25	26.80	农民人均现金收入（元）	9334	10689	14.50

蓬莱市主要金融指标

金融指标（亿元）	2009	2010	2010年同比增幅（%）	金融指标（亿元）	2009	2010	2010年同比增幅（%）
本外币存款余额	194.21	228.21	17.51	财险收入	0.84	1.11	31.40
人民币存款余额	192.29	225.79	17.55	寿险收入	3.70	3.94	6.73
企业存款	35.95	38.44	6.93	财险赔款	0.52	0.68	30.77
储蓄存款	128.47	147.72	14.51	寿险给付	1.08	1.19	10.19
本外币贷款余额	136.59	160.56	17.55	当年结益	1.09	1.21	11.01
人民币贷款余额	135.27	158.75	17.36	证券市场交易总额	115.30	119.64	-11.57
短期贷款	72.79	87.26	19.88	投资者保证金余额	1.43	1.34	-5.88
中长期贷款	56.95	68.23	19.80	证券账户开户数	18491	20117	8.79
票据融资	5.37	3.10	-42.28	证券交易佣金收入	0.28	0.23	-16.55
当年结益	3.73	3.66	-1.84	净利润	0.21	0.16	-24.07
不良贷款余额	7.43	6.37	-14.43				

蓬莱市主要金融机构负责人

单位名称	行长（或其他称谓的第一负责人）	副行长（或其他称谓的同级领导）
人行蓬莱市支行	陈勇军	王振通　高明祥　杨　芸
银监会蓬莱市办事处	杨　照	
农发行蓬莱市支行	王吉卫	王　倩　孙盛志
工行蓬莱支行	张家智	孟祥君　王福永　宁广庭　王　萍
农行蓬莱市支行	张仁领	王　宏　杨　青　王　晓
中行蓬莱支行	杭东升	见绍瑛　于万里
建行蓬莱支行	于万军	丁建庆　邵才强　陈达兴　王善威　周成江
恒丰蓬莱支行	赵雪梅	葛　元　顾建军
烟台银行蓬莱支行	郝卫东	王建伟　路名东
蓬莱市农信联社	孙树伦	刘　杰　谭博慧　孙大鹏　杨绪新　孙雅琴
邮储银行蓬莱市支行	陈维锦	赵志谨

续表

单位名称	行长（或其他称谓的第一负责人）	副行长（或其他称谓的同级领导）
华夏蓬莱支行	张启栋	戴 辉 蔡君贞
光大蓬莱支行	张永军	孙 平

蓬莱市主要金融机构业务概况

单位：亿元

单位名称	本外币存款余额	企业存款	储蓄存款	本外币贷款余额	短期贷款	中长期贷款
农发行蓬莱市支行	0.49	0.21	0	5.10	2.35	2.75
工行蓬莱支行	27.40	8.26	8.10	37.86	10.75	26.90
农行蓬莱市支行	38.43	7.83	26.68	18.70	10.29	8.40
中行蓬莱支行	15.59	4.71	6.62	13.86	4.96	7.84
建行蓬莱支行	19.86	2.97	8.74	10.44	5.97	4.47
恒丰蓬莱支行	38.16	6.69	26.69	18.87	7.80	11.08
烟台银行蓬莱支行	2.30	1.17	0.69	4.96	3.19	1.75
蓬莱市农信联社	56.33	6.22	48.53	46.71	39.83	3.83
邮储银行蓬莱市支行	20.76	0.75	19.98	1.78	1.48	0.30
华夏蓬莱支行	4.02	1.37	1.68	2.28	1.37	0.91
光大蓬莱支行	0	0	0	0	0	0

民生村镇银行股份有限公司有序筹备。

【金融服务与监管】 2010年，人行蓬莱市支行认真履行职能，不断提高金融管理和服务水平，保障了金融业的合法稳健运行。一是通过制定指导意见、组织行长联席会等形式，通报分析区域金融运行情况，推动货币政策落实；二是通过银企座谈会、推介会等形式推进银企合作和项目对接；三是通过有效运行外汇业务管理系统、大小额支付系统、征信管理系统等做好对金融机构、企业和个人的服务；四是通过约见谈话、非现场监测、现场检查等方式，促进金融机构守法合规经营；五是通过推动信用评级、信用村信用户评定、建立与司法部门联席会议制度等形式，优化金融生态环境。

（周英杰　陶传学）

龙口市

【经济金融概况】 2010年，龙口市积极贯彻国家政策，全市经济运行呈现企稳回升的良好发展态势，运行质量进一步提高，经济总量继续在烟台各县（市）中保持领先地位。

各金融机构积极贯彻适度宽松货币政策，不断改进服务方式，创新服务手段，全市金融运行健康平稳，金融产业规模、效益全面提高。新增人民币贷款75.69亿元，贷款投向突出了“三农”、临港产业、环保和消费等投放重点，有力地推动了区域经济和谐健康发展。

龙口市主要经济指标

经济指标	2009	2010	2010年同比增幅（%）	经济指标	2009	2010	2010年同比增幅（%）
土地面积（平方公里）	893	893	0	地方财政支出（亿元）	32.18	40.49	25.82
人口（万人）	63.30	63.43	0.14	全社会固定资产投资（亿元）	324.19	395.01	21.84
非农业人口（万人）	29.42	31.12	5.78	进出口总值（万美元）	175679	227714	29.62
地区生产总值（亿元）	596.06	680.06	14.10	出口总值（万美元）	92837	121977	31.39

续表

经济指标	2009	2010	2010年同比增幅（%）	经济指标	2009	2010	2010年同比增幅（%）
第一产业（亿元）	27.45	27.20	-0.91	实际利用外资（万美元）	7096	7628	7.50
第二产业（亿元）	385.05	437.98	13.75	社会消费品零售总额（亿元）	146.72	179.15	22.10
第三产业（亿元）	183.56	214.92	17.08	居民消费价格指数（%）	99.30	102.09	--
财政总收入（亿元）	65.80	87.60	33.12	人均地区生产总值（元）	100791	107288	6.45
地方财政收入（亿元）	29.17	36.70	25.81	城镇居民可支配收入（元）	20173	22956	13.79
财政总支出（亿元）	32.18	40.49	25.82	农民人均现金收入（元）	9886	11312	14.42

龙口市主要金融指标

金融指标（亿元）	2009	2010	2010年同比增幅（%）	金融指标（亿元）	2009	2010	2010年同比增幅（%）
本外币存款余额	385.88	472.58	22.47	财险收入	1.61	2.00	24.22
人民币存款余额	382.61	465.22	21.59	寿险收入	2.61	3.95	51.34
企业存款	103.73	138.86	33.87	财险赔款	2.01	1.37	-31.84
储蓄存款	233.77	264.65	13.17	寿险给付	0.83	0.71	14.46
本外币贷款余额	246.93	322.84	30.74	当年结益	1.26	1.37	8.73
人民币贷款余额	241.43	317.12	31.35	证券市场交易总额	180.09	223.01	39.71
短期贷款	143.23	166.24	16.07	投资者保证金余额	2.59	3.42	32.05
中长期贷款	77.22	123.82	60.35	证券账户开户数	30684	33610	9.54
票据融资	20.93	27.04	29.19	证券交易佣金收入	0.41	0.47	14.63
当年结益	4.75	6.29	32.42	净利润	0.35	0.22	-37.14
不良贷款余额	9.68	7.28	-24.79				

龙口市主要金融机构负责人

单位名称	行长（或其他称谓的第一负责人）	副行长（或其他称谓的同级领导）
人行龙口市支行	夏法云	王　政　赵福臻　官佩君
银监会龙口市办事处	孙建民	
农发行龙口市支行	刘永盛	柳华顺　隋　丽
工行龙口支行	赵　明	郑祖彦　史春健　姚克庆　张　杰　周　波　辛德武　杨宏华
农行龙口市支行	张　华	张　杰　迟　波　陈　雷
中行龙口支行	刘　健	遇奇志　黑大磊
建行龙口支行	刘忠涛	王彦一　赵　光　郑延绚
恒丰龙口支行	赵经华	李　娜
华夏龙口支行	于　强	赵　骞
招行龙口支行	侯云辉	姜庆国
烟台银行龙口市支行	范宝琦	纪　丽　王　浩
龙口农合行	王海滨	于瑞章　姜青松　王旭田　初志远　辛　文
邮储银行龙口支行	周　波	赵衍鹏
龙口国开南山村镇银行	尹言波	杨连春　张思忠　陈　颖
南山财务公司	隋　政	曲丽华

龙口市主要金融机构业务概况

单位：亿元

单位名称	本外币存款余额	企业存款	储蓄存款	本外币贷款余额	短期贷款	中长期贷款
农发行龙口市支行	0.31	0.31	0	2.93	2.43	0.50
工行龙口支行	58.89	13.72	25.23	45.50	14.12	30.94
农行龙口市支行	70.86	21.11	46.55	41.94	26.72	14.21
中行龙口支行	42.38	19.41	16.56	31.78	16.75	14.84
建行龙口支行	55.86	16.60	26.54	48.47	21.92	26.55
恒丰龙口支行	45.35	13.67	25.93	25.47	4.51	20.96
华夏龙口支行	9.40	4.65	2.20	4.71	2.98	1.72
招行龙口支行	9.60	2.27	2.59	7.49	6.05	1.44
烟台银行龙口市支行	6.10	3.10	2.01	5.29	3.83	1.46
龙口农合行	113.02	11.07	97.35	73.82	55.19	2.96
邮储银行龙口支行	22.72	2.45	19.53	1.05	0.81	0.23
龙口国开南山村镇银行	1.51	1.31	0.16	2.14	2.14	0
南山财务公司	30.16	30.16	0	27.37	9.61	9.75

【金融发展与改革】 2010年，龙口市金融机构围绕国家“转方式，调结构”的政策调控重心，加强货币信贷和产业结构调整。一是加大对符合国家产业政策和市场准入条件的项目以及民营中小企业的信贷支持力度；二是增加了有市场、有效益、有利于增加居民就业的企业流动资金贷款；三是规范发展消费信贷，推动金融业务和产品创新。

各金融机构发展与改革取得新进展。一是推动龙口国开南山村镇银行设立；二是推广商业承兑汇票业务取得较大突破，签发该项汇票10.1亿元；三是继续深化农信社改革，加强监督和指导，不断提高金融支持“三农”发展的服务水平；四是推动南山集团财务有限公司和南山小额贷款股份有限公司业务有序、合规开展。

【金融服务与监管】 2010年，人行龙口市支行认真履行职能，不断提高金融管理和服务水平，保障了辖区金融业的健康运行。一是通过召开银企座谈会、金融联席会及政策宣讲会等，传达贯彻货币政策；二是采取监测、检查等多种方式，促进银行业金融机构进一步完善内部管理，维护金融秩序稳定；三是通过金融生态环境建设长效机制打造省级示范区，推动区域经济发展。截至年末，域外信用流入达73.21亿元，较年初增加4.89亿元，被省政府授予“山东省金融生态环境建设模范奖”。

（肖 翼 胡志广）

招远市

【经济金融概况】 2010年，招远市以科学发展观为指导，经济实现了又好又快发展。各金融机构认真贯彻国家货币政策，坚持“区别对待，保压结合”的信贷原则，优化信贷结构，加快业务创新，提高金融服务功能。截至年末，全市社会信用总量有了较大增长达231.55亿元，较年初增加31亿元。

【金融发展与改革】 2010年，招远市金融发展与改革取得了较大进展。一是交行招远支行正式挂牌成立；二是担保机构达到6家，担保资本持续注入和增加；三是进一步完善了全市金融生态环境考核评价指标体系。

招远市主要经济指标

经济指标	2009	2010	2010年同比增幅（%）	经济指标	2009	2010	2010年同比增幅（%）
土地面积（平方公里）	1433.18	1433.18	0	地方财政支出（亿元）	18.50	23.26	27.80
人口（万人）	57.06	57.09	0.10	全社会固定资产投资（亿元）	223.06	261.77	23.40
非农业人口（万人）	19.23	25.43	32.40	进出口总值（万美元）	127444	165251	29.70

续表

经济指标	2009	2010	2010 年同比增幅（%）	经济指标	2009	2010	2010 年同比增幅（%）
地区生产总值（亿元）	412.32	452.96	15.20	出口总值（万美元）	91044	109984	20.80
第一产业（亿元）	22.05	27.07	8.00	实际利用外资（万美元）	9197	9566	4.00
第二产业（亿元）	260.38	275.36	11.50	社会消费品零售总额（亿元）	85.19	85.81	18.90
第三产业（亿元）	129.89	150.52	23.40	居民消费价格指数（%）	98.90	102.90	2.90
财政总收入（亿元）	44.34	55.63	25.50	人均地区生产总值（元）	72377	79365	15.00
地方财政收入（亿元）	18.00	22.56	25.30	城镇居民可支配收入（元）	18725	21424	14.40
财政总支出（亿元）	20.78	27.34	33.50	农民人均现金收入（元）	8356	9255	10.80

招远市主要金融指标

金融指标（亿元）	2009	2010	2010 年同比增幅（%）	金融指标（亿元）	2009	2010	2010 年同比增幅（%）
本外币存款余额	263.38	308.25	17.04	财险收入	0.37	0.41	10.81
人民币存款余额	260.18	305.70	17.50	寿险收入	2.86	2.58	-9.79
企业存款	71.84	91.53	27.41	财险赔款	0.32	0.32	0
储蓄存款	147.26	167.04	12.92	寿险给付	0.66	1.28	93.94
本外币贷款余额	110.46	131.28	18.85	当年结益	1.30	1.44	10.77
人民币贷款余额	103.35	129.38	25.19	证券市场交易总额	182.43	187.00	2.51
短期贷款	76.11	93.54	22.90	投资者保证金余额	1.76	1.55	-11.93
中长期贷款	19.85	28.78	46.99	证券账户开户数	20845	23177	11.19
票据融资	7.39	7.06	-0.04	证券交易佣金收入	0.33	0.28	-15.15
当年结益	3.20	4.13	29.06	净利润	0.26	0.18	-30.77
不良贷款余额	5.95	4.51	-24.20				

招远市主要金融机构负责人

单位名称	行长（或其他称谓的第一负责人）	副行长（或其他称谓的同级领导）
人行招远市支行	杨　强	赵广兴　林旭东　栾茂庆
银监会招远市办事处	王景瑞	
农发行招远市支行	李　涛	蓝红梅　栾云涛
工行招远支行	刘进胜	李韶光　李永平　李　平　丁国群
农行招远市支行	张润鹤	杨希彬　梁又丰　程绍慧
中行招远支行	秦建伟	杨　健
建行招远支行	门成松	孙明盛
恒丰招远支行	金爱东	
招远市农信联社	赵庆光	马旭东　闫福敏　李维刚　刘曙光
邮储银行招远市支行	秦晓东	张少轶
烟台银行招远支行	赵彦平	王青松
光大招远支行	隋俊超	郝进兰　于福斌
交行招远支行	陈锦海	蓝　明　于　青

招远市主要金融机构业务概况

单位：亿元

单位名称	本外币存款余额	企业存款	储蓄存款	本外币贷款余额	短期贷款	中长期贷款
农发行招远市支行	0.08	0.08	0	4.11	4.11	0
工行招远支行	43.77	12.84	13.58	19.95	7.47	11.45
农行招远市支行	50.28	10.80	32.26	12.51	11.51	0.88
中行招远支行	33.75	9.94	18.70	14.44	8.58	4.01
建行招远支行	39.74	19.22	12.94	13.46	6.24	7.23
恒丰招远支行	46.38	19.90	25.12	16.84	13.89	2.95
招远市农信联社	56.40	10.64	41.84	37.99	30.74	1.29
邮储银行招远市支行	21.92	1.55	20.33	1.17	0.91	0.25
烟台银行招远支行	4.91	3.33	0.95	5.19	4.57	0.63
光大招远支行	5.48	2.81	1.19	5.60	5.52	0.08
交行招远支行	2.31	2.20	0.11	0.01	0	0.01

【金融服务与监管】 2010年，人行招远市支行认真履行职责，提高服务水平，强化监管理念，确保了辖内金融的健康稳健运行。一是出台了货币信贷和改进外汇管理支持涉外经济发展的两个《指导意见》；二是成功举办“调方式、促发展”银企合作推进会，签约项目42个，签约资金到位82.1亿元，到位率达105%；三是组织银行、企业等相关人员先后举办跨境人民币结算试点、外汇业务、“一卡通”金融创新支付工具等培训班4期，培训人员600多人次；四是先后组织开展了农信社专项票据改革、贷款卡、统计、外汇、国库、账户等业务的监督检查，规范了业务操作，维护了金融秩序。

（于瑞亮 范淑敏）

莱州市

【经济金融概况】 2010年，莱州市抢抓黄河三角洲高效生态经济区、山东半岛蓝色经济区、胶东半岛高端产业聚集区开发建设三大机遇，努力推动经济发展方式转变，加快结构调整步伐，经济保持了平稳较快协调发展。一是工业经济实力增强，重点扶持的20户骨干企业、20户成长型企业快速发展，销售收入分别增长17%和23%；二是继续加大信贷投放，积极支持中小企业提高产品质量和档次，增强市场竞争力，全年新增中小企业贷款18.27亿元，占贷款增量的42.44%。

【金融发展与改革】 2010年，人行莱州市支行充分发挥“窗口指导”作用，适度宽松的货币政策得到较好落实。一是出台《2010年货币信贷工作指导意见》，引导银行业机构加大对区

莱州市主要经济指标

经济指标	2009	2010	2010年同比增幅（%）	经济指标	2009	2010	2010年同比增幅（%）
土地面积（平方公里）	1878	1878	0	地方财政支出（亿元）	22.80	30.47	33.64
人口（万人）	85.91	85.94	0.03	全社会固定资产投资（亿元）	219.80	260.94	18.72
非农业人口（万人）	36.40	36.53	0.36	进出口总值（万美元）	93095	118807	27.62
地区生产总值（亿元）	396.03	467.78	14.40	出口总值（万美元）	72687	87596	20.51
第一产业（亿元）	41.79	49.73	5.60	实际利用外资（万美元）	8205	8939	8.95
第二产业（亿元）	240.34	275.56	10.80	社会消费品零售总额（亿元）	145.76	157.20	7.85
第三产业（亿元）	113.90	142.49	24.60	居民消费价格指数（%）	101.6	105	3.35
财政总收入（亿元）	61.97	62.21	0.39	人均地区生产总值（元）	46099	54430	18.07
地方财政收入（亿元）	19.13	24.02	25.56	城镇居民可支配收入（元）	18999	21643	13.92
财政总支出（亿元）	23.93	31.99	33.68	农民人均现金收入（元）	10446	11937	14.27

莱州市主要金融指标

金融指标（亿元）	2009	2010	2010年同比增幅（%）	金融指标（亿元）	2009	2010	2010年同比增幅（%）
本外币存款余额	305.47	365.63	19.69	财险收入	2.30	1.97	-14.35
人民币存款余额	301.57	363.58	20.29	寿险收入	1.47	1.42	-3.40
企业存款	50.16	65.11	29.80	财险赔款	0.44	0.60	36.36
储蓄存款	223.81	252.65	28.84	寿险给付	0.29	0.39	34.48
本外币贷款余额	99.74	142.42	42.68	当年结益	0.03	0.03	0
人民币贷款余额	99.18	142.24	43.42	证券市场交易总额	142.65	142.29	-0.25
短期贷款	60.24	80.65	33.88	投资者保证金余额	1.48	0.91	-38.51
中长期贷款	27.57	48.74	21.17	证券账户开户数	3519	2971	-15.17
票据融资	11.38	12.86	13.20	证券交易佣金收入	--	--	--
当年结益	2.25	4.06	80.44	净利润	--	--	--
不良贷款余额	3.85	2.61	-32.21				

莱州市主要金融机构负责人

单位名称	行长（或其他称谓的第一负责人）	副行长（或其他称谓的同级领导）
人行莱州市支行	杨占法	李长胜　张建成　王清军
银监会莱州市办事处	陈忠毅	
农发行莱州市支行	王家川	包树梁　范作超
工行莱州支行	张海波	孙建刚　郑叶琪　胡庆芳　王奎效
农行莱州市支行	杨宏光	潘　峰　裴　闯　曲新平
中行莱州支行	宋　强	董　武　于海燕
建行莱州支行	檀又俊	侯旭祥　董　强
恒丰银行莱州支行	王运东	提云霞　孙积存
莱州农商行	初晓光	邱国耀　王君波　刘国荣　宋　海　段常洲
邮储银行莱州市支行	张群波	李春苹　刘　娜
招行莱州支行	马常辉	吕永军　曲洪祥

莱州市主要金融机构业务概况

单位：亿元

单位名称	本外币存款余额	企业存款	储蓄存款	本外币贷款余额	短期贷款	中长期贷款
农发行莱州市支行	0.84	0.77	0.00	3.71	2.21	1.50
工行莱州支行	32.93	5.50	19.12	19.43	6.67	12.68
农行莱州市支行	74.03	17.15	52.05	17.74	2.64	14.74
中行莱州支行	36.25	6.03	19.13	6.38	1.21	3.86
建行莱州支行	28.13	7.33	12.52	10.16	0.92	9.23
恒丰银行莱州支行	33.15	13.55	12.42	11.30	8.36	2.94
莱州农商行	122.83	9.88	110.12	67.56	54.52	1.89
邮储银行莱州市支行	28.68	2.61	25.81	1.77	1.25	0.51
烟台银行莱州支行	4.69	2.14	0.53	4.17	2.66	1.39
招行莱州支行	0.20	0.14	0.06	0.20	0.20	0.00

域经济的信贷支持；二是积极推动政府成立“金融服务中心”，吸引异地商业银行分支机构入驻，12月28日，招商莱州支行成立，为该市经济金融发展注入新的活力。

【金融服务与监管】 2010年，人行莱州市支行积极搭建银企合作平台，优化社会信用环境。一是协助市政府举办首届银企合作洽谈会，共推介重点项目58个，达成合作意向项目28个，意向金额10亿元，签约金额达3.1亿元；二是与莱州市技术监督局联合制定《关于加强信息共享 合作建立质量信用信息平台的意见》；三是先后对辖内各金融机构的外汇、账户、统计、征信、存款准备金、反洗钱等业务进行了现场检查，维护了金融秩序的安全、规范、平稳。

（周 涛 付霞德）

莱阳市

【经济金融概况】 2010年，莱阳市以科学发展观统揽全局，干事创业，赶超发展，经济金融保持了健康快速发展的良好势头。工业发展继续领航全市经济，结构调整迈出新步伐；固定资产投资稳步增长，项目经济得到大力发展；依托食品加工龙头企业，加快农业产业化升级；以产业招商、专业招商和以商引商为形式促进对外开放水平进一步提高。

各金融机构在适度宽松的货币政策引导下，保持了持续、平稳、健康的发展势头，资产质量和效益进一步提高。人民币企业存款和储蓄存款持续保持上升的势头，贷款期限分布更趋合理，贸易融资成为信贷新的增长点。

莱阳市主要经济指标

经济指标	2009	2010	2010年同比增幅（%）	经济指标	2009	2010	2010年同比增幅（%）
土地面积（平方公里）	1732	1732	0	地方财政支出（亿元）	11.01	16.62	51
人口（万人）	87.61	87.41	-0.23	全社会固定资产投资（亿元）	136.70	160.89	23.7
非农业人口（万人）	29.41	29.40	-0.03	进出口总值（万美元）	59069	73631	24.7
地区生产总值（亿元）	307.54	312.83	13.9	出口总值（万美元）	52816	63577	20.4
第一产业（亿元）	28.46	33.71	4.5	实际利用外资（万美元）	7458	7469	0.1
第二产业（亿元）	183.25	189.69	12.2	社会消费品零售总额（亿元）	122.28	144.05	18.7
第三产业（亿元）	95.83	89.43	20.8	居民消费价格指数（%）	99.20	102.3	3.1
财政总收入（亿元）	12.90	15.4	19.2	人均地区生产总值（元）	35122	35748	14
地方财政收入（亿元）	7.01	8.06	15	城镇居民可支配收入（元）	15321	17435	13.8
财政总支出（亿元）	11.01	16.62	51	农民人均现金收入（元）	7500	8638	15.2

莱阳市主要金融指标

金融指标（亿元）	2009	2010	2010年同比增幅（%）	金融指标（亿元）	2009	2010	2010年同比增幅（%）
本外币存款余额	174.73	198.51	13.61	财险收入	--	--	--
人民币存款余额	173.31	196.81	13.56	寿险收入	--	--	--
企业存款	32.31	35.89	11.08	财险赔款	--	--	--
储蓄存款	123.90	143.58	15.34	寿险给付	--	--	--
本外币贷款余额	103.05	123.86	20.19	当年结益	--	--	--
人民币贷款余额	102.32	121.98	19.21	证券市场交易总额	--	--	--
短期贷款	73.50	88.50	20.41	投资者保证金余额	--	--	--
中长期贷款	22.04	27.03	22.64	证券账户开户数	--	--	--
票据融资	6.77	6.45	-4.73	证券交易佣金收入	--	--	--
当年结益	2.74	2.63	-4.01	净利润	--	--	--
不良贷款余额	10.81	9.97	-7.77				

莱阳市主要金融机构负责人

单位名称	行长（或其他称谓的第一负责人）	副行长（或其他称谓的同级领导）
人行莱阳市支行	郝立君	尹培尧　孙培宽　杨本花
银监会莱阳市办事处	封慧盈	宋振玺
农发行莱阳市支行	姜伟业	梁旭东　贺延隆
工行莱阳支行	门新军	董灵珍　谭　琨　祝晓丹　孔鲁东　宋协辉
农行莱阳市支行	王同伟	张红光　遇炳起　战可为
中行莱阳支行	宋庆亮	张海东　崔爱华
建行莱阳支行	李田涛	林　军　陈　波
恒丰银行莱阳支行	王小强	郝向明　李　静
莱阳市农信联社	王英成	张玉璞　王新舰　臧松茂　宋秀君
邮储银行莱阳市支行	李庆利	孙艳萍
交行莱阳支行	杨　涛	徐建凤

莱阳市主要金融机构业务概况

单位：亿元

单位名称	本外币存款余额	人民币企业存款	人民币储蓄存款	本外币贷款余额	人民币短期贷款	人民币中长期贷款
农发行莱阳市支行	0.56	0.56	--	9.93	6.70	3.23
工行莱阳支行	22.41	2.85	13.05	14.07	9.48	4.59
农行莱阳市支行	40.33	8.94	29.99	14.79	12.94	1.81
中行莱阳支行	14.60	3.18	8.11	11.22	8.76	1.81
建行莱阳支行	15.24	3.94	7.85	20.86	11.00	8.59
恒丰银行莱阳支行	23.62	10.71	10.87	12.37	9.11	3.26
莱阳市农信联社	48.51	1.80	45.85	36.81	27.63	2.82
邮储银行莱阳市支行	25.67	1.98	23.51	1.14	0.67	0.47
交行莱阳支行	7.19	1.94	3.69	2.66	2.20	0.46

【金融发展与改革】　2010年，莱阳市金融机构严格执行宏观调控政策，推动金融改革深化发展，取得良好成效。一是金融机构强化内部管理，增强风险识别和评估能力；二是人行莱阳市支行继续加强对农信社的监督和指导，引导其不断完善法人治理结构，转换经营机制，强化内控建设；三是邮储银行积极拓展农村金融服务，促进“农业、农村、农民”发展。

【金融服务与监管】　2010年，人行莱阳市支行以“监测、分析、引导”为着力点，通过窗口指导、活动传导、工具疏导等灵活有效的方式，积极督促商行适度增加信贷投放，优化信贷结构。一是引导金融机构加大对“三农”、中小企业、高新技术企业、外经外贸、民营经济、重点项目、重点企业等方面的信贷支持；二是配合市政府举办了银企合作项目暨金融产品推介会，共有197家企业与银行签订了35.40亿元的合作意向，实际到位资金50亿元，占意向资金的141.2%。

（任常松　贾晓东）

栖霞市

【经济金融概况】　2010年，栖霞市以科学发展观为指导，努力提高综合竞争实力：一是国民经济稳步发展，物价总水平稳定；二是固定资产投资规模迅速扩大，基础设施建设大步迈进；三是消费品市场销售旺盛，对外经济贸易快速增长；四是城市建设功能优化，城乡规划稳步推进。

各金融机构贯彻落实适度宽松的货币政策，加大信贷投入，优化信贷结构，全市经济金融保持了持续、快速、协调发展的良好态势。

栖霞市主要经济指标

经济指标	2009	2010	2010年同比增幅（%）	经济指标	2009	2010	2010年同比增幅（%）
土地面积（平方公里）	2016	2016	0	地方财政支出（亿元）	5.89	6.99	18.68
人口（万人）	62.9	62.67	-0.03	全社会固定资产投资（亿元）	87.50	103.54	27.9
非农业人口（万人）	18.9	18.9	0	进出口总值（万美元）	20428	24829	21.5
地区生产总值（亿元）	141.3	169.8	13.8	出口总值（万美元）	17019	20205	18.7
第一产业（亿元）	31.4	38.69	5.6	实际利用外资（万美元）	1498	1508	0.7
第二产业（亿元）	67.6	78.56	12.5	社会消费品零售总额（亿元）	71.72	74.74	18.9
第三产业（亿元）	42.2	52.39	21.7	居民消费价格指数（%）	99.2	102.0	2.8
财政总收入（亿元）	6.53	7.40	13.32	人均地区生产总值（元）	24493	27001	10.24
地方财政收入（亿元）	3.20	4.01	25.31	城镇居民可支配收入（元）	14703	16706	13.6
财政总支出（亿元）	8.70	11.40	31.03	农民人均现金收入（元）	7022	8096	15.3

栖霞市主要金融指标

金融指标（亿元）	2009	2010	2010年同比增幅（%）	金融指标（亿元）	2009	2010	2010年同比增幅（%）
本外币存款余额	103.44	127.37	23.13	财险收入	0.57	0.81	42.11
人民币存款余额	103.00	127.00	23.30	寿险收入	1.11	1.21	9.01
企业存款	7.47	9.94	33.07	财险赔款	0.51	0.64	25.49
储蓄存款	85.13	103.00	20.69	寿险给付	0.36	0.27	-25.00
本外币贷款余额	46.63	66.00	41.54	当年结益	0.40	0.51	27.50
人民币贷款余额	46.62	66.00	41.57	证券市场交易总额	—	—	—
短期贷款	32.19	45.62	41.72	投资者保证金余额	—	—	—
中长期贷款	12.44	17.78	42.93	证券账户开户数	—	—	—
票据融资	1.99	2.60	30.65	证券交易佣金收入	—	—	—
当年结益	0.96	1.41	46.88	净利润	—	—	—
不良贷款余额	5.19	3.93	-24.28				

栖霞市主要金融机构负责人

单位名称	行长（或其他称谓的第一负责人）	副行长（或其他称谓的同级领导）
人行栖霞市支行	李建章	张立群　王　政　李沙强
银监会栖霞办事处	官立萍	
农发行栖霞市支行	陆　伟	蒋少玲　王　磊
工行栖霞支行	柳永正	王　平　王永光　柳冬松　崔海霞
农行栖霞市支行	李庆阳	官佩忠　迟兴光　周嘉勇
中行栖霞支行	王茂顺	吕广东
建行栖霞支行	田　冰	刘棋学　王天阳
恒丰栖霞支行	李　娜	王国平
栖霞市农信联社	徐　杰	孙益平　姜海亭　高志铭　温向东　孟令冰
邮储银行栖霞市支行	李　彬	王　林

栖霞市主要金融机构业务概况

单位：亿元

单位名称	本外币存款余额	人民币企业存款	人民币储蓄存款	本外币贷款余额	人民币短期贷款	人民币中长期贷款
农发行栖霞市支行	0.53	0.53	—	3.78	1.03	2.75
工行栖霞支行	11.66	2.47	7.06	8.94	1.92	7.03
农行栖霞市支行	17.98	2.52	13.88	4.79	3.23	1.56
中行栖霞支行	10.37	0.72	3.66	3.79	2.62	1.17
建行栖霞支行	6.22	0.63	3.33	2.27	0.78	1.49
恒丰银行栖霞支行	4.44	0.69	3.34	2.07	0.76	1.32
栖霞市农信联社	48.94	1.72	45.74	38.22	34.67	0.95
邮储银行栖霞市支行	26.83	0.66	25.68	2.14	0.63	1.51

【金融发展与改革】 2010年，栖霞市银行业发展和改革继续稳步推进，取得较大成效。一是农信社改革效果明显，历年挂亏全部消化；二是针对苹果流通特点，开展了苹果通宝、惠农卡贷款、苹果仓单质押贷款等信贷新产品，有效解决了苹果收购资金需求期限短、资金量大、担保难等问题；三是农行三农金融事业部改革取得新进展。

【金融服务与监管】 2010年，人行栖霞市支行认真贯彻落实国家货币政策，强化监督检查，保障了辖区经济金融的稳步发展。一是加大窗口指导力度，引导金融部门加大支农和中小企业信贷投放、优化信贷结构；二是进一步完善金融机构信贷政策实施效果评估制度；三是通过政银企合作暨金融产品推介会、金融联席会议和金融运行分析例会等活动，加大对重点项目和民营经济的支持；四是以农村支付服务环境建设为重点，加强支付结算服务，实现了ATM机在乡镇和重点自然村的全覆盖；五是先后组织了征信及人民币反假知识宣传、外汇业务系统培训等宣传推广活动；六是开展对支付结算、人民币管理、金融统计、反洗钱、人民币账户、征信等业务的现场和非现场检查，有效规范金融运行秩序。

（迟克辛　牟战森）

海阳市

【经济金融概况】 2010年，海阳市加快转变经济发展方式，着力提高经济发展质量，呈现产业不断优化、经济运行持续平稳、发展质量稳步提升的良好局面，全市经济综合实力再上新台阶。

各金融机构结合当地产业特点，积极调整优化信贷结构，有效增加对“三农”、中小企业、羊毛衫产业的信贷支持力度，

海阳市主要经济指标

经济指标	2009	2010	2010年同比增幅（%）	经济指标	2009	2010	2010年同比增幅（%）
土地面积（平方公里）	1887	1887	0	地方财政支出（亿元）	13.74	18.3	33.19
人口（万人）	66.7	66.39	-0.45	全社会固定资产投资（亿元）	191.1	229.8	20.25
非农业人口（万人）	20.6	21.2	2.91	进出口总值（万美元）	49893	67819	35.93
地区生产总值（亿元）	204.46	224.6	16.00	出口总值（万美元）	36715	48418	31.88
第一产业（亿元）	40.02	46	14.94	实际利用外资（万美元）	4950	5910	19.39
第二产业（亿元）	96.42	105.1	9.00	社会消费品零售总额（亿元）	77.47	84.9	9.59
第三产业（亿元）	68.02	73.5	8.06	居民消费价格指数（%）	106.2	104.2	-1.88
财政总收入（亿元）	15.07	19.4	28.73	人均地区生产总值（元）	30668	33761	10.09
地方财政收入（亿元）	10	12.8	28	城镇居民可支配收入（元）	17575	20154	14.67
财政总支出（亿元）	14.23	18.9	32.82	农民人均现金收入（元）	8051	9260	15.02

海阳市主要金融指标

金融指标（亿元）	2009	2010	2010年同比增幅（%）	金融指标（亿元）	2009	2010	2010年同比增幅（%）
本外币存款余额	139.59	173.91	24.59	财险收入	0.42	0.46	0.10
人民币存款余额	138.67	172.60	24.47	寿险收入	1.34	1.41	5.22
企业存款	23.48	29.53	25.77	财险赔款	0.28	0.25	-10.71
储蓄存款	97.9	116.36	18.47	寿险给付	0.53	0.72	35.85
本外币贷款余额	91.47	117.69	28.67	当年结益	--	--	--
人民币贷款余额	70.05	97.77	39.57	证券市场交易总额	--	--	--
短期贷款	39.55	41.73	5.51	投资者保证金余额	--	--	--
中长期贷款	23.83	48.92	105.29	证券账户开户数	--	--	--
票据融资	6.64	7.09	6.78	证券交易佣金收入	--	--	--
当年结益	2.08	4.74	127.88	净利润	--	--	--
不良贷款余额	5.73	4.9	-14.49				

海阳市主要金融机构负责人

单位名称	行长（或其他称谓的第一负责人）	副行长（或其他称谓的同级领导）
人行海阳市支行	孙伟力	徐　杰　于永斌　高振桥
银监会海阳市办事处	李　坤	
农发行海阳市支行	王志勇	于少勇　刘俊锋　宗学勇
工行海阳支行	王晓华	由永秋　丛德忠　王钟伟　徐维军
农行海阳市支行	秦德军	胡殿光　董丰国　李世波
中行海阳支行	王春增	梁永杰　王　涛
建行海阳支行	凌明通	官庆凯　姜华庆　王文平
恒丰海阳市支行	姜利勇	
海阳市农信联社	于　平	王祥兴　张　伟　杨竹山　林忠义　刘　利
邮储银行海阳市支行	孙伟涛	赵海玲
烟台银行海阳支行	李振勇	程绍平　包　益

海阳市主要金融机构业务概况

单位：亿元

单位名称	本外币存款余额	企业存款	储蓄存款	本外币贷款余额	短期贷款	中长期贷款
农发行海阳市支行	0.79	0.76	0	1.25	1.05	0.2
工行海阳支行	14.20	3.98	6.89	39.60	13.18	26.42
农行海阳市支行	24.60	4.75	17.82	8.87	3.06	5.77
中行海阳支行	14.75	3.85	8.31	18.81	0.38	18.14
建行海阳支行	17.67	3.59	7.09	4.13	0.64	3.46
恒丰海阳支行	23.08	8.95	12.43	8.09	2.38	5.71
海阳市农信联社	48.85	1.85	45.14	35.10	24.64	3.62
邮储银行海阳市支行	21.20	2.36	18.44	1.46	1.31	0.16
烟台银行海阳支行	0.71	0.36	0.24	0.39	0.39	0

促进了全市经济发展方式转变和经济结构调整。

【金融发展与改革】 2010年，海阳市金融业在深化改革中步入有序竞争、快速发展的新阶段。一是人行海阳市支行进一步完善信贷政策导向评估机制，引导银行优化信贷投向；二是金融机构加快金融产品和服务创新，积极尝试海域使用权、林权、门票收费权抵押贷款等业务；三是烟台银行海阳支行挂牌营业，海阳珠江村镇银行股份有限公司正在积极筹建中，金融拓展实现了重大突破。

【金融服务与监管】 2010年，人行海阳市支行通过多种方式和渠道，努力提高金融服务水平和监督检查力度，保持了辖内金融稳定有序运行。一是开展金融统计执法检查，促进了金融统计工作的规范化建设；二是创新监管方式，约见金融机构负责人谈话，传导货币政策意图，有效规范了辖区金融秩序；三是召开"转方式、调结构"银企合作洽谈会，搭建高效的银企合作交流平台；四是建设完成了东寨头水产批发市场的非现金支付结算系统。

（于优红　姜绍波）

长岛县

【经济金融概况】 2010年，长岛县利用其特点，大力开发海洋资源和海岛旅游项目，努力提高综合竞争实力，全县经济保持了较快的发展势头。物价总水平稳定，固定资产投资规模迅速扩大，基础设施建设大步迈进，消费品市场销售旺盛。

各金融机构认真贯彻落实适度宽松的货币政策，大力优化信贷结构，加大对经济实体的有效信贷投入，全县经济金融总体运行稳健，存贷款稳定增长。

长岛县主要经济指标

经济指标	2009	2010	2010年同比增幅（%）	经济指标	2009	2010	2010年同比增幅（%）
土地面积（平方公里）	56	56	0	地方财政支出（亿元）	3	3.8	26.67
人口（万人）	4.3	4.3	0	全社会固定资产投资（亿元）	8.2	12.2	48.78
非农业人口（万人）	1.7	1.7	0	进出口总值（万美元）	0.36	0.24	-33.33
地区生产总值（亿元）	41	50.02	13.8	出口总值（万美元）	0.34	0.22	-35.3
第一产业（亿元）	24	29.9	24.58	实际利用外资（万美元）	0	0	0
第二产业（亿元）	5	5.1	2	社会消费品零售总额（亿元）	8.7	10.3	18.4
第三产业（亿元）	12	15	25	居民消费价格指数（%）	99.2	102.3	3.1
财政总收入（亿元）	2.7	3.2	18.52	人均地区生产总值（元）	95106	116036	22
地方财政收入（亿元）	2.7	3.2	18.52	城镇居民可支配收入（元）	0	0	0
财政总支出（亿元）	2.7	3.2	18.52	农民人均现金收入（元）	11661	13524	16

长岛县主要金融指标

金融指标（亿元）	2009	2010	2010年同比增幅（%）	金融指标（亿元）	2009	2010	2010年同比增幅（%）
本外币存款余额	22.1	28.25	27.83	财险收入	0.06	0.07	16.67
人民币存款余额	22	28.13	27.86	寿险收入	0.28	0.38	35.71
企业存款	3.73	6.37	70.78	财险赔款	0.02	0.03	50
储蓄存款	15.34	17.5	14.08	寿险给付	0.06	0.04	-33.33
本外币贷款余额	7.86	9.95	26.59	当年结益	0.02	0.01	-50
人民币贷款余额	7.86	9.95	26.59	证券市场交易总额	--	--	--
短期贷款	6	6.66	11	投资者保证金余额	--	--	--
中长期贷款	1.83	3.14	71.58	证券账户开户数	--	--	--
票据融资	0.03	0.15	400	证券交易佣金收入	--	--	--
当年结益	0.15	0.09	-40	净利润	--	--	--
不良贷款余额	1.52	0.54	-64.47				

长岛县主要金融机构负责人

单位名称	行长（或其他称谓的第一负责人）	副行长（或其他称谓的同级领导）
人行长岛县支行	贾通志	王晓方　张双庆　徐　萍
银监会长岛县办事处	邢攸江	
工行长岛支行	宁广庭	
农行长岛县支行	王　莉	高　群
建行长岛支行	丁建功	
恒丰长岛县支行	杨严为	吕　辉
长岛县农信联社	欧学贤	高英卫
邮储银行长岛县支行	邹曙光	王运海

长岛县主要金融机构业务概况

单位：亿元

单位名称	本外币存款余额	企业存款	储蓄存款	本外币贷款余额	短期贷款	中长期贷款
农行长岛县支行	4.95	0.81	2.25	0.58	0.34	0.24
建行长岛县支行	2.59	0.25	1.15	0.43	--	0.43
恒丰银行长岛县支行	2.74	0.81	1.67	0.87	0.01	0.86
长岛县农信联社	11.98	4.12	7.6	7.89	6.23	1.51
邮储银行长岛县支行	5.36	0.38	4.82	0.18	0.08	0.1

【金融发展与改革】　2010年，长岛县金融业发展和改革继续稳步推进，取得较大成效。一是金融机构强化内部管理，增强风险识别和评估能力，自主经营能力进一步增强；二是加大渔村信用体系建设力度，通过开展外部评级、农户和城市居户信用评级，极大地降低了城乡居民信贷门槛，贷款满足率稳步提升；三是跨境贸易人民币结算破题，年末，华能中电风力发电有限公司汇出境外红利404万元人民币，实现了该县跨境贸易人民币结算零的突破。

【金融服务与监管】　2010年，人行长岛县支行认真贯彻落实适度宽松的货币政策，保障辖内经济金融的稳健运行。一是加大窗口指导力度，引导金融部门加大支农和中小企业信贷投放、优化信贷结构；二是协助举行了“农信社、县妇联携手助推城乡妇女创业就业活动启动仪式”，推进“新长岛、新开放、新发展”银企恳谈会；三是先后组织了征信知识及人民币反假知识宣传、外汇业务系统培训、跨境贸易人民币结算等宣传推广活动；四是定期开展对支付结算、人民币管理、金融统计、反洗钱、人民币账户、征信等业务的现场和非现场检查，有效维护了金融稳定。

（吴　强）

威海市

【经济金融概况】　2010年，威海市坚持以科学发展观为指导，加快推动蓝色经济区和胶东半岛高端产业聚集区建设，调结构转方式、抓创新求突破、惠民生促和谐取得积极成效。金融机构在保持信贷增长的同时，进一步优化结构，金融运行质量不断提高。

一、存款稳定增加，同比增速回落。全市金融机构本外币各项存款增速同比回落10.96个百分点。其主要原因：一是受股市、楼市和理财影响，储蓄分流效应继续显现；二是受原材料价格、用工成本上升和银行对公理财产品发行的影响，企业存款分流。

二、贷款呈V型走势，贷款结构分布合理。农信社因监管限制政策相对宽松以及年内央行上调准备金率影响，大量发放农村自然人贷款和大联保体经营性贷款，贷款增量大幅领先；国有银行贷款增势稳定，城商行实行跨区域经营，将有限资金集中投放在济南、天津和青岛三地优势企业，使本地贷款增长持续萎缩。

威海市经济主要统计指标

指标＼年度	2006	2007	2008	2009	2010	2010年同比增幅（%）
土地面积（平方公里）	5698	5698	5698	5698	5698	0
人口（万人）	249.83	251.06	252.23	252.97	253.61	0.25
非农业人口（万人）	117.56	119.05	120.78	122.90	129.96	5.74
地区生产总值（亿元）	1368.53	1583.45	1780.35	1969.36	1944.9	12.7
第一产业（亿元）	116.58	127.8	132.28	136.34	153.94	1.3
第二产业（亿元）	849.59	978.19	1088.56	1192.71	1087.03	11.4
工业（亿元）	793.12	915.48	1015.15	1156.05	982.13	11.2
建筑业（亿元）	56.47	62.71	73.41	36.66	104.9	12.8
第三产业（亿元）	402.36	477.46	559.51	640.31	703.73	17.7
人均地区生产总值（元）	54778	63326	63519	70047	76778	12.4
地区生产总值构成（%）	100	100	100	100	100	--
第一产业（%）	8.52	8.07	7.43	6.92	7.92	1
第二产业（%）	62.08	61.78	61.14	60.57	55.9	-4.67
第三产业（%）	29.4	30.15	31.43	32.51	36.19	3.68
财政总收入（亿元）	131.88	156.2	180.63	217.44	358.28	60.8
地方财政收入（亿元）	70.11	82.02	93.67	102.52	118.27	15.4
财政总支出（亿元）	--	--	--	--	--	--
地方财政支出（亿元）	88.28	103.36	122.22	136.91	167.93	22.7
全社会固定资产投资（亿元）	--	--	--	--	--	--
规模以上固定资产投资（亿元）	696.96	750.39	926.14	1165.54	1168.17	18.7
房地产开发（亿元）	80.41	94.8	150.21	209.51	269.8	28.8
进出口总值（亿美元）	95.15	110.81	118.05	106.13	139.16	31.2
出口总值（亿美元）	60.11	69.72	74.55	68.18	89.23	30.9
实际利用外资（亿美元）	13.05	13.37	5.26	5.50	5.55	3.1
社会消费品零售总额（亿元）	331.21	392.63	483.62	576	683.99	18.6
居民消费价格指数（%）	100.97	104.37	104.64	101.07	102.72	1.65
城市居民人均可支配收入（元）	13975	12007.27	18536.80	20117	22235	10.5
农民人均现金收入（元）	6842	7737	8495.42	9226	10517	14

注：1.2010年地区生产总值为统计口径变更后数据，同2009年数据不可比。
2.2006-2007年实际利用外资为外商直接投资口径，2008-2010年实际利用外资为外汇管理局提供的实际到账外资数。

威海市工农业主要统计指标

农业主要统计指标（万吨）				规模以上工业企业主要统计指标（亿元）			
项目＼年度	2009年	2010年	增幅（%）	项目＼年度	2009年	2010年	增幅（%）
粮食	104.42	106.26	1.8	工业增加值	1156.05	1066.76	10.52
夏粮	46.03	42.97	-6.6	国有工业	24.54	20.12	3.86
秋粮	58.39	63.29	8.4	集体工业	63.85	65.07	5.42
棉花	--	--	--	股份制工业	455.66	424.82	9.44
油料	25.97	24.71	-4.8	股份合作制工业	32.76	21.32	1.81
水果	72.08	86.59	20.1	外商及港澳台投资工业	390.56	363.13	12.66

续表

农业主要统计指标（万吨）				规模以上工业企业主要统计指标（亿元）			
年度 项目	2009 年	2010 年	增幅（%）	年度 项目	2009 年	2010 年	增幅（%）
蔬菜	109.7	105.3	-4	轻工业	473.39	465.88	11.7
肉类	12.3	12.27	-0.3	重工业	682.66	601.18	9.66
禽蛋	12.01	11.49	-4.9	销售收入	4750.38	5185.39	13.11
奶类	22.65	22.19	-2	利税	334.6	399.75	19.9
水产品	208.6	213.17	1.4	利润	212.79	257.16	2091
森林覆盖率（%）	39.2	40	2.04	经济效益综合指数（%）	240.44	252.94	9.82

注：2010 年工业增加值为统计口径变更后数据，同 2009 年数据不可比。

威海市主要金融机构负责人

单位名称	行长（或其他称谓的第一负责人）	副行长（或其他称谓的同级领导）
人行威海市中心支行	刘贤军	曲吉光 吴志家 赵 杰 叶景亮 李少伟
银监会威海监管分局	于明文	张建滋 于 海 杨鸿祥 刘玉洋
农发行威海分行	刘志远	徐文君 陈 建 杨源清
工行威海分行	姜 宁	杨振广 隋志勇 常乃海 杨 明 邱义闻 唐学政 王庆毅
农行威海市分行	杨晓生	韩光财 杨志宇 吴鸿琦 朱永平 王军兰
中行威海分行	王 骏	王军法 孔令军 于 飞 焉长海
建行威海分行	孙鲁泉	胡光明 刘绍涛 王 进 路宏梅 牟贤玉 隋学海 梁洪亮 宋文明
交行威海分行	姜孔瑞	汤正鹏 栾春强 张宗谦
中信威海分行	于 珂	李旭宁 崔毅敏 于春燕 梁华杰
招行威海分行	王智华	朱友琪 王吉鹏
威海市商行	谭先国	邓 卫 张仁钊 姜学明 邢志强
农信社威海办事处	鞠世一	孙庆民 丁新强
邮储银行威海市分行	牟秋波	李 忠 宋京成
乳山天骄村镇银行	王 飞	林金刚
人保财险威海市分公司	黄 海	孙 丽 崔焕海 展海勇 李立辉
人寿威海市分公司	李洪涛	于艳丽 刘新乐 马常清
泰康人寿威海中心支公司	石 磊	田述峰 王佐华
平安人寿威海中心支公司	刘景观	
平安养老保险威海中心支公司	高长林	
太平人寿威海中心支公司	汤 伟	于立新
新华人寿威海中心支公司	丁增元	李世新 段俊超
太平洋人寿威海中心支公司	肖洪冰	陈锡强 毕建华
长城人寿威海中心支公司	杨春光	宋海娇
民生人寿威海中心支公司	张振成	商爱军
嘉禾人寿威海中心支公司	张 舟	
人民人寿威海中心支公司	宋艳岩	周 凌
人民健康威海中心支公司	宋志刚	
华夏人寿威海中心支公司	王华新	杨威红

续表

单位名称	行长（或其他称谓的第一负责人）	副行长（或其他称谓的同级领导）
恒安标准保险威海中心支公司	仲维刚	
华泰财险威海中心支公司	徐宏伟	李　洋
太平财保威海中心支公司	张恒勋	邹明华
太平洋财险威海中心支公司	曲　斌	车明强　邹　伟
平安财险威海中心支公司	徐德平	陈　强　张　波
大地财险威海中心支公司	王　健	张润露　王军波　李长青
永安财险威海中心支公司	谷士刚	宋磊宏
中华联合财险威海中心支公司	于振章	姜　峰　郭　超
安邦财险威海中心支公司	蔡淑芹	丛　杰
天安保险威海中心支公司	胡晓明	
华安财险威海中心支公司	孙政涛	
阳光财险威海中心支公司	张润洁	李　斐
都邦财险威海中心支公司	杨金泽	高文莉
安华农业保险威海中心支公司	李万成	
永城财险威海中心支公司	刘新霞	于海涌
渤海财险威海中心支公司	孙政行	
生命人寿威海中心支公司	王　巨	
长安责任保险威海中心支公司	于丰源	
海通证券威海证券营业部	孙晓东	杨竹芬　汤　琼
齐鲁证券威海东城路证券营业部	段少波	李雪梅
中投证券威海公园路证券营业部	于海强	
中信万通证券威海证券营业部	杨景平	
齐鲁证券威海海滨北路证券营业部	赵锦文	
齐鲁证券荣成成山大道证券营业部	丛曰平	
齐鲁证券文登香山路证券营业部	董礼涛	
齐鲁证券乳山胜利路证券营业部	郑新基	

威海市金融业务统计指标

指标（亿元）＼年度		2006	2007	2008	2009	2010	2010年同比	
							增加额	增幅（%）
银行类	本外币存款余额	854.31	998.02	1113.08	1415.27	1636.59	221.33	15.6
	人民币存款余额	823.63	973.21	1126.37	1380.8	1603.3	222.5	16.11
	企业存款	180.56	237.69	242.99	297.16	334.28	37.12	12.49
	储蓄存款	524.59	583.63	700.51	826.38	949.17	122.79	14.86
	定期储蓄存款	411.46	441.57	563.84	649.37	733.47	84.11	12.95
	活期储蓄存款	113.13	142.06	136.67	177.01	215.69	38.68	21.85
	本外币贷款余额	563.87	712.80	766.44	983.98	1150.14	166.16	16.89
	人民币贷款余额	543.10	690.49	778.45	953.05	1121.73	168.69	17.7
	短期贷款	305.87	379.64	370.29	405.92	423.1	40.53	10.6
	中长期贷款	201.69	261.08	323.95	464.67	640.52	152.51	31.25
	票据融资	34.86	49.29	83.88	82.25	57.94	-24.31	-29.6

续表

指标（亿元）		2006	2007	2008	2009	2010	2010年同比增加额	2010年同比增幅（%）
银行类	当年结益	7.41	9.75	17.98	15.32	22.95	7.63	49.8
	不良贷款余额	51.24	65.15	36.13	36.27	27.27	-9	-24.8
	不良贷款占比%	9.09	9.14	4.56	3.69	2.37	1.32	-35.8
	现金收入	2295.63	2585.52	2494.46	2587	--	--	--
	现金支出	2327.13	2617.75	2519.92	2621.44	--	--	--
	现金投放（+）回笼（-）	31.5	32.24	25.46	34.44	--	--	--
保险类	保险公司保费收入	19.07	22.6	26.42	34.73	41.62	6.89	19.84
	财险收入	4.85	6.83	5.52	10.28	12.48	2.2	21.4
	寿险收入	14.22	15.77	20.90	24.57	29.14	4.57	18.6
	保险公司赔款和给付支出	4.32	9.4	8.98	12.49	10.92	-1.57	-12.6
	财险赔款	4.03	3.74	3.44	6.28	6.89	0.61	9.71
	寿险给付	0.29	5.66	5.54	6.21	4.03	-2.18	-35.1
	当年结益	-0.68	-1.12	-0.69	0.67	1.01	0.34	33
证券类	证券市场成交总额	154.21	981.4	703.47	1341.48	1433.92	92.44	6.89
	投资者保证金余额	4.66	19.55	9.24	20.25	18.87	-1.38	-6.81
	证券账户开户数	7.32	11.4	14.98	16.79	18.28	1.49	8.87
	佣金收入	0.41	2.40	2.96	4.61	4.32	-0.39	-6.29
	净利润	0.20	1.68	1.10	1.87	1.91	0.04	2.14
	期货市场成交总额	--	--	--	--	--	--	--
	期货客户保证金余额	--	--	--	--	0.5	--	--
	期货账户开户数	--	--	--	--	--	--	--
	期货手续费收入	--	--	--	--	0.02	--	--
	利润总额	--	--	--	--	--	--	--

威海市金融机构统计指标

指标（个）		2006	2007	2008	2009	2010	2010年同比增幅（%）
银行类	法人机构	5	5	5	5	6	--
	省级分行	0	0	0	0	0	--
	二级分行	7	7	8	9	9	12.5
	县区支行	109	115	127	128	135	0.79
	分理处、营业所	232	226	265	255	250	-3.77
	储蓄所	84	77	120	125	124	4.17
	从业人员总数	8901	7344	7640	7725	7831	1.37
保险类	保险机构	88	105	134	135	140	3.7
	财险机构	63	75	92	92	94	2.17
	省级分公司	0	0	0	0	0	--
	地市分公司	11	11	17	17	18	5.88
	县区支公司	52	64	75	75	76	1.33
	寿险机构	25	30	42	43	46	6.98
	省级分公司	0	0	0	0	0	--

续表

指标（个） \ 年度		2006	2007	2008	2009	2010	2010年同比增幅（%）
保险类	地市分公司	7	8	11	12	14	16.67
	县区支公司	18	22	31	31	32	3.23
	从业人员总数	3698	3544	10195	11756	12027	2.31
	财险人员	1256	1414	2432	2841	2945	3.66
	寿险人员	2442	2130	7763	8915	9082	1.87
证券类	证券机构	7	6	6	7	7	1.67
	证券公司	0	0	0	0	0	--
	证券营业部	7	6	6	7	7	1.67
	证券服务部	0	0	0	0	0	--
	从业人员总数	135	138	275	277	304	9.74
	投资者开户	67600	114000	149900	167900	182800	8.87
	境内上市股票支数	5	5	6	6	--	--
	境外上市股票支数	1	3	3	4	--	33.33
	辖区上市公司总数	6	8	9	10	11	11.11

威海市主要金融机构业务概况

单位：亿元

单位名称	本外币存款余额	人民币企业存款	人民币储蓄存款	本外币贷款余额	人民币短期贷款	人民币中长期贷款
农发行威海市分行	3.83	3.4	--	30.54	16.17	14.37
工行威海分行	163.5	32.55	76.49	165.72	26.78	134.41
农行威海市分行	204.38	57.92	119.78	171.37	80.85	87.13
中行威海分行	168.29	49.08	88.16	136.54	38.29	91.85
建行威海分行	165.98	43.22	76.08	148.53	27.89	117.75
交行威海分行	82.08	31.8	24.15	39.49	24.19	12.31
中信银行威海分行	80.36	34.51	25.97	37.67	28.93	7.98
招行威海分行	24.23	10.08	3.03	21.33	8.29	8.54
威海市商行	219.33	43.31	125.33	136.24	59.43	57.45
农信社威海市办事处	346.49	3.43	299.48	251.27	117.97	105.58
邮储银行威海市分行	142.31	14.61	120.14	11	3.97	7.03
乳山天骄村镇银行	0.7	0.04	0.36	0.43	0.43	--

威海市各县级区域经济金融主要统计指标

名称	人口（万人）	面积（平方公里）	地区生产总值（亿元）	地区生产总值增速（%）	本外币存款余额（亿元）	储蓄存款（亿元）	本外币贷款余额（亿元）
荣成市	67.02	1665	636.2	12.99	356.84	239.28	249.73
文登市	64.45	1645	503.16	-5.93	253.30	185.55	155.93
乳山市	57.38	1665	313.1	12.5	218.12	142.27	160.75

【货币政策实施】 2010年，人行威海市中支继续加大窗口指导力度，全面落实各项货币政策，支持了地方经济平稳健康发展。

一、突出货币政策的传导作用，大力推进银企合作。一是与市经贸委联合举办银企推介会，组织18家金融机构与56家企业成功签订了171亿元的贷款协议，年末资金到位率达86%；二是组织召开全市"科技型中小企业"银企对接会，促成26家企业与银行达成15亿元的信贷支持协议；三是引导农行与妇联合作举办银企联谊活动，帮助全市1600多名具有成长潜力的女企业家开拓创业。

二、强化监管，拓展货币政策的执行效果。一是先后组织了对农信社票据兑付后经营情况及各项承诺措施的落实情况全面检查；二是开展对法人金融机构货币市场业务情况检查，督促各市场成员有效地防范和规避经营风险；三是开展对法人金融机构的存款准备金政策执行情况现场检查，增强了政策工具的实施效果。

三、推动"一县一品"信贷建设。引导金融机构加强金融创新，形成了荣成"中小企业信用联合体"建设、文登"中小企业信息融资平台"建设和乳山"金融支持农产品安全质量监管模式"的金融支持县域经济发展模式。

【金融稳定】 2010年，威海市金融监管部门采取各种措施，调整产业结构，确保金融稳定运行。

一、突出重点工作，积极开拓创新。一是针对政府投融资平台贷款泛滥且风险苗头凸现的状况，出台《监测方案》，创新开展城商行跨区域经营风险监测工作；二是针对房地产市场风险增大的现状，创新研发"预警系统"，运用主成份分析法对当前房地产市场风险热度做出预警判断，相关经验在全省推广。

二、积极推广商业承兑汇票业务。为缓解中小企业融资难，通过调查制定了推动商业承兑汇票发展的具体措施，年末已对3户企业7000万元商票给予了再贴现支持，引导相关企业签发商业承兑汇票近3亿元。

【金融服务】 2010年，威海市金融监管部门积极开拓创新，指导金融机构为企业提供有效服务，持续优化小企业和涉农金融服务。一是推动市政府出台了《关于开展科技支行试点工作的意见》，细化多项优惠政策，提高了科技型中小企业融资服务；二是连续3年组织银行业机构参加"中小投资创业项目博览会"，促成各行与120余家中小企业客户达成金融服务意向；三是指导各金融机构开办了"海域权抵押"、"苹果保鲜"、"青年创业"、"党员先锋创业" 贷款等一批特色金融产品，重点扶持了5个规模化养殖基地、11家农业产业化龙头企业，带动周边6700余户养殖户致富，成功打造了特色金融服务品牌。

【金融监管】 2010年，威海市金融监管部门继续着力引导银行业积极贯彻国家宏观调控政策，坚持有保有控，优化信贷结构，有力地促进了银行业和谐稳健运行和全市经济平稳较快发展。

一、积极督导银行业加快信贷结构调整。一是组织辖内各金融机构针对房贷市场走向进行风险分析预测和压力测试，4次召开房地产信贷专项座谈会议，下发2期风险提示，提出了12项监管要求；二是引导各机构积极调整信贷发展模式，降低对房地产贷款的过度依赖。

二、强化对法人机构的风险管控。一是开展对乳山联社2009年度案件防控交叉检查特别监管工作，使问题整改率达到99.3%；二是促成文登、乳山、环翠两市一区政府拿出12.8亿元优质资产置换农信联社不良贷款，正式启动荣成和环翠两家农信联社银行化改革进程，促成威海市商行成为该市首家政府扶持"科技支行"试点机构。

三、运用现场、非现场监管手段，提升风险预警能力。先后开展了农信社贷款偏离度、辖区银行业机构案件防控制度执行情况及融资平台贷款合规情况等20项现场检查，共查处违规问题 101个，下发《现场检查意见书》18份，责令各机构处理责任人员123名，提出整改意见 84条，先后约见高管谈话9次，下发 1期《金融监管质询通知书》、10期《监管提示》和4份《非现场监管意见书》，堵塞了风险漏洞。

【外汇管理】 2010年，外管局威海市中心支局提升外汇管理水平，支持了涉外经济快速协调发展。全年全市实现涉外收支总量139.16亿美元，同比增长31.1%。其中，收入86.46亿美元，增长33.32%；对外支出40.59亿美元，增长50.11%，实现顺差45.87亿美元，增长21.32%。结售汇总量59.18亿美元，下降16.73%，其中，结汇65.09亿美元，增长34.31%；售汇18.66亿美元，增长74.20%，结售汇顺差43.43亿美元，增长22.99%。

该局一是出台了7项促进涉外经济平稳发展的细化措施，联合商务局等多家单位，举办全市实施"走出去"战略推进会，年内为远大航运有限公司等14家境外投资项目办理了境外投资7718.5万美元，同比增长122.63%；二是采取"一企一策"管理方式，年内累计为威海三进船业有限公司等5家造船企业特批预收货款75笔，金额9145万美元；三是完善外汇异常资金流动监管内外部协调机制，严厉打击各类外汇违法违规行为，共立案 11 件，全部结案，收缴罚没款69.3万元；四是加大对会计师事务所培训力度，辖内1858家应参检外商投资企业全部通过会计师事务所报送年检数据，年检代申报率及通过率均为100%，远高于全省平均水平，辖内41家应参检境外投资企业全部通过外汇网年检，参检率100%；五是与商务局联动召开了4次大型宣讲会，与市外商投资服务中心携手举办了2期外汇管理政策法规培训班，宣讲覆盖面达90%以上。

【金融改革】 2010年，人行威海市中支继续密切关注金融体制改革，维护区域的金融稳定。一是依托与统计局联合成立的全国首家"金融问卷调查中心"，开展农产品价格调查，其经验在全国人行系统城镇储户问卷调查工作会议上进行交流；

二是推进跨境贸易人民币结算试点，主动联手威海市商务局、税务局在全市4区3市开展“走进企业，共促发展”百日推进活动，选取55家重点企业上门宣传政策推介业务，共办理业务77笔、4.78亿元；三是为解决县级市发行库撤销后程度不同地出现零币下乡难、硬币流通难、残币回收难、假币收缴难等问题，4月以来该中支发行库直接对辖内3市农信联社办理现金存取业务，突出发挥了农信社农村地区现金收付主力军作用，成效明显。

【精神文明建设】 2010年，威海市各金融机构全面推进精神文明建设。

人行威海市中支着力构建央行文化建设长效机制。一是在分行辖区率先制订出台了《“创新金融服务，支持经济发展”劳动竞赛活动实施办法》，广泛开展“争当标兵展风采”业务技能、“心系威海促发展”创新亮点、“我为发展献良策”调研信息、“基础工作零差错”标准化管理、“建功立业树形象”争先创优等五项竞赛活动；二是组织开展了“析案学法实践”、“强化练兵、提高素质、争做优秀金融卫士”、“金融讲坛”、“践行青年文明号职责、普及国库知识”等9项业务竞赛活动，并被人行济南分行推荐为总行级“业务竞赛活动先进集体”；三是先后组织开展了羽毛球比赛、庆“五一”摄影作品展评、“低碳我先行”职工健步走、“中华经典诵读”比赛、全员登山等文体活动；四是中支工会被山东省财贸金融工会委员会授予“先进单位”荣誉称号，中支机关被分行推荐为2007至2010年度总行级“模范职工之家”；五是组织开展“文明礼仪从我做起”大讨论和“讲文明、重礼仪、树新风”活动，提高干部职工的思想道德素质和文明礼仪修养。

银监会威海监管分局一是继续开展民主评议行风工作活动，将评议结果作为部门和监管人员年终考核的重要依据；二是强化党风廉政建设，将责任细化分解，纳入综合目标管理当中；三是开展了创先争优“承诺、践诺、评诺”活动，全体党员结合工作实际，共提出81条承诺事项，并拟定了落实措施、完成时限和目标，将创先争优活动落到了实处。

工行威海分行一是组织了地方和系统文明单位“双创”活动，荣成、乳山、环翠三个支行荣获省行级文明单位；二是举办业务技术比赛、职工运动会、文艺晚会，丰富文化生活；三是被威海市委、市政府授予“先进单位”称号，分行营业部获2010年度全国妇联“全国巾帼文明岗”称号。

农行威海分行深入开展标准化服务导入工作，不断提升员工文明素质和单位文明程度，助推了全行和谐健康有序地发展，获省行“个人信贷业务先进集体”、“财务会计管理综合改革先进集体”荣誉称号。

中行威海分行积极推进“快乐中行”打造计划，狠抓员工队伍思想作风建设和企业文化建设，营造出和谐融合、精诚团结、密切合作的良好环境，连续5年被评为“省级文明单位”和“良好银行”。

建行威海分行一是开展以“共创读书学习氛围，建设文明创新建行”为主题的第一届职工“读书月”活动，全年举办各类培训81期3000多人次，前台培训覆盖面达100%；二是推进“关爱员工”工程，全年慰问帮扶员工40人，慰问补助金额约22万元；三是深入开展“六查六看”作风整顿活动，完善首问负责制、督办考核等系列制度，员工精神风貌、思想作风、工作效率显著提高，被市委市政府评为年度工作优秀单位，被山东省银监局授予良好银行称号。

招商银行威海分行积极开展文明创建活动，注重营造“尊重、关爱、分享”的良好氛围。一是组建员工活动俱乐部，开展登山、樱桃采摘、家属答谢、沙滩运动会等各类活动；二是组织员工为玉树地震灾区、云南永仁、武定旱灾区捐款60314元，并组织无偿献血活动。

威海商行一是组织开展了篮球赛、网球赛、乒乓球赛、健美操比赛、演讲比赛、迎新春文艺演出、运动会等一系列丰富多彩的文体活动，丰富了员工生活；二是关爱员工生活，建立了一套生日祝贺、生病探视、节日慰问、困难救济制度；三是设立了“学习节”和“感恩节”两个企业文化节日，并通过《金融时报》等媒体不断加大企业文化宣传力度。

农信社威海办事处一是抓好岗位职责规范和业务技能两个培训，做好办事处向社会公开网点文明服务、基层信用社向联社做文明服务、员工向所在单位做文明服务的三个承诺，落实办事处、联社、义务监督员、社会公众四个监督，实行网点建设、硬件配备、工作流程、服务标准和考核奖惩“五个统一”的网点文明服务工程；二是积极开展捐资助学、慈善捐助、抗震救灾、无偿献血等活动，被评为“威海市帮扶困难村工作先进单位”。

【大事记】 1月9日 中行威海分行携手深圳国富黄金公司、北京宝泉钱币公司在威海塔山宾馆隆重举办“金虎迎春”金银条鉴赏会。

1月21日 人行威海中支成功主办2010年银企对接工作会议，人行、银监局、发改委、财政局、中小企业局、农发行、各商业银行等105家企业代表出席了会议。会上56家大中型企业与18家银行成功签署了贷款意向书，协议金额171亿元。

2月6日 中行威海分行召开2009年度总结表彰暨2010年工作会议，会议全面总结回顾了2009年全行的发展历程和取得业绩，对先进集体和先进个人进行了表彰。

2月21日 人行威海中支发行库荣获总行一级发行库荣誉称号。

3月24日 外汇局威海中心支局被山东省分局评为外汇管理工作先进单位。

5月15日 人行威海中支工会组织辖区干部职工在威海市电子宾馆举行了羽毛球选拔赛，来自辖区的10余名选手参加了比赛。

6月4日 人行威海中支、市公安局联合组织银联、各银行业金融机构银行卡部门主要负责人召开了打击银行卡犯罪联席会议。

6月18日 原中行省行公司业务部王骏总经理被任命为

中行威海分行党委书记、行长。

人行济南分行在威海召开行风建设标准化管理服务系统推广会，济南分行党委委员、纪委书记辛树人，各中心支行纪委书记、监察室、科技部门骨干共140多人参加了会议。

6月21日　人行威海中支联合市中级法院召开全市首届金融司法座谈研讨会。威海市中级法院、金融办、公安局、银监局和市各金融机构主要负责人及信贷、风险部门负责人，人行青岛、淄博、烟台、潍坊中支法律工作人员加了会议。

6月22日　人行威海中支召开全市银行业金融机构反假货币工作联席会议。

7月10日　招行威海分行协办威海市第八届“激情广场大家乐”暨招商银行“金葵花”之夜文艺演出活动在威海市政府广场举行。

7月20日　人行威海中支、市商务局在文登市联合举办跨境贸易人民币结算试点政策暨外汇政策巡讲会，全市200多家涉外企业及各外汇指定银行业务人员参加了培训。

7月28日　人行威海中支在市警察学校成功举办了威海市公安干警反假货币培训班，来自市、县及社区近50名公安干警参加了培训。

8月2日　中行威海分行携手威海广电网络公司在威海蓝天宾馆共同举行“战略合作暨长城有线电视联名卡首发签约仪式”。

8月5日　邮储山东省分行行长座谈会在威海市召开。

8月6日　在乳山市召开半岛金融稳定联席会议，人行济南分行金融稳定处负责人，人行青岛、烟台、潍坊、日照、威海五城市中支分管行长等参加了会议。

8月15日　“离岸金融，服务全球招商银行离岸业务推介会”在蓝天宾馆成功举办。威海市经信委、经济合作局、中小企业局、金融上市办、商务局等部门以及50家企业的60余名代表参加了会议。

8月20日　招行威海分行成功办理一笔商业承兑汇票再贴现业务，成为威海首家办理此项业务的金融机构。

8月21日　人行威海中支顺利完成了账户管理系统和联网核查系统的应急演练，人行县市支行、各银行业金融机构共计57个机构、70多人参加了演练。

人行威海中支组织辖内太平洋保险公司和威海电视台联合举办了反洗钱知识竞赛，共有13支代表队伍230多人参赛，威海市电视台对本次比赛进行了全程录制，并在威海电视新闻栏目中进行播报。

9月27日　人行威海中支和市中级法院联合举办首期金融法律知识培训班，各市级银行业金融机构分管行领导，相关部门负责人及业务骨干200人参加了培训。

9月28日　人行威海中支、市金融办和市科技局联合在东山宾馆召开“科技型中小企业银企对接会议”，市委常委、副市长董进友出席会议并讲话。会上，10家金融机构同20家科技型中小企业签订了贷款意向书，签约金额达7.26亿元。

9月30日　人力资源和社会保障部正式批准威海市商行设立国家级博士后科研工作站。

10月25日～29日　威海市举办“金融知识进万家巡回展·走进威海”活动。人行济南分行李建文副行长和市政府董进友副市长出席开幕式。展览期间，市委王培廷书记、边祥慧副书记亲临现场参观指导，累计接待观众38976人，其中自主参观群众接近1万人，12家地方媒体给予报道。

11月17日～18日　农行山东省分行陈军行长带领省行办公室、房地产信贷部、内控合规部相关人员到威海农行督导调研工作。

12月24日　在文登市举行威海市首届农业产业化银企合作会议，文登市委、市政府、市人大及各镇、街道办事处负责人，有关涉农金融机构和农业产业化企业及个体户代表出席了会议。大连成达集团、威海广信集团等重点农业产业项目集中签约总额达25亿元。4家涉农金融机构和农业产业化企业现场达成合作项目25个，签约金额3亿元。

12月27日　威海市商行在全国银行间市场通过簿记建档集中配售私募方式成功发行6亿元次级债券。

12月30日　威海市政府召开银行业系统年终座谈会，市委常委、副市长董进友出席并讲话，人行、金融办、银监局以及全市银行业机构主要负责人参加会议。

（邵明志　吕迎社）

荣成市

【经济金融概况】　2010年，荣成市努力转方式调结构、扩内需稳外需、惠民生保稳定，逐步摆脱经济危机的影响，经济回升势头得到巩固和发展。各金融部门认真贯彻适度宽松的货币信贷政策，不断深化金融改革，改进金融服务方式，金融运行质量大幅提高。

【金融改革与发展】　2010年，人行荣成市支行一是组织召开银企合作推介会，达成银企信贷合作协议11.06亿元，年末实际到位16.99亿元，履约率154%；二是大力推进商业承兑汇票业务，金融机构为15家企业核批商业承兑授信3.4亿元，累计签发1.85亿元；三是推进“联保体二期工程”建设，共组建信用联保体59个，核批授信额度9.5亿元，发放贷款7.7亿元；四是充分利用联保体内部自律机制完善、信用基础良好、产业链紧密等特点，实现农村金融支付结算环境建设与“联保体二期工程”两项工作的有机结合，做法被人行济南分行转发，并被授予“山东省农村支付环境建设突出贡献集体奖”。

【金融服务与监管】　2010年，荣成市金融监管部门以构建

荣成市主要经济指标

经济指标	2009	2010	2010年同比增幅（%）	经济指标	2009	2010	2010年同比增幅（%）
土地面积（平方公里）	1665	1665	--	地方财政支出（亿元）	35.62	44.30	24.36
人口（万人）	66.85	67.02	0.25	全社会固定资产投资（亿元）	319.92	295.1	18.3
非农业人口（万人）	33.6	40.24	19.88	进出口总值（万美元）	224858	302787	34.5
地区生产总值（亿元）	613.5	636.2	12.99	出口总值（万美元）	143245	204837	42.7
第一产业（亿元）	54.2	60.2	1.55	实际利用外资（万美元）	7460	8055	8.0
第二产业（亿元）	360.4	348.8	11.33	社会消费品零售总额（亿元）	149.41	169.27	18.8
第三产业（亿元）	198.9	227.2	18.75	居民消费价格指数（%）	--	--	--
财政总收入（亿元）	52.86	70.01	32.46	人均地区生产总值（元）	91772	95047	11.75
地方财政收入（亿元）	27.77	31.60	13.98	城镇居民可支配收入（元）	19810	22088	11.5
财政总支出（亿元）	45.13	63.96	41.7	农民人均现金收入（元）	--	--	--

荣成市主要金融指标

金融指标（亿元）	2009	2010	2010年同比增幅（%）	金融指标（亿元）	2009	2010	2010年同比增幅（%）
本外币存款余额	320.9	356.84	11.19	财险收入	0.86	0.91	5.81
人民币存款余额	313.8	349.87	11.49	寿险收入	0.43	0.52	20.93
企业存款	57.5	55.94	-2.71	财险赔款	0.64	0.77	20.31
储蓄存款	211.3	239.28	13.24	寿险给付	0.32	0.45	40.62
本外币贷款余额	203.7	249.73	22.59	当年结益	--	--	--
人民币贷款余额	196.0	242.92	23.93	证券市场交易总额	197	259	31.47
短期贷款	119.2	129.88	8.95	投资者保证金余额	2	4	100
中长期贷款	64.9	106.31	63.80	证券账户开户数	1700	2100	23.53
票据融资	11.8	6.72	-43.05	证券交易佣金收入	0.3	0.29	3.33
当年结益	5.21	--	--	净利润	0.2	0.29	45
不良贷款余额	6.14	4.61	-24.91				

荣成市主要金融机构负责人

单位名称	行长（或其他称谓的第一负责人）	副行长（或其他称谓的同级领导）
人行荣成市支行	董国胜	张福信　杨　斌　周军威
银监会荣成办事处	王树奇	丛明滋
农发行荣成市支行	赵学坤	王传胜　包丽平
工行荣成支行	许永刚	宁树章　孙白冰　王文明
工行石岛支行	房　泽	李华明
农行荣成市支行	张培仲	王连强　张明光　张建诗
农行石岛支行	王恩广	丁宗爽　杜罡剑
中行荣成支行	刘增海	李若祥　梁华双
中行石岛支行	孙成钢	梁忠伟
建行荣成支行	尉旭明	葛建文
建行石岛支行	孙洪波	王黎峰　赵光辉
交行荣成支行	汤正鹏	孙永建

续表

单位名称	行长（或其他称谓的第一负责人）	副行长（或其他称谓的同级领导）
中信荣成支行	张军辉	鞠学军　王家庆
中信石岛支行	张永胜	张晓明
荣成商行	李　明	王　娜　刘同泽
石岛商行	姜忠洲	张　伟
荣成市农信联社	卢均平	李　岩
邮储银行荣成市支行	车延宁	孙茂军

荣成市主要金融机构业务概况

单位：亿元

单位名称	本外币存款余额	企业存款	储蓄存款	本外币贷款余额	短期贷款	中长期贷款
农发行荣成市支行	1.15	1.04	0	9.55	5.25	4.3
工行荣成支行	26.96	17.89	9.07	22.50	8.86	13.64
工行石岛支行	9.87	5.05	4.82	12.11	7.15	4.96
农行荣成市支行	29.32	7.69	21.63	17.94	12.45	5.49
农行石岛支行	16	3	13	12	7	5
中行荣成支行	21.08	10.89	10.19	13.72	3.48	10.24
中行石岛支行	17.26	10.09	7.17	11.89	6.45	5.44
建行荣成支行	16.45	9.13	7.32	10.81	3.3	7.51
建行石岛支行	6.89	3.15	3.73	13.61	4.03	9.58
交行荣成支行	0.88	0.72	0.15	0	0	0
中信荣成支行	12.87	9.29	3.58	9.03	7.13	1.9
中信石岛支行	10.35	5.22	5.13	6.98	5.35	1.63
荣成商行	13.95	4.95	9.00	9.87	7.26	2.61
石岛商行	7.85	2.37	5.48	3.53	3.53	0
荣成市农信联社	118.09	13.38	103.09	94.31	56.09	33.07
邮储银行荣成市支行	42.78	2.41	37.87	2.12	1.07	1.04

和谐金融为指导，确保金融业稳健发展。一是对邮储银行3项制度执行情况进行巡查；二是召开规范存款秩序会议，强调依法合规开展存款业务；三是开展公众教育日活动；四是要求金融机构加强风险分析，强化流动性管理，强化信息披露，健全风险防控机制；五是引导银行机构严格信贷管理，打击房地产投机行为；六是加大技改项目和小企业贷款的投放，严控信贷投放节奏。

（张　勇　车　红）

文登市

【经济金融概况】　2010年，文登市打造南海新区和城市新区，扩展经济开发区，同时大力推进新型工业化、社会主义新农村、和谐文登三个建设，全市经济实现了平稳较快发展。金融运行继续保持平稳的发展态势，各项存款持续增长，储蓄稳定增长，各项贷款持续增加，对支持经济的快速发展起到了积极的推动作用。

【金融发展与改革】　2010年，人行文登市支行按照“政府主导、人行搭建、部门联动、社会参与、资源整合、信息共享、权威发布、保障安全”原则，以人行企业征信系统为依托，率先推行县域非银行信用信息采集工作机制，逐步建立起体系完整、分工明确、运行高效和监管有力的社会信用体系基本框架，有效

文登市主要经济指标

经济指标	2009	2010	2010年同比增幅（%）	经济指标	2009	2010	2010年同比增幅（%）
土地面积（平方公里）	1645	1645	--	地方财政支出（亿元）	27.53	32.06	16.45
人口（万人）	64.17	64.45	--	全社会固定资产投资（亿元）	251.94	257.32	2.14
非农业人口（万人）	25.05	25.31	--	进出口总值（万美元）	89727	115676	28.92
地区生产总值（亿元）	534.85	503.16	-5.93	出口总值（万美元）	62762	80431	28.15
第一产业（亿元）	37.09	42.39	14.29	实际利用外资（万美元）	4953	8490	71.41
第二产业（亿元）	323.39	288.65	-10.74	社会消费品零售总额（亿元）	142.84	164.86	15.42
第三产业（亿元）	174.36	172.12	-1.28	居民消费价格指数（%）	98.4	102.30	3.96
财政总收入（亿元）	42.82	42.39	-1.00	人均地区生产总值（元）	83288	78180	-6.13
地方财政收入（亿元）	21.31	24.34	14.22	城镇居民可支配收入（元）	15501	16916	9.13
财政总支出（亿元）	--	--	--	农民人均现金收入（元）	9160	10479	14.40

文登市主要金融指标

金融指标（亿元）	2009	2010	2010年同比增幅（%）	金融指标（亿元）	2009	2010	2010年同比增幅（%）
本外币存款余额	223.56	253.30	13.30	财险收入	0.645	0.72	11.63
人民币存款余额	220.71	250.46	13.48	寿险收入	3.70	3.68	-0.54
企业存款	38.00	33.11	-12.87	财险赔款	0.47	0.38	-19.15
储蓄存款	159.46	185.55	16.36	寿险给付	0.12	0.17	41.67
本外币贷款余额	130.77	155.93	19.24	当年结益	0.20	0.21	5.00
人民币贷款余额	130.55	155.75	19.30	证券市场交易总额	138.11	127	-8.04
短期贷款	53.66	53.03	-1.17	投资者保证金余额	1.93	1.90	-1.55
中长期贷款	64.53	89.75	39.08	证券账户开户数	2800	1617	-42.25
票据融资	12.36	12.97	4.94	证券交易佣金收入	0.31	0.25	-19.35
当年结益	2.71	3.87	42.80	净利润	0.15	0.14	-6.67
不良贷款余额	9.67	8.01	-17.17				

文登市主要金融机构负责人

单位名称	行长（或其他称谓的第一负责人）	副行长（或其他称谓的同级领导）
人行文登市支行	王新军	王　军　宋吉刚　赛明霞
银监会文登市办事处	王进生	
农发行文登市支行	曲厚礼	王虎强　慈勤航
工行文登支行	孙本新	姚建涛　秦之开
农行文登市支行	张华祝	陈卫东　曲思强　董建涛
中行文登支行	邹积玲	王　鲲　戴　青
建行文登支行	李　晓	于波涛　谭晓广
威海商行文登支行	赵晓博	王　文　田　亚
文登市农信联社	王志勇	李松旦　李　波　丛培刚
邮储银行文登市支行	林　波	毕崇强
中信文登支行	张建波	李　玲　刘　明

文登市主要金融机构业务概况

单位：亿元

单位名称	本外币存款余额	企业存款	储蓄存款	本外币贷款余额	短期贷款	中长期贷款
农发行文登市支行	0.90	0.69	--	10.79	5.79	5.00
工行文登支行	26.93	4.96	11.56	24.09	2.86	21.12
农行文登市支行	37.27	6.79	27.89	22.63	6.35	16.28
中行文登支行	17.58	2.53	12.20	8.95	1.79	7.10
建行文登支行	23.70	6.33	10.89	12.45	1.07	11.36
威海商行文登支行	21.12	2.61	14.74	11.80	3.98	6.67
文登市农信联社	77.06	3.78	72.02	58.90	27.01	20.06
邮储银行文登市支行	39.64	2.61	34.64	2.24	0.67	1.57
中信文登支行	8.40	4.25	2.89	4.08	3.51	0.57

提升了"诚信文登"建设水平。

【金融服务与监管】 2010年，文登市金融监管部门不断完善金融监测机制，引导各金融机构根据国家货币政策和产业政策导向的新变化，克服国家信贷逐渐收紧因素影响，不断调整优化信贷结构，切实加大城市新区、南海新区和经济开发区三大板块以及新型工业化和社会主义新农村建设的支持力度，各项存贷款稳定增长，推动文登经济平稳较快发展。

（杨建萍　梁海涛）

乳山市

【经济金融概况】 2010年，乳山市以科学发展观为统领，认真贯彻中央宏观调控政策，全市经济呈现持续回升向好态势，经济总量加快扩增，运行质量不断优化。各金融机构认真贯彻执行适度宽松货币政策，各项存贷款持续增长，资产质量和经营效益明显提高。各项存款持续增长，稳定性增强；各项贷款增长合理，结构进一步优化。

【金融发展与改革】 2010年，人行乳山市支行下发了《关于做好2010年货币信贷工作推进全市经济发展方式转变和经济结构调整的指导意见》，指导金融机构科学把握适度宽松货币政策内涵，贯彻落实"总量适度、优化结构、把握节奏、防范风险"的总体要求，增强金融对实体经济的支持力度，防范金融风险。

【金融服务与监管】 2010年，乳山市金融机构深入落实《全

乳山市主要经济指标

经济指标	2009	2010	2010年同比增幅（%）	经济指标	2009	2010	2010年同比增幅（%）
土地面积（平方公里）	1665	1665	--	地方财政支出（亿元）	17.87	20.95	17.24
人口（万人）	57.3	57.38	--	全社会固定资产投资（亿元）	176.25	208.27	18.17
非农业人口（万人）	16.2	16.2	--	进出口总值（万美元）	46729	55056	17.8
地区生产总值（亿元）	278.78	313.1	12.5	出口总值（万美元）	35097	28923	10.9
第一产业（亿元）	24.6	27.3	0.55	实际利用外资（万美元）	2284	5895	158.1
第二产业（亿元）	161.59	176.41	10.98	社会消费品零售总额（亿元）	94.64	112.36	18.72
第三产业（亿元）	92.62	109.39	18.18	居民消费价格指数（%）	--	--	--
财政总收入（亿元）	25.4	50.19	97.67	人均地区生产总值（元）	48616	54645	12.4
地方财政收入（亿元）	13.3	15.15	14	城镇居民可支配收入（元）	--	--	--
财政总支出（亿元）	--	--	--	农民人均现金收入（元）	8193	9356	14.2

乳山市主要金融指标

金融指标（亿元）	2009	2010	2010年同比增幅（%）	金融指标（亿元）	2009	2010	2010年同比增幅（%）
本外币存款余额	182.49	218.12	19.52	财险收入	0.38	0.42	10.53
人民币存款余额	180.55	216.61	19.97	寿险收入	2.89	2.77	-4.15
企业存款	30.16	43.28	43.5	财险赔款	0.38	0.24	36.84
储蓄存款	121.19	142.27	17.39	寿险给付	0.6	0.47	21.67
本外币贷款余额	136	160.75	18.19	当年结益	--	--	--
人民币贷款余额	134.35	160.57	19.52	证券市场交易总额	106	106	--
短期贷款	43.86	31.23	-28.8	投资者保证金余额	0.83	0.83	--
中长期贷款	82.87	119.98	44.78	证券账户开户数	6600	11700	77.27
票据融资	8.06	9.36	16.13	证券交易佣金收入	0.19	0.19	--
当年结益	2.77	2.36	-14.8	净利润	0.09	0.11	22.22
不良贷款余额	9.58	5.61	39.54				

乳山市主要金融机构负责人

单位名称	行长（或其他称谓的第一负责人）	副行长（或其他称谓的同级领导）
人行乳山市支行	李明杰	高 伟 官云山 姜福芝
银监会乳山市办事处	王卫东	
农发行乳山市支行	姜庶先	徐 卫 王钧禄
工行乳山支行	孙本浩	侯旭东 宋 宁
农行乳山支行	于炳涛	姜 明 官福杰 宋旭日
中行乳山支行	沙海涛	孙海军 张占峰
建行乳山支行	杜志刚	于波涛 徐 辉
威海商行乳山支行	孙京柱	官本军
乳山市农信联社	吕增兵	于 洋 韩文龙 郑 利 马玉青 陈 凯
邮储银行乳山市支行	林 飞	刘 利
乳山市村镇支行	王 飞	林金刚

乳山市主要金融机构业务概况

单位：亿元

单位名称	本外币存款余额	企业存款	储蓄存款	本外币贷款余额	短期贷款	中长期贷款
农发行乳山市支行	0.98	0.98	0	5.20	2.33	2.87
工行乳山支行	23.85	5.2	10.34	29.01	1.29	27.71
农行乳山支行	30.28	11.31	13.82	27.15	4.61	22.5
中行乳山支行	13.48	3.17	9.06	7.75	0.4	7.35
建行乳山支行	26.23	7.92	10.57	34.03	0.62	3.34
威海商行乳山支行	15.26	3.12	8.71	5.29	2.15	3.14
乳山市农信联社	85.34	8.75	75.02	50.25	18.8	22.09
邮储银行乳山市支行	19.92	3.55	15.12	1.64	0.73	0.92
乳山市村镇支行	0.7	0.04	0.36	0.43	0.43	0

市重点扶持成长型中小企业"金融优扶计划"》和《关于加强金融创新支持中小企业发展的实施意见》，建立灵活的信贷投放策略，积极开办仓储质押融资、中小企业信用联盟担保等信贷业务，扩大信用证、保函等表外融资业务，拓宽企业融资渠道。

（宋　宁　孔瑞华）

潍坊市

【经济金融概况】　2010年，潍坊市认真贯彻落实国家宏观调控政策，着力提高经济增长质量，经济保持了快速稳定的发展势头。全市金融部门合理增加信贷投入，大力优化结构，为辖区经济发展提供了有力的金融支撑。

一、各项存款稳步增长，余额和增量稳居全省第4位。企业存款增势回落，居民储蓄存款增势趋稳。

二、各项贷款稳步增长，增量和增速均居全省第3位。从贷款增长结构看，一般性贷款和票据融资"一增一减"，全年票据融资累计净下降79.7亿元，同比多降65.2亿元，剔除票据融资，全市金融机构一般性贷款增加557.5亿元，与上年同期基本持平。从贷款投向看，信贷结构进一步优化。一是消费贷款保持较快增长，年末，全市个人消费信贷余额354.8亿元，较年初增加115.2亿元，主要集中于住房贷款和汽车贷款；二是中小企业贷款信贷支持力度加大，年末，全市中小企业贷款余额1096.5亿元，较年初增加273.7亿元，增长33.3%；三是"三农"贷款较快增长，年末，全市涉农贷款余额1327亿元，较年初增加222.5亿元，增长20.1%，余额和增量继续稳居全省首位；四是县域贷款持续快速增长，年末，全市县域贷款余额1392亿元，较年初增加229.3亿元，增长19.7%。

【货币政策实施】　2010年，人行潍坊市中支以优化信贷结构为着力点，积极引导金融机构在加大信贷投放中促进信贷结构调整，有力支持了国家"转方式、调结构"政策的落实。

一、强化政策引导和窗口指导。一是印发了关于加强信贷服务，推进"三区"建设和关于充分发挥金融服务功能，支持城镇化发展等《意见》；二是联合有关部门出台《关于组织实施"银农金桥工程"，助推现代农业投入的意见》，召开了3次货币信贷政策与外汇政策通报会，联合召开了金融工作和滨海经济开发区发展与金融规划等座谈会，及时向金融机构和有关部门通报形势、解读政策；三是与市有关部门和县市区政府联合召开了5次不同类型的银企合作促进会，促成授信400余亿元；四是探索开办买断式再贴现业务，累计办理7.3亿元；五是向寿光张农商村镇银行发放全省首笔村镇银行再贷款5000万元。

二、积极创新信贷服务方式。一是发起开通了全省首个中小企业服务平台"潍坊中小企业金融服务网"；二是制定了《推进企业股权质押贷款业务实施方案》，指导发放股权质押贷款7.2亿元；三是印发了《排污抵押贷款管理办法》；四是在寿光试点开办的土地、大棚、住房等抵押贷款已达2.5亿元，《人民日报（内参）》两期整版予以刊载；五是引导创新推广艺术品质押、钢结构抵押、土地增减挂钩贷款等20余个信贷产品。

三、加强调研分析和监测。一是组织对转方式调结构、农村金融改革、涉外经济发展等热点进行了调研，形成分析报告200余篇，总分行采用90余篇，12篇调研文章在总分行征文比赛获奖；二是坚持向市委市政府提报货币信贷月度分析《呈阅件》和重要事项《专报件》制度，共上报29期；三是在市委常委、市政府常务等11次会议上发言，提出的措施建议得到了政府领导的赞同。

四、加快推进社会信用体系建设。一是建立了市社会信用体系建设联席会议制度，统筹协调该项体系建设工作；二是与市中级法院联合制定了《关于执行征信系统对接金融征信系统的意见》，建立了案件执行信息共享机制，并在青州市召开了诉讼诚信体系建设现场会；三是完成了390户农民专业合作社的规范化、信用桥梁、信贷服务3项建设任务，指导农信社与评级公司联合对54户企业进行了信用评级，完成15458户中小企业的信息采集工作。

【金融稳定】　2010年，人行潍坊市中支积极主动、扎实有效地开展金融稳定工作，为"转方式、调结构、促增长"营造良好的金融环境。

一、进一步完善区域金融维稳机制。一是积极完善与银行监管部门，银行、保险同业协会信息资料双向交流制度，交流范围由报表信息逐步扩大至部分调查信息；二是对全市6家银行信贷政策执行及风险变化情况进行现场调查，对信贷操作的合规性及信贷结构方面存在的问题进行风险提示；三是推动支行层面健全完善维护金融稳定工作框架，选择高密市支行建立"窗口指导"与金融维稳召告制度，对贯彻执行货币信贷政策、维护金融稳定不力的银行机构采取个别召见形式予以告知，督促改进。

二、继续加强银行业监测评估与风险预警。一是持续关注地方法人金融机构经营动态，切实做好风险研判和提示；二是加强对新型农村金融组织和准金融机构的监测；三是密切关注银行不良贷款动态变化及行业分布、增减变化特点与影响因素等方面的情况；四是对全市法人银行机构及新型农村金融机构的风险状况进行监测分析，维护金融稳定。

三、密切关注并加强对政府融资平台贷款风险的监测分析。组织金融机构对融资平台设立背景、财务状况、偿债能力、地方监督管理、银行信贷管理、融资平台项目进展、还本付息、

潍坊市经济主要统计指标

指标 \ 年度	2006	2007	2008	2009	2010	2010年同比增幅（%）
土地面积（平方公里）	16005	16005	16005	16005	16005	0
人口（万人）	855.30	859.10	862.48	867.85	873.8	0.69
非农业人口（万人）	328.30	371.71	398.30	418.82	--	--
地区生产总值（亿元）	1720.88	2056.02	2491.81	2727.77	3090.92	13.3
第一产业（亿元）	211.81	237.54	281.69	301.96	330.51	4.3
第二产业（亿元）	1000.63	1194.67	1455.05	1564.67	1720.29	13.2
工业（亿元）	916.51	1100.25	1339.38	1419.08	1545.56	13.2
建筑业（亿元）	84.12	94.42	120.71	145.59	174.7	19.99
第三产业（亿元）	508.44	623.81	755.07	861.15	1040.13	16.0
人均地区生产总值（元）	19677	23349	28106	30568	34250	12.1
地区生产总值构成（%）	100	100	100	100	100	--
第一产业（%）	12.31	11.55	11.31	11.07	10.69	-0.46
第二产业（%）	58.14	58.11	58.39	57.36	55.66	-.071
第三产业（%）	29.55	30.34	30.30	31.57	33.65	1.17
财政总收入（亿元）	177.67	224.45	259.96	299.49	380.92	27.2
地方财政收入（亿元）	88.54	110.57	131.96	157.95	202.43	28.2
财政总支出（亿元）	114.90	148.79	182.30	227.7	291	27.8
地方财政支出（亿元）	107.4	135.2	160.4	196.9	248.5	26.2
全社会固定资产投资（亿元）	1043.22	1208.39	1523.40	1890.50	2331.02	22.6
规模以上固定资产投资（亿元）	999.5	1178.2	1499.88	1858.77	2304.2	22.7
房地产开发（亿元）	98.42	156.63	196.44	266.50	367.63	37.9
进出口总值（亿美元）	51.90	65.10	83.78	80.80	117.51	46.5
出口总值（亿美元）	38.60	51.80	65.40	62.00	86.96	41.4
实际利用外资（亿美元）	6.90	6.20	4.85	6.78	7.21	6.4
社会消费品零售总额（亿元）	573.60	674.30	830.30	988.49	1151.12	18.6
居民消费价格指数（%）	101	103.8	105.2	100.50	102.60	2.60
城市居民人均可支配收入（元）	11845.99	13716.23	15691.37	17267.30	19675.1	13.9
农民人均现金收入（元）	5507.5	6278.3	7071.6	7694.55	8871.6	15.3

潍坊市工农业主要统计指标

农业主要统计指标（万吨）				规模以上工业企业主要统计指标（亿元）			
项目 \ 年度	2009年	2010年	增幅（%）	项目 \ 年度	2009年	2010年	增幅（%）
粮食	520.8	522.6	0.3	工业增加值	1498.98	1958.27	15.4
夏粮	240.9	242.2	0.54	国有工业	80.61	95.96	8.1
秋粮	280	280.4	0.14	集体工业	50.17	55.23	2.6
棉花	5.5	5.1	-6.6	股份制工业	1023.08	1365.57	17.9
油料	27	27.03	0.1	股份合作制工业	6.13	7.26	18.5
水果	97	92.3	-4.8	外商及港澳台投资工业	231.45	292.33	14.3
蔬菜	1006.9	1089.8	8.2	轻工业	623.16	787.83	15.4

续表

农业主要统计指标（万吨）				规模以上工业企业主要统计指标（亿元）			
项目 \ 年度	2009年	2010年	增幅（%）	项目 \ 年度	2009年	2010年	增幅（%）
肉类	114.7	123.1	7.4	重工业	875.82	1170.44	33.6
禽蛋	26.3	26.2	-0.4	销售收入	5928.31	7722.89	31.2
奶类	22.2	27.8	25.2	利税	498.37	692.70	41.9
水产品	42	45.8	9.0	利润	323.50	472.13	45.8
森林覆盖率（%）	33.0	35.2	2.2	经济效益综合指数（%）	--	--	--

潍坊市主要金融机构负责人

单位名称	行长（或其他称谓的第一负责人）	副行长（或其他称谓的同级领导）
人行潍坊市中心支行	刘福毅	郑录军　李万友　孙广明　陈光升　徐广平
银监会潍坊监管分局	陈福成	郭虎英　张志荣　刘文正　璩新民
农发行潍坊市分行	许　静	韩玉忠　杜　军
工行潍坊分行	孙长庚	高华江　刘明江　杨宗海　吴　江 鞠立坤　鞠　雷　韩志忠
农行潍坊市分行	闵令民	曲延航　贺祥军　董月民　付　晓　孙宗印
中行潍坊分行	宋志枫	慕永仕　谢书波　韩桂志　宋若钦　孙晓宁
建行潍坊分行	杨德峰	胡永军　白彤文　封汇泉 逄显辉　辛立国　陈俊德
潍坊银行	史跃峰	王新光　王宗华　温英杰　陈瑞源 周世国　仪修喜　朱毅达
招行潍坊分行	齐君承	郑　禄　董绍东
兴业潍坊支行	苏军良	张廷文
民生潍坊分行	马　杰	冯景伦　王晓光　刘洪涛
农信社潍坊市办事处	王新声	王祖玉　孔祥波　马春成　袁义东 曹洪启　颜廷军　赵保修
邮储银行潍坊市分行	张立海	张俊兰　薛　梅　王风华

潍坊市金融业务统计指标

指标（亿元） \ 年度		2006	2007	2008	2009	2010	2010年同比	
							增加额	增幅（%）
银行类	本外币存款余额	1443.33	1652.17	2060.05	2768.22	3307.7	539.5	19.49
	人民币存款余额	1425.55	1637.44	2040.46	2738.96	3281.25	542.30	19.80
	企业存款	274.53	339.92	389.97	619.10	746.94	116.54	18.82
	储蓄存款	913.02	1038.74	1326.49	1605.11	1843.79	238.68	14.87
	定期储蓄存款	611.72	700.85	918.28	1072.50	1193.27	120.78	11.26
	活期储蓄存款	301.3	337.89	408.2	532.61	650.51	117.90	22.14
	本外币贷款余额	1056.82	1637.44	1513.40	2074.45	2570.84	496.39	23.93
	人民币贷款余额	1031.72	1227.02	1495.57	2042.63	2514.81	472.19	23.12
	短期贷款	644.3	753.73	829.43	1086.94	1350.12	276.18	25.41
	中长期贷款	277.24	357.32	486.05	789.99	1078.88	275.90	34.92

续表

指标（亿元）		2006	2007	2008	2009	2010	2010年同比增加额	2010年同比增幅（%）
银行类	票据融资	106.35	112.59	179.88	165.36	85.65	-79.71	-48.20
	当年结益	13.04	22.72	38.86	53.21	67.4	14.2	26.7
	不良贷款余额	82.33	87.28	54.87	41.55	32.46	-9.1	-21.90
	不良贷款占比%	7.79	6.94	3.63	2.00	1.26	-0.74	--
	现金收入	5323.99	6017.63	6389.57	7388.33	8865.5	1477.17	19.99
	现金支出	5268.2	5962.51	6346.8	7346.75	8835.8	1489.05	20.27
	现金投放（+）回笼（-）	-55.8	-55.12	-42.76	-41.58	-29.7	11.88	-28.57
保险类	保险公司保费收入	31.78	41.29	56.58	64.92	86.45	21.53	33.16
	财险收入	10.04	13.65	15.91	19.57	27.54	7.97	40.73
	寿险收入	21.74	27.64	40.67	45.36	58.91	13.55	29.89
	保险公司赔款和给付支出	12.44	11.9	9.77	12.36	14.98	2.62	21.15
	财险赔款	6.18	6.8	8.62	10.54	12.84	2.3	21.82
	寿险给付	3.26	5.1	1.15	1.82	2.14	0.32	17.28
	当年结益	-1.56	-2.99	-3.02	--	--	--	--
证券类	证券市场成交总额	275.46	1258.17	965.27	1829.55	1418	-411.5	-22.49
	投资者保证金余额	6.03	17.63	11.11	22.41	17.1	-5.31	-23.69
	证券账户开户数	--	24.44	27.8	29.455	31.55	2.1	7.13
	佣金收入	0.73	3.25	2.29	4.38	3.36	-1.02	-23.29
	净利润	0.23	2.29	1.52	3.2	2.27	-0.93	-29.06
	期货市场成交总额	200.57	699.36	1110.23	1429.04	1594	164.96	11.54
	期货客户保证金余额	0.29	0.84	0.35	1.10	2	0.9	81.82
	期货账户开户数	242	467	372	1708	3346	1638	95.90
	期货手续费收入	--	--	--	--	0.11	--	--
	利润总额	--	--	--	--	0.03	--	--

潍坊市金融机构统计指标

指标（个）		2006	2007	2008	2009	2010	2010年同比增幅（%）
银行类	法人机构	14	14	14	15	15	0
	省级分行	0	0	0	0	0	0
	二级分行	7	7	10	12	12	0
	县区支行	159	159	174	322	335	4.04
	分理处、营业所	496	495	607	965	962	-0.31
	储蓄所	454	416	410	11	11	0
	从业人员总数	17694	18156	18982	19006	19628	3.27
保险类	保险机构	174	204	252	263	271	3.04
	财险机构	94	103	122	127	131	3.15
	省级分公司	0	0	0	0	0	0
	地市分公司	14	16	20	21	23	9.52
	县区支公司	80	87	102	106	108	1.89

续表

指标（个）＼年度		2006	2007	2008	2009	2010	2010年同比增幅（%）
保险类	寿险机构	80	101	130	136	140	2.94
	省级分公司	0	0	0	0	0	0
	地市分公司	8	12	20	22	23	4.55
	县区支公司	72	89	110	115	117	1.74
	从业人员总数	17392	20465	29684	28974	30599	5.61
	财险人员	4800	5871	7111	7136	7540	5.66
	寿险人员	12592	14594	22573	21838	23058	5.59
证券类	证券机构	11	12	12	16	21	31.25
	证券公司	1	1	1	1	3	200.00
	证券营业部	6	7	7	11	15	36.36
	证券服务部	4	4	4	4	3	-25.00
	从业人员总数	104	163	170	176	283	60.80
	投资者开户	110855	217087	262226	297889	31567	5.97
	境内上市股票支数	8	10	11	12	15	25.00
	境外上市股票支数	4	8	11	13	18	38.46
	辖区上市公司总数	11	16	19	21	29	38.10

潍坊市主要金融机构业务概况

单位：亿元

单位名称	本外币存款余额	人民币企业存款	人民币储蓄存款	本外币贷款余额	人民币短期贷款	人民币中长期贷款
农发行潍坊市分行	21.18	12.55	0	103.76	48.62	55.13
工行潍坊分行	397.73	115.46	179.87	428.98	126.83	296.34
农行潍坊市分行	480.32	101.40	319.43	327.82	202.32	118.86
中行潍坊分行	267.84	88.87	112.08	245.43	82.87	121.78
建行潍坊分行	332.21	85.79	168.87	270.89	51.06	201.26
交行潍坊分行	130.18	44.32	34.88	94.48	43.45	40.06
潍坊银行	323.80	63.74	127.11	224.03	179.26	28.37
农信社潍坊市办事处	857.77	82.55	701.96	639.27	498.34	106.30
邮储银行潍坊市分行	191.65	12.63	177.93	30.19	16.97	11.23

潍坊市各县级区域经济金融主要统计指标

名称	人口（万人）	面积（平方公里）	地区生产总值（亿元）	地区生产总值增速（%）	本外币存款余额（亿元）	储蓄存款（亿元）	本外币贷款余额（亿元）
潍城区	36.57	289	150.2	13.4	--	--	--
奎文区	49.50	88	111.1	13.0	--	--	--
坊子区	52.54	312	80.1	11.0	--	--	--
寒亭区	42.63	869	123.3	13.5	--	--	--
青州市	91.40	1569	346.43	13.10	317.76	230.32	209.75
诸城市	107.5	2168.6	456.60	14.41	281.63	182.56	16.69
寿光市	103.3	2072	470.3	12.78	394.59	252.98	321.85

续表

名称	人口（万人）	面积（平方公里）	地区生产总值（亿元）	地区生产总值增速（%）	本外币存款余额（亿元）	储蓄存款（亿元）	本外币贷款余额（亿元）
安丘市	94.8	1710	175	13.10	169.29	128.71	116.78
高密市	86.87	1526.63	328.28	19.70	154.92	124.71	153.79
昌邑市	58.15	1582	230.3	14.3	210.71	151.11	124.22
临朐县	87.00	1833	140.6	13.5	150.22	117.98	94.06
昌乐县	61.17	1101	166.80	13.5	149.80	89.32	119.58

资金投向、风险控制等情况进行全面调查分析，结合宏观调控政策变化进行预测。

【金融服务】 2010年，人行潍坊市中支积极创新金融服务方式，拓展服务的广度和深度。一是组织了“优化金融服务，方便企业居民现金供应试点”启动仪式，在全省率先开展了银警联合反假货币示范点和创建现金服务示范点工作；二是国库直接支付种类拓展到低保补贴、贫困生助学金、外贸企业补贴等20项，种类和金额居全省第1位，并开展国库直接办理无记名国债兑付业务；三是着重引导县支行在服务“三农”上选准履职切入点，积极主动地推进特色县支行建设；四是印发了《关于改进外汇管理与服务，支持全市涉外经济平稳较快发展的指导意见》，推出了7项促进企业贸易投资便利化的措施；五是选取全市30家重点进出口企业实施“一企一策”服务，现场解决实际问题；六是举办了跨境贸易人民币结算政策宣讲暨贸易融资产品推介会，与100家企业建立联系与问题反馈制度，共办理跨境人民币结算业务21笔、5.8亿元，位居全省前列。

【金融监管】 2010年，潍坊市金融监管部门以维护金融秩序为目标，强化对金融机构的监督管理。

人行潍坊中支积极履行监管职能，有效维护了辖区金融秩序。一是印发了《市级银行机构综合考核评价办法》，组织对15家市级银行机构2010年上半年执行金融政策、法律法规情况进行综合考核评价；二是制定了《金融机构综合评价暂行办法》，将综合考核评价范围从银行扩大到证券、保险机构；三是完成了分行部署的对中行淄博分行及所属12家支行、烟台银行及所属3家支行的综合执法检查；四是组织了执行信贷政策现场督导、金融统计、银行卡、商业汇票承兑贴现、反洗钱等现场检查；五是制定《银行机构开业报告和重大事项报告操作规程》，要求新设机构开业前由人行检查验收和技能考核，经营过程中发生的重大事项在5个工作日内报告；六是对市保险行业协会负责人、24家金融机构主要负责人进行了约见谈话，提出了反洗钱、外汇等监管要求。

潍坊银监分局积极开展市场监管和宣教活动。一是开展了“维护市场秩序月”活动，督促树立合法经营和公平竞争意识；二是举办了为期1个月的宣传活动，形成了以网点为依托、市县乡三级联动、监管与协会巡视督导的多层次、全覆盖宣传格局；三是市级、县市区电视台在黄金时段播放相关报道及系列公益广告片，潍坊日报等地方媒体进行了重点采访和深度报道，中国金融网、大众网、潍坊新闻网等网络媒体对部分银行机构进行了实时报道。

【外汇管理】 2010年，外管局潍坊市中心支局抓住提升外汇服务水平和监管质量两个着力点，积极助推贸易投资便利化，支持涉外经济发展。一是完成了省分局部署的打击外汇违法违规流入、外汇统计等7项专项检查，组织了外汇保险业务等3项检查，对违规问题立案查处4起；二是分别对2家企业的资本金结汇、股权转让进行了现场核查；三是建立外汇监测分析数据库，按月监测地区跨境资金各项变动情况及其趋势；四是建立了国际收支申报数据差错确认反馈机制，提高了辖区国际收支数据质量；五是提议并参与编写的《国际收支现场核查工作指引》，总局转发全国推广。

【保险业务】 2010年，潍坊市保险业稳健发展，为全市的社会经济发展提供了重要支持。截至年末，全市保险深度为2.80%，同比提高0.42个百分点；保险密度为989.36元/人，增加236.65元。

【证券市场】 2010年，潍坊市新增上市公司8家，融资105亿元。截至年末，全市共有29家企业、33只股票在境内外上市交易，其中，境内上市公司14家，境外上市公司15家，累计从资本市场募集资金395亿元。证券公司全年总交易额683亿元，实现利润1.84亿元。期货公司全年代理期货交易量272万手，实现营业收入1191万元。

【精神文明建设】 2010年，潍坊市金融部门加强精神文明建设，取得了良好效果。人行潍坊市中支开展了“推进民主管理，构建和谐央行”和“我为央行发展献一策”活动，并组织迎新春文艺晚会和“央行文化小故事”征集等系列活动。农发行潍坊市分行举办了“庆祝建党89周年·我心向党”、“金秋十月·与共和国同行”文艺汇演等活动。市农信联社开展了“知我农信、爱我农信、奉献农信”演讲比赛，并组织党员赴重庆红岩、西柏坡接受再教育，开展挖掘基层典型人物等活动。工行潍坊分行组织参加了“全省十大道德模范”和“职工之家”评选活动。中行潍坊分行举办了“弘扬蓝图精神,追求卓越业绩,30周年行庆暨核心价值观优秀案例演讲汇报会”,树立了爱行敬业的典型与榜样。招行潍坊分行开展了企业文化节，举办了“庆‘三八’女员工羽毛球友谊赛”、“行庆杯”职工乒羽比赛等活动。潍坊银行积极投身公益事业,向地震灾区、教育事业、扶贫村累计捐款150余万元，并与中央电视台合作拍摄《状元360超级点钞》节目。

【大事记】 1月22日 潍坊银行青岛分行开业。

1月28日 民生银行潍坊分行开业。

3月16日 人行潍坊中支与市金融办、寿光市政府联合举办“2010寿光政银企合作交流会”,签约金额333亿元。

3月22日 中信银行与市金融办、海关、市商务局联合举办“新形势下进出口企业面临的挑战及对策中信银行外汇业务高层论坛”。

4月8日 招商银行潍坊奎文支行正式开业。

4月23日 山东省农村金融支付服务环境建设推进会在寿光市召开,人行总行副行长苏宁,山东省副省长王随莲出席会议并讲话。

4月25日 招商银行潍坊分行营业办公大楼整体搬迁。

5月6日 建行总行李礼辉行长一行到潍坊调研。

5月11日 人行总行胡晓炼副行长率国务院9部门联合调研组到寿光调研农村信用合作组织发展情况。

5月23日 工行潍坊分行由潍州路391号迁至胜利东街5099号金融街D座。

5月31日 潍坊银行与德国储蓄银行国际合作基金会合作创建的微贷中心开业。

6月18日 潍坊银行青州金鼎支行开业。

6月22日 中行潍坊分行向香港开出第一笔跨境人民币信用证,这是潍坊市第一笔跨境人民币贸易结算业务。

7月8日~9日 全国“农村支付服务环境建设经验交流会”在寿光召开,人行总行副行长刘士余,山东省副省长王随莲出席会议并做重要讲话。

7月27日 中信银行潍坊分行正式开业。

7月29日 招商银行潍坊胜利东街支行开业。

8月3日 寿光农村商业银行投资控股设立的天津东丽村镇银行开业。

8月18日 农行总行刘梅生副行长一行到潍坊市考察调研支持高密孚日集团和白浪河综合治理项目。

8月30日 新华社记者到临朐县对农信社支持农民专业合作社发展情况进行专题采访。

9月18日 青州市政府举行市金融服务中心揭牌仪式。

12月17日 “潍坊市排污权首笔交易暨排污权抵押贷款启动仪式”成功举行。

12月25日 潍坊金融财政研究院在潍坊学院正式成立,人行潍坊市中支、潍坊学院、市金融办、市财政局、银监局签署合作协议。

(杨金柱 庆建奎)

青州市

【经济金融概况】 2010年，青州市金融部门认真贯彻落实宏观调控政策,在支持地方经济发展的同时,自身也取得了较快发展。保险市场进一步繁荣,证券市场低迷,全年新开户数量和市场交易量同比大幅下降。

【金融发展与改革】 2010年，人行青州市支行一是通过向地方政府报送《呈阅件》,定期召开行长季度例会、信贷部门负

青州市主要经济指标

经济指标	2009	2010	2010年同比增幅(%)	经济指标	2009	2010	2010年同比增幅(%)
土地面积(平方公里)	1569	1569	0	地方财政支出(亿元)	19.60	19.70	15.50
人口(万人)	90.89	91.40	0.56	全社会固定资产投资(亿元)	191.70	235.50	22.85
非农业人口(万人)	32.32	32.50	0.55	进出口总值(万美元)	21871	28300	29.39
地区生产总值(亿元)	303.60	346.43	13.10	出口总值(万美元)	18602	23787	27.87
第一产业(亿元)	30.50	33.67	4.40	实际利用外资(万美元)	2140	4968	132.15
第二产业(亿元)	172.70	191.94	12.70	社会消费品零售总额(亿元)	106.6	111.4	18.70
第三产业(亿元)	97.10	120.81	16.40	居民消费价格指数(%)	99.6	103.7	3.70
财政总收入(亿元)	36.50	43.40	19.20	人均地区生产总值(元)	33133	38008	14.71
地方财政收入(亿元)	14.70	18.10	23.00	城镇居民可支配收入(元)	13864	15556	12.20
财政总支出(亿元)	19.60	22.81	15.90	农民人均现金收入(元)	7695	8811	14.50

青州市主要金融指标

金融指标（亿元）	2009	2010	2010年同比增幅（%）	金融指标（亿元）	2009	2010	2010年同比增幅（%）
本外币存款余额	269.77	317.76	17.82	财险收入	1.5	1.77	18.00
人民币存款余额	268.81	316.72	17.82	寿险收入	4.7	6.16	31.06
企业存款	33.64	42.08	25.09	财险赔款	0.71	0.83	16.90
储蓄存款	204.26	230.32	12.4	寿险给付	0.74	0.65	-12.16
本外币贷款余额	175.42	209.75	19.6	当年结益	0.54	0.63	16.67
人民币贷款余额	171.00	203.00	18.71	证券市场交易总额	154.02	121. 67	-21.0
短期贷款	100.17	132.94	32.71	投资者保证金余额	1.30	1.12	-13.85
中长期贷款	47.39	67.95	43.38	证券账户开户数	2800	2100	-25.0
票据融资	23.45	5.4	-76.97	证券交易佣金收入	0.36	0.29	-19.44
当年结益	4. 2	--	--	净利润	0.30	0.21	-30.0
不良贷款余额	3.12	2.23	-28.53				

青州市主要金融机构负责人

单位名称	行长（或其他称谓的第一负责人）	副行长（或其他称谓的同级领导）
人行青州市支行	赵卫东	董建平 高永玲 李英海
银监会青州市办事处	张洪波	
农发行青州市支行	葛金忠	张连斌 李秋萍
工行青州支行	庄宏伟	刘世春 于海成 刘 军 肖 强
农行青州市支行	李少波	郭立芳 吴振坤 尹爱生 史洪春
中行青州支行	付廷泉	邵桂珠
建行青州支行	黄 杰	王玉惠 冯恩生 程伟华
潍坊银行青州支行	崔家祥	高永梅
潍坊银行青州金鼎支行	聂兴华	于佳彤
邮储银行青州市支行	梁伟业	郭江波
青州市农信联社	褚玉国	刘际中 高 岭 郎咸鹏 王子斌 王家厚 陈仁鹏
齐商银行青州支行	贾如玉	路红军 袁建军

青州市主要金融机构业务概况

单位：亿元

单位名称	本外币存款余额	企业存款	储蓄存款	本外币贷款余额	短期贷款	中长期贷款
农发行青州市支行	1.95	1.32	0	12.31	8.01	4.30
工行青州支行	34.31	5.30	19.51	31.07	8.45	22.46
农行青州市支行	71.18	12.55	52.50	42.00	27.74	13.69
中行青州支行	27.54	4.06	12.26	14.28	6.65	4.32
建行青州支行	31.13	5.55	20.66	19.48	3.03	16.45
潍坊银行青州支行	11.69	3.00	4.68	9.67	7.47	2.20
青州市农信联社	107.65	6.39	96.27	77.54	68.95	3.75
邮储银行青州市支行	24.72	0.85	23.82	2.58	1.80	0.77

责人座谈会等方式传递央行调控政策取向，并参与修订了《金融机构年度综合考核办法》；二是各金融机构先后开展“中小企业帮扶”、“送贷款下乡”等活动，培育花卉、物流、旅游、机械制造等小额贷款集群，开办“书画城艺术品投资贷款”等贷款项目；三是齐商银行潍坊青州银行成立，辖区银行机构达10家。

【金融服务与监管】 2010年，人行青州市支行实施金融机构新开业准入、金融稳定重大事项报告等制度，加强对法人金融机构的监测力度，积极开展金融统计、征信管理和反洗钱等检查活动，提高了金融监管的前瞻性，维护了金融稳定。监管部门认真履行职责，依法实施有效日常监管，促进了银行业健康稳健发展。

（刘序刚　王　波）

诸城市

【经济金融概况】 2010年，诸城市深入贯彻落实科学发展观，积极应对经济运行中出现的各种问题，推动全市经济平稳快速发展。金融机构认真贯彻执行国家各项宏观调控政策，优化信贷结构，金融保持了平稳运行。

【金融发展与改革】 2010年，人行诸城市支行一是积极创新政银企合作方式，通过“人行搭台——政府参与——银企对接－多方联动”，推进政银企合作共赢，协调引导银行机构与

诸城市主要经济指标

经济指标	2009	2010	2010年同比增幅（%）	经济指标	2009	2010	2010年同比增幅（%）
土地面积（平方公里）	2168.6	2168.6	0	地方财政支出（亿元）	26.74	33.60	25.61
人口（万人）	107.4	107.5	0.09	全社会固定资产投资（亿元）	222.12	271.21	22.73
非农业人口（万人）	--	--	--	进出口总值（万美元）	84643	116139	37.24
地区生产总值（亿元）	402.01	456.60	14.41	出口总值（万美元）	67521	95084	40.83
第一产业（亿元）	41.69	44.97	4.00	实际利用外资（万美元）	4224	6323	49.70
第二产业（亿元）	251.13	280.66	14.23	社会消费品零售总额（亿元）	109.18	131.50	19.43
第三产业（亿元）	109.19	130.97	18.32	居民消费价格指数（%）	98.7	103.5	3.51
财政总收入（亿元）	40.36	51.50	27.61	人均地区生产总值（元）	37533	42514	13.27
地方财政收入（亿元）	24.62	31.03	26.14	城镇居民可支配收入（元）	15514	17050	9.90
财政总支出（亿元）	29.81	38.12	27.93	农民人均现金收入（元）	8327	9270	11.32

诸城市主要金融指标

金融指标（亿元）	2009	2010	2010年同比增幅（%）	金融指标（亿元）	2009	2010	2010年同比增幅（%）
本外币存款余额	246.09	281.63	14.44	财险收入	1.4	1.57	12.14
人民币存款余额	243.46	279.29	14.72	寿险收入	4.3	5.21	21.16
企业存款	42.90	56.90	32.63	财险赔款	0.94	0.95	1.06
储蓄存款	156.44	182.56	16.69	寿险给付	0.66	0.16	-75.76
本外币贷款余额	210.70	251.92	19.56	当年结益	0.13	0.14	7.69
人民币贷款余额	210.29	250.87	19.30	证券市场交易总额	46.42	73.12	57.52
短期贷款	125.06	151.72	21.31	投资者保证金余额	0.24	1.11	362.50
中长期贷款	67.50	96.53	43.00	证券账户开户数	1172	1352	15.36
票据融资	17.58	2.48	-85.89	证券交易佣金收入	0.12	0.12	0
当年结益	5.58	5.98	7.21	净利润	0.024	0.023	-4.17
不良贷款余额	4.38	4.01	-0.49				

诸城市主要金融机构负责人

单位名称	行长（或其他称谓的第一负责人）	副行长（或其他称谓的同级领导）
人行诸城市支行	陈关庆	张作良　张振望　王泽民
银监会诸城市办事处	刘永国	郑凤楼　李砚学
农发行诸城市支行	隋全亮	车承斌　孙　军
工行诸城支行	宋新岗	王友乾　王海军　常见京　赵景平
农行诸城支行	张俊生	江文胜　刘中华　王利民　刘　生
中行诸城支行	王方和	王若军　孟　咏
建行诸城支行	刘志勇	王　群　郭智勇　方振吉　赵　勇　王淑斌
潍坊银行诸城市支行	郑友坤	郭培森
诸城农合行	单亦聚	李文祥　孙　军　高　建　杨成东
邮储银行诸城市支行	戴　京	东庆吉

诸城市主要金融机构业务概况

单位：亿元

单位名称	本外币存款余额	企业存款	储蓄存款	本外币贷款余额	短期贷款	中长期贷款
农发行诸城市支行	2.18	1.27	0	12.07	8.57	3.50
工行诸城支行	39.41	15.72	16.39	57.29	16.69	40.04
农行诸城市支行	62.20	13.41	39.84	60.29	43.22	16.39
中行诸城支行	22.26	6.34	12.46	17.96	10.28	6.33
建行诸城支行	28.34	11.16	12.47	20.91	3.96	16.83
潍坊银行诸城市支行	12.19	4.37	3.64	10.38	8.54	1.85
诸城农合行	95.77	5.30	81.20	69.69	58.46	10.27
邮储银行诸城市支行	18.27	0.88	17.10	3.33	2.01	1.32

镇(街)中小企业达成项目融资意向 32 个,协议贷款融资 14.6 亿元;二是制定了金融支持房地产市场健康发展的政策措施;三是出台《信贷助推妇女创业就业实施意见》,切实解决妇女创业就业资金瓶颈问题。

【金融服务与监管】　2010 年,诸城市金融部门出台了《农村社区金融服务推进方案》,进一步细化了各项工作指标、具体步骤和措施,对社区金融服务工作逐月调度、协调指导,依法实施有效日常监管,促进了银行业健康稳健发展。

（于彦昌　周文平）

寿光市

【经济金融概况】　2010 年,寿光市产业结构进一步优化,金融运行态势良好,各项存贷款大幅增长,资产质量不断改善。

【金融发展与改革】　2010 年，寿光市金融部门积极创新服务方式,为各项社会事业的发展提供了有力支撑。一是金融支持国产蔬菜种苗发展的做法得到温家宝总理批示；二是率先在全国实现了农户信用评定全覆盖；三是农行成功发放全国首笔土地增减挂钩贷款；四是人行总行胡晓炼副行长带领国务院 9 部委调研组来寿光调研指导农信合作组织发展情况,对寿光金融工作给予充分肯定;五是交行、招行寿光支行正式开业。

【金融服务与监管】　2010 年，人行寿光市支行对 6 家银行国库集中收付代理资格进行了认定，并与 5 家银行签订了代

寿光市主要经济指标

经济指标	2009	2010	2010年同比增幅（%）	经济指标	2009	2010	2010年同比增幅（%）
土地面积（平方公里）	2072	2072	0	地方财政支出（亿元）	52.7	60.16	--
人口（万人）	103.3	103.3	0	全社会固定资产投资（亿元）	221.9	271.1	22.7
非农业人口（万人）	48.1	48.9	1.66	进出口总值（万美元）	106366	210000	110
地区生产总值（亿元）	417	470.3	12.78	出口总值（万美元）	70353	150605	114
第一产业（亿元）	60.6	67	5.0	实际利用外资（万美元）	21546	22474	5.6
第二产业（亿元）	205	244	14.2	社会消费品零售总额（亿元）	110	136.6	19.2
第三产业（亿元）	151	159	18.6	居民消费价格指数（%）	104.6	105.7	0.96
财政总收入（亿元）	44.1	56.2	27.4	人均地区生产总值（元）	40857	45660	11.8
地方财政收入（亿元）	25	32.3	28.6	城镇居民可支配收入（元）	20067	22860	13.9
财政总支出（亿元）	65.04	95.82	--	农民人均现金收入（元）	12300	14080	14.8

寿光市主要金融指标

金融指标（亿元）	2009	2010	2010年同比增幅（%）	金融指标（亿元）	2009	2010	2010年同比增幅（%）
本外币存款余额	326.64	394.59	20.8	财险收入	3.01	2.7	-10.3
人民币存款余额	324.93	391.68	20.5	寿险收入	5.07	6.8	34.1
企业存款	53.45	77.8	45.6	财险赔款	1.01	1.2	18.8
储蓄存款	225.50	252.98	12.2	寿险给付	0.97	0.23	-76
本外币贷款余额	262.04	321.85	22.8	当年结益	0.19	0.21	10.5
人民币贷款余额	150.28	307.60	104.6	证券市场交易总额	157	135	-16.3
短期贷款	164.59	197.47	20.1	投资者保证金余额	1.9	1.6	-18.7
中长期贷款	81.71	107.56	32.1	证券账户开户数	12699	3175	-299
票据融资	14.91	2.57	-82.7	证券交易佣金收入	0.46	0.28	-64.3
当年结益	9.28	10.88	17.2	净利润	0.02	0.01	-100
不良贷款余额	2.1	1.9	-9.5				

寿光市主要金融机构负责人

单位名称	行长（或其他称谓的第一负责人）	副行长（或其他称谓的同级领导）
人行寿光市支行	姜　森	翟　波　孙瑞民　张　杰
银监会寿光市办事处		牟俊国
农发行寿光市支行	苗乃敏	孙建华
工行寿光支行	伦九亮	孔德宽　赵忠义　李林林　徐庆方　王翠兰
农行寿光市支行	王会堂	刘学森　桂卫东　韩亿民　张子之
中行寿光支行	邱广清	于见波　张建海
建行寿光支行	刘光辉	郭春宇　王登祥　王　宏
潍坊银行寿光支行	李文玲	李　峰
寿光农商行	崔建强	李全富　孙国义　赵　磊　赵庆国　韩泓冰
邮储银寿光市支行	郭维政	孙玉成
张农商村镇银行	周兴江	
交行寿光支行	禹国明	王金山　李振华
招行寿光支行	张海波	李　超

寿光市主要金融机构业务概况

单位：亿元

单位名称	本外币存款余额	企业存款	储蓄存款	本外币贷款余额	短期贷款	中长期贷款
农发行寿光市支行	2.21	1.38	0.00	6.00	3.20	2.80
工行寿光支行	52.28	16.39	21.30	60.02	22.08	37.22
农行寿光市支行	86.61	18.51	56.77	64.09	43.35	20.74
中行寿光支行	23.67	12.12	7.00	26.03	7.68	16.38
建行寿光支行	27.52	7.98	12.98	24.97	6.44	16.54
潍坊银行寿光支行	15.07	4.65	3.52	13.30	12.54	0.75
寿光农商行	137.84	9.86	116.05	101.98	83.77	17.81
邮储银寿光市支行	34.34	1.11	33.19	1.94	1.94	0.31
张农商村镇银行	4.18	1.88	1.58	4.28	4.28	0
交行寿光支行	7.42	3.71	0.67	15.60	12.48	1.64
招行寿光支行	3.03	2.60	0.31	3.65	3.65	0

理协议。同时，加强账户管理与服务，组织银行机构网点进行了账户管理系统、公民身份联网核查系统的应急演练。监管部门认真履行职责，以深化农村合作银行改革，全面提高信贷资产质量，加强内控制度建设，提高风险管理和防范能力为重点，实施依法、有效监管，维护了良好的金融秩序。

（王向明　王晓燕）

安丘市

【经济金融概况】　2010年，安丘市认真贯彻落实国家宏观调控政策，着力转方式、调结构、促增长、惠民生，经济实现了又好又快发展。金融部门继续实施适度宽松的货币政策，有效增加信贷投放，努力改善金融服务，为经济持续稳健发展提供了强有力支撑。

【金融发展与改革】　2010年，人行安丘市支行一是制定了《关于金融支持低碳经济发展的指导意见》；二是配合市委组织部建立大学生村官自主创业联席会议制度，推动市政府设立100万元贷款担保基金；三是农行“三农事业部”挂牌，对“三农”支持力度加大；四是农信社强化内控，规范股本金，向农商行转型工作顺利开展；五是齐鲁、中信万通证券落户安丘，2家小额贷款公司设立，金融体系进一步健全。

【金融服务与监管】　2010年，人行安丘市支行一是联合公安局、农信社，以农村社区警务室为依托，设立农村银警反假

安丘市主要经济指标

经济指标	2009	2010	2010年同比增幅（%）	经济指标	2009	2010	2010年同比增幅（%）
土地面积（平方公里）	1710	1710	0	地方财政支出（亿元）	9.95	12.14	22.01
人口（万人）	93.00	94.8	0.94	全社会固定资产投资（亿元）	110.9	137	22.50
非农业人口（万人）	39.80	40.3	1.19	进出口总值（万美元）	41108	55973	36.20
地区生产总值（亿元）	162.02	175	13.10	出口总值（万美元）	37451	51546	37.60
第一产业（亿元）	31.54	35.1	5.40	实际利用外资（万美元）	758	949	25.20
第二产业（亿元）	80.70	84.9	15.40	社会消费品零售总额（亿元）	75.9	89.02	18.61
第三产业（亿元）	49.78	55.1	14.40	居民消费价格指数（%）	--	--	--
财政总收入（亿元）	10.78	13.4	24.50	人均地区生产总值（元）	17257	18460	6.97
地方财政收入（亿元）	5.01	6.05	20.76	城镇居民可支配收入（元）	11710	13420	14.61
财政总支出（亿元）	12.27	15.8	28.60	农民人均现金收入（元）	6624	7803	17.00

安丘市主要金融指标

金融指标（亿元）	2009	2010	2010年同比增幅（%）	金融指标（亿元）	2009	2010	2010年同比增幅（%）
本外币存款余额	151.47	169.29	11.76	财险收入	0.95	1.17	23.15
人民币存款余额	150.78	168.60	11.82	寿险收入	1.27	1.49	17.36
企业存款	29.97	22.01	-26.56	财险赔款	0.46	0.55	18.93
储蓄存款	109.27	128.71	17.53	寿险给付	0.51	0.65	26.74
本外币贷款余额	100.69	116.78	15.99	当年结益	--	--	--
人民币贷款余额	100.25	116.60	16.31	证券市场交易总额	0	17.28	--
短期贷款	65.29	69.72	6.79	投资者保证金余额	0	--	--
中长期贷款	28.05	46.56	62.42	证券账户开户数	0	5764	--
票据融资	6.91	0.45	-93.49	证券交易佣金收入	0	184.15	--
当年结益	1.87	2.89	54.55	净利润	--	--	--
不良贷款余额	2.04	2.89	41.67				

安丘市主要金融机构负责人

单位名称	行长（或其他称谓的第一负责人）	副行长（或其他称谓的同级领导）
人行安丘市支行	李兆军	潘海平　张子程　孙远征
银监会安丘市办事处	薛德绍	
农发行安丘市支行	许永明	王凤山　乔俊富
工行安丘支行	钱　梅	潘　滨　王友明　李锦和　周云波
农行安丘市支行	袁荣春	刘运华　冯在瑞
中行安丘支行	王国邦	孙洪祥　钱　昌
建行安丘支行	高镇滨	郑有冰　李忠波
潍坊银行安丘支行	魏成田	张瑞波　崔向荣
安丘市农信联社	岳俊强	高　杰　蔡继文　陈会润　林　强
邮储银行安丘市支行	魏中华	阚　森　鞠小阳

安丘市主要金融机构业务概况

单位：亿元

单位名称	本外币存款余额	企业存款	储蓄存款	本外币贷款余额	短期贷款	中长期贷款
农发行安丘市支行	2.02	1.92	0	6.49	3.36	3.13
工行安丘支行	18.46	2.55	11.15	17.48	7.03	10.41
农行安丘市支行	27.94	6.47	20.07	16.04	10.22	5.72
中行安丘支行	13.66	2.05	8.98	8.49	3.82	4.45
建行安丘支行	15.24	1.66	10.94	9.08	2.78	6.30
潍坊银行安丘支行	4.86	1.99	10.75	3.58	2.92	0.66
安丘市农信联社	72.59	4.61	63.08	53.78	38.14	15.49
邮储银行安丘市支行	14.18	0.75	13.43	1.86	1.46	0.40

货币示范点；二是积极履行人民币流通管理职能，建立“点对点”现金供应模式，化解部分企业、行业零币需求难题；三是按月召开金融运行分析会，引导金融机构调整优化信贷投放结构；四是通过政策宣传、加强培训等措施，积极推动跨境人民币结算试点工作；五是组织开展征信、外汇、反洗钱专业检查活动。

（王全林　王炳春）

高密市

【经济金融概况】　2010年，高密市坚持以科学发展观为统领，全力推进经济高速发展，城镇化、工业化、农业现代化实现新突破。各金融机构认真贯彻落实适度宽松的货币政策，加大信贷投入，优化信贷结构，金融业健康稳健运行，较好地支持了经济发展。

【金融发展与改革】　2010年，农发行高密市支行积极实施商业化运作；农行高密市支行股改实现突破性进展，“三农事业部”改革取得初步成效；邮储银行突出了市场营销和风险管理，成功实现转型；农信联社股本结构进一步规范，公司治理结构进一步完善，经营效益显著提高，支农力量进一步增强。

高密市主要经济指标

经济指标	2009	2010	2010年同比增幅（%）	经济指标	2009	2010	2010年同比增幅（%）
土地面积（平方公里）	1526.63	1526.63	0	地方财政支出（亿元）	14.28	18.4	28.85
人口（万人）	85.71	86.87	1.35	全社会固定资产投资（亿元）	183.96	225.00	22.31
非农业人口（万人）	27.98	28.6	2.22	进出口总值（万美元）	103500	130000	25.60
地区生产总值（亿元）	274.25	328.28	19.70	出口总值（万美元）	77378	100000	29.24
第一产业（亿元）	34.3	37.00	8.75	实际利用外资（万美元）	3150	9560	203.49
第二产业（亿元）	182.1	199	9.28	社会消费品零售总额（亿元）	86.12	91	5.67
第三产业（亿元）	57.8	92.28	59.65	居民消费价格指数（%）	107.13	108.16	0.96
财政总收入（亿元）	23.14	29.9	29.21	人均地区生产总值（元）	31996	36155	12.99
地方财政收入（亿元）	14.28	18.4	28.85	城镇居民可支配收入（元）	15719	17291	10
财政总支出（亿元）	18.39	24.20	31.59	农民人均现金收入（元）	8063	8637	7.12

高密市主要金融指标

金融指标（亿元）	2009	2010	2010年同比增幅（%）	金融指标（亿元）	2009	2010	2010年同比增幅（%）
本外币存款余额	154.92	171.40	10.64	财险收入	1.20	1.44	20
人民币存款余额	153.83	170.18	10.63	寿险收入	3.85	4.97	29.09
企业存款	13.27	24.42	84.02	财险赔款	0.79	0.68	-13.92
储蓄存款	110.97	124.71	12.38	寿险给付	0.61	0.60	-1.64
本外币贷款余额	141.43	153.79	8.74	当年结益	3.65	5.13	40.55
人民币贷款余额	138.45	151.88	9.70	证券市场交易总额	83.08	88.5	6.52
短期贷款	91.50	90.14	-1.49	投资者保证金余额	0.80	0.71	-11.25
中长期贷款	41.31	60.66	46.84	证券账户开户数	2900	1500	-48.28
票据融资	5.64	1.43	-74.65	证券交易佣金收入	0.19	0.19	0
当年结益	3.57	3.08	-13.73	净利润	0.15	0.14	6.67
不良贷款余额	3.55	2.10	-40.85				

高密市主要金融机构负责人

单位名称	行长（或其他称谓的第一负责人）	副行长（或其他称谓的同级领导）
人行高密市支行	胡家顺	井光祥　魏同亮　李卫东
银监会高密市办事处	肖育生	张亦兵
农发行高密市支行	李　峰	宫延安　李　军
工行高密支行	王成华	王建波　潘爱琴　付　伟
农行高密支行	张聿诚	王　岩　谢文峰　单连良
中行高密支行	郭　华	鹿治理　胡庭法　于　明

续表

单位名称	行长（或其他称谓的第一负责人）	副行长（或其他称谓的同级领导）
建行高密支行	王传文	朱洪波　马克霞　宿爱丽
潍坊银行高密支行	傅希宝	王　冲
高密市农信联社	朱相中	张华喜　呼聚明　王季智　李伟波　郭丽清
邮储银行高密市支行	岳　华	赵明勇

高密市主要金融机构业务概况

单位：亿元

单位名称	本外币存款余额	企业存款	储蓄存款	本外币贷款余额	短期贷款	中长期贷款
农发行高密市支行	6.01	1.86	0	16.13	11.70	4.43
工行高密支行	16.80	2.19	11.98	22.48	8.91	13.42
农行高密支行	29.99	3.52	24.09	23.57	18.49	4.32
中行高密支行	14.36	2.86	7.90	14.34	3.43	10.65
建行高密支行	14.75	2.46	8.53	15.66	4.60	10.36
潍坊银行高密支行	6.46	1.57	2.42	8.11	6.95	1.16
高密市农信联社	66.47	8.29	55.48	50.45	34.10	15.24
邮储银行高密市支行	16.00	1.68	14.30	3.05	1.96	1.09

【金融服务与监管】　2010年，人行高密市支行加强窗口指导，金融机构信贷投向更趋合理；四大国有商行利用自身优势，加快业务创新，推出了保理、理财、福费廷、非信用证项下打包贷款及龙鼎金现货交易等业务；潍坊银行高密支行立足小微企业，农信社进一步完善商户联盟贷款方式，积极破解中小企业融资瓶颈；监管办事处坚持"以监管促发展，在发展中防范化解金融风险"的总体思路，促进银行不断增强防范化解风险能力，实现健康稳健发展。

（鹿中虎　王金堂）

昌邑市

【经济金融概况】　2010年，昌邑市以科学投入为动力，以项目建设为抓手，经济总量持续壮大，产业升级成效明显，滨海建设步伐进一步加快。金融机构认真贯彻执行各项宏观调控政策，不断调整信贷结构，保持了平稳运行，区域金融资源配置与经济社会发展日趋协调，经济金融保持了平稳增长势头。

昌邑市主要经济指标

经济指标	2009	2010	2010年同比增幅（%）	经济指标	2009	2010	2010年同比增幅（%）
土地面积（平方公里）	1582	1582	--	地方财政支出（亿元）	11.91	16.54	21
人口（万人）	58.07	58.15	1.38	全社会固定资产投资（亿元）	134.12	166.3	22.6
非农业人口（万人）	8.53	8.67	1.64	进出口总值（万美元）	39757	40967	37.9
地区生产总值（亿元）	201.8	230.3	14.3	出口总值（万美元）	35662	36154	35.6
第一产业（亿元）	23.7	27	2.6	实际利用外资（万美元）	11000	1389	-87.5
第二产业（亿元）	120.4	139.4	14.8	社会消费品零售总额（亿元）	73.74	85.15	18.4
第三产业（亿元）	57.7	63.9	17.7	居民消费价格指数（%）	107.8	109.7	1.76
财政总收入（亿元）	18.11	22.56	24.6	人均地区生产总值（元）	34751	39630	14.1
地方财政收入（亿元）	9.58	12.42	29.7	城镇居民可支配收入（元）	11545	12038	4.3
财政总支出（亿元）	11.91	16.54	21	农民人均现金收入（元）	7316	7849	7.2

昌邑市主要金融指标

金融指标（亿元）	2009	2010	2010年同比增幅（%）	金融指标（亿元）	2009	2010	2010年同比增幅（%）
本外币存款余额	182.58	210.71	15.40	财险收入	0.47	0.64	36.17
人民币存款余额	181.96	210.26	15.55	寿险收入	2.44	3.04	24.59
企业存款	19.58	20.21	3.21	财险赔款	0.31	0.4	29
储蓄存款	130	151.11	16.24	寿险给付	1.06	1	-0.57
本外币贷款余额	108.61	124.22	17.13	当年结益	--	--	--
人民币贷款余额	105.64	123.52	16.93	证券市场交易总额	--	--	--
短期贷款	58.82	74.32	26.35	投资者保证金余额	--	--	--
中长期贷款	29.12	40.02	37.43	证券账户开户数	--	--	--
票据融资	17.70	9.19	-48.08	证券交易佣金收入	--	--	--
当年结益	2.79	3.13	12.19	净利润	--	--	--
不良贷款余额	2.39	1.91	-20.08				

昌邑市主要金融机构负责人

单位名称	行长（或其他称谓的第一负责人）	副行长（或其他称谓的同级领导）
人行昌邑市支行	郭　海	薛云亮　郝建芳　任显奇
银监会昌邑办事处	魏明卿	
农发行昌邑市支行	陈瑞吉	方海滨　王述贞
工行昌邑支行	李绪国	于炳琪　孙善伟
农行昌邑支行	张金平	夏连之　冯爱生
中行昌邑支行	王明涛	金振森　刘永成
建行昌邑支行	齐群华	邵明霖　李学达
潍坊银行昌邑支行	姜言辉	王春杰
昌邑市农信联社	张有彪	徐伟民　杨旭光　隋显峰　孙山明
邮储银行昌邑市支行	夏增欣	于秀芝

昌邑市主要金融机构业务概况

单位：亿元

单位名称	本外币存款余额	企业存款	储蓄存款	本外币贷款余额	短期贷款	中长期贷款
农发行昌邑市支行	1.41	0.81	0	9.89	2.57	7.31
工行昌邑支行	22.40	3.62	10.10	14.70	7.22	7.41
农行昌邑支行	38.44	5.80	29.20	15.82	9.48	6.28
中行昌邑支行	17.37	1.64	7.28	9.26	6.72	2.55
建行昌邑支行	18.36	3.71	8.82	10.10	1.16	8.31
潍坊银行昌邑支行	5.64	1.45	1.99	6.10	5.57	0.43
昌邑市农信联社	76.34	1.39	66.69	55.97	39.98	6.96
邮储银行昌邑市支行	29.71	1.99	27.27	2.38	1.62	0.76

【金融发展与改革】　2010年，人行昌邑市支行积极引导、督促辖内金融机构合理增加信贷投入，不断加强信贷结构和产业结构调整，有效支持了经济又好又快发展。一是以政银企合作洽谈会、金融产品推介会等方式搭建中小企业融资平台，引导金融机构不断优化信贷结构；二是不断加强对货币信贷市场的运行监测分析，增强政策实施的有效性和时效性；三是继续深化金融生态环境建设，积极推进农信社改革试点工作。

【金融服务与监管】 2010年，人行昌邑市支行和金融监管部门进一步加强和深化金融监管，防范和化解金融风险，维护辖区金融稳定，提高金融机构的抗风险能力。人行昌邑市支行制定了《金融机构年度综合考核办法》，涵盖了贷款增长速度、资产质量、经营管理、社会公信度和贯彻执行人行货币政策以及各项业务管理情况等6个方面，有效地促进了金融机构各项业务的开展。

（徐振三 孙亚梅）

临朐县

【经济金融概况】 2010年，临朐县有效应对各种困难和挑战，国民经济继续保持平稳较快发展。金融机构认真贯彻适度宽松的货币政策，存款稳步增长，贷款投放力度显著增强，有力支持了经济社会发展。

【金融发展与改革】 2010年，随着农行上市交易，农行股份制改造工作进入尾声，农行临朐县支行积极开展业务流程再造，继续推进三农金融事业部改革，信贷投放力度明显增强。

临朐县主要经济指标

经济指标	2009	2010	2010年同比增幅（%）	经济指标	2009	2010	2010年同比增幅（%）
土地面积（平方公里）	1833	1831	0	地方财政支出（亿元）	8.62	--	--
人口（万人）	86.7	87.0	0.36	全社会固定资产投资（亿元）	118.7	147.1	23.1
非农业人口（万人）	16	16.6	3.75	进出口总值（万美元）	12275	16579	35.1
地区生产总值（亿元）	122.8	140.6	13.5	出口总值（万美元）	9237	12812	37.4
第一产业（亿元）	22.93	25.1	4.5	实际利用外资（万美元）	6100	3348	48.1
第二产业（亿元）	61.23	68.8	15.2	社会消费品零售总额（亿元）	62.3	69.5	18.6
第三产业（亿元）	38.64	46.7	16.2	居民消费价格指数（%）	100.5	102.6	2.1
财政总收入（亿元）	6.55	8.5	30.1	人均地区生产总值（元）	14218	16185	13.1
地方财政收入（亿元）	3.27	4.3	30.6	城镇居民可支配收入（元）	13695	14831	8.3
财政总支出（亿元）	10.5	13.4	27.2	农民人均现金收入（元）	6729	7868	16.9

临朐县主要金融指标

金融指标（亿元）	2009	2010	2010年同比增幅（%）	金融指标（亿元）	2009	2010	2010年同比增幅（%）
本外币存款余额	129.98	150.22	15.57	财险收入	0.39	0.82	1.10
人民币存款余额	128.91	149.81	16.21	寿险收入	1.57	3.47	1.21
企业存款	15.42	19.04	23.48	财险赔款	0.24	0.58	141.67
储蓄存款	100.7	117.98	17.16	寿险给付	0.33	0.15	-54.55
本外币贷款余额	68.64	94.06	37.03	当年结益	0.06	--	--
人民币贷款余额	68.49	93.96	37.19	证券市场交易总额	--	--	--
短期贷款	53.27	68.57	28.72	投资者保证金余额	--	--	--
中长期贷款	14.93	23.33	56.26	证券账户开户数	--	--	--
票据融资	0.30	2.06	586.67	证券交易佣金收入	--	--	--
当年结益	1.73	2.26	30.64	净利润	--	--	--
不良贷款余额	0.98	1.14	16.33				

临朐县主要金融机构负责人

单位名称	行长（或其他称谓的第一负责人）	副行长（或其他称谓的同级领导）
人行临朐县支行	刘福龙	郭晗军 宗先克 何同文 陈洪源 王汝敬
银监会临朐县办事处	李 涛	王 涛

续表

单位名称	行长（或其他称谓的第一负责人）	副行长（或其他称谓的同级领导）
农发行临朐县支行	王建生	高　红　李　飞
工行临朐支行	王英智	官克强　李　波　刘海峰　范海波
农行临朐县支行	王建朋	官延庆　谢宝川　冯淑忠
中行临朐支行	谭炳毅	刘长永　潘维亭　安建民
建行临朐支行	王绪洲	刘松之　李　勇　孙卫东　陆明章
潍坊银行临朐支行	刘玉欣	赵传伟　姬厚文
临朐县农信联社	郭生业	徐　敏　李洪蒙　刘敬军　王洪涛　衣光强
邮储银行临朐县支行	张　磊	刘成志

临朐县主要金融机构业务概况

单位：亿元

单位名称	本外币存款余额	企业存款	储蓄存款	本外币贷款余额	短期贷款	中长期贷款
农发行临朐县支行	0.94	0.92	0	3.08	1.07	2.01
工行临朐支行	10.81	2.87	5.80	12.13	5.16	6.90
农行临朐县支行	19.77	2.11	15.50	6.46	5.01	1.45
中行临朐支行	13.19	4.04	8.90	5.26	2.24	2.99
建行临朐支行	15.20	3.11	8.97	8.81	2.86	5.95
潍坊银行临朐支行	3.84	1.39	1.47	6.38	4.47	1.91
临朐县农信联社	69.74	3.87	64.17	49.80	46.29	1.47
邮储银行临朐县支行	14.30	0.95	13.33	2.12	1.47	0.66

【金融服务与监管】　2010年，人行临朐县支行一是推动农村金融创新，引导涉农金融机构开展林权抵押贷款工作，拓宽了农民融资渠道；二是大力推动政、银、企交流合作，搭建银企对接平台，协助县政府召开6次银企对接会，达成贷款协议和意向16亿元；三是推进农村信用评定和企业诚信联盟、小微企业联盟、专业市场联盟的组建，加快农村信用服务体系建设。

（周陆军）

昌乐县

【经济金融概况】　2010年，昌乐县金融机构认真贯彻落实中央银行适度宽松的货币政策，加大信贷投入，优化信贷结构，较好地支持了经济持续健康发展。

【金融发展与改革】　2010年，人行昌乐县支行一是进一步推进金融生态环境建设，强化农村信用体系建设，不断改进农村金融服务；二是农信社改革步伐加快，股份制合作银行改革稳步推进；三是中行两家分理处升格为经营性支行；四是邮储银行信贷业务范围逐步扩大，由个人质押贷款为主，向支持中小企业发展转变。

昌乐县主要经济指标

经济指标	2009	2010	2010年同比增幅（%）	经济指标	2009	2010	2010年同比增幅（%）
土地面积（平方公里）	1101	1101	0	地方财政支出（亿元）	12.21	16.96	38.90
人口（万人）	60.64	61.17	0.9	全社会固定资产投资（亿元）	114.89	145.11	23.0
非农业人口（万人）	--	--	--	进出口总值（万美元）	50259	79864	58.9

续表

经济指标	2009	2010	2010年同比增幅（%）	经济指标	2009	2010	2010年同比增幅（%）
地区生产总值（亿元）	140	166.80	13.5	出口总值（万美元）	28602	46864	63.8
第一产业（亿元）	23.66	26.09	4.6	实际利用外资（万美元）	3543	4227	19.3
第二产业（亿元）	76.27	86.14	15.6	社会消费品零售总额（亿元）	59.33	66.57	18.9
第三产业（亿元）	40.07	54.58	14.1	居民消费价格指数（%）	100.50	102.60	2.1
财政总收入（亿元）	14.75	19.04	29.1	人均地区生产总值（元）	23174	27268	17.7
地方财政收入（亿元）	8.22	10.55	28.4	城镇居民可支配收入（元）	--	--	--
财政总支出（亿元）	12.21	16.96	38.9	农民人均现金收入（元）	9233	13050	19.9

昌乐县主要金融指标

金融指标（亿元）	2009	2010	2010年同比增幅（%）	金融指标（亿元）	2009	2010	2010年同比增幅（%）
本外币存款余额	116.56	149.80	28.5	财险收入	0.18	0.20	11.1
人民币存款余额	115.01	148.74	29.3	寿险收入	0.85	1.10	29.4
企业存款	13.47	38.35	184.7	财险赔款	0.13	0.16	23.1
储蓄存款	79.74	89.32	12.0	寿险给付	0.26	0.15	-42.3
本外币贷款余额	95.08	119.58	25.8	当年结益	0.34	0.67	97.1
人民币贷款余额	92.83	118.55	27.7	证券市场交易总额	--	--	--
短期贷款	56.00	68.92	23.1	投资者保证金余额	--	--	--
中长期贷款	31.88	47.09	47.7	证券账户开户数	--	--	--
票据融资	4.96	2.55	-48.6	证券交易佣金收入	--	--	--
当年结益	2.43	2.79	14.8	净利润	--	--	--
不良贷款余额	1.71	1.36	-20.5				

昌乐县主要金融机构负责人

单位名称	行长（或其他称谓的第一负责人）	副行长（或其他称谓的同级领导）
人行昌乐县支行	范存敬	鞠剑波　桂　强　徐启军
农发行昌乐县支行	李　峰	张现役　唐念勤
工行昌乐支行	孙秋平	张学福　高国义　李乐国　李向方
农行昌乐县支行	李洪波	吴玉生　党永利　任　江
中行昌乐支行	范福顺	滕丽丽
建行昌乐支行	都汝平	李忠良　刘　民
潍坊银行昌乐支行	李宏光	翟洪军
昌乐县农信联社	高　明	范晓明　于世林　李海燕　高建强
邮储银行昌乐县支行	王德荣	赵长城

昌乐县主要金融机构业务概况

单位：亿元

单位名称	本外币存款余额	企业存款	储蓄存款	本外币贷款余额	短期贷款	中长期贷款
农发行昌乐县支行	0.34	0.34	0	5.20	1.72	3.48
工行昌乐支行	20.00	9.90	7.27	22.43	7.77	14.53
农行昌乐县支行	22.71	6.26	13.35	12.62	5.94	5.45

续表

单位名称	本外币存款余额	企业存款	储蓄存款	本外币贷款余额	短期贷款	中长期贷款
中行昌乐支行	17.33	8.42	6.72	7.46	3.34	3.96
建行昌乐支行	10.03	4.11	3.39	17.88	4.19	13.30
潍坊银行昌乐支行	4.06	0.64	0.77	3.61	3.32	0.30
昌乐县农信联社	64.05	8.32	50.16	48.79	41.79	5.63
邮储银行昌乐县支行	8.64	0.83	7.80	1.60	1.15	0.45

【金融服务与监管】 2010年，人行昌乐县支行坚持服务与监管并重,促进金融业各项业务平稳发展。一是积极推进农村支付环境建设工作，组织召开了2次全县支付结算工作联席会议,加大非现金支付工具的推广力度;二是进一步加大反洗钱工作力度,探索建立反洗钱监测分析和预警机制;三是继续加大对国有商行改革和法人金融机构的监测力度；四是组织实施对农信社金融统计和征信管理检查,规范其经营行为。

（李玉利 路瑞霞）

日照市

【经济金融概况】 2010年，日照市各级坚持以科学发展观为统领,加快构建现代产业、民生保障、公共安全、生态环境“四大体系”,积极应对各种困难和挑战,加快建设海洋特色新兴城市，全市经济社会实现平稳较快增长，民生状况不断改善,社会保持和谐稳定。

一、经济实力实现新跨越,城乡民生持续改善。一是各项强农惠农政策得到落实，各级发放粮食直补和农资综合补贴1.19亿元、大中型水库移民后期扶持补贴8976万元、石油价格改革补贴1.04亿元、家电与汽车摩托车下乡补贴1.54亿元;二是城乡低保标准继续提高,农村低保年保障标准提高到1300元/人、保障人数8.1万人,城市低保月保障标准提高到303元/人、保障人数1.9万人;三是企业退休人员养老金水平进一步提高,月人均增加153元,平均水平达1335元,最低工资标准由每人每月620元上调到760元；四是住房保障制度进一步完善，为750户市区住房困难家庭发放了经济适用住房补贴,为780户城市最低收入家庭发放了廉租房补贴。

二、“转方式、调结构”取得积极成效。工业结构得到优化,制造业完成增加值581.96亿元,同比增长17.3%。其中,装备制造业完成增加值125.65亿元,增长27%;高新技术产业产值占规模以上工业总产值的比重同比提高3.3个百分点。

三、宏观经济景气继续向好。反映企业家对宏观经济环境信心与预期的企业家信心指数达到148.81；反映企业综合生产经营状况的企业景气指数为140.92，均继续处于“较为景气”区间。

四、全市信用总量1383.63亿元,同比增加300.32亿元,增长 27.72%。

【货币政策实施】 2010年，人行日照市中支一是召开了全市金融工作会议，邀请国内知名专家成立了金融发展决策咨询委员会,举办了2010’日照鲁南临港产业区金融发展论坛暨银企合作洽谈会，组织金融机构到区县举办了5场银企对接会,达成合作意向203个,签约总金额252亿元;二是举办“金融知识进万家巡回展·走进日照”活动;三是举行了“创新金融产品,助推县域经济和中小企业发展启动仪式”,支持金融机构推出了“渔家乐”、物流金融以及“点石成金”等10余种新融资产品;四是联合工商部门推出钢结构抵押贷款业务试点,帮助金融机构成功申领小企业贷款风险奖励补偿资金200余万元;五是与团市委联合开展了“青年创业金融助推”行动,与市农业局联合印发了加强农民专业合作社金融服务的意见,与市发改委、经信委、民营经济局建立了沟通协调例会制度,进一步提高了货币政策传导效果。

【金融稳定】 2010年，日照市金融监管部门一是探索构建五级风险预警监测体系,加强对重点企业、涉外企业、交叉性金融工具监测分析,对法人金融机构开展了压力测试,认真做好辖区法人银行机构风险评估与监测工作；二是有效履行监督管理职能,维护了金融外汇市场秩序的稳定;三是建立了银企合作信息网,在全市14个乡镇建立了农村信用体系建设示范点,将5620户企业纳入中小企业信用档案;四是积极推进企业信用评级工作,参评企业数量同比增长85%;五是推广“A级信用企业培植工程”，大力推广农村信用体系管理信息系统,辖区金融生态环境进一步优化。

【金融服务】 2010年，日照市各金融部门切实加强金融服务,取得良好效果。

人行日照市中支一是跨境贸易人民币结算业务取得重大

日照市经济主要统计指标

指标 \ 年度	2006	2007	2008	2009	2010	2010 年同比增幅（%）
土地面积（平方公里）	5310	5310	5310	5310	5347.99	0
人口（万人）	282.4	283.38	284.54	285.76	287.92	0.76
非农业人口（万人）	93.12	99.54	100.66	100.76	101.57	--
地区生产总值（亿元）	505.87	629.58	773.14	861.67	1025.08	12.5
第一产业（亿元）	73.89	86.20	82.74	87.33	100.26	12.5
第二产业（亿元）	251.56	320.21	419.73	479.46	561.74	12.9
工业（亿元）	220.07	236.63	369.57	463.85	494.95	13.3
建筑业（亿元）	31.49	37.66	49.43	58.14	66.6	9.5
第三产业（亿元）	180.42	223.17	270.67	294.88	362.88	14.3
人均地区生产总值（元）	18720	23180	28300	31343	36883	11.3
地区生产总值构成（%）	100	100	100	100	100	--
第一产业（%）	14.60	13.70	10.70	10.10	9.8	-2.97
第二产业（%）	49.70	50.9	54.30	55.60	54.8	-1.44
第三产业（%）	35.70	35.40	35	34.30	35.4	3.21
财政总收入（亿元）	110.41	149.69	163.05	244.91	349.87	42.9
地方财政收入（亿元）	20.76	28.98	36.33	43.48	55.61	27.9
财政总支出（亿元）	--	--	--	--	--	--
地方财政支出（亿元）	32.67	46.38	57.08	72.89	94.78	30.1
全社会固定资产投资（亿元）	235.09	351.13	518.43	631.86	775.36	22.4
规模以上固定资产投资（亿元）	223.89	335.91	518.43	506.89	775.36	22.4
房地产开发（亿元）	35.59	37.51	54.08	61.14	63.33	3.6
进出口总值（亿美元）	39.15	57.59	92.68	85.70	133.14	55.3
出口总值（亿美元）	19.38	19.64	25.25	16.27	22.11	35.9
实际利用外资（亿美元）	1.36	1.82	5.13	3.64	3.49	-7.2
社会消费品零售总额（亿元）	145.06	172.27	212.36	252.87	311.63	18.6
居民消费价格指数（%）	101.10	104	104.80	101.70	102.9	2.9
城市居民人均可支配收入（元）	11040	13021	14409	15795	17558	11.2
农民人均纯收入（元）	4645	5319	6038	6558	7504	14.6

注：无“财政总支出（亿元）”指标。

日照市工农业主要统计指标

农业主要统计指标（万吨）				规模以上工业企业主要统计指标（亿元）			
项目 \ 年度	2009 年	2010 年	增幅（%）	项目 \ 年度	2009 年	2010 年	增幅（%）
粮食	112.42	120.18	6.9	工业增加值	463.85	623.63	16.2
夏粮	51.45	52.95	2.9	国有工业	10.93	29.36	10.2
秋粮	60.97	67.24	10.3	集体工业	2.14	4.56	58.3
棉花	1153	1600	38.7	股份制工业	335.35	449.44	14
油料	22.82	24.09	5.6	股份合作制工业	1.73	--	--
水果	19.09	20.32	6.5	外商及港澳台投资工业	73.84	123.17	28.4
蔬菜	103.29	97.47	-5.6	轻工业	174.07	234.19	14.4

续表

农业主要统计指标（万吨）				规模以上工业企业主要统计指标（亿元）			
项目＼年度	2009年	2010年	增幅（%）	项目＼年度	2009年	2010年	增幅（%）
肉类	15.54	17.26	11.1	重工业	289.77	389.44	18.1
禽蛋	11.67	11.72	0.4	销售收入	1817.6	2201.82	22.2
奶类	1.32	1.35	2.3	利税	174.6	205.16	22.2
水产品	47.48	48.81	2.0	利润	119.65	143.0	25.3
森林覆盖率（%）	35.20	36.2	2.8	经济效益综合指数（%）	--	--	--

日照市主要金融机构负责人

单位名称	行长（或其他称谓的第一负责人）	副行长（或其他称谓的同级领导）
人行日照市中心支行	王德业	陈 刚 尹峰世 苏 涛 孙元学 庄举伦
银监会日照监管分局	汲长虹	罗玉民 秦 军 刘 勇
农发行日照市分行	田 青	李绪光 孙海平 王宗桂
工行日照分行	贾 萍	高月日 焦 东 娄 波 周 华 于 涛 巴 超
农行日照市分行	孙培国	陈占平 王大勇 王明军 戴国文
中行日照分行	代兴军	李绪平 谢其善 史 华 杨永春
建行日照分行	赵德昌	孙继先 陈志诚 赵 晋 王建国 苏洪礼 姜瑞梅 王乃峰 陈尚涛
招商银行日照支行	刘 波	田国强
日照银行	费洪军（董事长）	徐东高 王 森 闫 鸣 焦自竺 黄 玲 宋兴华 王永健 宋 文
农信社日照市办事处	张洪俊	胡予宁 胡克敬
邮储银行日照市分行	张建明	郑 森 种 钢
人保财险日照市分公司	李普廷	毕岩玉 申志军 郭和平 张 涛
人寿日照分公司	沈洪斌	张大海 何召理 王 林
太平洋财险日照中心支公司	葛庆民	李 涛 李 霞
太平洋人寿日照中心支公司	任永军	潘海涛 常 春 郭承刚
平安财险日照中心支公司	庄乾元	徐永东 孔 杰
平安人寿日照中心支公司	黄体昌	刘 凯 费红霞
泰康人寿日照中心支公司	刘 锋	王智圣 黄聚昌
大地财险日照中心支公司	李德海	曹向东
齐鲁证券日照黄海一路营业部	万 强	
齐鲁证券日照舒斯贝尔商业街营业部	白桂文	
中信万通证券日照营业部	赵世军	

日照市金融业务统计指标

指标（亿元）＼年度		2006	2007	2008	2009	2010	2010年同比	
							增加额	增幅（%）
银行类	本外币存款余额	420.40	535.76	620.59	819.47	1003.16	183.70	22.4
	人民币存款余额	414.55	527.88	612.15	811.98	993.14	181.15	22.3
	企业存款	97.67	133.98	129.11	188.90	220.71	22.67	12

续表

指标（亿元）		2006	2007	2008	2009	2010	2010年同比 增加额	2010年同比 增幅（%）
银行类	储蓄存款	214.22	250.49	321.02	389.44	455.84	66.39	17
	定期储蓄存款	145.64	171.19	224.54	265.04	305.84	40.80	15.4
	活期储蓄存款	68.58	79.30	96.48	124.40	149.99	25.60	20.6
	本外币贷款余额	450.24	538.72	574.53	830.24	960.79	130.55	15.7
	人民币贷款余额	419.51	494.82	533.03	726.74	832.71	105.97	14.6
	短期贷款	230.17	274.25	302.52	385.29	468.23	84.75	22
	中长期贷款	139.25	170.65	184.21	272.61	332.61	58.18	21.3
	票据融资	50.25	49.86	45.97	68.50	31.60	-36.90	-53.9
	当年结益	9.42	12.99	18.43	19.34	25.84	6.60	34.1
	不良贷款余额	20.71	21.41	26.17	27.05	19.92	-7.13	-26.3
	不良贷款占比%	4.60	3.97	4.56	3.26	2.07	-1.19	-36.5
	现金收入	1123.15	1262.59	1374.42	1629.38	2228.51	599.12	36.8
	现金支出	1111.83	1245.29	1345.64	1601.40	2197.65	596.25	37.2
	现金投放(+)回笼(-)	-11.31	-17.31	-28.78	-27.98	-30.85	-2.87	10.2
保险类	保险公司保费收入	9.38	12.35	15.45	19.35	23.62	4.27	22.07
	财险收入	3.79	5.61	6.21	8.08	9.6	1.52	18.91
	寿险收入	5.59	6.74	9.24	11.28	14.02	2.74	24.36
	保险公司赔款和给付支出	2.32	2.93	3.70	4.59	6.03	1.44	31.51
	财险赔款	2.16	2.74	3.50	4.11	4.60	0.49	11.92
	寿险给付	0.16	0.19	0.20	0.48	1.43	0.9523	199.34
	当年结益	--	--	--	--	--	--	--
证券类	证券市场成交总额	58.47	319.93	261.44	639.82	822.77	182.94	28.6
	投资者保证金余额	1.07	2.65	2.12	4.07	3.92	-0.15	-3.69
	证券账户开户数	32737	35356	54513	64753	77271	12518	19.3
	佣金收入	0.16	0.88	0.64	1.13	0.83	-0.3	-26.5
	净利润	--	--	--	--	--	--	--
	期货市场成交总额	--	--	--	--	--	--	--
	期货客户保证金余额	--	--	--	--	--	--	--
	期货账户开户数	--	--	--	--	--	--	--
	期货手续费收入	--	--	--	--	--	--	--
	利润总额	--	--	--	--	--	--	--

日照市金融机构统计指标

指标（个）		2006	2007	2008	2009	2010	2010年同比增幅（%）
银行类	法人机构	5	5	5	5	6	20
	省级分行	--	--	--	--	--	--
	二级分行	5	5	5	7	7	--

续表

指标（个）		2006	2007	2008	2009	2010	2010年同比增幅（%）
银行类	县区支行	55	60	70	64	87	35.9
	分理处、营业所	107	119	123	196	248	26.5
	储蓄所	161	168	147	--	--	--
	从业人员总数	5018	5309	5236	5095	5721	12.3
保险类	保险机构	15	15	20	22	22	--
	财险机构	9	9	13	14	14	--
	省级分公司	--	--	--	--	--	--
	地市分公司	9	9	13	14	14	--
	县区支公司	--	--	--	--	--	--
	寿险机构	6	6	7	8	8	--
	省级分公司	--	--	--	--	--	--
	地市分公司	6	6	7	8	8	--
	县区支公司	--	--	--	--	30	--
	从业人员总数	6058	8917	14893	23189	--	--
	财险人员	1556	2556	4532	6957	--	--
	寿险人员	4502	6361	10361	16232	--	--
证券类	证券机构	2	2	3	5	5	--
	证券公司	--	--	--	--	--	--
	证券营业部	2	2	3	5	5	--
	证券服务部	--	--	--	--	--	--
	从业人员总数	43	40	39	55	105	90.9
	投资者开户	32737	35356	54513	64753	77271	19.3
	境内上市股票支数	--	1	1	1	1	--
	境外上市股票支数	--	--	--	--	--	--
	辖区上市公司总数	--	1	1	1	1	--

日照市主要金融机构业务概况

单位：亿元

单位名称	本外币存款余额	人民币企业存款	人民币储蓄存款	本外币贷款余额	人民币短期贷款	人民币中长期贷款
农发行日照市分行	3.43	2.78	--	59.56	50.93	8.63
工行日照分行	91.98	21.36	40.57	170.94	36.68	124.62
农行日照分行	102.11	23.33	50	99.75	47.27	44.22
中行日照分行	158.06	52.08	43.58	207.64	46.97	71.77
建行日照分行	96.69	15.56	43.53	100.75	19.27	55.79
招行日照支行	28.08	7.56	3.15	19.71	11.22	2.87
日照银行	212.55	74.4	48.68	142.77	111.2	14.23
农信社日照市办事处	198.39	16.04	171.94	150.90	141.12	5.30
邮储银行日照分行	59.45	5.5	53.86	8.66	3.48	5.18

日照市各县级区域经济金融主要统计指标

名称	人口（万人）	面积（平方公里）	地区生产总值（亿元）	地区生产总值增速（%）	本外币存款余额（亿元）	储蓄存款（亿元）	本外币贷款余额（亿元）
东港区	80.97	1143	486.24	15	738.27	278.74	805.61
岚山区	42.18	768.68	340.96	17.8			
莒　县	113.33	1949.61	195.51	13.5	169.85	107.26	97.60
五莲县	51.44	1496.95	119.22	3.8	95.04	72.03	57.57

注：存款、储蓄、贷款三个指标东港区与岚山区合并为市辖区。

进展，年末全市6家银行机构累计为16家企业办理跨境贸易人民币结算业务59笔、金额27.8亿元，业务总量居全省第3位；二是农村支付服务环境建设成效明显，全市农村地区非现金交易比例提升13.5个百分点，相关做法被分行转发；三是国库直接支付范围拓展到私家车以旧换新、棉花良种等13项补贴，拨付资金45.6万笔、金额6761.36万元，惠及各类社会群体17.7万人；四是实施了反假货币假日宣传工程，全年共组织反假宣传177次，反假培训2406人次，收缴假币46万元；五是进一步完善金融基础设施建设，优化金融服务措施，不断提高资金结算水平。全年共办理大小额支付8512.27亿元，清算同城各类票据凭证1965.68亿元；国库办理各项预算收入117.3亿元，办理财政拨款103亿元。

农发行日照市分行重点支持农业和农村基础设施建设，中长期贷款增加29600万元，增长60.78%。工行日照分行推出了为小企业发展“量身打造”的“网贷通”业务，年末“网贷通”余额达1.86亿元。农行日照分行切实发挥惠农卡服务“三农”的作用，注重落实小额农户贷款功能，截至年末，惠农卡累计发放已突破14万张，当年新增发卡7.8万张。中行日照分行创新客户服务模式，提高客户忠诚度和贡献度，3月3日该行中银俱乐部成立，开创了在地市级分行建立客户俱乐部的先河。招行日照支行通过月度服务分析会，神秘客户暗访和检查等措施，分析服务方面存在的缺失和问题，进一步提升服务细节，增加服务内涵。日照农信社在金融服务覆盖率低的乡镇安装农民自助服务终端102台，打造了农民家门口的“便民银行”和金融服务“便利店”。五莲县农信联社开办了第三方监管动产质押贷款业务，适时推出钢结构厂房抵押贷款。莒县农信联社印发了《农民住房贷款管理办法（试行）》，开始发放农民用于建设、购买居住用房所需的贷款。

【金融监管】 2010年，日照市金融监管部门一是加大考核问责力度，严格授信项目审查，对全部高风险关注类客户进行现场调研，掌握政策变化对客户的影响、客户授信需求及同业授信政策等，并制定后续风险管控方案；二是对全辖各机构定期开展管理效能和作风评议；三是规范政府融资平台贷款管理，制定工作方案，逐项进行检查、落实，圆满完成了政府融资平台贷款“解包还原”工作；四是认真执行重要岗位人员轮岗、交流和强制休假制度，研究分析基层网点负责人、重要岗位及重点人员的履职情况和思想行为倾向；五是深入开展“深化信贷管理年”活动，不断提高信贷业务精细化管理水平；六是对亿元以上大户进行非现场监测分析，对全行法人客户进行“风险排查”，退出潜在风险贷款，拒绝不良信用客户贷款，化解风险担保圈融资，收回潜在风险融资。

【外汇管理】 2010年，外管局日照市中心支局一是制定了支持涉外经济发展意见，出台了15条具体措施，帮助企业应对国际金融危机冲击，得到市领导肯定和企业好评；二是大力开展外汇管理创新，制定了直接投资统计分析报告制度，创新资本项目联系点工作机制，自行设计开发了“外汇行政许可管理系统”，建立了大宗商品进口监测预警制度；三是通过举办培训班、面对面座谈、编印《外汇业务问题解答》、在《日照日报》开辟外汇政策解读专栏等方式，帮助企业及时了解和利用外汇新政策，深受企业好评。

【金融改革】 2010年，日照市各金融机构加大改革，取得良好成效。农行日照分行对县域支行深入实施了“三农”事业部制改革，进一步优化和调整县域支行的工作职能和部门设置，把全行60%以上的人员向一线倾斜，各县域支行均成立了“三农”服务队，每个网点都成立了服务小组，确保服务“三农”工作做好做细。中行日照分行对经营性机构逐步实施差异化定位和特色化经营，对全辖各营业网点配齐专兼职理财经理，所有理财工作室全面启用，提高对中高端客户的专业化服务能力。

【精神文明建设】 2010年，日照市各金融机构开展了形式多样的精神文明建设活动。中行日照分行全面启动企业文化建设，形成了由企业愿景、核心价值观、核心理念、员工行为准则、职业形象规范等构成的企业文化体系，并创办《中银之光》报，作为企业文化传播的重要载体。日照银行成功举办成立10周年新闻发布会，建成启用总行新办公大楼，进一步提升了社会影响力，并赞助中国水上运动会、青岛日照帆船拉力赛和市直机关乒乓球比赛等文体活动，为抗震救旱、对口援疆、包联乡村等捐款帮扶，连续3年被中国银监会评为二级行，连续4年位居《银行家》全国城商行竞争力前五位，连续5年被山东银监局评为“良好银行”。岚山区农信联社荣获由山东省总工会颁发的“富民兴鲁劳动奖状”。东港区农信联社被山东省体育局授予“群众体育先进单位”称号。日照保险业于3月12日联合市消费者协会、市工商局、市物价局等10个部门，开展了“让消费者满意行动”暨3·15大型宣传活动。

【大事记】 1月6日 农行山东省分行在日照分行召开领导干部会议，宣布孙培国任农行日照分行党委书记、行长，刘聪盛调任滨洲分行。

1月30日 在“2009中国金融营销奖”颁奖典礼暨中国金融品牌营销高层论坛上，揭晓了2009年度中国金融营销奖评选结果。日照银行荣膺2009年度中国金融营销奖之“最佳企业形象奖”，是全国获此殊荣的四家城商行之一。

3月19日 工行山东省分行党委委员、副行长夏侯静波在日照分行中层以上人员会议上宣布省工行党委干部任命，任命贾萍为日照分行党委书记、行长。

4月12日 中行山东省分行宣布任命杨永春为日照分行副行长。

4月21日 在日照市金融工作会议上，人行日照市中支、日照银监分局、中行日照分行、日照银行、工行日照分行、农发行日照市分行、农行日照分行、招行日照分行、建行日照分行、农信社日照办事处、邮储日照市分行11家单位被授予“日照市金融发展贡献奖”。人保财险日照分公司、太平洋财险日照中支公司、平安财险日照中支公司、中国人寿日照分公司、平安人寿日照中支公司五家保险机构被评为“日照市保险业发展先进单位”。

4月28日 工行总行姜建清董事长、易会满、张红力副行长到日照调研。

4月29日 日照银行济南分行开业，这是该行继青岛分行之后设立的第二家异地分行。

6月19日 工行日照分行成功办理全省首笔跨境人民币结算业务。

6月24日 中行山东省分行在日照分行召开分行行长任职履新会议，宣布解聘孙成刚的日照分行党委书记、行长职务，任命代兴军任中行日照分行党委书记、行长。

7月13日 邮储山东省分行党委书记李毅一行3人，到日照市分行慰问一线员工。

7月15日 农发行山东省分行党委委员、副行长刘文平来日照调研政府主导项目贷款营销与管理工作。

7月16日 人行济南分行和日照市政府成功举办了2010’日照鲁南临港产业区金融发展论坛暨银企合作洽谈会。人行济南分行杨子强行长出席会议并讲话。28家银行机构，40余家国内外投资基金、投资公司代表参加了会议。

8月18日 银监会副主席王兆星在山东银监局局长周忠明、日照银监分局汲长虹等陪同下，视察日照银行小企业信贷中心，并题词：打造精品银行，成就百年老店。

8月27日～28日 邮储山东省分行行长韩广岳到日照市分行调研工作。

8月30日 人行日照市中支与市工商局、市中小企业局在五莲县举行了创新金融产品助推县域经济和中小企业发展启动仪式。

9月3日 山东省钢铁行业研讨会在日照举办，中行山东省分行黄雪军副行长及相关部门、地市行负责人参加会议，山东钢铁集团有限公司、莱芜钢铁集团有限公司、山东泰山钢铁集团有限公司、山东华信工贸有限公司、山东冠洲股份有限公司的相关专家及日照本地部分矿砂企业代表受邀参加。

10月25日 日照市首台农民金融自助服务终端在岚山区碑廓三村调试成功并顺利运行。

11月4日 邮储日照市分行与市工商局、市个体私营协会联合举行“惠·商卡”发行启动仪式。邮储日照市分行行长张建明和市工商局副局长、市个体私营协会会长兰启云为“惠·商卡”揭牌。

11月7日 日照银行作为主发起人发起设立的三亚金凤凰村镇银行股份有限公司、陵水大生村镇银行股份有限公司创立大会暨第一次股东大会召开。

11月9日～11月15日 由人行济南分行和日照市政府联合举办的“金融知识进万家巡回展·走进日照”在日照会展中心成功举办。

12月28日 日照银行成立10周年新闻发布会暨新办公大楼启用仪式隆重举行。

（丁 文）

莒 县

【经济金融概况】 2010年，莒县坚持以“扩投资、促增长”为主线，大力开展“提速增效年活动”，经济社会保持了快速发展的良好势头。工业经济的主体地位进一步巩固，农业产业化水平明显提高。规模以上企业发展到316家，五大产业产值占工业经济的比重达74%。

全县金融运行平稳，存、贷款稳步增长。从存款结构上看，储蓄存款是拉动各项存款增长的主力。从贷款期限结构来看，短期贷款高速增长，中长期贷款较快增加。

【金融发展与改革】 2010年，人行莒县支行通过下发《科学执行适度宽松货币政策，支持全县经济社会提速发展指导意见》、修订完善《金融机构支持经济发展考核奖励办法》、召开金融形势分析会等形式，引导金融机构支持经济增长成效显著。

【金融服务与监管】 2010年，人行莒县支行通过修改完善

莒县主要经济指标

经济指标	2009	2010	2010年同比增幅（%）	经济指标	2009	2010	2010年同比增幅（%）
土地面积（平方公里）	1952	1952	--	地方财政支出（亿元）	13.7	16.56	20.88
人口（万人）	111.83	113.32	1.33	全社会固定资产投资（亿元）	--	121.4	51.7
非农业人口（万人）	22.98	24.78	7.83	进出口总值（万美元）	113373	173906	53.4
地区生产总值（亿元）	166.65	195.51	13.5	出口总值（万美元）	17359	24288	39.9
第一产业（亿元）	31.41	36.23	3.7	实际利用外资（万美元）	5026	5250	4.5
第二产业（亿元）	76.29	91.33	16.9	社会消费品零售总额（亿元）	--	77.66	18.6
第三产业（亿元）	58.95	67.95	14.4	居民消费价格指数（%）	--	--	--
财政总收入（亿元）	13.7	16.56	20.88	人均地区生产总值（元）	16306	17367	12.37
地方财政收入（亿元）	3.68	4.53	23.1	城镇居民可支配收入（元）	--	--	--
财政总支出（亿元）	13.7	16.56	20.88	农民人均纯收入（元）	6114	6921	13.2

注：莒县无经济指标“农民人均现金收入”，改为“农民人均纯收入”。

莒县主要金融指标

金融指标（亿元）	2009	2010	2010年同比增幅（%）	金融指标（亿元）	2009	2010	2010年同比增幅（%）
本外币存款余额	147.23	169.85	15.36	财险收入	1.23	1.32	7.32
人民币存款余额	145.61	168.16	15.49	寿险收入	2.01	3.87	92.54
企业存款	11.08	18.67	68.5	财险赔款	0.65	1.14	75.38
储蓄存款	87.91	106.78	21.47	寿险给付	1.12	0.37	-66.96
本外币贷款余额	81	97.6	20.49	当年结益	--	--	--
人民币贷款余额	72.89	88.24	21.06	证券市场交易总额	65.51	36.85	-43.75
短期贷款	60.24	72.95	21.1	投资者保证金余额	0.32	0.23	-28.13
中长期贷款	12.52	15.2	21.41	证券账户开户数	1262	80	-93.66
票据融资	--	--	--	证券交易佣金收入	0.12	0.08	-33.33
当年结益	2.64	3.25	23.11	净利润	0.07	0.04	-42.86
不良贷款余额	7.41	4.5	-39.27				

莒县主要金融机构负责人

单位名称	行长（或其他称谓的第一负责人）	副行长（或其他称谓的同级领导）
人行莒县支行	孙东明	杜家强　庞尊臣
银监会莒县办事处	宋兆德	
农发行莒县支行	李学民	何茂远　徐　军
工行莒县支行	李希民	王京强　陈淑俊　张廷钏　王炳峰
农行莒县支行	李　广	崔亚林　战仁国
中行莒县支行	商玉平	张元真　夏　波
建行莒县支行	安佰刚	韩秀星　段福禛(行长助理)
日照银行莒县支行	马继军	钟　杰　张亮三
莒县农信联社	单连涛	牛学强　何兴义　李世祥　葛平献　魏宗京
邮储银行莒县支行	史国栋	郭淑梅
莒县金谷村镇银行	邹方军	张治国　郝真平

莒县主要金融机构业务概况

单位：亿元

单位名称	本外币存款余额	企业存款	储蓄存款	本外币贷款余额	短期贷款	中长期贷款
农发行莒县支行	0.44	0.19	0	2.62	1.85	0.77
工行莒县支行	13.38	2.34	6.37	16.64	7.01	8.95
农行莒县支行	15.57	3.35	10.04	3.33	2.24	0.85
中行莒县支行	24.3	5.85	7.04	11.26	9.36	1.9
建行莒县支行	10.7	1.21	3.76	6.95	0.75	1.34
日照银行莒县支行	15.15	0.86	1.78	8.06	7.95	0
莒县农信联社	64.85	3.93	56.7	47.27	46.17	1.1
邮储银行莒县支行	23.35	2.07	21.25	1.38	1.09	0.28
莒县金谷村镇银行	0.32	--	0.32	0.1	0.1	--

《银行机构非现场考核办法》、制定实施《金融机构营业网点服务质量考核评价办法》等方式，加强对金融机构人民币结算账户、国库经收处、反洗钱等业务的非现场监管，实现了现场监管和非现场监管的有机衔接，取得了明显成效。各金融机构服务质量明显提高，业务差错率大幅下降，自觉执行法律法规意识显著增强。

（黄甫昌　刘印杰）

五莲县

【经济金融概况】　2010年，五莲县金融系统认真贯彻落实适度宽松货币政策，针对县域经济发展的新特点和新需求，拓宽思路，用足政策，创新产品，多增投放，金融工作势头强劲，促进了全县经济持续较快发展。

【金融发展与改革】　2010年，人行五莲县支行围绕经济发

五莲县主要经济指标

经济指标	2009	2010	2010年同比增幅（%）	经济指标	2009	2010	2010年同比增幅（%）
土地面积（平方公里）	1443	1443	--	地方财政支出（亿元）	8.03	10.08	25.52
人口（万人）	51.11	51.4	0.56	全社会固定资产投资（亿元）	83.6	52.77	-36
非农业人口（万人）	17.35	17.47	0.69	进出口总值（万美元）	14200	17800	25.35
地区生产总值（亿元）	114.36	119.22	4.3	出口总值（万美元）	12300	15500	26.01
第一产业（亿元）	14.15	14.66	3.6	实际利用外资（万美元）	4305	1200	-72
第二产业（亿元）	70.53	72.38	2.6	社会消费品零售总额（亿元）	32.57	36.6	12.37
第三产业（亿元）	29.68	32.18	8.4	居民消费价格指数（%）	--	--	--
财政总收入（亿元）	6.15	7.64	24.22	人均地区生产总值（元）	25036	26230	4.76
地方财政收入（亿元）	2.89	3.39	17.30	城镇居民可支配收入（元）	--	--	--
财政总支出（亿元）	8.03	10.08	25.52	农民人均现金收入（元）	6109	6868	12.8

五莲县主要金融指标

金融指标（亿元）	2009	2010	2010年同比增幅（%）	金融指标（亿元）	2009	2010	2010年同比增幅（%）
本外币存款余额	83.91	95.04	13.26	财险收入	0.41	0.25	-39.02
人民币存款余额	83.68	94.90	13.4	寿险收入	0.79	0.93	17.72
企业存款	11.13	11.23	0.89	财险赔款	1.91	0.18	-90.57
储蓄存款	62.24	71.93	15.56	寿险给付	2.50	0.15	-94

续表

金融指标（亿元）	2009	2010	2010 年同比增幅（%）	金融指标（亿元）	2009	2010	2010 年同比增幅（%）
本外币贷款余额	41.51	57.57	38.68	当年结益	--	--	--
人民币贷款余额	41.37	57.57	38.68	证券市场交易总额	--	--	--
短期贷款	28.69	45.34	58.03	投资者保证金余额	--	--	--
中长期贷款	6.60	7.8	18.18	证券账户开户数	--	--	--
票据融资	6.08	4.46	-26.26	证券交易佣金收入	--	--	--
当年结益	--	--	--	净利润	--	--	--
不良贷款余额	2.63	4.97	88.97				

五莲县主要金融机构负责人

单位名称	行长（或其他称谓的第一负责人）	副行长（或其他称谓的同级领导）
人行五莲县支行	司斌涛	高　飞　张　华
农发行五莲县支行	刘世军	杜庆会　古全兵
工行五莲支行	李　锋	王富青　龙庆祥　闫荣章
农行五莲县支行	林玉文	王洪新　郑德志　魏　波
中行五莲支行	相元昌	李善民　朱云涛
建行五莲支行	孙明波	周　磊　李公湖
日照银行	赵中华	娄源新　宋作峰
五莲县农信联社	陈修善	刘烽生　商庆收　鲁　中　王建国　王　斌
邮储银行五莲县支行	范中华	秦昌深

五莲县主要金融机构业务概况

单位：亿元

单位名称	本外币存款余额	企业存款	储蓄存款	本外币贷款余额	短期贷款	中长期贷款
农发行五莲县支行	0.36	0.30	--	3.78	3.08	0.70
工行五莲支行	9.60	1.37	7.34	4.34	1.36	2.93
农行五莲县支行	11.43	19.9	8.53	5.52	5.16	0.35
中行五莲支行	7.09	0.69	5.45	5.50	5.12	0.37
建行五莲支行	5.76	0.92	3.46	3.80	1.80	2.00
日照银行五莲支行	7.86	1.19	1.22	4.32	3.81	0.50
五莲县农信联社	38.00	3.55	34.03	29.09	23.94	0.72
邮储银行五莲县支行	13.24	1.24	11.96	1.20	1.04	0.15

展大局，引导金融机构在风险可控的前提下，加大对经济发展的支持力度。

【金融服务与监管】　2010 年，五莲县金融监管部门一是建立健全政银企信息交流机制，通过定期召开金融工作联席会议、银企合作促进会等形式，推进产业政策与信贷政策的交流、金融运行与产业发展信息的互通；二是分析研究金融动态，定期通报情况，协调解决各金融机构在信贷管理中与企业间存在的问题；三是分行业、分区域不定期举办专题洽谈会、推介会，多渠道促进银企合作，有效满足企业项目建设资金和流动资金需求。

（刘善国　林　倩）

第十部分

区域性金融运行报告
——鲁北地区

东营市

【经济金融概况】 2010年，东营市各金融机构不断创新金融服务方式，拓展融资渠道，加大信贷投放，优化信贷结构，运行质量和经营效益稳步提高。

一、信贷总量实现快速膨胀，结构持续优化。截至年末，东营市金融机构中小企业和涉农贷款分别新增140.9亿元和141.4亿元，分别占全部新增贷款的52.5%和56.8%；个人消费贷款较年初增加37.9亿元，同比多增10亿元。从分季度信贷增长情况看，一至四季度的新增贷款分别为81.6亿元、53.8亿元、55.6亿元和57.8亿元，以往三四季度信贷增长回落的情况有所改观，信贷投放节奏更加均衡、平稳。

二、各项存款快速增长。截至年末，东营市人均储蓄存款余额3.82万元，居全省首位；企业存款余额较年初增加49.2亿元。

三、经营效益不断提高，资产质量不断改善，抗风险能力进一步提高。

【货币政策实施】 2010年，人行东营市中心支行不断加强分析和调研力度，全面提高履行基层央行职责的能力和水平。

一、充分发挥窗口指导作用。一是先后出台了相关《指导意见》，加大监测分析引导力度；二是实施了辖区执行货币政策约见谈话制度，组织召开了全市金融工作会议、货币市场成员座谈会，以及转方式调结构金融支持黄河三角洲开发建设座谈会，引导信贷投向，优化信贷结构。

二、搭建政银企合作平台。成功举办了“齐鲁金融论坛——金融支持黄河三角洲高效生态经济区（东营）开发建设暨政银企合作推进会”，组织召开了辖区少数民族特需商品定点生产企业银企座谈会和民品企业贷款额度核定联席会议。

三、完善预警监测，有效维护金融稳定。一是组织辖内法人金融机构签订了《维稳责任书》，制定出台了《金融稳定约见谈话制度》，提高了动态监管效益；二是建立了政府融资平台监测制度，完善了辖区上市公司、涉外企业、重点企业、小额贷款公司监测制度和房地产金融、存款准备金、利率、货币市场以及法人机构日常监测分析报告制度，健全了农村合作金融机构经营财务状况数据库；三是认真开展金融稳定评估，加强了对《金融稳定事项报告制度》的贯彻实施。

四、加强调研分析。开展了黄河三角洲产业投资基金研究，出版了《金融聚焦：打造黄河三角洲高效生态经济区“绿色金融”之路》一书，为黄三角开发建设建言献策。同时，加强对辖区经济金融形势的实时动态监测。

【金融监管】 2010年，东营市金融监管部门严格依法监管，防范和化解各类风险，有效提高风险管控水平。一是召开了“银行业规范政府融资平台座谈会”，对政府融资平台贷款实行动态台账管理；二是实行不良贷款“月通报、季考核”制度，建立新增不良贷款和关注类贷款台账，密切关注各机构不良贷款变动情况，特别注重农合机构资产质量真实性监管和邮储银行贷款质量监测考核；三是完善了统计分析报告框架，强化对投放节奏、平台贷款等监管关注点的监测分析力度，全年全市5家机构被评为“良好银行”；四是在全省率先推行了农合机构网点负责人工作日志制度、邮储银行联席会议和飞行检查制度，以及城商行高管季度分析座谈会、小企业定期调研、三方会谈制度和履职情况通报制度；五是召开了全市银行业信访工作会议，开展了“银行业内控和案防制度执行年”活动，有效推动安保工作顺利开展。

【外汇管理】 2010年，外管局东营市中心支局积极深化外汇管理改革，创新外汇服务措施：一是组织召开了“政汇信合作共促黄河三角洲涉外经济发展洽谈会”；二是深入企业调研，针对企业遇到的问题，制定不同的外汇服务措施，有效帮助部分涉外企业走出了困境，推进了投资贸易便利化；三是针对进口付汇核销制度改革试点工作，重点解答银行和进口企业等相关主体在改革实施中遇到的各种问题，认真完成付汇改革相关调查分析；四是积极协助总局完善推广外汇非现场检查系统，加强异常跨境资金流动的监管；五是研究制定了《外汇政策业务宣讲活动实施方案》，编印了《外汇管理政策业务指南》，提高了全市外汇指定银行、涉外企业运用外汇政策的能力和水平。

【金融改革】 2010年，东营市着力深化银行业改革，完善现代金融体系，稳步推进辖区金融改革与创新。

一、地方性银行改革发展取得重大突破。东营市商业银行更名组建地方性银行获省政府支持，相关增资扩股和引进战投工作正式启动。同时，稳步推动小企业发展战略转型，成为该行实施差异化发展战略的重要支撑。

二、加快推进农村金融体制改革。广饶农村商业银行和东营莱商村镇银行正式挂牌开业，垦利乐安村镇银行和广饶梁邹村镇银行已经申请筹建。胜利合行增资扩股和广饶农商行股金募集工作顺利完成，利津联社增资扩股工作顺利启动。辖区农合机构法人股权结构进一步优化，股权稳定性明显增强。

三、股份制银行引进工作进展顺利。华夏、中信、交通银行东营分行已顺利开业；民生、招商银行东营分行相继获准筹建。

【保险业务】 2010年，东营市保险事业健康稳步发展，累计实现财产保险保费收入13.83亿元，增长28.4%，赔付5.87亿元，增长20.9%；实现人寿保险保费收入29.06亿元，增长13.2%，赔付1.10亿元，增长21.9%。

东营市经济主要统计指标

指标＼年度	2006	2007	2008	2009	2010	2010年同比增幅（%）
土地面积（平方公里）	7923.26	7924.26	7925.26	7926.26	7927.26	0
人口（万人）	181.8	183.09	183.97	184.59	184.87	0.2
非农业人口（万人）	78.16	78.8	76.91	79.32	80.88	2.0
地区生产总值（亿元）	1450.3	1658.4	2052.6	2076.61	2359.64	13.4
第一产业（亿元）	53.27	60.63	70.08	74.73	87.38	4.5
第二产业（亿元）	1192.66	1269.24	1570.93	1541.34	1712.2	13.4
工业（亿元）	1137.56	1207.14	1500	1456.31	1612	13.4
建筑业（亿元）	55.1	62.1	70.93	85.03	100.2	13.2
第三产业（亿元）	204.38	328.55	411.61	460.54	560.36	14.5
人均地区生产总值（元）	74048	90580	102741	103246	127638	23.6
地区生产总值构成（%）	100	100	100	100	100	--
第一产业（%）	3.67	3.66	3.41	3.6	3.70	2.9
第二产业（%）	82.23	76.53	76.53	74.2	72.56	-2.2
第三产业（%）	14.1	19.81	20.05	22.2	23.75	7.0
财政总收入（亿元）	361.7	342.2	413.86	299.37	395.55	32.1
地方财政收入（亿元）	48.09	60.12	70.95	80.87	104.88	29.7
财政总支出（亿元）	61.86	76.29	89.72	105.24	142.07	35.0
地方财政支出（亿元）	61.86	76.29	89.72	105.24	142.07	35.0
全社会固定资产投资（亿元）	609.9	698.6	873.81	1095.59	1348.98	22.6
规模以上固定资产投资（亿元）	537.56	612.23	754.4	988.61	1185.12	19.9
房地产开发（亿元）	41.9	63.48	69.99	84.64	100.3	18.5
进出口总值（亿美元）	18.8	26.52	41.19	39.6	79.6	101.0
出口总值（亿美元）	11.21	14.01	19.72	17.55	27.58	57.1
实际利用外资（亿美元）	1.39	1.67	1.79	1.65	2.11	27.9
社会消费品零售总额（亿元）	173.5	206.64	254.61	303.28	382.36	18.7
居民消费价格指数（%）	101.3	106	103.5	99	102.3	3.3
城市居民人均可支配收入（元）	16742	18626	19487	21313	23795	11.7
农民人均现金收入（元）	5157	5869	6660	7327	8427	15.0

东营市工农业主要统计指标

农业主要统计指标（万吨）				规模以上工业企业主要统计指标（亿元）			
项目＼年度	2009年	2010年	增幅（%）	项目＼年度	2009年	2010年	增幅（%）
粮食	80.32	79.36	-1.2	工业增加值	1457.92	1735.37	19.0
夏粮	32.85	32.94	0.3	国有工业	31.8	34.33	8.0
秋粮	47.47	46.41	-2.2	集体工业	48.08	36.42	-24.3
棉花	13.67	11.81	-13.6	股份制工业	1246.94	1585.12	27.1

续表

农业主要统计指标（万吨）				规模以上工业企业主要统计指标（亿元）			
项目＼年度	2009年	2010年	增幅（%）	项目＼年度	2009年	2010年	增幅（%）
油料	0.53	0.49	-7.5	股份合作制工业	1.12	1.75	56.3
水果	14.26	14.78	3.6	外商及港澳台投资工业	94.22	65.03	-31.0
蔬菜	200.01	175.96	-12.0	轻工业	260.41	238.39	-8.5
肉类	22.11	24.78	12.1	重工业	1197.52	1496.98	25.0
禽蛋	12.1	12.39	2.4	销售收入	4423.05	6113.86	38.2
奶类	15.49	16.53	6.7	利税	748.34	1160.07	55.0
水产品	42.36	45.31	7.0	利润	483.97	722.07	49.2
森林覆盖率（%）	20.6	20.6	0.0	经济效益综合指数（%）	583.26	494.44	-15.2

东营市主要金融机构负责人

单位名称	行长（或其他称谓的第一负责人）	副行长（或其他称谓的同级领导）
人行东营市中心支行	徐小林	李　刚　李万友　岳　弘　梁久科　关志勇
银监会东营监管分局	刘兆胜	王百春　张洪恩　杜明洁　宋维哲
农发行东营市分行	李德俭	时祝华　段宗臣　陈　军
工行东营分行	刘爱峰	王英利　杨仕华　张金清　任德富
农行东营分行	翟世勇	张志忠　张俊国　李成国　王东风　张连海　耿曙明
中行东营分行	李向前	邱永明　徐　林　武明国　徐浴泉
建行东营分行	谢树江	赵安臣　田　青　赵学刚　宗继科　高　筠　张建平　孙　炜　姜学军
交通银行东营分行	韩会雷	刘德安　王树青
东营市商行	石子强	袁学军　高树松　邢　发　付光远　张爱民　王乃军　王丽莎
农信社东营市办事处	李本领	邹　维　李永昌
邮储银行东营市分行	许凤亮	李慧梅　宋道峰
恒丰银行东营分行	门成梅	张纯奎　张启新
华夏银行东营分行	刘国辉	刘　光　李龙吉
中信银行东营分行	毕新宇	于　生　韩学斌
东营莱商村镇银行	李敏实	李翠芳　刘汉忠　范水波
人保财险东营市分公司	刘虎青	李树春　索　峰　李亚力　张跃武　谢　磊
平安财险东营中心支公司	霍逢光	曹汉忠　常　伟　刘小林
太平洋财险东营中心支公司	赵寿青	王会芹　顾征海　张海霞
天安财险东营中心支公司	李　锋	
大地财险东营中心支公司	刘修顺	刘海春　张翠霞　刘新建
永安财险东营中心支公司	崔玉东	刘宗全

续表

单位名称	行长（或其他称谓的第一负责人）	副行长（或其他称谓的同级领导）
中华联合财险东营中心支公司	魏　峰	宋国民　杨金杰　杨书红
阳光财险东营中心支公司	乔晓明	李雪杉　柳　军
安邦财险东营中心支公司	张艳霞	于秀莉
渤海财险东营中心支公司	冯文庆	
都邦财险东营中心支公司	姜守臣	李维庆　李新莉
永诚财险东营中心支公司	张德林	李秀春
民安财险东营中心支公司	李剑嵩	李秀春
中国人寿东营市分公司	燕　强	许金荣　张　鹏　燕山华
平安人寿东营中心支公司	温玉明	任伟忠　赵鸣龙　李雪峰
太平洋人寿东营中心支公司	唐德亮	张明亮　窦爱国　李永刚
泰康人险东营中心支公司	石　磊	卞馥玉　王兴东
新华人寿东营中心支公司	国　磊	吕学文
太平人寿东营中心支公司	傅春华	邓乃英
合众人寿东营中心支公司	王国利	
嘉禾人寿东营中心支公司	燕振亮	
人民人寿东营中心支公司	丁保明	马晓亮
阳光人寿东营中心支公司	崔建军	
齐鲁证券东营济南路证券营业部	董典波	
广发证券东营济南路证券营业部	徐超平	
中信万通证券东营营业部	张洪林	

东营市金融业务统计指标

指标（亿元） \ 年度		2006	2007	2008	2009	2010	2010年同比	
							增加额	增幅（%）
银行类	本外币存款余额	768.94	851.61	1040.40	1312.12	1580.21	268.09	20.43
	人民币存款余额	761.59	844.43	1032.78	1300.97	1567.1	266.13	20.46
	企业存款	190.95	216.7	243.59	356.11	420.08	63.97	17.96
	储蓄存款	426.08	440.72	554.07	640.22	703.06	62.84	9.82
	定期储蓄存款	284.44	284.66	365.82	410.03	429.67	19.64	4.79
	活期储蓄存款	141.64	156.06	188.25	230.18	273.39	43.21	18.77
	本外币贷款余额	518.88	621.92	715.97	934.26	1189.51	255.25	27.32
	人民币贷款余额	516.39	598.91	695.87	899.94	1148.11	248.17	27.58
	短期贷款	354.39	410.48	456.70	601.26	762.99	161.73	26.90
	中长期贷款	140.69	170.2	205.74	299.29	364.82	65.53	21.90

续表

指标（亿元）		2006	2007	2008	2009	2010	2010年同比增加额	2010年同比增幅（%）
银行类	票据融资	20.95	17.78	33.24	29.21	20.26	-8.95	-30.64
	当年结益	14	18.08	25.62	29.68	38.9	9.22	31.06
	不良贷款余额	13.06	24.00	19.38	20.29	9.2	-11.09	-54.66
	不良贷款占比%	2.52	3.86	2.71	2.17	1.26	-0.91	-41.94
	现金收入	2076.9	2082.1	2153.30	2366.07	2717.52	351.45	14.85
	现金支出	2137.2	2150	2241.70	2450.95	2827.19	376.24	15.35
	现金投放（+）回笼（-）	60.34	67.9	88.41	84.88	109.67	24.79	29.21
保险类	保险公司保费收入	20.71	27.68	31.49	42.04	42.89	0.85	2.02
	财险收入	6.4	7.7	8.29	10.78	13.83	3.05	28.29
	寿险收入	14.31	19.98	23.20	31.26	29.06	-2.2	-7.04
	保险公司赔款和给付支出	4.36	4.79	5.52	6.08	6.97	0.89	14.64
	财险赔款	3.77	4.08	4.67	5.18	5.87	0.69	13.32
	寿险给付	0.59	0.71	0.85	0.90	1.10	0.2	22.22
	当年结益	16.35	22.89	25.98	35.96	35.92	-0.04	-0.11
证券类	证券市场成交总额	—	—	1542	1600	1857	257	16.06
	投资者保证金余额	—	—	6.81	8.45	9.06	0.61	7.22
	证券账户开户数	—	—	66300	200000	201800	1800	0.90
	佣金收入	—	—	0.97	1.03	1.12	0.09	8.74
	净利润	—	—	0.38	0.42	0.46	0.04	9.52
	期货市场成交总额	—	—	—	—	—	—	—
	期货客户保证金余额	—	—	—	—	—	—	—
	期货账户开户数	—	—	—	—	—	—	—
	期货手续费收入	—	—	—	—	—	—	—
	利润总额	—	—	—	—	—	—	—

东营市金融机构统计指标

指标（个）		2006	2007	2008	2009	2010	2010年同比增幅（%）
银行类	法人机构	6	6	6	6	7	16.67
	省级分行	0	0	0	0	0	0
	二级分行	5	5	6	6	10	66.67
	县区支行	66	70	81	82	82	0
	分理处、营业所	321	388	377	361	431	19.39
	储蓄所	11	11	11	11	11	0
	从业人员总数	4615	5173	4714	5273	6192	17.43

续表

指标（个）	年度	2006	2007	2008	2009	2010	2010年同比增幅（%）
保险类	保险机构	16	16	22	23	23	0
	财险机构	9	9	13	13	13	0
	省级分公司	0	0	0	0	0	0
	地市分公司	9	9	13	13	13	0
	县区支公司	0	0	0	0	0	0
	寿险机构	7	7	9	10	10	0
	省级分公司	0	0	0	0	0	0
	地市分公司	7	7	9	10	10	0
	县区支公司	0	0	0	0	0	0
	从业人员总数	8901	10005	11733	11056	11759	6.36
	财险人员	3115	3709	4303	3349	3456	3.19
	寿险人员	5786	6296	7430	7707	8303	7.73
证券类	证券机构	3	3	3	3	3	0
	证券公司	0	0	0	0	0	0
	证券营业部	2	3	3	3	3	0
	证券服务部	0	0	0	0	0	0
	从业人员总数	113	173	186	300	356	18.67
	投资者开户	40310	65380	18600	200000	201800	0.90
	境内上市股票支数	2	2	2	2	3	50
	境外上市股票支数	1	1	3	3	3	0
	辖区上市公司总数	3	3	5	5	6	20

东营市主要金融机构业务概况

单位：亿元

单位名称	本外币存款余额	人民币企业存款	人民币储蓄存款	本外币贷款余额	人民币短期贷款	人民币中长期贷款
农发行东营市分行	6.88	3.24	--	36.07	20.99	15.09
工行东营分行	298.70	69.55	153.74	209.01	96.87	107.72
农行东营分行	255.45	109.37	107.80	231.47	176.82	52.67
中行东营分行	180.05	42.55	67.53	168.44	76.99	68.70
建行东营分行	248.66	51.88	108.37	176.64	82.90	77.70
交行东营分行	0.01	---	0.01	—	--	--
邮储银行东营分行	67.05	11.17	54.24	12.16	6.23	5.93
东营市商业银行	179.13	38.81	56.86	122.09	83.06	22.94
东营市农合机构	237.42	52.87	149.53	185.78	177.15	8.33
恒丰银行东营分行	29.49	22.53	1.91	20.97	16.00	4.86
华夏银行东营分行	15.65	6.17	1.80	10.68	10.60	0.08
中信银行东营分行	17.73	5.95	1.11	14.11	13.30	0.81
东营莱商村镇银行	6.43	5.97	0.16	2.09	2.09	--

东营市各县级区域经济金融主要统计指标

名称	人口（万人）	面积（平方公里）	地区生产总值（亿元）	地区生产总值增速（%）	本外币存款余额（亿元）	储蓄存款（亿元）	本外币贷款余额（亿元）
东营区	61.89	1155.62	234.39	17.0	1081.07	489.62	560.35
河口区	21.47	2138.79	141.27	17.2			
广饶县	49.64	1137.87	459.48	17.0	279.49	103.90	403.93
垦利县	22.01	2204.07	220.28	17.3	161.39	80.56	168.60
利津县	29.87	1289.91	143.79	17.2	58.26	32.65	56.64

【精神文明建设】 2010年，东营市金融系统全面推进精神文明建设，促进了各项工作的顺利开展。

人行东营中支扎实推进文明单位创建活动。一是举办了“从我做起，走向文明”全市金融系统电视知识竞赛，积极倡导文明服务的工作理念；二是开展了央行文化舞台剧《大河长歌》的策划、创作以及筹备工作；三是建设了文化大厅和文化走廊，开展了科室读书角活动；四是相继举办了“迎新春文艺汇演”、行歌比赛，组织员工参加了黄河口国际马拉松比赛、羽毛球比赛、“弘扬五四精神”登山活动，以及“强信念、创佳绩、促和谐”座谈会。

东营市银监局推进监管文化建设。一是建立了公众教育基地、荣誉室、图片资料库和局志画册，全面总结分局监管文化建设情况；二是积极参与“从我做起 走向文明”活动，推动银行服务水平提升；三是开展职工趣味运动会等群体活动和抗震捐款等爱心活动，增强了员工凝聚力。

全市各金融机构积极推进精神文明建设。邮储东营分行开展地震灾区捐款活动，共筹集捐款5万余元；东营商行依托行工会、行团委积极开展活动，获评团省委“五四红旗团委”、团市委“五四红旗团委”；工行东营分行参加了全省业务技术比赛，获团体第5名；农行东营分行省文明委、农总行命名为“省级文明单位”和“第一届全国农行文明单位”，行党委书记、行长翟世勇被东营市总工会授予“东营市五一劳动奖章”荣誉称号。

【大事记】 1月28日 人行东营市中心支行和东营区政府联合举办东营区银企合作洽谈会。

2月3日 人行东营市中心支行和河口区政府联合举办河口区银政企项目资金对接会，人行东营中支党委书记、行长徐小林出席会议并讲话。

4月24日 以“金融支持黄河三角洲高效生态经济区（东营）开发建设”为主题的2010齐鲁金融论坛暨政银企合作推进会在东营市成功举办。人行总行副行长苏宁，山东省省长助理、省建设黄河三角洲高效生态经济区办公室主任陈光，人行济南分行行长杨子强，金融时报社社长汪洋，东营市委副书记、市长张建华，广东金融学院中国金融转型与发展研究中心主任陆磊，以及有关金融机构领导出席会议。

5月18日 华夏银行东营分行正式开业。

5月27日 山东省人民政府下发（鲁政发[2010]51号），正式同意在东营市商业银行基础上组建黄河三角洲地方性银行。

6月21日 邮储银行东营分行成功开办小企业贷款业务。

8月19日 东营市钱币学会第四次会员代表大会在东营中支召开。

9月16日 山东广饶农村合作银行更名为山东广饶农村商业银行股份有限公司正式挂牌营业。

11月10日 中信银行东营分行正式开业。

华夏银行总行党委书记、董事长吴建来东营调研，在东营宾馆会见了山东省委副书记、省长姜大明。

12月28日 交通银行东营分行开始试营业。

（刘　冲　石文华　任小强）

广饶县

【经济金融概况】 2010年，广饶县经济金融继续保持向好发展态势，工业生产保持较高速度，经济效益稳中有升，综合实力不断增强，信贷结构不断优化，信贷投放稳步增长，金融运行质量明显提高。

【金融发展与改革】 2010年，人行广饶县支行认真贯彻落实适度宽松的货币政策，加强窗口指导，以金融生态环境建设为主线，有效地促进政、银、企之间的合作，确保了支柱行业、重点项目和工程的资金需求。

【金融服务与监管】 2010年，人行广饶县支行进一步强化金融服务与监管，维护辖区金融稳定，为全县经济发展提供了良好的金融服务。一是加强对影响县域经济金融热点、难点问题的调研分析，为决策提供信息和依据；二是通过强化对监管人员的业绩和行为考核，提高监管能力和水平；三是加强货币

广饶县主要经济指标

经济指标	2009	2010	2010年同比增幅（%）	经济指标	2009	2010	2010年同比增幅（%）
土地面积（平方公里）	1138	1138	0	地方财政支出（亿元）	24.35	32.90	35.1
人口（万人）	49.54	49.64	0.2	全社会固定资产投资（亿元）	204.80	263.95	28.9
非农业人口（万人）	7.25	6.85	-5.5	进出口总值（万美元）	176509	352124	99.5
地区生产总值（亿元）	377.32	459.48	17.0	出口总值（万美元）	96443	195206	143.8
第一产业（亿元）	26.45	31.40	4.2	实际利用外资（万美元）	2620	3375	28.8
第二产业（亿元）	279.59	333.07	18.6	社会消费品零售总额（亿元）	39.65	88.96	18.7
第三产业（亿元）	71.28	95.01	15.1	居民消费价格指数（%）	99.0	102.3	3.33
财政总收入（亿元）	25.82	34.13	32.2	人均地区生产总值（元）	76367	92652	16.8
地方财政收入（亿元）	18.59	24.31	30.7	城镇居民可支配收入（元）	18740	21247	13.4
财政总支出（亿元）	25.83	33.92	31.32	农民人均现金收入（元）	7678	8794	14.5

广饶县主要金融指标

金融指标（亿元）	2009	2010	2010年同比增幅（%）	金融指标（亿元）	2009	2010	2010年同比增幅（%）
本外币存款余额	222.02	279.49	25.89	财险收入	0.52	0.53	1.92
人民币存款余额	217.91	274.13	25.80	寿险收入	1.23	1.43	16.26
企业存款	67.17	98.33	46.39	财险赔款	0.21	0.01	-95.24
储蓄存款	90.26	103.71	14.90	寿险给付	0.28	0.27	-3.57
本外币贷款余额	333.34	403.93	21.18	当年结益	--	--	--
人民币贷款余额	316.62	384.43	21.42	证券市场交易总额	--	--	--
短期贷款	243.07	285.76	17.56	投资者保证金余额	--	--	--
中长期贷款	71.68	97.68	36.27	证券账户开户数	--	--	--
票据融资	1.86	0.99	-46.77	证券交易佣金收入	--	--	--
当年结益	11.58	13.08	12.95	净利润	--	--	--
不良贷款余额	2.61	1.56	-40.23				

广饶县主要金融机构负责人

单位名称	行长（或其他称谓的第一负责人）	副行长（或其他称谓的同级领导）
人行广饶县支行	王永强	陈　田　蒋吉昌　谭　斌
银监会广饶县办事处	陈　健	
农发行广饶县支行	韩绥军	李好贞　井玉蓉
工行广饶支行	段其明	郭洪明　崔敏华　魏建明　王明荣
农行广饶支行	巩稚峰	张永生　陈　琪　郭　伟　孙培伟
中行广饶支行	王青华	邓晓东　刘志军
建行广饶支行	李华东	张　勇　西同光　张亦伟

续表

单位名称	行长（或其他称谓的第一负责人）	副行长（或其他称谓的同级领导）
东营市商行广饶支行	崔永明	王子玉　乔　静
东营市商行大王支行	许庆波	丁文娟
广饶县农商行	高传星	徐奇祥　顾汉松　戴国建　刘玉明　生国江
邮储银行广饶县支行	刘彦军	韩　晓

广饶县主要金融机构业务概况

单位：亿元

单位名称	本外币存款余额	企业存款	储蓄存款	本外币贷款余额	短期贷款	中长期贷款
农发行广饶县支行	2.86	0.83	--	16.01	7.49	8.52
工行广饶支行	31.83	18.23	8.99	73.60	42.84	30.76
农行广饶支行	68.31	34.25	20.21	104.45	91.59	11.58
中行广饶支行	34.35	9.74	3.34	53.31	33.17	14.58
建行广饶支行	29.96	13.56	3.82	74.95	39.40	28.62
东营市商行	10.10	2.10	1.35	11.16	8.56	1.60
广饶县农商行	90.45	22.21	58.23	67.72	66.49	1.23
邮储银行广饶县支行	10.16	2.18	7.97	2.73	1.94	0.79

政策传导，引导金融部门加大支农和中小企业信贷投放，优化信贷结构；四是先后组织人民币流通管理、外汇、金融统计、国库业务、反洗钱等业务监督检查，有效规范了区域金融的运行秩序；五是加大征信宣传力度，保障辖区金融的健康运行。

（张子东　宋振红）

垦利县

【经济金融概况】　2010年，人行垦利县支行利用银企洽谈会和季度金融工作座谈会等平台，引导金融机构优化贷款结构、加大贷款投放力度，积极创新信贷产品，支持重点工程和项目建设，促进了地方经济发展。截至年末，银行业为中小企业提供贷款48.36亿元，同比增加15.41亿元，占全县信贷总量的28.9%。

垦利县主要经济指标

经济指标	2009	2010	2010年同比增幅（%）	经济指标	2009	2010	2010年同比增幅（%）
土地面积（平方公里）	2204	2204	0	地方财政支出（亿元）	10.71	13.90	29.79
人口（万人）	21.87	22.05	0.82	全社会固定资产投资（亿元）	133.5	172.00	28.84
非农业人口（万人）	4.10	3.90	-4.88	进出口总值（万美元）	19638	23367	18.99
地区生产总值（亿元）	187.31	220.28	17.60	出口总值（万美元）	13821	16707	20.88
第一产业（亿元）	11.92	13.67	14.68	实际利用外资（万美元）	1120	1503	25.48
第二产业（亿元）	136.51	145.15	6.33	社会消费品零售总额（亿元）	15.60	30.20	93.59
第三产业（亿元）	38.93	61.46	57.87	居民消费价格指数（%）	99.00	103.4	4.44
财政总收入（亿元）	17.23	29.02	68.43	人均地区生产总值（元）	85523	100224	17.19

续表

经济指标	2009	2010	2010年同比增幅（%）	经济指标	2009	2010	2010年同比增幅（%）
地方财政收入（亿元）	7.01	9.20	31.24	城镇居民可支配收入（元）	18592	21083	13.40
财政总支出（亿元）	15.92	27.12	70.35	农民人均现金收入（元）	7133	8223	15.28

垦利县主要金融指标

金融指标（亿元）	2009	2010	2010年同比增幅（%）	金融指标（亿元）	2009	2010	2010年同比增幅（%）
本外币存款余额	133.67	161.39	20.74	财险收入	0.43	0.48	11.63
人民币存款余额	133.03	160.81	20.88	寿险收入	0.75	0.92	22.67
企业存款	32.74	44.66	36.41	财险赔款	0.38	0.32	-15.79
储蓄存款	71.50	80.26	12.25	寿险给付	0.20	0.08	-60.00
本外币贷款余额	131.96	168.60	27.77	当年结益	0.93	1.14	22.58
人民币贷款余额	131.02	168.55	28.64	证券市场交易总额	--	--	--
短期贷款	88.81	112.93	27.16	投资者保证金余额	--	--	--
中长期贷款	41.89	55.60	32.73	证券账户开户数	--	--	--
票据融资	0.20	--	--	证券交易佣金收入	--	--	--
当年结益	5.02	5.88	17.13	净利润	--	--	--
不良贷款余额	2.75	2.04	-25.82				

垦利县主要金融机构负责人

单位名称	行长（或其他称谓的第一负责人）	副行长（或其他称谓的同级领导）
人行垦利县支行	张晋平	陈　田　王志明
银监会垦利县办事处	王文良	
农发行垦利县支行	任庆国	房永梅　赵　凯
工行垦利支行	崔冠英	张爱东　宋金玲
农行垦利支行	刘明鹤	付胜利　张树红
中行垦利支行	武英江	秦荣村
建行垦利支行	毕玉军	赵新生
东营市垦利商行	袁　刚	梁继明　李端阳
垦利县农信联社	徐树彬	单爱凤　李伟东
邮储银行垦利县支行	陈树利	李晓明

垦利县主要金融机构业务概况

单位：亿元

单位名称	本外币存款余额	企业存款	储蓄存款	本外币贷款余额	短期贷款	中长期贷款
农发行垦利县支行	1.63	1.22	--	5.45	3.08	2.37
工行垦利支行	33.03	9.98	17.86	40.41	22.94	17.47

续表

单位名称	本外币存款余额	企业存款	储蓄存款	本外币贷款余额	短期贷款	中长期贷款
农行垦利支行	37.84	11.94	19.95	29.41	25.10	4.31
中行垦利支行	21.65	6.72	6.77	31.46	14.95	16.46
建行垦利支行	15.21	7.29	3.22	24.61	12.36	12.25
东营市垦利商行	4.98	0.42	1.82	4.26	2.59	1.67
垦利县农信联社	37.97	5.89	25.42	31.36	30.61	0.74
邮储银行垦利县支行	7.02	1.20	5.23	1.64	1.31	0.33

【金融发展与改革】 2010年,垦利县金融创新产品不断推出,企业融资渠道多元化。一是推出了油品质押贷款业务,累计发放油品质押贷款5.89亿元;二是加大对核心客户的资金支持,为确保资金链安全,对其上游客户办理信用证和承兑汇票业务,为下游客户开办国内保理、订单融资业务;三是辖内银行业开办了信托理财、网上银行、网贷通等业务,便捷了企业的融资结算渠道,节约了企业的融资成本。

【金融服务与监管】 2010年,人行垦利县支行认真履行职能,加大金融服务力度。一是充分发挥货币政策工具的引导作用,全年发放支农再贷款1.5亿元;二是认真做好贷款卡发放和年审工作,贷款卡年审率达到92%以上;三是举办了农村金融支付结算、人民币反假、征信管理、国债知识等金融知识宣传活动;四是积极推动农村金融支农示范点的建设,在董集镇刘家村成立了全市第一家金融支农示范点,为推动各金融机构加大支农服务提供了平台。

(李祥勇)

利津县

【经济金融概况】 2010年,利津县抢抓黄河三角洲开发建设和"突破利津"两大机遇,积极促进经济方式转变和结构调整,经济总量快速膨胀,综合实力显著增强。金融运行平稳,各项贷款大幅增长,信贷结构不断优化,县域重点工程、项目、三农及中小企业得到较好的信贷支持,银行业经营稳健,资产质量明显提高。

【金融发展与改革】 2010年,利津县金融机构认真贯彻执行适度宽松的货币政策,金融发展势头良好。农信社在大力推广农户小额贷款和农户联保贷款的同时,继续做好创建农村信用乡(镇)工作,组建村级大联保体12家,联系农户528户,服务"三农"能力逐步提升,信贷支农服务功能不断完善;邮储银行新开办了小企业贷款业务,业务范围进一步拓宽;全县首家小额贷款公司 -- 利津县金坤小额贷款股份有限公司成立,有效缓解了全县农户和小企业贷款难、担保难问题。

【金融服务与监管】 2010年,人行利津县支行积极发挥窗

利津县主要经济指标

经济指标	2009	2010	2010年同比增幅(%)	经济指标	2009	2010	2010年同比增幅(%)
土地面积(平方公里)	1665.6	1665.6	0	地方财政支出(亿元)	8.64	11.59	34.14
人口(万人)	29.8	29.87	0.23	全社会固定资产投资(亿元)	75.00	96.37	28.49
非农业人口(万人)	3.94	3.89	-1.27	进出口总值(万美元)	30252	33351	10.24
地区生产总值(亿元)	117.34	143.79	22.54	出口总值(万美元)	6045	6644	9.91
第一产业(亿元)	17.74	20.72	16.80	实际利用外资(万美元)	1870	2051	9.68
第二产业(亿元)	70.55	79.50	12.69	社会消费品零售总额(亿元)	17.07	18.17	6.44
第三产业(亿元)	29.05	43.57	49.98	居民消费价格指数(%)	99.40	102.90	3.52
财政总收入(亿元)	7.89	11.89	50.70	人均地区生产总值(元)	39426	48180	22.20
地方财政收入(亿元)	3.63	4.69	29.20	城镇居民可支配收入(元)	16842	19111	13.47
财政总支出(亿元)	10.28	16.30	58.56	农民人均现金收入(元)	6895	7965	15.52

利津县主要金融指标

金融指标（亿元）	2009	2010	2010年同比增幅（%）	金融指标（亿元）	2009	2010	2010年同比增幅（%）
本外币存款余额	51.68	58.26	12.73	财险收入	0.22	0.28	27.27
人民币存款余额	51.67	58.22	12.68	寿险收入	0.61	0.66	8.20
企业存款	9.56	10.66	11.51	财险赔款	0.17	0.13	-23.54
储蓄存款	29.77	32.64	9.64	寿险给付	0.14	0.19	35.71
本外币贷款余额	44.90	56.64	26.15	当年结益	—	—	—
人民币贷款余额	44.90	54.94	22.36	证券市场交易总额	—	—	—
短期贷款	34.03	41.78	22.77	投资者保证金余额	—	—	—
中长期贷款	10.86	12.99	19.61	证券账户开户数	—	—	—
票据融资	0.01	0.16	1500	证券交易佣金收入	—	—	—
当年结益	1.61	1.63	1.24	净利润	—	—	—
不良贷款余额	2.13	1.78	-16.43				

利津县主要金融机构负责人

单位名称	行长（或其他称谓的第一负责人）	副行长（或其他称谓的同级领导）
人行利津县支行	王学亮	刘延忠　张爱民
银监会利津县办事处	周　梅	
农发行利津县支行	孙振亭	杜　勇　鞠迎春
农行利津县支行	李万刚	刘玉民　薛云忠　张子利
建行利津支行	高宏业	王岱刚　陈龙武　刘合理　任　强
利津县商行	牟光辉	谢遵建　陈　闯
利津县农信联社	牛群元	赵树华　林珍三　潘荣先　王占国
邮储银行利津县支行	袁树樱	王越华　李　强

利津县主要金融机构业务概况

单位：亿元

单位名称	本外币存款余额	企业存款	储蓄存款	本外币贷款余额	短期贷款	中长期贷款
农发行利津县支行	0.95	0.30	—	4.46	3.33	1.13
农行利津县支行	16.12	4.44	7.16	13.88	9.96	3.92
建行利津支行	9.63	3.33	4.42	13.23	6.35	5.18
利津县商行	3.18	0.51	1.26	5.25	3.30	1.79
利津县农信联社	20.76	0.99	14.32	17.32	17.29	0.03
邮储银行利津县支行	7.17	1.13	5.49	2.49	1.55	0.94

口指导作用,为全县经济发展提供了良好的金融服务。一是积极搭建银企合作平台,协调组织召开了银企合作洽谈会,签约资金 53.90 亿元;二是完善了首问制和服务承诺制内容,以企业和金融机构的满意度为导向,打造良好的经济金融生态环境;三是加强了对支农再贷款、法人机构存款准备金、中央银行专项票据等资金的管理;四是加强了征信、出口收汇核销管理和服务;五是顺利完成利津县开发区国库撤销并进行账务转账;六是稳步推进农村支付服务环境建设工作。

(辛玉梅　高建刚)

滨州市

【经济金融概况】　2010 年,滨州市认真贯彻落实中央促进经济结构的系列政策,经济实现了平稳较快发展。滨州市金融机构贯彻货币政策由适度宽松向“稳健”转换的方针,着力优化信贷结构,实现了货币信贷的快速增长。

一、存款增长速度同比有所减慢。由于 2009 年滨州存款增速较快,基数较大,加之存款实际“负利率”的影响,2010 年滨州存款增速有所放慢。截至年底,全辖本外币存款余额增长速度同比回落了 16.07 个百分点。其中,定期储蓄存款增长 6.3%,增速同比下降了 7.41 个百分点。

二、各项贷款持续快速增长。

(一)贷款投放量超过存款规模。全市各项贷款增速分别较全国和山东省平均水平高 0.4 和 1.3 个百分点。截至年末,反映存款资金利用率及规模使用情况的余额存贷比指标为 100.25%,连续两个月位列全省第 1,新增存贷比为 124.02%,列全省第 3 位。

(二)短期贷款持续较快增加。棉花等生产原料价格上涨加快,企业采购成本增加,导致其对短期流动性贷款的需求增加,截至年末,全市人民币短期贷款余额较年初增加 126.22 亿元,4 季度以来持续增长较快,工业生产和总体经济趋向活跃。

(三)个人类贷款增长突出。由于 2009 年在政策刺激下贷款增长基数过高,2010 年全部贷款的增幅均有所回落,各项贷款新增额按报表口径同比减少了 41.17 亿元。个人中长期贷款增长强劲,全年新增 33.82 亿元,同比多增 5.17 亿元,增加额创历史最高水平。据统计,个人购房贷款占个人中长期贷款的 75.47%,表明全市房地产市场形势良好,个体经营融资活跃。

(四)贷款投放节奏趋向均衡。全年 4 个季度全市金融机构分别新增贷款 88.13 亿元、8.97 亿元、25.75 亿元和 56.08 亿元,其中 1 季度新增贷款占比较去年同期下降了 15.16 个百分点,企业流动资金需求高峰期的 4 季度新增贷款同比提高了 27.19 个百分点,贷款投放节奏更加贴近企业生产的需求特点。

(五)贷款投向的企业结构逐步优化。全市金融机构对中小企业贷款增长加快,大、中和小型企业贷款分别较年初增长 8.19%、20.91%和 55.07%;贷款占比分别为 36.27%、41.67%和 22.05%,其中大型企业占比较同比下降了 4.5 个百分点,小型企业占比上升了 4.7 个百分点。

【货币政策实施】　2010 年,人行滨州市中心支行认真贯彻落实货币政策调整方针,积极推进金融生态环境建设,进一步促进全市金融健康稳健运行。

一、以窗口功能促政策转变。年初印发了《关于做好 2010 年货币信贷工作促进全市经济发展方式转变和经济结构调整的指导意见》,并协助市政府印发了《2010 年全市金融工作十项重点》。全年共办理再贴现 71 笔,金额 5.94 亿元,并引导辖内金融机构为企业办理贴现 7.12 亿元,有效缓解了企业特别是中小企业资金紧缺状况;累计发放支农再贷款 22.2 亿元。

二、积极组织银企合作。协助人行济南分行和滨州市政府联合相继举办了“黄三角”高效生态经济区开发建设金融座谈会和 2010' 诚信滨州第九届银企合作促进会暨黄河三角洲高效生态经济区(滨州)首届融资洽谈会。与开行山东省分行等 9 家金融机构签订了《银团贷款支持滨州黄河三角洲高效生态经济区发展战略合作协议》,6 家企业与相关金融机构签订项目贷款协议 46.7 亿元;44 家省内外银行机构与滨州市各县区 432 家企业签订合同金额 1107.18 亿元,再创历届银企合作促进会新高;同时,邀请了 14 家投资机构到会洽谈,签订股权投资协议项目 8 个,协议投融资金额 5.6 亿元。

三、积极促进金融创新。一是与林业局联合印发了《关于开展林权抵押贷款的指导意见》;二是开办了家电消费通贷款业务,累计发放贷款 556 万元,支持 715 户农户购买家电 915 件;三是积极促进中小企业融资渠道创新,建行滨州分行为板材产业集群中小企业开办了“融物通”供应链融资业务,发放贷款 4.5 亿元;中行滨州分行推出“铁贷通”白铁抵押结合企业担保融资方案,发放贷款 4000 万元;四是支持大学生“村官”创业富民和大学生自主创业,在全省创新性开办了“放飞希望”和“启航”两项金融产品,为大学生“村官”和大学生创业提供专门的融资服务。

【金融监管】　2010 年,银监会滨州银监分局积极推动辖区银行业改革,全面推进监管队伍建设,引导金融机构大力调整信贷结构,辖区银行业实现了健康稳定发展。

一、充分发挥窗口指导作用。一是积极响应国家产业调整政策,退出“两高一剩”行业客户 17 个、退出贷款 18.8 亿元;二是贷款新规逐步落实,针对全市银行业金融机构从业人员全面开展宣传培训,着力强化督促检查,现场检查问题整改率 80%以上;三是融资平台贷款清理规范工作进展顺利,截至年末,融

滨州市经济主要统计指标

指标 \ 年度	2006	2007	2008	2009	2010	2010年同比增幅（%）
土地面积（平方公里）	9445	9453	9453	9453	9453	0
人口（万人）	373.16	374.48	375.68	377.50	377.92	0.11
非农业人口（万人）	94.01	95.29	104.69	105.26	120.47	14.45
地区生产总值（亿元）	833.67	1030.29	1236.83	1350.90	1551.52	13.50
第一产业（亿元）	97.21	109.57	122.69	135.93	155.48	4.90
第二产业（亿元）	514.82	638.33	753.67	788.70	847.31	12.40
工业（亿元）	471.75	587.95	693.00	720.61	767.26	12.70
建筑业（亿元）	43.07	50.38	60.67	68.09	80.05	10.20
第三产业（亿元）	216.99	282.39	360.47	426.27	548.73	17.90
人均地区生产总值（元）	22273	28125	33610	36568	41054.19	12.27
区生产总值构成（%）	100	100	100	100	100	--
第一产业（%）	11.66	10.63	9.92	10.06	10.02	-0.40
第二产业（%）	61.75	61.96	60.94	58.38	54.61	-6.46
第三产业（%）	26.59	27.41	29.14	31.56	35.37	12.07
财政总收入（亿元）	91.60	118.56	138.32	151.00	198.29	31.31
地方财政收入（亿元）	45.12	59.37	70.37	80.17	103.99	29.71
财政总支出（亿元）	--	--	--	--	--	--
地方财政支出（亿元）	64.67	84.94	100.88	124.72	161.62	29.50
全社会固定资产投资（亿元）	600	605	650	--	--	--
规模以上固定资产投资（亿元）	496.87	481.83	578.69	723.41	886.12	22.40
房地产开发（亿元）	15.47	23.45	50.67	69.83	96.55	38.30
进出口总值（亿美元）	27.03	33.59	45.28	33.67	50.92	51.30
出口总值（亿美元）	15.83	18.81	23.01	17.66	25.51	44.50
实际利用外资（亿美元）	1.52	2.52	3.01	1.69	3.10	83.20
社会消费品零售总额（亿元）	208.57	246.05	302.62	360.28	431.16	18.70
居民消费价格指数（%）	100.70	103.2	104.8	99.20	102.5	3.33
城市居民人均可支配收入（元）	11726	13888	15960	17500	19686	12.50
农民人均现金收入（元）	4370	4986	5662	6245	7194	15.20

注：依据市财政、统计部门说明，“财政总支出”指标不作统计。“全社会固定资产投资”指标2009年起不再统计。

滨州市工农业主要统计指标

农业主要统计指标（万吨）				规模以上工业企业主要统计指标（亿元）			
项目 \ 年度	2009年	2010年	增幅（%）	项目 \ 年度	2009年	2010年	增幅（%）
粮食	295.10	295.65	0.19	工业增加值	763.45	919.83	16.61
夏粮	140.83	141.88	0.75	国有工业	11.87	84.29	14.76

续表

农业主要统计指标（万吨）				规模以上工业企业主要统计指标（亿元）			
项目＼年度	2009年	2010年	增幅（%）	项目＼年度	2009年	2010年	增幅（%）
秋粮	154.27	153.77	-0.32	集体工业	3.45	1.32	-27.57
棉花	15.54	13.22	-14.93	股份制工业	681.93	785.20	17.72
油料	1.22	1.01	-17.21	股份合作制工业	0.72	0.08	-63.24
水果	107.46	103.26	-3.91	外商及港澳台投资工业	50.45	42.83	8.53
蔬菜	181.58	178.64	-1.62	轻工业	430.60	477.69	9.63
肉类	37.83	41.63	10.04	重工业	332.88	442.13	25.34
禽蛋	18.81	21.70	15.36	销售收入	3135.90	4152.53	32.71
奶类	11.40	12.61	10.61	利税	253.83	361.89	42.08
水产品	34.06	36.29	6.55	利润	151.23	239.42	57.36
森林覆盖率（%）	28.50	28.70	0.70	经济效益综合指数（%）	249.00	277.92	22.78

滨州市主要金融机构负责人

单位名称	行长（或其他称谓的第一负责人）	副行长（或其他称谓的同级领导）
人行滨州市中心支行	郑现中	霍成义 李 虹 贾克玲 李庶泳 王晓黎
银监会滨州监管分局	郝 军	胡红坚 候庆华 刘寿章 孟庆信
农发行滨州市分行	陈鲁宁	刘志波 辛俊峰 张炳俊
工行滨州分行	韩继勇	苗 帅 王 莹 张建新 吴建华 姚春洪 李 战 汪 冰
农行滨州分行	刘聪盛	李遵政 陈 东 何宝林 郝 政
中行滨州分行	孟 斐	万志强 于 泳 王晓楠 柳世良
建行滨州分行	休 琦	焦 兵 孔凡忠 徐元兴 王水东 王东方 杨国文 高立江
农信社滨州市办事处	王 军	宋修宝 李 臣 高 平
邮储银行滨州市分行	王金虎	许欣山 张 萍
齐商商行滨州分行	孙高荣	张 涛* 张玉鹏*
东营商行滨州分行	石钦勇	耿小军 朱玉平 赵 凯
恒丰银行滨州分行	杨 文	王文博 贾青冰 祁 明

注：带“*”张涛、张玉鹏待银监局核准任职资格

滨州市金融业务统计指标

指标（亿元）＼年度		2006	2007	2008	2009	2010	2010年同比	
							增加额	增幅（%）
银行类	本外币存款余额	480.13	566.03	700.22	921.55	1065.83	144.27	15.66
	人民币存款余额	476.08	562.83	696.69	918.27	1061.01	142.74	15.54
	企业存款	93.00	125.81	126.62	242.15	279.34	18.50	7.09
	储蓄存款	274.39	303.44	383.67	444.54	508.31	63.77	14.35

续表

指标（亿元）		2006	2007	2008	2009	2010	2010年同比 增加额	2010年同比 增幅（%）
银行类	定期储蓄存款	169.36	179.30	227.39	261.16	277.62	16.46	6.30
	活期储蓄存款	105.03	124.15	156.27	183.38	230.69	47.31	25.80
	本外币贷款余额	474.50	564.31	669.44	889.54	1068.47	178.93	20.11
	人民币贷款余额	453.32	549.69	649.87	846.99	1020.38	173.39	20.47
	短期贷款	317.00	372.16	421.50	563.96	587.57	126.22	22.48
	中长期贷款	122.98	160.86	196.62	270.08	328.26	55.58	20.38
	票据融资	19.62	26.99	34.79	12.93	4.53	-8.41	-64.99
	当年结益	11.18	17.61	24.12	25.79	36.06	10.27	39.82
	不良贷款余额	32.91	46.21	25.33	40.29	24.90	-4.53	-15.39
	不良贷款占比%	6.94	8.19	3.80	4.53	2.33	-2.20	-2.20
	现金收入	2051.96	2061.87	2276.75	2452.09	2950.98	498.89	20.35
	现金支出	2131.30	2137.79	2354.97	2508.28	3020.98	512.69	20.44
	现金投放（+）回笼（-）	79.33	75.92	78.21	56.19	69.99	13.80	24.56
保险类	保险公司保费收入	11.41	14.87	20.50	27.14	33.72	6.59	24.31
	财险收入	3.44	5.30	7.01	9.23	11.66	2.44	26.52
	寿险收入	7.96	9.57	13.49	17.91	22.06	4.15	23.17
	保险公司赔款和给付支出	2.67	3.32	3.87	8.49	8.13	-0.13	-1.62
	财险赔款	2.27	2.95	3.35	4.58	6.07	1.71	39.27
	寿险给付	0.30	0.37	0.52	3.91	2.07	-1.84	-47.15
	当年结益	—	—	—	—	—	—	—
证券类	证券市场成交总额	149.11	750.11	1032.70	1495.16	751.57	-743.59	-50.27
	投资者保证金余额	1.19	6.32	3.41	7.06	—	—	—
	证券账户开户数	28604	88803	102110	106526	93369	-13157	-12.35
	佣金收入	0.23	1.54	1.16	1.64	—	—	—
	净利润	0.13	1.02	0.68	1.08	—	—	—
	期货市场成交总额	—	—	—	—	—	—	—
	期货客户保证金余额	—	—	—	—	—	—	—
	期货账户开户数	—	—	—	—	—	—	—
	期货手续费收入	—	—	—	—	—	—	—
	利润总额	—	—	—	—	—	—	—

注：1. 保险类“当年结益”指标因部分保险公司数据未核实不能对外提供，无法汇总统计。

2. “证券市场成交总额”、“投资者保证金余额”、“证券账户开户数”、“佣金收入”、“净利润”四指标 2006 年度缺少齐鲁证券滨州营业部数据。

3. 2010 年度“投资者保证金余额”、“佣金收入”、“净利润”三指标因山东证监局通知证券公司不予提供，无法汇总统计。

滨州市金融机构统计指标

指标（个）		2006	2007	2008	2009	2010	2010年同比增幅（%）
银行类	法人机构	7	7	7	7	8	14.29
	省级分行	—	—	—	—	—	—
	二级分行	6	6	7	7	9	28.57
	县区支行	130	134	150	158	167	5.70
	分理处、营业所	356	219	274	265	275	3.77
	储蓄所	149	145	17	17	0	-100.00
	从业人员总数	6330	6366	6117	6383	6310	-1.14
保险类	保险机构	34	43	43	60	75	25.00
	财险机构	23	31	38	38	40	5.26
	省级分公司	—	—	—	—	—	—
	地市分公司	9	12	14	14	15	7.14
	县区支公司	14	19	24	24	25	4.17
	寿险机构	11	12	15	22	35	59.09
	省级分公司	—	—	—	—	—	—
	地市分公司	5	6	9	9	10	11.11
	县区支公司	6	6	6	13	25	92.31
	从业人员总数	6360	7550	9830	12800	13500	5.47
	财险人员	1010	1120	1350	1395	1595	14.34
	寿险人员	5350	6430	8480	11405	11905	4.38
证券类	证券机构	6	6	6	5	5	0
	证券公司	—	—	—	—	—	—
	证券营业部	2	6	6	5	5	0
	证券服务部	4	—	—	—	—	—
	从业人员总数	33	37	43	43	85	97.67
	投资者开户	28604	88803	102110	106526	93369	12.35
	境内上市股票支数	3	3	3	3	6	100.00
	境外上市股票支数	2	4	5	5	5	0
	辖区上市公司总数	5	7	8	8	11	37.50

注：2006年度“投资者开户”指标缺少齐鲁证券营业部数据。

滨州市主要金融机构业务概况

单位：亿元

单位名称	本外币存款余额	人民币企业存款	人民币储蓄存款	本外币贷款余额	人民币短期贷款	人民币中长期贷款
农发行滨州市分行	17.01	10.71	0	84.02	57.07	26.04
工行滨州分行	203.76	70.14	75.96	259.82	118.34	130.44
农行滨州分行	229.63	80.97	108.81	202.34	147.99	50

续表

单位名称	本外币存款余额	人民币企业存款	人民币储蓄存款	本外币贷款余额	人民币短期贷款	人民币中长期贷款
中行滨州分行	89.25	36.17	27.27	139.25	54.88	54.35
建行滨州分行	145.83	37.16	58.44	120.02	68.04	46.97
农信社滨州市办事处	253.00	12.56	175.47	220.99	202.47	17.38
邮储银行滨州市分行	68.20	8.73	57.88	8.61	5.96	2.65

滨州市各县级区域经济金融主要统计指标

名称	人口（万人）	面积（平方公里）	地区生产总值（亿元）	地区生产总值增速（%）	本外币存款余额（亿元）	储蓄存款（亿元）	本外币贷款余额（亿元）
滨州市	377.8	9453	1551.52	13.50	1065.83	509.23	1068.47
市辖区	63.2	1041	314.72	11.20	314.77	146.93	305.17
惠民县	63.8	1363	115.98	14.90	70.87	49.63	56.09
阳信县	45.5	799	93.19	14.50	52.62	32.22	40.47
无棣县	44.8	1984	168.64	12.50	83.39	48.45	94.52
沾化县	38.9	2116	110.94	14.70	52.85	29.57	51.03
博兴县	48.7	900	201.41	14.80	189.85	86.73	151.82
邹平县	72.7	1250	540.14	13.70	301.47	115.71	369.36

资平台贷款100%落实了有效担保，其中房屋土地抵押率达到了87%。

二、严守风险监管底线，实现风险管控水平持续提升。一是锁定大型银行不良余额，强化动态监测，坚决防控新增不良，指导农信社真实反映不良贷款10.05亿元，督导其加大核销和清收力度，清收处置不良贷款22.18亿元；二是扎实开展农信社顶冒名贷款专项治理，共清理清收顶冒名贷款5583笔、金额50190万元，顶名、冒名贷款清理均实现100%，在此基础上，开展了顶冒名贷款回头看和再清查活动，夯实了案防工作基础。

三、丰富服务手段，提升监管服务水平。一是利用政府的协调力，有效推动了平台贷款清理、农信社不良贷款清收处置、机构引进等难点工作；二是扎实开展公众教育服务，“送金融知识下乡”、“公众教育日”两项活动取得了积极成果；三是银行业服务体系逐步完善，成功引进了第1家全国性股份制商业银行，首家新型农村金融机构正式开业，第3家改制的农村合作银行挂牌成立。

【外汇管理】 2010年，外管局滨州市中心支局认真落实各项外汇管理政策规定，积极推动投资贸易便利化。全年累计办理涉外收入27.4亿美元，涉外支出25.6亿美元，同比分别增加了11.1亿元和10.3亿元；其中，出口收汇27.56亿美元、进口付汇26.48亿美元，同比分别增长41.29%和63.76%；全年新成立外商投资企业16家，投资总额4.5亿美元，是上年的8.08倍；外商直接投资资金实际到位2.7亿美元，是上年的3.15倍；累计办理外债签约登记和外债展期32笔，实际利用外债1.9亿美元，同比增长1.74倍。贸易收付汇及利用外资均创3年来最高位。同时，积极推动跨境贸易人民币结算业务开展，跨境贸易采用人民币结算量8.47亿元，列全省第6位。人民币作为结算币种有效缓冲规避了汇率波动风险，企业从中受益增加。

【保险业务】 截至2010年末，滨州市共有23家全国性保险公司在滨州市设立分支机构，包括9家寿险公司和14家产险公司，另外还有6家保险代理机构。全年保费收入增长24.31%。其中，财产险保费收入增长26.52%，寿险保费收入增长23.17%。全年共支付赔款与给付8.13亿元，其中，财产险支付赔款6.07亿元，寿险支付赔款与给付2.07亿元。

【证券市场】 2010年，滨州市共有证券交易营业部5家。全年实现交易额751.57亿元。滨化股份、齐星铁塔、鲁丰股份3家企业先后A股上市，西王糖业实现再融资，企业上市直接融资35亿元。截至年末，全市已拥有境内外上市公司11家，融资总额133亿元，上市公司家数、融资额分别列全省第7和第6位。

【精神文明建设】 2010年，人行滨州市中心支行组织全市金融系统积极学习贯彻《党员领导干部廉洁从政若干准则》，相继组织开展了廉政知识测试和反腐倡廉宣传月、“作风建设年”、“创先争优”等活动，“和谐、超越”的央行文化进一步深入人心。

【大事记】 1月6日 孙高荣兼任齐商银行滨州分行委员会委员、书记。

1月7日 刘聪盛任农行滨州分行党委书记、行长。

1月8日 中行邹平县黛溪三路分理处升格为支行。

1月13日~14日 建行山东省分行与魏桥创业集团签署战略合作协议，与滨州市政府有关方签署“黄三角”高效生态经济区战略合作协议。

2月3日 孙高荣兼任齐商银行滨州分行行长。

2月20日 辛俊峰任农发行滨州分行副行长。

3月31日 滨州市金融机构本外币存款余额首破千亿元，达1028.27亿元。

4月8日 柳世良任中行滨州分行纪委书记。

4月16日 邮储银行滨州市分行营业部成立。

4月28日 高立江任建行滨州分行行长助理。

5月6日 李战任工行滨州分行党委委员、副行长。

5月19日 农行滨州分行开始全面部署三农金融事业部制改革。

5月28日 浦发村镇银行邹平县支行成立。

6月1日 中行滨州分行无棣中银分理处协助公安机关抓获一名网上通缉嫌疑犯；该行本月首次涉足银信合作领域，与山东国际信托有限公司合作，为企业设计实施资金信托计划。

6月25日 汪冰任工行滨州分行行长助理。

建行设立滨州分行机构业务部，撤销建行滨州分行城区对公业务经营中心。

7月19日 建行滨州分行设立个人贷款中心。

7月26日 建行滨州分行发行“助力黄三角发展”集合理财产品。

8月16日 中国银行IT蓝图项目投产上线成功。

9月2日 农行滨州分行与滨州市文化广电新闻出版局共同签署《支持文化产业发展战略合作协议》。

9月8日 工行黄河二路支行渤海十路储蓄所正式开业。

9月8日~10日 山东省下岗失业人员再就业贷款担保中心与建行滨州分行签署合作协议，对6家中小企业借款单位提供连带责任保证。

9月15日 苗帅任工行滨州分行党委副书记、副行长。

9月17日 农行滨州分行为企业承销10亿元短期融资券并在银行间债券市场顺利发行，填补了滨州金融机构作为主承销商发行短期融资券的空白。

9月29日 “融物通”物流融资产品作为建行滨州分行具有自主知识产权的金融产品获得认定。

9月30日 滨州市金融机构本外币贷款首次突破1000亿元，余额达1012.4亿元。

10月10日 滨州市举办“黄河三角洲高效生态经济区滨州首届融资洽谈会暨第九届银企合作促进会”。

10月12日 滨州市金融机构办理首笔跨境贸易人民币结算业务。

10月17日 建行滨州分行对公业务部贷后管理中心成立。

10月20日 中行黄河五路分理处升格为支行。

11月9日 中行阳城三路分理处升格为支行。

11月17日 中行无棣中银分理处升格为无棣棣新一路支行。

11月22日 滨州市金融机构办理首笔跨境人民币信用证业务。

11月24日 恒丰银行滨州分行成立。

11月25日 建行滨州分行风险管理部项目评估评价中心成立。

12月7日 齐商银行发售第一期地区定向型理财产品——“金达稳健理财”十号。

12月9日 中国银行与人保财险滨州市分公司签约合作“长城——人保财险联名卡”，标志着滨州银保合作模式创新加快。

12月17日 无棣县农村信用合作联社更名为无棣县农村合作银行。

12月19日 农行滨州分行召开2010年产品创新展示会。

12月22日 建行滨州分行财富管理中心成立；东营市商业银行滨州分行筹建邹平支行。

(郑方敬 胡小然)

惠民县

【经济金融概况】 2010年，惠民县强力推进“工业兴县、产业强县”战略，规模以上工业企业增加值、主营业务收入、利税增幅均在30%以上。新农村建设和重大交通基础设施建设成效显著，经济社会发展呈现出良好势头。

【金融发展与改革】 2010年，惠民县金融机构不断加大信贷投放力度，优化信贷结构。一是支持农业结构调整和产业化发展，增加农村、农业和农民的信贷投入，农信社累计发放三农贷款9.3亿元；二是加大对中小企业的支持力度，各商业银行加快金融创新，拓宽抵押担保范围，推行了中小企业顾问制度，深化政银企协作长效机制，全年共有158家企业与银行签订合作协议，协议金额超过36亿元；三是加大对服务业和消费信贷支持力度，指导农信社开办了“家电消费通贷款”业务；四是加

惠民县主要经济指标

经济指标	2009	2010	2010年同比增幅（%）	经济指标	2009	2010	2010年同比增幅（%）
土地面积（平方公里）	1357	1357	0	地方财政支出（亿元）	8.91	13.34	49.72
人口（万人）	63	63	0	全社会固定资产投资（亿元）	75	83.6	11.5
非农业人口（万人）	15	15	0	进出口总值（万美元）	1952	3330	70.59
地区生产总值（亿元）	118.7	120	1.1	出口总值（万美元）	1024	2030	98.24
第一产业（亿元）	21.8	22.8	4.6	实际利用外资（万美元）	180	—	—
第二产业（亿元）	57.67	54	-6.36	社会消费品零售总额（亿元）	43.29	53.5	23.59
第三产业（亿元）	39.17	43.2	10.29	居民消费价格指数（%）	—	—	—
财政总收入（亿元）	9.07	8.31	-8.38	人均地区生产总值（元）	19127	18800	-1.71
地方财政收入（亿元）	3.09	4.08	32.04	城镇居民可支配收入（元）	14500	16860	16.27
财政总支出（亿元）	—	—	—	农民人均现金收入（元）	5880	6861	16.68

惠民县主要金融指标

金融指标（亿元）	2009	2010	2010年同比增幅（%）	金融指标（亿元）	2009	2010	2010年同比增幅（%）
本外币存款余额	56.6	70.85	25.18	财险收入	0.62	0.71	14.52
人民币存款余额	56.56	70.85	25.18	寿险收入	0.65	0.66	1.54
企业存款	3.71	9.30	150.67	财险赔款	0.42	0.45	7.14
储蓄存款	41.63	49.60	19.14	寿险给付	0.33	0.34	3.3
本外币贷款余额	43.40	56.09	29.24	当年结益	—	—	—
人民币贷款余额	43.40	56.09	29.24	证券市场交易总额	—	—	—
短期贷款	36.73	42.07	14.54	投资者保证金余额	—	—	—
中长期贷款	5.4	14.01	159.44	证券账户开户数	—	—	—
票据融资	1.27	0	-100	证券交易佣金收入	—	—	—
当年结益	0.86	0.97	12.79	净利润	—	—	—
不良贷款余额	6.6	2.36	-64.24				

惠民县主要金融机构负责人

单位名称	行长（或其他称谓的第一负责人）	副行长（或其他称谓的同级领导）
人行惠民县支行	张枚房	张　伟　郭其高
银监会惠民办事处	赵建杰	
农发行惠民县支行	韩士义	李　峰　赵新国
工行惠民支行	马风革	杨玉和　陈卫红
农行惠民支行	郭志伟	杭玉刚　柴瑞峰　张世珍
建行惠民支行	栾兴林	刘有伟　何世玉　尚学军
惠民县农信联社	吴加军	李景龙　张卫东　刘国栋　张玉江
邮储银行惠民县支行	吴佃新	商建华

惠民县主要金融机构业务概况

单位：亿元

单位名称	本外币存款余额	企业存款	储蓄存款	本外币贷款余额	短期贷款	中长期贷款
农发行惠民县支行	0.37	0.25	--	3.83	3.83	--
工行惠民支行	10.14	2.79	6.24	10.66	4.07	6.59
农行惠民支行	15.62	3.01	10.69	9.54	6.98	2.56
建行惠民支行	5.94	0.93	3.28	2.45	0.88	1.57
邮储银行惠民县支行	7.31	0.40	6.55	1.02	0.85	1.77
惠民县农信联社	31.25	1.91	22.84	28.59	25.47	3.11

大对创业和就业的信贷支持。

【金融服务与监管】 2010年，惠民县以“服务三农”为宗旨，积极推进农村支付清算基础设施建设，创新和丰富支付工具和服务品种，构建城乡一体化的支付结算网络，着重推进农村信用体系建设工作，优化农村金融生态环境。

（肖伟明）

阳信县

【经济金融概况】 2010年，阳信县积极落实"适度宽松"的货币政策，存贷规模保持了与经济发展同步增长，各金融机构内控和风险控制机制日趋完善，业务稳步健康发展。

【金融发展与改革】 2010年，人行阳信县支行引导各金融机构不断做好贯彻执行国家货币政策与支持地方经济发展的文章，协助政府改善辖区金融生态环境，经济金融实现了快速发展。

阳信县主要经济指标

经济指标	2009	2010	2010年同比增幅（%）	经济指标	2009	2010	2010年同比增幅（%）
土地面积（平方公里）	793	793	0	地方财政支出（亿元）	6.92	10.08	45.66
人口（万人）	44.95	44.79	-0.36	全社会固定资产投资（亿元）	74.08	88	18.79
非农业人口（万人）	3.41	3.44	0.88	进出口总值（万美元）	20833	29390	41.07
地区生产总值（亿元）	76.54	93.19	21.75	出口总值（万美元）	15554	21648	39.18
第一产业（亿元）	14.53	16.63	14.45	实际利用外资（万美元）	1354	610	-54.95
第二产业（亿元）	41.23	39.68	-3.76	社会消费品零售总额（亿元）	24.19	33.89	40.1
第三产业（亿元）	20.78	36.88	77.48	居民消费价格指数（%）	--	--	--
财政总收入（亿元）	5.21	6.6	26.68	人均地区生产总值（元）	17027	20769	21.98
地方财政收入（亿元）	2.02	2.77	37.13	城镇居民可支配收入（元）	13536	15972	18
财政总支出（亿元）	--	--	--	农民人均现金收入（元）	5390	6305	16.98

阳信县主要金融指标

金融指标（亿元）	2009	2010	2010年同比增幅（%）	金融指标（亿元）	2009	2010	2010年同比增幅（%）
本外币存款余额	43.81	52.62	20.12	财险收入	0.32	--	--

续表

金融指标（亿元）	2009	2010	2010年同比增幅（%）	金融指标（亿元）	2009	2010	2010年同比增幅（%）
人民币存款余额	43.64	52.39	20.05	寿险收入	0.57	—	—
企业存款	7.45	10.09	35.48	财险赔款	0.15	—	—
储蓄存款	27.89	32.22	15.54	寿险给付	0.16	—	—
本外币贷款余额	30.54	40.47	32.51	当年结益	—	—	—
人民币贷款余额	30.46	40.47	32.86	证券市场交易总额	—	—	—
短期贷款	26.8	32.51	21.9	投资者保证金余额	—	—	—
中长期贷款	3.66	7.96	109.91	证券账户开户数	—	—	—
票据融资	—	—	—	证券交易佣金收入	—	—	—
当年结益	—	—	—	净利润	—	—	—
不良贷款余额	—	—	—				

阳信县主要金融机构负责人

单位名称	行长（或其他称谓的第一负责人）	副行长（或其他称谓的同级领导）
人行阳信县支行	刘洪欣	吴文德　陈少波　初　锋
银监会阳信县办事处	崔其伟	
农发行阳信县支行	邢建国	温向东　丁兰英
农行阳信支行	郭建海	张国华　商公德
中行阳信支行	王　勇	马　勇　马　泳
建行阳信支行	杜希波	张寿军
阳信县农信联社	邢大举	刘永新　李月勇　张　波　张昭永
邮储银行阳信县支行	于　军	

阳信县主要金融机构业务概况

单位：亿元

单位名称	本外币存款余额	企业存款	储蓄存款	本外币贷款余额	短期贷款	中长期贷款
农发行阳信县支行	0.45	0.23	—	2.58	2.58	—
农行阳信支行	10.74	3.19	6.54	7.6	6.26	1.34
中行阳信支行	11	4.2	4.18	7.51	3.84	3.67
建行阳信支行	5.73	1.94	2.01	2.55	0.68	1.87
阳信县农信联社	18.9	0.06	14.4	19.37	18.5	0.87
邮储银行阳信县支行	5.64	0.47	5.09	0.86	0.65	0.21

【金融服务与监管】　2010年，人行阳信县支行加强支付清算、外汇管理、经理国库、货币金银、征信体系建设等基础业务建设，努力为各金融机构和政府相关部门提供良好的金融服务。银监会监管办事处以防范风险、促进稳健经营为目标，认真

做好辖内银行机构的监管工作，确保了全县金融业高效、稳健运行。

（沈国星）

无棣县

【经济金融概况】　2010年，无棣县金融部门抢抓黄河三角洲高效生态经济区、山东半岛蓝色经济区开发建设的重大机遇，认真贯彻落实货币信贷政策，着力转方式、调结构，全县经济金融平稳较快发展。

【金融发展与改革】　2010年，人行无棣县支行积极开展金融创新，推动地方经济金融实现健康发展。一是出台了《关于做好货币信贷工作促进全县经济转方式、调结构的指导意见》；二是开展金融支持大学生“村官”创业富民试点活动，建立了“创业辅导员制度”，无棣县农联社作为重点联系行，开发了“起航”大学生村官创业贷款，并制定了多项优惠政策；三是为进一步深化改革，增强服务“三农”功能，经银监局批准，无棣县农信社及22家分支机构正式更名为农村合作银行。

无棣县主要经济指标

经济指标	2009	2010	2010年同比增幅（%）	经济指标	2009	2010	2010年同比增幅（%）
土地面积（平方公里）	1321	1321	0	地方财政支出（亿元）	11.48	12.39	7.93
人口（万人）	42.12	42.45	0.78	全社会固定资产投资（亿元）	64.02	82.84	29.4
非农业人口（万人）	5.58	5.64	1.08	进出口总值（万美元）	3554	5376	51.27
地区生产总值（亿元）	124.6	140.2	12.52	出口总值（万美元）	2069	2163	4.54
第一产业（亿元）	18.6	19.5	4.84	实际利用外资（万美元）	830	910	9.64
第二产业（亿元）	70	79.1	13.0	社会消费品零售总额（亿元）	36.65	43.47	18.61
第三产业（亿元）	36	41.6	15.56	居民消费价格指数（%）	100	100	
财政总收入（亿元）	7.17	8.98	25.24	人均地区生产总值（元）	35483	42948	21.04
地方财政收入（亿元）	5.03	5.92	17.69	城镇居民可支配收入（元）	20564	25711	25.03
财政总支出（亿元）	11.48	12.39	7.93	农民人均现金收入（元）	5835	6672	14.35

无棣县主要金融指标

金融指标（亿元）	2009	2010	2010年同比增幅（%）	金融指标（亿元）	2009	2010	2010年同比增幅（%）
本外币存款余额	72.66	83.39	14.77	财险收入	0.37	0.44	18.92
人民币存款余额	72.55	83.28	14.79	寿险收入	0.66	0.69	4.55
企业存款	11.46	10.40	-9.25	财险赔款	0.18	0.31	72.22
储蓄存款	43.93	48.37	10.11	寿险给付	0.22	0.24	9.09
本外币贷款余额	87.64	94.52	7.85	当年结益	—	—	—
人民币贷款余额	87.57	94.52	7.94	证券市场交易总额	—	—	—
短期贷款	55.46	63.08	13.74	投资者保证金余额	—	—	—
中长期贷款	30.16	31.45	4.28	证券账户开户数	—	—	—
票据融资	1.95	0	-100	证券交易佣金收入	—	—	—
当年结益	0.52	3.98	665.39	净利润	—	—	—
不良贷款余额	5.97	1.14	-80.91				

无棣县主要金融机构负责人

单位名称	行长（或其他称谓的第一负责人）	副行长（或其他称谓的同级领导）
人行无棣县支行	刘洪欣	吴文德　陈少波　初　锋
银监会无棣县办事处	董海前	
农发行无棣县支行	张瑞冬	王朝晖　张桂苹
工行无棣支行	秘立惠	曹宗智　李　红　吴文波
农行无棣支行	郭富胜	张志强　张尊义
中行无棣支行	刘　军	王胜利　刘秀平
建行无棣支行	付风刚	张崇刚　孙龙波
无棣农村合作银行	尚子彬	庞建中　霍振洪　从荣普　王　玲
邮储银行无棣县支行	孙　涛	罗　凯

无棣县主要金融机构业务概况

单位：亿元

单位名称	本外币存款余额	企业存款	储蓄存款	本外币贷款余额	短期贷款	中长期贷款
农发行无棣县支行	1.00	0.24	0	2.41	1.91	0.50
工行无棣支行	10.33	1.87	5.68	23.67	13.16	10.52
农行无棣支行	19.15	5.26	10.99	14.07	11.83	2.25
中行无棣支行	7.77	1.07	3.81	14.45	7.26	7.19
建行无棣支行	11.11	1.05	4.52	14.56	5.49	9.06
无棣县农信联社	26.18	0.26	16.95	24.88	23.15	1.73
邮储银行无棣县支行	7.21	0.70	6.49	0.48	0.28	0.20

【金融服务与监管】　2010年，人行无棣县支行一是继续发挥支农再贷款的杠杆和引导作用，引导支农资金向“三农”倾斜，截至年末，全县支农再贷款余额达2.4亿元，累计发放6亿元；二是积极支持涉外经济发展，组织开展了“外汇政策宣讲月”活动，加强对进出口企业的金融服务；三是创新开展国库直接支付业务，利用中央银行现代化支付系统，将“村级动物防疫员误工补贴资金”和涉农惠农扶贫贷款贴息直接拨付到农民个人账户；四是多方联运，帮助集团企业化解银团贷款债务危机，顺利完成了山东鲁北企业集团与大唐鲁北发电有限责任公司银团贷款的划转，优化了辖区商业银行的贷款结构，也使山东鲁北企业集团的债务危机得到最终化解，维护了一方金融平安。

（丁　晖　徐元芳）

沾化县

【经济金融概况】　2010年，沾化县经济呈现出“工业农业齐头并进，商业发展明显跨越”的良好态势。

【金融发展与改革】　2010年，人行沾化县支行认真贯彻执行货币政策，促进地方经济发展。一是组织辖区金融机构参加了年度银企洽谈会，签约合同金额57.68亿元，同比增长10%；二是引导金融部门继续增加“三农”的贷款投入，推动全县冬枣、棉花、农产品加工等农业产业化龙头企业的发展壮大。

【金融服务与监管】　2010年，外管局沾化支局加大监管力度，规范了出口收汇核销工作，全年进出口总额13576万美元，核销笔数913笔，核销率达到100%，对13家外商投资企业进行了年检审核，同时对外汇账户进行了清理、核对，使外汇账户

沾化县主要经济指标

经济指标	2009	2010	2010年同比增幅（%）	经济指标	2009	2010	2010年同比增幅（%）
土地面积（平方公里）	2117	2117	0	地方财政支出（亿元）	8.76	10.81	23.40
人口（万人）	38.92	38.92	0	全社会固定资产投资（亿元）	103.6	124.5	20.17
非农业人口（万人）	4.36	11.58	165.60	进出口总值（万美元）	7075	13636	92.73
地区生产总值（亿元）	107.17	110.94	3.52	出口总值（万美元）	812	1045	28.69
第一产业（亿元）	22.57	26	15.20	实际利用外资（万美元）	1920	2310	20.31
第二产业（亿元）	51.25	44.55	-13.07	社会消费品零售总额（亿元）	32.37	41.24	27.40
第三产业（亿元）	33.35	40.39	21.11	居民消费价格指数（%）	—	—	—
财政总收入（亿元）	6.42	8.31	29.44	人均地区生产总值（元）	26170	28504	8.92
地方财政收入（亿元）	4.10	5.2	26.83	城镇居民可支配收入（元）	—	—	—
财政总支出（亿元）	---	--	--	农民人均现金收入（元）	6246	7198	15.24

沾化县主要金融指标

金融指标（亿元）	2009	2010	2010年同比增幅（%）	金融指标（亿元）	2009	2010	2010年同比增幅（%）
本外币存款余额	49.04	52.85	7.77	财险收入	0.35	0.35	-1.43
人民币存款余额	48.92	52.82	7.97	寿险收入	0.42	0.54	28.57
企业存款	11.87	11.27	-5.05	财险赔款	0.21	0.22	6.67
储蓄存款	26.92	29.55	9.77	寿险给付	0.15	0.24	58.00
本外币贷款余额	46.15	51.03	10.57	当年结益	0.26	0.02	-92.31
人民币贷款余额	45.45	49.91	9.81	证券市场交易总额	—	—	—
短期贷款	27.32	30	9.81	投资者保证金余额	—	—	—
中长期贷款	18.13	19.91	9.82	证券账户开户数	—	—	—
票据融资	0	0	0	证券交易佣金收入	—	—	—
当年结益	1.54	1.47	-4.55	净利润	—	—	—
不良贷款余额	5.87	5.86	-0.17				

沾化县主要金融机构负责人

单位名称	行长（或其他称谓的第一负责人）	副行长（或其他称谓的同级领导）
人行沾化县支行	赵　粟	石立伟　陈振迎
银监会沾化县办事处	王建忠	
农发行沾化县支行	邢建国	桑滨峰　刘恩山
工行沾化支行	刘洪忠	张　涛　赵淑香　李桂贞
农行沾化支行	张立东	宋延民　马风再　房泽玉
中行沾化支行	马金栋	姚志强
建行沾化支行	张晓亮	尹晓林　王向梅　王建滨
沾化县农信联社	任汉真	高立强　王今峰　吴洪生　郭天新
邮储银行沾化县支行	齐鹏鸣	郝县明

沾化县主要金融机构业务概况

单位：亿元

单位名称	本外币存款余额	企业存款	储蓄存款	本外币贷款余额	短期贷款	中长期贷款
农发行沾化县支行	1.43	1.43	0.00	3.09	1.19	1.90
工行沾化支行	15.50	3.51	4.59	15.22	7.40	7.82
农行沾化支行	6.80	2.18	4.06	3.85	2.04	1.81
中行沾化支行	3.31	1.15	1.39	5.61	1.61	4.00
建行沾化支行	4.23	1.19	2.41	6.20	2.67	3.53
沾化县农信联社	15.01	0.72	11.95	15.99	15.35	0.64
邮储银行沾化县支行	6.57	1.10	5.29	1.07	0.76	0.31

管理工作更加规范。

人行沾化县支行与银监会监管办事处协调配合，建立了金融监管协调和监管信息共享机制，并提前做好风险分析与评价，保障了全县经济金融的稳健运行和快速发展。

（徐新峰　李云增　陈照昌）

博兴县

【经济金融概况】　2010年，博兴县工业经济强劲增长，固定资产投资增速稳定，消费需求保持旺盛，财政金融平稳运行，经济运行态势良好，金融机构经营效益明显改善。

【金融发展与改革】　2010年，博兴县实现了大额支付系统、小额支付系统、全国电子联行及征信、账户等系统稳定运行。各商业银行实现了现代化支付系统与证券、外汇等市场的有机连

博兴县主要经济指标

经济指标	2009	2010	2010年同比增幅%	经济指标	2009	2010	2010年同比增幅%
土地面积（平方公里）	900.7	900.7	0	地方财政支出（亿元）	9.61	12.29	27.08
人口（万人）	49.7	49.8	0.22	全社会固定资产投资（亿元）	113.4	131.38	24.25
非农业人口（万人）	9.85	10.1	2.54	进出口总值（万美元）	95620	139389	47.25
地区生产总值（亿元）	173.9	201.41	14.8	出口总值（万美元）	22012	36257	62.35
第一产业（亿元）	14.17	17.08	5.2	实际利用外资（万美元）	2256	3177	40.82
第二产业（亿元）	100.26	111	14.2	社会消费品零售总额（亿元）	45.07	52.63	18.81
第三产业（亿元）	59.48	73.33	17.9	居民消费价格指数（%）	102.1	102.5	0.4
财政总收入（亿元）	18.08	22.71	25.61	人均地区生产总值（元）	35131	40444	15.12
地方财政收入（亿元）	10.87	13.95	28.29	城镇居民可支配收入（元）	16500	22000	14.5
财政总支出（亿元）	14.84	18.9	27.38	农民人均现金收入（元）	6451	7375	14.3

博兴县主要金融指标

金融指标（亿元）	2009	2010	2010年同比增幅%	金融指标（亿元）	2009	2010	2010年同比增幅%
本外币存款余额	150.93	189.85	25.79	财险收入	1.52	2.01	32.24
人民币存款余额	150.46	189.23	25.77	寿险收入	1.16	1.43	23.28

续表

金融指标（亿元）	2009	2010	2010年同比增幅%	金融指标（亿元）	2009	2010	2010年同比增幅%
企业存款	41.27	48.91	18.51	财险赔款	0.76	0.82	7.89
储蓄存款	73.72	86.64	17.53	寿险给付	0.15	0.23	53.33
本外币贷款余额	128.84	151.82	17.84	当年结益	0.88	0.91	3.41
人民币贷款余额	113.35	138.66	22.33	证券市场交易总额	--	--	--
短期贷款	92.89	103.44	11.36	投资者保证金余额	--	--	--
中长期贷款	28.36	34.41	21.33	证券账户开户数	--	--	--
票据融资	0.28	0.8	185.71	证券交易佣金收入	--	--	--
当年结益	4.48	5.04	12.5	净利润	--	--	--
不良贷款余额	5.62	4.1	-27.05				

博兴县主要金融机构负责人

单位名称	行长（或其他称谓的第一负责人）	副行长（或其他称谓的同级领导）
人行博兴县支行	刘风贤	孙建平　王孔宝　张志武
银监会博兴县办事处	吴敬远	
农发行博兴县支行	王俊岭	尹　华　王力军
工行博兴支行	李永清	崔新村
农行博兴支行	梁仁强	裴伟强　益希昌　赵国旗
中行博兴支行	钟绵祥	姜海泉　安中东
建行博兴支行	赵文成	尹金波　贾振勇　赵玉东　张　凯
齐商银行博兴支行	王　文	鹿胜华
山东博兴农村合作银行	张海涛	韩胜祥　魏　新　马久峰
邮储银行博兴县支行	郑伟华	王炳清

博兴县主要金融机构业务概况

单位：亿元

单位名称	本外币存款余额	企业存款	储蓄存款	本外币贷款余额	短期贷款	中长期贷款
农发行博兴县支行	0.66	0.36	0	8.13	6.38	1.75
工行博兴支行	39.22	11.99	12.36	38.21	20.41	13.74
农行博兴支行	38.15	9.38	20.31	24.5	18.22	4.44
中行博兴支行	20.17	14.22	3.24	15.78	10.14	5.64
建行博兴支行	27.44	7.51	9	22.22	13.06	5.27
齐商银行博兴支行	5.13	2.52	0.77	4.02	4.02	0
山东博兴农村合作银行	42.91	1.39	30.19	37.5	33.76	3.24
邮政储蓄银行博兴支行	13.59	2.07	10.85	1.46	11178	3470

接,为企业提供了快速、高效的资金汇划和清算服务,有力地支持了县域经济快速发展。

【金融服务与监管】 2010 年,人行博兴县支行充分发挥“窗口”指导作用,引导金融机构优化信贷结构,加大信贷投放力度,较好地促进了地方经济发展。通过组织召开行长联席会议、金融工作座谈会等形式,及时向地方政府和金融机构传达国家宏观调控政策信息,促进了县域经济金融的稳健运行。

(张建波)

邹平县

【经济金融概况】 2010 年,邹平县金融机构抓住黄河三角洲和半岛蓝色经济开发区建设的历史机遇,不断优化信贷结构,有力支持了地方经济健康发展。

【金融发展与改革】 2010 年,邹平县金融业发展较快,邹平县浦发村镇银行设立,东营商业银行邹平县支行筹备工作基本完成。成立小额贷款公司 3 家,分别为邹平县惠泽小额贷款有

邹平县主要经济指标

经济指标	2009	2010	2010 年同比增幅(%)	经济指标	2009	2010	2010 年同比增幅(%)
土地面积(平方公里)	1250	1250	0	地方财政支出(亿元)	32.8	42.77	30.4
人口(万人)	72.8	72.6	-0.27	全社会固定资产投资(亿元)	125.8	161.18	28.1
非农业人口(万人)	19.44	22.38	15.12	进出口总值(万美元)	157609	232578	47.5
地区生产总值(亿元)	460.69	540.13	17.24	出口总值(万美元)	93969	132340	40.8
第一产业(亿元)	22.92	26.78	16.84	实际利用外资(万美元)	7226	54005	647.4
第二产业(亿元)	338.52	355.21	4.93	社会消费品零售总额(亿元)	78	89.22	18.7
第三产业(亿元)	99.25	158.13	59.32	居民消费价格指数(%)	100	102.8	2.8
财政总收入(亿元)	53.6	74.96	39.85	人均地区生产总值(元)	63392	74250	17.13
地方财政收入(亿元)	28.4	36.58	28.80	城镇居民可支配收入(元)	16600	18986	14.37
财政总支出(亿元)	32.8	42.77	30.40	农民人均现金收入(元)	7505	8551	13.94

邹平县主要金融指标

金融指标(亿元)	2009	2010	2010 年同比增幅(%)	金融指标(亿元)	2009	2010	2010 年同比增幅(%)
本外币存款余额	270.3	301.47	11.53	财险收入	1.84	2.48	34.78
人民币存款余额	269.71	299.71	11.12	寿险收入	4.17	4.17	0
企业存款	93.82	107.71	8.29	财险赔款	0.77	0.98	27.27
储蓄存款	104.74	115.63	10.4	寿险给付	0.1	0.18	80
本外币贷款余额	313.21	369.36	17.93	当年结益	—	—	—
人民币贷款余额	298.57	362.91	21.55	证券市场交易总额	529	232	-56.14
短期贷款	221.44	278.39	25.72	投资者保证金余额	1.3	0.92	-29.23
中长期贷款	74.93	84.02	12.13	证券账户开户数	4600	3128	-32
票据融资	2.2	0.5	-77.27	证券交易佣金收入	0.4	0.23	-42.50
当年结益	11.92	14.95	25.42	净利润	0.17	0.17	0
不良贷款余额	2.27	0.91	-59.91				

邹平县主要金融机构负责人

单位名称	行长（或其他称谓的第一负责人）	副行长（或其他称谓的同级领导）
人行邹平县支行	徐书亮	张道红　吕洪军　高建刚
银监会邹平办事处	张立平	
农发行邹平县支行	耿大伟	李　民　孙永涛　王丽君
工行邹平支行	高克忠	刘来忠　张可冰　潘为群　柴树元　张冬梅
农行邹平支行	孙学雷	杨国生　孙　俊　乔振琴　张　伟
中行邹平支行	刘　军	贾　峰　赵建国　仝金英
建行邹平支行	赵延军	高　勇　崔鹏程　张　跃　徐承熙
山东邹平农村商业银行	常兆贤	刘长平　赵延苍　王洪兴　尹玉宵　李汉碌　赵艳霞
邮储银行邹平县支行	韩晓谦	张新强　毛红萍
齐商银行邹平支行	孙丰刚	李传峰　梁晓凤
邹平浦发村镇银行	耿光新	倪明军　薛莲花　刘向来　刘　柳

邹平县主要金融机构业务概况

单位：亿元

单位名称	本外币存款余额	企业存款	储蓄存款	本外币贷款余额	短期贷款	中长期贷款
农发行邹平县支行	12.55	7.97	--	53.26	36.37	16.39
工行邹平支行	52.49	30.69	10.91	88.38	50.63	32.33
农行邹平支行	88.49	38.74	33.52	102.17	86.69	15.35
中行邹平支行	18.54	5.5	5.67	23.16	14.41	8.74
建行邹平支行	35.86	15.92	8.41	39.47	30.98	7.64
邹平农村商业银行	67.28	3.89	44.15	51.29	48.58	2.71
邮储银行邹平县支行	13.4	1.19	12.2	2.27	1.44	0.83
齐商银行邹平支行	6.86	1.79	0.58	6.29	6.26	0.03
邹平浦发村镇银行	3.89	3.46	0.26	3.09	3.09	0

限公司、滨州市邹平县梁邹小额贷款有限公司、邹平县正鑫小额贷款有限公司。

【金融服务与监管】　2010年，人行邹平县支行发挥窗口指导作用，认真贯彻执行适度宽松的货币政策，保证了经济平稳发展。通过召开行长联席会、金融形势分析会，约见金融机构负责人谈话、发布《货币信贷工作指引》等方式，及时向当地政府和金融机构传递宏观调控意图。

银监会监管办事处发挥银行业监督职能，加大银行业操作风险预警提示，确保了辖区金融健康稳健运行。

（成文学）

德州市

【经济金融概况】 2010年,德州市经济保持稳步增长。工业生产平稳增长,经济效益增速减缓,高新技术产业发展迅速。固定资产投资规模扩大,投资结构继续优化,房地产开发投资较快增长。消费市场稳步增长,城乡市场全面繁荣。非公有经济主体地位继续增强,对外贸易扩大,财政实力进一步增强;城市基础设施建设成效显著,环境保护综合治理取得新进展,城镇居民生活水平进一步提高,农民生活继续改善。

德州市金融机构按照"有扶有控,区别对待"的信贷原则,进一步加大了与产业政策的配合力度,努力增加信用总量,为全市经济社会发展创造了宽松的金融环境。

一、存款总量快速增长,企业存款增势下降,储蓄存款大幅增加。企业存款同比少增27.38亿元,储蓄存款同比多增1.76亿元。

二、贷款和非信贷融资持续增长,信贷结构进一步优化。截至年末,短期贷款余额多增3.32亿元,小企业贷款增势强劲,余额197.27亿元,较年初增加67.19亿元,占全部贷款增量的49.17%,增速高于全部贷款增速33.98个百分点;个人贷款快速增长,比年初增加71.39亿元,增长32.11%;票据融资总量收缩,贴现余额为13.11亿元,较年初减少9.25亿元,下降41.36%。

三、中间业务快速增长。2010年,4家国有商行德州市分行共实现中间业务收入5.13亿元,同比增加0.85亿元,增长19.86%。网上银行业务快速增长,全年新增网上银行企业用户12477户,个人用户568299户,实现网上银行交易额9859.27亿元,同比增长11.61%。银行卡业务蓬勃发展,全年各金融机构共发卡122.86万张,其中信用卡22.01万张。截至年末,全市共有ATM机734台,同比增加238台,有POS机6145台,同比增加1800台。

四、金融机构不良贷款、不良率双下降,经营效益大幅增长。

【货币政策实施】 2010年,人行德州市中支着力优化信贷结构,促使全市金融运行呈现出良好发展态势。

一、加强窗口指导,促进全市货币信贷合理增长。一是出台了《关于认真做好2010年货币信贷工作 促进全市经济发展方式转变和经济结构调整的实施意见》,按季召开金融运行暨货币政策通报会;二是强化调研,就信贷政策调整对全市企业的影响、中小企业融资状况、地方政府信用平台运行状况等深入调研,形成了"从德州市信贷结构看经济结构存在的问题及建议"上报市委书记;三是不断加大再贷款再贴现支持力度,全年累计向农信社发放支农再贷款、再贴现7.3亿元。

二、推动辖内经济加快实现转方式调结构。一是制订了《关于加大金融支持力度 促进德州市经济"转方式调结构"加快实现的实施意见》和任务落实分解表;二是推动民生、华夏银行济南分行分别与德州市政府签订了《区域战略合作协议书》;三是适时推动市政府设立了5000万元专项基金,用于战略性新兴产业项目贷款贴息;四是新兴产业中小企业集合票据发行工作已进入实质性运行阶段,完成了企业信用评级、完善担保等工作,已呈报交易商协会。

三、推进中小企业融资超市,搭建银企合作交流平台。全年共举办超市活动13场,促成银企达成贷款意向183亿元,实际到位资金74亿元,已批待放资金17亿元,储备落实资金38亿元。作为中小企业融资超市的延伸,在禹城市举办了农村社区融资超市活动,在夏津举办了金融服务厅集中日活动。会同金融办、经信委和中小企业局,正式开通了银企对接信息网,在信息传递、银企对接和贷款担保等方面提供优惠服务。

四、推进后进县市金融生态环境建设。宁津县、夏津县召开了专题县委常委和县长办公会、金融机构和有关部门金融联席会议,建立了金融维权联系会议机制等一系列制度,区域金融生态趋于优化;临邑县制定了《不良贷款清收和盘活运用实施办法》,清收工作颇有成效。

【金融稳定】 2010年,人行德州市中支强化地方金融机构和重点骨干企业监测,全面推进各项工作实现新的突破。

一、强化金融稳定制度和工作机制建设。一是领导高度重视,首次将金融稳定工作纳入政府战略合作协议;二是健全联系机制,推动市政府按季召开金融稳定协调工作会议;三是加强跨区域金融合作,金融稳定协调合作机制进一步深化;四是完善快速反应机制,提高辖内金融突发事件应变能力。

二、积极探索维护区域金融稳定新思路。一是推动建立以政府为主导的金融风险监测预警机制,确保区域金融稳定;二是推动政银企联手清收盘活不良贷款,临邑、乐陵、庆云、宁津4县(市)政府公用2245.79亩国有土地,按总价10.9亿元等额置换当地4家农信社的不良资产,帮助地方法人金融机构摆脱历史包袱加快稳健经营。

三、完善监测分析体系,防范区域金融风险。采用计量分析方法综合评价上市公司经营状况,加强对辖内德棉集团并购重组的案例分析,按时报送上市公司风险监测报告。

四、积极参与探索建立大型商业银行改革评价机制。参与了人行济南分行金融稳定处专题研究小组,制订了《大型国有商业银行改革评价方案》。

【金融服务】 2010年,人行德州市中支全面提升服务水平,切实提高服务效率。一是支付结算工作更加安全高效,全年通过大小额支付、同城清算系统办理业务44万多笔、金额2400多亿元;二是人民币管理成效显著,全年累计投放发行基金

德州市经济主要统计指标

指标 \ 年度	2006	2007	2008	2009	2010	2010年同比增幅（%）
土地面积（平方公里）	10356	10356	10356	10356	10356	0
人口（万人）	557.85	561.67	564.19	569.00	570.18	0.21
非农业人口（万人）	155.2	159.80	160.59	166.59	168.31	1.03
地区生产总值（亿元）	1003.38	1180.82	1400.91	1545.35	1657.82	12.9
第一产业（亿元）	140.73	158.73	169.73	191.00	210.51	3.2
第二产业（亿元）	559.51	655.40	783.41	844.09	899.55	14.3
工业（亿元）	451.85	563.40	711.04	835.98	1023.18	15.99
建筑业（亿元）	55.51	62.71	72.37	86.95	104.76	20.5
第三产业（亿元）	303.14	366.69	447.77	510.26	547.76	13.8
人均地区生产总值（元）	18071	21723	24830	27159	29075	7.05
地区生产总值构成（%）	100	100	100	100	100	--
第一产业（%）	14.0	13.4	12.1	12.4	12.7	0.30
第二产业（%）	55.8	55.5	55.9	54.6	54.3	-0.30
第三产业（%）	30.2	31.1	32.0	33.0	33.0	0
财政总收入（亿元）	67.4	87.4	96.74	106.7	132.64	24.3
地方财政收入（亿元）	35.72	42.01	47.1	55.3	72.91	31.9
财政总支出（亿元）	63.6	77.04	95.74	114.81	154.91	34.9
地方财政支出（亿元）	63.6	77.04	95.74	114.81	154.91	34.9
全社会固定资产投资（亿元）	566.76	604.29	732.89	926.92	1140.59	22.6
规模以上固定资产投资（亿元）	527.06	555.90	669.09	853.61	1050.41	23.06
房地产开发（亿元）	39.70	48.09	63.8	73.31	90.19	23.0
进出口总值（亿美元）	8.27	10.42	15.48	14.36	19.46	35.5
出口总值（亿美元）	6.32	8.79	12.19	9.55	13.36	39.9
实际利用外资（亿美元）	1.00	1.36	1.64	1.39	1.30	-6.3
社会消费品零售总额（亿元）	328.26	387.20	476.29	567.04	645.6	18.7
居民消费价格指数（%）	101.1	104.7	104.1	99.7	103.1	3.4
城市居民人均可支配收入（元）	10257	12392	14545	15706	17410	10.9
农民人均现金收入（元）	4279	4986	5659	6138	7028	14.5

德州市工农业主要统计指标

农业主要统计指标（万吨）				规模以上工业企业主要统计指标（亿元）			
项目 \ 年度	2009年	2010年	增幅（%）	项目 \ 年度	2009年	2010年	增幅（%）
粮食	721.21	704.1	-2.4	工业增加值	835.98	1023.18	15.99
夏粮	343.87	335.9	-2.3	国有工业	36.72	47.57	17.03
秋粮	377.34	368.2	-2.4	集体工业	3.83	7.11	76.92
棉花	21.47	13.51	-37.1	股份制工业	488.1	588.56	14.91

续表

农业主要统计指标（万吨）				规模以上工业企业主要统计指标（亿元）			
项目 \ 年度	2009年	2010年	增幅（%）	项目 \ 年度	2009年	2010年	增幅（%）
油料	1.91	1.72	-9.9	股份合作制工业	1.25	2.24	17.02
水果	50.15	42.52	-15.2	外商及港澳台投资工业	59.04	67.75	15.36
蔬菜	379.70	450.1	18.54	轻工业	424.12	492.28	13.13
肉类	55.02	59.33	7.8	重工业	411.86	530.90	18.81
禽蛋	34.98	37.5	7.1	销售收入	3388.44	4058.81	23.4
奶类	14.69	16.16	10.0	利税	387.76	469.53	19.1
水产品	7.57	8.1	7.0	利润	196.40	253.61	24.4
森林覆盖率（%）	28.9	29.2	0.3	经济效益综合指数（%）	254.28	264.02	9.74

德州市主要金融机构负责人

单位名称	行长（或其他称谓的第一负责人）	副行长（或其他称谓的同级领导）
人行德州市中心支行	刘吉运	窦重田 马兴国 徐靖元 张春超 温金龙 李秀杰
银监会德州监管分局	李明强	马天奎 张立庆 王国恩 毕爱玲
农发行德州市分行	薛建强	杨吉良 杨富格 孙建民
工行德州分行	李晓霞	姜 凯 赵忠江 狄建明 迟晓光 侯士彬
农行德州分行	叶武红	赵传敬 崔传宝 司 峰 王东风 董建俊
中行德州分行	倪保国	周生显 戴鲁华 林 涛 孙 涛
建行德州分行	陈 鹏	张 璞 兰志良 苏玉生 周荣田 刘振毅
德州银行	孙玉芝	王乃堂 王福利 王振辉 杜成金 苏全利 尹德恩 郑亚林 李书华 薛 梅 侯玉荣 周成亮
农信社德州市办事处	辛士勇	杨忠诚 巩方波 陈志刚
邮储银行德州市分行	马金钢	房振平 周振忠 赵 林
人民财产保险公司德州市分公司	杜亚军	陈庆春 孙传鲲 张宪仁 高跃华（总经理助理）
中国人寿保险公司德州分公司	刘玉民	姚本建 张 美 刘文栋
民生人寿保险公司德州中心支公司	杨海波	
大地财产保险公司德州中心支公司	伏志强	马圣强
永安财产保险公司德州中心支公司	张瑞国	
平安人寿保险公司德州中心支公司	周 涛	尹彦耘
人民健康保险公司山东分公司德州营销服务部	魏艳丽	刘同林
人民人寿保险公司德州中心支公司	于建中	

续表

单位名称	行长（或其他称谓的第一负责人）	副行长（或其他称谓的同级领导）
太平人寿保险公司德州中心支公司	胡安生	滕　宇
太平洋财产保险公司德州中心支公司	孙春龙	信卫东　王登峰　吴　静　曹志国
太平洋人寿保险公司德州中心支公司	王皋鹏	宋俊杰　张爱新　张　霞
阳光人寿保险公司德州中心支公司	王若华	朱维娜
泰康人寿保险公司德州中心支公司	李志强	肖　华
阳光财产保险公司德州中心支公司	王　伟	鲍　伟
中华联合财产保险公司德州中心支公司	韩　强	陶铁军　张春国　亓志刚
新华人寿保险公司德州中心支公司	钟经胜	
安邦财产保险公司德州中心支公司	辇宝玉	
平安财产保险公司德州中心支公司	赵　辉	卢建波
天安保险公司德州中心支公司	张治国	
中国人寿保险公司德州市中心支公司	侯　波	李会水
生命人寿保险公司德州中心支公司	张英娜	
渤海保险财产保险公司德州中心支公司	夏志红	商洪虎
齐鲁证券德州三八中路营业部	王　政	孔令军
中信万通证券公司德州湖滨中大道证券营业部	王俊江	张　璞

德州市金融业务统计指标

指标（亿元）＼年度		2006	2007	2008	2009	2010	2010年同比	
							增加额	增幅（%）
银行类	本外币存款余额	654.88	733.63	889.12	1093.92	1293.76	199.84	18.27
	人民币存款余额	650.11	725.11	884.43	1088.41	1286.91	198.5	18.24
	企业存款	107.24	113.07	128.53	206.69	248.66	41.97	20.31
	储蓄存款	422.90	478.54	610.24	707.83	807.18	99.35	14.04
	定期储蓄存款	293.93	332.22	434.23	499.52	552.14	52.62	10.53
	活期储蓄存款	128.97	146.31	176.01	208.31	255.04	46.73	22.43
	本外币贷款余额	543.86	597.94	619.06	776.32	918.09	141.77	18.26
	人民币贷款余额	541.76	596.05	617.15	773.20	909.84	136.64	17.67
	短期贷款	392.06	435.85	428.11	502.37	578.58	76.21	15.17
	中长期贷款	130.00	148.08	170.64	247.74	317.33	69.59	28.09
	票据融资	19.32	11.72	18.27	22.36	13.11	-9.25	-41.37
	当年结益	10.71	12.76	12.00	15.81	18.73	2.92	18.47
	不良贷款余额	84.98	86.65	85.97	97.38	86.37	-11.01	-11.31
	不良贷款占比%	15.39	14.49	13.89	12.54	9.44	-3.10	-24.72
	现金收入	2521.27	2480.43	2471.77	2517.84	3084.23	566.39	22.50
	现金支出	2550.34	2494.01	2487.29	2532.31	3087.20	554.89	21.91
	现金投放(+)回笼(-)	29.07	13.58	15.52	14.47	2.97	-11.50	-79.47

续表

指标（亿元）		2006	2007	2008	2009	2010	2010年同比增加额	2010年同比增幅（%）
保险类	保险公司保费收入	14.67	19.24	27.75	35.83	46.8	10.97	30.62
	财险收入	3.95	4.82	5.96	7.62	10.9	3.28	43.04
	寿险收入	10.72	14.42	21.79	28.21	35.9	7.69	27.26
	保险公司赔款和给付支出	3.19	3.14	6.25	7.37	7.35	-0.02	-0.27
	财险赔款	2.27	2.68	3.11	3.82	4.43	0.61	15.97
	寿险给付	0.92	0.46	3.43	3.55	2.92	-0.63	-17.75
	当年结益	-0.37	-0.18	0.054	0.786	0.0928	-0.6932	-88.19
证券类	证券市场成交总额	93.8	454.53	303.39	305.45	688.26	382.81	125.33
	投资者保证金余额	1.632	4.53	2.70	3.20	6.37	3.17	99.06
	证券账户开户数	44623	78454	90798	83695	112823	29128	34.80
	佣金收入	0.1955	1.0042	0.6272	1.0967	0.9724	-0.1243	-11.33
	净利润	0.0927	0.7125	0.4104	0.7720	0.4230	-0.3490	-45.21
	期货市场成交总额	—	—	—	—	—	—	—
	期货客户保证金余额	—	—	—	—	—	—	—
	期货账户开户数	—	—	—	—	—	—	—
	期货手续费收入	—	—	—	—	—	—	—
	利润总额	—	—	—	—	—	—	—

德州市金融机构统计指标

指标（个）		2006	2007	2008	2009	2010	2010年同比增幅（%）
银行类	法人机构	12	12	12	12	12	0
	省级分行	—	—	—	—	—	—
	二级分行	5	5	6	6	6	0
	县区支行	108	118	240	267	149	-44.19
	分理处、营业所	465	454	453	199	441	121.61
	储蓄所	15	12	248	450	205	-54.44
	从业人员总数	8481	8548	9868	9963	10414	4.53
保险类	保险机构	10	11	19	22	22	0
	财险机构	6	6	9	11	11	0
	省级分公司	—	—	—	—	—	—
	地市分公司	6	6	9	11	11	0
	县区支公司	50	57	61	68	74	8.82
	寿险机构	4	5	10	11	11	0
	省级分公司	—	—	—	—	—	—
	地市分公司	4	5	10	11	11	0

续表

指标（个）		2006	2007	2008	2009	2010	2010年同比增幅（%）
保险类	县区支公司	32	41	50	50	54	8
	从业人员总数	8425	9885	9978	12446	15280	22.77
	财险人员	602	1078	1249	1082	2303	112.85
	寿险人员	7823	8807	8729	11364	12977	14.19
证券类	证券机构	2	2	2	3	3	3
	证券公司	--	--	--	--	--	--
	证券营业部	2	2	2	3	3	3
	证券服务部	--	--	--	--	--	--
	从业人员总数	63	61	58	40	91	127.50
	投资者开户	44629	78454	90798	101693	112823	10.94
	境内上市股票支数	2	2	2	3	3	0
	境外上市股票支数	1	1	1	1	1	0
	辖区上市公司总数	3	3	3	4	4	0

德州市主要金融机构业务概况

单位：亿元

单位名称	本外币存款余额	人民币企业存款	人民币储蓄存款	本外币贷款余额	人民币短期贷款	人民币中长期贷款
农发行德州市分行	13.20	7.35	--	77.32	64.91	12.40
工行德州分行	195.11	41.72	100.07	192.25	66.40	125.52
农行德州分行	155.53	34.09	101.75	118.86	73.86	43.28
中行德州分行	88.02	22.89	42.70	62.36	25.25	32.94
建行德州分行	195.96	50.42	106.19	103.76	33.28	69.28
德州银行	154.57	62.10	58.12	104.67	87.35	5.43
农信社德州市办事处	293.09	17.46	262.35	240.16	215.81	24.32
邮储银行德州市分行	150.71	12.65	136.01	15.87	11.72	4.15

德州市各县级区域经济金融主要统计指标

名称	人口（万人）	面积（平方公里）	地区生产总值（亿元）	地区生产总值增速（%）	本外币存款余额（亿元）	储蓄存款（亿元）	本外币贷款余额（亿元）
德城区	59.54	539	234.11	25.60	528.59	252.77	342.31
乐陵市	68.99	1172	147.56	20.43	81.00	61.04	61.96
禹城市	52.29	990	161.57	12.7	88.69	55.36	90.91
陵县	58.57	1213	158.49	14.7	73.28	51.03	65.74
宁津县	46.67	833	132.43	14.65	91.59	74.54	51.12
庆云县	31.14	502	92.13	13.30	43.01	29.61	34.09

续表

名称	人口（万人）	面积（平方公里）	地区生产总值（亿元）	地区生产总值增速（%）	本外币存款余额（亿元）	储蓄存款（亿元）	本外币贷款余额（亿元）
临邑县	54.10	1016	162.98	13.10	82.37	61.42	51.62
齐河县	62.12	1411	205.26	24.00	97.89	62.60	70.35
平原县	46.17	1047	132.39	11.20	75.06	60.39	51.42
夏津县	51.86	872	115.13	12.4	63.66	47.43	52.44
武城县	38.73	751	115.77	12.9	68.61	53.15	43.33

92.7亿元，全市人民币券别结构更加合理；三是经理国库水平明显提高，与国税、地税部门均实现了财税库银横向联网，已有1111家单位纳入了国库集中支付范围，新开办了16项国库直接支付业务，其中4项填补省内空白；四是跨境贸易人民币结算试点工作进展顺利，3家银行开办了此项业务，业务量5.4亿元，超额完成全年任务，为涉外经济发展提供了更多便利；五是征信建设功能更加完善，企业信用信息基础数据库已收录1.58万个信息，日均接受查询350余次；个人信用信息基础数据库已收录156万个个人账户信息，完成了2487户中小企业的信息采集和更新工作，35万信用农户档案实现了电子化管理；六是科技服务水平进一步提高，更换了核心路由器，对支行网络线路进行了升级改造，完成了两网分离工作，实现了真正意义的双线路备份，同时，成功上线了金融机构管理系统，进一步加强了对金融城市网安全的督导、考核工作。

【金融监管】 2010年，人行德州市中支和银监会德州监管分局依法加强金融监管，切实维护金融稳定，促进了辖内银行业金融机构的规范经营和稳健发展。

人行德州市中支认真履行监管职能。一是依法对辖区有关金融机构开展了反洗钱、反假币及人民币收付、外汇保险、国际收支申报、代理银行财政国库集中支付、金融统计、支付业务等现场检查，对违规问题进行了行政处罚；二是与公安、工商、海关等职能部门的监管信息共享和合作联运机制进一步完善；三是出台了《金融机构综合评价暂行办法》和《对拟开业金融机构验收考核操作规程》，组织对相关银行开展了综合执法检查等多项检查，累计处罚金额81.88万元，进一步促进了金融业务规范发展。

银监会德州监管分局围绕监管中心工作，创新思路，扎实推进，取得了积极成效。一是科学把握信贷节奏，确保信贷平稳均衡增长；二是初步完成了政府融资平台贷款清理规范工作；三是建立了潜在风险、贷款向下迁徙和不良贷款拨备等监测台账，督促辖内4家大型银行对贷款客户风险状况逐一进行排查，掌握风险底数；四是深入推进农行“三农”事业部改革，健全和完善组织体系，重点解决因部门交叉造成的职责不清等问题，形成了《关于对农行三农事业部运行评价办法(初稿)》，并组织对农行乐陵、齐河2家支行进行了试评价；五是进一步深化德州银行改革，针对异地贷款业务的发展，按照属地监管原则建立了双线监测监督制度，加强异地贷款风险管控，切实防范操作风险；六是积极推进农信社改革，齐河农合行成功筹建并开业，督促农信社德州办事处建立了不良贷款压降两级复审制度，严格执行重组盘活贷款考察期制度。

【外汇管理】 2010年，外管局德州市中心支局以夯实基础促管理，以深化改革促服务，着力提高外汇履职能力，促进了全市涉外经济平稳较快发展。

一、抓好外汇政策宣讲，高效畅通执行渠道。一是积极开展“诚信兴商宣传月”活动，促进了外汇管理政策的高效执行；二是继续坚持按季召开外汇指定银行负责人联席会议，通过座谈会、深入企业实地座谈等形式，了解企业生产经营情况和对外汇管理工作的意见建议，同时，对全辖涉外企业进行外汇政策宣讲，促进了政策的高效落实；三是与德州市贸促会联合举办了出证认证及外汇业务知识培训班，对贸易信贷政策、进口付汇核销制度改革和出口收汇核销等进行了讲解；四是与电视台共同录制外汇知识电视宣传片，对外汇管理政策进行宣传。

二、深化改革与服务，积极促进贸易投资便利化。一是制定了《关于进一步改进外汇管理，促进全市涉外经济平稳较快发展的指导意见》；二是加强与市商务局、海关、税务等涉外部门的沟通联系，形成服务涉外经济发展合力；三是深化进口付汇核销制度改革试点工作，认真做好逾期未核销清理，对历年来遗留的913笔23768.09万美元的企业逾期未核销数据进行了清理；四是积极向山东省外管局争取外汇政策，将德州银行结售汇综合头寸由300万美元调整到3500万美元，增强了其运用外汇资金的灵活性和主动性，为德州银行积极申请短期外债指标1200万美元，确保其最大限度地服务企业；同时，积极申请业务准入，对邮政储蓄银行、农发行结售汇业务以及大地、人民、天安和阳光保险等外汇业务先后进行了准入审批。

三、开展标准化管理，进一步夯实各项工作基础。一是加强日核查、周上报、月专项核查以及差错分管行长签字确认制度，确保国际收支数据申报率100%；二是协助总、分局对《资本项目外汇管理业务操作规程（2009版）》及内控通则进行了修订，引导参检企业委托会计师事务所通过外汇局网上服务平台报送相关信息和数据，确保全辖223家外商投资企业全部参加了年检；三是对辖区出口逾期未核销情况进行了统计分析，制定了清理出口逾期的实施方案，清理历年来出口逾期未核销

200万美元；四是做好外汇检查工作，对20家银行和企业违反外汇管理规定的行为进行了行政处罚，确保了外汇市场秩序健康发展。

【金融改革】 2010年，人行德州市中支积极创新机制，及时发现改革进程中存在的问题。一是深入开展农业银行改革调研工作，按季形成《调查报告》报送济南分行；二是协助人行济南分行完成了总行“三农”金融事业部制改革情况调研课题，围绕“三农”金融事业部改革以来的情况进行全面总结，并针对农行乐陵支行“三农”金融事业部制改革情况进行了专项调研，为总分行提供数据翔实的报告和案例。

【证券市场】 截至2010年末，德州市共有证券营业机构3处，投资者开户数达11.28万户，同比增加2.91万户，增长34.80%；年交易额688.26亿元，增长125.33%。

【精神文明建设】 2010年，德州市各金融机构广泛开展了形式多样的精神文明创建活动，取得了良好成果。

人行德州市中支被评为“省级文明单位”、“分行级文明单位”、“总行级业务竞赛先进集体”。货币信贷管理科连续6年、调查统计科连续3年被认定为总行级“青年文明号”，科技科连续两年被认定为市级“青年文明号”。

工行德州分行被授予“省级文明单位”，“山东省服务名牌”等荣誉称号。农行德州分行连续9年保持“省级文明单位”荣誉称号。中行德州市分行营业部继续被认定为总行级青年文明号，其三八女子服务班继续被认定为全国级“巾帼文明岗”。建行德州分行连续3年被省分行评为“四好班子”和“优秀单位”。德州市商业银行荣获山东省富民兴鲁劳动奖状，三八路支行获全国文明规范服务千佳示范单位荣誉称号。

【大事记】 4月26日 中国银监会批准德州市商业银行更名为德州银行。

5月14日 人行德州市中支设立跨境贸易人民币结算工作办公室。

5月15日 德州市银警联合进行反假宣传。

5月28日 德州银行临邑支行正式开业运营。

6月10日~11日 山东电视台与农行山东省分行联合到德州市农行采访扶持企业发展经验，重点对太阳城、功能糖城以及体育产业城为主导的“三城”联创和三个特色产业集群进行了详细报道。

7月9日 夏津县第一家小额贷款公司——夏津城镇小额贷款公司挂牌成立。

7月20日 德州市社会信用体系建设联席会第一次会议顺利召开。

8月18日 山东齐河农村合作银行挂牌成立。

8月26日 德州银行夏津支行正式开业运营。

9月1日 财税库银税收收入电子缴库横向联网系统（TIPS）在德州成功上线运行。

11月12日 人行德州市中支外汇管理科和国际收支科分设。

11月16日 德州银行庆云支行正式开业运营。

11月19日 德州北片五县市中小企业融资超市活动在乐陵举行。

12月26日 德州银行陵县支行正式开业运营。

（曹黔然 王安国 王 静）

乐陵市

【经济金融概况】 2010年，乐陵市以扩总量、调结构、壮财税、惠民生为主线，加快发展方式转变，社会消费品零售总额、工业利税、利润、服务业税收、民营经济上缴税金、进出口总额6项主要经济指标增幅居德州市第1位。

【金融发展与改革】 2010年，人行乐陵市支行积极创新货币政策传导手段，促进经济平稳较快发展。一是制定了相关指导性文件，引导各金融机构在有效规避信贷风险的前提下，加大对经济的信贷支持力度；二是要求金融机构重点加大对“三

乐陵市主要经济指标

经济指标	2009	2010	2010年同比增幅（%）	经济指标	2009	2010	2010年同比增幅（%）
土地面积（平方公里）	1172	1172	0	地方财政支出（亿元）	7.86	10.82	37.66
人口（万人）	68.33	68.99	0.97	全社会固定资产投资（亿元）	68.11	88.37	29.75
非农业人口（万人）	19.95	18.25	-8.52	进出口总值（万美元）	11293	17663	56.41
地区生产总值（亿元）	122.53	147.56	20.43	出口总值（万美元）	7875	13381	69.92
第一产业（亿元）	21.79	23.37	7.25	实际利用外资（万美元）	1005	0	-100
第二产业（亿元）	59.43	82.03	38.03	社会消费品零售总额（亿元）	48.90	56.22	14.97

续表

经济指标	2009	2010	2010年同比增幅（%）	经济指标	2009	2010	2010年同比增幅（%）
第三产业（亿元）	41.3	42.16	2.08	居民消费价格指数（%）	99.70	103.10	3.41
财政总收入（亿元）	3.01	4.44	47.51	人均地区生产总值（元）	18019	21386	18.69
地方财政收入（亿元）	1.60	2.50	56.25	城镇居民可支配收入（元）	15706	16325	3.94
财政总支出（亿元）	7.86	10.82	37.66	农民人均现金收入（元）	6058	7006	15.65

乐陵市主要金融指标

金融指标（亿元）	2009	2010	2010年同比增幅（%）	金融指标（亿元）	2009	2010	2010年同比增幅（%）
本外币存款余额	66.81	81	21.24	财险收入	0.28	0.41	46.43
人民币存款余额	66.70	80.84	21.20	寿险收入	1.04	1.57	50.96
企业存款	7.99	11.54	44.43	财险赔款	0.15	0.29	93.33
储蓄存款	52.25	60.98	16.71	寿险给付	0.17	0.46	170.59
本外币贷款余额	53.76	61.96	15.25	当年结益	0.03	0.06	50.00
人民币贷款余额	53.76	61.76	14.88	证券市场交易总额	—	—	—
短期贷款	41.07	44.15	7.50	投资者保证金余额	—	—	—
中长期贷款	12.69	17.61	38.77	证券账户开户数	—	—	—
票据融资	0	0	0	证券交易佣金收入	—	—	—
当年结益	1.35	1.47	8.89	净利润	—	—	—
不良贷款余额	9.71	7.96	-18.02				

乐陵市主要金融机构负责人

单位名称	行长（或其他称谓的第一负责人）	副行长（或其他称谓的同级领导）
人行乐陵市支行	赵金兰	孟宪尧　刘长勇　张宜国　卞东华
银监会乐陵市办事处	辛俊胜	
农发行乐陵市支行	张　静	王俊忠　刘华锋
工行乐陵支行	卞红远	韩起强　高秀军　杨小玲
农行乐陵支行	彭晓民	刘绪生　孟德胜　段旭光
中行乐陵支行	张　彬	刘宗义　靳邦斌
建行乐陵支行	苗应选	彭元新　贾　敏　张新奎　孙吉贵
德州银行乐陵支行	王文忠	杨立富
乐陵市农信联社	杨希军	王成军　王英明　刘德涛　郑传涛
邮储银行乐陵市支行	陆泽顺	李毅然

乐陵市主要金融机构业务概况

单位：亿元

单位名称	本外币存款余额	企业存款	储蓄存款	本外币贷款余额	短期贷款	中长期贷款
农发行乐陵市支行	1.01	0.54	0	6.21	5.07	1.14
工行乐陵支行	10.8	2.8	6.11	10.53	3.28	7.25

续表

单位名称	本外币存款余额	企业存款	储蓄存款	本外币贷款余额	短期贷款	中长期贷款
农行乐陵支行	14.82	2.37	10.65	12.85	9.7	3.15
中行乐陵支行	5.44	1.55	2.88	3.85	2.94	0.92
建行乐陵支行	7.74	0.96	5.36	3.84	2.09	1.74
德州银行乐陵支行	3.52	1.37	1.04	3.12	2.82	0.3
乐陵市农信联社	24.48	0.97	23.4	20.39	17.51	2.89
邮储银行乐陵市支行	12.91	1.07	11.6	1.17	0.94	0.23

农”、节能减排、社会保障、服务业、地方重点行业及中小企业的金融支持力度；三是主动筛选信贷扶持项目和企业，积极向上级行申报重点项目，加大贷款投放力度；四是构建政银企合作平台，促进银企对接，有效满足贷款企业的资金需求。

【金融服务与监管】 2010 年，乐陵市率先成立了小额担保和贷款公司，启动了邮储银行企业贷款业务。积极帮助银行妥善处理呆坏账遗留问题，出台了《关于整体处置市农村信用合作联社不良资产的意见》，以 393.79 亩优质国有土地使用权置换了 2 亿元的乐陵农信社不良资产。设立了产业发展基金等 7 项专项基金，被确定为德州市金融超市永久地址和区域金融服务中心，被评为全省金融生态环境建设 A 级市。

（孟宪尧　赵　斌）

禹城市

【经济金融概况】 2010 年，禹城市工业发展坚持做大培强，重点培育生物技术和高端装备制造业，已成为国内最大的功能糖产业、羊绒精纺半精纺、环保密度板出口、大豆蛋白生产基地和亚洲最大的管模生产基地。金融生态环境建设考核指标连续 4 年在 13 个县(市、区)排名第 1，再次荣获德州市金融生态环境建设 A 级县市称号。

【金融发展与改革】 2010 年，人行禹城市支行积极做好政策传导和窗口指导，促进金融机构业务创新。一是指导德州银

禹城市主要经济指标

经济指标	2009	2010	2010 年同比增幅（%）	经济指标	2009	2010	2010 年同比增幅(%)
土地面积（平方公里）	990	990	--	地方财政支出（亿元）	10.4	12.98	24.81
人口（万人）	52.03	52.29	0.50	全社会固定资产投资（亿元）	92.90	108.18	22.70
非农业人口（万人）	16.38	16.65	1.65	进出口总值（万美元）	11826	14205	20.10
地区生产总值（亿元）	140.88	161.57	12.70	出口总值（万美元）	11236	13604	21.10
第一产业（亿元）	23.51	25.72	2.90	实际利用外资（万美元）	505	414	-18.10
第二产业（亿元）	71.73	89.9	12.30	社会消费品零售总额（亿元）	48	56.07	20.80
第三产业（亿元）	45.64	45.95	18.60	居民消费价格指数（%）	99.70	103.10	3.41
财政总收入（亿元）	8.06	10.48	29.97	人均地区生产总值（元）	27137	30977	12.20
地方财政收入（亿元）	3.89	5.50	41.38	城镇居民可支配收入（元）	9811	16000	63.08
财政总支出（亿元）	9.60	12.98	35.15	农民人均现金收入（元）	6500	7060	14.70

禹城市主要金融指标

金融指标（亿元）	2009	2010	2010 年同比增幅（%）	金融指标（亿元）	2009	2010	2010 年同比增幅（%）
本外币存款余额	74.12	88.69	19.65	财险收入	0.54	0.79	46.3

续表

金融指标（亿元）	2009	2010	2010年同比增幅（%）	金融指标（亿元）	2009	2010	2010年同比增幅（%）
人民币存款余额	73.89	88.42	19.66	寿险收入	1.01	1.53	51.49
企业存款	14.00	15.93	13.79	财险赔款	0.29	0.42	44.83
储蓄存款	47.43	55.3	16.58	寿险给付	0.40	0.64	60
本外币贷款余额	68.03	90.91	33.63	当年结益	0.17	0.22	29.41
人民币贷款余额	68.00	90.88	33.65	证券市场交易总额	—	—	—
短期贷款	45.01	60.62	34.68	投资者保证金余额	—	—	—
中长期贷款	22.90	30.26	32.15	证券账户开户数	—	—	—
票据融资	0.09	0	-100	证券交易佣金收入	—	—	—
当年结益	2.14	2.6	21.23	净利润	—	—	—
不良贷款余额	1.76	1.27	-27.57				

禹城市主要金融机构负责人

单位名称	行长（或其他称谓的第一负责人）	副行长（或其他称谓的同级领导）
人行禹城市支行	顾其巨	周俊青　贺明田
银监会禹城办事处	刘洪涛	
农发行禹城市支行	张　方	周传勇　张以楼
工行禹城支行	张　勇	李文立　张迎晓
农行禹城支行	王秀斌	王　勇　刘文山　黄卫东
中行禹城支行	段　勇	邢玉婷　高　勇
建行禹城支行	吕卫东	李淑平　吕万新
德州银行禹城支行	高永民	
禹城市农信联社	付小剑(理事长)　王吉合(主任)	华林（监事长）　董和泉　王惠超
邮政银行禹城市支行	丁建华	李文军

禹城市主要金融机构业务概况

单位：亿元

单位名称	本外币存款余额	企业存款	储蓄存款	本外币贷款余额	短期贷款	中长期贷款
农发行禹城市支行	1.35	0.34	--	9.40	7.68	1.72
工行禹城支行	12.00	3.87	4.20	19.12	5.57	13.55
农行禹城支行	13.57	4.46	7.08	14.96	12.68	2.28
中行禹城支行	7.13	1.96	3.63	5.16	3.18	1.94
建行禹城支行	7.40	1.77	3.41	11.43	3.53	7.90
德州银行禹城支行	5.06	2.51	1.35	4.06	3.83	0.23
禹城市农信联社	31.03	0.80	26.91	25.09	22.75	2.34
邮政银行禹城市支行	9.24	0.43	8.78	1.68	1.39	0.29

行禹城支行成立了“禹城市中小企业互助商会”，支持4家企业利用“德州银企对接服务网”解决融资难题；二是禹城绿健生物技术有限公司已入选德州市中小企业集合票据发行企业，计划发行票据8000万元；三是督促银行加大信贷投放，优化信贷结构，促进贷款较快增长；四是协助禹城市金融办公室清理整顿了担保公司，并重新上报了营业执照。

【金融服务与监管】 2010年，人行禹城市支行一是组织开展了公开承诺、首问负责、限时办结优质服务活动，公开举报电话，随时接受社会监督；二是多次组织金融机构和企业开展宣传，相继开展了“走进企业，共促发展”跨境贸易人民币结算百日宣传推进、“金融知识下乡村”、“人民币知识赶大集”，以及国库知识宣传周和反假货币知识宣传月等活动；三是做好出口服务，累计办理出口收汇核销3025份，收汇核销10395万美元，同比增加820万美元，增长8.6%；四是加强反洗钱制度建设，扩大了金融稳定监测的范围，把地方政府融资平台禹城市兴业投资有限公司纳入风险管理；五是严格国库监督管理；六是基层支行“小而专”工作模式效果更加明显，支持地方经济发展的核心职能得以体现。

(段立华 范雪芹)

陵 县

【经济金融概况】 2010年，陵县加快实施“全面融入德州、发展同城经济”主体战略，全县经济实现又好又快发展。工业实力进一步增强，规模以上工业已发展到213家，资产合计达到320.36亿元；完成增加值81.12亿元，同比增长20.76%。金融机构各项存贷款保持较快增长，贷款投向重点突出，信贷结构优化，有力地支持了全县经济持续快速协调健康发展。

【金融发展与改革】 2010年，人行陵县支行建立了政府主导型企业风险防范机制，对企业经营和财务风险进行提前预

陵县主要经济指标

经济指标	2009	2010	2010年同比增幅%	经济指标	2009	2010	2010年同比增幅%
土地面积（平方公里）	1213	1213	--	地方财政支出（亿元）	7.11	9.74	36.99
人口（万人）	58.49	58.57	0.14	全社会固定资产投资（亿元）	76.38	88.86	16.34
非农业人口（万人）	13.10	13.30	1.53	进出口总值（万美元）	9632	9695	0.65
地区生产总值（亿元）	133.59	158.49	18.64	出口总值（万美元）	7593	8195	7.93
第一产业（亿元）	21.70	23.60	8.76	实际利用外资（万美元）	1418	1305	-7.98
第二产业（亿元）	70.80	81.96	15.76	社会消费品零售总额（亿元）	42.48	47.93	12.83
第三产业（亿元）	41.09	52.93	28.81	居民消费价格指数（%）	104.02	106.30	2.19
财政总收入（亿元）	4.70	6.70	42.55	人均地区生产总值（元）	22840	27057	18.46
地方财政收入（亿元）	2.23	3.70	65.92	城镇居民可支配收入（元）	18486	23486	27.05
财政总支出（亿元）	7.28	10.50	44.23	农民人均现金收入（元）	6084	7055	15.96

陵县主要金融指标

金融指标（亿元）	2009	2010	2010年同比增幅%	金融指标（亿元）	2009	2010	2010年同比增幅%
本外币存款余额	62.48	73.28	17.29	财险收入	0.26	0.38	46.15
人民币存款余额	62.43	73.18	17.22	寿险收入	0.39	0.46	17.95
企业存款	10.28	9.37	-8.85	财险赔款	0.08	0.13	62.50
储蓄存款	43.33	51	17.70	寿险给付	0.13	0.17	30.77
本外币贷款余额	58.13	65.69	13.01	当年结益	0.12	0.15	25.00
人民币贷款余额	58.12	65.69	13.01	证券市场交易总额	--	--	--
短期贷款	40.71	45.95	12.87	投资者保证金余额	--	--	--

续表

金融指标（亿元）	2009	2010	2010年同比增幅%	金融指标（亿元）	2009	2010	2010年同比增幅%
中长期贷款	14.03	19.73	40.63	证券账户开户数	--	--	--
票据融资	3.34	0	-100	证券交易佣金收入	--	--	--
当年结益	1.70	1.87	10	净利润	--	--	--
不良贷款余额	4.97	5.29	6.44				

陵县主要金融机构负责人

单位名称	行长（或其他称谓的第一负责人）	副行长（或其他称谓的同级领导）
人行陵县支行	张若丰	张志远　黄巨龙　王胜先
农发行陵县支行	王世国	张吉杰　王树清
工行陵县支行	李德忠	武海涛　赵德胜
农行陵县支行	李耀民	马　青　马传胜　张广春
中行陵县支行	苏世普	王德贵　董永军
建行陵县支行	刘金河	吴健蕾　霍瑞军　马天峰
陵县农信联社	王立国（理事长）　王爱国（主　任）	刘　兰　李树声　赵　鹏　扬卫红
邮储银行陵县支行	李玉花	高洪彦
德州银行陵县支行	苗　鹏	范金玲

陵县主要金融机构业务概况

单位：亿元

单位名称	本外币存款余额	企业存款	储蓄存款	本外币贷款余额	短期贷款	中长期贷款
农发行陵县支行	1.87	0.82	--	9.64	8.29	1.35
工行陵县支行	10.79	1.78	4.42	15.15	6.89	8.26
农行陵县支行	7.03	1.52	4.03	8.83	6.84	1.99
中行陵县支行	5.00	1.79	2.47	3.76	1.35	2.41
建行陵县支行	6.87	1.17	4.25	8.12	3.26	4.86
陵县农信联社	25.41	1.15	23.75	19.32	18.59	0.73
邮储银行陵县支行	13.54	1.20	12.12	0.86	0.73	0.13

警，并为政府提供风险化解方案。具体做法是，由县政府主要领导挂帅，金融办、人行陵县支行牵头有关部门，建立企业风险监测预警和处置工作领导小组，将县内60家骨干企业和信贷总额在1亿元以上的重点企业纳入监测范围，选取了企业主营业务收入、存货、应收账款、缴纳税费、用电量变动、企业贷款存量、贷款变化、企业贷款使用及归还、银行不良贷款、新上项目及技改项目情况等10项指标作为日常监测指标。全年针对被监测企业的风险程度，共发布黄色预警13次，橙色预警7次，红色预警2次，启动企业信贷突发事件应急预案2次。累计动用"企业续贷周转金"18次，金额3.8亿元，帮助12家企业生产经营和资金周转走上正轨，有效维护了区域金融稳定。

【金融服务与监管】　2010年，陵县各金融机构通过完善网点设施，优化柜面资源，加大员工业务技能培训，为社会公众提供了高效、便捷的服务。人行陵县支行在金融监管方面，一是完善了各项规章制度，加强了账户管理及反洗钱、人民币现金管理、外汇管理等工作;二是切实履行再贴现、再贷款、金融统计及银行信贷登记咨询系统等各项职能,取得了明显成效。

(董志刚)

宁津县

【经济金融概况】 2010年,宁津县通过“创新强县、创业富民、创效兴企、创优争先”四大路径,全力打造中国五金机械产业城、中华美味小吃城、水郡绿城和中国最大的小麦良种产业化基地“三城一基地”,经济实现又好又快发展。

全县金融运行平稳,各项存款平稳增长,储蓄增幅较大;各项贷款增速加快,投放同比大幅增加,结构继续优化。

【金融发展与改革】 2010年,人行宁津县支行一是按照“央行参谋、政府主导、部门联动、社会参与”的思路,参与草拟了《关于优化金融生态环境的实施意见(草稿)》,向县委县府提报了《金融机构县域加大信贷投放奖励办法草案》和《民营经济融资状况调查报告》,努力推动县域农村金融生态环境加快优化;二是建立了金融稳定长效协作机制,密切监测地方法人机构的

宁津县主要经济指标

经济指标	2009	2010	2010年同比增幅(%)	经济指标	2009	2010	2010年同比增幅(%)
土地面积(平方公里)	833	833	--	地方财政支出(亿元)	6.26	10	59.74
人口(万人)	46.69	46.67	-0.04	全社会固定资产投资(亿元)	93.23	114.80	23.13
非农业人口(万人)	5.90	5.90	0	进出口总值(万美元)	3740	5744	53.58
地区生产总值(亿元)	118.24	132.43	12	出口总值(万美元)	3390	5063	49.35
第一产业(亿元)	17.1	18.01	5.32	实际利用外资(万美元)	432	1292	199.07
第二产业(亿元)	61.29	76.68	25.11	社会消费品零售总额(亿元)	42.55	49.76	16.94
第三产业(亿元)	39.85	37.74	-5.01	居民消费价格指数(%)	101.40	104.30	2.90
财政总收入(亿元)	3.32	4.35	31.02	人均地区生产总值(元)	25270	28363	12.23
地方财政收入(亿元)	1.75	2.51	43.42	城镇居民可支配收入(元)	11345	12797	12.79
财政总支出(亿元)	6.26	10	59.74	农民人均现金收入(元)	6234	7120	14.21

宁津县主要金融指标

金融指标(亿元)	2009	2010	2010年同比增幅(%)	金融指标(亿元)	2009	2010	2010年同比增幅(%)
本外币存款余额	78.36	91.59	16.88	财险收入	0.33	0.38	15.15
人民币存款余额	78.28	91.53	16.93	寿险收入	0.63	0.84	33.33
企业存款	8.76	8.67	-1.02	财险赔款	0.21	0.25	19.04
储蓄存款	64.33	74.51	15.82	寿险给付	0.08	0.11	37.50
本外币贷款余额	43.56	51.12	17.35	当年结益	0.6	0.71	18.33
人民币贷款余额	43.56	51.12	17.35	证券市场交易总额	--	--	--
短期贷款	37.14	40.00	7.70	投资者保证金余额	--	--	--
中长期贷款	6.33	11.03	74.25	证券账户开户数	--	--	--
票据融资	0	0	0	证券交易佣金收入	--	--	--
当年结益	0.36	0.59	61.39	净利润	--	--	--
不良贷款余额	19.24	16.11	-16.27				

宁津县主要金融机构负责人

单位名称	行长（或其他称谓的第一负责人）	副行长（或其他称谓的同级领导）
人行宁津县支行	范宜和	郭德生　王长德　张晶华　陈志红
农发行宁津县支行	张其英	
工行宁津支行	杜雪亭	蔡建国　朱志刚　梁金林
农行宁津支行	郭德祥	吴金涛　张长明　刘桂玲
建行宁津支行	张长泉	尚国珍　吕秀峰　王旭光　张艳荣
德州银行宁津支行	王福刚	王晓琴
宁津县农信联社	赵德久（理事长）　方化臣（主　任）	闫俊青　张　波　武建军
邮储银行宁津县支行	范连森	王伟峰

宁津县主要金融机构业务概况

单位：亿元

单位名称	本外币存款余额	企业存款	储蓄存款	本外币贷款余额	短期贷款	中长期贷款
农发行宁津县支行	0.66	0.37	-	3.32	3.12	0.2
工行宁津支行	9.06	0.68	6.35	5.08	1.95	3.13
农行宁津支行	19.67	4.46	14.18	6.41	5.20	1.12
建行宁津支行	12.31	0.58	8.36	3.48	1.13	2.36
德州银行宁津支行	4.11	1.22	2.10	5.20	4.65	0.55
宁津县农信联社	30.43	0.86	29.31	26.31	22.71	3.59
邮储银行宁津县支行	14.79	0.52	14.26	1.33	1.24	0.08

风险，做好高风险化解和处置工作，确保县域经济金融和谐发展。

【金融服务与监管】　2010 年，人行宁津县支行积极推进“提高服务效率，树立央行形象”行风建设活动，金融管理、服务水平进一步提高。一是做好国库工作，确保各级预算收支顺利完成；二是做好人民币反假、反洗钱工作；三是积极推动银行机构农村支付环境建设“示范点”活动；四是优化外汇服务，主动与当地涉外部门就政策调整情况进行交流，为外汇管理工作开展营造了良好的社会环境；五是开展征信知识宣传，全面提升征信管理水平。

（李红梅　张文勇）

庆云县

【经济金融概况】　2010 年，庆云县围绕“打造改革创新示范区、建设经济文化强县”的目标，推进经济社会发展和生态环境建设，努力提升现代服务水平，被定为国家可持续发展实验区。县经济开发区升格为省级开发区，工业经济提质提效，发展活力持续增强，高新技术、装备制造、轻工食品、精细化工 4 大产业集群初步形成，金融电子、低压电器、体育器材、渔网加工等特色产业基础不断壮大，现有规模以上工业企业 177 家，国家

庆云县主要经济指标

经济指标	2009	2010	2010 年同比增幅%	经济指标	2009	2010	2010 年同比增幅%
土地面积（平方公里）	502	502	--	地方财政支出（亿元）	4.78	6.91	44.50
人口（万人）	30.81	31.14	1.07	全社会固定资产投资（亿元）	58	75	29.30

续表

经济指标	2009	2010	2010年同比增幅%	经济指标	2009	2010	2010年同比增幅%
非农业人口（万人）	5.96	6.01	0.97	进出口总值（万美元）	1664	2576	54.80
地区生产总值（亿元）	80.87	92.13	13.30	出口总值（万美元）	1663	2544	52.98
第一产业（亿元）	7.33	8.22	5.50	实际利用外资（万美元）	105	340	223
第二产业（亿元）	37.6	46.95	12.10	社会消费品零售总额（亿元）	33.31	37.10	11.38
第三产业（亿元）	35.94	36.96	17.10	居民消费价格指数（%）	101.20	103.10	1.90
财政总收入（亿元）	2.72	3.68	34.62	人均地区生产总值（元）	26207	29586	12.90
地方财政收入（亿元）	1.18	2.03	40.20	城镇居民可支配收入（元）	8158	9100	11.50
财政总支出（亿元）	4.78	6.91	44.50	农民人均现金收入（元）	5938	6528	9.90

庆云县主要金融指标

金融指标（亿元）	2009	2010	2010年同比增幅%	金融指标（亿元）	2009	2010	2010年同比增幅%
本外币存款余额	36.51	43.01	17.8	财险收入	0.31	0.49	58.1
人民币存款余额	36.5	43.01	17.8	寿险收入	1.01	1.33	31.6
企业存款	5.61	8.64	54.0	财险赔款	0.17	0.29	30.2
储蓄存款	26.62	29.61	11.2	寿险给付	0.13	0.21	61.5
本外币贷款余额	27.2	34.09	25.3	当年结益	--	--	--
人民币贷款余额	27.2	34.09	25.3	证券市场交易总额	--	--	--
短期贷款	20.0	23.24	16.2	投资者保证金余额	--	--	--
中长期贷款	7.16	10.84	51.4	证券账户开户数	--	--	--
票据融资	0	0	0	证券交易佣金收入	--	--	--
当年结益	0.94	0.99	5.3	净利润	--	--	--
不良贷款余额	2.27	1.33	-41.4				

庆云县主要金融机构负责人

单位名称	行长（或其他称谓的第一负责人）	副行长（或其他称谓的同级领导）
人行庆云县支行	杨如冰	胡成军　魏殿峰　赵关岭
农发行庆云县支行	许欣忠	潘德章
工行庆云支行	蒋爱芹	张国伟　赵金强
农行庆云支行	王洪涛	李　珺　杨　新
建行庆云支行	魏志军	郭宝辉　张新成
德州银行庆云支行	于明臣	张海霞
庆云县农信联社	徐宗申　李海贤	王淑华　张国平　王长东
邮储银行庆云县支行	王保国	张思明

庆云县主要金融机构业务概况

单位：亿元

单位名称	本外币存款余额	企业存款	储蓄存款	本外币贷款余额	短期贷款	中长期贷款
农发行庆云县支行	0.97	0.53	--	5.03	3.73	1.3
工行庆云支行	7.64	2.02	3.87	6.32	1.91	4.41
农行庆云支行	5.71	1.58	3.49	7.61	5.01	2.60
建行庆云支行	6.34	1.59	3.53	4.09	2.09	2.0
德州银行庆云支行	0.11	0.06	0.05	0.02	0.02	0.00
庆云县农信联社	10.75	1.99	8.62	9.98	9.60	0.38
邮储银行庆云县支行	11.10	0.86	10.04	1.03	0.88	0.15

级龙头企业 2 家。

全县金融业平稳运行，实现了保费大幅增长，证券机构迅速增加，货币信贷稳步增长的良好局面。

【金融发展与改革】 2010 年，庆云县各金融机构对重点建设项目、中小企业、“三农”、大学生创业等进行了积极的贷款扶持。各国有商业银行依托国家级农业产业化龙头企业中澳集团，为创业农户、周边客户量身定做支付产品。农信社在金融弱势地区增设了农民自助服务终端，在辖区形成了以银行卡为主，网上银行、ATM、POS 机、电话转账、农民自助服务终端等多种非现金支付结算方式，大比例地取代了现金交易。德州银行庆云支行也在年内挂牌营业。

【金融服务与监管】 2010 年，人行庆云县支行继续对辖内法人机构进行非现场监测及风险评估，坚持县域金融稳定工作联席会议制度和货币政策执行评价与警示制度，引导和鼓励辖内机构积极支持地方经济。

（胡洪玺 孙景树）

临邑县

【经济金融概况】 2010 年，临邑县实施“工业强县、文化立县、科教兴县、服务业活县、产业化富民”发展战略，继续抓好招商引资，激发民营经济活力，全县经济保持良好发展态势。荣获全国培育自主创新能力示范基地、全国新能源产业百强县、全省民族团结进步模范县等称号。新增规模以上企业 38 家，各项主要经济社会指标在全市领先，全国县域经济综合实力排名上升 13 个位次。

全县各银行业机构积极落实稳健货币政策，合理把握信贷投放，各项存贷款稳定增长，城乡储蓄持续增加，不良贷款额、

临邑县主要经济指标

经济指标	2009	2010	2010 年同比增幅（%）	经济指标	2009	2010	2010 年同比增幅（%）
土地面积（平方公里）	1016	1016	--	地方财政支出（亿元）	10.29	13.11	24.95
人口（万人）	53.80	54.10	0.60	全社会固定资产投资（亿元）	96.03	112.82	23.70
非农业人口（万人）	19.81	19.95	0.70	进出口总值（万美元）	14487	23504	62.20
地区生产总值（亿元）	141.66	162.98	13.10	出口总值（万美元）	11146	21733	94.90
第一产业（亿元）	20.47	22.77	4.60	实际利用外资（万美元）	100.30	2120	2013.70
第二产业（亿元）	77.99	89.09	15.40	社会消费品零售总额（亿元）	49.10	56.66	19.40
第三产业（亿元）	43.20	51.12	12.20	居民消费价格指数（%）	99.70	103.10	3.40
财政总收入（亿元）	10.19	11.69	11.19	人均地区生产总值（元）	26415	30209	12.40
地方财政收入（亿元）	6.04	6.83	13.01	城镇居民可支配收入（元）	15963	17150	7.40
财政总支出（亿元）	10.49	12.86	25.04	农民人均现金收入（元）	6225	7011	14.10

临邑县主要金融指标

金融指标（亿元）	2009	2010	2010年同比增幅（%）	金融指标（亿元）	2009	2010	2010年同比增幅（%）
本外币存款余额	68.10	82.37	20.95	财险收入	0.24	0.27	12.50
人民币存款余额	68.01	82.06	20.66	寿险收入	0.91	1.06	16.48
企业存款	7.37	10.06	39.50	财险赔款	0.11	0.09	-18.18
储蓄存款	52.67	61.36	16.50	寿险给付	0.51	0.74	45.10
本外币贷款余额	48.15	51.62	7.21	当年结益	0.02	0.04	100
人民币贷款余额	48.15	51.62	7.21	证券市场交易总额	—	—	—
短期贷款	33.05	35.52	7.47	投资者保证金余额	—	—	—
中长期贷款	15.06	16.06	6.64	证券账户开户数	—	—	—
票据融资	0	0	—	证券交易佣金收入	—	—	—
当年结益	1.58	1.54	-2.53	净利润	—	—	—
不良贷款余额	11.10	4.06	-63.42				

临邑县主要金融机构负责人

单位名称	行长（或其他称谓的第一负责人）	副行长（或其他称谓的同级领导）
人行临邑县支行	何 意	许树海 邢增彩 张兆河
农发行临邑县支行	赵学东	崔藏月
工行临邑支行	鲍淑华	常进功 夏春秋 李建胜
农行临邑支行	孙林华	纪慧玲 张继强 郭爱民
中行临邑支行	姬 刚	王成武
建行临邑支行	王 坤	蔡德勇 赵立新
德州银行临邑支行	孟庆斌	韩 磊
临邑县农信联社	杨晓亮（理事长）	邵 范（监事长） 赵云延 邓秀荣
邮储银行临邑县支行	许晓龙	王 强

临邑县主要金融机构业务概况

单位：亿元

单位名称	本外币存款余额	企业存款	储蓄存款	本外币贷款余额	短期贷款	中长期贷款
农发行临邑县支行	0.54	0.14	0	3.56	3.11	0.45
工行临邑支行	20.19	3.00	13.52	11.68	4.35	7.32
农行临邑支行	7.77	1.04	5.87	7.96	5.57	2.35
中行临邑支行	6.64	0.60	3.37	4.18	1.82	2.36
建行临邑支行	10.84	1.04	8.80	4.48	2.04	2.45
德州银行临邑支行	3.90	1.73	1.05	2	2	—
临邑县农信联社	18.11	1.49	16.24	16.33	15.75	0.58
邮储银行临邑县支行	13.86	1.28	12.57	1.43	0.88	0.55

不良率实现“双降”，资产质量不断优化，农村信用体系建设深入开展，金融生态环境建设取得新进展。

【金融发展与改革】 2010年，在人行临邑县支行的指导下，辖区各金融机构强化内部控制，不断提高金融风险防控能力，实现可持续发展。德州银行临邑支行正式挂牌营业，邮储银行小企业贷款业务正式启动，银行机构体系、信贷服务完善。县农信社以开展“不良贷款清收百日会战”和地方政府以395亩国有土地使用权置换5.90亿元不良贷款为契机，强化风险防控，资产质量改善，资本充足率提高，年内新增涉农贷款5.93亿元，同比多投放4.23亿元。

【金融服务与监管】 2010年，临邑县各金融机构以大、小额支付结算体系为平台，加大网点改造，优化柜面资源配置，提高金融服务水平。农信社开展了“文明信用富民工程”，实施“精品网点”建设，优化农村金融服务。人行临邑县支行开展了对其企业征信管理专项检查和金融统计执法检查，规范了该社信贷征信与金融统计工作。

（李梅英 邢有武）

齐河县

【经济金融概况】 2010年，齐河县突出“强投入、调结构、重民生、保稳定”工作重点，经济社会保持了良好的发展态势。三次产业协调发展，经济结构不断优化，规模以上工业增加值连续5年居全市首位。经济开发区被评为山东省最佳投资园区，打造出了永锋集团、金能集团等一批全市领军企业。发展环境不断优化，设立了中小企业还贷周转金，有效缓解了企业融资难题。金融生态环境更加优良，连续3年被授予“金融生态环境建设A级县”称号。

【金融发展与改革】 2010年，人行齐河县支行加强窗口指导，促进县域经济金融持续健康发展。一是将政府相关部门和

齐河县主要经济指标

经济指标	2009	2010	2010年同比增幅（%）	经济指标	2009	2010	2010年同比增幅（%）
土地面积（平方公里）	1411	1411	--	地方财政支出（亿元）	10.91	16.15	48.09
人口（万人）	62.54	62.12	-0.67	全社会固定资产投资（亿元）	97.48	118.59	24.10
非农业人口（万人）	11.27	11.26	-0.10	进出口总值（万美元）	32060	43500	35.61
地区生产总值（亿元）	165.71	205.26	24	出口总值（万美元）	5351	8001	50.60
第一产业（亿元）	20.78	21.55	3.70	实际利用外资（万美元）	1027	766	-25.41
第二产业（亿元）	87.98	110.88	26	社会消费品零售总额（亿元）	49.23	57.05	19.50
第三产业（亿元）	56.95	72.83	28	居民消费价格指数（%）	99.70	103.10	3.10
财政总收入（亿元）	13.61	16.61	22.07	人均地区生产总值（元）	25729	32400	26.10
地方财政收入（亿元）	6.35	8.28	30.36	城镇居民可支配收入（元）	13100	16000	22
财政总支出（亿元）	10.91	16.15	48.09	农民人均现金收入（元）	6295	7123	14.50

齐河县主要金融指标

金融指标（亿元）	2009	2010	2010年同比增幅（%）	金融指标（亿元）	2009	2010	2010年同比增幅（%）
本外币存款余额	80.33	97.89	21.86	财险收入	0.44	0.29	-34.85
人民币存款余额	79.85	97.74	22.41	寿险收入	1.36	1.30	-4.49
企业存款	14.62	12.56	-13.41	财险赔款	0.25	0.12	-52.81
储蓄存款	51.86	62.55	20.70	寿险给付	0.26	0.42	61.72
本外币贷款余额	60.41	70.35	16.45	当年结益	0.66	0.82	24.24
人民币贷款余额	60.35	70.35	16.58	证券市场交易总额	--	--	--

续表

金融指标（亿元）	2009	2010	2010年同比增幅（%）	金融指标（亿元）	2009	2010	2010年同比增幅（%）
短期贷款	37.02	43.73	18.12	投资者保证金余额	--	--	--
中长期贷款	21.78	25.36	16.46	证券账户开户数	--	--	--
票据融资	1.54	1.26	-18.11	证券交易佣金收入	--	--	--
当年结益	1.55	1.71	10.27	净利润	--	--	--
不良贷款余额	1.46	1.50	2.56				

齐河县主要金融机构负责人

单位名称	行长（或其他称谓的第一负责人）	副行长（或其他称谓的同级领导）
人行齐河县支行	侯建省	刘万清　范士俊　司英民
农发行齐河县支行	张建国	马传松　黄　齐
工行齐河支行	董建强	戴希林　张荣珍　张　伟
农行齐河支行	常　勇	吕　峰　栾本营　孙　博
中行齐河支行	邵秀玲	米丰虎　孙　辉
建行齐河支行	张　栋	朱建升　孙培军
德州银行齐河支行	刘学成	周玉兰
山东齐河农村合作银行	刘洪丽（董事长）　房士荣（行　长）	黄家信（监事长）　苑化芳　孙秀斌
邮储银行齐河县支行	汪　波	丛立刚

齐河县主要金融机构业务概况

单位：亿元

单位名称	本外币存款余额	企业存款	储蓄存款	本外币贷款余额	短期贷款	中长期贷款
农发行齐河县支行	0.39	0.26	--	3.54	2.92	0.62
工行齐河支行	14.34	2.34	5.59	12.68	3.74	8.94
农行齐河支行	14.62	4.87	7.32	13.94	5.32	7.35
中行齐河支行	7.16	1.27	3.67	4.82	3.42	1.40
建行齐河支行	6.53	0.89	3.59	4.87	3.23	1.64
德州银行齐河支行	6.05	1.45	0.71	2.97	2.70	0.27
山东齐河农村合作银行	32.18	0.11	28.29	25.18	20.71	4.47
邮储银行齐河县支行	15.12	1.48	13.43	2.36	1.69	0.67

企业纳入金融机构联席会，积极协助地方政府搭建融资平台，通过召开政银企洽谈会、中小企业融资超市等活动，有效解决企业融资需求；二是继续推动金融生态环境建设，大力推广运用农村信用信息系统，将"金融生态建设"纳入政府科学发展观考核体系；三是稳步推进银行业金融机构改革，县农信社顺利组建为山东齐河农村合作银行；农行齐河县支行加挂了"三农事业部"牌子，支农定位更加明确。

【金融服务与监管】　2010年，人行齐河县支行监督执法检查成效明显，依法加强农信社央行专项票据兑付后的管理考核工作及风险监测分析与评价，组织对邮储、德州和齐河农村合作银行的统计、征信管理工作进行了全面检查，促进了金融业务规范发展。

（范士俊　焦玉英）

平原县

【经济金融概况】　2010年，平原县主要经济指标保持平稳较快增长，经济运行质量进一步提升。

【金融发展与改革】　2010年，人行平原县支行加强对小企业金融服务模式、业务流程和考核机制的自主创新，规范发展应收账款质押、存货质押和组合担保贷款等，为缓解中小企业“贷款难”和银行“难贷款”矛盾进行了有益尝试。同时，积极协调县政府举办了平原县中小企业融资超市。

平原县主要经济指标

经济指标	2009	2010	2010年同比增幅%	经济指标	2009	2010	2010年同比增幅%
土地面积（平方公里）	1047	1047	--	地方财政支出（亿元）	6.96	10.01	43.82
人口（万人）	45.99	46.17	0.39	全社会固定资产投资（亿元）	77.83	86.02	10.52
非农业人口（万人）	12.85	12.85	0	进出口总值（万美元）	3304	4518	36.74
地区生产总值（亿元）	119.06	132.39	11.20	出口总值（万美元）	1745	2793	60.05
第一产业（亿元）	17.67	20.11	13.80	实际利用外资（万美元）	1329	836	-37.10
第二产业（亿元）	63.55	71.60	12.67	社会消费品零售总额（亿元）	39.69	45.66	15.04
第三产业（亿元）	37.84	40.69	7.53	居民消费价格指数（%）	99.70	103.70	4.01
财政总收入（亿元）	5.44	8.80	61.76	人均地区生产总值（元）	26007	28728	10.46
地方财政收入（亿元）	2.14	3.01	40.65	城镇居民可支配收入（元）	13212	14668	11.02
财政总支出（亿元）	6.96	10.01	43.82	农民人均现金收入（元）	6092	7029	15.38

平原县主要金融指标

金融指标（亿元）	2009	2010	2010年同比增幅%	金融指标（亿元）	2009	2010	2010年同比增幅%
本外币存款余额	69.44	75.06	8.09	财险收入	0.21	0.24	14.28
人民币存款余额	69.37	74.98	8.09	寿险收入	0.87	0.94	8.05
企业存款	6.29	7.12	13.20	财险赔款	0.11	0.13	18.18
储蓄存款	55.32	60.34	9.07	寿险给付	0.17	0.21	23.53
本外币贷款余额	50.62	51.42	1.58	当年结益	0.60	0.65	8.33
人民币贷款余额	50.62	51.42	1.58	证券市场交易总额	--	--	--
短期贷款	35.54	37.42	5.29	投资者保证金余额	--	--	--
中长期贷款	12.75	13.59	6.59	证券账户开户数	--	--	--
票据融资	1.98	0.01	-99.49	证券交易佣金收入	--	--	--
当年结益	0.18	-2.53	-1505.56	净利润	--	--	--
不良贷款余额	9.84	13.30	35.16				

平原县主要金融机构负责人

单位名称	行长（或其他称谓的第一负责人）	副行长（或其他称谓的同级领导）
人行平原县支行	倪　峰	唐吉贵　毛爱武　吕洪昌
农发行平原县支行	胡志和	张吉杰　金传谱
工行平原支行	刘云鹏	王树志
农行平原支行	王洪涛	吕　峰　胡寿勇　刘海燕
中行平原支行	张若信	张　军　王　东
建行平原支行	倪福田	李吉静　袁会峰
平原县农信联社	陈　海　王丙章	董志国　赵　鹏　张恩峰
邮储银行平原县支行	程　德	张志明

平原县主要金融机构业务概况

单位：亿元

单位名称	本外币存款余额	企业存款	储蓄存款	本外币贷款余额	短期贷款	中长期贷款
农发行平原县支行	0.58	0.28	--	5.10	5.10	0
工行平原支行	7.75	1.24	4.06	7.77	4.71	3.04
农行平原支行	11.05	2.05	8.24	8.65	5.81	2.83
中行平原支行	6.80	2.05	3.85	4.39	0.97	3.06
建行平原支行	4.01	0.64	2.53	2.73	0.63	2.10
平原县农信联社	30.00	0.08	29.38	21.68	19.34	2.29
邮储银行平原县支行	13.69	0.81	12.34	1.11	0.85	0.26

【金融服务与监管】　2010年，人行平原县支行引导辖内金融机构认真落实“有扶有控”信贷政策，为全县加快转方式、调结构步伐提供了有力的支持。引导金融机构加大对“合村并建”工作的金融支持力度，满足了农村、农民不断升级变化的金融服务需求。

（张洪来　梁桂华）

夏津县

【经济金融概况】　2010年，夏津县围绕“工业做大做强、城市做靓做美、民生做细做实、扎实推进新农村建设、服务业发展提档升级、着力加强文化建设”6大工作重点，全县经济保持了平稳较快发展，规模以上工业企业达到335家。

各金融机构继续实施适度宽松的货币政策，着力提高政策的针对性和灵活性，支持经济发展方式转变和经济结构调整。

【金融发展与改革】　2010年，夏津县金融机构推动金融改革，加快金融创新，切实维护金融稳定，防范系统性金融风险，

夏津县主要经济指标

经济指标	2009	2010	2010年同比增幅（%）	经济指标	2009	2010	2010年同比增幅（%）
土地面积（平方公里）	872	872	0	地方财政支出（亿元）	6.78	9.42	38.94
人口（万人）	51.45	51.86	0.80	全社会固定资产投资（亿元）	58.88	84.11	42.85
非农业人口（万人）	14.47	14.61	0.97	进出口总值（万美元）	2990	3169	5.98

续表

经济指标	2009	2010	2010年同比增幅（%）	经济指标	2009	2010	2010年同比增幅（%）
地区生产总值（亿元）	102.43	115.13	12.4	出口总值（万美元）	1080	994	-7.99
第一产业（亿元）	15.91	16.43	3.3	实际利用外资（万美元）	435.00	1008.5	131.84
第二产业（亿元）	58.83	67.83	15.3	社会消费品零售总额（亿元）	36.67	42.65	16.31
第三产业（亿元）	27.71	30.87	11.4	居民消费价格指数（%）	101.50	103.1	1.58
财政总收入（亿元）	4.25	5.56	30.82	人均地区生产总值（元）	19908	22200	11.51
地方财政收入（亿元）	1.72	3.00	74.42	城镇居民可支配收入（元）	12508	13659	9.2
财政总支出（亿元）	6.78	9.42	38.94	农民人均现金收入（元）	5427	6203	14.30

夏津县主要金融指标

金融指标（亿元）	2009	2010	2010年同比增幅（%）	金融指标（亿元）	2009	2010	2010年同比增幅（%）
本外币存款余额	52.25	63.66	21.84	财险收入	0.28	0.37	32.14
人民币存款余额	52.20	63.58	21.80	寿险收入	0.72	0.69	-4.17
企业存款	5.13	6.82	32.94	财险赔款	0.15	0.21	40
储蓄存款	41.45	47.37	14.28	寿险给付	0.13	0.21	61.54
本外币贷款余额	39.92	52.44	31.36	当年结益	0.03	0.02	-33.33
人民币贷款余额	39.91	52.38	31.25	证券市场交易总额	—	—	—
短期贷款	29.40	37.5	27.55	投资者保证金余额	—	—	—
中长期贷款	10.05	14.69	46.17	证券账户开户数	—	—	—
票据融资	0.26	0.00	-100	证券交易佣金收入	—	—	—
当年结益	0.40	0.52	30	净利润	—	—	—
不良贷款余额	7.45	8.24	10.60				

夏津县主要金融机构负责人

单位名称	行长（主任）	副行长（副主任）
人行夏津县支行	张如宝	张国德　刘美青
农发行夏津县支行	李保华	冯树华　赵维安
工行夏津支行	秦成强	刘忠波　高继勇
农行夏津支行	郑建平	李书军　牛金军　范　斌
中行夏津支行	任松岭	汤　军　秦玉刚
建行夏津支行	张桂芹	程洪斌　陈　勇　潘家灵
德州银行夏津支行	张春玲	杨国芹　潘　东
夏津县农信联社	王加静	李培刚　王连军　张建中
邮储银行夏津县支行	王　新	尹玉凯

夏津县主要金融机构业务概况

单位：亿元

单位名称	本外币存款余额	企业存款	储蓄存款	本外币贷款余额	短期贷款	中长期贷款
农发行夏津县支行	1.29	0.56	—	6.34	5.84	0.50
工行夏津支行	4.75	1.09	2.64	9.55	3.93	5.62
农行夏津支行	8.72	0.71	7.82	6.65	3.86	2.56
中行夏津支行	6.48	1.10	3.38	3.11	1.74	1.37
建行夏津支行	5.02	0.70	2.43	1.78	0.42	1.35
德州银行夏津支行	1.42	0.29	0.35	2.42	2.42	0.00
夏津县农信联社	22.51	1.76	20.28	21.37	18.18	3.18
邮储银行夏津县支行	11.47	0.63	10.53	1.22	1.11	0.10

全面提升金融服务水平。农行夏津县支行加挂了“三农事业部”的牌子，支农定位更加明确。截至年末，累计发放惠农卡23698张，其中小额农户贷款授信户数7294户，贷款余额1.62亿元。农信社进一步深化改革，完善管理体制，促进“企业大联保体贷款”业务发展，年末，小企业联保体在该社贷款余额1.75亿元，全年累计发放3.11亿元。德州银行在夏津县设立支行，年末存款余额1.57亿元，贷款余额3.01亿元。

【金融服务与监管】 2010年，人行夏津县支行通过组织召开金融联席会、重点联系谈话等形式，督促引导金融机构优化信贷结构，加大信贷投入。利用“金融超市”、“金融服务厅”促进政银企合作，推动政银企实现资金、项目、投资等信息的交流和共享。同时，积极推动金融生态环境建设，开展了“金融服务厅”等金融知识宣传活动，努力营造优化金融生态环境的浓厚氛围。

（冉祥武）

武城县

【经济金融概况】 2010年，武城县围绕“工业立县、产业富民、城乡统筹、和谐发展”的工作思路，国民经济持续快速发展。大力推进“招商引资和重大项目建设年”活动，新建续建项目206个，完成投资73.5亿元。规模以上工业企业已达367家；高新技术产业全年总产值123.46亿元。

各金融机构贷款投向重点突出，信贷结构优化，涉农贷款占比提高，有力支持了全县经济持续健康发展。

武城县主要经济指标

经济指标	2009	2010	2010年同比增幅（%）	经济指标	2009	2010	2010年同比增幅（%）
土地面积（平方公里）	751	751	--	地方财政支出（亿元）	5.53	8.14	47.31
人口（万人）	38.46	38.73	0.7	全社会固定资产投资（亿元）	55.98	74.64	22.5
非农业人口（万人）	7.78	7.79	0.1	进出口总值（万美元）	1993	2843	42.6
地区生产总值（亿元）	102.10	115.77	12.9	出口总值（万美元）	1864	2424	30
第一产业（亿元）	13.00	15.19	6.1	实际利用外资（万美元）	15	0	-100
第二产业（亿元）	58.38	69.25	13.9	社会消费品零售总额（亿元）	35.67	38.71	17.8
第三产业（亿元）	30.72	31.33	13.3	居民消费价格指数（%）	100.5	103.4	3.4
财政总收入（亿元）	3.17	5.24	70.79	人均地区生产总值（元）	26819	29892	14.1
地方财政收入（亿元）	1.46	2.56	78.48	城镇居民可支配收入（元）	12508	13659	9.2
财政总支出（亿元）	5.65	8.19	47.17	农民人均现金收入（元）	6043	6962	13.9

武城县主要金融指标

金融指标（亿元）	2009	2010	2010年同比增幅（%）	金融指标（亿元）	2009	2010	2010年同比增幅（%）
本外币存款余额	55.96	68.61	22.6	财险收入	0.23	0.33	43.5
人民币存款余额	55.91	68.55	22.6	寿险收入	1.06	1.06	0.0
企业存款	4.40	4.80	9.10	财险赔款	0.09	0.15	63.7
储蓄存款	47.01	53.10	12.9	寿险给付	0.18	0.34	88.9
本外币贷款余额	35.75	43.33	21.2	当年结益	0.58	0.84	44.8
人民币贷款余额	35.75	43.33	21.2	证券市场交易总额	—	—	—
短期贷款	29.38	34.66	18.0	投资者保证金余额	—	—	—
中长期贷款	5.91	8.64	56.2	证券账户开户数	—	—	—
票据融资	0.47	0.03	-93.6	证券交易佣金收入	—	—	—
当年结益	0.77	0.82	6.5	净利润	—	—	—
不良贷款余额	6.37	5.09	-20.1				

武城县主要金融机构负责人

单位名称	行长（或其他称谓的第一负责人）	副行长（或其他称谓的同级领导）
人行武城县支行	曹国江	林红霞　徐芳庭
农发行武城县支行	张　军	周庆华 张智慧
工行武城支行	刘洪起	代圣华　杨树盛　刁其海
农行武城支行	常　连	孙连耕　卞建强　胡寿勇
中行武城支行	赵立章	李　宁　王　磊
建行武城支行	李胜国	刘　勇　梁　军
武城县农信联社	孙德奎（理事长）　李友山（主任）	鲍明文　霍　强　刘　勇
邮储银行武城县支行	纪金国	王　新　陈光峰

武城县主要金融机构业务概况

单位：亿元

单位名称	本外币存款余额	企业存款	储蓄存款	本外币贷款余额	短期贷款	中长期贷款
农发行武城县支行	1.34	0.84	0	4.48	4.48	0
工行武城支行	7.51	0.61	4.57	7.95	4.69	3.26
农行武城支行	9.61	0.81	7.87	3.26	2.86	0.37
中行武城支行	3.64	0.62	2.27	3.78	1.29	2.49
建行武城支行	10.19	0.80	5.31	3.18	1.86	1.32
武城县农信联社	22.40	0.24	21.08	19.28	18.18	1.10
邮储银行武城县支行	12.93	0.88	12.05	1.40	1.29	0.11

【金融发展与改革】 2010年，人行武城县支行通过金融运行分析会、融资超市、银企推介会和政策通报会等形式，引导金融机构加大支持全县重大项目、骨干信贷投放力度，增加涉农贷款投放，提高农民收入。在"融资超市"活动中，190家中小企业与金融部门意向签约268笔，金额16.96亿元。同时，积极推动金融产品创新，指导县农联社创新办理全省第一笔商标质押权贷款和全市第一笔钢结构房产抵押贷款。

【金融服务与监管】 2010年，人行武城县支行在全市率先开办了"乡镇国家干部工资273户、41万元，乡镇国家干部遗属补助53户、10044元"两项国库直接支付业务，实现了财政补贴资金从国库账户"点对点"直接拨付到最终收款人账户，加快了财政资金划拨速度，拓展了国库服务范围。同时，组织开展了对7家金融机构人民币银行结算账户管理、征信等业务的检查，促进了金融业务规范发展。

（隋春明　田瑞超）

聊城市

【经济金融概况】 2010年，聊城市经济实现平稳较快增长，各项社会事业全面进步。一是工业生产平稳增长，高新技术产业稳步发展；二是农业综合生产能力进一步提高，社会主义新农村建设扎实推进；三是固定资产投资总量持续扩张，投资结构明显优化，房地产市场繁荣旺盛；四是市场价格总体稳定，消费市场持续活跃，市场规模化程度继续提高，生产、生活消费保持较强增势。

各金融机构认真把握货币信贷政策，着力优化信贷结构，多渠道增加信用供给，促进了全市经济金融平稳较快发展。

【货币政策实施】 2010年，人行聊城市中支认真贯彻执行适度宽松的货币政策，通过"窗口指导、机制保障、银企合作、结构调整和监测引导"的五个强化，有效保障了全市货币信贷的均衡增长和信贷结构的持续优化。

一、创新方式，不断提高货币政策传导效果。一是印发了《货币信贷工作指导意见》，建立了银行机构执行人民银行政策评价机制；二是定期召开分析会、情况通报会，强化监测分析；三是组织召开了长治、邯郸、安阳、聊城中支"晋冀鲁豫四省四市2010金融协作年会"，提高了区域贯彻落实货币政策的协调性，该做法被《金融时报》进行了报道。

二、搭建平台，促进金融政策和产业政策的协调配合。一是承办了以"全面提升金融服务 强力推进经济增长"为主题的"金融支持产业提升暨银企对接会"，签约信用总量231.50亿元，截至年末，资金到位率达99.86%；二是加大短期融资券、中小企业集合票据的宣传推介力度，协助东昌府区政府召开中小企业集合票据座谈会，组织临清、茌平两县进行了项目方案设计和企业筛选，通过多种方式引导企业缓解融资难问题。鲁西化工集团第3期9亿元短期融资券成功发行。

三、强化引导，有效发挥金融支持经济结构调整的作用。一是建立中小企业信用体系建设联动机制，全面实施"重点中小企业培植工程"，同时，借助"中国中小企业信息网聊城网"开辟了银企金桥专栏，进一步增强了中小企业的融资能力；二是全面推进农村金融产品和服务创新试点工作，截至年末，全市共组建大联保体1663个，涉及农户2.12万户，授信额和用信额分别达到11.71亿元和8.41亿元；三是在临清市试点开展了金融支持大学生"村官"创业富民活动，为其提供了可靠的资金保障。

四、强化监测分析，充分发挥参谋助手作用。一是通过监测全市房地产市场及信贷市场的发展变化，建议并参与了全市房地产专项整治活动，参与制订了《关于保持全市房地产市场稳定健康发展的实施意见》；二是向市政府报送了《关于对民间融资中介机构运营状况的调查报告》，协助市政府制定了投资理财公司整治工作方案，并参与了全市的清理工作，维护了全市的金融秩序；三是坚持按季召开金融机构和行内分析会，并组织撰写了金融运行分析；四是定期与经济主管部门交流信息，为准确把握全市经济、金融运行情况奠定了坚实基础。

【金融稳定】 2010年，人行聊城市中支进一步完善工作机制，加强监测分析，切实提升风险防化能力，有效维护了辖区经济金融的健康平稳运行。

一、引入生物概念、构建"免疫"系统。按照"问题发现、科学预警、机制修复和安全防控"4项工作目标，制定了《金融稳定"免疫系统"构建方案》，该做法先后被总行金融稳定局和《金融时报》予以转发。

二、切实提高金融稳定工作效率。一是组织召开了全市银行、证券和保险业联席会议；二是参加了晋冀鲁豫4省毗邻地区金融稳定协调机制联席会议暨第2届金融稳定论坛；三是组织了晋冀鲁豫4省4市金融机构突发事件联合应急演练。

三、建立风险预警机制。一是研究制定了大型商业银行改革评价方案；二是做好法人金融机构风险评估和全省金融稳定报告相关工作；三是在全市范围内随机抽取了15家民间投融资公司，对其2009年4月至2010年4月份间的经营情况进行了摸底调查，及时形成专题报告上报市政府和济南分行。

【金融服务】 2010年，人行聊城市中支积极创新服务手段，坚持服务与管理并重，金融服务水平明显提升。

一、全面推进农村支付服务环境建设。一是编发了《支付结算进农村》宣传手册，在临清市烟店镇启动非现金支付工具

聊城市经济主要统计指标

指标 \ 年度	2006	2007	2008	2009	2010	2010年同比增幅（%）
土地面积（平方公里）	8715	8715	8715	8715	8715	0
总人口（万人）	572.82	580.75	584.91	590.89	597.53	1.12
非农业人口（万人）	—	—	—	—	—	—
地区生产总值（亿元）	841.33	1025.42	1252.67	1375.92	1606.51	16.76
第一产业（亿元）	138.84	154.50	187.03	198.63	221.64	11.58
第二产业（亿元）	491.95	605.63	738.98	808.46	935.70	15.74
工业（亿元）	453.45	565.32	692.05	752.22	1072.22	42.54
建筑业（亿元）	38.50	40.31	46.93	68.08	101.37	48.90
第三产业（亿元）	210.54	265.29	326.66	368.84	449.17	21.78
人均地区生产总值（元）	15347	18576	22556	24613	26886	9.23
地区生产总值构成（%）	100	100	100	100	100	—
第一产业（%）	16.5	15.1	14.9	14.4	13.8	-4.17
第二产业（%）	58.5	59.0	59.0	58.8	58.2	-1.02
第三产业（%）	25.0	25.9	26.1	26.8	28.0	4.48
财政总收入（亿元）	76.14	99.98	119.89	132.78	143.22	7.86
地方财政收入（亿元）	33.64	42.40	48.48	55.38	70.50	27.30
财政总支出（亿元）	—	—	—	—	—	—
地方财政支出（亿元）	59.94	75.03	91.20	107.26	144.6	34.81
全社会固定资产投资（亿元）	367.80	420.26	530.34	700.04	887.68	26.80
规模以上固定资产投资（亿元）	350.85	414.20	525.22	700.04	887.68	26.80
房地产开发（亿元）	23.90	25.67	33.13	32.44	56.45	74.01
进出口总值（亿美元）	9.95	17.20	29.06	22.21	36.32	63.53
出口总值（亿美元）	6.11	9.99	15.15	8.37	12.89	54.00
实际利用外资（亿美元）	0.69	1.03	1.19	0.91	23.42	2473.63
社会消费品零售总额（亿元）	271.80	322.27	396.73	472.35	536.77	13.64
居民消费价格指数（%）	101.80	104.10	105.20	100.20	103.1	2.89
城市居民人均可支配收入（元）	10474	12401	14559	15957	17889	12.11
农民人均纯收入（元）	3948	4501	5108	5539	6377	15.13

聊城市工农业主要统计指标

农业主要统计指标（万吨）				规模以上工业企业主要统计指标（亿元）			
项目 \ 年度	2009年	2010年	增幅（%）	项目 \ 年度	2009年	2010年	增幅（%）
粮食	468.82	519.94	10.90	工业增加值	809.84	1072.22	32.40
夏粮	231.73	266.1	14.83	国有工业	29.42	163.47	455.64
秋粮	237.09	253.84	7.06	集体工业	4.34	8.45	94.70
棉花	9.58	8.25	-13.88	股份制工业	619.81	725.18	17

续表

农业主要统计指标（万吨）				规模以上工业企业主要统计指标（亿元）			
项目 \ 年度	2009 年	2010 年	增幅（%）	项目 \ 年度	2009 年	2010 年	增幅（%）
油料	16.58	14.19	-14.41	股份合作制工业	2.33	3.93	68.67
水果	54.56	52.83	-3.17	外商及港澳台投资工业	35.96	42.00	16.80
瓜菜	1000.37	853.15	-14.72	轻工业	282.98	397.72	40.55
肉类	46.82	48.96	4.57	重工业	526.86	674.50	28.02
禽蛋	25.58	31.91	24.75	主营业务收入	3208.76	4190.32	30.59
奶类	7.34	8.88	20.98	利税	305.70	402.25	31.58
水产品	6.22	6.62	6.43	利润	204.96	274.66	34.01
森林覆盖率（%）	30.2	31.26	3.51	经济效益综合指数（%）	279.90	310.58	10.96

聊城市主要金融机构负责人

单位名称	行长（或其他称谓的第一负责人）	副行长（或其他称谓的同级领导）
人行聊城市中心支行	吴金忠	姚　冬　王武声　崔长夫　李振林　郭　强
银监会聊城监管分局	刘世明	邱玉祥　孔凡申　唐玉明　杨　磊
农发行聊城市分行	肖连奎	郭　莹　王士韬
工行聊城分行	刘　磊	皮桂亭　贾光祥　房志波　叶晓升　谢林明
农行聊城分行	段义金	王文平　李联盟　刘连军　罗秉环
中行聊城分行	张　军	许兰梅　郭兴盛　汪文泰　周东芳
建行聊城分行	王广升	王力强　郭　胜　魏相军　王秀芬
邮储银行聊城市分行	石敬民	胡建民　王建华
华夏银行聊城支行	薛炳珠	张洪贞　孙红兵　卢武成　宁金龙
农信社聊城市办事处	张明星	张新华　丁建民　耿秉正
齐鲁银行聊城分行	张克非	潘清亮
齐鲁证券聊城中心管理部	张大伟	房广斌
中信证券聊城营业部	张向阳	张　璞
中国人民财产保险公司聊城市分公司	李秋涛	石　岗　王　伟　刘立中
中国人寿保险公司聊城分公司	岳文成	刘保国　袁任远
中国太平洋财产保险公司聊城中心支公司	牛建军	刘永考　张云中　张　霞
中国太平洋人寿保险公司聊城中心支公司	武书存	朱保卫　郑玉亭
泰康人寿保险公司聊城中心支公司	王雷平	赵育科
新华人寿保险公司聊城中心支公司	李　涛	张耀东　李德勇
中国平安财产保险公司聊城中心支公司	高瑞华	王　丹
中国平安人寿保险公司聊城中心支公司	唐进全	
天安保险公司聊城中心支公司	杜际平	刘　勇

续表

单位名称	行长（或其他称谓的第一负责人）	副行长（或其他称谓的同级领导）
永安财产保险公司聊城中心支公司	高文建	郑安局　布占峰
中华联合财产保险公司聊城中心支公司	侯朝红	郑中霞
中国大地财产保险公司聊城中心支公司	宋一兵	杜之广
阳光财产保险公司聊城中心支公司	周生锋	任建海　任建国
安邦财产保险公司聊城中心支公司	刘天强	
合众人寿保险公司聊城中心支公司	蔡守高	陈　龙
永诚财产保险公司聊城中心支公司	张建新	任士峰
民安保险（中国）公司聊城中心支公司	李广森	张秀梅
太平人寿保险公司聊城中心支公司	林彦宁	杨　泊
渤海财产保险公司聊城中心支公司	刘俊武	
中国人民人寿保险公司聊城中心支公司	齐雪林	王永泉
民生人寿保险公司聊城中心支公司	卜庆炜	
长安责任保险公司聊城中心支公司	石福海	石保兵
信泰人寿保险公司聊城中心支公司	赵艳辉	臧明霞
生命人寿保险公司聊城中心支公司	齐建军	
长城人寿保险公司聊城中心支公司	吕国库	
中国人民健康保险公司聊城中心支公司	薛红军	
中国人寿财产保险公司聊城市中心支公司	管瑞岩	吴法太
阳光人寿保险公司聊城中心支公司	何书同	韩　庆

聊城市金融业务统计指标

指标（亿元） \ 年度		2006	2007	2008	2009	2010	2010 年同比	
							增加额	增幅（%）
银行类	本外币存款余额	585.95	672.53	839	1076.68	1236.85	160.17	14.88
	人民币存款余额	585.95	672.53	836.64	1074.29	1232.43	158.14	14.72
	企业存款	83	95.89	113.74	201.32	216.71	15.39	7.64
	储蓄存款	403.89	451.50	571.48	668.83	753.37	84.54	12.64
	定期储蓄存款	300.76	334.84	430.17	487.25	530.24	42.99	8.82
	活期储蓄存款	103.12	116.67	141.31	181.58	223.13	41.55	22.88
	本外币贷款余额	482.93	572.67	619.4	796.36	963.92	167.56	21.04
	人民币贷款余额	482.93	572.67	607.22	771.04	919.65	148.61	19.27
	短期贷款	359.23	410.97	434.35	543.78	632.08	88.3	16.24
	中长期贷款	102.67	136.87	151.59	212.51	284.54	72.03	33.89
	票据融资	16.70	13.62	21.30	14.75	11.11	-3.64	-24.68
	利润总额	7.50	11.10	17.10	19.70	46.73	27.03	137.21

续表

指标（亿元） \ 年度		2006	2007	2008	2009	2010	2010年同比	
							增加额	增幅（%）
银行类	不良贷款余额	125.9	104.7	72.40	56.10	34.50	-21.6	-38.50
	不良贷款占比（%）	26.08	18.29	11.69	7.05	3.6	-3.45	-48.94
	现金收入	1932.90	2164.48	2337.78	2613.81	3313.36	699.55	26.76
	现金支出	1939.20	2176.30	2347.73	2613.83	3302.34	688.51	26.34
	现金投放（+）回笼（-）	6.32	11.82	-8.05	-17.98	-11.02	6.96	-38.71
保险类	保险公司保费收入	11.58	15.10	22.30	29.9	37.94	8.04	26.89
	财险收入	3.18	4.50	5.77	8	12.16	4.16	52
	寿险收入	8.40	10.59	16.53	21.90	25.78	3.88	17.72
	保险公司赔款和给付支出	3.31	4.76	5.09	7.65	7.45	-0.2	-2.61
	财险赔款	2.04	2.00	2.88	3.54	4.58	1.04	29.38
	寿险给付	1.27	2.76	2.21	4.11	2.87	-1.24	-30.17
	当年结益	—	—	—	—	—	—	—
证券类	证券市场成交总额	87	411	229	849.78	694.43	-155.35	-18.28
	投资者保证金余额	2.04	3.06	3.40	5.24	7.24	2	38.17
	证券账户开户数	8675	19856	16050	145800	154722	8922	6.12
	佣金收入	0.24	1	0.70	1.47	0.93	-0.54	-36.73
	净利润	0.11	0.60	0.40	0.84	0.57	-0.27	-32.14
	期货市场成交总额	—	—	—	—	—	—	—
	期货客户保证金余额	—	—	—	—	—	—	—
	期货账户开户数	—	—	—	—	—	—	—
	期货手续费收入	—	—	—	—	—	—	—
	利润总额	—	—	—	0.84	0.57	-0.27	-32.14

聊城市金融机构统计指标

指标（个） \ 年度		2006	2007	2008	2009	2010	2010年同比增幅（%）
银行类	法人机构	8	8	8	8	8	0
	省级分行	—	—	—	—	—	—
	二级分行	8	8	9	9	9	0.00
	县区支行	65	68	75	75	78	4.00
	分理处、营业所	538	523	408	325	390	20.00
	储蓄所	19	19	19	19	19	0.00
	从业人员总数	8542	8596	8475	8790	7490	-14.79
保险类	保险机构	14	14	24	25	28	12.00
	财险机构	9	9	13	13	14	7.69
	省级分公司	—	—	—	—	—	—
	地市分公司	9	11	13	13	14	7.69

续表

指标（个） \ 年度		2006	2007	2008	2009	2010	2010年同比增幅（%）
	县区支公司	33	45	57	57	65	14.04
	寿险机构	5	5	11	12	14	16.67
	省级分公司	--	--	--	--	--	--
	地市分公司	5	7	11	12	14	16.67
	县区支公司	28	35	40	40	58	45.00
	从业人员总数	9243	11468	16472	16639	15958	-4.09
	财险人员	1761	2551	2547	2846	3073	7.98
	寿险人员	7482	8917	13925	13793	12885	-6.58
证券类	证券机构	2	2	2	3	3	0
	证券公司	2	2	2	3	3	0
	证券营业部	2	2	2	3	3	0
	证券服务部	--	--	--	--	--	--
	从业人员总数	31	26	26	60	72	20
	投资者开户	8675	19856	16050	145800	154722	6.12
	境内上市公司	3	3	3	3	4	33.33
	境外上市公司	3	3	3	3	3	0

聊城市主要金融机构业务概况

单位：亿元

单位名称	本外币存款余额	人民币企业存款	人民币储蓄存款	本外币贷款余额	人民币短期贷款	人民币中长期贷款
农发行聊城市分行	7.63	7.63	--	49.40	44.75	4.65
工行聊城分行	157.77	39.90	78.16	220.08	104.38	114.20
农行聊城分行	157.68	44.01	89.24	122.61	75.86	37.85
中行聊城分行	128.37	32.56	48.33	125.41	60.01	44.80
建行聊城分行	157.74	34.90	71.62	110.09	44.03	56.30
华夏银行聊城支行	77.57	23.90	27.67	46.56	39.25	7.13
农信社聊城市办事处	296.22	15.40	271.73	220.79	205.27	9.63
邮储银行聊城市分行	143.94	16.79	126.23	17.65	15.37	2.28
齐鲁银行聊城分行	30.80	4.90	5.30	23.37	16.09	6.83

聊城市各县级区域经济金融主要统计指标

名称	人口（万人）	面积（平方公里）	地区生产总值（亿元）	地区生产总值增速（%）	本外币存款余额（亿元）	储蓄存款（亿元）	本外币贷款余额（亿元）
东昌府区	105.78	1254	273.98	30.12	466.02	238.56	318.63
茌平县	60.55	1119	252	23.5	108	67.2	141.4
东阿县	43	799	122	17.31	78.09	50.67	50.89

续表

名称	人口（万人）	面积（平方公里）	地区生产总值（亿元）	地区生产总值增速（%）	本外币存款余额（亿元）	储蓄存款（亿元）	本外币贷款余额（亿元）
高唐县	49.13	949	224.5	14	90.22	52.47	89.42
冠　县	80.5	1161	158.2	13.4	95.4	65.23	69.73
临清市	76.08	960	223.87	15.44	136.92	103.56	114.93
莘　县	102.06	1416	180.48	17.87	95.05	80.58	53.11
阳谷县	80.43	1065	171.48	16.34	167.15	95.1	125.81

宣讲活动，组织开展了支付结算知识竞赛；二是推动市政府出台了《关于进一步推进农村支付服务环境建设的指导意见》，组织市县两级行制订实施《农村支付服务环境建设实施方案》，建立动态报告制度，定期召开联席会，研究解决农村支付服务环境建设遇到的新问题。

二、改善金融服务手段，进一步提升服务水平。一是稳步推进财税库银横向联网系统建设，建立了“日报模式”，被济南分行推广；二是成功开办了“到村任职高校毕业生财政补助”和“残疾人温馨安居工程补贴”直接支付业务；三是在临清、东阿和高唐等县积极推广残损人民币回笼和小面额票币调剂主办银行制度，在阳谷、莘县探索建立了县级“虚拟发行库”；四是在全省率先实现法院执行案件信息与人行征信系统的有效对接，进一步加强了社会信用体系建设。

三、加大管理与检查力度，严格规范金融机构的经营行为。一是制定了《金融机构综合评价暂行办法》和《银行业金融机构开业和重大事项报告操作规程》；二是加强金融机构可疑交易报告管理，向侦察机关移交可疑线索2条；三是建立了反洗钱约见谈话制度，被《金融时报》予以报道；四是按照分行统一安排，对相关银行开展了综合执法检查，对辖区14家金融机构开展4项专项检查。

【金融监管】　2010年，银监会聊城监管局围绕“抓重点、强措施、上水平”的工作目标，引领各银行机构深化改革，促进了辖区银行业的快速稳健发展。

一、狠抓审慎监管，信贷资产质量及风险防控能力显著提升。一是力促不良贷款真实有效降控，截至年末，辖区银行业不良贷款余额较年初减少21.60亿元、下降3.50个百分点；二是大力清理规范政府融资平台贷款，取得显著成效。

二、持续狠抓案件防控，实现了“零发案”目标。一是持续实施重点核查、内审评价和内部控制约见谈话制度；二是强化风险排查力度；三是全面清理顶冒名贷款。

三、持续狠抓创新与服务，增强了对地方经济的支持力度。小企业金融服务得到优化，农村信用社银行化改革实现了新突破，辖区银行业县域新设分支机构科学布局，金融服务水平显著提升。

四、持续狠抓监管文化建设，进一步提高监管绩效。一是现场检查、非现场监管工作水平显著提高；二是调研信息质量和水平不断提升；三是监察督办工作进一步强化；四是监管基础保障进一步夯实。

【外汇管理】　2010年，外管局聊城市中心支局坚持管理与服务并重，积极转变理念和方式，各项工作取得新成绩。

一、外汇政策宣传工作成效显著。在全市开展了以“加强外汇政策宣传　助力涉外经济发展”为主题的外汇政策业务集中宣讲活动。同时，围绕试点法规政策和贸易收付汇核查系统，启动了进口付汇核销制度改革试点工作。

二、加强申报质量监督检查。一是开展了国际收支现场非现场核查，确保涉外收支各项申报率保持100%；二是加大现场核查的力度，先后对相关银行的国际收支统计间接申报业务进行了现场核查，对6家单位进行了重点抽查，并对发现的问题进行现场指导，督促整改；三是保障国际收支间接申报核查系统顺利上线，按照总局要求对系统试运行间存在的具体问题进行及时反馈，并提出相关修改建议；四是完成了对辖区银行执行外汇管理规定情况考核。

三、外汇检查工作有序开展。一是对某公司非法使用外汇的行为进行了处罚，罚款907.92万元人民币全部收缴入库；二是根据上级局《关于开展加工贸易和转口贸易专项检查的通知》，组织了对辖内相关公司转口贸易资金流入检查；三是对相关银行的外汇业务进行了专项检查。

【金融改革】　2010年，聊城市各金融机构继续深化金融改革，为助推金融业做大做强和地方经济发展提供了新的动力。

人行聊城中支积极参与市政府主导的小额贷款公司建设工作。茌平县嘉丰小额贷款有限公司和东阿县中夏小额贷款公司先后成立，截至年末，辖内3家小额贷款公司贷款余额27532万元，全年累计发放贷款62735万元，实现利润1601万元。

各金融机构进一步加快经营战略转型。农行聊城分行经过两年多的“三农”事业部制改革，“三农”服务水平明显提升。冠县农信联社成功改制为山东聊城润昌农村商业银行股份有限公司，成为鲁西地区第一家农村商业银行。

【精神文明建设】　2010年，聊城市金融系统以构建和谐金融为目标，积极开展精神文明建设，成效显著。

人行聊城中支按照总分行开展“创新金融服务、支持经济发展”业务竞赛活动规划，制订印发了《活动规划》及《实施细则》。一是组织开展了“日读一小时、月读一本书、季写一篇心得”、中青年调研成果评选、青年政务信息竞赛、“品读经典传承文明”读书比赛等活动；二是联合枣庄和临沂中支在清华大学举办了“领导能力与管理创新高级研修班”；三是开展了“以身边的事教育身边的人”、“巾帼建功”标兵、“青年岗位能手”等评选活动。

聊城银监分局先后组织开展了辖区农村中小金融机构从业人员法律法规知识测试和“2010 年银行业公众教育服务日”活动。工行聊城分行开展了“大爱无疆 情系玉树”抗震救灾募捐活动，举行了“女大学生支持行动”暨助学金发放仪式。建行聊城分行先后被授予全省“良好银行”、山东省第 8 届消费者满意单位、省分行“四好班子”、全国模范职工之家、全国优秀职工书屋、全国“三八”红旗集体等荣誉称号。邮储银行聊城分行荣膺市总工会颁发的“劳动关系和谐企业”及“富民兴聊”劳动奖状。齐鲁银行聊城分行和共青团聊城市委共同举行了“聊城 2010 圆梦大学行动——齐鲁银行聊城分行捐助仪式”，向 13 名贫困大学生每人发放了 1500 元助学金。

【大事记】 3 月 30 日~4 月 1 日 山东省农信社张建民主任分别到东昌府区、莘县、临清三家农信联社调研指导工作。

4 月 12 日 工行聊城临清支行个人贷款中心揭牌。

4 月 26 日 工行聊城古楼支行个人出入境金融服务中心揭牌。

4 月 29 日 人保财险聊城市分公司“人保财险直通车”成功签发电话车险第一单。

5 月 18 日 齐鲁银行聊城分行开发区支行开业。

5 月 26 日 工行聊城振兴路支行汽车贷款中心揭牌。

7 月 27 日 工行山东省分行沈荣勤行长到聊城宣布人事任免，由刘磊主持聊城分行全面工作。

8 月 9 日 聊城出现特大暴雨灾害天气，人保公司聊城分公司立即启动二级大灾理赔应急预案。

8 月 12 日 聊城市保险行业协会举办新闻媒体大型交流会，市政府办公室、经信委和 7 家主流媒体参加。

9 月 14 日 齐鲁银行总行下文聘任聊城分行新一任领导班子。张克非任分行行长，潘清亮任副行长。

9 月 16 日 齐鲁银行聊城高唐支行开业。

10 月 13 日 中行山东省分行党委决定，免去陈涛聊城分行委员会书记、委员职务，解聘陈涛中行聊城分行行长职务。

10 月 29 日 山东聊城润昌农村商业银行股份有限公司开业庆典仪式在聊城天沐国际会议中心举行。该行是全市首家、全省第 5 家农村商业银行。

11 月 2 日~3 日 人保财险公司山东省分公司王树国副总经理赴聊城分公司就 2011 年工作规划进行调研，并深入东阿、在平支公司进行调研指导。

12 月 10 日 工行聊城分行办理了聊城市第一笔跨境贸易人民币结算业务。

（王银光 贾卫洪）

临清市

【经济金融概况】 2010 年，临清市经济继续保持平稳健康发展态势。金融生态环境不断优化，辖外金融资源的辐射继续加大，外地股份制商业银行在该市贷款 21.2 亿元左右，呈现出经济金融和谐共赢的可喜格局。

【金融发展与改革】 2010 年，人行临清市支行继续深化改革，进一步提高信贷资金的承载能力。一是制定印发了相关《指

临清市主要经济指标

经济指标	2009	2010	2010 年同比增幅%	经济指标	2009	2010	2010 年同比增幅%
土地面积（平方公里）	960	960	0	地方财政支出（亿元）	10.25	13.24	29.17
人口（万人）	74.75	76.08	1.78	全社会固定资产投资（亿元）	116.18	140.02	20.52
非农业人口（万人）	30.8	30.91	0.36	进出口总值（万美元）	39359	38280	-2.74
地区生产总值（亿元）	193.92	223.87	15.44	出口总值（万美元）	21928	28362	29.34
第一产业（亿元）	15.58	17.38	11.55	实际利用外资（万美元）	198	520	162.63
第二产业（亿元）	125.29	143.18	14.28	社会消费品零售总额（亿元）	70.77	151.44	113.99
第三产业（亿元）	53.05	63.31	19.34	居民消费价格指数（%）	99.2	102.4	3.23
财政总收入（亿元）	12.03	14.77	22.78	人均地区生产总值（元）	25942	29426	13.43
地方财政收入（亿元）	5.85	7.04	20.34	城镇居民可支配收入（元）	13428	14879	10.81
财政总支出（亿元）	10.25	13.24	29.17	农民人均现金收入（元）	5457	6273	14.95

临清市主要金融指标

金融指标（亿元）	2009	2010	2010年同比增幅%	金融指标（亿元）	2009	2010	2010年同比增幅%
本外币存款余额	138.04	136.92	-0.81	财险收入	0.26	0.34	30.77
人民币存款余额	137.66	136.5	-0.84	寿险收入	0.66	0.86	30.30
企业存款	17.16	14.36	-16.32	财险赔款	0.01	0.15	1400
储蓄存款	93.57	103.56	10.68	寿险给付	0.03	0.01	-66.67
本外币贷款余额	104.49	114.93	9.99	当年结益	--	--	--
人民币贷款余额	103.58	114.86	10.89	证券市场交易总额	--	--	--
短期贷款	72.37	78.5	8.47	投资者保证金余额	--	--	--
中长期贷款	29.03	36.23	24.80	证券账户开户数	--	--	--
票据融资	2.17	0.13	-94.01	证券交易佣金收入	--	--	--
当年结益	2.99	2.82	-5.69	净利润	--	--	--
不良贷款余额	6.53	3.11	-52.37				

临清市主要金融机构负责人

单位名称	行长（或其他称谓的第一负责人）	副行长（或其他称谓的同级领导）
人行临清市支行	苏子顺	李琰玲 姬长理
银监会临清市办事处	张利民	刘广忠
农发行临清市支行	赵 明	杜生华 郭海涛
工行临清支行	房居超	夏志平 高振荣
农行临清支行	杜朝宏	董立嘉 李 波 甄兰峰
中行临清支行	刘桂华	高海恩 蔡 丽
建行临清支行	董经庆	李克良 王国红 彭艳春
邮储银行临清市支行	刘庆秀	郑 磊
临清市农信联社	王怀瑞	刘合刚 陈向东 季文岗
齐鲁银行临清支行	燕东勇	张跃东

临清市主要金融机构业务概况

单位：亿元

单位名称	本外币存款余额	企业存款	储蓄存款	本外币贷款余额	短期贷款	中长期贷款
农发行临清市支行	1.61	0.53	--	7.26	7.26	0
工行临清支行	18.05	3.49	11.88	23.84	13	10.68
农行临清支行	16.97	3.24	13.1	14.35	6.74	7.58
中行临清支行	11.17	2.76	6.26	12.9	6.39	6.51
建行临清支行	15.41	1.63	10.71	18.2	9.85	8.35
邮储银行临清市支行	17.75	1.5	15.91	1.74	1.33	0.41
临清市农信联社	45.91	0.75	44.41	33.22	31.07	2.14
齐鲁银行临清支行	6.33	0.78	1.36	3.42	2.85	0.56

导意见》;二是加强与信用评级机构的协调配合,制定了适于中小企业的评级管理方法;三是通过组织召开银企对接会、协助市政府举办“轴承产业高峰论坛”等形式,督促各银行业金融机构做好全市重点项目的争取和储备;四是主动协调市政府、经贸委、中小企业局等部门积极筛选企业,宣传和引导有条件的优质中小企业参与集合票据融资;五是继续深化农信社改革,并对股改后的国有商业银行进行定期跟踪调查,维护辖内金融稳定。

【金融服务与监管】 2010年,人行临清市支行进一步创新工作方式,强化金融服务职能,不断提升服务水平。一是协助政府有关部门成立了市企业信用与社会责任协会,促进了行业自律;二是积极探索依托大学生村官开展农村支付结算知识宣传的新途径,推进农村支付环境建设;三是在聊城辖区率先建立了残损币回笼和小面额票币调剂主办银行制度,有效解决了残损币积压以及零辅币需求供应不足等问题;四是争取到对部分资本项目外汇管理的权限,成为省外管局辖内15个试点支局之一,并制定了《资本项目外汇管理业务内部控制制度》;五是扎实开展“金融知识进社区”活动,对全市12个农村文化大院的200多位老年人专门进行了反假货币知识辅导。

(贾卫洪)

阳谷县

【经济金融概况】 2010年,阳谷县经济运行特点:一是工业生产高效运行;二是农业和农村经济持续发展;三是固定资产投资适度增长,结构继续优化;四是进出口总值大幅增长,实际利用外资能力增强;五是财政收入提高,人民生活水平日益改善。

该县金融机构认真贯彻执行适度宽松的货币政策,努力增加信贷投放,着力优化信贷结构,货币信贷运行健康平稳。金融机构存、贷款增长水平较2009年大幅回落,中间业务快速发展,不良贷款持续下降,盈利水平进一步提高,金融经营指标出现明显好转。

【金融发展与改革】 2010年,人行阳谷县支行继续引导金融机构严格执行宏观调控政策,促进信贷和产业结构调整,推动金融机构深化改革。一是金融机构贯彻采取“有扶有控”的调控手段,加大对新能源、节能环保等行业的贷款支持力度;二是各机构对“两高一剩”行业进行了不同程度的压缩、退出,如中行压缩高耗能行业授信400万元;三是积极运作齐鲁银行阳谷

阳谷县主要经济指标

经济指标	2009	2010	2010年同比增幅(%)	经济指标	2009	2010	2010年同比增幅(%)
土地面积(平方公里)	1065	1065	0	地方财政支出(亿元)	10.3	13.70	33.01
人口(万人)	79.7	80.43	0.92	全社会固定资产投资(亿元)	69.00	89.57	29.81
非农业人口(万人)	17.61	18.25	3.63	进出口总值(万美元)	79503	159281	100.35
地区生产总值(亿元)	147.4	171.48	16.34	出口总值(万美元)	8859	12964	46.34
第一产业(亿元)	27.79	31.09	11.87	实际利用外资(万美元)	1035	5992	478.94
第二产业(亿元)	84.87	98.70	16.30	社会消费品零售总额(亿元)	55.26	67.65	22.42
第三产业(亿元)	34.7	41.70	20.17	居民消费价格指数(%)	100.1	103.1	3
财政总收入(亿元)	12.93	15.75	21.81	人均地区生产总值(元)	18616	21320	14.53
地方财政收入(亿元)	2.73	3.3	20.88	城镇居民可支配收入(元)	13014	14861	14.19
财政总支出(亿元)	12.93	13.73	6.19	农民人均现金收入(元)	5168	6273	21.38

阳谷县主要金融指标

金融指标(亿元)	2009	2010	2010年同比增幅(%)	金融指标(亿元)	2009	2010	2010年同比增幅(%)
本外币存款余额	124.1	167.15	34.69	财险收入	0.21	0.22	4.76
人民币存款余额	124.0	166.97	34.65	寿险收入	0.57	0.63	10.53
企业存款	20.36	27.77	36.39	财险赔款	0.11	0.11	0
储蓄存款	82.57	95.10	15.18	寿险给付	0.02	0.03	50

续表

金融指标（亿元）	2009	2010	2010年同比增幅（%）	金融指标（亿元）	2009	2010	2010年同比增幅（%）
本外币贷款余额	94.42	125.81	33.25	当年结益	--	--	--
人民币贷款余额	83.07	104.64	25.97	证券市场交易总额	--	--	--
短期贷款	70.61	90.01	27.47	投资者保证金余额	--	--	--
中长期贷款	12.40	14.62	17.90	证券账户开户数	--	--	--
票据融资	0.05	0	-100	证券交易佣金收入	--	--	--
当年结益	2.48	3.30	33.06	净利润	--	--	--
不良贷款余额	11.34	7.11	-37.30				

阳谷县主要金融机构负责人

单位名称	行长（或其他称谓的第一负责人）	副行长（或其他称谓的同级领导）
人行阳谷县支行	张华生	刘潮洋　孟庆祝
银监会阳谷县办事处	陈　勇	
农发行阳谷县支行	张福申	肖　民　张建利
工行阳谷支行	辛同福	张东洲　韩　进
农行阳谷支行	牛玉栋	常　勇　吴广清　李明华
中行阳谷支行	纪利兵	薛瑞强　徐长宏
建行阳谷支行	任　建	王厂勤　刘学辉
邮储银行阳谷县支行	李苑华	杨　涛
阳谷县农信联社	吴士合	邵景国　徐长林　杨茂合　梁庆河　姜　军

阳谷县主要金融机构业务概况

单位：亿元

单位名称	本外币存款余额	企业存款	储蓄存款	本外币贷款余额	短期贷款	中长期贷款
农发行阳谷县支行	1.83	0.75	--	7.79	7.51	0.28
工行阳谷支行	14.24	8.16	3.22	17.26	12.21	5.05
农行阳谷支行	22.45	3.02	9.57	20.61	11.91	2.05
中行阳谷支行	28.88	9.45	5.62	20.12	15.96	4.16
建行阳谷支行	24.14	2.90	7.91	11.66	7.03	4.64
邮储银行阳谷县支行	20.16	1.62	18.53	2.61	2.36	0.26
阳谷县农信联社	52.29	1.88	50.31	39.05	38.66	0.39

支行的设立。

【金融服务与监管】　2010年，人行阳谷县支行充分发挥窗口指导作用，强化金融服务，注重防范系统性风险，确保了辖区金融稳定。一是积极组织多次金融机构联席会和经济金融形势分析座谈会，通报系统内信贷政策最新变动情况，共同研究新形势下信贷支持县域经济重点，适当调增信贷总量，缓解县域企业融资压力；二是充分利用各种方式为县域企业开展金融服务，在对规模大、效益好的企业积极投入的同时，加大了对中小企业的投放力度，年初，制订了《货币信贷工作指导意见》，把金融生态环境建设工作纳入考核范围，并积极引导企业参加山东企业资信评级专家委员会的资信评级活动。

（李　玲）

莘　县

【经济金融概况】　2010 年，莘县各金融机构认真贯彻执行适度宽松的货币政策，积极开展金融产品和服务创新，有力地促进了全县经济平稳较快发展。

【金融发展与改革】　2010 年，人行莘县支行引导各金融机构积极优化信贷投放，为促进全县经济平稳较快增长提供了强有力的信贷支持。一是制定了相关《意见》，引导金融机构参与地方经济和新农村建设；二是协助政府部门组织召开了以“全面提升金融服务　强力支持项目建设”为主题的银企合作座谈会，会上共向金融机构推介企业项目 39 个，金融机构与 5 家重点企业项目单位现场签订贷款意向 4 亿元，其中，项目贷款 3.1 亿元；三是加强法人金融机构流动性监测、利率监测和风险评估，落实国有商业银行和政策性银行改革报告制度，继续对农

莘县主要经济指标

经济指标	2009	2010	2010 年同比增幅（%）	经济指标	2009	2010	2010 年同比增幅（%）
土地面积（平方公里）	1416	1416	0	地方财政支出（亿元）	10.89	15.94	46.37
人口（万人）	101.11	102.06	0.94	全社会固定资产投资（亿元）	63.44	80.64	27.11
非农业人口（万人）	13.27	14.06	5.95	进出口总值（万美元）	6953	12008	72.70
地区生产总值（亿元）	153.12	180.48	17.87	出口总值（万美元）	3483	6292	80.65
第一产业（亿元）	37.57	38.83	3.35	实际利用外资（万美元）	680	800	17.65
第二产业（亿元）	70.44	88.64	25.84	社会消费品零售总额（亿元）	67.48	59.43	-11.93
第三产业（亿元）	45.1	53.02	17.56	居民消费价格指数（%）	100.20	104.12	3.92
财政总收入（亿元）	12.49	16.86	34.99	人均地区生产总值（元）	15142	17694	16.85
地方财政收入（亿元）	2.41	3.42	41.91	城镇居民可支配收入（元）	12268	13985	13.99
财政总支出（亿元）	12.49	19.86	59.01	农民人均现金收入（元）	5673	6345	11.85

莘县主要金融指标

金融指标（亿元）	2009	2010	2010 年同比增幅（%）	金融指标（亿元）	2009	2010	2010 年同比增幅（%）
本外币存款余额	81.77	95.05	16.24	财险收入	0.42	0.55	30.95
人民币存款余额	80.97	95.05	17.39	寿险收入	0.56	0.71	26.79
企业存款	3.34	6.17	84.73	财险赔款	0.28	0.34	21.42
储蓄存款	70.81	80.58	13.79	寿险给付	0.22	0.28	27.27
本外币贷款余额	44.74	53.11	18.71	当年结益	0.01	0.01	0
人民币贷款余额	44.74	53.08	18.64	证券市场交易总额	--	--	--
短期贷款	42.04	46.84	11.42	投资者保证金余额	--	--	--
中长期贷款	2.62	6.25	138.55	证券账户开户数	--	--	--
票据融资	0	0	0	证券交易佣金收入	--	--	--
当年结益	0.94	1.14	21.28	净利润	--	--	--
不良贷款余额	5.94	4.54	-23.57				

莘县主要金融机构负责人

单位名称	行长（或其他称谓的第一负责人）	副行长（或其他称谓的同级领导）
人行莘县支行	宋金超	李庆军 王文胜
银监会莘县办事处	赵宪福	
农发行莘县支行	臧朝华	李卫东 杨林朝
工行莘县支行	韩庆光	史　勇
农行莘县支行	段海臣	张忠磊
建行莘县支行	徐明华	杨　杰　徐志华
邮储银行莘县支行	赵朝华	袁文强　娄现国
莘县农信联社	安新民	燕东杰　贾成忠　王瑞亭

莘县主要金融机构业务概况

单位：亿元

单位名称	本外币存款余额	企业存款	储蓄存款	本外币贷款余额	短期贷款	中长期贷款
农发行莘县支行	0.25	0.13	--	4.22	4.22	0
工行莘县支行	9.22	0.96	5.13	5	2.91	2.07
农行莘县支行	10.87	1.13	8.3	3.12	2.95	0.18
建行莘县支行	7.95	1.24	4.6	3.54	2.27	1.26
邮储银行莘县支行	20.4	1.89	18.51	1.75	1.71	0.04
莘县农信联社	46.02	0.82	44.05	35.48	32.77	2.71

信社改革试点进行后续监测。

【金融服务与监管】　2010年，人行莘县支行持续加大金融监管和服务力度，防范和化解金融风险。一是与莘县农信社举行了“嵌入式”风险监测维护金融稳定签约仪式，人行莘县支行行长与农信社主任现场签订了《防范法人机构风险　维护区域金融稳定责任书》；二是完善工作机制，确保基础工作安全高效运行；三是加强企业征信管理与服务，对全县新开户中小企业信息采集入库率达100%，获得全市中小企业信用体系建设业务竞赛活动集体一等奖。

（张晓慧）

茌平县

【经济金融概况】　2010年，茌平县经济保持了较快的发展势头，工业立县战略结出硕果，跨入全国县域经济基本竞争力百强县，名列第98名。固定资产投入加大，社会效益提高，人民生活水平明显提高，农村生活生产环境显著改善。

各金融机构积极落实适度宽松的货币政策，金融运行总体良好。

【金融发展与改革】　2010年，茌平县各金融机构在总量扩

茌平县主要经济指标

经济指标	2009	2010	2010年同比增幅%	经济指标	2009	2010	2010年同比增幅%
土地面积（平方公里）	1119	1119	0	地方财政支出（亿元）	16.19	19.8	22.3
人口（万人）	59.87	60.55	1.14	全社会固定资产投资（亿元）	117.1	156.9	33.99
非农业人口（万人）	15.39	16.7	0.33	进出口总值（万美元）	30426	24000	-21.12
地区生产总值（亿元）	204	252	23.5	出口总值（万美元）	7.45	3369	-54.13

续表

经济指标	2009	2010	2010年同比增幅%	经济指标	2009	2010	2010年同比增幅%
第一产业（亿元）	29.47	31.21	5.9	实际利用外资（万美元）	929	1023	10.12
第二产业（亿元）	143.8	165.3	14.9	社会消费品零售总额（亿元）	45.49	61.8	35.85
第三产业（亿元）	30.94	65.49	111.67	居民消费价格指数（%）	2.6	5.1	96.15
财政总收入（亿元）	20.34	27.2	33.73	人均地区生产总值（元）	34073	42028	13.36
地方财政收入（亿元）	10.1	12.1	19.8	城镇居民可支配收入（元）	15953	17800	11.58
财政总支出（亿元）	16.19	19.8	22.3	农民人均现金收入（元）	5790	6636	12.75

茌平县主要金融指标

金融指标（亿元）	2009	2010	2010年同比增幅%	金融指标（亿元）	2009	2010	2010年同比增幅%
本外币存款余额	101.9	108	5.98	财险收入	0.24	0.36	50
人民币存款余额	101.9	108	5.98	寿险收入	0.97	1.13	16.49
企业存款	19.71	14.95	-24.15	财险赔款	0.18	0.29	61.11
储蓄存款	58.95	67.2	13.99	寿险给付	0.25	0.36	44
本外币贷款余额	115.3	141.4	22.64	当年结益	0.65	0.77	18.46
人民币贷款余额	114.9	141.4	23.06	证券市场交易总额	—	—	—
短期贷款	89.47	102.9	15.01	投资者保证金余额	—	—	—
中长期贷款	22.26	36.83	65.45	证券账户开户数	—	—	—
票据融资	40.14	41.7	3.89	证券交易佣金收入	—	—	—
当年结益	4.43	4.78	7.9	净利润	—	—	—
不良贷款余额	5.97	5.02	-15.91				

茌平县主要金融机构负责人

单位名称	行长（或其他称谓的第一负责人）	副行长（或其他称谓的同级领导）
人行茌平县支行	金庆友	曹连方　张　勤　刘元兴
银监会茌平县办事处	王　霞	朱　琳
农发行茌平县支行	马春青	苏红波　薄　冰
工行茌平支行	王玉生	张道静　王士贵　刘卫东
农行茌平支行	张国琦	李　明　薛云峰　孙庆峰
中行茌平支行	丛　凯	司胜利　藩高峰
建行茌平支行	范晓英	王月华　王勇剑
邮储银行茌平县支行	郭宗强	张　慧　郑　磊
茌平县农信联社	伍永清	冯俊湖　贺怀龙　陶兆红
齐鲁银行茌平支行	赵　昕	

茌平县主要金融机构业务概况

单位：亿元

单位名称	本外币存款余额	企业存款	储蓄存款	本外币贷款余额	短期贷款	中长期贷款
农发行茌平县支行	0.52	0.26	--	5.27	3.17	2.1
工行茌平支行	17.34	2.17	7.28	45.49	19.18	19.19
农行茌平支行	16.88	5.61	9.02	25.65	16.08	7.89
中行茌平支行	13.08	1.47	4.23	20.05	18.35	1.7
建行茌平支行	5.7	0.9	1.63	12.24	7.04	5.2
邮储银行茌平县支行	4.79	0.75	1.16	2.97	2.61	0.36
茌平县农信联社	36.44	2.53	32.21	26.69	26.53	0.16
齐鲁银行茌平支行	12.98	1.26	11.66	2.03	1.81	0.22

展的同时，金融产品和服务方式不断丰富，风险防范能力继续加强，营运质量明显上升。农业银行改革稳步进行，农信社二次改革不断深化。

【金融服务与监管】 2010年，人行茌平县支行不断创新金融服务手段，着力维护辖内金融稳定。一是加强对农信社的风险监测；二是完善征信管理，把法院执行案件信息纳入征信信息管理范畴；三是利用把外汇业务下放县行的有利条件，加强对外汇企业的监测与管理；四是调研工作取得积极效果。

（杜 军）

东阿县

【经济金融概况】 2010年，东阿县经济实现了平稳增长。各金融机构认真贯彻执行国家宏观调控政策，经济效益明显提高。一是经济平稳较快发展，综合实力快速提升；二是持续增加投资规模，发展后劲明显增强；三是加大结构调整力度，农村经济全面发展；四是大力培育服务业，增强发展活力。

【金融发展与改革】 2010年，人行东阿县支行进一步加强窗口指导。一是制定了《货币信贷管理工作指导意见》；二是正确把握贷款投放的节奏，防止季度、月度之间异常大幅波动；三是注重防范金融风险，严格执行放贷条件，加强贷款用途管理，特别注意防范系统性金融风险。

东阿县主要经济指标

经济指标	2009	2010	2010年同比增幅（%）	经济指标	2009	2010	2010年同比增幅（%）
土地面积（平方公里）	799	799	0	地方财政支出（亿元）	5.23	5.72	9.37
人口（万人）	43	43	0	全社会固定资产投资（亿元）	46	52	13.04
非农业人口（万人）	12	12	0	进出口总值（万美元）	9348	12000	28.36
地区生产总值（亿元）	104	122	17.31	出口总值（万美元）	6567	7619	16.02
第一产业（亿元）	11.12	12.28	10.43	实际利用外资（万美元）	116	553	376.72
第二产业（亿元）	68.45	71.76	4.83	社会消费品零售总额（亿元）	32	37	15.62
第三产业（亿元）	23.89	35.96	50.52	居民消费价格指数（%）	105	129	22.86
财政总收入（亿元）	7.304	8.95	22.60	人均地区生产总值（元）	24651	27906	13.20
地方财政收入（亿元）	2.49	3.52	41.36	城镇居民可支配收入（元）	12210	14055	15.11
财政总支出（亿元）	6.31	7.21	14.33	农民人均现金收入（元）	5520	6280	13.76

东阿县主要金融指标

金融指标（亿元）	2009	2010	2010 年同比增幅（%）	金融指标（亿元）	2009	2010	2010 年同比增幅（%）
本外币存款余额	77.27	78.09	1.06	财险收入	0.28	0.29	3.57
人民币存款余额	77.24	78.06	1.06	寿险收入	0.77	0.67	-10
企业存款	22.85	14.26	-37.59	财险赔款	0.14	0.15	7
储蓄存款	44.18	50.67	14.68	寿险给付	0.25	0.30	20
本外币贷款余额	41.82	50.89	21.68	当年结益	—	—	—
人民币贷款余额	41.82	50.89	21.68	证券市场交易总额	—	—	—
短期贷款	36.50	36.11	-1.07	投资者保证金余额	—	—	—
中长期贷款	4.88	14.78	202.86	证券账户开户数	—	—	—
票据融资	0.43	0	-100	证券交易佣金收入	—	—	—
当年结益	0.85	0.79	-7.06	净利润	—	—	—
不良贷款余额	3.38	0. 78	-76.92				

东阿县主要金融机构负责人

单位名称	行长（或其他称谓的第一负责人）	副行长（或其他称谓的同级领导）
人行东阿县支行	刘树华	张树峰　姜立新
银监会东阿县办事处	冯学成	
农发行东阿县支行	张　兰	刘桂婷　杜　亮
工行东阿支行	王晓力	陶淑兰　张焕军　魏其根
农行东阿支行	刘成涛	李国胜　司国强
中行东阿支行	翟凤军	付新峰　安吉虎
建行东阿支行	刘良勇	藏立强　张合庆　武敬民
邮储银行东阿县支行	刘　升	郭华芝
东阿县农信联社	魏风阳	张兆起　王金伦　王　囡

东阿县主要金融机构业务概况

单位：亿元

单位名称	本外币存款余额	企业存款	储蓄存款	本外币贷款余额	短期贷款	中长期贷款
农发行东阿县支行	0.27	0.19	—	2.02	1.80	0.22
工行东阿支行	10.03	4.97	3.29	5.93	4.02	1.91
农行东阿支行	9.52	1.66	5.70	3.44	2.84	0.59
中行东阿支行	6.93	2.39	2.18	1.51	3.75	6.76
建行东阿支行	8.39	1.88	4.62	5.52	1.25	4.27
邮储银行东阿县支行	12.42	2.01	10.32	1.32	1.21	0.11
东阿县农信联社	29.81	1.12	24.57	22.16	21.24	0.92

【金融服务与监管】 2010年，人行东阿县支行引导金融机构加大产品创新力度。一是与东阿县农信联社签订了“防范法人机构风险 维护辖区金融稳定”责任书，对农信社央行专项票据改革及绩效改革情况进行了调研，对其存在的不足督促其整改；二是对县农信联社自2003年以来的股金结构情况、法人治理情况、政府置换、抵贷资产等情况进行了监测调研，对存在的不足提出了整改意见。

（黄 鹏）

冠 县

【经济金融概况】 2010年，冠县经济实现了健康快速平稳发展。一是工业经济快速发展，培植壮大了精品钢板、纺织服装、机械机电、农副产品加工4大主导产业，以三融工业园为主体的环保新能源产业初具规模，利税过千万元企业73家，高新技术产业产值实现82亿元；二是以林果、畜牧、蔬菜、油料为主导的生态农业建设实现量的突破和质的提升；三是服务业日益繁荣，马颊河世界运河之窗文化产业园、华屹动漫文化产业园等大型旅游项目扎实推进；四是城乡面貌明显改观，实施了污水处理工程及配套管网建设、清泉河综合改造等重大城建工程，建设商品房165万平方米。

各金融机构认真贯彻宏观调控政策，服务县域经济发展，组织搭建银企对接平台，按月跟踪信贷资金投放重点、力度和节奏，推动辖区金融生态环境建设与金融业务稳步健康发展。

【金融发展与改革】 2010年，冠县各金融机构在改革中稳

冠县主要经济指标

经济指标	2009	2010	2010年同比增幅（%）	经济指标	2009	2010	2010年同比增幅（%）
土地面积（平方公里）	1161.29	1161.29	0	地方财政支出（亿元）	9.11	12.00	37.72
人口（万人）	77.90	80.50	3.34	全社会固定资产投资（亿元）	50.09	82.62	64.94
非农业人口（万人）	9.09	9.47	4.18	进出口总值（万美元）	18401	16112	-12.44
地区生产总值（亿元）	135.10	158.20	13.4	出口总值（万美元）	17410	1130	-93.5
第一产业（亿元）	28.07	32.63	4.5	实际利用外资（万美元）	737	0	--
第二产业（亿元）	72.95	84.03	14.6	社会消费品零售总额（亿元）	40.96	52.73	18.21
第三产业（亿元）	34.07	41.53	17.9	居民消费价格指数（%）	--	--	--
财政总收入（亿元）	9.15	12.59	37.60	人均地区生产总值（元）	15390	19652	27.69
地方财政收入（亿元）	2.32	3.35	44.40	城镇居民可支配收入（元）	11923	15084	12.84
财政总支出（亿元）	9.26	12.4	33.91	农民人均现金收入（元）	5067	6294.3	15.03

冠县主要金融指标

金融指标（亿元）	2009	2010	2010年同比增幅（%）	金融指标（亿元）	2009	2010	2010年同比增幅（%）
本外币存款余额	80.22	95.40	18.92	财险收入	0.29	0.78	168.97
人民币存款余额	80.19	95.29	18.83	寿险收入	0.23	1.27	452.17
企业存款	9.99	13.91	39.24	财险赔款	0.21	0.28	33.33
储蓄存款	56.71	65.23	15.02	寿险给付	0.02	0.03	50
本外币贷款余额	54.84	69.73	27.15	当年结益	--	--	--
人民币贷款余额	54.84	69.73	27.15	证券市场交易总额	--	--	--
短期贷款	47.29	58.95	24.66	投资者保证金余额	--	--	--
中长期贷款	6.95	10.77	54.96	证券账户开户数	--	--	--
票据融资	0.60	0	-100	证券交易佣金收入	--	--	--
当年结益	--	--	--	净利润	--	--	--
不良贷款余额	1.77	0.80	-54.80				

冠县主要金融机构负责人

单位名称	行长（或其他称谓的第一负责人）	副行长（或其他称谓的同级领导）
人行冠县支行	孙 峰	李金良 刘长斌 李朝杰 张恩广
银监会冠县办事处	班晓晨	
农发行冠县支行	张 健	张敬芳 李洪利
工行冠县支行	王建宁	刘为新 王志勇
农行冠县支行	孟宪林	梁以杰 赵新国 付以银
中行冠县支行	冉令敏	刘书元
建行冠县支行	李朝信	高建新 董卫东 苏本法 刘建伟
邮储银行冠县支行	王庆雁	张红光
聊城润昌农村商业银行	张念才	陶绪国 冯贺钦 魏保胜 吕 强 宋书章

冠县主要金融机构业务概况

单位：亿元

单位名称	本外币存款余额	企业存款	储蓄存款	本外币贷款余额	短期贷款	中长期贷款
农发行冠县支行	1.05	0.62	--	4.64	4.64	0
工行冠县支行	12.60	2.61	4.20	14.50	8.36	6.14
农行冠县支行	12.59	5.08	6.35	10.58	8.70	1.87
中行冠县支行	5.78	0.75	1.78	3.94	3.36	0.58
建行冠县支行	5.71	0.50	2.21	5.80	4.69	1.10
邮储银行冠县支行	19.59	3.79	15.77	2.31	2.13	0.19
聊城润昌农村商业银行	37.55	0.55	34.93	27.96	27.07	0.89

步前进。县农信联社成功改制为山东聊城润昌农村商业银行股份有限公司，成为鲁西地区第一家农村商业银行，同时，扎实推进农村金融生态环境建设，打造良好的农村信用工程。

【金融服务与监管】 2010年，人行冠县支行以深入开展“作风建设年”活动为契机，提高服务质量，确保辖区金融平安。一是科学制定信贷工作规划，引导宏观政策落实；二是现金管理服务中心稳步运行，调剂银行间现金余缺4258万元，解决重点单位零辅币12万元，有效缓解了零辅币紧缺问题；三是提高央行服务水平与监督职能，行政审批中心成效显著；四是扎实推进农村支付环境建设，农村居民非现金结算意识、能力显著增强；五是外汇业务实现新进展，向外贸企业发放出口收汇核销单670多份；六是对有关银行各项业务进行了交叉现场检查，并依法对查处的问题予以处罚。

（冯晓彩）

高唐县

【经济金融概况】 2010年，高唐县经济保持又好又快发展势头，农业生产稳步推进，城乡居民收入持续增加，商贸流通市场日趋活跃，呈现出社会各项事业和谐进步的良好局面。

【金融发展与改革】 2010年，高唐县各金融机构准确把握贯彻国家宏观调控政策与支持全县经济发展的结合点，积极向上级行争取资金，努力保持较快的信贷增速，为全县经济稳健运行提供了有力的信贷支持。人行高唐县支行又被授予“支持经济发展一等奖”。

【金融服务与监管】 2010年，人行高唐县支行进一步强化金融监管与服务，防范金融风险，确保了辖区金融稳定。一是建立健全了金融稳定工作协调机制，定期召开金融稳定工作会

高唐县主要经济指标

经济指标	2009	2010	2010年同比增幅%	经济指标	2009	2010	2010年同比增幅%
土地面积（平方公里）	949	949	0	地方财政支出（亿元）	8.79	9.68	12.13
人口（万人）	48.48	49.13	1.34	全社会固定资产投资（亿元）	101.03	131.48	30.34
非农业人口（万人）	16.35	17.08	4.46	进出口总值（万美元）	24005	16723	-30.34
地区生产总值（亿元）	196.93	224.5	14	出口总值（万美元）	12015	15021	25.02
第一产业（亿元）	22.19	25.19	13.52	实际利用外资（万美元）	2457	814	-0.67
第二产业（亿元）	141.03	156.32	10.84	社会消费品零售总额（亿元）	48.44	57.49	18.68
第三产业（亿元）	33.72	42.99	27.49	居民消费价格指数（%）	100.2	100.3	0
财政总收入（亿元）	11.69	13.22	13.11	人均地区生产总值（元）	40321	45821	13.64
地方财政收入（亿元）	7.17	8.11	21.18	城镇居民可支配收入（元）	14276	15958	11.78
财政总支出（亿元）	9.95	10.92	12.92	农民人均现金收入（元）	5706	6549	14.77

高唐县主要金融指标

金融指标（亿元）	2009	2010	2010年同比增幅%	金融指标（亿元）	2009	2010	2010年同比增幅%
本外币存款余额	84.79	90.22	6.40	财险收入	0.12	0.21	75
人民币存款余额	84.62	90.04	6.41	寿险收入	0.67	0.51	-23.88
企业存款	19.93	21.30	6.87	财险赔款	0.05	0.05	0.00
储蓄存款	49.11	52.47	6.84	寿险给付	0.36	0.24	-33.33
本外币贷款余额	83	89.42	7.73	当年结益	0.3	0.27	-10
人民币贷款余额	83	89.42	7.73	证券市场交易总额	--	--	--
短期贷款	52.44	58.00	10.60	投资者保证金余额	--	--	--
中长期贷款	30.31	31.40	3.60	证券账户开户数	--	--	--
票据融资	0.25	0.02	-92	证券交易佣金收入	--	--	--
当年结益	3.46	3.2	-7.51	净利润	--	--	--
不良贷款余额	3.42	2.42	-29.24				

高唐县主要金融机构负责人

单位名称	行长（或其他称谓的第一负责人）	副行长（或其他称谓的同级领导）
人行高唐县支行	李庆广	闫玉真　乔索明　王柱银
银监会高唐县办事处	李永忠	
农发行高唐县支行	臧景闻	徐保锐　储爱梅
工行高唐支行	冯保勇	李　平　刘鸣久　池德东　张玉华
农行高唐支行	肖　栋	刘光荣　刘文晓　董风录
中行高唐支行	王晓峰	刘新路　杨　红
建行高唐支行	荆桂红	贾　兵　翟风忱　崔玉荣　李如诗
邮储银行高唐县支行	王泽民	刘春芬　许　鹏
高唐县农信联社	高月河	牛为勇　陈先民　郭金炬　申　伟
齐鲁银行高唐支行	张晓燕	李学强

高唐县主要金融机构业务概况

单位：亿元

单位名称	本外币存款余额	企业存款	储蓄存款	本外币贷款余额	短期贷款	中长期贷款
农发行高唐县支行	1.12	0.36	--	5.94	5.39	0.55
工行高唐支行	10.93	1.78	5.53	27.60	9.41	18.18
农行高唐支行	20.21	11.89	7.33	17.61	13.22	4.39
中行高唐支行	7.94	1.15	3.21	5.40	4.04	1.36
建行高唐支行	12.18	1.68	5.19	10.74	5.80	4.49
邮储银行高唐县支行	9.38	1.91	7.28	1.53	1.08	0.45
高唐县农信联社	26.22	2.39	23.65	19.56	18.08	1.48
齐鲁银行高唐支行	1.66	0.27	0.32	1.04	0.98	0.06

议；二是加大了监管力度，对各行开展了反洗钱，征信等专项检查，对农信社进行了专项票据管理情况检查；三是有针对地对中小企业提供融资服务。

（张文瑞）

第十一部分

区域性金融运行报告
——鲁南地区

济宁市

【经济金融概况】 2010年,济宁市深入贯彻科学发展观,在巩固经济回升向好势头的同时,着力转方式调结构,推进战略转型,经济运行总体呈现增速较快、质量向好、效益提升的良好态势。

金融运行主要特点是:各项存、贷款稳步增长,但增幅均低于2009年。一是企业存款同比增势明显回落,储蓄存款增势依旧强劲,成为拉动各项存款增长的主导因素;二是贷款稳步增长,但随着货币政策的微调,贷款增量受到一定抑制。

【货币政策实施】 2010年,人行济宁市中支认真贯彻落实适度宽松的货币政策,引导金融机构着力优化调整信贷结构,加快推进金融创新,扩大信贷投放。

一、加强窗口指导,多层面传递货币政策信息与宏观调控意图。一是制定印发了《关于做好2010年货币信贷工作、促进全市经济发展方式转变和经济结构调整的指导意见》、《银行业金融机构货币信贷政策导向效果评估办法》等,引导银行业金融机构前瞻性地应对经济周期和产业变化,支持扩大内需和经济结构调整;二是积极搭建信息交流平台,坚持金融运行季度分析例会、货币信贷工作信息交流例会等制度,及时传导货币信贷政策,提高信息决策服务水平。

二、加强政银企对接,推动信贷政策和产业政策有效结合。一是推动市政府和济南分行联合在济南、青岛举办了济宁市金融环境建设暨重点项目对接恳谈会,向全省金融机构推介重点项目218个,贷款需求378亿元;二是联合市经信委、科技局举办了全市“新能源、新材料、新医药、新信息”产业项目银企合作促进会、第10届中国专博会科银企对接洽谈会,推介重点项目170个,达成贷款意向56亿元。

三、积极开辟融资新途径,有效破解中小企业贷款难问题。一是联合市经贸委、金融办、工商局等部门,先后制定了济宁市《应收账款质押贷款指导意见》和钢结构抵押、专利权质押、小企业联保、采矿权抵押等4个《贷款管理办法》,不断探索金融支持中小企业的新方式和新产品;二是发挥协调作用,引导财政资金支持中小企业发展。

四、扎实推动信用体系建设,打造良好金融生态环境。一是率先在全省启动了中小企业信用体系试验区建设,先后在邹城、金乡召开了试验区建设现场会和中小企业“一站式”服务融资现场会,制定下发试验区建设实施方案;二是对各县市区优化金融生态环境、金融机构参与优化金融生态环境工作情况进行考核评价;三是通过建立农户电子信用档案,完善信用评价指标体系,进一步优化农村金融生态环境。

五、大力推动农村金融创新,扎实做好“三农”金融服务工作。一是年初制订了《关于进一步做好金融支持“三农”发展的指导意见》,农村金融创新工作取得明显成效,多样式、多元化的金融创新产品和服务方式层出不穷;二是不断推出林权抵押、大联保体、民营经济发展促进会、“公司+农户”、集体土地使用权抵押、箱式信用共同体、行业协会、农村土地承包经营权抵押等新型贷款模式和担保模式,一大批符合国家产业政策、前景广阔的涉农中小企业和农户获得了信贷支持,有效缓解了农村和农民贷款难题。

【金融稳定】 2010年,人行济宁市中支积极构建金融稳定长效机制,切实提高风险监测水平,深入研究国际国内经济金融形势变化,认真履行维护辖区金融稳定的职责。

一、推进金融稳定协调机制建设,构建金融稳定长效机制。一是拟定了济宁市《金融稳定协调工作制度》和《金融突发事件应急预案》,畅通了人民银行和政府各部门之间的信息共享渠道,提高了辖区金融风险监测、预警、防范及化解效能;二是坚持按季组织各金融机构召开货币政策执行与金融稳定信息交流例会;三是根据情景假设金融突发事件的进展情况,按照流程,圆满完成了各项演练任务,提高了处置突发事件的决策和执行能力。

二、创造性开展金融稳定重点工作,提高辖区风险防范能力。一是创新开发设计了《交叉性金融工具监测分析系统》,使复杂的监测数据采集、查询、汇总、分析等工作变得快捷、准确、简单,最大限度地提高交叉性金融工具监测数据的准确性,为强化金融风险监测、监管提供可靠的数据和信息支撑;二是结合辖区实际制定印发《关于实施银行业法人机构维护金融稳定责任制度的通知》,对维稳工作进行了详细安排和部署,切实提高风险防范能力和管理水平;三是引导金融机构成功处置抵债资产,实现了抵债资产最大化收益,提高了金融机构盈利能力,促进了辖区金融生态环境优化和金融体系稳定。

三、扎实做好风险监测,提升分析评估水平。一是加强经济运行和重点企业监测,对于经营情况发生重大变化的企业集团、上市公司和重点企业等,撰写专题报告,针对企业发展提出应对措施及政策建议;二是做好对国有商行分支机构改革动态监测分析评估工作,及时反映改革中出现的新情况、新问题;三是加强系统性金融风险监测,做好银行业、证券业和保险业风险状况监测分析;四是加强对法人银行业机构运行及风险性分析评估,确保安全稳健运行。

【金融服务】 2010年,人行济宁市中支不断优化金融生态环境,深入开展金融创新,提升辖区金融服务水平。

一、全面扎实推进辖区农村支付环境建设工作。通过制定工作方案、量化工作考核、召开工作推进会等多种措施,推动农村支付环境建设工作向纵深发展,在推广新型非现金支付结算工具、分流基层银行网点柜面压力、丰富农村结算渠道等方面

济宁市经济主要统计指标

指标 \ 年度	2006	2007	2008	2009	2010	2010年同比增幅（%）
土地面积（平方公里）	10685	10685	10685	10685	10685	0
人口（万人）	811.83	818.27	822.75	831.31	843.03	1.41
非农业人口（万人）	215.75	209.74	256.12	252.53	266.14	5.39
地区生产总值（亿元）	1456.09	1736.01	2122.16	2279.19	2542.81	12.9
第一产业（亿元）	187.06	213.53	256.81	270.41	320.41	3.5
第二产业（亿元）	803.44	960.13	1183.49	1264.81	1356.47	13.1
工业（亿元）	740.97	890.12	1100.88	1167.12	1237.23	12.5
建筑业（亿元）	62.47	70.01	82.61	97.69	119.24	20.9
第三产业（亿元）	465.59	562.35	681.86	743.97	865.93	15.4
人均地区生产总值（元）	18500	21992	26721	28492	31500	11.9
地区生产总值构成（%）	100	100	100	100	100	—
第一产业（%）	12.8	12.3	12.1	11.9	12.6	5.88
第二产业（%）	55.2	55.3	55.8	55.5	53.3	-3.96
第三产业（%）	32	32.4	32.1	32.6	34.1	4.60
财政总收入（亿元）	167.74	207.3	416.30	482.17	705.02	46.22
地方财政收入（亿元）	81.55	101.21	119.45	134.66	169.25	25.7
财政总支出（亿元）	157.99	207.55	284.04	332.35	515.98	55.25
地方财政支出（亿元）	114.03	143.07	174.67	198.42	251.87	26.9
全社会固定资产投资（亿元）	517.0	645	816	1100.6	1436.2	23.0
规模以上固定资产投资（亿元）	491.22	636.3	796.8	1085.6	1410.2	22.3
房地产开发（亿元）	44.4	57.31	69.1	82.4	134.6	63.4
进出口总值（亿美元）	23.45	28.15	32.68	28.86	44.66	56.7
出口总值（亿美元）	15.00	18.13	18.65	16.03	21.66	68.8
实际利用外资（亿美元）	3.15	3.16	3.88	4.16	4.58	10.0
社会消费品零售总额（亿元）	499.6	591.28	728.34	867.4	963.49	18.6
居民消费价格指数（%）	100.95	103.5	105.3	100.4	102.9	2.49
城市居民人均可支配收入（元）	11995.9	13894	15617	16978	16992	12.1
农民人均现金收入（元）	4590	5271.5	5965	6470	7450	15.2

济宁市工农业主要统计指标

农业主要统计指标（万吨）				规模以上工业企业主要统计指标（亿元）			
项目 \ 年度	2009年	2010年	增幅（%）	项目 \ 年度	2009年	2010年	增幅（%）
粮食	446.24	464.80	4.2	工业增加值	1076.7	1195.2	16.5
夏粮	224.35	232.47	3.6	国有工业	106.0	143.3	4.8
秋粮	221.88	232.34	4.7	集体工业	7.4	5.8	5.4
棉花	14.05	13.75	-2.2	股份制工业	721.8	816.8	16.6
油料	22.6	22.93	1.4	股份合作制工业	14.9	9.2	39.0
水果	29.39	28.34	-3.6	外商及港澳台投资工业	119.1	159.3	27.7
蔬菜	918.49	805.26	-12.3	轻工业	301.8	326.1	17.3
肉类	72.01	76.70	6.5	重工业	774.9	869.1	16.2

续表

农业主要统计指标（万吨）				规模以上工业企业主要统计指标（亿元）			
项目＼年度	2009年	2010年	增幅（%）	项目＼年度	2009年	2010年	增幅（%）
禽蛋	52.30	56.30	7.60	销售收入	3378.4	4449.0	32.2
奶类	16.48	13.90	-15.80	利税	413.4	564.3	42.2
水产品	32.18	34.59	7.40	利润	255.2	365.0	50.8
森林覆盖率（%）	26.50	27	1.89	经济效益综合指数（%）	233.95	232.3	-0.71

济宁市主要金融机构负责人

单位名称	行长（或其他称谓的第一负责人）	副行长（或其他称谓的同级领导）
人行济宁市中心支行	岳隆杰	罗亮森 孙义昌 孙秋生 吕士伟 李玉祥 邢宝星
银监会济宁监管分局	韩咏军	朱 杰 盛作安 曾庆红
农发行济宁市分行	龙志强	董 旭 崔玉堂 王学义
工行济宁分行	朱岩峰	许在敏 黄际丰 盖 伟 庄 敏 张 弛 任军英
农行济宁分行	刘玉琳	王东升 张洪程 张建成 王 华 何祥芝 王 克
中行济宁分行	陈 涛	周 源 陈宗权 李 波 孔令国
建行济宁分行	刘春龙	马仁明 李清华 李 炜 李 波 邵泽忠 刘 锋 邵振辉 闫循举
交行济宁分行	车成吉	周 青 郭玉华 刘 赟
中信济宁分行	王中兴	刘 勇 钟银成
招行济宁分行	郭 骁	张秀霞 刘 澎
浦发济宁分行	夏晓晖	孔令孜 吴 健 何庆雪
兴业济宁分行	曾 勇	刘雪峰 邵 军
恒丰济宁分行	房 毅	张从文 王保宪
济宁银行	李 敏（董事长） 李维水（监事长） 李印喜（行 长）	陈振勇 梁汝亮 张衍珍
农信社济宁市办事处	王广明	徐富春 程 斌
邮储银行济宁市分行	张 文	王向文 纪军令
兖矿集团财务公司	孟宪强	李 东 李井良
人保财险济宁市分公司	胡 伟	霍书贞 卞长华
中国人寿济宁分公司	田亚平	田 凤 苏慧超 曹雪臣
太平洋财险济宁中心支公司	胡勤海	赵新祥 孙成海
太平洋人寿济宁中心支公司	张联军	刘金梅
平安财险济宁中心支公司	桑 强	位明超
平安人寿济宁中心支公司	黄自涛	管明业
泰康人寿济宁中心支公司	甄洪流	闫 燕 孙献兵
新华人寿济宁中心支公司	王景华	岳艳芳 夏兆宽
天安保险济宁中心支公司	孔祥军	盖红艳
大地财险济宁中心支公司	亓 军	朱宁峰
太平财险济宁中心支公司	率 坤	李向南
太平人寿济宁中心支公司	蔡志贤	李 鹤
华安财险济宁中心支公司	黄长春	王允美

续表

单位名称	行长（或其他称谓的第一负责人）	副行长（或其他称谓的同级领导）
永安财险济宁中心支公司	张丽闽	郭 涛
中华联合财险济宁中心支公司	杨光军	谭 文
阳光财险济宁中心支公司	马士柱	聂志远
合众人寿济宁中心支公司	张 颖	沈洪波
渤海财险济宁中心支公司	赵 国	杨淑娟
民生人寿济宁市中心支公司	李忠亚	陈冬梅
安邦财险济宁中心支公司	孙恒华	赵文军
民安保险（中国）济宁中心支公司	徐 涛	曹 睿
嘉禾人寿济宁中心支公司	臧秀红	王 涛
都邦财险济宁中心支公司	王 谦	杨保文
永诚财险济宁中心支公司	张天庚	崔宇轩
中银保险济宁中心支公司	杨 峰	仲 侃
安华农业保险济宁中心支公司	吴庆武	焦 勇
恒安标准人寿济宁中心支公司	崔 涛	李 蕾
人保寿险济宁中心支公司	秦景瑜	胡庆海　宋其江
人保健康保险济宁中心支公司	张 凯	刘卫东　管世昌
长城人寿济宁中心支公司	徐道久	王 岩
华夏人寿济宁中心支公司	田玉龙	潘维民
国华人寿济宁中心支公司	周文丰	伊俊亮
中英人寿济宁中心支公司	高 峰	于启刚
阳光人寿济宁中心支公司	杜延柱	张 明

济宁市金融业务统计指标

	年度 指标（亿元）	2006	2007	2008	2009	2010	2010年同比	
							增加额	增幅（%）
银行类	本外币存款余额	1083.74	1183.46	1473.61	1913.80	2278.05	364.25	19.03
	人民币存款余额	1065.67	1169.48	1460.29	1895.60	2256.31	360.71	19.03
	企业存款	204.16	244.62	307.98	478.59	522.57	43.98	9.19
	储蓄存款	648.38	704.57	888.17	1073.00	1275.10	202.10	18.84
	定期储蓄存款	455.56	490.53	627.96	726.00	845.36	119.36	16.44
	活期储蓄存款	192.82	214.03	260.21	347.00	429.74	82.74	23.84
	本外币贷款余额	666.31	769.94	877.00	1157.53	1385.83	228.30	19.72
	人民币贷款余额	659.09	757.03	864.60	1128.71	1366.43	237.72	21.06
	短期贷款	425.60	474.75	499.00	586.63	710.24	123.61	21.07
	中长期贷款	203.78	241.47	289.20	461.99	584.75	122.76	26.57
	票据融资	27.81	40.00	76.01	79.83	71.33	-8.50	-10.65
	当年结益	13.40	19.88	26.80	28.49	40.93	12.44	43.66
	不良贷款余额	82.08	78.11	73.47	85.70	62.37	-23.33	-27.22
	不良贷款占比%	12.32	10.14	8.38	7.40	4.50	-2.90	-39.19
	现金收入	3233.79	3587.45	4119.84	4047.73	5016.81	969.08	23.94
	现金支出	3263.12	3614.48	4125.21	4069.82	5069.33	999.51	24.56
	现金投放（+）回笼（-）	29.32	27.03	5.37	22.09	52.52	30.43	137.75

续表

指标（亿元） \ 年度		2006	2007	2008	2009	2010	2010年同比	
							增加额	增幅（%）
保险类	保险公司保费收入	22.88	28.74	40.61	53.72	73.02	19.30	35.93
	财险收入	6.29	8.88	10.61	12.63	19.86	7.23	57.24
	寿险收入	16.59	19.86	30.01	41.09	53.16	12.07	29.37
	保险公司赔款和给付支出	6.32	9.26	13.77	14.04	15.40	1.36	9.69
	财险赔款	4.03	4.87	6.47	6.87	8.10	1.23	17.90
	寿险给付	2.29	4.39	7.30	7.17	7.30	0.13	1.81
	当年结益	—	—	—	—	—	—	—
证券类	证券市场成交总额	129.85	1099.86	862.40	1802.57	1380.69	-421.88	-23.40
	投资者保证金余额	2.57	18.66	12.07	17.57	15.45	-2.12	-12.07
	证券账户开户数	22.34	37.36	48.02	54.37	31.44	-22.93	-42.17
	佣金收入	0.26	2.82	1.95	3.53	2.59	-0.94	-26.63
	净利润	0.14	1.79	1.21	1.80	1.76	-0.04	-2.22
	期货市场成交总额	—	—	136.98	476.64	1098.25	621.61	130.41
	期货客户保证金余额	—	—	0.04	0.26	0.41	0.15	57.69
	期货账户开户数	—	—	629	1385	2421	1036	74.80
	期货手续费收入	—	—	0.01	0.04	0.08	0.04	100
	利润总额	—	—	0	0.01	0.03	0.02	200

济宁市金融机构统计指标

指标（个） \ 年度		2006	2007	2008	2009	2010	2010年同比增幅（%）
银行类	法人机构	13	13	13	13	13	0
	省级分行	—	—	—	—	—	—
	二级分行	7	7	8	8	12	50
	县区支行	93	109	127	156	180	15.38
	分理处、营业所	671	599	586	751	520	-30.76
	储蓄所	260	260	241	235	234	-0.43
	从业人员总数	12202	12925	12620	13295	14127	6.26
保险类	保险机构	17	24	34	38	38	0
	财险机构	9	14	17	18	18	0
	省级分公司	—	—	—	—	—	—
	地市分公司	9	14	17	18	18	0
	县区支公司	58	84	97	107	115	7.48
	寿险机构	8	10	17	20	20	0
	省级分公司	—	—	—	—	—	—
	地市分公司	8	10	17	20	20	0
	县区支公司	67	62	77	107	104	-2.80
	从业人员总数	13150	14833	20197	30214	30579	1.21
	财险人员	1871	2204	3020	7250	5042	-30.46
	寿险人员	11279	12629	17177	22964	25555	11.28
证券类	证券机构	5	7	7	7	7	0
	证券公司	—	—	—	—	—	—
	证券营业部	4	6	7	7	7	0
	证券服务部	1	1	0	0	0	0
	从业人员总数	113	126	129	139	295	112.23
	投资者开户	11.17	18.68	24.01	27.18	27.80	2.28
	境内上市股票支数	4	5	5	5	5	0
	境外上市股票支数	—	—	—	—	—	—
	辖区上市公司总数	4	5	5	5	5	0

济宁市主要金融机构业务概况

单位：亿元

单位名称	本外币存款余额	人民币企业存款	人民币储蓄存款	本外币贷款余额	人民币短期贷款	人民币中长期贷款
农发行济宁市分行	5.40	3.85	—	46.58	35.29	11.29
工行济宁分行	384.78	75.67	223.85	271.13	114.71	154.42
农行济宁分行	377.79	78.16	238.65	185.80	102.20	75.65
中行济宁分行	246.62	87.50	104.93	174.04	66.40	88.78
建行济宁分行	320.21	67.89	151.24	182.66	41.31	125.81
交行济宁分行	52.70	20.76	17.42	57.67	20.72	36.51
中信济宁分行	42.41	16.11	9.37	25.31	14.56	10.48
招行济宁分行	1.34	1.29	0.05	2.55	2.55	0
浦发济宁分行	8.69	7.64	0.19	0.63	0.35	0.28
兴业济宁分行	29.48	17.48	2.41	26.68	11.54	15.09
恒丰济宁分行	17.69	10.02	2.58	15.66	12.19	2.27
济宁银行	118.75	30.57	35.44	78.21	51.60	16.19
农信社济宁市办事处	434.12	28.33	361.96	302.87	227.28	41.46
邮储银行济宁市分行	151.35	21.01	127.00	16.07	9.55	6.51
兖矿集团财务公司	56.28	56.28	—	—	—	—

济宁市各县级区域经济金融主要统计指标

名称	人口（万人）	面积（平方公里）	地区生产总值（亿元）	地区生产总值增速（%）	本外币存款余额（亿元）	储蓄存款（亿元）	本外币贷款余额（亿元）
市中区	58.90	379	164.37	14.0	—	—	—
任城区	53.28	416	200.80	13.7	—	—	—
兖州市	63.28	690	392.76	16.2	217.20	139.22	156.29
曲阜市	63.80	889.4	235.29	12.1	144.70	87.68	62.98
邹城市	115.70	1387.3	548.29	12.9	404.33	196.41	219.10
泗水县	62.03	1070	93.83	14.3	64.64	48.12	37.74
微山县	71.9	1591.3	243.7	14.1	128.16	69.71	66.26
鱼台县	47.09	628	93.97	12.0	55.48	41.33	24.27
金乡县	64.14	790	103.09	12.9	102.08	80.43	52.71
嘉祥县	86.95	1008.2	154.98	12.3	106.75	86.33	48.19
汶上县	77.57	762.3	149.02	13.6	95.93	73.17	49.40
梁山县	78.39	963.9	149.14	14.0	111.99	84.31	40.01

取得了良好效果。

二、以提高效率为重点，全面提升国库服务能力。一是把国库直接支付列为全行的重要工作，制定《改进国库服务、支持地方经济发展的实施意见》，印发了《关于进一步加强国库直接支付工作的通知》；二是把政府非税收入的国库直接收缴作为工作重点，印发《关于进一步加强政府非税收入国库直接收缴管理工作的通知》，确立了该项收缴"年内覆盖全市"的目标。

三、推进外汇主体监管试点工作，促进贸易投资便利化。济宁市作为山东省两家外汇主体监管试点地市之一，自2010年8月1日正式启动试点以来，辖内综合柜员服务有序推进，外汇管理效率显著提高，受到企业和银行的一致认可。

四、积极推动虚拟发行库建设，打造货币发行管理"济宁模式"。为有效提高货币发行管理效率，解决当前形势下县域现金供求矛盾、券别结构失衡、县支行人民币管理能力下降等现实问题，人行济宁市中支在人行济南分行辖区进行了虚拟发行库建设的实践，先后制订印发了《虚拟发行库规范化管理工作指引(试行)》，开发运行了虚拟发行库信息管理系统，搭建了制度体系和信息管理网络"两个平台"，构建了"上下联动、横向协调、虚实结合、运转顺畅”工作运转机制。

五、认真做好信贷支持民生金融服务工作。一是继续加强与财政和社保部门的合作，稳步推进“小额担保贷款＋创业培训＋信用社区建设”机制建设；二是打造支持大学生村官创业金融服务平台，出台《关于金融支持大学生“村官”创业富民的指导意见》，引导金融机构相继开发了大学生村官“自主创业小额担保贷款”、“联保贷款”、“助业贷款”等特色贷款产品。

【金融监管】 2010年，银监会济宁监管分局认真贯彻国家经济政策和监管要求，突出抓好“把握节奏、规范平台、落实新规、严守底线、遏制案件”五个工作重点，指导辖区银行业正确处理“保增长”与“防风险”的关系，统筹推进改革和创新，维护了辖区银行体系的平稳运行。

一、以科学把握节奏为切入点，全面落实信贷投放政策。督促各银行机构以国家产业政策为指导，加大对重点项目、中小企业、“三农”和消费信贷的投放力度，支持地方经济又好又快发展。

二、以防范和化解金融风险为中心，坚定不移地狠抓持续性监管。一是狠抓不良贷款整体“双控”(控制不良贷款余额、不良贷款占比)，实现了“双降”目标；二是实施分类监管，严控贷款集中度风险；三是定期监测辖内机构房地产开发贷款资金使用、个人按揭贷款违约和房地产贷款真实性情况，加大对房地产行业贷款风险分析和预警力度；四是通过下发监管提示等方式，督促农合机构加强期限错配风险管理，确保流动性充足。

三、以清理规范融资平台为突破口，全面加强风险管控。一是加强组织领导，推动“解包还原”工作顺利开展；二是深入开展排查，扎实梳理和处置融资平台贷款；三是强化监测分析，及时掌握地方财政和融资平台信息；四是加强协调沟通，全面规范融资平台贷款业务。

四、以落实贷款新规为契机，提高银行业的信贷管理水平。通过学习培训、集中测试、现场检查等方式，引导银行业机构认真落实贷款新规。一是明确实现“三大目标”(防风险、调结构、促发展)，切实转变经营理念；二是准确把握“三个关键”(建章立制，流程改造；齐抓并进，步调一致；沟通协调，统一思想)，确保贷款新规落实；三是建立完善业务培训、监督制约、奖惩绩效“三个机制”，加强保障制度建设。

【外汇管理】 2010年，外管局济宁市中心支局进一步强化外汇管理政策传导，优化特色服务，夯实数据基础及监测预警，加强异常资金跨境流动监管，发挥信息调研支撑作用，促进了济宁市涉外经济平稳较快发展。

一、畅通政策传导渠道，增强外汇管理服务能力。一是着力加强外汇政策传导，制定下发《改进外汇管理、支持涉外经济平稳较快发展的意见》；二是开展集中宣讲系列活动，提高外汇政策社会认知度；三是在《齐鲁晚报》等刊发《致全市涉外企业的一封信》和《局长答记者问》新闻稿件，增强了主体监管等政策的影响力。

二、突出服务职能，促进贸易投资便利化。一是根据国家外汇管理局要求，落实10项简化行政审批的具体措施；二是调整工作模式，做好出口收汇网上核销推广，扩大网上核销自动审核范围。

三、规范市场管理，维护稳定的外汇市场秩序。一是完善金融机构外汇业务市场准入事前谈话辅导制度，做好银行结售汇及保险外汇业务市场准入备案及审批；二是开展了加工贸易和转口贸易资金流入、打击违法违规资金流入的专项检查及对建行、中行和济宁银行外汇业务的专项检查等。

【金融改革】 2010年，济宁市银行机构以深化改革为动力，努力提升可持续发展能力。

一、农行济宁分行按照“条线管理、重心下沉、单独核算、激励约束”的改革要求，根据低平台、短流程、高效率、能控险的原则，在准入、授权、担保、激励、核销等方面，建立与三农业务相适应的信贷政策制度体系，进一步扩大基层行的产品研发权，缩短产品研发进程。截至年末，三农事业部组织架构、单独核算体系等机制初步形成。

二、农村合作金融机构改革稳步推进，股权改造进程进一步加快。全市12家机构全部完成股权改造计划，全年累计取消资格股1.82亿元，投资股占股金总额的99.94%。

三、济宁银行为了应对业务快速扩展带来的资本压力，首次采取溢价发行方式募集新股，资本总额突破22亿元，资本充足率达到了20%以上，增强了抗风险能力。为进一步加快规模扩张，继续抢占本地县域市场，分别完成了嘉祥、金乡支行的开业，网点机构覆盖率达到80%。在此基础上，加快实施“走出去”发展战略，枣庄滕州支行开业，标志着该行“立足济宁、面向山东、走向全国”的跨区域发展战略迈出了重要一步。

四、新设机构的筹建及开业工作进展顺利，兴业、恒丰、浦发、招商银行济宁分行和兖矿集团财务公司均顺利开业。

【保险业务】 2010年，济宁市保险系统坚持“科学发展、规范市场、提高服务、稳中求进”的指导思想，积极主动地应对市场运行的新情况、新变化，转方式、调结构、防风险、促发展，保费收入首次突破70亿元大关，连续3年实现30%以上的增长速度。截至年末，全市保险行业累计上缴各项税金2.69亿元。

【精神文明建设】 2010年，济宁市金融系统不断创新工作思路，深入开展丰富多彩的精神文明建设活动，取得良好效果。

一、人行济宁市中支扎实推动精神文明建设。一是广泛开展“荣誉、责任、奉献”主题教育及大讨论活动，牢固树立“新起点、新形象、新业绩”思想，高点定位，务实创新，不断提升履行基层央行职责的能力；二是深入开展了以“比环境看压力、比形象看素质、比贡献看服务”为内容的主题教育活动，激励员工以积极的态度面对工作和学习；三是以深入学习实践科学发展观、促进地方经济金融平稳较快发展为主题，以“科学履职促发展，优化服务比贡献”为载体，稳步开展创建先进基层党组织、争当优秀共产党员活动。该行被市委、市政府授予“双评满意单位”、“对外开放优质服务单位”和市“五一”劳动奖状等荣誉称号；被人总行评为“创新金融服务、支持经济发展”业务竞赛先进单位，被人行济南分行评为2010年度目标管理综合考核先进单位。

二、各金融机构积极开展丰富多彩的精神文明创建活动。一是工行济宁分行在全行宣导了“工于至诚、行以致远”的文化价值理念，倡导和践行以客户为中心的服务理念、以人为本的人才理念和以合规经营为指导的风险理念，进一步提高了品牌形象和服务社会经济的能力；二是中行济宁分行切实加强社会公德、职业道德和个人品德建设；三是建行济宁分行举办了“迎新春文艺联欢晚会”、“情系建行蓝，最美半边天”联欢会及羽毛球、乒乓球、篮球、钓鱼等联谊赛，活跃了职工文化生活；四是农发行济宁分行开展了“行务公开、财务公开、优质服务”活动；五是交行济宁分行在世博会期间开展了“优质服务迎世博——优秀服务案例评选活动”和“世博征文”活动。

【大事记】 1月7日 省农联社在济宁组织召开鲁南五市农信社“调结构促发展首季业务开门红”调度会议。

2月4日 人行济宁市中支召开2010年度工作会议暨纪检监察工作会议，岳隆杰行长作工作报告，纪委书记孙秋生作纪检监察工作报告。

2月21日 工行济宁分行成立大客户金融服务中心。

3月24日 全市金融工作会议召开，人行济宁市中支被市政府授予“2009年度金融发展贡献奖”。

4月16日 兴业银行股份有限公司济宁分行正式成立。

4月20日 恒丰银行股份有限公司济宁分行正式成立。

4月26日 人行济宁市中支代表队在人行济南分行举办的“深化政务公开、推进依法行政”业务竞赛决赛中荣获一等奖，取得“创新金融服务、支持经济发展”业务竞赛开门红。

5月26日 建行济宁分行与济宁市卫生系统举行全面合作签字仪式。

6月18日 人行济宁市中支组织召开济宁市银行业金融机构信息技术经验交流会。市区12家银行的分管行长、科技部门负责人等参加了会议。

6月19日 邮储银行山东省分行公司信贷系统试点上线暨济宁、临沂试办公司信贷业务启动仪式在济宁举行。

7月3日 济宁银行业联合会在市体育馆组织金融产品大联展活动，各市级银行业金融机构参加。

7月28日 外管局山东省分局在人行济宁市中支召开外汇主体管理试点工作座谈会。

8月24日 人行济南分行党委委员、纪委书记辛树人到济宁市调研农村金融服务情况并视察基建工程建设情况。

9月3日~4日 建行总行“创先争优”活动调研组到建行济宁分行进行调研。

9月13日 济宁银行与齐鲁银行签订战略合作协议，引进齐鲁银行作为该行战略投资者。

9月25日 人行济南分行农村信用社改革工作座谈会在济宁市中支召开。

10月13日~14日 外管局山东省分局外汇主体监管试点工作座谈会在济宁邹城召开。

10月27日 人行济宁市中支在鱼台县组织召开全市农村土地承包经营权流转贷款(试点)现场会。

10月29日 浦发银行股份有限公司济宁分行举行开业庆典暨战略合作签约仪式。

11月1日 人行济宁市中支岳隆杰行长在全省旺季现金发行工作会议上作虚拟发行库建设经验介绍。

11月1日 兖矿集团财务有限公司正式成立。

11月12日 人行总行联合调研组到人行济宁市中支开展“地方央行为当地经济发展和改善民生服务情况”调研。

11月16日 建行济宁分行与金乡县政府隆重举行助保金贷款合作签约仪式。

11月16日 人行济宁市中支召开全市2010年社会信用体系建设联席会议。

12月27日 招商银行股份有限公司济宁分行正式成立。

12月31日 济宁市委常委、常务副市长崔洪刚，副市长王次忠等一行莅临人行济宁市中支走访慰问。岳隆杰行长、罗亮森副行长陪同走访慰问了金融、财税部门年终决算人员。

(高 雷 郭晓娟)

兖州市

【经济金融概况】 2010年，兖州市委、市政府认真贯彻落实国家宏观调控各项政策，加快推进经济发展方式转变，经济平稳较快发展的势头进一步巩固，经济总量迈上新台阶。

该市金融机构进一步改进金融服务，加大对地方支柱企业和居民消费的信贷支持力度，在各项贷款均衡投放的基础上，努力调整优化信贷结构，为经济发展营造了良好的金融环境。

【金融发展与改革】 2010年，人行兖州市支行密切与地

兖州市主要经济指标

经济指标	2009	2010	2010年同比增幅(%)	经济指标	2009	2010	2010年同比增幅(%)
土地面积(平方公里)	690	690	0	地方财政支出(亿元)	20.22	23.45	16.0
人口(万人)	62.85	63.28	0.68	全社会固定资产投资(亿元)	126.87	172.03	35.6

续表

经济指标	2009	2010	2010年同比增幅（%）	经济指标	2009	2010	2010年同比增幅（%）
非农业人口（万人）	20.69	28.60	38.23	进出口总值（万美元）	97950	117282	19.7
地区生产总值（亿元）	335.87	392.76	16.2	出口总值（万美元）	30915	37909	22.6
第一产业（亿元）	28.93	34.23	2.8	实际利用外资（万美元）	8329	9515	14.2
第二产业（亿元）	203.36	232.70	16.4	社会消费品零售总额（亿元）	90.10	102.80	19.1
第三产业（亿元）	103.58	125.83	19.0	居民消费价格指数（%）	100.4	102.9	2.49
财政总收入（亿元）	61.64	74.70	21.19	人均地区生产总值（元）	64030	74036	15.63
地方财政收入（亿元）	17.36	20.16	16.1	城镇居民可支配收入（元）	17201	18936	10.1
财政总支出（亿元）	42.43	50.75	19.61	农民人均现金收入（元）	7873	8678	10.2

兖州市主要金融指标

金融指标（亿元）	2009	2010	2010年同比增幅（%）	金融指标（亿元）	2009	2010	2010年同比增幅（%）
本外币存款余额	187.39	217.20	15.91	财险收入	0.84	1.28	52.38
人民币存款余额	184.46	214.30	16.18	寿险收入	4.02	4.50	11.94
企业存款	36.86	34.05	-7.62	财险赔款	0.32	0.42	31.25
储蓄存款	117.47	139.22	18.52	寿险给付	0.88	0.96	9.09
本外币贷款余额	125.38	156.29	24.65	当年结益	—	—	—
人民币贷款余额	123.19	154.23	25.20	证券市场交易总额	107.45	59.86	-44.29
短期贷款	70.09	84.97	21.23	投资者保证金余额	0.45	0.52	15.56
中长期贷款	50.21	62.40	24.28	证券账户开户数	5014	7494	49.46
票据融资	2.89	6.85	137.02	证券交易佣金收入	0.08	0.09	12.50
当年结益	4.01	4.29	6.98	净利润	0.02	0.02	0
不良贷款余额	8.09	7.30	-9.77				

兖州市主要金融机构负责人

单位名称	行长（或其他称谓的第一负责人）	副行长（或其他称谓的同级领导）
人行兖州市支行	谭海燕	范敬彬　侯圣民　杨晓霞
银监会兖州市办事处	郑　涛	
农发行兖州市支行	万鲁峰	赵自力　胡　冰
工行兖州支行	陈志刚	刘　萍　吴　萧　毕可利
农行兖州支行	董　涛	陈　国　李大春
中行兖州支行	刘玉娟	刘　萍　蔡庆运
建行兖州支行	赵振强	王志强　袁　涛　周志广　张　峰
济宁银行兖州支行	何瑞东	郭　建
兖州市农信联社	翟广友	卢敏堂　李　力　徐崇飞　刘　广
邮储银行兖州市支行	乔常勇	沙　磊　马申平

兖州市主要金融机构业务概况

单位：亿元

单位名称	本外币存款余额	企业存款	储蓄存款	本外币贷款余额	短期贷款	中长期贷款
农发行兖州市支行	0.72	0.57	—	8.88	5.70	3.18
工行兖州支行	45.17	7.77	27.04	39.97	20.30	18.72

续表

单位名称	本外币存款余额	企业存款	储蓄存款	本外币贷款余额	短期贷款	中长期贷款
农行兖州支行	31.48	4.62	20.35	28.31	16.50	7.87
中行兖州支行	37.37	7.00	24.98	26.82	13.17	11.51
建行兖州支行	34.29	4.89	18.81	20.49	3.97	16.52
济宁银行兖州支行	8.17	4.04	2.27	4.88	3.99	0.06
兖州市农信联社	40.06	1.86	31.86	25.76	20.67	4.04
邮储银行兖州市支行	17.39	3.29	13.92	1.18	0.68	0.50

方政府部门的联系，充分发挥"窗口指导"作用。一是加大对地方经济的支持力度，积极搭建银企合作平台，多次组织召开经济金融形势分析会、银企座谈会和信贷服务协调会；二是完善信贷支持中小企业的长效机制，积极创新中小企业贸易融资手段和信贷产品，进一步落实扶持中小企业发展的各项政策；三是通过广播电台开设"行风热线"、举办"信用记录关爱日"等活动宣传征信；四是强化措施，积极推动"大联保体"建设，全市农信社组建大联保体 387 个，授信金额 2.68 亿元，同比分别增加 336 个和 2.10 亿元；五是以"三信"评定为载体，狠抓农村信用创建工作。截至年末，全市授牌信用乡镇 2 个，占乡镇总数 30%；授牌信用村 232 个，占行政村总数的 47.2%；授牌信用户 4.8 万户，占农户总数 22.6%；信用户授信总额达 20.80 亿元。

【金融服务与监管】 2010 年，人行兖州市支行紧紧围绕全市经济发展重点和薄弱环节，加大金融服务和创新力度。一是制定了兖州市《金融支持"22616"梯队企业培育工程的指导意见》、《金融支持新型农村社区及农村住房建设的指导意见》等一系列文件；二是针对中小企业在采购、生产、销售等阶段的融资、结算、理财等金融服务需求，督促各金融机构进一步推广实施商品融资贷款、小企业简式快速贷款、速贷通和成长之路等适合中小企业融资的金融产品；三是组织涉农金融机构积极参与市团委"青春建功新农村——农村青年创业"和"青年创业小额贷款"等活动。截至年末，农行、邮储银行、农信社 3 家金融机构累计发放青年创业贷款 780 万元，扶持农村创业青年 207 人，创办经济实体 59 个。

曲阜市

【经济金融概况】 2010 年，曲阜市委、市政府坚持"科学运筹、重点突破、积极作为、跨越发展"的思路，按照"攻坚冲刺年"的要求，积极作为，抓发展、调结构、促转变、惠民生，经济运行保持了平稳较快发展势头。

该市金融机构严格按照"总量适度、节奏平稳、结构优化、风险防范"的总体要求，认真贯彻落实适度宽松的货币政策，着力优化信贷结构，加大对实体经济的信贷投放，金融运行呈现出良好态势。

一、企业存款同比减少。主要原因：一是受"三个办法、一个指引"实施影响，贷款派生存款的比例下降；二是企业两项资金占用增加，资金回笼速度减慢。

曲阜市主要经济指标

经济指标	2009	2010	2010 年同比增幅（%）	经济指标	2009	2010	2010 年同比增幅（%）
土地面积（平方公里）	889.4	889.4	0	地方财政支出（亿元）	13.89	16.91	21.8
人口（万人）	63.69	63.80	0.17	全社会固定资产投资（亿元）	81.98	107.24	31.0
非农业人口（万人）	18.26	27.27	49.34	进出口总值（万美元）	7898	9508	20.4
地区生产总值（亿元）	215.85	235.29	12.1	出口总值（万美元）	7106	7664	7.9
第一产业（亿元）	19.30	24.12	8.1	实际利用外资（万美元）	4051	3153	-22.2
第二产业（亿元）	92.69	95.39	11.9	社会消费品零售总额（亿元）	84.52	92.23	19.1
第三产业（亿元）	103.86	115.78	12.8	居民消费价格指数（%）	100.4	102.9	2.49
财政总收入（亿元）	35.93	55.44	54.30	人均地区生产总值（元）	33880	36865	8.81
地方财政收入（亿元）	8.69	10.77	24.0	城镇居民可支配收入（元）	12839	14011	9.1
财政总支出（亿元）	29.53	47.08	59.43	农民人均现金收入（元）	6610	7402	12.0

曲阜市主要金融指标

金融指标（亿元）	2009	2010	2010年同比增幅（%）	金融指标（亿元）	2009	2010	2010年同比增幅（%）
本外币存款余额	125.11	144.70	15.66	财险收入	0.52	0.73	40.38
人民币存款余额	124.68	143.67	15.23	寿险收入	2.32	3.55	53.02
企业存款	27.44	23.53	-14.25	财险赔款	0.25	0.27	8
储蓄存款	76.39	87.68	14.78	寿险给付	0.47	0.60	27.66
本外币贷款余额	51.49	62.98	22.32	当年结益	--	--	--
人民币贷款余额	51.46	62.98	22.39	证券市场交易总额	83.21	74.5	-10.47
短期贷款	24.05	29.07	20.87	投资者保证金余额	0.60	0.46	-23.33
中长期贷款	21.81	28.60	31.13	证券账户开户数	1136	1988	75.00
票据融资	5.49	5.31	-3.28	证券交易佣金收入	0.15	0.14	-6.67
当年结益	1.85	1.80	-2.70	净利润	0.08	0.07	-12.50
不良贷款余额	3.36	2.75	-18.15				

曲阜市主要金融机构负责人

单位名称	行长（或其他称谓的第一负责人）	副行长（或其他称谓的同级领导）
人行曲阜市支行	王兖宁	王德玉　邢殿法　潘教贞
银监会曲阜市办事处	孔　丽	吴夏红
农发行曲阜市支行	赵德军	孙　莹
工行曲阜支行	孟　彬	徐建国　李　华　胡聚华　卢德仁
农行曲阜支行	王庆武	刘　霞　胡彦亮　何　磊
中行曲阜支行	柴洪树	王其玉　张艳梅
建行曲阜支行	王　强	王　伟　周忠诚
济宁银行曲阜支行	曾凡成	王培岩
曲阜市农信联社	赵　鲁	王钦勋　孔凡娣　颜世川
邮储银行曲阜市支行	任国庆	刘　涛　王良云

曲阜市主要金融机构业务概况

单位：亿元

单位名称	本外币存款余额	企业存款	储蓄存款	本外币贷款余额	短期贷款	中长期贷款
农发行曲阜市支行	0.11	0.10	--	3.70	2.20	1.50
工行曲阜支行	26.65	5.00	11.50	9.50	2.72	6.78
农行曲阜支行	28.96	5.27	18.30	9.03	3.45	5.43
中行曲阜支行	20.91	4.73	9.48	7.27	2.15	5.02
建行曲阜支行	20.75	3.96	10.59	6.45	0.86	5.59
济宁银行曲阜支行	4.88	1.96	1.25	3.56	2.14	0.43
曲阜市农信联社	32.27	1.14	28.97	22.05	14.70	3.28
邮储银行曲阜市支行	9.32	1.37	7.59	1.42	0.85	0.56

二、储蓄存款成为拉动各项存款增长的主导力量，新增储蓄存款11.29亿元，占人民币各项存款新增额的59.45%。

三、信贷投放的稳定性明显增强，对实体经济的支持力度进一步加大。全年贷款投放呈均衡上升态势。其中，短期贷款中单位经营性贷款占比较大，有效满足了实体经济流动资金贷款需求；中长期贷款继续保持增长势头，同比趋于平稳。

【金融发展与改革】 2010 年，人行曲阜市支行认真贯彻国家货币政策，进一步强化窗口指导和政策引导。一是引导辖内各金融机构贯彻“区别对待、有保有压”的货币信贷政策，着力优化信贷结构，创新金融产品，充分发挥信贷对地方经济的支持作用；二是协同政府有关部门，搭建银企合作平台，创新银企合作方式，推进政银企三方合作；三是大力推进金融生态环境建设，引导农信社积极开展信用村、信用户评定。截至年末，全市评选信用户 2.58 万户，占全市农户的 19.9%；信用村 127 个，占全市行政村的 32.1%。

【金融服务与监管】 2010 年，人行曲阜市支行寓监管于服务，进一步提升服务水平和质量。一是继续发挥人民银行的优势，提升服务水平，及时为辖区各金融机构、地方政府及相关部门提供金融数据；二是加强征信宣传与管理，做好贷款卡发放和年审工作；三是提高国库核算质量，同时加强外汇管理，促进外向型经济的稳定发展；四是对农信社存款准备金执行、不良贷款清收和专项票据兑付后的情况进行了全面检查，保障了农信社各项业务的健康发展。

邹城市

【经济金融概况】 2010 年，邹城市紧紧围绕建设“经济强市、文化名市、生态靓市、和谐新市”战略目标，以转变发展方式为核心，以调优结构、转型跨越为主线，解放思想，扎实工作，谱写了科学发展、跨越发展的新篇章。

该市金融运行平稳，各项存款保持了良好的增长态势，

邹城市主要经济指标

经济指标	2009	2010	2010 年同比增幅（%）	经济指标	2009	2010	2010 年同比增幅（%）
土地面积（平方公里）	1387.3	1387.3	0	地方财政支出（亿元）	28.36	35.47	25.1
人口（万人）	114.77	115.70	0.81	全社会固定资产投资（亿元）	183.93	248.48	35.1
非农业人口（万人）	39.34	39.69	0.89	进出口总值（万美元）	9142	16213	77.3
地区生产总值（亿元）	480.88	548.29	12.9	出口总值（万美元）	5242	5323	1.5
第一产业（亿元）	31.39	36.91	3.0	实际利用外资（万美元）	6055	7953	31.3
第二产业（亿元）	296.61	336.04	11.7	社会消费品零售总额（亿元）	129.68	139.81	19.1
第三产业（亿元）	152.88	175.34	17.2	居民消费价格指数（%）	--	--	--
财政总收入（亿元）	58.22	83.65	43.68	人均地区生产总值（元）	42481	48657	14.54
地方财政收入（亿元）	24.56	30.70	25.0	城镇居民可支配收入（元）	17285	19136	10.7
财政总支出（亿元）	32.09	54.57	70.05	农民人均现金收入（元）	7153	8126	13.6

邹城市主要金融指标

金融指标（亿元）	2009	2010	2010 年同比增幅（%）	金融指标（亿元）	2009	2010	2010 年同比增幅（%）
本外币存款余额	346.52	404.33	16.68	财险收入	1.31	1.94	48.09
人民币存款余额	339.11	395.41	16.60	寿险收入	4.10	5.62	37.07
企业存款	113.13	136.86	20.98	财险赔款	0.55	0.61	10.91
储蓄存款	175.61	196.41	11.84	寿险给付	0.82	0.90	9.76
本外币贷款余额	203.91	219.10	7.45	当年结益	--	--	--
人民币贷款余额	185.64	208.48	12.30	证券市场交易总额	310.87	217.67	-29.98
短期贷款	72.58	93.81	29.25	投资者保证金余额	2.82	2.48	-12.06
中长期贷款	96.00	101.17	5.39	证券账户开户数	4081	2780	-31.88
票据融资	17.05	13.50	-20.82	证券交易佣金收入	0.61	0.53	-13.11
当年结益	6.00	6.77	12.83	净利润	0.3	0.37	23.33
不良贷款余额	8.69	5.12	-41.08				

邹城市主要金融机构负责人

单位名称	行长（或其他称谓的第一负责人）	副行长（或其他称谓的同级领导）
人行邹城市支行	韩厚晶	孙广宾　陈玉玲　韩西瑾
银监会邹城市办事处	崔孝国	
农发行邹城市支行	张传弛	孟令贵　尹建民
工行邹城支行	段仰建	赵道峰　吕毅波　尉　星　杨传忠
农行邹城支行	饶爱宝	仲　波　陈　磊　李龙海　张春生
中行邹城支行	王延昶	张德军　刘月生
建行邹城支行	李庆国	徐　锋　刘文荣　付尚军
建行兖州矿区支行	李广志	徐敬东　李　峰　董　晶
建行邹城电力支行	杨建军	赵电波
济宁银行邹城支行	李壮志	张现彬　陈　晨
邹城市农信联社	周龙运	井长锋　亚玉君　郑绪宝　袁守波　杨　莉
邮储银行邹城市支行	范建国	来　波

邹城市主要金融机构业务概况

单位：亿元

单位名称	本外币存款余额	企业存款	储蓄存款	本外币贷款余额	短期贷款	中长期贷款
农发行邹城市支行	0.15	0.15	--	3.20	1.17	2.03
工行邹城支行	95.11	18.92	58.69	57.72	29.74	27.84
农行邹城支行	32.96	6.14	23.23	29..48	8.93	20.55
中行邹城支行	56.53	32.97	14.43	52.11	13.93	28.03
建行邹城支行	72.21	12.66	36.24	27.55	9.20	17.89
济宁银行邹城支行	12.28	2.79	2.62	4.18	3.41	0.66
邹城市农信联社	60.92	3.94	48.62	43.77	26.74	3.77
邮储银行邹城市支行	15.59	3.00	12.58	1.08	0.69	0.39

信贷结构明显优化，对经济的支持力度进一步增强。一是各项存款稳定增长，银行资金环境总体宽松；二是信贷总量平稳增长，信贷结构进一步优化，信贷资金呈现出向“三农”和中小企业倾斜的良好发展态势。

【金融发展与改革】　2010 年，邹城市金融业发展步伐加快，随着兖矿集团财务有限公司的挂牌营业，辖区金融机构发展到 11 家，营业网点 89 家，金融从业人员 1345 人。

【金融服务与监管】　2010 年，人行邹城市支行认真贯彻货币政策，增强传导效果，优化金融生态环境。一是印发《金融支持经济转型指导意见》等系列文件，指导辖区金融机构不断调整和优化信贷结构，加大对重点项目、民生工程以及中小企业、“三农” 等领域的信贷投入；二是积极与政府部门、金融机构联系，通过举办金融知识讲座、科技项目对接会、农民专业合作社信贷资金需求座谈会等，营造良好的信贷运行环境；三是以农村金融生态环境建设为突破口，推动市政府制定《镇街金融生态环境建设考核办法》；四是进一步提升金融服务水平，制定了《创新金融服务方式、促进地方经济发展的实施意见》和《农村支付环境建设全面推进年的工作方案》；五是结合“万村千乡”示范店建设工作，选择经济发达、农副产品交易量大的乡镇，布放 ATM 机和 POS 机等自助终端设施，提高银行卡在农村地区的使用率。

泗水县

【经济金融概况】 2010年，泗水县在巩固经济回升向好势头的同时，努力提高经济发展质量和效益，经济保持了平稳较快的发展态势。

该县金融机构积极贯彻“有保有压、区别对待”的信贷政策，大力优化信贷结构，着力提高信贷资产质量，金融运行

泗水县主要经济指标

经济指标	2009	2010	2010年同比增幅（%）	经济指标	2009	2010	2010年同比增幅（%）
土地面积（平方公里）	1070	1070	0	地方财政支出（亿元）	7.09	10.05	41.7
人口（万人）	61.54	62.03	0.79	全社会固定资产投资（亿元）	34.14	60.85	77.7
非农业人口（万人）	16.29	16.84	3.38	进出口总值（万美元）	14498	17053	17.6
地区生产总值（亿元）	88.43	93.83	14.3	出口总值（万美元）	7628	8987	17.8
第一产业（亿元）	21.53	26.05	3.6	实际利用外资（万美元）	1010	1484	46.9
第二产业（亿元）	39.46	41.34	17.2	社会消费品零售总额（亿元）	38.59	43.75	19.2
第三产业（亿元）	27.44	26.44	18.0	居民消费价格指数（%）	100.4	102.9	2.49
财政总收入（亿元）	14.21	20.38	43.42	人均地区生产总值（元）	16173	17294	6.93
地方财政收入（亿元）	2.09	2.71	30.0	城镇居民可支配收入（元）	10713	11916	11.2
财政总支出（亿元）	12.91	19.08	47.79	农民人均现金收入（元）	4791	5653	18.0

泗水县主要金融指标

金融指标（亿元）	2009	2010	2010年同比增幅（%）	金融指标（亿元）	2009	2010	2010年同比增幅（%）
本外币存款余额	52.08	64.64	24.12	财险收入	0.28	0.43	53.57
人民币存款余额	51.56	64.14	24.40	寿险收入	1.25	1.45	16
企业存款	5.97	8.76	46.73	财险赔款	0.14	0.21	50
储蓄存款	39.50	48.12	21.82	寿险给付	0.14	0.25	78.57
本外币贷款余额	31.44	37.74	20.04	当年结益	--	--	--
人民币贷款余额	30.78	37.58	22.09	证券市场交易总额	--	--	--
短期贷款	23.50	25.81	9.83	投资者保证金余额	--	--	--
中长期贷款	6.17	11.45	85.58	证券账户开户数	--	--	--
票据融资	1.11	0.32	-71.17	证券交易佣金收入	--	--	--
当年结益	0.93	1.24	33.33	净利润	--	--	--
不良贷款余额	2.06	1.04	-49.51				

泗水县主要金融机构负责人

单位名称	行长（或其他称谓的第一负责人）	副行长（或其他称谓的同级领导）
人行泗水县支行	廉　龙	王金生　王　敏
银监会泗水县办事处	朱道工	
农发行泗水县支行	孔令河	王立详
工行泗水支行	张　超	宋雅丽　崔　涛　廉嘉丰
农行泗水支行	刘　炜	王元宏　周　斌　张友平
中行泗水支行	许让波	杜少信　冯宜军
建行泗水支行	郭海涛	石礼佩　陈洪天
泗水县农信联社	范德勇	李巧云　魏　涛　李本志　付亚平　王　豹
邮储银行泗水县支行	邹学珍	李　东

泗水县主要金融机构业务概况

单位：亿元

单位名称	本外币存款余额	企业存款	储蓄存款	本外币贷款余额	短期贷款	中长期贷款
农发行泗水县支行	0.27	0.22	--	1.42	1.04	0.38
工行泗水支行	8.61	1.58	4.93	6.65	2.99	3.66
农行泗水支行	16.37	2.92	11.55	6.70	3.53	3.02
中行泗水支行	6.92	1.18	3.95	2.96	1.66	1.30
建行泗水支行	3.86	0.86	2.05	3.90	1.94	1.97
泗水县农信联社	19.94	0.79	18.49	14.80	13.46	1.02
邮储银行泗水县支行	8.45	1.21	7.14	1.30	1.20	0.10

保持了健康平稳的态势。

【金融发展与改革】 2010年，人行泗水县支行认真贯彻落实适度宽松的货币政策，强化政策引导，加大"窗口指导"力度。一是修订完善了《金融部门业绩考核办法》，进一步强化金融对地方经济的支持力度；二是通过召开金融联席会、金融形势分析会、货币政策宣讲会和金融专题座谈会等，及时传导货币政策，引导金融机构合理安排信贷投放；三是通过举办"泗水县与市金融部门新春茶话会"等活动，改进银企合作方式，推动银企对接；四是召开现场会，推动农村信用工程建设。截至年末，全县评定信用乡镇3个、信用村219个、信用户59976户，建立农户电子化信用档案8500户，采集中小企业信息526户。

【金融服务与监管】 2010年，人行泗水县支行认真履行央行服务职能，进一步优化金融生态环境，为地方经济发展提供了良好的金融运行环境。一是组织金融机构开展优质服务竞赛活动，并聘请人大、政协、企业及相关部门的12名代表作为竞赛活动的社会监督员；二是制定了《农村支付服务环境建设全面推进年工作方案》，组织金融部门开展知识宣传；三是联合县经信局，组织召开由企业负责人和财务负责人参加的全县"网上银行"业务推广培训班；四是优化信用卡使用环境，积极推广信用卡，共发放借记卡29.65万张、贷记卡2.15万张；五是利用元宵灯会、桃花节等多种时机，开展货币政策、金融知识、信贷产品和征信知识等宣传；六是协助金融机构化解不良贷款0.77亿元。

微山县

【经济金融概况】 2010年，微山县委、县政府立足资源优势、融入淮海经济，不断推进产业培植、旅游开发、城市建设、生态保护4项重点，经济增长继续保持回升态势，实现经济速度效益"双提升"。

该县各金融机构根据扩内需、保增长、调结构要求，紧紧

微山县主要经济指标

经济指标	2009	2010	2010年同比增幅(%)	经济指标	2009	2010	2010年同比增幅(%)
土地面积(平方公里)	1591.3	1591.3	0	地方财政支出(亿元)	14.18	18.06	27.4
人口(万人)	71.9	71.9	0	全社会固定资产投资(亿元)	91.22	121.77	33.5
非农业人口(万人)	15.34	17.31	12.84	进出口总值(万美元)	4792	5783	20.7
地区生产总值(亿元)	213.65	243.7	14.1	出口总值(万美元)	4204	4351	3.5
第一产业(亿元)	24.38	27.87	1.5	实际利用外资(万美元)	2117	1270	-40.0
第二产业(亿元)	107.67	122.95	13.5	社会消费品零售总额(亿元)	53.48	61.69	19.2
第三产业(亿元)	81.60	92.88	18.3	居民消费价格指数(%)	105.2	105.2	0.96
财政总收入(亿元)	33.52	41.02	22.37	人均地区生产总值(元)	32459	37672	16.06
地方财政收入(亿元)	11.06	14.00	26.6	城镇居民可支配收入(元)	17578	18656	7.7
财政总支出(亿元)	20.01	21.90	9.45	农民人均现金收入(元)	6486	7530	16.1

微山县主要金融指标

金融指标（亿元）	2009	2010	2010 年同比增幅（%）	金融指标（亿元）	2009	2010	2010 年同比增幅（%）
本外币存款余额	114.71	128.16	11.73	财险收入	0.53	0.73	37.74
人民币存款余额	114.58	128.10	11.80	寿险收入	2.23	2.82	26.46
企业存款	29.61	29.37	-0.81	财险赔款	0.29	0.26	-10.34
储蓄存款	63.22	69.71	10.27	寿险给付	0.31	0.26	-16.13
本外币贷款余额	52.73	66.26	25.66	当年结益	—	—	—
人民币贷款余额	52.68	66.26	25.78	证券市场交易总额	—	—	—
短期贷款	41.45	51.12	23.33	投资者保证金余额	—	—	—
中长期贷款	5.92	11.47	93.75	证券账户开户数	—	—	—
票据融资	5.31	3.66	-31.07	证券交易佣金收入	—	—	—
当年结益	1.51	2.04	35.10	净利润	—	—	—
不良贷款余额	2.90	2.20	-24.14				

微山县主要金融机构负责人

单位名称	行长（或其他称谓的第一负责人）	副行长（或其他称谓的同级领导）
人行微山县支行	崔　健	李瑞田　孙海波　蔡　靖
银监会微山县办事处	李体提	
农发行微山县支行	宋秀华	李承德
工行微山支行	侯代立	张海生　史孝全　王吉魁　张　震
农行微山支行	高中军	李发春　高新德
中行微山支行	许让波	马利民　马厚勇
建行微山支行	王昭华	刘　彪　孙茂峰　刘倩儒
济宁银行微山支行	官　振	卢　宾　冯　刚　石义军
微山县农信联社	王嗣水	亓志勇　苏　强　崔伦旺
邮储银行微山县支行	杨冠东	王先明　刘何勤

微山县主要金融机构业务概况

单位：亿元

单位名称	本外币存款余额	企业存款	储蓄存款	本外币贷款余额	短期贷款	中长期贷款
农发行微山县支行	0.47	0.27	—	3.08	1.33	1.75
工行微山支行	21.00	4.30	7.65	6.63	5.36	1.27
农行微山支行	26.84	7.63	15.92	9.31	7.81	1.37
中行微山支行	13.28	4.72	5.02	4.61	2.28	1.26
建行微山支行	11.04	2.35	5.78	4.35	1.42	2.93
济宁银行微山支行	6.36	2.39	1.01	5.48	1.90	1.12
微山县农信联社	38.59	5.68	26.39	31.76	30.31	1.45
邮储银行微山县支行	10.22	2.03	7.94	1.05	0.73	0.32

围绕县域经济结构调整重点，适时扩大信贷投放，为县域经济发展提供了强有力的信贷资金支持。

【金融发展与改革】 2010年，微山县各金融机构全面推进各项改革，金融运行效率稳步提高。一是农信社逐步建立健全了可持续发展的内控管理和法人治理长效发展机制，经营决策与监督制约相互制衡的运行机制得到进一步完善；二是农行微山支行根据“面向三农、整体改制、商业运作、择机上市”的要求，进行了“三农金融事业部”改革试点；三是济宁银行、邮储银行微山县支行不断发展壮大，市场份额明显提高，服务功能明显改善。

【金融服务与监管】 2010年，微山县金融机构认真贯彻实施适度宽松的货币政策，积极创新金融产品，努力提升金融服务水平。一是通过举办银企对接会、项目推介会等，解决银行“难贷款”、企业“贷款难”问题，共有8家金融机构与12家企业签订了总额达6.9亿元的贷款协议；二是为破解航运企业（户）融资瓶颈，金融机构开办了船舶抵押贷款业务，全年共办理252笔、金额1.05亿元；三是农信社以中小企业为单位建立大联保体22个，发放大联保体贷款1.25亿元；四是邮储银行微山县支行在全市率先建立了大学生“村官”信贷协理员制度，人行济宁市中支把微山县确定为金融支持大学生“村官”创业富民试点县；五是为贯彻执行国家4部委《关于完善小额担保贷款财政贴息政策、推动妇女创业就业工作的通知》精神，于8月举行了该县妇女创业担保贴息贷款启动仪式。

2010年，微山县金融监管部门不断更新监管理念，努力创新监管方式，以提高监管有效性为中心，提高服务水平，全力推动银行改革和创新，确保辖区银行业在改革中稳步发展。

鱼台县

【经济金融概况】 2010年，鱼台县委、县政府实施工业立县、项目带动战略，凝心聚力、科学务实，经济保持了持续、快速、健康发展的良好势头。

各金融系统以创新求发展，围绕重点项目、支柱产业和民生工程三大领域，深入优化信贷结构，为全县经济“转方

鱼台县主要经济指标

经济指标	2009	2010	2010年同比增幅（%）	经济指标	2009	2010	2010年同比增幅（%）
土地面积（平方公里）	628	628	0	地方财政支出（亿元）	6.73	9.55	41.9
人口（万人）	46.69	47.09	0.86	全社会固定资产投资（亿元）	73.89	96.84	31.1
非农业人口（万人）	7.91	8.23	4.05	进出口总值（万美元）	1900	2930	54.2
地区生产总值（亿元）	92.11	93.97	12.0	出口总值（万美元）	1891	2860	51.2
第一产业（亿元）	20.00	24.69	6.1	实际利用外资（万美元）	1643	1600	-2.6
第二产业（亿元）	41.48	40.23	13.0	社会消费品零售总额（亿元）	38.70	46.48	19.2
第三产业（亿元）	30.63	29.05	14.5	居民消费价格指数（%）	100.4	102.9	2.49
财政总收入（亿元）	10.51	13.65	29.88	人均地区生产总值（元）	21587	21705	0.55
地方财政收入（亿元）	3.23	4.21	30.2	城镇居民可支配收入（元）	12419	13995	12.7
财政总支出（亿元）	7.57	9.41	24.31	农民人均现金收入（元）	6354	7427	16.9

鱼台县主要金融指标

金融指标（亿元）	2009	2010	2010年同比增幅（%）	金融指标（亿元）	2009	2010	2010年同比增幅（%）
本外币存款余额	43.16	55.48	28.54	财险收入	0.53	0.78	47.17
人民币存款余额	43.10	54.66	26.82	寿险收入	0.34	2.18	541.18
企业存款	5.15	6.50	26.21	财险赔款	2.09	0.33	-84.21
储蓄存款	31.58	41.33	30.87	寿险给付	0.31	0.31	0
本外币贷款余额	19.28	24.27	25.88	当年结益	--	--	--
人民币贷款余额	19.28	23.61	22.46	证券市场交易总额	--	--	--
短期贷款	13.73	16.11	17.33	投资者保证金余额	--	--	--
中长期贷款	4.62	6.95	50.43	证券账户开户数	--	--	--

续表

金融指标（亿元）	2009	2010	2010 年同比增幅（%）	金融指标（亿元）	2009	2010	2010 年同比增幅（%）
票据融资	0.93	0.55	-40.86	证券交易佣金收入	--	--	--
当年结益	0.56	0.52	-7.14	净利润	--	--	--
不良贷款余额	3.72	1.11	-70.16				

鱼台县主要金融机构负责人

单位名称	行长（或其他称谓的第一负责人）	副行长（或其他称谓的同级领导）
人行鱼台县支行	宋　辉	静圣民　高奎昌　穆怀玲
农发行鱼台县支行	宋传蔼	岳修忠
工行鱼台支行	王　斌	屈耀敏　于向阳
农行鱼台支行	姚荣国	王洪波　宋孔杰　王翠花
中行鱼台支行	卜庆凯	王兆旭　聂成旺
建行鱼台支行	宋斌亭	翟庆华　陈顺利
鱼台县农信联社	张　棣	刘广众　张明路　杨新庆　胡　峰　卜　芳
邮储银行鱼台县支行	孔祥前	张冬梅

鱼台县主要金融机构业务概况

单位：亿元

单位名称	本外币存款余额	企业存款	储蓄存款	本外币贷款余额	短期贷款	中长期贷款
农发行鱼台县支行	0.05	0.03	--	1.42	1.15	0.27
工行鱼台支行	3.63	0.55	1.89	1.10	0.73	0.37
农行鱼台支行	11.15	2.05	7.41	2.65	2.12	0.07
中行鱼台支行	5.35	1.52	3.23	3.10	0.52	2.33
建行鱼台支行	5.37	0.94	2.27	0.99	0.24	0.75
鱼台县农信联社	18.17	0.34	16.62	13.30	10.33	2.47
邮储银行鱼台县支行	11.10	1.07	9.92	1.70	1.01	0.69

式、调结构”提供了良好的金融运行环境。

【金融发展与改革】 2010 年，人行鱼台县支行积极发挥“窗口指导”作用，引导各金融机构按照“有保有压，区别对待”的信贷政策，加大对地方经济的支持力度。一是通过举办银企推介和恳谈会，加大对新能源、新材料、新医药、新信息和低碳经济等战略性新兴产业的信贷支持力度；二是创新开办农村土地承包经营权抵押贷款，该项工作获“2010 年人行济宁市中支工作创新项目一等奖”；三是结合当地实际，督促金融机构积极开办第三方监管抵押贷款和大米加工户联保贷款；四是深入落实小额担保贷款政策，支持下岗失业人员、妇女、大学生等创业；五是完善《金融机构支持地方经济发展考核奖惩办法》，并对金融机构贯彻执行货币信贷政策效果进行评价。

【金融服务与监管】 2010 年，人行鱼台县支行认真履行职能，不断提高金融管理和服务水平。一是开展“征信监管年”活动，做好“三信”评定工作，金融生态环境进一步优化；二是开展了货币信贷政策执行、征信管理、金融统计等现场检查，保障金融机构稳健运行；三是扎实推进农村支付环境建设和统计监测工作，全面提升金融服务水平。

金乡县

【经济金融概况】 2010年，金乡县委、县政府紧紧围绕"观念上层次、发展提速度、社会促和谐"的工作思路，进一步解放思想，加快发展，全县经济强劲回升，发展速度明显提高。

该县金融机构紧紧围绕重点项目、支柱产业和民生工程

金乡县主要经济指标

经济指标	2009	2010	2010年同比增幅（%）	经济指标	2009	2010	2010年同比增幅（%）
土地面积（平方公里）	790	790	0	地方财政支出（亿元）	7.33	11.84	62.6
人口（万人）	63.41	64.14	1.15	全社会固定资产投资（亿元）	33.11	50.23	51.7
非农业人口（万人）	9.80	10.32	5.31	进出口总值（万美元）	21092	43419	105.9
地区生产总值（亿元）	97.74	103.09	12.9	出口总值（万美元）	21058	43413	106.2
第一产业（亿元）	33.30	35.44	-8.3	实际利用外资（万美元）	1068	1180	10.5
第二产业（亿元）	30.90	29.85	23.6	社会消费品零售总额（亿元）	42.10	45.90	19.2
第三产业（亿元）	33.54	37.80	18.6	居民消费价格指数（%）	107.3	115.2	7.36
财政总收入（亿元）	16.43	25.18	53.26	人均地区生产总值（元）	15522	16397	5.64
地方财政收入（亿元）	2.16	3.26	50.6	城镇居民可支配收入（元）	12648	14026	10.9
财政总支出（亿元）	14.96	23.67	58.22	农民人均现金收入（元）	6691	8030	20.0

金乡县主要金融指标

金融指标（亿元）	2009	2010	2010年同比增幅（%）	金融指标（亿元）	2009	2010	2010年同比增幅（%）
本外币存款余额	71.77	102.08	42.23	财险收入	0.43	0.81	88.37
人民币存款余额	71.62	101.92	42.31	寿险收入	2.86	3.53	23.43
企业存款	7.93	9.92	25.09	财险赔款	0.19	0.25	31.58
储蓄存款	54.71	80.43	47.01	寿险给付	0.31	0.37	19.35
本外币贷款余额	41.38	52.71	27.38	当年结益	—	—	—
人民币贷款余额	41.38	52.71	27.38	证券市场交易总额	—	—	—
短期贷款	20.08	22.76	13.35	投资者保证金余额	—	—	—
中长期贷款	19.29	27.95	44.89	证券账户开户数	—	—	—
票据融资	2.02	2.00	-0.99	证券交易佣金收入	—	—	—
当年结益	1.00	1.53	53	净利润	—	—	—
不良贷款余额	6.07	2.51	-58.65				

金乡县主要金融机构负责人

单位名称	行长（或其他称谓的第一负责人）	副行长（或其他称谓的同级领导）
人行金乡县支行	陈爱芳	杨志华　孙　伟　陈　磊
银监会金乡县办事处	杨清源	
农发行金乡县支行	吕计喜	胡爱国　李伟秀
工行金乡支行	孟昭贤	苑修广　胡新磊
农行金乡支行	崔云田	王思峰　李卫东　孔凡群

续表

单位名称	行长（或其他称谓的第一负责人）	副行长（或其他称谓的同级领导）
中行金乡支行	刘　济	杨　宇　唐　燕
建行金乡支行	王大伟	聂　磊　王　艳　王兴峰　李安霞
济宁银行金乡支行	权志辉	商敬国
金乡县农信联社	谢国林	程　光　刘修福　胡爱中　刘国前
邮储银行金乡县支行	刘显峰	梁延峰　石金鼎

金乡县主要金融机构业务概况

单位：亿元

单位名称	本外币存款余额	企业存款	储蓄存款	本外币贷款余额	短期贷款	中长期贷款
农发行金乡县支行	0.24	0.04	--	2.34	1.84	0.50
工行金乡支行	11.64	1.96	7.95	5.89	1.95	3.94
农行金乡支行	19.92	3.04	13.60	5.58	3.53	2.03
中行金乡支行	6.34	0.99	2.60	10.25	0.94	9.31
建行金乡支行	11.00	1.62	6.10	8.02	1.37	6.64
金乡县农信联社	35.07	0.86	33.80	19.03	12.38	4.67
邮储银行金乡县支行	17.84	1.42	16.37	1.61	0.74	0.86

三大领域，持续加大信贷投入，各项存、贷款等指标实现了历史性突破，金融机构盈利能力明显增强。截至年末，全县金融机构实现利润总额 0.96 亿元，同比增长 87.7%。

【金融发展与改革】　2010 年，金乡县金融改革与发展取得了显著成效。一是济宁银行金乡支行正式挂牌成立；二是农发行金乡县支行的基础设施贷款、商业贷款业务逐步扩大；三是农行金乡支行成功进入“三农金融事业部”改革试点名单；四是邮储银行金乡县支行小企业贷款试点取得进展，全县邮储银行小企业贷款户达 14 户，贷款余额 0.31 亿元；五是金融机构先后推出企业信用共同体、助保金贷款、集体土地“租改征”贷款等 7 种信贷创新模式，全县累计发放金融创新贷款 4.75 亿元。

【金融服务与监管】　2010 年，人行金乡县支行以服务促监管，确保了辖内金融稳定。一是借鉴先进地区成功经验，大力推进金融基础设施建设，提升城乡支付结算环境，辖区金融生态环境进一步改善；二是先后组织 3 次银企对接活动，银企双方签订贷款意向金额 9.5 亿元，年末资金全部到位；三是对金乡县农信社、邮储银行金乡县支行开展金融统计执法检查和信贷政策执行情况检查，有效维护金融秩序。

嘉祥县

【经济金融概况】　2010 年，嘉祥县委、县政府主动适应宏观经济环境新变化，全力做好改革、发展和稳定的各项工作，确保了全县经济不断向好的持续发展。

该县金融系统根据“总量适度、优化结构、把握节奏、防范风险”的总体要求，认真贯彻执行适度宽松的货币政策，把握信贷投放节奏，较好地满足了实体经济的信贷需求。

【金融发展与改革】　2010 年，嘉祥县金融系统进一步深化改革。一是农行积极探索面向“三农”和商业运作相结合的有效途径，以服务创新和事业部制改革试点为主线，以“惠农卡”为依托，不断增加对“三农”的信贷投放；二是农信社改革后续考核继续进行，资本充足率同比提高，盈利能力增强；三是嘉祥县辰祥小额贷款公司的成立和济宁兴业担保公司嘉祥分公司的设立，有效缓解了中小企业贷款难和贷款担保难的问题。

【金融服务与监管】　2010 年，人行嘉祥县支行进一步加强“窗口指导”，促进信贷总量的合理增长。一是加快经济结构调整，制定了《优化信贷结构、提升货币政策执行效果监测

嘉祥县主要经济指标

经济指标	2009	2010	2010年同比增幅（%）	经济指标	2009	2010	2010年同比增幅（%）
土地面积（平方公里）	1008.2	1008.2	0	地方财政支出（亿元）	11.57	13.46	16.3
人口（万人）	83.42	86.95	4.23	全社会固定资产投资（亿元）	68.64	90.63	32.0
非农业人口（万人）	10.66	14.81	38.93	进出口总值（万美元）	6900	8999	30.4
地区生产总值（亿元）	141.18	154.98	12.3	出口总值（万美元）	5597	6742	20.5
第一产业（亿元）	19.56	23.59	3.2	实际利用外资（万美元）	1125	1287	14.4
第二产业（亿元）	80.98	82.48	13.3	社会消费品零售总额（亿元）	48.72	51.86	19.1
第三产业（亿元）	40.64	48.91	14.1	居民消费价格指数（%）	105.4	--	--
财政总收入（亿元）	20.46	28.96	41.54	人均地区生产总值（元）	17557	19073	7.51
地方财政收入（亿元）	5.03	6.29	25.05	城镇居民可支配收入（元）	12100	13856	14.5
财政总支出（亿元）	14.60	21.29	45.82	农民人均现金收入（元）	6076	7014	15.44

嘉祥县主要金融指标

金融指标（亿元）	2009	2010	2010年同比增幅（%）	金融指标（亿元）	2009	2010	2010年同比增幅（%）
本外币存款余额	78.19	106.75	36.53	财险收入	0.42	0.73	73.81
人民币存款余额	78.09	106.62	36.53	寿险收入	2.51	3.55	41.43
企业存款	8.01	10.92	36.33	财险赔款	0.30	0.30	0
储蓄存款	65.64	86.33	31.52	寿险给付	0.46	0.54	17.39
本外币贷款余额	39.73	48.19	21.29	当年结益	--	--	--
人民币贷款余额	39.65	48.19	21.54	证券市场交易总额	--	--	--
短期贷款	25.35	25.04	-1.22	投资者保证金余额	--	--	--
中长期贷款	10.68	17.75	66.20	证券账户开户数	--	--	--
票据融资	3.62	5.40	49.17	证券交易佣金收入	--	--	--
当年结益	1.58	1.00	-36.71	净利润	--	--	--
不良贷款余额	7.49	5.19	-30.71				

嘉祥县主要金融机构负责人

单位名称	行长（或其他称谓的第一负责人）	副行长（或其他称谓的同级领导）
人行嘉祥县支行	贾 杰	唐 军 马生勇 杜 平
银监会嘉祥县办事处	陈新成	李继环
农发行嘉祥县支行	李春生	杨柄运
工行嘉祥支行	孙 强	常九坤 李海滨
农行嘉祥支行	王乃玺	李爱国 张红光 高贤军
中行嘉祥支行	田 文	李 琦 王雪梅
建行嘉祥支行	袁中立	闫兴东
济宁银行嘉祥支行	陈 亮	张德庆
嘉祥县农信联社	高远志	路 伟 党万辉 玄俊峰
邮储银行嘉祥县支行	张良民	宋起龙

嘉祥县主要金融机构业务概况

单位：亿元

单位名称	本外币存款余额	企业存款	储蓄存款	本外币贷款余额	短期贷款	中长期贷款
农发行嘉祥县支行	0.09	0.03	--	2.89	2.57	0.32
工行嘉祥支行	6.09	0.89	4.77	0.58	0.25	0.33
农行嘉祥支行	22.56	2.92	18.15	8.79	2.91	5.87
中行嘉祥支行	7.36	2.18	3.36	1.54	0.79	0.74
建行嘉祥支行	16.78	2.01	10.97	7.90	0.73	7.16
济宁银行嘉祥支行	1.33	0.59	0.54	0.82	0.77	--
嘉祥县农信联社	36.45	0.11	35.12	24.82	16.34	3.14
邮储银行嘉祥县支行	15.90	2.19	13.42	0.85	0.69	0.17

评价办法》；二是通过编发《货币政策信息》和《呈阅件》、组织召开金融运行形势分析会等方式，主动加强与地方政府及相关部门的信息沟通；三是搭建政银企合作交流平台，引导金融机构进一步提高服务效率和综合服务水平；四是圆满完成对农信社准备金执行、票据后续考核情况的检查，有力地促进了货币政策的贯彻执行。

汶上县

【经济金融概况】 2010年，汶上县委、县政府紧紧围绕“经济强县、文化名县、生态优县”建设目标，在巩固经济回升向好势头的同时，着力转方式、调结构，推进战略转型，经济保持了回升向好、快速发展的良好态势。

全县金融运行健康平稳。其特点：一是各项存款增量、增速创历史新高；二是贷款向“三农”、新农村建设倾斜力度进一步增强，信贷结构明显优化。

【金融发展与改革】 2010年，人行汶上县支行积极加强

汶上县主要经济指标

经济指标	2009	2010	2010年同比增幅（%）	经济指标	2009	2010	2010年同比增幅（%）
土地面积（平方公里）	762.3	762.3	0	地方财政支出（亿元）	10.42	12.19	16.2
人口（万人）	76.86	77.57	0.92	全社会固定资产投资（亿元）	73.10	97.59	33.5
非农业人口（万人）	39.72	12.7	-68.03	进出口总值（万美元）	4630	5524	19.3
地区生产总值（亿元）	126.96	149.02	13.6	出口总值（万美元）	4009	4656	16.1
第一产业（亿元）	23.51	28.50	4.0	实际利用外资（万美元）	1460	1576	7.9
第二产业（亿元）	65.41	78.52	13.4	社会消费品零售总额（亿元）	45.80	53.07	19.2
第三产业（亿元）	38.04	42.00	19.4	居民消费价格指数（%）	100.2	102.9	2.69
财政总收入（亿元）	19.91	26.86	34.91	人均地区生产总值（元）	17643	21172	16.29
地方财政收入（亿元）	4.32	5.35	24.0	城镇居民可支配收入（元）	13502	15017	11.2
财政总支出（亿元）	15.07	20.93	38.89	农民人均现金收入（元）	6060	6973	15.1

汶上县主要金融指标

金融指标（亿元）	2009	2010	2010年同比增幅（%）	金融指标（亿元）	2009	2010	2010年同比增幅（%）
本外币存款余额	77.39	95.93	23.96	财险收入	0.50	0.71	42
人民币存款余额	77.34	95.85	23.93	寿险收入	2.18	2.60	19.27
企业存款	13.10	10.17	-22.37	财险赔款	0.25	0.40	60

续表

金融指标（亿元）	2009	2010	2010年同比增幅（%）	金融指标（亿元）	2009	2010	2010年同比增幅（%）
储蓄存款	56.09	73.17	30.45	寿险给付	0.46	0.45	-2.17
本外币贷款余额	38.40	49.40	28.65	当年结益	--	--	--
人民币贷款余额	38.37	49.37	28.67	证券市场交易总额	--	--	--
短期贷款	25.96	27.95	7.67	投资者保证金余额	--	--	--
中长期贷款	9.98	18.20	82.36	证券账户开户数	--	--	--
票据融资	2.42	3.21	32.64	证券交易佣金收入	--	--	--
当年结益	1.04	1.13	8.65	净利润	--	--	--
不良贷款余额	6.09	3.53	-42.04				

汶上县主要金融机构负责人

单位名称	行长（或其他称谓的第一负责人）	副行长（或其他称谓的同级领导）
人行汶上县支行	丁振江	马广成　刘素萍　徐宝祥
农发行汶上县支行	崔保才	胡兆海　颜　军
工行汶上支行	王则志	李继顺　孙新建
农行汶上支行	吴　松	开瑞彬　赵恩华　胡爱华
中行汶上支行	蒋　涛	吴　镝
建行兖州支行	满　枫	高恩锋　孙德全　杜万胜　方健飞
济宁银行汶上支行	刘志刚	李继民
汶上县农信联社	蒋　伟	王成峰　薛　兵　刘　华　郑海军
邮储银行汶上县支行	迟新辉	张洪龙

汶上县主要金融机构业务概况

单位：亿元

单位名称	本外币存款余额	企业存款	储蓄存款	本外币贷款余额	短期贷款	中长期贷款
农发行汶上县支行	0.12	0.09	--	2.44	2.20	0.24
工行汶上支行	9.47	1.59	4.76	7.91	1.02	6.88
农行汶上支行	20.99	3.55	16.73	5.44	2.62	2.70
中行汶上支行	7.39	1.84	3.45	4.52	0.13	4.34
建行汶上支行	5.68	1.23	2.75	1.07	0.13	0.94
济宁银行汶上支行	2.89	0.47	0.70	1.90	1.83	--
汶上县农信联社	37.06	0.04	35.18	25.06	19.25	2.80
邮储银行汶上县支行	11.76	1.37	9.60	1.08	0.77	0.31

“窗口”指导，引导金融机构不断加大对地方经济的支持力度，实现了经济与金融的协调发展。一是多次组织召开全县金融和融资工作会议；二是开展大规模的信用评定工作，召开了“信用企业、信用村、信用户评选表彰大会”；三是组织召开政银企合作推进会，推介贷款项目 83 个，项目总投资 150 多亿元；四是针对农村经济发展实际，开办了农房抵押贷

款业务。

【金融服务与监管】 2010年，汶上县金融系统立足地方经济发展实际，强化金融生态环境建设，较好地实现了落实宏观调控措施与促进经济发展的协调统一。一是继续做好农信社改革工作，推动农信社各项业务健康发展；二是加大对县域经济特点调查研究力度，及时发现、解决金融运行中出现的新情况和新问题；三是认真履行人民银行监管职责，对商业银行、信用社的征信、金融统计和外汇等业务进行了检查监督，保障了全县金融秩序的稳定。

梁山县

【经济金融概况】 2010年，梁山县委、县政府以提质增效、跨越赶超为首要任务，以转方式、调结构为主攻方向，以转变作风、提高效能为根本保障，锐意开拓创新，经济实力、发展活力和区域竞争力不断增强。

全县金融机构按照“总量控制、节奏平衡、结构优化、风险防范”的总体要求积极支持地方经济发展，信贷投放节奏平稳，信贷总量合理增长，金融运行态势良好。

【金融发展与改革】 2010年，人行梁山县支行引导辖内金融机构按照“有扶有控”的要求，积极优化信贷结构，促进地方经济发展。一是制订货币信贷工作意见，进一步加大对辖内金融工作的监测、分析和指导；二是积极搭建银企合作平台，开展金融产品推介等银企对接活动；三是通过在全辖范围内评定“信用户”和“信用村”，进一步优化金融生态环境；四是组织召开金融机构联席会和经济金融形势分析会，

梁山县主要经济指标

经济指标	2009	2010	2010年同比增幅（%）	经济指标	2009	2010	2010年同比增幅（%）
土地面积（平方公里）	963.9	963.9	0	地方财政支出（亿元）	8.81	12.23	38.9
人口（万人）	75.14	78.39	4.33	全社会固定资产投资（亿元）	62.46	82.10	31.4
非农业人口（万人）	11.38	12.17	6.94	进出口总值（万美元）	1368	2159	57.8
地区生产总值（亿元）	127.93	149.14	14.0	出口总值（万美元）	1222	1860	52.2
第一产业（亿元）	26.27	32.62	6.2	实际利用外资（万美元）	1193	1266	6.1
第二产业（亿元）	68.61	77.90	15.6	社会消费品零售总额（亿元）	42.51	47.55	19.40
第三产业（亿元）	33.05	38.62	15.4	居民消费价格指数（%）	100.4	102.9	2.49
财政总收入（亿元）	13.38	16.56	23.77	人均地区生产总值（元）	18478	20919	13.21
地方财政收入（亿元）	2.45	3.48	42.00	城镇居民可支配收入（元）	11694	13485	15.3
财政总支出（亿元）	11.12	13.17	18.44	农民人均现金收入（元）	5876	6798	15.7

梁山县主要金融指标

金融指标（亿元）	2009	2010	2010年同比增幅（%）	金融指标（亿元）	2009	2010	2010年同比增幅（%）
本外币存款余额	88.76	111.99	26.17	财险收入	0.45	0.85	88.89
人民币存款余额	88.42	111.85	26.50	寿险收入	2.85	3.51	23.16
企业存款	8.77	11.09	26.45	财险赔款	0.27	0.31	14.81
储蓄存款	69.77	84.31	20.84	寿险给付	0.35	0.33	-5.71
本外币贷款余额	29.12	40.01	37.40	当年结益	--	--	--
人民币贷款余额	29.09	40.01	37.54	证券市场交易总额	--	--	--
短期贷款	22.03	25.83	17.25	投资者保证金余额	--	--	--
中长期贷款	6.54	12.65	93.43	证券账户开户数	--	--	--
票据融资	0.53	1.53	188.68	证券交易佣金收入	--	--	--
当年结益	1.15	1.36	18.26	净利润	--	--	--
不良贷款余额	6.32	4.42	-30.06				

梁山县主要金融机构负责人

单位名称	行长（或其他称谓的第一负责人）	副行长（或其他称谓的同级领导）
人行梁山县支行	孔令柱	颜景轩　王建民　黄淑娟
银监会梁山县办事处	魏红霞	
农发行梁山县支行	马习广	
工行梁山支行	张延文	裴洪涛　刘仰峰
农行梁山支行	冯　伟	张志磊　刘性波　王　东
中行梁山支行	展建鲁	赵永银　孔卫东
建行梁山支行	王宪伟	李同新
济宁银行梁山支行	王文丰	杨凤言
梁山县农信联社	孙启勇	张志同　任国强　刘永清　徐　智　宋旭东
邮储银行梁山县支行	孔祥前	刘朝辉　郭鲁闽

梁山县主要金融机构业务概况

单位：亿元

单位名称	本外币存款余额	企业存款	储蓄存款	本外币贷款余额	短期贷款	中长期贷款
农发行梁山县支行	0.56	0.17	--	1.52	1.52	--
工行梁山支行	28.53	4.50	18.06	9.02	3.99	5.03
农行梁山支行	24.27	2.36	20.37	4.23	3.95	0.28
中行梁山支行	5.92	0.83	2.82	2.10	0.23	1.86
建行梁山支行	7.19	1.41	4.55	1.76	0.15	1.61
济宁银行梁山支行	4.32	0.56	0.86	2.23	1.87	0.36
梁山县农信联社	27.93	0.18	26.81	17.91	13.29	3.10
邮储银行梁山县支行	12.96	1.08	10.84	1.24	0.83	0.41

引导金融机构为县域经济发展提供信贷支持。

【金融服务与监管】　2010年，人行梁山县支行进一步强化金融服务与监管。一是通过定期召开金融工作座谈会等，及时向地方政府和金融机构传达国家宏观调控政策信息；二是引导金融机构按照“有保有压、区别对待”的政策，加大对“三农”和中小企业的信贷支持；三是进一步规范征信系统操作流程，改进服务水平，做好贷款卡的发放和年审工作；四是认真履行人民银行监管职责，对辖内银行业金融机构的征信、金融统计、外汇等业务进行全面检查，稳定了全县的金融秩序。

（高　雷　郭晓娟）

临沂市

【经济金融概况】　2010年，临沂市金融机构合理增加信贷投放，大力优化信贷结构，全力支持全市经济“转方式，调结构”和“工业发展年”活动，全年较好地实现了货币信贷“总量适度、节奏平稳”的目标任务，为经济平稳较快发展提供了良好的金融环境。

一、异地贷款持续加速流入。通过开展多层次、有针对性的

临沂市经济主要统计指标

指标 \ 年度	2006	2007	2008	2009	2010	2010年同比增幅（%）
土地面积（平方公里）	17184.1	17184.1	17184.1	17184.1	17184.1	0
人口（万人）	1022.73	1027.5	1034.5	1041.5	1072.6	2.93
非农业人口（万人）	—	—	—	—	—	—
地区生产总值（亿元）	1404.86	1660.5	1958.2	2110.18	2400	12.9
第一产业（亿元）	178.65	206.6	235.9	250.46	264	3.5
第二产业（亿元）	730.83	847.3	1001.37	1063.41	1206.3	13
工业（亿元）	633.2	733.7	880.01	899.3	1093.5	16.5
建筑业（亿元）	97.63	113.57	121.69	164.12	285.3	29.4
第三产业（亿元）	495.38	606.64	720.6	796.31	929.7	15.1
人均地区生产总值（元）	14400	16962	19951	21400	22376	4.6
地区生产总值构成（%）	100	100	100	100	100	—
第一产业（%）	12.7	12.4	12	11.9	11	-0.9
第二产业（%）	52	51	51.2	50.4	50.3	0.01
第三产业（%）	35.3	36.6	36.8	37.7	38.7	-1
财政总收入（亿元）	—	—	—	—	—	—
地方财政收入（亿元）	58.27	68.75	80.2	91.5	115.5	26.2
财政总支出（亿元）	—	—	—	—	—	—
地方财政支出（亿元）	99.17	128.08	152.4	187.34	236.5	26.2
全社会固定资产投资（亿元）	—	—	—	—	—	—
规模以上固定资产投资（亿元）	530.2	697.1	897.5	1150.5	1408.3	22.7
房地产开发（亿元）	—	—	—	—	—	—
进出口总值（亿美元）	50.03	67.1	119	34.2	47.7	39.4
出口总值（亿美元）	22.79	31.4	39.9	21.9	28.3	29.2
实际利用外资（亿美元）	16.78	22.4	26.3	3.05	3.27	7
社会消费品零售总额（亿元）	554.71	660.8	816.9	974.2	1157.2	19
居民消费价格指数（%）	101.3	103.1	104.4	98.6	102.4	2.4
城市居民人均可支配收入（元）	10772	14565	14998	18781	18644	12.5
农民人均现金收入（元）	4083	4722	5383	5882.5	6761	14.9

临沂市工农业主要统计指标

农业主要统计指标（万吨）				规模以上工业企业主要统计指标（亿元）			
项目 \ 年度	2009年	2010年	增幅（%）	项目 \ 年度	2009年	2010年	增幅（%）
粮食	456.1	468.8	2.78	工业增加值	1057.6	1093.5	3.39
夏粮	202.6	211.3	4.29	国有工业	79.1	74.9	-5.31
秋粮	202	257.4	27.4	集体工业	6.1	5.1	-16.39
棉花	1.3	1.3	-2.3	股份制工业	624	704.8	12.95
油料	80.4	80.8	0.5	股份合作制工业	3.8	0.9	-76.32
水果	178.37	182.9	2.5	外商及港澳台投资工业	138.3	172.2	24.51
蔬菜	568.9	576.6	1.4	轻工业	408	445.9	9.29
肉类	64.92	68.8	6	重工业	649.6	647.6	-0.31
禽蛋	28.6	28.5	-0.3	销售收入	3794.8	4919.9	28.3
奶类	9.88	9.4	-4.9	利税	310	409.9	31.7

续表

农业主要统计指标（万吨）				规模以上工业企业主要统计指标（亿元）			
项目 \ 年度	2009年	2010年	增幅（%）	项目 \ 年度	2009年	2010年	增幅（%）
水产品	11.9	12.4	3.9	利润	207.2	280.8	34.8
森林覆盖率（%）	--	--	--	经济效益综合指数（%）	265.17	--	--

临沂市主要金融机构负责人

单位名称	行长（或其他称谓的第一负责人）	副行长（或其他称谓的同级领导）
人行临沂市中心支行	祖洪涛	林飞 许波 郭元华 王均涛 朱传辰 惠广城 阚磊
银监会临沂监管分局	张强	陈大章 公冶颂 陈振业 蒋卫红
农发行临沂市分行	陈彦亮	徐振云 鲁守堂 庞肇国
工行临沂分行	孙光辉	毕建山 蒋洪深 刘树伟 叶清涛 支良兴 窦东风
农行临沂市分行	钱进	李宗海 李全成 孙士乐 潘兆华 包迪
中行临沂分行	赵勇	葛庆亮 任伟杰 张猛 杨明 吕兰涛
建行临沂分行	肖邦强	邢业久 邢成华 韩文广 艾胜利 田福兴 秦剑 袁雪峰
临商银行	王傢玉（董事长） 赵强（行长） 刘超（监事长）	谷照明 庄依 孙瑞英 臧文勇 徐毅 徐建 韩伟 刘建军 葛磊 王庆仔 卢立富
农信社临沂市办事处	李金国	徐广礼 庄涛 马德勤
邮储银行临沂市分行	张贵华	吕军 谭林
民生银行临沂支行	夏京利	王海滨 杨玉君 赵海燕
浦发银行临沂分行	丁剑波	段雪平 姜健 朱一兵 宋兖成
招商银行临沂分行	吕戈	黄建坤 宋保华 杨汉文
临沂市保险行业协会	付强（会长）	孙光毓（秘书长）
人保财险临沂市分公司	李连亮	刘传峰 秦文余 卢爱民 赵景华
中国人寿临沂分公司	周曙光	张文成 赵彦东 李勇 李瑞华
平安产险临沂中心支公司	朱焱	林强 亓学峰
平安人寿临沂中心支公司	李邦海	郑军 王雪萍 常少云
太保产险临沂中心支公司	周彦斌	徐勇 熊伟 孔博 孙沂光 杨大新
国泰君安证券临沂沂蒙路营业室	李建	
西藏同信证券临沂营业部	张伟	
齐鲁证券临沂通达路营业部	张学林	
英大期货有限公司临沂营业部	李登军	

临沂市金融业务统计指标

指标（亿元）		2006	2007	2008	2009	2010	2010年同比增加额	2010年同比增幅（%）
银行类	本外币存款余额	1023.82	1159.34	1411.34	1768.12	2123.59	355.47	20.1
	人民币存款余额	1014.62	1156.13	1407.84	1762.34	2115.09	352.76	20.02
	企业存款	137.19	164.78	184.77	292.48	365.29	63	21.54
	储蓄存款	671.07	778.04	997.16	1178.11	1390.16	212.04	18
	定期储蓄存款	425.5	495.83	640.76	740.82	845.81	104.98	14.17
	活期储蓄存款	245.58	282.22	356.4	437.29	544.35	107.06	24.48
	本外币贷款余额	827.78	958.18	1051.58	1303.17	1559.7	256.53	19.69
	人民币贷款余额	813.91	946.8	1041.5	1287.42	1538.21	250.79	19.48
	短期贷款	586.83	670.78	704.09	825.82	961.16	141.84	17.18
	中长期贷款	205.09	249.19	290.29	402.3	510.28	101.48	25.22
	票据融资	20.48	25.15	44.76	57.95	65.87	7.92	13.67
	当年结益	14.17	19.81	16.95	—	—	—	—
	不良贷款余额	77.14	129.54	89.22	100.89	70.37	-30.52	-30.25
	不良贷款占比%	9.32	13.54	8.48	7.74	4.51	-3.23	-41.73
	现金收入	5231.51	5492.99	5726	6096.08	7293.79	1197.71	19.65
	现金支出	5117.47	5358.55	5552.06	5925.2	7121.35	1196.15	20.19
	现金投放（+）回笼（-）	-114.03	-134.43	-173.94	-170.88	-172.44	-1.56	0.91
保险类	保险公司保费收入	27.83	32.95	44.59	55.24	76.3	21.06	38.12
	财险收入	7.86	10.37	12.19	16.74	23.87	7.13	42.59
	寿险收入	19.97	22.58	32.4	38.5	52.43	13.93	36.18
	保险公司赔款和给付支出	8.38	14.14	14.12	16.89	15.29	-1.6	-9.47
	财险赔款	4.55	5.06	6.66	8.15	10.12	1.87	24.17
	寿险给付	3.83	9.08	7.46	8.74	5.17	-3.57	-4.08
	当年结益	—	—	—	—	—	—	—
证券类	证券市场成交总额	133.59	1048.03	827.5	1628.51	1536.2	-92.31	-5.67
	投资者保证金余额	1.43	5.37	3.75	13.16	17.84	4.68	35.56
	证券账户开户数	59199	60157	76150	92265	70710	-21555	-23.36
	佣金收入	0.28	2.42	1.72	2.8	2.11	-0.69	-24.64
	净利润	0.13	1.3	0.97	1.83	1.49	-0.34	-18.58
	期货市场成交总额	—	—	—	—	1910.67	1910.67	—
	期货客户保证金余额	—	—	—	—	0.33	0.33	—
	期货账户开户数	—	—	—	—	2260	2260	—
	期货手续费收入	—	—	—	—	0.12	0.12	—
	利润总额	—	—	—	—	0.03	0.03	—

临沂市金融机构统计指标

指标（个）		2006	2007	2008	2009	2010	2010年同比增幅（%）
银行类	法人机构	13	13	13	13	14	7.69
	省级分行	—	—	1	1	1	0
	二级分行	7	7	7	9	9	0
	县区支行	321	185	167	191	171	-10.47
	分理处、营业所	430	419	399	354	816	130.51
	储蓄所	335	323	624	637	150	-76.45
	从业人员总数	14112	14438	15089	14582	16365	12.23
保险类	保险机构	114	160	245	270	305	12.96
	财险机构	53	83	114	125	143	14.4
	省级分公司	—	—	—	—	—	—
	地市分公司	9	11	16	17	19	11.76
	县区支公司	44	72	98	108	124	14.81
	寿险机构	61	77	131	145	162	11.72
	省级分公司	—	—	—	—	—	—
	地市分公司	9	9	18	20	23	15
	县区支公司	52	68	113	125	139	11.2
	从业人员总数	15000	20554	30278	38700	41200	6.45
	财险人员	3200	4120	5659	8560	9100	6.31
	寿险人员	11800	16434	24620	30140	32100	6.5
证券类	证券机构	3	3	3	3	4	33.33
	证券公司	—	—	—	—	—	—
	证券营业部	3	3	3	3	6	100
	证券服务部	3	3	3	3	0	
	从业人员总数	35	54	59	70	143	104.29
	投资者开户	5999	60157	24150	62265	70710	13.56
	境内上市股票支数	—	—	—	—	—	—
	境外上市股票支数	4	3	3	1	1	—
	辖区上市公司总数	4	3	3	1	1	—

临沂市主要金融机构业务概况

单位：亿元

单位名称	本外币存款余额	人民币企业存款	人民币储蓄存款	本外币贷款余额	人民币短期贷款	人民币中长期贷款
农发行临沂市分行	6.16	6.14	—	52.47	29.80	22.67
工行临沂分行	215.22	38.67	121.88	242.71	86.32	154.02
农行临沂市分行	371.19	75.09	246.60	220.48	129.29	87.87
中行临沂分行	158.12	43.27	64.74	139.86	60.82	66.67
建行临沂分行	185.33	39.48	89.38	140.33	43.27	89.35
邮储银行临沂市分行	147.35	19.95	124.48	21	14.90	6.11
临商银行	221.24	69.26	104.94	141.73	108.21	18.58

续表

单位名称	本外币存款余额	人民币企业存款	人民币储蓄存款	本外币贷款余额	人民币短期贷款	人民币中长期贷款
民生银行临沂支行	33.82	11.50	3.59	52.57	27.46	25.11
浦东发展银行临沂分行	24.01	14.05	0.77	23.58	17.64	3.16
招商银行临沂分行	15.72	9.78	1.80	10.67	6.49	2.12
农信社临沂市办事处	238.38	38.06	631.96	170.53	436.72	34.63

临沂市各县级区域经济金融主要统计指标

名称	人口（万人）	面积（平方公里）	地区生产总值（亿元）	地区生产总值增速（%）	本外币存款余额（亿元）	储蓄存款（亿元）	本外币贷款余额（亿元）
兰山区	94.93	650.37	472.6	13.7	--	--	--
罗庄区	49.67	370.63	207.3	13.8	--	--	--
河东区	66.33	727.63	107.6	13.6	--	--	--
郯城县	103.16	1306.58	190.39	16.06	97.98	82.23	56.77
苍山县	128.96	1724	190.69	4.03	119.47	93.32	61.51
莒南县	82.10	1415	161.75	13.20	131.16	101.90	77.36
沂水县	113.16	2434.80	215.00	3.12	172.34	127.72	95.08
蒙阴县	54.5	1601.60	114.5	13.20	73. 54	57.31	44.05
平邑县	100.7	1824.79	165.02	3.01	104.96	76.42	61.93
费　县	97.99	1903.75	190.98	13.1	103.76	82.37	84.26
沂南县	94.73	1774	131.5	13.5	107.78	86.47	50.28
临沭县	65.2	1051	132.39	13.6	110.61	64.29	68.97

银企合作推介活动，目前全市已有220户企业获得异地金融机构的信贷支持。据企业信用信息数据库系统数据统计，12月末，异地金融机构贷款余额224.6亿元（不含农行剥离资产），较年初增加43亿元，增长23.7%。

二、票据融资同比少增。受信贷规模控制，票据融资本年继续充当金融机构规模调控的重要工具，呈现"季初放量、季末压缩"的格局。总体来看，"缩量下降"是当年票据业务的整体走势。

三、受进出口贸易融资拉动，外币贷款增长明显，同比多增0.67亿美元。其中，进出口贸易融资余额3.33亿美元，较年初增加1.37亿美元，占新增外币贷款总额的87%。

四、金融机构效益水平继续保持良好态势。年末，全市金融机构盈利同比增加3.22亿元，其中，国有商业银行同比减少0.54亿元，股份制银行同比增加0.29亿元，城市商业银行同比增加1.51亿元；农村合作机构同比减少0.43亿元。

【货币政策实施】 2010年，人行临沂市中支继续加大信贷政策的窗口指导力度，全面落实各项货币政策，支持地方经济平稳健康发展。

一、提高货币政策实施效果。一是制定下发《关于做好2010年货币信贷工作、促进全市经济发展方式转变和经济结构调整的指导意见》，全年召开信贷运行形势分析会、信贷政策通报会、房地产金融联席会等12次；二是进一步创新县域银企合作机制，深化县域银企合作，分别在7个县区和市直召开9次政银企合作洽谈会，落实贷款意向691亿元。

二、加强金融市场监管，强化市场风险监测分析。一是指导临商银行完善货币市场《管理办法》和《操作规程》等内控制度；二是完成了河东和费县农合行加入银行间同业拆借市场的初审工作；三是推进商业承兑汇票和电子票据稳步发展，健全推进商业承兑汇票协调机制，发挥再贴现工具的引导作用。

三、加强存款准备金管理，确保法人机构流动性支付。在法定存款准备金管理方面，制定印发了《联席会议制度》、《应急处理制度》、《执行情况通报制度》、《培训制度》、《分级责任制度》、《下限管理制度》和《三色警示制度》等项制度。

【金融稳定】 2010年，人行临沂市中支健全完善协调和风险管理机制，维护辖区金融稳定。一是与全市银、证、保、小额贷款公司等77家金融机构负责人签订责任书，建立了证券业和保险业《风险监测分析制度》；二是在全市建立金融突发事件应急预案和金融稳定工作联席会议制度，被市政府以临政办字[2010]178 号、179 号文件形式下发。

【金融服务】 2010 年，人行临沂市中支以"创新金融服务，支持经济发展"业务竞赛活动为载体，全面推动辖区金融服务上水平。一是加快农村支付服务环境建设，在平邑试点的新农保支付方式，被省人力资源与社会保障厅称之为"平邑模式"，在全省推广；二是加强人民币管理服务，做好辖区现金供应和回笼，开展金融机构存款人钞票处理中心当日清分试点工作，成功试行发行基金物流系统；三是拓宽国库服务范围，国库直接支付种类达 24 项，惠及群众 36 万人，覆盖范围、惠及人数列山东省首位；四是银行业协会在市县两级同时举行了有 2500 余人参加的银行业公众教育服务日活动启动仪式。

【金融监管】 2010 年，临沂银监分局严格把握信贷投放总量、节奏和方向，在复杂环境下实现了有序增长，整体呈现增长适度、节奏平稳、结构优化、质效提升、风险可控的良好运行态势。

一、突出重点抓风险。一是合理把握贷款总量和投放节奏，成功组织了山东常林集团 19.75 亿银团贷款项目，全辖不良贷款实现双降；二是从培训、检查、问责等三方面强化措施，促进各行贷款新规齐步落实；三是认真开展平台贷款清理工作，全面完成了顶冒名贷款清理工作目标；四是重申重大事项报告制度，持续保持案防高压态势。

二、强化措施管法人。一是引导临商银行走特色化、差异化之路，明确其新增单户 500 万元以下贷款占比不得低于全部新增贷款 70%的监管目标，该行各项监管指标持续向好；二是对年初 4 家降级农村中小金融机构实行了紧盯式监管。

【外汇管理】 2010 年，外管局临沂市中心支局认真落实外汇管理政策和改革措施，进一步促进贸易投资便利化，被外管局山东省分局评为外汇年检优秀单位，连续 5 年被市委、市政府授予全市"外经贸工作先进单位"。一是向县支局下放进口付汇管理权限，进出口收付汇全面实现属地管理；二是完善出口收结汇联网核查管理，顺利完成进口付汇核销制度改革试点；三是印发了《关于进一步改进外汇管理、支持全市涉外经济平稳较快发展的指导意见》，在《鲁南商报》沂蒙金融版开辟"解读外汇管理政策热点"专栏宣传外汇政策；四是严厉打击外汇违法违规行为，组织外汇检查 10 次，处罚机构 15 个。

【金融改革】 2010 年，人行临沂市中支以"优化信贷结构，支持经济发展方式转变和经济结构调整"为主线，认真落实各项创新工作。一是加强特色县支行建设，费县支行 12 月 22 日正式对外营业；二是配合人行济南分行与临沂市政府就共同推进临沂市"两型"社会建设试点签订合作协议，并在费县召开"发挥基层央行职能作用，支持县域经济发展"座谈会；三是扎实推进跨境贸易人民币结算试点工作，在全省率先举办大规模试点政策宣讲会，成功办理全省第一笔资本项目跨境人民币业务；四是基本建立了市县两级金融工作办公室，加强区域金融组织协调；五是金融组织体系进一步完善，中资全国性中小银行在临沂设立分支机构 3 家、批准筹建 2 家，临商银行设立辖内县域支行 4 家、辖外支行 1 家；六是推动费县农合行启动农商行组建工作，批准 9 家农信社机构增资扩股 5.6 亿元；七是新型农村金融机构快速发展，设立村镇银行 1 家，开业小额贷款公司 13 家。

【保险业务】 2010 年，临沂保险业积极主动的开展各项保险服务，保险市场体系逐步完善，较好的发挥了经济补偿、资金融通和辅助社会管理的功能。全行业不断拓宽服务领域，创新服务方式，积极开展财产、人寿、健康、意外伤害、分红等 5 大类 300 多个险种，为全市承担着逾 7000 亿元风险金额的财产和人身保障。截至年末，全市保险业共上缴各类税金 7.6 亿元，保险深度为 3.2%，保险密度 761 元 / 人，保费规模居山东省第 5 位。

【证券市场】 2010 年，临沂市证券市场稳定发展，在深圳中小板、天津股权交易所和美国纳斯达克交易所挂牌上市企业各 1 家，上市融资额 15.8 亿元；报批、辅导中企业 3 家，筹备在境内外上市企业 5 家；同信证券和金鹏期货业临沂营业部相继开业。截至年末，全市证券公司上缴利税 76.08 万元。

【精神文明建设】 2010 年，临沂市各金融机构不断创新工作思路，深入扎实开展富有特色的精神文明建设活动，取得了较好成果。

一、人行临沂中支成功举办"金融知识进万家、走进临沂"大型公益展览活动，47 家金融机构参展，累计 4.6 万人现场参观。在"创新金融服务，支持经济发展"业务竞赛活动中，荣获总行级先进集体，先后荣获临沂市"振兴沂蒙劳动奖状"、"职业道德建设十佳单位"荣誉称号。

二、临沂银监分局与市综治委、市文明办、团市委联合开展了全市银行业平安和文明创建活动，被省文明委评为"省级"文明单位。

三、农发行临沂市分行、莒南县支行、蒙阴县支行等 4 个单位被评为"省行级文明单位"，临沭县支行被评为"总行级文明单位"；农行临沂分行被总行评为"综合改革先进单位"；中行临沂分行荣获"临沂市 2010 年度行风建设先进单位"、"2010 年度市直文明单位"和"创建学习型机关先进单位"等多项荣誉；建行临沂分行被市政府评为市级文明单位和市建设工程造价咨询工作先进单位；邮储临沂市分行、莒南县支行和沂水县支行被评为"2010 年度市级文明单位"。

四、临商银行大力开展文化活动。一是以建设"和谐商行"为目标，先后举办了迎新春文艺晚会、职工金秋艺术节等活动；二是开展了"送温暖、献爱心"捐款、玉树抗震救灾暨"慈心一日捐"活动，募集捐款 22 万余元；三是加强形象宣传和信息交流，开展了临商银行"好新闻"评选活动，《临商银行报》质量稳步提高。截至年末，全行累计在内部刊登各类信息1300余篇，在各类媒体发表稿件4500余篇，被山东省银行业协会评为“信息宣传先进单位”。

五、农信社临沂办事处先后被省国资委授予“省管企业文明单位”，被省联社授予“先进单位”、“五个好基层党组织”，被临沂市委、市政府授予金融工作、行风建设、服务民营经济、百万农户致富工程、全市千村帮扶工程、社会治安综合治理、平安临沂建设等7个“先进单位”荣誉称号，或“振兴沂蒙”劳动奖状。

【大事记】 1月7日 临沂市钱币学会被市民政局授予“优秀社会组织”荣誉称号。

1月12日 人行临沂市中支被市委、市政府授予“百万农户致富工程”先进单位荣誉称号。

1月20日 毛晓峰副行长代表民生总行与临沂市政府签署区域战略合作协议。

1月29日 农发行山东省行副行长、工会主任李德辉一行到农发行临沂分行走访慰问老干部和困难职工。

2月11日 临沂市金融工作办公室正式挂牌成立，成为临沂市政府在编职能部门。

2月9日~22日 临商银行开展管理岗位竞聘上岗，从111名报名者中择优选聘了7名总行部门负责人、10名支行行长和3名C类支行行长助理人选。

2月26日 临商银行小企业信贷部成立，标志着该行重点发展小企业贷款、建设服务小企业特色支行的发展战略全面启动。

3月17日 中行总行战略发展部亓峰副总经理赴沂水就村镇银行设立情况进行调研。

3月27日 民生银行临沂支行举办“行庆一周年”系列活动。

4月1日 临沂市政府金融工作会议召开。

4月3日 农发行临沂分行组织开展信息系统风险排查，重点针对网络及配电系统故障开展了应急演练，进一步完善了信息系统应急处置预案。

4月7日 建行临沂分行肖邦强行长会见沃尔沃亚太区财务总监陈志聪先生、沃尔沃中国区财务总监白璐女士一行。

4月13日 中行临沂分行纪委书记殷召建离职，杨明继任。

4月21日 邮储总行邀请的美国摩根大通公司的专家到邮储临沂市分行营业部进行了示范网点项目评估，对该行网点转型工作给予了高度评价。

4月24日 由金融时报社、全国地方金融论坛办公室主办，临商银行承办的第2届金融企业社会责任研讨会召开，会议主题是“秉承社会责任，打造服务品牌”。

5月8日 建行临沂分行与市红十字会联合举办纪念“五八”世界红十字日暨红十字博爱龙卡推广发行仪式。临沂市人大常委会副主任田友梅等领导出席仪式。

5月12日 建行临沂分行在临沂一中举行“资助贫困高中生成长计划”资助款发放仪式。

5月14日 邮储临沂市分行发放首笔小企业贷款，金额200万元。

5月15日 人行沂水、平邑、蒙阴县支行联合公安、信用社等部门深入农村集市开展反假宣传活动。

5月19日 农发行山东省行长杨杰与市政府张少军市长、张务锋副市长座谈新农村建设工作。

6月1日 建行临沂分行资助帮扶莒南县北川联小部分小学生来到城区，举办“感受城市、共赢发展”活动。

6月7日 民生银行临沂支行与临沂商城管委会举办商贷通业务启动仪式。

6月29日 临商银行宁波分行慈溪支行开业。

6月30日 建行牵头山东常林集团19.7亿元银团贷款签约仪式成功举行。

7月6日 人行济南分行和临沂市政府联合主办的“金融知识进万家巡回展——走进临沂”在鲁信国际会展中心隆重开幕。

7月22日 中共临沂市委和临沂市政府下发的[2010]21号文件《关于加快经济发展方式转变的实施意见》，“做大做强临商银行”被作为发展重点之一写入该实施意见。

7月23日~24日 建行山东省分行彭洪明行长到临沂调研指导工作。

7月23日 农发行总行国际业务部副总经理戴世宏一行到临沂调研国际业务发展情况。

8月26日 山东省金融市场理论与实务培训会议在临沂市召开，人行济南分行副行长黄向庆，临沂市委常委、常务副市长杜德昌等参加了开班仪式。

8月30日 中行山东省分行何兴祥行长一行到山东金正大生态工程股份有限公司进行高层营销。

9月2日 工行临沂兰山支行中小企业融资洽谈会成功召开。

9月7日 光明日报、经济日报、农民日报、人民画报等中央媒体记者采访团来到邮储临沂市分行，专题采访小额信贷服务“三农”工作。

10月14日 人行济南分行在临沂市中心支行召开防震避险紧急疏散暨震后业务恢复综合演练观摩座谈会。

10月18日 临商银行“惠商贷”商户贷款业务被在中国银行业协会评为“全国服务小企业及三农十佳特色金融产品”。

10月22日 人行临沂市中支联合临沂市金融工作办公室在平邑县成功举办小额贷款公司金融统计培训班。

11月17日 人行临沂市中支与临沂市人民检察院成功组织召开反贪污贿赂反洗钱合作工作会议。

11月22日 临商银行郯城支行开业。

11月24日 临商银行临沭支行开业。

12月15日 人行费县支行试营业首日业务进展顺利。

12月16日 民生总行董文标董事长一行7人到民生临沂支行视察指导工作，临沂市委书记连承敏、市长张少军等陪同考察。

12 月 27 日　临商银行沂南支行开业。
12 月 29 日　临商银行费县支行开业。
12 月 29 日　临沂河东齐商村镇银行股份有限公司开业。
12 月 30 日　临商银行宁波北仑支行开业。

（谢玉军　陈若琳）

郯城县

【经济金融概况】　2010 年，郯城县经济平稳较快发展，经济结构进一步优化，城乡居民收入持续增加，存、贷款快速增长，不良贷款下降，金融业运行稳健，货币信贷政策与县域经济发展较好地实现了协调统一。

【金融发展与改革】　2010 年，人行郯城县支行稳步推进金融发展和改革，金融机构的信贷资产质量和经营效益明显

郯城县主要经济指标

经济指标	2009	2010	2010 年同比增幅（%）	经济指标	2009	2010	2010 年同比增幅（%）
土地面积（平方公里）	1306.58	1306.58	0	地方财政支出（亿元）	12.00	15.47	28.92
人口（万人）	100.64	103.2	2.54	全社会固定资产投资（亿元）	69.70	84.84	21.72
非农业人口（万人）	7.15	11.64	62.80	进出口总值（万美元）	11088	11788	6.31
地区生产总值（亿元）	164.05	190.39	16.06	出口总值（万美元）	5755	8296	44.15
第一产业（亿元）	22.01	23.19	5.36	实际利用外资（万美元）	183	502	174.32
第二产业（亿元）	80.17	92.50	15.38	社会消费品零售总额（亿元）	73.43	68.29	-7.00
第三产业（亿元）	64.74	74.70	15.38	居民消费价格指数（%）	98.70	102.4	3.75
财政总收入（亿元）	8.03	15.77	96.39	人均地区生产总值（元）	16301	18449	13.18
地方财政收入（亿元）	4.85	5.63	16.08	城镇居民可支配收入（元）	14169	15855	11.90
财政总支出（亿元）	12.00	15.47	28.92	农民人均现金收入（元）	5838	6708	14.90

郯城县主要金融指标

金融指标（亿元）	2009	2010	2010 年同比增幅（%）	金融指标（亿元）	2009	2010	2010 年同比增幅（%）
本外币存款余额	81.74	97.98	19.87	财险收入	0.90	1.10	22.22
人民币存款余额	81.59	97.85	19.93	寿险收入	2.43	2.73	12.35
企业存款	7.02	8.31	18.38	财险赔款	0.44	0.55	25.00
储蓄存款	68.07	82.19	20.74	寿险给付	0.55	0.54	-1.82
本外币贷款余额	47.46	56.77	19.62	当年结益	—	—	—
人民币贷款余额	47.29	56.77	20.05	证券市场交易总额	—	—	—
短期贷款	36.28	39.24	8.16	投资者保证金余额	—	—	—
中长期贷款	10.95	15.30	39.73	证券账户开户数	—	—	—
票据融资	0.02	2.22	11000.00	证券交易佣金收入	—	—	—
当年结益	1.04	1.49	43.27	净利润	—	—	—
不良贷款余额	5.83	4.18	-28.30				

郯城县主要金融机构负责人

单位名称	行长（或其他称谓的第一负责人）	副行长（或其他称谓的同级领导）
人行郯城县支行	梅　景	朱文宝　鲁丽华

续表

单位名称	行长（或其他称谓的第一负责人）	副行长（或其他称谓的同级领导）
银监会郯城县办事处	董建平	
农发行郯城县支行	王龙河	祝林峰　王欣刚
工行郯城支行	高金山	陈　超　吴立臣　尹绪云
农行郯城县支行	刘　刚	王　琦　陈建国　王义光
中行郯城支行	曹乾勇	郭　亮　薛庆星　王洪生
建行郯城支行	刘兆森	陈山民　刘　斌　法　震
临商银行郯城支行	王新生	翟慎光
郯城县农信联社	鞠佃军	孙宝华　刘晓光　贾月彩　刘国强
邮储银行郯城县支行	刘洪超	姚恒祥

郯城县主要金融机构业务概况

单位：亿元

单位名称	本外币存款余额	企业存款	储蓄存款	本外币贷款余额	短期贷款	中长期贷款
农发行郯城县支行	1.33	1.33	—	2.90	0.67	2.23
工行郯城支行	10.06	1.26	7.64	8.91	1.99	6.93
农行郯城县支行	20.64	1.63	17.10	5.50	3.33	2.16
中行郯城支行	4.02	0.98	1.96	3.66	1.64	2.06
建行郯城支行	5.61	0.59	3.34	1.10	0.23	0.87
临商银行郯城支行	1.09	0.17	0.46	0.13	0.13	0
郯城县农信联社	42.99	1.33	41.06	32.86	29.68	0.96
邮储银行郯城县支行	11.84	1.01	10.63	1.71	1.58	0.13

提高，金融业继续保持快速发展势头。一是引导金融机构进行金融产品和服务创新，金融产品不断丰富，服务水平有效提高；二是加强国有商行改革进展情况监测，强化农信社改革试点和央行票据兑付后续监测考核，开展法人金融机构风险评估，确保改革试点达到预期效果；三是设立临商银行郯城县支行，金融体系进一步健全。

【金融服务与监管】　2010年，人行郯城县支行积极传导适度宽松的货币政策，认真履行核心职能。一是制定多项支持县域经济发展的政策措施，组织多形式的银企合作会议；二是以《金融直通车》电视专题和“反假货币宣传月”、“信用记录关爱日”集中宣传活动，普及金融知识；三是引导涉农金融机构开展集中评级授信和农户电子信用档案建设工作，努力优化农村金融生态环境；四是拓展国库直接支付业务范围，开辟结算、外汇和征信业务“绿色通道”，改善金融服务环境；五是依法开展金融统计、国库经收处、国际收支、人民币流通管理、反洗钱现场检查，促进各项金融法规政策有效落实；六是强化金融机构综合管理，签订《防范风险维护、金融稳定责任书》，协调司法部门开展积案清理执行以及治理银行卡犯罪活动，保持金融平稳健康运行。

（张晓超）

苍山县

【经济金融概况】　2010年，苍山县金融机构认真分析研究县域经济金融运行态势，贯彻执行适度宽松的货币政策向稳健货币政策转变，继续推动“突破苍山”战略的实现。

【金融发展与改革】　2010年，人行苍山县支行以改革、创新、合作为金融和谐运行的把手，推动金融事业取得较大进展。一是金融组织体系不断完善，全县形成了以银行、保险、

苍山县主要经济指标

经济指标	2009	2010	2010年同比增幅（%）	经济指标	2009	2010	2010年同比增幅（%）
土地面积（平方公里）	1800	1724	-4.22	地方财政支出（亿元）	9.89	11.03	11.53
人口（万人）	122.26	128.96	5.53	全社会固定资产投资（亿元）	69.5	85.1	22.45
非农业人口（万人）	5.15	—	—	进出口总值（万美元）	4109	8149	98.32
地区生产总值（亿元）	183.3	190.69	4.03	出口总值（万美元）	3855	7104	84.28
第一产业（亿元）	39.72	40.5	1.96	实际利用外资（万美元）	856	1550	81.07
第二产业（亿元）	67.69	70.69	4.43	社会消费品零售总额（亿元）	78.3	98.9	26.31
第三产业（亿元）	75.89	79.5	4.75	居民消费价格指数（%）	98.6	106.2	7.71
财政总收入（亿元）	16.74	17.37	3.76	人均地区生产总值（元）	14993	14786	-1.38
地方财政收入（亿元）	3.61	4.46	23.55	城镇居民可支配收入（元）	15926	18120	13.78
财政总支出（亿元）	15.93	19.03	19.46	农民人均现金收入（元）	5803	6687	15.23

苍山县主要金融指标

金融指标（亿元）	2009	2010	2010年同比增幅（%）	金融指标（亿元）	2009	2010	2010年同比增幅（%）
本外币存款余额	97.82	119.47	22.13	财险收入	1.29	1.81	39.77
人民币存款余额	97.32	119.07	22.34	寿险收入	2.44	3.42	40.53
企业存款	6.86	10.18	48.39	财险赔款	0.66	0.74	12.08
储蓄存款	74.57	93.28	25.09	寿险给付	0.58	0.67	14.33
本外币贷款余额	51.79	61.51	18.77	当年结益	—	—	—
人民币贷款余额	51.78	61.50	18.77	证券市场交易总额	—	—	—
短期贷款	40.72	46.97	15.35	投资者保证金余额	—	—	—
中长期贷款	9.63	11.81	22.64	证券账户开户数	—	—	—
票据融资	1.43	2.72	90.20	证券交易佣金收入	—	—	—
当年结益	—	—	—	净利润	—	—	—
不良贷款余额	8.11	6.40	-21.08				

苍山县主要金融机构负责人

单位名称	行长（或其他称谓的第一负责人）	副行长（或其他称谓的同级领导）
人行苍山县支行	孙顺远	姜良庆　王秀礼
农发行苍山县支行	宋　营	米发荣　刘伟达
工行苍山支行	李　伟	季从金　藏　兵　赵广胜
农行苍山县支行	陈月国	邱　华　揭月浩　靳广华
中行苍山支行	杨金波	吴清剑　胡令鑫
建行苍山支行	颜廷坤	谢平银　法　震　张启龙
苍山县农信联社	侯家明（理事长） 王庆成（主　任）	宋广辉　张振勇　张乃飞
邮储银行苍山县支行	赵国虎	郝成伟

苍山县主要金融机构业务概况

单位：亿元

单位名称	本外币存款余额	企业存款	储蓄存款	本外币贷款余额	短期贷款	中长期贷款
农发行苍山县支行	0.38	0.26	--	3.43	3.08	0.35
工行苍山支行	8.66	1.56	5.07	5.91	3.17	2.73
农行苍山县支行	22.34	3.64	16.01	5.73	4.71	1.02
中行苍山支行	5.36	0.64	2.51	3.54	1.77	1.77
建行苍山支行	7.08	0.97	3.19	4.59	1.22	3.38
苍山县农信联社	52.15	0.99	48.33	36.63	31.74	2.17
邮储银行苍山县支行	21	2.47	18.19	1.67	1.27	0.40

担保、小额贷款公司、资金互助社为框架的金融组织体系，村镇银行进入了前期筹备阶段，惠方小额贷款公司的成立又为苍山经济发展注入了新的动力；二是银行业、保险业和担保业充分合作，“三押一推”工作有序推进，开行向荣庆小额贷款公司融资2000万元，使该公司可贷资金规模达到7000万元，服务能力明显增强；三是管理及服务创新取得积极进展，出台了银行业机构《开业和重大事项报告制度》和《金融机构综合评价暂行办法》，金融监管能力进一步加强。

【金融服务与监管】 2010年，人行苍山县支行服务与监管并重，努力促进金融机构健康发展。一是加快推进农村支付结算环境改善，积极推动全县大型蔬菜批发市场支付结算由现金交易为主向电子化交易转变；二是进一步提升国库集中支付效率，扩大其覆盖面；三是加强外汇服务，稳步推进社会信用体系建设，开启个人信用查询功能；四是组织开展了账户管理、支付结算、现金管理、反洗钱、国库经收处、外汇指定银行、央行专项票据、征信管理、金融统计等业务检查；五是加强对农信社准备金管理和央行票据的后续监测，以及对小额贷款公司业务开展的监督与指导。

（马志申）

莒南县

【经济金融概况】 2010年，莒南县金融机构认真贯彻执行适度宽松的货币政策，突出信贷支持重点，合理增加有效信贷投入，经济金融协调发展水平进一步提高。

【金融发展与改革】 2010年，莒南县金融发展与改革取得较大进展。一是各银行机构继续深化体制改革，资产规模持续扩大；二是农信社加大改革力度，顺利完成5.03亿元的不

莒南县主要经济指标

经济指标	2009	2010	2010年同比增幅（%）	经济指标	2009	2010	2010年同比增幅（%）
土地面积（平方公里）	1752	1415	0	地方财政支出（亿元）	9.21	10.72	18.58
人口（万人）	100.17	82.10	0.90	全社会固定资产投资（亿元）	88.29	96.53	23.09
非农业人口（万人）	9.51	8.64	0.93	进出口总值（万美元）	36693	42276	15.70
地区生产总值（亿元）	168.20	161.75	13.20	出口总值（万美元）	30582	34108	11.10
第一产业（亿元）	27.49	25.02	3.90	实际利用外资（万美元）	1207	4018	248.50
第二产业（亿元）	72.08	67.83	13.90	社会消费品零售总额（亿元）	73.58	72.71	19.49
第三产业（亿元）	68.36	68.90	15.30	居民消费价格指数（%）	98.60	102.40	2.40
财政总收入（亿元）	6.91	9.04	32.36	人均地区生产总值（元）	18930	22202	12.93
地方财政收入（亿元）	3.89	4.31	20.60	城镇居民可支配收入（元）	13310	14908	12.01
财政总支出（亿元）	13.65	14.45	14.14	农民人均现金收入（元）	5796	6665	14.99

注：2010年10月，经省政府批准，临沂临港经济开发区正式成立。因此，莒南县2010年主要经济指标剔除了临港经济开发区数据，同比增幅按可比口径计算。

莒南县主要金融指标

金融指标（亿元）	2009	2010	2010年同比增幅（%）	金融指标（亿元）	2009	2010	2010年同比增幅（%）
本外币存款余额	111.39	131.16	17.75	财险收入	1.01	1.32	30.75
人民币存款余额	111.11	130.89	17.80	寿险收入	2.53	3.39	33.80
企业存款	11.88	12.98	9.26	财险赔款	0.48	0.59	21.85
储蓄存款	88.26	101.85	15.40	寿险给付	0.61	0.67	10.72
本外币贷款余额	67.32	77.36	14.91	当年结益	—	—	—
人民币贷款余额	67.28	77.36	14.98	证券市场交易总额	—	—	—
短期贷款	57.29	60.24	5.15	投资者保证金余额	—	—	—
中长期贷款	9.84	14.12	43.50	证券账户开户数	—	—	—
票据融资	0.15	3	190.08	证券交易佣金收入	—	—	—
当年结益	1.57	1.53	-2.55	净利润	—	—	—
不良贷款余额	8.63	4.59	-46.76				

莒南县主要金融机构负责人

单位名称	行长（或其他称谓的第一负责人）	副行长（或其他称谓的同级领导）
人行莒南县支行	孙　雷	李　健　滕金伦
银监会莒南县办事处	许长端	
农发行莒南县支行	孙安源	王其禄　魏茂树
工行莒南支行	张春常	郑永志　吴　伟　王晓红　李庆军　孙晓燕
农行莒南县支行	杜志新	王亚平　刘明京　赵进山　魏本东
中行莒南支行	宋希明	刘德生　魏玉宏　薄福涛
建行莒南支行	曹卉源	丁　剑　杨文胜　陈久飞　孙文江
临商银行莒南支行	王家堂	徐学超
莒南县农信联社	毛克付（理事长） 毛晓辉（主　任） 刘洪军（监事长）	卢立忠　李钊堂　李品颂 张效英　杜艳军
邮储银行莒南县支行	王佃莉	刘　涛

莒南县主要金融机构业务概况

单位：亿元

单位名称	本外币存款余额	企业存款	储蓄存款	本外币贷款余额	短期贷款	中长期贷款
农发行莒南县支行	0.78	0.77	0	8.48	3.63	4.85
工行莒南支行	6.44	1.04	3.74	4.50	1.99	2.51
农行莒南县支行	21.75	3.39	15.27	8.87	6.78	2.09
中行莒南支行	6.06	1.12	3.23	1.32	0.33	0.99
建行莒南支行	8.83	2.18	4.03	1.46	0.93	0.53

续表

单位名称	本外币存款余额	企业存款	储蓄存款	本外币贷款余额	短期贷款	中长期贷款
临商银行莒南支行	3.65	1.97	1.33	2.71	1.83	0.88
莒南县农信联社	70.66	0.54	65.47	49.03	43.94	2.08
邮储银行莒南县支行	12.09	2.16	8.84	0.99	0.80	0.19

良资产置换；三是加大农村区域电话转账业务推广力度，加快改善农村银行卡受理环境，宣传、推广并成功办理"跨行通"业务；四是9月28日，民丰小额贷款股份有限公司正式成立运营，全年累计投放信贷资金2.02亿元，有力地支持了"三农"和中小企业发展。

【金融服务与监管】 2010年，人行莒南县支行围绕核心职能，不断提高金融管理和服务水平，保障了金融业稳健运行。一是部署落实莒南首届红色运动会金融服务工作，构建了支付便利、服务优质、安全高效的金融服务平台；二是加强对经济金融运行状况的监测与分析，密切关注货币信贷政策实施效应，全年共有5期呈报件被县委、县政府主要领导批示；三是推动建立了社会信用体系建设联席会议制度，优化金融生态环境，加强中小企业信用培植和帮扶；四是加强存款准备金、利率执行和资产流动性的监测管理，开展法人金融机构风险评估，做好农信社专项中央银行票据兑付后续监测；五是组织召开重点进出口企业外汇政策宣讲暨跨境贸易人民币结算业务推介会，服务全县外经贸发展；六是切实加强征信、反洗钱、金融统计和账户管理，有效提高央行服务水平与监督职能。

（王建民）

沂水县

【经济金融概况】 2010年，沂水县把科学发展作为首要任务，现代农业健康发展，工业经济显著提升，服务业以旅游业为主引擎，荣获"山东年度县域旅游十强"第1名，经济的快速发展带动了金融业的繁荣。

【金融发展与改革】 2010年，沂水县新型金融机构设立取得实质性突破。一是注册资金1亿元的盛荣小额贷款公司挂

沂水县主要经济指标

经济指标	2009	2010	2010年同比增幅（%）	经济指标	2009	2010	2010年同比增幅（%）
土地面积（平方公里）	2434.80	2434.80	0	地方财政支出（亿元）	14.76	19.40	31.44
人口（万人）	112.41	113.16	0.67	全社会固定资产投资（亿元）	91.96	127.00	38.10
非农业人口（万人）	13.97	23.54	68.50	进出口总值（万美元）	28419	29100	2.40
地区生产总值（亿元）	208.50	215.00	3.12	出口总值（万美元）	25656	20000	-22.05
第一产业（亿元）	25.98	26.00	0.08	实际利用外资（万美元）	501	1000	99.60
第二产业（亿元）	105.37	107.80	2.31	社会消费品零售总额（亿元）	77.93	95.00	21.90
第三产业（亿元）	77.15	81.20	5.25	居民消费价格指数（%）	104.90	105.20	0.29
财政总收入（亿元）	12.17	14.92	22.60	人均地区生产总值（元）	18548	20283	9.35
地方财政收入（亿元）	6.50	8.50	30.77	城镇居民可支配收入（元）	14600	16800	15.07
财政总支出（亿元）	17.36	21.76	25.35	农民人均现金收入（元）	5803	6840	17.87

沂水县主要金融指标

金融指标（亿元）	2009	2010	2010年同比增幅（%）	金融指标（亿元）	2009	2010	2010年同比增幅（%）
本外币存款余额	143.07	172.34	20.46	财险收入	1.00	1.32	32.00
人民币存款余额	142.61	171.94	20.57	寿险收入	3.34	4.41	32.04
企业存款	20.63	17.45	-15.41	财险赔款	0.52	0.49	-5.77

续表

金融指标（亿元）	2009	2010	2010年同比增幅（%）	金融指标（亿元）	2009	2010	2010年同比增幅（%）
储蓄存款	107.63	127.72	18.67	寿险给付	1.07	0.98	-8.41
本外币贷款余额	73.42	95.08	29.50	当年结益	--	--	--
人民币贷款余额	73.42	95.08	29.50	证券市场交易总额	--	--	--
短期贷款	46.88	55.96	19.37	投资者保证金余额	--	--	--
中长期贷款	14.67	23.41	59.58	证券账户开户数	--	--	--
票据融资	11.86	15.70	32.38	证券交易佣金收入	--	--	--
当年结益	2.20	1.84	-16.36	净利润	--	--	--
不良贷款余额	5.19	3.88	-25.24				

沂水县主要金融机构负责人

单位名称	行长（或其他称谓的第一负责人）	副行长（或其他称谓的同级领导）
人行沂水县支行	王 伟	石增谊 顾洪真 岳 嵩
银监会沂水县办事处	李少华	
农发行沂水县支行	李加祥	高录峰 张文杰
工行沂水支行	李 林	陈维福 田 勇 冯 泽 张雁兵
农行沂水支行	高 峰	王 梅 唐 明 刘成文 张文坤
中行沂水支行	杨在志	李世明 王高玉 刘召强
建行沂水支行	韩 伟	孙 鹏 刘 琼 刘吉学 邹庆余
沂水商行	王新军	孙胜洋
沂水县农信联社	戚建刚（理事长） 莫沂海（主 任） 刘桂华（监事长）	张家顺 马吉伟 付守顺 王献伟
邮储银行沂水县支行	王永勋	田晓东 陆 梅

沂水县主要金融机构业务概况

单位：亿元

单位名称	本外币存款余额	企业存款	储蓄存款	本外币贷款余额	短期贷款	中长期贷款
农发行沂水县支行	0.30	0.30	--	2.89	2.05	0.84
工行沂水支行	12.70	2.46	6.68	9.16	4.34	4.82
农行沂水县支行	38.58	7.74	26.52	11.73	5.77	5.96
中行沂水支行	14.01	2.34	6.78	6.00	2.12	3.88
建行沂水支行	9.39	1.56	2.98	7.09	1.93	5.16
沂水商行	4.05	1.22	0.88	1.47	1.37	0.10
沂水县农信联社	75.66	0.28	70.03	55.40	37.26	2.43
邮储银行沂水县支行	16.45	1.78	13.95	1.34	1.12	0.22

牌成立，中行和淡马锡合作组建的村镇银行获得批复；二是资金互助和行业担保组织稳健发展，姚店子镇聚福源农村资金互助社和连崮峪村民发展资金互助协会在人行总行召开的座谈会上介绍了做法；三是融资性担保公司业务有效拓展，7家担保公司中的4家设立了分支机构，累计担保贷款2.6亿元；四是以房产或设备一次性评估抵押额度循环使用的“网贷通”业务发展顺利，动产质押、订单抵押、收费权质押等新业务顺利开办；五是县政府出台了《土地承包经营权抵押贷款管理办法（试行）》，被临沂市政府确定为农村产权抵押业务试点县。

【金融服务与监管】 2010年，人行沂水县支行积极引导金融机构认真执行货币政策，支持县域经济发展。一是定期组织金融机构分析经济金融形势，明确信贷投放重点，把握信贷投放节奏；二是组织开展分层次的融资和项目推荐、金融新产品介绍等活动，选择99家中小企业，推荐纳入临沂市中小企业贷款绿色通道工程；三是配合经信局推动工业企业运行预警机制运行，对7户企业做出预警，对3户企业采取了不同的信贷保全措施；四是配合县纪委、组织部、监察局出台推进金融机构不良贷款处置工作的意见，清收、核销、处置不良贷款2.14亿元。

2010年，沂水县银行业监管部门切实防范和化解金融风险，保证了辖内金融业的稳健经营和发展。一是以风险监管为中心，以不良贷款“双降”为主线，不断加强农信社监管；二是建立新型金融组织监管运行新机制，加强了对农村资金互助社的监管。

（刘建欣）

蒙阴县

【经济金融概况】 2010年，蒙阴县经济运行质量稳步提高，城乡居民收入增幅较高。全县金融机构认真贯彻执行国家货币政策，突出信贷支持重点，保持信贷投放节奏平稳和结构优化，贷款投放量创历史新高，金融对经济发展的支撑力度进一步加大。

【金融发展与改革】 2010年，蒙阴县金融发展与改革取得

蒙阴县主要经济指标

经济指标	2009	2010	2010年同比增幅（%）	经济指标	2009	2010	2010年同比增幅（%）
土地面积（平方公里）	1601.60	1601.6	0	地方财政支出（亿元）	9.08	10.40	14.54
人口（万人）	53.82	54.50	1.26	全社会固定资产投资（亿元）	51.42	64.70	25.83
非农业人口（万人）	3.91	3.72	-4.86	进出口总值（万美元）	5542	5084	-8.26
地区生产总值（亿元）	98.2	114. 5	16.60	出口总值（万美元）	5162	4670	-9.53
第一产业（亿元）	21.83	22.51	3.11	实际利用外资（万美元）	22	30	36.36
第二产业（亿元）	38.86	46.99	20.92	社会消费品零售总额（亿元）	44.52	51.30	15.23
第三产业（亿元）	37.56	45.00	19.81	居民消费价格指数（%）	100.30	103.60	0.30
财政总收入（亿元）	4.90	6.67	36.12	人均地区生产总值（元）	18246	21009	15.14
地方财政收入（亿元）	2.40	3.30	37.5	城镇居民可支配收入（元）	13156	14511	8.39
财政总支出（亿元）	9.08	10.40	14.54	农民人均现金收入（元）	5824	6714	15.28

蒙阴县主要金融指标

金融指标（亿元）	2009	2010	2010年同比增幅（%）	金融指标（亿元）	2009	2010	2010年同比增幅（%）
本外币存款余额	61.78	73.54	19.04	财险收入	8209	14493	76.55
人民币存款余额	61.67	73. 30	18.86	寿险收入	19261	23726	23.18
企业存款	6.74	6. 54	-2.97	财险赔款	3283	4528	37.92
储蓄存款	47.07	57.31	21.75	寿险给付	3852	4812	24.92
本外币贷款余额	36.06	44. 05	22.16	当年结益	--	--	--
人民币贷款余额	36.06	44. 05	22.16	证券市场交易总额	--	--	--

续表

金融指标（亿元）	2009	2010	2010年同比增幅（%）	金融指标（亿元）	2009	2010	2010年同比增幅（%）
短期贷款	31.37	35.54	13.29	投资者保证金余额	--	--	--
中长期贷款	4.60	8.51	85	证券账户开户数	--	--	--
票据融资	0.08	0	-100	证券交易佣金收入	--	--	--
当年结益	0.66	2.57	289.39	净利润	--	--	--
不良贷款余额	4.33	3.04	-29.79				

蒙阴县主要金融机构负责人

单位名称	行长（或其他称谓的第一负责人）	副行长（或其他称谓的同级领导）
人行蒙阴县支行	佟　健	侯长明　公为强
银监会蒙阴县办事处	郭剑南	石运涛
农发行蒙阴县支行	邢　波	沈蒙恬　孙勇力
工行蒙阴支行	于　军	王开儒　王再俊
农行蒙阴县支行	姜良军	吴清泉　沙功权　王恩殿
中行蒙阴支行	路咏念	丁前锋
建行蒙阴支行	雷建成	韩夫宏　张德坤
蒙阴县农信联社	徐长青（理事长） 赵德友（主　任）	张　峰　邹善海　冯　晓
邮储银行蒙阴县支行	张　峰	王焕峰

蒙阴县主要金融机构业务概况

单位：亿元

单位名称	本外币存款余额	企业存款	储蓄存款	本外币贷款余额	短期贷款	中长期贷款
农发行蒙阴县支行	0.08	0.08	--	1.20	0.77	0.44
工行蒙阴支行	5.93	0.91	2.25	2.78	0.88	1.90
农行蒙阴县支行	10.77	2.18	7.52	6.10	3.28	2.82
中行蒙阴支行	4.06	0.52	2.16	1.05	0.18	0.86
建行蒙阴支行	6.96	1.32	4.22	1.15	0.40	0.75
蒙阴县农信联社	36.33	0.55	35.20	30.37	28.73	1.64
邮储银行蒙阴县支行	7.01	1.09	5.79	1.40	1.30	0.10

较大进展：一是4家大型国有商行分支机构继续深化体制改革，信贷支持经济转型力度明显加大；二是农信社加大改革力度，对1.7亿元的不良资产进行置换，资产质量、资本实力和金融支农服务水平显著提高；三是随着农行蒙阴支行三农事业部改革的稳步推进，特色信贷品种不断增加；四是小额贷款公司正式成立，进一步拓宽了中小企业融资渠道。

【金融服务与监管】　2010年，人行蒙阴县支行不断提高金融管理和服务水平，保障了金融业稳健运行。一是加强政策引导，积极配合县政府召开银企座谈会，金融机构与47家企业达成银企合作意向；二是加强对经济金融形势的调研监测与分析，提高金融机构贯彻落实宽松货币政策的针对性；三是加大检查监督力度，开展法人金融机构风险评估，做好对农信社专项中央银行票据兑付后续监测工作；四是加强金融生态环境建设，提高金融机构贯彻落实货币政策的能动性。

（赵红英）

平邑县

【经济金融概况】 2010年，人行平邑县支行按照县委、县政府总体部署，大力实施"工业强县"战略和"三五"工业提升工程，围绕园区建设、项目带动、集群发展、科技创新、资本运作、节能降耗等重点，做强优势产业，壮大骨干企业，促进了全县经济金融的快速健康发展。

【金融发展与改革】 2010年，人行平邑县支行不断提高贯

平邑县主要经济指标

经济指标	2009	2010	2010年同比增幅（%）	经济指标	2009	2010	2010年同比增幅（%）
土地面积（平方公里）	1824.79	1824.79	0	地方财政支出（亿元）	12.40	15.33	23.63
人口（万人）	100.3	100.70	0.40	全社会固定资产投资（亿元）	67.20	82.60	22.92
非农业人口（万人）	9.80	10.10	3.06	进出口总值（万美元）	11583	14000	20.87
地区生产总值（亿元）	160.20	165.02	3.01	出口总值（万美元）	9899	13000	31.33
第一产业（亿元）	25.09	28.10	12.00	实际利用外资（万美元）	559	1116	99.64
第二产业（亿元）	73.49	74.60	1.49	社会消费品零售总额（亿元）	71.60	80.7	12.71
第三产业（亿元）	60.72	62.30	2.60	居民消费价格指数（%）	102.20	102.4	0.20
财政总收入（亿元）	6.60	15.56	135.76	人均地区生产总值（元）	17225	18327	6.40
地方财政收入（亿元）	3.71	4.51	21.56	城镇居民可支配收入（元）	13210	14500	9.77
财政总支出（亿元）	12.54	15.56	24.10	农民人均现金收入（元）	5823	6696	14.99

平邑县主要金融指标

金融指标（亿元）	2009	2010	2010年同比增幅（%）	金融指标（亿元）	2009	2010	2010年同比增幅（%）
本外币存款余额	89.55	104.96	17.21	财险收入	0.69	0.83	20.28
人民币存款余额	89.44	104.91	17.3	寿险收入	2.0	2.43	21.5
企业存款	9.09	12.45	36.96	财险赔款	0.29	0.35	20.69
储蓄存款	62.87	76.39	21.51	寿险给付	0.48	0.57	18.75
本外币贷款余额	49.89	61.93	24.13	当年结益	—	—	—
人民币贷款余额	49.89	61.91	24.09	证券市场交易总额	—	—	—
短期贷款	39.57	47.9	21.05	投资者保证金余额	—	—	—
中长期贷款	9.34	13.01	39.29	证券账户开户数	—	—	—
票据融资	0.98	1	2.04	证券交易佣金收入	—	—	—
当年结益	0.90	1.17	30	净利润	—	—	—
不良贷款余额	7.68	4.9	-36.2				

平邑县主要金融机构负责人

单位名称	行长（或其他称谓的第一负责人）	副行长（或其他称谓的同级领导）
人行平邑县支行	邓　强	徐士亮　季德振　蒋晓华
银监会平邑县办事处	徐华伟	
农发行平邑县支行	林济民	刘开东　刘　华
工行平邑支行	徐东文	任继奎　张加松

续表

单位名称	行长（或其他称谓的第一负责人）	副行长（或其他称谓的同级领导）
农行平邑县支行	杨本营	唐洪飞　姜良军　金　霞
中行平邑支行	滕壹栋	刘西宇
建行平邑支行	潘　波	赵志瑞　张贤亮
平邑县农信联社	马　涛（理事长） 徐启阶（主　任）	王运斌　张吉全　杨　霞
邮储银行平邑县支行	杜明厂	徐　丽

平邑县主要金融机构业务概况

单位：亿元

单位名称	本外币存款余额	企业存款	储蓄存款	本外币贷款余额	短期贷款	中长期贷款
农发行平邑县支行	0.16	0.14	--	2.1	1.77	0.33
工行平邑支行	7.08	1.22	3.98	5.77	2.28	3.47
农行平邑县支行	20.15	3.47	13.14	7.5	4.04	3.36
中行平邑支行	5.36	1.87	1.99	4.14	0.65	3.49
建行平邑支行	7.45	1.33	2.12	1.82	0.92	0.9
平邑县农信联社	50.51	2.96	45.33	37.99	36.26	0.83
邮储银行平邑县支行	11.53	1.45	9.84	2.39	1.76	0.63
莱商银行平邑支行	0.04	0.02	0.02	0.23	0.23	--

彻落实货币政策的针对性和有效性，促进经济又好又快发展。一是制订出台了一系列指导意见，引导金融机构积极贯彻适度宽松的货币政策；二是优化金融生态环境，建立了3个金融惠农服务站，让偏远农村的居民在家门口就可以学习了解必备的金融知识；三是完善农村金融服务体系建设，11月10日，莱商银行平邑支行和冠鲁小额贷款公司同时开业；四是深化银企合作机制建设，先后组织召开了金融支持仲村棉纺、地方罐头产业发展座谈会和临沂市金融支持“加快工业发展年”政银企合作（平邑）推进会。

【金融服务与监管】　2010年，人行平邑县支行继续坚持以服务与监管并重的原则，在强化监管的同时不断提升金融服务水平。一是依托行政审批大厅，建立了金融服务中心，将支行国库、外汇、征信、账户、人民币管理等职能在营业室集中挂牌办公，实行受理与审批分离制度，推行首问负责制和承诺服务；二是开展了以“珍爱信用记录、提高信用意识”为主题的征信知识宣传活动，举办中小企业征信体系建设与融资策略讲座，平邑县被评为“金融生态先进县”；三是加强对金融机构综合监管，对8家银行机构和4家保险机构实施了综合评价，对全县金融机构和保险公司开展了多项行政执法综合检查。

（王　楠）

费　县

【经济金融概况】　2010年，费县金融部门从支持地方经济发展“调结构、转方式”出发，积极优化信贷结构，创新服务手段，改善服务水平，金融运行保持了健康平稳发展态势。

【金融发展与改革】　2010年，费县金融机构着力优化信贷结构，加强信用环境建设，优化金融生态环境。一是召开金融工作座谈会，搭建政府、银行、企业三方参加的“政银企资金对接会”、“项目推介会”、“银企签约会”等展会平台，强化银企合作和沟通，优化信贷投放环境；二是农信社加快申请组建农商行步伐，通过开展全员大清收活动，实施增资扩股4000万元，各项监管指标均已达到组建农商行的要求；三是积极推进临商银行费县支行的筹建及成立。12月29日，临商银行费县支行开业，为县域经济发展注入新的活力。

费县主要经济指标

经济指标	2009	2010	2010年同比增幅（%）	经济指标	2009	2010	2010年同比增幅（%）
土地面积（平方公里）	1903.75	1903.75	0	地方财政支出（亿元）	12.59	14.7	16.7
人口（万人）	95.1	97.99	3.02	全社会固定资产投资（亿元）	81.1	79.5	22.5
非农业人口（万人）	7.52	10.99	46.13	进出口总值（万美元）	19265	25728	33.5
地区生产总值（亿元）	184.1	190.98	13.1	出口总值（万美元）	17593	24741	40.6
第一产业（亿元）	25.75	27.68	3.7	实际利用外资（万美元）	920	931	1.2
第二产业（亿元）	96.31	97.3	14.7	社会消费品零售总额（亿元）	59.8	62.3	18.9
第三产业（亿元）	62.04	66	14.3	居民消费价格指数（%）	102	102.7	0.7
财政总收入（亿元）	12.5	14.21	13.7	人均地区生产总值（元）	20728	20657	12
地方财政收入（亿元）	4.6	5.53	20.21	城镇居民可支配收入（元）	13600	14200	5
财政总支出（亿元）	16	18.5	15.7	农民人均现金收入（元）	5796	6665	15.01

费县主要金融指标

金融指标（亿元）	2009	2010	2010年同比增幅（%）	金融指标（亿元）	2009	2010	2010年同比增幅（%）
本外币存款余额	85.76	103.76	20.99	财险收入	0.79	0.97	21.57
人民币存款余额	85.63	103.65	21.04	寿险收入	2.6	3.5	34.49
企业存款	9.15	11.05	20.77	财险赔款	0.38	0.46	28.26
储蓄存款	69.16	82.37	19.1	寿险给付	0.6	0.67	12.28
本外币贷款余额	79.11	84.26	6.5	当年结益	—	—	—
人民币贷款余额	78.48	83.75	6.72	证券市场交易总额	—	—	—
短期贷款	47.3	59.33	25.43	投资者保证金余额	—	—	—
中长期贷款	30.91	24.15	-21.87	证券账户开户数	—	—	—
票据融资	—	—	—	证券交易佣金收入	—	—	—
当年结益	1.48	0.93	-37.16	净利润	—	—	—
不良贷款余额	4.24	3.0	-29.24				

费县主要金融机构负责人

单位名称	行长（或其他称谓的第一负责人）	副行长（或其他称谓的同级领导）
人行费县支行	郭增强	邱善银　韩曙光
银监会费县办事处	李涌涛	
农发行费县支行	段遵义	贺可义　李相波
工行费县支行	韩建华	王　飞　付立果　张　军
农行费县支行	盛曙光	潘　浩　唐守光　王新群
中行费县支行	张　群	寇瑞红　时建新
建行费县支行	田大奎	赵树洲　朱崇山　乔卫民
临商银行费县支行	孔凡强	刘长军
费县农合行	孙成文	刘　春　刘存保　程洪德　马宗涛　邵景东
邮储银行费县支行	王富安	刘先平　苑春田

费县主要金融机构业务概况

单位：亿元

单位名称	本外币存款余额	企业存款	储蓄存款	本外币贷款余额	短期贷款	中长期贷款
农发行费县支行	0.66	0.66	--	1.62	0.79	0.83
工行费县支行	6.45	1.28	4.00	11.73	3.17	8.50
农行费县支行	19.1	5.88	10.87	14.04	9.53	4.4
中行费县支行	6.42	0.76	4.52	12.24	8.60	3.05
建行费县支行	4.24	0.80	2.89	7.91	2.47	5.44
临商银行费县支行	0.02	--	0.02	--	--	--
费县农合行	47.58	0.27	44.78	35.03	33.4	1.63
邮储银行费县支行	16.86	1.42	15.35	1.69	1.38	0.31

【金融服务与监管】 2010年，人行费县支行、费县银监办坚持以科学发展观为指导，不断加强金融服务和监管工作。

一、费县银监办积极督促各金融机构分解落实“双降”目标，强化贷款质量的监管，加强责任追究，落实双向责任，实现了不良贷款余额、占比双下降。

二、人行费县支行认真履行职能，加强金融服务。一是完成了对中行费县支行财政集中支付代理行资格初审、临商银行费县支行开业以及加入业务系统的审核报批工作；二是积极配合临沂团市委和人行临沂市中支团委在上冶镇联合举办的“迎新春筑和谐——金融知识进千村”集中宣传活动。

（娄丽霞）

沂南县

【经济金融概况】 2010年，沂南县金融机构围绕全县经济发展大局，不断改进金融服务，积极增加货币资金供应，促进了经济金融协调健康发展。

【金融发展与改革】 2010年，人行沂南县支行采取措施，努力提高货币政策的前瞻性和有效性。一是制定出台了《做好货币信贷工作、促进全县经济平稳较快发展指导意见》，引

沂南县主要经济指标

经济指标	2009	2010	2010年同比增幅（%）	经济指标	2009	2010	2010年同比增幅（%）
土地面积（平方公里）	1774	1774	0	地方财政支出（亿元）	9.06	10.78	18.98
人口（万人）	92.43	94.73	2.49	全社会固定资产投资（亿元）	68.30	85.55	25.26
非农业人口（万人）	9.14	9.43	3.17	进出口总值（万美元）	6911	10072	50.60
地区生产总值（亿元）	126.60	131.50	13.50	出口总值（万美元）	6365	9449	51.50
第一产业（亿元）	25.64	27.31	3.70	实际利用外资（万美元）	110	391	119.1
第二产业（亿元）	55.76	56.69	16.10	社会消费品零售总额（亿元）	49.60	58.70	19.10
第三产业（亿元）	45.20	47.50	14.60	居民消费价格指数（%）	98.60	102.40	3.85
财政总收入（亿元）	6.19	7.43	20.03	人均地区生产总值（元）	14790	15620	5.61
地方财政收入（亿元）	3.51	4.26	21.37	城镇居民可支配收入（元）	12302	13777	11.90
财政总支出（亿元）	9.67	13.95	8.73	农民人均现金收入（元）	5783	6650.50	15.01

沂南县主要金融指标

金融指标（亿元）	2009	2010	2010年同比增幅（%）	金融指标（亿元）	2009	2010	2010年同比增幅（%）
本外币存款余额	91.35	107.78	17.99	财险收入	0.68	0.83	22.06

续表

金融指标（亿元）	2009	2010	2010年同比增幅（%）	金融指标（亿元）	2009	2010	2010年同比增幅（%）
人民币存款余额	91.27	107.67	17.97	寿险收入	2.77	3.65	31.77
企业存款	7.96	7.16	-10.05	财险赔款	0.36	0.37	2.78
储蓄存款	72.52	86.41	19.15	寿险给付	0.61	0.75	22.95
本外币贷款余额	41.26	50.28	21.86	当年结益	--	--	--
人民币贷款余额	41.26	50.28	21.86	证券市场交易总额	--	--	--
短期贷款	31.08	35.38	13.84	投资者保证金余额	--	--	--
中长期贷款	6.31	8.79	39.30	证券账户开户数	--	--	--
票据融资	3.63	6.11	68.32	证券交易佣金收入	--	--	--
当年结益	1.09	0.87	-20.18	净利润	--	--	--
不良贷款余额	7.68	3.84	-50				

沂南县主要金融机构负责人

单位名称	行长（或其他称谓的第一负责人）	副行长（或其他称谓的同级领导）
人行沂南县支行	高　翔	苏友庆　王德海　谢录云
银监会沂南县办事处	刘本强	刘西权　张振国
农发行沂南县支行	石增军	于祥恩　冯锡朋
工行沂南支行	刘春青	尹吉亮　孙兴东　刘敬启
农行沂南县支行	魏玉庆	宋曙光　舒广军
中行沂南支行	赵　健	徐兴劭　董风光
建行沂南支行	徐桂冰	邹庆元　郭　伟　董文元　刘长明
临商银行沂南县支行	陈文广	
沂南县农信联社	邵　峰	殷学远　刘海涛　赵京才　曹光伟　王运秀　丁万刚
邮储银行沂南县支行	吴清波	范玉文

沂南县主要金融机构业务概况

单位：亿元

单位名称	本外币存款余额	企业存款	储蓄存款	本外币贷款余额	短期贷款	中长期贷款
农发行沂南县支行	0.17	0.17	--	1.15	0.50	0.65
工行沂南支行	9.44	0.92	4.70	6.61	2.94	3.70
农行沂南县支行	21.64	2.68	14.46	5.62	3.78	1.64
中行沂南支行	6.08	1.12	3.31	1.20	0.43	0.77
建行沂南支行	4.88	0.40	2.62	0.53	0.44	0.08
临商银行沂南县支行	--	--	--	--	--	--
沂南县农信联社	47.80	0.08	46.57	33.53	25.88	1.74
邮储银行沂南县支行	16.75	1.84	14.80	1.64	1.40	0.24

导全县金融机构加大对经济的信贷投放力度；二是通过召开"政银企合作洽谈会"、银企座谈会和经济金融形势分析会，加强银企沟通协作；三是建立完善了大学生"村官"参与农村金融生态环境建设工作机制；四是督促农信社完善法人治理结构，通过林权置换、贷款核销等方式化解不良贷款，不良贷款率同比下降15.81个百分点，资本充足率提高9.1个百分点。

【金融服务与监管】 2010年，人行沂南县支行寓监管于服务，认真做好结算、国库、外汇、贷款卡等工作，为地方经济发展提供保障。一是加强对金融机构存款准备金、金融统计制度执行、结算账户、国库、反洗钱等业务的监督管理，维护良好的金融秩序；二是完成了对金融机构的综合评价工作，银行业金融机构综合评价"A"级2个，保险类金融机构综合评价"A"级1个。

（郭永刚）

临沭县

【经济金融概况】 2010年，临沭县经济呈现出平稳较快发展的良好态势，社会综合实力和人民生活水平逐步提高，各金融机构不断改善信贷结构，提高服务水平，金融运行质量明显提高。

【金融发展与改革】 2010年，临沭县金融机构不断加大对经济发展和结构调整的信贷投入，努力营造良好的区域金融环境。5月，常林小额贷款有限公司批准成立；7月，县农行股改完成；8月，临商银行临沭支行正式挂牌营业；10月，县农信

临沭县主要经济指标

经济指标	2009	2010	2010年同比增幅（%）	经济指标	2009	2010	2010年同比增幅（%）
土地面积（平方公里）	1051	1051	0	地方财政支出（亿元）	9.99	13.2	32
人口（万人）	64.45	65.2	0.57	全社会固定资产投资（亿元）	71.1	88.91	22.8
非农业人口（万人）	9.64	9.6	-0.41	进出口总值（万美元）	22340	30030	34.4
地区生产总值（亿元）	127.7	132.39	13.6	出口总值（万美元）	13408	18351	36.9
第一产业（亿元）	14.87	15.17	3.3	实际利用外资（万美元）	1018	903	-11.3
第二产业（亿元）	69.16	70.82	14.7	社会消费品零售总额（亿元）	39.1	54.52	19.5
第三产业（亿元）	43.67	46.4	14.9	居民消费价格指数（%）	98.6	102.4	3.85
财政总收入（亿元）	10.1	13.2	30.7	人均地区生产总值（元）	21176	21353	8.4
地方财政收入（亿元）	3.69	4.53	23.01	城镇居民可支配收入（元）	14100	16000	13.6
财政总支出（亿元）	9.99	13.2	32	农民人均现金收入（元）	5803	6668.7	14.91

临沭县主要金融指标

金融指标（亿元）	2009	2010	2010年同比增幅（%）	金融指标（亿元）	2009	2010	2010年同比增幅（%）
本外币存款余额	86.45	110.61	27.95	财险收入	0.71	0.88	24.05
人民币存款余额	86.34	110.25	27.69	寿险收入	2.18	2.86	30.93
企业存款	18.76	22.88	21.96	财险赔款	0.32	0.39	21.11
储蓄存款	52.52	64.24	22.32	寿险给付	0.54	0.56	2.66
本外币贷款余额	52.99	68.97	30.16	当年结益	--	--	--
人民币贷款余额	52.83	68.74	30.19	证券市场交易总额	--	--	--
短期贷款	40.58	42.18	3.94	投资者保证金余额	--	--	--
中长期贷款	11.07	22.42	2.53	证券账户开户数	--	--	--
票据融资	1.10	4.06	69.1	证券交易佣金收入	--	--	--
当年结益	1.31	1.76	34.35	净利润	--	--	--
不良贷款余额	7.77	4.52	-41.83				

临沭县主要金融机构负责人

单位名称	行长（或其他称谓的第一负责人）	副行长（或其他称谓的同级领导）
人行临沭县支行	陈仕庆	石民邦　王裕山
银监会临沭县办事处	宋　洁	
农发行临沭县支行	王健翔	杨国强　黄　勇
工行临沭支行	公丕群	魏茂军　张玉芹　杨大忠
农行临沭县支行	朱玉良	王存高　凌　晨
中行临沭支行	王光和	王广强　张宝玉
建行临沭支行	殷宏峰	徐丽霞　潘记彬
临商银行临沭支行	阚　岷	王通江
临沭县农信联社	赵振响	李永森　衣艳珍　高连红　张敬刚　张信洪
邮储银行临沭县支行	薛金坤	史佃林

临沭县主要金融机构业务概况

单位：亿元

单位名称	本外币存款余额	企业存款	储蓄存款	本外币贷款余额	短期贷款	中长期贷款
农发行临沭县支行	1.26	1.22	0	5.48	4.98	0.5
工行临沭支行	11.79	3.93	3.35	11.36	4.47	6.66
农行临沭县支行	18.52	7.40	7.01	15.21	9.31	5.81
中行临沭支行	14.32	5.16	4.46	5.54	2.07	3.47
建行临沭支行	11.14	1.41	4.52	6.06	0.46	5.59
临商银行临沭支行	1.47	0.86	0.61	0.10	0.10	0
临沭县农信联社	37.26	0.15	35.47	23.56	19.40	0.09
邮储银行临沭县支行	11.90	3.05	8.85	1.64	1.37	0.27

联社林权置换不良资产39804万元。

【金融服务与监管】　2010年，人行临沭县支行积极贯彻国家货币信贷政策，认真履行央行职责。一是通过召开金融工作会议、贯彻货币政策通报会和信贷工作调度会，以及进行综合考核等一系列措施，指导金融机构合理信贷投放；二是加强准备金和利率管理，监测金融机构利率定价和执行情况；三是制定出台了《关于加强金融生态环境建设的意见》，被县政府以沭政发[2010]第18号文转发；四是成功举办了金融系统反洗钱知识竞赛，加大反假宣传与培训；五是加强监督服务职能，对金融机构开展了统计执法和反洗钱检查。

（陈丽芳）

枣庄市

【经济金融概况】　2010年，枣庄市加快转变经济发展方式，大力实施资源城市转型战略，进一步加强和改善宏观调控，经济和社会呈现总量膨胀、结构优化、收入增加和民生改善的发展态势，当年GDP是2005年的2.2倍，实现了5年翻一番的目

枣庄市经济主要统计指标

指标＼年度	2006	2007	2008	2009	2010	2010年同比增幅（%）
土地面积（平方公里）	4563.22	4563.22	4563.22	4563.22	4563.22	0
人口（万人）	371.97	380.19	383.24	386.79	391.04	0.53
非农业人口（万人）	122.25	121.29	124.33	132.56	135.97	2.6
地区生产总值（亿元）	757.88	926.91	1092.83	1201.28	1362.04	12.6
第一产业（亿元）	68.48	80.59	96.09	103.81	117.56	2.9
第二产业（亿元）	483.62	595.27	686.16	744.40	818.37	10.4
工业（亿元）	393.82	483.85	594.65	671.95	824.76	12.2
建筑业（亿元）	37.1	49.63	55.17	61.85	69.03	11.6
第三产业（亿元）	205.78	251.05	310.58	353.07	426.11	20.0
人均地区生产总值（元）	20936	25482	29978	32842	34831	6.1
地区生产总值构成（%）	100	100	100	100	100	100
第一产业（%）	9.0	8.7	8.8	8.6	8.6	--
第二产业（%）	63.8	63.9	62.8	62.0	60.1	-1.9
第三产业（%）	27.2	27.4	28.4	29.4	31.3	1.9
财政总收入（亿元）	75.98	84.58	104.3	114.3	137.41	20.2
地方财政收入（亿元）	37.00	45.23	52.7	60.8	76.71	26.2
财政总支出（亿元）	60.24	74.41	95.23	110.70	136.19	23.0
地方财政支出（亿元）	51.49	68.10	80.03	101.04	128.91	27.6
全社会固定资产投资（亿元）	341.07	395.24	499.48	629.84	787.31	25.0
规模以上固定资产投资（亿元）	317.16	365.18	462.36	579.80	720.18	22.5
房地产开发（亿元）	24.6	34.7	38.90	68.1	78.0	14.5
进出口总值（亿美元）	4.74	6.43	6.69	5.95	9.11	53.2
出口总值（亿美元）	4.16	5.41	5.18	4.89	7.46	52.5
实际利用外资（亿美元）	1.03	1.2	1.77	2.16	2.39	10.5
社会消费品零售总额（亿元）	204.4	242.1	297.60	353.80	409.89	18.7
居民消费价格指数（%）	101.3	103.9	104.8	100.1	102.8	2.8
城市居民人均可支配收入（元）	11020	12586	14320	15651	17630	12.6
农民人均现金收入（元）	4687	5161	5723	6255	7103	13.6

枣庄市工农业主要统计指标

农业主要统计指标（万吨）				规模以上工业企业主要统计指标（亿元）			
项目＼年度	2009年	2010年	增幅（%）	项目＼年度	2009年	2010年	增幅（%）
粮食	182.71	192.99	5.6	工业增加值	671.95	824.76	12.2
夏粮	93.72	98.56	5.2	国有工业	29.13	30.85	21.2
秋粮	88.99	94.43	6.1	集体工业	18.92	25.62	-0.9
棉花	0.54	0.61	13.4	股份制工业	502.43	658.93	13.5
油料	10.07	10.21	1.4	股份合作制工业	0.02	0.49	14.9
水果	22.25	22.45	0.9	外商及港澳台投资工业	37.07	34.94	12.0
蔬菜	430.51	436.11	1.3	轻工业	191.03	216.94	12.8
肉类	22.95	24.03	4.7	重工业	480.92	607.81	11.9
禽蛋	10.68	10.75	0.6	销售收入	2482.84	3077.68	23.1
奶类	3.34	4.19	25.5	利税	298.85	359.36	20.3

续表

农业主要统计指标（万吨）				规模以上工业企业主要统计指标（亿元）			
项目 \ 年度	2009年	2010年	增幅（%）	项目 \ 年度	2009年	2010年	增幅（%）
水产品	4.29	4.52	2.7	利润	176.79	215.14	21.8
森林覆盖率（%）	32	33	1.0	经济效益综合指数（%）	–	–	–

注：经与枣庄市统计局联系，经济效益综合指数（%）这一指标不再统计。

枣庄市主要金融机构负责人

单位名称	行长（或其他称谓的第一负责人）	副行长（或其他称谓的同级领导）
人行枣庄市中心支行	陈宜民	张善杰　颜道盛　孙　斌　庞建敏　高兆新
银监会枣庄监管分局	陈保君	褚衍民　周宝舰　倪　辉
农发行枣庄市分行	王　烽	于成君　李大庆　侯海峰
工行枣庄分行	刘国强	张义军　张云银　胡吉平　闵祥龙　陈维东
农行枣庄市分行	刘纯泉	侯志华　曹明钊　张炳臣　吴照军
中行枣庄分行	张　伟	李亚军　王卫东　杨利民
建行枣庄分行	曹元吉	刘昌伦　张夫顺　张全刚　刘向群　王清堂
枣庄市商行	谢旭阳	樊印华　许太景　刘　永 崔　健　张德安　朱玉军
农信社枣庄市办事处	李金安	蒋继伟　卜昭路
邮储银行枣庄市分行	王运访	李　兵　仇洪建
中国人寿枣庄分公司	刘玉萍	刘书宏　黄秀峰　孙华增
人保财险枣庄分公司	翟永兴	刘　勇　单福建　李井辉
齐鲁证券公司枣庄分公司	陈志伟	

枣庄市金融业务统计指标

指标（亿元） \ 年度		2006	2007	2008	2009	2010	2010年同比 增加额	2010年同比 增幅（%）
银行类	本外币存款余额	421.38	486.62	620.97	810.75	894.42	83.67	10.32
	人民币存款余额	419.70	484.63	617.94	807.70	892.22	84.52	10.46
	企业存款	68.47	97.5	139.78	210.38	206.39	-3.99	-1.90
	储蓄存款	260.57	288.17	373.83	442.59	511.39	68.80	15.54
	定期储蓄存款	155.64	170.55	225.25	189.44	279.70	90.26	47.65
	活期储蓄存款	104.93	117.63	148.58	253.15	231.69	-21.46	-8.48
	本外币贷款余额	289.63	346.26	412.18	586.84	729.69	142.85	24.34
	人民币贷款余额	287.11	344.72	411.56	585.83	727.71	141.87	24.22
	短期贷款	153	179.57	196.9	254.09	306.69	52.60	20.70
	中长期贷款	120.22	153.23	200.42	310.26	402.52	92.26	29.74
	票据融资	13.05	11.2	14.24	21.48	18.31	-3.17	-14.76
	当年结益	2.22	5.55	2.56	14.25	18.41	4.16	29.19
	不良贷款余额	48.35	43.19	28.19	24.62	20.34	-4.28	-17.38
	不良贷款占比%	16.70	12.47	6.84	4.2	2.79	-1.41	-33.57
	现金收入	1617.18	1750.03	1874.67	2064.42	2594.28	529.86	25.7
	现金支出	1582.52	1705.54	1829.45	2027.55	2571.88	544.33	26.7
	现金投放（+）回笼（-）	-34.66	-44.49	-45.22	-37.07	-22.40	--	-39.6

续表

指标（亿元） \ 年度		2006	2007	2008	2009	2010	2010年同比	
							增加额	增幅（%）
保险类	保险公司保费收入	9.3	11.26	16.73	21.72	29.24	7.52	34.6
	财险收入	2.18	3.17	3.94	5.37	7.55	2.18	40.5
	寿险收入	7.12	8.09	12.79	16.35	21.69	5.34	32.7
	保险公司赔款和给付支出	2.76	3.87	4.48	4.96	5.26	0.3	6.0
	财险赔款	1.41	1.68	2.35	2.69	3.16	0.47	17.4
	寿险给付	1.35	2.19	2.13	2.26	1.71	-0.55	-14.5
	当年结益	—	—	—	—	—	—	—
证券类	证券市场成交总额	—	625.27	565.3	687.51	639.71	-47.8	-6.95
	投资者保证金余额	—	4.11	3.21	6.79	6.32	-0.47	6.92
	证券账户开户数	—	1.36	0.94	0.97	1.3	0.33	34.02
	佣金收入	—	0.65	0.5	0.57	0.72	0.15	26.32
	净利润	—	—	—	—	—	—	—
	期货市场成交总额	—	—	—	—	—	—	—
	期货客户保证金余额	—	—	—	—	—	—	—
	期货账户开户数	—	—	—	—	—	—	—
	期货手续费收入	—	—	—	—	—	—	—
	利润总额	—	—	—	—	—	—	—

枣庄市金融机构统计指标

指标（个） \ 年度		2006	2007	2008	2009	2010	2010年同比增幅（%）
银行类	法人机构	7	7	7	7	7	0
	省级分行						
	二级分行	5	5	5	6	7	16.67
	县区支行	45	58	73	71	150	111.27
	分理处、营业所	301	291	288	297	290	-2.36
	储蓄所	15	13	9	8	5	-37.5
	从业人员总数	5763	6393	6870	5774	6235	7.98
保险类	保险机构	—	—	—	—	—	—
	财险机构	—	—	—	—	—	—
	省级分公司	—	—	—	—	—	—
	地市分公司	5	9	10	10	10	0
	县区支公司	—	—	—	—	—	—
	寿险机构	—	—	—	—	—	—
	省级分公司	—	—	—	—	—	—
	地市分公司	6	6	8	9	9	0
	县区支公司	—	—	—	—	—	—
	从业人员总数	7766	7653	12343	11340	12893	13.69
	财险人员	929	1501	2399	1622	2189	34.96
	寿险人员	6837	6152	9944	9718	10704	10.15

续表

指标（个） \ 年度		2006	2007	2008	2009	2010	2010年同比增幅（%）
证券类	证券机构	--	--	--	--	--	--
	证券公司	2	2	1	1	1	0
	证券营业部	2	2	2	4	4	0
	证券服务部	2	2	2	0	0	0
	从业人员总数	44	41	40	38	41	7.89
	投资者开户	65755	68277	83632	91565	108797	18.82
	境内上市股票支数	--	--	--	--	--	--
	境外上市股票支数	--	--	--	--	--	--
	辖区上市公司总数	--	--	--	--	--	--

枣庄市主要金融机构业务概况

单位：亿元

单位名称	本外币存款余额	人民币企业存款	人民币储蓄存款	本外币贷款余额	人民币短期贷款	人民币中长期贷款
农发行枣庄市分行	3.92	2.79	0	28.25	18.66	9.59
工行枣庄分行	164.59	42.30	83.09	166.33	33.61	132.33
农行枣庄市分行	137.86	28.94	96.17	124.76	42.91	80.95
中行枣庄分行	95.68	28.11	35.69	78.62	16.75	58.06
建行枣庄分行	171.03	40.82	80.33	132.35	17.09	108.31
枣庄市商行	58.56	26.31	17.25	27.00	30.28	2.52
农信社枣庄市办事处	193.51	32.57	149.88	139.87	145.37	9.19
邮储银行枣庄市分行	54.14	4.55	48.96	3.64	2.18	1.58

枣庄市各县级区域经济金融主要统计指标

名称	人口（万人）	面积（平方公里）	地区生产总值（亿元）	地区生产总值增速（%）	本外币存款余额（亿元）	储蓄存款（亿元）	本外币贷款余额（亿元）
滕州市	168.15	1494.24	633.92	14.3	297.07	193.38	328.94
薛城区	50.42	422.71	99.02	10.3	189.09	97.36	81.25
台儿庄区	30.99	533.30	112.95	10.3	45.42	27.58	24.44
峄城区	38.60	635.01	110.76	12.1	46.37	25.59	41.66
山亭区	50.46	1018.93	85.86	12.2	38.80	28.02	23.01
市中区	52.42	373.92	141.39	13.2	249.40	135.45	223.25
高新区	--	85.11	38.48	18.3	--	--	--

注：枣庄市高新区有关指标归入薛城区，不单独统计。

标。

一、农林牧渔业全面增长，内部结构不断调整。农林牧渔及其服务业增加值117.56亿元，增长2.9%。粮经比例由上年的68.9：31.1调整为69.9：30.1。有效灌溉面积153.78千公顷。农用机械总动力274万千瓦，增长7.80%。

二、工业生产较快增长，重点行业拉动作用明显。年末规模以上工业企业1912家，净增204家。非金属矿物制品、化学制品、服装鞋帽制造、食品制造4大行业增加值194.55亿元，增长15.2%，占规模以上工业的23.6%。通用设备、电器机械和专用设备制造3个行业增加值132.29亿元，增长23.1%，占规模以上工业的16%。

三、投资保持快速增长，投资结构趋于优化。规模以上投资中，第一产业投资7.6亿元，增长56.2%；第二产业投资408.2亿元，增长15.4%；第三产业投资304.4亿元，增长32.7%，高于规模以上投资增幅10.2个百分点。销售新建商品住宅211.3万平方米，增长15.2%；销售额64.7亿元，增长29.5%。

四、消费品市场繁荣，消费热点趋旺。人均社会消费品零售总额突破1万元，增长18.7%，自2006年以来首次高于山东省平均增幅。汽车类零售额24.1亿元，增长44.8%；化妆品类增长29.8%；金银珠宝类增长20.8%；建筑及装潢材料类增长33.5%；家用电器及音像器材类增长43.1%；家具类更是以增长210%独占鳌头。

【货币政策实施】 2010年，人行枣庄市中支认真贯彻落实国家货币信贷政策，按照“总量适度、优化结构、把握节奏、防范风险”的要求，引导金融机构加大信贷投放，优化结构。

一、强化政策引导，助推资源城市转型。一是积极争取政策倾斜，推动人行济南分行出台了《关于金融支持枣庄市资源枯竭城市转型的意见》；二是印发了金融促进经济发展方式转变、城乡消费、旅游业发展、大学生“村官”创业和棚户区改造等指导性文件。

二、加大金融创新引导力度，破解经济薄弱环节融资瓶颈。一是大力推进信贷政策产品化，在全省率先推出了“活体畜禽抵押贷款”新业务；二是联合市金融办、中小企业局共同研发了“枣庄全民创业融资网”，开启了全面、快捷、低成本的融资“直通车”。

三、强化资金引导，货币政策工具综合效应得到充分发挥。一是充分发挥支农再贷款的资金引导作用，引导农信社继续加大服务三农力度；二是创新业务，在全省率先制定出台了《买断式商业汇票再贴现操作规程》。

【金融稳定】 2010年，人行枣庄市中支从制度建设和监测分析入手，积极构建维护金融稳定长效机制。

一、加强制度建设，落实维稳责任。一是协助市政府制定实施了《关于维护区域金融稳定，促进全市金融业持续健康发展的意见》，按照“属地管理”原则，建立了以政府为主导，金融监管部门为主体，执法部门密切配合的金融风险处置化解工作机制；二是组织召开了全市维护金融稳定工作会议，签订责任书，实施了工作责任制。

二、加强协调联动，形成工作合力。一是修订完善了《金融稳定协调制度》和《经济金融信息共享制度》，加强金融维稳部门协作，建立日常信息互动交流机制，深化重点领域日常风险监测与防范；二是探索建立了银行机构开业前风险评估制度和方案，提高了金融稳定风险监测的前瞻性。

三、开展金融稳定监测分析评估。一是建立了房地产金融市场、淘汰落后产能和交叉性金融业务等监测制度；二是借鉴国际通用的SPSS软件系统，运用因子分析法对农信社改革进行绩效评价，为全省农信社竞争力排名、风险发现和改革绩效评估提供了一种新技术、新方法和新思路。

【金融服务】 2010年，人行枣庄市中支深化金融服务，着力提高服务水平，赢得了社会各界的广泛好评。一是成功举办“金融知识进万家巡回展——走进枣庄”活动，配合人行济南分行、枣庄市法学会举办了“金融权益与社会责任”法律论坛；二是扎实开展“创新金融服务、支持经济发展”业务竞赛活动，保卫科荣获总行级业务竞赛活动先进集体；三是选择滕州市杏花村干杂海货市场作为农村支付服务环境建设工作突破口，培植了“商贸市场”支付结算模式；四是协助市政府制定了《中小企业征信体系试验区建设实施意见》，联合团市委召开了农村青年信用示范户创建推进会，联合团市委、市普法办举办了“诚信杯”征信知识竞赛；五是完成了滕州市、山亭区30家乡镇金库的撤销工作，上线运行了全国财税库银横向联网系统；六是组织开展“迎新春、换新钱，欢欢喜喜过大年”便民服务活动，构建了银警联动反假货币协作机制；七是深入开展跨境人民币政策业务宣传，建立了重点企业联系制度，积极搭建银企互动平台。

【金融监管】 2010年，人行枣庄市中支认真履行法定职责，积极加强金融监管，确保了金融稳健运行。

一、规范商业银行经营行为。一是认真落实银行业机构开业报告和重大事项报告制度；二是召开银行机构负责人座谈会，收集了银行机构网点信息；三是对济宁银行在滕州市设立支行进行了审查验收和规范指导。

二、扎实推进金融机构综合评价。该中支制定印发了《金融机构综合评价暂行办法》，组织召开了全市银行、证券、保险等机构负责人和各支行负责人参加的协调会议，建立了联络员制度，本着“实事求是、客观公正”的原则，认真组织开展金融机构综合评价工作，评价结果得到普遍认可。

三、依法开展金融执法检查。该中支配合人行济南分行以及自主开展大型行政执法检查活动8次，内容涉及反洗钱、反假币、人民币业务、统计业务、国库管理等方面，并对部分违法违规金融机构实施了行政处罚，基层人行监管权威进一步树立，金融机构经营行为更加规范。

【外汇管理】 2010年，外管局枣庄市中心支局扎实开展外汇管理改革，加强异常跨境资金流动监管，促进贸易投资便利化，提高政务公开水平，连续第5年被市委、市政府授予“促进开放先进单位”。一是通过成立专门机构、调度核销改革试点和开展外汇政策宣讲等方式，积极推进进口核销制度改革；二是创新银行管理模式，开发了银行结售汇信息管理系统，整合信息资源，构建了外汇政策传导长效机制；三是充分发挥外汇非现场检查系统的作用，不断加强对外汇资金跨境流动的监督和检查力度，累计开展9项检查和调查，立案10起，收缴罚没款人民币23.8万元。

【金融改革】 2010年，枣庄市金融机构深化改革，为金融业务发展和助推地方经济提供了新的动力。一是人行枣庄市中支通过实施上下联动、季度考核和动态管理，进一步加强县支行机制建设；二是工行枣庄市分行加大机构改革力度，拓展信贷市场，将滕州支行三八分理处等4家分理处升格为支行；三是农行枣庄市分行在滕州支行开展"三农事业部"试点工作，信贷支农机制更加灵活有效；四是建行枣庄市分行个人贷款业务发展提速，设立滕州、薛城个人贷款中心，成立贷款管理中心作为对公业务部的二级部，贷后管理能力明显增强；五是枣庄市商行制订《管理差异化、业务营销特色化转型工作规划》，增强了滕州、亿丰支行对中小和微小企业服务的力度；六是邮储银行枣庄市分行拓展开办企业信贷业务，培育了新的效益增长点。

【证券市场】 2010年，枣庄市证券市场发展平稳。截至年末，全市4家证券营业部实现佣金收入0.72亿元，同比增长34.02%。

【精神文明建设】 2010年，枣庄市金融系统始终坚持把精神文明摆在重要位置，深入开展优化金融服务、文明单位创建活动，金融业整体社会形象和地位进一步提升。一是人行枣庄市中支全面深化文明单位创建工作，被授予市"重点项目优质服务奖"、"促进开放先进单位"、"招商引资先进单位"和"依法行政工作先进集体"等荣誉称号；二是农发行枣庄市分行进一步扩大企业文化建设成果，继续深化制度文化、行为文化、专业文化和合规文化建设；三是工行枣庄市分行深入开展创建先进基层党组织和争当优秀共产党员等活动；四是农行枣庄市分行把精神文明创建作为"一把手"工程，努力构建长效机制，荣获"省级文明单位"称号；五是农信社枣庄办事处积极开展企业文化建设，山亭区农联社被评为"山东省第八届消费者满意单位"，滕州市农联社"金纽带文化"被评为滕州市企业文化建设"十佳"优秀成果，该联社理事长被评为滕州市"十佳"企业文化建设带头人。

【大事记】 1月28日 人行枣庄市中支联合市政府召开"推进城市转型、共建魅力枣庄——答谢省级金融机构新年恳谈会"。

3月3日 人行枣庄市中支配合市政府组织召开全市金融工作会议。

3月18~19日 省农联社副主任王继东莅临枣庄市恒泰农村合作银行、山亭区农联社调研指导工作。

3月31日 建行山东省分行任命张全刚为建行枣庄分行党委委员、副行长。

4月2日 枣庄市恒泰农村合作银行在全市农信系统率先成立了小企业金融服务专业支行。

4月12日 建行山东省分行任命刘向群为建行枣庄分行党委委员、副行长。

4月14日~18日 人行枣庄市中支联合清华大学组织举办了"领导能力与管理创新"高级研修班。

5月13日 人行济南分行在枣庄市中支组织召开县支行信息化建设现场会，分行党委委员、副行长黄向庆到会并讲话。

5月14日 工行枣庄市分行与市工商局签订 "工商E线通"战略合作协议。

5月19日 农行山东省分行党委书记、行长陈军莅临农行枣庄分行视察调研工作。

5月29日 人行济南分行联合枣庄市政府组织开展了为期一周的"金融知识进万家巡回展——走进枣庄"活动，人行济南分行行长杨子强、枣庄市市长陈伟出席了启动仪式。

人行济南分行、枣庄市政府联合举办"金融支持资源型城市(枣庄)转型论坛"，人行总行金融研究所刘萍副所长、人行济南分行杨子强行长、枣庄市陈伟市长出席论坛并作了演讲。

6月23日 工行山东省分行聘任陈维东为工行枣庄分行副行长。

6月25日 峄城区农联社成功发放山东省首笔活体畜禽抵押贷款40万元。

7月1日 中行枣庄分行成功实现枣庄市跨境人民币结算业务首发。

8月3日 人行枣庄市中支联合市法学会成功组织举办2010年"金融权益与社会责任"论坛。

8月26日 中行枣庄分行被枣庄市消费者协会评为 "枣庄市民最满意银行"。

9月16日 经枣庄银监分局初审、山东银监局正式批复，济宁银行股份有限公司枣庄滕州支行筹建成立。

9月29日 枣庄市全民创业融资网开通仪式在市政大厦举行。

10月19日 苏鲁豫皖四省四市毗邻地区建立银警联动反假货币协作机制现场观摩会议在枣庄市台儿庄区举办，人行济南分行李建文副行长出席会议并讲话。

10月22日 人行济南分行党委委员、纪委书记辛树人莅临枣庄中支开展联系行调研活动。

10月26日 人行枣庄市中支和团市委联合召开"农村青年信用示范户创建工作"推进会议。

10月28日 人行枣庄市中支联合团市委、市普法办成功举办了枣庄市"诚信杯"征信知识竞赛。

11月2日 农行山东省分行党委书记、行长陈军莅临枣庄宣布王炳学任农行枣庄分行党委书记、行长。

11月17日 人行枣庄市中支、市金融办、枣庄银监分局联合组织召开"全市金融创新支持经济发展方式转变研讨会"。

11月26日 人行济南分行离退休干部工作会议在枣庄召开。

12月2日 省司法厅副厅长吴溪清、省劳教局纪委书记孟兆峰率领山东省"五五"普法检查验收小组莅临人行枣庄市中支考核验收"五五"普法依法治理工作。

12月19日~20日 人行济南分行党委委员、副行长黄向庆一行莅临枣庄市中支开展领导班子及领导干部年度考核工作。

12月30日 枣庄市委常委、市政府常务副市长蒋英建走访金融机构，并出席全市银行业迎新年座谈会。

(於永利 罗恒忠)

滕州市

【经济金融概况】 2010年，滕州市国民经济保持高位运行，综合实力实现新跨越。截至年末，各项存、贷款余额分别在山东省30强县中居第10位和第3位。

【金融发展与改革】 2010年，人行滕州市支行认真贯彻落实国家货币信贷政策，引导各金融机构加大信贷投放，优化信贷结构，金融发展规模、速度、质量和效益再创历史新高。

全市金融机构努力挖掘释放融资潜能，本着“早投放、早收益、早支持地方经济发展”的理念，采取多种举措，不断加大对重点项目建设、中小企业和“三农”的信贷投入，大力开

滕州市主要经济指标

经济指标	2009	2010	2010年同比增幅（%）	经济指标	2009	2010	2010年同比增幅（%）
土地面积（平方公里）	1496	1496	0	地方财政支出（亿元）	33.09	44.78	35.33
人口（万人）	167.2	168.14	0.6	全社会固定资产投资（亿元）	228.73	297.35	30.0
非农业人口（万人）	50.65	52.53	3.7	进出口总值（万美元）	18857	35600	88.4
地区生产总值（亿元）	545.21	633.92	14.3	出口总值（万美元）	15102	30398	100.8
第一产业（亿元）	49.53	57.31	4.0	实际利用外资（万美元）	7455	8000	9.6
第二产业（亿元）	305.03	342.18	11.6	社会消费品零售总额（亿元）	165.36	191.64	18.9
第三产业（亿元）	190.65	234.43	22.1	居民消费价格指数（%）	100.1	102.8	2.7
财政总收入（亿元）	55.29	71.19	28.8	人均地区生产总值（元）	34700	37710	8.67
地方财政收入（亿元）	22.66	30.12	32.9	城镇居民可支配收入（元）	15651	17630	12.6
财政总支出（亿元）	33.09	44.78	35.3	农民人均现金收入（元）	6825	8107	18.8

滕州市主要金融指标

金融指标（亿元）	2009	2010	2010年同比增幅（%）	金融指标（亿元）	2009	2010	2010年同比增幅（%）
本外币存款余额	267.24	297.07	11.16	财险收入	2.17	1.18	-45.62
人民币存款余额	266.80	296.48	11.12	寿险收入	4.51	7.26	60.98
企业存款	54.18	59.85	10.47	财险赔款	1.84	0.60	-67.39
储蓄存款	168.94	193.17	14.34	寿险给付	0.11	0.10	-9.09
本外币贷款余额	274.07	328.94	20.02	当年结益	—	—	—
人民币贷款余额	274.07	328.72	19.94	证券市场交易总额	—	—	—
短期贷款	103.59	122.81	18.55	投资者保证金余额	—	—	—
中长期贷款	163.72	205.04	25.24	证券账户开户数	—	—	—
票据融资	6.76	0.87	-87.13	证券交易佣金收入	—	—	—
当年结益	7.85	9.14	16.43	净利润	—	—	—
不良贷款余额	7.29	4.91	-32.65				

滕州市主要金融机构负责人

单位名称	行长（或其他称谓的第一负责人）	副行长（或其他称谓的同级领导）
人行滕州市支行	刘玉栋	王永清　王　勇
银监会滕州市办事处	甄久民	
农发行滕州市支行	李友训	高　辉　姜传胜
工行滕州支行	张东海	蒋　志　杨烈国　黄盛祥　韩　镇
农行滕州市支行	肖　波	付洪标　王海峰　张学广　王科键
中行滕州支行	金　冬	于　强　姜利民　潘　欣

续表

单位名称	行长（或其他称谓的第一负责人）	副行长（或其他称谓的同级领导）
建行滕州支行	邢鸿雁	胡勤习　孔令伟　张恒生
枣庄市商行滕州支行	张德安	齐德志　兰秀锦　林志辉
滕州市农信联社	金　强	王广平　姜　洪　刘广峰
邮储银行滕州市支行	孙卓奎	刘　政　陈　晨

滕州市主要金融机构业务概况

单位：亿元

单位名称	本外币存款余额	企业存款	储蓄存款	本外币贷款余额	短期贷款	中长期贷款
农发行滕州市支行	1.49	1.21	--	7.44	5.09	2.35
工行滕州支行	49.81	10.82	26.55	83.59	14.75	68.61
农行滕州市支行	70.70	16.46	49.28	72.61	26.05	46.10
中行滕州支行	20.34	5.90	8.33	26.88	3.64	23.24
建行滕州支行	38.24	7.69	20.26	62.97	3.95	59.02
枣庄市商行滕州支行	7.01	1.86	1.30	5.38	4.68	0.50
滕州市农信联社	86.58	15.67	68.36	68.87	63.99	4.67
邮储银行滕州市支行	20.20	0.61	19.30	1.19	6.43	0.55

展票据融资业务，倾全力支持重大基础设施项目、民生工程和中小企业的资金需求。

【金融服务与监管】　2010 年，人行滕州市支行积极强化金融服务，深化监管。一是推行了由地方政府、经济主管部门、金融机构和部分企业定期参加的金融形势分析调度会、银企座谈例会和项目推介会制度；二是探索发行中小企业集合票据取得阶段性成效，并在全省率先推出了“活体畜禽抵押贷款”新业务；三是积极寻求金融支持大学生“村官”和妇女创业就业的切入点，印发了贯彻意见；四是完善维护金融稳定工作长效机制，建立了金融运行情况通报制度、金融维稳工作责任制和银行机构开业前风险评估制度；五是组织开展了对金融机构统计、征信和人民币反假业务的执法检查，并对检查发现问题依法予以处理。

（邱绍环　宋春雨）

薛城区

【经济金融概况】　2010 年，薛城区经济运行质量有所提高，新农村建设扎实推进，民营经济单位数发展到 1.01 万户，从业人员 14.98 万人。各金融机构不断强化金融服务，保障了金融的平稳运行。

一、同比存款增量呈现明显放缓态势。主要原因：一是原材料价格的提高，企业资金的流动性增强，造成企业存款同比少增；二是受物价上涨等因素影响，居民储蓄意愿降低，储蓄存款下半年增速明显放缓。

二、国有商行中长期贷款当年新增 10.55 亿元，占全区中

薛城区主要经济指标

经济指标	2009	2010	2010 年同比增幅（%）	经济指标	2009	2010	2010 年同比增幅（%）
土地面积（平方公里）	422.71	421.23	-0.35	地方财政支出（亿元）	7.2	9.56	32.7
人口（万人）	41.98	42.65	1.60	全社会固定资产投资（亿元）	73.15	83.56	22.1
非农业人口（万人）	11.9	12.3	3.36	进出口总值（万美元）	2232	4327	93.9

续表

经济指标	2009	2010	2010年同比增幅（%）	经济指标	2009	2010	2010年同比增幅（%）
地区生产总值（亿元）	81.97	99.02	10.3	出口总值（万美元）	1522	2462	61.8
第一产业（亿元）	9.11	10.88	3.8	实际利用外资（万美元）	2790	1344	-51.83
第二产业（亿元）	52.22	61.26	7.0	社会消费品零售总额（亿元）	35.9	42.46	18.08
第三产业（亿元）	20.64	26.88	22.0	居民消费价格指数（%）	100.1	102.8	2.7
财政总收入（亿元）	7.29	12.34	69.27	人均地区生产总值（元）	22482	23217	3.27
地方财政收入（亿元）	3.27	4.12	25.9	城镇居民可支配收入（元）	15651	17630	12.6
财政总支出（亿元）	7.94	12.34	55.42	农民人均现金收入（元）	6535	7301	11.7

薛城区主要金融指标

金融指标（亿元）	2009	2010	2010年同比增幅（%）	金融指标（亿元）	2009	2010	2010年同比增幅（%）
本外币存款余额	171.14	189.09	10.49	财险收入	1.02	0.51	-50.00
人民币存款余额	170.97	188.78	10.42	寿险收入	2.38	3.87	62.61
企业存款	62.75	61.57	-2.45	财险赔款	0.24	0.31	29.17
储蓄存款	81.59	97.24	19.19	寿险给付	0.30	0.29	-3.33
本外币贷款余额	64.24	81.25	26.48	当年结益	—	—	—
人民币贷款余额	64.19	81.16	26.45	证券市场交易总额	—	—	—
短期贷款	31.52	38.15	21.64	投资者保证金余额	—	—	—
中长期贷款	24.31	35.32	44.51	证券账户开户数	—	—	—
票据融资	8.36	7.67	-8.25	证券交易佣金收入	—	—	—
当年结益	2.53	3.39	33.99	净利润	—	—	—
不良贷款余额	2.60	1.75	-32.69				

薛城区主要金融机构负责人

单位名称	行长（或其他称谓的第一负责人）	副行长（或其他称谓的同级领导）
人行薛城区支行	马亚东	朱运喜　侯贺磊　黄晓天
农发行薛城区支行	李振华	张明文　张裕明
工行薛城支行	杨永智	蒋　志　党相林　孟　文　陈凤阳
农行薛城区支行	陈　涛	刘天源　俞学朋　潘绪新　颜振军
中行薛城支行	李希宏	黄　辉　赵英杰
建行薛城支行	刘　磊	孙卫东　赵云辉
建行枣滕矿区支行	丛方中	闫　华
建行高新区分理处	王卫东	宋照成
建行枣庄新城支行	郭廷军	刘　飞
枣庄市商行薛城区支行	崔　健	钟　永
枣庄市商行高新区支行	李新亚	宋光彬
枣庄市恒泰农合行	王　伟	张联科　刘志强　孙法超　王　震
邮储银行薛城区支行	赵海英	殷玉侠　刘　伟

薛城区主要金融机构业务概况

单位：亿元

单位名称	本外币存款余额	企业存款	储蓄存款	本外币贷款余额	短期贷款	中长期贷款
工行薛城支行	37.08	10.55	18.46	16.91	3.97	12.95
农行薛城区支行	17.99	2.91	14.01	9.46	3.25	6.05
中行薛城支行	17.31	7.82	7.39	12.65	1.16	8.26
建行薛城支行	59.05	18.32	25.66	10.31	3.55	6.76
枣庄市商行薛城区支行	18.45	14.32	2.70	6.69	5.84	0.30
枣庄市恒泰农合行	31.72	7.16	23.50	24.65	20.19	0.70
邮储银行薛城区支行	6.31	0.49	5.64	0.57	0.27	0.30

长期贷款增量的97.50%。中小企业生产经营贷款较年初增加4.43亿元，有效地满足了中小企业对信贷资金的旺盛需求。

【金融发展与改革】　2010年，薛城区各金融机构按照“总量适度、优化结构、把握节奏、防范风险”方针，灵活贯彻实施适度宽松货币政策。一是国有商行首次实现了资金净流入，地方金融机构加大了对中小企业和“三农”的支持力度，创新了“双贷双保”、“大联体担保”和“合作社＋农户”等信贷产品；二是恒泰农村合作银行成立了全省首家农信系统小企业金融服务专业支行；三是人行薛城区支行通过举办金融产品推介暨项目对接恳谈会，实现了金融产品和中小企业项目的现场对接，协议贷款金额3.20亿元。

【金融服务与监管】　2010年，人行薛城区支行认真履行金融监管和服务职能，树立了良好形象。一是提升国库经理水平，深入开展国库直拨业务，顺利完成了财税库银电子缴库横向联网测试和正式运行工作；二是强化金融宣传，全力推进金融生态建设；三是加强人民币流通管理，进一步完善人民币券别调剂机制，开展跨区域人民币管理定期交流研讨机制；四是先后对建行薛城、矿区支行开展了金融统计业务执法检查，对6家金融机构开展了人民币收付、假币收缴业务执法检查，提高了依法行政能力和水平。

（李金涛　刘存龙）

台儿庄区

【经济金融概况】　2010年，台儿庄区经济运行高效平稳。各金融机构认真贯彻适度宽松的货币政策，实现了经济金融良性互动，有力地促进了地方经济平稳较快发展。截至年末，本外币各项存、贷款分别较“十五”期末增加28.7亿元和11.40亿元，增长187%和87.30%。

【金融发展与改革】　2010年，台儿庄区金融机构锐意进取，全力支持经济社会事业发展。人行台儿庄区支行一是围绕区政府古城重建、工业强区和创业富民“三个关键”的战

台儿庄区主要经济指标

经济指标	2009	2010	2010年同比增幅（%）	经济指标	2009	2010	2010年同比增幅（%）
土地面积（平方公里）	538.5	538.5	0	地方财政支出（亿元）	7.02	8.11	15.6
人口（万人）	30.8	30.99	0.6	全社会固定资产投资（亿元）	52.13	64.67	24.1
非农业人口（万人）	8.12	8.05	-0.8	进出口总值（万美元）	0.34	0.44	31.6
地区生产总值（亿元）	99.00	112.95	10.3	出口总值（万美元）	0.33	0.43	29.6
第一产业（亿元）	12.19	13.44	0.2	实际利用外资（万美元）	1800	2773	54.06
第二产业（亿元）	61.93	68.87	8.2	社会消费品零售总额（亿元）	28.37	34.14	18.1
第三产业（亿元）	24.88	30.64	21.2	居民消费价格指数（%）	100.1	102.8	2.7

续表

经济指标	2009	2010	2010年同比增幅（%）	经济指标	2009	2010	2010年同比增幅（%）
财政总收入（亿元）	--	--	--	人均地区生产总值（元）	32322	36555	13.1
地方财政收入（亿元）	3.28	3.82	16.5	城镇居民可支配收入（元）	15651	17630	12.6
财政总支出（亿元）	--	--	--	农民人均现金收入（元）	5734	6336	10.5

台儿庄区主要金融指标

金融指标（亿元）	2009	2010	2010年同比增幅（%）	金融指标（亿元）	2009	2010	2010年同比增幅（%）
本外币存款余额	37.58	45.42	20.87	财险收入	0.27	0.18	-33.33
人民币存款余额	37.54	45.41	20.94	寿险收入	0.96	1.16	20.83
企业存款	6.78	10.41	39.72	财险赔款	0.17	0.09	-47.06
储蓄存款	22.41	27.58	23.04	寿险给付	0.05	0.09	-80.00
本外币贷款余额	21.18	24.44	15.38	当年结益	--	--	--
人民币贷款余额	21.18	24.44	15.38	证券市场交易总额	--	--	--
短期贷款	14.90	18.39	24.40	投资者保证金余额	--	--	--
中长期贷款	5.83	5.48	-7.88	证券账户开户数	--	--	--
票据融资	0.45	0.57	26.60	证券交易佣金收入	--	--	--
当年结益	0.64	0.50	-21.68	净利润	--	--	--
不良贷款余额	1.66	1.28	-22.89				

台儿庄区主要金融机构负责人

单位名称	行长（或其他称谓的第一负责人）	副行长（或其他称谓的同级领导）
人行台儿庄区支行	张北南	李　建　吴敬普　吴长亚　王洪礼　魏祥勇　张裕金
农发行台儿庄区支行	黄新勇	韩　鹏　王业盛　孙允艳　宋　伟　孙　彦　高文敏
工行台儿庄支行	洪方平	提文海　贾传华　高　杰
农行台儿庄区支行	孔祥玉	孙大放　王景国
中行台儿庄支行	张　勇	王福军
建行台儿庄支行	马传飞	江崇军　孙晋忠　宋　鹏
枣庄市商行台儿庄区支行	吴文东	施晓燕
台儿庄区农信联社	张佰奎	魏永军　徐文芳　秦　峰　袁成民
邮储银行台儿庄区支行	韩　勇	马加路

台儿庄区主要金融机构业务概况

单位：亿元

单位名称	本外币存款余额	企业存款	储蓄存款	本外币贷款余额	短期贷款	中长期贷款
农发行台儿庄区支行	0.79	0.57	--	3.04	3.04	--
工行台儿庄支行	7.16	2.06	2.87	2.48	1.13	1.36

续表

单位名称	本外币存款余额	企业存款	储蓄存款	本外币贷款余额	短期贷款	中长期贷款
农行台儿庄区支行	3.59	0.54	2.44	1.45	1.18	0.27
中行台儿庄支行	3.24	0.80	1.60	2.59	1.03	1.56
建行台儿庄支行	8.84	3.95	3.38	2.17	0.13	2.03
枣庄市商行台儿庄区支行	0.79	0.28	0.41	0.74	0.72	0.02
台儿庄区农信联社	13.62	1.16	11.88	11.82	11.04	0.21
邮储银行台儿庄区支行	6.10	1.06	5.01	0.14	0.11	0.03

略目标，先后印发了金融支持旅游业发展、大学生“村官”创业和全民创业促就业等指导性文件，引导金融机构实施“抓大促强、扶小解困、支农惠农、服务民生”4项工程；二是协助区政府召开了10余次不同层次、不同形式的金融联席会、银企对接会、金融运行分析会和座谈会，并通过《呈阅件》和《金融快报》等形式及时向地方党政部门通报货币信贷运行情况，实现整体联动，增强货币政策传导效果。

截至年末，全区共有银行业金融机构营业网点33个，金融从业人员440人；人均储蓄1.2万元、人均贷款0.84万元；“十一五”期间银行业上缴地方税费6600万元；不良贷款率下降42个百分点；金融机构实现结益5870万元，走上良性发展轨道。

【金融服务与监管】 2010年，人行台儿庄区支行积极应对社会对金融服务的新要求，不断丰富服务手段，拓宽服务领域。一是顺利上线运行财税库银横向联网系统，新增国库直拨业务9项，累计直拨2745笔、金额77.87万元，实现了专项资金从国库“点对点”直拨到户；二是组织商行在工业企业、商业贸易和居民相对集中的地区投放了POS机119台、ATM机29台，初步形成了以央行现代化支付系统为核心，商行行内系统为补充的支付结算渠道“高速路”，实现了企事业单位和个人汇划款项“零在途”；三是深入开展农村青年信用示范户创建试点，累计授信2000万元，贷款1972万元；四是成功举办了苏鲁豫皖4省4市毗邻地区银警联动反假货币协作机制现场会议，建立了全国首个省际毗邻区域银警联动反假货币协作机制；五是不断加强再贷款和存款准备金管理，强化票据市场管理，规范货币市场发展，防范利率市场风险，确保了金融业的安全稳健运行。

（张北南　魏祥勇）

菏泽市

【经济金融概况】 2010年，菏泽市金融部门以信贷结构调整为重点，不断加大对实体经济的支持力度，实现了经济金融的协调、可持续发展。一是经济保持较快增长，但增长速度呈现逐季回落的趋势，第三产业占比不断提高；二是规模以上工业企业经营状况明显好转，主营业务收入快速增长，盈利水平大幅提升；三是固定资产投资增速平稳回落，对经济的拉动作用有所减弱，但仍处于2008年以来的高位；四是房地产市场产销两旺，呈现“量价齐升”的局面；五是社会消费稳定增长，增速与上年基本持平，城镇略高于农村；六是各项存款保持高速增长，但增速呈下滑趋势，特别是年末出现了大幅“跳水”的局面；七是各项贷款快速增长，月度间波动幅度缩小，均衡性明显增强。

【货币政策实施】 2010年，人行菏泽市中支认真贯彻适度宽松的货币政策，引导金融机构继续加大信贷结构调整力度，全市贷款投放呈现出“增幅高、结构优”的局面。

一、强化措施，引导金融机构加大信贷投放力度。一是与市经信委联合建立金融经信联席会议制度，有效畅通了与地方职能部门的联系，解决了部分经济金融运行中的难点和问题；二是积极督促银行机构开展产品创新，满足中小企业的资金需求。

二、加强政银企合作平台建设，疏通货币政策传导渠道。一是指导各县支行组织召开银企合作洽谈会和面对面座谈会13次，实际到位资金114.90亿元；二是多次召开各家银行机构会议，建设菏泽市银企合作网，推动网上银企合作的开展。

三、积极开展宣传活动。11月18日，人行菏泽市中支在牡丹区举办货币政策宣讲活动启动仪式。仪式结束后，货币信贷政策宣讲团赴各县区巡回宣讲9场次，参会中小企业1000余家。

【金融稳定】 2010年，人行菏泽市中支以制度建设为保障，以工作创新为切入点，深化金融改革调研，密切关注金融风险，维护金融体系健康稳定运行。

菏泽市经济主要统计指标

指标＼年度	2006	2007	2008	2009	2010	2010年同比增幅（%）
土地面积（平方公里）	12239	12239	12239	12239	12239	0
人口（万人）	905.2	914.2	925.68	939.44	958.8	2.1
非农业人口（万人）	172.9	177.4	180.3	184.06	187.7	2
地区生产总值（亿元）	537.68	659.91	821.79	953.64	1145.01	15
第一产业（亿元）	166.44	182	195.51	205.19	220.18	3.2
第二产业（亿元）	247.71	315.86	415.15	496.2	591.89	19.2
工业（亿元）	210.21	267.98	355.54	416.18	494.47	18.8
建筑业（亿元）	38.09	60	59.61	80.02	97.42	21.7
第三产业（亿元）	123.54	162.05	211.13	252.24	332.94	16.5
人均地区生产总值（元）	6004	7218	10051	10151	11942	17.6
地区生产总值构成（%）	100	100	100	100	100	—
第一产业（%）	31	24.6	23.8	21.5	19.2	-2.3
第二产业（%）	46	47.8	50.5	52	51.7	-0.3
第三产业（%）	23	27.6	25.7	26.5	29.1	2.6
财政总收入（亿元）	62.5	100	91.22	101.91	144.3	41.6
地方财政收入（亿元）	30.03	42.11	50.48	60.57	84.69	39.81
财政总支出（亿元）	—	—	—	—	—	—
地方财政支出（亿元）	69.25	95.52	115.43	141.03	186.96	32.43
全社会固定资产投资（亿元）	500.42	528.66	380.63	475.41	582.9	22.6
规模以上固定资产投资（亿元）	500.42	528.66	380.63	475.41	582.9	22.6
房地产开发（亿元）	29.08	36.9	44.6	62.09	106.23	71.1
进出口总值（亿美元）	6.52	8.52	9.94	12.58	17.6	39.9
出口总值（亿美元）	5.59	7.23	8.37	8.71	12	37.9
实际利用外资（亿美元）	0.71	1.68	1.08	0.85	1.1	29.2
社会消费品零售总额（亿元）	301.35	375.58	484.99	567.7	656.57	19
居民消费价格指数（%）	101.2	103.9	104.1	99.5	102.5	3
城市居民人均可支配收入（元）	8137	9715	11581	12737	14419	13.2
农民人均现金收入（元）	3480	4023	4584	5047	5655	12

菏泽市工农业主要统计指标

农业主要统计指标（万吨）				规模以上工业企业主要统计指标（亿元）			
项目＼年度	2009年	2010年	增幅（%）	项目＼年度	2009年	2010年	增幅（%）
粮食	559.32	564.94	1	工业增加值	483.19	—	19
夏粮	353.74	353.89	0	国有工业	28.63	—	19.7
秋粮	205.58	211.05	2.7	集体工业	1.78	—	15.4
棉花	23.85	23.72	-0.5	股份制工业	339.3	—	17.4
油料	22.1	23.36	5.7	股份合作制工业	0.32	—	15
水果	61.37	60.5	-1.4	外商及港澳台投资工业	30.94	—	32.7
蔬菜	883.8	938.2	6.2	轻工业	237.43	—	15.5

续表

农业主要统计指标（万吨）				规模以上工业企业主要统计指标（亿元）			
项目 \ 年度	2009 年	2010 年	增幅（%）	项目 \ 年度	2009 年	2010 年	增幅（%）
肉类	55.36	57.67	4.2	重工业	245.71	—	22.1
禽蛋	35.1	36.75	4.7	销售收入	1837.07	2436	28.5
奶类	6.22	6.28	0.96	利税	188.48	295	62.5
水产品	12.99	13.01	0.2	利润	110.74	184	72.2
森林覆盖率（%）	33.2	33.6	0.4	经济效益综合指数（%）	289.91	327.5	37.58

菏泽市主要金融机构负责人

单位名称	行长（或其他称谓的第一负责人）	副行长（或其他称谓的同级领导）
人行菏泽市中心支行	刘洪来	杨家杰 郑 丽 武富民 刘茂伟 孟宪东
银监会菏泽监管分局	党明娜	朱凤德 张以良 孔凡申 杨爱军 王思钦
农发行菏泽市分行	李大成	赵性存 刘浩然 杨其斌
工行菏泽分行	王世明	黄腾坤 刘虎臣 冯万杰 王艳丽 王艳峰
农行菏泽分行	白 明	郭永常 陈晓明 郑新生 郑洪生 谭登禄
中行菏泽分行	李 华	李成彪 闫 健 李 晨 尹卫东
建行菏泽分行	郝子建	王怀阁 朱坤礼 韩卫东 刘明振 王 斌 张爱忠 房秀霞 张益民
莱商银行菏泽分行	任绪翠	邹 剑 段 伟
农信社菏泽市办事处	张效节	杨春河 王高义 崔玉光 时 伟
邮储银行菏泽市分行	任之国	刘筱琏 陈海东 桑 辉
中国人民保险公司菏泽市分公司	梁乃臣	王保清 李 正 陈美华
齐鲁证券公司菏泽证券营业部	邵德玉	

菏泽市金融业务统计指标

指标（亿元） \ 年度		2006	2007	2008	2009	2010	2010 年同比	
							增加额	增幅（%）
银行类	本外币存款余额	498.27	572.43	705.54	899.98	1092.56	192.58	21.40
	人民币存款余额	496.49	570	704.17	898.31	1089.77	191.46	21.31
	企业存款	63.47	71.01	93.09	136.11	133.12	-2.99	-2.20
	储蓄存款	371.29	427.11	531.18	645.42	804.7	159.28	24.68
	定期储蓄存款	247.47	278.01	350.15	410.8	494.09	83.29	20.28
	活期储蓄存款	123.82	149.1	181.02	234.62	310.92	76.3	32.52
	本外币贷款余额	398.33	445.69	484.67	662.72	803.47	140.75	21.24
	人民币贷款余额	397.51	444.68	483.92	657.5	797.66	140.16	21.32
	短期贷款	260.06	298.01	307.11	429.51	494.42	64.91	15.11
	中长期贷款	127.09	142.02	164.38	215.51	285.99	70.48	32.70
	票据融资	9.81	4.17	12.41	12.46	17.25	4.79	38.44
	当年结益	2.44	4.72	10.46	11.46	14.71	3.25	28.36
	不良贷款余额	92.09	86.37	107.09	108.86	69.38	-39.48	-36.27
	不良贷款占比%	23.12	19.38	22.1	16.43	8.63	-7.79	-47.44
	现金收入	2292.95	2360.42	2581.14	3031.4	3912.48	881.08	29.07
	现金支出	2292.98	2357.46	2569.26	3017.66	3895.35	877.69	29.09
	现金投放（+）回笼（-）	0.03	-2.96	-11.88	-13.74	-17.13	-3.39	24.67

续表

指标（亿元）		2006	2007	2008	2009	2010	2010年同比增加额	2010年同比增幅（%）
保险类	保险公司保费收入	11.34	13.75	20.66	26.48	37.52	11.04	41.69
	财险收入	2.32	3.5	4.19	5.46	7.9	2.44	44.69
	寿险收入	9.02	10.25	16.47	21.02	29.62	8.6	40.91
	保险公司赔款和给付支出	2.7	4.52	5.74	6.21	7.7	1.49	23.99
	财险赔款	1.67	1.8	2.43	2.63	3.42	0.79	30.04
	寿险给付	1.03	2.72	3.31	3.59	4.28	0.69	19.22
	当年结益	-0.75	-1.51	-1.53	-0.82	-0.88	-0.06	7.25
证券类	证券市场成交总额	—	—	174.74	286.36	271.40	-14.96	-5.22
	投资者保证金余额	—	—	1.23	2.57	2.07	-0.5	-19.46
	证券账户开户数	—	—	27483	37166	42460	5294	14.24
	佣金收入	—	—	0.48	0.67	0.47	-0.2	-29.85
	净利润	—	—	0.38	0.4	0.25	-0.15	-37.50
	期货市场成交总额	—	—	—	—	—	—	—
	期货客户保证金余额	—	—	—	—	—	—	—
	期货账户开户数	—	—	—	—	—	—	—
	期货手续费收入	—	—	—	—	—	—	—
	利润总额	—	—	—	—	—	—	—

菏泽市金融机构统计指标

指标（个）		2006	2007	2008	2009	2010	2010年同比增幅（%）
银行类	法人机构	9	9	9	9	9	0
	省级分行	0	0	0	0	0	0
	二级分行	6	6	7	8	8	0
	县区支行	46	46	46	55	62	12.73
	分理处、营业所	498	481	451	368	368	0
	储蓄所	209	203	195	101	187	85.15
	从业人员总数	8249	8714	8653	11226	12009	6.97
保险类	保险机构	59	79	90	115	121	5.22
	财险机构	29	49	52	69	71	2.90
	省级分公司	0	0	0	0	0	0
	地市分公司	7	8	9	10	11	10.00
	县区支公司	22	41	43	59	60	1.69
	寿险机构	30	30	38	46	50	8.70
	省级分公司	0	0	0	0	0	0
	地市分公司	5	5	6	9	9	0
	县区支公司	25	25	32	37	41	10.81
	从业人员总数	4662	4834	6605	8504	8998	5.81
	财险人员	669	923	976	1204	1269	5.40
	寿险人员	3993	3911	5629	7300	7729	5.88
证券类	证券机构	—	—	1	1	1	0
	证券公司	—	—	—	—	—	—
	证券营业部	—	—	1	1	1	0
	证券服务部	—	—	—	—	—	—

续表

指标（个） \ 年度		2006	2007	2008	2009	2010	2010年同比增幅（%）
证券类	从业人员总数	—	—	17	19	42	121.05
	投资者开户	—	—	27483	37166	42460	14.24
	境内上市股票支数	—	—	—	—	—	—
	境外上市股票支数	—	—	2	3	3	0
	辖区上市公司总数	—	—	2	3	3	0

菏泽市主要金融机构业务概况

单位：亿元

单位名称	本外币存款余额	人民币企业存款	人民币储蓄存款	本外币贷款余额	人民币短期贷款	人民币中长期贷款
农发行菏泽市分行	6.21	4.46	0	117.01	112.64	4.37
工行菏泽分行	160.06	24.97	97.78	131.57	38.89	92.21
农行菏泽分行	151.34	24.46	112.28	71.31	30.49	40.41
中行菏泽分行	82.58	10.59	42.93	83.35	17.25	60.74
建行菏泽分行	141.26	27.24	71.53	109.26	37.08	63.22
莱商银行菏泽分行	17.03	11.88	3.34	13.32	12.66	0
农信社菏泽市办事处	370.46	17.23	339.71	266.18	238.78	20.22
邮储银行菏泽市分行	150.02	12.28	137.14	11.46	6.64	4.83

菏泽市各县级区域经济金融主要统计指标

名称	人口（万人）	面积（平方公里）	地区生产总值（亿元）	地区生产总值增速（%）	本外币存款余额（亿元）	储蓄存款（亿元）	本外币贷款余额（亿元）
曹　县	156.22	1974	142.5	13.4	104.38	86.94	80.05
单　县	122.4	1702	144.8	16.1	105.92	85.65	83.93
成武县	67.40	988	93	14.3	66.70	52.36	41.73
巨野县	101.36	1303	120.14	23.86	107.80	81.32	98.64
郓城县	122.17	1643	147.63	15.30	142.54	114.14	92.84
鄄城县	86.39	1038	78.09	6.59	76.74	66.24	39.30
定陶县	67.27	846	70.60	14.53	58.13	47.78	32.66
东明县	76.75	1370	122.08	20.87	88.83	60.32	81.85

一、加强制度建设，规范金融稳定工作。一是认真总结经验，结合新的形势和任务要求，进一步完善工作制度和流程；二是督促辖内金融机构严格执行金融稳定重大事项报告等制度，按时上报辖区重大事项、风险管理及案件情况；三是不断推进区域金融稳定协调机制建设，加强与金融办、金融监管部门的信息沟通与协作。

二、完善工作机制，强化系统保障作用。一是建立监测制度，深入分析经济转调进程中的信贷状况，及时关注、防范和化解金融风险；二是进一步加强对两基点联系行的业务指导，加强调查研究，积极向分行反馈信息。

三、加强金融风险监测，维护辖区金融稳定。一是按季召开银行、证券和保险座谈分析例会，加强跨市场交叉性金融风险防范，深入研究金融机构交叉性业务合作、资金核算及管理情况；二是深入开展政策性金融机构改革调研，继续研究农发行市场定位、业务范围、风险控制和政策支持等问题；三是按月对法人金融机构风险状况进行监测，及时掌握其风险状况。

【金融服务】　2010年，人行菏泽市中支一是加强农村支付环境建设创新，大力推广粮棉油收购资金非现金结算，加大农民工银行卡特色服务业务指导，该卡业务量一直处于全省首位；二是加强信用体系建设创新，先后制订了《中小企业信用培植工作意见》和《A级信用企业培植工作实施方案》，召开了社会信用体系建设联席会议；三是加强国库直拨业务创新，直接支付项目拓展到36项，累计拨付43万笔，金额4569万元；四是加强人民币管理创新，推进县域人民币管理服务中心和虚拟发行库建设，开展"反假货币零点行动"活动，有关做法被人行济南分行《金融简报》刊发；五是加强跨境贸易人民币结算工作创新，开展了"走进企业、共促发展"百日推进活动；六是加强金融宣传创新，借助牡丹花会、传统庙会、电视台专访和出租车车载LED等，开展了形式多样的金融知识和政策宣传。

【金融监管】 2010年，人行菏泽市中支与银监会菏泽监管分局相互配合，不断加大金融监管力度，维护了辖内金融稳定。

一、人民银行一是创新综合监督模式，全面实施银行机构综合考核评价制度，逐一召开通报座谈会，《金融时报》对此作了专题报道；二是制订银行业金融机构开业报告制度操作规程，完成了5家商业银行支行的开业审查和考核验收工作；三是先后组织开展了中行聊城分行综合性、证券机构反洗钱等现场检查。

二、菏泽银监分局一是集中开展农信社顶冒名贷款专项治理活动，处理责任人526人，收回顶冒名贷款2.19万笔；二是对辖内大型商业银行新出现的不良贷款逐笔进行核查，支持牡丹区、曹县等7家联社利用政府土地使用权等有效资产置换不良贷款28亿元，同时切实加强对农信社五级分类的真实性监管；三是认真做好政府融资平台贷款清查，有效防范了贷款风险；四是完成各类现场检查30项，发现各类问题106项，涉及金额29.31亿元。

【外汇管理】 2010年，外管局菏泽市中心支局扎实工作，努力打造"规范、开拓、务实、高效"的新形象。

一、推进外汇管理改革，促进投资贸易便利化。一是制定并印发《进一步改进外汇管理支持全市涉外经济加快发展的意见》，切实加大对涉外企业的融资力度；二是成立了领导小组和工作小组，扎实推进进口付汇管理改革试点工作；三是在真实性审核的基础上，灵活运用外汇政策弹性为企业排忧解难；四是认真落实总分局支持企业"走出去"发展的政策和举措，适当放宽外汇登记时限要求，便利企业开展境外投资。

二、加强异常外汇资金监测、检查，严厉打击外汇违法行为。一是积极构建"严监管、重惩戒、勤疏导、重防范"的监管机制，营造良好的外汇市场环境；二是密切关注跨境资金异常流动趋势，深入探索非现场检查方法，集中全辖外汇检查力量，有针对性开展了5次专项检查行动。

三、创新外汇监管方式，规范辖区外汇市场秩序。一是研究制定了《资本项目外汇审核后续监管制度》；二是积极探索、初步形成了一套简便可行的对银行结售汇的现场核查方法；三是修订《外汇管理重要事项约见谈话制度》，共对4家银行业机构、6家企业主要负责人进行了约见谈话，取得良好效果。

【金融改革】 2010年，菏泽市金融机构积极推进金融改革，取得了良好的效果。

农信社菏泽市办事处一是认真实施贷款责任认定、免责与追究，妥善解决责任追究"两难"问题；二是改革贷款管理模式，彻底打破新老贷款"一锅粥"局面，提高了管理的针对性和有效性；三是实施信贷队伍净化工程，有效解决了人员与业务发展不匹配的"瓶颈"问题；四是推行贷款责任承担模式改革，建立赔偿机制，前移风险管控关口，从根本上增强了各岗位审慎放贷的责任意识；五是实施薪酬分配制度改革，实行绩效挂钩，提高了高管人员的履职水平。

邮储银行菏泽市分行一是新增设了资产保全中心、小企业贷款中心和安全保卫部；二是在县支行撤销综合业务部，新增了公司业务部和个人业务部。

【保险业务】 2010年，菏泽市保险业积极开展业务创新，抓好保障民生、稳定社会及政策性保险工作，不断拓展服务领域。

一、加大"三农"保险工作力度，农村网点覆盖率达到72%。人保财险和中华联合财险两家公司在总结政策性农业保险试点工作的基础上，不断扩大试点范围和险种，继续做好政策性小麦保险，在巨野、郓城、单县、东明等4县共承保小麦119.34万亩，承担保险分险6.5亿元。

二、大力推进社会治安保险工作，服务"平安菏泽"建设。截至年末，牡丹区、曹县、巨野、单县、鄄城、东明等6县区全面开始办理治安保险，收取保险费289.98万元，形成一个良好的开端。

三、部署开展火灾公众责任保险，积极应对灾害事故风险。截至年末，人保公司全面启动了在大型商场、文化娱乐和休闲、餐饮住宿、大型集会等公共聚集场所开展火灾公众责任保险的前期准备工作，制订了强制保险的预案。

四、进一步健全社会保障体系。中国人寿开办的"银龄安康"保险，填补了老年人意外伤害保险的空白。截至年末，全市投保人数19万余人，收取保险费192万余元，增幅24%。

【证券市场】 2010年，齐鲁证券菏泽营业部始终坚持以"树立齐鲁品牌、扩大公司影响"为宗旨，以"提高服务质量、加强业务宣传"为中心，奉行"诚实、规范、守信、共赢"的经营理念，各项业务得到较快发展。

一、加大对核心客户的服务力度。一是组建了网站和短信服务平台，让客户第一时间得到最新的研究成果和资讯，提升了工作效率和服务水平；二是为满足核心客户随时随地了解股市行情和在线交易的需求，与手机运行商合作，推广了"手机炒股"和"掌上股市"。

二、做好知识普及和风险提示。一是通过多种有效方式，向广大投资者普及证券期货市场基本知识和宣传证券市场法律、法规及各项政策，帮助投资者树立防范风险意识和正确的投资理念；二是通过媒体宣传、举办投资报告会、悬挂横幅、网上交易和手机短信等方式提醒客户注意投资风险，让客户真正明白“股市有风险、入市须谨慎、买者自负”的道理。

【精神文明建设】 2010年，菏泽市各金融机构深入学习科学发展观，积极推进文明单位创建与精神文明建设，凝聚力进一步增强。

一、人行菏泽市中支一是开展了优秀文艺作品赏析、中华经典诵读和“身边的榜样”主题宣传教育活动；二是举办了“怎样做一个文明的央行人”征文活动、“文明与我同行、文明从我做起”和“弘扬沂蒙精神、与央行共奋进”主题实践活动；三是组织成立了乒乓球等7个兴趣小组。

二、银监会菏泽监管分局一是通过与市委宣传部联合组织“银苑花香”大型文艺汇演，参加菏泽广播电视台“市长热线”活动，与市电视台联合打造《菏泽金融》专题栏目等有效方式，搭建起了银行与消费者之间沟通的桥梁；二是广泛开展公众教育服务日活动，面对面为客户提供教育咨询服务。

三、建行菏泽分行代表菏泽市参加省委宣传部、省文明办、教育厅、文化厅主办的山东省“诵读经典、爱我中华”活动并获三等奖。

四、邮储银行菏泽市分行一是强化企业文化与和谐银行建设，组建基层工会，组织员工参加文艺汇演、羽毛球、乒乓球、篮球比赛等文体活动；二是重视精神文明建设，先后被评为“山东省第八届消费者满意单位”、“菏泽市职业道德建设十佳先锋岗”。

五、莱商银行菏泽分行一是开展“重温入党誓词，永葆党员先进性”主题活动；二是举办了“我与莱商共成长”主题演讲活动暨第三届演讲比赛。

六、农信社菏泽市办事处一是举办了“巾帼建功标兵”表彰大会暨庆祝“三八”国际劳动妇女节100周年文艺演出、“五月飞歌、礼赞信合”庆祝“五一”国际劳动节文艺演出和“齐鲁农信风、情满牡丹城”金秋文艺晚会；二是承办了中央电视台《艺苑风景线》“欢乐牡丹城”专场文艺演出；三是组织6家联社举办了“合规文化兴农信”演讲比赛，并在全市银行业业务技术比赛中获得团体总分第1名。

【大事记】 1月6日 邵德玉任齐鲁证券菏泽营业部总经理。

1月12日 农信社菏泽市办事处与中行菏泽分行签订业务战略合作协议。

2月4日 人行菏泽市中支召开2010年工作会议。

3月5日 农信社菏泽市办事处召开顶冒名贷款专项集中治理活动动员大会。

3月22日 农行山东省分行行长刁钦义到菏泽就农户小额贷款营销、资产结构调整和内控管理等工作进行调研。

3月23日 郝子建任建行菏泽分行党委书记、行长。

4月17日 邮储银行菏泽市分行开办个人网上银行业务。

4月27日 邮储银行菏泽市分行成立不良贷款资产保全中心。

5月6日 人行菏泽市中支刘洪来行长接受菏泽市电视台“行风视线”栏目专访。

6月4日 农发总行党委委员、副行长鲍建安到菏泽视察夏粮收购工作。

6月8日 新华社、金融时报、中国金融、中国农村金融、农民日报等5家中央级新闻媒体记者团到菏泽采访农信社菏泽市办事处支农工作情况。

6月12日 莱商银行菏泽开发区支行隆重开业。

6月24日 菏泽市跨境贸易人民币结算试点工作启动。

6月29日 2010年菏泽市银企洽谈会顺利召开。

7月13日 人行菏泽市中支邀请国务院发展研究中心金融研究所副所长巴曙松作题为“2010年中国经济金融形势”的主题报告。

7月28日 邮储银行菏泽市分行成立小企业贷款中心。

8月1日 邮储银行信用卡开始在全市范围内面向社会发行。

8月6日 白明任农行菏泽分行党委书记、行长。

8月26日 全省农发行安全保卫标准化建设现场会在东明县支行召开。

9月21日 建行山东省分行与菏泽市政府共同举行“构建政府增信平台，加快中小企业发展”助保金贷款业务合作签约仪式。

10月16日 莱商银行独立董事姜开文、高广春，外部监事肖冠文，在总行谭乐清行长陪同下莅临菏泽分行就外设机构管理模式进行调研。

10月25日 省农联社第三届理事会第八次会议暨2010年三季度经营分析会议在菏泽召开，省联社理事长宋文瑄出席会议并讲话。

11月2日 人行菏泽市中支承办菏泽市职工职业技能大赛金融业务总决赛，并获得团体第一名。

11月2日 山东省郓城煤矿240万吨/年矿井及选煤厂项目银团贷款签约仪式在菏泽隆重举行。工行菏泽分行作为主办行，与华夏银行济南分行、恒丰银行济南分行共同组团，贷款总额14亿元，其中工行菏泽分行8亿元。

12月27日 莱商银行菏泽单县支行隆重开业。

（王志华 许加宏）

曹 县

【经济金融概况】 2010年，曹县坚持走工业化、农业现代化、农村城市化的路子，经济步入快速发展轨道，城乡居民收入稳定增长，各项社会事业和谐进步。各金融部门不断进行金融创新，金融环境进一步优化，开创了政府、银行、企业最好的时期，实现了经济金融的良性互动。

曹县主要经济指标

经济指标	2009	2010	2010年同比增幅（%）	经济指标	2009	2010	2010年同比增幅（%）
土地面积（平方公里）	1974	1974	0	地方财政支出（亿元）	16.61	22.55	35.76
人口（万人）	154.37	156.22	1.19	全社会固定资产投资（亿元）	45.98	45.03	-2.07
非农业人口（万人）	20.01	21.40	1.39	进出口总值（万美元）	25128	31356	24.79
地区生产总值（亿元）	114.25	142.5	13.4	出口总值（万美元）	24744	31056	25.51
第一产业（亿元）	28.12	30.3	3.7	实际利用外资（万美元）	1871	1965	5.02
第二产业（亿元）	59.98	76.2	16.5	社会消费品零售总额（亿元）	66.82	100.6	50.55
第三产业（亿元）	26.15	36	15.5	居民消费价格指数（%）	99.5	102.5	3.02
财政总收入（亿元）	10.41	12	15.27	人均地区生产总值（元）	8748	10878	24.35
地方财政收入（亿元）	6.53	8.09	23.89	城镇居民可支配收入（元）	—	—	—
财政总支出（亿元）	16.61	27.34	64.59	农民人均现金收入（元）	5005	5700	13.89

曹县主要金融指标

金融指标（亿元）	2009	2010	2010年同比增幅（%）	金融指标（亿元）	2009	2010	2010年同比增幅（%）
本外币存款余额	86.29	104.38	20.96	财险收入	0.22	0.24	9.09
人民币存款余额	86.23	104.26	20.91	寿险收入	1.84	2	8.69
企业存款	9.60	8.20	-14.58	财险赔款	0.13	0.15	15.38
储蓄存款	69.70	86.94	24.73	寿险给付	0.31	0.33	6.45
本外币贷款余额	73.60	80.05	8.76	当年结益	1.23	1.22	-0.81
人民币贷款余额	73.60	80.05	8.76	证券市场交易总额	--	--	--
短期贷款	66.72	70.17	5.17	投资者保证金余额	--	--	--
中长期贷款	6.86	9.88	44.02	证券账户开户数	--	--	--
票据融资	0.02	0	-100	证券交易佣金收入	--	--	--
当年结益	1.72	1.86	8.14	净利润	--	--	--
不良贷款余额	17.13	10.74	-37.30				

曹县主要金融机构负责人

单位名称	行长（或其他称谓的第一负责人）	副行长（或其他称谓的同级领导）
人行曹县支行	李国庆	王昌新　赵国良　刘尊民　刘桂生　王呈科
银监会曹县办事处	张　春	
农发行曹县支行	刘源炎	谢　军　李　坦
工行曹县支行	朱　宏	王　鼎　栗　明　吕传序　赵振宇
农行曹县支行	李瑞振	商全法　邓　魁　郭守灿
中行曹县支行	朱国政	朱　军
建行曹县支行	姚　峰	杜文忠　王冰清　袁　健　史效俭
曹县农信联社	吴龙祥	翟忠庆　姜建伦　姜晓红　李传良　秦绍群　陈　磊
邮储银行曹县支行	冯银聚	张宗凯

曹县主要金融机构业务概况

单位：亿元

单位名称	本外币存款余额	企业存款	储蓄存款	本外币贷款余额	短期贷款	中长期贷款
农发行曹县支行	1.23	1.19	0	37.59	37.59	0

续表

单位名称	本外币存款余额	企业存款	储蓄存款	本外币贷款余额	短期贷款	中长期贷款
工行曹县支行	12.38	0.81	9.34	3.57	0.76	2.81
农行曹县支行	20.03	2.42	15.90	3.60	2.52	1.08
中行曹县支行	7.25	0.69	5.79	0.52	0.25	0.27
建行曹县支行	6.66	1.35	3.80	6.11	2.27	3.84
曹县农信联社	35.78	0.62	32.54	27.38	25.93	1.45
邮储银行曹县支行	20.83	1.10	19.57	1.27	0.85	0.42

【金融发展与改革】 2010年，曹县金融机构以股份制改革为动力，制定企业化经营目标，普遍实行了工作目标责任制。一是国有商业银行成立了审贷委员会，审贷分离，将信贷风险降到最低；二是人行曹县支行按照“小而有为”的标准，继续开展人员优化改革。

【金融服务与监管】 2010年，曹县各金融机构继续以“服务立行”为目标，相继建立了有效的服务创新机制。一是推出了“网上银行”、“银保通”和“农民工银行卡”等业务；二是银行电子化、网络化建设成绩显著，实现了同城结算和存款的通存通兑，加快了资金周转。

单　县

【经济金融概况】 2010年，单县金融机构认真贯彻实施适度宽松的货币政策，围绕县域中小企业、“三农”等重点领域和薄弱环节，加大信贷投放力度，为“保增长、扩内需、调结构”提供了有力支撑。

一、中小企业信贷支持力度明显增强。单县金融机构把

单县主要经济指标

经济指标	2009	2010	2010年同比增幅（%）	经济指标	2009	2010	2010年同比增幅（%）
土地面积（平方公里）	1702	1702	0	地方财政支出（亿元）	16.14	13.1	-18.84
人口（万人）	121.4	122.4	0.8	全社会固定资产投资（亿元）	60.14	73.6	25.3
非农业人口（万人）	16.6	24.1	45.2	进出口总值（万美元）	6228	9319	49.63
地区生产总值（亿元）	117.6	144.8	16.1	出口总值（万美元）	5347	6804	27.25
第一产业（亿元）	29.42	31.2	2.2	实际利用外资（万美元）	1100	75	-93.18
第二产业（亿元）	56.76	72.5	19.9	社会消费品零售总额（亿元）	67.97	81.4	19.4
第三产业（亿元）	31.42	41.1	22.1	居民消费价格指数（%）	99.5	102	2.5
财政总收入（亿元）	18.22	24.04	31.9	人均地区生产总值（元）	11949	11831	-0.99
地方财政收入（亿元）	6.3	10.1	60.32	城镇居民可支配收入（元）	—	—	—
财政总支出（亿元）	16.14	13.1	-18.84	农民人均现金收入（元）	5020	5798	15.5

单县主要金融指标

金融指标（亿元）	2009	2010	2010年同比增幅（%）	金融指标（亿元）	2009	2010	2010年同比增幅（%）
本外币存款余额	82.41	105.92	28.53	财险收入	0.12	0.19	58.33
人民币存款余额	82.41	105.75	28.32	寿险收入	0.97	1.30	34.02
企业存款	8.46	10.50	24.11	财险赔款	0.08	0.14	75
储蓄存款	65.40	85.65	30.96	寿险给付	0.02	0.34	1600
本外币贷款余额	65.86	83.93	27.44	当年结益	0.01	0.01	0
人民币贷款余额	65.86	83.93	27.44	证券市场交易总额	--	--	--
短期贷款	55.34	61.89	11.84	投资者保证金余额	--	--	--
中长期贷款	9.71	20.93	115.55	证券账户开户数	--	--	--
票据融资	0.82	1.10	34.15	证券交易佣金收入	--	--	--

续表

金融指标（亿元）	2009	2010	2010年同比增幅（%）	金融指标（亿元）	2009	2010	2010年同比增幅（%）
当年结益	1.2	1.68	40	净利润	--	--	--
不良贷款余额	6.41	3.10	-51.64				

单县主要金融机构负责人

单位名称	行长（或其他称谓的第一负责人）	副行长（或其他称谓的同级领导）
人行单县支行	丁首江	张　林　石永强　李永生
银监会单县办事处	田传振	
农发行单县支行	王　云	马启涛
工行单县支行	田建军	冷　冰　孔祥明　陈玉亮　赵　勇
农行单县支行	吕宗椿	韩　鹏　贺高进　张振华
建行单县支行	孟祥涛	袁朝晖　张延波　贾　峰　陈良凯
莱商银行单县支行	孙式柱	孟献奎
单县农信联社	闫茂举	时培行　刘克民　时启亭
邮储银行单县支行	祝晓东	谢启亚

单县主要金融机构业务概况

单位：亿元

单位名称	本外币存款余额	企业存款	储蓄存款	本外币贷款余额	短期贷款	中长期贷款
农发行单县支行	1.64	1.14	0	29.36	28.31	1.05
工行单县支行	17.83	2.96	11.03	11.10	1.64	9.46
农行单县支行	19.28	5.63	13.65	6.6	2.21	4.39
建行单县支行	7.2	2.4	4.8	5.1	2.2	2.9
莱商银行单县支行	0.45	0.45	0	0	0	0
单县农信联社	40.20	0.02	38.56	30.51	26.77	2.64
邮储银行单县支行	18.98	1.26	17.64	1.28	0.87	0.41

中小企业作为信贷投放重点，对83户重点企业投放贷款34.79亿元，有力支持了经济的快速发展。

二、不断加大对“三农”的支持力度。在人行单县支行的积极引导下，农行单县支行开办了“惠农卡”小额支农贷款业务，单县农联社开办了“大联保体贷款”和“农业机械消费贷款”。

【金融发展与改革】 2010年，人行单县支行密切关注辖内金融机构改革情况。一是加强对农信社和农行改革情况的动态监测，努力发挥正向激励效应，做好农信社专项票据兑付后监测工作；二是推动农行“三农”事业部改革试点，取得明显成效；三是设立单县四君子小额贷款公司，成立莱商银行菏泽单县支行，有效缓解了中小企业融资难问题。

【金融服务与监管】 2010年，人行单县支行积极提供支付清算、统计和征信等方面的金融服务，同时密切关注辖内金融机构经营情况，对反洗钱、账户、现金、国库和外汇等业务进行严格监管，寓监管于服务之中，以服务促进管理水平的提高，营造了良好的金融生态环境。

成武县

【经济金融概况】 2010年，成武县以经济建设为中心，加大招商引资力度，经济金融等方面持续健康发展。全县各金融机构科学安排贷款总量和投入节奏，引导金融机构优化信贷结构，不断加大对重点企业、重点项目及“三农”的信贷支持力度。

成武县主要经济指标

经济指标	2009	2010	2010年同比增幅（%）	经济指标	2009	2010	2010年同比增幅（%）
土地面积（平方公里）	988	988	0	地方财政支出（亿元）	8.29	12.2	47.17
人口（万人）	66.50	67.40	1.35	全社会固定资产投资（亿元）	32.6	46	22
非农业人口（万人）	10.80	10.94	1.3	进出口总值（万美元）	3741	4300	14.94
地区生产总值（亿元）	75	93	14.3	出口总值（万美元）	2667	3578	34.16
第一产业（亿元）	18.15	19.46	3.4	实际利用外资（万美元）	870	650	-25.29
第二产业（亿元）	41.25	51.4	17	社会消费品零售总额（亿元）	33	46	19
第三产业（亿元）	15.6	22.86	18.7	居民消费价格指数（%）	99.5	102	2.5
财政总收入（亿元）	9.75	7.53	-22.77	人均地区生产总值（元）	11210	15585	19.2
地方财政收入（亿元）	3.47	4.83	39.12	城镇居民可支配收入（元）	—	—	—
财政总支出（亿元）	9.42	13	38	农民人均现金收入（元）	5150	5945	15.4

成武县主要金融指标

金融指标（亿元）	2009	2010	2010年同比增幅（%）	金融指标（亿元）	2009	2010	2010年同比增幅（%）
本外币存款余额	52.47	66.70	27.12	财险收入	0.14	0.16	14.29
人民币存款余额	52.42	66.66	27.17	寿险收入	0.87	1.03	18.39
企业存款	5.70	7.72	35.44	财险赔款	0.10	0.10	0
储蓄存款	40.21	52.36	30.22	寿险给付	0.02	0.02	0
本外币贷款余额	35.43	41.73	17.78	当年结益	--	--	--
人民币贷款余额	35.43	41.73	17.78	证券市场交易总额	--	--	--
短期贷款	29.16	32.93	12.93	投资者保证金余额	--	--	--
中长期贷款	6.27	8.80	40.35	证券账户开户数	--	--	--
票据融资	0.01	0	-100	证券交易佣金收入	--	--	--
当年结益	0.60	0.75	25	净利润	--	--	--
不良贷款余额	7.33	3.58	-51.16				

成武县主要金融机构负责人

单位名称	行长（或其他称谓的第一负责人）	副行长（或其他称谓的同级领导）
人行成武县支行	李守谦	杨月启　祝令超　张明芳　庄作玉　李　岳
银监会成武县办事处	贾继海	
农发行成武县支行	王东方	李自强　宋聚印　刘子玉　徐　辉
工行成武支行	谢　磊	邵金岭　谢建新　李以学
农行成武支行	孙　强	柴　彪　崔东庆
中行成武支行	杨金刚	
建行成武支行	郭占军	王　璇　崔忠银　吴　方　吴　鹏
成武县农信联社	韩东华	朱世芳　刘　艳　马　寅　蔡效彬　单　熙
邮储银行成武县支行	田中国	李东军

成武县主要金融机构业务概况

单位：亿元

单位名称	本外币存款余额	企业存款	储蓄存款	本外币贷款余额	短期贷款	中长期贷款
农发行成武县支行	0.95	0.27	--	4.62	4.62	--

续表

单位名称	本外币存款余额	企业存款	储蓄存款	本外币贷款余额	短期贷款	中长期贷款
工行成武支行	9.68	2.07	5.62	6.28	3.07	3.21
农行成武支行	5.50	0.81	4.39	3.38	2.85	0.53
中行成武支行	5.17	0.36	3.51	1.46	1.08	0.38
建行成武支行	6.79	1.61	3.57	4.71	1.27	3.44
成武县农信联社	27.13	1.61	25.36	20.18	19.18	1.0
邮储银行成武县支行	10.99	1.01	9.96	1.10	0.86	0.24

【金融发展与改革】 2010年,成武县金融机构各项存贷款大幅增加,增量均创历史最高水平,结构得到优化调整,重点骨干企业资金供应良好,实现了经济金融的良性互动。

【金融服务与监管】 2010年,人行成武县支行一是构建银企合作平台,协助县政府举办了“引导金融机构优化信贷结构,银企项目对接会议”,签约金额11.47亿元;二是积极开展社会信用体系建设,推动县政府出台了由人民银行牵头的社会信用体系建设县级联席会议制度;三是加强外汇管理,发放核销单700份,为6家企业办理了进出口企业外汇执法系统备案和电子口岸卡延期审批;四是严格金融管理,开展了对工行成武县支行的人民币结算账户检查,及中行成武府前街支行的开业验收工作。

巨野县

【经济金融概况】 2010年,巨野县宏观经济景气保持较好状态,市场价格涨幅逐渐回稳,工业生产保持较快增长,固定资产投资结构渐趋优化,金融总体运行平稳,战略新兴产业及消费贷款业务快速发展。

【金融发展与改革】 2010年,巨野县金融改革进一步深化,金融事业迅速发展。一是出台《关于做好货币信贷工作促

巨野县主要经济指标

经济指标	2009	2010	2010年同比增幅(%)	经济指标	2009	2010	2010年同比增幅(%)
土地面积(平方公里)	1303	1303	0	地方财政支出(亿元)	13.55	19.82	46.27
人口(万人)	98.84	101.36	2.55	全社会固定资产投资(亿元)	59.42	74.28	25.01
非农业人口(万人)	22.94	23.89	4.14	进出口总值(万美元)	15673	32571	107.82
地区生产总值(亿元)	97	120.14	23.86	出口总值(万美元)	15658	32571	108.02
第一产业(亿元)	19.69	23.30	18.33	实际利用外资(万美元)	539	1010	87.38
第二产业(亿元)	56.75	65.41	15.26	社会消费品零售总额(亿元)	47.11	63.75	35.32
第三产业(亿元)	20.56	31.43	52.87	居民消费价格指数(%)	99.9	103.7	3.80
财政总收入(亿元)	12.07	27.61	128.75	人均地区生产总值(元)	11975	14134	18.03
地方财政收入(亿元)	6.20	10.08	62.58	城镇居民可支配收入(元)	11365	12794	12.57
财政总支出(亿元)	15.29	22.98	50.29	农民人均现金收入(元)	5111	5890	15.24

巨野县主要金融指标

金融指标(亿元)	2009	2010	2010年同比增幅(%)	金融指标(亿元)	2009	2010	2010年同比增幅(%)
本外币存款余额	82.56	107.80	30.57	财险收入	0.29	0.25	-13.79
人民币存款余额	82.56	107.45	30.15	寿险收入	1.15	1.32	14.78
企业存款	8.99	14.32	59.29	财险赔款	0.12	0.19	58.33
储蓄存款	63.48	81.32	28.10	寿险给付	0.31	0.03	-90.32
本外币贷款余额	82.75	98.64	19.20	当年结益	--	--	--
人民币贷款余额	82.75	98.64	19.20	证券市场交易总额	--	--	--

续表

金融指标（亿元）	2009	2010	2010年同比增幅（%）	金融指标（亿元）	2009	2010	2010年同比增幅（%）
短期贷款	52.85	63.18	19.55	投资者保证金余额	--	--	--
中长期贷款	29.90	35.47	18.63	证券账户开户数	--	--	--
票据融资	0.01	0	-100	证券交易佣金收入	--	--	--
当年结益	1.63	2.47	51.53	净利润	--	--	--
不良贷款余额	6.84	5.30	-22.51				

巨野县主要金融机构负责人

单位名称	行长（或其他称谓的第一负责人）	副行长（或其他称谓的同级领导）
人行巨野县支行	马　勇	边　磊　田朝霞　丁世友　解庆涛　于　涛
银监会巨野县办事处	周元月	
农发行巨野县支行	张洪军	沈建民　苏承哲　吕爱华
工行巨野支行	王兴明	李新军　王兆勇　郭成振　丛涛滋
农行巨野支行	段中锋	耿宗云　徐宪强　刘宏斌
建行巨野支行	刘祥海	陶可飞
巨野县农信联社	尹庆民	冯　勇　吴正云　田洪流　刘　博　徐建民　谢　彬　陈　超
邮储银行巨野县支行	魏洪瑞	付　强

巨野县主要金融机构业务概况

单位：亿元

单位名称	本外币存款余额	企业存款	储蓄存款	本外币贷款余额	短期贷款	中长期贷款
农发行巨野县支行	0.41	0.30	0	20.01	19.51	0.50
工行巨野支行	12.34	1.74	7.71	13.78	2.24	11.54
农行巨野支行	13.27	2.28	9.08	6.87	3.26	3.61
建行巨野支行	16.83	3.41	7.81	19.25	2.68	16.56
巨野县农信联社	47.68	4.92	42.52	37.16	34.64	2.52
邮储银行巨野县支行	15.86	1.66	14.20	1.57	0.85	0.72

进全县经济发展方式转变和经济结构调整的指导意见》，提高了货币政策传导的针对性和灵活性；二是创办《巨野金融简报》，及时总结辖区金融工作创新做法，分析金融运行特点，预测金融发展走势，为领导决策提供参考依据；三是推动县委、县政府启动2010年银企对接“十日”活动，辖区7家金融机构与130家中小企业签约资金近25亿元；四是建立巨野县“社会信用体系建设联席会议制度”和“经信·金融沟通例会制度”；五是开展企业“融资辅导”工程，加强对中小企业信用培植；六是指导农联社开展“百千万”富民工程，通过为农民送资金、送信息、送技术等活动，在全县扶持100个文明信用示范村，发展致富带头人1000名、专业示范户1万个。

【金融服务与监管】　2010年，人行巨野县支行按照“一行一策、分类指导”的原则，积极鼓励金融机构不断创新，设计开发适合各类群体需要的信贷产品。通过开展对账户管理、反洗钱、人民币及现金、国库、外汇、金融统计及银行信贷登记咨询系统等工作的检查，加强监管，确保金融秩序稳定。

郓城县

【经济金融概况】　2010年，郓城县经济实力进一步提升，农业产业结构进一步优化，工业经济整体态势发展良好，运行质量和效益明显提高，服务业发展整体推进。全县金融机构不断强化金融服务，开发金融新产品，促进了县域经济健康发展。

郓城县主要经济指标

经济指标	2009	2010	2010年同比增幅（%）	经济指标	2009	2010	2010年同比增幅（%）
土地面积（平方公里）	1643	1643	0	地方财政支出（亿元）	15.82	21.40	35.40
人口（万人）	119.21	122.17	2.48	全社会固定资产投资（亿元）	45.05	58.24	29.27
非农业人口（万人）	12.93	13.48	4.25	进出口总值（万美元）	7460	8500	13.90
地区生产总值（亿元）	118.90	147.63	15.30	出口总值（万美元）	7004	7288	4.10
第一产业（亿元）	29.63	30.09	2.30	实际利用外资（万美元）	1450	203.2	-85.99
第二产业（亿元）	65.78	80.17	18.80	社会消费品零售总额（亿元）	55.59	79.86	19.06
第三产业（亿元）	23.49	37.36	19.64	居民消费价格指数（%）	104.10	105.26	1.16
财政总收入（亿元）	14.16	17.60	24.29	人均地区生产总值（元）	11798	14195	20.30
地方财政收入（亿元）	7.30	10.30	41.08	城镇居民可支配收入（元）	12737	12855	0.93
财政总支出（亿元）	15.82	21.40	35.40	农民人均现金收入（元）	5101	5894	15.55

郓城县主要金融指标

金融指标（亿元）	2009	2010	2010年同比增幅（%）	金融指标（亿元）	2009	2010	2010年同比增幅（%）
本外币存款余额	119.99	142.54	18.97	财险收入	0.27	0.42	55.55
人民币存款余额	119.94	142.36	18.69	寿险收入	1.48	1.72	16.22
企业存款	14.69	16.96	15.45	财险赔款	0.11	0.18	63.64
储蓄存款	91.30	114.14	25.01	寿险给付	0.03	0.36	1100
本外币贷款余额	75.47	92.84	23.01	当年结益	0.04	0.05	25
人民币贷款余额	75.47	92.84	23.01	证券市场交易总额	--	--	--
短期贷款	44.36	59.03	33.07	投资者保证金余额	--	--	--
中长期贷款	30.47	33.16	8.83	证券账户开户数	--	--	--
票据融资	0.63	0.65	3.17	证券交易佣金收入	--	--	--
当年结益	1.49	1.93	29.53	净利润	--	--	--
不良贷款余额	13.45	5.47	-59.33				

郓城县主要金融机构负责人

单位名称	行长（或其他称谓的第一负责人）	副行长（或其他称谓的同级领导）
人行郓城县支行	陈桂莲	杨晓国　王秀美　王汉桥
银监会郓城县办事处	黄启友	
农发行郓城县支行	袁中锦	刁慕轩
工行郓城支行	赵　勇	庞元华　朱文坛　刘志涛　胡晓舟　吴艳芹
农行郓城支行	张耀华	张　彦　王胜依　李兴宾
中行郓城支行	李先华	高建军
建行郓城支行	王明臣	郑　国
莱商银行郓城支行	陈键锋	许　芹
郓城县农信联社	崔荣国	黄福斌　曹亚平　徐洪林　李　山　周克强
邮储银行郓城县支行	刘天舒	赵　军

郓城县主要金融机构业务概况

单位：亿元

单位名称	本外币存款余额	企业存款	储蓄存款	本外币贷款余额	短期贷款	中长期贷款
农发行郓城县支行	0.22	0.22	0	3.77	3.77	0

续表

单位名称	本外币存款余额	企业存款	储蓄存款	本外币贷款余额	短期贷款	中长期贷款
工行郓城支行	19.14	2.98	12.07	10.26	5.51	4.76
农行郓城支行	29.19	3.31	23.28	13.20	4.80	7.99
中行郓城支行	3.86	1.07	2.44	8.49	0.48	8.00
建行郓城支行	8.75	1.37	5.23	14.42	4.63	9.79
邮储银行郓城县支行	17.94	1.73	16.18	1.55	0.90	0.65
莱商银行郓城支行	6.07	4.85	0.93	3.14	2.90	0
郓城县农信联社	56.75	1.48	54.01	38.01	36.04	1.97

【金融发展与改革】 2010 年，人行郓城县支行积极发挥“窗口指导”作用，引导金融机构增强对地方经济的支持力度。一是建议政府出台了《关于鼓励金融机构支持郓城经济发展奖励办法的通知》，调动县域金融机构增加有效信贷投入的积极性；二是组织金融机构定期召开季度金融运行通报分析会；三是成功召开了 2010 年银企合作项目对接会，各金融机构与 68 家企业达成贷款意向 130 个，签约项目资金 35.57 亿元；四是建立了社会信用体系建设联席会议制度，进一步优化了金融生态环境。

【金融服务与监管】 2010 年，人行郓城县支行寓监管于服务之中，认真履行央行服务职能。一是加大金融知识宣传力度，利用元宵节、3.15 国际消费者权益日，开展了支付结算、反洗钱、征信等宣传活动；二是加强账户管理，全年核准账户 800 个，开展了银行账户突发事件应急演练工作；三是完善征信管理，贷款卡年审合格企业户数为 426 户；四是引导金融机构积极开展金融创新，不断提升服务水平和创新能力。

鄄城县

【经济金融概况】 2010 年，鄄城县实行“工业立县、商贸兴县、旅游强县、生态靓县”的经济发展战略，经济社会继续保持快速健康发展。一是规模以上工业企业发展到 200 家，同比增加 27 家，逐步形成纺织、化工、人发、食品加工、木材和机械加工六大区域经济板块；二是农村经济全面发展，粮

鄄城县主要经济指标

经济指标	2009	2010	2010 年同比增幅（%）	经济指标	2009	2010	2010 年同比增幅（%）
土地面积（平方公里）	1038	1038	0	地方财政支出（亿元）	9.6	13.77	43.44
人口（万人）	83.8	86.39	3.09	全社会固定资产投资（亿元）	31.87	39.73	24.66
非农业人口（万人）	10.3	10.5	1.94	进出口总值（万美元）	10691	12558	17.46
地区生产总值（亿元）	73.26	78.09	6.59	出口总值（万美元）	10411	11867	13.98
第一产业（亿元）	19.56	20.5	4.81	实际利用外资（万美元）	102	500	390.19
第二产业（亿元）	33.98	36.81	8.33	社会消费品零售总额（亿元）	46.04	55.00	19.46
第三产业（亿元）	19.71	25.16	27.65	居民消费价格指数（%）	99.4	102.3	2.9
财政总收入（亿元）	3.2	4.00	25.00	人均地区生产总值（元）	9900	9039	-8.69
地方财政收入（亿元）	3.2	4.00	25.00	城镇居民可支配收入（元）	9876	10526	6.58
财政总支出（亿元）	9.6	13.77	43.44	农民人均现金收入（元）	4894	5639	15.22

鄄城县主要金融指标

金融指标（亿元）	2009	2010	2010 年同比增幅（%）	金融指标（亿元）	2009	2010	2010 年同比增幅（%）
本外币存款余额	62.23	76.74	23.32	财险收入	0.10	0.15	0.5
人民币存款余额	62.19	76.66	23.27	寿险收入	1.13	1.15	1.77
企业存款	4.44	5.63	26.80	财险赔款	0.08	0.11	37.5

续表

金融指标（亿元）	2009	2010	2010年同比增幅（%）	金融指标（亿元）	2009	2010	2010年同比增幅（%）
储蓄存款	52.45	66.24	26.29	寿险给付	0.03	0.02	-33.33
本外币贷款余额	32.18	39.30	22.12	当年结益	-0.02	-0.01	50
人民币贷款余额	32.18	39.30	22.12	证券市场交易总额	—	—	—
短期贷款	23.96	28.07	17.15	投资者保证金余额	—	—	—
中长期贷款	8.16	10.73	31.49	证券账户开户数	—	—	—
票据融资	0.06	0.50	733.33	证券交易佣金收入	—	—	—
当年结益	2.47	2.27	-8.10	净利润	—	—	—
不良贷款余额	6.37	5.01	-21.36				

鄄城县主要金融机构负责人

单位名称	行长（或其他称谓的第一负责人）	副行长（或其他称谓的同级领导）
人行鄄城县支行	仇高皓	巨保银　孙良才
银监会鄄城县办事处	杨新林	
农发行鄄城县支行	张宏伟	金　涛　张克颖
工行鄄城支行	刘合元	周方纪　杨　军
农行鄄城支行	彭　辉	程　林　吴向前
中行鄄城支行	张卫红	魏羲萌
建行鄄城支行	赵庆龙	韩耀辉　李海山　蔡　华
鄄城县农信联社	时　伟	居春林　冯　凯　范红英　王赐广
邮储银行鄄城县支行	魏中杰	王建西

鄄城县主要金融机构业务概况

单位：亿元

单位名称	本外币存款余额	企业存款	储蓄存款	本外币贷款余额	短期贷款	中长期贷款
农发行鄄城县支行	0.26	0.18	0	3.70	3.70	0
工行鄄城支行	6.80	0.50	5.37	5.38	0.80	4.58
农行鄄城支行	6.81	0.64	5.85	3.17	0.36	2.81
中行鄄城支行	5.55	0.20	4.11	0.32	0.18	0.14
建行鄄城支行	4.74	0.50	3.29	1.35	0.67	0.68
鄄城县农信联社	38.27	2.72	35.29	24.19	21.48	2.21
邮储银行鄄城县支行	13.21	0.84	12.35	1.17	0.87	0.30

食连续8年增产；三是新农村建设稳步推进，建设示范村32个；四是被命名为山东旅游强县，孙膑旅游城亿城寺被批准为国家AA级景区。

【金融发展与改革】　2010年，人行鄄城县支行以货币政策传导与监测分析为重点，引导金融机构积极贯彻适度宽松的货币政策。一是制定关于支持中小企业发展、大项目建设和民营经济发展的意见，并以呈阅件形式将相关内容及时向县委、县政府汇报，多次受到县领导批示；二是定期或不定期召开辖区经济金融运行分析会、行长联席会和银企交流会，引导金融机构顺应政策导向；三是推动政府部门实施对中小企业融资服务扶持措施，着力优化融资环境；四是积极创新工作方式，增强货币信贷政策传导效率；五是引导各金融机构加大创新信贷产品营销，增强对中小企业的融资服务；六是建立重点企业经营信息动态数据库，为金融机构开展信贷服务提供信息支持。

【金融服务与监管】 2010 年，人行鄄城县支行认真履行央行服务与监管职能，引导金融机构优化信贷结构，强化征信、反假币、外汇和支付结算等服务职能。

定陶县

【经济金融概况】 2010 年，定陶县以“转方式、调结构”为主线，全面实施工业化和城镇化带动战略，大力推进招商引资和大项目建设，经济保持了平稳较快发展的良好态势。

各金融机构积极搭建银企合作平台，不断创新服务理念，切实加大对县域骨干企业、中小和民营企业、“三农”和民生工程的信贷投入，并注重防范和化解金融风险，信贷资产质量逐步提高。

【金融发展与改革】 2010 年，定陶县各金融机构坚持“区

定陶县主要经济指标

经济指标	2009	2010	2010 年同比增幅（%）	经济指标	2009	2010	2010 年同比增幅（%）
土地面积（平方公里）	846	846	0	地方财政支出（亿元）	5.12	6.59	28.71
人口（万人）	63.56	67.27	0.24	全社会固定资产投资（亿元）	30.5	46	50.82
非农业人口（万人）	12.68	12.72	0.32	进出口总值（万美元）	2640	3060	15.91
地区生产总值（亿元）	61.17	70.60	14.53	出口总值（万美元）	2327	120	-94.84
第一产业（亿元）	18.63	19.06	2.31	实际利用外资（万美元）	500	650	30
第二产业（亿元）	26.6	33.75	26.88	社会消费品零售总额（亿元）	31.4	42.4	35.03
第三产业（亿元）	16.84	17.79	5.64	居民消费价格指数（%）	104.1	105.9	1.8
财政总收入（亿元）	5.27	4.93	-6.45	人均地区生产总值（元）	9707	10495	8.12
地方财政收入（亿元）	2.79	3.63	30.11	城镇居民可支配收入（元）	10129	10336	2.04
财政总支出（亿元）	10.1	10.6	4.95	农民人均现金收入（元）	5200	5780	11.15

定陶县主要金融指标

金融指标（亿元）	2009	2010	2010 年同比增幅（%）	金融指标（亿元）	2009	2010	2010 年同比增幅（%）
本外币存款余额	47.00	58.13	23.68	财险收入	0.16	0.18	12.5
人民币存款余额	47.00	58.13	23.68	寿险收入	1.23	1.29	4.88
企业存款	5.40	4.89	-9.44	财险赔款	0.11	0.12	9.09
储蓄存款	38.19	47.78	25.11	寿险给付	0.07	0.08	14.29
本外币贷款余额	26.01	32.66	24.17	当年结益	1.21	1.23	1.65
人民币贷款余额	26.01	32.66	24.17	证券市场交易总额	--	--	--
短期贷款	22.76	27.01	18.67	投资者保证金余额	--	--	--
中长期贷款	3.05	5.65	85.25	证券账户开户数	--	--	--
票据融资	0.20	0	-100	证券交易佣金收入	--	--	--
当年结益	0.4	0.5	25	净利润	--	--	--
不良贷款余额	9.18	6.83	-25.6				

定陶县主要金融机构负责人

单位名称	行长（或其他称谓的第一负责人）	副行长（或其他称谓的同级领导）
人行定陶县支行	陈景安	潘　伟　朱瑞密　李成华
银监会定陶县办事处	朱　艳	
农发行定陶县支行	李从阁	李怀军　张传周

续表

单位名称	行长（或其他称谓的第一负责人）	副行长（或其他称谓的同级领导）
工行定陶支行	宋红毅	牛殿军　崔开展　张相春
农行定陶支行	王晓红	赵民安　孔　涛
中行定陶支行	吕智勇	刘志坚
建行定陶支行	刘相印	邵贤宾　王传荣
定陶县农信联社	杜万国	任保营　梁衍波　陈慧敏　吴清稳
邮储银行定陶县支行	丛可印	张永胜

定陶县主要金融机构业务概况

单位：亿元

单位名称	本外币存款余额	企业存款	储蓄存款	本外币贷款余额	短期贷款	中长期贷款
农发行定陶县支行	0.29	0.25	0	5.16	5.16	0
工行定陶支行	4.66	0.49	3.32	1.48	0.59	0.89
农行定陶支行	8.41	0.77	6.87	4.34	3.11	1.23
中行定陶支行	4.08	0.19	2.59	0.96	0.51	0.45
建行定陶支行	3.68	0.30	1.91	2.06	1.08	0.98
定陶县农信联社	23.17	2.09	21.03	17.86	16.15	1.71
邮储银行定陶县支行	12.87	0.79	12.06	0.79	0.40	0.39

别对待、有扶有控”的信贷政策，不断优化信贷结构，改善金融服务，实现了经济金融良性发展。国有商行和农发行改革逐步深入，农行“三农”事业部制和农信社改革取得明显成效。

【金融服务与监管】　2010年，人行定陶县支行进一步加大金融服务和管理力度，积极防范和化解系统性金融风险，确保了辖内金融稳定。一是制定货币信贷工作指导意见，积极引导金融机构加大信贷投放力度，有效促进了县域经济快速发展；二是制定金融工作考核奖励办法，分别开展了各类专项检查，确保金融机构合规经营。

东明县

【经济金融概况】　2010年，东明县狠抓大项目建设、工业运行、城市建设、“三农”和改善民生等重点工作，经济社会实现了平稳较快健康发展。各金融机构紧密结合全县经济发展目标和产业结构调整的要求，在支持地方经济发展中的核心作用日益突出。

【金融发展与改革】　2010年，人行东明县支行认真贯彻落实国家金融宏观调控政策，引导金融机构多渠道支持地方经济发展。一是按照“监测、分析、引导”的工作思路，加强监测

东明县主要经济指标

经济指标	2009	2010	2010年同比增幅（%）	经济指标	2009	2010	2010年同比增幅（%）
土地面积（平方公里）	1370	1370	0	地方财政支出（亿元）	8.55	11.83	38.36
人口（万人）	76.58	76.75	0.22	全社会固定资产投资（亿元）	52	60.99	17.29
非农业人口（万人）	10.89	11.03	1.29	进出口总值（万美元）	25000	43398	167.44
地区生产总值（亿元）	101	122.08	20.87	出口总值（万美元）	4678	5567	19.00
第一产业（亿元）	18.38	19.74	7.40	实际利用外资（万美元）	860	3000	248.84
第二产业（亿元）	65.85	79.11	13.26	社会消费品零售总额（亿元）	36.60	54.14	47.92

续表

经济指标	2009	2010	2010年同比增幅（%）	经济指标	2009	2010	2010年同比增幅（%）
第三产业（亿元）	16.77	23.24	38.58	居民消费价格指数（%）	99.5	104.3	4.80
财政总收入（亿元）	14.35	24.05	67.60	人均地区生产总值（元）	13836	15906	14.96
地方财政收入（亿元）	6.46	8.11	25.54	城镇居民可支配收入（元）	17104	20969	22.60
财政总支出（亿元）	13.16	23.26	76.75	农民人均现金收入（元）	5031	6665	32.48

东明县主要金融指标

金融指标（亿元）	2009	2010	2010年同比增幅（%）	金融指标（亿元）	2009	2010	2010年同比增幅（%）
本外币存款余额	78.50	88.83	13.16	财险收入	0.30	0.35	16.67
人民币存款余额	78.50	88.83	13.16	寿险收入	0.92	1.09	18.48
企业存款	18.33	14.93	-18.55	财险赔款	0.11	0.12	9.09
储蓄存款	48.92	60.32	23.30	寿险给付	0.28	0.31	10.71
本外币贷款余额	68.97	81.85	18.67	当年结益	0.05	0.06	20
人民币贷款余额	68.97	81.85	18.67	证券市场交易总额	—	4.21	—
短期贷款	47.41	56.96	20.14	投资者保证金余额	—	0.06	—
中长期贷款	18.77	24.69	31.54	证券账户开户数	—	2502	—
票据融资	2.79	0.2	-92.83	证券交易佣金收入	--	--	--
当年结益	1.73	2.00	15.61	净利润	--	--	--
不良贷款余额	5.79	2.23	-61.42				

东明县主要金融机构负责人

单位名称	行长（或其他称谓的第一负责人）	副行长（或其他称谓的同级领导）
人行东明县支行	田本昌	冯志强　刘雨海　朱晓东
银监会东明县办事处	陈中建	
农发行东明县支行	方　杰	周　军　周大军
工行东明支行	周林建	王耀峰　张超会
农行东明支行	王　军	栗　华　许常荣　刘俊彦
中行东明支行	曹国民	杜清华
建行东明支行	周在军	周　丰　陈秋蛾
东明县农信联社	赵　欣	刘　勇　杨慧生　薛源江
邮储银行东明县支行	翟　瑞	郑　杰

东明县主要金融机构业务概况

单位：亿元

单位名称	本外币存款余额	企业存款	储蓄存款	本外币贷款余额	短期贷款	中长期贷款
农发行东明县支行	0.70	0.48	0	6.02	4.28	1.74
工行东明支行	15.34	3.86	8.79	21.15	16.21	4.94
农行东明支行	10.23	3.69	5.96	7.31	4.69	2.62
中行东明支行	6.81	0.64	2.72	12.29	5.74	6.55
建行东明支行	13.12	3.30	6.16	16.23	9.99	6.24
东明县农信联社	23.55	1.18	21.89	17.73	15.51	2.02
邮储银行东明县支行	16.61	1.78	14.80	1.13	0.54	0.58

和调研；二是推动县委、县政府出台了《关于进一步加强金融生态环境建设的意见》，金融生态环境有了明显改善；三是国有商行股份制改革进展顺利，农信社法人治理结构进一步完善，全县金融运行状况总体良好。

【金融服务与监管】 2010年，人行东明县支行积极加强和改善金融服务，不断提高对金融机构的管理水平。一是加强与地方政府、银监办和金融机构等相关部门的沟通协调，建立了金融稳定联席会议制度，制定了金融机构突发事件应急预案；二是积极做好人民币反假工作，累计收缴假币470张，涉及金额3.98万元；三是不断提高大额和可疑资金交易监测的分析能力，提高了反洗钱工作质量；四是加强账户、支付清算管理和监督，维护了全县良好的支付结算秩序；五是加强对库款支拨和收入退库的管理，保证了库款支拨和收入退库的合理合法。

（王志华　许加宏）

第十二部分

金融统计资料

一、综合现金收支情况

山东省金融机构2010年现金收支统计月报表

单位：亿元

收 入 项 目	实 际 数（年累计）	比上年同期增减（年累计）	比上年同期增减%（年累计）
一、商品销售收入	7193.25	1047.81	17.05
二、服务业收入	2313.03	139.66	6.43
三、行政税费收入	531.93	70.41	15.26
四、城乡个体经营收入	4061.64	840.78	26.10
五、储蓄存款收入	53942.42	8032.99	17.50
六、其他金融性公司收入	69.89	5.28	8.17
七、居民归还贷款收入	3143.88	836.85	36.27
八、汇兑收入	288.24	-23.16	-7.44
九、有价证券及其他投资性收入	27.90	-10.32	-26.99
十、其他收入	5572.22	896.50	19.17
其中：兑换外币收入	33.95	-3.42	-9.14
收 入 合 计	77144.41	11836.80	18.12

续表

支 出 项 目	实 际 数（年累计）	比上年同期增减（年累计）	比上年同期增减%（年累计）
一、工资性及个人其他支出	3663.57	597.63	19.49
二、农副产品采购支出	2867.00	465.30	19.37
三、工矿及其他产品采购支出	1421.70	142.73	11.16
四、行政企业管理与经营费支出	1796.20	16.39	0.92
五、城乡个体经营支出	4599.11	1009.18	28.11
六、储蓄存款支出	55184.61	7953.85	16.84
七、其他金融性公司支出	87.33	-38.02	-30.33
八、居民提取贷款支出	2121.67	648.08	43.98
九、汇兑支出	254.32	24.34	10.58
十、有价证券支出	22.26	-1.06	-4.56
十一、其他支出	5282.53	1179.71	28.75
其中：兑换外币支出	57.20	-1.69	-2.87
支 出 合 计	77300.30	11998.12	18.37
投放(+)、回笼(-)	155.88	161.32	-2965.71

二、综合信贷业务情况

山东省金融机构（含外资）人民币信贷收支表

单位：亿元

栏目 项目名称	2010年	比年初增减数	栏目 项目名称	2010年	比年初增减数
各项存款	41104.96	6407.29	各项贷款	30722.64	4761.31
1.企业存款	11585.54	1782.84	1.短期贷款	14369.15	2262.12
(1) 活期存款	7739.46	1072.39	(1)个人贷款及透支	3110.59	589.15
(2) 定期存款	3846.07	710.44	(2)单位普通贷款及透支	10353.46	1307.17
2.机关团体存款	4013.49	991.26	2.中长期贷款	15007.60	3135.94
3.储蓄存款	19648.21	2565.45	(1) 个人贷款	4216.52	1164.73
(1) 活期储蓄	6607.87	1204.39	(2) 单位普通贷款	10129.10	1706.29
(2) 定期储蓄	13040.34	1361.07	3.票据融资	1217.51	-680.94
各项准备	572.05	96.68			
资金来源总计	39874.29	7188.56	资金运用总计	39874.29	7188.56

山东省金融机构（不含外资）人民币信贷收支表

单位：亿元

栏目 项目名称	2010年	比年初增减数	栏目 项目名称	2010年	比年初增减数
各项存款	40999.81	6361.34	各项贷款	30600.43	4712.73
1.企业存款	11501.63	1743.41	1.短期贷款	14306.90	4612.73
(1) 活期存款	7710.33	1058.08	(1)个人贷款及透支	3110.57	589.28
(2) 定期存款	3791.30	685.33	(2)单位普通贷款及透支	10291.24	1283.64
2.机关团体存款	4013.49	991.26	2.中长期贷款	14959.98	3122.46
3.储蓄存款	19631.99	2560.34	(1) 个人贷款	4213.63	1163.74
(1) 活期储蓄	6603.77	1203.72	(2) 单位普通贷款	10084.37	1693.80
(2) 定期储蓄	13028.22	1356.62	3.票据融资	1205.28	-692.69
各项准备	571.39	96.54			
资金来源总计	39750.48	7139.33	资金运用总计	39750.48	7139.33

山东省政策性银行人民币信贷收支表

单位：亿元

栏目 项目名称	2010年	比年初增减数	栏目 项目名称	2010年	比年初增减数
各项存款	294.33	34.89	各项贷款	2694.11	482.53
1.企业存款	216.47	27.79	1.短期贷款	758.45	2.62
(1) 活期存款	191.11	23.68	(1)个人贷款及透支		
(2) 定期存款	25.36	4.11	(2)单位普通贷款及透支	733.68	-0.04
2.机关团体存款	6.79	1.62	2.中长期贷款	1831.14	375.47
3.储蓄存款			(1)个人贷款	10.33	6.38
(1) 活期储蓄			(2)单位普通贷款	1497.24	245.74
(2) 定期储蓄					
各项准备			3.票据融资	4.45	4.45
资金来源总计	2713.03	360.19	资金运用总计	2713.03	360.19

山东省股份制商业银行人民币信贷收支表

单位：亿元

栏目 项目名称	2010年	比年初增减数	栏目 项目名称	2010年	比年初增减数
各项存款	7288.69	1717.77	各项贷款	5483.08	904.28
1.企业存款	3253.93	854.60	1.短期贷款	2737.46	649.60
(1) 活期存款	1812.16	450.00	(1)个人贷款及透支	135.62	74.11
(2) 定期存款	1441.78	404.60	(2)单位普通贷款及透支	2458.52	476.48
2.机关团体存款	657.39	165.52	2.中长期贷款	2545.89	391.00
3.储蓄存款	1526.55	263.76	(1)个人贷款	567.00	145.12
(1) 活期储蓄	497.19	128.24	(2)单位普通贷款	1888.97	209.42
(2) 定期储蓄	1029.36	135.52	3.票据融资	197.80	-135.59
各项准备	85.93	15.33			
资金来源总计	8570.86	1762.52	资金运用总计	8570.86	1762.52

山东省城市商业银行人民币信贷收支表

单位：亿元

栏目 项目名称	2010年	比年初增减数	栏目 项目名称	2010年	比年初增减数
各项存款	3795.19	813.56	各项贷款	2389.37	415.32
1.企业存款	1461.20	238.76	1.短期贷款	1562.64	365.09
(1) 活期存款	1008.53	205.45	(1)个人贷款及透支	137.63	46.16
(2) 定期存款	452.67	33.31	(2)单位普通贷款及透支	1408.68	309.39
2.机关团体存款	368.68	190.95	2.中长期贷款	574.62	148.51
3.储蓄存款	1130.31	137.13	(1)个人贷款	163.44	56.56
(1) 活期储蓄	341.23	60.61	(2)单位普通贷款	406.19	89.87
(2) 定期储蓄	789.08	76.51	3.票据融资	250.72	-98.41
各项准备	76.51	10.77			
资金来源总计	4552.18	1053.32	资金运用总计	4552.18	1053.32

山东省农村合作机构人民币信贷收支表

单位：亿元

栏目 项目名称	2010年	比年初增减数	栏目 项目名称	2010年	比年初增减数
各项存款	6845.45	1085.79	各项贷款	5113.37	722.03
1.企业存款	752.69	104.94	1.短期贷款	4099.44	436.73
(1) 活期存款	597.13	88.57	(1)个人贷款及透支	2276.49	316.60
(2) 定期存款	155.56	16.38	(2)单位普通贷款及透支	1822.95	120.13
2.机关团体存款	50.49	21.77	2.中长期贷款	685.79	340.93
3.储蓄存款	5607.27	843.06	(1)个人贷款	233.45	107.52
(1) 活期储蓄	1545.48	268.21	(2)单位普通贷款	448.82	233.15
(2) 定期储蓄	4061.79	574.85	3.票据融资	326.86	-54.79
各项准备	216.45	44.33			
资金来源总计	7653.64	1243.91	资金运用总计	7653.64	1243.91

山东省农村商业银行人民币信贷收支表

单位：亿元

栏目 项目名称	2010年	比年初增减数	栏目 项目名称	2010年	比年初增减数
各项存款	464.70	189.90	各项贷款	321.93	140.03
1.企业存款	46.33	17.78	1.短期贷款	284.73	129.56
(1) 活期存款	43.30	16.51	(1)个人贷款及透支	131.93	53.61
(2) 定期存款	3.02	1.27	(2)单位普通贷款及透支	152.81	75.95
2.机关团体存款	7.72	6.84	2.中长期贷款	25.64	14.14
3.储蓄存款	365.33	129.73	(1)个人贷款	7.93	4.81
(1) 活期储蓄	103.34	44.53	(2)单位普通贷款	17.71	9.32
(2) 定期储蓄	261.99	85.20	3.票据融资	11.56	-3.67
各项准备					
资金来源总计	540.68	230.86	资金运用总计	540.68	230.86

山东省农村信用社人民币信贷收支表

单位：亿元

栏目 项目名称	2010年	比年初增减数	栏目 项目名称	2010年	比年初增减数
各项存款	5027.47	718.34	各项贷款	3802.91	476.71
1.企业存款	432.87	47.12	1.短期贷款	3105.70	303.34
(1) 活期存款	353.43	47.16	(1)个人贷款及透支	1845.76	223.54
(2) 定期存款	79.43	-0.03	(2)单位普通贷款及透支	1259.94	79.81
2.机关团体存款	28.72	9.23	2.中长期贷款	438.12	191.65
3.储蓄存款	4270.24	597.52	(1)个人贷款	172.28	76.04
(1) 活期储蓄	1094.04	183.90	(2)单位普通贷款	263.13	115.91
(2) 定期储蓄	3176.20	413.62			
各项准备	152.56	33.25	3.票据融资	258.14	-17.76
资金来源总计	5597.09	827.11	资金运用总计	5597.09	827.11

山东省农村合作银行人民币信贷收支表

单位：亿元

栏目 项目名称	2010年	比年初增减数	栏目 项目名称	2010年	比年初增减数
各项存款	1353.27	177.55	各项贷款	988.53	105.29
1.企业存款	273.50	40.04	1.短期贷款	709.01	3.83
(1) 活期存款	200.39	24.90	(1)个人贷款及透支	298.80	39.46
(2) 定期存款	73.11	15.14	(2)单位普通贷款及透支	410.20	-35.63
2.机关团体存款	14.05	5.70	2.中长期贷款	222.02	135.14
3.储蓄存款	971.70	115.81	(1)个人贷款	53.24	26.67
(1) 活期储蓄	348.10	39.79	(2)单位普通贷款	167.97	107.92
(2) 定期储蓄	623.60	76.02	3.票据融资	57.17	-33.36
各项准备	50.47	4.69			
资金来源总计	1515.88	185.94	资金运用总计	1515.88	185.94

山东省村镇银行人民币信贷收支表

单位：亿元

项目名称 \ 栏目	2010年	比年初增减数	项目名称 \ 栏目	2010年	比年初增减数
各项存款	23.59	18.03	各项贷款	18.25	14.24
1.企业存款	13.98	12.22	1.短期贷款	16.91	13.03
(1) 活期存款	11.01	9.71	(1)个人贷款及透支	3.59	2.60
(2) 定期存款	2.97	2.51	(2)单位普通贷款及透支	13.32	10.43
2.机关团体存款	2.06	2.06	2.中长期贷款	0.97	0.86
3.储蓄存款	5.78	3.54	(1)个人贷款	0.80	0.78
(1) 活期储蓄	3.39	1.78	(2)单位普通贷款	0.17	0.07
(2) 定期储蓄	2.39	1.76	3.票据融资	0.35	0.34
各项准备	0.22	0.18			
资金来源总计	35.63	28.31	资金运用总计	35.63	28.31

山东省信托投资公司人民币信贷收支表

单位：亿元

项目名称 \ 栏目	2010年	比年初增减数	项目名称 \ 栏目	2010年	比年初增减数
各项存款			各项贷款	2.31	-2.11
1.信托存款			1.信托贷款		
2.委托存款			2.委托贷款		
应付及暂收款	11.42	9.11	3.其他贷款	2.31	
各项准备	3.84	0.80	投资	24.41	0.18
其中：贷款损益准备	1.16	0.64	应收及预付款	3.37	1.44
所有者权益	18.12	-16.96	同业往来	0.37	-3.67
其中：实收资本	15.78	-14.36	1.存放同业	0.37	-3.67
其他	-2.92	2.76	2.拆放同业		
资金来源总计	30.46	-4.29	资金运用总计	30.46	-4.29

山东省中资财务公司人民币信贷收支表

单位：亿元

项目名称 \ 栏目	2010年	比年初增减数	项目名称 \ 栏目	2010年	比年初增减数
各项存款	416.15	73.09	各项贷款	278.11	11.71
1.企业存款	328.83	94.49	1.短期贷款	95.54	-1.13
(1) 活期存款	237.55	56.93	(1) 工业贷款		
(2) 定期存款	91.29	37.57	(2) 商业贷款		
2.委托存款及投资基金	18.40	-54.55	(3) 其他短期贷款		
委托存款	18.40	-54.55	2.中长期贷款	80.05	15.31
3.保证金存款	68.91	33.15	3.委托贷款	18.40	-54.55
应付及暂收款	4.43	2.77	4.票据融资	84.12	52.07
其中：应付及预提利息	1.69	0.77	其中：贴现	84.12	52.07
长期借款	1.87	-0.53	投资	52.16	6.83
各项准备	3.00	0.76	应收及预付款	32.39	31.81
其中：贷款损益准备	3.00	0.76	其中：应收利息	1.19	0.62
所有者权益	48.82	11.17	同业往来	105.20	26.34
其中：实收资本	39.15	10.00	1.存放同业	105.20	31.34
其他	34.93	-3.06	2.拆放同业		-5.00
资金来源总计	539.04	93.17	资金运用总计	539.04	93.17

山东省 1992-2010 年人民币人均储蓄存款

单位：万元

年度 \ 项目名称	城乡储蓄		人均储蓄余额（元）
	年末余额	比年初增加额	
1992 年	7216749	1461933	845.65
1993 年	8841510	1625326	1030.48
1994 年	11182415	2340696	1297.26
1995 年	16003992	4820864	1849.52
1996 年	21971982	5953088	2525.22
1997 年	28177108	6127582	3221.35
1998 年	32657331	4106722	3706.85
1999 年	37353766	4705196	4210.30
2000 年	41098425	3695061	4606.41
2001 年	44667153	3568728	4964.67
2002 年	50637936	5977509	5600.90
2003 年	58057165	7464182	6392.55
2004 年	67683453	9601347	7417.37
2005 年	77214610	9510874	8411.18
2006 年	90351351	13136739	9769.64
2007 年	103580272	13236721	11127.00
2008 年	114381079	10800146	12211.11
2009 年	143821895	29440935	15272.21
2010 年	196482092	25654535	20747.84

山东省各县（市）2010 年储蓄存款余额排序

单位：亿元

序号	地区	储蓄存款余额	序号	地区	储蓄存款余额
1	龙口市	264.55	12	胶州市	180.83
2	寿光市	252.98	13	章丘市	180.47
3	莱州市	251.77	14	新泰市	173.80
4	荣成市	239.29	15	招远市	166.28
5	即墨市	238.06	16	昌邑市	151.11
6	青州市	229.70	17	胶南市	149.86
7	平度市	200.09	18	蓬莱市	147.11
8	邹城市	196.41	19	莱阳市	142.91
9	滕州市	193.17	20	肥城市	142.72
10	文登市	185.55	21	乳山市	142.27
11	诸城市	182.56	22	兖州市	139.22

续表

序　号	地　区	储蓄存款余额	序　号	地　区	储蓄存款余额
23	安丘市	128.49	58	微山县	69.71
24	沂水县	127.72	59	东平县	67.57
25	高密市	124.45	60	茌平县	67.20
26	莱西市	124.09	61	鄄城县	66.20
27	临朐县	117.98	62	冠县	65.21
28	海阳市	115.98	63	临沭县	64.25
29	邹平县	115.63	64	沂源县	63.28
30	郓城县	114.14	65	齐河县	62.55
31	桓台县	108.62	66	临邑县	61.36
32	莒县	106.78	67	乐陵市	60.98
33	广饶县	103.71	68	平原县	60.34
34	临清市	103.56	69	东明县	60.32
35	栖霞市	102.74	70	蒙阴县	57.31
36	莒南县	101.85	71	禹城市	55.30
37	阳谷县	95.10	72	武城县	53.10
38	苍山县	93.28	73	高唐县	52.47
39	昌乐县	89.32	74	成武县	52.36
40	曲阜市	87.68	75	陵县	51.00
41	曹县	86.90	76	东阿县	50.67
42	博兴县	86.64	77	惠民县	49.60
43	沂南县	86.41	78	平阴县	48.70
44	嘉祥县	86.33	79	无棣县	48.37
45	单县	85.65	80	泗水县	48.12
46	梁山县	84.31	81	定陶县	47.78
47	费县	82.37	82	夏津县	47.38
48	郯城县	82.19	83	济阳县	44.58
49	巨野县	81.28	84	鱼台县	41.33
50	莘县	80.58	85	高青县	39.19
51	金乡县	80.43	86	商河县1	38.93
52	垦利县	80.26	87	利津县	32.64
53	平邑县	76.39	88	阳信县	32.20
54	宁津县	74.51	89	庆云县	29.61
55	汶上县	73.17	90	沾化县	29.55
56	五莲县	71.93	91	长岛县	17.50
57	宁阳县	71.05			

山东省金融机构（含外资）外汇信贷收支表

单位：亿美元

栏目 来源项目名称	2010 年	比年初增减数	栏目 运用项目名称	2010 年	比年初增减数
各项存款	82.86	13.60	各项贷款	273.85	65.22
1. 单位活期存款	41.53	4.82	1. 短期贷款	48.36	1.83
2. 单位定期存款	8.98	2.88	2. 中长期贷款	36.13	6.68
3. 储蓄存款	18.89	-1.75	3. 票据融资	0.01	-0.21
各项准备	1.79	-0.11			
资金来源总计	287.25	57.67	资金来源总计	287.25	57.67

山东省金融机构（不含外资）外汇信贷收支表

单位：亿美元

栏目 来源项目名称	2010 年	比年初增减数	栏目 运用项目名称	2010 年	比年初增减数
各项存款	76.41	11.72	各项贷款	261.10	62.88
1. 单位活期存款	38.94	4.61	1. 短期贷款	39.54	-0.53
2. 单位定期存款	6.93	1.11	2. 中长期贷款	32.63	6.24
3. 储蓄存款	18.47	-1.62	3. 票据融资	0.01	-0.01
各项准备	1.71	-0.12			
资金来源总计	273.88	55.26	资金来源总计	273.88	55.26

山东省政策性银行外汇信贷收支表

单位：亿美元

栏目 来源项目名称	2010 年	比年初增减数	栏目 运用项目名称	2010 年	比年初增减数
各项存款	3.72	3.46	各项贷款	106.84	34.96
1. 单位活期存款	0.43	0.18	1. 短期贷款	1.38	1.38
2. 单位定期存款			2. 中长期贷款	11.28	1.04
3. 储蓄存款			3. 票据融资		
各项准备					
资金来源总计	107.48	35.29	资金来源总计	107.48	35.29

山东省股份制商业银行外汇信贷收支表

单位：亿美元

栏目 来源项目名称	2010 年	比年初增减数	栏目 运用项目名称	2010 年	比年初增减数
各项存款	16.45	1.17	各项贷款	22.78	8.91
1. 单位活期存款	7.75	0.27	1. 短期贷款	9.01	1.94
2. 单位定期存款	2.91	-0.30	2. 中长期贷款	3.57	2.75
3. 储蓄存款	3.48	-0.19	3. 票据融资	0.00	-0.01
各项准备	0.16	-0.36			
资金来源总计	32.66	9.12	资金来源总计	32.66	9.12

山东省城市商业银行外汇信贷收支表

单位：亿美元

项目名称	2010 年	比年初增减数	项目名称	2010 年	比年初增减数
各项存款	2.42	1.28	各项贷款	2.08	-0.36
1. 单位活期存款	2.00	1.15	1. 短期贷款	0.39	0.14
2. 单位定期存款	0.02	-0.01	2. 中长期贷款	0.00	-0.01
3. 储蓄存款	0.12	0.02	3. 票据融资	0.00	0.00
各项准备	0.04	0.01			
资金来源总计	5.93	0.89	资金运用总计	5.93	0.89

山东省农村合作机构外汇信贷收支表

单位：亿美元

项目名称	2010 年	比年初增减数	项目名称	2010 年	比年初增减数
各项存款	0.44	0.18	各项贷款	0.33	0.13
1. 单位活期存款	0.30	0.12	1. 短期贷款	0.14	0.06
2. 单位定期存款	0.05	0.05	2. 中长期贷款		
3. 储蓄存款	0.04	-0.02	3. 票据融资		
各项准备	0.00	0.00			
资金来源总计	1.12	0.39	资金运用总计	1.12	0.39

山东省农村信用社外汇信贷收支表

单位：亿美元

项目名称	2010 年	比年初增减数	项目名称	2010 年	比年初增减数
各项存款	0.04	0.01	各项贷款	0.07	0.02
1. 单位活期存款	0.03	0.01	1. 短期贷款	0.01	-0.01
2. 单位定期存款			2. 中长期贷款		
3. 储蓄存款			3. 票据融资		
各项准备					
资金来源总计	0.10	0.04	资金运用总计	0.10	0.04

山东省农村合作银行外汇信贷收支表

单位：亿美元

项目名称	2010 年	比年初增减数	项目名称	2010 年	比年初增减数
各项存款	0.35	0.12	各项贷款	0.20	0.07
1. 单位活期存款	0.23	0.07	1. 短期贷款	0.07	0.03
2. 单位定期存款	0.05	0.05	2. 中长期贷款		
3. 储蓄存款	0.04	-0.01	3. 票据融资		
各项准备	0.00	0.00			
资金来源总计	0.87	0.25	资金运用总计	0.87	0.25

山东省信托投资公司外汇信贷收支表

单位：亿美元

栏目 项目名称	2010年	比年初增减数	栏目 项目名称	2010年	比年初增减数
各项存款			各项贷款		
1.信托存款			1.短期信托贷款		
2.委托存款			2.中长期信托贷款		
3.其他存款			3.委托贷款		
应付及暂收款	-0.01	0.00	应收及预付款项		0.00
其中：应付及预提利息		-0.01	其中：应收及预付利息		
各项准备		0.00	存放同业		-0.06
所有者权益	0.02	-0.09	拆放同业		
其中：实收资本	0.02	-0.08	库存现金		
资金来源总计	0.01	-0.06	资金运用总计	0.01	-0.06

山东省中资财务公司外汇信贷收支表

单位：亿美元

栏目 项目名称	2010年	比年初增减数	栏目 项目名称	2010年	比年初增减数
各项存款	4.45	3.31	各项贷款	7.73	3.12
1.企业存款	0.79	0.52	1.短期贷款	7.73	3.12
2.委托存款			2.中长期贷款		
3.其他存款	3.66	2.79	3.票据融资		
同业拆入			存放中央银行	0.19	0.14
其中：境外同业拆入			其中：缴存准备金	0.19	0.14
各项准备	0.05	0.03	存放同业	0.83	-0.45
其中：贷款损失准备金	0.05	0.03	其中:存放境外同业	0.05	-0.62
所有者权益	0.13	0.00	拆放同业		
其中：实收资本	0.11		其中：拆放境外同业		
其他	2.65	0.45	库存现金		
资金来源总计	8.82	2.84	资金运用总计	8.82	2.84

三、分机构本、外币存贷款情况

山东省中国人民银行人民币信贷收支表

单位：亿元

项目名称	2010年	比年初增减数	项目名称	2010年	比年初增减数
一、财政存款	880.93	77.85	一、金融机构贷款	160.42	64.54
其中：中央财政存款			1.政策性银行贷款		
地方财政存款	880.93	77.85	2.国有商业银行贷款		
二、金融机构存款	2493.91	586.89	3.其他商业银行贷款		
1.政策性银行存款			4.城市商业银行贷款		
2.国有商业银行存款			5.城市信用社贷款		
3.其他商业银行存款			6.农村信用社贷款	37.29	16.16
4.城市商业银行			7.资产管理公司贷款		
5.城市信用社			8.其他金融机构贷款	64.94	-1.95
6.农村信用社	811.51	231.20	9.再贴现		
7.资产管理公司			其中：国有商业银行		
8.其他金融机构存款	0.06	0.01	二、专项贷款		
三、金融机构特种存款			三、金银占款		
四、邮政储蓄转存款			四、外汇占款		
五、商业银行划来财政性存款	90.84	45.15	五、有价证券及投资		
六、卖出回购证券			六、买入返售证券		
七、中央银行债券			七、存放金融机构		
八、货币发行					
九、国家资本					
十、其他	-3305.26	-645.35			
资金来源总计	160.42	64.54	资金运用总计	160.42	64.54

山东省国家开发银行人民币信贷收支表

单位：亿元

项目名称	2010年	比年初增减数	项目名称	2010年	比年初增减数
各项存款	155.42	17.41	各项贷款	1555.99	348.56
1.企业存款	120.00	17.42	1.短期贷款	68.73	8.40
(1) 活期存款	101.32	14.70	(1) 个人贷款及透支		
(2) 定期存款	18.68	2.72	(2) 单位普通贷款及透支	63.53	3.63
2.机关团体存款			2.中长期贷款	1383.50	236.41
3.储蓄存款			(1) 个人贷款	10.33	6.38
(1) 活期储蓄			(2) 单位普通贷款	1170.27	129.03
(2) 定期储蓄			3.票据融资	3.75	3.75
各项准备					
资金来源总计	1564.93	346.25	资金运用总计	1564.93	346.25

山东省进出口银行人民币信贷收支表

单位：亿元

栏目 项目名称	2010年	比年初增减数	栏目 项目名称	2010年	比年初增减数
各项存款	5.92	-0.86	各项贷款	201.01	38.63
1.企业存款	3.84	-1.98	1.短期贷款	26.65	-8.81
(1) 活期存款	3.83	-0.99	(1) 个人贷款及透支		
(2) 定期存款	0.01	-0.99	(2) 单位普通贷款及透支	7.77	-6.10
2.机关团体存款			2.中长期贷款	174.37	47.44
3.储蓄存款			(1) 个人贷款		
(1) 活期储蓄			(2) 单位普通贷款	56.70	28.10
(2) 定期储蓄			3.票据融资		
各项准备					
资金来源总计	203.77	39.74	资金运用总计	203.77	39.74

山东省农业发展银行人民币信贷收支表

单位：亿元

栏目 项目名称	2010年	比年初增减数	栏目 项目名称	2010年	比年初增减数
各项存款	132.99	18.34	各项贷款	937.11	95.34
1.企业存款	92.63	12.34	1.短期贷款	663.07	3.03
(1) 活期存款	85.96	9.97	(1) 个人贷款及透支		
(2) 定期存款	6.67	2.38	(2) 单位普通贷款及透支	662.38	2.43
2.机关团体存款	6.79	1.62	2.中长期贷款	273.27	91.61
3.储蓄存款			(1) 个人贷款		
(1) 活期储蓄			(2) 单位普通贷款	270.27	88.61
(2) 定期储蓄			3.票据融资	0.70	0.70
各项准备					
资金来源总计	944.32	-25.80	资金运用总计	944.32	-25.80

山东省工商银行人民币信贷收支表

单位：亿元

栏目 项目名称	2010年	比年初增减数	栏目 项目名称	2010年	比年初增减数
各项存款	5263.28	500.79	各项贷款	4768.21	618.04
1.企业存款	1231.35	20.10	1.短期贷款	1342.45	160.37
(1) 活期存款	970.76	-8.00	(1) 个人贷款及透支	85.33	47.11
(2) 定期存款	260.59	28.10	(2) 单位普通贷款及透支	826.17	33.21
2.机关团体存款	1111.28	154.82	2.中长期贷款	3366.23	608.94
3.储蓄存款	2595.86	262.28	(1) 个人贷款	1101.12	281.85
(1) 活期储蓄	979.73	173.89	(2) 单位普通贷款	2143.79	265.59
(2) 定期储蓄	1616.14	88.38	3.票据融资	58.21	-151.28
各项准备	44.99	5.73			
资金来源总计	5663.14	432.29	资金运用总计	5663.14	432.29

山东省农业银行人民币信贷收支表

单位：亿元

栏目 项目名称	2010年	比年初增减数	栏目 项目名称	2010年	比年初增减数
各项存款	5585.89	634.84	各项贷款	3755.23	653.10
1. 企业存款	1689.87	188.09	1. 短期贷款	1825.27	353.20
(1) 活期存款	1048.51	89.45	(1) 个人贷款及透支	272.92	85.68
(2) 定期存款	641.36	98.64	(2) 单位普通贷款及透支	1528.03	259.40
2. 机关团体存款	441.95	52.65	2. 中长期贷款	1828.11	437.07
3. 储蓄存款	3238.42	370.15	(1) 个人贷款	535.15	196.76
(1) 活期储蓄	1443.74	256.44	(2) 单位普通贷款	1246.10	215.21
(2) 定期储蓄	1794.68	113.71	3. 票据融资	101.22	-137.21
各项准备	81.84	4.74			
资金来源总计	5852.12	368.23	资金运用总计	5852.12	368.23

山东省中国银行人民币信贷收支表

单位：亿元

栏目 项目名称	2010年	比年初增减数	栏目 项目名称	2010年	比年初增减数
各项存款	3737.57	439.17	各项贷款	2655.20	345.49
1. 企业存款	1192.33	21.02	1. 短期贷款	876.60	4.54
(1) 活期存款	736.81	27.40	(1) 个人贷款及透支	39.65	1.05
(2) 定期存款	455.52	-6.38	(2) 单位普通贷款及透支	729.81	-51.24
2. 机关团体存款	530.46	265.31	2. 中长期贷款	1742.13	459.53
3. 储蓄存款	1507.22	133.47	(1) 个人贷款	692.22	129.52
(1) 活期储蓄	449.71	48.71	(2) 单位普通贷款	978.31	313.95
(2) 定期储蓄	1057.51	84.76	3. 票据融资	34.34	-118.67
各项准备	53.17	13.17			
资金来源总计	4034.65	507.21	资金运用总计	4034.65	507.21

山东省建设银行人民币信贷收支表

单位：亿元

栏目 项目名称	2010年	比年初增减数	栏目 项目名称	2010年	比年初增减数
各项存款	4566.89	461.50	各项贷款	3183.92	446.08
1. 企业存款	1123.05	88.82	1. 短期贷款	849.72	224.83
(1) 活期存款	892.96	33.36	(1) 个人贷款及透支	18.98	-16.14
(2) 定期存款	230.08	55.46	(2) 单位普通贷款及透支	672.48	129.29
2. 机关团体存款	812.67	109.51	2. 中长期贷款	2200.25	289.11
3. 储蓄存款	2116.11	236.45	(1) 个人贷款	788.27	174.70
(1) 活期储蓄	774.27	118.40	(2) 单位普通贷款	1411.77	114.29
(2) 定期储蓄	1341.84	118.05	3. 票据融资	132.88	-67.95
各项准备	3.02	-1.69			
资金来源总计	4837.19	443.03	资金运用总计	4837.19	443.03

山东省交通银行人民币信贷收支表

单位：亿元

栏目 项目名称	2010年	比年初增减数	栏目 项目名称	2010年	比年初增减数
各项存款	1360.19	279.13	各项贷款	965.17	132.85
1.企业存款	640.30	150.55	1.短期贷款	455.92	118.55
(1) 活期存款	344.23	81.68	(1) 个人贷款及透支	5.43	4.18
(2) 定期存款	296.08	68.87	(2) 单位普通贷款及透支	415.55	88.57
2.机关团体存款	155.41	36.15	2.中长期贷款	470.63	79.40
3.储蓄存款	368.11	56.58	(1) 个人贷款	70.60	15.45
(1) 活期储蓄	143.04	38.75	(2) 单位普通贷款	380.16	54.39
(2) 定期储蓄	225.06	17.84	3.票据融资	38.32	-64.65
各项准备	6.91	3.17			
资金来源总计	1526.77	345.39	资金运用总计	1526.77	345.39

山东省邮政储蓄银行人民币信贷收支表

单位：亿元

栏目 项目名称	2010年	比年初增减数	栏目 项目名称	2010年	比年初增减数
各项存款	2175.07	430.44	各项贷款	259.26	102.02
1.企业存款	237.92	92.57	1.短期贷款	140.11	31.85
(1) 活期存款	203.82	81.54	(1) 个人贷款及透支	140.11	31.85
(2) 定期存款	34.10	11.04	(2) 单位普通贷款及透支		
2.机关团体存款	31.71	27.04	2.中长期贷款	104.81	55.84
3.储蓄存款	1904.47	310.51	(1) 个人贷款	104.81	55.84
(1) 活期储蓄	569.04	147.44	(2) 单位普通贷款		
(2) 定期储蓄	1335.43	163.07	3.票据融资	14.34	14.34
各项准备	2.43	2.43			
资金来源总计	2201.71	2014.00	资金运用总计	2201.71	2014.00

山东省恒丰银行人民币信贷收支表

单位：亿元

栏目 项目名称	2010年	比年初增减数	栏目 项目名称	2010年	比年初增减数
各项存款	807.38	106.70	各项贷款	504.45	50.70
1.企业存款	396.27	30.14	1.短期贷款	230.41	24.86
(1) 活期存款	135.37	9.70	(1) 个人贷款及透支	4.06	0.08
(2) 定期存款	260.90	20.45	(2) 单位普通贷款及透支	219.43	22.06
2.机关团体存款	52.92	20.49	2.中长期贷款	213.57	8.35
3.储蓄存款	270.48	34.35	(1) 个人贷款	8.17	2.24
(1) 活期储蓄	23.76	4.93	(2) 单位普通贷款	204.22	5.29
(2) 定期储蓄	246.72	29.42	3.票据融资	60.47	17.49
各项准备	7.42	3.56			
资金来源总计	1030.68	150.05	资金运用总计	1030.68	150.05

山东省光大银行人民币信贷收支表

单位：亿元

栏目 项目名称	2010年	比年初增减数	栏目 项目名称	2010年	比年初增减数
各项存款	444.40	122.69	各项贷款	348.76	66.83
1.企业存款	219.53	82.61	1.短期贷款	165.86	79.63
(1) 活期存款	127.70	54.19	(1) 个人贷款及透支	1.22	0.56
(2) 定期存款	91.82	28.41	(2) 单位普通贷款及透支	111.39	44.81
2.机关团体存款	23.41	-7.72	2.中长期贷款	179.55	22.68
3.储蓄存款	77.79	15.60	(1) 个人贷款	94.83	24.92
(1) 活期储蓄	26.01	4.69	(2) 单位普通贷款	83.27	-1.25
(2) 定期储蓄	51.78	10.91	3.票据融资	3.32	-35.49
各项准备	9.81	1.30			
资金来源总计	609.63	-7.42	资金运用总计	609.63	-7.42

山东省中信银行人民币信贷收支表

单位：亿元

栏目 项目名称	2010年	比年初增减数	栏目 项目名称	2010年	比年初增减数
各项存款	864.57	176.46	各项贷款	592.96	99.38
1.企业存款	290.70	23.34	1.短期贷款	391.70	83.08
(1) 活期存款	216.09	27.17	(1) 个人贷款及透支	7.14	0.86
(2) 定期存款	74.61	-3.82	(2) 单位普通贷款及透支	360.51	60.52
2.机关团体存款	75.85	26.63	2.中长期贷款	191.52	39.13
3.储蓄存款	178.30	22.39	(1) 个人贷款	40.55	11.93
(1) 活期储蓄	39.02	7.18	(2) 单位普通贷款	137.42	23.52
(2) 定期储蓄	139.28	15.22	3.票据融资	9.57	-22.83
各项准备	12.60	-0.39			
资金来源总计	987.76	98.76	资金运用总计	987.76	98.76

山东省华夏银行人民币信贷收支表

单位：亿元

栏目 项目名称	2010年	比年初增减数	栏目 项目名称	2010年	比年初增减数
各项存款	626.41	133.94	各项贷款	505.10	70.57
1.企业存款	258.44	78.28	1.短期贷款	287.52	46.02
(1) 活期存款	148.26	28.87	(1) 个人贷款及透支	19.17	0.91
(2) 定期存款	110.18	49.41	(2) 单位普通贷款及透支	267.03	44.00
2.机关团体存款	59.48	11.09	2.中长期贷款	216.12	25.49
3.储蓄存款	133.55	31.35	(1) 个人贷款	20.49	6.71
(1) 活期储蓄	47.56	17.18	(2) 单位普通贷款	192.18	16.76
(2) 定期储蓄	85.99	14.17	3.票据融资	0.78	-0.66
各项准备	12.89	0.70			
资金来源总计	682.93	83.41	资金运用总计	682.93	83.41

山东省深圳发展银行人民币信贷收支表

单位：亿元

项目名称 \ 栏目	2010年	比年初增减数	项目名称 \ 栏目	2010年	比年初增减数
各项存款	301.60	57.41	各项贷款	233.68	23.14
1.企业存款	85.25	17.60	1.短期贷款	141.96	31.81
(1) 活期存款	27.57	-12.81	(1) 个人贷款及透支	4.76	2.74
(2) 定期存款	57.67	30.41	(2) 单位普通贷款及透支	136.34	28.50
2.机关团体存款	5.48	4.03	2.中长期贷款	74.24	11.24
3.储蓄存款	34.42	12.89	(1) 个人贷款	40.62	7.15
(1) 活期储蓄	6.77	2.02	(2) 单位普通贷款	33.62	4.08
(2) 定期储蓄	27.65	10.86	3.票据融资	17.33	-19.91
各项准备	0.35	0.10			
资金来源总计	393.62	108.40	资金运用总计	393.62	108.40

山东省招商银行人民币信贷收支表

单位：亿元

项目名称 \ 栏目	2010年	比年初增减数	项目名称 \ 栏目	2010年	比年初增减数
各项存款	827.09	197.57	各项贷款	783.21	143.98
1.企业存款	351.35	72.51	1.短期贷款	324.61	43.86
(1) 活期存款	246.11	76.42	(1) 个人贷款及透支	28.41	11.23
(2) 定期存款	105.24	-3.91	(2) 单位普通贷款及透支	293.76	38.98
2.机关团体存款	57.06	21.91	2.中长期贷款	406.25	94.61
3.储蓄存款	237.50	28.19	(1) 个人贷款	186.50	44.26
(1) 活期储蓄	137.42	23.61	(2) 单位普通贷款	214.70	48.65
(2) 定期储蓄	100.08	4.58	3.票据融资	51.93	5.52
各项准备	16.03	2.68			
资金来源总计	907.08	203.85	资金运用总计	907.08	203.85

山东省上海浦东发展银行人民币信贷收支表

单位：亿元

项目名称 \ 栏目	2010年	比年初增减数	项目名称 \ 栏目	2010年	比年初增减数
各项存款	629.99	175.08	各项贷款	484.05	98.63
1.企业存款	368.00	172.07	1.短期贷款	305.52	85.88
(1) 活期存款	161.61	45.29	(1) 个人贷款及透支	5.37	2.37
(2) 定期存款	206.39	126.78	(2) 单位普通贷款及透支	281.38	64.74
2.机关团体存款	14.85	-6.27	2.中长期贷款	172.30	20.13
3.储蓄存款	80.89	27.03	(1) 个人贷款	30.44	14.13
(1) 活期储蓄	25.32	11.33	(2) 单位普通贷款	129.72	-1.17
(2) 定期储蓄	55.57	15.71	3.票据融资	6.02	-7.38
各项准备	7.23	1.52			
资金来源总计	749.49	241.95	资金运用总计	749.49	241.95

山东省兴业银行人民币信贷收支表

单位：亿元

栏目 项目名称	2010年	比年初增减数	栏目 项目名称	2010年	比年初增减数
各项存款	665.64	248.57	各项贷款	452.55	83.88
1.企业存款	315.77	131.38	1.短期贷款	130.77	35.13
(1) 活期存款	201.52	65.11	(1) 个人贷款及透支	12.47	11.01
(2) 定期存款	114.24	66.28	(2) 单位普通贷款及透支	118.23	24.06
2.机关团体存款	126.81	24.24	2.中长期贷款	314.78	56.75
3.储蓄存款	61.05	20.49	(1) 个人贷款	44.89	8.56
(1) 活期储蓄	24.73	11.21	(2) 单位普通贷款	268.81	48.07
(2) 定期储蓄	36.32	9.28	3.票据融资	7.00	-8.00
各项准备	5.34	1.09			
资金来源总计	785.54	281.00	资金运用总计	785.54	281.00

山东省民生银行人民币信贷收支表

单位：亿元

栏目 项目名称	2010年	比年初增减数	栏目 项目名称	2010年	比年初增减数
各项存款	612.14	154.49	各项贷款	496.80	86.24
1.企业存款	241.00	54.65	1.短期贷款	231.47	59.73
(1) 活期存款	144.47	23.12	(1) 个人贷款及透支	46.84	39.90
(2) 定期存款	96.53	31.54	(2) 单位普通贷款及透支	184.63	19.83
2.机关团体存款	81.66	33.04	2.中长期贷款	263.52	27.44
3.储蓄存款	77.85	11.12	(1) 个人贷款	27.58	8.05
(1) 活期储蓄	21.26	5.35	(2) 单位普通贷款	208.88	7.69
(2) 定期储蓄	56.59	5.77	3.票据融资	1.81	-0.93
各项准备	7.35	1.58			
资金来源总计	656.69	83.95	资金运用总计	656.69	83.95

山东省渤海银行人民币信贷收支表

单位：亿元

栏目 项目名称	2010年	比年初增减数	栏目 项目名称	2010年	比年初增减数
各项存款	90.99	7.44	各项贷款	82.93	14.66
1.企业存款	51.75	5.88	1.短期贷款	38.29	7.63
(1) 活期存款	29.62	21.67	(1) 个人贷款及透支	0.74	0.28
(2) 定期存款	22.13	-15.79	(2) 单位普通贷款及透支	37.55	7.70
2.机关团体存款	0.59	-1.93	2.中长期贷款	43.40	5.79
3.储蓄存款	5.36	2.52	(1) 个人贷款	2.34	1.73
(1) 活期储蓄	1.50	1.21	(2) 单位普通贷款	36.00	3.40
(2) 定期储蓄	3.86	1.31	3.票据融资	1.25	1.25
各项准备					
资金来源总计	174.28	87.79	资金运用总计	174.28	87.79

山东省国家开发银行外汇信贷收支表

单位：亿美元

项目名称＼栏目	2010年	比年初增减数	项目名称＼栏目	2010年	比年初增减数
各项存款	3.31	3.31	各项贷款	97.53	34.42
1.单位活期存款	0.03	0.03	1.短期贷款	1.38	1.38
2.单位定期存款			2.中长期贷款	7.34	1.55
3.储蓄存款			3.票据融资		
各项准备					
资金来源总计	98.08	34.77	资金运用总计	98.08	34.77

山东省进出口银行外汇信贷收支表

单位：亿美元

项目名称＼栏目	2010年	比年初增减数	项目名称＼栏目	2010年	比年初增减数
各项存款	0.17	-0.07	各项贷款	9.28	0.50
1.单位活期存款	0.17	-0.07	1.短期贷款		
2.单位定期存款			2.中长期贷款	3.94	-0.51
3.储蓄存款			3.票据融资		
各项准备					
资金来源总计	9.37	0.49	资金运用总计	9.37	0.49

山东省农业发展银行外汇信贷收支表

单位：亿美元

项目名称＼栏目	2010年	比年初增减数	项目名称＼栏目	2010年	比年初增减数
各项存款	0.24	0.23	各项贷款	0.03	0.03
1.单位活期存款	0.23	0.22	1.短期贷款		
2.单位定期存款			2.中长期贷款		
3.储蓄存款			3.票据融资		
各项准备					
资金来源总计	0.24	0.23	资金运用总计	0.24	0.23

山东省工商银行外汇信贷收支表

单位：亿美元

项目名称＼栏目	2010年	比年初增减数	项目名称＼栏目	2010年	比年初增减数
各项存款	8.02	0.00	各项贷款	19.09	6.87
1.单位活期存款	4.29	-1.11	1.短期贷款	2.29	-0.75
2.单位定期存款	1.32	1.14	2.中长期贷款	3.26	0.96
3.储蓄存款	2.17	0.08	3.票据融资		
各项准备	0.14	-0.07			
资金来源总计	19.52	6.75	资金运用总计	19.52	6.75

山东省农业银行外汇信贷收支表

单位：亿美元

栏目 项目名称	2010年	比年初增减数	栏目 项目名称	2010年	比年初增减数
各项存款	7.62	1.71	各项贷款	13.68	0.11
1.单位活期存款	5.56	1.58	1.短期贷款	3.05	0.26
2.单位定期存款	0.68	0.26	2.中长期贷款	2.48	0.80
3.储蓄存款	0.77	-0.11	3.票据融资		
各项准备	0.06				
资金来源总计	14.01	-12.31	资金运用总计	14.01	-12.31

山东省中国银行外汇信贷收支表

单位：亿美元

栏目 项目名称	2010年	比年初增减数	栏目 项目名称	2010年	比年初增减数
各项存款	24.35	-0.94	各项贷款	71.08	3.07
1.单位活期存款	11.68	0.20	1.短期贷款	17.27	-3.07
2.单位定期存款	0.83	-0.25	2.中长期贷款	9.58	0.98
3.储蓄存款	10.86	-1.31	3.票据融资		
各项准备	1.26	0.28			
资金来源总计	72.35	2.13	资金运用总计	72.35	2.13

山东省建设银行外汇信贷收支表

单位：亿美元

栏目 项目名称	2010年	比年初增减数	栏目 项目名称	2010年	比年初增减数
各项存款	8.84	1.75	各项贷款	17.48	6.07
1.单位活期存款	6.14	1.69	1.短期贷款	1.89	-0.53
2.单位定期存款	1.13	0.22	2.中长期贷款	2.45	-0.28
3.储蓄存款	1.00	-0.10	3.票据融资		
各项准备	0.00				
资金来源总计	19.41	6.71	资金运用总计	19.41	6.71

山东省交通银行外汇信贷收支表

单位：亿美元

栏目 项目名称	2010年	比年初增减数	栏目 项目名称	2010年	比年初增减数
各项存款	3.79	0.67	各项贷款	2.69	-0.07
1.单位活期存款	1.81	0.34	1.短期贷款	1.08	0.84
2.单位定期存款	0.25	-0.26	2.中长期贷款	0.21	-0.48
3.储蓄存款	1.08	0.05	3.票据融资	0.00	0.00
各项准备	-0.12	-0.13			
资金来源总计	10.87	3.21	资金运用总计	10.87	3.21

山东省邮政储蓄银行外汇信贷收支表

单位：亿美元

栏目 项目名称	2010 年	比年初增减数	栏目 项目名称	2010 年	比年初增减数
各项存款	0.03	0.00	各项贷款		
1. 单位活期存款			1. 短期贷款		
2. 单位定期存款			2. 中长期贷款		
3. 储蓄存款	0.03	0.00	3. 票据融资		
各项准备					
资金来源总计	0.03	0.00	资金运用总计	0.03	0.00

山东省恒丰银行外汇信贷收支表

单位：亿美元

栏目 项目名称	2010 年	比年初增减数	栏目 项目名称	2010 年	比年初增减数
各项存款	0.63	0.17	各项贷款	0.81	0.55
1. 单位活期存款	0.35	0.07	1. 短期贷款	0.45	0.33
2. 单位定期存款	0.01	0.01	2. 中长期贷款		
3. 储蓄存款	0.13	-0.01	3. 票据融资		
各项准备	0.01	0.01			
资金来源总计	1.09	0.52	资金运用总计	1.09	0.52

山东省光大银行外汇信贷收支表

单位：亿美元

栏目 项目名称	2010 年	比年初增减数	栏目 项目名称	2010 年	比年初增减数
各项存款	0.94	0.21	各项贷款	5.28	3.68
1. 单位活期存款	0.31	0.07	1. 短期贷款	0.82	-0.12
2. 单位定期存款	0.12	0.12	2. 中长期贷款	2.66	2.66
3. 储蓄存款	0.46	-0.03	3. 票据融资		-0.01
各项准备	0.09	0.04			
资金来源总计	5.43	3.75	资金运用总计	5.43	3.75

山东省中信银行外汇信贷收支表

单位：亿美元

栏目 项目名称	2010 年	比年初增减数	栏目 项目名称	2010 年	比年初增减数
各项存款	3.99	0.82	各项贷款	2.15	-1.37
1. 单位活期存款	1.55	0.40	1. 短期贷款	0.68	-1.57
2. 单位定期存款	1.35	-0.04	2. 中长期贷款	0.02	
3. 储蓄存款	0.35	-0.05	3. 票据融资		
各项准备	0.04	-0.30			
资金来源总计	4.67	0.64	资金运用总计	4.67	0.64

山东省华夏银行外汇信贷收支表

单位：亿美元

栏目 项目名称	2010年	比年初增减数	栏目 项目名称	2010年	比年初增减数
各项存款	1.01	0.43	各项贷款	1.22	0.81
1.单位活期存款	0.60	0.33	1.短期贷款	0.82	0.66
2.单位定期存款	0.08	-0.01	2.中长期贷款	0.01	0.01
3.储蓄存款	0.10	-0.02	3.票据融资		
各项准备	0.01	0.01			
资金来源总计	1.31	0.64	资金运用总计	1.31	0.64

山东省深圳发展银行外汇信贷收支表

单位：亿美元

栏目 项目名称	2010年	比年初增减数	栏目 项目名称	2010年	比年初增减数
各项存款	0.20	0.00	各项贷款	0.39	0.39
1.单位活期存款	0.09	0.03	1.短期贷款	0.39	0.39
2.单位定期存款			2.中长期贷款		
3.储蓄存款	0.06	0.00	3.票据融资		
各项准备	0.03	0.03			
资金来源总计	1.24	0.75	资金运用总计	1.24	0.75

山东省招商银行外汇信贷收支表

单位：亿美元

栏目 项目名称	2010年	比年初增减数	栏目 项目名称	2010年	比年初增减数
各项存款	3.43	-1.46	各项贷款	3.97	-0.66
1.单位活期存款	1.30	-1.23	1.短期贷款	0.38	-2.65
2.单位定期存款	0.81	-0.15	2.中长期贷款	0.07	-0.04
3.储蓄存款	1.07	-0.12	3.票据融资	0.00	0.00
各项准备	0.09	-0.01			
资金来源总计	4.48	-0.87	资金运用总计	4.48	-0.87

山东省上海浦东发展银行外汇信贷收支表

单位：亿美元

栏目 项目名称	2010年	比年初增减数	栏目 项目名称	2010年	比年初增减数
各项存款	0.74	-0.36	各项贷款	5.76	5.27
1.单位活期存款	0.44	-0.27	1.短期贷款	4.26	3.94
2.单位定期存款	0.15	-0.05	2.中长期贷款	0.58	0.58
3.储蓄存款	0.10	-0.02	3.票据融资		
各项准备					
资金来源总计	5.82	4.40	资金运用总计	5.82	4.40

山东省兴业银行外汇信贷收支表

单位：亿美元

项目名称 \ 栏目	2010 年	比年初增减数	项目名称 \ 栏目	2010 年	比年初增减数
各项存款	1.12	0.68	各项贷款	0.52	0.34
1. 单位活期存款	0.91	0.57	1. 短期贷款	0.13	0.12
2. 单位定期存款	0.13	0.07	2. 中长期贷款	0.02	0.02
3. 储蓄存款	0.04	0.00	3. 票据融资		
各项准备	0.01	0.00			
资金来源总计	1.17	0.72	资金运用总计	1.17	0.72

山东省民生银行外汇信贷收支表

单位：亿美元

项目名称 \ 栏目	2010 年	比年初增减数	项目名称 \ 栏目	2010 年	比年初增减数
各项存款	0.59	0.01	各项贷款		
1. 单位活期存款	0.38	-0.04	1. 短期贷款		
2. 单位定期存款		0.00	2. 中长期贷款		
3. 储蓄存款	0.08	0.00	3. 票据融资		
各项准备					
资金来源总计	0.59	-0.99	资金运用总计	0.59	-0.99

山东省渤海银行外汇信贷收支表

单位：亿美元

项目名称 \ 栏目	2010 年	比年初增减数	项目名称 \ 栏目	2010 年	比年初增减数
各项存款	0.00	0.00	各项贷款		-0.02
1. 单位活期存款	0.00	-0.01	1. 短期贷款		
2. 单位定期存款			2. 中长期贷款		
3. 储蓄存款	0.00	0.00	3. 票据融资		
各项准备					
资金来源总计	0.00	-0.02	资金运用总计	0.00	-0.02

四、分机构经营成果情况

山东省全金融机构（含外资）本外币损益统计表

汇率：6.6227 单位：亿元

行列名称	本年	比上年同期增减	比上年同期增减%	行列名称	本年	比上年同期增减	比上年同期增减%
一、营业收入	1551.01	303.19	24.30	1.业务及管理费	502.60	97.82	24.17
1.利息净收入	1361.51	261.21	23.74	2.营业税金及附加	97.94	14.13	16.87
利息收入	3468.55	524.22	17.80	3.资产减值损失	179.91	3.22	1.82
利息支出	2107.04	263.01	14.26	三、营业利润	761.79	198.13	35.15
2.手续费及佣金净收入	159.28	40.80	34.43	四、利润总额	758.49	197.11	35.11
二、营业支出	789.22	105.06	15.36	五、净利润	654.90	173.29	35.98

山东省政策性银行本外币损益表

汇率：6.6227 单位：亿元

行列名称	本年	比上年同期增减	比上年同期增减%	行列名称	本年	比上年同期增减	比上年同期增减%
一、营业收入	76.61	22.42	41.36	1.业务及管理费	7.34	1.00	15.75
1.利息净收入	72.62	19.40	36.46	2.营业税金及附加	8.52	1.77	26.27
利息收入	168.15	35.23	26.51	3.资产减值损失			
利息支出	95.54	15.83	19.86	三、营业利润	60.31	19.64	48.30
2.手续费及佣金净收入	4.07	3.18	355.87	四、利润总额	60.19	19.62	48.37
二、营业支出	16.31	2.78	20.52	五、净利润	60.19	19.67	48.52

山东省商业银行本外币损益表

汇率：6.6227 单位：亿元

行列名称	本年	比上年同期增减	比上年同期增减%	行列名称	本年	比上年同期增减	比上年同期增减%
一、营业收入	1137.70	227.51	25.00	1.业务及管理费	359.61	65.75	22.38
1.利息净收入	946.43	185.13	24.32	2.营业税金及附加	75.81	12.22	19.21
利息收入	2739.66	415.71	17.89	3.资产减值损失	74.63	-14.91	-16.66
利息支出	1793.23	230.58	14.76	三、营业利润	619.56	168.12	37.24
2.手续费及佣金净收入	165.60	40.66	32.54	四、利润总额	619.34	166.35	36.72
二、营业支出	518.14	59.39	12.95	五、净利润	533.60	146.30	37.78

山东省国家开发银行本外币损益表

汇率：6.6227 单位：亿元

行列名称	本年	比上年同期增减	比上年同期增减%	行列名称	本年	比上年同期增减	比上年同期增减%
一、营业收入	47.24	16.03	51.38	1.业务及管理费	1.82	0.30	19.71
1.利息净收入	43.83	13.10	42.60	2.营业税金及附加	5.49	1.17	26.96
利息收入	100.63	21.23	26.74	3.资产减值损失			
利息支出	56.80	8.13	16.71	三、营业利润	39.92	14.57	57.45
2.手续费及佣金净收入	3.65	3.21	727.41	四、利润总额	39.92	14.58	57.54
二、营业支出	7.32	1.47	25.08	五、净利润	39.92	14.62	57.80

山东省农业发展银行本外币损益表

汇率：6.6227 单位：亿元

行列名称	本年	比上年同期增减	比上年同期增减%	行列名称	本年	比上年同期增减	比上年同期增减%
一、营业收入	24.57	6.10	33.06	1.业务及管理费	5.28	0.65	14.05
1.利息净收入	24.36	6.06	33.10	2.营业税金及附加	2.46	0.52	26.83
利息收入	57.41	12.37	27.47	3.资产减值损失			
利息支出	33.05	6.31	23.62	三、营业利润	16.39	4.93	43.02
2.手续费及佣金净收入	0.05	-0.06	-55.09	四、利润总额	16.28	4.90	43.07
二、营业支出	8.18	1.18	16.77	五、净利润	16.28	4.90	43.07

山东省进出口银行本外币损益表

汇率：6.6227 单位：亿元

行列名称	本年	比上年同期增减	比上年同期增减%	行列名称	本年	比上年同期增减	比上年同期增减%
一、营业收入	4.80	0.28	6.13	1.业务及管理费	0.24	0.05	25.38
1.利息净收入	4.43	0.25	5.93	2.营业税金及附加	0.56	0.08	17.68
利息收入	10.11	1.63	19.24	3.资产减值损失			
利息支出	5.69	1.38	32.17	三、营业利润	4.00	0.14	3.74
2.手续费及佣金净收入	0.37	0.03	8.54	四、利润总额	3.99	0.14	3.71
二、营业支出	0.80	0.13	19.88	五、净利润	3.99	0.14	3.71

山东省国有商业银行本外币损益表

汇率：6.6227 单位：亿元

行列名称	本年	比上年同期增减	比上年同期增减%	行列名称	本年	比上年同期增减	比上年同期增减%
一、营业收入	734.08	113.14	18.22	1.业务及管理费	223.50	31.59	16.46
1.利息净收入	583.87	78.71	15.58	2.营业税金及附加	48.46	6.89	16.57
利息收入	1954.47	165.59	9.26	3.资产减值损失	29.79	-23.99	-44.61
利息支出	1370.60	86.87	6.77	三、营业利润	425.97	100.93	31.05
2.手续费及佣金净收入	142.82	33.00	30.05	四、利润总额	425.54	99.88	30.67
二、营业支出	308.12	12.22	4.13	五、净利润	367.42	89.16	32.04

山东省工商银行本外币损益表

汇率：6.6227 单位：亿元

行列名称	本年	比上年同期增减	比上年同期增减%	行列名称	本年	比上年同期增减	比上年同期增减%
一、营业收入	231.24	30.10	14.96	1.业务及管理费	58.57	6.99	13.56
1.利息净收入	183.85	20.93	12.84	2.营业税金及附加	16.18	1.69	11.64
利息收入	950.18	184.63	24.12	3.资产减值损失	9.90	2.60	35.66
利息支出	766.33	163.70	27.16	三、营业利润	146.57	18.83	14.74
2.手续费及佣金净收入	46.29	8.54	22.62	四、利润总额	145.23	16.61	12.92
二、营业支出	84.67	11.27	15.35	五、净利润	108.60	12.79	13.35

山东省农业银行本外币损益表

汇率：6.6227　　　　单位：亿元

行列名称	本年	比上年同期增减	比上年同期增减%	行列名称	本年	比上年同期增减	比上年同期增减%
一、营业收入	203.98	45.31	28.56	1.业务及管理费	66.17	11.57	21.19
1.利息净收入	173.03	37.42	27.59	2.营业税金及附加	11.81	2.19	22.78
利息收入	634.12	-58.87	-8.49	3.资产减值损失	4.75	-14.74	-75.64
利息支出	461.09	-96.29	-17.27	三、营业利润	121.23	50.98	72.58
2.手续费及佣金净收入	28.56	7.57	36.04	四、利润总额	121.44	51.85	74.52
二、营业支出	82.76	-5.67	-6.41	五、净利润	121.37	51.85	74.59

山东省中国银行本外币损益表

汇率：6.6227　　　　单位：亿元

行列名称	本年	比上年同期增减	比上年同期增减%	行列名称	本年	比上年同期增减	比上年同期增减%
一、营业收入	142.68	18.29	14.70	1.业务及管理费	47.83	5.36	12.63
1.利息净收入	108.37	12.08	12.55	2.营业税金及附加	9.46	1.56	19.71
利息收入	189.00	34.47	22.31	3.资产减值损失	3.13	-11.47	-78.55
利息支出	80.64	22.39	38.43	三、营业利润	79.49	21.21	36.39
2.手续费及佣金净收入	32.41	6.56	25.39	四、利润总额	79.67	21.49	36.95
二、营业支出	63.19	-2.92	-4.42	五、净利润	58.31	14.50	33.10

山东省建设银行本外币损益表

汇率：6.6227　　　　单位：亿元

行列名称	本年	比上年同期增减	比上年同期增减%	行列名称	本年	比上年同期增减	比上年同期增减%
一、营业收入	156.18	19.44	14.22	1.业务及管理费	50.93	7.66	17.71
1.利息净收入	118.62	8.29	7.51	2.营业税金及附加	11.02	1.45	15.19
利息收入	181.16	5.36	3.05	3.资产减值损失	12.00	-0.38	-3.06
利息支出	62.54	-2.93	-4.47	三、营业利润	78.67	9.90	14.40
2.手续费及佣金净收入	35.56	10.33	40.95	四、利润总额	79.19	9.92	14.32
二、营业支出	77.50	9.54	14.04	五、净利润	79.14	10.01	14.48

山东省股份制商业银行本外币损益表

汇率：6.6227　　　　单位：亿元

行列名称	本年	比上年同期增减	比上年同期增减%	行列名称	本年	比上年同期增减	比上年同期增减%
一、营业收入	231.39	65.16	39.19	1.业务及管理费	77.90	18.66	31.50
1.利息净收入	209.21	57.48	37.89	2.营业税金及附加	16.95	3.43	25.39
利息收入	489.59	172.51	54.41	3.资产减值损失	17.98	8.31	86.03
利息支出	280.38	115.03	69.57	三、营业利润	117.56	35.99	44.13
2.手续费及佣金净收入	16.57	5.58	50.73	四、利润总额	118.20	36.29	44.30
二、营业支出	113.83	29.16	34.44	五、净利润	108.30	33.23	44.26

山东省交通银行本外币损益表

汇率：6.6227　　单位：亿元

行列名称	本年	比上年同期增减	比上年同期增减%	行列名称	本年	比上年同期增减	比上年同期增减%
一、营业收入	37.95	9.56	33.66	1.业务及管理费	12.75	3.99	45.53
1.利息净收入	33.94	9.34	37.94	2.营业税金及附加	2.80	0.42	17.66
利息收入	55.14	10.04	22.25	3.资产减值损失			
利息支出	21.20	0.70	3.41	三、营业利润	22.30	6.58	41.83
2.手续费及佣金净收入	3.35	0.79	30.88	四、利润总额	21.86	6.08	38.51
二、营业支出	15.64	2.98	23.51	五、净利润	21.86	6.08	38.51

山东省邮政储蓄银行本外币损益表

汇率：6.6227　　单位：亿元

行列名称	本年	比上年同期增减	比上年同期增减%	行列名称	本年	比上年同期增减	比上年同期增减%
一、营业收入	27.15	12.78	88.97	1.业务及管理费	16.36	5.21	46.69
1.利息净收入	42.63	16.49	63.08	2.营业税金及附加	1.18	0.50	74.26
利息收入	133.46	23.16	21.00	3.资产减值损失	1.61	0.84	110.20
利息支出	90.83	6.67	7.93	三、营业利润	8.01	6.23	350.57
2.手续费及佣金净收入	-15.54	-3.73	31.61	四、利润总额	8.08	6.31	356.45
二、营业支出	19.14	6.55	52.03	五、净利润	7.28	5.52	311.68

山东省恒丰银行本外币损益表

汇率：6.6227　　单位：亿元

行列名称	本年	比上年同期增减	比上年同期增减%	行列名称	本年	比上年同期增减	比上年同期增减%
一、营业收入	25.24	10.58	72.16	1.业务及管理费	7.64	1.65	27.57
1.利息净收入	23.03	8.89	62.87	2.营业税金及附加	1.58	0.39	32.90
利息收入	51.03	14.81	40.89	3.资产减值损失	5.42	6.46	-621.74
利息支出	28.00	5.92	26.82	三、营业利润	9.91	1.96	24.69
2.手续费及佣金净收入	0.24	-0.02	-8.58	四、利润总额	10.01	2.13	27.05
二、营业支出	15.33	8.62	128.38	五、净利润	10.01	2.13	27.05

山东省光大银行本外币损益表

汇率：6.6227　　单位：亿元

行列名称	本年	比上年同期增减	比上年同期增减%	行列名称	本年	比上年同期增减	比上年同期增减%
一、营业收入	14.50	5.40	59.33	1.业务及管理费	4.72	1.05	28.65
1.利息净收入	12.92	4.98	62.79	2.营业税金及附加	0.96	0.20	25.95
利息收入	30.72	3.47	12.72	3.资产减值损失	1.68	1.15	217.96
利息支出	17.79	-1.52	-7.86	三、营业利润	7.12	2.99	72.44
2.手续费及佣金净收入	1.37	0.35	34.60	四、利润总额	7.17	3.12	77.18
二、营业支出	7.37	2.41	48.43	五、净利润	6.23	2.73	77.95

山东省中信银行本外币损益表

汇率：6.6227　　单位：亿元

行列名称	本年	比上年同期增减	比上年同期增减%	行列名称	本年	比上年同期增减	比上年同期增减%
一、营业收入	27.30	6.88	33.70	1.业务及管理费	9.29	1.35	17.06
1.利息净收入	23.58	5.51	30.48	2.营业税金及附加	2.03	0.43	27.30
利息收入	85.18	52.46	160.31	3.资产减值损失	0.17	1.04	-120.24
利息支出	61.60	46.95	320.50	三、营业利润	15.81	4.05	34.50
2.手续费及佣金净收入	2.98	1.23	69.82	四、利润总额	16.42	4.26	35.04
二、营业支出	11.49	2.83	32.61	五、净利润	12.33	3.26	35.90

山东省华夏银行本外币损益表

汇率：6.6227　　单位：亿元

行列名称	本年	比上年同期增减	比上年同期增减%	行列名称	本年	比上年同期增减	比上年同期增减%
一、营业收入	23.38	6.27	36.65	1.业务及管理费	8.61	2.51	41.23
1.利息净收入	21.94	6.07	38.21	2.营业税金及附加	1.61	0.34	26.56
利息收入	35.14	7.70	28.07	3.资产减值损失	3.30	-1.43	-30.26
利息支出	13.20	1.64	14.14	三、营业利润	9.83	4.85	97.25
2.手续费及佣金净收入	1.05	0.10	11.00	四、利润总额	9.90	4.92	98.74
二、营业支出	13.55	1.42	11.74	五、净利润	9.33	4.69	100.89

山东省深圳发展银行本外币损益表

汇率：6.6227　　单位：亿元

行列名称	本年	比上年同期增减	比上年同期增减%	行列名称	本年	比上年同期增减	比上年同期增减%
一、营业收入	8.28	1.22	17.25	1.业务及管理费	3.11	0.42	15.52
1.利息净收入	7.64	1.13	17.35	2.营业税金及附加	0.75	0.17	28.73
利息收入	13.72	2.53	22.62	3.资产减值损失	0.26	0.62	-170.06
利息支出	6.08	1.40	29.97	三、营业利润	4.17	0.02	0.49
2.手续费及佣金净收入	0.54	0.15	37.34	四、利润总额	4.17	0.03	0.62
二、营业支出	4.11	1.20	41.08	五、净利润	4.17	0.03	0.62

山东省招商银行本外币损益表

汇率：6.6227　　单位：亿元

行列名称	本年	比上年同期增减	比上年同期增减%	行列名称	本年	比上年同期增减	比上年同期增减%
一、营业收入	32.91	8.47	34.67	1.业务及管理费	11.70	2.01	20.73
1.利息净收入	29.79	7.40	33.03	2.营业税金及附加	2.31	0.50	27.94
利息收入	69.85	36.82	111.50	3.资产减值损失	2.59	0.61	30.78
利息支出	40.05	29.42	276.85	三、营业利润	16.32	5.35	48.81
2.手续费及佣金净收入	1.87	0.51	37.54	四、利润总额	16.33	5.33	48.53
二、营业支出	16.59	3.12	23.17	五、净利润	12.11	3.96	48.65

山东省上海浦东发展银行本外币损益表

汇率：6.6227　　　　单位：亿元

行列名称	本年	比上年同期增减	比上年同期增减%	行列名称	本年	比上年同期增减	比上年同期增减%
一、营业收入	17.77	3.04	20.65	1.业务及管理费	5.40	1.26	30.51
1.利息净收入	16.01	2.34	17.13	2.营业税金及附加	1.53	0.20	14.97
利息收入	48.10	11.60	31.77	3.资产减值损失	1.58	0.21	15.12
利息支出	32.09	9.26	40.54	三、营业利润	9.25	1.36	17.22
2.手续费及佣金净收入	1.59	0.67	72.81	四、利润总额	9.37	1.49	18.90
二、营业支出	8.52	1.68	24.60	五、净利润	9.37	1.49	18.90

山东省兴业银行本外币损益表

汇率：6.6227　　　　单位：亿元

行列名称	本年	比上年同期增减	比上年同期增减%	行列名称	本年	比上年同期增减	比上年同期增减%
一、营业收入	19.71	6.58	50.07	1.业务及管理费	6.14	2.00	48.46
1.利息净收入	17.77	5.51	44.90	2.营业税金及附加	1.45	0.36	33.14
利息收入	45.74	18.88	70.28	3.资产减值损失	0.93	0.25	37.84
利息支出	27.97	13.37	91.61	三、营业利润	11.04	3.90	54.73
2.手续费及佣金净收入	1.86	1.03	123.87	四、利润总额	11.10	3.97	55.67
二、营业支出	8.68	2.67	44.54	五、净利润	11.10	3.97	55.67

山东省民生银行本外币损益表

汇率：6.6227　　　　单位：亿元

行列名称	本年	比上年同期增减	比上年同期增减%	行列名称	本年	比上年同期增减	比上年同期增减%
一、营业收入	20.97	5.97	39.78	1.业务及管理费	7.22	1.72	31.36
1.利息净收入	19.35	5.18	36.56	2.营业税金及附加	1.63	0.32	23.95
利息收入	45.43	10.33	29.44	3.资产减值损失	1.72	-0.93	-35.05
利息支出	26.08	5.15	24.62	三、营业利润	10.40	4.86	87.75
2.手续费及佣金净收入	1.58	0.73	86.29	四、利润总额	10.42	4.86	87.56
二、营业支出	10.57	1.11	11.72	五、净利润	10.42	4.86	87.56

山东省渤海银行本外币损益表

汇率：6.6227　　　　单位：亿元

行列名称	本年	比上年同期增减	比上年同期增减%	行列名称	本年	比上年同期增减	比上年同期增减%
一、营业收入	2.74	0.55	25.15	1.业务及管理费	0.85	0.21	33.79
1.利息净收入	2.62	0.53	25.42	2.营业税金及附加	0.27	0.07	34.76
利息收入	8.51	2.85	50.37	3.资产减值损失			
利息支出	5.89	2.32	64.95	三、营业利润	1.62	0.27	19.65
2.手续费及佣金净收入	0.12	0.02	15.61	四、利润总额	1.62	0.27	19.74
二、营业支出	1.12	0.28	34.09	五、净利润	1.55	0.21	15.95

山东省城市商业银行本外币损益表

汇率：6.6227　　　　单位：亿元

行列名称	本年	比上年同期增减	比上年同期增减%	行列名称	本年	比上年同期增减	比上年同期增减%
一、营业收入	142.95	35.46	32.99	1.业务及管理费	48.87	11.59	31.10
1.利息净收入	125.93	35.28	38.92	2.营业税金及附加	8.98	1.51	20.16
利息收入	253.52	59.77	30.85	3.资产减值损失	22.17	-1.73	-7.22
利息支出	127.59	24.49	23.75	三、营业利润	62.22	23.88	62.30
2.手续费及佣金净收入	4.88	1.75	55.74	四、利润总额	62.11	23.25	59.83
二、营业支出	80.73	11.57	16.74	五、净利润	47.47	18.89	66.10

山东省农村商业银行本外币损益表

汇率：6.6227　　　　单位：亿元

行列名称	本年	比上年同期增减	比上年同期增减%	行列名称	本年	比上年同期增减	比上年同期增减%
一、营业收入	23.06	12.70	122.53	1.业务及管理费	7.04	3.57	102.86
1.利息净收入	22.44	12.66	129.50	2.营业税金及附加	0.93	0.31	48.56
利息收入	31.14	15.00	92.91	3.资产减值损失	4.43	2.20	98.21
利息支出	8.71	2.34	36.72	三、营业利润	10.65	6.95	187.90
2.手续费及佣金净收入	0.38	0.13	49.31	四、利润总额	10.32	6.58	175.51
二、营业支出	12.41	5.75	86.23	五、净利润	7.37	4.55	161.49

山东省农村合作机构本外币损益表

汇率：6.6227　　　　单位：亿元

行列名称	本年	比上年同期增减	比上年同期增减%	行列名称	本年	比上年同期增减	比上年同期增减%
一、营业收入	61.56	4.32	7.55	1.业务及管理费	22.89	5.11	28.73
1.利息净收入	60.13	4.71	8.50	2.营业税金及附加	2.63	0.27	11.23
利息收入	80.94	6.33	8.49	3.资产减值损失	21.27	0.55	2.66
利息支出	20.81	1.62	8.47	三、营业利润	14.78	-0.30	-1.97
2.手续费及佣金净收入	1.11	0.06	5.41	四、利润总额	14.75	-0.11	-0.73
二、营业支出	46.79	4.62	10.96	五、净利润	11.74	0.71	6.46

山东省农村信用合作社本外币损益表

汇率：6.6227　　　　单位：亿元

行列名称	本年	比上年同期增减	比上年同期增减%	行列名称	本年	比上年同期增减	比上年同期增减%
一、营业收入	230.37	31.58	15.89	1.业务及管理费	94.88	21.39	29.11
1.利息净收入	227.55	31.31	15.95	2.营业税金及附加	8.75	-0.88	-9.12
利息收入	328.24	38.06	13.11	3.资产减值损失	81.77	15.85	24.05
利息支出	100.69	6.75	7.18	三、营业利润	44.93	0.51	1.15
2.手续费及佣金净收入	1.23	1.20	4185.71	四、利润总额	41.91	0.95	2.32
二、营业支出	185.44	31.07	20.13	五、净利润	31.07	-1.97	-5.96

山东省农村合作银行本外币损益表

汇率：6.6227　　单位：亿元

行列名称	本年	比上年同期增减	比上年同期增减%	行列名称	本年	比上年同期增减	比上年同期增减%
一、营业收入	61.56	4.32	7.55	1.业务及管理费	22.89	5.11	28.73
1.利息净收入	60.13	4.71	8.50	2.营业税金及附加	2.63	0.27	11.23
利息收入	80.94	6.33	8.49	3.资产减值损失	21.27	0.55	2.66
利息支出	20.81	1.62	8.47	三、营业利润	14.78	-0.30	-1.97
2.手续费及佣金净收入	1.11	0.06	5.41	四、利润总额	14.75	-0.11	-0.73
二、营业支出	46.79	4.62	10.96	五、净利润	11.74	0.71	6.46

山东省外资银行本外币损益表

汇率：6.6227　　单位：亿元

行列名称	本年	比上年同期增减	比上年同期增减%	行列名称	本年	比上年同期增减	比上年同期增减%
一、营业收入	6.21	1.06	20.62	1.业务及管理费	2.30	0.34	17.62
1.利息净收入	4.98	1.00	25.03	2.营业税金及附加	0.48	0.09	21.53
利息收入	10.94	2.84	35.12	3.资产减值损失	0.26	0.29	-978.04
利息支出	5.96	1.85	44.90	三、营业利润	3.16	0.37	13.17
2.手续费及佣金净收入	0.95	0.21	28.70	四、利润总额	3.17	0.35	12.47
二、营业支出	3.05	0.69	29.44	五、净利润	3.04	0.47	18.42

山东省信托投资公司本外币损益表

汇率：6.6227　　单位：亿元

行列名称	本年	比上年同期增减	比上年同期增减%	行列名称	本年	比上年同期增减	比上年同期增减%
一、营业收入	3.16	-1.48	-31.88	1.业务及管理费	0.57	-0.96	-62.83
1.利息净收入	0.04	-0.19	-82.10	2.营业税金及附加	0.10	-0.09	-47.45
利息收入	0.04	-0.19	-82.10	3.资产减值损失	-0.45	0.05	-9.23
利息支出				三、营业利润	2.82	-0.55	-16.40
2.手续费及佣金净收入	1.50	-1.63	-51.94	四、利润总额	2.81	-0.56	-16.61
二、营业支出	0.33	-0.92	-73.53	五、净利润	2.50	-0.30	-10.66

山东省中资财务公司本外币损益表

汇率：6.6227　　单位：亿元

行列名称	本年	比上年同期增减	比上年同期增减%	行列名称	本年	比上年同期增减	比上年同期增减%
一、营业收入	13.80	5.56	67.54	1.业务及管理费	0.59	0.09	16.93
1.利息净收入	11.48	3.91	51.60	2.营业税金及附加	0.93	0.34	56.56
利息收入	17.27	5.32	44.58	3.资产减值损失	0.93	0.70	306.00
利息支出	5.79	1.42	32.42	三、营业利润	11.35	4.44	64.29
2.手续费及佣金净收入	1.27	1.03	427.09	四、利润总额	11.35	4.49	65.51
二、营业支出	2.45	1.12	84.43	五、净利润	8.50	3.35	65.11

五、其他金融统计资料

山东省全金融机构（不含外资）中间业务收入表

汇率：6.6227　　　　单位：亿元

项目名称 \ 栏目	实际数（本外币）	比上年同期增减（本外币）	比上年同期增减%（本外币）
	本年累计	本年累计	本年累计
一、支付结算业务收入	54.02	14.79	37.71
（一）单位结算收入	13.27	3.53	36.26
（二）个人结算收入	4.57	1.07	30.52
（三）代理同业清算收入	1.79	0.69	62.39
（四）结售汇收入	13.79	4.08	41.99
（五）国际结算收入	20.60	5.43	35.76
二、银行卡业务收入	22.82	4.10	21.89
（一）银行卡年费收入	2.66	0.40	17.56
（二）银行卡结算收入	15.44	2.29	17.39
（三）外卡收单收入	0.05	0.01	17.37
（四）其他银行卡业务收入	4.66	1.41	43.12
三、代理业务收入	17.59	4.88	38.44
（一）代理收付款收入	0.58	-0.06	-9.57
（二）代理股票金额	0.15	0.04	40.60
（三）代理债券业务收入	0.86	0.18	26.68
（四）代理保险业务收入	8.14	2.75	51.13
（五）委托贷款业务收入	4.70	0.99	26.82
（六）代理人民银行国库收入	0.09	0.05	122.73
（七）其他代理业务收入	3.07	0.93	43.11
四、担保及承诺业务收入	13.02	4.24	48.36
五、交易类业务收入	3.65	1.37	59.96
六、托管业务收入	8.75	2.31	35.93
（一）托管收入	3.90	1.13	40.65
（二）代理基金收入	4.85	1.19	32.36
七、融资顾问业务收入	29.87	0.90	3.10
（一）财务顾问收入	21.32	-0.36	-1.64
（二）并购与重组顾问收入	0.70	0.67	2071.47
（三）企业管理顾问收入	0.65	0.17	35.63
（四）银团安排与承销收入	0.90	0.16	21.71
（五）资信鉴证收入	0.07	-0.05	-38.95
（六）委托调查收入	1.44	-0.64	-30.80
（七）评估收入		-0.04	-100.00
（八）其他咨询顾问收入	4.79	0.99	25.92
八、其他中间业务收入	26.12	10.31	65.18
其中：保管箱业务收入	0.03	0.01	21.53
其中：代理贵金属买卖收入	1.12	0.79	238.31
收入总计	175.84	42.90	32.27

续表1

栏目 项目名称	实际数（人民币）	比上年同期增减（人民币）	比上年同期增减%（人民币）
	本年累计	本年累计	本年累计
一、支付结算业务收入	48.28	13.42	38.48
（一）单位结算收入	12.74	3.17	33.09
（二）个人结算收入	4.56	1.07	30.67
（三）代理同业清算收入	1.73	0.93	114.95
（四）结售汇收入	13.73	4.03	41.51
（五）国际结算收入	15.52	4.23	37.43
二、银行卡业务收入	22.81	4.11	22.00
（一）银行卡年费收入	2.66	0.42	18.63
（二）银行卡结算收入	15.44	2.29	17.39
（三）外卡收单收入	0.04	0.00	4.56
（四）其他银行卡业务收入	4.66	1.40	43.13
三、代理业务收入	17.05	4.86	39.89
（一）代理收付款收入	0.58	-0.06	-10.09
（二）代理股票金额	0.15	0.04	41.63
（三）代理债券业务收入	0.86	0.18	26.68
（四）代理保险业务收入	8.14	2.75	51.13
（五）委托贷款业务收入	4.24	0.99	30.62
（六）代理人民银行国库收入	0.09	0.05	122.73
（七）其他代理业务收入	2.99	0.90	43.34
四、担保及承诺业务收入	12.83	4.15	47.85
五、交易类业务收入	3.32	1.57	89.80
六、托管业务收入	8.75	2.32	36.03
（一）托管收入	3.90	1.13	40.65
（二）代理基金收入	4.85	1.19	32.53
七、融资顾问业务收入	29.79	1.00	3.49
（一）财务顾问收入	21.28	-0.36	-1.66
（二）并购与重组顾问收入	0.70	0.67	2071.47
（三）企业管理顾问收入	0.65	0.17	35.63
（四）银团安排与承销收入	0.89	0.15	20.73
（五）资信鉴证收入	0.07	-0.05	-38.94
（六）委托调查收入	1.44	-0.64	-30.80
（七）评估收入		-0.04	-100.00
（八）其他咨询顾问收入	4.76	1.10	30.15
八、其他中间业务收入	25.66	10.12	65.16
其中：保管箱业务收入	0.03	0.01	21.53
其中：代理贵金属买卖收入	1.12	0.79	238.31
收入总计	168.49	41.56	32.74

续表 2

栏目 项目名称	实际数（外汇）	比上年同期增减（外汇）	比上年同期增减%（外汇）
	本年累计	本年累计	本年累计
一、支付结算业务收入	5.74	1.37	31.50
（一）单位结算收入	0.53	0.36	221.00
（二）个人结算收入	0.01	0.00	-25.56
（三）代理同业清算收入	0.06	-0.24	-80.63
（四）结售汇收入	0.06	0.05	465.04
（五）国际结算收入	5.08	1.20	30.92
二、银行卡业务收入	0.01	-0.01	-54.60
（一）银行卡年费收入	0.00	-0.02	-93.74
（二）银行卡结算收入	0.00	0.00	37.66
（三）外卡收单收入	0.01	0.01	184.62
（四）其他银行卡业务收入	0.00	0.00	39.14
三、代理业务收入	0.55	0.02	4.50
（一）代理收付款收入	0.01	0.00	131.52
（二）代理股票金额	0.00	0.00	-22.52
（三）代理债券业务收入			
（四）代理保险业务收入			
（五）委托贷款业务收入	0.46	0.00	-0.13
（六）代理人民银行国库收入			
（七）其他代理业务收入	0.08	0.02	35.15
四、担保及承诺业务收入	0.19	0.09	92.99
五、交易类业务收入	0.33	-0.20	-38.24
六、托管业务收入	0.00	0.00	-96.08
（一）托管收入	0.00	0.00	12.69
（二）代理基金收入	0.00	0.00	-96.18
七、融资顾问业务收入	0.08	-0.11	-57.51
（一）财务顾问收入	0.04	0.00	7.63
（二）并购与重组顾问收入			
（三）企业管理顾问收入			
（四）银团安排与承销收入	0.01	0.01	
（五）资信鉴证收入	0.00	0.00	-83.81
（六）委托调查收入			
（七）评估收入			
（八）其他咨询顾问收入	0.03	-0.12	-78.39
八、其他中间业务收入	0.46	0.18	66.36
其中：保管箱业务收入			
其中：代理贵金属买卖收入	0.00	0.00	477.33
收入总计	7.35	1.34	22.39

注：本表仅统计国有商业银行、股份制商业银行数据。

山东省全金融机构（不含外资）中间业务业务量表

汇率：6.6227　　　　单位：亿元

栏目 项目名称	实际数（本外币）	比上年同期增减（本外币）	比上年同期增减%（本外币）
	本年累计	本年累计	本年累计
一、国内支付结算业务金额	531612.93	90085.40	20.40
（一）单位结算金额	438296.43	79838.99	22.27
（二）个人结算金额	67449.40	19146.64	39.64
（三）代理同业清算金额	18103.19	2765.41	18.03
（四）结售汇金额	7763.91	-11665.63	-60.04
二、国际支付结算业务金额	17375.95	-399.52	-2.25
（一）进口贸易结算金额	7470.55	1977.01	35.99
（二）出口贸易结算金额	7933.83	-2723.06	-25.55
（三）非贸易结算金额	1971.57	346.52	21.32
三、银行卡业务金额	162666.42	67488.94	70.91
（一）银行卡消费金额	4044.84	788.49	24.21
（二）银行卡转账金额	116363.38	54306.03	87.51
（三）银行卡存现金额	19860.68	5285.76	36.27
（四）银行卡取现金额	22260.50	7012.65	45.99
（五）外卡收单消费业务	34.35	9.87	40.29
（六）外卡收单取现金额	102.68	86.14	521.11
四、代理业务金额	14823.63	5657.99	61.73
（一）代理收付款金额	3010.67	82.48	2.82
（二）代理股票业务金额	5437.65	3463.73	175.47
（三）代理债券业务	193.00	64.79	50.54
（四）代理保险金额	555.61	258.70	87.13
（五）委托贷款金额	785.97	216.47	38.01
（六）代理人民银行国库金额	4600.49	1455.47	46.28
（七）其他代理金额	240.24	116.34	93.90
五、担保及承诺业务金额	13670.72	1894.46	16.09
（一）开出保函金额	814.33	140.43	20.84
（二）贷款承诺金额	2820.97	1863.81	194.72
（三）银行承兑汇票金额	8133.52	-1248.89	-13.31
（四）备用信用证金额	365.56	243.90	200.48
（五）其他担保及承诺金额	1536.34	895.20	139.63
六、交易类业务金额	4051.81	1737.68	75.09
（一）金融衍生产品交易金额	128.58	15.31	13.52
（二）其他金融创新中间业务金额	0.23	-19.46	-98.82
（三）代理交易业务金额	3923.00	1741.82	79.86
七、托管业务金额	963.95	149.02	18.29
（一）托管金额	425.93	297.48	231.60
（二）代理基金金额	538.02	-148.46	-21.63
八、其他中间业务金额	80633.05	30806.10	61.83
金额总计	825798.46	197420.06	31.42

续表 1

栏 目 项目名称	实际数（人民币）	比上年同期增减（人民币）	比上年同期增减%（人民币）
	本年累计	本年累计	本年累计
一、国内支付结算业务金额	512537.94	86070.77	20.18
（一）单位结算金额	428186.21	77523.52	22.11
（二）个人结算金额	66551.28	19410.35	41.18
（三）代理同业清算金额	16956.12	2638.73	18.43
（四）结售汇金额	844.34	-13501.83	-94.11
二、国际支付结算业务金额	634.64	184.88	41.11
（一）进口贸易结算金额	271.24	13.34	5.17
（二）出口贸易结算金额	288.84	124.28	75.53
（三）非贸易结算金额	74.56	47.25	173.06
三、银行卡业务金额	162394.83	67501.71	71.13
（一）银行卡消费金额	4038.94	787.49	24.22
（二）银行卡转账金额	116167.13	54361.29	87.95
（三）银行卡存现金额	19827.33	5264.16	36.15
（四）银行卡取现金额	22226.66	6992.75	45.90
（五）外卡收单消费业务	33.83	9.80	40.78
（六）外卡收单取现金额	100.96	86.22	585.26
四、代理业务金额	14808.88	5660.05	61.87
（一）代理收付款金额	3010.64	82.48	2.82
（二）代理股票业务金额	5436.54	3463.69	175.57
（三）代理债券业务	193.00	64.79	50.54
（四）代理保险金额	555.61	258.70	87.13
（五）委托贷款金额	774.85	220.03	39.66
（六）代理人民银行国库金额	4600.49	1455.47	46.28
（七）其他代理金额	237.75	114.88	93.49
五、担保及承诺业务金额	12442.77	1673.20	15.54
（一）开出保函金额	564.06	293.91	108.79
（二）贷款承诺金额	2676.65	1770.93	195.53
（三）银行承兑汇票金额	7615.76	-1351.40	-15.07
（四）备用信用证金额	171.37	123.69	259.43
（五）其他担保及承诺金额	1414.93	836.07	144.43
六、交易类业务金额	3551.56	2239.34	170.65
（一）金融衍生产品交易金额	62.24	36.73	143.97
（二）其他金融创新中间业务金额	0.23	-19.44	-98.82
（三）代理交易业务金额	3489.08	2222.05	175.37
七、托管业务金额	963.95	149.02	18.29
（一）托管金额	425.93	297.48	231.60
（二）代理基金金额	538.02	-148.46	-21.63
八、其他中间业务金额	80628.21	30802.08	61.82
金额总计	787962.78	194281.05	32.72

续表 2

栏目 / 项目名称	实际数（外汇）	比上年同期增减（外汇）	比上年同期增减%（外汇）
	本年累计	本年累计	本年累计
一、国内支付结算业务金额	19074.98	4014.63	26.66
（一）单位结算金额	10110.22	2315.47	29.71
（二）个人结算金额	898.12	-263.71	-22.70
（三）代理同业清算金额	1147.07	126.67	12.41
（四）结售汇金额	6919.58	1836.20	36.12
二、国际支付结算业务金额	16741.32	-584.40	-3.37
（一）进口贸易结算金额	7199.31	1963.67	37.51
（二）出口贸易结算金额	7644.99	-2847.34	-27.14
（三）非贸易结算金额	1897.01	299.27	18.73
三、银行卡业务金额	271.59	-12.77	-4.49
（一）银行卡消费金额	5.90	1.01	20.58
（二）银行卡转账金额	196.25	-55.26	-21.97
（三）银行卡存现金额	33.35	21.60	183.82
（四）银行卡取现金额	33.84	19.90	142.71
（五）外卡收单消费业务	0.53	0.07	14.44
（六）外卡收单取现金额	1.72	-0.08	-4.39
四、代理业务金额	14.75	-2.06	-12.28
（一）代理收付款金额	0.03	0.00	-3.95
（二）代理股票业务金额	1.12	0.04	3.43
（三）代理债券业务			
（四）代理保险金额		0.00	-100.00
（五）委托贷款金额	11.12	-3.56	-24.26
（六）代理人民银行国库金额			
（七）其他代理金额	2.49	1.46	142.17
五、担保及承诺业务金额	1227.95	221.25	21.98
（一）开出保函金额	250.27	-153.48	-38.01
（二）贷款承诺金额	144.33	92.88	180.53
（三）银行承兑汇票金额	517.76	102.51	24.69
（四）备用信用证金额	194.18	120.21	162.49
（五）其他担保及承诺金额	121.41	59.14	94.97
六、交易类业务金额	500.25	-501.66	-50.07
（一）金融衍生产品交易金额	66.33	-21.42	-24.41
（二）其他金融创新中间业务金额		-0.02	-100.00
（三）代理交易业务金额	433.91	-480.22	-52.53
七、托管业务金额			
（一）托管金额			
（二）代理基金金额			
八、其他中间业务金额	4.84	4.02	487.77
金额总计	37835.68	3139.01	9.05

注：本表仅统计国有商业银行、股份制商业银行数据。

山东省金融机构人员、机构情况表

单位：家、人

行别		法人机构数	省级分行机构数	二级分行机构数	支行机构数	支行以下分支机构数	机构数合计	正式人员数合计
		1	2	3	4	5	6	7
政策性银行	农发行山东省分行		1	16	102		119	3217
	农发行青岛市分行			1	5		6	172
	进出口银行青岛分行		1				1	45
	开发行山东省分行		1				1	163
	开发行青岛市分行		1				1	89
	合计（全省）		4	17	107		128	3686
国有独资商业银行	工商银行山东省分行（辖内）		1	16	389	465	871	20250
	工商银行青岛市分行		1		52	58	111	3289
	农业银行山东省分行（辖内）		1	16	159	1247	1423	22830
	农业银行青岛市分行		1		36	154	191	3798
	中国银行山东省分行（辖内）			16	421	64	501	12113
	中国银行山东省分行（本部）		1		87	4	92	3748
	建设银行山东省分行（辖内）		1	15	371	384	771	20650
	建设银行青岛市分行		1		43	63	107	3262
	交通银行山东省分行		1	7	130		138	3027
	交通银行青岛分行		1		58		59	1254
	合计（全省）		9	70	1746	2439	4264	94221
股份制商业银行	中信银行青岛分行（辖内）			3	11		14	367
	中信银行青岛分行（本部）		1		16		17	723
	中信银行济南分行		1	3	21		25	719
	光大银行青岛分行		1		15		16	497
	光大银行济南分行		1		13		14	417
	光大银行烟台分行		1		7		8	269
	华夏银行济南分行		1	1	25		27	968
	华夏银行青岛分行		1		13		14	468
	招商银行济南分行		1	3	26		30	1239
	招商银行青岛分行（本部）		1		15		16	1137
	招商银行青岛分行（辖内）			3	1		4	263

续表1

行别		法人机构数	省级分行机构数	二级分行机构数	支行机构数	支行以下分支机构数	机构数合计	正式人员数合计
		1	2	3	4	5	6	7
股份制商业银行	浦东发展银行济南分行		1		15		16	783
	浦东发展银行青岛分行（本部）		1		10		11	334
	浦东发展银行青岛分行（辖内）			1			1	46
	深圳发展银行济南分行		1		7		8	308
	深圳发展银行青岛分行		1		7		8	404
	兴业银行济南分行		1	2	11		14	698
	兴业银行青岛分行（本部）		1		6		7	388
	兴业银行青岛分行（辖内）				1		1	39
	民生银行济南分行		1	1	11		13	783
	民生银行青岛分行（本部）		1		8		9	419
	民生银行青岛分行（辖内）				1		1	56
	恒丰银行（烟台）	1	1		35	29	65	1070
	恒丰银行青岛分行		1		7		8	230
	渤海银行济南分行		1		2		3	141
	浙商银行济南分行		1				1	115
	合计（全省）	1	22	20	290	29	361	13094
城市商业银行	齐鲁银行（辖内）	1		2	72		74	1835
	齐鲁银行青岛分行			1			1	59
	青岛商行（本部）	1		1	43		44	1264
	青岛商行（辖内）			1	1		2	99
	齐商银行（辖内）	1		2	73		75	1547
	烟台银行	1		1	72		73	1370
	潍坊银行	1		1	46		47	1132
	潍坊银行青岛分行			1			1	45
	临商银行（辖内）	1		1	62		63	1591
	威海商行（辖内）	1		2	34		36	992
	威海商行青岛分行			1			1	66
	日照银行（辖内）	1		2	23		25	593
	日照银行青岛分行			1	1		2	76
	莱商银行（辖内）	1		2	28		30	620
	东营商行	1		3	22		25	278
	德州商行	1		1	31		32	683
	济宁商行	1		1	24		25	616

续表 2

行别		法人机构数	省级分行机构数	二级分行机构数	支行机构数	支行以下分支机构数	机构数合计	正式人员数合计
		1	2	3	4	5	6	7
城市商业银行	泰安商行	1		1	24		25	780
	枣庄商行	1		1	13		14	316
	天津银行济南分行			1			1	88
	北京银行济南分行			1			1	49
	合计（全省）	14	0	28	569		597	14099
农村合作机构	山东省农村信用社（辖内）	108	1	2	105	3837	3945	45222
	山东省农村商业银行（辖内）	5			5	313	318	2556
	山东省农村合作银行（辖内）	14			14	657	671	7127
	山东省村镇银行（辖内）	6				6	6	153
	山东省资金互助社（辖内）	2				2	2	8
	青岛市农村信用社	5		1	4	160	165	2201
	青岛市农村合作银行	4			4	166	170	2224
	青岛市农村商业银行				1		1	25
	青岛市村镇银行	4				5	5	158
	合计（全省）	148	1	3	133	5146	5283	59674
其他金融机构	山东省国际信托投资公司	1	1				1	94
	海协信托	1	1				1	10
	重汽财务	1	1				1	58
	南山财务	1	1				1	30
	兖矿财务	1	1				1	35
	海尔财务	1	1				1	84
	海信财务	1	1				1	21
	中石化财务公司山东分公司		1				1	31
	华融资产管理公司		1				1	49
	长城资产管理公司		1				1	98
	东方资产管理公司		1				1	43
	信达资产管理公司		1				1	44
	中国邮政储蓄银行山东省分行（辖内）		1	16	1327	1215	2559	5122
	中国邮政储蓄银行青岛分行		1		116	132	249	901
	合计（全省）	7	14	16	1443	1347	2820	6620
外资银行	汇丰银行济南分行		1				1	35
	汇丰银行青岛分行		1		4		5	155
	南洋商业银行青岛分行		1				1	41

续表 3

行别		法人机构数	省级分行机构数	二级分行机构数	支行机构数	支行以下分支机构数	机构数合计	正式人员数合计
		1	2	3	4	5	6	7
外资银行	日本山口银行青岛分行		1				1	25
	韩亚银行青岛分行		1		2		3	56
	韩亚银行烟台分行		1		1		2	35
	企业银行青岛分行		1		1		2	35
	企业银行烟台分行		1				1	18
	新韩银行青岛分行		1		1		2	46
	渣打银行青岛分行		1		2		3	77
	东亚银行青岛分行		1		2		3	123
	瑞穗实业银行青岛分行		1				1	56
	华侨银行青岛代表处		1				1	3
	釜山银行青岛代表处		1				1	2
	合计（全省）		14	0	13		27	707
山东省合计		170	64	154	4301	8961	13480	192101

注：

1.本表不包括省外机构。

2.管辖行在青岛的机构（如中信银行烟台、威海分行和招商银行日照支行等），由青岛管辖行负责报送本行本部和山东银监局辖内的数据；农村合作银行和农村信用社数据统一由省联社填报。

3. 国有独资商业银行、政策性银行省行营业部列入“二级分行”；股份制商业银行管辖分行、直属分行视为省级分行，直属支行视同二级分行；分行营业部附属分行而不作为一个独立机构；股份制商业银行同城支行、直属支行都视为支行机构，其营业部也附属支行而不作为一个独立机构。

4.城市商业银行本部视同二级分行，其营业部附属本部而不作为一个独立机构。

5.农村信用社青岛、潍坊、莱芜 3 家市联社视为二级分行，其他 14 市办事处作为省联社派出机构，不单独进行统计；各县（市、区）联社、农村合作银行视为支行。

山东省（含青岛）上市公司情况表

项 目		本期
上市公司数		124（家）
其中：A股		121（家）
B股		6（家）
A、B股均发行		4（家）
境内、外均上市		7（家）
ST公司数		7（家）
其中：*ST公司数		0（家）
暂停上市公司数		60（家）
退市公司数		0（家）
总股本		731.14（亿股）
流通股本	1	448.07（亿股）
	1	15.68（亿股）
境内上市公司境外股		51.19（亿股）
总市值（境内）		11111.21（亿股）
流通市值（境内）		6566.15（亿股）

山东省（含青岛）融资情况表

单位：家、万元

项 目	本期		本年累计	
	家数	筹集资金	家数	筹集资金
A股				
首发	5	693550	26	2525245
配股				
增发	1	52127	9	795874
合计	6	745677	35	3321119
B股				
首发				
配股				
增发				
合计				
可转债				
境外股				
首发				
再融资				
合计				

山东省（含青岛）上市公司注册地地区分布表

单位：家

地 区	家数
济南	23
青岛	14
淄博	16
枣庄	0
东营	3
烟台	20
潍坊	14
济宁	5
泰安	4
威海	7
日照	1
滨州	6
德州	3
聊城	4
临沂	3
菏泽	0
莱芜	1
合计	124

山东省（含青岛）证券、期货中介机构情况统计表

单位：亿元

项 目	证券公司	证券营业部	期货经纪公司
公司数（家）	2		3
所属营业部（家）	177	220	27
注册资本	60.12		5.34
总资产	521.28	548.42	39.7
净资产	132.14	109.67	7.62
净资本	98.39		6.82
净利润（本年）	22.43	33.98	0.71
承销金额	1		
交易金额（本年）	6.14		
投资者资金户开户数（万户）	37284.36	33074.58	73005.89
投资者股东户开户数（万户）	333.01	562.72	
资产管理受托金额	616.72	877.67	
客户交易结算资金余额	372.05		29.66

人寿保险公司主要业务指标月报表（含青岛）

单位：亿元

项　　目	本年累计	上年同期	同比增长%
一、保费收入	732.63	577.70	26.8
1.寿险小计	662.35	521.12	27.1
2.意外伤害险小计	16.36	11.86	37.9
3.健康险小计	53.92	44.72	20.6
二、赔付支出	91.98	113.65	-19.1
1、赔款支出合计	13.06	11.43	14.3
（1）意外伤害险	3.35	2.55	31.6
（2）短期健康险	9.71	8.88	9.3
2、死伤医疗给付合计	11.09	8.96	23.8
（1）寿险	7.63	6.36	19.9
（2）长期健康险	3.46	2.60	33.4
3、满期给付合计	48.82	74.59	-34.6
（1）寿险	46.56	72.76	-36.0
（2）长期健康险	2.26	1.84	23.3
4、年金给付合计	19.01	18.67	1.8

财产保险公司主要业务指标月报表（含青岛）

单位：亿件、亿元

项　　目	本年累计	上年同期	同比增长%
一、签单数量			
二、签单保费合计			
三、保费收入合计	297.44	215.19	38.22
四、已决赔款合计			
五、赔款支出合计	136.66	114.74	19.10

注：1.签单数量为签单件数减注销保单件数后的净保单件数，按保单起保日开始统计。

2.签单保费为保单保费加批增保费减批减保费后的净额，业务上按保单起保日开始计算。

3.已决赔款按照业务上已核赔结案的赔款金额，包括业务已决财务未付和业务已决财务已付赔款金额。

第十三部分

辖内金融机构概览

中国人民银行济南分行

行领导

济南分行行长:杨子强
郑州中支行长:计承江
济南分行副行长:李亚新　李建文　刘克俭　肖龙沧　黄向庆
济南分行纪委书记:辛树人
济南分行营管部主任:陈好孟
济南分行助理巡视员:赵晓红　张胜林
地　　址:济南市经七路382号
邮　　编:250021
电　　话:(0531)86167788

办公室

主　任:刘　健
站　长:温　跃
副主任:李云山
助理调研员:张金柱　杨德政

法律事务处

处　长:王宝刚
助理调研员:张立先

货币信贷管理处

处　长:孙华荣
副处长:刁云涛　李九旭　向　珂
助理调研员:王俊豪

金融稳定处

处　长:谢　伟
副处长:郑宇明

调查统计处

处　长:葛志强
副处长:霍成义
助理调研员:宋文胜　郭忠军

会计财务处

处　长:卜又春
副处长:储稀梁
助理调研员:王智洁

支付结算处

处　长:韩媛媛
副处长:管国建
助理调研员:高阳宗

科技处

处　长:张树强
副处长:马　征　魏汝浩

货币金银处

处　长:吕　峰
副处长:贺传芬　姜雪涛
正处级监销员:叶碧林　张建超
助理调研员:李廷德　刘　冰
副处级监销员:刘祥银　姜国强

国库处

副处长:钟　玮　高兆新
助理调研员:崔　波

内审处

处　长:宋　伟
副处长:刘少顺　陈震宇

人事处

处　长:王均坦
副处长:杜树星　郭艳玲

金融研究处

处　长:彭江波
助理调研员:代金奎　李　菡

征信管理处

处　长:王富全
副处长:刘云昭　赵向东
助理调研员:崔健伊　杜晓伟

反洗钱处

处　长:张　军
副处长:王宝运
助理调研员:景　智

外汇综合处

处　长:刘　明
副处长:杨远军

国际收支处
处　长:毕德富
副处长:赵洪波　华志远

经常项目管理处
处　长:于正红
副处长:郭　强

资本项目管理处
处　长:苑治亭
副处长:刘大勇　邢庆伟

外汇检查处
处　长:李建力
副处长:康介生
助理调研员:王思建　宋立全

事后监督中心
副主任:路德国
助理调研员:李勇奇

保卫处
处　长:李新华
副处长:田恒柱
调研员:包鲁波
助理调研员:李鲁建　张学东

离退休干部处
处　长:黄　鲁
副处长:刘建平
助理调研员:李焕春

党委宣传部
部　长:王　萍
副部长:战庆欣
助理调研员:易迎春

团委
书　记:张　涛

纪委(监察室)
副书记:周少明

纪检监察一处
处　长:崔金平
副处长:赵　涛
正处级纪检监察员:胡建波　王晓莉
副处级纪检监察员:瞿秉钧　王秀杰

纪检监察二处
处　长:聂建恒
正处级纪检监察员:张　萍
副处级纪检监察员:李尚义

巡视办公室
副主任:郑录军
调研员:徐宁江　胡延河

巡视一组
组长:王文涛

巡视二组
组　长:李　瑛

机关党委办公室
主　任:李　科
副主任:李全禄
调研员:闫瑞霞

工会工作委员会
副主任:王珏琰　杨　军

工会办公室
主　任:丁延生
副主任:岳宝生
调研员:席荣健
助理调研员:唐　森

清算中心
主　任:成彩虹
副主任:檀吉波

后勤服务中心
主　任:孙柏长
副主任:李效雨
调研员:吴宝明
助理调研员:于兆波　查玉兰　王济盛

日照培训中心
主　任:禹元章
副主任:王世来

中国银行业监督管理委员会山东监管局

领导干部及职能部门一览表

局长（或其他称谓的第一负责人）			副局长（或其他称谓的同级领导）		
廖平之			解晓非　王朝弟　王晓春　刘悦芹 王忠坦　张孟军　郭宝珍　葛　彬		
地　址	济南市经二路146号		邮　编	250001	
职能部门	正职	副职	职能部门	正职	副职
办公室	黄家才	孙茂林　田太岩 曹京芝　朱　贺 耿冬冬　张　红	政策性银行和邮储监管处	鲁宝兴	吴　源　吕　彦 王素玲　王　涛
政策法规处	王洪玉	赵　滨　赵培显 王林东	非银行金融机构监管处	王丙亮	王　升　刘　新 王兆民　焦新利
非现场监管一处	秦立生	刘　青　吴　晨 常　青	统计信息处	高旺东	曲效利　刘兰设 孙　颖　房世晖
非现场监管二处	刘　薇	李春节　朱　锋 赵　恺	财务会计处	王燕平	冯子福　刘群伟
非现场监管三处	邢安锋	隋治河　王会锋 刘廷伟	人事处	艾建华	薛建波　于兆林
现场检查一处	陈向东	刘泽亮　王广新 徐志国　王　霞	监察室	王　威	王　薇　张清林 单洪芬　魏吉锋
现场检查二处	郭俊杰	贾守乔　张爱华	党委宣传部	郝　军	刘　洁　康晓冬 郑　浩　李　慧
现场检查三处	王安水	刘忠民　赵　峰 吴国胜	后勤服务中心	张　懿	许存民
城市商业银行监管处	于　雷	秦鸿鸣　王　静 谭　冰			

机构概况一览表

年度	内设职能部门数量	下设分支机构			员工总人数
		总数	地市分局数	县区监管办事处	
2006年	16	107	15	92	1098
2007年	17	107	15	92	1102
2008年	17	107	15	92	1092
2009年	17	107	15	92	1101
2010年	17	107	15	92	1106

先进集体及个人一览表

授奖单位	奖项名称	获奖集体
山东银监局	先进集体	办公室　政策法规处　非现场监管三处　现场检查一处　统计信息处　人事处
授奖单位	奖项名称	获奖个人
山东银监局	先进工作者	黄家才　王洪玉　邢安锋　陈向东　高旺东　王　威　曹京芝　赵　滨（女）　刘　青　王广新　韩咏军　刘忠民　曲效利　薛建波　崔　勇　任庆国　王立春　侯向丽　成　文　阎向阳　吴　思　王军阳　王军威　侯咏梅　祝　峰　陶文军　张文娟　陈　涛　苏　刚　吕苏越　柴大秋　唐　晓　冯　涛　胡彦东　王泰辉　张以河

中国银行业监督管理委员会青岛监管局

领导干部及职能部门一览表

局长			副局级领导		
陈育林			刘志勇　王永存　罗　中　徐　强　韩　冰　顾志晨		
地　址	青岛市市南区香港西路69号			邮　编	266071
职能部门	正职	副职	职能部门	正职	副职
办公室	李继明	曹玉华　杨惠敏　杨　芳	现场检查三处	徐建业	刘卫东　宋　崑
政策法规处	崔建伟	李书海	统计信息处	刘淑芳	阎洪岗
非现场监管一处	管　杰	徐英杰	财务处	李　雁	孙　辉
现场检查一处	沙爱红	郭　庆　王日秋	人事处	杨长德	
非现场监管二处	丰朝晖	郭维蓬	宣传部	孙仕荃	张学峰
现场检查二处	熊　薪	李锦霞　张大卫	监察室	任　静	戴恩峰
非现场监管三处	宋学明	王立中　管　颖	后勤服务中心	傅朝晖	王新娟　亓建青

机构概况一览表

年度	内设职能部门数量	下设分支机构					员工总人数		备注
		总数	地市分行数	县区支行数	分理处、营业所数	储蓄所数		正式职工人数	
2006年	14						118	107	
2007年	14						121	108	
2008年	14						129	115	
2009年	14						133	119	
2010年	14						145	129	

先进集体及个人一览表

授奖单位	奖项名称	获奖集体
山东省档案局	2009～2010 年度山东省档案管理一级先进单位	青岛银监局
《山东金融年鉴》编委会	《山东金融年鉴》优秀稿件评比二等奖	
银监会	“青春风采”中英文监管知识竞赛团体三等奖	
	五四红旗团委	青岛银监局团委
	青年文明号	政策法规处
		非现场监管二处
	文明单位	非现场监管三处
	预算编报工作先进单位	财务处
授奖单位	**奖项名称**	**获奖个人**
银监会	知识型职工先进个人	丰朝晖
	青年岗位能手	冯业伟
	信息工作先进个人	杨卫官
	优秀团干部	钟震宇
	优秀团员	刘　筱
	“青春风采”中英文监管知识竞赛最佳表现奖	金　珂
	青年论坛征文二等奖	庞洪涛

中国证券监督管理委员会山东监管局

领导干部及职能部门一览表

局长			副局长（或其他称谓的同级领导）		
徐　铁			陈家琰　陆泽峰　赵洪军（局长助理）		
地　址	济南市经七路 86 号证券大厦 13 楼			邮　编	250001
职能部门	正职	副职	职能部门	正职	副职
办公室	张兆兵	刘爱民　殷　茵	上市公司监管一处	舒　萍	姚旭东　杨冬芳
上市公司监管二处	刘振平		机构监管处	孙永文	宋彦辉　贾　蕊
期货监管处	田建功	季秋红	稽查一处	亓　兵	胡文利　杨志华
稽查二处	邵珠东	郑新胜	信息调研处	王殿祥	王德强
党务办公室	霍　丹				

机构概况一览表

年度	内设职能部门数量	下设分支机构	员工总人数
2008 年	9	0	73

续表

年度	内设职能部门数量	下设分支机构	员工总人数
2009年	9	0	73
2010年	9	0	73

先进集体及个人一览表

授奖单位	奖项名称	获奖集体
山东省人民政府	山东省金融发展贡献奖	山东证监局
中国证监会	稽查办案集体嘉奖	
授奖单位	**奖项名称**	**获奖个人**
中央金融团工委	2009年度全国金融青年服务明星	刘常建
中国证监会	稽查办案嘉奖	田建功
中国证监会工会	2008-2009年度证券期货监管系统五一劳动奖章	张兆兵

中国保险监督管理委员会山东监管局

领导干部及职能部门一览表

局　长		副局长		局长助理	
任建国		巩庆军　鲁　青		姚　飞	
地　址	山东省济南市经十路13777号五栋			邮　编	250014
职能部门	**正职**	**副职**	**职能部门**	**正职**	**副职**
办公室	赵文和	袁春艳（主任助理） 张强春（主任助理）	法制处	魏竹勇	董　静（处长助理）
财产保险监管处	许彦峰	毕　磊 蒋　河（处长助理）	人身保险监管处	冯秋勇	张咏梅（处长助理） 刘　胜（处长助理）
保险中介监管处	滕焕钦	陈丽萍	统计研究处	付国才	董　容（处长助理） 李连桂（副调研员）
人事教育处	张友道		烟台保监分局	许彦峰	李大平

机构概况一览表

年度	内设职能部门	下设分支机构	地市机构数	县区机构数	员工总人数	正式职工数
2006年	6				54	48
2007年	6				62	55
2008年	6				66	59
2009年	7				72	64
2010年	7		1		92	78

先进集体及个人一览表

授奖单位	奖项名称	获奖集体
山东省统计局	山东省部门统计先进集体	山东保监局统计研究处
授奖单位	**奖项名称**	**获奖个人**
山东省统计局	山东省部门统计先进个人	杨　建
山东省保密局	保密承诺书签定人员知识竞赛活动先进个人	孙　乾
山东省政府研究室	省政府系统优秀调研成果三等奖	王　凡

中国保险监督管理委员会青岛监管局

领导干部及职能部门一览表

局长			副局长		
宋志华			曹光中　吉立群		
地　址	青岛市东海西路 28 号龙翔广场 1 号楼 1、3-5 层			邮　编	266071
职能部门	正职	副职	职能部门	正职	副职
办公室（法制处）	刘福山	王　芹	统研处	于　晖	
财产保险监管处	林　洁	丛　旭	人教处		徐永青
人身保险监管处	郭子兴	张华虎	法制处		姜　旭
保险中介监管处		徐文刚			

机构概况一览表

年度	内设职能部门数量	下设分支机构					员工总人数	正式职工人数	备注
		总数	地市分行数	县区支行数	分理处、营业所数	储蓄所数			
2006 年	6						25	21	
2007 年	6						33	29	
2008 年	7						34	30	
2009 年	7						39	34	
2010 年	7						49	42	

国家开发银行山东省分行

领导干部及职能部门一览表

行长（或其他称谓的第一负责人）	副行长（或其他称谓的同级领导）
于泽水	于丕涛　朱慧珏　朱雪松　邹建伟

续表

地　址	济南市马鞍山路 2-1 号山东大厦 9-11 层			邮　编	250002
职能部门	正职	副职	职能部门	正职	副职
办公室（党委办公室、保卫处）	韩锡本	宫中华　于鸿飞　初　毅	客户一处	刘万新	郭振南　徐文强　张思忠
规划发展处	郝德勇	蒙乐艳　王延南	客户二处	李国颂	尹言波　黄　娜　李建国
市场与投资处	麻建生	王金田	客户三处（富民业务处）	王庆顺	耿峻　周乐平　阚忠胜
经营管理处	于　晶	张永昌　李　卉	客户四处	吕晓东	刘爱卿　左照芳　潘群峰
法律事务办公室	姜征宇		财会处（营运处）	王肖军	张耀华　蒋益南　林艳萍
国际合作业务处	翟启斌	沈　涛　王洪军　许静怡	人事处（党委组织部）	王宏伟	丁丽丽　张新海　张　岱
风险管理处	赵世伟	谷　海　于福余	信息科技处	麻建生（兼）	傅志勇
评审处	杨立申	李长江　米　岩　崔　艳　马银凤　卢美莉	纪检监察办公（审计举报办公室）	刘　冬	吕新奇

机构概况一览表

年度	内设职能部门数量	下设分支机构					员工总人数		备注
		总数	地市分行数	县区分行数	分理处、营业所数	储蓄所数		正式职工人数	
2006 年	14	0	0	0	0	0	101	101	
2007 年	15	0	0	0	0	0	130	130	
2008 年	16	0	0	0	0	0	146	146	
2009 年	16	0	0	0	0	0	161	161	
2010 年	16	0	0	0	0	0	163	163	

先进集体及个人一览表

授奖单位	奖项名称	获奖集体
山东省人民政府	山东省金融创新奖	开行山东省分行
国家开发银行	国际合作业务优秀分行	开行山东省分行
	“五五”普法先进办公室	开行山东省分行法律事务办公室

续表

授奖单位	奖项名称	获奖个人
国家开发银行	国际合作业务优秀工作者	李际洲
	优秀信贷客户经理	潘群峰
人行济南分行	2010年度山东省省级金融机构金融统计先进个人	王延南

国家开发银行青岛市分行

领导干部及职能部门一览表

行长			副行长		
白　桦			刘　新　马鲁海		
地　址	青岛市东海西路15号甲			邮编	266071
职能部门	正职	副职	职能部门	正职	副职
办公室	张艳国	张伟明	客户一处	喻志平	
规划发展处	张光旭		客户二处	唐　力	
市场与投资处	吴玉峰		客户三处	李　明	李　杨
经营管理处	纪剑明		财会处	俞　睿	
法律事务办公室	张艳国		人事处	史瑞军	
国际合作业务处	郑　凡		财会处	俞　睿	
风险管理处		宋绍滨	纪检办公室	王旭光	王海祥
评审处	姜建伟		信息科技处	纪剑明	

中国农业发展银行山东省分行

领导干部及职能部门一览表

行长（或其他称谓的第一负责人）			副行长（或其他称谓的同级领导）		
杨　杰			柳翠茹　尤志军　刘文平		
地　址	济南市经十路20908号			邮　编	250002
职能部门	正职	副职	职能部门	正职	副职
办公室	吴德轩	常宏建　段玉华	财务会计处	江胜世	张波海
资金计划处	刘贞建	张朝霞　邵玉娟	内部审计处	王志敏	吴　东
客户一处	苏　静	李本勇　亓向军	信息技术处	宋　毅	刁海涛　孟奎章
客户二处	张泮利	赵　辉　高冬青	人力资源处	司明辉	董　瑛
客户三处	杨林虎	李　琛	监察室	祝曙光	董希友

续表

职能部门	正职	副职	职能部门	正职	副职
国际业务处		李　波	机关党委、工会团委工作处	常卫东	蔡向正
信贷管理部	谢　军	张成凤　黄德友			
风险管理处	王　华	孙建波	总务处		高建刚　丁黎明

机构概况一览表

年度	内设职能部门数量	下设分支机构					员工		备注
		总数	地市分行数	县区支行数	分理处、营业所数	储蓄所数	总人数	正式职工人数	
2006年	14	141	17	124				3316	
2007年	14	141	17	124				3311	
2008年	14	124	17	107				3296	
2009年	14	124	17	107				3320	
2010年	14	124	17	107				3409	

先进集体及个人一览表

授奖单位	奖项名称	获奖集体
农发行总行	学习型银行标兵单位	泰安市分行
中国金融工会	第四届全国金融系统职工职业道德建设十佳单位	潍坊市分行
农发行山东省分行	金融服务先进集体	信贷管理处、营业部营业室、青岛市分行客户部、德州市分行客户部、聊城市分行财务会计部；泰安市、日照市、滨州市等分行；章丘市、胶南市、临淄区、滕州市、东营市、栖霞县、昌邑市、临朐县、兖州市、莒南县、文登市、东明县等支行。
省财贸金融工会	工人先锋号	烟台市分行栖霞支行
授奖单位	**奖项名称**	**获奖个人**
农发行总行	青年营销能手	王　兵　李　政　王泽选　徐　萍　王　兵　赵成江　马　涛　张茂斌　高　辉　张　鹏　李福鹏　冯　刚　张小帅　李　政　张　琪　王　珂　姚继刚　李　涛　邹军波　卞学兵　翟玉金　康荫斌　邵京京　李桂仁　许洪涛　王　镇　董廷军　孟凡强　江玉涛　李金锋　李　亚　孙宏涛
山东省财贸金融工会	优秀工会之友	巩克深
	优秀工会工作者	孙海平

续表

授奖单位	奖项名称	获奖个人
农发行山东省分行	金融服务能手	许立民 王泽选 卞胜强 姚鲁云 李继梅 周 菁 张晓华 马 涛 邢筱燕 张成刚 沈 静 张 原 古晓贞 张 鹏 刘旭民 蓝红梅 梁 艳 任 荣 郑 云 牟 鹏 张茂松 祝 秀 杜延英 程 鸣 刘亚丽 孙茂军 张圣国 孙建忠 刘广涵 张 宁 邹军波 周宣泽 肖光明 潘维利 陈锦华 邢晓光 苏婷婷 柴婷婷 孙海涛 马艳华 程 亮 朱 青 司国栋 孟 娴 付 静 张兴岭 徐晓丽 徐振超 郭 睿 张茂合

中国进出口银行青岛分行

领导干部及职能部门一览表

行长		副行长		行长助理	
侯广青		王学超 李 明		陈在维	
地 址	青岛市市南区汇泉路 17 号东海国际大厦 501 室			邮 编	266071
职能部门	正职	副职	职能部门	正职	副职
办公室	王宇辉	邹志伟	风险处	王启臣	刘秀春
公司业务一处	费安刚	彭 雷	评审处	贾 葳	盖 鑫
公司业务二处	王建新		营业部	尹兆丽	
中间业务处	纪尚斌				

机构概况一览表

年度	内设职能部门数量	下设分支机构					员工总人数	正式职工人数	备注
		总数	地市分行数	县区支行数	分理处、营业所数	储蓄所数			
2006	4	0	0	0	0	0	35	26	
2007	4	0	0	0	0	0	41	32	
2008	5	0	0	0	0	0	51	40	
2009	7	0	0	0	0	0	58	46	
2010	7	0	0	0	0	0	56	45	

先进个人一览表

授奖单位	奖项名称	获奖个人
中国进出口银行	优秀行员	刘玉娣 曹英丽 纪尚斌 徐 波 王剑弢

中国工商银行股份有限公司山东省分行

领导干部及职能部门一览表

行长			副行长（或其他称谓的同级领导）		
谷澍			董培荣（高级专家） 夏侯静波 李明 崔方春（纪委书记） 王跃民 崔中玉 徐光林 刘志刚 姚伟新（巡视员）		
地址	济南市经四路310号			邮编	250001
职能部门	正职	副职	职能部门	正职	副职
办公室（党委办公室）	郭明三	冯建军 刘瑞林 马庆东	人力资源部（党委组织部）	赵树厂	张冠军 杨夕华
机构业务部	国建苏	宋银平 蔡芳	法律事务部	李志国	张友涛
企业年金部	陈刚	梁永刚 杨健	资产负债管理部	李立民	史观明 李炬
公司业务部	刘光海	周艳 王晓刚 吴建勇 葛效谨	财务会计部	邱春	曹立军 张宁 马旺明
个人金融业务部	常德生	王晓东 姜亦寿	管理信息部	张嘉宏	石旗翔 胥茂森 李新贞
教育部（党委宣传部）	周栋	黄瑞祥 范少青	监察室（纪委）	周民志	吕建军
小企业金融业务部	姚伟新（兼）	滕海波	信息科技部	刘梅生	单锦勇 王建
住房金融业务部	刘巍	郑梅生 高洪涛	运行管理部	姜文瑞	杨旭明 王冬梅 翁志华
结算业务部	仝鲁闽	李新武 尉维 王战力（派驻银行业协会）	工会		燕鹏 史建春 于洪春 张刚（派驻银行业协会）
银行卡业务部	吕爱琴	康金忠 范家骏	离退人员管理部	王建明	王素平
电子银行部	王立刚	韩春霞	投资银行部	王培力	付忠
授信审批部	邵理瑞	赵葆华 张振华 卞宝江	保卫部	宋传军	杨志伟
信贷管理部	范炜东	崔卫东 陈国立	金融培训学校	周栋（兼）	黄瑞祥（兼）
风险管理部	傅欣	姜延军 刘明	创新管理部	陈雁心	于惠贞
内控合规部	张杰	范作磊 高培峰	私人银行分部	张卫民	孙运宽 梁永礼

机构概况一览表

年度	内设职能部门数量	下设分支机构					员工总人数		备注
		总数	地市分行数	县区支行数	分理处、营业所数	储蓄所数		正式职工人数	
2006年	26	906	16	145	517	227	19744	16329	
2007年	26	878	16	145	503	213	19744	16166	
2008年	26	872	16	299	356	200	19743	16150	
2009年	28	872	16	369	320	166	19783	16168	
2010年	28	871	16	389	305	160	20250	16331	

先进集体及个人一览表

授奖单位	奖项名称	获奖集体
山东省政府	金融创新奖	工行山东省分行
全国总工会	全国模范职工小家	工行枣庄薛城支行营业部、菏泽分行办公室
	“全国亿万职工健身活动月”先进单位	工行山东省分行营业部
中国银行业协会	中国银行业文明规范服务示范单位	工行济南泺源支行营业室、大观园支行、济南市中支行营业室
中共山东省纪委等八部委	山东省厂务公开民主管理先进单位	工行枣庄分行
人行济南分行	贯彻货币信贷政策先进单位	工行山东省分行
山东省总工会	山东省工人先锋号	工行枣庄滕州支行营业部
山东省妇联	山东省巾帼文明岗	工行枣庄滕州支行营业部
山东省人力资源和社会保障厅、山东省财政厅	山东省直管企业养老保险工作先进单位一等奖	工行山东省分行
山东省名牌战略推进委员会、山东省质量技术监督局	山东省服务名牌	工行聊城莘县支行
山东省省级机关人民防空委员会	山东省省级机关人防先进集体	工行山东省分行
授奖单位	**奖项名称**	**获奖个人**
山东省委办公厅、省政府办公厅	全省信访先进个人并荣立二等功	王建明
山东省人力资源和社会保障厅、山东省财政厅	山东省直管企业养老保险工作先进个人	张冠军　纪　峦　王　凯
山东省总工会	优秀工会之友	张建新
山东省省级机关人民防空委员会	省直人防系统先进个人	孙建军
山东省财贸金融工会	女职工建功立业标兵	蒋爱芹
	先进女职工工作者	张淑红
人行济南分行	山东省农村支付环境建设突出贡献奖先进个人	孙江涛　韩春霞
中国银行业协会	贷款新规“百佳培训师”	刘洪波
山东银联	山东省银行卡联网通用先进个人	廖一兵　孙　强　刘洪俊

中国工商银行股份有限公司青岛市分行

领导干部及职能部门一览表

行长（或其他称谓的第一负责人）		副行长（或其他称谓的同级领导）	
孙建勇		崔　勇　吴　刚　程　青　时　辉　薛德贵　乔　霞　张世英　毛　波　刘　斌	
地　址	青岛市山东路25号	**邮　编**	266071

续表

职能部门	正职	副职	职能部门	正职	副职
个人金融业务部	李　霞	周　燕　许建霞	人力资源部	赵晓滨	陈卫刚　王晓丹
公司业务部	孙风雷	王小嫣　李　崑　史　晨	创新管理办公室	赵宏伟	
机构业务部	于瑞国	陈文艳	风险管理部	洪忆民	魏　敏
结算与现金管理部	李　岩	冉庆峰	信息科技部	葛振爱	单若牛　林　浩
国际业务部	牟钟益	宋建军　刘　洁	法律事务部	王迎春	
电子银行部	张　懿	王晓舟	内控合规部	宫　波	张维国　朱美珍
银行卡业务部	于清泉	陈汉启　冯宇伟	小企业金融业务部	李维国	刘作涛
授信审批部	陈　兵	郭　斌　杨　羊　杨笑平	住房金融业务部	李　欣	李振华
信贷管理部	周庆堂	姚　鸿　王　毅	企业文化部	王春光	李志林　卢永霞
监察室	傅　炬	张建青	营业部	曲国瑞	
办公室	张　玮	宋胜军　常风华　张卫华　刘　彤	金融学校	潘书芳	
管理信息部	刘　坚	王　青	运行风险监控中心	郑　红	
财务会计部	张　磊	何　杰　尚　琨　哈　彦	现金营运中心	王　伟	
运行管理部	解　芳	游　焱　陈　馨　解维实	业务处理中心	朱振美	逄文良
工会办公室	王金忠	张　爽	远程授权中心	顾永高	迟焕卫
保卫部	韩　强		离退休人员管理服务中心	王洪顺	

机构概况一览表

年度	内设职能部门数量	下设分支机构					员工总人数	正式职工人数	备注
		总数	地市分行数	县区支行数	分理处、营业所数	储蓄所数			
2006年	19	116	1	25	40	50	3105	2777	
2007年	23	112	1	31	36	44	3097	2702	
2008年	23	112	1	44	27	40	3147	2697	
2009年	24	112	1	50	26	35	3210	2735	
2010年	25	111	1	52	25	33	3289	2742	

先进集体及个人一览表

授奖单位	奖项名称	获奖集体
工行总行	应税事务合规性建设先进单位	工行青岛市分行
	远程授权改革优秀组织奖	
	网讯工作先进单位	
	结算与现金管理经营业绩创新奖	
	公司客户经理营销技能比赛决赛团体二等奖	
	全球信息资讯平台工作先进单位	

续表

授奖单位	奖项名称	获奖集体
工行总行	工银 TOP100 菁英赛优秀团队	工行青岛市分行、高科园支行
	世博与亚运金融服务先进单位	香港中路阳光支行、市南二支行营业部
	中国工商银行文明单位	胶南支行
	精神文明建设工作先进单位	开发区支行
	全国级青年文明号	威海路支行
	信贷工作先进集体	小企业金融业务部
	综合统计工作先进单位	管理信息部
	商品融资业务先进单位	台东支行
	远程授权改革先进集体	运行管理部、信息科技部、远程授权中心、山东路支行、贵州路支行
	监督体系暨会计档案影像管理改革先进集体	运行管理部、信息科技部、运行风险监控中心、市南支行
	学习型组织先进单位	胶南支行
	学习型组织先进班组	香港中路阳光支行
中国银行业协会	中国银行业文明规范服务千佳示范单位	香港中路阳光支行、市南二支行营业部
	贷款新规百佳培训机构	工行青岛市分行金融培训学校
授奖单位	**奖项名称**	**获奖个人**
工行总行	世博与亚运金融服务先进单位和先进个人	张玉梅　赵　芳
	中国工商银行电子银行十年杰出贡献奖	张　懿
	青年岗位明星	高以波　司　琳　张　璐　朱晓青
	统计工作突出贡献个人	邹德隆
	工银财富 TOP100 菁英赛优秀个人	朱晓青　李志雷
	结算与现金管理综合贡献先进个人	赵晓莉　韩　慧　刘通俊
	资金集中管理改革先进个人	丁　宁　王潇玥
	商品融资业务先进个人	李　刚　窦　斌
	知识型员工先进个人	丁海燕　王　全
	网讯先进工作者	王　青　徐文兴
	中年员工业务技能比赛二等奖	王昭君
共青团山东省委	第十一届全国运动会志愿服务优秀志愿者	吴海滨

中国农业银行股份有限公司山东省分行

领导干部及职能部门一览表

行长（或其他称谓的第一负责人）	副行长（或其他称谓的同级领导）
陈　军	张晓男　胡晓毅　杨国月　王增辉

续表

地 址	山东济南市经七路 168 号			邮 编	250001
职能部门	正职	副职	职能部门	正职	副职
农村产业金融部	于贻胜	孔令军 周宇宏	内控合规部	周传悦	崔传宝 高海霞
农户金融部	郑家圣	艾明斌	法律事务部	张永庆	史 涛
三农信贷管理部	王新华	李联盟	资产负债管理部	刘洪顺	
公司业务部	马景明	王殿臣 王海笑	财务会计部	马 林	许永增
机构业务部	宋红光	唐爱东 季光辉 潘 勐	运营管理部	孙建军	田 芳
房地产信贷部	王延东	水保泽	信息技术管理部	宋传杰	刘文浩 陈 鹏
国际业务部	荆沂萍	张常晟 张兆杰	结算与现金管理部	邵静河	田树江
大客户部	马志军	李 杰	办公室	郑祖刚	赵崇民 梁 健
个人金融部	肖士杰	王绪祥 王凤久 王有强 赵洪亮	人力资源部	李新民	李锋刚 郝新民 董洪秋
信用卡中心	李佃福	王冬梅	监察部	刘纯泉	刘 军
电子银行部	王彦林	马年喜	安全保卫部		郑进波
风险管理部	刘华照	宋秀峰	工会委员会办公室	齐呈云	梁素萍
信贷管理部	陈贵江	方高鸣	总务部	王 刚	李宏伟
资产处置部	刘东升	刘 健 崔艾红	培训学校	戚传志	陈忠斌

机构概况一览表

年度	内设职能部门数量	下设分支机构					员工总人数		备注
		总数	地市分行数	县区支行数	分理处、营业所数	储蓄所数		正式职工人数	
2006 年	21	1559	16	255	1120	168	23571	23571	
2007 年	21	1547	16	301	1073	157	26775	23326	
2008 年	23	1507	16	305	1057	129	26671	23202	
2009 年	26	1438	16	310	1029	83	27076	23069	
2010 年	27	1422	16	314	1019	73	27140	22830	

先进集体及个人一览表

授奖单位	奖项名称	获奖集体
山东省政府	工业应对金融危机保增长工作突出贡献单位	农行山东省分行公司业务部
中国企业联合会	第十七届国家级企业管理现代化创新成果奖	农行山东省分行
山东省企业联合会	2010 年度山东省企业管理现代化创新成果奖	

续表

授奖单位	奖项名称	获奖集体
中国中小企业协会	2010 年度优秀中小企业服务明星大奖	潍坊分行
金融工会	全国模范职工之家	济南历城支行
省人社厅、省财政厅	2009 年度省直管企业养老保险工作先进单位	农行山东省分行
中国人民银行济南分行	2010 年度山东省省级金融机构金融统计先进集体	农行山东省分行
	2010 年山东省农村支付环境建设综合优胜奖	
	2010 年山东省农村支付环境建设业务创新奖	烟台分行、潍坊分行 济宁分行、临沂分行
中国农业银行	对公业务 20 佳优秀营销项目	农行山东省分行公司业务部
	资产处置工作先进单位	济宁分行资产处置部
	资产处置工作基础管理先进单位	农行山东省分行资产处置部 烟台分行资产处置部
	2007-2009 年度法律工作先进单位	农行山东省分行法律事务部
	财会管理综合改革先进集体	农行山东省分行财务会计部
	运营管理先进集体	农行山东省分行营业部
	资金管理体制改革先进集体	农行山东省分行
	信用卡新增有效客户贡献奖	
	2009 年信用卡工作先进集体	农行山东省分行信用卡中心
	2010 年产品创新成果奖	农行山东省分行
	2009 年度劳动人事统计工作先进单位	农行山东省分行人力资源部
	2009 年度党内统计全优报表单位	农行山东省分行党委组织部
	全国农行文明单位	寿光市支行
	百家先进支行	
	精神文明建设先进单位	安丘市支行
	职工职业道德建设十佳单位	中国农业银行滨州分行
	职工职业道德建设十佳班组	临沂银雀山支行
	第三届柜台业务技术比赛团体第一名	农行山东省分行
	女职工文明示范岗	青州市支行营业部、邹平县支行营业部、济宁任城支行营业室
	2009 年度国际业务先进支行	烟台经济技术开发区支行 邹平县支行
	2009 年度先进国际业务部	农行山东省分行国际业务部
授奖单位	**奖项名称**	**获奖个人**
山东省政府	工业应对金融危机保增长工作突出贡献个人、三等功	王殿臣

续表

授奖单位	奖项名称	获奖个人
全国金融工会	全国金融青年服务明星	宫宁艳
中国人民银行济南分行	2010 年度山东省省级金融机构金融统计先进个人	韩 菲
	2010 年山东省农村支付环境建设突出贡献奖	陈 军 娄 群 闵令民 李衍成
中国农业银行	运营管理先进个人	王 维 王万勇 宋提才 王莉梅
	优秀柜员	张艳华 姜 宏 王立志 张乐光 张 晶 刘 春 张兰玉 李 逗 李兰升
	全行资金管理体制改革先进个人	王龙民 魏 宁 王生元
	2009 年度 “当好主力军，为实现 3510 目标建功立业” 竞赛活动十大标兵	麻新华
	2010 年度金钥匙管理明星	战 捷
	2010 年度金钥匙春天之星	姜丽清
	2009 年信用卡工作先进个人	李立勇 宋红光 张 霞 陈 勇 张兴宏
	贷后管理先进个人	刘玉敢
	风险管理先进个人	颜 斌
	第一届产品创意大赛一等奖	刁钦义 杨国月 王延东 于贻胜 周传悦 田树江 田 勇 梁 峰 邵 焱 王锦苗 毛颖新 孙小冉
	产品创新成果奖二等奖	刁钦义 杨国月 王增辉 王延东 于贻胜 周传悦 田树江 水保泽 田 勇 梁 峰 邵 焱 贺继国 王锦苗 毛颖新 孙小冉
	全国农行系统对公业务百名优秀客户经理	吴健伟
	资产处置工作先进个人	孙兴峰 刘宗良 李 强 韩怀德
	资产处置百佳清收标兵	徐朝辉 苏 杰 聂绍辉 侯新庆
	2007-2009 年度法律工作先进个人	史 涛 张爱芳
	财会管理综合改革先进个人	许永增 刘 江
	新核算与报告系统研发工作重大贡献先进个人	许永增
	行新核算与报告系统研发工作先进个人	邢 星
	2009 年度劳动人事统计工作先进个人	郭 欣
	优秀共青团员	刘 芳（滨州）
	百家优秀支行行长	李衍成
	百名优秀行长	张俊生

续表

授奖单位	奖项名称	获奖个人
中国农业银行	青年服务明星	宫宁艳
	柜台业务技术能手	宫宁艳　王晓东　周红云 牛　霞　陈　骞　于晓燕
	职工职业道德建设十佳标兵	张俊生
	住房金融与个人信贷业务先进个人	杨　军
	2009 年度国际业务先进个人	顾淼淼　付存东　姚荣国　王冬青

中国农业银行股份有限公司青岛市分行

领导干部及职能部门一览表

行长（或其他称谓的第一负责人）			副行长（或其他称谓的同级领导）		
王志胜			王延磊　于　东　兰卫东　毕吉宝		
地　址	青岛市市南区山东路 19 号			邮　编	266072
职能部门	正职	副职	职能部门	正职	副职
综合管理部	殷慧剑	江华东　杨文丽 丁建华	资产处置部	崔云鹤（负责）	王洪波
财务会计部	钱　宾	鞠石红　毛　晖	信用卡中心	刘晓国	吴　凯
风险管理部	赵　明（负责）		国际业务部	陈贵希	陆立波
内控合规部	陈　玉	王　杰	信息技术管理部	李　莉	程谋广　张　琳
结算与现金管理部	秦作强		电子银行部	唐明志(副总经理主持工作)	刘元才
运营管理部	王　军	林君祥	人力资源部	孙文秀（负责）	
公司业务部	邹　莉	韩　旭　朱庆良	工会办公室	邵　淳	
机构业务部	姜瑞梅	孙文艳　刘春雷	监察部	张爱国（负责）	邵世利
个人金融部	刘中华	李　怡　肖珍凤 李　春	安全保卫部	王　岳	
三农金融部	左书波	孙祝平	培训学校	于洪庆	
房地产信贷部	杨一宁	杜相国	大客户部	徐　慧(副总经理主持工作)	
信贷管理部	张占勇	孙智华　顾文杰			

机构概况一览表

年度	内设职能部门数量	总数	县区支行数	分理处营业所数	储蓄所数	员工总人数	正式员工人数	备注
2006 年	23	203	21	139	43	4218	3522	4

续表

年度	内设职能部门数量	总数	县区支行数	分理处营业所数	储蓄所数	员工总人数	正式员工人数	备注
2007年	23	201	21	139	41	4355	3659	4
2008年	24	195	25	134	36	4182	3438	8
2009年	23	190	26	134	30	4172	3411	9
2010年	23	190	36	125	29	4114	3409	19

注:1. 备注栏数字为二级支行数量，包含在县区支行数中；机构总数中不包括分行。
2. 员工人数含内退员工。

先进集体及个人一览表

授奖单位	奖项名称	获奖集体
中国农业银行	第三届职工职业道德建设先进单位	青岛市南第三支行
	第三届职工职业道德建设先进班组	青岛城阳支行营业部
	先进工会委员会	青岛市北第二支行
	资产处置工作先进单位	青岛市分行资产处置中心
	第五届全国农行精神文明建设工作先进单位	青岛四方支行
	办公室系统先进单位	青岛市分行综合管理部
授奖单位	**奖项名称**	**获奖个人**
中国农业银行	先进工会积极分子	刘　芳
	资产处置工作先进个人	闫志波
	资产处置百佳清收标兵	王　勇
	风险管理工作先进个人	仲昭刚
	办公室系统先进个人	丁建华

中国银行股份有限公司山东省分行

领导干部及职能部门一览表

行长（或其他称谓的第一负责人）			副行长（或其他称谓的同级领导）		
何兴祥			张维克　李　光　王　军　王锡峰　孟和平　隋春玲　王仁堂　葛春尧		
地　址	青岛市香港中路59号			邮　编	266071
职能部门	正职	副职	职能部门	正职	副职
办公室	陈　杰	刘　晓　曹淑清	人力资源部	景在伦	刘爱梅　刘耕新
财务管理部	薛广义	左文莉　景席见　刘学海	风险管理部	李元作	夏　捷　张　剑　冯传亮

续表

职能部门	正职	副职	职能部门	正职	副职
公司业务部	孙　政	孙少军　邹　伟　陈大来　董军峰	个人金融部	张晓明	毛　春　尹云岳　徐国华
金融机构部		吴　琳	银行卡部	窦鲁生	邱国辉
授信执行部	窦德尹	于开强　孙　筠	国际结算部	李海英	张乐君　张　颖　盛　开　孙志伟
资金业务部	周　宏	许建国	票据客服部	李汇川	孙庆洲　范延明
收付帐务部	王建光	郑悦超	营业部	张利刚	逄　静　赵　芃　于芳华
电子银行部	张　麟	朱　杭	信息科技部	杨　斌	张　明　王奎兴
稽核部	裘晓莉	翟玉林　王洪军　邓德旭	监察部		李良勇
法律与合规部	肖建华	朱　兵　刘海斌	保卫部		张文华
总务部	张绍国	王文琼	党务工作部	王启贵	
工会	吴修海	王　艳	私人银行部（青岛）/财富管理中心	陈　健	关　丽
中小企业部	霍小雁	潘洪峰	国内结算与现金管理	赵宏春	杨朝霞

机构概况一览表

年度	内设职能部门数量	下设分支机构					员工总人数		备注
		总数	地市分行数	县区支行数	分理处、营业所数	储蓄所数		正式职工人数	
2006 年	22	654	16	214	420	4	15357	12891	机构数量不含省行本部
2007 年	23	600	16	226	358	0	15555	12832	
2008 年	23	592	16	262	314	0	15749	12852	
2009 年	26	592	16	388	188	0	16780	13493	
2010 年	27	592	16	508	68	0	17909	14130	

先进集体及个人一览表

授奖单位	奖项名称	获奖集体
共青团中央	全国“青年文明号”	中行淄博桓台支行、青岛香港路支行、山东省分行营业部对私业务团队、淄博分行营业部、东营分行西城支行、威海荣成支行营业部、烟台招远支行
中国金融工会	中国金融系统职代会制度建设示范单位	中行烟台分行
中行总行	中行第二届职工职业道德建设先进单位	中行东营分行、青岛胶州支行、东营邹平支行
	中行第二届职工职业道德建设先进班组	中行山东省分行个人金融部零售贷款中心、日照莒县支行、烟台开发区支行
山东省财贸金融工会	山东省财贸金融系统“工人先锋号”	中行泰安分行工会
	山东省财贸金融系统建功立业标兵岗	中行山东省分行国际结算部
授奖单位	**奖项名称**	**获奖个人**
中行总行	中国银行第二届职工职业道德建设先进个人	庞新锋　田　勇　张雅琴

续表

授奖单位	奖项名称	获奖个人
山东省财贸金融工会	建功立业标兵	陈培培　刁珊珊
	先进女职工工作者	宋丽娟

中国建设银行股份有限公司山东省分行

领导干部及职能部门一览表

行长（或其他称谓的第一负责人）			副行长（或其他称谓的同级领导）		
彭洪明			张维国　刘振奇　路　民　李建平　楚孔用　葛王杰　朱治昌（行长助理）		
地　址	山东省济南市泺源大街 178 号			邮　编	250012
职能部门	正职	副职	职能部门	正职	副职
办公室	滕赶远	修志栋　窦永密　徐秀华	人力资源部	范传东	车文静　李　东
计划财务部	姜永东	李　波　管春阳	会计部	赵寿凤	魏　民　孙清波
风险管理部	尹承业	郭　华　马　静　傅　薇	信贷审批部	王玉成	李　庆　陆爱民
公司业务部	陈庆民	陈海东　孙建东　赵　亮	集团客户部	吴洪臣	刘佳友　刘　双　李云磊
机构业务部	赵月年	孙永荣　隋岳峰　张　丽	投资银行部	周荣江	王广福　姜之东　李骁军
国际业务部	焦守铭	刘　莹	个人金融部	孙　娜	鲍金磊　刘　庆　石尚哲
住房金融与个人信贷部	陈　岩	李海文　李　明	信用卡中心	刘良军	刘建伟　于　谦
资产保全部	冯元照	刘海军	信息技术管理部	王宪明	谭　明　张军明　石　磊
信息中心	段作民	王连军　王超军	营运管理部	王心红	宇　刚　田福涛　姜作文　郑立华
电子银行部	李薇华	栾英伟　刘军政　杨文革	法律合规部	孙宁杰	于同会　赵锡功　姬红艳　王永兰
纪检监察部	朱继震	闫新华　秦绪芬	安全保卫部	张学岗	刘延平　任　军
企业文化部	靳晓海	康跃栋	离退休人员管理部	颜廷安	戴智忠　崔政文
造价咨询中心	范玉庆	王　平　朱春生　王肇广	培训中心	马卫东	马振军

机构概况一览表

年度	内设职能部门数量	下设分支机构					员工总人数		备注
		总数	地市分行数	县区支行数	分理处、营业所数	储蓄所数		正式职工人数	
2006 年	27	798	15	276	459	46	20665	16949	

续表

年度	内设职能部门数量	下设分支机构					员工总人数	正式职工人数	备注
		总数	地市分行数	县区支行数	分理处、营业所数	储蓄所数			
2007 年	27	790	15	294	437	42	20659	16801	
2008 年	26	773	15	308	410	38	20656	16730	
2009 年	26	772	15	341	378	36	20652	16585	
2010 年	27	771	15	370	352	32	20650	16482	

先进集体及个人一览表

授奖单位	奖项名称	获奖集体
省委宣传部	山东省优秀职工思想政治工作研究会	建行山东省分行职工思想政治工作研究会
省总工会、省经信委、省国资委、省工商联	山东省社会主义劳动竞赛先进班组	建行济南高新支行营业室
人行济南分行	金融网安全运行管理暨银行业信息安全优秀单位	建行山东省分行
	2010 年山东省农村支付环境建设优秀组织奖	
	2010 年山东省农村支付环境建设业务创新奖	建行招远支行
	2010 年度山东省省级金融机构金融统计先进集体	建行山东省分行信息中心
中国诚信万里行活动委员会	全国服务质量满意单位	建行山东省分行
总行团委	“爱岗位、比贡献、当能手”活动优秀组织奖	建行山东省分行团委
授奖单位	**奖项名称**	**获奖个人**
共青团中央	全国金融青年服务明星	于　红
中央金融团工委	2010 年度“全国金融青年服务明星”	于　红
人行济南分行	2010 年山东省农村支付环境建设突出贡献奖	张厚起　张　宏
	2010 年度山东省省级金融机构金融统计先进个人	宋晓杰
中国银联山东分公司	2010 年度山东省银行卡联网通用先进个人	王宪明　王立刚

中国建设银行股份有限公司青岛市分行

领导干部及职能部门一览表

行长（或其他称谓的第一负责人）			副行长（或其他称谓的同级领导）		
郭英辉			王士清　郭中华　刘从正　张新华　刘津南　陈庆辉　崔凤芹　孙剑波（行长助理）		
地　址	青岛市市南区贵州路 71 号		邮　编	260001	
职能部门	正职	副职	职能部门	正职	副职
办公室	郭少林	李　航　郭　扬	住房金融与个人信贷部	孙海燕	李　兵

续表

职能部门	正职	副职	职能部门	正职	副职
人力资源部	孙剑波（兼）	孙 岩 赵 霞	信用卡中心	肖钢元	杨万林
计划财务部	周兆华	陈玉芳 王中浩 胡剑波	资产保全部	纪玉进	杨清阁
会计部	邓丰庆	夏岩红	信息技术管理部	许 宏	
风险管理部	杨宝晨	于立新 韦 华	营运管理部	隋士叁	郭显平 纪淑芹 高 蕾 于乃仁
信贷审批部	许乐余	曲振刚 许 涛	电子银行部	马文涛	郝丽红
总审计室		赵 峥 袁 刚	法律合规部	李少光	郭玉祥
公司业务部	张雪松	吕安民 单正鑫 赵 骞	纪检监察部	李信波	宋相勇 毛元菊
小企业经营中心	刘建青	尹 颖	安全保障部	王翠萍	杨书荣 万升昌
票据贴现中心	陈守琦	王可伟	企业文化部	潘明伟（兼）	黄 娉
投资银行部	张清江		离退休人员管理部	丛树平	梁 兵 丁元荣 梁 红
机构业务部	衣华为	张秀明	工会工作委员会	潘明伟	秦纪山 于兵兵
国际业务部	缪如林	徐文娟 欧阳杰 和文婷	造价咨询中心	李日江	孙先国 陈 静
个人金融部	肖 蘅	初顺起 李洪涛 官长缨 曹延明 吴 静	营业部	高昱	王兴华 于淑慧

机构概况一览表

年度	内设职能部门数量	下设分支机构					员工总人数		备注
		总数	地市分行数	县区支行数	分理处、营业所数	储蓄所数		正式职工人数	
2006 年	26	107	0	28	40	39	2861	2202	
2007 年	26	107	0	35	33	39	2879	2220	
2008 年	26	107	0	38	30	39	3175	2651	
2009 年	26	107	0	43	26	38	3175	2666	
2010 年	27	107	0	44	25	38	3255	2912	

先进集体及个人一览表

授奖单位	奖项名称	获奖集体
共青团中央	全国“青年文明号”称号	95533 客户服务中心、青岛市南三支行、贵州路支行、高科园支行、海尔路支行、市北支行房贷部
中华全国总工会	模范职工小家	海尔路支行
山东省援川工作指挥部	“援川先进集体”	造价咨询中心

续表

授奖单位	奖项名称	获奖集体
建行总行	总行级“青年文明号”	青岛市分行营业部、胶南支行珠海中路分理处、李沧支行国际业务部、市南支行营业部专柜
	“爱岗位、比贡献、当能手”青年主题活动组织奖	胶州支行团支部
	小企业金融服务先进集体	胶州支行
	模范职工之家	海尔路支行
	总行国际业务贸易融资最佳营销集体奖	保税区支行
	“民本通达”综合金融服务二级分支机构先进集体奖	
	2010 年度中国建设银行百佳理财中心	李沧支行专柜理财中心、海尔路支行
	零售网点“一代转型”先进集体	李沧支行专柜
	2010 年度中国建设银行百佳网点	
	“提高质量、提升收益活动”质量管理奖	青岛市分行
	“创新服务助安居 夯实基础促发展”建功立业竞赛活动“贷后管理优胜奖”	
	资金结算业务营销竞赛活动先进集体	城阳支行会计结算部
	中国建设银行世博亚运金融服务与安全运营保障工作团队奖	信息技术管理部运行团队
	创新金融服务，支持经济发展先进集体	平度支行
	旺季营销百佳网点	海尔路支行
	总行电子银行业务技能竞赛分区赛三等奖	电子银行部营销团队
	总行电话银行业务“五项技能”竞赛团体知识竞赛二等奖	分行 95533 客户服务中心
	住房金融惠民服务百佳机构	市北支行、胶州支行
授奖单位	**奖项名称**	**获奖个人**
山东省公安厅	个人二等功	张新华
建行总行	“建行突出贡献奖”	蔡永健
	第八届“建行十大杰出青年”提名奖	丁亚男
	百佳委派营业主管	隋德雨
	2009～2010 年度总行级青年岗位能手	张瑞清　徐振哲
	“建行青年服务明星”	王纪韬
	金融统计数据集中与信息整合工作先进个人	肖　萍　李　琼
	先进工会干部	杨彩翎
	《建设银行报》优秀通讯员	陈　磊　程　翔　栾廷杰
	资金结算业务营销竞赛先进个人	王爱荣　刘丽丽　刘双燕
	优秀风险经理	陈　立　刘志康
	“优秀团干部”	栾桂林
	小企业金融服务先进个人	陈焕焱　宫钦良

续表

授奖单位	奖项名称	获奖个人
建行总行	“支持中小企业”先进个人	尹 颖
	零售网点“一代转型”先进个人	张希华 韩同蕾
	建行百佳个人业务客户经理	甄君侠 周慧颖 李光江 刘津津
	“条线总动员，业务全体验，联动营销活动擂台赛销售明星”	赵 洁 解莎莎
	建行世博亚运金融服务与安全运营保障工作明星奖	吴 辰 赵 剑 陈 磊 甄君侠
	“年度个人存款突破四万亿劳动竞赛增储能手”	马忠元
	“创新金融服务，支持经济发展”建功立业竞赛活动先进个人	杨德强
	“创新金融服务，支持经济发展，建功立业竞赛活动营销能手”荣誉称号	刘呈祥
	“创新贸易融资服务支持外贸发展建功立业竞赛活动”建功立业先进个人	陶 冬
	“八一工程”组织推动先进个人	衣华为
	“八一工程”营销拓展先进个人	徐 海 李 鹏 荆永浩 陈焕焱
	“创新服务助安居 夯实基础促发展”市场拓展能手	李 静 王启修
	“创新服务助安居 夯实基础促发展”住房金融惠民服务明星	管 华 于建波
	“创新服务助安居 夯实基础促发展”创新能手	李艳琴
	“创新服务助安居 夯实基础促发展”贷后管理能手	钱 锋 苗丰顺 李 丹
	“创新服务助安居 夯实基础促发展”房金服务标兵	李 丹 于海东
	信用卡催收百日竞赛活动	杨万林
	建功立业主题竞赛活动“发卡营销能手”	隋海英
	建功立业主题竞赛活动“客户服务明星”	杨 威
	建功立业主题竞赛活动“催收服务明星”	朱维萍
	建功立业主题竞赛活动“征信审核服务明星”	王 莅
	建功立业信息安全知识竞赛活动	于石诚
	总行电子银行业务技能竞赛优秀组织者	马 健
	总行电子银行信息宣传先进个人	
	总行电子银行业务技能竞赛初赛先进个人	丁亚男
	总行电子银行信息宣传先进个人	
	总行电话银行业务“五项技能”竞赛 业务知识竞赛二等奖	姜 婧
	总行电话银行业务“五项技能”竞赛 系统工具应用能力竞赛二等奖	
	总行电话银行业务“五项技能”竞赛 案例分析竞赛三等奖	谈 睿

续表

授奖单位	奖项名称	获奖个人
建行总行	总行电话银行业务“突出贡献奖”暨“百佳座席员”竞赛 优秀管理员	刘向丽
	总行电话银行业务“突出贡献奖”暨“百佳座席员”竞赛 百佳座席员	雯 艳 陈 爽

交通银行股份有限公司山东省分行

领导干部及职能部门一览表

行长（或其他称谓的第一负责人）			副行长（或其他称谓的同级领导）		
王 锋			黄家栋 董 莹 叶 宁 胡 翔 王 磊		
地 址	济南市共青团路 98 号			邮 编	250012
职能部门	正职	副职	职能部门	正职	副职
办公室	吴晓娟	王赤梅	投资银行部	王卫刚	
人力资源部	曹 真	丁绍波	会计结算部	任传勇	李红雨 朱 君
资产负债部	刘 卫		授信管理部	刘 宏	
预算财务部	聂伟才	张新丽 王红晓	风险管理部	鲍 峰	孙泽京 陈维福 阎济萍
公司机构业务部	李耕深（兼）	马 波	审计部	梁发强	
国际业务部	夏向军	张立华 张守红	法律合规部	赵纪庆	李锡军
大客户一部	穆晓达	周 静 张 玮	信息技术管理部	张庆文	王卓如
大客户二部	徐功福	安 波	电子银行部	刘成同	李保军
大客户三部	王 群	张 炜	督查组	姜式经	孙卓臣 张 勇
大客户四部	王云龙	郭书柱 沙卫波	监察室	赵 岩	
大客户五部	李耕深（兼）	李纯东	保卫部	魏海毅	
资产保全部	祝传芳		工会办	郭 挺	
个人金融业务部	祝 威	刘欣红	行政部	夏学军	楚增明
零售信贷管理部	倪 扬	吴连柏			

机构概况一览表

年度	内设职能部门数量	下设分支机构					员工总人数	正式职工人数	备注
		总数	地市分行数	县区支行数	分理处、营业所数	储蓄所数			
2006 年	19	154	7	128	14	5	3132	2754	
2007 年	20	152	7	127	13	5	3224	2815	
2008 年	20	152	7	139	3	3	3295	2901	
2009 年	21	151	7	141	3	0	3220	3003	
2010 年	22	138	8	130	0	0	3239	3027	

先进集体及个人一览表

授奖单位	奖项名称	获奖集体
交行总行	2010 年度投行业务创新奖三等奖	交行山东省分行
中国银行业协会	2010 年度全国千佳规范服务示范单位	交行济南舜玉支行、威海张村支行、泰安分行营业部
交行总行审计部	2010 年度审计工作先进单位	交行山东省分行审计部
交行总行办公室	2010 年度行务信息先进单位	交行山东省分行办公室
交行总行托管部	新型托管创收团体奖	交行山东省分行公司业务部
交行总行信用卡中心	第二届信用卡业务知识竞赛团体优胜奖	交行山东省分行个人金融业务部
交行总行工会	2010 年交通银行职工文艺汇演特等奖	交行山东省分行
交行总行世博办	世博金融服务三等奖	交行山东省分行个人金融业务部
人行济南分行	2010 年度山东省省级金融机构金融统计先进集体、山东省金融网安全运行管理暨银行业信息安全工作优秀单位	交行山东省分行
授奖单位	**奖项名称**	**获奖个人**
交行总行	交通银行优秀纪检监察干部	赵 岩
	总行十佳 IT 服务明星	周 超
中国金融工会	全国金融系统首届职工运动会乒乓球比赛团体冠军成员	闫 辉 崔小贝
交行总行公司部	2010 年公司客户服务方案比赛最佳个人风采奖、优秀服务方案三等奖	高 蕊
交行总行托管部	新型托管如虎添翼明星客户经理奖（季度）	米振欣 姜洪英 吕春凯 董永卫
交行总行办公室	行务信息组织优秀奖	吴晓娟
	行务信息优秀信息员	李宝平
交行总行世博办	世博金融服务个人二等奖	王赤梅
交行总行团委	技能类“青年岗位能手”称号	李玉萍
	营销类“青年岗位能手”称号	杨 冬
交行总行工会	2010 年度“交银杯”劳动竞赛先进个人组织奖	郭 挺
交行总行国际部	“单证之星”三等奖	于泽慧
交行总行审计部	2010 年审计监督劳动竞赛一等奖	王学群 贾 君
	2010 年审计监督劳动竞赛三等奖	葛英莉
交行总行信用卡中心	第二届信用卡业务知识竞赛团体优胜奖成员	娄艳丽 钱 政 孙宜花
人行济南分行	2010 年度山东省省级金融机构金融统计先进个人	刘政君
山东省财贸金融工会	山东省财贸金融系统建功立业标兵	尹婷婷

交通银行股份有限公司青岛分行

领导干部及职能部门一览表

行长（或其他称谓的第一负责人）			副行长（或其他称谓的同级领导）		
陆　涛			徐建民　杨　勇　刘鹏涛　王纪铭　王立中		
地　址	青岛市市南区中山路 6 号			邮　编	266001
职能部门	正职	副职	职能部门	正职	副职
办公室	于海龙		授信管理部	闫　萍	
人力资源部	崔海平		风险监控部	韩向红	王向华
资产负债部	邱法义	戚　静	审计部	于茂兴	
预算财务部	李惠明	盖红军	法律合规部	赵振杰	
公司业务部	徐春田	赵　民　张晓华　孙晓波	信息技术管理部	许楷峰	彭振勇
国际业务部	刘春红	王君秀	电子银行部	牟　宏	
资产保全部	黄　健		监察室	杨慧琴	
个金业务部	杜　勇	刘剑平	工会办公室	张伟伟	
零售信贷部	李玉荣	盛　亮	保卫部	贺茂印	
会计结算部	史　宏	鞠向海	总务部	封锡荣	

机构概况一览表

年度	内设职能部门数量	下设分支机构					员工总人数		备注
		总数	地市分行数	县区支行数	分理处、营业所数	储蓄所数		正式职工人数	
2006 年	19	58	1	24	15	18	1136	887	
2007 年	20	58	1	24	15	18	1188	936	
2008 年	20	58	1	26	13	18	1223	972	
2009 年	20	58	1	57	0	0	1236	980	
2010 年	20	58	1	57	0	0	1250	1085	

先进集体及个人一览表

授奖单位	奖项名称	获奖集体
中国金融工会	全国金融系统女职工文明示范岗	市南一支行对公营销团队
交行总行	交通银行第四届文明单位	市南一支行
	交通银行“会计工作示范行”实践案件优秀奖	会计结算部、四方支行
	交通银行档案综合管理一级达标单位、贷后管理达标示范行	交行青岛分行
	2010 年度交通银行行务信息工作先进单位	办公室
	十佳安全生产保障团队、十佳 IT 服务团队	信息技术部
国家外汇管理局	国际收支统计之星先进单位	国际业务部

续表

授奖单位	奖项名称	获奖集体
山东省劳动局	省直管企业基本养老保险先进集体	交行青岛分行
人行青岛市中支	2010年度青岛市金融统计工作二等奖	
	青岛市金融机构反洗钱工作自律评估A级行	
授奖单位	**奖项名称**	**获奖个人**
中国金融工会	第四届全国金融系统职工职业道德先进个人	张　萍
交行总行	交通银行法律合规风险管理十佳个人	赵　杰
	交通银行十佳风险经理	熊　燕
	交通银行知识型职工标兵	宋　猛
	交通银行世博金融服务个人二等奖	信　婷
	2010年度交通银行行务信息工作组织优秀奖	于海龙
	2010年度交通银行行务信息工作优秀信息员	李庆童
山东省工会	山东省财贸金融系统先进工会女职工工作者	史　宏
人行济南分行	2010年度省级金融机构金融统计先进个人	郑涵琦
山东省档案局	2010年度山东省档案工作先进个人	胡　伟

中国邮政储蓄银行山东省分行

领导干部及职能部门一览表

行　长		党委书记		副行长	
韩广岳		李　毅		孙江涛　常　江　赵　峰　韩　勇	
地　址	济南市黑虎泉西路181号			邮　编	250011
职能部门	正职	副职	职能部门	正职	副职
个人业务部	陈高峰	苗常青　吴　斌	审计部	路　滔	范　滨
公司业务部	陈　玫		会计结算部	阎　玮	丁秋珍
信贷业务部	宋鲁光	孙　浩	风险合规部	陶　杰	
办公室	李　强	李大鹏　赵玉兰	人力资源部	吕　昆	谢印利
计划财务部	顾春旺	高　鹭　杨永强	科技发展部	刘　杰	唐在勇
渠道管理部	郭　莹		安全保卫部	周爱国	

机构概况一览表

年度	内设职能部门数量	下设分支机构					员工总人数		备注
		总数	地市分行数	一级支行数	二级支行数	邮政代理网点数		正式职工人数	
2008年	12	2594	16	107	1207	1264	7473	4395	

续表

年度	内设职能部门数量	下设分支机构					员工总人数	正式职工人数	备注
		总数	地市分行数	一级支行数	二级支行数	邮政代理网点数			
2009年	12	2561	16	107	1207	1231	9809	4670	
2010年	12	2544	16	108	1205	1215	9985	5122	

先进集体一览表

授奖单位	奖项名称	获奖集体
山东省政府	金融创新奖	邮储银行山东省分行
山东省文明委	省级文明单位	
山东省财政厅	全省政府非税收入代理收缴特别进步银行	
中国银行业协会	百家培训推广机构	
	全国贷款新规“3+1”知识竞赛活动全国优秀奖	
邮储总行	资产业务杰出贡献奖	
	小额贷款突出贡献奖	
	小企业贷款业务优秀管理奖	
	最佳公文奖	

中国邮政储蓄银行青岛分行

领导干部及职能部门一览表

行　长			副行长		
谈　宏			王平顺　江守湖　王　平　孙　皓		
地　址	青岛市延安三路222号			邮　编	266071
职能部门	正职	副职	职能部门	正职	副职
办公室	王晓明	王远友　邸建庭　李东华	风险合规部	赵廷华	
人力资源部	陈文鹏		会计结算部	石振华	
计划财务部	于　彬		审计部	吕江波	扈文洁
个人业务部		刘智玉	科技发展部	曹渝玲	
公司业务部	刘　强		渠道管理部	焉永君	
信贷业务部	房铁群	许东昕	小企业信贷中心		纪　岩

机构概况一览表

年度	内设职能部门数量	下设分支机构					员工总人数		备注
		总数	地市分行数	县区支行数	分理处、营业所数	储蓄所数		正式职工数	
2008年	11	257		8	1	248	854	531	
2009年	11	257		8	1	248	893	552	
2010年	11	257		8	1	248	901	563	

恒丰银行股份有限公司

领导干部及职能部门一览表

行长（或其他称谓的第一负责人）		副行长（或其他称谓的同级领导）	
姜喜运（董事长、党委书记）		矫　毅（监事长、党委副书记）　王　波（党委副书记）　宋恒继（董事、副行长、党委委员）　栾永泰（董事、副行长、党委委员）　潘力军（董事、纪委书记、党委委员）　周美乐（副监事长、工会主席、党委委员）　于海松（董事会秘书、党委委员）	
地　址	山东省烟台市芝罘区南大街248号	邮　编	264001

机构概况一览表

年度	内设职能部门数量	下设分支机构					员工总数	备注
		总数	省级分行数	县区支行数	分理处数	储蓄所数		
2006年	30	79	4	45	29		1589	
2007年	33	81	5	46	29		2006	
2008年	35	87	5	52	29		2006	
2009年	33	99	7	61	29		2372	
2010年	35	108	10	63	29		2834	机构总数含二级分行5家

中国光大银行股份有限公司青岛分行

领导干部及职能部门一览表

行长		副行长（或其他称谓的同级领导）	
范建华		郭志雄（风险总监）　范华廷（副行长）　孙昌勇（行长助理）　叶长春（行长助理）	
地　址	青岛市香港西路67号	邮　编	266071

续表

职能部门	正职	副职	职能部门	正职	副职
办公室	许竹林（主持工作）	万　旭	风险管理部	吕　杰	高　巍
人力资源部	赵功谦	李淑娟	运营管理部	王彩云	陈立刚
计划财务部	王　军	王　擘	贸易金融部	杨绍刚	战少篷
监察保卫部	董　强		信息科技部	徐江平	
法律合规部	祁晓东	吴青慧	同业票据部	傅伟堂	张建立
零售业务部	傅伟堂	焦建国　董　燕	资产保全部	傅相锋	
公司业务管理部	杨绍刚	乔方亮			

机构概况一览表

年度	内设职能部门数量	下设机构					员工总人数	正式职工人数	备注
		总数	地市分行数	县区分行数	分理处、营业所数	储蓄所数			
2006 年	11	12	0	12	0	0	352	290	
2007 年	12	12	0	12	0	0	384	341	
2008 年	13	13	0	13	0	0	403	403	
2009 年	13	15	0	15	0	0	448	448	
2010 年	14	16	0	16	0	0	444	444	

先进集体及个人一览表

授奖单位	奖项名称	获奖集体
光大总行	先进集体	香港中路支行、同业票据部
授奖单位	**奖项名称**	**获奖个人**
光大总行	先进个人	穆　磊　徐　烨　杨邵刚
	十佳公司客户经理	田　欣
	十佳服务标兵	杨丽娜

中国光大银行股份有限公司烟台分行

领导干部及职能部门一览表

行长（或其他称谓的第一负责人）			副行长（或其他称谓的同级领导）		
徐克顺			杨丽霞　张　伟　陈　晖		
地　址	山东省烟台市南大街 111 号		邮　编	264000	
职能部门	正职	副职	职能部门	正职	副职
办公室	丁海彬	史本周　宋龙毅	风险管理部	高忠军	王晓平
计划财务部	陈剑波	汤　霞	运营管理部	李　昕	曲俊竹　姜建宏　于　莉
公司业务管理部	王海涛	马　纪	法律合规部	丁维平	
零售业务部	王晓萍	谢　东	资产保全部	于恒龙	
贸易金融部	王海涛（兼）	苑永香	信息科技部	王武东	刘建钊

机构概况一览表

年度	内设职能部门数量	下设分支机构					员工总人数	正式职工人数	备注
		总数	地市分行数	县区支行数	分理处、营业所数	储蓄所数			
2006	9	5	5	0	0	0	154	122	
2007	9	5	5	0	0	0	169	134	
2008	9	5	5	0	0	0	199	199	
2009	10	7	6	1	0	0	236	236	
2010	10	8	6	2	0	0	269	269	

先进集体及个人一览表

授奖单位	获奖名称	获奖集体
人行济南分行	山东省省级金融机构金融统计先进集体三等	光大烟台分行
光大总行	2010年零售业务发展奖	光大烟台分行
	2010年度中国光大银行先进基层党支部	开发区支行党支部
	2010年度零售业务先进支行	烟台分行营业部、解放路支行
	风险合规知识竞赛优秀奖	光大烟台分行
	第五届基本技能竞赛比赛优秀组织奖	光大烟台分行
授奖单位	**获奖名称**	**获奖个人**
光大总行	2010年度优秀共产党员	曲美娜
人行济南分行	2010年度山东省省级金融机构金融统计先进个人	王　健

中信银行股份有限公司济南分行

领导干部及职能部门一览表

行长（或其他称谓的第一负责人）			副行长（或其他称谓的同级领导）		
侯训义			杜金华　刘国栋　寇延伟　柳永生		
地　址	山东省济南市泺源大街150号			邮　编	250011
职能部门	正职	副职	职能部门	正职	副职
公司银行部	柳永生		零售银行部	陈春兴	
国际业务部	王丽丽		机构业务部	董国红	顾　菲
风险管理部	郑　宓		信贷管理部	廖鲁军	
计划财务部	丛建华	王　朔	会计管理部	孙式香	于立刚　刘为民

续表

职能部门	正职	副职	职能部门	正职	副职
法律保全部	张海鹰		人力资源部	刘同礼	张　岷
信息技术部	江　涛	杨　峰	办公室	郝文刚	梁志明
合规审计部	王　叶	张乐海	市场营销部	杨鸿斌	于建伟　董　涛
营业部	石　嘉	郭　青			

机构概况一览表

年度	内设职能部门数量	下设分支机构					员工总人数		备注
		总数	地市分行数	县区支行数	分理处、营业所数	储蓄所数		正式职工人数	
2006年	11	20	3	17			537	537	
2007年	12	20	3	17			621	621	
2008年	12	21	3	18			680	680	
2009年	14	23	3	20			658	658	
2010年	15	24	4	20			719	719	

先进集体及个人一览表

授奖单位	奖项名称	获奖集体
中信银行	跨境人民币结算优秀奖	中信银行济南分行
	2009年度零售柜面系统改造单项工作表现突出分行	
	资金管理优良分行	
	电子商业汇票承兑业务奖	
	2010年度汽车经销商集团优秀服务案例	
	计财工作优秀集体	中信银行济南分行计划财务部
	投资银行创新服务方案三等奖	中信银行济南分行公司银行部
	债券承销项目发行规模第四位	
	资金资本债券业务优秀奖	
	私人银行突出贡献奖	中信银行济南分行零售银行部
中国银行业协会	全国文明规范服务千佳示范单位	中信银行济南槐荫支行
人民银行济南分行	山东省金融机构2009年度反洗钱工作自律评估A级行	中信银行济南分行
	银行业信息安全工作优秀奖	
	金融统计一等奖	
	银行业信息安全工作优秀奖	
	“金融系统反腐倡廉建设展”济南巡展组织突出单位	
山东银监局	“金融系统反腐倡廉建设展”济南巡展组织突出单位	

续表

授奖单位	奖项名称	获奖个人
中信银行	计财工作优秀个人	丛建华
	2010年全行电子银行和现金管理优秀客户经理	孙国文
	国际业务优秀经营客户经理	宋　磊
人民银行济南分行	金融统计先进个人	刘宏伟

华夏银行股份有限公司济南分行

领导干部及职能部门一览表

行　长	副行长			济南地区首席信用风险官	
赵琴波	王秀荣　李金龙　陈玉旺　于国庆			邱朝晖	
地　址	济南市纬二路138号			邮　编	250001
职能部门	正职	副职	职能部门	正职	副职
办公室（党委办公室）	李延伟（兼）	孙　民　路　燕	人力资源部	李延伟	张春艳
计划财务部	张沛儒	伍　坚　姜显璞	合规部	程福祥	张　静
公司业务总部管理部	孟令国	张继林	会计部	王书东	文爱民　赵俊芝
公司业务总部重点客户部	于国庆（兼）	法立刚　路　海	信息技术部	孙思亮	
公司业务总部新产品推广部	孟令国（兼）	周　军	济南地区信用风险管理部授信支持中心	贾永生	
公司业务总部贷后管理部	孟令国（兼）	陈建军	济南地区信用风险管理部授信审批中心	李　杰	
国际业务部	王　毅	冯启涛	济南地区信用风险管理部资产保全中心	韩世东	
零售业务总部管理部	崔　钢	李　新　于　静	监察室	张继成	
济南稽核办公室	于吉民				

机构概况一览表

年度	内设职能部门数量	下设分支机构					员工		备注
		总数	地市分行数	县区支行数	分理处、营业所数	储蓄所数	总人数	正式职工人数	
2006年	17	13					870	629	
2007年	17	13					955	654	
2008年	17	13					867	727	
2009年	17	15					864	736	
2010年	18	16					-	968	

华夏银行股份有限公司青岛分行

领导干部及职能部门一览表

行长（或其他称谓的第一负责人）			副行长（或其他称谓的同级领导）		
刘　辉			吕　东　赵　劼　于丰星　崔　巍		
地　址	青岛市市南区东海西路5号甲			邮　编	266071
职能部门	正职	副职	职能部门	正职	副职
办公室	赵　霖	曲文豪	合规部	张衍真	
人力资源部	颜庆武		监察室	林永岩	
计划财务部	牟润玲	石玉进	信息技术部	李延刚	
公司业务部	于丰星	张卫华	授信管理中心	袁　新	
个人业务部	韩　波	张　丽	授信审查中心	栾卫东	
国际业务部	顾新静	曹福鹏	资产保全中心	周忠凯	
供应链金融中心	李晓峰		重点客户部	王立莉	
党委办公室	解令科		中小企业信贷部青岛分部	侯华南	
会计部	许　丽	闫金斌	分行工会	张明晓	

机构概况一览表

年度	内设职能部门数量	下设分支机构					员工总人数	正式员工人数	备注
		总数	地市分行数	县域支行数	分理处、营业所数	储蓄所数			
2006年	13	10	0	0	0	0	311	274	
2007年	14	11	0	0	0	0	360	273	
2008年	15	12	0	1	0	0	418	308	
2009年	15	13	0	2	0	0	437	413	
2010年	18	14	0	3	0	0	469	469	

先进集体及个人一览表

授奖单位	奖项名称	获奖集体
华夏总行	华夏财富最佳理财分行	华夏青岛分行
	华夏银行个人业务营销绩效单项奖一等奖	
	2010年度“百千万工程”个人客户开发单项奖	
	青年文明号、一级储蓄网点、一级会计网点	高新区支行
	总行2010年先进党支部	城阳支行党支部
总行团委	总行青年文明号	高新区支行、即墨支行
中国银行业协会	中国银行业文明规范服务千佳示范单位	城阳支行、香港中路支行
	2010年度青岛市银行业文明规范服务示范单位	

续表

授奖单位	奖项名称	获奖集体
山东省消保委	山东省消费者满意单位	华夏青岛分行
山东团省委	山东省青年文明号	香港中路支行
人行济南分行	《山东金融年鉴》（2010年卷）优秀稿件一等奖	华夏青岛分行
青岛银监局	送金融知识下乡活动先进集体	
授奖单位	**奖项名称**	**获奖个人**
华夏总行	华夏银行信用卡2010年营销管理突出贡献奖	刘　辉　于丰星　韩　波
	总行优秀共产党员	顾新静　华　卓
	首届优秀团干部	宁　晓
中国银行业协会	中国银行业世博金融服务先进个人	刘海萍
人行济南分行	山东省省级金融机构金融统计先进个人	宁　晓
青岛市公安局	个人三等功	戚积玮
青岛银监局	送金融知识下乡活动先进个人	曲文豪

深圳发展银行济南分行

领导干部及职能部门一览表

行长（或其他称谓的第一负责人）			副行长（或其他称谓的同级领导）		
刘　峰			张汉忠　刘利华　李　娜　吴昌军　肖　俊　陈振华		
地　址	济南市历下区历山路138号			邮　编	250014
职能部门	正职	副职	职能部门	正职	副职
办公室	吴盼盼		保卫部	纪　东	
人力资源部	吴盼盼		法律合规部	任　波	
稽核部	任　波		信贷审批中心	毕韵玲	徐　杰
信贷管理部	张　静		贸易融资部	范广文	
公司银行部	刘彦龙		金融同业部	陈文盛	
零售银行部	尹德农		零售信贷风险部	张渤林	
计划财务部	冯建勋		运营部	李　鑫	周楠楠
科技运营部	梁洁敏				

机构概况一览表

年度	内设职能部门数量	下设分支机构					员工总人数		备注
		总数	地市分行数	县区支行数	分理处、营业所数	储蓄所数		正式职工人数	
2006年	9	5	0	0	0	0	198	183	
2007年	9	6	0	0	0	0	228	205	

续表

年度	内设职能部门数量	下设分支机构					员工总人数	正式职工人数	备注
		总数	地市分行数	县区支行数	分理处、营业所数	储蓄所数			
2008年	8	7	0	0	0	0	268	250	
2009年	12	8	0	0	0	0	346	304	
2010年	15	8	0	0	0	0	353	308	

先进集体及个人一览表

授奖单位	奖项名称	获奖集体
国家外汇管理局	国际收支优秀申报单位	深发济南分行
人行济南分行	2010年度山东省省级金融机构金融统计先进集体二等奖	
中国银行业协会	2010年度中国银行业文明规范化服务千佳示范单位	深发济南分行营业部
银联山东分公司	2010年度银联标准信用卡推广贡献奖	深发济南分行
《山东金融年鉴》编委会	《山东金融年鉴》优秀稿件一等奖	
授奖单位	**奖项名称**	**获奖个人**
深发总行	2010年上半年总行运营服务明星和运营菁英	刘　婧
	“飞龙计划”演讲比赛三等奖	孙　燕
	“建设防风险信息体系，促进银行业稳健发展”竞赛先进个人	杨　阳

深圳发展银行青岛分行

领导干部及职能部门一览表

行长（或其他称谓的第一负责人）			副行长（或其他称谓的同级领导）		
陈　彦			谷　辉　马培军　衣　铖　陈昊序　纪小倩　陶志刚		
地　址	青岛市香港中路6号世贸中心A座裙楼		邮　编		266071
职能部门	正职	副职	职能部门	正职	副职
办公室	逄　雷	程晓华	人力资源部	卢玉君	
法律合规部		杨少华（主持工作）　张福玉	科技运营部	杨兆进	张　鹏
运营部	纪小倩（兼）	褚慧萍	计划财务部		王宗良（主持工作）
金融同业部	高　静		贸易融资部	王业方	李骁力　周鑫平
信贷审批部		舒立（主持工作）　韩志国　朱远波　胡绪雷	信贷管理部	宁　震	丁兆荣　王乐飞
国际结算部	刘乃爱		货押监管部		王　鑫（主持工作）
中小企业部	单树涛		零售银行部		林　栋（主持工作）
零售信贷风险部	乔秀龙		零售贷款部	翟小平	

机构概况一览表

年度	内设职能部门数量	下设分支机构		员工总人数	正式职工人数	备注
		总数	县区支行数			
2006年	11	4	4	225	200	
2007年	12	5	5	263	233	
2008年	12	7	7	324	274	
2009年	17	8	8	362	324	
2010年	19	8	8	404	355	

先进集体及个人一览表

授奖单位	奖项名称	获奖集体
青岛银监局	2010年度青岛市银行机构“送金融知识下乡”活动先进单位	深发青岛分行
青岛市银行业协会	2010年自助终端网点最佳服务单位 2010年自助终端网点服务功能优秀单位 2010年度青岛市银行业文明规范服务示范单位	
人行青岛市中支、青岛市金融协调办公室、共青团青岛市委	青岛市银行业金融机构青年职工“群星璀璨”金融法律知识竞赛三等奖	
人行青岛市中支	青岛市金融机构反洗钱知识竞赛优秀单位 2010年度青岛市金融统计工作考评一等奖	
授奖单位	**奖项名称**	**获奖个人**
中国银行业协会	中国银行业世博金融服务先进个人	王　君

上海浦东发展银行济南分行

机构概况一览表

年度	内设职能部门数量	下设分支机构					员工总人数	正式职工人数	备注
		总数	地市分行数	县区支行数	分理处、营业所数	储蓄所数			
2006年	18	8	0	0	0	0	344	318	
2007年	20	9	0	0	0	0	408	394	
2008年	20	11	0	0	0	0	512	496	
2009年	20	14	1	0	0	0	606	589	
2010年	20	16	4	0	0	0	788	705	

先进集体及个人一览表

授奖单位	奖项名称	获奖集体
山东省人民政府	金融创新奖	浦发济南分行
山东银监局	2009 年度良好银行	
山东省省直机关工委	省直文明单位	
总行	2009 年度风险经营考核优胜奖第二名	
	运营工作先进集体	浦发银行济南市南支行
	世博优质服务明星网点	浦发银行济南市北支行
浦发银行党委	2008-2009 年度先进党支部	机关一支部
授奖单位	**奖项名称**	**获奖个人**
浦发银行党委	2008-2009 年度优秀共产党员	靳佩然　孙丰娟
总行	世博金融服务优秀个人”称号	宋超妍

上海浦东发展银行青岛分行

领导干部及职能部门一览表

行长（或其他称谓的第一负责人）			副行长（或其他称谓的同级领导）		
常　征			王京杰　朱相宇　朱敏红		
地　址	青岛市香港西路 53 号			邮　编	266071
职能部门	正职	副职	职能部门	正职	副职
办公室	徐伟林		合规部	吴俊怡	
人力资源部	蒋梦婴		运营管理部	陈丽娟	
资金财务部	许爱霞		信息科技部	吴秀娟	
公司银行业务管理部	林相发		信用运营中心	姜　双	
公司银行产品部	徐　强		作业中心	李永见	
中小企业业务经营中心	杨　斌		个人银行发展管理部	孙　梅	
公司银行业务一部	王显峰		银行卡及电子渠道部	刘　静	
公司银行业务二部	李　欣		个人信贷部	隋家宁	
风险管理部	刘彦辉		总行驻青岛审计特派办		
授信审查部	孙保进				

机构概况一览表

年度	内设职能部门数量	下设分支机构					员工总人数		备注
		总数	地市分行数	县区支行数	分理处、营业所数	储蓄所数		正式职工人数	
2006年	13	4	1	3	0	0	139	139	
2007年	19	6	1	5	0	0	193	193	
2008年	18	8	1	7	0	0	263	263	
2009年	16	11		11	0	0	304	304	
2010年	18	13	2	11	0	0	380	380	

先进集体及个人一览表

授奖单位	奖项名称	获奖集体
国家外汇管理局	2010年度山东省国际收支申报先进单位	浦发青岛分行
总行党委	先进党支部	分行机关一支部
中国银行业协会	2010年度中国银行业文明规范服务千佳示范单位	浦发青岛南京路支行
总行	世博优质服务先进集体	浦发青岛南京路支行
	神秘人暗访服务检查第六名	浦发青岛分行
授奖单位	**奖项名称**	**获奖个人**
国家外汇管理局	2010年度国际收支统计之星	单晓洁
山东省外汇管理局	2010年度山东省国际收支申报先进个人提名	李萌萌
浦发银行总行党委	优秀共产党员	曹　源
总行	世博优质服务先锋	万荣娉　黄海涛
	上海浦东发展银行运营条线兼职培训师	李继华　单晓洁

兴业银行股份有限公司济南分行

领导干部及职能部门一览表

行长（或其他称谓的第一负责人）			副行长（或其他称谓的同级领导）		
张　霆			林家炎　魏　军　郝　超（行长助理）		
地　址	济南市经七路86号			邮　编	250001
职能部门	正职	副职	职能部门	正职	副职
综合部	李俊云	毕勇奇　张学甫	信息科技部	谢良跃	王存峰
计划财务部	苏　虎		企业金融事业部	李红兵	
风险管理部	陈登山		零售金融事业部	刘　炜	
法律与合规部	李　萍	袁　静	会计结算部	李新惠	

续表

职能部门	正职	副职	职能部门	正职	副职
信用审查部	胡　斌				

机构概况一览表

年度	内设职能部门数量	下设分支机构					员工总人数		备注
		总数	地市分行数	县区支行数	分理处、营业所数	储蓄所数		正式职工人数	
2006 年	15	6					375	290	
2007 年	15	7					510	317	
2008 年	9	9					698	404	
2009 年	9	12					950	560	
2010 年	9	15					1199	698	

先进集体及个人一览表

授奖单位	奖项名称	获奖集体
兴业总行	综合评比二类区行　第二名	兴业银行济南分行
	公司业务综合评比二类区行　第一名	
	主办行客户营销评比二类区行　第二名	
	非金融企业债务融资工具承销营销评比二等奖	
	零售业务综合评比二类区行　第二名	
山东省财贸金融工会	女职工建功立业标兵岗	龙奥支行
授奖单位	**奖项名称**	**获奖个人**
山东省财贸金融工会	优秀工会之友	林家炎
	优秀工会工作者	李新惠
	女职工建功立业标兵	赵　娟
	女职工先进工作者	刘　梦

兴业银行股份有限公司青岛分行

领导干部及职能部门一览表

行长（或其他称谓的第一负责人）		副行长（或其他称谓的同级领导）	
张晓莉		郑少鸣　步延进	
地　址	青岛市市南区山东路 7 号甲	邮　编	266071

续表

职能部门	正职	副职	职能部门	正职	副职
综合部	张蓉蓉		计划财会部		李艳玲
风险管理部	马　浩		信用审查部		张照凌
企业金融部		张启宁	零售业务部		孙　勇
信息科技部	李财官		贸易金融部		李　猛

注：副职人员均为副总经理主持工作。

机构概况一览表

年度	内设职能部门数量	下设分支机构					员工		备注
		总数	地市分行数	县区支行数	分理处、营业所数	储蓄所数	总人数	正式职工人数	
2007 年	7	2	1	1	0	0	137	97	该行 2007 年成立，故无此前的数据。
2008 年	7	3	1	2	0	0	271	147	
2009 年	8	4	1	3	0	0	298	170	
2010 年	8	7	1	5	0	0	388	253	

先进集体及个人一览表

授奖单位	奖项名称	获奖集体
兴业总行	兴业银行第二届理财师大赛最高奖“金牌理财团队”奖	兴业银行青岛分行代表队
	兴业银行 2010 年度安全保卫（平安建设）工作先进单位	兴业银行青岛分行
《山东金融年鉴》编委会	《山东金融年鉴》（2010 年卷）优秀稿件一等奖	
青岛市公安局	集体三等功	
人行青岛中支	2010 年青岛市金融统计工作三等奖	
授奖单位	**奖项名称**	**获奖个人**
兴业银行总行	兴业银行 2010 年零售客户经理年度之星	耿伟伟
	兴业银行 2010 年度零售业务最佳建议奖	胡晓辉
	兴业银行 2010 年全行柜面业务技能竞赛个人单项优胜奖	刘鹏飞　魏雅倩　周明辉
人行济南分行	2010 年度山东省省级金融机构金融统计先进个人	周　娜
青岛市公安局	个人三等功	李伟疆
	金融机构安全防范技术专家	
	个人嘉奖	禹方兵　丁昞峰
人行青岛中支	青岛市金融机构反洗钱知识竞赛第三名	朱　琦

中国民生银行济南分行

领导干部及职能部门一览表

行长（或其他称谓的第一负责人）			副行长（或其他称谓的同级领导）		
马　琳（党委书记、行长）			王效南（副行长、纪委书记）		
地　址	济南市泺源大街229号		邮　编	250012	
职能部门	正职	副职	职能部门	正职	副职
办公室	鲍　健	孙　霖	人力资源部	蔡丹平	
保卫处	纪　斌	席晋平	计划财务部	史　昱	
科技开发部	郭志阳		运营管理部	王月玮	
授信评审部	彭曙光		市场营销部	孙　兴	任亚林　吕　堂
资产监控部	朱　郁		运营保障部	王宁宁	
法律合规部	王明静		风险管理部	金　虹	
票据业务部	安丰福		金融同业部	张　鲁	
公司管理部	梁发新		中小企业部	张爱利	
中小企业管理部	杨国亮		电子银行部	陈航德	
机构建设部	鲍　健	杨梦莎	中小风险管理部	李加岭	

机构概况一览表

年度	内设职能部门数量	下设分支机构					员工总人数	正式职工人数	备注
		总数	地市分行数	县区支行数	分理处、营业所数	储蓄所数			
2006年	15	8	1	8	0	0	351	351	
2007年	15	9	1	9	0	0	392	392	
2008年	15	10	1	10	0	0	428	428	
2009年	19	11	1	10	0	0	593	593	
2010年	20	13	2	11	0	0	733	733	

先进集体及个人一览表

授奖单位	奖项名称	获奖集体
银联山东分公司	2009年度银行卡跨行交易贡献奖	济南分行
总行工会	总行“女职工文明示范岗”	运营管理部
授奖单位	**奖项名称**	**获奖个人**
中央金融团工委	2009年度“全国金融青年服务明星”	万　力
总行	民生银行2008～2009年度金鹰奖	马　琳

中国民生银行青岛分行

领导干部及职能部门一览表

行长（或其他称谓的第一负责人）			副行长（（或其他称谓的同级领导）		
赵志敏			吴　强　长李贤　张振芳　张俊娟　张文学）		
地　址	青岛市市南区福州南路18号			邮　编	266071
职能部门	正职	副职	职能部门	正职	副职
办公室	张俊涛		票据业务部	徐　强	
人力资源部	徐世锋		法律合规部	吴天磊	
计划财务部	刘丕芸		资产监控部	卫　钢	
安全保卫部	陈学建		授信评审部	李　磊	
运营管理部	臧文澜		金融同业部	陈　燕	
科技部	封爱松		零售银行授信评审部	王雨宁	
公司银行管理部	刘海科		财富管理部	张保华	
交易融资部	李同德		售后服务部	姜　义	
中小企业业务部	王广楠		小微金融部	徐　通	

渤海银行股份有限公司济南分行

领导干部及职能部门一览表

行　长（或其他称谓的第一负责人）			副行长（或其他称谓的同级领导）		
王仁宝			宋　奇　孙开贤（行长助理）　默中笑（风险总监）		
地　址	济南市青年东路18号			邮　编	250011
职能部门	正职	副职	职能部门	正职	副职
综合管理部	董　岩		中小企业二部	史　毅	石　静
人力资源部	于　洁		公司业务一部	李　科	傅长清　吴　迪
资讯科技部	段续宏		公司业务二部	徐庆吉	
业务营运部	任永学		公司业务三部	赵福强	路　昌　李　军
财务部	廖朝阳		公司业务四部	张树国	

续表

职能部门	正职	副职	职能部门	正职	副职
风险管理部		张　峰	公司业务五部	李　峰	
信贷监控部		季惠芳	公司业务六部		张　健
个人贷款审批中心		于立宏	财富管理部	王　冬	
内控管理部		吴一江	按揭业务部		古钰庆
市场开发部	闫江涛		渠道管理部		晋江伟
中小企业一部	段　勇		营业部	孙晓旭	

机构概况一览表

年度	内设职能部门数量	下设分支机构					员工总人数	正式职工人数	备注
		总数	地市分行数	县区支行数	分理处、营业所数	储蓄所数			
2008 年	12						82	67	
2009 年	18	1					137	111	
2010 年	22	1					171	141	

先进集体及个人一览表

授奖单位	奖项名称	获奖集体
总行	优秀财富管理团队	渤海济南分行
	“新闻宣传月”活动一等奖	
人行济南分行	金融统计工作三等奖	
授奖单位	**奖项名称**	**获奖个人**
总行	优秀管理者	王仁宝
	优秀员工	王惠莉　任永学
	负债业务突出贡献奖	张树国
	案件防控一等奖	周　薇
	案件防控二等奖	孙青江　贾朝胜
	案件防控三等奖	刘向真　李　刚
人行济南分行	2010 年统计工作先进个人	邓玉辉

天津银行济南分行

领导干部及职能部门一览表

行长			副行长、风险总监		
姚志坚			栾德志　潘　玲　李明舫（风险总监）		
地　址	济南市市中区泺源大街229号			邮　编	250012
职能部门	正职	副职	职能部门	正职	副职
综合管理部	王全普		营业部	张维东	
风险管理部	褚　重		市场营销一部	刘亚军	
运营管理部	宋剑锋		市场营销二部	苑　飞	
计划财务部	张慧侠		市场营销三部	靖树军	
公司业务部	王　芳		市场营销四部	郝　楠	
个人业务部	宋剑锋		市场营销五部	孙志强	

机构概况一览表

年度	内设职能部门数量	下设分支机构					员工总人数	正式职工人数	备注
		总数	地市分行数	县区支行数	分理处、营业所数	储蓄所数			
2010年	12	1			1		88	88	

先进集体及个人一览表

授奖单位	奖项名称	获奖集体
天津银行	科学发展排头行	天津银行济南分行营业部
授奖单位	**奖项名称**	**获奖个人**
天津银行	业务发展排头兵	张　强　宋　斌　周秉欣　路纪川　杨　波

浙商银行股份有限公司济南分行

领导干部及职能部门一览表

行长	副行长
李玉波	陆为民　吴宝国　姜　兵

续表

地　址	历下区黑虎泉西路 185 号			邮　编	250011
职能部门	正职	副职	职能部门	正职	副职
办公室		武建锐	业务发展三部	邵立军	
计划财务部	刘　浩		信贷业务一部	李庆才	
风险管理部	陆为民	王振华	信贷业务二部	马惠岷	
业务管理部	韩伟杰		信贷业务三部	陈　慧	
投行部			市场拓展一部	鹿悦军	
业务发展一部	李相安		市场拓展二部	王晓东	
业务发展二部	李　炘		会计科技部	于建平	

机构概况一览表

年度	内设职能部门数量	下设分支机构					员工总人数	正式职工人数
		总数	地市分行数	县区支行数	分理处、营业所数	储蓄所数		
2010 年	15						115	96

先进集体及个人一览表

授奖单位	奖项名称	获奖个人
浙商银行总行	明星客户经理	姜　来
	优秀员工	高　强
人行济南分行	山东省省级金融机构金融统计先进个人	徐培雯
济南市人民政府金融工作办公室	济南市金融系统“微笑服务之星”	于晓燕

北京银行济南分行

领导干部及职能部门一览表

行　长			副行长（或其他称谓的同级领导）		
王淑梅			曹亦男　李国庆　孔海涛（行长助理）		
地　址	济南市市中区经十路 21398 号			邮　编	250002
职能部门	正　职	副　职	职能部门	正　职	副　职
办公室	房　旭	张胜利（主任助理）	公司银行部	曹亦男（兼）	

续表

职能部门	正职	副职	职能部门	正职	副职
零售银行部	田 宏	魏 震	风险管理部	孔海涛（兼）	张乐泉（经理助理）
运营部	李国庆（兼）	徐朝霞	营业部	房 旭	张晓宁（经理助理） 张曙光（经理助理）

山东省农村信用社联合社

领导干部及职能部门一览表

行长（或其他称谓的第一负责人）			副行长（或其他称谓的同级领导）		
宋文瑄			张建民 丁浩升 展西亮 王继东 郇 涛 王宝城		
地 址	济南市经七路6号			邮 编	264100
职能部门	正职	副职	职能部门	正职	副职
办 公 室	孙清华	朱连庆 王建华	人力资源部	袁德亭	张 珺
机关党办	宫淑玫		审 计 部	田杰友	王少军
机关工会	宫淑玫		监察保卫部	赵雪根	张德兵
基建办	赵凤彬 吕鸿献		巡视办公室	赵雪根	朱立芳
政策法规部	陈卫东	赵书阳	科技信息部	康 东	杜海松 徐 亮
业务发展部		于振福 张 焰 王永升	济南科技中心	姚念馥	
信贷管理部	黄孝杰	王广明	黄岛科技中心	王仁福	
资产管理部	王季刚	焦大光	资金中心	刘传武	刘永法
财务管理部	王宝城	傅宝汉			

机构概况一览表

年度	内设职能部门数量	下设分支机构					员工总人数		备注
		总数	市级联社、办事处	县级联社、合行、商行数	分理处、营业所数	储蓄所数		正式职工人数	
2006年	11	5741	17	132	5406	185	66721	55740	
2007年	11	5619	17	132	5297	172	70378	56646	
2008年	11	5508	17	132	5195	163	71557	56114	
2009年	11	5332	17	132	5044	139	73282	56458	
2010年	11	5280	17	132	5030	101	76673	58650	

先进集体及个人一览表

授奖单位	奖项名称	获奖集体
山东省政府	金融创新奖	山东省农村信用社联合社
山东省文明委	省级文明单位	
省委、省政府	全省信访工作先进单位	
省综治委	平安山东建设先进单位	
省劳动厅、财政厅	省直管企业养老保险先进单位	山东省农村信用社联合社
人民银行济南分行	山东省农村支付环境建设综合优胜奖	
中国银联	区域性银行业机构银联卡业务卓越贡献奖	
省国资委	全国国资监管信息工作先进单位	
省银行业协会	山东省银行业信息宣传工作先进单位	
人民银行济南分行	2010 年度山东金融网安全运行管理暨银行业信息安全工作优胜单位	
省残联	爱心助残荣誉单位	
省公安厅	记“集体二等功”	省联社监察保卫部
省财贸金融工会	山东省财贸金融系统工人先锋号	省联社资金中心
省财贸金融工会	山东省财贸金融系统工会工作先进单位	省联社工会
省国资委	省管企业五四红旗团委	省联社团委
省国资委	省管企业五四红旗团支部	省联社科技信息部团支部
山东省总工会	富民兴鲁劳动奖状	烟台办事处、润丰合行、广饶农商行、利津联社、岚山联社、
山东省总工会	工人先锋号	单县联社营业部、东明联社营业部
省文明委	省级文明单位	潍坊市联社、莱芜市联社、淄川、博山、周村、桓台、蓬莱、乳山、成武联社
省公安厅	集体二等功	潍坊市联社监察保卫部、济宁办事处监察保卫科、聊城办事处监察保卫科
山东银监局	良好银行	寿光、邹平、莱州、广饶、临淄农商行，无棣合行，青州、安丘联社
中国银行业协会	最佳服务中小企业贡献奖、最佳服务三农贡献奖、最佳服务县域经济贡献奖	广饶、莱州、寿光农商行
中国银行业协会	中国银行业文明规范服务千家示范单位	蓬莱联社营业部、寿光农商行营业部、兰山合行营业部、博兴合行营业部
省质量技术监督局	山东省服务名牌	沂源、昌乐联社等 6 家单位
全国总工会	全国劳动模范职工之家	兰山合行、莒南联社
	全国模范职工小家	寒亭联社寒亭信用社
省妇联、省联社	山东省农村信用社巾帼文明岗	济南市历城区农村信用合作联社王舍人信用社营业室等 17 家营业网点
省文明办、省联社	2010 年度文明服务单位	润丰合行开发区支行等 37 家营业网点
授奖单位	**奖项名称**	**获奖个人**
全国总工会	全国劳动模范	宋文瑄
山东省总工会	富民兴鲁劳动奖章	郑爱华等 15 名同志
省公安厅	个人二等功	张德兵等 15 名同志
省妇联、省联社	巾帼建功十大标兵	杜海松等 10 名同志
	山东省农村信用社巾帼建功岗位明星	李玉敏等 100 名同志
省妇联	三八红旗手	杜海松等 10 名同志
省文明办、省联社	2010 年度文明服务标兵	孟庆华等 47 名同志

南洋商业银行(中国)有限公司青岛分行

机构概况一览表

年度	内设职能部门数量	下设分支机构					员工总人数		备注
		总数	地市分行数	县区支行数	分理处、营业所数	储蓄所数		正式职工人数	
2006年	5						24	24	
2007年	5						30	30	
2008年	5						33	33	
2009年	6						37	37	
2010年	7						41	41	

新韩银行(中国)有限公司青岛分行

领导干部及职能部门一览表

行长（或其他称谓的第一负责人）			副行长（或其他称谓的同级领导）		
郑浩喆			李明锡　李垣硕		
地　址	青岛市东海西路28号中信万通证券大厦四楼			邮　编	266071
职能部门	正职	副职	职能部门	正职	副职
营业部	李垣硕	吕笑冉	合规经理	梁云植	
授信部	李明锡		风险管理部	李哲洙	
国际业务部	李垣硕	宋　柏	市场部	张伟政	
财务会计部	李垣硕	王　瑜			

机构概况一览表

年度	内设职能部门数量	下设分支机构					员工总人数	
		总数	地市分行数	县区支行数	分理处、营业所数	储蓄所数		正式职工人数
2006年	2	0	0	0	0	0	13	9
2007年	2	0	0	0	0	0	17	13
2008年	3	1	0	1	0	0	36	30
2009年	7	1	0	1	0	0	50	44
2010年	7	1	0	1	0	0	48	46

汇丰银行（中国）有限公司济南分行

领导干部及职能部门一览表

行长（或其它称谓的第一负责人）			副行长（或其它称谓的同级领导）		
张　芳			毕钧镜		
地　址	济南市市中区经七路88号1-107室			邮　编	250001
职能部门	正职	副职	职能部门	正职	副职
工商金融服务部	刘晓晨		个人金融理财业务部	王　卉	
营运部	纪　元		合规部	魏　巍	

机构概况一览表

年度	内设职能部门数量	下设分支机构					员工总人数		备注
		总数	地市分行数	县区支行数	分理处、营业所数	储蓄所数		正式职工人数	
2009年	9	1	1	0	0	0	35	35	
2010年	9	1	1	0	0	0	35	35	

汇丰银行（中国）有限公司青岛分行

领导干部及职能部门一览表

行长（或其他称谓的第一负责人）			副行长（或其他称谓的同级领导）		
高　慧			孙翠霞　仇吉媛		
地　址	青岛市香港中路76号颐中假日酒店八楼			邮　编	266071
职能部门	正职	副职	职能部门	正职	副职
工商业务部	仇吉媛		信贷营运部	董　波	
企业银行	宋　红		合规部	郭颖妮	
环球资金管理部	于起为		行政部	徐丽丽	
贸易服务部	贾月萱		财务部	姚振宇	
个人金融理财业务部	周　舟		人力资源部	程　虹	
营运部	傅明霞		资讯科技部	邱　东	

机构概况一览表

年度	内设职能部门数量	下设分支机构					员工人数		备注
		总数	地市分行数	数县区支行	分理处、营业所数	储蓄所数		正式职工人数	
2006 年	12	1		1			109	109	
2007 年	12	3		3			182	182	
2008 年	12	3		3			197	197	
2009 年	12	4		4			169	169	
2010 年	12	4		4			152	152	

东亚银行(中国)有限公司青岛分行

领导干部及职能部门一览表

行长（或其他称谓的第一负责人）			副行长（或其他称谓的同级领导）		
李颖新			孙善功　李作伦　隋　青　冯　蕾　秦立山		
地　址	山东省青岛市香港西路 67 号甲			邮　编	266071
职能部门	正职	副职	职能部门	正职	副职
贸易融资部	李作伦（兼）		会计部	刘妮妮	
房地产贷款部	吴　鹏		风险管理部	张雅萍	
企业及银团贷款部	李作伦（兼）		人事部	隋　青（兼）	
个人财务及财富管理部	秦立山		行政及资讯部	冯　蕾（兼）	
分行营业部	冯　蕾（兼）		资金部	隋　青（兼）	
贷款管理部	王丽莉		法规部	隋　青（兼）	
贸易服务部	赵璐璐		外汇结算部	冯　蕾（兼）	

机构概况一览表

年度	内设职能部门数量	下设分支机构					员工总人数		备注
		总数	地市分行数	县区支行数	分理处、营业所数	储蓄所数		正式职工人数	
[illegible]年	12						48	48	
[illegible]	14						85	85	
[illegible]	16	1		1			124	124	
[illegible]	13	1		1			106	106	
[illegible]	14	2		2			123	119	

渣打银行(中国)有限公司青岛分行

领导干部及职能部门一览表

行长			副行长		
陈国华			蔡洪亮 潘晓东		
地 址	青岛市市南区香港中路 40 号数码港旗舰大厦 35 层		邮 编		266071
职能部门	正职	副职	职能部门	正职	副职
合规部	高 祥		香港中路支行	王原生	
本地企业部	蔡洪亮		跨国企业部	朴汉烈	
对公操作部	潘晓东		中小企业部	丛 峰	
贸易融资与现金管理部	何文彦		香港中路第二支行	韩丽娜	

企业银行(中国)有限公司青岛分行

领导干部及职能部门一览表

行长			副行长		
徐廷焕			李准汉		
地 址	青岛市东海西路 17 号海信大厦 1 层		邮 编		266071
职能部门	正职	副职	职能部门	正职	副职
信贷部	金基云		国际业务部	朴杨玉	
营业部	殷宗兴		合规部	孙旖旎	

日本山口银行股份有限公司青岛分行

领导干部及职能部门一览表

行长（或其他称谓的第一负责人）			副行长（或其他称谓的同级领导）		
兼重清史			中村直嗣 夏 铮		
地 址	青岛市香港中路 76 号颐中假日皇冠酒店 2 层		邮 编		266071
职能部门	正职	副职	职能部门	正职	副职
营业部	渡边丈晴		事务部	渡边正彦	张小筱
财务部	渡边正彦	张小筱	人民币业务部	渡边正彦	具莲顺
总务部	川田正博	陈悦霞			

机构概况一览表

年度	内设职能部门数量	下设分支机构					员工总人数		备注
		总数	地市分行数	县区支行数	分理处、营业所数	储蓄所数		正式职工人数	
2006年	5						22	22	
2007年	5						24	24	
2008年	5						25	25	
2009年	5						25	25	
2010年	5						25	25	

韩亚银行(中国)有限公司烟台分行

领导干部以及职能部门一览表

行长（或其他称谓的第一负责人）			副行长（或其他称谓的同级领导）		
刘馨钟			金泰亨		
地　址	烟台市芝罘区南大街237号招银大厦6楼			邮　编	264001
职能部门	正职	副职	职能部门	正职	副职
信贷部	具美艳		营业部	刘真龙	
国际部	李　贞		市场部	徐志阔	段　霄
综合部	王　娟		合规部	张　爽	

机构概况一览表

年度	内设职能部门数量	下设分支机构					员工总人数		备注
		总数	地市分行数	县区支行数	分理处、营业所数	储蓄所数		正式职工人数	
2006年	3	1	1	0	0	0	11	11	
2007年	3	1	1	0	0	0	11	11	
2008年	5	2	1	1	0	0	29	29	
2009年	5	2	1	1	0	0	34	34	
2010年	6	2	1	1	0	0	35	35	

瑞穗实业银行(中国)有限公司青岛分行

领导干部及职能部门一览表

行长（或其他称谓的第一负责人）			副行长（或其他称谓的同级领导）		
吉田晓			宇都宫健彦		
地　址	青岛市香港中路59号青岛国际金融中心44楼			邮　编	266071
职能部门	正职	副职	职能部门	正职	副职
营业一课	山村康之	石井宏忠	主计风险课	孙锡友	李　霞
营业二课	张兰吉		业务课	李香淑	郑文颖
资金总务课	俞秀羽	国　颖	合规课	车振峰	

机构概况一览表

年度	内设职能部门数量	下设分支机构					员工总人数		备注
		总数	地市分行数	县区支行数	分理处、营业所数	储蓄所属		正式职工人数	
2008年	5	0	0	0	0	0	43	43	
2009年	5	0	0	0	0	0	47	47	
2010年	6	0	0	0	0	0	56	49	

韩国釜山银行股份有限公司青岛代表处

领导干部及职能部门一览表

首席代表		代表	
姜相镐			
地　址	青岛市市南区香港中路36号招银大厦2201室	邮　编	266071

山东省国际信托有限公司

领导干部及职能部门一览表

董事长	总经理	副总经理
孟凡利	相开进	王映黎　孙绍杰

续表

地　址	济南市解放路166号	邮　编	250013
职能部门	负责人	职能部门	负责人
综合管理部	门家春	计划财务部	岳增光
风险管理部	金同水	信托业务托管部	崔佳茵
信息化中心	陈全捷	自营业务部	葛　航
基建基金管理部	李晓鹏	基建基金财务部	岳增光（兼）
投资银行部	杨进军	资产管理部	苏文强
信托业务一部	李高峰	信托业务二部	万　众
信托业务三部	王　凯	信托业务四部	王　萍
信托业务五部	周建蕖	信托业务六部	孙绍杰（兼）
信托业务七部	宋　磊	青岛业务部	刘　川
北京业务部	陶宇波	上海业务部	薛继伟
深圳业务部	宋　冲		

机构概况一览表

年度	内设职能部门数量	下设分支机构					员工总人数	正式职工人数	备注
		总数	地市分行数	县区支行数	分理处、营业所数	储蓄所数			
2006年	14						80	80	
2007年	14						83	83	
2008年	16						87	87	
2009年	19						91	83	
2010年	21						118	95	

中国华融资产管理公司济南办事处

领导干部及职能部门一览表

副总经理（主持工作）			副总经理		
童　玲			王　宾　姜同伟　赵　军（巡视员）		
地　址	济南市经三路89号		邮　编	250001	
职能部门	正职	副职	职能部门	正职	副职
综合管理部	薛　萍	李　泉	业务管理部	尚海涛	张　惠　王　芸
资产经营一部	张克勤		资产经营二部	侯训和	
金融服务一部	颜慧卿	孙　岳	金融服务二部	张国伟	
创新业务一部	马旭亮	王兆庆	创新业务二部	孙福柱	王志孔
青岛业务部	赵　岩				

中国长城资产管理公司济南办事处

领导干部及职能部门一览表

总经理（党委书记）			副总经理（党委委员）		
胡建忠			郑世澜　齐方卿　熊惠荣　崔福成		
地　址	济南市经七路 168 号			邮　编	250001
职能部门	正职	副职	职能部门	正职	副职
综合管理部	李西方	李　伟	资产经营部		王朝山
业务拓展部		于立杰	项目审核部		袁　新
法律事务部		王　斌	资金财务部	郭小霞	
监察审计部		张凤霞			

机构概况一览表

年度	内设职能部门数量	下设分支机构					员工总人数		备注
		总数	地市分行数	县区支行数	分理处、营业所数	储蓄所数		正式职工人数	
2006 年	7						124	61	
2007 年	7						175	79	
2008 年	7						152	64	
2009 年	7						152	60	
2010 年	7						132	98	

先进集体及个人一览表

授奖单位	奖项名称	获奖集体
长城总公司	青年文明号	法律事务部
授奖单位	**奖项名称**	**获奖个人**
长城总公司	优秀纪检监察干部	张凤霞
	十佳项目经理	荆　珂
	优秀共产党员	李西方　王　勇　袁　新　王朝山　荆　珂　宗培顺　赵小名
	优秀党务工作者	韩生佩
	青年岗位能手	王旭彤
	优秀团员	李　鹏
	先进工作者	李西方　郭小霞（女）　荆　珂　宗培顺　韩生佩　王　颢　王朝山　袁　新　高　婷（女）　陈凤刚　张彦东　王旭彤　刘　锋（女）

中国信达资产管理股份有限公司山东省分公司

领导干部及职能部门一览表

行长			副行长		
李月瑾			王 泽		
地 址	济南市经三路293号			邮 编	250021
职能部门	正职	副职	职能部门	正职	副职
综合管理部	吴新明		业务一部	苏爱珍	
审核评估部	张 卿		业务二部	赵永辉	
法律事务部	张 卿		业务三部	周宇承	
资金财务部	许继东				

机构概况一览表

年度	内设职能部门数量	下设分支机构					员工总人数		备注
		总数	地市分行数	县区支行数	分理处、营业所数	储蓄所数		正式职工人数	
2006年	6						89	58	
2007年	7						92	56	
2008年	7						76	57	
2009年	7						67	54	
2010年	7						56	44	

中国东方资产管理公司青岛办事处

领导干部及职能部门一览表

总经理（或其他称谓第一负责人）			副总经理（或其他称谓的同级领导）		
吴少杰			闫玉林 赵锡义 崔 磊 李明波		
地 址	青岛市香港中路6号			邮 编	266071
职能部门	正职	副职	职能部门	正职	副职
办公室	王琳瑛	王凤新	资产经营一部	董昌青	邱岩斌
财会部	刘 丽		资产经营二部	宋健君	殷夕儒
风险部	王建英		济南业务部	刘 照	田国奎

机构概况一览表

年度	内设职能部门数量	下设分支机构					员工总人数	正式职工人数	备注
		总数	地市分行数	县区支行数	分理处、营业所数	储蓄所数			
2006年	6	0	0	0	0	0	42	34	
2007年	6	0	0	0	0	0	42	34	
2008年	6	0	0	0	0	0	42	34	
2009年	6	0	0	0	0	0	42	34	
2010年	6	0	0	0	0	0	43	35	

先进集体及个人一览表

授奖单位	奖项名称	获奖集体
东方资产管理公司	先进集体	济南业务部
授奖单位	**奖项名称**	**获奖个人**
东方资产管理公司	先进个人	邱岩滨

中国人民财产保险股份有限公司山东省分公司

领导干部及职能部门一览表

总经理			副总经理		
方　杰			李新民　王树国　徐本议　翟瑞贞　刘虎青　胡　伟　董国升		
地址	山东省济南市泺源大街88号保险大厦			**邮编**	250011
职能部门	**正职**	**副职**	**职能部门**	**正职**	**副职**
办公室	王乘风	陈同富	理赔管理部	王祝炜	王　成　赵培东
人力资源部/教育培训部	王海峰	苏东崛	销售管理部	赵鲁军	崔永波
财务会计部	杨林海	戴　慧　王晓娅	再保险部	顾智慧	
车辆保险部	杨　茗	魏艳萍	信息技术部	董　平	李继红
财产保险部	毕建军	田东辉	客户服务管理部	张志波	郑　勇　王　品
船舶货运保险部	于　航		监察部/审计部	夏文生	牟济生　赵怡佳
责任信用保险部	李　勇		法律部/合规部		陈　敏
意外健康保险部	毕可广		工会办公室	陈　芳	
农险事业部山东省分部	衣建伟		立案未决赔款管理中心/理赔督查中心/精算小组	刘存真	
重要客户部	董国升				

机构概况一览表

年度	内设职能部门数量	下设分支机构				员工总数		备注
		总数	市分公司	县区支公司	营业部		正式职工人数	
2006年	15	244	16	136	92	7649	4250	
2007年	18	244	16	136	92	6317	4176	
2008年	20	244	16	136	92	5934	4123	
2009年	20	245	16	138	91	7225	4119	
2010年	19	244	16	139	89	7166	3889	

中国人寿保险股份有限公司山东省分公司

领导干部及职能部门一览表

总经理			副总经理		
白　彬			侯清英　臧杰新　张　明　徐明光　李恩林　王文祥		
地　址	济南市泺源大街88号			邮　编	250011
职能部门	正职	副职	职能部门	正职	副职
办公室	张继旋	于登跃	信息技术部	林健吾	孙相建
人力资源部	张志强	彭德平	个险销售部		王晓晨
工会工作部	黄新明	崔庆金	团体业务部		刘　宁
监察部 销售督察部	张　波	田增森　黄　芳	银行保险部		陈　雁
财务管理中心	朱淑琴	汤　明	内控合规部	赵海波	赵　哂
业务管理中心		付桂霞	教育培训部		孙华增
客户服务管理中心	邢厚佺	陈丽梅			

机构概况一览表

年度	内设职能部门数量	下设分支机构				员工总人数		备注
		总数	地市分公司数	县区支公司数	农村营销服务部数		正式职工人数	
2006年	12	147	16	131	744	3677	3677	
2007年	12	147	16	131	893	5565	5565	
2008年	12	147	16	131	998	5679	5679	
2009年	13	147	16	131	1130	5706	5706	
2010年	14	147	16	131	1142	5706	5565	

先进集体及个人一览表

授奖单位	奖项名称	获奖集体
中国金融工会	全国金融系统职工代表大会制度建设示范单位	人寿山东省分公司
人寿(保险)集团公司	人寿系统“用心经营，诚信服务”先进单位	人寿威海乳山市支公司
人寿保险股份有限公司	国寿“十佳示范柜面”	人寿威海分公司客户服务中心
	模范集体	人寿潍坊寿光市支公司
	先进集体	人寿山东省分公司 95519 电话中心
	模范职工书屋	人寿菏泽分公司机关工会
		人寿枣庄分公司机关工会
		人寿威海分公司本部
山东省总工会	“2010 年全省职工健身活动月”优秀组织奖	人寿莱芜分公司
山东省妇联	省巾帼建功竞赛活动先进单位	人寿临沂费县支公司
	省巾帼文明岗	人寿济南市历城区支公司客服部
山东省财贸金融工会	工人先锋号	人寿山东省分公司 95519 电话服务中心
	女职工建功立业标兵岗	人寿菏泽分公司 A 柜面
	工会工作先进单位	人寿威海文登市支公司
	工会经费上缴先进单位	人寿山东省分公司工会工作委员会
授奖单位	**奖项名称**	**获奖个人**
中国人寿（保险）集团公司	中国人寿巾帼建功标兵	顾新美
中国人寿保险股份有限公司	国寿“百佳柜员之星”	胡砚燕 刘志旺 刘宗燕 冯永腾 贾礼艳
	国寿“优秀柜面经理之星”	李玉梅 刘新厚
	2010 年度信息技术岗位能手	刘庆杰
	劳动模范	顾新美
	先进个人	马常清
山东省妇联	省巾帼建功标兵	张 美
	省巾帼建功竞赛活动先进工作者	谭啸然
	省三八红旗手	邵玉平 顾新美 刘嘉毅 王少英 曹高红 马桂红 张珍燕 李琳琳
山东省财贸金融工会	女职工建功立业标兵	郭 萌 李 艳
	先进工会女职工工作者	张 霞
	优秀工会之友	隋秀红
	优秀工会工作者	李 军

中国太平洋财产保险股份有限公司山东分公司

领导干部及职能部门一览表

总经理		副总经理		总经理助理	
宋建国		郭建中 武 博 韦 慧 徐建勋		李 宁	
地 址	济南市经十路13777号中润世纪广场15栋			邮 编	250014
职能部门	正职	副职	职能部门	正职	副职
办公室	韩兆若		重大客户部	徐 冰	
人力资源部	项海涛		理赔部	姜海波	
计划财务部	韦 慧（兼）		客户服务部	陈冬梅（兼）	
车险部	李稚林		意健险部		郑怀国（主持工作）
非水险部	陈冬梅		合规管理部		孙玉娟（主持工作）
航运险事业部	赵 峰		信息技术部		王永军（主持工作）
渠道部	潘国波				

机构概况一览表

年度	内设职能部门数量	下设分支机构				员工总人数		备注
		总数	地市中心支公司数	县区支公司数	营销服务部数		正式职工人数	
2006年	14	132	15	59	57	2840	2227	
2007年	15	135	15	59	60	3402	2395	
2008年	15	154	15	123	15	2683	2660	
2009年	15	155	16	132	7	2687	2664	
2010年	13	155	16	134	5	2746	2688	

先进集体及个人一览表

授奖单位	奖项名称	获奖集体
中国太平洋保险集团公司	价值贡献奖第一名	太平洋产险山东分公司
	IT安全合规专项奖	
中国太平洋产险总公司	第九届百名销售精英表彰大会“太平洋之星”核心业务开拓提名奖	
	2010年度车险经营管理先进单位	
	2010年度“快易竞保”无线远程销售方式主题活动销售组织奖	

续表

授奖单位	奖项名称	获奖集体
山东保监局 山东省保险行业协会	“我为三铁建言献策”征文优秀组织奖	太平洋产险山东分公司
济南市总工会	济南市先进工会	山东分公司 95500 呼叫中心
	山东女职工建工立业标兵岗	
大众日报	百姓口碑最佳荣誉单位	太平洋产险山东分公司
大众日报、生活日报	山东最具影响力金融企业	
齐鲁晚报 中国主流媒体理财联盟	百姓最放心保险公司	
齐鲁晚报 中国主流媒体理财联盟	最佳理赔服务保险公司	
山东商报	山东金融卓越品牌	
大众网	影响力 2010 山东金融成就品牌	
	山东网友最信赖的财险公司	
授奖单位	**奖项名称**	**获奖个人**
中华全国总工会、团中央	2010 年全国用户满意服务明星	王宝文
中国太平洋产险总公司	车险优秀核保员	杨军红　蒋映华
	2010 年车险查勘定损服务技能大赛二等奖	刘思生
	95500 服务之星—全国业务技能竞赛金奖	孟胜男
	2010 年度最佳需求管理员	杨　青
山东保监局 山东省保险行业协会	“我为三铁建言献策”优秀征文二等奖	谭　萍　杨大新　张　谦

中国平安财产保险股份有限公司青岛分公司

领导干部及职能部门一览表

总经理		副总经理	
李小安		张小玲　王连涛　乔志佳	
地　址	青岛市市南区香港西路 67 号光大国际金融中心 A2	**邮编**	266071
职能部门	**负责人**	**职能部门**	**负责人**
办公室	常　亮	系统应用部	姜丰栋
人力资源部	王少峰	客户服务部	张洪海
财务部	李卫东	车险意健险理赔部	胡善杰
市场企划部	崔红梅	财产险理赔部	蒋焕猷
个人渠道管理部	霍　明	财产险部	陈　鑫
团体渠道管理部	原　娜	车险部	高　峰
培训部	付海琪	意健险部	李宜堂
房贷清欠项目组	朱考铭		

机构概况一览表

年度	内设职能部门数量	下设分支机构			员工总人数	正式职工数	备注
		总数	地市分公司数	县区支公司数			
2006年	13	60	8	52	911	831	
2007年	13	65	8	57	1302	1106	
2008年	15	68	8	60	1403	1076	
2009年	15	69	8	61	1354	1012	
2010年	15	72	8	64	1663	1236	

先进集体及个人一览表

授奖单位	奖项名称	获奖集体
山东省第八届消费者满意单位创建活动组委会	山东省第八届消费者满意单位	平安产险青岛分公司
平安产险总公司	第七届客户服务节服务技能及服务创意竞赛全国总决赛冠军	
	第二届车意险理赔查勘定损技能竞赛总决赛车物查勘定损冠军	
	第二届车意险理赔查勘定损技能竞赛总决赛医疗查勘定损冠军	
	2010赛季车意理赔拉力赛最佳车队服务奖二等奖	
	2010年欺诈调查有奖征文活动最佳组织金奖	
	平安产险打造“行业典范，集团中坚”新产险主题征文活动优秀组织奖	
	反洗钱先锋大奖	
	办公室先进集体	平安产险青岛分公司办公室
	2010年明星会优秀三级机构	平安产险淄博中心支公司
	2010年明星会重三机构特别奖	平安产险临沂中心支公司
山东保监局	山东省青年文明号	平安产险潍坊中心支公司
山东省第八届消费者满意单位创建活动组委会	山东省第八届消费者满意单位	平安产险淄博中心支公司
授奖单位	**奖项名称**	**获奖个人**
平安产险总公司	打造“行业典范，集团中坚”新产险主题征文活动三等奖	张小玲
	“建工意外”优秀产品经理	王大威
	2010年明星会直销明星	傅　岩　闫菊华　孟　丽　姜凌云
	2010年明星会平安新星	李晓光
	2010年明星会车行明星	张　磊　张永胜

续表

授奖单位	奖项名称	获奖个人
	2010 年明星会直销明星级经理	宫献伟
	2010 年明星会重客明星	张立军
	2010 年明星会直销明星级经理	崔　勇
	2010 赛季车意理赔拉力赛摩托车组最佳车手奖	田　峰　张金仁　肖怀伟
	2010 赛季车意理赔拉力赛最有价值贡献奖（车物系列）	王　斌
	2010 赛季车意理赔拉力赛最有价值贡献奖（医疗系列）	张雅迪
	2010 赛季车意理赔拉力赛卡车组最佳车手奖	刘典杰　王孝才　李堂梅　于伟力 咸振海　张　涛　张育成、孙建磊 孙咏鸽　霍守斌　韩翔飞　吴　浩
	2010 赛季车意理赔拉力赛汽车组最快进步奖	刘国钰
	2010 赛季车意理赔拉力赛卡车组最佳新人奖	贾瑞军
	2010 年先进基层行政工作者	战明国　陈海鹰
	2010 年十佳优秀品牌宣传员	王　洁
	2010 年欺诈调查有奖征文活动二等奖	程志丹
山东保监局	“我为三铁建言献策”优秀征文	刘　萌

中国平安人寿保险股份有限公司青岛分公司

领导干部及职能部门一览表

总经理（或其他称谓的第一负责人）		副总经理（或其他称谓的同级领导）		
韩　光		刘天东　唐　勇　徐　前　徐　淼　宋本荣　舒明豪　薛　军		
地　址	青岛市市南区香港中路 61 号阳光大厦 B 座		邮　编	266071
职能部门	负责人	职能部门	负责人	
行政部	李殿敏	人力资源部	石五洲	
财务部	吴大为	企划部	杜有光	
稽核监察部	范希玲	营销企划部	董善初	
营销管理部	于江宁	培训部	戚　斌	
保费部	郝保江	两核管理部	李秀明	
运营支持部	万正锋	客户服务部	成　凯	
区域拓展部	徐　淼	银保销售支持部	李　奕	
综合开拓部	杨　泓	银行保险部	逄锦逢	
英才项目	郝士丽	二元项目组	张　颖	

机构概况一览表

年度	内设职能部门数量	下设分支机构			员工总人数		备注
		总数	地市分公司数	县区支公司数		正式职工人数	
2006 年	13	11	11	68	1222	992	

续表

年度	内设职能部门数量	下设分支机构			员工总人数	正式职工人数	备注
		总数	地市分公司数	县区支公司数			
2007年	15	8	8	55	1038	904	2007年总公司将济宁、泰安、枣庄三机构划归济南分公司管理。2010年总公司将烟台中心支公司升级为省级分公司进行管理。
2008年	18	8	8	55	1698	1138	
2009年	18	8	8	55	1608	1223	
2010年	18	7	7	55	1408	1117	

中国银联股份有限公司山东分公司

领导干部及职能部门一览表

总经理（或其他称谓的第一负责人）			副总经理（或其他称谓的同级领导）		
李金良			张春玲		
地　址	济南市高新区舜风路银山大厦			邮　编	250101
职能部门	正职	副职	职能部门	正职	副职
办公室	黄平生	段好勇	市场部	赵葆军	
业务部	孟光勇	张子晶	二级地市部	李宝成	
技术部	郝义泉	董保军			

中国银联股份有限公司青岛分公司

领导干部及职能部门一览表

总经理			助理总经理		
赵玉东			吴　坚		
地　址	青岛市香港中路6号世贸中心B座5楼			邮　编	266071
职能部门	正职	副职	职能部门	正职	副职
市场部	宋伟真	王腾峰	业务部	田　兰	
技术部	杨洪江		办公室	金　莲	

中国重汽财务有限公司

领导干部及职能部门一览表

董事长		总经理		副总经理	
宋其东		王卫平		孙俊丽	
地址	济南市天桥区无影山东路39号			邮编	250031
职能部门	正职	副职	职能部门	正职	副职
综合办公室	刘其贵		汽车金融服务中心	李玉智（副职主持工作）	夏 彤 刘红蕾
信贷业务部	刘德英		结算中心	张 霞	
会计部	黄文娟		资产管理部		梁 勇

机构概况一览表

年度	内设职能部门数量	下设分支机构					员工总人数		备注
		总数	城市分行数	县区支行数	分理处、营业所数	储蓄所数		正式职工人数	
2006年	6						36	36	
2007年	6						35	35	
2008年	6						32	32	
2009年	6						39	39	
2010年	6						58	58	

南山集团财务有限公司

领导干部及职能部门一览表

总经理		副总经理		总经理助理	
隋 政		曲丽华 鞠维军		姚常晗	
地 址	山东省龙口市南山工业园南山南路4号			邮 编	265706
职能部门	正职	副职	职能部门	正职	副职
综合管理部		段志强（副经理主持工作）	信贷业务部	姜世涛	
审计稽核部	隋家宁		计划财务部	刘 军	
风险合规部	隋家宁（兼）		投资银行部	姜世涛（兼）	
资金结算部		战永磊（副经理主持工作）			

机构概况一览表

年度	内设职能部门数量	下设分支机构					员工总人数	正式职工人数	备注
		总数	城市分行数	县区支行数	分理处、营业所数	储蓄所数			
2008 年	7						19	19	
2009 年	7						24	23	
2010 年	7						31	30	

海信集团财务有限公司

领导干部及职能部门一览表

总经理			总经理助理		
黄金萍			王管华		
地　址	青岛市东海西路 17 号海信大厦		邮　编	266071	
职能部门	正职	副职	职能部门	正职	副职
稽核管理部	王曙光		资金管理部		周海儿（兼）
总经理办公室		孙立宁			
财务部		刘　敏			
结算业务部	王管华（兼）				
综合信贷部		周海儿			
外汇业务部	杨国利	毕书霞			

机构概况一览表

年度	内设职能部门数量	下设分支机构					员工总人数	正式职工人数	备注
		总数	地市分行数	县区支行数	分理处、营业所数	储蓄所数			
2008 年	6						18	18	
2009 年	6						19	19	
2010 年	7						20	20	

先进集体及个人一览表

授奖单位	奖项名称	获奖集体
海信集团有限公司党委	先进经营公司	海信集团财务有限公司
	先进班组	外汇业务部

续表

授奖单位	奖项名称	获奖个人
海信集团有限公司党委	优秀中层	黄金萍
	管理标兵	毕书霞

中国石化财务有限责任公司山东分公司

领导干部及职能部门一览表

经　理		副经理	
郭彦坡		蔡　斌　吕固江　赵　博	
地　址	青岛市市南区山东路2号甲华仁国际大厦26层	邮　编	266071

第十四部分

国内经济金融主要统计指标

一、国内金融主要统计指标

金融机构（含外资）人民币信贷收支分地区表

（2010年）

单位：亿元

项目 地区	各项存款		企业存款		储蓄存款		活期储蓄		定期储蓄	
	余额	比年初	余额	比年初	余额	比年初	余额	比年初	余额	比年初
全　国	718233.17	120480.81	244496.87	39999.89	303302.15	42549.40	124888.31	24533.80	178413.84	18015.60
总　行	22708.94	4298.39	9543.71	2385.62	2458.13	496.04	1245.74	160.18	1212.39	335.86
北　京	64453.87	10183.91	31281.20	4638.70	17003.11	2331.02	6307.86	1182.09	10695.25	1148.93
天　津	16142.69	2593.21	6887.60	916.31	5558.23	673.28	1870.81	323.73	3687.42	349.55
河　北	26099.00	3739.52	6508.21	657.53	15678.43	2127.40	5550.99	1138.90	10127.45	988.50
山　西	18575.65	2877.19	5333.80	1143.75	9222.97	1123.54	3051.05	481.46	6171.92	642.08
内蒙古	10278.69	1905.18	3107.29	528.06	4618.11	704.16	2753.51	593.70	1864.59	110.46
辽　宁	27372.55	4613.91	7904.69	1106.15	13690.27	1659.33	4210.96	637.54	9479.31	1021.79
吉　林	9606.70	1288.78	2753.18	494.44	5147.26	532.87	2038.61	320.96	3108.65	211.91
黑龙江	12835.67	1813.53	3552.88	759.85	7254.71	823.99	2966.55	563.11	4288.16	260.88
上　海	49846.83	7571.97	23661.90	3151.00	15650.24	1942.68	5201.19	776.06	10449.05	1166.63
江　苏	58984.14	10134.26	19148.59	2054.11	23334.48	3253.85	7771.26	1820.34	15563.22	1433.51
浙　江	53437.25	9104.30	19544.41	3950.26	20612.16	2778.16	8360.71	1583.42	12251.45	1194.75
安　徽	16366.10	3057.36	5208.51	1050.87	7788.48	1168.66	2935.55	592.75	4852.93	575.91
福　建	18309.45	3607.12	5124.36	1120.04	8101.02	1022.67	3995.50	721.53	4105.52	301.14
江　西	11846.18	2549.79	3083.02	624.78	6113.24	1020.58	2838.78	583.35	3274.46	437.23

续表1

（2010年）

项目 地区	各项存款		企业存款		储蓄存款					
							活期储蓄		定期储蓄	
	余额	比年初	余额	比年初	余额	比年初	余额	比年初	余额	比年初
山　东	41104.96	6407.29	11585.54	1782.84	19648.21	2565.45	6607.87	1204.39	13040.34	1361.07
河　南	23148.83	3973.77	5688.32	1020.21	12883.70	1676.30	5103.60	1032.51	7780.10	643.79
湖　北	21521.68	4015.82	6718.47	1157.74	9798.05	1634.59	4096.90	883.84	5701.14	750.75
湖　南	16553.78	2602.81	4510.05	675.81	9022.58	1212.17	4000.03	691.39	5022.56	520.78
广　东	79957.97	12215.62	26040.74	3859.80	36318.66	4925.36	19254.06	3836.64	17064.60	1088.72
广　西	11746.77	2163.63	3380.26	556.44	5702.43	1016.24	3306.26	688.55	2396.17	327.69
海　南	4172.56	1064.68	1730.51	425.85	1667.14	387.00	985.02	281.05	682.12	105.95
重　庆	13454.98	2524.80	4666.88	987.71	5839.66	930.97	2364.47	515.79	3475.19	415.18
四　川	30299.67	5323.19	9346.60	1708.34	13650.83	2075.64	5256.56	1108.40	8394.26	967.24
贵　州	7363.92	1465.66	2075.51	504.12	3244.99	568.90	1852.29	410.88	1392.70	158.02
云　南	13414.07	2294.18	4464.56	620.08	5719.97	1051.34	2894.50	623.96	2825.47	427.38
西　藏	1295.54	268.30	327.57	-94.43	267.13	40.76	168.64	26.87	98.49	13.89
陕　西	16456.05	2520.28	5340.19	916.66	7957.78	1213.07	3471.16	746.82	4486.63	466.25
甘　肃	7115.37	1233.57	1819.25	258.63	3598.24	571.29	1553.09	295.80	2045.15	275.50
青　海	2319.64	533.86	644.54	102.14	868.22	156.93	482.22	110.94	386.00	45.99
宁　夏	2573.64	515.94	722.78	123.48	1170.25	202.54	592.81	141.78	577.44	60.77
新　疆	8870.02	2019.00	2791.72	812.98	3713.47	662.61	1799.76	455.09	1913.70	207.52

续表 2

（2010 年）

项目 地区	所有者权益		各项贷款		短期贷款					
							个人贷款及透支		单位贷款及透支	
	余　额	比年初	余　额	比年初	余　额	比年初	余　额	比年初	余　额	比年初
全　国	54320.99	14371.51	479196.38	79451.12	166232.80	24661.32	34346.81	9067.74	123158.19	11938.23
总　行	32189.75	8173.12	17007.07	2168.84	6034.09	1790.01	3485.34	1413.27	2372.71	401.18
北　京	1304.80	274.98	29563.78	4143.47	7956.06	715.61	291.25	168.11	7104.68	290.85
天　津	631.98	159.06	13111.57	2468.05	2870.52	282.24	126.09	-5.43	2472.69	124.26
河　北	706.09	187.39	15755.74	2632.01	6115.38	954.69	1178.84	286.45	4486.54	487.93
山　西	434.70	123.95	9634.32	1822.70	3742.52	411.18	800.59	120.46	2759.60	175.12
内蒙古	377.48	117.56	7919.47	1626.97	2709.41	469.94	762.95	245.54	1874.89	185.27
辽　宁	850.70	246.38	18689.77	3140.19	6143.82	614.04	875.15	195.36	4888.10	206.16
吉　林	271.30	9.58	7205.94	971.28	2809.74	197.93	575.88	40.51	2104.51	95.46
黑龙江	288.47	80.76	7230.47	1242.14	2905.94	433.30	774.84	121.12	2028.23	263.29
上　海	1714.31	430.44	30573.31	4369.18	8006.76	665.80	373.72	150.45	7144.07	281.05
江　苏	1965.82	685.03	42121.04	6824.31	17689.03	2998.27	2308.61	745.79	14451.65	1926.58
浙　江	2138.55	602.79	45288.07	7289.59	25715.19	4457.93	6591.34	1750.71	18257.58	2405.76
安　徽	578.25	136.30	11453.59	2163.56	4044.17	547.51	907.89	90.70	2984.63	418.32
福　建	1248.34	464.69	15231.36	2871.04	6594.50	1493.32	1989.32	629.77	4119.43	643.84
江　西	427.42	141.26	7757.12	1408.17	2845.00	529.40	840.77	312.07	1866.60	143.45

续表 3

(2010年)

项目 地区	所有者权益		各项贷款							
					短期贷款					
							个人贷款及透支		单位贷款及透支	
	余额	比年初	余额	比年初	余额	比年初	余额	比年初	余额	比年初
山东	1343.41	309.50	30722.64	4761.31	14369.15	2262.12	3110.59	589.15	10353.46	1307.17
河南	656.95	152.76	15871.32	2433.89	6995.81	976.25	1872.77	348.10	4843.59	491.34
湖北	576.13	171.94	14132.50	2473.13	4135.33	539.39	684.52	232.02	3163.32	149.87
湖南	404.05	102.57	11303.76	1933.37	3494.39	437.81	1032.51	187.95	2274.86	194.93
广东	2812.93	648.69	47191.56	7508.61	11626.42	1787.77	1651.94	587.71	9182.23	919.20
广西	387.42	104.26	8867.52	1599.11	1703.15	263.14	307.27	89.53	1296.39	126.10
海南	75.95	76.47	2265.43	534.30	380.61	17.28	29.07	-1.21	277.33	-20.00
重庆	567.20	234.45	10888.15	2122.09	1686.11	186.25	261.25	115.53	1348.44	44.49
四川	765.17	226.59	19129.79	3444.43	4873.16	755.56	919.50	196.48	3801.28	465.95
贵州	231.71	73.33	5747.53	1091.03	1015.28	196.14	228.13	40.98	726.53	136.40
云南	363.69	113.08	10571.36	1791.19	2671.64	190.35	639.21	118.20	1906.81	10.46
西藏	8.91	3.28	301.49	53.49	58.71	-2.42	12.88	1.45	45.78	-3.92
陕西	348.95	103.90	10033.12	1691.33	2478.55	-5.09	642.63	132.28	1726.77	-171.47
甘肃	205.21	69.47	4433.05	783.43	1616.77	47.30	422.82	5.20	1146.00	15.70
青海	33.42	-0.21	1822.65	423.64	397.06	44.93	63.66	25.86	318.46	7.24
宁夏	125.89	37.09	2398.70	481.49	702.92	65.79	267.72	60.02	405.17	-6.89
新疆	286.04	111.03	4973.16	1183.76	1845.60	337.58	317.75	73.59	1425.85	223.16

续表 4

(2010年)

项目 / 地区	普通并购贷款		贸易融资		中长期贷款		个人贷款		单位贷款		票据融资	
	余额	比年初	余额	比年初	余额	比年初	余额	比年初	余额	比年初	余额	比年初
全国	88.18	77.88	7837.19	3372.15	288930.71	61667.46	78195.12	19643.47	187281.76	34627.42	14815.67	-9050.79
总行			46.77	-11.48	5429.38	718.45	24.03	17.66	2583.14	761.35	1003.97	-1004.83
北京	20.00	18.81	474.11	197.58	20608.34	4213.02	4259.63	787.82	14302.57	2553.60	903.38	-764.39
天津	0.85	0.85	247.53	139.40	8976.72	1899.25	1325.09	353.42	6855.22	1198.35	450.10	-90.92
河北	0.95	0.14	408.39	187.41	9073.08	1908.51	2060.69	565.97	6309.81	1152.40	526.43	-249.69
山西	45.64	45.00	131.09	68.56	5409.30	1498.57	420.91	119.73	4286.74	957.32	374.84	-159.86
内蒙古			61.29	34.37	5136.53	1194.05	1034.68	447.48	3968.98	700.30	73.09	-37.13
辽宁			320.10	167.73	11481.17	2832.43	2572.26	770.83	8250.10	1752.24	957.60	-354.18
吉林			103.00	51.54	4283.63	934.02	982.71	318.71	2993.05	461.76	107.03	-153.41
黑龙江			94.30	48.22	4036.04	1070.80	1260.32	442.48	2540.86	539.77	284.07	-261.87
上海	18.50	11.00	447.11	221.50	20008.55	3651.94	5562.73	883.85	12051.15	1967.09	1481.13	-372.30
江苏			880.99	340.67	23163.45	4957.30	7285.87	1712.33	13816.01	2590.85	1167.02	-1159.93
浙江	0.75	0.75	858.08	301.62	18468.99	3243.90	6803.95	1354.27	11046.94	1636.71	607.25	-545.83
安徽			143.05	48.22	7100.50	1803.11	2372.20	797.39	4432.31	922.31	293.14	-201.10
福建			458.21	213.12	8372.64	1634.24	3173.33	687.56	4890.27	880.53	256.22	-258.90
江西	0.30	0.30	130.76	71.99	4719.09	999.62	1672.94	402.16	2607.14	515.57	188.65	-122.46

续表 5

（2010年）

项目 / 地区	普通并购贷款		贸易融资		中长期贷款		个人贷款		单位贷款		票据融资	
	余额	比年初	余额	比年初	余额	比年初	余额	比年初	余额	比年初	余额	比年初
山东			879.03	358.12	15007.60	3135.94	4216.52	1164.73	10129.10	1706.29	1217.51	-680.94
河南			268.84	126.56	7806.31	1743.65	1836.29	617.37	5652.20	959.63	962.52	-347.05
湖北		-0.02	268.62	159.54	8885.86	1996.66	2096.57	635.85	6156.49	1225.84	361.54	-239.07
湖南			184.91	59.12	7533.46	1698.94	1954.76	617.82	5370.25	1001.64	198.52	-195.57
广东			690.84	230.91	33716.75	6360.17	11933.73	2247.77	18040.21	2902.56	1449.94	-735.48
广西			92.96	42.24	7018.37	1370.57	2294.47	583.28	4387.94	654.24	145.94	-34.49
海南			36.07	18.97	1850.58	571.95	336.85	136.60	1416.45	382.33	34.08	-54.97
重庆			76.41	26.60	8705.32	2141.77	2314.52	756.62	6103.73	1254.12	423.24	-277.82
四川			133.26	82.61	13872.89	3175.02	3948.88	1128.41	9094.65	1787.56	261.03	-443.45
贵州			56.57	20.01	4582.37	877.76	1207.22	373.33	2957.32	344.15	127.92	16.89
云南	1.20	1.20	120.75	57.38	7726.53	1697.75	1805.73	439.55	5781.01	1194.92	159.80	-109.78
西藏			0.05	0.05	213.60	26.72	90.52	8.43	118.80	14.02	29.19	29.19
陕西		-0.14	98.01	37.05	7165.88	1849.29	1789.56	639.76	4651.28	955.06	360.58	-110.47
甘肃			34.37	21.32	2700.94	838.64	532.73	266.13	2107.38	529.02	99.60	-117.92
青海			14.39	11.48	1344.38	351.28	73.92	22.68	1194.36	313.82	79.47	25.97
宁夏			29.85	15.63	1608.16	405.54	334.07	118.15	1201.67	277.37	87.38	10.12
新疆			47.49	24.09	2924.31	866.62	617.42	225.33	1984.62	534.68	143.47	-49.13

金融机构（含外资）本外币信贷收支分地区表

（2010年）

汇率：6.6227 单位：亿元

项目 地区	各项存款		企事业单位存款		储蓄存款		活期储蓄		定期储蓄	
	余额	比年初	余额	比年初	余额	比年初	余额	比年初	余额	比年初
全国	733377.28	121378.85	252961.52	41241.61	307166.05	42424.08	126264.14	24556.30	180901.90	17867.79
总行	24836.32	4526.37	10391.13	2216.68	2634.77	589.62	1263.84	162.17	1370.93	427.45
北京	66584.60	9628.10	32349.15	4771.16	17585.22	2256.06	6533.18	1167.44	11052.04	1088.62
天津	16499.25	2611.22	7139.55	935.52	5634.34	662.20	1894.53	323.54	3739.81	338.67
河北	26270.58	3770.07	6622.33	690.87	15725.74	2121.16	5566.51	1137.67	10159.24	983.49
山西	18639.77	2879.97	5357.03	1149.02	9259.44	1121.00	3059.74	481.67	6199.70	639.32
内蒙古	10325.28	1911.50	3137.32	540.00	4634.00	702.00	2759.02	593.38	1874.98	108.62
辽宁	28057.38	4706.23	8350.73	1211.17	13879.01	1635.83	4275.99	631.54	9603.02	1004.29
吉林	9702.55	1296.93	2788.91	510.47	5203.16	524.42	2066.54	318.05	3136.62	206.37
黑龙江	12924.20	1808.06	3584.94	763.77	7305.95	815.67	2986.34	560.48	4319.61	255.18
上海	52190.04	7607.68	24991.39	3344.40	16249.29	1891.41	5396.19	771.57	10853.11	1119.84
江苏	60583.07	10523.06	20424.04	2394.75	23533.13	3229.45	7834.92	1817.55	15698.21	1411.90
浙江	54478.09	9369.62	20046.57	4058.72	21093.62	2923.69	8539.28	1646.24	12554.34	1277.45
安徽	16477.59	3071.00	5294.31	1086.82	7813.81	1165.12	2942.48	592.57	4871.34	572.54
福建	18753.23	3658.10	5335.54	1156.35	8258.16	1012.71	4060.08	720.41	4198.08	292.30
江西	11907.79	2554.99	3114.83	630.97	6139.59	1017.42	2846.65	582.77	3292.94	434.65

续表 1

（2010年）

项目 地区	各项存款		企业定活期存款		储蓄存款		活期储蓄		定期储蓄	
	余额	比年初	余额	比年初	余额	比年初	余额	比年初	余额	比年初
山东	41653.72	6483.11	11920.01	1825.05	19773.29	2549.61	6651.90	1201.47	13121.39	1348.14
河南	23246.74	3957.92	5726.12	1011.91	12935.29	1669.31	5120.41	1032.12	7814.88	637.19
湖北	21722.39	4044.34	6833.17	1173.35	9851.27	1627.87	4113.31	883.16	5737.96	744.71
湖南	16643.27	2614.76	4556.36	690.33	9060.04	1207.93	4011.09	691.33	5048.95	516.61
广东	82019.40	12328.15	27169.39	4039.60	36965.75	4847.84	19533.96	3828.58	17431.78	1019.26
广西	11813.90	2175.01	3418.31	568.92	5728.72	1013.37	3315.90	688.42	2412.82	324.95
海南	4217.30	1041.60	1760.14	404.93	1679.85	385.43	990.15	280.86	689.69	104.57
重庆	13613.97	2531.72	4794.18	998.59	5863.07	925.56	2373.15	515.90	3489.92	409.66
四川	30504.05	5376.24	9489.90	1766.63	13703.62	2067.48	5274.19	1109.13	8429.43	958.36
贵州	7387.79	1475.26	2091.43	513.93	3252.47	568.45	1854.71	411.03	1397.76	157.42
云南	13478.86	2304.39	4502.92	634.25	5744.64	1048.30	2901.99	623.56	2842.65	424.74
西藏	1296.73	268.33	328.29	-94.37	267.60	40.74	168.83	26.87	98.77	13.86
陕西	16590.54	2536.12	5408.34	930.46	8008.42	1214.88	3492.10	753.50	4516.32	461.38
甘肃	7146.66	1243.55	1838.89	269.06	3611.69	569.68	1556.31	295.47	2055.38	274.21
青海	2326.96	535.93	649.64	104.50	871.00	156.68	483.08	110.85	387.92	45.82
宁夏	2586.66	519.03	731.87	127.20	1174.02	202.20	593.89	141.87	580.13	60.33
新疆	8898.57	2020.47	2814.78	816.59	3726.06	660.99	1803.88	455.10	1922.18	205.89

续表 2

（2010年）

项目 地区	所有者权益		各项贷款							
					短期贷款		中长期贷款		其他贷款	
	余额	比年初	余额	比年初	余额	比年初	余额	比年初	余额	比年初
全国	58021.08	14202.83	509226.79	83571.94	171236.06	24977.59	305127.82	64405.58	11499.17	2282.48
总行	34773.67	7744.83	20744.63	2536.88	6242.83	1710.12	8200.13	1112.16	1023.89	30.52
北京	1444.14	319.63	36479.58	5428.17	8596.95	932.90	26180.23	5090.07	710.18	189.61
天津	663.71	166.91	13774.11	2623.73	3016.51	312.89	9264.71	1936.19	1027.33	458.59
河北	709.75	188.16	15948.91	2664.88	6142.44	953.18	9100.01	1918.24	150.75	24.56
山西	437.14	124.91	9728.68	1816.38	3744.33	407.84	5443.03	1492.88	68.95	6.72
内蒙古	378.56	118.64	7992.59	1607.15	2718.87	469.88	5156.53	1196.79	42.64	-22.38
辽宁	876.37	245.02	19622.04	3399.90	6302.95	620.28	11900.87	2951.79	378.69	145.59
吉林	275.80	10.84	7279.62	979.19	2815.66	203.03	4310.84	937.27	41.21	0.36
黑龙江	294.96	82.87	7390.62	1244.96	2916.13	433.38	4098.40	1084.21	86.66	-10.28
上海	2063.60	450.84	34154.17	4463.47	9278.11	765.67	21693.69	3764.15	1244.04	222.20
江苏	2029.31	705.00	44180.21	7333.87	18186.72	3067.12	23507.45	5000.85	1282.45	432.11
浙江	2178.51	607.40	46938.54	7714.13	26044.53	4495.72	18800.18	3352.68	1278.70	371.27
安徽	581.31	137.95	11737.83	2298.62	4142.04	583.87	7175.01	1859.18	111.85	42.44
福建	1305.98	473.18	15920.84	3015.00	6720.44	1476.51	8638.27	1706.56	298.85	88.67
江西	429.17	140.49	7843.28	1425.12	2851.89	532.70	4753.75	1000.32	44.61	12.96

续表 3

（2010年）

项目 地区	所有者权益		各项贷款							
					短期贷款		中长期贷款		其他贷款	
	余额	比年初	余额	比年初	余额	比年初	余额	比年初	余额	比年初
山东	1386.33	318.58	32536.29	5150.36	14713.85	2284.53	15935.28	3470.97	639.59	134.24
河南	660.84	154.27	16006.52	2447.68	7010.40	974.02	7835.61	1744.39	92.38	15.94
湖北	586.00	177.75	14609.66	2552.50	4228.60	543.16	9145.94	2064.96	188.88	65.16
湖南	409.28	105.14	11521.67	1984.46	3540.80	456.06	7585.55	1705.51	119.27	27.83
广东	3007.68	682.76	51799.30	7289.78	12323.20	1588.97	35837.88	6619.89	2048.73	-177.65
广西	390.33	107.18	8979.87	1619.43	1720.22	255.87	7057.58	1391.52	55.54	6.62
海南	80.47	77.87	2509.72	568.86	397.79	5.16	2062.76	626.30	15.01	-7.60
重庆	663.33	320.39	10999.87	2143.32	1693.48	184.86	8738.47	2138.73	143.46	97.84
四川	775.96	226.02	19485.74	3501.33	4948.04	766.06	14040.82	3191.06	113.55	28.90
贵州	233.32	74.82	5771.74	1101.50	1018.03	195.96	4585.37	877.74	18.46	10.66
云南	365.65	113.13	10705.99	1852.04	2702.96	207.13	7771.89	1722.68	62.45	23.50
西藏	8.93	3.30	301.82	53.48	58.71	-2.42	213.60	26.72	0.33	-0.01
陕西	353.83	104.42	10222.20	1745.54	2513.87	13.75	7273.08	1884.67	49.87	0.20
甘肃	205.99	69.53	4576.68	836.78	1690.32	94.90	2728.71	835.79	57.99	24.21
青海	33.88	-0.11	1832.81	424.55	401.70	44.79	1347.95	352.59	1.96	-0.26
宁夏	126.40	37.19	2419.89	491.37	704.25	67.12	1611.99	403.60	15.96	10.46
新疆	290.88	113.91	5211.38	1257.51	1849.44	332.57	3132.26	945.13	84.95	29.51

金融机构（含外资）外汇信贷收支分地区表

（2010 年）

单位：亿美元

项目 \ 地区	各项存款		单位活期存款		单位定期存款		储蓄存款		定期存款	
	余额	比年初	余额	比年初	余额	比年初	余额	比年初	余额	比年初
全国	2286.70	200.34	908.12	142.07	370.01	78.25	583.43	-0.79	375.69	-10.34
总行	321.23	43.06	75.37	-0.27	52.59	-20.62	26.67	14.51	23.94	14.13
北京	321.73	-71.72	74.74	-2.55	86.51	26.80	87.90	-8.33	53.87	-7.21
天津	53.84	4.26	32.07	9.31	5.97	-5.35	11.49	-1.28	7.91	-1.36
河北	25.91	5.25	16.31	5.99	0.93	-0.59	7.14	-0.70	4.80	-0.59
山西	9.68	0.70	3.25	0.83	0.26	0.05	5.51	-0.21	4.19	-0.28
内蒙古	7.03	1.14	3.05	0.71	1.49	1.17	2.40	-0.24	1.57	-0.22
辽宁	103.41	16.63	59.02	16.94	8.33	0.47	28.50	-2.58	18.68	-2.00
吉林	14.47	1.63	5.10	2.30	0.29	0.21	8.44	-0.98	4.22	-0.68
黑龙江	13.37	-0.40	4.66	1.30	0.19	-0.58	7.74	-0.99	4.75	-0.69
上海	353.82	15.88	145.86	19.57	54.89	14.79	90.45	-4.79	61.01	-5.02
江苏	241.43	64.21	126.37	24.76	66.21	30.92	30.00	-2.67	20.38	-2.55
浙江	157.16	43.59	62.27	13.66	13.55	4.51	72.70	23.50	45.73	13.49
安徽	16.83	2.50	9.87	3.21	3.08	2.45	3.82	-0.40	2.78	-0.41
福建	67.01	9.48	24.10	3.12	7.79	3.16	23.73	-0.74	13.98	-0.87
江西	9.30	1.04	4.59	1.05	0.22	0.00	3.98	-0.34	2.79	-0.29

续表 1

(2010年)

项目 地区	各项存款		单位活期存款		单位定期存款		储蓄存款			
									定期存款	
	余 额	比年初	余 额	比年初	余 额	比年初	余 额	比年初	余 额	比年初
山 东	82.86	13.60	41.53	4.82	8.98	2.88	18.89	-1.75	12.24	-1.52
河 南	14.78	-1.88	5.16	-0.83	0.54	-0.21	7.79	-0.79	5.25	-0.81
湖 北	30.31	5.09	16.19	2.30	1.13	0.50	8.04	-0.74	5.56	-0.72
湖 南	13.51	2.16	5.86	1.57	1.13	0.76	5.66	-0.45	3.99	-0.49
广 东	311.27	25.85	126.89	17.63	43.53	13.83	97.71	-8.41	55.44	-8.50
广 西	10.14	1.97	5.53	2.56	0.22	-0.56	3.97	-0.30	2.51	-0.33
海 南	6.76	-3.18	3.92	-2.72	0.55	-0.21	1.92	-0.17	1.14	-0.17
重 庆	24.01	1.74	15.75	0.58	3.47	1.59	3.53	-0.69	2.22	-0.74
四 川	30.86	8.70	18.65	8.89	2.98	0.30	7.97	-0.95	5.31	-1.14
贵 州	3.60	1.51	1.56	0.68	0.84	0.83	1.13	-0.03	0.76	-0.06
云 南	9.78	1.79	5.03	2.38	0.77	-0.13	3.73	-0.33	2.59	-0.31
西 藏	0.18	0.01	0.06	-0.03	0.05	0.04	0.07	0.00	0.04	0.00
陕 西	20.31	2.93	6.92	1.04	3.37	1.29	7.65	0.49	4.48	-0.58
甘 肃	4.72	1.60	2.91	1.72	0.05	-0.10	2.03	-0.17	1.55	-0.14
青 海	1.11	0.34	0.75	0.38	0.02	-0.01	0.42	-0.02	0.29	-0.02
宁 夏	1.97	0.51	1.36	0.57	0.01	0.01	0.57	-0.03	0.40	-0.05
新 疆	4.31	0.35	3.41	0.59	0.07	0.05	1.90	-0.18	1.28	-0.20

续表2

（2010年）

项目 / 地区	所有者权益		各项贷款							
					境内短期贷款		境内中长期贷款		进出口贸易融资	
	余额	比年初	余额	比年初	余额	比年初	余额	比年初	余额	比年初
全国	558.70	-7.89	4534.47	739.97	730.08	85.73	1264.00	189.54	1225.56	177.25
总行	390.16	-50.98	564.36	70.89	19.45	2.78	177.29	21.89	84.61	-26.91
北京	21.04	7.17	1044.26	219.57	95.43	35.44	311.86	69.49	96.14	31.25
天津	4.79	1.29	100.04	25.81	21.91	5.26	27.87	0.58	27.33	9.50
河北	0.55	0.13	29.17	5.69	4.08	-0.10	3.97	1.45	20.30	4.50
山西	0.37	0.15	14.25	-0.50	0.27	-0.48	5.09	-0.61	7.01	1.72
内蒙古	0.16	0.16	11.04	-2.57	1.43	0.03	3.02	0.49	4.70	-2.86
辽宁	3.88	-0.08	140.77	42.27	24.07	1.71	53.78	14.06	51.87	21.64
吉林	0.68	0.21	11.12	1.49	0.89	0.77	4.11	0.60	4.45	0.21
黑龙江	0.98	0.34	24.18	1.14	1.54	0.06	3.95	0.78	11.56	-0.93
上海	52.74	4.57	540.69	30.08	188.48	23.38	188.74	11.17	96.39	-10.70
江苏	9.59	3.21	310.93	83.98	75.06	12.28	43.23	-0.64	179.27	64.72
浙江	6.03	0.86	249.21	69.67	49.91	7.57	43.18	10.99	143.57	46.23
安徽	0.46	0.26	42.92	21.07	14.75	5.76	8.55	7.18	13.46	6.78
福建	8.70	1.51	104.11	24.22	18.83	-1.36	32.40	7.37	44.43	14.19
江西	0.26	-0.11	13.01	2.87	1.04	0.51	3.93	0.26	6.50	2.12

续表 3

（2010年）

项目 地区	所有者权益		各项贷款							
					境内短期贷款		境内中长期贷款		进出口贸易融资	
	余额	比年初	余额	比年初	余额	比年初	余额	比年初	余额	比年初
山东	6.48	1.53	273.85	65.22	48.36	1.83	36.13	6.68	93.07	23.08
河南	0.59	0.24	20.42	2.63	2.05	-0.41	2.42	0.24	9.46	3.04
湖北	1.49	0.89	72.05	13.79	14.07	1.62	23.69	-1.31	7.61	0.87
湖南	0.79	0.40	32.90	8.47	7.01	2.88	7.82	1.29	16.71	4.60
广东	29.41	5.87	695.75	-11.11	102.07	-24.02	200.60	25.41	249.65	-34.27
广西	0.44	0.44	16.96	3.49	2.58	-0.99	3.46	1.04	7.45	1.31
海南	0.68	0.23	36.89	6.17	2.59	-1.70	24.83	3.10	1.62	-0.95
重庆	14.52	13.02	16.87	3.62	0.81	-0.29	4.07	-0.47	9.23	4.58
四川	1.63	-0.03	53.75	9.95	11.30	1.87	21.58	3.25	13.62	4.51
贵州	0.24	0.23	3.66	1.64	0.42	-0.01	0.01	0.00	2.74	1.65
云南	0.30	0.02	20.33	9.52	4.73	2.60	2.89	-0.08	8.89	3.73
西藏	0.00	0.00	0.05							
陕西	0.74	0.10	28.55	8.80	4.33	1.92	16.18	5.67	5.51	0.66
甘肃	0.12	0.01	21.69	8.47	11.11	7.31	2.19	-0.63	5.24	1.54
青海	0.07	0.02	1.53	0.18	0.70	0.00	0.54	0.21	0.16	-0.01
宁夏	0.08	0.02	3.20	1.54	0.20	0.20	0.58	-0.27	1.16	0.97
新疆	0.73	0.44	35.97	11.88	0.58	-0.72	6.05	0.35	1.85	0.47

二、国内经济主要统计指标

地区生产总值

单位：亿元

地　区	2005年	2006年	2007年	2008年	2009年	2010年
北　京	6969.5	8117.8	9846.8	11115.0	12153.0	13777.9
天　津	3905.6	4462.7	5252.8	6719.0	7521.9	9108.8
河　北	10012.1	11467.6	13607.3	16012.0	17235.5	20197.1
山　西	4230.5	4878.6	6024.5	7315.4	7358.3	9088.1
内蒙古	3905.0	4944.2	6423.2	8496.2	9740.3	11655.0
辽　宁	8047.3	9304.5	11164.3	13668.6	15212.5	18278.3
吉　林	3620.3	4275.1	5284.7	6426.1	7278.8	8577.1
黑龙江	5513.7	6211.8	7104.0	8314.4	8587.0	10235.0
上　海	9247.7	10572.2	12494.0	14069.9	15046.5	16872.4
江　苏	18598.7	21742.1	26018.5	30982.0	34457.3	40903.3
浙　江	13417.7	15718.5	18753.7	21462.7	22990.4	27226.8
安　徽	5375.1	6112.5	7360.9	8851.7	10062.8	12263.4
福　建	6554.7	7583.8	9248.5	10823.0	12236.5	14357.1
江　西	4056.8	4820.5	5800.3	6971.1	7655.2	9435.0
山　东	18366.9	21900.2	25776.9	30933.3	33896.7	39416.2
河　南	10587.4	12362.8	15012.5	18018.5	19480.5	22942.7
湖　北	6590.2	7617.5	9333.4	11328.9	12961.1	15806.1
湖　南	6596.1	7688.7	9439.6	11555.0	13059.7	15902.1
广　东	22557.4	26587.8	31777.0	36796.7	39482.6	45472.8
广　西	3984.1	4746.2	5823.4	7021.0	7759.2	9502.4
海　南	898.0	1044.9	1254.2	1503.1	1654.2	2052.1
重　庆	3467.7	3907.2	4676.1	5793.7	6530.0	7894.2
四　川	7385.1	8690.2	10562.4	12601.2	14151.3	16898.6
贵　州	2005.4	2339.0	2884.1	3561.6	3912.7	4594.0
云　南	3461.7	3988.1	4772.5	5692.1	6169.8	7220.1
西　藏	248.8	290.8	341.4	394.9	441.4	507.5
陕　西	3933.7	4743.6	5757.3	7314.6	8169.8	10021.5
甘　肃	1934.0	2276.7	2702.4	3166.8	3387.6	4119.5
青　海	543.3	648.5	797.4	1018.6	1081.3	1350.4
宁　夏	612.6	725.9	919.1	1203.9	1353.3	1643.4
新　疆	2604.2	3045.3	3523.2	4183.2	4277.0	5418.8

注：本表按当年价格计算。

地区生产总值、增长速度

（2010年）

地　区	地区生产总值（亿元）	第一产业	第二产业	工　业	建筑业	第三产业	#交通运输、仓储和邮政业	地区生产总值比上年增长(%)
北　京	13777.9	124.4	3323.1	2701.6	621.5	10330.5	640.6	10.2
天　津	9108.8	149.5	4837.6	4410.7	426.9	4121.8	585.2	17.4
河　北	20197.1	2562.8	10705.7	9554.0	1151.7	6928.6	1880.3	12.2
山　西	9088.1	563.5	5161.2	4586.4	574.8	3363.4	654.1	13.9
内蒙古	11655.0	1101.4	6365.8	5618.4	747.4	4187.8	875.6	14.9
辽　宁	18278.3	1631.1	9872.3	8684.7	1187.6	6774.9	922.6	14.1
吉　林	8577.1	1050.2	4417.4	3833.5	583.9	3109.5	373.9	13.7
黑龙江	10235.0	1302.3	5100.1	4505.0	595.1	3832.6	471.9	12.6
上　海	16872.4	114.2	7140.0	6456.8	683.2	9618.3	746.4	9.9
江　苏	40903.3	2539.6	21753.9	19266.9	2487.0	16609.8	1829.4	12.6
浙　江	27226.8	1360.7	14121.3	12488.6	1632.7	11744.8	1041.2	11.8
安　徽	12263.4	1729.0	6391.0	5364.5	1026.6	4143.3	518.5	14.5
福　建	14357.1	1363.7	7365.5	6242.3	1123.1	5628.0	823.7	13.8
江　西	9435.0	1205.9	5194.7	4359.2	835.5	3034.4	446.2	14.0
山　东	39416.2	3588.3	21398.9	19026.1	2372.8	14429.0	2214.2	12.5
河　南	22942.7	3263.2	13226.8	11950.8	1276.0	6452.6	934.0	12.2
湖　北	15806.1	2147.0	7764.7	6726.5	1038.1	5894.4	748.9	14.8
湖　南	15902.1	2339.4	7313.6	6275.1	1038.5	6249.1	817.9	14.5
广　东	45472.8	2286.9	22918.1	21374.8	1543.3	20267.9	1812.4	12.2
广　西	9502.4	1670.4	4510.8	3860.5	650.4	3321.2	458.7	14.2
海　南	2052.1	539.3	566.6	380.8	185.8	946.3	102.1	15.8
重　庆	7894.2	685.4	4356.4	3697.8	658.6	2852.4	389.6	17.1
四　川	16898.6	2483.0	8565.2	7326.4	1238.7	5850.4	573.8	15.1
贵　州	4594.0	630.3	1800.1	1516.9	283.2	2163.6	472.7	12.8
云　南	7220.1	1105.8	3223.9	2606.0	617.9	2890.4	198.7	12.3
西　藏	507.5	68.1	163.9	39.7	124.2	275.4	21.2	12.3
陕　西	10021.5	988.5	5403.5	4516.4	887.1	3629.6	470.1	14.5
甘　肃	4119.5	599.0	1985.0	1602.9	382.1	1535.5	227.2	11.7
青　海	1350.4	134.9	744.6	613.7	131.0	470.9	61.3	15.3
宁　夏	1643.4	160.3	833.2	648.5	184.6	650.0	128.0	13.4
新　疆	5418.8	1078.6	2533.7	2105.0	428.7	1806.5	236.8	10.6

注：本表绝对数按当年价格计算，增长速度按不变价格计算。

地区生产总值构成

（2010年，地区生产总值=100）

地　区	地区生产总　值	第一产业	第二产业			第三产业		
				工　业	建筑业		#交通运输、仓储和邮政业	#批发和零售业
北　京	100.0	0.9	24.1	19.6	4.5	75.0	4.6	13.6
天　津	100.0	1.6	53.1	48.4	4.7	45.3	6.4	11.5
河　北	100.0	12.7	53.0	47.3	5.7	34.3	9.3	6.4
山　西	100.0	6.2	56.8	50.5	6.3	37.0	7.2	7.4
内蒙古	100.0	9.4	54.6	48.2	6.4	35.9	7.5	9.0
辽　宁	100.0	8.9	54.0	47.5	6.5	37.1	5.0	9.0
吉　林	100.0	12.2	51.5	44.7	6.8	36.3	4.4	8.8
黑龙江	100.0	12.7	49.8	44.0	5.8	37.4	4.6	8.6
上　海	100.0	0.7	42.3	38.3	4.0	57.0	4.4	14.9
江　苏	100.0	6.2	53.2	47.1	6.1	40.6	4.5	10.8
浙　江	100.0	5.0	51.9	45.9	6.0	43.1	3.8	9.5
安　徽	100.0	41.1	52.1	43.7	8.4	33.8	4.2	7.0
福　建	100.0	9.5	51.3	43.5	7.8	39.2	5.7	8.4
江　西	100.0	12.8	55.1	46.2	8.9	32.2	4.7	6.9
山　东	100.0	9.1	54.3	48.3	6.0	36.6	5.6	9.9
河　南	100.0	14.2	57.7	52.1	5.6	28.1	4.1	5.3
湖　北	100.0	13.6	49.1	42.6	6.6	37.3	4.7	7.2
湖　南	100.0	14.7	46.0	39.5	6.5	39.3	5.1	8.8
广　东	100.0	5.0	50.4	47.0	3.4	44.6	4.0	10.1
广　西	100.0	17.6	47.5	40.6	6.8	35.0	4.8	6.7
海　南	100.0	26.3	27.6	18.6	9.1	46.1	5.0	10.6
重　庆	100.0	8.7	55.2	46.8	8.3	36.1	4.9	7.8
四　川	100.0	14.7	50.7	43.4	7.3	34.6	3.4	5.9
贵　州	100.0	13.7	39.2	33.0	6.2	47.1	10.3	8.0
云　南	100.0	15.3	44.7	36.1	8.6	40.0	2.8	9.1
西　藏	100.0	13.4	32.3	7.8	24.5	54.3	4.2	5.9
陕　西	100.0	9.9	53.9	45.1	8.9	36.2	4.7	8.4
甘　肃	100.0	14.5	48.2	38.9	9.3	37.3	5.5	6.6
青　海	100.0	10.0	55.1	45.4	9.7	34.9	4.5	6.0
宁　夏	100.0	9.8	50.7	39.5	11.2	39.6	7.8	5.2
新　疆	100.0	19.9	46.8	38.8	7.9	33.3	4.4	5.3

注：本表按当年价格计算。

各地区年末总人口

单位：万人

地　区	2005 年	2006 年	2007 年	2008 年	2009 年	2010 年
全　国	130756	131448	132129	132802	133474	133972
北　京	1538	1581	1633	1695	1755	1961
天　津	1043	1075	1115	1176	1228	1294
河　北	6851	6898	6943	6989	7034	7185
山　西	3355	3375	3393	3411	3427	3571
内蒙古	2386	2397	2405	2414	2422	2481
辽　宁	4221	4271	4298	4315	4319	4375
吉　林	2716	2723	2730	2734	2740	2746
黑龙江	3820	3823	3824	3825	3826	3831
上　海	1778	1815	1858	1888	1921	2302
江　苏	7475	7550	7625	7677	7725	7866
浙　江	4898	4980	5060	5120	5180	5443
安　徽	6120	6110	6118	6135	6131	5950
福　建	3535	3558	3581	3604	3627	3689
江　西	4311	4339	4368	4400	4432	4457
山　东	9248	9309	9367	9417	9470	9579
河　南	9380	9392	9360	9429	9487	9402
湖　北	5710	5693	5699	5711	5720	5724
湖　南	6326	6342	6355	6380	6406	6568
广　东	9194	9304	9449	9544	9638	10430
广　西	4660	4719	4768	4816	4856	4603
海　南	828	836	845	854	864	867
重　庆	2798	2808	2816	2839	2859	2885
四　川	8212	8169	8127	8138	8185	8042
贵　州	3730	3757	3762	3793	3798	3475
云　南	4450	4483	4514	4543	4571	4597
西　藏	277	281	284	287	290	300
陕　西	3720	3735	3748	3762	3772	3733
甘　肃	2594	2606	2617	2628	2635	2558
青　海	543	548	552	554	557	563
宁　夏	596	604	610	618	625	630
新　疆	2010	2050	2095	2131	2159	2181

注：1. 全国数据包括中国人民解放军现役军人数，但不包括香港、澳门特别行政区和台湾省数据；分省数据中未包括中国人民解放军现役军人数。

2. 2010 年数据为第六次全国人口普查初步汇总数。

各地区全社会固定资产投资

单位：亿元

地　区	2005 年	2006 年	2007 年	2008 年	2009 年	2010 年
全国总计	88773.6	109998.2	137323.9	172828.4	224598.8	278139.8
北　京	2827.2	3296.4	3907.2	3814.7	4616.9	5403.0
天　津	1495.1	1820.5	2353.1	3389.8	4738.2	6278.6
河　北	4139.7	5470.2	6884.7	8866.6	12269.8	15082.5
山　西	1826.6	2255.7	2861.5	3531.2	4943.2	6063.2
内蒙古	2643.6	3363.2	4372.9	5475.4	7336.8	8929.9
辽　宁	4200.4	5689.6	7435.2	10019.1	12292.5	16043.0
吉　林	1741.1	2594.3	3651.4	5038.9	6411.6	7870.4
黑龙江	1737.3	2236.0	2833.5	3656.0	5028.8	6812.6
上　海	3509.7	3900.0	4420.4	4823.1	5043.8	5108.9
江　苏	8165.4	10069.2	12268.1	15300.6	18949.9	23186.8
浙　江	6520.1	7590.2	8420.4	9323.0	10742.3	12488.1
安　徽	2525.1	3533.6	5087.5	6747.0	8990.7	11543.4
福　建	2316.7	2981.8	4287.8	5207.7	6231.2	8198.5
江　西	2176.6	2683.6	3301.9	4745.4	6643.1	8775.5
山　东	9307.3	11111.4	12537.7	15435.9	19034.5	23282.9
河　南	4311.6	5904.7	8010.1	10490.6	13704.5	16585.9
湖　北	2676.6	3343.5	4330.4	5647.0	7866.9	10262.7
湖　南	2629.1	3175.5	4154.8	5534.0	7703.4	9663.8
广　东	6977.9	7973.4	9294.3	10868.7	12933.1	15624.0
广　西	1661.2	2198.7	2939.7	3756.4	5237.2	7057.6
海　南	367.2	423.9	502.4	705.4	988.3	1317.0
重　庆	1933.2	2407.4	3127.7	3979.6	5214.3	6692.4
四　川	3585.2	4412.9	5639.8	7127.8	11371.9	13119.5
贵　州	998.3	1197.4	1488.8	1864.5	2412.0	3104.9
云　南	1777.6	2208.6	2759.0	3435.9	4526.4	5528.7
西　藏	181.4	231.1	270.3	309.9	378.3	463.3
陕　西	1882.2	2480.7	3415.0	4614.4	6246.9	7964.4
甘　肃	870.4	1022.6	1304.2	1712.8	2363.0	3158.3
青　海	329.8	408.5	482.8	583.2	798.2	1018.7
宁　夏	443.3	498.7	599.8	828.9	1075.9	1444.2
新　疆	1339.1	1567.1	1850.8	2260.0	2725.5	3392.7
不分地区	1677.9	1947.6	2530.8	3734.9	5779.7	6674.4

各地区城镇居民家庭人均可支配收入

单位：元

地　区	2005 年	2006 年	2007 年	2008 年	2009 年	2010 年
全国总计	10493.0	11759.5	13785.8	15780.8	17174.7	19109.4
北　京	17653.0	19977.5	21988.7	24724.9	26738.5	29072.9
天　津	12638.6	14283.1	16357.4	19422.5	21402.0	24292.6
河　北	9107.1	10304.6	11690.5	13441.1	14718.3	16263.4
山　西	8913.9	10027.7	11565.0	13119.1	13996.6	15647.7
内蒙古	9136.8	10358.0	12377.8	14432.6	15849.2	17698.2
辽　宁	9107.6	10369.6	12300.4	14392.7	15761.4	17712.6
吉　林	8690.6	9775.1	11285.5	12829.5	14006.3	15411.5
黑龙江	8272.5	9182.3	10245.3	11581.3	12566.0	13856.5
上　海	18645.0	20667.9	23622.7	26674.9	28837.8	31838.1
江　苏	12318.6	14084.3	16378.0	18679.5	20551.7	22944.3
浙　江	16293.8	18265.1	20573.8	22726.7	24610.8	27359.0
安　徽	8470.7	9771.1	11473.6	12990.4	14085.7	15788.2
福　建	12321.3	13753.3	15506.1	17961.5	19576.8	21781.3
江　西	8619.7	9551.1	11451.7	12866.4	14021.5	15481.1
山　东	10744.8	12192.2	14264.7	16305.4	17811.0	19945.8
河　南	8668.0	9810.3	11477.1	13231.1	14371.6	15930.3
湖　北	8785.9	9802.7	11485.8	13152.9	14367.5	16058.4
湖　南	9524.0	10504.7	12293.5	13821.2	15084.3	16565.7
广　东	14770.0	16015.6	17699.3	19732.9	21574.7	23897.8
广　西	9286.7	9898.8	12200.4	14146.0	15451.5	17063.9
海　南	8123.9	9395.1	10996.9	12607.8	13750.9	15581.1
重　庆	10243.5	11569.7	12590.8	14367.6	15748.7	17532.4
四　川	8386.0	9350.1	11098.3	12633.4	13839.4	15461.2
贵　州	8151.1	9116.6	10678.4	11758.8	12862.5	14142.7
云　南	9265.9	10069.9	11496.1	13250.2	14423.9	16064.5
西　藏	9431.2	8941.1	11130.9	12481.5	13544.4	14980.5
陕　西	8272.0	9267.7	10763.3	12857.9	14128.8	15695.2
甘　肃	8086.8	8920.6	10012.3	10969.4	11929.8	13188.6
青　海	8057.9	9000.4	10276.1	11640.4	12691.9	13855.0
宁　夏	8093.6	9177.3	10859.3	12931.5	14024.7	15344.5
新　疆	7990.2	8871.3	10313.4	11432.1	12257.5	13643.8

注：本表绝对数按当年价格计算。

各地区农村居民家庭人均纯收入

单位：元

地　区	2005年	2006年	2007年	2008年	2009年	2010年
全国总计	3254.9	3587.0	4140.4	4760.6	5153.2	5919.0
北　京	7346.3	8275.5	9439.6	10661.9	11668.6	13262.3
天　津	5579.9	6227.9	7010.1	7910.8	8687.6	10074.9
河　北	3481.6	3801.8	4293.4	4795.5	5149.7	5958.0
山　西	2890.7	3180.9	3665.7	4097.2	4244.1	4736.3
内蒙古	2988.9	3341.9	3953.1	4656.2	4937.8	5529.6
辽　宁	3690.2	4090.4	4773.4	5576.5	5958.0	6907.9
吉　林	3264.0	3641.1	4191.3	4932.7	5265.9	6237.4
黑龙江	3221.3	3552.4	4132.3	4855.6	5206.8	6210.7
上　海	8247.8	9138.7	10144.6	11440.3	12482.9	13978.0
江　苏	5276.3	5813.2	6561.0	7356.5	8003.5	9118.2
浙　江	6660.0	7334.8	8265.2	9257.9	10007.3	11302.6
安　徽	2641.0	2969.1	3556.3	4202.5	4504.3	5285.2
福　建	4450.4	4834.8	5467.1	6196.1	6680.2	7426.9
江　西	3128.9	3459.5	4044.7	4697.2	5075.0	5788.6
山　东	3930.5	4368.3	4985.3	5641.4	6118.8	6990.3
河　南	2870.6	3261.0	3851.6	4454.2	4807.0	5523.7
湖　北	3099.2	3419.4	3997.5	4656.4	5035.3	5832.3
湖　南	3117.7	3389.6	3904.2	4512.5	4909.0	5622.0
广　东	4690.5	5079.8	5624.0	6399.8	6906.9	7890.3
广　西	2494.7	2770.5	3224.1	3690.3	3980.4	4543.4
海　南	3004.0	3255.5	3791.4	4390.0	4744.4	5275.4
重　庆	2809.3	2873.8	3509.3	4126.2	4478.4	5276.7
四　川	2802.8	3002.4	3546.7	4121.2	4462.1	5086.9
贵　州	1877.0	1984.6	2374.0	2796.9	3005.4	3471.9
云　南	2041.8	2250.5	2634.1	3102.6	3369.3	3952.0
西　藏	2077.9	2435.0	2788.2	3175.8	3531.7	4138.7
陕　西	2052.6	2260.2	2644.7	3136.5	3437.6	4105.0
甘　肃	1979.9	2134.1	2328.9	2723.8	2980.1	3424.7
青　海	2151.5	2358.4	2683.8	3061.2	3346.2	3862.7
宁　夏	2508.9	2760.1	3180.8	3681.4	4048.3	4674.9
新　疆	2482.2	2737.3	3183.0	3502.9	3883.1	4642.7

注：本表绝对数按当年价格计算。

各地区主要农产品产量

（2010年）

单位：万吨

地区	粮食	油料	棉花	糖料	蔬菜	水果	肉类				奶类
								#猪肉	#牛肉	#羊肉	
全国总计	54647.7	3230.1	596.1	12008.5	65099.4	21401.4	7925.8	5071.2	653.1	398.9	3748.0
北京	115.7	1.6	0.05		303.0	115.2	46.3	24.1	2.0	1.4	64.1
天津	159.7	0.6	6.3		419.3	60.0	42.6	28.0	3.1	1.5	69.3
河北	2975.9	140.3	57.0	49.0	7073.6	1612.4	416.7	245.2	58.1	29.3	449.1
山西	1085.1	17.6	6.9	22.6	909.1	474.9	72.4	53.1	4.9	5.6	74.9
内蒙古	2158.2	128.1	0.1	161.0	1350.9	278.2	238.7	71.9	49.7	89.2	945.7
辽宁	1765.4	99.6	0.1	4.9	2668.2	733.1	406.7	228.4	41.6	7.9	126.7
吉林	2842.5	70.4	0.5	7.7	1078.7	218.0	238.9	119.8	43.2	3.8	44.6
黑龙江	5012.8	27.5		175.0	723.8	279.6	197.9	114.5	39.0	12.1	558.8
上海	118.4	2.3	0.4	2.7	398.1	101.9	26.2	17.9	0.01	0.5	24.7
江苏	3235.1	152.0	26.1	10.3	4234.0	738.6	365.8	213.1	3.5	7.4	57.3
浙江	770.7	39.5	2.9	74.3	1788.8	701.3	175.1	131.9	1.1	1.9	20.3
安徽	3080.5	227.6	31.6	22.4	2137.4	805.3	376.9	238.8	18.3	14.2	20.5
福建	661.9	26.6	0.01	61.6	1563.3	642.8	180.2	146.6	2.3	1.8	15.7
江西	1954.7	107.6	13.1	59.1	1115.3	468.4	289.9	221.1	11.2	1.1	11.9
山东	4335.7	342.2	72.4		9030.7	2793.8	704.4	353.2	68.7	32.7	271.6
河南	5437.1	540.7	44.7	26.1	6624.3	2394.0	638.4	408.3	83.0	25.2	307.9
湖北	2315.8	311.8	47.2	32.4	3131.5	778.5	379.3	287.0	17.7	8.1	30.4
湖南	2847.5	195.3	22.7	76.6	3122.9	788.4	494.8	412.4	16.3	10.6	7.8
广东	1316.5	88.2		1300.1	2718.6	1235.9	441.1	275.5	6.3	0.9	14.5
广西	1412.3	45.8	0.2	7119.6	2129.4	1094.4	387.8	241.5	13.7	3.3	8.2
海南	180.4	9.5		385.4	442.4	375.1	68.5	41.2	2.2	1.1	0.2
重庆	1156.1	44.4	0.01	11.7	1309.5	238.5	192.5	147.6	6.3	2.4	8.0
四川	3222.9	268.5	1.4	93.6	3408.3	722.9	656.6	492.2	29.4	24.8	70.3
贵州	1112.3	60.3	0.1	52.3	1202.0	123.5	179.1	148.1	12.0	3.4	4.6
云南	1531.0	34.2	0.04	1751.0	1255.0	397.9	321.4	242.5	29.9	12.9	54.1
西藏	91.2	5.9			58.1	2.2	25.0	1.3	14.8	8.7	29.4
陕西	1164.9	56.1	6.9	0.2	1384.0	1476.5	102.6	79.1	7.3	7.3	177.6
甘肃	958.3	64.1	7.6	22.0	1235.5	488.5	84.4	46.3	16.1	15.6	36.3
青海	102.0	34.4		0.04	141.6	3.8	28.3	9.2	8.5	9.8	26.3
宁夏	356.5	20.8		0.04	407.4	228.9	25.7	8.5	7.5	7.3	84.5
新疆	1170.7	66.6	247.9	487.0	1734.4	1028.8	121.7	23.0	35.5	47.0	132.8

注：水果产量含果用瓜。

各地区主要工业产品产量

（2010年）

地　区	原　油（万吨）	天然气（亿立方米）	发电量（亿千瓦小时）	生　铁（万吨）	粗　钢（万吨）	钢　材（万吨）	水　泥（万吨）
全国总计	20301.4	967.6	42065.4	59021.8	62695.9	79775.5	188000.0
北　京			269.0	411.9	427.5	794.0	1049.0
天　津	3332.7	17.2	589.1	1926.4	2162.1	4483.7	809.7
河　北	599.0	12.7	1993.2	13705.4	14458.8	16757.2	12594.3
山　西			2151.0	3355.4	3048.7	2862.0	3297.7
内蒙古			2483.9	1357.0	1232.8	1341.4	5370.3
辽　宁	950.0	8.0	1295.1	5470.6	5202.4	5661.8	4777.1
吉　林	702.3	13.7	604.6	691.7	827.2	875.8	3974.6
黑龙江	4004.9	30.0	776.7	555.7	652.7	566.0	3507.2
上　海	8.3	3.3	876.2	1901.4	2214.7	2475.9	670.8
江　苏	186.0	0.6	3359.2	5211.3	6242.8	9123.0	15647.5
浙　江			2567.8	915.6	1228.5	2832.6	11275.3
安　徽			1443.9	1844.9	1853.8	2446.4	7873.7
福　建			1356.3	558.8	1086.9	1340.6	5793.2
江　西			664.4	1673.9	1834.0	1951.6	6220.5
山　东	2786.0	5.3	3042.7	5515.6	5256.1	6672.2	14749.2
河　南	497.9	6.7	2191.9	2073.9	2327.4	3196.4	11479.7
湖　北	86.5	2.0	2043.0	2311.0	2498.7	2894.7	8982.9
湖　南			1226.2	1700.6	1766.5	1811.7	8701.2
广　东	1287.1	78.4	3237.0	806.7	1239.3	2918.9	11536.7
广　西	2.7		1031.8	1109.7	1201.2	1554.2	7455.5
海　南	20.0	1.8	152.6			14.5	1264.1
重　庆		1.2	504.3	417.4	456.1	718.2	4598.0
四　川	15.1	234.2	1799.4	1593.8	1581.0	1976.6	13227.6
贵　州			1385.6	366.6	360.5	391.0	3694.8
云　南			1364.8	1329.0	1293.8	1213.1	5605.4
西　藏			21.0				219.1
陕　西	3017.3	223.5	1112.3	513.8	604.8	994.9	5463.8
甘　肃	58.2	0.2	791.5	625.5	662.3	699.2	2414.1
青　海	186.1	56.1	468.2	111.7	137.3	137.9	811.1
宁　夏	3.1		587.1	39.1		33.0	1357.5
新　疆	2558.2	249.9	675.7	927.4	807.9	888.9	2374.1

续表 (2010 年)

地区	布（亿米）	家用电冰箱（万台）	农用化肥（万吨）	汽车（万辆）	程控交换机（万线）	移动通信手持机（万部）	微型电子计算机（万部）
全国总计	800.0	7300.8	6740.6	1827.0	3133.3	99827.4	24584.5
北京			0.2	150.3	890.0	27388.0	938.6
天津	2.6	62.8	1.5	73.8	5.2	9107.9	1.0
河北	54.8		174.4	71.0	12.5		
山西	0.5		331.8	0.3			
内蒙古	1.0		180.1	5.2		10.3	
辽宁	6.5	87.8	71.5	70.8	63.8	56.4	0.3
吉林	0.4		27.3	164.2		126.1	
黑龙江	0.3		64.9	24.8			3.0
上海	1.7	218.6	2.5	169.9	247.0	129.4	9388.4
江苏	88.5	787.9	242.0	74.4	5.0	1949.5	9364.6
浙江	159.0	779.7	32.7	31.9	116.9	2406.1	157.3
安徽	10.9	2078.9	255.5	118.9			1.8
福建	31.2		57.9	19.5	0.2	1064.3	738.3
江西	8.1	114.2	113.4	37.3	1.3	1536.5	9.1
山东	139.1	795.3	976.9	81.9	187.9	5374.6	21.4
河南	39.3	366.5	415.6	23.5		2.2	
湖北	46.4	134.3	891.8	157.8	0.1	454.2	189.3
湖南	4.7	31.3	355.9	16.6			
广东	28.3	1457.8	62.2	134.8	1602.6	48626.6	3581.1
广西	0.2		85.6	136.6			0.9
海南			66.6	13.6			
重庆	8.4	72.6	180.2	161.4		650.3	189.2
四川	14.9	81.2	510.2	10.2		816.5	0.2
贵州	0.1	196.4	384.9	0.8		118.5	
云南			362.1	10.2	0.8		
西藏							
陕西	7.5	35.7	82.7	65.2		10.1	
甘肃	0.1		80.9	2.1			
青海			312.6				
宁夏			95.1				
新疆	1.0		158.3	0.2			

各地区规模以上工业企业主要经济指标

(2010年)

单位：亿元

地　区	主营业务收入	主营业务成本	主营业务税金及附加	营业费用	税金总额	利润总额
全国总计	624450.5	529244.5	9365.5	15006.7	27101.0	38827.9
北　京	13064.1	11131.5	170.2	484.0	530.4	881.3
天　津	15452.8	13486.3	191.7	316.2	519.7	1035.0
河　北	28090.1	24567.6	299.8	435.6	977.1	1538.8
山　西	11201.2	9085.1	115.0	338.3	761.3	756.0
内蒙古	11845.3	9406.4	170.1	274.2	662.2	1074.3
辽　宁	32934.8	28341.3	639.7	559.1	1287.4	1271.8
吉　林	11535.1	9586.7	268.2	314.7	570.1	743.3
黑龙江	8907.3	6800.7	436.4	193.9	905.7	983.7
上　海	28659.6	24053.0	535.1	946.9	1236.3	2033.8
江　苏	81867.0	71606.5	594.8	1731.0	2787.1	4727.4
浙　江	43952.3	37607.1	458.0	1060.4	1587.4	2596.6
安　徽	15711.0	13597.2	232.9	431.2	645.7	693.8
福　建	19077.9	16448.8	217.8	472.4	597.0	1054.7
江　西	12519.1	10712.9	147.1	217.1	515.5	702.8
山　东	80959.5	69146.4	943.6	1596.8	3233.4	5389.4
河　南	32239.0	27319.1	423.8	663.2	1442.8	2748.2
湖　北	18550.3	15597.9	406.0	545.9	905.2	1077.7
湖　南	15940.2	12607.0	461.5	387.2	972.0	761.2
广　东	73992.1	63512.6	649.3	2212.2	2278.3	3713.7
广　西	7949.8	6794.1	121.0	204.8	378.9	394.0
海　南	1126.2	858.2	70.3	34.0	124.7	117.3
重　庆	7899.4	6708.0	106.4	247.3	325.4	392.4
四　川	20441.9	17205.2	299.3	569.0	982.7	1181.2
贵　州	3299.9	2564.3	139.9	112.8	308.1	229.8
云　南	5602.8	4189.3	486.5	153.7	787.2	378.0
西　藏	51.5	41.1	0.7	3.1	4.8	9.4
陕　西	9377.7	6891.5	315.7	242.6	824.4	1145.9
甘　肃	4479.2	3557.3	170.9	79.3	287.0	193.4
青　海	1359.3	1040.7	30.2	33.7	100.0	165.7
宁　夏	1659.6	1365.2	32.5	41.4	90.8	102.8
新　疆	4705.0	3415.6	231.1	105.0	472.7	734.7

注：本表为2010年1-11月快报数据（下表同）。

续表 （2010年） 单位：亿元

地区	亏损企业亏损总额	应收账款净额	产成品	资产合计	负债合计	全部从业人员平均人数（万人）
全国总计	2456.7	64619.1	24368.0	568193.5	333839.9	9063.3
北京	99.8	2330.9	514.4	22022.5	11545.3	120.7
天津	76.3	1947.8	578.3	14333.1	9175.1	137.9
河北	136.2	1843.5	983.5	24001.3	14895.8	327.5
山西	166.4	1217.6	653.7	18472.8	12253.0	214.2
内蒙古	55.4	1119.0	465.7	14222.9	8796.9	111.2
辽宁	161.5	2645.8	1043.2	27828.4	16631.5	375.5
吉林	60.0	744.0	365.6	10813.4	5612.0	128.7
黑龙江	51.9	919.6	401.8	10406.0	5932.3	146.6
上海	127.9	4579.1	1202.5	27357.4	14410.5	288.1
江苏	196.6	10236.5	3004.1	63241.9	36842.9	1085.6
浙江	120.0	6715.1	2316.1	46011.3	28135.9	839.5
安徽	54.8	1477.2	619.0	14820.0	9086.4	250.0
福建	53.3	2132.0	818.1	15576.8	8364.8	378.8
江西	35.7	601.7	357.2	8277.1	4641.0	194.6
山东	128.3	3989.8	2350.0	51466.1	28543.3	916.4
河南	115.5	1770.4	776.6	22500.3	12700.4	447.0
湖北	61.8	1690.0	824.6	19847.8	11832.6	266.9
湖南	69.2	1092.6	528.1	11649.6	7089.2	250.3
广东	249.6	10829.9	3047.1	57891.2	34602.7	1490.4
广西	51.4	665.1	422.7	8119.7	5155.4	126.5
海南	4.2	116.6	51.1	1500.1	835.5	11.8
重庆	35.3	828.2	352.1	7766.0	4800.5	141.3
四川	83.2	1847.6	809.6	21296.6	13185.1	329.5
贵州	48.5	412.2	177.0	5674.7	3742.9	77.6
云南	43.7	564.8	339.8	9147.7	5438.1	89.3
西藏	2.6	10.9	4.0	296.6	90.3	1.8
陕西	58.7	1276.1	531.3	13897.5	7814.2	141.2
甘肃	34.8	339.2	325.8	6060.4	3774.0	69.3
青海	10.3	122.1	105.9	2968.1	1903.2	18.7
宁夏	17.1	162.6	146.8	3178.2	2098.3	27.8
新疆	46.9	391.6	252.4	7548.1	3911.0	58.4

各地区规模以上工业企业主要经济效益指标

(2010 年)

地　　区	总资产贡献率(%)	资本保值增值率(%)	资产负债率(%)	流动资产周转次数(次)	成本费用利润率(%)	产品销售率(%)
全国总计	14.9	120.4	58.8	2.7	6.8	97.7
北　京	7.9	112.3	52.4	1.7	7.2	98.8
天　津	13.7	128.1	64.0	2.5	7.2	98.2
河　北	13.6	120.6	62.1	3.3	5.9	97.2
山　西	11.1	121.9	66.3	1.7	7.3	95.6
内蒙古	16.1	123.2	61.9	2.8	10.5	96.9
辽　宁	11.7	118.1	59.8	2.9	4.2	97.5
吉　林	16.1	144.4	51.9	3.5	7.1	98.2
黑龙江	22.2	126.7	57.0	2.4	13.2	95.8
上　海	14.3	113.9	52.7	2.2	7.7	99.0
江　苏	15.1	122.8	58.3	2.8	6.2	98.4
浙　江	12.2	122.9	61.2	1.9	6.3	97.4
安　徽	12.1	131.9	61.3	2.8	4.7	97.4
福　建	13.9	121.8	53.7	2.8	6.0	97.6
江　西	19.0	128.8	56.1	4.4	6.2	98.9
山　东	21.2	116.3	55.5	4.1	7.3	98.5
河　南	23.5	118.3	56.5	3.9	9.4	98.2
湖　北	13.2	108.7	59.6	2.6	6.3	97.3
湖　南	19.3	121.2	60.9	4.0	5.6	98.5
广　东	13.0	116.4	59.8	2.7	5.4	96.9
广　西	13.1	126.8	63.5	2.7	5.3	96.1
海　南	19.6	127.9	55.7	2.3	12.4	97.6
重　庆	12.1	120.8	61.8	2.6	5.3	97.8
四　川	13.5	127.6	61.9	2.7	6.3	97.6
贵　州	12.8	120.1	66.0	1.8	7.8	95.2
云　南	15.9	114.8	59.5	1.7	8.0	94.5
西　藏	6.1	105.0	30.4	0.8	19.1	93.3
陕　西	17.7	128.1	56.2	1.8	14.7	96.6
甘　肃	10.5	115.6	62.3	2.2	5.0	95.0
青　海	13.2	125.5	64.1	1.9	14.1	97.7
宁　夏	9.0	131.5	66.0	1.7	6.7	95.6
新　疆	20.2	127.2	51.8	2.3	19.5	96.7

各地区居民消费价格分类指数

（2010年，上年=100）

地区	居民消费价格指数	食品	烟酒及用品	衣着	家庭设备用品及服务	医疗保健和个人用品	交通和通信	娱乐教育文化	居住
全国	103.3	107.2	101.6	99.0	100.0	103.2	99.6	100.6	104.5
北京	102.4	105.5	101.1	98.4	99.4	101.5	100.8	99.45	105.0
天津	103.5	108.0	104.3	102.8	99.5	103.7	98.1	98.8	102.3
河北	103.1	107.8	101.5	97.5	99.8	102.5	99.1	100.1	104.1
山西	103.0	108.5	102.8	96.8	98.5	102.3	98.5	100.5	103.8
内蒙古	103.2	109.5	101.9	99.4	98.8	101.8	99.7	99.6	102.2
辽宁	103.0	107.9	100.7	96.2	99.8	102.4	99.9	99.9	103.4
吉林	103.7	109.2	100.7	100.7	99.6	101.8	99.1	100.5	102.4
黑龙江	103.9	108.1	101.2	98.0	100.0	106.5	99.8	98.8	105.6
上海	103.1	107.7	101.1	98.6	101.1	103.7	97.4	100.9	103.5
江苏	103.8	107.4	102.4	100.7	100.1	102.9	99.8	101.6	105.0
浙江	103.8	107.3	100.7	99.3	100.4	105.4	100.3	101.6	106.0
安徽	103.1	106.6	102.0	98.1	98.9	103.3	99.6	100.5	105.5
福建	103.2	107.8	101.4	95.7	99.2	103.1	99.5	100.2	105.4
江西	103.0	105.6	100.3	98.8	99.3	102.7	99.0	100.4	106.9
山东	102.9	108.3	102.5	97.6	99.6	101.9	99.3	99.7	103.6
河南	103.5	107.9	101.2	101.1	99.6	103.2	99.4	100.6	104.3
湖北	102.9	105.8	101.5	100.9	101.4	103.2	100.2	100.2	103.4
湖南	103.1	105.4	100.7	100.7	100.5	101.8	100.5	101.7	105.1
广东	103.1	105.9	102.3	99.6	100.0	103.8	99.6	100.4	104.8
广西	103.0	107.1	101.6	99.8	98.8	101.5	100.4	98.4	105.7
海南	104.8	107.6	100.6	101.2	104.6	102.0	100.6	99.4	109.7
重庆	103.2	106.5	104.3	98.4	100.2	102.5	99.5	102.7	105.4
四川	103.2	106.1	101.8	99.1	100.8	104.3	100.7	100.6	103.1
贵州	102.9	107.7	102.0	97.4	99.3	101.3	100.8	100.4	102.4
云南	103.7	108.4	101.0	96.8	99.6	104.0	100.0	101.0	104.6
西藏	102.2	104.5	101.1	102.1	100.6	101.2	99.8	99.7	102.8
陕西	104.0	108.5	101.0	99.1	100.0	105.8	99.8	101.0	104.0
甘肃	104.1	109.4	102.8	100.0	100.6	103.5	99.3	100.4	104.1
青海	105.4	108.3	101.1	106.7	101.5	104.9	103.0	104.7	102.8
宁夏	104.1	108.3	101.4	101.3	100.9	101.8	100.1	103.9	103.4
新疆	104.3	110.7	102.0	99.2	101.2	102.0	100.0	101.2	102.7

各地区货运量和货物周转量

(2010年)

地 区	货运量(万吨)	#铁 路	#公 路	#水 运	货物周转量(亿吨公里)	#铁 路	#公 路	#水 运
全国总计	3241807	364271	2448052	378949	141838	27644	43390	68428
北 京	21762	1587	20184		877	775	102	
天 津	40014	7243	20855	11916	10065	510	231	9342
河 北	156596	18508	135938	2150	8071	3618	4011	441
山 西	124367	63530	60819	18	2840	1870	970	
内蒙古	137231	52069	85162		4713	2452	2261	
辽 宁	158485	20690	127361	10434	9029	1403	1930	5696
吉 林	40728	7489	33013	226	1282	598	683	1
黑龙江	59314	17717	40582	1015	1826	1057	762	7
上 海	87256	959	40890	45407	18918	26	266	18626
江 苏	179013	6811	123500	48702	5589	345	1149	4096
浙 江	171037	4385	103394	63258	7117	342	1299	5476
安 徽	228104	12091	183658	32355	7153	1017	5005	1132
福 建	66083	3705	45575	16803	2977	179	578	2219
江 西	100635	5677	88445	6513	2720	687	1850	182
山 东	301313	21314	264366	15633	11833	1533	6217	4083
河 南	202962	14721	183291	4950	7202	2042	4861	300
湖 北	93422	6249	71020	16153	3097	873	1079	1146
湖 南	149540	6094	127635	15811	2927	1045	1539	342
广 东	192344	8593	140689	43092	5711	334	1735	3642
广 西	115475	9091	93552	12832	2927	891	1173	862
海 南	22455	542	13947	7966	995	7	91	898
重 庆	81377	2279	69438	9660	2016	186	610	1219
四 川	134306	8052	121017	5237	1808	748	985	75
贵 州	39735	7991	30834	910	1006	706	287	13
云 南	51564	5497	45665	402	947	392	549	7
西 藏	982	30	952		39	12	27	
陕 西	104414	27121	77123	170	2465	1268	1196	1
甘 肃	30270	6188	24050	32	1764	1240	524	
青 海	11057	3095	7962		420	192	227	
宁 夏	32325	6872	25453		819	280	538	
新 疆	48459	6777	41682		1359	706	658	
不分地区	59181	1342		7304	11327	311		8639

注：不分地区合计中包括铁路行包运输、管道运输企业、民航运输企业及中远集团海外公司完成数。

各地区客运量和旅客周转量

(2010年)

地　　区	客运量（万人）	#铁　路	#公　路	#水　运	旅客周转量（亿人公里）	#铁　路	#公　路	#水　运
全国总计	3269508	167609	3052738	22392	27894	8762	15021	72
北　京	135045	8915	126130		391	100	291	
天　津	24525	2594	21883	48	269	137	132	
河　北	90847	7558	83289		1173	731	442	
山　西	38423	5753	32606	64	372	156	216	
内蒙古	24043	4213	19830		389	171	218	
辽　宁	101525	13336	87699	490	905	510	389	6
吉　林	64486	5770	58577	139	477	206	270	
黑龙江	46895	10602	36001	292	503	260	243	
上　海	10233	6095	3634	504	180	60	115	5
江　苏	226073	9711	215850	512	1550	352	1197	1
浙　江	226945	8082	215708	3155	1251	363	882	6
安　徽	159388	5552	153697	139	1478	468	1010	
福　建	75798	3640	70714	1444	487	138	347	2
江　西	76447	5588	70628	231	896	565	331	
山　东	249358	6679	240044	2635	1658	435	1212	12
河　南	167223	8338	158630	255	1798	766	1031	1
湖　北	103268	6013	96873	382	1065	431	631	3
湖　南	156404	7250	148235	919	1403	717	684	2
广　东	456138	11673	442224	2241	2203	459	1736	8
广　西	75751	3148	72208	395	879	182	695	2
海　南	44209	84	42785	1340	155	2	150	3
重　庆	126066	2664	122125	1277	461	100	351	10
四　川	241868	8148	230988	2732	1066	262	802	2
贵　州	70819	3437	65452	1930	475	189	281	5
云　南	39407	2446	36230	731	440	86	352	2
西　藏	8165	99	8066		33	9	23	
陕　西	93171	5411	87457	303	747	363	384	
甘　肃	53771	2273	51404	94	539	319	220	
青　海	10951	474	10439	38	95	45	50	
宁　夏	13560	539	12919	102	99	33	65	
新　疆	31937	1524	30413		421	150	271	
不分地区	26769				4039			

注：不分地区合计为民航完成数。

各地区社会消费品零售总额

单位：亿元

地　　区	2006年	2007年	2008年	2009年	2010年	2010年比上年增长（%）
全国总计	79145.2	93571.6	114830.1	132678.4	156998.4	18.3
北　　京	3295.3	3835.2	4645.5	5309.9	6229.3	17.3
天　　津	1383.1	1650.6	2078.7	2430.8	2902.6	19.4
河　　北	3435.7	4053.8	4991.1	5764.9	6821.8	18.3
山　　西	1635.4	1953.3	2421.1	2809.0	3318.2	18.1
内 蒙 古	1628.6	1964.0	2463.0	2855.3	3384.0	18.5
辽　　宁	3471.6	4097.8	5032.4	5812.6	6887.6	18.5
吉　　林	1697.6	2038.3	2549.2	2957.3	3504.9	18.5
黑 龙 江	2029.0	2386.2	2928.3	3401.8	4039.2	18.7
上　　海	3375.2	3873.3	4577.2	5173.2	6070.5	17.3
江　　苏	6706.2	7985.9	9905.1	11484.1	13606.8	18.5
浙　　江	5358.0	6271.3	7533.3	8622.3	10245.4	18.8
安　　徽	2056.5	2451.9	3045.2	3527.8	4197.7	19.0
福　　建	2717.6	3212.3	3866.7	4481.0	5310.0	18.5
江　　西	1448.2	1718.9	2142.0	2484.4	2956.2	19.0
山　　东	7217.1	8607.5	10658.8	12363.0	14620.3	18.3
河　　南	3932.6	4690.3	5815.4	6746.4	8004.2	18.6
湖　　北	3461.1	4115.8	5109.7	5928.4	7013.9	18.3
湖　　南	2869.4	3419.2	422.6	4913.7	5839.5	18.8
广　　东	9194.3	10731.3	12986.6	14891.8	17458.4	17.2
广　　西	1620.3	1932.7	2395.8	2790.7	3312.0	18.7
海　　南	313.4	370.9	463.2	537.5	639.3	18.9
重　　庆	1431.5	1711.1	2147.1	2479.0	2938.6	18.5
四　　川	3472.5	4105.6	4944.8	5758.7	6810.1	18.3
贵　　州	710.0	858.2	1075.2	1247.3	1482.7	18.9
云　　南	1204.8	1422.5	1764.7	2051.1	2500.1	21.9
西　　藏	90.0	112.6	130.0	156.6	185.3	18.3
陕　　西	1542.4	1837.3	2317.1	2699.7	3195.7	18.4
甘　　肃	729.5	854.4	1023.6	1183.0	1394.5	17.9
青　　海	182.6	212.6	259.7	300.5	350.8	16.8
宁　　夏	202.5	239.5	295.4	339.3	403.6	19.0
新　　疆	733.2	857.5	1041.5	1177.5	1375.1	16.8

各地区货物进出口总额

(2010 年)

单位：亿美元

地区	按经营单位所在地分		按境内目的地、货源地分	
	出口额	进口额	出口额	进口额
全国总计	15779.3	13948.3	15779.3	13948.3
北京	554.6	2460.2	307.4	799.7
天津	375.2	446.8	378.0	538.9
河北	225.7	193.6	279.9	339.3
山西	47.1	78.7	67.5	71.1
内蒙古	33.3	53.8	43.6	72.4
辽宁	431.2	375.5	429.7	522.8
吉林	44.8	123.7	45.1	125.2
黑龙江	162.8	92.2	85.1	98.0
上海	1807.2	1881.7	1732.8	1921.6
江苏	2705.5	1952.4	2814.6	2173.0
浙江	1804.8	729.9	2009.6	862.0
安徽	124.2	118.6	109.3	124.5
福建	715.0	372.9	666.2	439.2
江西	134.2	80.5	118.1	89.9
山东	1042.5	847.0	1103.2	1145.5
河南	105.3	72.6	122.0	77.7
湖北	144.4	114.7	139.1	120.9
湖南	79.6	67.1	85.8	70.4
广东	4532.0	3314.6	4671.9	3665.5
广西	96.0	81.0	65.2	129.9
海南	23.2	63.1	21.6	82.0
重庆	74.9	49.4	70.0	48.4
四川	188.5	139.3	124.1	139.4
贵州	19.2	12.2	20.1	14.3
云南	76.1	57.6	51.1	51.9
西藏	7.7	0.6	5.4	0.5
陕西	62.1	58.7	56.4	60.5
甘肃	16.4	56.9	12.8	60.4
青海	4.7	3.2	3.2	5.0
宁夏	11.7	7.9	15.5	10.2
新疆	129.7	41.6	125.6	88.1

各地区外商投资企业货物进出口总额

单位：万美元

地区	2009年			2010年		
	进出口总额	出口额	进口额	进出口总额	出口额	进口额
全国总计	121747836	67207409	54540427	160030605	86230617	73799989
北京	5334148	2008999	3325149	6984186	2216185	4768001
天津	4488051	2166105	2321946	5889901	2646466	3243436
河北	1343558	657571	685987	1750183	922360	827824
山西	163150	69143	94007	220097	88034	132063
内蒙古	108694	52317	56377	161034	96009	65025
辽宁	3076882	1640160	1436721	3897765	2064415	1833350
吉林	555747	101950	453797	760601	127787	632814
黑龙江	78345	49296	29050	111243	69874	41369
上海	18670215	9701509	8968706	24991367	12593814	12397553
江苏	25969712	14661957	11307755	34719838	19231859	15487980
浙江	6929148	4477938	2451210	9231275	5814098	3417177
安徽	523140	223759	299381	811961	325399	486561
福建	4377455	2739325	1638130	5833996	3495367	2338628
江西	770607	322582	448024	1177923	499463	678460
山东	7559835	4478307	3081528	9628034	5656789	3971245
河南	376612	182754	193857	451803	255591	196212
湖北	703772	338756	365016	1105371	569496	535875
湖南	182177	86058	96118	309950	129182	180768
广东	38241318	22379781	15861537	48440679	28185319	20255360
广西	367765	127751	240014	492168	203315	288853
海南	301396	58544	242852	622520	127682	494838
重庆	295047	79951	215096	475766	165090	310676
四川	936469	418911	517558	1278591	444296	834295
贵州	18647	9737	8910	17583	10519	7063
云南	43593	27236	16356	64499	33003	31497
西藏	99	98	1	549	3	546
陕西	252626	110813	141813	506154	215667	290487
甘肃	10693	8206	2487	14426	9750	4676
青海	19432	364	19068	13467	984	12483
宁夏	22142	12246	9896	32158	14930	17228
新疆	27362	15283	12080	35518	17873	17646

各地区国际旅游接待情况

地区	2009 年			2010 年		
	旅游人数（万人次）	#外国人	旅游外汇收入（亿美元）	旅游人数（万人次）	#外国人	旅游外汇收入（亿美元）
北京	412.5	342.9	43.57	490.1	421.6	50.45
天津	141.0	130.6	11.83	166.1	153.0	14.20
河北	84.2	74.7	3.08	97.7	85.3	3.51
山西	106.8	66.6	3.78	130.3	82.1	4.65
内蒙古	129.0	126.6	5.58	142.8	140.0	6.02
辽宁	293.2	250.7	18.56	361.8	307.0	22.59
吉林	68.1	58.3	2.43	82.0	72.2	3.05
黑龙江	142.5	135.0	6.39	172.4	164.8	7.63
上海	533.4	439.1	47.44	733.7	593.1	63.41
江苏	556.8	396.1	40.16	653.5	473.5	47.83
浙江	570.6	377.6	32.24	684.7	447.4	39.30
安徽	156.2	97.8	5.66	198.4	117.4	7.09
福建	312.0	97.8	25.99	368.1	115.3	29.78
江西	96.4	38.8	2.90	114.0	39.9	3.46
山东	310.0	241.2	17.65	366.8	227.9	21.55
河南	125.9	82.8	4.33	146.8	96.1	4.99
湖北	133.5	101.8	5.10	181.7	138.5	7.51
湖南	130.9	64.1	6.73	189.9	103.3	9.06
广东	2747.8	617.9	100.28	3140.9	733.3	123.83
广西	209.9	117.4	6.43	250.2	141.4	8.06
海南	55.2	37.2	2.77	66.3	47.4	3.22
重庆	104.8	84.8	5.37	137.0	104.0	7.03
四川	85.0	61.5	2.89	104.9	75.0	3.54
贵州	40.0	16.3	1.10	50.0	18.6	1.30
云南	284.5	191.8	11.72	329.2	231.2	13.24
西藏	17.5	16.3	0.79	22.8	21.4	1.04
陕西	145.1	114.4	7.71	212.2	155.2	10.16
甘肃	6.1	4.5	0.13	7.0	5.0	0.15
青海	3.6	2.5	0.15	4.7	3.4	0.20
宁夏	1.5	1.2	0.04	1.8	1.3	0.06
新疆	35.5	31.8	1.37	50.9	45.4	1.85

沿海主要港口货物吞吐量

单位：万吨

港　口	2006年	2007年	2008年	2009年	2010年
宁波-舟山	42387	47336	52048	57684	63300
上　海	47040	49227	50808	49467	56320
天　津	25760	30946	35593	38111	41325
广　州	30282	34325	34700	36395	41095
青　岛	22415	26502	30029	31546	35012
大　连	20046	22286	24588	27203	31399
秦皇岛	20489	24893	25231	24942	26297
日　照	11007	13063	15102	18131	22597
营　口	9477	12207	15085	17603	22579
深　圳	17598	19994	21125	19365	22098
烟　台	6076	10129	11189	12351	15033
湛　江	5664	6075	6682	11838	13638
厦　门	7792	8117	9702	11096	12728
连云港	7232	8507	10060	10843	12739

注：1. 从2006年起，宁波-舟山港统计范围包括原宁波港和舟山港，以往年度数据为原宁波港数据。
2. 从2007年起，烟台港统计范围包括原烟台港和龙口港，以往年度数据为原烟台港数据。
3. 2009年，湛江港和海口港港区范围有调整。

世界主要国家和地区国内生产总值和人均国民总收入

排　序	国家和地区	国内生产总值（亿美元）		人均国民总收入（美元）	
		2008年	2009年	2008年	2009年
1	美　国	143691	141190	47580	46360
2	日　本	48870	50690	38000	38080
3	中　国①	45218	49855	3050	3650
4	德　国	36345	33300	42670	42450
5	法　国②	28542	26494	42080	42620
6	英　国	26627	21745	45760	41370
7	意大利	22966	21128	35350	35110
8	巴　西	16379	15734	7440	8040
9	西班牙	15945	14603	31790	32120
10	加拿大	14991	13361	43420	41980
11	印　度	12142	13102	1080	1180
12	俄罗斯	16670	12319	9640	9340
13	澳大利亚	10394	9248	41890	43770
14	墨西哥	10899	8748	10000	8960
15	韩　国	9314	8325	21570	19830

注：①世界银行统计数据。
②包括法属圭亚那、瓜德罗普、马提尼克和留尼汪。
资料来源：世界银行数据库。